中国语言生活绿皮书
国家语言文字工作委员会发布

YW-B004

古籍汉字字频统计

北京书同文数字化技术有限公司 编

商务印书馆
2008年·北京

顾问 许嘉璐 赵沁平
策划 教育部语言文字信息管理司

主编 张轴材
编者 北京书同文数字化技术有限公司

目　　录

前　言

1. 项目起源：2002 年 8 月，书同文数字化技术有限公司向国家语委申请了古籍汉字信息处理方面的攻关项目，当年 12 月得到批准。
2. 项目名称：古代汉语字频统计

   课题名称：计算机字库全汉字搜集整理及国际标准化研究中的课题

   （1）ISO/IEC 10646 CJK 汉字与《康熙字典》关联研究

   （2）中国古籍用字在 ISO/IEC 10646 CJK 汉字中分布研究
3. 项目与课题的合并：在项目执行过程中，由于“古籍用字在 ISO/IEC 10646 CJK 中分布研究”这一课题要依赖于字频统计的结果，所以与项目是合并进行、一并报告的。而“CJK 汉字与《康熙字典》关联研究”基本上是独立进行的。
4. 研究过程：

（1）ISO/IEC 10646 CJK 汉字与《康熙字典》关联研究，是在长达 3 年的时间里，结合书同文公司的《康熙字典》电子版的开发与 ISO 汉字组 IRG 的工作进行的。其中，主要的过程是：

- 扫描《康熙字典》，用软件切割抽取字头。
- 将《康熙字典》字头按页码·字位入库，与 ISO/IEC 字码一一对应，进入 SuperCJK 数据库。
- 利用数据库，反复排序、人工核对，清理“重见字头”和“遗漏编码字头”；其中包括：
  《康熙字典》中补遗字头的处理
  《康熙字典》中被 CJK 认同的字头的处理
- 分别生成报表，见关联表“ISO/IEC 10646：2003 CJK 汉字与《康熙字典》关联表”正本与附件。

（2）古籍字频和古籍 CJK 用字分布的研究，包含以下开发过程：

- 《四库全书》和《四部丛刊》电子版开发（1997-2001）是工作基础。
- 清理《四库全书》和《四部丛刊》电子版中的文本数据（滤除图形等信息），分别对 32000 字的 CJK＋编码汉字逐一统计出现率，然后将数据纳入 Access 数据库。
- 代码映射，把 CJK＋中 EUDC 区中的某些自定义汉字、字符映射到 CJK 的标准区（如 CJK_B 和八卦等）。
- 对汉字的出现字次、单字的相对覆盖率和累计覆盖率进行计算机处理，制图、制表，打印到纸张和 PDF 文件。反复校对。
- 利用字频数据库进行古籍用字在 CJK，CJK_A，CJK_B，CJK_C 的分布的统计；同时也对原有的 Code Page 对古籍的贡献进行了分析，制表制图。
- 在此基础上，又结合现代汉字字频数据，开发了“书同文查频”软件，可以随机查询古今汉字单字/多字/关联字的字频及其累加覆盖率。

5. 项目成果：

(1)《大规模古籍字频统计及古籍汉字在 CJK 中的分布》

(2) ISO/IEC 10646:2003 CJK 汉字与《康熙字典》关联表

注：1. 本资料印刷部分，主要是本课题“项目成果”中的(1)部分，附赠光盘内容包括课题中的第(2)部分；

2. 在统计表甚低频字区，有 X 个阿拉伯字符和其它疑似错误的字，用方框表示。

凡　　例

1. 古籍字频统计表凡例

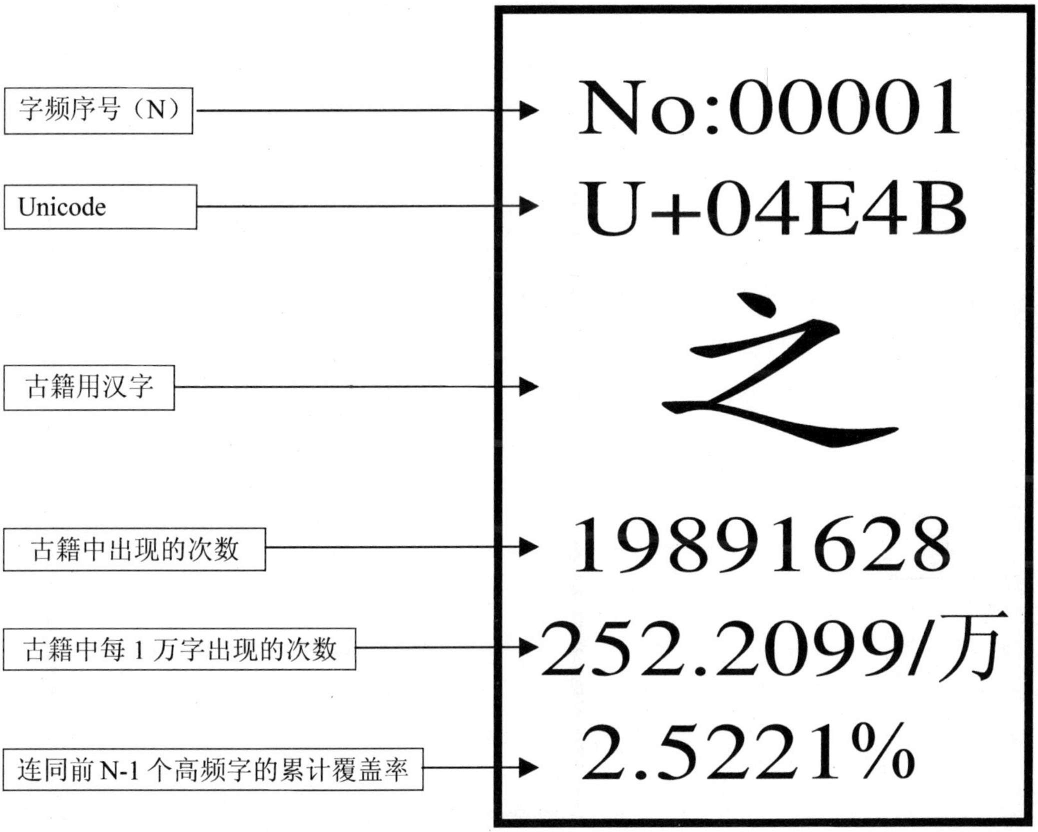

2．古籍字频统计表索引凡例

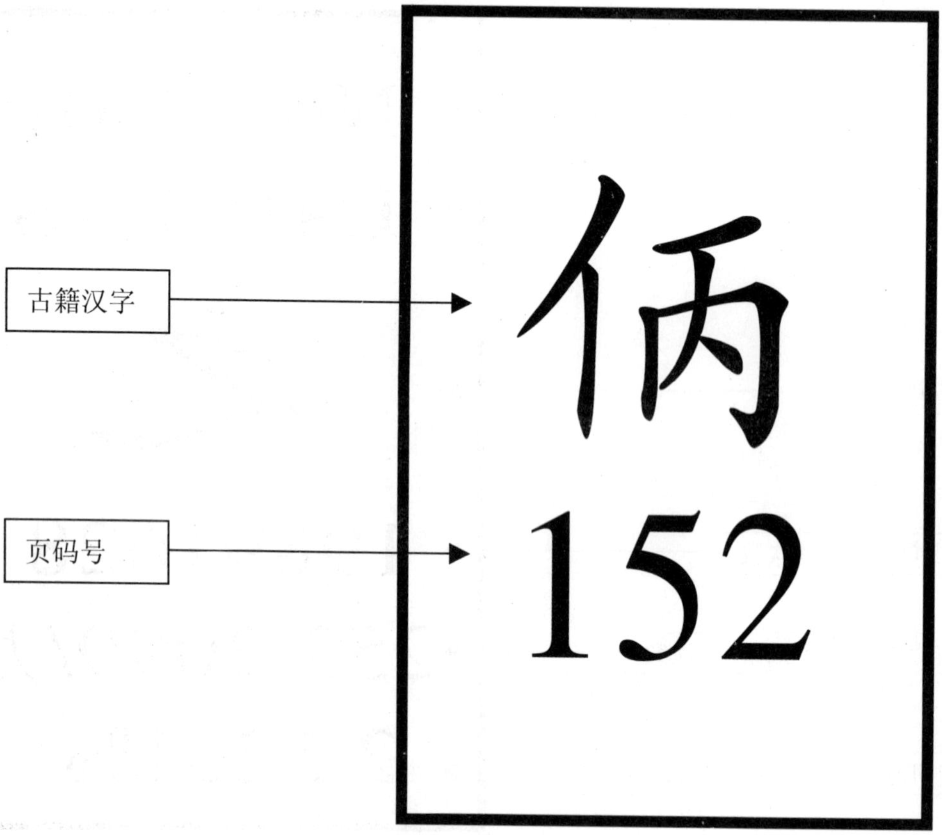

3. ISO/IEC 10646:2003 CJK 汉字与《康熙字典》关联表凡例

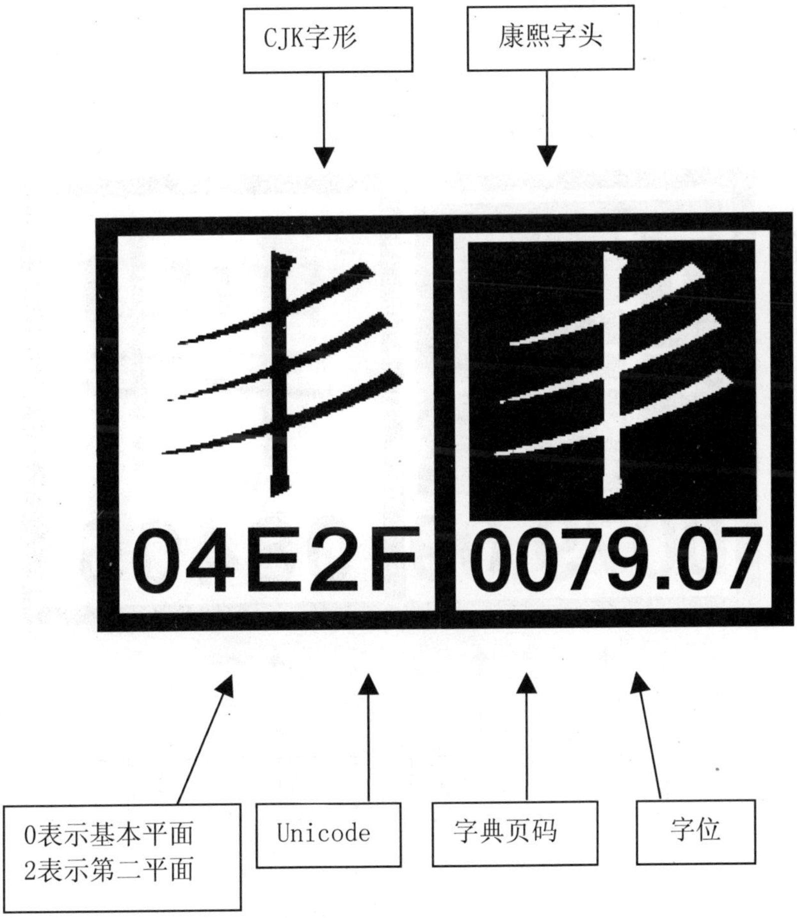

4.《康熙字典》中即将在 CJK C1 中编码的汉字表凡例

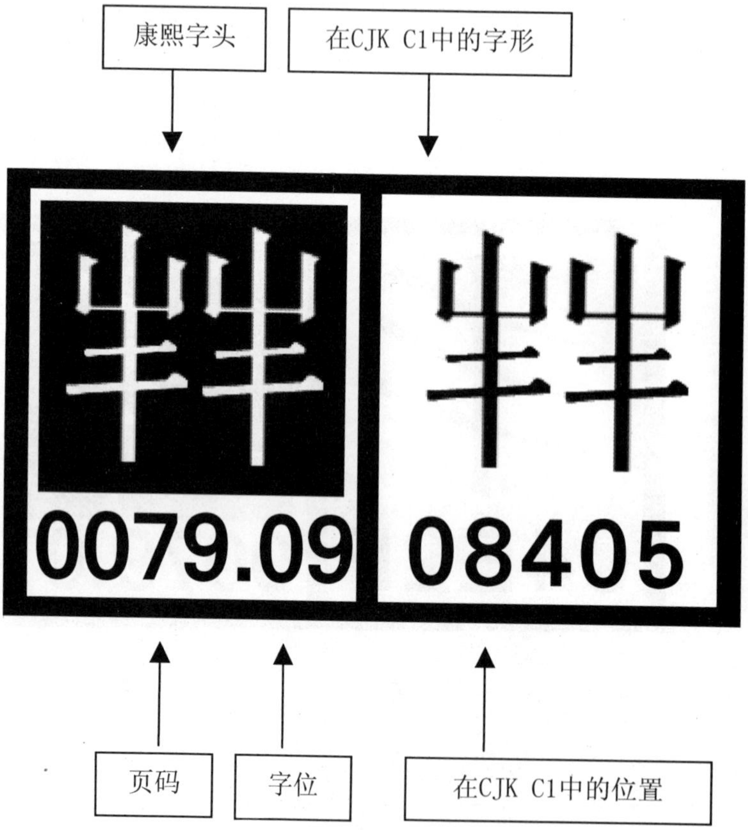

注：

当时所指 CJK C1 的位置是依据 2004 年 7 月 ISO/IEC JTC1/SC2 IRG 版本。

5.《康熙字典》尚未编码的 36 个汉字凡例

6.《康熙字典》页码、字位序凡例

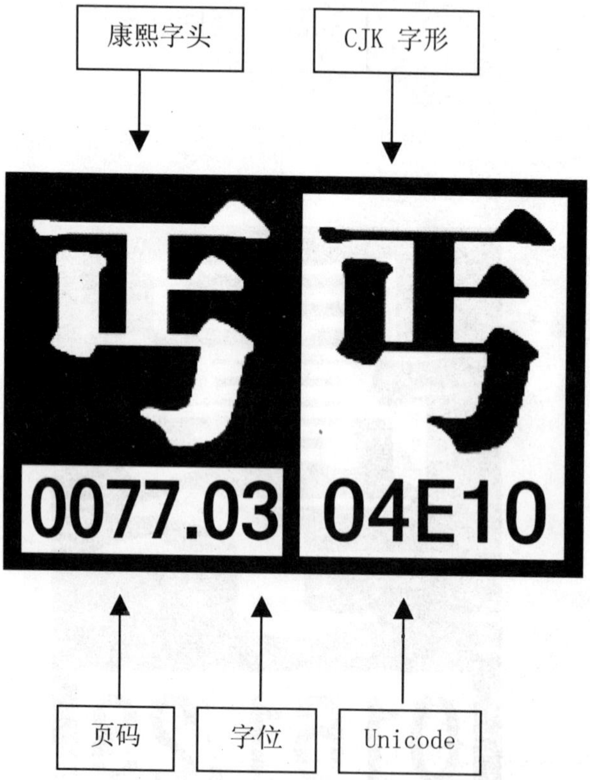

7.《康熙字典》重复字头一览表凡例

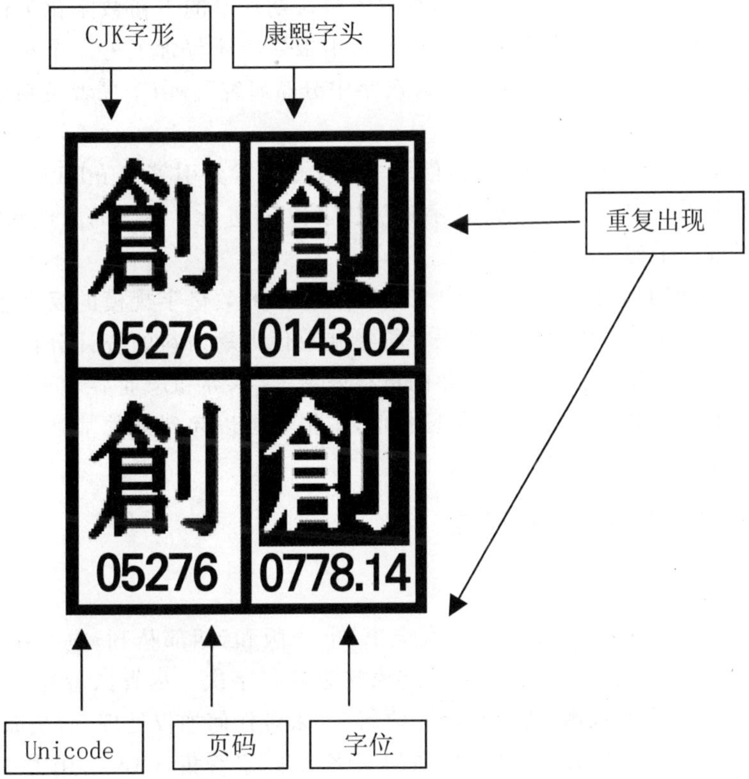

大规模古籍汉字用字统计报告

一、项目背景和概况

本项目是在北京书同文数字化技术有限公司长期从事的古籍数字化工作的基础上，由国家语委十五科技攻关计划资助的重点项目。本报告中还包含了另一个相关项目的成果，即"中国古籍用字在 ISO/IEC 10646 CJK 汉字中分布研究"。由于二者关系紧密，故一并报告。

这项研究基于八亿古籍汉字语料，借用书同文全文检索引擎(UniFTR 2.0)对语料中所出现的约三万编码汉字（接近于所谓"字头"或"字种"）进行了逐字的出现率（字次）统计，并对统计结果进行了初步的分析。

根据目前掌握的信息，迄今为止中文信息界所作的数亿字规模的汉字字频统计，都是基于现代汉语的。而基于国际标准编码字符集和数亿古籍语料的统计分析，此前尚未见报告。随着电子出版业和数字图书馆事业的迅猛发展，学术界和产业界对于古籍汉字的字频统计数据的要求日益迫切，我们希望并且相信，本报告可以起到某种基础性贡献的作用，有利于各项相关技术和应用的研究与发展。

二、统计对象-语料及字符集

(一) 概述

本项目的基础语料来自文渊阁《四库全书》电子版和《四部丛刊》电子版。前者的汉字出现率，近七亿字次；后者近一亿字次；加起来接近八亿字次。尽管二者在使用率上尚有很大差异，但孰大孰小很难权衡，所以在合并语料时，未做任何加权处理，而是简单叠加。

前者于 1996—2000 年开发，基于增强的 CJK 编码字符集，CJK^+，用方正楷体表现；后者于 2000—2001 年开发，其字符集在 CJK^+ 的基础上稍有扩充，为编码汉字，用华天宋体字库表现。

CJK^+ 的定义详见下节。

(二) 编码字符集

语料的编码字符集都是基于 ISO/IEC 10646-1:2000，UCS-2 或 BMP 模式。

遵循国际标准 ISO/IEC 10646:2003，它等效于工业标准 Unicode 4.0 和国家标准 GB 13000-2003（正在翻译中）。

1. 源语料基于 CJK^+,CJK^+ 的定义是: CJK^+ ::= CJK ＋ CJK_A ＋ EUDC。

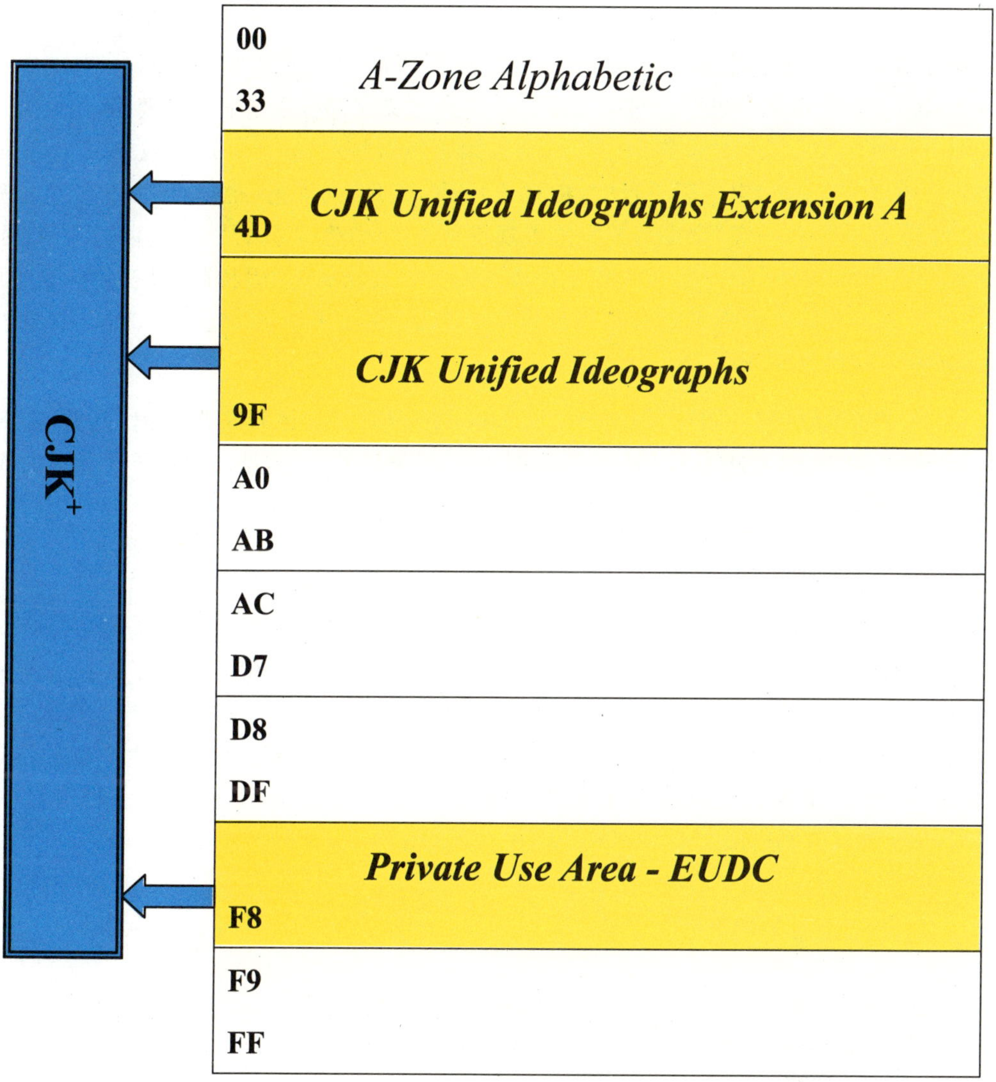

CJK 有 20,902 个标准编码汉字,CJK_A 有 6,500 个编码汉字,EUDC 则是在国际标准框架内专用区编码的汉字“Private Use Area - End User Defined Characters”。EUDC 有 6,400个码位,是精心选择的约 5,543 个汉字和符号,它们来自:

- 八卦-64 卦符号
- 古乐谱
- 《中华古汉语字典》外字
- 《四库全书》作者库外字
- 《四库全书》书目库外字
- 《四库全书》180 万条篇目（标题）外字
- 《四库全书》经-史-子-集出现率较高的外字
- 《中华文化通志》外字

● 《汉语大词典》中某些外字

所以这些 EUDC 字有相当高的代表性。

由于在原语料制作时，CJK Extension B 还没有颁布，况且还有相当一部分 EUDC 字在 CJK Extension B 中至今也没有对应关系。所以自定义这部分字是非常必要的。

实践证明，CJK⁺在"大标准、小自由"的原则下所选用的这 32,000 个汉字具有很强的实用性。在《四库全书》电子版工程中，相对于 GBK，CJK⁺的采用，在"经部"，外字的出现率从 9.7‰降到了 1.4‰；在"史部"，外字的出现率从 35.1‰降到了 1.2‰。目前，除了《四库全书》、《四部丛刊》电子版之外，《汉语大词典》和《中华文化通志》因特版，以及目标为 20 亿字的《中华基本古籍光盘库工程》、即将出版的《历代石刻史料汇编》电子版、中华书局语料库 OCR 加工线也都采用了 CJK⁺。

2. 统计分析时，对 EUDC(Private Use Zone)的编码汉字进行了再映射，凡是在 ISO/IEC 10646-1:2000 和 ISO/IEC 10646-2:2001 中已经编码的字符，都已经给予了标准的而不是 EUDC 的编码。

- 有 3,755 个 EUDC 字映射到 CJK_B 中。编码为 U+2XXXX
- 有 82 个字可映射到 BMP。除八卦、六十四卦 72 个字外（编码形式仍为 U+027XX），另外有 5 个字在 CJK 中、5 个字在 CJK A 中，属于当初的错误重复编码。(其编码形式仍为 U+0XXXX)
- 有 320 字未来可以映射到 CJK_C 中。(其编码形式仍为 U+0XXYY，XX 位于 E0～F8)
- 在目前的标准编码字符集和未来的 CJK Extension C 中均没有对应的 EUDC 字有 1,286个。(其编码形式仍为 U+0XXYY，XX 位于 E0～F8)

3. CJK⁺版本差异：

在《四库全书》电子版工程之后，应上海世纪出版集团要求，为《汉语大词典》因特版追加了 581 个自定义字，产生了新版本的 CJK⁺字符集，用华天宋体字库显现。

这 581 个新追加的自定义字的 PUA 代码从 0EF6F 到 0F1B3。由于它们的出现频度相当低，所以对整个统计数据的影响微乎其微。

(三) 文渊阁《四库全书》电子版语料

以下文字摘自文渊阁《四库全书》电子版出版说明：

> 《四库全书》是清代乾隆年间官修的规模庞大的百科丛书。它汇集了从先秦到清代前期的历代主要典籍，共收书三千四百六十余种。它是中华民族的珍贵文化遗产，也是全人类共同拥有的精神财富。
>
> 《四库全书》原抄七部，分藏北京故宫文渊阁、圆明园文源阁、沈阳清故宫文溯阁、承德避暑山庄文津阁、扬州文汇阁、镇江文宗阁、杭州文澜阁。后经战乱，今存世者仅文渊、文溯、文津三部及文澜本残书。
>
> 文渊阁《四库全书》是七部书中最早完成的一部，至今保存完好。自一九三四年

起，上海商务印书馆开始陆续影印文渊阁《四库全书》中的部分书籍，至一九八六年，才由台北商务印书馆将全书整套印出，题名《景印文渊阁四库全书》。过去半个多世纪，学术界从影印本《四库全书》得益良多，但从今天的角度看，影印本也存在明显的不足——体积大、书价高、保存难、检索不便；这些不足，影响并限制了该书的收藏、流通与利用。上海人民出版社和迪志文化出版有限公司有鉴于此，决心利用先进的数码技术将文渊阁《四库全书》电子化，为学术界提供体积小、售价低、易保存、检索快捷的电子版《四库全书》，并为推进中文信息电子化开辟新路。

"文渊阁四库全书电子版"以《景印文渊阁四库全书》为底本，由上海人民出版社和迪志文化出版有限公司合作出版，迪志文化出版有限公司、北京书同文电脑技术开发有限公司（现北京书同文数字化技术有限公司）承办全部开发制作工程。

电子化工程的重点是建立数据库和系统的技术开发。

数据库的建立：在国际标准的架构下，建立一个庞大的汉字信息数据库，是工程的第一步。为确保数据的齐备和准确，我们首先以数码扫描的方式录入全部二百三十多万页的原书图像，建立了原书图像数据库。然后利用先进的图像处理软件逐页检查，由计算机对原始图像自动分页、端正、去污，保证每幅图像的清晰度。

全文版数据的制作工程相当繁重，其校对工作更是极其艰巨。整个过程可分为三个阶段：(1)先对处理好的原文图像进行计算机切分、人工辅助纠错，提取每一个字的字迹图像；(2)再用清华大学计算机系人工智能研究室提供的多特定人规范手写识别引擎(OCR)，结合我们制作的超过七千字的Unicode版本的识别字典，把每个字迹图像识别成计算机的编码汉字，并给出每个字迹图像所可能对应的十个候选字及相关参数。解决百分之九十以上的录入问题；(3)然后用我们开发的"校得快"、"校得准"、"校得精"的三种"联机校对"软件，从不同的角度来进行五次无纸的数据校对工作。"校得快"在屏幕上显示字迹与其识别出来的汉字，一一对应、顺序校对，反复进行一、三校。"校得准"软件用于二、四校，以"交叉校对"方法打乱原文顺序，把所选页中同样的字聚集在一起，连同其所对应的字迹显示在屏幕上，从而使错字一目了然。"校得精"用于五校，它的特点是对全部数据再进行页对页、行对行的比对，将文本数据逐字逐句的和原文图像进行对照；并包括外字回填、一致性处理，实施全面检校。最后是专业校对，特别聘请专业工作者对数据作抽样校对。经此过程，建立起约七亿汉字的高质量的中文字符-字迹资料库。

参与技术开发的机构，除了迪志文化出版有限公司和书同文计算机技术开发有限公司以外，还有清华大学计算机系（负责OCR引擎开发），和北大方正电子有限公司（负责建立专用字库）。微软公司（北京）研究开发中心在平台技术等方面给予了有力的技术援助。

（四）《四部丛刊》电子版语料

《四部丛刊》是上个世纪初由著名学者、出版家张元济先生汇集多种中国古籍经典纂辑的。学者们公认此书的最大特色是讲究版本。纂辑者专选宋、元、明旧刊（间及清本者，则必取其精刻）及精校名抄本，故版本价值之高远在《四库全书》之上。多年来，该书一直深受文史工作者推崇，所收书常被用作古籍整理的底本。该书共计收书477种、3,134册、232,478页、近九千余万字。

《四部丛刊》电子版是由北京书同文数字化技术有限公司独立投资于2001年开发完成的。以下摘自书同文网站 www.unihan.com.cn：

《四部丛刊》分为初编、续编、三编。每编内皆分为：经，史，子，集四部。初编始印于公元1919年，至公元1922年始成，收书323种，8,548卷。公元1924年重印初编，抽换21种版本，增为8,573卷，并新撰若干校勘记。续编于公元1934年印成，收书81种，1,438卷。公元1936年续出三篇，73种，1,910卷。原拟再出四编，以二次大战起作罢。正续三编，总计收书477种，3,134册。

征书、版本、校勘：

《四部丛刊》全书采用影印技术，重现原书面貌，并详记原版宽狭大小于卷首；分经史子集四类，体例较备。以涵芬楼所藏为主，兼采江南图书馆、北京图书馆、瞿氏铁琴铜剑楼、傅氏双鉴楼、刘氏嘉业堂、缪氏艺风堂 等名家秘笈。甚至日本静嘉堂文库、帝室图书寮、内阁文库、东洋文库、东福寺等藏书，凡宋元旧本，明清佳刻，具述其急要者而登之，罕见实用，兼收并蓄。张元济先生印书首重版本，尤贵初刻，「所采录者，皆再三考证，择善而从」（《丛刊》例言）。以宋本言，三编所收，几于百种，如赵注大字本《孟子》，即为仅见之宋本。重刊初编所抽换《盘洲文集》，系海内孤本，与影宋本相校，得补正千三百字。又《太平御览》卷帙庞大，今所存版本多不全，张元济先生乃以静嘉堂本、喜多村直聚珍本配补宋蜀刻本，复以国内鲍崇成本、张若云本对校补缺，使其成最善与可信之本，功不可没。又《春秋正义》十二册三十六卷据日本正宗寺抄本影印，为日本汉字版本。是编由张元济先生往来征询，改定书目，至商借版本，预约出书，皆居中协调。因所见善本既多，撰录题跋约百二十余首，校勘记四十余篇，引据考证；以版式行款、刻工、避讳等鉴别版本；或阐述各集刻藏源流，往往尽发前人所未发，以此窥张元济先生校勘、整理古籍之实学，对学术研究助益颇深。

三、统计用策略、工具与技术

A. 数据采集阶段，坚持“保真原则”。在给定字符集的范围内尽量不做简繁代换、正形、异体代换，尽可能地保持原有字形。

对于小学类，“保真原则”贯彻得更为严格：字头从严，尽量保真、释文从宽，可适度代换。[参见附件：《四库全书》电子版工程的“保真原则”的说明]

B. 在统计积累的基础上有控制地造字、补字（3%%%%以上出现率考虑造字）。

C. 借用书同文全文检索引擎（UniFTR 2.0）对语料中所出现的约三万编码汉字（接近于所谓“字头”或“字种”）进行了逐字的出现率（字次）统计。

D. 采用书同文“古今字频查频工具” 进行分析，其中运用了简繁异体字关联技术。（详见下节）

四、统计结果汇总与初步分析

（一）古籍用字的总字数

1. 文渊阁《四库全书》汉字用字字数：29,088字
（3,500部著作36,000册）

2. 《四部丛刊》汉字用字字数：27,606字

（504 部著作 3,134 册）

3.《四库全书》与《四部丛刊》汉字用字合计：30,127 字

注：上述用字只包括小学类的一部分用字，不包括小学类（主要是大规模字书）的全部用字。

（二）古籍用字的统计曲线

高频 100 字、500 字、1,000 字、10,000 字、20,000 字，直至 30,000 字对语料的覆盖率如下图所示。

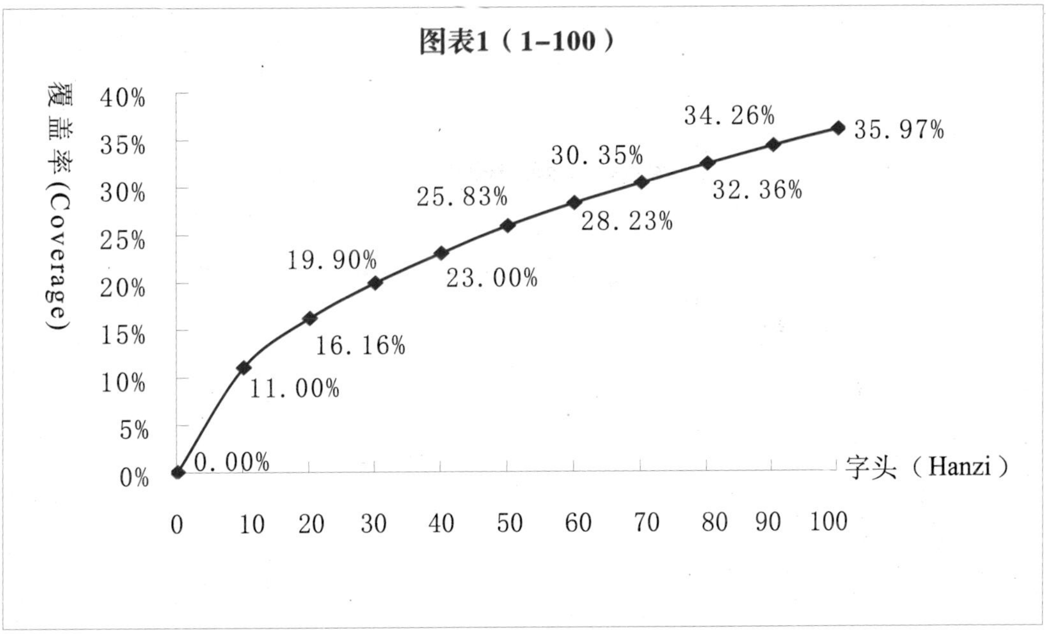

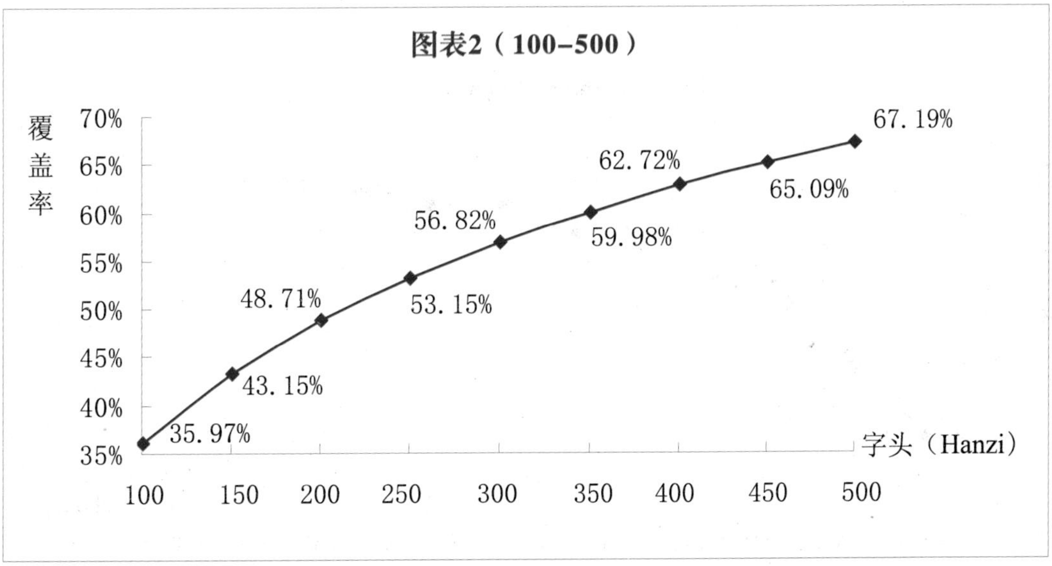

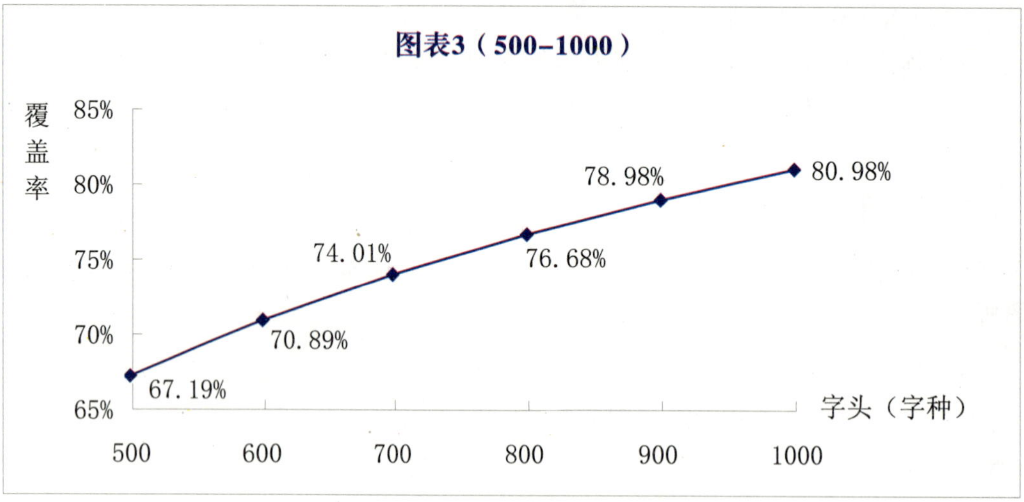

图表3（500–1000）
覆盖率
85%
80%
75%
70%
65%
78.98%
80.98%
74.01%
76.68%
70.89%
67.19%
字头（字种）
500
600
700
800
900
1000

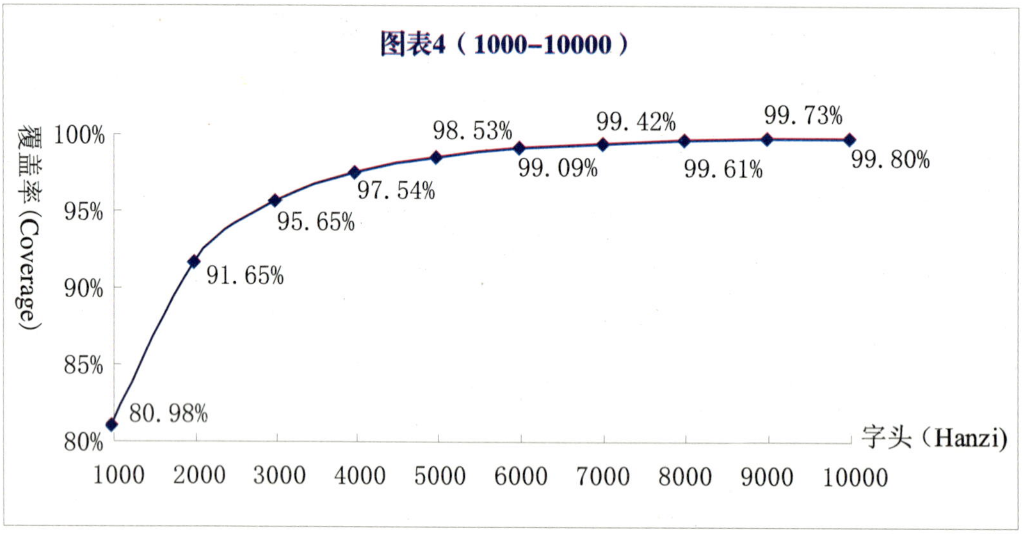

图表4（1000–10000）
覆盖率(Coverage)
100%
95%
90%
85%
80%
98.53%
99.42%
99.73%
99.09%
99.61%
99.80%
97.54%
95.65%
91.65%
80.98%
字头(Hanzi)
1000
2000
3000
4000
5000
6000
7000
8000
9000
10000

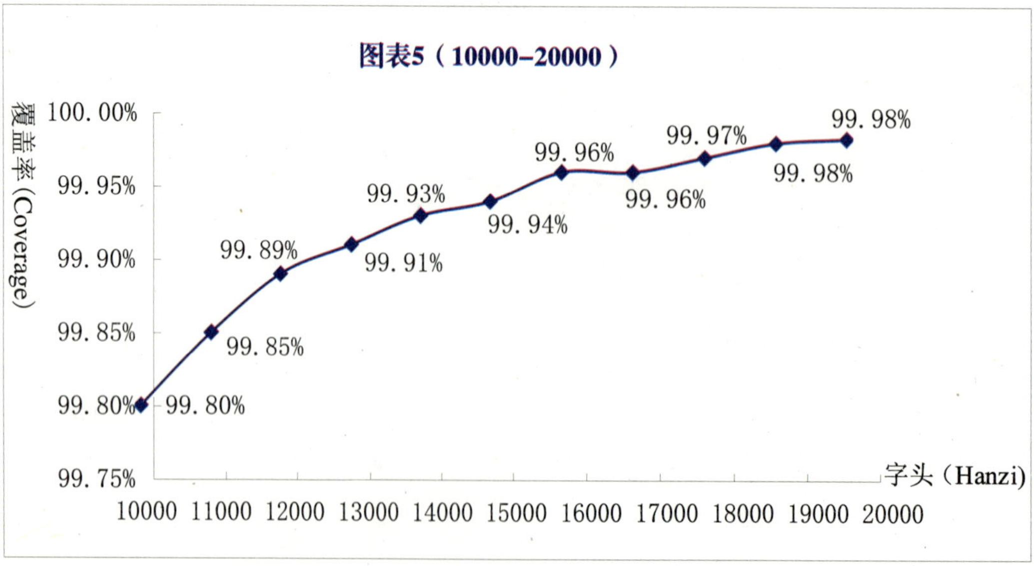

图表5（10000–20000）
覆盖率(Coverage)
100.00%
99.95%
99.90%
99.85%
99.80%
99.75%
99.98%
99.96%
99.97%
99.93%
99.98%
99.96%
99.94%
99.89%
99.91%
99.85%
99.80%
字头(Hanzi)
10000
11000
12000
13000
14000
15000
16000
17000
18000
19000
20000

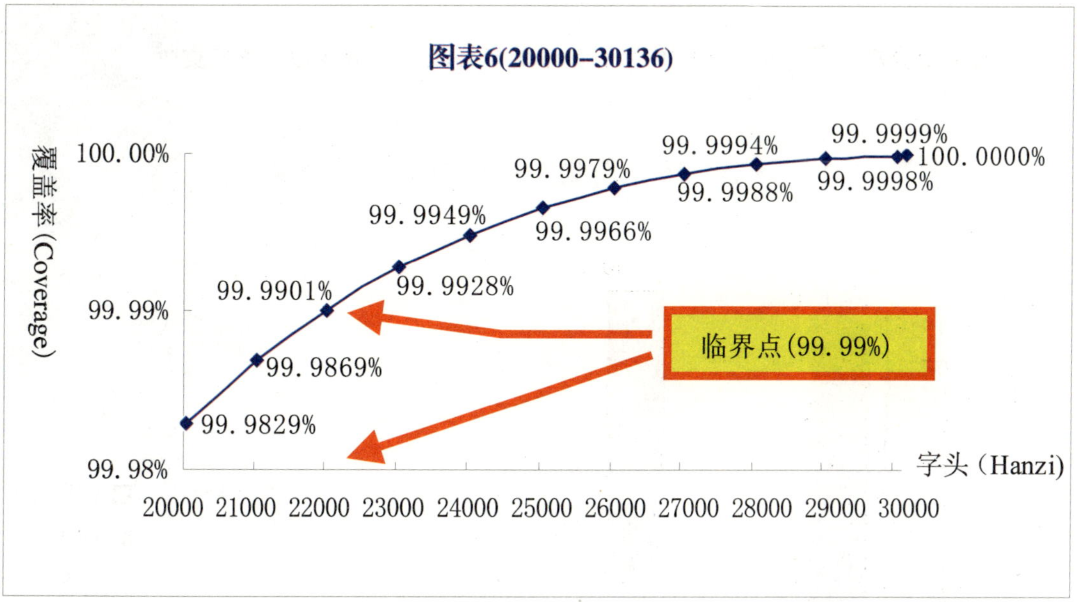

从另一个角度，我们也可以看到覆盖10%，20%，30%……，直到覆盖90%所需汉字的数量：

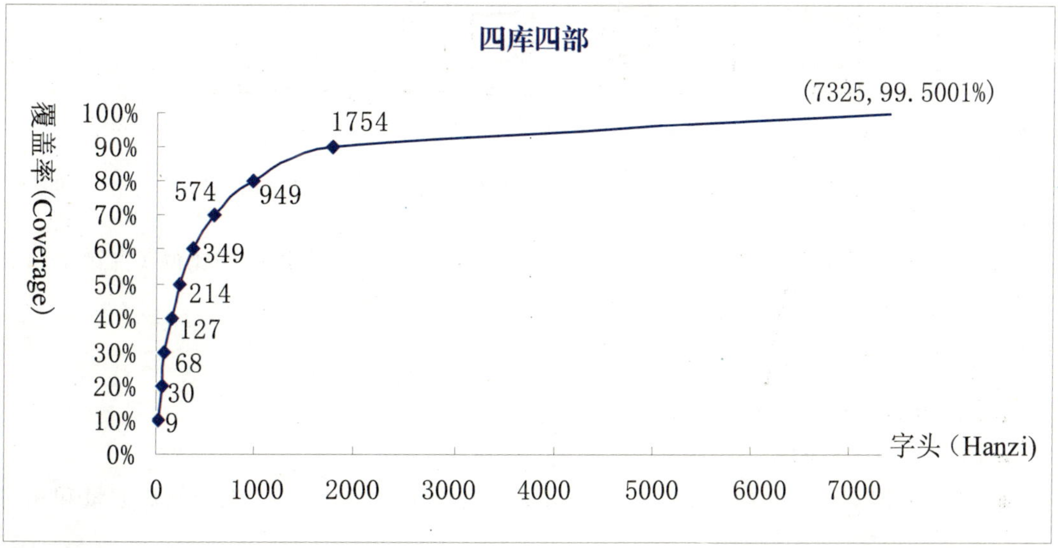

覆盖率	10%	20%	30%	40%	50%	60%	70%	80%	90%	100%
字　头	9	30	68	127	214	349	574	949	1754	30136

（三）古籍用字在 Unicode/CJK 字符集中的分布及其对语料覆盖率的贡献

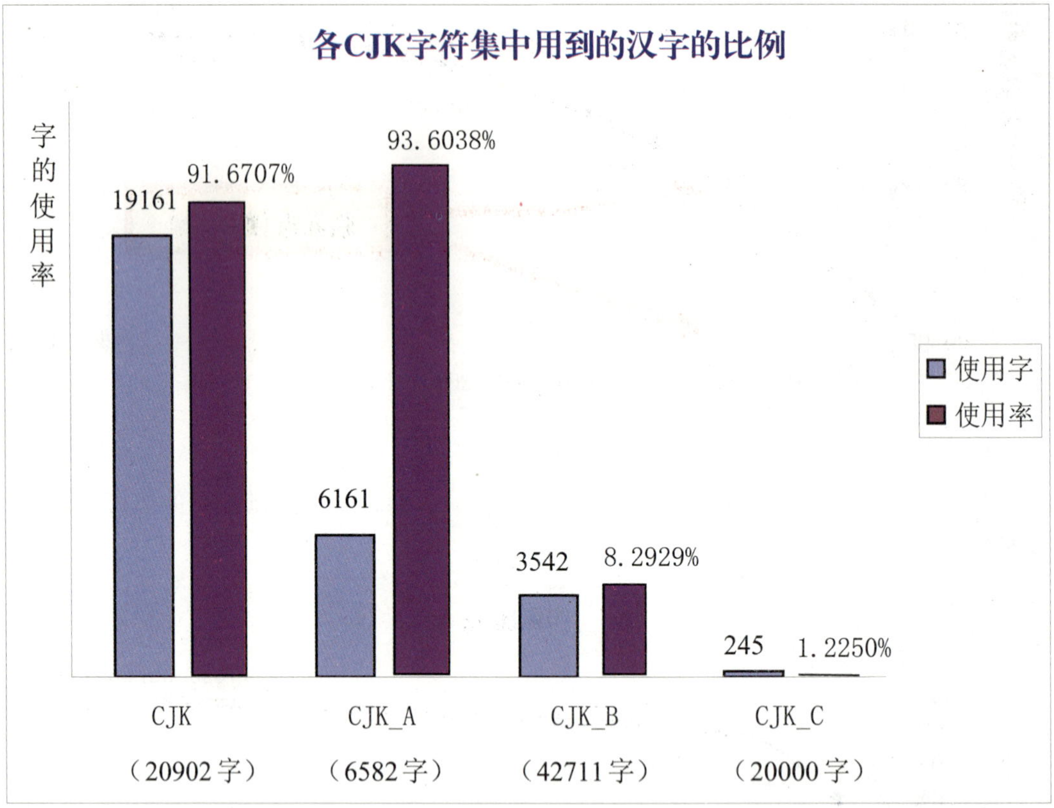

从上面图表可以清晰地看出，古籍用字在各个 CJK 的集合中所占的比例（古籍中用到的字/该 CJK 集合的汉字，且称“使用字”在该集合中的“使用率”）。

其中特别值得注意的是：

- CJK 中用到的字的绝对数量最多（19,161 个）。
- CJK_A 中用到的汉字的相对数量最大（93.6%）。
- CJK_B 中汉字虽多（42,711 个），但真正在古籍中用到的汉字，无论绝对数量和相对数量都很少。
- CJK_C 的两万字看来对古籍用字的贡献远不是人们所估计的那样高。

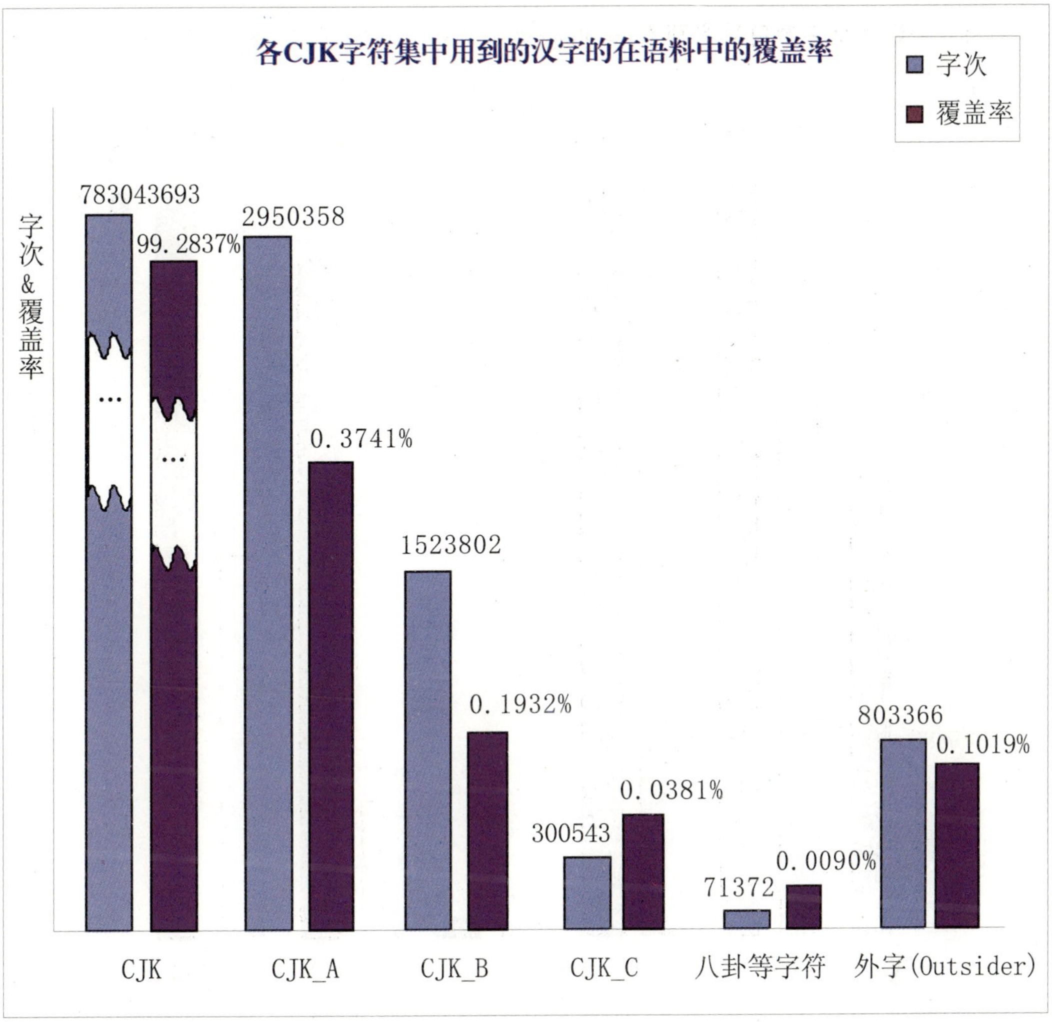

但是就覆盖率而言，在古籍中真正起作用的，还要首推 CJK。CJK 汉字覆盖了古籍语料的 99.28%。其余 72‱的覆盖率是 CJK_A，CJK_B，CJK_C 和八卦等分担的。

- CJK_A 中被用到的字占整个 CJK_A 集合的比例虽高，但是这些字的出现率却很低。这 6,100 余字对古籍的覆盖率，只占 37.4‱。
- CJK_B 中的汉字，对古籍语料的覆盖率占 19.3‱。
- CJK_C 覆盖率占 3.8‱。

(四) 古籍用字在中日韩主要 Code Page 中的分布及其对语料覆盖率的贡献

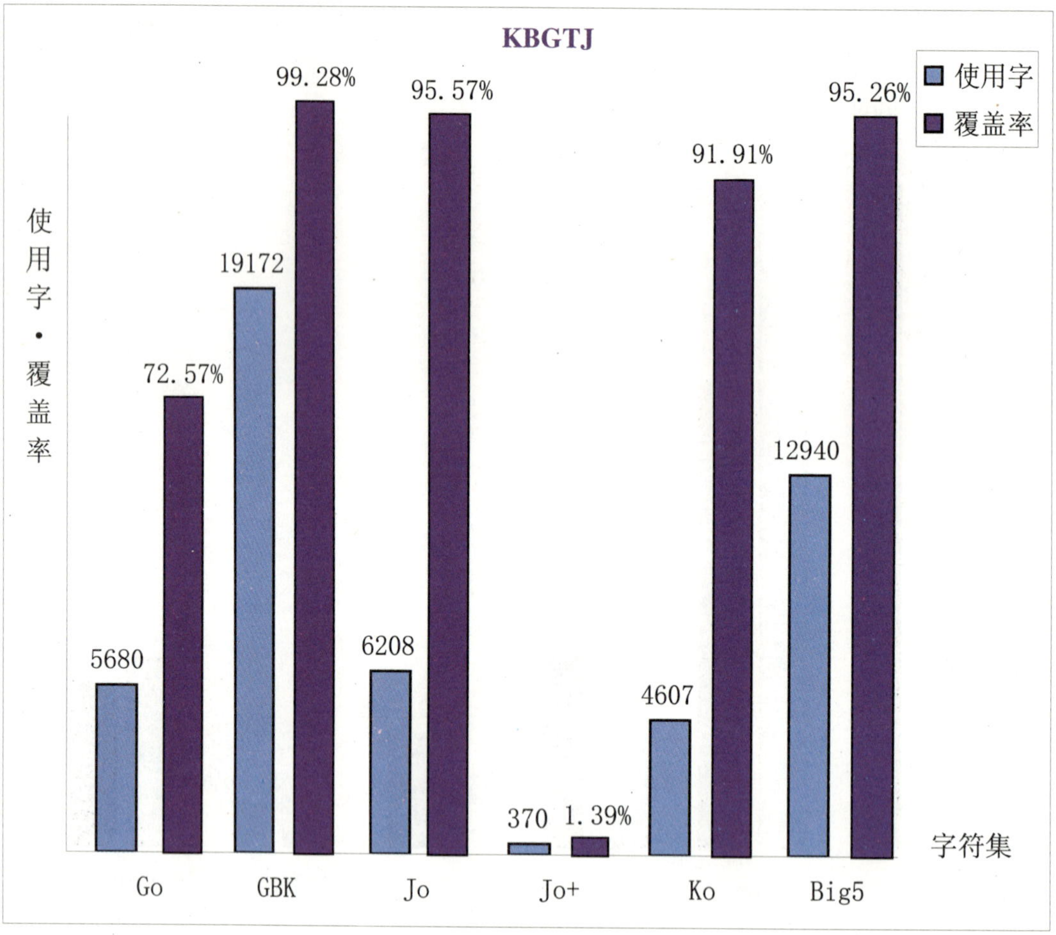

图中 Go：GB 2312，GBK，Jo：JIS x 0208，Jo+，Big5，Ko：KSC 5401

1. 在国标基本集 GB 2312 和 GBK 中分布分析

GB 2312 收入汉字 6,763 个，古籍（《四库》、《四部》）使用其中汉字 5,680 个，覆盖率仅为 72.57%。这些字主要是非简化的传承汉字。GB 2312 其覆盖率之所以不高，是因为 GB 2312是供中国现代用字的简化汉字体系的字符集，其中含有 2,200 余个常用简化汉字，古籍用字基本不涉及。由此可见，虽然 GB 2312 对现代文献用字覆盖率可达 99.99%，但对古籍数字化是不适用的。

由于 GB 2312 的局限性，古籍数字化在中国大陆曾经长期裹足不前。但是这种情况从 1995 年起，随着 GBK 的推出及其在 Windows 的实现发生了很大的变化，古籍数字化在中国出现了势如破竹的局面。这在很大程度上是 GBK 全盘采用了 CJK 汉字的缘故，由于简繁异汉字并存，GBK 对古籍语料的覆盖率高达 99.28%，远比其他亚洲国家/地区的 Code Page 都高。

2. 在 JIS 0208(J0) 中分布分析

JIS 0208 是日本国标汉字基本集，其中收入汉字约 6,500 个，古籍（《四库》、《四部》）使用其中汉字 6,208 个,覆盖率达 95.57%,属于较高。这是因为 JIS 0208 收入的绝大部分是汉字的传承字,日本自己创立的国字约 280 个。

横向比较可以看出,在 GBK(CJK)推出之前,Jo 对古籍的覆盖率是居于首位的,达到了 95.57%。特别值得注意的是,Jo 的这 6,208 个汉字,比 Big5 的近 13,000 个汉字对古籍的覆盖率还高。可见 JIS 0208 汉字具有相当高的传承性。

图中的 Jo+是日本的一个小补充集。测试表明,这些汉字对于古籍有很好的覆盖性,对 Jo 是个很好的补充。

3. 在 KSC 5601 中分布分析

KSC 5601 是韩国汉字基本集,其中收入汉字约 5,000 个。古籍(《四库》、《四部》)使用其中汉字 4,607 个,覆盖率为 91.91%。KSC 5601 收入的绝大多数也是传承汉字。

很明显,孤立地使用韩国基本集,不能很好地覆盖古籍汉字。

4. 在 Big5 中分布分析

Big5 为台湾常用字符集,其中收入汉字 13,500 余个。古籍(《四库》、《四部》)使用其中汉字 12,940 个,覆盖率达 95.26%,虽覆盖率不低,但统计表明,Big5 尚不能较好地满足古籍用字需求,古籍每千字还会有近 50 字的空缺。

尽管如此,Big5 对古籍数字化仍然起过重要的作用。为了解决缺字问题,曾经有各种 Big5 Extension(xBig5)的方案配合古籍数字化的项目推出。在 GBK(CJK)问世之前,xBig5 曾经是《汉语大词典》电子版、《古今图书集成》电子版的过渡字符集。

(五) 补充说明

1. 小学类用字问题

本项目中的古籍用字之包括小学类的部分用字,但不包括小学类(主要是大规模字书)的全部用字。

实际上,以《四库全书》为例,小学类(训诂之属、字书之属和韵书之属)的册数只占全部典籍的 1.47%,其中字头最多的字书之属仅占 0.86%;如果按字数计算,字书之属(514.6 万字次)只占整个《四库全书》7 亿字次的 0.74%。所以他们对大规模统计数据的影响微乎其微。

2. 中国古籍中为什么会出现简化汉字和日本汉字

在这次统计中,确实发现在古籍中有使用频度极低的简化汉字和日本汉字。这主要来自《四部丛刊》。因《四部丛刊》的编纂者强调搜集最古老的版本,其中有的版本如《春秋正義》选的是日本正宗寺的手抄本。日本学者手抄时,将“國”写为“国”,将“釋”写为“釈”,将“據”写为“拠”等等。《四部丛刊》中还收入后人手书的序言或跋,行书时将有关部首简化,如“言”字旁。由于数字化时采取保真原则,因此出现简化汉字和日本汉字就不奇怪了。

(六) 借助书同文字频统计工具举例。我们还可以对统计数据进行进一步的分析和说明。功能上,我们可以进行:

- 单字查询 关联或不关联

● 批字查询 按码查询、按频查询、指定外部字符子集文件查询

例 1： 查询前若干个高频字：

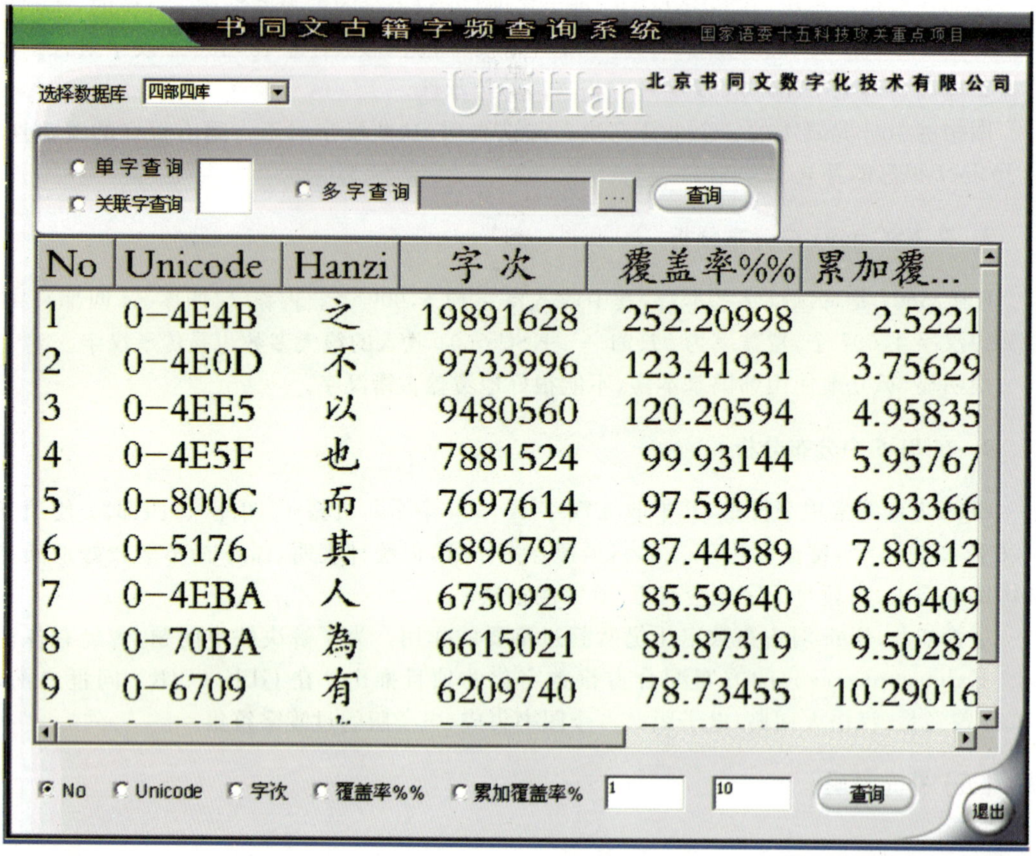

例 2： 关联字字频查询

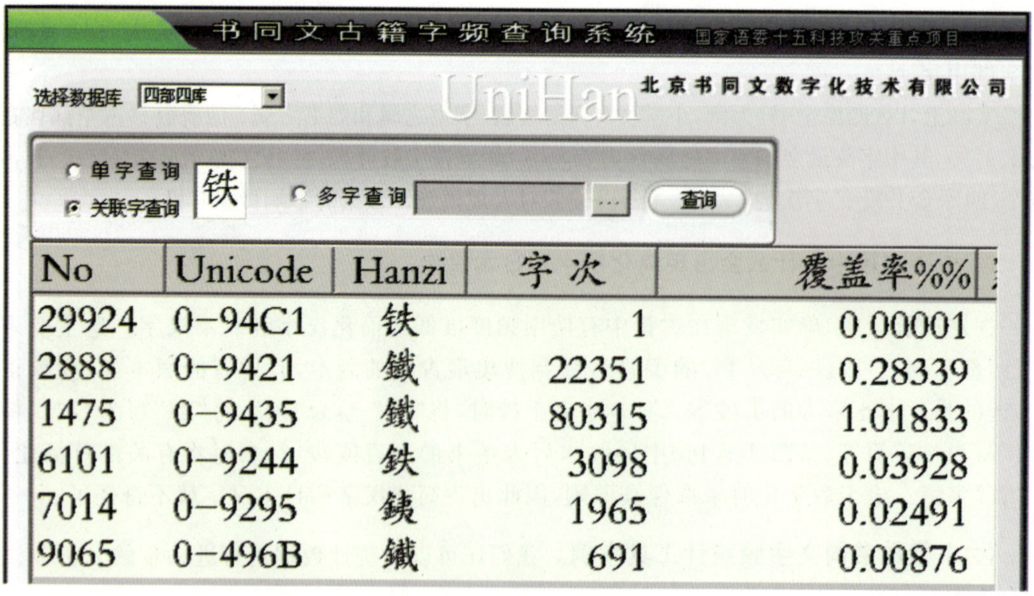

注 1： 在古汉语语料中，由于历史上没有进行过大规模文字统一正形工作，不少汉字都有异体字存在。如“铁”字就有六种字形，“岁”字就有十一种写法，但是其使用频

度差距很大。如果考虑对繁体字体系正形，显然字的使用频度是最根本的定量根据，即使用频度最大的字应作为正体字。在这个例子中，“鐵”字使用频度最高（见上图），应作为正体。

注 2： 在上例中，经复查，简体字“铁”是数字化错误，在古籍原文中是不存在的。由于其只是偶现，我们没有把它删除，以反映这一版语料的真实情况。

例 3： 查询一批避讳字及其相关正字

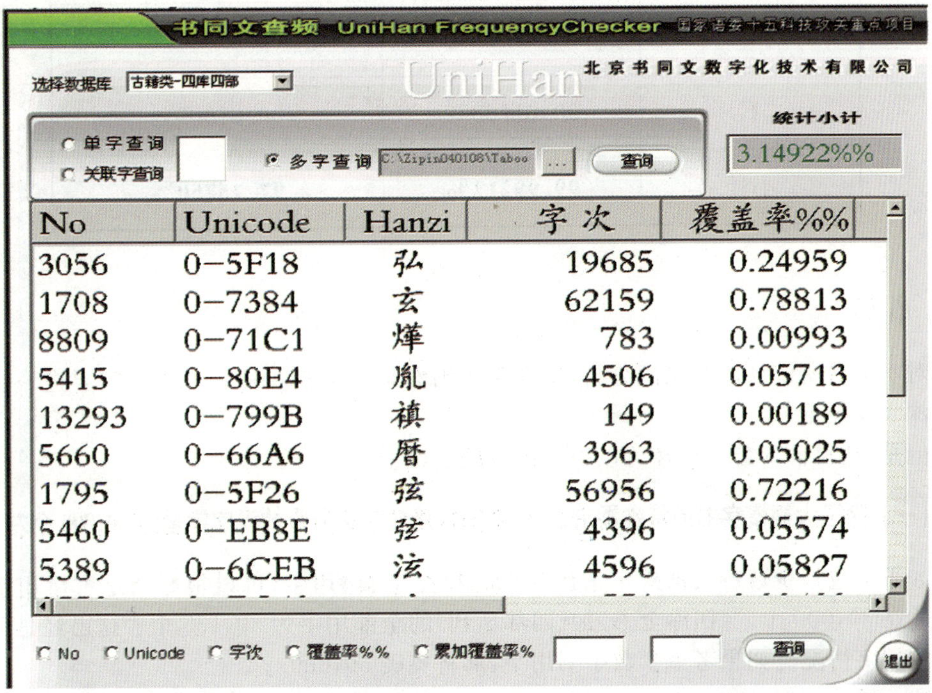

No	Unicode	Hanzi	字次	覆盖率%%
3056	0-5F18	弘	19685	0.24959
1708	0-7384	玄	62159	0.78813
8809	0-71C1	燁	783	0.00993
5415	0-80E4	胤	4506	0.05713
13293	0-799B	禛	149	0.00189
5660	0-66A6	曆	3963	0.05025
1795	0-5F26	弦	56956	0.72216
5460	0-EB8E	弦	4396	0.05574
5389	0-6CEB	泫	4596	0.05827

例 4： 查询一批字- CJK_A 的字频

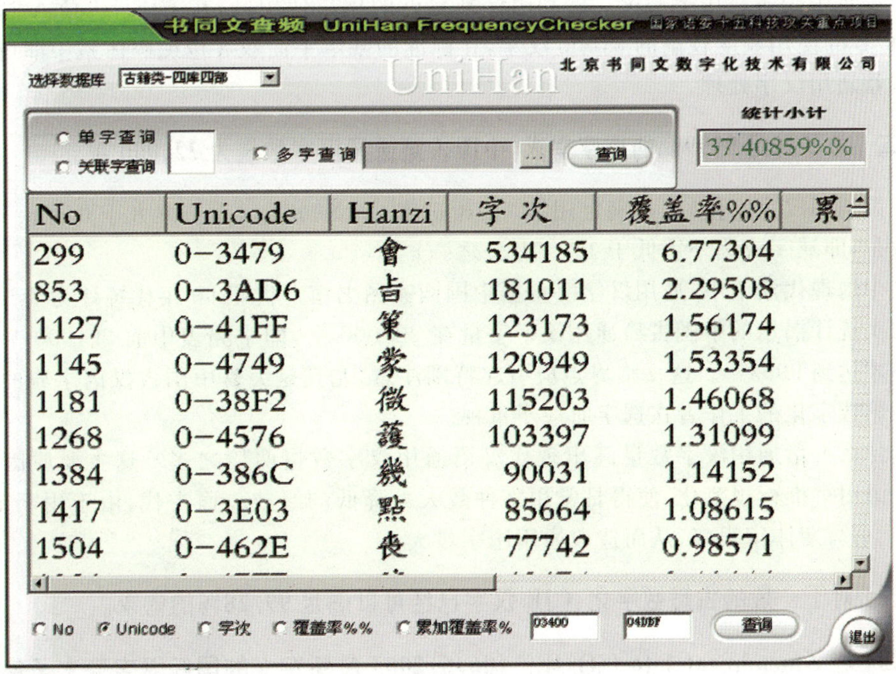

No	Unicode	Hanzi	字次	覆盖率%%	累
299	0-3479	㑹	534185	6.77304	
853	0-3AD6	㫖	181011	2.29508	
1127	0-41FF	䇿	123173	1.56174	
1145	0-4749	䝉	120949	1.53354	
1181	0-38F2	㣲	115203	1.46068	
1268	0-4576	䕶	103397	1.31099	
1384	0-386C	㡬	90031	1.14152	
1417	0-3E03	㸃	85664	1.08615	
1504	0-462E	䘮	77742	0.98571	

例 5：利用书同文查询工具对 IICore 2.0 的字频进行测算

Category	2000-2002 当代报刊语料	古籍语料
A	99.88435%	96.54797%
B	00.09022%	00.59051%
C	00.01760%	00.01902%
小计	**99.99217%**	**97.15750%**

五、小结

对本项目所统计的数据的分析，迄今为止仍然是非常初步的。今后还需要进一步地分析和深入地挖掘。

但是，从目前的分析已经可以得出以下的结论：

（一）除了大规模字书的特殊需求之外，中国古籍数字化所需的汉字字量为 30,000 个左右。

如果不包括少数特大部头字书用字，如《康熙字典》用字，可以很好满足古籍用字的字数大体在 30,000 个。《四库全书》加《四部丛刊》的全部用字为 30,135 个。这已经是最有代表性的用字情况。如果考虑少数字书用字，那将突破 50,000 字。

这一统计表明，ISO/IEC 10646/Unicode 的 CJK+CJKA 的 27,484 个汉字集合就可以较好地满足中国古籍用字需求。若利用标准允许的用户使用区，在 CJK+CJKA 基础上扩充 CJK_B 的使用频度较高的 5,000 汉字，在标准的基本平面双 8 位编码体系中即可很好地实现古籍通用汉字处理。

（二）为了满足 9999‱的用字需求，中国古籍通用汉字数量为 22,000 字。

所谓通用汉字字量，是指满足用字（即覆盖率）达 9999‱（万分之九千九百九十九）的汉字数量，即缺字或称外字低于 1‱（万分之一）。

在中国现代汉语中，通用汉字字量据中国国家图书馆上世纪 90 年代统计为 7,000 个。

这次统计揭示的中国古籍通用汉字字量在 22,000 个，即字频表中前 22,000 个汉字的覆盖率才达到 9999‱。这一临界点应引起特别注意，尤其是编纂中国古汉语字典的学者和从事古籍数字化的工作者在选字时应予重视。

为什么古籍通用汉字数量高出现代汉语通用汉字数量两倍之多？这主要原因可能是现代汉语用字推行规范化，使得日常用字种数大大降低的缘故。而古代，由于用字不规范，异体字、书写变体字很多，从而造成通用用字量大。

（三）对于一般的古籍数字化，CJK 汉字已经可以满足 99.28%的需求。

（四）在 Amendment 1 to ISO/IEC 10646:2003 最新定义的国际汉字基本子集 IICore

(International Ideograph Core,不足 10,000 汉字,几乎全在 CJK),可以满足古籍汉字需求的 97%以上。这一指标,已经超过了以往任何一个 Code Page (GB 2312, JIS 0208, KSC 5401, Big5) 对古籍的覆盖率。

六、鸣谢

如前所述,本项目是在北京书同文数字化技术有限公司长期从事的古籍数字化工作的基础上,由国家语委十五科技攻关计划资助的重点项目。这个浩大的工程,可追溯到上千人多年的工作,凝聚了一大批古籍数字化工作者的心血。课题组在此对他们表示衷心的感谢。

课题组首先要感谢文渊阁《四库全书》电子版工程的投资者余志明先生和策划者李超伦先生。因为没有文渊阁《四库全书》电子版工程,就不可能有本项目字频统计的规模和质量。1997-1999 三年间先后在《四库全书》电子版工程中心工作过的工作人员,邓家明、王晓波、廖令坚、石磊、金树祥、范子烨为代表的一大批软硬件工程师、编辑、古文辅导员和数百名电脑录校人员,都对本项目做出了贡献。

课题组还要特别感谢《四部丛刊》电子版的倡导者许嘉璐先生,正是他在《四库全书》电子版发布会上提出的问题"古籍到底要用多少汉字?",促进了我们最早的项目构思。此后,大规模古籍字频统计的项目得到了国家语委李宇明、王铁琨、王翠叶等领导和一批语言文字专家的鼓励和支持,才得以立项,遂有今日之结果。

在项目进行中,课题组克服了各种困难,反复计算,数易其稿,历时两年多才达到基本满意的结果。对于在此期间在数据处理、图表加工等方面做过工作的宗华锋、韩庆梅等,在此一一致谢。

由于本项目数据量巨大、版本迭多、历时长久,错误、缺漏与不当,恐在所难免。敬请语言文字界、出版界和图书馆界的专家学者和数字化同行多多指教,以便在未来版本一并修订。

七、附件

A. 古籍汉字用字统计数据集,按字频降序排列

B.《四库全书》电子版工程的"保真原则"的说明

C. 文渊阁《四库全书》汉字用字统计数据集,按字频降序排列

D.《四部丛刊》汉字用字统计数据集,按字频降序排列

古籍字频统计表

No:00001 U+04E4B 之 19891628 252.2099/万 2.5221%	No:00002 U+04E0D 不 09733996 123.4193/万 3.7562%	No:00003 U+04EE5 以 09480560 120.2059/万 4.9583%	No:00004 U+04E5F 也 07881524 99.9314/万 5.9576%	No:00005 U+0800C 而 07697614 97.5996/万 6.9336%	No:00006 U+05176 其 06896797 87.4458/万 7.8081%	No:00007 U+04EBA 人 06750929 85.5964/万 8.6640%	No:00008 U+070BA 為 06615021 83.8731/万 9.5028%	No:00009 U+06709 有 06209740 78.7345/万 10.2901%	No:00010 U+08005 者 05587903 70.8501/万 10.9986%
No:00011 U+04E00 一 05279990 66.9460/万 11.6681%	No:00012 U+066F0 曰 05235232 66.3785/万 12.3319%	No:00013 U+05B50 子 04579575 58.0653/万 12.9125%	No:00014 U+065BC 於 04305732 54.5932/万 13.4585%	No:00015 U+05341 十 04185422 53.0678/万 13.9891%	No:00016 U+05927 大 03590583 45.5257/万 14.4444%	No:00017 U+06240 所 03516804 44.5902/万 14.8903%	No:00018 U+04E8C 二 03437197 43.5809/万 15.3261%	No:00019 U+04E09 三 03338241 42.3262/万 15.7494%	No:00020 U+04E2D 中 03184692 40.3793/万 16.1532%
No:00021 U+07121 無 03175745 40.2659/万 16.5558%	No:00022 U+04E28 丨 03166824 40.1528/万 16.9573%	No:00023 U+05E74 年 03163339 40.1086/万 17.3584%	No:00024 U+05247 則 03053478 38.7156/万 17.7456%	No:00025 U+04E0B 下 02960595 37.5379/万 18.1210%	No:00026 U+05929 天 02919091 37.0117/万 18.4911%	No:00027 U+04E0A 上 02887089 36.6059/万 18.8571%	No:00028 U+06B64 此 02834051 35.9335/万 19.2165%	No:00029 U+0738B 王 02754461 34.9243/万 19.5657%	No:00030 U+066F8 書 02619030 33.2072/万 19.8978%
No:00031 U+0662F 是 02602664 32.9997/万 20.2278%	No:00032 U+0516C 公 02576421 32.6669/万 20.5545%	No:00033 U+04E8B 事 02519440 31.9444/万 20.8739%	No:00034 U+081EA 自 02480552 31.4514/万 21.1884%	No:00035 U+05728 在 02428095 30.7863/万 21.4963%	No:00036 U+053EF 可 02422115 30.7104/万 21.8034%	No:00037 U+08A00 言 02368329 30.0285/万 22.1037%	No:00038 U+081F3 至 02344512 29.7265/万 22.4009%	No:00039 U+04E94 五 02342263 29.6980/万 22.6979%	No:00040 U+05982 如 02338972 29.6563/万 22.9945%
No:00041 U+065E5 日 02325150 29.4810/万 23.2893%	No:00042 U+05C71 山 02299699 29.1583/万 23.5809%	No:00043 U+056DB 四 02293069 29.0742/万 23.8716%	No:00044 U+06545 故 02268200 28.7589/万 24.1592%	No:00045 U+06587 文 02232019 28.3002/万 24.4422%	No:00046 U+08207 與 02204117 27.9464/万 24.7217%	No:00047 U+053C8 又 02194105 27.8195/万 24.9999%	No:00048 U+05F97 得 02190762 27.7771/万 25.2776%	No:00049 U+06642 時 02172369 27.5439/万 25.5531%	No:00050 U+0884C 行 02106107 26.7037/万 25.8201%
No:00051 U+05DDE 州 02027504 25.7071/万 26.0772%	No:00052 U+077E5 知 02018460 25.5924/万 26.3331%	No:00053 U+06708 月 01995017 25.2952/万 26.5861%	No:00054 U+05F8C 後 01966734 24.9366/万 26.8354%	No:00055 U+05357 南 01932956 24.5083/万 27.0805%	No:00056 U+0751F 生 01893680 24.0103/万 27.3206%	No:00057 U+0898B 見 01832363 23.2329/万 27.5529%	No:00058 U+09053 道 01789762 22.6927/万 27.7799%	No:00059 U+04EA6 亦 01748031 22.1636/万 28.0015%	No:00060 U+08B02 謂 01747969 22.1628/万 28.2231%
No:00061 U+06771 東 01690479 21.4339/万 28.4375%	No:00062 U+0541B 君 01689333 21.4194/万 28.6517%	No:00063 U+0660E 明 01688211 21.4051/万 28.8657%	No:00064 U+076F8 相 01684876 21.3628/万 29.0794%	No:00065 U+07136 然 01674640 21.2331/万 29.2917%	No:00066 U+06C34 水 01671171 21.1891/万 29.5036%	No:00067 U+04ECA 今 01668277 21.1524/万 29.7151%	No:00068 U+07686 皆 01649437 20.9135/万 29.9242%	No:00069 U+04F5C 作 01635411 20.7357/万 30.1316%	No:00070 U+0570B 國 01631438 20.6853/万 30.3384%
No:00071 U+0540D 名 01631149 20.6816/万 30.5453%	No:00072 U+04F7F 使 01606696 20.3716/万 30.7490%	No:00073 U+081E3 臣 01604215 20.3401/万 30.9524%	No:00074 U+051FA 出 01603163 20.3268/万 31.1556%	No:00075 U+0767E 百 01600496 20.2930/万 31.3586%	No:00076 U+0672A 未 01595486 20.2294/万 31.5609%	No:00077 U+04E8E 于 01582654 20.0667/万 31.7615%	No:00078 U+04F55 何 01571852 19.9298/万 31.9608%	No:00079 U+08A69 詩 01561947 19.8042/万 32.1589%	No:00080 U+0592A 太 01550011 19.6529/万 32.3554%
No:00081 U+0897F 西 01544859 19.5875/万 32.5513%	No:00082 U+05B98 官 01544106 19.5780/万 32.7471%	No:00083 U+077E3 矣 01540602 19.5336/万 32.9424%	No:00084 U+0516D 六 01529457 19.3923/万 33.1363%	No:00085 U+07528 用 01524024 19.3234/万 33.3296%	No:00086 U+06B63 正 01495257 18.9586/万 33.5191%	No:00087 U+080FD 能 01486162 18.8433/万 33.7076%	No:00088 U+07E23 縣 01455744 18.4576/万 33.8922%	No:00089 U+0592B 夫 01445475 18.3274/万 34.0754%	No:00090 U+04E91 云 01406222 17.8297/万 34.2537%
No:00091 U+06C0F 氏 01385551 17.5676/万 34.4294%	No:00092 U+05730 地 01375207 17.4365/万 34.6038%	No:00093 U+0540C 同 01372766 17.4055/万 34.7778%	No:00094 U+05143 元 01363996 17.2943/万 34.9508%	No:00095 U+058EB 士 01358876 17.2294/万 35.1231%	No:00096 U+06210 成 01343501 17.0345/万 35.2934%	No:00097 U+0967D 陽 01340765 16.9998/万 35.4634%	No:00098 U+0975E 非 01335231 16.9296/万 35.6327%	No:00099 U+065B9 方 01325011 16.8000/万 35.8007%	No:00100 U+05FC3 心 01319258 16.7271/万 35.9680%

No:00101 U+05165 入 01302261 16.5116/万 36.1331%	No:00102 U+09577 長 01296295 16.4359/万 36.2975%	No:00103 U+053CA 及 01287909 16.3296/万 36.4608%	No:00104 U+05B89 安 01281204 16.2446/万 36.6232%	No:00105 U+050B3 傳 01265496 16.0454/万 36.7837%	No:00106 U+07576 當 01251855 15.8725/万 36.9424%	No:00107 U+08AF8 諸 01243065 15.7610/万 37.1000%	No:00108 U+05148 先 01240383 15.7270/万 37.2573%	No:00109 U+05DF2 已 01216035 15.4183/万 37.4114%	No:00110 U+079AE 禮 01214983 15.4050/万 37.5655%
No:00111 U+098A8 風 01210352 15.3463/万 37.7190%	No:00112 U+04E5D 九 01206422 15.2964/万 37.8719%	No:00113 U+05E1D 帝 01206189 15.2935/万 38.0249%	No:00114 U+04E43 乃 01193392 15.1312/万 38.1762%	No:00115 U+05C07 將 01187450 15.0559/万 38.3267%	No:00116 U+08ECD 軍 01180587 14.9689/万 38.4764%	No:00117 U+05317 北 01175293 14.9017/万 38.6254%	No:00118 U+057CE 城 01165871 14.7823/万 38.7733%	No:00119 U+082E5 若 01164704 14.7675/万 38.9209%	No:00120 U+05E73 平 01159674 14.7037/万 39.0680%
No:00121 U+05F9E 從 01145094 14.5188/万 39.2132%	No:00122 U+0672C 本 01139669 14.4500/万 39.3577%	No:00123 U+091CC 里 01138387 14.4338/万 39.5020%	No:00124 U+06C11 民 01135443 14.3965/万 39.6460%	No:00125 U+04E16 世 01133052 14.3662/万 39.7896%	No:00126 U+05BB6 家 01127204 14.2920/万 39.9325%	No:00127 U+05FA9 復 01125786 14.2740/万 40.0753%	No:00128 U+0842C 萬 01123490 14.2449/万 40.2177%	No:00129 U+04F86 來 01107721 14.0450/万 40.3582%	No:00130 U+0524D 前 01107002 14.0359/万 40.4985%
No:00131 U+0516B 八 01102116 13.9739/万 40.6383%	No:00132 U+05206 分 01099606 13.9421/万 40.7777%	No:00133 U+04E03 七 01098712 13.9307/万 40.9170%	No:00134 U+05B57 字 01085191 13.7593/万 41.0546%	No:00135 U+053F2 史 01082850 13.7296/万 41.1919%	No:00136 U+05B78 學 01069275 13.5575/万 41.3275%	No:00137 U+053E4 古 01065829 13.5138/万 41.4626%	No:00138 U+0671D 朝 01060727 13.4491/万 41.5971%	No:00139 U+09580 門 01057137 13.4036/万 41.7311%	No:00140 U+05175 兵 01056242 13.3923/万 41.8651%
No:00141 U+06C5F 江 01041488 13.2052/万 41.9971%	No:00142 U+0591A 多 01036721 13.1448/万 42.1286%	No:00143 U+053BB 去 01034837 13.1209/万 42.2598%	No:00144 U+04E4E 乎 01033450 13.1033/万 42.3908%	No:00145 U+05FC5 必 01027461 13.0273/万 42.5211%	No:00146 U+05C0F 小 01015034 12.8698/万 42.6498%	No:00147 U+04EE4 令 01012880 12.8425/万 42.7782%	No:00148 U+07FA9 義 00986989 12.5142/万 42.9034%	No:00149 U+07D93 經 00985014 12.4891/万 43.0282%	No:00150 U+077F3 石 00977116 12.3890/万 43.1521%
No:00151 U+06B66 武 00968829 12.2839/万 43.2750%	No:00152 U+05343 千 00967872 12.2718/万 43.3977%	No:00153 U+06B32 欲 00966404 12.2532/万 43.5202%	No:00154 U+06625 春 00965580 12.2427/万 43.6427%	No:00155 U+05916 外 00964738 12.2321/万 43.7650%	No:00156 U+06578 數 00963243 12.2131/万 43.8871%	No:00157 U+099AC 馬 00963209 12.2127/万 44.0092%	No:00158 U+0767D 白 00961276 12.1882/万 44.1311%	No:00159 U+05E2B 師 00956231 12.1242/万 44.2524%	No:00160 U+06B78 歸 00951653 12.0662/万 44.3730%
No:00161 U+05B97 宗 00950951 12.0573/万 44.4936%	No:00162 U+05373 即 00949344 12.0369/万 44.6140%	No:00163 U+053F8 司 00939271 11.9092/万 44.7331%	No:00164 U+06F22 漢 00938598 11.9006/万 44.8521%	No:00165 U+05468 周 00937842 11.8910/万 44.9710%	No:00166 U+07B49 等 00937710 11.8894/万 45.0899%	No:00167 U+04E3B 主 00926513 11.7474/万 45.2073%	No:00168 U+091D1 金 00917787 11.6368/万 45.3237%	No:00169 U+0547D 命 00915812 11.6117/万 45.4398%	No:00170 U+05C45 居 00909702 11.5343/万 45.5552%
No:00171 U+06CB3 河 00902515 11.4431/万 45.6696%	No:00172 U+06216 或 00893930 11.3343/万 45.7829%	No:00173 U+06211 我 00892882 11.3210/万 45.8962%	No:00174 U+05FD7 志 00892419 11.3151/万 46.0093%	No:00175 U+05185 内 00888295 11.2628/万 46.1219%	No:00176 U+06CBB 治 00865097 10.9687/万 46.2316%	No:00177 U+0805E 聞 00858814 10.8890/万 46.3405%	No:00178 U+06CD5 法 00856073 10.8543/万 46.4491%	No:00179 U+091CD 重 00851734 10.7993/万 46.5570%	No:00180 U+05169 兩 00844243 10.7043/万 46.6641%
No:00181 U+0901A 通 00840822 10.6609/万 46.7707%	No:00182 U+07ACB 立 00838269 10.6285/万 46.8770%	No:00183 U+0521D 初 00828989 10.5109/万 46.9821%	No:00184 U+0610F 意 00825292 10.4640/万 47.0867%	No:00185 U+09918 餘 00824181 10.4499/万 47.1912%	No:00186 U+06C23 氣 00824063 10.4484/万 47.2957%	No:00187 U+07232 爲 00821790 10.4196/万 47.3999%	No:00188 U+09EC4 黄 00821623 10.4175/万 47.5041%	No:00189 U+07269 物 00821219 10.4124/万 47.6082%	No:00190 U+06A02 樂 00820433 10.4024/万 47.7122%
No:00191 U+09032 進 00809353 10.2619/万 47.8149%	No:00192 U+0795E 神 00795113 10.0814/万 47.9157%	No:00193 U+096F2 雲 00794720 10.0764/万 48.0164%	No:00194 U+04FAF 侯 00790666 10.0250/万 48.1167%	No:00195 U+05E9C 府 00786140 9.9676/万 48.2164%	No:00196 U+08655 處 00786020 9.9661/万 48.3160%	No:00197 U+05B9A 定 00785655 9.9614/万 48.4156%	No:00198 U+05FB3 徳 00780766 9.8994/万 48.5146%	No:00199 U+09593 間 00780004 9.8898/万 48.6135%	No:00200 U+079CB 秋 00779600 9.8847/万 48.7124%

No:00201 U+05B88 守 00770041 9.7635/万 48.8100%	No:00202 U+0670D 服 00764718 9.6960/万 48.9070%	No:00203 U+09AD9 高 00763824 9.6846/万 49.0038%	No:00204 U+056E0 因 00759411 9.6287/万 49.1001%	No:00205 U+05E38 常 00758509 9.6172/万 49.1963%	No:00206 U+06E05 清 00757806 9.6083/万 49.2924%	No:00207 U+096D6 雖 00751542 9.5289/万 49.3877%	No:00208 U+0674E 李 00749299 9.5005/万 49.4827%	No:00209 U+0548C 和 00740494 9.3888/万 49.5766%	No:00210 U+08056 聖 00739603 9.3775/万 49.6703%
No:00211 U+05F35 張 00738657 9.3655/万 49.7640%	No:00212 U+090FD 都 00731634 9.2765/万 49.8567%	No:00213 U+07109 焉 00727841 9.2284/万 49.9490%	No:00214 U+0904E 過 00725934 9.2042/万 50.0411%	No:00215 U+053D6 取 00725257 9.1956/万 50.1330%	No:00216 U+05BE6 實 00725056 9.1931/万 50.2250%	No:00217 U+05C1A 尚 00723917 9.1786/万 50.3167%	No:00218 U+06B7B 死 00722880 9.1655/万 50.4084%	No:00219 U+098DF 食 00718850 9.1144/万 50.4995%	No:00220 U+09673 陳 00714653 9.0612/万 50.5902%
No:00221 U+06D41 流 00712751 9.0371/万 50.6805%	No:00222 U+07687 皇 00711993 9.0275/万 50.7708%	No:00223 U+059CB 始 00703587 8.9209/万 50.8600%	No:00224 U+061C9 應 00699669 8.8712/万 50.9487%	No:00225 U+05207 切 00695962 8.8242/万 51.0370%	No:00226 U+06613 易 00692679 8.7826/万 51.1248%	No:00227 U+06D77 海 00689532 8.7427/万 51.2122%	No:00228 U+05C11 少 00687816 8.7209/万 51.2994%	No:00229 U+08072 聲 00687393 8.7156/万 51.3866%	No:00230 U+09F4A 齊 00686595 8.7054/万 51.4736%
No:00231 U+0543E 吾 00681893 8.6458/万 51.5601%	No:00232 U+05404 各 00680615 8.6296/万 51.6464%	No:00233 U+07406 理 00680476 8.6278/万 51.7327%	No:00234 U+05584 善 00680432 8.6273/万 51.8190%	No:00235 U+060DF 惟 00680073 8.6227/万 51.9052%	No:00236 U+053CD 反 00674426 8.5511/万 51.9907%	No:00237 U+05DE6 左 00674369 8.5504/万 52.0762%	No:00238 U+09042 遂 00670223 8.4978/万 52.1612%	No:00239 U+05408 合 00667530 8.4637/万 52.2458%	No:00240 U+08DB3 足 00665499 8.4380/万 52.3302%
No:00241 U+097F3 音 00662176 8.3958/万 52.4142%	No:00242 U+065E2 既 00662020 8.3938/万 52.4981%	No:00243 U+053F3 右 00659790 8.3656/万 52.5817%	No:00244 U+07BC0 節 00652833 8.2774/万 52.6645%	No:00245 U+08A18 記 00651264 8.2575/万 52.7471%	No:00246 U+08208 興 00645081 8.1791/万 52.8289%	No:00247 U+05510 唐 00643476 8.1587/万 52.9105%	No:00248 U+05B8B 宋 00642601 8.1476/万 52.9920%	No:00249 U+0529F 功 00639125 8.1036/万 53.0730%	No:00250 U+07236 父 00637945 8.0886/万 53.1539%
No:00251 U+0554F 問 00635816 8.0616/万 53.2345%	No:00252 U+090E8 部 00631559 8.0076/万 53.3146%	No:00253 U+076E1 盡 00630825 7.9983/万 53.3946%	No:00254 U+05149 光 00629700 7.9840/万 53.4744%	No:00255 U+07956 祖 00626273 7.9406/万 53.5538%	No:00256 U+08AD6 論 00619258 7.8517/万 53.6323%	No:00257 U+08209 舉 00615237 7.8007/万 53.7103%	No:00258 U+07AE0 章 00613817 7.7827/万 53.7881%	No:00259 U+089C0 觀 00613254 7.7755/万 53.8659%	No:00260 U+08EAB 身 00612886 7.7709/万 53.9436%
No:00261 U+0601D 思 00606824 7.6940/万 54.0206%	No:00262 U+06797 林 00604005 7.6583/万 54.0971%	No:00263 U+0958B 開 00599880 7.6060/万 54.1732%	No:00264 U+0653F 政 00598352 7.5866/万 54.2491%	No:00265 U+08001 老 00598233 7.5851/万 54.3249%	No:00266 U+09F8D 龍 00595920 7.5557/万 54.4005%	No:00267 U+096C6 集 00595177 7.5463/万 54.4759%	No:00268 U+065B0 新 00593987 7.5312/万 54.5512%	No:00269 U+07A31 稱 00593240 7.5218/万 54.6265%	No:00270 U+07336 猶 00592570 7.5133/万 54.7016%
No:00271 U+06CE8 注 00592397 7.5111/万 54.7767%	No:00272 U+082B1 花 00588883 7.4665/万 54.8514%	No:00273 U+05B6B 孫 00588800 7.4655/万 54.9260%	No:00274 U+05EA6 度 00588681 7.4640/万 55.0007%	No:00275 U+07389 玉 00588129 7.4570/万 55.0752%	No:00276 U+08D77 起 00585304 7.4211/万 55.1495%	No:00277 U+090E1 郡 00584433 7.4101/万 55.2236%	No:00278 U+0903A 遠 00580489 7.3601/万 55.2972%	No:00279 U+05236 制 00577577 7.3232/万 55.3704%	No:00280 U+0723E 爾 00574064 7.2786/万 55.4432%
No:00281 U+04F4D 位 00571993 7.2524/万 55.5157%	No:00282 U+05B9C 宜 00569287 7.2181/万 55.5879%	No:00283 U+0820A 舊 00567710 7.1981/万 55.6599%	No:00284 U+0767C 發 00561618 7.1208/万 55.7311%	No:00285 U+06649 晉 00559928 7.0994/万 55.8021%	No:00286 U+09996 首 00558586 7.0824/万 55.8729%	No:00287 U+06DF1 深 00552163 7.0009/万 55.9429%	No:00288 U+05EE3 廣 00544757 6.9070/万 56.0120%	No:00289 U+08ACB 請 00544701 6.9063/万 56.0810%	No:00290 U+05EFA 建 00543291 6.8885/万 56.1499%
No:00291 U+08A9E 語 00541940 6.8713/万 56.2186%	No:00292 U+07530 田 00541343 6.8638/万 56.2873%	No:00293 U+04EFB 任 00540137 6.8485/万 56.3558%	No:00294 U+07570 異 00539275 6.8375/万 56.4241%	No:00295 U+096E3 難 00536366 6.8006/万 56.4921%	No:00296 U+089AA 親 00535525 6.7900/万 56.5600%	No:00297 U+0751A 甚 00535346 6.7877/万 56.6279%	No:00298 U+06B21 次 00534492 6.7769/万 56.6957%	No:00299 U+03479 㑹 00534185 6.7730/万 56.7634%	No:00300 U+04E14 且 00532854 6.7561/万 56.8310%

No:00301 U+09152 酒 00531577 6.7399/万 56.8984%	No:00302 U+06C42 求 00526790 6.6792/万 56.9652%	No:00303 U+0594F 奏 00525754 6.6661/万 57.0318%	No:00304 U+08CE2 賢 00525420 6.6619/万 57.0985%	No:00305 U+08C48 豈 00522517 6.6251/万 57.1647%	No:00306 U+08846 衆 00520383 6.5980/万 57.2307%	No:00307 U+05FA1 御 00519935 6.5923/万 57.2966%	No:00308 U+09682 陰 00519405 6.5856/万 57.3625%	No:00309 U+07D42 終 00518338 6.5721/万 57.4282%	No:00310 U+05229 利 00516743 6.5518/万 57.4937%
No:00311 U+05BAB 宮 00513072 6.5053/万 57.5588%	No:00312 U+05C6C 屬 00511903 6.4905/万 57.6237%	No:00313 U+05973 女 00511240 6.4821/万 57.6885%	No:00314 U+076F4 直 00509228 6.4566/万 57.7530%	No:00315 U+08DEF 路 00508673 6.4495/万 57.8175%	No:00316 U+0671B 望 00508569 6.4482/万 57.8820%	No:00317 U+053D7 受 00507631 6.4363/万 57.9464%	No:00318 U+0529B 力 00505020 6.4032/万 58.0104%	No:00319 U+08272 色 00504546 6.3972/万 58.0744%	No:00320 U+04EC1 仁 00504532 6.3970/万 58.1384%
No:00321 U+083AB 莫 00502404 6.3700/万 58.2021%	No:00322 U+0591C 夜 00501728 6.3615/万 58.2657%	No:00323 U+05289 劉 00501643 6.3604/万 58.3293%	No:00324 U+090CE 郎 00501181 6.3545/万 58.3928%	No:00325 U+051E1 凡 00500887 6.3508/万 58.4563%	No:00326 U+05377 卷 00500135 6.3413/万 58.5198%	No:00327 U+06728 木 00497062 6.3023/万 58.5828%	No:00328 U+07F6E 置 00496847 6.2996/万 58.6458%	No:00329 U+08349 草 00496552 6.2958/万 58.7087%	No:00330 U+0590F 夏 00495519 6.2827/万 58.7716%
No:00331 U+06B62 止 00494398 6.2685/万 58.8342%	No:00332 U+05352 卒 00490575 6.2201/万 58.8964%	No:00333 U+09084 還 00488350 6.1918/万 58.9584%	No:00334 U+08FD1 近 00488106 6.1887/万 59.0203%	No:00335 U+05931 失 00487606 6.1824/万 59.0821%	No:00336 U+08033 耳 00484381 6.1415/万 59.1435%	No:00337 U+052A0 加 00483358 6.1285/万 59.2048%	No:00338 U+05949 奉 00483113 6.1254/万 59.2660%	No:00339 U+096E8 雨 00482692 6.1201/万 59.3272%	No:00340 U+07368 獨 00482504 6.1177/万 59.3884%
No:00341 U+09752 青 00479695 6.0821/万 59.4492%	No:00342 U+08A54 詔 00477114 6.0494/万 59.5097%	No:00343 U+05617 嘗 00474122 6.0114/万 59.5698%	No:00344 U+083EF 華 00473050 5.9979/万 59.6298%	No:00345 U+08AAC 説 00472965 5.9968/万 59.6898%	No:00346 U+04EAC 京 00472716 5.9936/万 59.7497%	No:00347 U+05C01 封 00472090 5.9857/万 59.8096%	No:00348 U+081F4 致 00471647 5.9801/万 59.8694%	No:00349 U+08863 衣 00471102 5.9732/万 59.9291%	No:00350 U+04FE1 信 00470625 5.9671/万 59.9888%
No:00351 U+066F4 更 00469270 5.9499/万 60.0483%	No:00352 U+04F2F 伯 00465922 5.9075/万 60.1074%	No:00353 U+08B70 議 00465109 5.8972/万 60.1663%	No:00354 U+06BCD 母 00462297 5.8615/万 60.2250%	No:00355 U+09322 錢 00460877 5.8435/万 60.2834%	No:00356 U+0597D 好 00460064 5.8332/万 60.3417%	No:00357 U+0912D 鄭 00455530 5.7757/万 60.3995%	No:00358 U+04F8D 侍 00453651 5.7519/万 60.4570%	No:00359 U+08FAD 辭 00453426 5.7490/万 60.5145%	No:00360 U+09675 陵 00449454 5.6987/万 60.5715%
No:00361 U+05BD2 寒 00447360 5.6721/万 60.6282%	No:00362 U+0539F 原 00446953 5.6670/万 60.6849%	No:00363 U+05316 化 00445994 5.6548/万 60.7414%	No:00364 U+08CE6 賦 00445719 5.6513/万 60.7979%	No:00365 U+07531 由 00441928 5.6032/万 60.8540%	No:00366 U+07B2C 第 00441811 5.6018/万 60.9100%	No:00367 U+0522B 别 00441114 5.5929/万 60.9659%	No:00368 U+054C9 哉 00440206 5.5814/万 61.0217%	No:00369 U+097FB 韻 00439995 5.5787/万 61.0775%	No:00370 U+056FA 固 00438478 5.5595/万 61.1331%
No:00371 U+0537F 卿 00438396 5.5585/万 61.1887%	No:00372 U+05716 圖 00435997 5.5280/万 61.2440%	No:00373 U+06562 敢 00435512 5.5219/万 61.2992%	No:00374 U+0571F 土 00435368 5.5201/万 61.3544%	No:00375 U+0695A 楚 00433775 5.4999/万 61.4094%	No:00376 U+079E6 秦 00433085 5.4911/万 61.4643%	No:00377 U+081E8 臨 00430467 5.4579/万 61.5189%	No:00378 U+08C61 象 00430148 5.4539/万 61.5734%	No:00379 U+04FEE 修 00429720 5.4485/万 61.6279%	No:00380 U+08B8A 變 00427154 5.4159/万 61.6821%
No:00381 U+060C5 情 00423709 5.3722/万 61.7358%	No:00382 U+05F1F 弟 00422202 5.3531/万 61.7893%	No:00383 U+08ECA 車 00420221 5.3280/万 61.8426%	No:00384 U+076CA 益 00419585 5.3200/万 61.8958%	No:00385 U+053E3 口 00416351 5.2790/万 61.9486%	No:00386 U+052D5 動 00416244 5.2776/万 62.0014%	No:00387 U+06BBA 殺 00414748 5.2586/万 62.0540%	No:00388 U+05BA3 宣 00413665 5.2449/万 62.1064%	No:00389 U+0540F 吏 00413364 5.2411/万 62.1588%	No:00390 U+05802 堂 00412753 5.2333/万 62.2112%
No:00391 U+05B5D 孝 00407932 5.1722/万 62.2629%	No:00392 U+07A7A 空 00405690 5.1438/万 62.3143%	No:00393 U+05EDF 廟 00405678 5.1436/万 62.3657%	No:00394 U+08A31 許 00405013 5.1352/万 62.4171%	No:00395 U+04EE3 代 00401107 5.0857/万 62.4680%	No:00396 U+09B4F 魏 00400544 5.0785/万 62.5187%	No:00397 U+06975 極 00399723 5.0681/万 62.5694%	No:00398 U+0796D 祭 00398821 5.0567/万 62.6200%	No:00399 U+08457 著 00397763 5.0433/万 62.6704%	No:00400 U+09AD4 體 00397302 5.0374/万 62.7208%

No:00401 U+05BA2 客 00396515 5.0274/万 62.7711%	No:00402 U+0982D 頭 00393760 4.9925/万 62.8210%	No:00403 U+05F80 往 00393740 4.9923/万 62.8709%	No:00404 U+06881 梁 00393688 4.9916/万 62.9208%	No:00405 U+04FBF 便 00393128 4.9845/万 62.9707%	No:00406 U+06559 教 00393004 4.9829/万 63.0205%	No:00407 U+06C38 永 00391749 4.9670/万 63.0702%	No:00408 U+05B54 孔 00390446 4.9505/万 63.1197%	No:00409 U+05FB7 德 00390280 4.9484/万 63.1692%	No:00410 U+052DD 勝 00388288 4.9231/万 63.2184%
No:00411 U+08F09 載 00386315 4.8981/万 63.2674%	No:00412 U+05FE0 忠 00384287 4.8724/万 63.3161%	No:00413 U+05C0D 對 00383044 4.8566/万 63.3647%	No:00414 U+0534A 半 00382533 4.8502/万 63.4132%	No:00415 U+05DDD 川 00381934 4.8426/万 63.4616%	No:00416 U+05D57 嵗 00381669 4.8392/万 63.5100%	No:00417 U+059BB 妻 00381119 4.8322/万 63.5583%	No:00418 U+09063 遣 00380925 4.8298/万 63.6066%	No:00419 U+05F15 引 00379216 4.8081/万 63.6547%	No:00420 U+08CDC 賜 00377175 4.7822/万 63.7025%
No:00421 U+04E82 亂 00375758 4.7643/万 63.7502%	No:00422 U+05168 全 00374913 4.7536/万 63.7977%	No:00423 U+06309 按 00373441 4.7349/万 63.8451%	No:00424 U+07701 省 00373357 4.7338/万 63.8924%	No:00425 U+07F6A 罪 00371610 4.7117/万 63.9395%	No:00426 U+05750 坐 00371602 4.7116/万 63.9866%	No:00427 U+04E26 並 00370690 4.7000/万 64.0336%	No:00428 U+075C5 病 00370414 4.6965/万 64.0806%	No:00429 U+08CB4 貴 00369768 4.6883/万 64.1275%	No:00430 U+098DB 飛 00368885 4.6771/万 64.1743%
No:00431 U+08D99 趙 00367859 4.6641/万 64.2209%	No:00432 U+0666F 景 00367564 4.6604/万 64.2675%	No:00433 U+08CCA 賊 00367079 4.6542/万 64.3140%	No:00434 U+04E7E 乾 00367013 4.6534/万 64.3606%	No:00435 U+076EE 目 00363387 4.6074/万 64.4066%	No:00436 U+04EF2 仲 00362406 4.5950/万 64.4526%	No:00437 U+0964D 降 00360786 4.5744/万 64.4983%	No:00438 U+07D76 絶 00360655 4.5728/万 64.5441%	No:00439 U+06731 朱 00358588 4.5466/万 64.5895%	No:00440 U+0627F 承 00354772 4.4982/万 64.6345%
No:00441 U+07532 甲 00354339 4.4927/万 64.6794%	No:00442 U+0771F 真 00354226 4.4913/万 64.7244%	No:00443 U+05BB9 容 00353822 4.4861/万 64.7692%	No:00444 U+0706B 火 00353763 4.4854/万 64.8141%	No:00445 U+062DC 拜 00353617 4.4835/万 64.8589%	No:00446 U+0540E 后 00353222 4.4785/万 64.9037%	No:00447 U+04EA4 交 00352831 4.4736/万 64.9484%	No:00448 U+05411 向 00352509 4.4695/万 64.9931%	No:00449 U+05609 嘉 00352478 4.4691/万 65.0378%	No:00450 U+09999 香 00352091 4.4642/万 65.0825%
No:00451 U+08003 考 00350097 4.4389/万 65.1269%	No:00452 U+057F7 執 00349843 4.4357/万 65.1712%	No:00453 U+08868 表 00348762 4.4220/万 65.2154%	No:00454 U+06B4C 歌 00346865 4.3979/万 65.2594%	No:00455 U+089E3 解 00345416 4.3796/万 65.3032%	No:00456 U+076DB 盛 00344897 4.3730/万 65.3469%	No:00457 U+07559 留 00344542 4.3685/万 65.3906%	No:00458 U+09109 鄉 00342110 4.3376/万 65.4340%	No:00459 U+05BA4 室 00341574 4.3308/万 65.4773%	No:00460 U+0661F 星 00341028 4.3239/万 65.5205%
No:00461 U+0694A 楊 00340452 4.3166/万 65.5637%	No:00462 U+060E1 惡 00340175 4.3131/万 65.6068%	No:00463 U+0624D 才 00339128 4.2998/万 65.6498%	No:00464 U+09001 送 00338588 4.2930/万 65.6928%	No:00465 U+05171 共 00336936 4.2720/万 65.7355%	No:00466 U+05F92 徒 00336687 4.2689/万 65.7782%	No:00467 U+09748 靈 00336517 4.2667/万 65.8209%	No:00468 U+0516E 兮 00335524 4.2541/万 65.8634%	No:00469 U+09806 順 00334771 4.2446/万 65.9058%	No:00470 U+0624B 手 00334763 4.2445/万 65.9483%
No:00471 U+05100 儀 00331493 4.2030/万 65.9903%	No:00472 U+0907A 遺 00331313 4.2007/万 66.0323%	No:00473 U+06563 散 00330946 4.1961/万 66.0743%	No:00474 U+04F3C 似 00330323 4.1882/万 66.1162%	No:00475 U+06E56 湖 00329962 4.1836/万 66.1580%	No:00476 U+08077 職 00329896 4.1828/万 66.1998%	No:00477 U+09AD8 高 00329176 4.1736/万 66.2416%	No:00478 U+06FDF 濟 00329154 4.1734/万 66.2833%	No:00479 U+0544A 告 00329054 4.1721/万 66.3250%	No:00480 U+05F62 形 00327345 4.1504/万 66.3665%
No:00481 U+0843D 落 00326959 4.1455/万 66.4080%	No:00482 U+08996 視 00326778 4.1432/万 66.4494%	No:00483 U+05C0A 尊 00326518 4.1399/万 66.4908%	No:00484 U+07D00 紀 00326255 4.1366/万 66.5322%	No:00485 U+0826F 良 00325494 4.1270/万 66.5735%	No:00486 U+05099 備 00324990 4.1206/万 66.6147%	No:00487 U+05EB7 康 00324656 4.1163/万 66.6558%	No:00488 U+05B58 存 00324386 4.1129/万 66.6970%	No:00489 U+04FF1 俱 00323904 4.1068/万 66.7380%	No:00490 U+06539 改 00323251 4.0985/万 66.7790%
No:00491 U+06027 性 00322289 4.0863/万 66.8199%	No:00492 U+081FA 臺 00322139 4.0844/万 66.8607%	No:00493 U+0767B 登 00321841 4.0806/万 66.9015%	No:00494 U+06230 戰 00321239 4.0730/万 66.9423%	No:00495 U+0737B 獻 00320461 4.0631/万 66.9829%	No:00496 U+09664 除 00320283 4.0609/万 67.0235%	No:00497 U+05E8F 序 00320272 4.0607/万 67.0641%	No:00498 U+05BE7 寧 00320148 4.0592/万 67.1047%	No:00499 U+04EA1 亡 00319577 4.0519/万 67.1452%	No:00500 U+0865F 號 00318628 4.0399/万 67.1856%

No:00501 U+04F46 但 00317522 4.0259/万 67.2259%	No:00502 U+066F2 曲 00317415 4.0245/万 67.2661%	No:00503 U+09077 遷 00316427 4.0120/万 67.3062%	No:00504 U+0656C 敬 00315602 4.0015/万 67.3463%	No:00505 U+0885B 衛 00315396 3.9989/万 67.3862%	No:00506 U+08981 要 00314836 3.9918/万 67.4262%	No:00507 U+06BBF 殿 00314057 3.9819/万 67.4660%	No:00508 U+08A08 計 00313944 3.9805/万 67.5058%	No:00509 U+06BD4 比 00313428 3.9740/万 67.5455%	No:00510 U+06388 授 00312594 3.9634/万 67.5852%
No:00511 U+04F0F 伏 00312142 3.9577/万 67.6247%	No:00512 U+05409 吉 00312010 3.9560/万 67.6643%	No:00513 U+06EFF 滿 00311839 3.9538/万 67.7038%	No:00514 U+07CBE 精 00311467 3.9491/万 67.7433%	No:00515 U+08AA0 誠 00310056 3.9312/万 67.7826%	No:00516 U+04E01 丁 00308842 3.9158/万 67.8218%	No:00517 U+08AAA 說 00308122 3.9067/万 67.8609%	No:00518 U+0517C 兼 00306624 3.8877/万 67.8997%	No:00519 U+096A8 隨 00306326 3.8839/万 67.9386%	No:00520 U+09B6F 魯 00305982 3.8796/万 67.9774%
No:00521 U+06BCF 每 00305649 3.8753/万 68.0161%	No:00522 U+0662D 昭 00304418 3.8597/万 68.0547%	No:00523 U+06307 指 00304096 3.8556/万 68.0933%	No:00524 U+06069 恩 00304069 3.8553/万 68.1318%	No:00525 U+07591 疑 00304006 3.8545/万 68.1704%	No:00526 U+05E03 布 00303328 3.8459/万 68.2089%	No:00527 U+04E45 久 00303291 3.8454/万 68.2473%	No:00528 U+059D3 姓 00301133 3.8181/万 68.2855%	No:00529 U+05177 具 00300775 3.8135/万 68.3236%	No:00530 U+05433 吳 00300449 3.8094/万 68.3617%
No:00531 U+05BFA 寺 00300439 3.8093/万 68.3998%	No:00532 U+06CC9 泉 00300299 3.8075/万 68.4379%	No:00533 U+0984C 題 00299481 3.7971/万 68.4759%	No:00534 U+08A2D 設 00299431 3.7965/万 68.5138%	No:00535 U+0518D 再 00299286 3.7947/万 68.5518%	No:00536 U+098F2 飲 00299245 3.7941/万 68.5897%	No:00537 U+08449 葉 00299164 3.7931/万 68.6276%	No:00538 U+07279 特 00298498 3.7847/万 68.6655%	No:00539 U+05DE5 工 00298319 3.7824/万 68.7033%	No:00540 U+0756B 畫 00297225 3.7685/万 68.7410%
No:00541 U+08F15 輕 00297160 3.7677/万 68.7787%	No:00542 U+05C3A 尺 00295902 3.7518/万 68.8162%	No:00543 U+0696D 業 00295810 3.7506/万 68.8537%	No:00544 U+05217 列 00295750 3.7498/万 68.8912%	No:00545 U+07FA3 羣 00295307 3.7442/万 68.9286%	No:00546 U+05F85 待 00294570 3.7349/万 68.9660%	No:00547 U+096E2 離 00293751 3.7245/万 69.0032%	No:00548 U+04FD7 俗 00293736 3.7243/万 69.0405%	No:00549 U+0672B 末 00293495 3.7212/万 69.0777%	No:00550 U+04E88 予 00292529 3.7090/万 69.1148%
No:00551 U+065AF 斯 00291869 3.7006/万 69.1518%	No:00552 U+053E5 句 00291362 3.6942/万 69.1887%	No:00553 U+075BE 疾 00290408 3.6821/万 69.2256%	No:00554 U+07F8E 美 00288426 3.6570/万 69.2621%	No:00555 U+09023 連 00287463 3.6448/万 69.2986%	No:00556 U+07AF9 竹 00286359 3.6308/万 69.3349%	No:00557 U+0798F 福 00286058 3.6269/万 69.3712%	No:00558 U+05B5F 孟 00285657 3.6219/万 69.4074%	No:00559 U+067D0 某 00285636 3.6216/万 69.4436%	No:00560 U+08B1D 謝 00285571 3.6208/万 69.4798%
No:00561 U+05F7C 彼 00285510 3.6200/万 69.5160%	No:00562 U+09762 面 00284932 3.6127/万 69.5521%	No:00563 U+0758F 疏 00284778 3.6107/万 69.5882%	No:00564 U+09B5A 魚 00283981 3.6006/万 69.6242%	No:00565 U+0611B 愛 00283627 3.5961/万 69.6602%	No:00566 U+0985E 類 00282479 3.5816/万 69.6960%	No:00567 U+080E1 胡 00282444 3.5811/万 69.7318%	No:00568 U+0514B 克 00282355 3.5800/万 69.7676%	No:00569 U+08B80 讀 00282286 3.5791/万 69.8034%	No:00570 U+076E3 監 00281562 3.5699/万 69.8391%
No:00571 U+05347 升 00281114 3.5643/万 69.8748%	No:00572 U+09047 遇 00280970 3.5624/万 69.9104%	No:00573 U+05F90 徐 00280296 3.5539/万 69.9459%	No:00574 U+0990A 養 00279674 3.5460/万 69.9814%	No:00575 U+08F49 轉 00279529 3.5442/万 70.0168%	No:00576 U+05178 典 00278682 3.5334/万 70.0522%	No:00577 U+05C31 就 00278127 3.5264/万 70.0874%	No:00578 U+04E39 丹 00278034 3.5252/万 70.1227%	No:00579 U+0660C 昌 00277932 3.5239/万 70.1579%	No:00580 U+0675C 杜 00277675 3.5207/万 70.1931%
No:00581 U+097D3 韓 00276665 3.5078/万 70.2282%	No:00582 U+09091 邑 00276354 3.5039/万 70.2632%	No:00583 U+07E3D 總 00276266 3.5028/万 70.2983%	No:00584 U+07387 率 00275880 3.4979/万 70.3333%	No:00585 U+0904B 運 00275031 3.4871/万 70.3681%	No:00586 U+05831 報 00274855 3.4849/万 70.4030%	No:00587 U+04FDD 保 00274597 3.4816/万 70.4378%	No:00588 U+0559C 喜 00271847 3.4468/万 70.4723%	No:00589 U+05EF7 廷 00270796 3.4334/万 70.5066%	No:00590 U+04F10 伐 00270543 3.4302/万 70.5409%
No:00591 U+06614 昔 00270503 3.4297/万 70.5752%	No:00592 U+051AC 冬 00270347 3.4277/万 70.6095%	No:00593 U+06A39 樹 00269420 3.4160/万 70.6436%	No:00594 U+07940 祀 00269232 3.4136/万 70.6778%	No:00595 U+05BDF 察 00268981 3.4104/万 70.7119%	No:00596 U+09000 退 00268755 3.4076/万 70.7459%	No:00597 U+05937 夷 00268649 3.4062/万 70.7800%	No:00598 U+091CE 野 00268390 3.4029/万 70.8140%	No:00599 U+05A66 婦 00267833 3.3959/万 70.8480%	No:00600 U+04ED6 他 00264401 3.3523/万 70.8815%

No:00601 U+07BA1 管 00264017 3.3475/万 70.9150%	No:00602 U+06176 慶 00263804 3.3448/万 70.9484%	No:00603 U+05211 刑 00262573 3.3292/万 70.9817%	No:00604 U+091CB 釋 00261754 3.3188/万 71.0149%	No:00605 U+064AB 撫 00261505 3.3156/万 71.0481%	No:00606 U+07BC7 篇 00261108 3.3106/万 71.0812%	No:00607 U+0539A 厚 00260589 3.3040/万 71.1142%	No:00608 U+08B58 識 00260146 3.2984/万 71.1472%	No:00609 U+09818 領 00260113 3.2980/万 71.1802%	No:00610 U+084CB 蓋 00259895 3.2952/万 71.2131%
No:00611 U+053D4 叔 00259417 3.2892/万 71.2460%	No:00612 U+06050 恐 00258648 3.2794/万 71.2788%	No:00613 U+05EE2 廢 00258454 3.2769/万 71.3116%	No:00614 U+09867 顧 00258327 3.2753/万 71.3444%	No:00615 U+053EC 召 00258092 3.2724/万 71.3771%	No:00616 U+0671F 期 00257107 3.2599/万 71.4097%	No:00617 U+08AB0 誰 00257078 3.2595/万 71.4423%	No:00618 U+093AE 鎮 00256987 3.2583/万 71.4749%	No:00619 U+04F9D 依 00256708 3.2548/万 71.5074%	No:00620 U+06FA4 澤 00256532 3.2526/万 71.5399%
No:00621 U+07A4D 積 00255967 3.2454/万 71.5724%	No:00622 U+06EAA 溪 00255579 3.2405/万 71.6048%	No:00623 U+088DC 補 00255374 3.2379/万 71.6372%	No:00624 U+07D20 素 00255334 3.2374/万 71.6695%	No:00625 U+06C5D 汝 00254547 3.2274/万 71.7018%	No:00626 U+05EF6 延 00254487 3.2266/万 71.7341%	No:00627 U+071D5 燕 00253332 3.2120/万 71.7662%	No:00628 U+05FAE 微 00253326 3.2119/万 71.7983%	No:00629 U+05E78 幸 00253313 3.2118/万 71.8304%	No:00630 U+07AAE 窮 00253182 3.2101/万 71.8626%
No:00631 U+096EA 雪 00252633 3.2031/万 71.8946%	No:00632 U+07533 申 00252000 3.1951/万 71.9265%	No:00633 U+096C5 雅 00251922 3.1941/万 71.9585%	No:00634 U+05DF3 巳 00251858 3.1933/万 71.9904%	No:00635 U+05D07 崇 00251757 3.1920/万 72.0223%	No:00636 U+05144 兄 00251070 3.1833/万 72.0542%	No:00637 U+06237 户 00251022 3.1827/万 72.0860%	No:00638 U+05230 到 00250890 3.1810/万 72.1178%	No:00639 U+05668 器 00250861 3.1807/万 72.1496%	No:00640 U+08607 蘇 00250698 3.1786/万 72.1814%
No:00641 U+05E7E 幾 00249754 3.1666/万 72.2131%	No:00642 U+0611F 感 00249636 3.1651/万 72.2447%	No:00643 U+04E1E 丞 00249351 3.1615/万 72.2763%	No:00644 U+085CF 藏 00248859 3.1553/万 72.3079%	No:00645 U+06E6F 湯 00248511 3.1509/万 72.3394%	No:00646 U+08B00 謀 00248495 3.1507/万 72.3709%	No:00647 U+09808 須 00248344 3.1488/万 72.4024%	No:00648 U+0547C 呼 00248125 3.1460/万 72.4338%	No:00649 U+04EAD 亭 00247532 3.1385/万 72.4652%	No:00650 U+08D8A 越 00247207 3.1343/万 72.4966%
No:00651 U+04ED9 仙 00247095 3.1329/万 72.5279%	No:00652 U+05C04 射 00246756 3.1286/万 72.5592%	No:00653 U+050B7 傷 00245692 3.1151/万 72.5903%	No:00654 U+04F59 余 00245648 3.1146/万 72.6215%	No:00655 U+071DF 營 00245304 3.1102/万 72.6526%	No:00656 U+06182 憂 00245066 3.1072/万 72.6837%	No:00657 U+07F85 羅 00244581 3.1010/万 72.7147%	No:00658 U+0725B 牛 00243309 3.0849/万 72.7455%	No:00659 U+064DA 據 00243256 3.0842/万 72.7764%	No:00660 U+095D5 闕 00243141 3.0828/万 72.8072%
No:00661 U+05A01 威 00242694 3.0771/万 72.8380%	No:00662 U+09678 陸 00242654 3.0766/万 72.8687%	No:00663 U+0606F 息 00241347 3.0600/万 72.8993%	No:00664 U+0865A 虚 00241345 3.0600/万 72.9299%	No:00665 U+052DE 勞 00241280 3.0592/万 72.9605%	No:00666 U+063A8 推 00241262 3.0590/万 72.9911%	No:00667 U+066F9 曹 00241026 3.0560/万 73.0217%	No:00668 U+06DEE 淮 00240811 3.0532/万 73.0522%	No:00669 U+05EAD 庭 00240431 3.0484/万 73.0827%	No:00670 U+0514D 免 00240263 3.0463/万 73.1132%
No:00671 U+082E6 苦 00239368 3.0350/万 73.1435%	No:00672 U+056B4 嚴 00239324 3.0344/万 73.1739%	No:00673 U+079C1 私 00239174 3.0325/万 73.2042%	No:00674 U+06557 敗 00238754 3.0272/万 73.2345%	No:00675 U+07AEF 端 00238737 3.0269/万 73.2647%	No:00676 U+0904A 遊 00237865 3.0159/万 73.2949%	No:00677 U+07167 照 00237617 3.0127/万 73.3250%	No:00678 U+09332 録 00237333 3.0091/万 73.3551%	No:00679 U+05546 商 00236586 2.9997/万 73.3851%	No:00680 U+09662 院 00236209 2.9949/万 73.4150%
No:00681 U+0965B 陛 00235990 2.9921/万 73.4450%	No:00682 U+05EB6 庶 00235572 2.9868/万 73.4748%	No:00683 U+054E1 員 00234731 2.9762/万 73.5046%	No:00684 U+07D66 給 00234667 2.9753/万 73.5344%	No:00685 U+07834 破 00233889 2.9655/万 73.5640%	No:00686 U+051A0 冠 00233677 2.9628/万 73.5936%	No:00687 U+053C3 參 00233125 2.9558/万 73.6232%	No:00688 U+0535A 博 00231926 2.9406/万 73.6526%	No:00689 U+065BD 施 00231636 2.9369/万 73.6820%	No:00690 U+09858 願 00231545 2.9358/万 73.7113%
No:00691 U+05112 儒 00231279 2.9324/万 73.7407%	No:00692 U+06301 持 00231270 2.9323/万 73.7700%	No:00693 U+08C9E 貞 00231264 2.9322/万 73.7993%	No:00694 U+0908A 邊 00230344 2.9205/万 73.8285%	No:00695 U+09644 附 00229759 2.9131/万 73.8576%	No:00696 U+08D64 赤 00228492 2.8971/万 73.8866%	No:00697 U+05C06 将 00227877 2.8893/万 73.9155%	No:00698 U+085E5 藥 00227814 2.8885/万 73.9444%	No:00699 U+06B0A 權 00226878 2.8766/万 73.9732%	No:00700 U+0677E 松 00226842 2.8761/万 74.0019%

No:00701 U+06A13 樓 00226786 2.8754/万 74.0307%	No:00702 U+08ABF 調 00225909 2.8643/万 74.0593%	No:00703 U+06C60 池 00225761 2.8624/万 74.0879%	No:00704 U+05BB3 害 00224636 2.8482/万 74.1164%	No:00705 U+05DF1 己 00224520 2.8467/万 74.1449%	No:00706 U+095A3 閣 00223971 2.8397/万 74.1733%	No:00707 U+052E2 勢 00223920 2.8391/万 74.2017%	No:00708 U+09CE5 鳥 00223850 2.8382/万 74.2301%	No:00709 U+0821F 舟 00222978 2.8271/万 74.2583%	No:00710 U+079FB 移 00222951 2.8268/万 74.2866%
No:00711 U+06C99 沙 00222439 2.8203/万 74.3148%	No:00712 U+05E7D 幽 00221962 2.8143/万 74.3429%	No:00713 U+07E7C 繼 00221604 2.8097/万 74.3710%	No:00714 U+07D50 結 00221535 2.8088/万 74.3991%	No:00715 U+05BF8 寸 00221516 2.8086/万 74.4272%	No:00716 U+05922 夢 00221508 2.8085/万 74.4553%	No:00717 U+07C21 簡 00221334 2.8063/万 74.4834%	No:00718 U+05DEE 差 00221121 2.8036/万 74.5114%	No:00719 U+08A73 詳 00220106 2.7907/万 74.5393%	No:00720 U+08FB0 辰 00220080 2.7904/万 74.5672%
No:00721 U+07D71 統 00219963 2.7889/万 74.5951%	No:00722 U+09280 銀 00219054 2.7774/万 74.6229%	No:00723 U+09054 達 00219051 2.7773/万 74.6507%	No:00724 U+04ECD 仍 00218879 2.7752/万 74.6784%	No:00725 U+07D05 紅 00218596 2.7716/万 74.7061%	No:00726 U+076D6 盖 00217827 2.7618/万 74.7337%	No:00727 U+0865E 虞 00216495 2.7449/万 74.7612%	No:00728 U+0653B 攻 00216365 2.7433/万 74.7886%	No:00729 U+061D0 懷 00216270 2.7421/万 74.8160%	No:00730 U+07518 甘 00216229 2.7416/万 74.8435%
No:00731 U+0679C 果 00216121 2.7402/万 74.8709%	No:00732 U+07D0D 納 00215919 2.7376/万 74.8982%	No:00733 U+09A0E 騎 00215902 2.7374/万 74.9256%	No:00734 U+052D9 務 00215659 2.7343/万 74.9530%	No:00735 U+09020 造 00215605 2.7337/万 74.9803%	No:00736 U+088AB 被 00215271 2.7294/万 75.0076%	No:00737 U+04F11 休 00215253 2.7292/万 75.0349%	No:00738 U+07B46 筆 00214052 2.7140/万 75.0620%	No:00739 U+09069 適 00213737 2.7100/万 75.0891%	No:00740 U+06025 急 00213665 2.7091/万 75.1162%
No:00741 U+0864E 虎 00213238 2.7036/万 75.1433%	No:00742 U+08D08 贈 00212097 2.6892/万 75.1701%	No:00743 U+07763 督 00211689 2.6840/万 75.1970%	No:00744 U+054B8 咸 00211612 2.6830/万 75.2238%	No:00745 U+053CB 友 00211096 2.6765/万 75.2506%	No:00746 U+089D2 角 00210730 2.6718/万 75.2773%	No:00747 U+0807D 聽 00210195 2.6651/万 75.3040%	No:00748 U+05E76 并 00210045 2.6632/万 75.3306%	No:00749 U+06848 案 00209815 2.6602/万 75.3572%	No:00750 U+08B39 謹 00209815 2.6602/万 75.3838%
No:00751 U+065B7 斷 00209087 2.6510/万 75.4103%	No:00752 U+06765 来 00208957 2.6494/万 75.4368%	No:00753 U+06D6E 浮 00208945 2.6492/万 75.4633%	No:00754 U+05BBF 宿 00208797 2.6473/万 75.4898%	No:00755 U+06536 收 00207809 2.6348/万 75.5161%	No:00756 U+05C09 尉 00207735 2.6339/万 75.5424%	No:00757 U+05FFD 忽 00207646 2.6327/万 75.5688%	No:00758 U+08A5E 詞 00206870 2.6229/万 75.5950%	No:00759 U+05BF3 寳 00206810 2.6221/万 75.6212%	No:00760 U+09078 選 00206507 2.6183/万 75.6474%
No:00761 U+07981 禁 00205875 2.6103/万 75.6735%	No:00762 U+07AD2 竒 00205474 2.6052/万 75.6996%	No:00763 U+05B63 季 00204896 2.5979/万 75.7255%	No:00764 U+05B64 孤 00204769 2.5963/万 75.7515%	No:00765 U+07235 爵 00204769 2.5963/万 75.7775%	No:00766 U+0820D 舍 00204407 2.5917/万 75.8034%	No:00767 U+05366 卦 00204347 2.5909/万 75.8293%	No:00768 U+090AA 邪 00203965 2.5861/万 75.8552%	No:00769 U+08C37 谷 00203573 2.5811/万 75.8810%	No:00770 U+05F81 征 00203270 2.5773/万 75.9067%
No:00771 U+05152 兒 00203109 2.5752/万 75.9325%	No:00772 U+06E29 温 00202710 2.5702/万 75.9582%	No:00773 U+07F77 罷 00202334 2.5654/万 75.9839%	No:00774 U+05C0B 尋 00202319 2.5652/万 76.0095%	No:00775 U+06B3D 欽 00202299 2.5649/万 76.0352%	No:00776 U+06821 校 00201901 2.5599/万 76.0608%	No:00777 U+04E57 乗 00200949 2.5478/万 76.0862%	No:00778 U+06E90 源 00200601 2.5434/万 76.1117%	No:00779 U+07D30 細 00200587 2.5432/万 76.1371%	No:00780 U+05F8B 律 00200479 2.5419/万 76.1625%
No:00781 U+090ED 郭 00200212 2.5385/万 76.1879%	No:00782 U+08CA2 貢 00200027 2.5361/万 76.2133%	No:00783 U+0606D 恭 00199668 2.5316/万 76.2386%	No:00784 U+07891 碑 00199520 2.5297/万 76.2639%	No:00785 U+06B74 歴 00199252 2.5263/万 76.2891%	No:00786 U+05C24 尤 00199173 2.5253/万 76.3144%	No:00787 U+05FF5 念 00199078 2.5241/万 76.3396%	No:00788 U+070CF 烏 00198947 2.5224/万 76.3649%	No:00789 U+053AF 厯 00198805 2.5206/万 76.3901%	No:00790 U+0523B 刻 00197790 2.5078/万 76.4151%
No:00791 U+05BB0 宰 00197697 2.5066/万 76.4402%	No:00792 U+063DA 揚 00197414 2.5030/万 76.4652%	No:00793 U+064CA 擊 00197298 2.5015/万 76.4903%	No:00794 U+08462 葢 00196659 2.4934/万 76.5152%	No:00795 U+08A66 試 00196424 2.4905/万 76.5401%	No:00796 U+050E7 僧 00196384 2.4899/万 76.5650%	No:00797 U+09CF4 鳴 00195804 2.4826/万 76.5898%	No:00798 U+0754C 界 00195075 2.4734/万 76.6146%	No:00799 U+0638C 掌 00194973 2.4721/万 76.6393%	No:00800 U+07A2E 種 00194691 2.4685/万 76.6640%

No:00801 U+054C0 哀 00194319 2.4638/万 76.6886%	No:00802 U+07372 獲 00193854 2.4579/万 76.7132%	No:00803 U+08FFD 追 00193851 2.4578/万 76.7378%	No:00804 U+05782 垂 00193451 2.4528/万 76.7623%	No:00805 U+069AE 榮 00193170 2.4492/万 76.7868%	No:00806 U+07D2B 紫 00192666 2.4428/万 76.8112%	No:00807 U+09732 露 00192280 2.4379/万 76.8356%	No:00808 U+071B1 熱 00191986 2.4342/万 76.8599%	No:00809 U+05BCC 富 00191930 2.4335/万 76.8843%	No:00810 U+08CDE 賞 00191409 2.4269/万 76.9085%
No:00811 U+09686 隆 00191150 2.4236/万 76.9328%	No:00812 U+04E08 丈 00191034 2.4221/万 76.9570%	No:00813 U+07D04 約 00190574 2.4163/万 76.9812%	No:00814 U+082F1 英 00190511 2.4155/万 77.0053%	No:00815 U+053EA 只 00190343 2.4134/万 77.0294%	No:00816 U+0526F 副 00190248 2.4121/万 77.0536%	No:00817 U+096DC 雜 00189703 2.4052/万 77.0776%	No:00818 U+0793A 示 00188920 2.3953/万 77.1016%	No:00819 U+06089 悉 00188538 2.3905/万 77.1255%	No:00820 U+06D2A 洪 00188374 2.3884/万 77.1494%
No:00821 U+060A3 患 00187546 2.3779/万 77.1731%	No:00822 U+05EAB 庫 00187348 2.3754/万 77.1969%	No:00823 U+05DFB 巻 00187272 2.3744/万 77.2206%	No:00824 U+0525B 剛 00186946 2.3703/万 77.2443%	No:00825 U+090CA 郊 00186828 2.3688/万 77.2680%	No:00826 U+E20 玄 00186822 2.3687/万 77.2917%	No:00827 U+06CF0 泰 00186752 2.3678/万 77.3154%	No:00828 U+0856D 蕭 00186742 2.3677/万 77.3391%	No:00829 U+06298 折 00186476 2.3643/万 77.3627%	No:00830 U+08C50 豐 00186122 2.3598/万 77.3863%
No:00831 U+076AE 皮 00186058 2.3590/万 77.4099%	No:00832 U+08584 薄 00186040 2.3588/万 77.4335%	No:00833 U+0838A 莊 00185677 2.3542/万 77.4570%	No:00834 U+08F9B 辛 00185512 2.3521/万 77.4806%	No:00835 U+07B11 笑 00185391 2.3506/万 77.5041%	No:00836 U+06BDB 毛 00185335 2.3499/万 77.5276%	No:00837 U+05FD8 忘 00184708 2.3419/万 77.5510%	No:00838 U+08700 蜀 00184673 2.3415/万 77.5744%	No:00839 U+055AA 喪 00184643 2.3411/万 77.5978%	No:00840 U+05BC4 寄 00184344 2.3373/万 77.6212%
No:00841 U+064B0 撰 00184005 2.3330/万 77.6445%	No:00842 U+08840 血 00182610 2.3153/万 77.6677%	No:00843 U+05E36 帶 00182598 2.3152/万 77.6908%	No:00844 U+04E5E 乞 00182461 2.3134/万 77.7140%	No:00845 U+07F8A 羊 00182353 2.3120/万 77.7371%	No:00846 U+07D2F 累 00182312 2.3115/万 77.7602%	No:00847 U+09A5A 驚 00182200 2.3101/万 77.7833%	No:00848 U+054C1 品 00182176 2.3098/万 77.8064%	No:00849 U+04E18 丘 00181794 2.3050/万 77.8294%	No:00850 U+095D7 關 00181443 2.3005/万 77.8525%
No:00851 U+08AED 諭 00181145 2.2967/万 77.8754%	No:00852 U+08CC7 資 00181137 2.2966/万 77.8984%	No:00853 U+03AD6 㫖 00181011 2.2950/万 77.9213%	No:00854 U+06A4B 橋 00180408 2.2874/万 77.9442%	No:00855 U+06212 戒 00179882 2.2807/万 77.9670%	No:00856 U+06715 朕 00179817 2.2799/万 77.9898%	No:00857 U+06A2A 横 00179710 2.2785/万 78.0126%	No:00858 U+06700 最 00179397 2.2746/万 78.0354%	No:00859 U+05E25 帥 00179223 2.2724/万 78.0581%	No:00860 U+05915 夕 00179144 2.2714/万 78.0808%
No:00861 U+09006 逆 00178866 2.2678/万 78.1035%	No:00862 U+0986F 顯 00178616 2.2647/万 78.1261%	No:00863 U+060E0 惠 00178390 2.2618/万 78.1487%	No:00864 U+065D7 旗 00178265 2.2602/万 78.1713%	No:00865 U+0770B 看 00177862 2.2551/万 78.1939%	No:00866 U+06714 朔 00177702 2.2531/万 78.2164%	No:00867 U+05875 塵 00177662 2.2526/万 78.2389%	No:00868 U+06E38 游 00177646 2.2524/万 78.2615%	No:00869 U+09854 顏 00177499 2.2505/万 78.2840%	No:00870 U+05F79 役 00177277 2.2477/万 78.3065%
No:00871 U+04F8B 例 00177029 2.2445/万 78.3289%	No:00872 U+063A5 接 00176750 2.2410/万 78.3513%	No:00873 U+065E0 无 00176641 2.2396/万 78.3737%	No:00874 U+07A0B 程 00176627 2.2394/万 78.3961%	No:00875 U+0963F 阿 00176267 2.2349/万 78.4184%	No:00876 U+0752B 甫 00175963 2.2310/万 78.4408%	No:00877 U+08521 蔡 00175561 2.2259/万 78.4630%	No:00878 U+04E59 乙 00175065 2.2196/万 78.4852%	No:00879 U+08F14 輔 00174935 2.2180/万 78.5074%	No:00880 U+08AA4 誤 00174700 2.2150/万 78.5295%
No:00881 U+056DE 回 00174646 2.2143/万 78.5517%	No:00882 U+06D1B 洛 00174407 2.2113/万 78.5738%	No:00883 U+0689D 條 00174403 2.2112/万 78.5959%	No:00884 U+07FBD 羽 00174301 2.2100/万 78.6180%	No:00885 U+0679D 枝 00173422 2.1988/万 78.6400%	No:00886 U+0821E 舞 00172831 2.1913/万 78.6619%	No:00887 U+04E95 井 00172780 2.1907/万 78.6838%	No:00888 U+07960 祠 00172683 2.1894/万 78.7057%	No:00889 U+066FD 曾 00172417 2.1861/万 78.7276%	No:00890 U+06C88 沈 00171946 2.1801/万 78.7494%
No:00891 U+08A13 訓 00171837 2.1787/万 78.7712%	No:00892 U+08D70 走 00170526 2.1621/万 78.7928%	No:00893 U+09F13 鼓 00170508 2.1619/万 78.8144%	No:00894 U+06839 根 00170437 2.1610/万 78.8360%	No:00895 U+05E02 市 00170338 2.1597/万 78.8576%	No:00896 U+06108 愈 00169983 2.1552/万 78.8792%	No:00897 U+07C73 米 00169977 2.1551/万 78.9007%	No:00898 U+05E72 干 00169908 2.1543/万 78.9223%	No:00899 U+05F17 弗 00169787 2.1527/万 78.9438%	No:00900 U+08FB2 農 00169181 2.1450/万 78.9652%

No:00901 U+06575 敵 00168669 2.1385/万 78.9866%	No:00902 U+085A6 薦 00168439 2.1356/万 79.0080%	No:00903 U+09632 防 00168321 2.1341/万 79.0293%	No:00904 U+08346 荊 00168305 2.1339/万 79.0507%	No:00905 U+08870 衰 00167963 2.1296/万 79.0720%	No:00906 U+08CEA 質 00167723 2.1265/万 79.0932%	No:00907 U+07FD2 習 00167492 2.1236/万 79.1145%	No:00908 U+075DB 痛 00167318 2.1214/万 79.1357%	No:00909 U+089BA 覺 00166425 2.1101/万 79.1568%	No:00910 U+04ED5 仕 00166373 2.1094/万 79.1779%
No:00911 U+0653E 放 00166234 2.1077/万 79.1990%	No:00912 U+05145 充 00166202 2.1073/万 79.2200%	No:00913 U+0585E 塞 00166134 2.1064/万 79.2411%	No:00914 U+0524C 剌 00165391 2.0970/万 79.2621%	No:00915 U+05712 園 00165102 2.0933/万 79.2830%	No:00916 U+072AF 犯 00164956 2.0915/万 79.3039%	No:00917 U+079B9 禹 00164275 2.0828/万 79.3247%	No:00918 U+05473 味 00164064 2.0802/万 79.3455%	No:00919 U+04EF0 仰 00163285 2.0703/万 79.3662%	No:00920 U+07DAD 維 00163275 2.0702/万 79.3869%
No:00921 U+05449 呉 00163187 2.0690/万 79.4076%	No:00922 U+08861 衡 00163132 2.0683/万 79.4283%	No:00923 U+096C4 雄 00162796 2.0641/万 79.4490%	No:00924 U+06EC5 滅 00162537 2.0608/万 79.4696%	No:00925 U+06A5F 機 00161823 2.0517/万 79.4901%	No:00926 U+08FCE 迎 00161472 2.0473/万 79.5106%	No:00927 U+06D1E 洞 00161408 2.0465/万 79.5310%	No:00928 U+065CF 族 00161148 2.0432/万 79.5515%	No:00929 U+08986 覆 00160823 2.0391/万 79.5719%	No:00930 U+05954 奔 00160750 2.0381/万 79.5922%
No:00931 U+05415 吕 00160668 2.0371/万 79.6126%	No:00932 U+05371 危 00160408 2.0338/万 79.6329%	No:00933 U+09F4B 齋 00160301 2.0324/万 79.6533%	No:00934 U+06012 怒 00160093 2.0298/万 79.6736%	No:00935 U+07FF0 翰 00160031 2.0290/万 79.6939%	No:00936 U+0667A 智 00160026 2.0290/万 79.7141%	No:00937 U+09592 閒 00159922 2.0276/万 79.7344%	No:00938 U+08CD4 賓 00159625 2.0239/万 79.7547%	No:00939 U+052FF 勿 00159599 2.0235/万 79.7749%	No:00940 U+09AA8 骨 00159394 2.0209/万 79.7951%
No:00941 U+09707 震 00159331 2.0201/万 79.8153%	No:00942 U+0793E 社 00159313 2.0199/万 79.8355%	No:00943 U+052E4 勤 00158896 2.0146/万 79.8557%	No:00944 U+0862D 蘭 00158803 2.0135/万 79.8758%	No:00945 U+0552F 唯 00158800 2.0134/万 79.8959%	No:00946 U+0805A 聚 00158765 2.0130/万 79.9161%	No:00947 U+055E3 嗣 00158737 2.0126/万 79.9362%	No:00948 U+08CA0 負 00157996 2.0032/万 79.9562%	No:00949 U+04E58 乘 00157991 2.0032/万 79.9762%	No:00950 U+08A0E 討 00157904 2.0021/万 79.9963%
No:00951 U+059D4 委 00157825 2.0011/万 80.0163%	No:00952 U+072C0 狀 00157694 1.9994/万 80.0363%	No:00953 U+096CD 雍 00157616 1.9984/万 80.0563%	No:00954 U+0652F 支 00157225 1.9934/万 80.0762%	No:00955 U+09298 銘 00157011 1.9907/万 80.0961%	No:00956 U+05893 墓 00156528 1.9846/万 80.1159%	No:00957 U+073E0 珠 00156348 1.9823/万 80.1358%	No:00958 U+07562 畢 00156157 1.9799/万 80.1556%	No:00959 U+0623F 房 00156006 1.9780/万 80.1754%	No:00960 U+084BC 蒼 00155396 1.9703/万 80.1951%
No:00961 U+08036 耶 00154769 1.9623/万 80.2147%	No:00962 U+07C4D 籍 00154659 1.9609/万 80.2343%	No:00963 U+04F50 佐 00154639 1.9607/万 80.2539%	No:00964 U+07537 男 00154608 1.9603/万 80.2735%	No:00965 U+065E9 早 00154340 1.9569/万 80.2931%	No:00966 U+08085 肅 00154100 1.9538/万 80.3126%	No:00967 U+05374 却 00153669 1.9484/万 80.3321%	No:00968 U+07DE8 編 00153643 1.9480/万 80.3516%	No:00969 U+061FC 懼 00153557 1.9469/万 80.3710%	No:00970 U+06CE2 波 00153494 1.9461/万 80.3905%
No:00971 U+0611A 愚 00153311 1.9438/万 80.4099%	No:00972 U+08CAC 責 00153210 1.9425/万 80.4294%	No:00973 U+05805 堅 00153185 1.9422/万 80.4488%	No:00974 U+05900 壽 00153152 1.9418/万 80.4682%	No:00975 U+05348 午 00152972 1.9395/万 80.4876%	No:00976 U+07A46 穆 00152969 1.9395/万 80.5070%	No:00977 U+067D4 柔 00152928 1.9390/万 80.5264%	No:00978 U+063D0 提 00152561 1.9343/万 80.5457%	No:00979 U+0582F 堯 00152460 1.9330/万 80.5651%	No:00980 U+06885 梅 00152459 1.9330/万 80.5844%
No:00981 U+068C4 棄 00152000 1.9272/万 80.6037%	No:00982 U+06B8A 殊 00151965 1.9268/万 80.6229%	No:00983 U+0570D 圍 00151679 1.9231/万 80.6422%	No:00984 U+079D1 科 00151055 1.9152/万 80.6613%	No:00985 U+059D1 姑 00150788 1.9118/万 80.6804%	No:00986 U+06F38 漸 00150632 1.9098/万 80.6995%	No:00987 U+08FA8 辨 00150269 1.9052/万 80.7186%	No:00988 U+08A3B 註 00150227 1.9047/万 80.7376%	No:00989 U+04F0A 伊 00149850 1.8999/万 80.7566%	No:00990 U+04F5B 佛 00149816 1.8995/万 80.7756%
No:00991 U+07B26 符 00149408 1.8943/万 80.7946%	No:00992 U+06551 救 00149033 1.8896/万 80.8135%	No:00993 U+053A5 厥 00148804 1.8867/万 80.8323%	No:00994 U+07ACA 竊 00148712 1.8855/万 80.8512%	No:00995 U+095DC 關 00148631 1.8845/万 80.8700%	No:00996 U+04E46 乆 00148391 1.8814/万 80.8889%	No:00997 U+05897 增 00148296 1.8802/万 80.9077%	No:00998 U+06275 扵 00148094 1.8777/万 80.9264%	No:00999 U+08944 襄 00148037 1.8769/万 80.9452%	No:01000 U+07984 禄 00147587 1.8712/万 80.9639%

No:01001 U+06597 斗 00147544 1.8707/万 80.9826%	No:01002 U+05F83 徃 00147451 1.8695/万 81.0013%	No:01003 U+05179 兹 00147440 1.8694/万 81.0200%	No:01004 U+05C4B 屋 00147178 1.8661/万 81.0387%	No:01005 U+08303 范 00146979 1.8635/万 81.0573%	No:01006 U+05F3A 强 00146852 1.8619/万 81.0759%	No:01007 U+05E9A 庚 00146765 1.8608/万 81.0945%	No:01008 U+06B72 歲 00146557 1.8582/万 81.1131%	No:01009 U+050D5 僕 00145946 1.8504/万 81.1316%	No:01010 U+0821C 舜 00145393 1.8434/万 81.1501%
No:01011 U+0907F 避 00145201 1.8410/万 81.1685%	No:01012 U+079C0 秀 00145034 1.8389/万 81.1869%	No:01013 U+08CC8 賈 00144988 1.8383/万 81.2052%	No:01014 U+06853 桓 00144946 1.8378/万 81.2236%	No:01015 U+0754F 畏 00144757 1.8354/万 81.2420%	No:01016 U+08853 術 00144154 1.8277/万 81.2785%	No:01017 U+08B1B 講 00144154 1.8277/万 81.2603%	No:01018 U+08A85 誅 00143972 1.8254/万 81.2968%	No:01019 U+05883 境 00143261 1.8164/万 81.3149%	No:01020 U+096A0 隠 00142962 1.8126/万 81.3331%
No:01021 U+0937E 鍾 00142845 1.8111/万 81.3512%	No:01022 U+09756 靖 00142641 1.8085/万 81.3693%	No:01023 U+07A3D 稽 00142563 1.8075/万 81.3873%	No:01024 U+07965 祥 00142042 1.8009/万 81.4054%	No:01025 U+0620E 戎 00141803 1.7979/万 81.4233%	No:01026 U+09E7D 鹽 00141746 1.7972/万 81.4413%	No:01027 U+09189 醉 00141653 1.7960/万 81.4593%	No:01028 U+099D5 駕 00141636 1.7958/万 81.4772%	No:01029 U+073ED 班 00141551 1.7947/万 81.4952%	No:01030 U+06703 會 00141503 1.7941/万 81.5131%
No:01031 U+04E19 丙 00141234 1.7907/万 81.5310%	No:01032 U+09F0E 鼎 00141143 1.7895/万 81.5489%	No:01033 U+06842 桂 00141036 1.7882/万 81.5668%	No:01034 U+066FE 曾 00140807 1.7853/万 81.5847%	No:01035 U+05C39 尹 00140383 1.7799/万 81.6025%	No:01036 U+0971C 霜 00140347 1.7794/万 81.6203%	No:01037 U+08089 肉 00140255 1.7783/万 81.6380%	No:01038 U+051B5 况 00140072 1.7760/万 81.6558%	No:01039 U+088CF 裏 00139751 1.7719/万 81.6735%	No:01040 U+05747 均 00139406 1.7675/万 81.6912%
No:01041 U+09010 逐 00138626 1.7576/万 81.7088%	No:01042 U+082B3 芳 00138463 1.7556/万 81.7263%	No:01043 U+058A8 墨 00138298 1.7535/万 81.7439%	No:01044 U+0616E 慮 00137597 1.7446/万 81.7613%	No:01045 U+0653A 改 00137456 1.7428/万 81.7787%	No:01046 U+07FFB 翻 00136682 1.7330/万 81.7961%	No:01047 U+05DBA 嶺 00136397 1.7294/万 81.8134%	No:01048 U+05047 假 00136151 1.7262/万 81.8306%	No:01049 U+05C6F 屯 00136134 1.7260/万 81.8479%	No:01050 U+05EEC 廬 00135992 1.7242/万 81.8651%
No:01051 U+06BB7 殷 00135981 1.7241/万 81.8824%	No:01052 U+08D74 赴 00135758 1.7213/万 81.8996%	No:01053 U+05BBB 宻 00135548 1.7186/万 81.9168%	No:01054 U+08CA7 貧 00135381 1.7165/万 81.9339%	No:01055 U+08972 襲 00134889 1.7102/万 81.9510%	No:01056 U+08352 荒 00134802 1.7091/万 81.9681%	No:01057 U+09EE8 黨 00134459 1.7048/万 81.9852%	No:01058 U+090A6 邦 00133965 1.6985/万 82.0022%	No:01059 U+07199 熙 00133803 1.6965/万 82.0191%	No:01060 U+07267 牧 00133791 1.6963/万 82.0361%
No:01061 U+061F7 懷 00133650 1.6945/万 82.0530%	No:01062 U+07A0D 稍 00133614 1.6941/万 82.0700%	No:01063 U+05426 否 00133555 1.6933/万 82.0869%	No:01064 U+096D9 雙 00133393 1.6913/万 82.1038%	No:01065 U+08CA1 財 00133061 1.6871/万 82.1207%	No:01066 U+07344 獄 00133054 1.6870/万 82.1376%	No:01067 U+062DB 招 00133048 1.6869/万 82.1544%	No:01068 U+091CF 量 00132552 1.6806/万 82.1712%	No:01069 U+05999 妙 00132243 1.6767/万 82.1880%	No:01070 U+05BDB 寛 00132157 1.6756/万 82.2048%
No:01071 U+06028 怨 00132128 1.6752/万 82.2215%	No:01072 U+0683C 格 00131941 1.6729/万 82.2382%	No:01073 U+05C08 專 00131899 1.6723/万 82.2550%	No:01074 U+065E6 旦 00131894 1.6723/万 82.2717%	No:01075 U+07BC9 築 00131791 1.6710/万 82.2884%	No:01076 U+0798D 禍 00131751 1.6705/万 82.3051%	No:01077 U+09769 革 00131581 1.6683/万 82.3218%	No:01078 U+06101 愁 00131547 1.6679/万 82.3385%	No:01079 U+07D39 紹 00131471 1.6669/万 82.3551%	No:01080 U+096AA 險 00131090 1.6621/万 82.3718%
No:01081 U+0846C 葬 00130992 1.6608/万 82.3884%	No:01082 U+05F31 弱 00130988 1.6608/万 82.4050%	No:01083 U+0719F 熟 00130949 1.6603/万 82.4216%	No:01084 U+05085 傅 00130938 1.6601/万 82.4382%	No:01085 U+0932B 錫 00130887 1.6595/万 82.4548%	No:01086 U+09022 逢 00130479 1.6543/万 82.4713%	No:01087 U+07FFC 翼 00130446 1.6539/万 82.4879%	No:01088 U+07FC1 翁 00130388 1.6532/万 82.5044%	No:01089 U+096F7 雷 00130190 1.6507/万 82.5209%	No:01090 U+07ADF 竟 00129947 1.6476/万 82.5374%
No:01091 U+05439 吹 00129902 1.6470/万 82.5538%	No:01092 U+05764 坤 00129400 1.6406/万 82.5703%	No:01093 U+06851 桑 00129114 1.6370/万 82.5866%	No:01094 U+076DF 盟 00129036 1.6360/万 82.6030%	No:01095 U+08F3F 輿 00128775 1.6327/万 82.6193%	No:01096 U+09670 陰 00128771 1.6327/万 82.6356%	No:01097 U+060B2 悲 00128659 1.6312/万 82.6520%	No:01098 U+08CBB 費 00128497 1.6292/万 82.6682%	No:01099 U+04E38 丸 00128433 1.6284/万 82.6845%	No:01100 U+052A9 助 00128353 1.6274/万 82.7008%

No:01101 U+066AE 暮 00128331 1.6271/万 82.7171%	No:01102 U+0632F 振 00128085 1.6240/万 82.7333%	No:01103 U+066C9 曉 00127948 1.6222/万 82.7495%	No:01104 U+07D72 絲 00127753 1.6198/万 82.7657%	No:01105 U+07FE0 翠 00127699 1.6191/万 82.7819%	No:01106 U+06DF5 淵 00127687 1.6189/万 82.7981%	No:01107 U+058C1 壁 00127686 1.6189/万 82.8143%	No:01108 U+05224 判 00127389 1.6151/万 82.8305%	No:01109 U+08239 船 00127383 1.6151/万 82.8466%	No:01110 U+07E31 縱 00126557 1.6046/万 82.8627%
No:01111 U+09676 陶 00126511 1.6040/万 82.8787%	No:01112 U+0984D 額 00126488 1.6037/万 82.8947%	No:01113 U+05C48 屈 00126453 1.6033/万 82.9108%	No:01114 U+07567 畧 00126263 1.6009/万 82.9268%	No:01115 U+05DD6 巖 00125840 1.5955/万 82.9427%	No:01116 U+05009 倉 00125466 1.5908/万 82.9586%	No:01117 U+096B1 隱 00124852 1.5830/万 82.9745%	No:01118 U+05C65 履 00124781 1.5821/万 82.9903%	No:01119 U+05B87 宇 00124615 1.5800/万 83.0061%	No:01120 U+08CC0 賀 00124476 1.5782/万 83.0219%
No:01121 U+05E2D 席 00124433 1.5777/万 83.0376%	No:01122 U+0795D 祝 00124213 1.5749/万 83.0534%	No:01123 U+06843 桃 00123793 1.5696/万 83.0691%	No:01124 U+08FF0 述 00123742 1.5689/万 83.0848%	No:01125 U+07D22 索 00123681 1.5681/万 83.1005%	No:01126 U+051F6 凶 00123522 1.5661/万 83.1161%	No:01127 U+041FF 䇿 00123173 1.5617/万 83.1317%	No:01128 U+061B2 憲 00122937 1.5587/万 83.1473%	No:01129 U+052F8 勸 00122740 1.5562/万 83.1629%	No:01130 U+07CE7 糧 00122556 1.5539/万 83.1784%
No:01131 U+08AEB 諫 00122546 1.5537/万 83.1940%	No:01132 U+09038 逸 00122503 1.5532/万 83.2095%	No:01133 U+08F9F 辟 00122438 1.5524/万 83.2250%	No:01134 U+07950 祐 00122113 1.5483/万 83.2405%	No:01135 U+06295 投 00122072 1.5477/万 83.2560%	No:01136 U+09DB4 鶴 00122020 1.5471/万 83.2715%	No:01137 U+08179 腹 00121985 1.5466/万 83.2869%	No:01138 U+04F9B 供 00121736 1.5435/万 83.3024%	No:01139 U+052D2 勒 00121545 1.5410/万 83.3178%	No:01140 U+09055 違 00121536 1.5409/万 83.3332%
No:01141 U+0523A 刺 00121330 1.5383/万 83.3486%	No:01142 U+0620A 戊 00121278 1.5377/万 83.3639%	No:01143 U+05F71 影 00121023 1.5344/万 83.3793%	No:01144 U+04ECE 从 00120981 1.5339/万 83.3946%	No:01145 U+04749 䝉 00120949 1.5335/万 83.4100%	No:01146 U+05BE1 寡 00120873 1.5325/万 83.4253%	No:01147 U+09326 錦 00120737 1.5308/万 83.4406%	No:01148 U+05F91 徑 00120684 1.5301/万 83.4559%	No:01149 U+05BC6 密 00120546 1.5284/万 83.4712%	No:01150 U+06750 材 00120450 1.5272/万 83.4865%
No:01151 U+06E1B 減 00120363 1.5261/万 83.5017%	No:01152 U+076E4 盤 00120321 1.5255/万 83.5170%	No:01153 U+0968B 隋 00120185 1.5238/万 83.5322%	No:01154 U+06E21 渡 00120140 1.5232/万 83.5474%	No:01155 U+07B54 答 00120063 1.5223/万 83.5627%	No:01156 U+06801 柳 00119916 1.5204/万 83.5779%	No:01157 U+078A7 碧 00119693 1.5176/万 83.5930%	No:01158 U+05BC5 寅 00119607 1.5165/万 83.6082%	No:01159 U+0640D 損 00119590 1.5163/万 83.6234%	No:01160 U+076E7 盧 00119565 1.5159/万 83.6385%
No:01161 U+06E20 渠 00119554 1.5158/万 83.6537%	No:01162 U+058EF 壯 00119552 1.5158/万 83.6689%	No:01163 U+0968E 階 00119209 1.5114/万 83.6840%	No:01164 U+04FB5 侵 00118761 1.5057/万 83.6990%	No:01165 U+05EB8 庸 00118754 1.5057/万 83.7141%	No:01166 U+07A37 稷 00118719 1.5052/万 83.7291%	No:01167 U+065AC 斬 00117908 1.4949/万 83.7441%	No:01168 U+08C6B 豫 00117908 1.4949/万 83.7590%	No:01169 U+08CAB 貫 00117789 1.4934/万 83.7740%	No:01170 U+09928 館 00117725 1.4926/万 83.7889%
No:01171 U+05F99 徙 00117527 1.4901/万 83.8038%	No:01172 U+04ECB 介 00117374 1.4882/万 83.8187%	No:01173 U+05DF4 巴 00117066 1.4843/万 83.8335%	No:01174 U+077ED 短 00116860 1.4816/万 83.8483%	No:01175 U+06D88 消 00116703 1.4797/万 83.8631%	No:01176 U+09817 頗 00116190 1.4732/万 83.8779%	No:01177 U+05370 印 00116184 1.4731/万 83.8926%	No:01178 U+06B4E 歎 00115857 1.4689/万 83.9073%	No:01179 U+058EC 壬 00115597 1.4656/万 83.9219%	No:01180 U+06B65 步 00115382 1.4629/万 83.9366%
No:01181 U+038F2 㣲 00115203 1.4606/万 83.9512%	No:01182 U+05FAA 循 00114778 1.4552/万 83.9657%	No:01183 U+080CC 背 00114769 1.4551/万 83.9803%	No:01184 U+0773C 眼 00114767 1.4551/万 83.9948%	No:01185 U+05360 占 00114657 1.4537/万 84.0094%	No:01186 U+05DE1 巡 00114590 1.4529/万 84.0239%	No:01187 U+06276 扶 00114550 1.4524/万 84.0384%	No:01188 U+06751 村 00114477 1.4514/万 84.0529%	No:01189 U+0582A 堪 00114275 1.4489/万 84.0674%	No:01190 U+05410 吐 00114174 1.4476/万 84.0819%
No:01191 U+0665A 晚 00114138 1.4471/万 84.0964%	No:01192 U+09E97 麗 00114105 1.4467/万 84.1108%	No:01193 U+08ED2 軒 00113945 1.4447/万 84.1253%	No:01194 U+06B98 殘 00113873 1.4438/万 84.1397%	No:01195 U+091C7 采 00113719 1.4418/万 84.1542%	No:01196 U+05F66 彥 00113242 1.4358/万 84.1685%	No:01197 U+0885E 衞 00113152 1.4346/万 84.1829%	No:01198 U+052C7 勇 00113073 1.4336/万 84.1972%	No:01199 U+05FB4 徴 00113018 1.4329/万 84.2115%	No:01200 U+0535C 卜 00112923 1.4317/万 84.2258%

No:01201 U+05D14 崔 00112873 1.4311/万 84.2402%	No:01202 U+05B70 孰 00112862 1.4310/万 84.2545%	No:01203 U+0722D 爭 00112842 1.4307/万 84.2688%	No:01204 U+079AA 禪 00112752 1.4296/万 84.2831%	No:01205 U+05141 允 00112651 1.4283/万 84.2973%	No:01206 U+07565 略 00112620 1.4279/万 84.3116%	No:01207 U+065C5 旅 00112275 1.4235/万 84.3259%	No:01208 U+07E6B 繫 00112248 1.4232/万 84.3401%	No:01209 U+E1F 弘 00111451 1.4131/万 84.3542%	No:01210 U+05BE9 審 00111333 1.4116/万 84.3683%
No:01211 U+0504F 偏 00111255 1.4106/万 84.3825%	No:01212 U+09803 頃 00110879 1.4058/万 84.3965%	No:01213 U+09759 静 00110780 1.4046/万 84.4106%	No:01214 U+05F0F 式 00110771 1.4044/万 84.4246%	No:01215 U+064C7 擇 00110624 1.4026/万 84.4386%	No:01216 U+08015 耕 00110370 1.3994/万 84.4526%	No:01217 U+05B85 宅 00109936 1.3939/万 84.4666%	No:01218 U+06148 慈 00109932 1.3938/万 84.4805%	No:01219 U+04F73 佳 00109882 1.3932/万 84.4944%	No:01220 U+05C3E 尾 00109784 1.3919/万 84.5083%
No:01221 U+05F13 弓 00109765 1.3917/万 84.5223%	No:01222 U+06D32 洲 00109653 1.3903/万 84.5362%	No:01223 U+0596A 奪 00109619 1.3898/万 84.5501%	No:01224 U+0914D 配 00109552 1.3890/万 84.5640%	No:01225 U+04E11 丑 00109535 1.3888/万 84.5778%	No:01226 U+0969B 際 00109535 1.3888/万 84.5917%	No:01227 U+06BCE 毎 00109312 1.3859/万 84.6056%	No:01228 U+09D3B 鴻 00109254 1.3852/万 84.6194%	No:01229 U+09EBB 麻 00109233 1.3849/万 84.6333%	No:01230 U+08302 茂 00109104 1.3833/万 84.6471%
No:01231 U+0614E 慎 00109029 1.3824/万 84.6610%	No:01232 U+0541F 吟 00108985 1.3818/万 84.6748%	No:01233 U+05351 卑 00108964 1.3815/万 84.6886%	No:01234 U+05BF6 寶 00108887 1.3806/万 84.7024%	No:01235 U+060DC 惜 00108838 1.3799/万 84.7162%	No:01236 U+09072 遲 00108771 1.3791/万 84.7300%	No:01237 U+058FD 壽 00108693 1.3781/万 84.7438%	No:01238 U+04EAB 享 00108525 1.3760/万 84.7575%	No:01239 U+06D17 洗 00108451 1.3750/万 84.7713%	No:01240 U+070C8 烈 00108391 1.3743/万 84.7850%
No:01241 U+099B3 馳 00108034 1.3697/万 84.7987%	No:01242 U+05858 塘 00107910 1.3682/万 84.8124%	No:01243 U+076C8 盈 00107899 1.3680/万 84.8261%	No:01244 U+07E8C 續 00107158 1.3586/万 84.8397%	No:01245 U+08A63 詣 00106723 1.3531/万 84.8532%	No:01246 U+056F0 困 00106611 1.3517/万 84.8667%	No:01247 U+07678 癸 00106572 1.3512/万 84.8802%	No:01248 U+05984 妄 00106455 1.3497/万 84.8937%	No:01249 U+07AE5 童 00106316 1.3480/万 84.9072%	No:01250 U+065C1 旁 00106273 1.3474/万 84.9207%
No:01251 U+09CEF 鳯 00105356 1.3358/万 84.9340%	No:01252 U+0542B 含 00105327 1.3354/万 84.9474%	No:01253 U+06BD2 毒 00105305 1.3351/万 84.9607%	No:01254 U+05E0C 希 00105274 1.3347/万 84.9741%	No:01255 U+06548 效 00105124 1.3328/万 84.9874%	No:01256 U+07169 煩 00105035 1.3317/万 85.0007%	No:01257 U+07523 產 00104897 1.3300/万 85.0140%	No:01258 U+09149 酉 00104891 1.3299/万 85.0273%	No:01259 U+09304 錄 00104822 1.3290/万 85.0406%	No:01260 U+05BB4 宴 00104534 1.3254/万 85.0539%
No:01261 U+08212 舒 00104443 1.3242/万 85.0671%	No:01262 U+05BF5 寵 00104240 1.3216/万 85.0803%	No:01263 U+08CE4 賤 00104153 1.3205/万 85.0936%	No:01264 U+06068 恨 00103808 1.3162/万 85.1067%	No:01265 U+06A1E 樞 00103591 1.3134/万 85.1198%	No:01266 U+05951 契 00103456 1.3117/万 85.1330%	No:01267 U+05074 側 00103416 1.3112/万 85.1461%	No:01268 U+04576 䕶 00103397 1.3109/万 85.1592%	No:01269 U+09E7F 鹿 00103389 1.3108/万 85.1723%	No:01270 U+096DE 雞 00103272 1.3094/万 85.1854%
No:01271 U+07D1B 紛 00103250 1.3091/万 85.1985%	No:01272 U+06B73 歳 00103131 1.3076/万 85.2116%	No:01273 U+05974 奴 00103080 1.3069/万 85.2246%	No:01274 U+05FCD 忍 00103014 1.3061/万 85.2377%	No:01275 U+08C46 豆 00102988 1.3058/万 85.2507%	No:01276 U+0502B 倫 00102888 1.3045/万 85.2638%	No:01277 U+054ED 哭 00102879 1.3044/万 85.2768%	No:01278 U+06B69 步 00102847 1.3040/万 85.2899%	No:01279 U+05146 兆 00102732 1.3025/万 85.3029%	No:01280 U+08CD3 賓 00102500 1.2996/万 85.3159%
No:01281 U+0723B 爻 00102459 1.2991/万 85.3289%	No:01282 U+098FE 飾 00102351 1.2977/万 85.3419%	No:01283 U+082D1 苑 00102313 1.2972/万 85.3548%	No:01284 U+0980C 頌 00102181 1.2955/万 85.3678%	No:01285 U+051B7 冷 00102127 1.2948/万 85.3807%	No:01286 U+064CD 操 00101996 1.2932/万 85.3937%	No:01287 U+08D0A 贊 00101718 1.2897/万 85.4066%	No:01288 U+05E95 底 00101630 1.2885/万 85.4195%	No:01289 U+07D14 純 00101596 1.2881/万 85.4323%	No:01290 U+05C0E 導 00101498 1.2869/万 85.4452%
No:01291 U+063EE 揮 00101351 1.2850/万 85.4581%	No:01292 U+0501A 倚 00101175 1.2828/万 85.4709%	No:01293 U+06238 戸 00100993 1.2805/万 85.4837%	No:01294 U+070DF 烟 00100935 1.2797/万 85.4965%	No:01295 U+05076 偶 00100610 1.2756/万 85.5092%	No:01296 U+050BE 傾 00100607 1.2756/万 85.5220%	No:01297 U+05340 區 00100579 1.2752/万 85.5348%	No:01298 U+0898F 規 00100540 1.2747/万 85.5475%	No:01299 U+05CB8 岸 00100444 1.2735/万 85.5602%	No:01300 U+074B0 環 00100354 1.2724/万 85.5730%

No:01301 U+06756 杖 00100102 1.2692/万 85.5857%	No:01302 U+06C7A 決 00100086 1.2690/万 85.5983%	No:01303 U+06DF3 淳 00099917 1.2668/万 85.6110%	No:01304 U+06D59 浙 00099839 1.2658/万 85.6237%	No:01305 U+065CB 旋 00099823 1.2656/万 85.6363%	No:01306 U+09B3C 鬼 00099444 1.2608/万 85.6489%	No:01307 U+05FB5 徵 00099395 1.2602/万 85.6615%	No:01308 U+09CF3 鳳 00099356 1.2597/万 85.6741%	No:01309 U+05C62 屢 00099280 1.2587/万 85.6867%	No:01310 U+097CB 韋 00099237 1.2582/万 85.6993%
No:01311 U+08A2A 訪 00099222 1.2580/万 85.7119%	No:01312 U+06AA2 檢 00099166 1.2573/万 85.7245%	No:01313 U+07DB1 綱 00099121 1.2567/万 85.7370%	No:01314 U+084B2 蒲 00098855 1.2534/万 85.7496%	No:01315 U+07159 煙 00098844 1.2532/万 85.7621%	No:01316 U+06C57 汗 00098579 1.2499/万 85.7746%	No:01317 U+09418 鐘 00098563 1.2497/万 85.7871%	No:01318 U+06996 榖 00098526 1.2492/万 85.7996%	No:01319 U+0548E 咎 00098342 1.2469/万 85.8121%	No:01320 U+07DD1 綠 00098310 1.2464/万 85.8245%
No:01321 U+04E86 了 00098253 1.2457/万 85.8370%	No:01322 U+08086 肆 00098236 1.2455/万 85.8494%	No:01323 U+07434 琴 00098176 1.2447/万 85.8619%	No:01324 U+06D25 津 00098035 1.2430/万 85.8743%	No:01325 U+05F6D 彭 00098026 1.2428/万 85.8867%	No:01326 U+07F72 署 00097825 1.2403/万 85.8991%	No:01327 U+08129 脩 00097650 1.2381/万 85.9115%	No:01328 U+08C8C 貌 00097628 1.2378/万 85.9239%	No:01329 U+066B4 暴 00097270 1.2333/万 85.9362%	No:01330 U+04EA5 亥 00097213 1.2325/万 85.9486%
No:01331 U+0501F 借 00097006 1.2299/万 85.9609%	No:01332 U+08AF1 諱 00096790 1.2272/万 85.9731%	No:01333 U+0865B 虛 00095919 1.2161/万 85.9853%	No:01334 U+065CC 旌 00095886 1.2157/万 85.9975%	No:01335 U+0745E 瑞 00095845 1.2152/万 86.0096%	No:01336 U+0512A 優 00095697 1.2133/万 86.0217%	No:01337 U+08AC7 談 00095692 1.2133/万 86.0339%	No:01338 U+07E01 緣 00095366 1.2091/万 86.0460%	No:01339 U+05CB3 岳 00095341 1.2088/万 86.0581%	No:01340 U+0707D 災 00095328 1.2086/万 86.0701%
No:01341 U+061F8 懸 00095211 1.2072/万 86.0822%	No:01342 U+055AE 單 00094686 1.2005/万 86.0942%	No:01343 U+09285 銅 00094598 1.1994/万 86.1062%	No:01344 U+05C38 尸 00094499 1.1981/万 86.1182%	No:01345 U+062B1 抱 00094348 1.1962/万 86.1302%	No:01346 U+06234 戴 00094229 1.1947/万 86.1421%	No:01347 U+07378 獸 00093894 1.1905/万 86.1540%	No:01348 U+09650 限 00093498 1.1854/万 86.1659%	No:01349 U+09805 項 00093408 1.1843/万 86.1777%	No:01350 U+06052 恒 00093186 1.1815/万 86.1895%
No:01351 U+089BD 覽 00092974 1.1788/万 86.2013%	No:01352 U+0914C 酌 00092728 1.1757/万 86.2131%	No:01353 U+06B61 歡 00092583 1.1738/万 86.2248%	No:01354 U+09810 預 00092484 1.1726/万 86.2365%	No:01355 U+08B93 讓 00092373 1.1712/万 86.2482%	No:01356 U+053B2 厲 00092320 1.1705/万 86.2599%	No:01357 U+06DFA 淺 00092306 1.1703/万 86.2717%	No:01358 U+09694 隔 00092224 1.1693/万 86.2833%	No:01359 U+08B49 證 00092205 1.1690/万 86.2950%	No:01360 U+05857 塗 00092171 1.1686/万 86.3067%
No:01361 U+05CEF 峯 00092103 1.1677/万 86.3184%	No:01362 U+0660F 昏 00092044 1.1670/万 86.3301%	No:01363 U+08DA8 趨 00092035 1.1669/万 86.3417%	No:01364 U+079A6 禦 00092015 1.1666/万 86.3534%	No:01365 U+08EAC 躬 00091888 1.1650/万 86.3651%	No:01366 U+09ED2 黒 00091775 1.1636/万 86.3767%	No:01367 U+04EAE 亮 00091482 1.1599/万 86.3883%	No:01368 U+08B19 謙 00091160 1.1558/万 86.3999%	No:01369 U+05553 啓 00091141 1.1556/万 86.4114%	No:01370 U+055DF 嗟 00091100 1.1550/万 86.4230%
No:01371 U+05FCC 忌 00091083 1.1548/万 86.4345%	No:01372 U+09BAE 鮮 00091082 1.1548/万 86.4461%	No:01373 U+063F4 援 00091081 1.1548/万 86.4576%	No:01374 U+08336 茶 00091039 1.1543/万 86.4691%	No:01375 U+0901F 速 00090907 1.1526/万 86.4807%	No:01376 U+09075 遵 00090772 1.1509/万 86.4922%	No:01377 U+065E3 旣 00090589 1.1486/万 86.5037%	No:01378 U+07E41 繁 00090556 1.1481/万 86.5152%	No:01379 U+0665D 晝 00090548 1.1480/万 86.5266%	No:01380 U+080AF 肯 00090532 1.1478/万 86.5381%
No:01381 U+04FC2 係 00090445 1.1467/万 86.5496%	No:01382 U+052C9 勉 00090243 1.1442/万 86.5610%	No:01383 U+0975C 靜 00090139 1.1428/万 86.5724%	No:01384 U+0386C 㡬 00090031 1.1415/万 86.5839%	No:01385 U+EAB 隷 00089961 1.1406/万 86.5953%	No:01386 U+06BEB 毫 00089728 1.1376/万 86.6066%	No:01387 U+077E2 矢 00089641 1.1365/万 86.6180%	No:01388 U+08A60 詠 00089592 1.1359/万 86.6294%	No:01389 U+08A72 該 00089518 1.1350/万 86.6407%	No:01390 U+05713 圓 00089292 1.1321/万 86.6520%
No:01391 U+05200 刀 00089118 1.1299/万 86.6633%	No:01392 U+0620C 戌 00088992 1.1283/万 86.6746%	No:01393 U+064EC 擬 00088682 1.1244/万 86.6859%	No:01394 U+09F52 齒 00088651 1.1240/万 86.6971%	No:01395 U+062B5 抵 00088561 1.1228/万 86.7083%	No:01396 U+073CD 珍 00088297 1.1195/万 86.7195%	No:01397 U+076DC 盜 00087915 1.1146/万 86.7307%	No:01398 U+08B01 謁 00087803 1.1132/万 86.7418%	No:01399 U+06155 慕 00087761 1.1127/万 86.7529%	No:01400 U+05F4C 彌 00087633 1.1111/万 86.7641%

No:01401 U+06CE5 泥 00087622 1.1109/万 86.7752%	No:01402 U+067F1 柱 00087138 1.1048/万 86.7862%	No:01403 U+08C6A 豪 00086983 1.1028/万 86.7972%	No:01404 U+0589E 增 00086875 1.1015/万 86.8083%	No:01405 U+08463 董 00086873 1.1014/万 86.8193%	No:01406 U+05E1B 帛 00086841 1.1010/万 86.8303%	No:01407 U+0907C 遼 00086815 1.1007/万 86.8413%	No:01408 U+09761 靡 00086803 1.1005/万 86.8523%	No:01409 U+08FF9 迹 00086575 1.0977/万 86.8633%	No:01410 U+058C7 壇 00086522 1.0970/万 86.8742%
No:01411 U+06291 抑 00086435 1.0959/万 86.8852%	No:01412 U+05E16 帖 00086434 1.0959/万 86.8962%	No:01413 U+064E2 擢 00086230 1.0933/万 86.9071%	No:01414 U+04F4F 住 00086140 1.0921/万 86.9180%	No:01415 U+05367 卧 00086100 1.0916/万 86.9289%	No:01416 U+07C9F 粟 00086030 1.0907/万 86.9398%	No:01417 U+03E03 㸃 00085664 1.0861/万 86.9507%	No:01418 U+099AE 馮 00085636 1.0858/万 86.9616%	No:01419 U+0845B 葛 00085536 1.0845/万 86.9724%	No:01420 U+07259 牙 00085328 1.0818/万 86.9832%
No:01421 U+09065 遥 00085133 1.0794/万 86.9940%	No:01422 U+08543 蕃 00084844 1.0757/万 87.0048%	No:01423 U+09039 逹 00084829 1.0755/万 87.0155%	No:01424 U+0654F 敏 00084658 1.0734/万 87.0263%	No:01425 U+079BD 禽 00084594 1.0725/万 87.0370%	No:01426 U+07C3F 簿 00084577 1.0723/万 87.0477%	No:01427 U+05983 妃 00084530 1.0717/万 87.0584%	No:01428 U+05BDC 寜 00084509 1.0715/万 87.0691%	No:01429 U+0883B 蠻 00084486 1.0712/万 87.0799%	No:01430 U+06D66 浦 00084301 1.0688/万 87.0905%
No:01431 U+065F1 旱 00084176 1.0672/万 87.1012%	No:01432 U+060F3 想 00084134 1.0667/万 87.1119%	No:01433 U+085DD 藝 00084005 1.0651/万 87.1225%	No:01434 U+0621A 戚 00083985 1.0648/万 87.1332%	No:01435 U+053DB 叛 00083728 1.0616/万 87.1438%	No:01436 U+099D0 駐 00083544 1.0592/万 87.1544%	No:01437 U+08377 荷 00083460 1.0582/万 87.1650%	No:01438 U+0555F 啟 00083288 1.0560/万 87.1755%	No:01439 U+09EA5 麥 00082916 1.0513/万 87.1861%	No:01440 U+05339 匹 00082901 1.0511/万 87.1966%
No:01441 U+05BE2 寢 00082785 1.0496/万 87.2071%	No:01442 U+09EC3 黃 00082705 1.0486/万 87.2175%	No:01443 U+07A74 穴 00082679 1.0483/万 87.2280%	No:01444 U+06190 憐 00082632 1.0477/万 87.2385%	No:01445 U+0859B 薛 00082606 1.0473/万 87.2490%	No:01446 U+06094 悔 00082575 1.0469/万 87.2595%	No:01447 U+077BB 瞻 00082481 1.0457/万 87.2699%	No:01448 U+09A45 驅 00082474 1.0457/万 87.2804%	No:01449 U+06D69 浩 00082334 1.0439/万 87.2908%	No:01450 U+088C1 裁 00082230 1.0426/万 87.3012%
No:01451 U+06F64 潤 00082211 1.0423/万 87.3117%	No:01452 U+0500D 倍 00082186 1.0420/万 87.3221%	No:01453 U+08569 蕩 00082146 1.0415/万 87.3325%	No:01454 U+05C4F 屏 00082111 1.0411/万 87.3429%	No:01455 U+08DE1 跡 00081945 1.0390/万 87.3533%	No:01456 U+04FDF 俟 00081847 1.0377/万 87.3637%	No:01457 U+063A1 採 00081576 1.0343/万 87.3740%	No:01458 U+0820E 舎 00081514 1.0335/万 87.3843%	No:01459 U+07F70 罰 00081299 1.0308/万 87.3947%	No:01460 U+06170 慰 00081289 1.0306/万 87.4050%
No:01461 U+06674 晴 00081226 1.0298/万 87.4153%	No:01462 U+04EA8 亨 00081166 1.0291/万 87.4256%	No:01463 U+06CE3 泣 00081138 1.0287/万 87.4358%	No:01464 U+05960 奠 00081090 1.0281/万 87.4461%	No:01465 U+09589 閉 00080988 1.0268/万 87.4564%	No:01466 U+0690D 植 00080979 1.0267/万 87.4667%	No:01467 U+08F2A 輪 00080825 1.0248/万 87.4769%	No:01468 U+07B56 策 00080794 1.0244/万 87.4872%	No:01469 U+0878D 融 00080697 1.0231/万 87.4974%	No:01470 U+05BC2 寂 00080646 1.0225/万 87.5076%
No:01471 U+06D6A 浪 00080575 1.0216/万 87.5178%	No:01472 U+08D85 超 00080476 1.0203/万 87.5280%	No:01473 U+09060 遠 00080411 1.0195/万 87.5382%	No:01474 U+07DE9 緩 00080372 1.0190/万 87.5484%	No:01475 U+09435 鐵 00080315 1.0183/万 87.5586%	No:01476 U+06BC1 毁 00080273 1.0178/万 87.5688%	No:01477 U+0714E 煎 00080265 1.0177/万 87.5790%	No:01478 U+08CB7 買 00080191 1.0167/万 87.5891%	No:01479 U+07F3A 缺 00080121 1.0158/万 87.5993%	No:01480 U+059E6 姦 00079958 1.0138/万 87.6094%
No:01481 U+0884D 衍 00079921 1.0133/万 87.6195%	No:01482 U+08FB1 辱 00079852 1.0124/万 87.6297%	No:01483 U+053AD 厭 00079794 1.0117/万 87.6398%	No:01484 U+04FFE 俾 00079723 1.0108/万 87.6499%	No:01485 U+08AE1 諡 00079688 1.0103/万 87.6600%	No:01486 U+071C8 燈 00079655 1.0099/万 87.6701%	No:01487 U+07A40 穀 00079637 1.0097/万 87.6802%	No:01488 U+0932F 錯 00079577 1.0089/万 87.6903%	No:01489 U+05FBD 徽 00079529 1.0083/万 87.7004%	No:01490 U+091AB 醫 00079377 1.0064/万 87.7104%
No:01491 U+06E3E 渾 00079345 1.0060/万 87.7205%	No:01492 U+05019 候 00079103 1.0029/万 87.7305%	No:01493 U+0758E 疎 00078741 0.9983/万 87.7405%	No:01494 U+060D1 惑 00078731 0.9982/万 87.7505%	No:01495 U+085E9 藩 00078695 0.9977/万 87.7605%	No:01496 U+053F0 台 00078430 0.9944/万 87.7704%	No:01497 U+06F5B 潛 00078371 0.9936/万 87.7804%	No:01498 U+09813 頓 00078340 0.9932/万 87.7903%	No:01499 U+09089 邉 00078118 0.9904/万 87.8002%	No:01500 U+061B6 憶 00077989 0.9888/万 87.8101%

No:01501 U+05DE8 巨 00077910 0.9878/万 87.8200%	No:01502 U+08074 聴 00077904 0.9877/万 87.8298%	No:01503 U+090A3 那 00077827 0.9867/万 87.8397%	No:01504 U+0462E 䘮 00077742 0.9857/万 87.8496%	No:01505 U+04FCA 俊 00077741 0.9856/万 87.8594%	No:01506 U+08AA6 誦 00077617 0.9841/万 87.8693%	No:01507 U+06BCB 毋 00077472 0.9822/万 87.8791%	No:01508 U+04ED8 付 00077461 0.9821/万 87.8889%	No:01509 U+087F2 蟲 00077339 0.9806/万 87.8987%	No:01510 U+052F2 勳 00076897 0.9749/万 87.9085%
No:01511 U+07700 眀 00076795 0.9737/万 87.9182%	No:01512 U+05BAE 宮 00076749 0.9731/万 87.9279%	No:01513 U+057DF 域 00076342 0.9679/万 87.9376%	No:01514 U+08F12 輒 00075826 0.9614/万 87.9472%	No:01515 U+051DD 凝 00075798 0.9610/万 87.9568%	No:01516 U+051C9 凉 00075754 0.9605/万 87.9664%	No:01517 U+0620D 戍 00075645 0.9591/万 87.9760%	No:01518 U+08D66 赦 00075611 0.9586/万 87.9856%	No:01519 U+057FA 基 00075600 0.9585/万 87.9952%	No:01520 U+08305 茅 00075464 0.9568/万 88.0048%
No:01521 U+051B3 决 00075095 0.9521/万 88.0143%	No:01522 U+0507D 偽 00075026 0.9512/万 88.0238%	No:01523 U+09003 逃 00075020 0.9511/万 88.0333%	No:01524 U+0670B 朋 00075018 0.9511/万 88.0428%	No:01525 U+0574E 坎 00075005 0.9510/万 88.0523%	No:01526 U+059BE 妾 00074996 0.9508/万 88.0618%	No:01527 U+088FD 製 00074978 0.9506/万 88.0714%	No:01528 U+06566 敦 00074959 0.9504/万 88.0809%	No:01529 U+07272 牲 00074789 0.9482/万 88.0903%	No:01530 U+08E30 踰 00074674 0.9468/万 88.0998%
No:01531 U+053C5 叅 00074671 0.9467/万 88.1093%	No:01532 U+05180 冀 00074574 0.9455/万 88.1187%	No:01533 U+072C2 狂 00074518 0.9448/万 88.1282%	No:01534 U+067E5 查 00074505 0.9446/万 88.1376%	No:01535 U+09AEA 髪 00074495 0.9445/万 88.1471%	No:01536 U+091D0 釐 00074441 0.9438/万 88.1565%	No:01537 U+059DA 姚 00074419 0.9435/万 88.1659%	No:01538 U+06C89 沉 00074398 0.9433/万 88.1754%	No:01539 U+06E58 湘 00074365 0.9428/万 88.1848%	No:01540 U+08CA8 貨 00074277 0.9417/万 88.1942%
No:01541 U+08CAA 貪 00074239 0.9412/万 88.2036%	No:01542 U+0602A 怪 00074038 0.9387/万 88.2130%	No:01543 U+08499 蒙 00074023 0.9385/万 88.2224%	No:01544 U+05DE7 巧 00073919 0.9372/万 88.2318%	No:01545 U+06691 暑 00073919 0.9372/万 88.2412%	No:01546 U+063A9 掩 00073871 0.9366/万 88.2505%	No:01547 U+08DDD 距 00073806 0.9358/万 88.2599%	No:01548 U+08A17 託 00073800 0.9357/万 88.2692%	No:01549 U+08109 脉 00073799 0.9357/万 88.2786%	No:01550 U+05012 倒 00073790 0.9356/万 88.2879%
No:01551 U+0818F 膏 00073749 0.9350/万 88.2973%	No:01552 U+04E89 争 00073564 0.9327/万 88.3066%	No:01553 U+0755C 畜 00073346 0.9299/万 88.3159%	No:01554 U+06E9D 溝 00073233 0.9285/万 88.3252%	No:01555 U+0664F 晏 00073217 0.9283/万 88.3345%	No:01556 U+0708E 炎 00072859 0.9237/万 88.3437%	No:01557 U+0971E 霞 00072672 0.9214/万 88.3529%	No:01558 U+05DE2 巢 00072594 0.9204/万 88.3622%	No:01559 U+055DA 嗚 00072453 0.9186/万 88.3713%	No:01560 U+093E1 鏡 00072387 0.9178/万 88.3805%
No:01561 U+0659C 斜 00072319 0.9169/万 88.3897%	No:01562 U+08058 聘 00072317 0.9169/万 88.3989%	No:01563 U+096F6 零 00072284 0.9165/万 88.4080%	No:01564 U+06F84 澄 00072224 0.9157/万 88.4172%	No:01565 U+06127 愧 00072143 0.9147/万 88.4263%	No:01566 U+06FC0 激 00072113 0.9143/万 88.4355%	No:01567 U+0830D 茍 00071656 0.9085/万 88.4446%	No:01568 U+09A5B 驛 00071637 0.9083/万 88.4536%	No:01569 U+07E3E 績 00071572 0.9074/万 88.4627%	No:01570 U+07D19 紙 00071493 0.9064/万 88.4718%
No:01571 U+072C4 狄 00071485 0.9063/万 88.4808%	No:01572 U+06687 暇 00071388 0.9051/万 88.4899%	No:01573 U+062FE 拾 00071340 0.9045/万 88.4989%	No:01574 U+05B8C 完 00071319 0.9042/万 88.5080%	No:01575 U+05BEB 寫 00071261 0.9035/万 88.5170%	No:01576 U+07DF4 練 00071223 0.9030/万 88.5260%	No:01577 U+05C3C 尼 00070961 0.8997/万 88.5350%	No:01578 U+079E9 秩 00070959 0.8997/万 88.5440%	No:01579 U+08F38 輸 00070880 0.8987/万 88.5530%	No:01580 U+0711A 焚 00070876 0.8986/万 88.5620%
No:01581 U+09E9F 麟 00070849 0.8983/万 88.5710%	No:01582 U+054C8 哈 00070818 0.8979/万 88.5800%	No:01583 U+07188 熈 00070722 0.8967/万 88.5889%	No:01584 U+05EF5 廵 00070693 0.8963/万 88.5979%	No:01585 U+EB5 侯 00070685 0.8962/万 88.6069%	No:01586 U+09130 鄰 00070680 0.8961/万 88.6158%	No:01587 U+06F01 漁 00070532 0.8942/万 88.6248%	No:01588 U+067F3 柳 00070513 0.8940/万 88.6337%	No:01589 U+0E730 龜 00070492 0.8937/万 88.6427%	No:01590 U+08881 袁 00070472 0.8935/万 88.6516%
No:01591 U+0505C 停 00070464 0.8934/万 88.6605%	No:01592 U+0628A 把 00070292 0.8912/万 88.6694%	No:01593 U+07BE4 篤 00070265 0.8909/万 88.6783%	No:01594 U+0885D 衝 00070252 0.8907/万 88.6872%	No:01595 U+06B5F 歟 00070220 0.8903/万 88.6962%	No:01596 U+05109 儉 00070144 0.8893/万 88.7050%	No:01597 U+0609F 悟 00070126 0.8891/万 88.7139%	No:01598 U+09ECE 黎 00070116 0.8890/万 88.7228%	No:01599 U+08FA6 辦 00069952 0.8869/万 88.7317%	No:01600 U+085FB 藻 00069936 0.8867/万 88.7406%

No:01601 U+05761 坡 00069720 0.8839/万 88.7494%	No:01602 U+09030 逰 00069663 0.8832/万 88.7582%	No:01603 U+04E92 互 00069622 0.8827/万 88.7671%	No:01604 U+080E5 胥 00069546 0.8817/万 88.7759%	No:01605 U+0518A 冊 00069465 0.8807/万 88.7847%	No:01606 U+06B50 歐 00069362 0.8794/万 88.7935%	No:01607 U+06F2B 漫 00069321 0.8789/万 88.8023%	No:01608 U+0965C 陜 00069317 0.8788/万 88.8111%	No:01609 U+06FD5 濕 00069316 0.8788/万 88.8199%	No:01610 U+050CF 像 00069303 0.8787/万 88.8286%
No:01611 U+06850 桐 00069271 0.8783/万 88.8374%	No:01612 U+0596E 奮 00069213 0.8775/万 88.8462%	No:01613 U+05EA7 座 00069161 0.8769/万 88.8550%	No:01614 U+0532A 匪 00068983 0.8746/万 88.8637%	No:01615 U+09951 饑 00068804 0.8723/万 88.8724%	No:01616 U+05FB9 徹 00068792 0.8722/万 88.8812%	No:01617 U+07586 疆 00068704 0.8711/万 88.8899%	No:01618 U+06CA1 没 00068657 0.8705/万 88.8986%	No:01619 U+05354 協 00068652 0.8704/万 88.9073%	No:01620 U+06666 晦 00068438 0.8677/万 88.9160%
No:01621 U+0853D 蔽 00068191 0.8646/万 88.9246%	No:01622 U+06F0F 漏 00068188 0.8645/万 88.9332%	No:01623 U+04F75 併 00067747 0.8589/万 88.9418%	No:01624 U+053D9 叙 00067684 0.8581/万 88.9504%	No:01625 U+05305 包 00067641 0.8576/万 88.9590%	No:01626 U+07709 眉 00067630 0.8574/万 88.9676%	No:01627 U+06F6E 潮 00067553 0.8565/万 88.9761%	No:01628 U+060A0 悠 00067548 0.8564/万 88.9847%	No:01629 U+07814 研 00067313 0.8534/万 88.9932%	No:01630 U+07A81 突 00067289 0.8531/万 89.0018%
No:01631 U+0593E 夾 00067127 0.8511/万 89.0103%	No:01632 U+07AED 竭 00066877 0.8479/万 89.0188%	No:01633 U+09451 鑑 00066857 0.8476/万 89.0272%	No:01634 U+051A6 冦 00066793 0.8468/万 89.0357%	No:01635 U+084EC 蓬 00066780 0.8467/万 89.0442%	No:01636 U+084EE 蓮 00066773 0.8466/万 89.0526%	No:01637 U+06697 暗 00066762 0.8464/万 89.0611%	No:01638 U+08A1B 訛 00066563 0.8439/万 89.0695%	No:01639 U+071D2 燒 00066556 0.8438/万 89.0780%	No:01640 U+06C92 沒 00066485 0.8429/万 89.0864%
No:01641 U+09677 陷 00066320 0.8408/万 89.0948%	No:01642 U+06668 晨 00066118 0.8383/万 89.1032%	No:01643 U+0963B 阻 00066103 0.8381/万 89.1116%	No:01644 U+09A57 驗 00066094 0.8380/万 89.1200%	No:01645 U+085C9 藉 00066062 0.8376/万 89.1283%	No:01646 U+09591 閑 00066034 0.8372/万 89.1367%	No:01647 U+0907D 遽 00066004 0.8368/万 89.1451%	No:01648 U+0675F 束 00065897 0.8355/万 89.1534%	No:01649 U+08F29 輩 00065865 0.8351/万 89.1618%	No:01650 U+08A1F 訟 00065795 0.8342/万 89.1701%
No:01651 U+050F9 價 00065777 0.8340/万 89.1785%	No:01652 U+0508D 傍 00065713 0.8331/万 89.1868%	No:01653 U+06B86 殆 00065595 0.8316/万 89.1951%	No:01654 U+0595A 奚 00065590 0.8316/万 89.2034%	No:01655 U+09127 鄧 00065520 0.8307/万 89.2117%	No:01656 U+05CF0 峰 00065480 0.8302/万 89.2200%	No:01657 U+051CC 凌 00065378 0.8289/万 89.2283%	No:01658 U+076D7 盜 00065302 0.8279/万 89.2366%	No:01659 U+06F6D 潭 00065291 0.8278/万 89.2449%	No:01660 U+080B2 育 00065216 0.8268/万 89.2532%
No:01661 U+0771E 眞 00065213 0.8268/万 89.2614%	No:01662 U+06577 敷 00065192 0.8265/万 89.2697%	No:01663 U+052C5 勅 00065175 0.8263/万 89.2780%	No:01664 U+09119 鄙 00065158 0.8261/万 89.2862%	No:01665 U+062C2 拂 00065131 0.8258/万 89.2945%	No:01666 U+05B8F 宏 00065109 0.8255/万 89.3027%	No:01667 U+071ED 燭 00065097 0.8253/万 89.3110%	No:01668 U+0524A 削 00065079 0.8251/万 89.3192%	No:01669 U+08271 艱 00064988 0.8240/万 89.3275%	No:01670 U+06232 戲 00064952 0.8235/万 89.3357%
No:01671 U+050C5 僅 00064914 0.8230/万 89.3439%	No:01672 U+04F69 佩 00064842 0.8221/万 89.3522%	No:01673 U+05C55 展 00064841 0.8221/万 89.3604%	No:01674 U+082DF 苟 00064813 0.8217/万 89.3686%	No:01675 U+08131 脫 00064777 0.8213/万 89.3768%	No:01676 U+09ED9 默 00064733 0.8207/万 89.3850%	No:01677 U+064FE 擾 00064705 0.8204/万 89.3932%	No:01678 U+065A4 斤 00064508 0.8179/万 89.4014%	No:01679 U+05434 吴 00064480 0.8175/万 89.4096%	No:01680 U+05F0A 弊 00064427 0.8168/万 89.4178%
No:01681 U+07A7F 穿 00064333 0.8156/万 89.4259%	No:01682 U+0666E 普 00064236 0.8144/万 89.4341%	No:01683 U+09663 陣 00064201 0.8140/万 89.4422%	No:01684 U+07247 片 00064172 0.8136/万 89.4503%	No:01685 U+04FEF 俯 00064119 0.8129/万 89.4585%	No:01686 U+079C9 秉 00064070 0.8123/万 89.4666%	No:01687 U+05E7C 幼 00064054 0.8121/万 89.4747%	No:01688 U+05F3C 弼 00063892 0.8101/万 89.4828%	No:01689 U+07ADD 竝 00063833 0.8093/万 89.4909%	No:01690 U+05B5A 孚 00063758 0.8084/万 89.4990%
No:01691 U+086C7 蛇 00063725 0.8079/万 89.5071%	No:01692 U+04F0D 伍 00063698 0.8076/万 89.5151%	No:01693 U+06D78 浸 00063608 0.8065/万 89.5232%	No:01694 U+0727D 牽 00063471 0.8047/万 89.5313%	No:01695 U+074A7 璧 00063337 0.8030/万 89.5393%	No:01696 U+07FD4 翔 00063109 0.8001/万 89.5473%	No:01697 U+05D16 崖 00063057 0.7995/万 89.5553%	No:01698 U+0536F 卯 00063055 0.7994/万 89.5633%	No:01699 U+06669 晚 00062835 0.7967/万 89.5712%	No:01700 U+07A76 究 00062815 0.7964/万 89.5792%

No:01701 U+0906D 遭 00062794 0.7961/万 89.5872%	No:01702 U+06C37 氷 00062691 0.7948/万 89.5951%	No:01703 U+05E63 幣 00062678 0.7947/万 89.6031%	No:01704 U+088F3 裳 00062493 0.7923/万 89.6110%	No:01705 U+06ECB 滋 00062435 0.7916/万 89.6189%	No:01706 U+0947F 鑿 00062313 0.7900/万 89.6268%	No:01707 U+08CB3 貳 00062212 0.7888/万 89.6347%	No:01708 U+07384 玄 00062159 0.7881/万 89.6426%	No:01709 U+05D29 崩 00062092 0.7872/万 89.6504%	No:01710 U+059DC 姜 00062066 0.7869/万 89.6583%
No:01711 U+055BB 喻 00061982 0.7858/万 89.6662%	No:01712 U+0651D 攝 00061878 0.7845/万 89.6740%	No:01713 U+0572D 圭 00061828 0.7839/万 89.6819%	No:01714 U+06D3B 活 00061765 0.7831/万 89.6897%	No:01715 U+079D8 秘 00061673 0.7819/万 89.6975%	No:01716 U+062AB 披 00061625 0.7813/万 89.7053%	No:01717 U+0654E 敎 00061582 0.7808/万 89.7131%	No:01718 U+07948 祈 00061574 0.7807/万 89.7209%	No:01719 U+062D2 拒 00061512 0.7799/万 89.7287%	No:01720 U+05353 卓 00061490 0.7796/万 89.7365%
No:01721 U+05E79 幹 00061337 0.7777/万 89.7443%	No:01722 U+06BB5 段 00061328 0.7775/万 89.7521%	No:01723 U+0916C 酬 00061265 0.7767/万 89.7599%	No:01724 U+067AF 枯 00061241 0.7764/万 89.7676%	No:01725 U+08FF7 迷 00061203 0.7760/万 89.7754%	No:01726 U+074CA 瓊 00061170 0.7755/万 89.7831%	No:01727 U+05BD3 寓 00061160 0.7754/万 89.7909%	No:01728 U+06E2C 測 00061123 0.7749/万 89.7986%	No:01729 U+062D8 拘 00060966 0.7730/万 89.8064%	No:01730 U+08CB6 貶 00060897 0.7721/万 89.8141%
No:01731 U+05854 塔 00060879 0.7719/万 89.8218%	No:01732 U+07C89 粉 00060767 0.7704/万 89.8295%	No:01733 U+08178 腸 00060761 0.7704/万 89.8372%	No:01734 U+0718A 熊 00060740 0.7701/万 89.8449%	No:01735 U+08F03 較 00060722 0.7699/万 89.8526%	No:01736 U+072AC 犬 00060603 0.7684/万 89.8603%	No:01737 U+08340 荀 00060534 0.7675/万 89.8680%	No:01738 U+07B87 箇 00060488 0.7669/万 89.8757%	No:01739 U+095AD 閭 00060464 0.7666/万 89.8833%	No:01740 U+06064 恤 00060460 0.7665/万 89.8910%
No:01741 U+080A5 肥 00060460 0.7665/万 89.8986%	No:01742 U+09A30 騰 00060423 0.7661/万 89.9063%	No:01743 U+08DA3 趣 00060221 0.7635/万 89.9139%	No:01744 U+08CDB 贊 00060199 0.7632/万 89.9216%	No:01745 U+09014 途 00060083 0.7618/万 89.9292%	No:01746 U+06355 捕 00059983 0.7605/万 89.9368%	No:01747 U+096B4 隴 00059944 0.7600/万 89.9444%	No:01748 U+06B3A 欺 00059764 0.7577/万 89.9520%	No:01749 U+0983B 頻 00059572 0.7553/万 89.9595%	No:01750 U+09B31 鬱 00059421 0.7534/万 89.9671%
No:01751 U+06795 枕 00059405 0.7532/万 89.9746%	No:01752 U+04EB7 亷 00059394 0.7530/万 89.9821%	No:01753 U+088D5 裕 00059289 0.7517/万 89.9896%	No:01754 U+08A93 誓 00059260 0.7513/万 89.9972%	No:01755 U+08A16 訖 00059239 0.7511/万 90.0047%	No:01756 U+05717 圗 00059133 0.7497/万 90.0122%	No:01757 U+053E2 叢 00059111 0.7494/万 90.0197%	No:01758 U+098C4 飄 00059052 0.7487/万 90.0272%	No:01759 U+06628 昨 00058966 0.7476/万 90.0346%	No:01760 U+0902E 逮 00058928 0.7471/万 90.0421%
No:01761 U+0804A 聊 00058852 0.7462/万 90.0496%	No:01762 U+065EC 旬 00058804 0.7455/万 90.0570%	No:01763 U+07957 祗 00058710 0.7444/万 90.0645%	No:01764 U+088F4 裴 00058702 0.7442/万 90.0719%	No:01765 U+07F54 罔 00058662 0.7437/万 90.0793%	No:01766 U+04E73 乳 00058572 0.7426/万 90.0868%	No:01767 U+056D8 囘 00058523 0.7420/万 90.0942%	No:01768 U+05CFB 峻 00058521 0.7420/万 90.1016%	No:01769 U+08AB2 課 00058484 0.7415/万 90.1090%	No:01770 U+098EF 飯 00058440 0.7409/万 90.1164%
No:01771 U+09015 逕 00058317 0.7394/万 90.1238%	No:01772 U+09E1E 鸞 00058309 0.7393/万 90.1312%	No:01773 U+08B7D 譽 00058289 0.7390/万 90.1386%	No:01774 U+06606 昆 00058246 0.7385/万 90.1460%	No:01775 U+07262 牢 00058182 0.7377/万 90.1534%	No:01776 U+060A6 悦 00058042 0.7359/万 90.1607%	No:01777 U+04E4F 乏 00057984 0.7351/万 90.1681%	No:01778 U+05DFE 巾 00057910 0.7342/万 90.1754%	No:01779 U+06582 斂 00057862 0.7336/万 90.1828%	No:01780 U+05448 呈 00057765 0.7324/万 90.1901%
No:01781 U+07F9E 羞 00057760 0.7323/万 90.1974%	No:01782 U+05DBD 嶽 00057653 0.7309/万 90.2047%	No:01783 U+05F37 強 00057482 0.7288/万 90.2120%	No:01784 U+09802 頂 00057444 0.7283/万 90.2193%	No:01785 U+08B5C 譜 00057413 0.7279/万 90.2266%	No:01786 U+05091 傑 00057349 0.7271/万 90.2338%	No:01787 U+06F58 潘 00057269 0.7261/万 90.2411%	No:01788 U+05BA6 宦 00057241 0.7257/万 90.2484%	No:01789 U+09ED1 黑 00057240 0.7257/万 90.2556%	No:01790 U+059EC 姬 00057212 0.7254/万 90.2629%
No:01791 U+08AA5 誥 00057144 0.7245/万 90.2701%	No:01792 U+0865C 虜 00057140 0.7244/万 90.2774%	No:01793 U+0755D 畝 00057039 0.7232/万 90.2846%	No:01794 U+09B42 魂 00056986 0.7225/万 90.2918%	No:01795 U+05F26 弦 00056956 0.7221/万 90.2990%	No:01796 U+05275 創 00056877 0.7211/万 90.3063%	No:01797 U+07BC4 範 00056791 0.7200/万 90.3135%	No:01798 U+05AC1 嫁 00056593 0.7175/万 90.3206%	No:01799 U+06043 恃 00056591 0.7175/万 90.3278%	No:01800 U+09D08 鴈 00056558 0.7171/万 90.3350%

No:01801 U+062D4 拔 00056552 0.7170/万 90.3421%	No:01802 U+081EF 臯 00056550 0.7170/万 90.3493%	No:01803 U+066E0 曠 00056516 0.7165/万 90.3565%	No:01804 U+0829D 芝 00056502 0.7164/万 90.3636%	No:01805 U+058FA 壺 00056475 0.7160/万 90.3708%	No:01806 U+08CF4 賴 00056449 0.7157/万 90.3780%	No:01807 U+05272 割 00056370 0.7147/万 90.3851%	No:01808 U+07092 炒 00056316 0.7140/万 90.3923%	No:01809 U+05DFD 巽 00056290 0.7137/万 90.3994%	No:01810 U+057A3 垣 00056281 0.7136/万 90.4065%
No:01811 U+078E8 磨 00056273 0.7135/万 90.4137%	No:01812 U+05C40 局 00056197 0.7125/万 90.4208%	No:01813 U+082D7 苗 00056112 0.7114/万 90.4279%	No:01814 U+06F15 漕 00056090 0.7111/万 90.4350%	No:01815 U+07E61 繡 00056080 0.7110/万 90.4421%	No:01816 U+06E2D 渭 00056066 0.7108/万 90.4492%	No:01817 U+07B75 筵 00055873 0.7084/万 90.4563%	No:01818 U+09952 饒 00055857 0.7082/万 90.4634%	No:01819 U+067F4 柴 00055805 0.7075/万 90.4705%	No:01820 U+085A8 薨 00055786 0.7073/万 90.4775%
No:01821 U+0965E 陞 00055764 0.7070/万 90.4846%	No:01822 U+06F97 澗 00055752 0.7068/万 90.4917%	No:01823 U+09727 霧 00055719 0.7064/万 90.4988%	No:01824 U+06F54 潔 00055632 0.7053/万 90.5058%	No:01825 U+06DBC 涼 00055631 0.7053/万 90.5129%	No:01826 U+06469 摩 00055614 0.7051/万 90.5199%	No:01827 U+054F2 哲 00055538 0.7041/万 90.5270%	No:01828 U+07375 獵 00055510 0.7038/万 90.5340%	No:01829 U+08CE3 賣 00055508 0.7038/万 90.5410%	No:01830 U+09685 隅 00055391 0.7023/万 90.5481%
No:01831 U+08F19 輙 00055345 0.7017/万 90.5551%	No:01832 U+08E10 踐 00055325 0.7014/万 90.5621%	No:01833 U+05F4A 彊 00055207 0.6999/万 90.5691%	No:01834 U+05132 儲 00055030 0.6977/万 90.5761%	No:01835 U+05948 奈 00054945 0.6966/万 90.5830%	No:01836 U+08591 薑 00054945 0.6966/万 90.5900%	No:01837 U+05E55 幕 00054941 0.6966/万 90.5970%	No:01838 U+06574 整 00054927 0.6964/万 90.6039%	No:01839 U+05065 健 00054894 0.6960/万 90.6109%	No:01840 U+05195 冕 00054779 0.6945/万 90.6178%
No:01841 U+095A9 閩 00054705 0.6936/万 90.6248%	No:01842 U+08FAF 辯 00054693 0.6934/万 90.6317%	No:01843 U+05C90 岐 00054673 0.6932/万 90.6386%	No:01844 U+0704C 灌 00054657 0.6930/万 90.6456%	No:01845 U+06DDA 淚 00054616 0.6924/万 90.6525%	No:01846 U+0528D 劍 00054585 0.6920/万 90.6594%	No:01847 U+08F1D 輝 00054578 0.6920/万 90.6663%	No:01848 U+06A19 標 00054547 0.6916/万 90.6732%	No:01849 U+05947 奇 00054534 0.6914/万 90.6802%	No:01850 U+05F48 彈 00054335 0.6889/万 90.6871%
No:01851 U+06B23 欣 00054299 0.6884/万 90.6939%	No:01852 U+06620 映 00054132 0.6863/万 90.7008%	No:01853 U+06CDB 泛 00054090 0.6858/万 90.7077%	No:01854 U+07AF6 競 00054075 0.6856/万 90.7145%	No:01855 U+068F2 棲 00054044 0.6852/万 90.7214%	No:01856 U+04F4E 低 00054007 0.6847/万 90.7282%	No:01857 U+080C3 胃 00053995 0.6846/万 90.7351%	No:01858 U+083BD 莽 00053986 0.6845/万 90.7419%	No:01859 U+07621 瘡 00053955 0.6841/万 90.7487%	No:01860 U+072D0 狐 00053872 0.6830/万 90.7556%
No:01861 U+050DA 僚 00053820 0.6823/万 90.7624%	No:01862 U+097FF 響 00053708 0.6809/万 90.7692%	No:01863 U+0840A 萊 00053700 0.6808/万 90.7760%	No:01864 U+090B5 邵 00053613 0.6797/万 90.7828%	No:01865 U+06538 攸 00053576 0.6793/万 90.7896%	No:01866 U+05043 偃 00053554 0.6790/万 90.7964%	No:01867 U+06C72 汲 00053524 0.6786/万 90.8032%	No:01868 U+06208 戈 00053458 0.6778/万 90.8100%	No:01869 U+0574A 坊 00053393 0.6769/万 90.8167%	No:01870 U+096C0 雀 00053209 0.6746/万 90.8235%
No:01871 U+05B9B 宛 00053145 0.6738/万 90.8302%	No:01872 U+08170 腰 00053135 0.6737/万 90.8370%	No:01873 U+064C1 擁 00053007 0.6720/万 90.8437%	No:01874 U+06EC4 滄 00052805 0.6695/万 90.8504%	No:01875 U+07ABA 窺 00052714 0.6683/万 90.8571%	No:01876 U+0676F 杯 00052651 0.6675/万 90.8637%	No:01877 U+05F14 弔 00052642 0.6674/万 90.8704%	No:01878 U+08D6B 赫 00052619 0.6671/万 90.8771%	No:01879 U+06EEF 滯 00052591 0.6668/万 90.8837%	No:01880 U+0905C 遜 00052590 0.6668/万 90.8904%
No:01881 U+07230 爰 00052586 0.6667/万 90.8971%	No:01882 U+079BE 禾 00052543 0.6662/万 90.9037%	No:01883 U+06DEB 淫 00052265 0.6626/万 90.9104%	No:01884 U+054A8 咨 00052264 0.6626/万 90.9170%	No:01885 U+05F11 弑 00052263 0.6626/万 90.9236%	No:01886 U+05ACC 嫌 00052247 0.6624/万 90.9302%	No:01887 U+074E6 瓦 00052200 0.6618/万 90.9369%	No:01888 U+0809D 肝 00052170 0.6614/万 90.9435%	No:01889 U+0520B 刋 00052147 0.6611/万 90.9501%	No:01890 U+0797F 祿 00052147 0.6611/万 90.9567%
No:01891 U+09444 鑄 00052078 0.6603/万 90.9633%	No:01892 U+05531 唱 00052070 0.6602/万 90.9699%	No:01893 U+05C02 専 00052026 0.6596/万 90.9765%	No:01894 U+09452 鑒 00051998 0.6592/万 90.9831%	No:01895 U+07099 炙 00051939 0.6585/万 90.9897%	No:01896 U+06D95 涕 00051916 0.6582/万 90.9963%	No:01897 U+06CC1 況 00051889 0.6579/万 91.0028%	No:01898 U+08912 褒 00051857 0.6575/万 91.0094%	No:01899 U+08B66 警 00051779 0.6565/万 91.0160%	No:01900 U+0826E 艮 00051759 0.6562/万 91.0225%

No:01901 U+08EFE 軾 00051726 0.6558/万 91.0291%	No:01902 U+06075 恵 00051720 0.6557/万 91.0357%	No:01903 U+06BC5 毅 00051672 0.6551/万 91.0422%	No:01904 U+06EA2 溢 00051615 0.6544/万 91.0488%	No:01905 U+04EC0 什 00051517 0.6531/万 91.0553%	No:01906 U+08A71 話 00051476 0.6526/万 91.0618%	No:01907 U+073A9 玩 00051387 0.6515/万 91.0683%	No:01908 U+06DF9 淹 00051330 0.6508/万 91.0748%	No:01909 U+092D2 鋒 00051258 0.6499/万 91.0813%	No:01910 U+0929C 銜 00051241 0.6497/万 91.0878%
No:01911 U+07D73 絳 00051240 0.6496/万 91.0943%	No:01912 U+08A8C 誌 00051236 0.6496/万 91.1008%	No:01913 U+05BC7 寇 00051231 0.6495/万 91.1073%	No:01914 U+061FF 懿 00051201 0.6491/万 91.1138%	No:01915 U+06FC1 濁 00051162 0.6486/万 91.1203%	No:01916 U+05B7A 孺 00051107 0.6480/万 91.1268%	No:01917 U+07E5E 繞 00051101 0.6479/万 91.1333%	No:01918 U+068A7 梧 00051085 0.6477/万 91.1397%	No:01919 U+06C6A 汪 00051060 0.6474/万 91.1462%	No:01920 U+05BE8 寨 00051052 0.6473/万 91.1527%
No:01921 U+06383 掃 00050923 0.6456/万 91.1591%	No:01922 U+05E33 帳 00050901 0.6453/万 91.1656%	No:01923 U+06599 料 00050842 0.6446/万 91.1720%	No:01924 U+073FE 現 00050790 0.6439/万 91.1785%	No:01925 U+08070 聰 00050786 0.6439/万 91.1849%	No:01926 U+07E69 繩 00050760 0.6436/万 91.1914%	No:01927 U+05CA1 岡 00050750 0.6434/万 91.1978%	No:01928 U+085CD 藍 00050714 0.6430/万 91.2042%	No:01929 U+09ECD 黍 00050668 0.6424/万 91.2107%	No:01930 U+06DFB 添 00050654 0.6422/万 91.2171%
No:01931 U+07DBF 綿 00050628 0.6419/万 91.2235%	No:01932 U+07D43 紘 00050618 0.6418/万 91.2299%	No:01933 U+05606 嘆 00050489 0.6401/万 91.2363%	No:01934 U+06DE1 淡 00050475 0.6399/万 91.2427%	No:01935 U+05EBE 庾 00050448 0.6396/万 91.2491%	No:01936 U+09957 饗 00050426 0.6393/万 91.2555%	No:01937 U+0731B 猛 00050416 0.6392/万 91.2619%	No:01938 U+07E54 織 00050391 0.6389/万 91.2683%	No:01939 U+07240 牀 00050366 0.6386/万 91.2747%	No:01940 U+0811A 脚 00050333 0.6381/万 91.2811%
No:01941 U+05A36 娶 00050233 0.6369/万 91.2874%	No:01942 U+06ED1 滑 00050203 0.6365/万 91.2938%	No:01943 U+07FB2 羲 00050197 0.6364/万 91.3002%	No:01944 U+0723D 爽 00050172 0.6361/万 91.3065%	No:01945 U+09642 陂 00050155 0.6359/万 91.3129%	No:01946 U+050AC 催 00049992 0.6338/万 91.3192%	No:01947 U+063A0 掠 00049988 0.6338/万 91.3255%	No:01948 U+07126 焦 00049814 0.6316/万 91.3319%	No:01949 U+080BA 肺 00049797 0.6313/万 91.3382%	No:01950 U+0820C 舌 00049783 0.6312/万 91.3445%
No:01951 U+05292 劒 00049654 0.6295/万 91.3508%	No:01952 U+0557C 啼 00049644 0.6294/万 91.3571%	No:01953 U+0589C 墜 00049642 0.6294/万 91.3634%	No:01954 U+06392 排 00049613 0.6290/万 91.3697%	No:01955 U+09738 霸 00049511 0.6277/万 91.3759%	No:01956 U+09A55 驕 00049501 0.6276/万 91.3822%	No:01957 U+0958F 閏 00049479 0.6273/万 91.3885%	No:01958 U+09F14 鼓 00049437 0.6268/万 91.3948%	No:01959 U+091E3 釣 00049432 0.6267/万 91.4010%	No:01960 U+051E0 几 00049333 0.6255/万 91.4073%
No:01961 U+0903C 逼 00049260 0.6245/万 91.4135%	No:01962 U+06E96 準 00049230 0.6242/万 91.4198%	No:01963 U+088D8 裘 00049161 0.6233/万 91.4260%	No:01964 U+07A0E 稅 00049084 0.6223/万 91.4322%	No:01965 U+050D6 僖 00049003 0.6213/万 91.4384%	No:01966 U+0676D 杭 00048947 0.6206/万 91.4446%	No:01967 U+077DC 矜 00048942 0.6205/万 91.4509%	No:01968 U+083CA 菊 00048936 0.6204/万 91.4571%	No:01969 U+065A5 斥 00048919 0.6202/万 91.4633%	No:01970 U+09AEE 髮 00048838 0.6192/万 91.4695%
No:01971 U+08B28 謨 00048746 0.6180/万 91.4756%	No:01972 U+0812B 脫 00048668 0.6170/万 91.4818%	No:01973 U+07D8F 綏 00048659 0.6169/万 91.4880%	No:01974 U+066AB 暫 00048648 0.6168/万 91.4941%	No:01975 U+05FA7 徧 00048643 0.6167/万 91.5003%	No:01976 U+E33 類 00048628 0.6165/万 91.5065%	No:01977 U+0679A 枚 00048612 0.6163/万 91.5126%	No:01978 U+04E9F 亟 00048576 0.6159/万 91.5188%	No:01979 U+07C3E 簾 00048574 0.6158/万 91.5250%	No:01980 U+08B4F 譏 00048497 0.6149/万 91.5311%
No:01981 U+047FD 䟽 00048476 0.6146/万 91.5373%	No:01982 U+0813E 脾 00048439 0.6141/万 91.5434%	No:01983 U+06D0B 洋 00048418 0.6139/万 91.5495%	No:01984 U+09F61 齡 00048338 0.6128/万 91.5557%	No:01985 U+06247 扇 00048292 0.6123/万 91.5618%	No:01986 U+05834 場 00048228 0.6114/万 91.5679%	No:01987 U+05EC9 廉 00048188 0.6109/万 91.5740%	No:01988 U+08C9D 貝 00048166 0.6107/万 91.5801%	No:01989 U+05DEB 巫 00048039 0.6091/万 91.5862%	No:01990 U+050C9 僉 00047979 0.6083/万 91.5923%
No:01991 U+08FF4 迴 00047940 0.6078/万 91.5984%	No:01992 U+080A1 股 00047881 0.6070/万 91.6044%	No:01993 U+06C41 汁 00047858 0.6068/万 91.6105%	No:01994 U+05D69 嵩 00047856 0.6067/万 91.6166%	No:01995 U+06627 昧 00047811 0.6062/万 91.6226%	No:01996 U+08FD4 返 00047789 0.6059/万 91.6287%	No:01997 U+089E7 觧 00047767 0.6056/万 91.6348%	No:01998 U+0503C 值 00047711 0.6049/万 91.6408%	No:01999 U+058D1 壑 00047698 0.6047/万 91.6468%	No:02000 U+08345 荅 00047698 0.6047/万 91.6529%

No:02001 U+06D87 涇 00047692 0.6047/万 91.6589%	No:02002 U+056DA 囚 00047617 0.6037/万 91.6650%	No:02003 U+08AA3 誣 00047607 0.6036/万 91.6710%	No:02004 U+09F3B 鼻 00047521 0.6025/万 91.6770%	No:02005 U+064D2 擒 00047261 0.5992/万 91.6830%	No:02006 U+08606 蘆 00047257 0.5991/万 91.6890%	No:02007 U+06F70 潰 00047092 0.5970/万 91.6950%	No:02008 U+05026 倦 00047036 0.5963/万 91.7010%	No:02009 U+090B1 邱 00047028 0.5962/万 91.7069%	No:02010 U+0677F 板 00047027 0.5962/万 91.7129%
No:02011 U+083DC 菜 00047026 0.5962/万 91.7189%	No:02012 U+051C6 准 00046977 0.5956/万 91.7248%	No:02013 U+07D1A 級 00046964 0.5954/万 91.7308%	No:02014 U+05049 偉 00046926 0.5949/万 91.7367%	No:02015 U+0832B 茫 00046754 0.5928/万 91.7426%	No:02016 U+07DD2 緒 00046751 0.5927/万 91.7486%	No:02017 U+058AE 墮 00046627 0.5911/万 91.7545%	No:02018 U+085A9 薩 00046612 0.5910/万 91.7604%	No:02019 U+089F8 觸 00046542 0.5901/万 91.7663%	No:02020 U+0964B 陋 00046512 0.5897/万 91.7722%
No:02021 U+07B97 算 00046464 0.5891/万 91.7781%	No:02022 U+064C5 擅 00046425 0.5886/万 91.7840%	No:02023 U+051B0 冰 00046418 0.5885/万 91.7899%	No:02024 U+07E82 纂 00046333 0.5874/万 91.7957%	No:02025 U+06297 抗 00046253 0.5864/万 91.8016%	No:02026 U+E98 瓜 00046207 0.5858/万 91.8074%	No:02027 U+06065 恥 00046138 0.5849/万 91.8133%	No:02028 U+07684 的 00045960 0.5827/万 91.8191%	No:02029 U+08ACC 諌 00045960 0.5827/万 91.8250%	No:02030 U+09704 霄 00045946 0.5825/万 91.8308%
No:02031 U+06790 析 00045937 0.5824/万 91.8366%	No:02032 U+09041 遁 00045920 0.5822/万 91.8424%	No:02033 U+03CFA 㳺 00045747 0.5800/万 91.8482%	No:02034 U+06CBF 沿 00045727 0.5797/万 91.8540%	No:02035 U+05919 夙 00045702 0.5794/万 91.8598%	No:02036 U+081BA 膺 00045677 0.5791/万 91.8656%	No:02037 U+063D6 揖 00045639 0.5786/万 91.8714%	No:02038 U+09EDC 點 00045586 0.5779/万 91.8772%	No:02039 U+0757F 畿 00045269 0.5739/万 91.8829%	No:02040 U+07F8C 羌 00045252 0.5737/万 91.8887%
No:02041 U+062EC 括 00045206 0.5731/万 91.8944%	No:02042 U+064A5 撥 00045176 0.5728/万 91.9001%	No:02043 U+095B2 閲 00045055 0.5712/万 91.9058%	No:02044 U+07720 眠 00045001 0.5705/万 91.9115%	No:02045 U+0965F 陟 00044948 0.5699/万 91.9172%	No:02046 U+07BC6 篆 00044904 0.5693/万 91.9229%	No:02047 U+067D3 染 00044875 0.5689/万 91.9286%	No:02048 U+05F70 彰 00044853 0.5687/万 91.9343%	No:02049 U+05FEB 快 00044842 0.5685/万 91.9400%	No:02050 U+05B30 嬰 00044819 0.5682/万 91.9457%
No:02051 U+04ED7 仗 00044720 0.5670/万 91.9513%	No:02052 U+08C79 豹 00044713 0.5669/万 91.9570%	No:02053 U+05F04 弄 00044706 0.5668/万 91.9627%	No:02054 U+07E47 繇 00044618 0.5657/万 91.9683%	No:02055 U+04FC4 俄 00044559 0.5649/万 91.9740%	No:02056 U+0721B 爛 00044523 0.5645/万 91.9796%	No:02057 U+0904D 遍 00044303 0.5617/万 91.9852%	No:02058 U+089A9 覩 00044278 0.5614/万 91.9909%	No:02059 U+05718 團 00044212 0.5605/万 91.9965%	No:02060 U+08006 者 00044147 0.5597/万 92.0021%
No:02061 U+0EE4F 説 00044098 0.5591/万 92.0077%	No:02062 U+07DB8 綸 00044088 0.5590/万 92.0132%	No:02063 U+080A9 肩 00044065 0.5587/万 92.0188%	No:02064 U+0751E 甞 00044061 0.5586/万 92.0244%	No:02065 U+097F6 韶 00043987 0.5577/万 92.0300%	No:02066 U+052FE 勾 00043849 0.5559/万 92.0356%	No:02067 U+08DEA 跪 00043836 0.5558/万 92.0411%	No:02068 U+06607 昇 00043809 0.5554/万 92.0467%	No:02069 U+05C64 層 00043776 0.5550/万 92.0522%	No:02070 U+07AC7 竇 00043740 0.5545/万 92.0578%
No:02071 U+08000 耀 00043727 0.5544/万 92.0633%	No:02072 U+055AC 喬 00043707 0.5541/万 92.0689%	No:02073 U+06D89 涉 00043695 0.5540/万 92.0744%	No:02074 U+098E2 飢 00043613 0.5529/万 92.0799%	No:02075 U+062F1 拱 00043596 0.5527/万 92.0854%	No:02076 U+09F9C 龜 00043591 0.5527/万 92.0910%	No:02077 U+0777F 睿 00043579 0.5525/万 92.0965%	No:02078 U+06258 托 00043545 0.5521/万 92.1020%	No:02079 U+072FC 狼 00043511 0.5516/万 92.1075%	No:02080 U+052B9 効 00043464 0.5510/万 92.1130%
No:02081 U+08B2C 謬 00043442 0.5508/万 92.1186%	No:02082 U+06168 慨 00043401 0.5502/万 92.1241%	No:02083 U+056CA 囊 00043390 0.5501/万 92.1296%	No:02084 U+05192 冒 00043358 0.5497/万 92.1351%	No:02085 U+E38 葵 00043292 0.5489/万 92.1405%	No:02086 U+079DF 租 00043284 0.5488/万 92.1460%	No:02087 U+05F01 弁 00043253 0.5484/万 92.1515%	No:02088 U+05BD5 寕 00043168 0.5473/万 92.1570%	No:02089 U+09050 遐 00043160 0.5472/万 92.1625%	No:02090 U+0970D 霍 00043119 0.5467/万 92.1679%
No:02091 U+064AD 播 00043111 0.5466/万 92.1734%	No:02092 U+05C5E 属 00043090 0.5463/万 92.1789%	No:02093 U+05821 堡 00043086 0.5463/万 92.1843%	No:02094 U+06FE4 濤 00043078 0.5461/万 92.1898%	No:02095 U+0622E 戮 00043063 0.5460/万 92.1952%	No:02096 U+05F93 従 00042990 0.5450/万 92.2007%	No:02097 U+06DAF 涯 00042985 0.5450/万 92.2061%	No:02098 U+0F75E 若 00042964 0.5447/万 92.2116%	No:02099 U+097AD 鞭 00042952 0.5446/万 92.2170%	No:02100 U+07F55 罕 00042912 0.5440/万 92.2225%

No:02101 U+07DBA 綺 00042889 0.5438/万 92.2279%	No:02102 U+07070 灰 00042874 0.5436/万 92.2334%	No:02103 U+08A50 詐 00042871 0.5435/万 92.2388%	No:02104 U+06E09 涉 00042849 0.5432/万 92.2442%	No:02105 U+06A0A 樊 00042784 0.5424/万 92.2497%	No:02106 U+081E7 臧 00042692 0.5413/万 92.2551%	No:02107 U+096C9 雉 00042662 0.5409/万 92.2605%	No:02108 U+06DD1 淑 00042596 0.5400/万 92.2659%	No:02109 U+07DEF 緯 00042582 0.5399/万 92.2713%	No:02110 U+07737 眷 00042579 0.5398/万 92.2767%
No:02111 U+06C9B 沛 00042548 0.5394/万 92.2821%	No:02112 U+07BAD 箭 00042546 0.5394/万 92.2875%	No:02113 U+09C57 鱗 00042408 0.5377/万 92.2928%	No:02114 U+0633E 挾 00042357 0.5370/万 92.2982%	No:02115 U+0966A 陪 00042290 0.5362/万 92.3036%	No:02116 U+06CCA 泊 00042251 0.5357/万 92.3089%	No:02117 U+08205 舅 00042231 0.5354/万 92.3143%	No:02118 U+07587 疇 00042225 0.5353/万 92.3196%	No:02119 U+0745F 瑟 00042201 0.5350/万 92.3250%	No:02120 U+09684 隄 00042148 0.5344/万 92.3303%
No:02121 U+07DB2 網 00042022 0.5328/万 92.3357%	No:02122 U+084B8 蒸 00042007 0.5326/万 92.3410%	No:02123 U+0816B 腫 00042005 0.5325/万 92.3463%	No:02124 U+0458D 䖍 00041998 0.5325/万 92.3516%	No:02125 U+05824 堤 00041981 0.5322/万 92.3570%	No:02126 U+058CA 壊 00041978 0.5322/万 92.3623%	No:02127 U+08B6C 譬 00041965 0.5320/万 92.3676%	No:02128 U+04FDE 俞 00041954 0.5319/万 92.3729%	No:02129 U+09812 頒 00041826 0.5303/万 92.3782%	No:02130 U+06717 朗 00041814 0.5301/万 92.3835%
No:02131 U+077EF 矯 00041814 0.5301/万 92.3888%	No:02132 U+06055 恕 00041808 0.5300/万 92.3941%	No:02133 U+07DA0 綠 00041724 0.5290/万 92.3994%	No:02134 U+092B7 銷 00041722 0.5290/万 92.4047%	No:02135 U+052BE 劾 00041713 0.5288/万 92.4100%	No:02136 U+05BB5 宵 00041667 0.5283/万 92.4153%	No:02137 U+079B1 禱 00041644 0.5280/万 92.4206%	No:02138 U+04F38 伸 00041615 0.5276/万 92.4258%	No:02139 U+0519D 冝 00041583 0.5272/万 92.4311%	No:02140 U+06E4F 湏 00041563 0.5269/万 92.4364%
No:02141 U+05104 億 00041538 0.5266/万 92.4416%	No:02142 U+06EBA 溺 00041428 0.5252/万 92.4469%	No:02143 U+07B8B 箋 00041358 0.5243/万 92.4521%	No:02144 U+08A95 誕 00041329 0.5240/万 92.4574%	No:02145 U+06DF7 混 00041269 0.5232/万 92.4626%	No:02146 U+06191 憑 00041185 0.5221/万 92.4678%	No:02147 U+06555 敕 00041159 0.5218/万 92.4731%	No:02148 U+0795A 祚 00041143 0.5216/万 92.4783%	No:02149 U+05C60 屠 00041110 0.5212/万 92.4835%	No:02150 U+05978 奸 00041081 0.5208/万 92.4887%
No:02151 U+08A98 誘 00040997 0.5198/万 92.4939%	No:02152 U+05DF7 巷 00040974 0.5195/万 92.4991%	No:02153 U+098FD 飽 00040953 0.5192/万 92.5043%	No:02154 U+08E8D 躍 00040951 0.5192/万 92.5095%	No:02155 U+07E94 纔 00040950 0.5192/万 92.5147%	No:02156 U+0659B 斛 00040924 0.5188/万 92.5199%	No:02157 U+05321 匡 00040878 0.5183/万 92.5250%	No:02158 U+063A2 探 00040873 0.5182/万 92.5302%	No:02159 U+03E14 㸔 00040860 0.5180/万 92.5354%	No:02160 U+05284 劄 00040841 0.5178/万 92.5406%
No:02161 U+068D7 棗 00040829 0.5176/万 92.5458%	No:02162 U+07DE3 緣 00040724 0.5163/万 92.5509%	No:02163 U+Ea2 所 00040660 0.5155/万 92.5561%	No:02164 U+089F4 觴 00040650 0.5154/万 92.5612%	No:02165 U+08C3F 谿 00040638 0.5152/万 92.5664%	No:02166 U+06B5B 歛 00040622 0.5150/万 92.5715%	No:02167 U+06689 暉 00040557 0.5142/万 92.5818%	No:02168 U+083F4 菴 00040557 0.5142/万 92.5767%	No:02169 U+095E2 闢 00040538 0.5139/万 92.5870%	No:02170 U+06FEC 濬 00040537 0.5139/万 92.5921%
No:02171 U+0788E 碎 00040486 0.5133/万 92.5972%	No:02172 U+0968F 随 00040441 0.5127/万 92.6024%	No:02173 U+0961C 阜 00040371 0.5118/万 92.6075%	No:02174 U+0921E 鈞 00040351 0.5116/万 92.6126%	No:02175 U+066F7 曷 00040344 0.5115/万 92.6177%	No:02176 U+08ECC 軌 00040332 0.5113/万 92.6228%	No:02177 U+06E5B 湛 00040211 0.5098/万 92.6279%	No:02178 U+0674F 杏 00040184 0.5095/万 92.6330%	No:02179 U+06350 捐 00040102 0.5084/万 92.6381%	No:02180 U+053F6 叶 00040056 0.5078/万 92.6432%
No:02181 U+096C1 雁 00040013 0.5073/万 92.6482%	No:02182 U+0622A 截 00039993 0.5070/万 92.6533%	No:02183 U+0985B 顛 00039896 0.5058/万 92.6584%	No:02184 U+0756A 番 00039883 0.5056/万 92.6634%	No:02185 U+04FCE 俎 00039859 0.5053/万 92.6685%	No:02186 U+07B6E 筮 00039739 0.5038/万 92.6735%	No:02187 U+08CBD 貽 00039735 0.5038/万 92.6786%	No:02188 U+06D3D 洽 00039640 0.5026/万 92.6836%	No:02189 U+067C4 柄 00039601 0.5021/万 92.6886%	No:02190 U+07337 猷 00039577 0.5018/万 92.6936%
No:02191 U+07A05 税 00039557 0.5015/万 92.6986%	No:02192 U+063AA 措 00039548 0.5014/万 92.7037%	No:02193 U+06734 朴 00039496 0.5007/万 92.7087%	No:02194 U+06162 慢 00039463 0.5003/万 92.7137%	No:02195 U+03558 㕘 00039392 0.4994/万 92.7187%	No:02196 U+04FF8 俸 00039367 0.4991/万 92.7237%	No:02197 U+06F41 潁 00039360 0.4990/万 92.7286%	No:02198 U+0827E 艾 00039354 0.4989/万 92.7336%	No:02199 U+034DC 㓜 00039328 0.4986/万 92.7386%	No:02200 U+058E4 壤 00039323 0.4985/万 92.7436%

No:02201 U+06CD7 泗 00039289 0.4981/万 92.7486%	No:02202 U+08836 蠶 00039261 0.4978/万 92.7536%	No:02203 U+088C2 裂 00039257 0.4977/万 92.7585%	No:02204 U+08CC1 賁 00039248 0.4976/万 92.7635%	No:02205 U+052D8 勘 00039172 0.4966/万 92.7685%	No:02206 U+052DF 募 00039135 0.4962/万 92.7735%	No:02207 U+0664B 晋 00039125 0.4960/万 92.7784%	No:02208 U+058D8 壘 00039117 0.4959/万 92.7834%	No:02209 U+08667 虧 00039100 0.4957/万 92.7883%	No:02210 U+096D5 雕 00039059 0.4952/万 92.7933%
No:02211 U+06C83 沃 00039042 0.4950/万 92.7982%	No:02212 U+0803F 耿 00038995 0.4944/万 92.8032%	No:02213 U+08096 肖 00038974 0.4941/万 92.8081%	No:02214 U+06E1A 渚 00038878 0.4929/万 92.8130%	No:02215 U+08108 脈 00038877 0.4929/万 92.8180%	No:02216 U+09763 靣 00038836 0.4924/万 92.8229%	No:02217 U+07A00 稀 00038760 0.4914/万 92.8278%	No:02218 U+05442 呂 00038697 0.4906/万 92.8327%	No:02219 U+09102 鄂 00038686 0.4905/万 92.8376%	No:02220 U+07261 牡 00038652 0.4900/万 92.8425%
No:02221 U+0819A 膚 00038613 0.4895/万 92.8474%	No:02222 U+084C4 蓄 00038606 0.4894/万 92.8523%	No:02223 U+0886E 衮 00038554 0.4888/万 92.8572%	No:02224 U+06893 梓 00038514 0.4883/万 92.8621%	No:02225 U+08102 脂 00038460 0.4876/万 92.8670%	No:02226 U+06F06 漆 00038457 0.4876/万 92.8718%	No:02227 U+08A62 詢 00038456 0.4875/万 92.8767%	No:02228 U+063FA 揺 00038424 0.4871/万 92.8816%	No:02229 U+07DDA 線 00038400 0.4868/万 92.8865%	No:02230 U+08DCB 跋 00038378 0.4866/万 92.8913%
No:02231 U+06D5A 浚 00038355 0.4863/万 92.8962%	No:02232 U+058B3 墳 00038353 0.4862/万 92.9011%	No:02233 U+07C60 籠 00038273 0.4852/万 92.9059%	No:02234 U+04EC7 仇 00038269 0.4852/万 92.9108%	No:02235 U+09594 閔 00038255 0.4850/万 92.9156%	No:02236 U+09909 餉 00038241 0.4848/万 92.9205%	No:02237 U+05308 匈 00038235 0.4847/万 92.9253%	No:02238 U+07006 瀆 00038183 0.4841/万 92.9301%	No:02239 U+061A4 憤 00038159 0.4838/万 92.9350%	No:02240 U+07955 祕 00038094 0.4830/万 92.9398%
No:02241 U+08087 肇 00038085 0.4828/万 92.9446%	No:02242 U+06FEB 濫 00038026 0.4821/万 92.9495%	No:02243 U+058D3 壓 00038019 0.4820/万 92.9543%	No:02244 U+08E08 踈 00038009 0.4819/万 92.9591%	No:02245 U+06A80 檀 00037898 0.4805/万 92.9639%	No:02246 U+053CE 収 00037880 0.4802/万 92.9687%	No:02247 U+05CFD 峽 00037862 0.4800/万 92.9735%	No:02248 U+06F20 漠 00037832 0.4796/万 92.9783%	No:02249 U+06A35 樵 00037802 0.4793/万 92.9831%	No:02250 U+06A84 檄 00037801 0.4792/万 92.9879%
No:02251 U+04E56 乖 00037757 0.4787/万 92.9927%	No:02252 U+081C2 臂 00037632 0.4771/万 92.9975%	No:02253 U+09087 邇 00037568 0.4763/万 93.0022%	No:02254 U+06CB9 油 00037501 0.4754/万 93.0070%	No:02255 U+06CAE 沮 00037498 0.4754/万 93.0117%	No:02256 U+08CD1 賑 00037495 0.4754/万 93.0165%	No:02257 U+05F69 彩 00037490 0.4753/万 93.0212%	No:02258 U+08ABC 誼 00037489 0.4753/万 93.0260%	No:02259 U+0675E 杞 00037471 0.4751/万 93.0307%	No:02260 U+08862 衢 00037458 0.4749/万 93.0355%
No:02261 U+059FF 姿 00037434 0.4746/万 93.0402%	No:02262 U+051D6 凖 00037415 0.4743/万 93.0450%	No:02263 U+06C74 汴 00037392 0.4741/万 93.0497%	No:02264 U+06696 暖 00037381 0.4739/万 93.0545%	No:02265 U+090BE 邾 00037348 0.4735/万 93.0592%	No:02266 U+0EB3C 将 00037293 0.4728/万 93.0639%	No:02267 U+07B95 箕 00037172 0.4713/万 93.0686%	No:02268 U+059A8 妨 00037165 0.4712/万 93.0733%	No:02269 U+07C97 粗 00037121 0.4706/万 93.0781%	No:02270 U+05587 喇 00037109 0.4705/万 93.0828%
No:02271 U+07E8E 纎 00037046 0.4697/万 93.0875%	No:02272 U+085AA 薪 00037045 0.4697/万 93.0922%	No:02273 U+08358 荘 00037041 0.4696/万 93.0969%	No:02274 U+07246 牆 00037017 0.4693/万 93.1015%	No:02275 U+080F8 胸 00036994 0.4690/万 93.1062%	No:02276 U+05918 夘 00036974 0.4688/万 93.1109%	No:02277 U+06C7E 汾 00036937 0.4683/万 93.1156%	No:02278 U+07D79 絹 00036844 0.4671/万 93.1203%	No:02279 U+08E47 蹇 00036833 0.4670/万 93.1249%	No:02280 U+052C3 勃 00036780 0.4663/万 93.1296%
No:02281 U+0655D 敝 00036747 0.4659/万 93.1343%	No:02282 U+0798E 禎 00036725 0.4656/万 93.1389%	No:02283 U+09080 邀 00036715 0.4655/万 93.1436%	No:02284 U+09700 需 00036711 0.4654/万 93.1482%	No:02285 U+05E45 幅 00036690 0.4652/万 93.1529%	No:02286 U+0969C 障 00036687 0.4651/万 93.1575%	No:02287 U+05BB8 宸 00036660 0.4648/万 93.1622%	No:02288 U+067CF 柏 00036658 0.4647/万 93.1668%	No:02289 U+06253 打 00036593 0.4639/万 93.1715%	No:02290 U+066A2 暢 00036590 0.4639/万 93.1761%
No:02291 U+052D1 勑 00036580 0.4638/万 93.1808%	No:02292 U+05955 奕 00036575 0.4637/万 93.1854%	No:02293 U+082D4 苔 00036569 0.4636/万 93.1900%	No:02294 U+07D02 紂 00036559 0.4635/万 93.1947%	No:02295 U+0871C 蜜 00036533 0.4632/万 93.1993%	No:02296 U+07DB4 綴 00036516 0.4629/万 93.2039%	No:02297 U+096A3 隣 00036512 0.4629/万 93.2086%	No:02298 U+09081 邁 00036482 0.4625/万 93.2132%	No:02299 U+06F5C 潜 00036455 0.4622/万 93.2178%	No:02300 U+052F5 勵 00036407 0.4616/万 93.2224%

No:02301 U+07DAC 綬 00036359 0.4610/万 93.2270%	No:02302 U+06020 怠 00036311 0.4603/万 93.2316%	No:02303 U+05A5A 婚 00036276 0.4599/万 93.2362%	No:02304 U+0716E 煮 00036270 0.4598/万 93.2408%	No:02305 U+08859 衙 00036259 0.4597/万 93.2454%	No:02306 U+0814E 腎 00036244 0.4595/万 93.2500%	No:02307 U+07D61 絡 00036216 0.4591/万 93.2546%	No:02308 U+05D11 崑 00036201 0.4590/万 93.2592%	No:02309 U+05996 妖 00036191 0.4588/万 93.2638%	No:02310 U+053E9 叩 00036177 0.4587/万 93.2684%
No:02311 U+081A0 膠 00036151 0.4583/万 93.2730%	No:02312 U+06789 枉 00036109 0.4578/万 93.2775%	No:02313 U+05320 匠 00036077 0.4574/万 93.2821%	No:02314 U+06556 敖 00036001 0.4564/万 93.2867%	No:02315 U+0619A 憚 00035975 0.4561/万 93.2912%	No:02316 U+06986 榆 00035943 0.4557/万 93.2958%	No:02317 U+06500 攀 00035903 0.4552/万 93.3004%	No:02318 U+09B91 鮑 00035769 0.4535/万 93.3049%	No:02319 U+04E9E 亞 00035761 0.4534/万 93.3094%	No:02320 U+05287 劇 00035731 0.4530/万 93.3140%
No:02321 U+068D8 棘 00035716 0.4528/万 93.3185%	No:02322 U+073EA 珪 00035710 0.4527/万 93.3230%	No:02323 U+05872 塲 00035698 0.4526/万 93.3275%	No:02324 U+053DF 叟 00035626 0.4517/万 93.3321%	No:02325 U+07FDF 翟 00035582 0.4511/万 93.3366%	No:02326 U+07B19 笙 00035579 0.4511/万 93.3411%	No:02327 U+06DE8 淨 00035531 0.4505/万 93.3456%	No:02328 U+076DE 盞 00035519 0.4503/万 93.3501%	No:02329 U+088D4 裔 00035438 0.4493/万 93.3546%	No:02330 U+06368 捨 00035427 0.4491/万 93.3591%
No:02331 U+0518C 册 00035412 0.4490/万 93.3636%	No:02332 U+05703 圃 00035326 0.4479/万 93.3680%	No:02333 U+09112 鄒 00035256 0.4470/万 93.3725%	No:02334 U+060BC 悼 00035221 0.4465/万 93.3770%	No:02335 U+06159 慙 00035217 0.4465/万 93.3814%	No:02336 U+039DE 㧞 00035189 0.4461/万 93.3859%	No:02337 U+099ED 駭 00035146 0.4456/万 93.3904%	No:02338 U+05055 偕 00035120 0.4452/万 93.3948%	No:02339 U+08B2B 謫 00035110 0.4451/万 93.3993%	No:02340 U+06CC4 泄 00035101 0.4450/万 93.4037%
No:02341 U+07A3C 稼 00035079 0.4447/万 93.4082%	No:02342 U+05E37 帷 00035035 0.4442/万 93.4126%	No:02343 U+077E9 矩 00034990 0.4436/万 93.4170%	No:02344 U+096B8 隸 00034974 0.4434/万 93.4215%	No:02345 U+06467 摧 00034953 0.4431/万 93.4259%	No:02346 U+06C90 沐 00034950 0.4431/万 93.4303%	No:02347 U+078EC 磬 00034761 0.4407/万 93.4347%	No:02348 U+06B35 欵 00034756 0.4406/万 93.4391%	No:02349 U+08FEB 迫 00034738 0.4404/万 93.4436%	No:02350 U+09019 這 00034709 0.4400/万 93.4480%
No:02351 U+07538 甸 00034696 0.4399/万 93.4524%	No:02352 U+07761 睡 00034692 0.4398/万 93.4568%	No:02353 U+07A3B 稻 00034671 0.4396/万 93.4611%	No:02354 U+07476 瑶 00034665 0.4395/万 93.4655%	No:02355 U+065E8 旨 00034663 0.4395/万 93.4699%	No:02356 U+052C1 勁 00034649 0.4393/万 93.4743%	No:02357 U+0903E 逾 00034575 0.4383/万 93.4787%	No:02358 U+098ED 飭 00034557 0.4381/万 93.4831%	No:02359 U+0660A 昊 00034537 0.4379/万 93.4875%	No:02360 U+07248 版 00034513 0.4376/万 93.4919%
No:02361 U+07F99 羙 00034507 0.4375/万 93.4962%	No:02362 U+04F88 侈 00034448 0.4367/万 93.5006%	No:02363 U+08AD2 諒 00034418 0.4363/万 93.5050%	No:02364 U+07941 祁 00034403 0.4362/万 93.5093%	No:02365 U+08896 袖 00034379 0.4359/万 93.5137%	No:02366 U+0699C 榜 00034338 0.4353/万 93.5180%	No:02367 U+090F7 鄉 00034336 0.4353/万 93.5224%	No:02368 U+08A70 詰 00034329 0.4352/万 93.5267%	No:02369 U+08F26 輦 00034248 0.4342/万 93.5311%	No:02370 U+06167 慧 00034238 0.4341/万 93.5354%
No:02371 U+0533F 匿 00034209 0.4337/万 93.5398%	No:02372 U+07D33 紳 00034208 0.4337/万 93.5441%	No:02373 U+065A7 斧 00034180 0.4333/万 93.5484%	No:02374 U+0758A 疊 00034089 0.4322/万 93.5528%	No:02375 U+08396 莖 00034016 0.4313/万 93.5571%	No:02376 U+09214 鈔 00034011 0.4312/万 93.5614%	No:02377 U+07802 砂 00034009 0.4312/万 93.5657%	No:02378 U+08A55 評 00033922 0.4301/万 93.5700%	No:02379 U+07CB2 粲 00033895 0.4297/万 93.5743%	No:02380 U+06FB9 澹 00033877 0.4295/万 93.5786%
No:02381 U+051FD 函 00033836 0.4290/万 93.5829%	No:02382 U+08F2F 輯 00033832 0.4289/万 93.5872%	No:02383 U+068DF 棟 00033823 0.4288/万 93.5915%	No:02384 U+04FC3 促 00033816 0.4287/万 93.5957%	No:02385 U+0856A 蕪 00033757 0.4280/万 93.6000%	No:02386 U+07B4B 筋 00033647 0.4266/万 93.6043%	No:02387 U+095D4 闔 00033607 0.4261/万 93.6085%	No:02388 U+06822 栢 00033597 0.4259/万 93.6128%	No:02389 U+06241 扁 00033577 0.4257/万 93.6171%	No:02390 U+05C91 岑 00033575 0.4257/万 93.6213%
No:02391 U+0537D 卽 00033564 0.4255/万 93.6256%	No:02392 U+06FEF 濯 00033499 0.4247/万 93.6298%	No:02393 U+09095 邕 00033489 0.4246/万 93.6341%	No:02394 U+08CAF 貯 00033475 0.4244/万 93.6383%	No:02395 U+063E1 握 00033466 0.4243/万 93.6426%	No:02396 U+07280 犀 00033455 0.4241/万 93.6468%	No:02397 U+09A37 騷 00033449 0.4241/万 93.6510%	No:02398 U+06FF6 濶 00033414 0.4236/万 93.6553%	No:02399 U+078A9 碩 00033368 0.4230/万 93.6595%	No:02400 U+04F34 伴 00033319 0.4224/万 93.6637%

No:02401 U+08292 芒 00033304 0.4222/万 93.6680%	No:02402 U+0962E 阮 00033289 0.4220/万 93.6722%	No:02403 U+0673D 朽 00033249 0.4215/万 93.6764%	No:02404 U+06817 栗 00033212 0.4211/万 93.6806%	No:02405 U+0822C 般 00033191 0.4208/万 93.6848%	No:02406 U+0920E 鈎 00033184 0.4207/万 93.6890%	No:02407 U+066DC 曜 00033161 0.4204/万 93.6932%	No:02408 U+0672D 札 00033149 0.4203/万 93.6974%	No:02409 U+058F9 壹 00033118 0.4199/万 93.7016%	No:02410 U+091B4 醴 00033117 0.4199/万 93.7058%
No:02411 U+055DC 嗜 00033113 0.4198/万 93.7100%	No:02412 U+095A4 閤 00033072 0.4193/万 93.7142%	No:02413 U+063DB 換 00033058 0.4191/万 93.7184%	No:02414 U+07740 着 00033050 0.4190/万 93.7226%	No:02415 U+08C55 豕 00033047 0.4190/万 93.7268%	No:02416 U+09B41 魁 00032995 0.4183/万 93.7310%	No:02417 U+09CE9 鳩 00032992 0.4183/万 93.7352%	No:02418 U+08392 莒 00032950 0.4177/万 93.7393%	No:02419 U+068EE 森 00032939 0.4176/万 93.7435%	No:02420 U+09EBE 麾 00032913 0.4173/万 93.7477%
No:02421 U+081BD 膽 00032905 0.4172/万 93.7519%	No:02422 U+082D3 苓 00032890 0.4170/万 93.7560%	No:02423 U+05EBB 庻 00032880 0.4168/万 93.7602%	No:02424 U+07554 畔 00032877 0.4168/万 93.7644%	No:02425 U+03760 㝠 00032868 0.4167/万 93.7685%	No:02426 U+087EC 蟬 00032777 0.4155/万 93.7727%	No:02427 U+05BF0 寰 00032763 0.4154/万 93.7768%	No:02428 U+05203 刃 00032748 0.4152/万 93.7810%	No:02429 U+07E2E 縮 00032691 0.4145/万 93.7851%	No:02430 U+059B9 妹 00032650 0.4139/万 93.7893%
No:02431 U+080C4 胄 00032638 0.4138/万 93.7934%	No:02432 U+05676 噶 00032622 0.4136/万 93.7976%	No:02433 U+051B2 冲 00032572 0.4129/万 93.8017%	No:02434 U+05BE5 寥 00032565 0.4129/万 93.8058%	No:02435 U+0633A 挺 00032508 0.4121/万 93.8099%	No:02436 U+04E17 丗 00032451 0.4114/万 93.8140%	No:02437 U+08AA8 誨 00032393 0.4107/万 93.8182%	No:02438 U+058DE 壞 00032384 0.4106/万 93.8223%	No:02439 U+09D72 鵲 00032369 0.4104/万 93.8264%	No:02440 U+0819D 膝 00032366 0.4103/万 93.8305%
No:02441 U+0623E 戾 00032303 0.4095/万 93.8346%	No:02442 U+072D7 狗 00032298 0.4095/万 93.8387%	No:02443 U+06912 椒 00032289 0.4094/万 93.8428%	No:02444 U+09134 鄴 00032210 0.4084/万 93.8509%	No:02445 U+0968A 隊 00032210 0.4084/万 93.8468%	No:02446 U+EE7 獘 00032206 0.4083/万 93.8550%	No:02447 U+095B1 閱 00032204 0.4083/万 93.8591%	No:02448 U+08AFE 諾 00032192 0.4081/万 93.8632%	No:02449 U+068E0 棠 00032181 0.4080/万 93.8673%	No:02450 U+051CF 减 00032170 0.4078/万 93.8713%
No:02451 U+074BD 璽 00032165 0.4078/万 93.8754%	No:02452 U+0807C 聼 00032146 0.4075/万 93.8795%	No:02453 U+068FA 棺 00032129 0.4073/万 93.8836%	No:02454 U+06D74 浴 00032075 0.4066/万 93.8876%	No:02455 U+0840C 萌 00032003 0.4057/万 93.8917%	No:02456 U+08679 虹 00031998 0.4057/万 93.8957%	No:02457 U+0901D 逝 00031977 0.4054/万 93.8998%	No:02458 U+090A2 邢 00031973 0.4053/万 93.9038%	No:02459 U+081B3 膳 00031971 0.4053/万 93.9079%	No:02460 U+08E48 蹈 00031914 0.4046/万 93.9119%
No:02461 U+07252 牒 00031902 0.4044/万 93.9160%	No:02462 U+051A5 冥 00031846 0.4037/万 93.9200%	No:02463 U+06F33 漳 00031818 0.4034/万 93.9241%	No:02464 U+06D3E 派 00031801 0.4032/万 93.9281%	No:02465 U+096FB 電 00031774 0.4028/万 93.9321%	No:02466 U+05EFB 廻 00031705 0.4019/万 93.9361%	No:02467 U+09699 隙 00031696 0.4018/万 93.9402%	No:02468 U+08EF8 軸 00031640 0.4011/万 93.9442%	No:02469 U+07051 灑 00031607 0.4007/万 93.9482%	No:02470 U+061F2 懲 00031606 0.4007/万 93.9522%
No:02471 U+062C9 拉 00031554 0.4000/万 93.9562%	No:02472 U+0571C 圜 00031474 0.3990/万 93.9602%	No:02473 U+039B8 㦸 00031436 0.3985/万 93.9642%	No:02474 U+0633D 挽 00031301 0.3968/万 93.9681%	No:02475 U+07B60 筠 00031295 0.3968/万 93.9721%	No:02476 U+04E4D 乍 00031283 0.3966/万 93.9761%	No:02477 U+05CF6 島 00031246 0.3961/万 93.9800%	No:02478 U+069D0 槐 00031228 0.3959/万 93.9840%	No:02479 U+062D9 拙 00031225 0.3959/万 93.9880%	No:02480 U+07998 禘 00031165 0.3951/万 93.9919%
No:02481 U+0651C 攜 00031137 0.3947/万 93.9998%	No:02482 U+06A58 橘 00031137 0.3947/万 93.9959%	No:02483 U+06248 扈 00031118 0.3945/万 94.0077%	No:02484 U+089B2 覲 00031118 0.3945/万 94.0037%	No:02485 U+0919C 醜 00031059 0.3938/万 94.0116%	No:02486 U+0541E 吞 00031052 0.3937/万 94.0156%	No:02487 U+06A3D 樽 00031044 0.3936/万 94.0195%	No:02488 U+06396 掖 00031039 0.3935/万 94.0234%	No:02489 U+05830 堰 00031013 0.3932/万 94.0274%	No:02490 U+049DF 䧟 00030998 0.3930/万 94.0313%
No:02491 U+07FE9 翩 00030998 0.3930/万 94.0352%	No:02492 U+08523 蔣 00030989 0.3929/万 94.0392%	No:02493 U+08A79 詹 00030987 0.3928/万 94.0431%	No:02494 U+060B5 悵 00030956 0.3925/万 94.0470%	No:02495 U+06063 恣 00030920 0.3920/万 94.0509%	No:02496 U+0983C 頼 00030914 0.3919/万 94.0549%	No:02497 U+054BD 咽 00030909 0.3919/万 94.0588%	No:02498 U+05766 坦 00030906 0.3918/万 94.0627%	No:02499 U+08AE7 諧 00030891 0.3916/万 94.0666%	No:02500 U+03AC1 㫁 00030861 0.3912/万 94.0705%

No:02501 U+04F5E 佞 00030849 0.3911/万 94.0744%	No:02502 U+07B1B 笛 00030812 0.3906/万 94.0783%	No:02503 U+07C2B 簫 00030775 0.3902/万 94.0822%	No:02504 U+0749E 璞 00030726 0.3895/万 94.0861%	No:02505 U+08832 蠲 00030697 0.3892/万 94.0900%	No:02506 U+09B44 魄 00030682 0.3890/万 94.0939%	No:02507 U+06A21 模 00030679 0.3889/万 94.0978%	No:02508 U+07C4C 籌 00030678 0.3889/万 94.1017%	No:02509 U+07210 爐 00030651 0.3886/万 94.1056%	No:02510 U+051B6 冶 00030621 0.3882/万 94.1095%
No:02511 U+05A41 婁 00030619 0.3882/万 94.1133%	No:02512 U+09192 醒 00030485 0.3865/万 94.1172%	No:02513 U+05021 倡 00030431 0.3858/万 94.1211%	No:02514 U+072B6 狀 00030387 0.3852/万 94.1249%	No:02515 U+0895F 襟 00030379 0.3851/万 94.1288%	No:02516 U+06979 楹 00030343 0.3847/万 94.1326%	No:02517 U+0EE60 蒙 00030325 0.3845/万 94.1365%	No:02518 U+0733F 猿 00030285 0.3839/万 94.1403%	No:02519 U+04E15 丕 00030232 0.3833/万 94.1441%	No:02520 U+057CB 埋 00030148 0.3822/万 94.1480%
No:02521 U+09834 頴 00030080 0.3813/万 94.1518%	No:02522 U+08F4D 轍 00030058 0.3811/万 94.1556%	No:02523 U+099FF 駿 00030039 0.3808/万 94.1594%	No:02524 U+07AC4 竄 00030026 0.3807/万 94.1632%	No:02525 U+05A9A 媚 00030019 0.3806/万 94.1670%	No:02526 U+08650 虐 00029948 0.3797/万 94.1708%	No:02527 U+08A34 訴 00029942 0.3796/万 94.1746%	No:02528 U+08F44 轄 00029931 0.3795/万 94.1784%	No:02529 U+07E93 纓 00029847 0.3784/万 94.1822%	No:02530 U+061C7 懇 00029829 0.3782/万 94.1860%
No:02531 U+078BA 確 00029826 0.3781/万 94.1897%	No:02532 U+0614B 態 00029811 0.3779/万 94.1935%	No:02533 U+05A62 婢 00029810 0.3779/万 94.1973%	No:02534 U+08857 街 00029805 0.3779/万 94.2011%	No:02535 U+07546 畆 00029741 0.3770/万 94.2049%	No:02536 U+069E9 槩 00029670 0.3761/万 94.2086%	No:02537 U+07766 睦 00029603 0.3753/万 94.2124%	No:02538 U+06071 恱 00029583 0.3750/万 94.2161%	No:02539 U+07FA1 羡 00029567 0.3748/万 94.2199%	No:02540 U+07CB9 粹 00029542 0.3745/万 94.2236%
No:02541 U+075B2 疲 00029524 0.3743/万 94.2274%	No:02542 U+08299 芙 00029513 0.3742/万 94.2311%	No:02543 U+0888D 袍 00029469 0.3736/万 94.2348%	No:02544 U+06DB2 液 00029463 0.3735/万 94.2386%	No:02545 U+05BC3 寃 00029445 0.3733/万 94.2423%	No:02546 U+0562F 嘯 00029402 0.3727/万 94.2460%	No:02547 U+05156 兖 00029400 0.3727/万 94.2498%	No:02548 U+085E4 藤 00029351 0.3721/万 94.2535%	No:02549 U+08CB8 貸 00029338 0.3719/万 94.2572%	No:02550 U+07DB5 綵 00029293 0.3714/万 94.2609%
No:02551 U+05291 劑 00029287 0.3713/万 94.2646%	No:02552 U+06ED5 滕 00029262 0.3710/万 94.2683%	No:02553 U+090E2 郢 00029222 0.3705/万 94.2720%	No:02554 U+092EA 鋪 00029217 0.3704/万 94.2758%	No:02555 U+0994C 饌 00029192 0.3701/万 94.2795%	No:02556 U+08017 耗 00029180 0.3699/万 94.2832%	No:02557 U+09178 酸 00029155 0.3696/万 94.2869%	No:02558 U+0505A 做 00029150 0.3696/万 94.2905%	No:02559 U+05F56 彖 00029127 0.3693/万 94.2942%	No:02560 U+0672F 术 00029099 0.3689/万 94.2979%
No:02561 U+0994B 饋 00029076 0.3686/万 94.3016%	No:02562 U+09245 鉅 00029018 0.3679/万 94.3053%	No:02563 U+050FB 僻 00028981 0.3674/万 94.3090%	No:02564 U+0592E 央 00028973 0.3673/万 94.3126%	No:02565 U+084C9 蓉 00028968 0.3672/万 94.3163%	No:02566 U+E5F 初 00028962 0.3672/万 94.3200%	No:02567 U+0973D 霽 00028950 0.3670/万 94.3237%	No:02568 U+07DBD 綽 00028932 0.3668/万 94.3273%	No:02569 U+08E5F 蹟 00028912 0.3665/万 94.3310%	No:02570 U+063C6 揆 00028889 0.3662/万 94.3347%
No:02571 U+06ED3 滓 00028724 0.3642/万 94.3383%	No:02572 U+058BB 墻 00028619 0.3628/万 94.3419%	No:02573 U+07693 皓 00028612 0.3627/万 94.3456%	No:02574 U+07058 灘 00028611 0.3627/万 94.3492%	No:02575 U+06FE1 濡 00028598 0.3626/万 94.3528%	No:02576 U+059EA 姪 00028584 0.3624/万 94.3564%	No:02577 U+067EF 柯 00028535 0.3618/万 94.3601%	No:02578 U+06279 批 00028526 0.3616/万 94.3637%	No:02579 U+09DF9 鷹 00028502 0.3613/万 94.3673%	No:02580 U+07568 畨 00028501 0.3613/万 94.3745%
No:02581 U+081D8 臘 00028501 0.3613/万 94.3709%	No:02582 U+05962 奢 00028467 0.3609/万 94.3781%	No:02583 U+06FC3 濃 00028436 0.3605/万 94.3817%	No:02584 U+06E2F 港 00028410 0.3602/万 94.3853%	No:02585 U+09698 隘 00028385 0.3599/万 94.3889%	No:02586 U+0786F 硯 00028359 0.3595/万 94.3925%	No:02587 U+07CFE 糾 00028347 0.3594/万 94.3961%	No:02588 U+09A4D 驍 00028342 0.3593/万 94.3997%	No:02589 U+06EAB 溫 00028335 0.3592/万 94.4033%	No:02590 U+08F45 轅 00028327 0.3591/万 94.4069%
No:02591 U+0758B 疋 00028320 0.3590/万 94.4105%	No:02592 U+05BD0 寐 00028319 0.3590/万 94.4141%	No:02593 U+0541D 吝 00028264 0.3583/万 94.4177%	No:02594 U+06200 戀 00028256 0.3582/万 94.4212%	No:02595 U+06F14 演 00028236 0.3580/万 94.4248%	No:02596 U+08475 葵 00028191 0.3574/万 94.4284%	No:02597 U+08EEB 軫 00028173 0.3572/万 94.4320%	No:02598 U+04E42 乂 00028172 0.3572/万 94.4355%	No:02599 U+07642 療 00028172 0.3572/万 94.4391%	No:02600 U+071E5 燥 00028152 0.3569/万 94.4427%

No:02601 U+07980 禀 00028097 0.3562/万 94.4462%	No:02602 U+055A7 喧 00028091 0.3561/万 94.4498%	No:02603 U+063A7 控 00028072 0.3559/万 94.4534%	No:02604 U+099AD 馭 00028063 0.3558/万 94.4569%	No:02605 U+07E46 繆 00028052 0.3556/万 94.4605%	No:02606 U+06062 恢 00028027 0.3553/万 94.4640%	No:02607 U+0964C 陌 00028020 0.3552/万 94.4676%	No:02608 U+05CB1 岱 00028016 0.3552/万 94.4711%	No:02609 U+08403 萃 00028003 0.3550/万 94.4747%	No:02610 U+06B20 欠 00027969 0.3546/万 94.4782%
No:02611 U+04EA2 亢 00027899 0.3537/万 94.4818%	No:02612 U+06367 捧 00027849 0.3531/万 94.4853%	No:02613 U+06840 桀 00027833 0.3529/万 94.4888%	No:02614 U+058C5 壅 00027807 0.3525/万 94.4924%	No:02615 U+0748B 璋 00027741 0.3517/万 94.4959%	No:02616 U+05189 冉 00027690 0.3510/万 94.4994%	No:02617 U+07405 琅 00027591 0.3498/万 94.5029%	No:02618 U+07433 琳 00027514 0.3488/万 94.5064%	No:02619 U+09DAF 鶯 00027492 0.3485/万 94.5099%	No:02620 U+03554 㕔 00027449 0.3480/万 94.5133%
No:02621 U+07947 祇 00027345 0.3467/万 94.5168%	No:02622 U+07063 灣 00027335 0.3465/万 94.5203%	No:02623 U+080CE 胎 00027309 0.3462/万 94.5237%	No:02624 U+08535 蔵 00027294 0.3460/万 94.5272%	No:02625 U+05ECA 廊 00027267 0.3457/万 94.5307%	No:02626 U+06F3F 漿 00027264 0.3456/万 94.5341%	No:02627 U+0526A 剪 00027258 0.3456/万 94.5376%	No:02628 U+07C6C 籬 00027229 0.3452/万 94.5410%	No:02629 U+04F51 佑 00027203 0.3449/万 94.5445%	No:02630 U+09E93 麓 00027182 0.3446/万 94.5479%
No:02631 U+08A6D 詭 00027167 0.3444/万 94.5514%	No:02632 U+09B22 鬢 00027163 0.3444/万 94.5548%	No:02633 U+0904F 遏 00027150 0.3442/万 94.5582%	No:02634 U+06DEA 淪 00027148 0.3442/万 94.5617%	No:02635 U+09D60 鵠 00027118 0.3438/万 94.5651%	No:02636 U+05225 別 00027116 0.3438/万 94.5686%	No:02637 U+066A8 暨 00027093 0.3435/万 94.5720%	No:02638 U+06838 核 00027062 0.3431/万 94.5754%	No:02639 U+0606A 恪 00026997 0.3423/万 94.5789%	No:02640 U+06977 楷 00026971 0.3419/万 94.5823%
No:02641 U+0586B 填 00026944 0.3416/万 94.5857%	No:02642 U+06537 攷 00026928 0.3414/万 94.5891%	No:02643 U+06A9C 檜 00026919 0.3413/万 94.5925%	No:02644 U+06D19 洙 00026911 0.3412/万 94.5959%	No:02645 U+085F4 蘊 00026881 0.3408/万 94.5993%	No:02646 U+0513C 儼 00026875 0.3407/万 94.6027%	No:02647 U+09ED4 黔 00026850 0.3404/万 94.6061%	No:02648 U+08AF7 諷 00026792 0.3397/万 94.6095%	No:02649 U+07AFF 竿 00026784 0.3396/万 94.6129%	No:02650 U+066FF 替 00026782 0.3395/万 94.6163%
No:02651 U+07E37 縷 00026744 0.3390/万 94.6197%	No:02652 U+086DF 蛟 00026742 0.3390/万 94.6231%	No:02653 U+0707C 灼 00026735 0.3389/万 94.6265%	No:02654 U+090B8 邸 00026735 0.3389/万 94.6299%	No:02655 U+0592D 夭 00026723 0.3388/万 94.6333%	No:02656 U+0851A 蔚 00026717 0.3387/万 94.6367%	No:02657 U+05932 夲 00026709 0.3386/万 94.6401%	No:02658 U+06F32 漲 00026703 0.3385/万 94.6434%	No:02659 U+051CD 凍 00026700 0.3385/万 94.6468%	No:02660 U+05965 奥 00026622 0.3375/万 94.6502%
No:02661 U+05F29 弩 00026584 0.3370/万 94.6536%	No:02662 U+08513 蔓 00026580 0.3370/万 94.6569%	No:02663 U+08068 聨 00026578 0.3369/万 94.6603%	No:02664 U+09059 遙 00026533 0.3364/万 94.6637%	No:02665 U+04455 䑕 00026529 0.3363/万 94.6670%	No:02666 U+07165 煥 00026526 0.3363/万 94.6704%	No:02667 U+093AD 鎭 00026500 0.3360/万 94.6738%	No:02668 U+05EA0 庠 00026494 0.3359/万 94.6771%	No:02669 U+072F9 狹 00026478 0.3357/万 94.6805%	No:02670 U+098EC 飬 00026472 0.3356/万 94.6838%
No:02671 U+092ED 鋭 00026466 0.3355/万 94.6872%	No:02672 U+09DC4 鷄 00026423 0.3350/万 94.6905%	No:02673 U+095BB 閻 00026407 0.3348/万 94.6939%	No:02674 U+09088 邈 00026383 0.3345/万 94.6972%	No:02675 U+08B17 謗 00026357 0.3341/万 94.7006%	No:02676 U+0456B 䕫 00026346 0.3340/万 94.7039%	No:02677 U+06DB5 涵 00026301 0.3334/万 94.7073%	No:02678 U+07E79 繹 00026293 0.3333/万 94.7106%	No:02679 U+08DBE 趾 00026257 0.3329/万 94.7172%	No:02680 U+095CA 闊 00026257 0.3329/万 94.7139%
No:02681 U+08CC2 賂 00026243 0.3327/万 94.7206%	No:02682 U+05BA5 宥 00026206 0.3322/万 94.7239%	No:02683 U+08B77 護 00026200 0.3322/万 94.7272%	No:02684 U+082BB 芻 00026198 0.3321/万 94.7305%	No:02685 U+067B6 架 00026190 0.3320/万 94.7339%	No:02686 U+071B9 熹 00026137 0.3314/万 94.7372%	No:02687 U+0682A 株 00026116 0.3311/万 94.7405%	No:02688 U+05A46 婆 00026022 0.3299/万 94.7438%	No:02689 U+06458 摘 00026003 0.3297/万 94.7471%	No:02690 U+04EF6 件 00025992 0.3295/万 94.7504%
No:02691 U+06E19 渙 00025967 0.3292/万 94.7537%	No:02692 U+05C51 屑 00025958 0.3291/万 94.7570%	No:02693 U+07FAE 羮 00025950 0.3290/万 94.7603%	No:02694 U+072E9 狩 00025931 0.3287/万 94.7635%	No:02695 U+09293 銓 00025905 0.3284/万 94.7668%	No:02696 U+056AE 嚮 00025893 0.3283/万 94.7701%	No:02697 U+09598 閘 00025879 0.3281/万 94.7734%	No:02698 U+08F05 輅 00025878 0.3281/万 94.7767%	No:02699 U+0828D 芍 00025869 0.3280/万 94.7800%	No:02700 U+06FEE 濮 00025843 0.3276/万 94.7832%

No:02701 U+05E06 帆 00025828 0.3274/万 94.7865%	No:02702 U+07C37 簷 00025825 0.3274/万 94.7898%	No:02703 U+0832F 茯 00025801 0.3271/万 94.7930%	No:02704 U+06377 捷 00025776 0.3268/万 94.7963%	No:02705 U+05580 喀 00025727 0.3262/万 94.7996%	No:02706 U+0725F 牟 00025711 0.3259/万 94.8028%	No:02707 U+08F1F 輟 00025707 0.3259/万 94.8061%	No:02708 U+061CB 懋 00025705 0.3259/万 94.8094%	No:02709 U+05249 剉 00025704 0.3259/万 94.8126%	No:02710 U+08B5A 譚 00025678 0.3255/万 94.8159%
No:02711 U+057C3 埃 00025649 0.3252/万 94.8191%	No:02712 U+08A4E 詎 00025620 0.3248/万 94.8224%	No:02713 U+0523C 刼 00025606 0.3246/万 94.8256%	No:02714 U+0808C 肌 00025595 0.3245/万 94.8289%	No:02715 U+08B6F 譯 00025531 0.3237/万 94.8321%	No:02716 U+09B2C 鬬 00025509 0.3234/万 94.8353%	No:02717 U+034C2 㓂 00025505 0.3233/万 94.8386%	No:02718 U+0458F 䖏 00025478 0.3230/万 94.8418%	No:02719 U+05265 剥 00025416 0.3222/万 94.8450%	No:02720 U+07CA5 粥 00025402 0.3220/万 94.8482%
No:02721 U+0978D 鞍 00025354 0.3214/万 94.8515%	No:02722 U+070B3 炳 00025348 0.3213/万 94.8547%	No:02723 U+06EF4 滴 00025346 0.3213/万 94.8579%	No:02724 U+05F1B 弛 00025345 0.3213/万 94.8611%	No:02725 U+07C92 粒 00025306 0.3208/万 94.8643%	No:02726 U+07FF3 翳 00025263 0.3203/万 94.8675%	No:02727 U+07E6A 繪 00025193 0.3194/万 94.8707%	No:02728 U+09163 酣 00025185 0.3193/万 94.8739%	No:02729 U+07626 瘦 00025174 0.3191/万 94.8771%	No:02730 U+06897 梗 00025166 0.3190/万 94.8803%
No:02731 U+062BD 抽 00025153 0.3189/万 94.8835%	No:02732 U+075F0 痰 00025076 0.3179/万 94.8867%	No:02733 U+051A2 冢 00025060 0.3177/万 94.8898%	No:02734 U+063BE 掾 00025042 0.3175/万 94.8930%	No:02735 U+05B83 它 00025038 0.3174/万 94.8962%	No:02736 U+0714C 煌 00025032 0.3173/万 94.8994%	No:02737 U+0863F 蘿 00024995 0.3169/万 94.9025%	No:02738 U+07CFB 系 00024970 0.3166/万 94.9057%	No:02739 U+05FFF 忿 00024955 0.3164/万 94.9089%	No:02740 U+062BC 押 00024887 0.3155/万 94.9120%
No:02741 U+08105 脅 00024852 0.3151/万 94.9152%	No:02742 U+082D6 苖 00024844 0.3150/万 94.9183%	No:02743 U+0641C 搜 00024839 0.3149/万 94.9215%	No:02744 U+07954 祔 00024838 0.3149/万 94.9246%	No:02745 U+0906E 遮 00024772 0.3140/万 94.9277%	No:02746 U+05944 奄 00024764 0.3139/万 94.9309%	No:02747 U+0906F 遯 00024761 0.3139/万 94.9340%	No:02748 U+08E0F 踏 00024749 0.3138/万 94.9372%	No:02749 U+04453 䑓 00024676 0.3128/万 94.9403%	No:02750 U+07A4E 穎 00024668 0.3127/万 94.9434%
No:02751 U+08831 蠱 00024666 0.3127/万 94.9465%	No:02752 U+062F3 拳 00024665 0.3127/万 94.9497%	No:02753 U+06CB8 沸 00024654 0.3125/万 94.9528%	No:02754 U+09472 鑲 00024651 0.3125/万 94.9559%	No:02755 U+051F0 凰 00024640 0.3124/万 94.9591%	No:02756 U+07CF4 糴 00024625 0.3122/万 94.9622%	No:02757 U+08E35 踵 00024607 0.3120/万 94.9653%	No:02758 U+03A17 㨗 00024601 0.3119/万 94.9684%	No:02759 U+09A5F 驟 00024595 0.3118/万 94.9715%	No:02760 U+07FB8 羸 00024583 0.3116/万 94.9746%
No:02761 U+06CBE 沾 00024514 0.3108/万 94.9778%	No:02762 U+05077 偷 00024511 0.3107/万 94.9809%	No:02763 U+069CB 構 00024493 0.3105/万 94.9840%	No:02764 U+06B81 殁 00024471 0.3102/万 94.9871%	No:02765 U+06302 挂 00024449 0.3099/万 94.9902%	No:02766 U+06E34 渴 00024407 0.3094/万 94.9933%	No:02767 U+059FB 姻 00024401 0.3093/万 94.9964%	No:02768 U+07258 牘 00024287 0.3079/万 94.9994%	No:02769 U+06BAF 殯 00024268 0.3077/万 95.0025%	No:02770 U+06591 斑 00024265 0.3076/万 95.0056%
No:02771 U+08D16 贖 00024233 0.3072/万 95.0087%	No:02772 U+07F75 罵 00024220 0.3070/万 95.0117%	No:02773 U+0EB32 寄 00024207 0.3069/万 95.0148%	No:02774 U+0639B 掛 00024173 0.3064/万 95.0179%	No:02775 U+07FCA 翊 00024171 0.3064/万 95.0209%	No:02776 U+06417 搗 00024119 0.3058/万 95.0240%	No:02777 U+05ED3 廓 00024113 0.3057/万 95.0271%	No:02778 U+076C6 盆 00024091 0.3054/万 95.0301%	No:02779 U+06C82 沂 00024083 0.3053/万 95.0332%	No:02780 U+060FB 惻 00024073 0.3052/万 95.0362%
No:02781 U+08B92 讒 00024069 0.3051/万 95.0393%	No:02782 U+08877 衷 00024061 0.3050/万 95.0423%	No:02783 U+079D2 秒 00024016 0.3045/万 95.0454%	No:02784 U+07DE1 緡 00023995 0.3042/万 95.0484%	No:02785 U+0606C 恬 00023976 0.3040/万 95.0514%	No:02786 U+08A87 誇 00023925 0.3033/万 95.0545%	No:02787 U+05EB5 庵 00023920 0.3032/万 95.0575%	No:02788 U+08D0D 贍 00023889 0.3028/万 95.0605%	No:02789 U+09711 霑 00023860 0.3025/万 95.0636%	No:02790 U+07CA4 粤 00023835 0.3022/万 95.0666%
No:02791 U+06F5E 潞 00023833 0.3021/万 95.0696%	No:02792 U+09811 頑 00023816 0.3019/万 95.0726%	No:02793 U+0EF5B 鬼 00023785 0.3015/万 95.0756%	No:02794 U+06B46 歆 00023731 0.3008/万 95.0787%	No:02795 U+05DA0 嶠 00023725 0.3008/万 95.0817%	No:02796 U+06DF8 淸 00023713 0.3006/万 95.0847%	No:02797 U+0768E 皎 00023701 0.3005/万 95.0877%	No:02798 U+0559A 喚 00023694 0.3004/万 95.0907%	No:02799 U+08FC4 迄 00023690 0.3003/万 95.0937%	No:02800 U+0624E 扎 00023682 0.3002/万 95.0967%

No:02801 U+0900B 逋 00023670 0.3001/万 95.0997%	No:02802 U+06FF5 濵 00023606 0.2993/万 95.1027%	No:02803 U+06280 技 00023572 0.2988/万 95.1057%	No:02804 U+08DE8 跨 00023569 0.2988/万 95.1087%	No:02805 U+091C6 釆 00023545 0.2985/万 95.1116%	No:02806 U+0701B 瀛 00023538 0.2984/万 95.1146%	No:02807 U+09DD7 鷗 00023518 0.2981/万 95.1176%	No:02808 U+081E5 臥 00023495 0.2979/万 95.1206%	No:02809 U+08F61 轡 00023492 0.2978/万 95.1236%	No:02810 U+0E6A2 雨 00023487 0.2978/万 95.1265%
No:02811 U+081ED 臭 00023469 0.2975/万 95.1295%	No:02812 U+04FAE 侮 00023466 0.2975/万 95.1325%	No:02813 U+08073 聳 00023466 0.2975/万 95.1355%	No:02814 U+05F87 徇 00023447 0.2972/万 95.1384%	No:02815 U+090F5 郵 00023438 0.2971/万 95.1414%	No:02816 U+E55 崴 00023428 0.2970/万 95.1444%	No:02817 U+09438 鐸 00023381 0.2964/万 95.1473%	No:02818 U+07AC8 竈 00023373 0.2963/万 95.1503%	No:02819 U+05F6C 彬 00023343 0.2959/万 95.1533%	No:02820 U+08EF0 輩 00023326 0.2957/万 95.1562%
No:02821 U+05F5A 彚 00023305 0.2954/万 95.1592%	No:02822 U+0513B 儻 00023300 0.2954/万 95.1621%	No:02823 U+053DA 叚 00023273 0.2950/万 95.1651%	No:02824 U+05F27 弧 00023270 0.2950/万 95.1680%	No:02825 U+06106 愆 00023240 0.2946/万 95.1710%	No:02826 U+09690 隐 00023207 0.2942/万 95.1739%	No:02827 U+07009 瀉 00023181 0.2939/万 95.1769%	No:02828 U+07E55 繕 00023175 0.2938/万 95.1798%	No:02829 U+070DD 烝 00023174 0.2938/万 95.1827%	No:02830 U+08776 蝶 00023173 0.2938/万 95.1857%
No:02831 U+05614 嘔 00023128 0.2932/万 95.1886%	No:02832 U+0589F 墟 00023111 0.2930/万 95.1915%	No:02833 U+0914B 酋 00023107 0.2929/万 95.1945%	No:02834 U+06096 悖 00023084 0.2926/万 95.1974%	No:02835 U+050B2 傲 00023082 0.2926/万 95.2003%	No:02836 U+05C80 岀 00023057 0.2923/万 95.2032%	No:02837 U+08A8D 認 00023056 0.2923/万 95.2062%	No:02838 U+068A8 梨 00023048 0.2922/万 95.2091%	No:02839 U+0522A 删 00023047 0.2922/万 95.2120%	No:02840 U+06558 敘 00023033 0.2920/万 95.2149%
No:02841 U+09F20 鼠 00022998 0.2916/万 95.2179%	No:02842 U+06284 抄 00022958 0.2910/万 95.2208%	No:02843 U+09716 霖 00022940 0.2908/万 95.2237%	No:02844 U+09DFA 鷺 00022916 0.2905/万 95.2266%	No:02845 U+07192 熒 00022907 0.2904/万 95.2295%	No:02846 U+09B1A 鬚 00022894 0.2902/万 95.2324%	No:02847 U+07D9C 綜 00022889 0.2902/万 95.2353%	No:02848 U+06E67 湧 00022867 0.2899/万 95.2382%	No:02849 U+0EA26 芌 00022839 0.2895/万 95.2411%	No:02850 U+05BD4 寔 00022830 0.2894/万 95.2440%
No:02851 U+050ED 僭 00022827 0.2894/万 95.2469%	No:02852 U+06518 攘 00022825 0.2894/万 95.2498%	No:02853 U+088F9 裏 00022812 0.2892/万 95.2527%	No:02854 U+0663B 昻 00022776 0.2887/万 95.2555%	No:02855 U+096BB 隻 00022762 0.2886/万 95.2584%	No:02856 U+09B3B 鬻 00022744 0.2883/万 95.2613%	No:02857 U+06021 怡 00022734 0.2882/万 95.2642%	No:02858 U+06311 挑 00022723 0.2881/万 95.2671%	No:02859 U+04F5A 佚 00022720 0.2880/万 95.2700%	No:02860 U+05589 喉 00022712 0.2879/万 95.2728%
No:02861 U+0810A 脊 00022706 0.2878/万 95.2757%	No:02862 U+0978F 鞏 00022696 0.2877/万 95.2786%	No:02863 U+05401 吁 00022691 0.2877/万 95.2815%	No:02864 U+08B1A 謚 00022680 0.2875/万 95.2843%	No:02865 U+07256 牖 00022674 0.2874/万 95.2872%	No:02866 U+08F9C 辜 00022670 0.2874/万 95.2901%	No:02867 U+05806 堆 00022645 0.2871/万 95.2930%	No:02868 U+06E25 渥 00022634 0.2869/万 95.2958%	No:02869 U+06D29 洩 00022600 0.2865/万 95.2987%	No:02870 U+07DDD 緝 00022575 0.2862/万 95.3016%
No:02871 U+0594E 奎 00022571 0.2861/万 95.3044%	No:02872 U+080F7 胷 00022559 0.2860/万 95.3073%	No:02873 U+08CBC 貼 00022555 0.2859/万 95.3101%	No:02874 U+06B47 歇 00022540 0.2857/万 95.3130%	No:02875 U+04F3A 伺 00022515 0.2854/万 95.3159%	No:02876 U+05F8A 徊 00022513 0.2854/万 95.3187%	No:02877 U+060B6 悶 00022482 0.2850/万 95.3216%	No:02878 U+088DD 裝 00022465 0.2848/万 95.3244%	No:02879 U+06773 杳 00022454 0.2847/万 95.3273%	No:02880 U+059CA 姊 00022407 0.2841/万 95.3301%
No:02881 U+07426 琦 00022404 0.2840/万 95.3329%	No:02882 U+05018 倘 00022386 0.2838/万 95.3358%	No:02883 U+04E24 两 00022382 0.2837/万 95.3386%	No:02884 U+07FA4 群 00022376 0.2837/万 95.3415%	No:02885 U+05FE4 忤 00022372 0.2836/万 95.3443%	No:02886 U+08613 蘊 00022364 0.2835/万 95.3471%	No:02887 U+06E89 溉 00022358 0.2834/万 95.3500%	No:02888 U+09421 鐵 00022351 0.2833/万 95.3528%	No:02889 U+0502A 倪 00022332 0.2831/万 95.3556%	No:02890 U+07BB4 箴 00022329 0.2831/万 95.3585%
No:02891 U+068B0 械 00022322 0.2830/万 95.3613%	No:02892 U+0900F 透 00022305 0.2828/万 95.3641%	No:02893 U+05331 匱 00022251 0.2821/万 95.3669%	No:02894 U+05162 兢 00022228 0.2818/万 95.3698%	No:02895 U+05C68 屨 00022218 0.2817/万 95.3726%	No:02896 U+08E44 蹄 00022189 0.2813/万 95.3754%	No:02897 U+08821 蠡 00022172 0.2811/万 95.3782%	No:02898 U+08B8E 讎 00022167 0.2810/万 95.3810%	No:02899 U+0566B 噫 00022164 0.2810/万 95.3838%	No:02900 U+08E64 蹤 00022163 0.2810/万 95.3866%

No:02901	No:02902	No:02903	No:02904	No:02905	No:02906	No:02907	No:02908	No:02909	No:02910
U+09035	U+09F4E	U+08471	U+097DC	U+08E55	U+07F88	U+05DCD	U+08CDA	U+0655E	U+09824
逵	齎	葱	韜	蹕	羈	巍	賚	敞	頤
00022162	00022147	00022090	00022090	00022083	00022072	00022056	00022049	00022047	00022044
0.2810/万	0.2808/万	0.2800/万	0.2800/万	0.2799/万	0.2798/万	0.2796/万	0.2795/万	0.2795/万	0.2795/万
95.3894%	95.3922%	95.3979%	95.3951%	95.4007%	95.4034%	95.4062%	95.4090%	95.4118%	95.4146%
No:02911	No:02912	No:02913	No:02914	No:02915	No:02916	No:02917	No:02918	No:02919	No:02920
U+051A9	U+06C59	U+0602F	U+07D17	U+074F6	U+095A8	U+070F9	U+06158	U+095C8	U+05C16
冩	汙	怯	紗	瓶	閨	烹	慘	闈	尖
00021993	00021972	00021924	00021900	00021895	00021857	00021854	00021851	00021847	00021842
0.2788/万	0.2785/万	0.2779/万	0.2776/万	0.2776/万	0.2771/万	0.2770/万	0.2770/万	0.2770/万	0.2769/万
95.4174%	95.4202%	95.4230%	95.4258%	95.4285%	95.4313%	95.4341%	95.4369%	95.4396%	95.4424%
No:02921	No:02922	No:02923	No:02924	No:02925	No:02926	No:02927	No:02928	No:02929	No:02930
U+06B04	U+05835	U+051F1	U+05FBC	U+06ABB	U+09B2D	U+06816	U+08702	U+07E08	U+058E9
欄	堵	凱	徼	檻	鬭	栖	蜂	縈	壩
00021833	00021822	00021811	00021786	00021757	00021755	00021747	00021728	00021723	00021717
0.2768/万	0.2766/万	0.2765/万	0.2762/万	0.2758/万	0.2758/万	0.2757/万	0.2754/万	0.2754/万	0.2753/万
95.4452%	95.4479%	95.4507%	95.4535%	95.4562%	95.4590%	95.4617%	95.4645%	95.4672%	95.4700%
No:02931	No:02932	No:02933	No:02934	No:02935	No:02936	No:02937	No:02938	No:02939	No:02940
U+09695	U+052A3	U+07D44	U+06B12	U+095C7	U+069BB	U+083E9	U+05CD9	U+06ECC	U+086A4
隕	劣	組	欒	闇	榻	菩	峙	滌	蚤
00021682	00021681	00021651	00021637	00021614	00021608	00021608	00021605	00021591	00021571
0.2749/万	0.2749/万	0.2745/万	0.2743/万	0.2740/万	0.2739/万	0.2739/万	0.2739/万	0.2737/万	0.2735/万
95.4727%	95.4755%	95.4782%	95.4810%	95.4837%	95.4865%	95.4892%	95.4919%	95.4947%	95.4974%
No:02941	No:02942	No:02943	No:02944	No:02945	No:02946	No:02947	No:02948	No:02949	No:02950
U+099D2	U+075BC	U+04FD8	U+08CB2	U+0EB25	U+060D5	U+08B90	U+077E7	U+07A3F	U+03898
駒	疼	俘	貲	孤	惕	讐	矧	稿	㢘
00021554	00021524	00021500	00021474	00021469	00021453	00021452	00021450	00021436	00021416
0.2732/万	0.2729/万	0.2726/万	0.2722/万	0.2722/万	0.2720/万	0.2719/万	0.2719/万	0.2717/万	0.2715/万
95.5001%	95.5029%	95.5056%	95.5083%	95.5110%	95.5138%	95.5165%	95.5192%	95.5219%	95.5246%
No:02951	No:02952	No:02953	No:02954	No:02955	No:02956	No:02957	No:02958	No:02959	No:02960
U+06C4E	U+082DE	U+06406	U+07A9F	U+0615A	U+097A0	U+087E0	U+091C1	U+0662C	U+06A38
汎	苞	搆	窟	慚	鞠	蟠	釁	昬	樸
00021409	00021409	00021405	00021396	00021374	00021340	00021332	00021317	00021287	00021287
0.2714/万	0.2714/万	0.2714/万	0.2712/万	0.2710/万	0.2705/万	0.2704/万	0.2702/万	0.2699/万	0.2699/万
95.5274%	95.5301%	95.5328%	95.5355%	95.5382%	95.5409%	95.5436%	95.5463%	95.5517%	95.5490%
No:02961	No:02962	No:02963	No:02964	No:02965	No:02966	No:02967	No:02968	No:02969	No:02970
U+08FC2	U+095CC	U+058EE	U+05EE9	U+08A0A	U+084BF	U+06C5A	U+081FB	U+05256	U+0925E
迂	闌	壮	廩	訊	蒿	汚	臻	剖	鉞
00021286	00021284	00021257	00021257	00021227	00021226	00021196	00021183	00021157	00021155
0.2698/万	0.2698/万	0.2695/万	0.2695/万	0.2691/万	0.2691/万	0.2687/万	0.2685/万	0.2682/万	0.2682/万
95.5544%	95.5571%	95.5598%	95.5625%	95.5652%	95.5679%	95.5706%	95.5733%	95.5759%	95.5786%
No:02971	No:02972	No:02973	No:02974	No:02975	No:02976	No:02977	No:02978	No:02979	No:02980
U+08166	U+058FB	U+09E75	U+07B0F	U+07A62	U+0511F	U+05EFC	U+06249	U+05F5B	U+09838
腦	壻	鹵	笏	穢	償	廼	扉	彛	頸
00021152	00021150	00021130	00021095	00021088	00021087	00021086	00021029	00021024	00021014
0.2681/万	0.2681/万	0.2679/万	0.2674/万	0.2673/万	0.2673/万	0.2673/万	0.2666/万	0.2665/万	0.2664/万
95.5813%	95.5840%	95.5867%	95.5893%	95.5920%	95.5947%	95.5974%	95.6000%	95.6027%	95.6054%
No:02981	No:02982	No:02983	No:02984	No:02985	No:02986	No:02987	No:02988	No:02989	No:02990
U+0905E	U+09076	U+0738A	U+08662	U+07078	U+06483	U+0596C	U+06493	U+05F6A	U+0EF0C
遞	遶	玊	虢	灸	擊	奬	撓	彪	騎
00020989	00020985	00020965	00020946	00020938	00020883	00020876	00020866	00020852	00020846
0.2661/万	0.2660/万	0.2658/万	0.2655/万	0.2654/万	0.2647/万	0.2646/万	0.2645/万	0.2643/万	0.2643/万
95.6080%	95.6107%	95.6133%	95.6160%	95.6186%	95.6213%	95.6239%	95.6266%	95.6292%	95.6319%
No:02991	No:02992	No:02993	No:02994	No:02995	No:02996	No:02997	No:02998	No:02999	No:03000
U+090E4	U+068B5	U+082AC	U+09640	U+08150	U+09825	U+099DF	U+07683	U+07762	U+07455
郤	梵	芬	陀	腐	頥	駟	皃	睢	瑕
00020830	00020829	00020822	00020817	00020816	00020805	00020772	00020712	00020700	00020663
0.2641/万	0.2641/万	0.2640/万	0.2639/万	0.2639/万	0.2637/万	0.2633/万	0.2626/万	0.2624/万	0.2619/万
95.6345%	95.6372%	95.6398%	95.6424%	95.6451%	95.6477%	95.6503%	95.6530%	95.6556%	95.6582%

No:03001 U+09A6A 驪 00020626 0.2615/万 95.6608%	No:03002 U+0514A 兊 00020614 0.2613/万 95.6634%	No:03003 U+08F42 轂 00020593 0.2611/万 95.6661%	No:03004 U+04543 䕃 00020564 0.2607/万 95.6687%	No:03005 U+070AD 炭 00020544 0.2604/万 95.6713%	No:03006 U+05BD8 寘 00020516 0.2601/万 95.6739%	No:03007 U+09905 餅 00020501 0.2599/万 95.6765%	No:03008 U+08CC4 賄 00020493 0.2598/万 95.6791%	No:03009 U+05650 噐 00020466 0.2594/万 95.6817%	No:03010 U+079A7 禧 00020424 0.2589/万 95.6843%
No:03011 U+09D6C 鵬 00020415 0.2588/万 95.6868%	No:03012 U+05AE1 嫡 00020402 0.2586/万 95.6894%	No:03013 U+05F98 徘 00020401 0.2586/万 95.6920%	No:03014 U+07C69 籩 00020401 0.2586/万 95.6946%	No:03015 U+0FF1F ？ 00020400 0.2586/万 95.6972%	No:03016 U+07E1B 縛 00020387 0.2584/万 95.6998%	No:03017 U+09264 鉤 00020382 0.2584/万 95.7024%	No:03018 U+05BEE 寮 00020341 0.2579/万 95.7049%	No:03019 U+08332 茲 00020339 0.2578/万 95.7075%	No:03020 U+09CEC 鳬 00020304 0.2574/万 95.7101%
No:03021 U+07A97 窗 00020284 0.2571/万 95.7127%	No:03022 U+05023 倣 00020276 0.2570/万 95.7152%	No:03023 U+068AF 梯 00020270 0.2570/万 95.7178%	No:03024 U+0732A 猪 00020253 0.2567/万 95.7204%	No:03025 U+08C41 豁 00020237 0.2565/万 95.7229%	No:03026 U+06E07 渇 00020233 0.2565/万 95.7255%	No:03027 U+06FE0 濠 00020214 0.2563/万 95.7281%	No:03028 U+06F7C 潼 00020207 0.2562/万 95.7306%	No:03029 U+07A1A 稚 00020192 0.2560/万 95.7332%	No:03030 U+05A25 娥 00020173 0.2557/万 95.7357%
No:03031 U+051C4 凄 00020157 0.2555/万 95.7383%	No:03032 U+087FB 蟻 00020156 0.2555/万 95.7409%	No:03033 U+05E8A 床 00020102 0.2548/万 95.7434%	No:03034 U+06C96 沖 00019985 0.2533/万 95.7459%	No:03035 U+07D6E 絮 00019984 0.2533/万 95.7485%	No:03036 U+0847A 葺 00019975 0.2532/万 95.7510%	No:03037 U+08026 耦 00019964 0.2531/万 95.7535%	No:03038 U+09177 酷 00019960 0.2530/万 95.7561%	No:03039 U+0622F 戯 00019950 0.2529/万 95.7611%	No:03040 U+07A1C 稜 00019950 0.2529/万 95.7586%
No:03041 U+0610D 愍 00019935 0.2527/万 95.7637%	No:03042 U+070AE 炮 00019880 0.2520/万 95.7662%	No:03043 U+05FDD 忝 00019872 0.2519/万 95.7687%	No:03044 U+099B4 馴 00019849 0.2516/万 95.7712%	No:03045 U+05016 倖 00019816 0.2512/万 95.7737%	No:03046 U+0548F 咏 00019811 0.2511/万 95.7762%	No:03047 U+0724C 牌 00019798 0.2510/万 95.7787%	No:03048 U+08E81 躁 00019793 0.2509/万 95.7813%	No:03049 U+08339 茹 00019784 0.2508/万 95.7838%	No:03050 U+06570 数 00019768 0.2506/万 95.7863%
No:03051 U+05B5C 孜 00019756 0.2504/万 95.7888%	No:03052 U+067E9 柩 00019746 0.2503/万 95.7913%	No:03053 U+06C40 汀 00019735 0.2502/万 95.7938%	No:03054 U+0722A 爪 00019715 0.2499/万 95.7963%	No:03055 U+06398 掘 00019702 0.2498/万 95.7988%	No:03056 U+05F18 弘 00019685 0.2495/万 95.8013%	No:03057 U+096CC 雌 00019658 0.2492/万 95.8038%	No:03058 U+09187 醇 00019648 0.2491/万 95.8063%	No:03059 U+07151 煑 00019633 0.2489/万 95.8087%	No:03060 U+085C1 藁 00019633 0.2489/万 95.8112%
No:03061 U+06C76 汶 00019631 0.2489/万 95.8137%	No:03062 U+0947E 鑾 00019617 0.2487/万 95.8162%	No:03063 U+06D44 浄 00019578 0.2482/万 95.8187%	No:03064 U+07E2B 縫 00019571 0.2481/万 95.8212%	No:03065 U+05190 冐 00019551 0.2478/万 95.8237%	No:03066 U+05751 坑 00019522 0.2475/万 95.8261%	No:03067 U+0990C 餌 00019481 0.2470/万 95.8286%	No:03068 U+0746A 瑪 00019475 0.2469/万 95.8311%	No:03069 U+0514E 兎 00019470 0.2468/万 95.8335%	No:03070 U+07469 瑩 00019439 0.2464/万 95.8360%
No:03071 U+07149 煉 00019418 0.2462/万 95.8385%	No:03072 U+060C7 惇 00019408 0.2460/万 95.8409%	No:03073 U+06BD7 毗 00019406 0.2460/万 95.8434%	No:03074 U+052AD 劭 00019405 0.2460/万 95.8458%	No:03075 U+0852C 蔬 00019394 0.2459/万 95.8483%	No:03076 U+08827 蠧 00019369 0.2455/万 95.8508%	No:03077 U+06B96 殖 00019351 0.2453/万 95.8532%	No:03078 U+06ED4 滔 00019344 0.2452/万 95.8557%	No:03079 U+051CB 凋 00019336 0.2451/万 95.8581%	No:03080 U+09A10 騐 00019318 0.2449/万 95.8606%
No:03081 U+05598 喘 00019316 0.2449/万 95.8630%	No:03082 U+06E3A 渺 00019309 0.2448/万 95.8679%	No:03083 U+0858A 薊 00019309 0.2448/万 95.8655%	No:03084 U+09F8E 龎 00019301 0.2447/万 95.8704%	No:03085 U+09F94 龔 00019293 0.2446/万 95.8728%	No:03086 U+0683D 栽 00019246 0.2440/万 95.8752%	No:03087 U+04EB3 亳 00019224 0.2437/万 95.8777%	No:03088 U+06EA5 溥 00019219 0.2436/万 95.8801%	No:03089 U+07919 礙 00019200 0.2434/万 95.8826%	No:03090 U+08FED 迭 00019195 0.2433/万 95.8850%
No:03091 U+05D19 崙 00019194 0.2433/万 95.8874%	No:03092 U+080B1 肱 00019166 0.2430/万 95.8899%	No:03093 U+07515 甕 00019160 0.2429/万 95.8923%	No:03094 U+08466 葦 00019140 0.2426/万 95.8971%	No:03095 U+09A65 驥 00019140 0.2426/万 95.8947%	No:03096 U+09051 遑 00019133 0.2425/万 95.8996%	No:03097 U+08FE8 迨 00019130 0.2425/万 95.9020%	No:03098 U+07A79 穹 00019128 0.2425/万 95.9044%	No:03099 U+090C1 郁 00019124 0.2424/万 95.9068%	No:03100 U+09AB8 骸 00019114 0.2423/万 95.9093%

No:03101 U+05E44 幄 00019080 0.2419/万 95.9117%	No:03102 U+09EEF 黯 00019077 0.2418/万 95.9141%	No:03103 U+092B3 銳 00019055 0.2416/万 95.9165%	No:03104 U+06263 扣 00019053 0.2415/万 95.9189%	No:03105 U+091DD 針 00019049 0.2415/万 95.9213%	No:03106 U+09D1B 鴛 00019019 0.2411/万 95.9238%	No:03107 U+0613C 愼 00018998 0.2408/万 95.9262%	No:03108 U+09296 銖 00018986 0.2407/万 95.9286%	No:03109 U+05A49 婉 00018964 0.2404/万 95.9310%	No:03110 U+0696B 楫 00018964 0.2404/万 95.9334%
No:03111 U+0703E 瀾 00018962 0.2404/万 95.9358%	No:03112 U+07B6D 筭 00018942 0.2401/万 95.9382%	No:03113 U+05F82 徂 00018895 0.2395/万 95.9406%	No:03114 U+06BBB 殻 00018895 0.2395/万 95.9430%	No:03115 U+08139 脹 00018883 0.2394/万 95.9454%	No:03116 U+068F9 棹 00018881 0.2394/万 95.9478%	No:03117 U+08FE4 迤 00018866 0.2392/万 95.9502%	No:03118 U+08A23 訣 00018862 0.2391/万 95.9526%	No:03119 U+060F0 惰 00018848 0.2389/万 95.9549%	No:03120 U+0640F 搏 00018846 0.2389/万 95.9573%
No:03121 U+0886B 衫 00018841 0.2388/万 95.9597%	No:03122 U+05B0C 嬌 00018816 0.2385/万 95.9621%	No:03123 U+0796B 祫 00018816 0.2385/万 95.9645%	No:03124 U+07FF9 翹 00018812 0.2385/万 95.9669%	No:03125 U+07AFA 竺 00018803 0.2384/万 95.9693%	No:03126 U+0701F 瀟 00018799 0.2383/万 95.9716%	No:03127 U+0918B 醋 00018799 0.2383/万 95.9740%	No:03128 U+0566C 噬 00018798 0.2383/万 95.9764%	No:03129 U+09785 鞅 00018781 0.2381/万 95.9788%	No:03130 U+05384 厄 00018765 0.2379/万 95.9812%
No:03131 U+053E8 叨 00018758 0.2378/万 95.9836%	No:03132 U+084CD 蓍 00018729 0.2374/万 95.9859%	No:03133 U+05BDE 寞 00018724 0.2374/万 95.9883%	No:03134 U+06641 晁 00018704 0.2371/万 95.9930%	No:03135 U+076FE 盾 00018704 0.2371/万 95.9907%	No:03136 U+0983D 頽 00018688 0.2369/万 95.9954%	No:03137 U+05E87 庇 00018680 0.2368/万 95.9978%	No:03138 U+0747E 瑾 00018672 0.2367/万 96.0001%	No:03139 U+07FE6 翦 00018640 0.2363/万 96.0025%	No:03140 U+08755 蝕 00018610 0.2359/万 96.0049%
No:03141 U+085DC 藜 00018592 0.2357/万 96.0072%	No:03142 U+071CE 燎 00018583 0.2356/万 96.0096%	No:03143 U+08EC0 軀 00018577 0.2355/万 96.0119%	No:03144 U+06CE0 泠 00018547 0.2351/万 96.0143%	No:03145 U+06609 昉 00018504 0.2346/万 96.0166%	No:03146 U+0584A 塊 00018497 0.2345/万 96.0190%	No:03147 U+07FA8 羨 00018496 0.2345/万 96.0213%	No:03148 U+08E8B 躋 00018485 0.2343/万 96.0237%	No:03149 U+075D5 痕 00018476 0.2342/万 96.0260%	No:03150 U+05ABF 媿 00018455 0.2339/万 96.0284%
No:03151 U+07DC7 緇 00018445 0.2338/万 96.0307%	No:03152 U+08FEA 迪 00018437 0.2337/万 96.0330%	No:03153 U+07E92 纒 00018431 0.2336/万 96.0354%	No:03154 U+062CA 拊 00018430 0.2336/万 96.0377%	No:03155 U+04F83 侃 00018420 0.2335/万 96.0400%	No:03156 U+096E9 雩 00018398 0.2332/万 96.0424%	No:03157 U+065FA 旺 00018388 0.2331/万 96.0447%	No:03158 U+07119 焙 00018384 0.2330/万 96.0470%	No:03159 U+082DB 苛 00018376 0.2329/万 96.0494%	No:03160 U+0585F 塟 00018368 0.2328/万 96.0517%
No:03161 U+051A1 冡 00018337 0.2325/万 96.0540%	No:03162 U+07FD5 翕 00018327 0.2323/万 96.0563%	No:03163 U+09A62 驢 00018323 0.2323/万 96.0587%	No:03164 U+0643A 携 00018291 0.2319/万 96.0610%	No:03165 U+091A2 醢 00018282 0.2318/万 96.0633%	No:03166 U+0615F 慟 00018256 0.2314/万 96.0656%	No:03167 U+063ED 揭 00018253 0.2314/万 96.0679%	No:03168 U+04EC4 仄 00018249 0.2313/万 96.0702%	No:03169 U+053E6 另 00018238 0.2312/万 96.0726%	No:03170 U+08C9F 負 00018236 0.2312/万 96.0749%
No:03171 U+08559 蕙 00018225 0.2310/万 96.0772%	No:03172 U+05F2D 弭 00018192 0.2306/万 96.0818%	No:03173 U+06FDB 濛 00018192 0.2306/万 96.0795%	No:03174 U+06F66 潦 00018183 0.2305/万 96.0841%	No:03175 U+06ECE 滎 00018163 0.2302/万 96.0864%	No:03176 U+064F2 擲 00018144 0.2300/万 96.0887%	No:03177 U+062EF 拯 00018117 0.2297/万 96.0910%	No:03178 U+08EDF 軟 00018084 0.2292/万 96.0933%	No:03179 U+0925B 鉛 00018045 0.2288/万 96.0956%	No:03180 U+05F0B 弋 00018043 0.2287/万 96.0979%
No:03181 U+05DD2 巒 00018019 0.2284/万 96.1002%	No:03182 U+08D04 贄 00018004 0.2282/万 96.1024%	No:03183 U+08B21 謡 00017994 0.2281/万 96.1047%	No:03184 U+053C2 参 00017971 0.2278/万 96.1070%	No:03185 U+09744 靄 00017961 0.2277/万 96.1093%	No:03186 U+07D70 経 00017959 0.2277/万 96.1116%	No:03187 U+08882 袂 00017939 0.2274/万 96.1138%	No:03188 U+06953 楓 00017935 0.2274/万 96.1161%	No:03189 U+052AB 劫 00017906 0.2270/万 96.1184%	No:03190 U+096D2 雒 00017906 0.2270/万 96.1206%
No:03191 U+047E6 䟦 00017905 0.2270/万 96.1229%	No:03192 U+065C4 旄 00017876 0.2266/万 96.1274%	No:03193 U+09853 顓 00017876 0.2266/万 96.1252%	No:03194 U+07E09 縉 00017872 0.2266/万 96.1297%	No:03195 U+060F6 惶 00017866 0.2265/万 96.1320%	No:03196 U+05197 冗 00017865 0.2265/万 96.1342%	No:03197 U+076CD 盍 00017858 0.2264/万 96.1365%	No:03198 U+071BE 熾 00017853 0.2263/万 96.1388%	No:03199 U+0745C 瑜 00017849 0.2263/万 96.1410%	No:03200 U+0812F 脯 00017843 0.2262/万 96.1433%

No:03201 U+08E59 蹙 00017836 0.2261/万 96.1456%	No:03202 U+04FE0 俠 00017828 0.2260/万 96.1478%	No:03203 U+07A93 窓 00017827 0.2260/万 96.1501%	No:03204 U+06BA4 殤 00017824 0.2259/万 96.1523%	No:03205 U+07504 甄 00017819 0.2259/万 96.1546%	No:03206 U+0514C 兌 00017797 0.2256/万 96.1569%	No:03207 U+08A25 訥 00017761 0.2252/万 96.1591%	No:03208 U+06F02 漂 00017752 0.2250/万 96.1614%	No:03209 U+05740 址 00017732 0.2248/万 96.1636%	No:03210 U+090AF 邯 00017731 0.2248/万 96.1659%
No:03211 U+099E2 駢 00017729 0.2247/万 96.1681%	No:03212 U+081CD 臍 00017726 0.2247/万 96.1703%	No:03213 U+06479 摹 00017721 0.2246/万 96.1726%	No:03214 U+0723C 爼 00017690 0.2243/万 96.1748%	No:03215 U+04E98 亘 00017667 0.2240/万 96.1771%	No:03216 U+08988 覈 00017659 0.2239/万 96.1793%	No:03217 U+05CE9 峩 00017651 0.2238/万 96.1816%	No:03218 U+08FE2 迢 00017649 0.2237/万 96.1838%	No:03219 U+08910 褐 00017632 0.2235/万 96.1860%	No:03220 U+06C81 沁 00017629 0.2235/万 96.1883%
No:03221 U+08B59 譙 00017622 0.2234/万 96.1905%	No:03222 U+07D06 紆 00017613 0.2233/万 96.1927%	No:03223 U+05E11 帑 00017604 0.2232/万 96.1950%	No:03224 U+09910 餐 00017600 0.2231/万 96.1972%	No:03225 U+06583 斃 00017567 0.2227/万 96.1994%	No:03226 U+06308 挈 00017544 0.2224/万 96.2016%	No:03227 U+076E5 盥 00017541 0.2224/万 96.2039%	No:03228 U+093E4 鏤 00017528 0.2222/万 96.2061%	No:03229 U+056C2 囂 00017498 0.2218/万 96.2083%	No:03230 U+09751 靑 00017496 0.2218/万 96.2105%
No:03231 U+04FDB 俛 00017491 0.2217/万 96.2127%	No:03232 U+0598D 妍 00017479 0.2216/万 96.2150%	No:03233 U+05140 兀 00017473 0.2215/万 96.2172%	No:03234 U+080A2 肢 00017464 0.2214/万 96.2194%	No:03235 U+07B4D 筍 00017457 0.2213/万 96.2216%	No:03236 U+09E9D 麝 00017442 0.2211/万 96.2238%	No:03237 U+06C94 沔 00017436 0.2210/万 96.2260%	No:03238 U+08983 覃 00017434 0.2210/万 96.2282%	No:03239 U+05315 匕 00017409 0.2207/万 96.2304%	No:03240 U+05880 墀 00017372 0.2202/万 96.2326%
No:03241 U+06416 搖 00017372 0.2202/万 96.2349%	No:03242 U+052FA 勺 00017367 0.2202/万 96.2371%	No:03243 U+E45 緊 00017360 0.2201/万 96.2393%	No:03244 U+06E24 渤 00017338 0.2198/万 96.2415%	No:03245 U+0745A 瑚 00017332 0.2197/万 96.2437%	No:03246 U+050E3 僣 00017322 0.2196/万 96.2458%	No:03247 U+05D50 嵐 00017317 0.2195/万 96.2480%	No:03248 U+06085 悅 00017317 0.2195/万 96.2502%	No:03249 U+066FC 曼 00017311 0.2194/万 96.2524%	No:03250 U+08354 荔 00017305 0.2194/万 96.2546%
No:03251 U+08FFA 迺 00017303 0.2193/万 96.2568%	No:03252 U+056EC 囬 00017298 0.2193/万 96.2590%	No:03253 U+0881F 蠟 00017293 0.2192/万 96.2612%	No:03254 U+051E2 凢 00017285 0.2191/万 96.2634%	No:03255 U+08C8E 貎 00017233 0.2185/万 96.2656%	No:03256 U+0659F 斟 00017215 0.2182/万 96.2678%	No:03257 U+07317 猗 00017210 0.2182/万 96.2699%	No:03258 U+06C5B 汛 00017189 0.2179/万 96.2721%	No:03259 U+0900D 逍 00017181 0.2178/万 96.2743%	No:03260 U+09D09 鴉 00017174 0.2177/万 96.2765%
No:03261 U+09EFC 黼 00017174 0.2177/万 96.2787%	No:03262 U+06B59 歙 00017173 0.2177/万 96.2808%	No:03263 U+07661 癡 00017168 0.2176/万 96.2830%	No:03264 U+0803B 耻 00017167 0.2176/万 96.2852%	No:03265 U+05EEA 廪 00017166 0.2176/万 96.2874%	No:03266 U+08D13 贓 00017164 0.2176/万 96.2895%	No:03267 U+09E8B 麋 00017163 0.2176/万 96.2917%	No:03268 U+081DA 臚 00017159 0.2175/万 96.2939%	No:03269 U+08AA1 誡 00017113 0.2169/万 96.2961%	No:03270 U+05A7A 婺 00017104 0.2168/万 96.2982%
No:03271 U+08C5A 豚 00017097 0.2167/万 96.3004%	No:03272 U+0963C 阼 00017075 0.2165/万 96.3026%	No:03273 U+057F9 培 00017062 0.2163/万 96.3069%	No:03274 U+09EBD 麽 00017062 0.2163/万 96.3047%	No:03275 U+077DB 矛 00017038 0.2160/万 96.3091%	No:03276 U+053F1 叱 00017035 0.2159/万 96.3112%	No:03277 U+059A3 妣 00017025 0.2158/万 96.3134%	No:03278 U+09106 鄆 00017025 0.2158/万 96.3155%	No:03279 U+07A39 稹 00017015 0.2157/万 96.3177%	No:03280 U+09BC9 鯉 00017003 0.2155/万 96.3198%
No:03281 U+05EE1 廡 00016977 0.2152/万 96.3220%	No:03282 U+095E1 闡 00016953 0.2149/万 96.3241%	No:03283 U+072CE 狎 00016913 0.2144/万 96.3263%	No:03284 U+072A7 犧 00016882 0.2140/万 96.3284%	No:03285 U+099A8 馨 00016850 0.2136/万 96.3306%	No:03286 U+05CA9 岩 00016844 0.2135/万 96.3327%	No:03287 U+08FE5 迥 00016814 0.2131/万 96.3348%	No:03288 U+0460F 䘏 00016801 0.2130/万 96.3370%	No:03289 U+053A8 厨 00016791 0.2129/万 96.3391%	No:03290 U+EE5 隱 00016786 0.2128/万 96.3412%
No:03291 U+081FE 臾 00016777 0.2127/万 96.3434%	No:03292 U+0970F 霏 00016772 0.2126/万 96.3455%	No:03293 U+05BE4 寤 00016746 0.2123/万 96.3476%	No:03294 U+074A3 璣 00016741 0.2122/万 96.3497%	No:03295 U+06E1D 渝 00016723 0.2120/万 96.3518%	No:03296 U+07430 琰 00016693 0.2116/万 96.3540%	No:03297 U+05B2A 嬪 00016691 0.2116/万 96.3561%	No:03298 U+08DF3 跳 00016665 0.2113/万 96.3582%	No:03299 U+06775 杵 00016661 0.2112/万 96.3603%	No:03300 U+057A2 垢 00016659 0.2112/万 96.3624%

No:03301 U+07CA7 粧 00016643 0.2110/万 96.3645%	No:03302 U+0647A 摺 00016632 0.2108/万 96.3666%	No:03303 U+06D12 洒 00016629 0.2108/万 96.3687%	No:03304 U+05CED 峭 00016628 0.2108/万 96.3708%	No:03305 U+07AC5 竅 00016627 0.2108/万 96.3730%	No:03306 U+082A5 芥 00016624 0.2107/万 96.3751%	No:03307 U+0617F 憑 00016611 0.2106/万 96.3772%	No:03308 U+067B3 枳 00016605 0.2105/万 96.3793%	No:03309 U+07A70 穰 00016605 0.2105/万 96.3814%	No:03310 U+07E8D 纍 00016602 0.2105/万 96.3835%
No:03311 U+05E2F 帯 00016579 0.2102/万 96.3877%	No:03312 U+061BE 憾 00016579 0.2102/万 96.3856%	No:03313 U+0742E 琮 00016570 0.2100/万 96.3898%	No:03314 U+064A4 撤 00016552 0.2098/万 96.3919%	No:03315 U+06447 摇 00016546 0.2097/万 96.3940%	No:03316 U+06222 戢 00016538 0.2096/万 96.3961%	No:03317 U+099F1 駱 00016534 0.2096/万 96.3982%	No:03318 U+07C2A 簪 00016487 0.2090/万 96.4024%	No:03319 U+09A01 騁 00016487 0.2090/万 96.4003%	No:03320 U+06372 捲 00016478 0.2089/万 96.4045%
No:03321 U+0608D 悍 00016457 0.2086/万 96.4065%	No:03322 U+04E9B 些 00016419 0.2081/万 96.4086%	No:03323 U+05C05 尅 00016410 0.2080/万 96.4107%	No:03324 U+0937C 鍼 00016410 0.2080/万 96.4128%	No:03325 U+0685E 桞 00016409 0.2080/万 96.4149%	No:03326 U+069C3 槃 00016404 0.2079/万 96.4169%	No:03327 U+08587 薇 00016396 0.2078/万 96.4190%	No:03328 U+08604 蘄 00016390 0.2078/万 96.4211%	No:03329 U+062D3 拓 00016381 0.2077/万 96.4232%	No:03330 U+085F9 藹 00016377 0.2076/万 96.4253%
No:03331 U+07403 球 00016342 0.2072/万 96.4273%	No:03332 U+051DB 凛 00016335 0.2071/万 96.4294%	No:03333 U+0840D 萍 00016327 0.2070/万 96.4315%	No:03334 U+061AB 憫 00016290 0.2065/万 96.4335%	No:03335 U+0634D 捍 00016278 0.2063/万 96.4356%	No:03336 U+096B0 隰 00016269 0.2062/万 96.4377%	No:03337 U+05EF9 廹 00016265 0.2062/万 96.4397%	No:03338 U+0860B 蘋 00016262 0.2061/万 96.4418%	No:03339 U+077BD 瞽 00016260 0.2061/万 96.4438%	No:03340 U+09913 餓 00016259 0.2061/万 96.4459%
No:03341 U+05993 妓 00016224 0.2057/万 96.4480%	No:03342 U+06DCB 淋 00016221 0.2056/万 96.4500%	No:03343 U+05E97 店 00016220 0.2056/万 96.4521%	No:03344 U+076B7 皷 00016212 0.2055/万 96.4541%	No:03345 U+0828E 芎 00016204 0.2054/万 96.4562%	No:03346 U+06CBC 沼 00016190 0.2052/万 96.4582%	No:03347 U+09162 酢 00016182 0.2051/万 96.4603%	No:03348 U+09BE8 鯨 00016145 0.2047/万 96.4623%	No:03349 U+07156 煖 00016144 0.2046/万 96.4664%	No:03350 U+0901E 逞 00016144 0.2046/万 96.4644%
No:03351 U+05F64 彤 00016127 0.2044/万 96.4685%	No:03352 U+03917 㤗 00016103 0.2041/万 96.4705%	No:03353 U+08012 耒 00016087 0.2039/万 96.4726%	No:03354 U+0652C 攬 00016085 0.2039/万 96.4746%	No:03355 U+08202 舂 00016080 0.2038/万 96.4766%	No:03356 U+06DB8 涸 00016063 0.2036/万 96.4787%	No:03357 U+07729 眩 00016062 0.2036/万 96.4807%	No:03358 U+090DD 郝 00016039 0.2033/万 96.4827%	No:03359 U+06177 慷 00016036 0.2033/万 96.4848%	No:03360 U+03777 㝷 00016032 0.2032/万 96.4868%
No:03361 U+0707E 灾 00016024 0.2031/万 96.4888%	No:03362 U+0792A 礪 00016020 0.2031/万 96.4909%	No:03363 U+08907 複 00016016 0.2030/万 96.4929%	No:03364 U+08FC5 迅 00016000 0.2028/万 96.4949%	No:03365 U+081DF 臟 00015941 0.2021/万 96.4970%	No:03366 U+08511 蔑 00015937 0.2020/万 96.4990%	No:03367 U+08EA1 躡 00015927 0.2019/万 96.5010%	No:03368 U+06E9F 溟 00015920 0.2018/万 96.5030%	No:03369 U+064EF 擯 00015918 0.2018/万 96.5070%	No:03370 U+0991E 餞 00015918 0.2018/万 96.5050%
No:03371 U+071E7 燧 00015900 0.2016/万 96.5091%	No:03372 U+072A2 犢 00015875 0.2012/万 96.5111%	No:03373 U+05E7B 幻 00015864 0.2011/万 96.5131%	No:03374 U+07634 瘴 00015840 0.2008/万 96.5151%	No:03375 U+08CA9 販 00015816 0.2005/万 96.5171%	No:03376 U+0708A 炊 00015802 0.2003/万 96.5191%	No:03377 U+07682 皂 00015802 0.2003/万 96.5211%	No:03378 U+0665F 晟 00015789 0.2001/万 96.5231%	No:03379 U+058BE 墾 00015784 0.2001/万 96.5251%	No:03380 U+0618E 憎 00015769 0.1999/万 96.5271%
No:03381 U+06015 怕 00015752 0.1997/万 96.5291%	No:03382 U+085B0 薰 00015737 0.1995/万 96.5311%	No:03383 U+09821 頡 00015732 0.1994/万 96.5331%	No:03384 U+08757 蝗 00015730 0.1994/万 96.5351%	No:03385 U+09249 鉉 00015719 0.1993/万 96.5371%	No:03386 U+08C82 貂 00015707 0.1991/万 96.5391%	No:03387 U+09706 霆 00015706 0.1991/万 96.5411%	No:03388 U+06CBD 沽 00015704 0.1991/万 96.5431%	No:03389 U+07826 砦 00015702 0.1990/万 96.5451%	No:03390 U+069D8 様 00015701 0.1990/万 96.5470%
No:03391 U+06A6B 橫 00015692 0.1989/万 96.5490%	No:03392 U+08278 艸 00015684 0.1988/万 96.5510%	No:03393 U+03D7C 㵼 00015683 0.1988/万 96.5530%	No:03394 U+0EEBA 00015679 0.1988/万 96.5550%	No:03395 U+082BD 芽 00015665 0.1986/万 96.5570%	No:03396 U+05CB7 岷 00015663 0.1985/万 96.5590%	No:03397 U+07FC5 翅 00015654 0.1984/万 96.5610%	No:03398 U+06137 愷 00015639 0.1982/万 96.5629%	No:03399 U+06DC4 淄 00015618 0.1980/万 96.5649%	No:03400 U+06C10 氐 00015612 0.1979/万 96.5669%

No:03401 U+05EC2 廂 00015600 0.1978/万 96.5689%	No:03402 U+099C1 駁 00015577 0.1975/万 96.5708%	No:03403 U+07986 禆 00015552 0.1971/万 96.5728%	No:03404 U+077BF 瞿 00015545 0.1971/万 96.5748%	No:03405 U+07A14 稔 00015545 0.1971/万 96.5768%	No:03406 U+05BBC 宼 00015528 0.1968/万 96.5787%	No:03407 U+061C8 懈 00015522 0.1968/万 96.5807%	No:03408 U+06B77 歷 00015502 0.1965/万 96.5827%	No:03409 U+075AB 疫 00015495 0.1964/万 96.5846%	No:03410 U+05F5E 彞 00015494 0.1964/万 96.5866%
No:03411 U+07011 瀑 00015492 0.1964/万 96.5886%	No:03412 U+07C07 簇 00015488 0.1963/万 96.5905%	No:03413 U+07D0B 紋 00015474 0.1962/万 96.5925%	No:03414 U+064B2 撲 00015471 0.1961/万 96.5944%	No:03415 U+0FE39 ︹ 00015470 0.1961/万 96.5964%	No:03416 U+05438 吸 00015469 0.1961/万 96.5984%	No:03417 U+066D9 曙 00015462 0.1960/万 96.6003%	No:03418 U+0535E 卞 00015454 0.1959/万 96.6023%	No:03419 U+0FE3A ︺ 00015446 0.1958/万 96.6042%	No:03420 U+078A3 碣 00015444 0.1958/万 96.6062%
No:03421 U+06C1B 氛 00015429 0.1956/万 96.6082%	No:03422 U+085EA 藪 00015418 0.1954/万 96.6101%	No:03423 U+04EDE 仞 00015409 0.1953/万 96.6121%	No:03424 U+0604D 恍 00015402 0.1952/万 96.6140%	No:03425 U+071D4 燔 00015363 0.1947/万 96.6160%	No:03426 U+09B2F 鬯 00015349 0.1946/万 96.6179%	No:03427 U+08218 舘 00015332 0.1944/万 96.6199%	No:03428 U+061FD 懽 00015331 0.1943/万 96.6237%	No:03429 U+068A2 梢 00015331 0.1943/万 96.6218%	No:03430 U+08E0A 踊 00015323 0.1942/万 96.6257%
No:03431 U+05261 剡 00015302 0.1940/万 96.6276%	No:03432 U+05375 卵 00015295 0.1939/万 96.6296%	No:03433 U+057FD 埽 00015273 0.1936/万 96.6315%	No:03434 U+075E2 痢 00015273 0.1936/万 96.6334%	No:03435 U+05B7D 孽 00015265 0.1935/万 96.6354%	No:03436 U+08107 脇 00015245 0.1932/万 96.6373%	No:03437 U+081C6 臆 00015243 0.1932/万 96.6392%	No:03438 U+05B99 宙 00015242 0.1932/万 96.6412%	No:03439 U+06602 昂 00015239 0.1932/万 96.6431%	No:03440 U+091C0 釀 00015227 0.1930/万 96.6450%
No:03441 U+07525 甥 00015217 0.1929/万 96.6470%	No:03442 U+0ECDE 點 00015211 0.1928/万 96.6489%	No:03443 U+07C65 籥 00015208 0.1928/万 96.6508%	No:03444 U+06FF1 濱 00015207 0.1928/万 96.6528%	No:03445 U+06EDB 滛 00015192 0.1926/万 96.6547%	No:03446 U+074DC 瓜 00015168 0.1923/万 96.6566%	No:03447 U+08165 腥 00015155 0.1921/万 96.6585%	No:03448 U+06D2E 洮 00015153 0.1921/万 96.6604%	No:03449 U+0773A 眺 00015148 0.1920/万 96.6624%	No:03450 U+05154 兔 00015122 0.1917/万 96.6643%
No:03451 U+08098 肘 00015117 0.1916/万 96.6662%	No:03452 U+09D28 鴨 00015112 0.1916/万 96.6681%	No:03453 U+0716C 煬 00015080 0.1912/万 96.6700%	No:03454 U+06042 恂 00015076 0.1911/万 96.6719%	No:03455 U+096CB 雋 00015047 0.1907/万 96.6738%	No:03456 U+086FE 蛾 00015044 0.1907/万 96.6758%	No:03457 U+081BF 膿 00015040 0.1907/万 96.6777%	No:03458 U+0887E 衾 00015038 0.1906/万 96.6796%	No:03459 U+076C3 盃 00015035 0.1906/万 96.6815%	No:03460 U+09AFB 髻 00015014 0.1903/万 96.6834%
No:03461 U+07CDE 糞 00015007 0.1902/万 96.6853%	No:03462 U+0EE67 負 00014993 0.1901/万 96.6872%	No:03463 U+0724B 牋 00014988 0.1900/万 96.6891%	No:03464 U+06339 挹 00014976 0.1898/万 96.6910%	No:03465 U+090A0 邠 00014950 0.1895/万 96.6929%	No:03466 U+05E96 庖 00014947 0.1895/万 96.6948%	No:03467 U+08892 袒 00014942 0.1894/万 96.6967%	No:03468 U+07325 猥 00014941 0.1894/万 96.6986%	No:03469 U+07255 牕 00014922 0.1892/万 96.7005%	No:03470 U+0780C 砌 00014907 0.1890/万 96.7023%
No:03471 U+0604A 恊 00014892 0.1888/万 96.7042%	No:03472 U+093AC 鎬 00014891 0.1888/万 96.7061%	No:03473 U+07463 瑣 00014870 0.1885/万 96.7080%	No:03474 U+09347 鍇 00014866 0.1884/万 96.7099%	No:03475 U+04F3D 伽 00014839 0.1881/万 96.7118%	No:03476 U+065C2 旂 00014811 0.1877/万 96.7137%	No:03477 U+07575 畵 00014797 0.1876/万 96.7155%	No:03478 U+09396 鎖 00014774 0.1873/万 96.7174%	No:03479 U+082A9 芩 00014773 0.1873/万 96.7193%	No:03480 U+07A61 穡 00014768 0.1872/万 96.7211%
No:03481 U+056FF 囿 00014752 0.1870/万 96.7230%	No:03482 U+07A1F 稟 00014745 0.1869/万 96.7249%	No:03483 U+07949 祉 00014742 0.1869/万 96.7268%	No:03484 U+07422 琢 00014740 0.1868/万 96.7286%	No:03485 U+E64 補 00014718 0.1866/万 96.7305%	No:03486 U+060B4 悴 00014713 0.1865/万 96.7324%	No:03487 U+088D9 裙 00014698 0.1863/万 96.7342%	No:03488 U+06D0E 洎 00014694 0.1863/万 96.7361%	No:03489 U+07F94 羔 00014691 0.1862/万 96.7379%	No:03490 U+07DD8 緘 00014687 0.1862/万 96.7398%
No:03491 U+07540 畀 00014682 0.1861/万 96.7417%	No:03492 U+07CCA 糊 00014660 0.1858/万 96.7435%	No:03493 U+07E52 繒 00014657 0.1858/万 96.7454%	No:03494 U+0646F 摯 00014642 0.1856/万 96.7472%	No:03495 U+0673F 朿 00014641 0.1856/万 96.7491%	No:03496 U+054E9 哩 00014638 0.1856/万 96.7510%	No:03497 U+07F79 罹 00014631 0.1855/万 96.7528%	No:03498 U+09F08 鼈 00014616 0.1853/万 96.7547%	No:03499 U+0EE0D 獲 00014611 0.1852/万 96.7565%	No:03500 U+0570E 圓 00014595 0.1850/万 96.7584%

No:03501 U+066E9 曩 00014591 0.1850/万 96.7602%	No:03502 U+095AB 閫 00014577 0.1848/万 96.7621%	No:03503 U+05709 圉 00014571 0.1847/万 96.7639%	No:03504 U+07AE6 竦 00014567 0.1847/万 96.7658%	No:03505 U+087C4 蟄 00014545 0.1844/万 96.7676%	No:03506 U+092E4 鋤 00014521 0.1841/万 96.7694%	No:03507 U+06688 暈 00014518 0.1840/万 96.7713%	No:03508 U+07B1E 笞 00014509 0.1839/万 96.7731%	No:03509 U+065D2 旒 00014493 0.1837/万 96.7750%	No:03510 U+08A02 訂 00014485 0.1836/万 96.7768%
No:03511 U+075FA 痺 00014460 0.1833/万 96.7786%	No:03512 U+084FC 蓼 00014458 0.1833/万 96.7805%	No:03513 U+062CD 拍 00014443 0.1831/万 96.7823%	No:03514 U+09852 顒 00014440 0.1830/万 96.7841%	No:03515 U+08A46 詆 00014427 0.1829/万 96.7860%	No:03516 U+06D93 涓 00014422 0.1828/万 96.7878%	No:03517 U+08657 虗 00014417 0.1828/万 96.7896%	No:03518 U+0502D 倭 00014413 0.1827/万 96.7914%	No:03519 U+0ED60 被 00014412 0.1827/万 96.7933%	No:03520 U+08EFB 軻 00014407 0.1826/万 96.7951%
No:03521 U+0627C 扼 00014393 0.1824/万 96.7969%	No:03522 U+07825 砥 00014384 0.1823/万 96.7987%	No:03523 U+085AB 薫 00014375 0.1822/万 96.8006%	No:03524 U+08CBA 貺 00014358 0.1820/万 96.8024%	No:03525 U+05E3D 帽 00014339 0.1818/万 96.8042%	No:03526 U+04F47 佇 00014332 0.1817/万 96.8060%	No:03527 U+06BAB 殫 00014330 0.1816/万 96.8078%	No:03528 U+07D5E 絞 00014316 0.1815/万 96.8097%	No:03529 U+08490 蒐 00014266 0.1808/万 96.8115%	No:03530 U+089F6 觶 00014265 0.1808/万 96.8133%
No:03531 U+0699B 榛 00014247 0.1806/万 96.8151%	No:03532 U+064D4 擔 00014239 0.1805/万 96.8169%	No:03533 U+09A36 騶 00014226 0.1803/万 96.8187%	No:03534 U+07571 畱 00014225 0.1803/万 96.8205%	No:03535 U+0EC27 能 00014219 0.1802/万 96.8223%	No:03536 U+09234 鈴 00014215 0.1802/万 96.8241%	No:03537 U+07E4B 繋 00014208 0.1801/万 96.8259%	No:03538 U+05B55 孕 00014205 0.1801/万 96.8277%	No:03539 U+05151 兑 00014182 0.1798/万 96.8295%	No:03540 U+09210 鈐 00014182 0.1798/万 96.8313%
No:03541 U+09A43 驃 00014179 0.1797/万 96.8331%	No:03542 U+083F2 菲 00014161 0.1795/万 96.8349%	No:03543 U+07F4D 罍 00014132 0.1791/万 96.8367%	No:03544 U+04F0E 伎 00014130 0.1791/万 96.8385%	No:03545 U+068E3 棣 00014125 0.1790/万 96.8403%	No:03546 U+08987 覇 00014122 0.1790/万 96.8421%	No:03547 U+08B74 譴 00014118 0.1790/万 96.8438%	No:03548 U+063B2 掲 00014113 0.1789/万 96.8456%	No:03549 U+050D1 僑 00014111 0.1789/万 96.8474%	No:03550 U+050CA 僊 00014090 0.1786/万 96.8492%
No:03551 U+062CF 拏 00014069 0.1783/万 96.8510%	No:03552 U+08317 茗 00014068 0.1783/万 96.8528%	No:03553 U+07670 癰 00014052 0.1781/万 96.8546%	No:03554 U+077E6 矦 00014047 0.1781/万 96.8563%	No:03555 U+06070 恰 00014045 0.1780/万 96.8581%	No:03556 U+081FC 臼 00014021 0.1777/万 96.8599%	No:03557 U+0553E 唾 00014019 0.1777/万 96.8617%	No:03558 U+09291 銑 00014016 0.1777/万 96.8635%	No:03559 U+07DEC 緬 00014008 0.1776/万 96.8652%	No:03560 U+074DA 瓚 00014007 0.1776/万 96.8670%
No:03561 U+049A8 䦨 00013983 0.1772/万 96.8688%	No:03562 U+04FA3 侣 00013971 0.1771/万 96.8705%	No:03563 U+07DB0 綰 00013950 0.1768/万 96.8723%	No:03564 U+073EE 珮 00013939 0.1767/万 96.8741%	No:03565 U+054AB 咫 00013921 0.1765/万 96.8758%	No:03566 U+08B3E 謾 00013908 0.1763/万 96.8776%	No:03567 U+06422 搢 00013906 0.1763/万 96.8794%	No:03568 U+05C4D 屍 00013896 0.1761/万 96.8811%	No:03569 U+07620 瘠 00013889 0.1761/万 96.8829%	No:03570 U+05B34 嬴 00013884 0.1760/万 96.8847%
No:03571 U+0725D 牝 00013879 0.1759/万 96.8864%	No:03572 U+076CE 盎 00013843 0.1755/万 96.8882%	No:03573 U+05294 劔 00013840 0.1754/万 96.8899%	No:03574 U+051A8 冨 00013837 0.1754/万 96.8917%	No:03575 U+0689F 梟 00013829 0.1753/万 96.8934%	No:03576 U+0552E 售 00013805 0.1750/万 96.8952%	No:03577 U+067F0 柰 00013804 0.1750/万 96.8969%	No:03578 U+072E1 狡 00013799 0.1749/万 96.8987%	No:03579 U+06B84 殄 00013790 0.1748/万 96.9004%	No:03580 U+09262 鉢 00013784 0.1747/万 96.9022%
No:03581 U+069CE 槎 00013783 0.1747/万 96.9039%	No:03582 U+06F2C 漬 00013776 0.1746/万 96.9057%	No:03583 U+05544 啄 00013773 0.1746/万 96.9074%	No:03584 U+07A6B 穫 00013773 0.1746/万 96.9092%	No:03585 U+0846D 葭 00013742 0.1742/万 96.9109%	No:03586 U+0750C 甌 00013737 0.1741/万 96.9127%	No:03587 U+0658C 斌 00013730 0.1740/万 96.9144%	No:03588 U+09AD3 髓 00013711 0.1738/万 96.9161%	No:03589 U+06D8E 涎 00013709 0.1738/万 96.9179%	No:03590 U+07CAE 粮 00013707 0.1737/万 96.9213%
No:03591 U+09EA4 麤 00013707 0.1737/万 96.9196%	No:03592 U+069D6 槖 00013675 0.1733/万 96.9231%	No:03593 U+09830 頰 00013674 0.1733/万 96.9248%	No:03594 U+07566 畦 00013673 0.1733/万 96.9265%	No:03595 U+07A20 稠 00013667 0.1732/万 96.9283%	No:03596 U+082F4 苴 00013662 0.1732/万 96.9300%	No:03597 U+05E19 帙 00013661 0.1732/万 96.9317%	No:03598 U+0837C 荼 00013655 0.1731/万 96.9335%	No:03599 U+06476 摶 00013645 0.1730/万 96.9352%	No:03600 U+07E73 繳 00013639 0.1729/万 96.9369%

No:03601 U+05CAB 岫 00013621 0.1727/万 96.9387%	No:03602 U+075C7 症 00013613 0.1726/万 96.9404%	No:03603 U+0636E 据 00013612 0.1725/万 96.9421%	No:03604 U+09132 鄲 00013598 0.1724/万 96.9438%	No:03605 U+083AD 莭 00013593 0.1723/万 96.9456%	No:03606 U+0527D 剽 00013591 0.1723/万 96.9473%	No:03607 U+05EFF 廿 00013587 0.1722/万 96.9490%	No:03608 U+05A92 媒 00013584 0.1722/万 96.9507%	No:03609 U+06DE4 淤 00013579 0.1721/万 96.9525%	No:03610 U+09D26 鴦 00013564 0.1719/万 96.9542%
No:03611 U+09A42 驂 00013562 0.1719/万 96.9559%	No:03612 U+07BB1 箱 00013541 0.1716/万 96.9576%	No:03613 U+061E6 懦 00013539 0.1716/万 96.9593%	No:03614 U+07707 眇 00013527 0.1715/万 96.9610%	No:03615 U+096DB 雛 00013522 0.1714/万 96.9628%	No:03616 U+05862 塢 00013521 0.1714/万 96.9645%	No:03617 U+079B0 禰 00013519 0.1714/万 96.9662%	No:03618 U+07C2E 簮 00013512 0.1713/万 96.9679%	No:03619 U+05CE8 峨 00013511 0.1713/万 96.9696%	No:03620 U+07BCB 篋 00013507 0.1712/万 96.9713%
No:03621 U+08D0F 贏 00013493 0.1710/万 96.9730%	No:03622 U+054E8 哨 00013491 0.1710/万 96.9747%	No:03623 U+05114 儔 00013476 0.1708/万 96.9765%	No:03624 U+0934A 鍊 00013476 0.1708/万 96.9782%	No:03625 U+08AEE 諮 00013474 0.1708/万 96.9799%	No:03626 U+07BDA 篚 00013470 0.1707/万 96.9816%	No:03627 U+06349 捉 00013458 0.1706/万 96.9833%	No:03628 U+062ED 拭 00013448 0.1705/万 96.9850%	No:03629 U+089BF 覿 00013448 0.1705/万 96.9867%	No:03630 U+04F57 佗 00013438 0.1703/万 96.9884%
No:03631 U+052FB 匀 00013430 0.1702/万 96.9901%	No:03632 U+070FD 烽 00013429 0.1702/万 96.9918%	No:03633 U+05B09 嬉 00013412 0.1700/万 96.9935%	No:03634 U+087BA 螺 00013405 0.1699/万 96.9952%	No:03635 U+069AD 榭 00013398 0.1698/万 96.9969%	No:03636 U+099DD 駝 00013389 0.1697/万 96.9986%	No:03637 U+04EB9 亹 00013370 0.1695/万 97.0003%	No:03638 U+0EA93 勢 00013347 0.1692/万 97.0020%	No:03639 U+05FD9 忙 00013341 0.1691/万 97.0037%	No:03640 U+0690E 椎 00013333 0.1690/万 97.0054%
No:03641 U+05147 兇 00013329 0.1690/万 97.0071%	No:03642 U+07ABB 窻 00013329 0.1690/万 97.0087%	No:03643 U+07C0B 簋 00013316 0.1688/万 97.0104%	No:03644 U+0761E 瘞 00013314 0.1688/万 97.0121%	No:03645 U+06F86 澆 00013294 0.1685/万 97.0138%	No:03646 U+05A1B 娛 00013250 0.1680/万 97.0155%	No:03647 U+087FE 蟾 00013243 0.1679/万 97.0172%	No:03648 U+09A2B 騫 00013228 0.1677/万 97.0188%	No:03649 U+06EC7 滇 00013220 0.1676/万 97.0205%	No:03650 U+0807F 聿 00013214 0.1675/万 97.0222%
No:03651 U+0942B 鐫 00013213 0.1675/万 97.0239%	No:03652 U+08C4E 豎 00013203 0.1674/万 97.0255%	No:03653 U+08AE4 諤 00013202 0.1673/万 97.0272%	No:03654 U+083FD 菽 00013182 0.1671/万 97.0289%	No:03655 U+03A9A 㪚 00013166 0.1669/万 97.0306%	No:03656 U+06736 朶 00013139 0.1665/万 97.0322%	No:03657 U+04F91 侑 00013129 0.1664/万 97.0339%	No:03658 U+08994 覔 00013114 0.1662/万 97.0356%	No:03659 U+09004 逄 00013113 0.1662/万 97.0372%	No:03660 U+08216 舖 00013111 0.1662/万 97.0389%
No:03661 U+06E4D 湍 00013102 0.1661/万 97.0405%	No:03662 U+0608C 悌 00013088 0.1659/万 97.0422%	No:03663 U+07D07 紇 00013085 0.1659/万 97.0439%	No:03664 U+05FFB 忻 00013074 0.1657/万 97.0455%	No:03665 U+09713 霓 00013067 0.1656/万 97.0472%	No:03666 U+0803D 耽 00013060 0.1655/万 97.0488%	No:03667 U+09D1F 鴟 00013055 0.1655/万 97.0505%	No:03668 U+E23 肎 00013055 0.1655/万 97.0521%	No:03669 U+082D0 苐 00013049 0.1654/万 97.0538%	No:03670 U+07DEB 緫 00013032 0.1652/万 97.0554%
No:03671 U+07DDC 緜 00013015 0.1650/万 97.0571%	No:03672 U+0592C 夬 00012996 0.1647/万 97.0587%	No:03673 U+061F6 懶 00012979 0.1645/万 97.0604%	No:03674 U+0822A 航 00012972 0.1644/万 97.0620%	No:03675 U+05323 匣 00012969 0.1644/万 97.0637%	No:03676 U+0795C 祜 00012968 0.1644/万 97.0653%	No:03677 U+07436 琶 00012965 0.1643/万 97.0670%	No:03678 U+063A3 掣 00012934 0.1639/万 97.0686%	No:03679 U+07396 玖 00012932 0.1639/万 97.0702%	No:03680 U+09DBB 鶻 00012923 0.1638/万 97.0719%
No:03681 U+05A18 娘 00012905 0.1636/万 97.0735%	No:03682 U+05ED6 廖 00012901 0.1635/万 97.0752%	No:03683 U+E8D 笑 00012879 0.1633/万 97.0768%	No:03684 U+06698 暘 00012866 0.1631/万 97.0784%	No:03685 U+07E0A 縊 00012866 0.1631/万 97.0801%	No:03686 U+08FE6 迦 00012864 0.1631/万 97.0817%	No:03687 U+06E9C 溜 00012863 0.1630/万 97.0833%	No:03688 U+07E6D 繭 00012843 0.1628/万 97.0849%	No:03689 U+06B89 殉 00012831 0.1626/万 97.0866%	No:03690 U+066F3 曳 00012829 0.1626/万 97.0882%
No:03691 U+06C85 沅 00012811 0.1624/万 97.0898%	No:03692 U+0677C 杼 00012805 0.1623/万 97.0914%	No:03693 U+05D47 嵇 00012795 0.1622/万 97.0931%	No:03694 U+09D5D 鵝 00012794 0.1622/万 97.0947%	No:03695 U+065BE 斾 00012782 0.1620/万 97.0963%	No:03696 U+08A36 訶 00012776 0.1619/万 97.0979%	No:03697 U+09AEF 髯 00012765 0.1618/万 97.0996%	No:03698 U+059A5 妥 00012759 0.1617/万 97.1012%	No:03699 U+0632B 挫 00012759 0.1617/万 97.1028%	No:03700 U+087F9 蟹 00012749 0.1616/万 97.1044%

No:03701 U+05F6B 彫 00012745 0.1616/万 97.1076%	No:03702 U+06CEE 泮 00012745 0.1616/万 97.1060%	No:03703 U+052E6 勦 00012738 0.1615/万 97.1093%	No:03704 U+074E0 瓠 00012734 0.1614/万 97.1109%	No:03705 U+07CF6 糶 00012722 0.1613/万 97.1125%	No:03706 U+06982 概 00012707 0.1611/万 97.1141%	No:03707 U+09621 阡 00012675 0.1607/万 97.1157%	No:03708 U+05010 倐 00012659 0.1605/万 97.1173%	No:03709 U+065AB 斫 00012651 0.1604/万 97.1189%	No:03710 U+06B39 欹 00012645 0.1603/万 97.1205%
No:03711 U+07CDC 糜 00012642 0.1602/万 97.1221%	No:03712 U+0920D 鈍 00012640 0.1602/万 97.1237%	No:03713 U+0958E 閎 00012628 0.1601/万 97.1253%	No:03714 U+07C12 簒 00012627 0.1601/万 97.1269%	No:03715 U+09EDB 黛 00012616 0.1599/万 97.1285%	No:03716 U+0731C 猜 00012606 0.1598/万 97.1301%	No:03717 U+07C1F 簟 00012599 0.1597/万 97.1317%	No:03718 U+0806F 聯 00012596 0.1597/万 97.1333%	No:03719 U+08AC4 諄 00012572 0.1594/万 97.1349%	No:03720 U+07D82 綂 00012562 0.1592/万 97.1365%
No:03721 U+06F81 澁 00012560 0.1592/万 97.1381%	No:03722 U+08174 腴 00012557 0.1592/万 97.1397%	No:03723 U+06F3E 漾 00012539 0.1589/万 97.1413%	No:03724 U+06D79 浹 00012531 0.1588/万 97.1429%	No:03725 U+04A07 䨇 00012530 0.1588/万 97.1444%	No:03726 U+08A1D 訝 00012529 0.1588/万 97.1460%	No:03727 U+06994 榔 00012520 0.1587/万 97.1476%	No:03728 U+05742 坂 00012517 0.1587/万 97.1492%	No:03729 U+07435 琵 00012516 0.1586/万 97.1508%	No:03730 U+ED8 [illegible] 00012508 0.1585/万 97.1524%
No:03731 U+06772 杲 00012497 0.1584/万 97.1540%	No:03732 U+0891A 褚 00012488 0.1583/万 97.1556%	No:03733 U+090B3 邳 00012466 0.1580/万 97.1571%	No:03734 U+08E1E 踞 00012440 0.1577/万 97.1587%	No:03735 U+06C0A 氊 00012429 0.1575/万 97.1603%	No:03736 U+065ED 旭 00012423 0.1575/万 97.1619%	No:03737 U+05889 墉 00012415 0.1574/万 97.1634%	No:03738 U+09148 酈 00012411 0.1573/万 97.1650%	No:03739 U+058A9 墩 00012409 0.1573/万 97.1666%	No:03740 U+069C1 槁 00012400 0.1572/万 97.1682%
No:03741 U+059AC 妬 00012397 0.1571/万 97.1697%	No:03742 U+095AC 閬 00012375 0.1569/万 97.1713%	No:03743 U+08204 舄 00012374 0.1568/万 97.1729%	No:03744 U+09E1A 鸚 00012370 0.1568/万 97.1744%	No:03745 U+05695 嚕 00012368 0.1568/万 97.1760%	No:03746 U+066C7 曇 00012360 0.1567/万 97.1776%	No:03747 U+05632 嘲 00012342 0.1564/万 97.1791%	No:03748 U+06CEF 泯 00012340 0.1564/万 97.1807%	No:03749 U+05BDD 寝 00012337 0.1564/万 97.1823%	No:03750 U+07A88 窈 00012333 0.1563/万 97.1838%
No:03751 U+05349 卉 00012329 0.1563/万 97.1854%	No:03752 U+07627 瘧 00012323 0.1562/万 97.1870%	No:03753 U+0615D 慝 00012322 0.1562/万 97.1885%	No:03754 U+05CD2 峒 00012321 0.1562/万 97.1901%	No:03755 U+08943 襃 00012321 0.1562/万 97.1916%	No:03756 U+07967 祧 00012314 0.1561/万 97.1932%	No:03757 U+06DBF 涿 00012313 0.1561/万 97.1948%	No:03758 U+060BD 悽 00012306 0.1560/万 97.1963%	No:03759 U+089A7 覧 00012300 0.1559/万 97.1979%	No:03760 U+08407 萇 00012299 0.1559/万 97.1994%
No:03761 U+08386 莆 00012287 0.1557/万 97.2010%	No:03762 U+09E92 麒 00012279 0.1556/万 97.2026%	No:03763 U+E62 [illegible] 00012279 0.1556/万 97.2041%	No:03764 U+043FB 䏻 00012277 0.1556/万 97.2057%	No:03765 U+068CA 棊 00012274 0.1556/万 97.2072%	No:03766 U+06B3E 款 00012273 0.1556/万 97.2088%	No:03767 U+09F95 龕 00012259 0.1554/万 97.2103%	No:03768 U+05914 夔 00012252 0.1553/万 97.2119%	No:03769 U+09470 鑰 00012247 0.1552/万 97.2134%	No:03770 U+06702 朂 00012237 0.1551/万 97.2150%
No:03771 U+08151 腑 00012236 0.1551/万 97.2165%	No:03772 U+091F5 釵 00012223 0.1549/万 97.2196%	No:03773 U+ED6 [illegible] 00012223 0.1549/万 97.2181%	No:03774 U+E44 [illegible] 00012216 0.1548/万 97.2212%	No:03775 U+0696E 楮 00012215 0.1548/万 97.2227%	No:03776 U+07B04 笄 00012201 0.1547/万 97.2243%	No:03777 U+05826 堦 00012197 0.1546/万 97.2258%	No:03778 U+071FE 燾 00012197 0.1546/万 97.2289%	No:03779 U+07F44 罄 00012197 0.1546/万 97.2274%	No:03780 U+059D2 姒 00012192 0.1545/万 97.2305%
No:03781 U+082AE 芮 00012185 0.1545/万 97.2320%	No:03782 U+060C6 惆 00012174 0.1543/万 97.2336%	No:03783 U+083F1 菱 00012156 0.1541/万 97.2351%	No:03784 U+0629B 抛 00012140 0.1539/万 97.2366%	No:03785 U+0718F 熏 00012126 0.1537/万 97.2382%	No:03786 U+09131 鄱 00012126 0.1537/万 97.2397%	No:03787 U+04EC6 仆 00012119 0.1536/万 97.2413%	No:03788 U+05BD6 寖 00012090 0.1532/万 97.2428%	No:03789 U+09013 逓 00012080 0.1531/万 97.2443%	No:03790 U+0634C 捌 00012076 0.1531/万 97.2458%
No:03791 U+0544C 呌 00012064 0.1529/万 97.2474%	No:03792 U+07FFA 翺 00012064 0.1529/万 97.2489%	No:03793 U+05E61 幡 00012052 0.1528/万 97.2504%	No:03794 U+05FAD 徭 00012047 0.1527/万 97.2520%	No:03795 U+0525D 剝 00012044 0.1527/万 97.2535%	No:03796 U+0536D 卭 00012022 0.1524/万 97.2550%	No:03797 U+05EF8 廸 00012022 0.1524/万 97.2565%	No:03798 U+067D8 柘 00012018 0.1523/万 97.2581%	No:03799 U+06059 恙 00012014 0.1523/万 97.2596%	No:03800 U+072E5 狥 00011985 0.1519/万 97.2611%

No:03801 U+0557B 啻 00011982 0.1519/万 97.2626%	No:03802 U+050EE 僮 00011979 0.1518/万 97.2641%	No:03803 U+05DD4 巔 00011977 0.1518/万 97.2657%	No:03804 U+04F01 企 00011964 0.1516/万 97.2672%	No:03805 U+05938 夸 00011951 0.1515/万 97.2687%	No:03806 U+0537B 卻 00011943 0.1514/万 97.2702%	No:03807 U+05F03 弃 00011941 0.1514/万 97.2717%	No:03808 U+05475 呵 00011925 0.1512/万 97.2732%	No:03809 U+08B72 讓 00011924 0.1511/万 97.2747%	No:03810 U+05D82 嶂 00011923 0.1511/万 97.2763%
No:03811 U+07DE6 緦 00011920 0.1511/万 97.2778%	No:03812 U+08B10 謐 00011912 0.1510/万 97.2793%	No:03813 U+074D8 瓘 00011911 0.1510/万 97.2808%	No:03814 U+08C73 豳 00011910 0.1510/万 97.2823%	No:03815 U+050DE 僞 00011896 0.1508/万 97.2838%	No:03816 U+099D9 駙 00011886 0.1507/万 97.2853%	No:03817 U+05480 咀 00011873 0.1505/万 97.2868%	No:03818 U+055C7 嗇 00011868 0.1504/万 97.2883%	No:03819 U+08010 耐 00011864 0.1504/万 97.2898%	No:03820 U+04E21 両 00011857 0.1503/万 97.2913%
No:03821 U+05029 倩 00011854 0.1503/万 97.2928%	No:03822 U+09D89 鶉 00011838 0.1501/万 97.2943%	No:03823 U+052AA 努 00011834 0.1500/万 97.2958%	No:03824 U+06DAA 涪 00011831 0.1500/万 97.2988%	No:03825 U+0798B 禋 00011831 0.1500/万 97.2973%	No:03826 U+07E39 縹 00011828 0.1499/万 97.3003%	No:03827 U+065C3 旃 00011826 0.1499/万 97.3018%	No:03828 U+08276 艶 00011824 0.1499/万 97.3033%	No:03829 U+0701D 瀝 00011820 0.1498/万 97.3063%	No:03830 U+07A98 窘 00011820 0.1498/万 97.3048%
No:03831 U+06B83 殃 00011811 0.1497/万 97.3078%	No:03832 U+07FEB 翫 00011806 0.1496/万 97.3093%	No:03833 U+0693F 椿 00011798 0.1495/万 97.3108%	No:03834 U+071AC 熬 00011787 0.1494/万 97.3123%	No:03835 U+08564 蕤 00011778 0.1493/万 97.3138%	No:03836 U+06134 愴 00011775 0.1493/万 97.3153%	No:03837 U+0741B 琛 00011767 0.1492/万 97.3168%	No:03838 U+0669D 暝 00011765 0.1491/万 97.3183%	No:03839 U+05079 偹 00011762 0.1491/万 97.3198%	No:03840 U+082FB 苻 00011759 0.1490/万 97.3213%
No:03841 U+E91 發 00011758 0.1490/万 97.3228%	No:03842 U+08188 膈 00011757 0.1490/万 97.3243%	No:03843 U+08549 蕉 00011749 0.1489/万 97.3257%	No:03844 U+07282 犂 00011746 0.1489/万 97.3272%	No:03845 U+07FEE 翮 00011720 0.1486/万 97.3287%	No:03846 U+07464 瑤 00011714 0.1485/万 97.3302%	No:03847 U+08AF3 諳 00011710 0.1484/万 97.3317%	No:03848 U+076EA 盪 00011707 0.1484/万 97.3332%	No:03849 U+07C56 籖 00011695 0.1482/万 97.3347%	No:03850 U+095E5 闥 00011668 0.1479/万 97.3361%
No:03851 U+082B7 芷 00011666 0.1479/万 97.3376%	No:03852 U+088D2 裒 00011658 0.1478/万 97.3391%	No:03853 U+05507 唇 00011656 0.1477/万 97.3406%	No:03854 U+09E79 鹹 00011647 0.1476/万 97.3420%	No:03855 U+07498 璘 00011639 0.1475/万 97.3435%	No:03856 U+04F43 佃 00011620 0.1473/万 97.3450%	No:03857 U+05FF1 忱 00011611 0.1472/万 97.3465%	No:03858 U+0980A 頊 00011608 0.1471/万 97.3479%	No:03859 U+04F94 侔 00011589 0.1469/万 97.3494%	No:03860 U+060F1 惱 00011573 0.1467/万 97.3509%
No:03861 U+08328 茨 00011572 0.1467/万 97.3523%	No:03862 U+06D63 浣 00011567 0.1466/万 97.3538%	No:03863 U+078EF 磯 00011567 0.1466/万 97.3553%	No:03864 U+09397 鎗 00011543 0.1463/万 97.3567%	No:03865 U+07B50 筐 00011541 0.1463/万 97.3582%	No:03866 U+E11 榷 00011537 0.1462/万 97.3597%	No:03867 U+087A2 螢 00011513 0.1459/万 97.3611%	No:03868 U+07CB1 粱 00011508 0.1459/万 97.3626%	No:03869 U+06F6F 潯 00011507 0.1459/万 97.3640%	No:03870 U+09846 顆 00011504 0.1458/万 97.3655%
No:03871 U+08B4C 譌 00011502 0.1458/万 97.3670%	No:03872 U+06387 掇 00011500 0.1458/万 97.3684%	No:03873 U+087AD 螭 00011492 0.1457/万 97.3699%	No:03874 U+08331 茱 00011474 0.1454/万 97.3713%	No:03875 U+06968 楨 00011472 0.1454/万 97.3728%	No:03876 U+098AF 颯 00011466 0.1453/万 97.3742%	No:03877 U+06B7F 歿 00011464 0.1453/万 97.3757%	No:03878 U+06D96 涖 00011454 0.1452/万 97.3771%	No:03879 U+08338 茸 00011452 0.1452/万 97.3786%	No:03880 U+0E4BE 珊 00011445 0.1451/万 97.3800%
No:03881 U+05556 啖 00011439 0.1450/万 97.3815%	No:03882 U+0911C 鄜 00011429 0.1449/万 97.3829%	No:03883 U+08398 莘 00011422 0.1448/万 97.3844%	No:03884 U+064D5 擕 00011410 0.1446/万 97.3858%	No:03885 U+06B49 歉 00011402 0.1445/万 97.3887%	No:03886 U+0821B 舛 00011402 0.1445/万 97.3873%	No:03887 U+052DB 勛 00011387 0.1443/万 97.3902%	No:03888 U+0665E 晞 00011372 0.1441/万 97.3916%	No:03889 U+0530F 匏 00011350 0.1439/万 97.3931%	No:03890 U+08A3E 訾 00011349 0.1439/万 97.3945%
No:03891 U+05DF5 巵 00011348 0.1438/万 97.3959%	No:03892 U+074E2 瓢 00011346 0.1438/万 97.3974%	No:03893 U+05239 刹 00011344 0.1438/万 97.3988%	No:03894 U+06CB1 沱 00011329 0.1436/万 97.4002%	No:03895 U+062C6 拆 00011323 0.1435/万 97.4017%	No:03896 U+0584B 塋 00011312 0.1434/万 97.4031%	No:03897 U+074CC 瓌 00011296 0.1432/万 97.4046%	No:03898 U+071E6 燦 00011295 0.1432/万 97.4060%	No:03899 U+0911E 鄞 00011291 0.1431/万 97.4074%	No:03900 U+053E0 叠 00011286 0.1431/万 97.4088%

No:03901 U+083D1 菑 00011280 0.1430/万 97.4103%	No:03902 U+082D5 苕 00011273 0.1429/万 97.4117%	No:03903 U+076C2 盂 00011272 0.1429/万 97.4131%	No:03904 U+064AE 撮 00011269 0.1428/万 97.4146%	No:03905 U+07C3D 簽 00011256 0.1427/万 97.4174%	No:03906 U+08CFC 購 00011256 0.1427/万 97.4160%	No:03907 U+07843 硃 00011245 0.1425/万 97.4188%	No:03908 U+07B20 笠 00011239 0.1425/万 97.4203%	No:03909 U+065FB 旻 00011200 0.1420/万 97.4217%	No:03910 U+05048 偈 00011198 0.1419/万 97.4231%
No:03911 U+0612C 愬 00011197 0.1419/万 97.4245%	No:03912 U+05B16 嬖 00011196 0.1419/万 97.4259%	No:03913 U+05AB5 媵 00011191 0.1418/万 97.4274%	No:03914 U+0704B 灋 00011190 0.1418/万 97.4288%	No:03915 U+05A1F 娟 00011188 0.1418/万 97.4302%	No:03916 U+07D10 紐 00011186 0.1418/万 97.4316%	No:03917 U+06CCC 沁 00011181 0.1417/万 97.4330%	No:03918 U+0777D 睽 00011174 0.1416/万 97.4345%	No:03919 U+038A4 㢤 00011160 0.1415/万 97.4359%	No:03920 U+08A41 詁 00011149 0.1413/万 97.4373%
No:03921 U+ED8 熱 00011121 0.1410/万 97.4387%	No:03922 U+08EFC 軼 00011119 0.1409/万 97.4401%	No:03923 U+06D35 洵 00011115 0.1409/万 97.4415%	No:03924 U+09A64 驤 00011112 0.1408/万 97.4429%	No:03925 U+085FF 藿 00011102 0.1407/万 97.4443%	No:03926 U+069B4 榴 00011078 0.1404/万 97.4457%	No:03927 U+06BBD 殽 00011069 0.1403/万 97.4471%	No:03928 U+09008 逈 00011052 0.1401/万 97.4485%	No:03929 U+0733E 猾 00011047 0.1400/万 97.4499%	No:03930 U+05C50 屐 00011041 0.1399/万 97.4513%
No:03931 U+083C1 菁 00011041 0.1399/万 97.4527%	No:03932 U+08805 蠅 00011041 0.1399/万 97.4541%	No:03933 U+09773 靳 00011036 0.1399/万 97.4555%	No:03934 U+09D61 鵡 00011021 0.1397/万 97.4569%	No:03935 U+06C5C 汜 00011019 0.1397/万 97.4583%	No:03936 U+05F57 彗 00011016 0.1396/万 97.4597%	No:03937 U+E80 派 00011011 0.1396/万 97.4611%	No:03938 U+066F5 曵 00011009 0.1395/万 97.4639%	No:03939 U+0797C 祼 00011009 0.1395/万 97.4625%	No:03940 U+0715E 煞 00011006 0.1395/万 97.4653%
No:03941 U+06BD3 毓 00011004 0.1395/万 97.4667%	No:03942 U+08CBF 貿 00010983 0.1392/万 97.4681%	No:03943 U+06C70 汰 00010977 0.1391/万 97.4695%	No:03944 U+091AE 醮 00010974 0.1391/万 97.4709%	No:03945 U+06677 晷 00010970 0.1390/万 97.4723%	No:03946 U+07E3B 縻 00010970 0.1390/万 97.4737%	No:03947 U+05885 墅 00010967 0.1390/万 97.4751%	No:03948 U+052B5 劵 00010964 0.1390/万 97.4764%	No:03949 U+09865 顥 00010956 0.1389/万 97.4778%	No:03950 U+06ADF 櫟 00010951 0.1388/万 97.4792%
No:03951 U+05F65 彥 00010947 0.1388/万 97.4806%	No:03952 U+067F5 柵 00010931 0.1386/万 97.4820%	No:03953 U+069A6 榦 00010929 0.1385/万 97.4834%	No:03954 U+082B8 芸 00010909 0.1383/万 97.4848%	No:03955 U+08CFD 賽 00010899 0.1381/万 97.4862%	No:03956 U+095D0 闐 00010899 0.1381/万 97.4875%	No:03957 U+06EC2 滂 00010894 0.1381/万 97.4889%	No:03958 U+0742C 琬 00010879 0.1379/万 97.4903%	No:03959 U+07A57 穗 00010874 0.1378/万 97.4917%	No:03960 U+09EB4 麴 00010873 0.1378/万 97.4931%
No:03961 U+0613F 愿 00010851 0.1375/万 97.4944%	No:03962 U+08076 聶 00010848 0.1375/万 97.4958%	No:03963 U+06109 愉 00010844 0.1374/万 97.4972%	No:03964 U+0EE48 觀 00010840 0.1374/万 97.4986%	No:03965 U+05CF4 峴 00010838 0.1374/万 97.4999%	No:03966 U+071EC 燬 00010835 0.1373/万 97.5013%	No:03967 U+08A84 誄 00010822 0.1372/万 97.5027%	No:03968 U+05E62 幢 00010821 0.1372/万 97.5040%	No:03969 U+066FA 曺 00010818 0.1371/万 97.5054%	No:03970 U+08B33 謳 00010803 0.1369/万 97.5068%
No:03971 U+063D2 插 00010786 0.1367/万 97.5082%	No:03972 U+056BC 嚼 00010784 0.1367/万 97.5109%	No:03973 U+05AE9 嫩 00010784 0.1367/万 97.5095%	No:03974 U+0968D 隍 00010766 0.1365/万 97.5123%	No:03975 U+07DCB 緋 00010750 0.1363/万 97.5136%	No:03976 U+099A5 馥 00010734 0.1361/万 97.5150%	No:03977 U+088FE 裾 00010730 0.1360/万 97.5163%	No:03978 U+07018 瀘 00010721 0.1359/万 97.5177%	No:03979 U+07483 璃 00010720 0.1359/万 97.5191%	No:03980 U+063E3 揣 00010713 0.1358/万 97.5204%
No:03981 U+05AC9 嫉 00010702 0.1356/万 97.5218%	No:03982 U+08C54 豔 00010686 0.1354/万 97.5245%	No:03983 U+0EB9A 従 00010686 0.1354/万 97.5231%	No:03984 U+04F36 伶 00010677 0.1353/万 97.5258%	No:03985 U+060D3 惓 00010675 0.1353/万 97.5272%	No:03986 U+0693D 椽 00010674 0.1353/万 97.5285%	No:03987 U+06B2C 欬 00010673 0.1353/万 97.5299%	No:03988 U+0866C 虬 00010664 0.1352/万 97.5312%	No:03989 U+0792C 礬 00010656 0.1351/万 97.5326%	No:03990 U+05D6C 嵬 00010652 0.1350/万 97.5339%
No:03991 U+05869 塩 00010647 0.1350/万 97.5353%	No:03992 U+06164 慤 00010627 0.1347/万 97.5366%	No:03993 U+034D5 㓕 00010616 0.1346/万 97.5380%	No:03994 U+075BD 疽 00010613 0.1345/万 97.5393%	No:03995 U+09AE6 髦 00010607 0.1344/万 97.5407%	No:03996 U+084AF 蒯 00010600 0.1344/万 97.5420%	No:03997 U+08C7A 豺 00010599 0.1343/万 97.5434%	No:03998 U+07E1E 縞 00010598 0.1343/万 97.5447%	No:03999 U+06DC7 淇 00010589 0.1342/万 97.5461%	No:04000 U+078C1 磁 00010565 0.1339/万 97.5474%

No:04001 U+0500B 個 00010560 0.1338/万 97.5487%	No:04002 U+04E2A 个 00010544 0.1336/万 97.5501%	No:04003 U+07B08 笈 00010537 0.1336/万 97.5514%	No:04004 U+096CE 睢 00010534 0.1335/万 97.5527%	No:04005 U+0646D 摭 00010526 0.1334/万 97.5541%	No:04006 U+07522 產 00010523 0.1334/万 97.5554%	No:04007 U+091E1 釡 00010518 0.1333/万 97.5567%	No:04008 U+075B5 疵 00010517 0.1333/万 97.5581%	No:04009 U+0633F 挿 00010507 0.1332/万 97.5594%	No:04010 U+08766 蝦 00010482 0.1329/万 97.5607%
No:04011 U+04EB6 亶 00010474 0.1328/万 97.5621%	No:04012 U+093D8 鏘 00010463 0.1326/万 97.5634%	No:04013 U+060F2 惲 00010460 0.1326/万 97.5647%	No:04014 U+0560F 嘏 00010450 0.1325/万 97.5674%	No:04015 U+0993D 餽 00010450 0.1325/万 97.5660%	No:04016 U+08335 茵 00010428 0.1322/万 97.5687%	No:04017 U+09A69 驩 00010426 0.1321/万 97.5700%	No:04018 U+07601 瘁 00010415 0.1320/万 97.5713%	No:04019 U+08D05 贅 00010414 0.1320/万 97.5727%	No:04020 U+0984F 顏 00010411 0.1320/万 97.5740%
No:04021 U+06041 恁 00010409 0.1319/万 97.5753%	No:04022 U+062D6 拖 00010394 0.1317/万 97.5766%	No:04023 U+053A0 厠 00010389 0.1317/万 97.5779%	No:04024 U+0599D 妝 00010385 0.1316/万 97.5792%	No:04025 U+073A0 玠 00010377 0.1315/万 97.5806%	No:04026 U+099EE 駮 00010361 0.1313/万 97.5819%	No:04027 U+09D5E 鵞 00010350 0.1312/万 97.5832%	No:04028 U+0573B 圻 00010347 0.1311/万 97.5845%	No:04029 U+06FB6 澶 00010342 0.1311/万 97.5858%	No:04030 U+0838E 莎 00010337 0.1310/万 97.5871%
No:04031 U+0806E 聮 00010326 0.1309/万 97.5884%	No:04032 U+05DBC 嶼 00010318 0.1308/万 97.5897%	No:04033 U+064E3 擣 00010307 0.1306/万 97.5910%	No:04034 U+095CB 闋 00010297 0.1305/万 97.5924%	No:04035 U+04F30 估 00010296 0.1305/万 97.5950%	No:04036 U+05393 厓 00010296 0.1305/万 97.5937%	No:04037 U+0695E 楞 00010292 0.1304/万 97.5963%	No:04038 U+06894 梔 00010289 0.1304/万 97.5976%	No:04039 U+078CA 磊 00010285 0.1304/万 97.5989%	No:04040 U+0531D 匝 00010280 0.1303/万 97.6015%
No:04041 U+05923 夣 00010280 0.1303/万 97.6002%	No:04042 U+0786C 硬 00010273 0.1302/万 97.6028%	No:04043 U+099D1 駑 00010270 0.1302/万 97.6041%	No:04044 U+06CDA 泚 00010260 0.1300/万 97.6054%	No:04045 U+089DA 觚 00010250 0.1299/万 97.6067%	No:04046 U+05A11 娑 00010245 0.1299/万 97.6080%	No:04047 U+0959F 閟 00010245 0.1299/万 97.6093%	No:04048 U+09115 鄕 00010233 0.1297/万 97.6106%	No:04049 U+07457 瑗 00010228 0.1296/万 97.6119%	No:04050 U+088A4 袤 00010221 0.1295/万 97.6132%
No:04051 U+073C2 珂 00010215 0.1295/万 97.6145%	No:04052 U+E49 渺 00010205 0.1293/万 97.6158%	No:04053 U+07AD9 站 00010194 0.1292/万 97.6171%	No:04054 U+055AB 喫 00010182 0.1291/万 97.6184%	No:04055 U+069CD 槍 00010174 0.1290/万 97.6196%	No:04056 U+06F7A 潺 00010165 0.1288/万 97.6209%	No:04057 U+FFF 闢 00010161 0.1288/万 97.6222%	No:04058 U+07DBE 綾 00010147 0.1286/万 97.6235%	No:04059 U+05599 喙 00010142 0.1285/万 97.6248%	No:04060 U+08AFA 諺 00010133 0.1284/万 97.6261%
No:04061 U+05E77 幷 00010113 0.1282/万 97.6274%	No:04062 U+06144 慄 00010112 0.1282/万 97.6286%	No:04063 U+095B6 閶 00010112 0.1282/万 97.6299%	No:04064 U+09083 邃 00010103 0.1281/万 97.6312%	No:04065 U+05005 倅 00010100 0.1280/万 97.6325%	No:04066 U+0749F 璟 00010096 0.1280/万 97.6338%	No:04067 U+06877 桷 00010085 0.1278/万 97.6350%	No:04068 U+09310 錐 00010071 0.1276/万 97.6363%	No:04069 U+08F13 輓 00010063 0.1275/万 97.6376%	No:04070 U+05150 児 00010059 0.1275/万 97.6389%
No:04071 U+05106 儆 00010047 0.1273/万 97.6401%	No:04072 U+06060 恠 00010045 0.1273/万 97.6414%	No:04073 U+096F9 雹 00010041 0.1273/万 97.6427%	No:04074 U+051C0 净 00010034 0.1272/万 97.6440%	No:04075 U+05879 塹 00010034 0.1272/万 97.6452%	No:04076 U+080D9 胙 00010027 0.1271/万 97.6465%	No:04077 U+06016 怖 00010021 0.1270/万 97.6478%	No:04078 U+07B0B 笋 00010011 0.1269/万 97.6490%	No:04079 U+091AA 醪 00010008 0.1268/万 97.6503%	No:04080 U+050E5 僥 00010001 0.1268/万 97.6516%
No:04081 U+070AF 炯 00009999 0.1267/万 97.6529%	No:04082 U+06854 桔 00009993 0.1267/万 97.6541%	No:04083 U+0749C 璜 00009990 0.1266/万 97.6554%	No:04084 U+09697 隗 00009989 0.1266/万 97.6567%	No:04085 U+07AE3 竣 00009973 0.1264/万 97.6579%	No:04086 U+0807E 聾 00009972 0.1264/万 97.6592%	No:04087 U+053B0 厰 00009971 0.1264/万 97.6604%	No:04088 U+08F3B 輻 00009969 0.1264/万 97.6617%	No:04089 U+07D31 紱 00009968 0.1263/万 97.6630%	No:04090 U+06C68 汨 00009964 0.1263/万 97.6642%
No:04091 U+089AC 覬 00009956 0.1262/万 97.6655%	No:04092 U+059E4 姤 00009943 0.1260/万 97.6668%	No:04093 U+06E6E 湮 00009930 0.1259/万 97.6680%	No:04094 U+09F67 齧 00009920 0.1257/万 97.6693%	No:04095 U+054B3 咳 00009912 0.1256/万 97.6705%	No:04096 U+05F07 弇 00009896 0.1254/万 97.6718%	No:04097 U+064D8 擘 00009871 0.1251/万 97.6730%	No:04098 U+06F23 漣 00009870 0.1251/万 97.6743%	No:04099 U+0609E 悞 00009847 0.1248/万 97.6755%	No:04100 U+096B3 隳 00009845 0.1248/万 97.6768%

No:04101 U+07409 琉 00009833 0.1246/万 97.6780%	No:04102 U+06492 撒 00009832 0.1246/万 97.6793%	No:04103 U+09B30 鬰 00009831 0.1246/万 97.6805%	No:04104 U+06D36 洶 00009824 0.1245/万 97.6818%	No:04105 U+03CDF 㳟 00009815 0.1244/万 97.6830%	No:04106 U+074AB 璫 00009811 0.1244/万 97.6843%	No:04107 U+0613D 愽 00009800 0.1242/万 97.6855%	No:04108 U+05484 咄 00009798 0.1242/万 97.6867%	No:04109 U+079BA 禺 00009792 0.1241/万 97.6880%	No:04110 U+07DCA 緊 00009784 0.1240/万 97.6892%
No:04111 U+05DB7 嶷 00009769 0.1238/万 97.6905%	No:04112 U+06631 昱 00009765 0.1238/万 97.6917%	No:04113 U+07E5A 繚 00009758 0.1237/万 97.6929%	No:04114 U+04E0E 与 00009755 0.1236/万 97.6942%	No:04115 U+07D83 綃 00009754 0.1236/万 97.6954%	No:04116 U+05F77 彷 00009753 0.1236/万 97.6967%	No:04117 U+088B4 袴 00009750 0.1236/万 97.6979%	No:04118 U+0596D 奭 00009745 0.1235/万 97.6991%	No:04119 U+0924F 鉏 00009735 0.1234/万 97.7004%	No:04120 U+0888B 袋 00009730 0.1233/万 97.7016%
No:04121 U+05E58 幘 00009723 0.1232/万 97.7028%	No:04122 U+06CD3 泓 00009723 0.1232/万 97.7041%	No:04123 U+08236 舶 00009723 0.1232/万 97.7053%	No:04124 U+06B9E 殞 00009722 0.1232/万 97.7065%	No:04125 U+05237 刷 00009720 0.1232/万 97.7078%	No:04126 U+06684 暄 00009719 0.1232/万 97.7090%	No:04127 U+0801C 耜 00009719 0.1232/万 97.7102%	No:04128 U+07779 睹 00009717 0.1232/万 97.7115%	No:04129 U+098BA 颺 00009710 0.1231/万 97.7127%	No:04130 U+0742A 琪 00009708 0.1230/万 97.7139%
No:04131 U+08A03 訃 00009707 0.1230/万 97.7151%	No:04132 U+06283 抃 00009706 0.1230/万 97.7164%	No:04133 U+0517E 兾 00009702 0.1230/万 97.7176%	No:04134 U+05306 匆 00009684 0.1227/万 97.7201%	No:04135 U+0EBF8 收 00009684 0.1227/万 97.7188%	No:04136 U+088E8 裨 00009676 0.1226/万 97.7213%	No:04137 U+063C0 揀 00009665 0.1225/万 97.7225%	No:04138 U+0543F 吿 00009661 0.1224/万 97.7237%	No:04139 U+08E94 躔 00009655 0.1224/万 97.7250%	No:04140 U+06FF3 濳 00009653 0.1223/万 97.7262%
No:04141 U+05B5B 孛 00009649 0.1223/万 97.7274%	No:04142 U+06F62 潢 00009644 0.1222/万 97.7286%	No:04143 U+093BB 鎻 00009642 0.1222/万 97.7299%	No:04144 U+077B0 瞰 00009639 0.1222/万 97.7311%	No:04145 U+05420 吠 00009635 0.1221/万 97.7323%	No:04146 U+079E3 秣 00009633 0.1221/万 97.7335%	No:04147 U+06FD3 濓 00009632 0.1221/万 97.7347%	No:04148 U+08602 藂 00009631 0.1221/万 97.7360%	No:04149 U+05300 匀 00009596 0.1216/万 97.7372%	No:04150 U+07B52 筒 00009590 0.1215/万 97.7384%
No:04151 U+06389 掉 00009586 0.1215/万 97.7396%	No:04152 U+0822B 舫 00009583 0.1215/万 97.7408%	No:04153 U+0342E 㐮 00009582 0.1214/万 97.7420%	No:04154 U+0EA5B 傳 00009574 0.1213/万 97.7433%	No:04155 U+07D18 紘 00009568 0.1213/万 97.7445%	No:04156 U+06AFB 櫻 00009563 0.1212/万 97.7457%	No:04157 U+097AB 鞫 00009534 0.1208/万 97.7469%	No:04158 U+07987 禇 00009527 0.1207/万 97.7493%	No:04159 U+07CDF 糟 00009527 0.1207/万 97.7481%	No:04160 U+07BC1 篁 00009523 0.1207/万 97.7505%
No:04161 U+0676A 杪 00009522 0.1207/万 97.7517%	No:04162 U+0840B 萋 00009514 0.1206/万 97.7529%	No:04163 U+05ED0 廐 00009513 0.1206/万 97.7541%	No:04164 U+065F0 旰 00009493 0.1203/万 97.7553%	No:04165 U+09321 錡 00009487 0.1202/万 97.7565%	No:04166 U+07E96 纖 00009486 0.1202/万 97.7577%	No:04167 U+068E7 棧 00009481 0.1202/万 97.7589%	No:04168 U+09859 顙 00009471 0.1200/万 97.7601%	No:04169 U+07345 獅 00009462 0.1199/万 97.7613%	No:04170 U+08084 肄 00009459 0.1199/万 97.7625%
No:04171 U+05C79 屹 00009443 0.1197/万 97.7637%	No:04172 U+0754B 畋 00009443 0.1197/万 97.7649%	No:04173 U+05ED5 廕 00009442 0.1197/万 97.7661%	No:04174 U+075D8 痘 00009431 0.1195/万 97.7673%	No:04175 U+06676 晶 00009427 0.1195/万 97.7685%	No:04176 U+053C4 叄 00009415 0.1193/万 97.7697%	No:04177 U+07B33 笳 00009413 0.1193/万 97.7709%	No:04178 U+08277 艷 00009408 0.1192/万 97.7721%	No:04179 U+09CF6 鳶 00009406 0.1192/万 97.7733%	No:04180 U+09460 鑠 00009405 0.1192/万 97.7745%
No:04181 U+054E5 哥 00009397 0.1191/万 97.7757%	No:04182 U+06A17 樗 00009394 0.1191/万 97.7769%	No:04183 U+08258 艘 00009384 0.1189/万 97.7781%	No:04184 U+073E5 珥 00009376 0.1188/万 97.7793%	No:04185 U+0382F 㠯 00009371 0.1188/万 97.7804%	No:04186 U+06D8C 涌 00009368 0.1187/万 97.7816%	No:04187 U+09165 酥 00009365 0.1187/万 97.7828%	No:04188 U+09EFB 黻 00009351 0.1185/万 97.7840%	No:04189 U+071FC 燼 00009343 0.1184/万 97.7852%	No:04190 U+06114 愔 00009335 0.1183/万 97.7864%
No:04191 U+07E11 縑 00009332 0.1183/万 97.7876%	No:04192 U+08004 耄 00009331 0.1183/万 97.7887%	No:04193 U+0839E 莞 00009322 0.1182/万 97.7899%	No:04194 U+0932E 錮 00009317 0.1181/万 97.7911%	No:04195 U+038B2 㢲 00009312 0.1180/万 97.7923%	No:04196 U+058F0 声 00009310 0.1180/万 97.7935%	No:04197 U+04E49 义 00009307 0.1180/万 97.7946%	No:04198 U+08155 腕 00009306 0.1179/万 97.7958%	No:04199 U+0745B 瑛 00009303 0.1179/万 97.7970%	No:04200 U+07625 瘥 00009300 0.1179/万 97.7994%

No:04201 U+07D3A 紺 00009300 0.1179/万 97.7982%	No:04202 U+08E85 躅 00009280 0.1176/万 97.8005%	No:04203 U+0793C 礼 00009276 0.1176/万 97.8017%	No:04204 U+07A95 窕 00009271 0.1175/万 97.8029%	No:04205 U+06CF3 泳 00009270 0.1175/万 97.8041%	No:04206 U+07D5C 絜 00009262 0.1174/万 97.8052%	No:04207 U+082BE 芾 00009257 0.1173/万 97.8064%	No:04208 U+04E10 丐 00009254 0.1173/万 97.8076%	No:04209 U+05A23 娣 00009253 0.1173/万 97.8088%	No:04210 U+06EC1 滁 00009252 0.1173/万 97.8099%
No:04211 U+05208 刈 00009247 0.1172/万 97.8111%	No:04212 U+07B25 笥 00009237 0.1171/万 97.8123%	No:04213 U+0811B 脛 00009227 0.1169/万 97.8134%	No:04214 U+05CEA 峪 00009220 0.1169/万 97.8146%	No:04215 U+07C5F 籟 00009220 0.1169/万 97.8158%	No:04216 U+07656 癖 00009216 0.1168/万 97.8170%	No:04217 U+06E5C 湜 00009212 0.1168/万 97.8181%	No:04218 U+09058 遘 00009211 0.1167/万 97.8193%	No:04219 U+07F47 罇 00009209 0.1167/万 97.8205%	No:04220 U+08A61 詡 00009207 0.1167/万 97.8216%
No:04221 U+0609A 悚 00009205 0.1167/万 97.8228%	No:04222 U+0829F 芟 00009197 0.1166/万 97.8240%	No:04223 U+061CC 懌 00009192 0.1165/万 97.8251%	No:04224 U+05636 嘶 00009179 0.1163/万 97.8263%	No:04225 U+09857 顗 00009172 0.1162/万 97.8274%	No:04226 U+08D82 趂 00009170 0.1162/万 97.8286%	No:04227 U+07768 睨 00009164 0.1161/万 97.8321%	No:04228 U+07FCE 翎 00009164 0.1161/万 97.8309%	No:04229 U+09F07 鼇 00009164 0.1161/万 97.8298%	No:04230 U+0563B 嘻 00009161 0.1161/万 97.8344%
No:04231 U+0587E 塾 00009161 0.1161/万 97.8333%	No:04232 U+06A90 檐 00009160 0.1161/万 97.8356%	No:04233 U+0384C 㡌 00009157 0.1161/万 97.8367%	No:04234 U+08266 艦 00009154 0.1160/万 97.8379%	No:04235 U+06636 昶 00009149 0.1160/万 97.8391%	No:04236 U+05674 噴 00009141 0.1159/万 97.8402%	No:04237 U+06FA7 澧 00009140 0.1158/万 97.8414%	No:04238 U+08A75 詵 00009140 0.1158/万 97.8425%	No:04239 U+08993 覓 00009136 0.1158/万 97.8437%	No:04240 U+065B5 斵 00009135 0.1158/万 97.8449%
No:04241 U+066C4 曄 00009135 0.1158/万 97.8460%	No:04242 U+05547 啇 00009125 0.1157/万 97.8472%	No:04243 U+07E26 縦 00009125 0.1157/万 97.8483%	No:04244 U+085D5 藕 00009114 0.1155/万 97.8495%	No:04245 U+079C3 秃 00009083 0.1151/万 97.8506%	No:04246 U+062C8 拈 00009082 0.1151/万 97.8518%	No:04247 U+09016 逖 00009073 0.1150/万 97.8529%	No:04248 U+096A7 隧 00009055 0.1148/万 97.8552%	No:04249 U+0993C 餼 00009055 0.1148/万 97.8541%	No:04250 U+05187 冇 00009050 0.1147/万 97.8564%
No:04251 U+09021 逡 00009046 0.1147/万 97.8575%	No:04252 U+068B3 梳 00009044 0.1146/万 97.8587%	No:04253 U+07503 甃 00009038 0.1145/万 97.8598%	No:04254 U+0671E 朞 00009035 0.1145/万 97.8610%	No:04255 U+07D08 紈 00009030 0.1144/万 97.8621%	No:04256 U+09E84 麄 00009026 0.1144/万 97.8633%	No:04257 U+093D7 鏗 00009018 0.1143/万 97.8644%	No:04258 U+086E4 蛤 00009017 0.1143/万 97.8667%	No:04259 U+0EDD5 00009017 0.1143/万 97.8655%	No:04260 U+05D27 崧 00009010 0.1142/万 97.8678%
No:04261 U+08E4A 蹊 00009008 0.1142/万 97.8690%	No:04262 U+07A49 稗 00008996 0.1140/万 97.8701%	No:04263 U+08A3A 診 00008988 0.1139/万 97.8712%	No:04264 U+06246 扆 00008976 0.1138/万 97.8724%	No:04265 U+078E7 磧 00008969 0.1137/万 97.8735%	No:04266 U+07564 畤 00008967 0.1136/万 97.8747%	No:04267 U+053A6 厦 00008966 0.1136/万 97.8769%	No:04268 U+054FA 哺 00008966 0.1136/万 97.8758%	No:04269 U+08A3C 証 00008965 0.1136/万 97.8781%	No:04270 U+0572F 圯 00008962 0.1136/万 97.8792%
No:04271 U+076F1 盱 00008962 0.1136/万 97.8803%	No:04272 U+09B1B 鬛 00008961 0.1136/万 97.8815%	No:04273 U+057C0 埀 00008959 0.1135/万 97.8826%	No:04274 U+063F2 揲 00008953 0.1135/万 97.8838%	No:04275 U+089D4 觔 00008949 0.1134/万 97.8849%	No:04276 U+079EA 秪 00008944 0.1134/万 97.8860%	No:04277 U+08D6D 赭 00008942 0.1133/万 97.8872%	No:04278 U+07AA0 窠 00008941 0.1133/万 97.8883%	No:04279 U+E55 倚 00008938 0.1133/万 97.8894%	No:04280 U+06D2B 洫 00008920 0.1131/万 97.8906%
No:04281 U+08B41 譁 00008919 0.1130/万 97.8917%	No:04282 U+07DA6 綦 00008901 0.1128/万 97.8928%	No:04283 U+05254 剔 00008899 0.1128/万 97.8939%	No:04284 U+0887F 衿 00008884 0.1126/万 97.8951%	No:04285 U+061A9 憩 00008882 0.1126/万 97.8962%	No:04286 U+08018 耘 00008872 0.1124/万 97.8973%	No:04287 U+06572 敲 00008865 0.1124/万 97.8984%	No:04288 U+08C6C 豬 00008861 0.1123/万 97.8996%	No:04289 U+06BC6 毆 00008852 0.1122/万 97.9007%	No:04290 U+07F86 羆 00008850 0.1122/万 97.9018%
No:04291 U+07166 煦 00008849 0.1122/万 97.9041%	No:04292 U+08703 蜃 00008849 0.1122/万 97.9029%	No:04293 U+06BB1 殱 00008848 0.1121/万 97.9052%	No:04294 U+095BD 闇 00008847 0.1121/万 97.9063%	No:04295 U+04F60 你 00008843 0.1121/万 97.9074%	No:04296 U+07A92 窒 00008840 0.1120/万 97.9085%	No:04297 U+07440 瑀 00008837 0.1120/万 97.9097%	No:04298 U+06019 怙 00008835 0.1120/万 97.9108%	No:04299 U+06A48 橈 00008834 0.1120/万 97.9119%	No:04300 U+06163 慣 00008828 0.1119/万 97.9130%

No:04301 U+06CAB 沫 00008822 0.1118/万 97.9141%	No:04302 U+06C86 沆 00008817 0.1117/万 97.9153%	No:04303 U+097ED 韭 00008814 0.1117/万 97.9164%	No:04304 U+06EB6 溶 00008812 0.1117/万 97.9186%	No:04305 U+07015 瀕 00008812 0.1117/万 97.9175%	No:04306 U+0F530 直 00008811 0.1117/万 97.9197%	No:04307 U+070AC 炬 00008810 0.1117/万 97.9208%	No:04308 U+0788C 碌 00008806 0.1116/万 97.9220%	No:04309 U+078D0 磐 00008793 0.1114/万 97.9242%	No:04310 U+08AC2 諂 00008793 0.1114/万 97.9231%
No:04311 U+06436 搶 00008786 0.1114/万 97.9253%	No:04312 U+05102 儂 00008773 0.1112/万 97.9264%	No:04313 U+074A0 璠 00008766 0.1111/万 97.9275%	No:04314 U+09C25 鰥 00008763 0.1111/万 97.9286%	No:04315 U+0625E 扞 00008734 0.1107/万 97.9297%	No:04316 U+07D55 絕 00008730 0.1106/万 97.9309%	No:04317 U+075E9 瘦 00008729 0.1106/万 97.9342%	No:04318 U+086A9 蚩 00008729 0.1106/万 97.9331%	No:04319 U+08ACD 諍 00008729 0.1106/万 97.9320%	No:04320 U+06749 杉 00008722 0.1105/万 97.9353%
No:04321 U+07489 璉 00008718 0.1105/万 97.9364%	No:04322 U+09801 頁 00008703 0.1103/万 97.9375%	No:04323 U+095BC 閼 00008693 0.1102/万 97.9386%	No:04324 U+07E20 縠 00008690 0.1101/万 97.9397%	No:04325 U+09052 遒 00008688 0.1101/万 97.9408%	No:04326 U+034BA 㒺 00008683 0.1100/万 97.9419%	No:04327 U+074CF 瓏 00008680 0.1100/万 97.9430%	No:04328 U+07168 煨 00008679 0.1100/万 97.9441%	No:04329 U+07658 癘 00008675 0.1099/万 97.9452%	No:04330 U+09658 陘 00008674 0.1099/万 97.9463%
No:04331 U+05201 刁 00008669 0.1099/万 97.9474%	No:04332 U+095A2 関 00008669 0.1099/万 97.9485%	No:04333 U+07D13 紓 00008662 0.1098/万 97.9496%	No:04334 U+06ADB 櫛 00008656 0.1097/万 97.9507%	No:04335 U+0768B 皋 00008655 0.1097/万 97.9518%	No:04336 U+0898A 覊 00008651 0.1096/万 97.9529%	No:04337 U+05155 兕 00008642 0.1095/万 97.9540%	No:04338 U+08E76 蹶 00008638 0.1095/万 97.9551%	No:04339 U+082B9 芹 00008634 0.1094/万 97.9562%	No:04340 U+08ADB 諛 00008624 0.1093/万 97.9573%
No:04341 U+04EBE 亾 00008619 0.1092/万 97.9584%	No:04342 U+09AE0 髠 00008609 0.1091/万 97.9594%	No:04343 U+09394 鎔 00008605 0.1091/万 97.9605%	No:04344 U+07281 犁 00008591 0.1089/万 97.9616%	No:04345 U+05118 儘 00008590 0.1089/万 97.9627%	No:04346 U+03919 㤙 00008580 0.1087/万 97.9638%	No:04347 U+0617E 慾 00008579 0.1087/万 97.9660%	No:04348 U+071EE 燮 00008579 0.1087/万 97.9649%	No:04349 U+07FEC 翬 00008574 0.1087/万 97.9671%	No:04350 U+0867A 虺 00008572 0.1086/万 97.9682%
No:04351 U+073B7 玷 00008571 0.1086/万 97.9692%	No:04352 U+06E6B 湫 00008566 0.1086/万 97.9703%	No:04353 U+0EA9F 即 00008565 0.1086/万 97.9714%	No:04354 U+06C93 沓 00008564 0.1085/万 97.9725%	No:04355 U+07428 琨 00008563 0.1085/万 97.9736%	No:04356 U+098F1 飱 00008553 0.1084/万 97.9747%	No:04357 U+0828B 芋 00008552 0.1084/万 97.9758%	No:04358 U+08469 葩 00008552 0.1084/万 97.9768%	No:04359 U+0912B 鄫 00008551 0.1084/万 97.9779%	No:04360 U+05950 奐 00008540 0.1082/万 97.9790%
No:04361 U+076FC 盼 00008533 0.1081/万 97.9801%	No:04362 U+068CB 棋 00008530 0.1081/万 97.9812%	No:04363 U+052E3 勣 00008528 0.1081/万 97.9822%	No:04364 U+06B1D 欝 00008527 0.1081/万 97.9833%	No:04365 U+0752F 甯 00008526 0.1081/万 97.9844%	No:04366 U+06BEC 毬 00008525 0.1080/万 97.9855%	No:04367 U+065A1 斡 00008524 0.1080/万 97.9866%	No:04368 U+0506A 偪 00008521 0.1080/万 97.9877%	No:04369 U+07742 睂 00008520 0.1080/万 97.9887%	No:04370 U+07BE9 篩 00008500 0.1077/万 97.9898%
No:04371 U+06194 憔 00008483 0.1075/万 97.9909%	No:04372 U+06634 昴 00008482 0.1075/万 97.9920%	No:04373 U+03B4D 㭍 00008481 0.1075/万 97.9930%	No:04374 U+EFD 雙 00008473 0.1074/万 97.9941%	No:04375 U+0861A 蘚 00008471 0.1074/万 97.9952%	No:04376 U+06DD2 淒 00008470 0.1073/万 97.9963%	No:04377 U+0652A 攪 00008469 0.1073/万 97.9984%	No:04378 U+07E33 縳 00008469 0.1073/万 97.9995%	No:04379 U+09A16 騖 00008469 0.1073/万 97.9973%	No:04380 U+09AE3 髣 00008468 0.1073/万 98.0006%
No:04381 U+EBF 瑣 00008467 0.1073/万 98.0016%	No:04382 U+0471B 䜛 00008466 0.1073/万 98.0027%	No:04383 U+08106 脆 00008466 0.1073/万 98.0038%	No:04384 U+06CDD 泝 00008465 0.1073/万 98.0048%	No:04385 U+0471F 䜟 00008464 0.1073/万 98.0059%	No:04386 U+0555C 啜 00008454 0.1071/万 98.0070%	No:04387 U+06643 晃 00008453 0.1071/万 98.0081%	No:04388 U+09AF4 髴 00008447 0.1071/万 98.0091%	No:04389 U+07F97 羗 00008445 0.1070/万 98.0102%	No:04390 U+08815 蠕 00008432 0.1069/万 98.0113%
No:04391 U+066E6 曦 00008430 0.1068/万 98.0123%	No:04392 U+07CD3 糓 00008413 0.1066/万 98.0134%	No:04393 U+09672 陲 00008413 0.1066/万 98.0145%	No:04394 U+081A9 膩 00008412 0.1066/万 98.0155%	No:04395 U+0785D 硝 00008410 0.1066/万 98.0166%	No:04396 U+05AD7 嫗 00008407 0.1065/万 98.0177%	No:04397 U+08A9A 誚 00008369 0.1061/万 98.0187%	No:04398 U+0985A 顚 00008366 0.1060/万 98.0198%	No:04399 U+053E1 叡 00008365 0.1060/万 98.0209%	No:04400 U+066DD 曝 00008358 0.1059/万 98.0219%

No:04401 U+07292 犒 00008352 0.1059/万 98.0230%	No:04402 U+06414 搔 00008347 0.1058/万 98.0240%	No:04403 U+05C19 尙 00008307 0.1053/万 98.0251%	No:04404 U+08123 脣 00008302 0.1052/万 98.0261%	No:04405 U+050AD 傭 00008291 0.1051/万 98.0272%	No:04406 U+06115 愕 00008288 0.1050/万 98.0282%	No:04407 U+09122 鄢 00008288 0.1050/万 98.0293%	No:04408 U+09EF7 黷 00008284 0.1050/万 98.0303%	No:04409 U+091AC 醬 00008281 0.1050/万 98.0314%	No:04410 U+08B9C 讜 00008275 0.1049/万 98.0324%
No:04411 U+07AA9 窩 00008272 0.1048/万 98.0335%	No:04412 U+07FCC 翌 00008271 0.1048/万 98.0345%	No:04413 U+09912 餒 00008270 0.1048/万 98.0356%	No:04414 U+07E81 纁 00008258 0.1047/万 98.0366%	No:04415 U+0814A 腊 00008244 0.1045/万 98.0377%	No:04416 U+08B56 譖 00008243 0.1045/万 98.0387%	No:04417 U+0980B 頋 00008239 0.1044/万 98.0398%	No:04418 U+06FC2 濂 00008229 0.1043/万 98.0408%	No:04419 U+05968 奨 00008224 0.1042/万 98.0419%	No:04420 U+076F2 盲 00008214 0.1041/万 98.0429%
No:04421 U+0746F 瑯 00008211 0.1041/万 98.0439%	No:04422 U+090DE 郞 00008199 0.1039/万 98.0450%	No:04423 U+07681 皁 00008194 0.1038/万 98.0460%	No:04424 U+07C40 籀 00008194 0.1038/万 98.0471%	No:04425 U+08925 褥 00008191 0.1038/万 98.0481%	No:04426 U+07C59 籙 00008185 0.1037/万 98.0491%	No:04427 U+090A8 邨 00008184 0.1037/万 98.0502%	No:04428 U+04F7A 佺 00008183 0.1037/万 98.0522%	No:04429 U+09D9A 鶚 00008183 0.1037/万 98.0512%	No:04430 U+05AC2 嫂 00008178 0.1036/万 98.0533%
No:04431 U+08CE1 賡 00008178 0.1036/万 98.0543%	No:04432 U+03F54 㽔 00008177 0.1036/万 98.0564%	No:04433 U+09AC0 髀 00008177 0.1036/万 98.0554%	No:04434 U+096BC 隼 00008162 0.1034/万 98.0574%	No:04435 U+083A2 莢 00008154 0.1033/万 98.0585%	No:04436 U+083F9 菹 00008149 0.1033/万 98.0595%	No:04437 U+07511 甑 00008144 0.1032/万 98.0605%	No:04438 U+07D0A 紊 00008140 0.1032/万 98.0616%	No:04439 U+08AE6 諦 00008138 0.1031/万 98.0626%	No:04440 U+05DB8 嶸 00008135 0.1031/万 98.0636%
No:04441 U+06ED9 滙 00008133 0.1031/万 98.0647%	No:04442 U+EDE [illegible] 00008130 0.1030/万 98.0657%	No:04443 U+08247 艇 00008129 0.1030/万 98.0677%	No:04444 U+E04 [illegible] 00008129 0.1030/万 98.0667%	No:04445 U+06C13 氓 00008127 0.1030/万 98.0688%	No:04446 U+07D35 紵 00008109 0.1028/万 98.0698%	No:04447 U+06084 悄 00008099 0.1026/万 98.0708%	No:04448 U+08385 莅 00008093 0.1026/万 98.0719%	No:04449 U+07E9B 纛 00008092 0.1026/万 98.0729%	No:04450 U+078F4 磴 00008080 0.1024/万 98.0739%
No:04451 U+0908F 邏 00008066 0.1022/万 98.0749%	No:04452 U+07FBF 羿 00008065 0.1022/万 98.0760%	No:04453 U+0522E 刮 00008061 0.1022/万 98.0770%	No:04454 U+088C5 装 00008057 0.1021/万 98.0780%	No:04455 U+099F8 駸 00008053 0.1021/万 98.0790%	No:04456 U+07A84 窄 00008052 0.1020/万 98.0800%	No:04457 U+07253 牓 00008034 0.1018/万 98.0811%	No:04458 U+08ADC 諜 00008034 0.1018/万 98.0821%	No:04459 U+09A0F 騏 00008033 0.1018/万 98.0831%	No:04460 U+04FF6 俶 00008030 0.1018/万 98.0841%
No:04461 U+03900 㤀 00008029 0.1018/万 98.0851%	No:04462 U+09320 錠 00008018 0.1016/万 98.0861%	No:04463 U+07334 猴 00008008 0.1015/万 98.0872%	No:04464 U+09B1F 鬟 00008004 0.1014/万 98.0882%	No:04465 U+05F67 彧 00008002 0.1014/万 98.0892%	No:04466 U+0649E 撞 00008000 0.1014/万 98.0902%	No:04467 U+07425 琥 00007999 0.1014/万 98.0912%	No:04468 U+05708 圈 00007997 0.1014/万 98.0922%	No:04469 U+0601B 怛 00007997 0.1014/万 98.0933%	No:04470 U+07FE5 翥 00007980 0.1011/万 98.0943%
No:04471 U+05E5F 幟 00007978 0.1011/万 98.0953%	No:04472 U+08B99 讙 00007977 0.1011/万 98.0963%	No:04473 U+05270 剰 00007972 0.1010/万 98.0973%	No:04474 U+05101 儁 00007959 0.1009/万 98.0983%	No:04475 U+05EE8 廨 00007957 0.1008/万 98.0993%	No:04476 U+06A01 樁 00007949 0.1007/万 98.1003%	No:04477 U+05E43 幃 00007942 0.1007/万 98.1013%	No:04478 U+073E3 珣 00007934 0.1006/万 98.1023%	No:04479 U+07791 瞑 00007931 0.1005/万 98.1033%	No:04480 U+03CC2 㳂 00007922 0.1004/万 98.1043%
No:04481 U+0715C 煜 00007922 0.1004/万 98.1053%	No:04482 U+0806B 聫 00007914 0.1003/万 98.1064%	No:04483 U+08675 虵 00007910 0.1002/万 98.1074%	No:04484 U+08B8C 讌 00007907 0.1002/万 98.1084%	No:04485 U+08B4E 譎 00007884 0.0999/万 98.1094%	No:04486 U+0635C 捜 00007880 0.0999/万 98.1104%	No:04487 U+08842 衂 00007878 0.0998/万 98.1114%	No:04488 U+08930 褰 00007875 0.0998/万 98.1124%	No:04489 U+08998 覘 00007862 0.0996/万 98.1134%	No:04490 U+089DC 觜 00007855 0.0996/万 98.1143%
No:04491 U+06523 攣 00007852 0.0995/万 98.1153%	No:04492 U+062C4 拄 00007839 0.0993/万 98.1163%	No:04493 U+07444 瑄 00007837 0.0993/万 98.1173%	No:04494 U+05B69 孩 00007828 0.0992/万 98.1183%	No:04495 U+06900 椀 00007828 0.0992/万 98.1193%	No:04496 U+07360 獠 00007823 0.0991/万 98.1203%	No:04497 U+063DC 揜 00007815 0.0990/万 98.1213%	No:04498 U+08066 聦 00007810 0.0990/万 98.1223%	No:04499 U+06547 敇 00007806 0.0989/万 98.1233%	No:04500 U+06EA7 溧 00007804 0.0989/万 98.1243%

No:04501 U+09B32 鬲 00007796 0.0988/万 98.1253%	No:04502 U+08616 蘖 00007777 0.0986/万 98.1262%	No:04503 U+0605A 恚 00007774 0.0985/万 98.1282%	No:04504 U+E10 晉 00007774 0.0985/万 98.1272%	No:04505 U+06F44 潄 00007750 0.0982/万 98.1302%	No:04506 U+09837 頷 00007750 0.0982/万 98.1292%	No:04507 U+07CA2 粢 00007743 0.0981/万 98.1312%	No:04508 U+09EE0 黠 00007741 0.0981/万 98.1321%	No:04509 U+05FD2 忒 00007738 0.0981/万 98.1331%	No:04510 U+08D1B 贛 00007732 0.0980/万 98.1341%
No:04511 U+0636B 捫 00007724 0.0979/万 98.1351%	No:04512 U+05115 儕 00007722 0.0979/万 98.1361%	No:04513 U+060B8 悸 00007720 0.0978/万 98.1380%	No:04514 U+07F36 缶 00007720 0.0978/万 98.1370%	No:04515 U+086D9 蛙 00007719 0.0978/万 98.1390%	No:04516 U+05A2F 娯 00007718 0.0978/万 98.1400%	No:04517 U+0894D 襍 00007718 0.0978/万 98.1410%	No:04518 U+05B95 宕 00007715 0.0978/万 98.1419%	No:04519 U+090EF 郯 00007715 0.0978/万 98.1429%	No:04520 U+088CA 裊 00007711 0.0977/万 98.1439%
No:04521 U+083F0 菰 00007709 0.0977/万 98.1449%	No:04522 U+073B2 玲 00007707 0.0977/万 98.1458%	No:04523 U+08A10 訐 00007698 0.0976/万 98.1468%	No:04524 U+09641 陁 00007697 0.0975/万 98.1478%	No:04525 U+057E4 埤 00007690 0.0975/万 98.1488%	No:04526 U+0728D 犍 00007682 0.0974/万 98.1497%	No:04527 U+05957 套 00007674 0.0973/万 98.1507%	No:04528 U+0740A 琊 00007673 0.0972/万 98.1517%	No:04529 U+0510B 儋 00007646 0.0969/万 98.1527%	No:04530 U+0946A 鑪 00007645 0.0969/万 98.1536%
No:04531 U+08E72 蹲 00007624 0.0966/万 98.1546%	No:04532 U+05C8C 岌 00007619 0.0966/万 98.1556%	No:04533 U+0775B 睛 00007618 0.0965/万 98.1565%	No:04534 U+05A20 娠 00007617 0.0965/万 98.1575%	No:04535 U+07D0F 紏 00007606 0.0964/万 98.1585%	No:04536 U+06175 慵 00007602 0.0963/万 98.1594%	No:04537 U+078D4 磔 00007584 0.0961/万 98.1604%	No:04538 U+08404 萄 00007583 0.0961/万 98.1613%	No:04539 U+0843C 萼 00007582 0.0961/万 98.1623%	No:04540 U+06753 杓 00007579 0.0961/万 98.1633%
No:04541 U+062B9 抹 00007562 0.0958/万 98.1642%	No:04542 U+08431 萱 00007543 0.0956/万 98.1652%	No:04543 U+06713 朓 00007539 0.0955/万 98.1661%	No:04544 U+08D11 贑 00007529 0.0954/万 98.1671%	No:04545 U+09354 鍔 00007526 0.0954/万 98.1680%	No:04546 U+07FE1 翡 00007519 0.0953/万 98.1690%	No:04547 U+074C9 瓉 00007513 0.0952/万 98.1700%	No:04548 U+08DCC 跌 00007512 0.0952/万 98.1709%	No:04549 U+06F80 澀 00007509 0.0952/万 98.1719%	No:04550 U+05F7F 彿 00007502 0.0951/万 98.1728%
No:04551 U+058DD 壝 00007498 0.0950/万 98.1738%	No:04552 U+08F1C 輜 00007498 0.0950/万 98.1747%	No:04553 U+071C3 燃 00007487 0.0949/万 98.1757%	No:04554 U+0EAD5 國 00007483 0.0948/万 98.1766%	No:04555 U+07C27 簧 00007480 0.0948/万 98.1776%	No:04556 U+09044 遄 00007478 0.0948/万 98.1785%	No:04557 U+08C8D 貍 00007477 0.0948/万 98.1795%	No:04558 U+096C7 雇 00007470 0.0947/万 98.1804%	No:04559 U+0588A 墊 00007469 0.0947/万 98.1813%	No:04560 U+08AF6 諶 00007464 0.0946/万 98.1823%
No:04561 U+07D7A 絺 00007460 0.0945/万 98.1832%	No:04562 U+06673 晳 00007458 0.0945/万 98.1842%	No:04563 U+09116 鄖 00007457 0.0945/万 98.1851%	No:04564 U+0570F 圏 00007455 0.0945/万 98.1861%	No:04565 U+071E0 燠 00007441 0.0943/万 98.1870%	No:04566 U+075DE 痞 00007441 0.0943/万 98.1880%	No:04567 U+05167 內 00007425 0.0941/万 98.1889%	No:04568 U+07633 瘳 00007421 0.0940/万 98.1898%	No:04569 U+0733A 猺 00007420 0.0940/万 98.1908%	No:04570 U+0356E 㕮 00007417 0.0940/万 98.1917%
No:04571 U+080B4 肴 00007416 0.0940/万 98.1927%	No:04572 U+05FA4 徤 00007409 0.0939/万 98.1936%	No:04573 U+09628 阨 00007408 0.0939/万 98.1945%	No:04574 U+0751C 甜 00007407 0.0939/万 98.1955%	No:04575 U+098C8 飈 00007406 0.0939/万 98.1964%	No:04576 U+05F58 彘 00007405 0.0938/万 98.1974%	No:04577 U+0923F 鈿 00007398 0.0938/万 98.1983%	No:04578 U+05E54 幔 00007394 0.0937/万 98.2002%	No:04579 U+09A44 驄 00007394 0.0937/万 98.1992%	No:04580 U+07C98 粘 00007389 0.0936/万 98.2011%
No:04581 U+06215 戕 00007384 0.0936/万 98.2020%	No:04582 U+051DC 凜 00007379 0.0935/万 98.2030%	No:04583 U+06120 愠 00007372 0.0934/万 98.2049%	No:04584 U+0982B 頫 00007372 0.0934/万 98.2039%	No:04585 U+08446 葆 00007356 0.0932/万 98.2058%	No:04586 U+06C6D 汭 00007345 0.0931/万 98.2067%	No:04587 U+06E4A 湊 00007342 0.0930/万 98.2076%	No:04588 U+083B1 莱 00007338 0.0930/万 98.2086%	No:04589 U+0611C 愜 00007336 0.0930/万 98.2095%	No:04590 U+06AA3 檣 00007332 0.0929/万 98.2104%
No:04591 U+06AD3 櫓 00007331 0.0929/万 98.2114%	No:04592 U+055FD 嗽 00007326 0.0928/万 98.2123%	No:04593 U+075D2 痒 00007317 0.0927/万 98.2132%	No:04594 U+09B45 魅 00007290 0.0924/万 98.2141%	No:04595 U+0555E 啞 00007288 0.0924/万 98.2151%	No:04596 U+0731D 猝 00007281 0.0923/万 98.2169%	No:04597 U+08872 衲 00007281 0.0923/万 98.2160%	No:04598 U+064CE 擎 00007280 0.0923/万 98.2188%	No:04599 U+09954 饔 00007280 0.0923/万 98.2178%	No:04600 U+08822 蠢 00007270 0.0921/万 98.2197%

No:04601 U+097F5 韵 00007265 0.0921/万 98.2206%	No:04602 U+0EF6E 揚 00007260 0.0920/万 98.2215%	No:04603 U+050F5 僵 00007248 0.0919/万 98.2234%	No:04604 U+09B54 魔 00007248 0.0919/万 98.2224%	No:04605 U+05924 夤 00007242 0.0918/万 98.2243%	No:04606 U+080DE 胞 00007233 0.0917/万 98.2252%	No:04607 U+08721 蜡 00007226 0.0916/万 98.2261%	No:04608 U+08C49 豉 00007224 0.0915/万 98.2270%	No:04609 U+083D6 菖 00007214 0.0914/万 98.2279%	No:04610 U+07DA2 綢 00007200 0.0912/万 98.2289%
No:04611 U+09F10 鼐 00007197 0.0912/万 98.2298%	No:04612 U+0566A 噪 00007193 0.0912/万 98.2307%	No:04613 U+079B3 禳 00007187 0.0911/万 98.2316%	No:04614 U+0962F 阯 00007181 0.0910/万 98.2325%	No:04615 U+0859C 薜 00007180 0.0910/万 98.2334%	No:04616 U+07FDB 翛 00007172 0.0909/万 98.2343%	No:04617 U+08B9A 讚 00007168 0.0908/万 98.2352%	No:04618 U+06236 戶 00007167 0.0908/万 98.2361%	No:04619 U+08A58 詘 00007153 0.0906/万 98.2371%	No:04620 U+06505 攅 00007152 0.0906/万 98.2380%
No:04621 U+03836 㠶 00007148 0.0906/万 98.2389%	No:04622 U+06581 斁 00007148 0.0906/万 98.2398%	No:04623 U+064BB 撻 00007147 0.0906/万 98.2407%	No:04624 U+06F2A 漪 00007147 0.0906/万 98.2416%	No:04625 U+06590 斐 00007146 0.0906/万 98.2425%	No:04626 U+090F4 郴 00007139 0.0905/万 98.2434%	No:04627 U+093A7 鎧 00007138 0.0905/万 98.2443%	No:04628 U+063D4 揔 00007129 0.0903/万 98.2452%	No:04629 U+07A4F 穏 00007122 0.0903/万 98.2461%	No:04630 U+07395 玕 00007111 0.0901/万 98.2470%
No:04631 U+05B73 孳 00007110 0.0901/万 98.2479%	No:04632 U+05649 噉 00007105 0.0900/万 98.2497%	No:04633 U+09DD9 鷙 00007105 0.0900/万 98.2488%	No:04634 U+070AB 炫 00007103 0.0900/万 98.2506%	No:04635 U+09730 霰 00007092 0.0899/万 98.2515%	No:04636 U+09655 陕 00007086 0.0898/万 98.2524%	No:04637 U+044C1 䓁 00007077 0.0897/万 98.2533%	No:04638 U+0754E 畎 00007069 0.0896/万 98.2542%	No:04639 U+0868A 蚊 00007068 0.0896/万 98.2551%	No:04640 U+08FF8 迸 00007067 0.0896/万 98.2560%
No:04641 U+06083 悃 00007056 0.0894/万 98.2569%	No:04642 U+0771A 眚 00007055 0.0894/万 98.2578%	No:04643 U+061FE 懾 00007052 0.0894/万 98.2587%	No:04644 U+0559F 喟 00007051 0.0894/万 98.2596%	No:04645 U+09BC0 鯀 00007049 0.0893/万 98.2605%	No:04646 U+0966C 陬 00007046 0.0893/万 98.2614%	No:04647 U+06978 楸 00007044 0.0893/万 98.2623%	No:04648 U+05F4E 彎 00007043 0.0893/万 98.2631%	No:04649 U+075FF 痿 00007033 0.0891/万 98.2640%	No:04650 U+087BD 螽 00007032 0.0891/万 98.2649%
No:04651 U+0585C 塜 00007023 0.0890/万 98.2658%	No:04652 U+06F13 漓 00007023 0.0890/万 98.2667%	No:04653 U+07BB8 箸 00007011 0.0888/万 98.2676%	No:04654 U+05137 儷 00006999 0.0887/万 98.2685%	No:04655 U+0520A 刊 00006997 0.0887/万 98.2694%	No:04656 U+08CFB 賻 00006993 0.0886/万 98.2703%	No:04657 U+0EA9B 南 00006992 0.0886/万 98.2711%	No:04658 U+09F09 鼉 00006990 0.0886/万 98.2720%	No:04659 U+058E0 壠 00006986 0.0885/万 98.2729%	No:04660 U+0543B 吻 00006983 0.0885/万 98.2738%
No:04661 U+07D3F 紿 00006981 0.0885/万 98.2747%	No:04662 U+0696F 楯 00006978 0.0884/万 98.2756%	No:04663 U+E08 嗽 00006975 0.0884/万 98.2765%	No:04664 U+081BE 膾 00006974 0.0884/万 98.2773%	No:04665 U+075B3 疳 00006973 0.0884/万 98.2782%	No:04666 U+050B5 債 00006963 0.0882/万 98.2791%	No:04667 U+06DD8 淘 00006962 0.0882/万 98.2800%	No:04668 U+07738 眸 00006959 0.0882/万 98.2826%	No:04669 U+07C20 簠 00006959 0.0882/万 98.2809%	No:04670 U+08B9E 讞 00006959 0.0882/万 98.2835%
No:04671 U+08E49 蹉 00006959 0.0882/万 98.2818%	No:04672 U+07BF7 篷 00006954 0.0881/万 98.2844%	No:04673 U+0524F 剏 00006952 0.0881/万 98.2853%	No:04674 U+09B74 魴 00006945 0.0880/万 98.2862%	No:04675 U+0855A 蕚 00006944 0.0880/万 98.2870%	No:04676 U+071FF 燿 00006943 0.0880/万 98.2879%	No:04677 U+09005 逅 00006943 0.0880/万 98.2888%	No:04678 U+056F7 囷 00006942 0.0880/万 98.2897%	No:04679 U+085A4 薤 00006942 0.0880/万 98.2906%	No:04680 U+06243 扃 00006939 0.0879/万 98.2914%
No:04681 U+096DD 雝 00006931 0.0878/万 98.2923%	No:04682 U+064BC 撼 00006925 0.0878/万 98.2932%	No:04683 U+06BF3 毳 00006920 0.0877/万 98.2941%	No:04684 U+060F4 惴 00006919 0.0877/万 98.2950%	No:04685 U+069FD 槽 00006917 0.0877/万 98.2958%	No:04686 U+0868C 蚌 00006914 0.0876/万 98.2967%	No:04687 U+096B7 隷 00006907 0.0875/万 98.2976%	No:04688 U+0EB2D 宿 00006902 0.0875/万 98.2985%	No:04689 U+0814B 腋 00006901 0.0875/万 98.2993%	No:04690 U+084D1 蓑 00006885 0.0873/万 98.3002%
No:04691 U+0E3D0 兎 00006884 0.0872/万 98.3011%	No:04692 U+09082 邂 00006879 0.0872/万 98.3020%	No:04693 U+04F6F 佯 00006875 0.0871/万 98.3028%	No:04694 U+0849C 蒜 00006870 0.0871/万 98.3037%	No:04695 U+08B14 謔 00006869 0.0870/万 98.3046%	No:04696 U+042F2 䋲 00006860 0.0869/万 98.3054%	No:04697 U+06FAE 澮 00006849 0.0868/万 98.3063%	No:04698 U+056C9 囉 00006843 0.0867/万 98.3072%	No:04699 U+0701A 瀚 00006840 0.0867/万 98.3080%	No:04700 U+09036 逶 00006835 0.0866/万 98.3089%

No:04701 U+066B9 暹 00006815 0.0864/万 98.3098%	No:04702 U+072F8 狸 00006813 0.0863/万 98.3106%	No:04703 U+055D1 嗑 00006805 0.0862/万 98.3115%	No:04704 U+091D8 釘 00006804 0.0862/万 98.3124%	No:04705 U+093DE 鏞 00006797 0.0861/万 98.3132%	No:04706 U+09061 遡 00006793 0.0861/万 98.3149%	No:04707 U+E61 擣 00006793 0.0861/万 98.3141%	No:04708 U+09196 醖 00006790 0.0860/万 98.3158%	No:04709 U+060DA 惚 00006788 0.0860/万 98.3167%	No:04710 U+07E36 縶 00006787 0.0860/万 98.3175%
No:04711 U+06661 晡 00006773 0.0858/万 98.3184%	No:04712 U+06AC2 櫂 00006769 0.0858/万 98.3192%	No:04713 U+0742F 琯 00006765 0.0857/万 98.3201%	No:04714 U+07F87 羇 00006764 0.0857/万 98.3210%	No:04715 U+0840E 萎 00006761 0.0857/万 98.3218%	No:04716 U+0581E 堞 00006759 0.0857/万 98.3227%	No:04717 U+08CEB 賫 00006759 0.0857/万 98.3235%	No:04718 U+07228 爨 00006751 0.0856/万 98.3244%	No:04719 U+055D4 嗔 00006747 0.0855/万 98.3252%	No:04720 U+0962A 阪 00006747 0.0855/万 98.3261%
No:04721 U+099F0 駰 00006742 0.0854/万 98.3270%	No:04722 U+058D9 壙 00006739 0.0854/万 98.3278%	No:04723 U+08E34 踴 00006737 0.0854/万 98.3287%	No:04724 U+0732B 猫 00006734 0.0853/万 98.3295%	No:04725 U+06615 昕 00006732 0.0853/万 98.3304%	No:04726 U+07CE0 糠 00006730 0.0853/万 98.3312%	No:04727 U+09EE5 黥 00006724 0.0852/万 98.3321%	No:04728 U+09949 饉 00006721 0.0852/万 98.3329%	No:04729 U+08627 蘧 00006715 0.0851/万 98.3338%	No:04730 U+05160 兆 00006712 0.0851/万 98.3346%
No:04731 U+037C1 岍 00006710 0.0850/万 98.3355%	No:04732 U+07470 瑰 00006709 0.0850/万 98.3363%	No:04733 U+0871A 蜚 00006702 0.0849/万 98.3372%	No:04734 U+071C4 燄 00006699 0.0849/万 98.3380%	No:04735 U+05B65 孥 00006698 0.0849/万 98.3389%	No:04736 U+07D2C 紬 00006695 0.0848/万 98.3397%	No:04737 U+08966 襦 00006693 0.0848/万 98.3406%	No:04738 U+06664 晤 00006686 0.0847/万 98.3414%	No:04739 U+07AEA 竪 00006686 0.0847/万 98.3423%	No:04740 U+09373 鍳 00006683 0.0847/万 98.3431%
No:04741 U+079EC 秬 00006680 0.0847/万 98.3440%	No:04742 U+0851F 蔟 00006674 0.0846/万 98.3448%	No:04743 U+07DF2 緲 00006673 0.0846/万 98.3457%	No:04744 U+064F4 擴 00006671 0.0845/万 98.3465%	No:04745 U+0792B 礫 00006669 0.0845/万 98.3474%	No:04746 U+07D1C 紜 00006667 0.0845/万 98.3482%	No:04747 U+07AFD 竽 00006666 0.0845/万 98.3490%	No:04748 U+06522 攢 00006665 0.0845/万 98.3499%	No:04749 U+E89 彖 00006664 0.0844/万 98.3507%	No:04750 U+067EC 柬 00006659 0.0844/万 98.3516%
No:04751 U+09EFD 黽 00006658 0.0844/万 98.3524%	No:04752 U+05041 偁 00006648 0.0842/万 98.3533%	No:04753 U+06BC0 毀 00006642 0.0842/万 98.3549%	No:04754 U+07152 煒 00006642 0.0842/万 98.3541%	No:04755 U+07316 猖 00006641 0.0842/万 98.3566%	No:04756 U+095B9 閹 00006641 0.0842/万 98.3558%	No:04757 U+08ECB 軋 00006637 0.0841/万 98.3575%	No:04758 U+05DD8 巘 00006628 0.0840/万 98.3583%	No:04759 U+07881 碁 00006612 0.0838/万 98.3600%	No:04760 U+09EB5 麵 00006612 0.0838/万 98.3592%
No:04761 U+081EC 臬 00006611 0.0838/万 98.3608%	No:04762 U+0FA11 﨑 00006592 0.0835/万 98.3617%	No:04763 U+07E45 繅 00006589 0.0835/万 98.3625%	No:04764 U+07F3E 缾 00006585 0.0834/万 98.3633%	No:04765 U+07F83 羃 00006585 0.0834/万 98.3642%	No:04766 U+05157 兗 00006582 0.0834/万 98.3650%	No:04767 U+074E3 瓣 00006581 0.0834/万 98.3658%	No:04768 U+05F5D 彝 00006577 0.0833/万 98.3667%	No:04769 U+0744B 瑋 00006569 0.0832/万 98.3675%	No:04770 U+05A31 娱 00006567 0.0832/万 98.3683%
No:04771 U+09068 遨 00006565 0.0832/万 98.3692%	No:04772 U+0465D 䙝 00006564 0.0832/万 98.3700%	No:04773 U+0837B 荻 00006558 0.0831/万 98.3708%	No:04774 U+07D21 紡 00006556 0.0831/万 98.3717%	No:04775 U+0572E 圮 00006555 0.0831/万 98.3725%	No:04776 U+077B3 瞳 00006551 0.0830/万 98.3733%	No:04777 U+06EDA 滚 00006550 0.0830/万 98.3742%	No:04778 U+056B3 嚳 00006543 0.0829/万 98.3750%	No:04779 U+08028 耨 00006535 0.0828/万 98.3758%	No:04780 U+057D2 埒 00006532 0.0828/万 98.3766%
No:04781 U+095D8 闘 00006532 0.0828/万 98.3775%	No:04782 U+05D87 嶇 00006526 0.0827/万 98.3783%	No:04783 U+08FD3 迓 00006524 0.0827/万 98.3791%	No:04784 U+0978B 鞋 00006523 0.0827/万 98.3800%	No:04785 U+0609B 悛 00006515 0.0826/万 98.3808%	No:04786 U+08F08 輈 00006510 0.0825/万 98.3824%	No:04787 U+09C78 鱸 00006510 0.0825/万 98.3816%	No:04788 U+08C89 貉 00006508 0.0825/万 98.3833%	No:04789 U+03C55 埽 00006507 0.0825/万 98.3841%	No:04790 U+049CF 降 00006498 0.0823/万 98.3849%
No:04791 U+068C3 棃 00006495 0.0823/万 98.3857%	No:04792 U+07827 砧 00006495 0.0823/万 98.3866%	No:04793 U+07D62 絢 00006494 0.0823/万 98.3874%	No:04794 U+09BC1 鯁 00006477 0.0821/万 98.3882%	No:04795 U+084F4 蓴 00006469 0.0820/万 98.3890%	No:04796 U+08A6E 詮 00006469 0.0820/万 98.3898%	No:04797 U+08A91 誑 00006450 0.0817/万 98.3907%	No:04798 U+08B20 謠 00006444 0.0817/万 98.3923%	No:04799 U+08C62 豢 00006444 0.0817/万 98.3915%	No:04800 U+083CC 菌 00006437 0.0816/万 98.3931%

No:04801 U+08DC2 跂 00006432 0.0815/万 98.3939%	No:04802 U+05361 卡 00006420 0.0814/万 98.3947%	No:04803 U+06EB7 溷 00006420 0.0814/万 98.3956%	No:04804 U+09DA9 鶩 00006413 0.0813/万 98.3964%	No:04805 U+04E07 万 00006412 0.0813/万 98.3972%	No:04806 U+07B94 箔 00006410 0.0812/万 98.3980%	No:04807 U+06504 攄 00006409 0.0812/万 98.3988%	No:04808 U+074BF 璿 00006406 0.0812/万 98.3996%	No:04809 U+0577C 坼 00006405 0.0812/万 98.4004%	No:04810 U+052AC 劬 00006404 0.0812/万 98.4012%
No:04811 U+06CB4 沴 00006388 0.0809/万 98.4037%	No:04812 U+07E8A 纊 00006388 0.0809/万 98.4029%	No:04813 U+F5E 裕 00006388 0.0809/万 98.4020%	No:04814 U+08858 衘 00006384 0.0809/万 98.4045%	No:04815 U+076A5 皥 00006376 0.0808/万 98.4053%	No:04816 U+07441 瑁 00006371 0.0807/万 98.4061%	No:04817 U+08C4A 豊 00006367 0.0807/万 98.4069%	No:04818 U+06DC2 淂 00006362 0.0806/万 98.4077%	No:04819 U+034D9 㓙 00006355 0.0805/万 98.4085%	No:04820 U+09688 隈 00006346 0.0804/万 98.4101%
No:04821 U+09724 霤 00006346 0.0804/万 98.4093%	No:04822 U+0887D 衽 00006337 0.0803/万 98.4109%	No:04823 U+093C3 鏃 00006334 0.0803/万 98.4117%	No:04824 U+06DC5 淅 00006330 0.0802/万 98.4125%	No:04825 U+0917A 酺 00006324 0.0801/万 98.4133%	No:04826 U+08330 茰 00006321 0.0801/万 98.4141%	No:04827 U+09EAB 麫 00006312 0.0800/万 98.4149%	No:04828 U+08438 萸 00006295 0.0798/万 98.4157%	No:04829 U+07F5F 罟 00006290 0.0797/万 98.4165%	No:04830 U+05053 偓 00006280 0.0796/万 98.4173%
No:04831 U+079CD 种 00006279 0.0796/万 98.4181%	No:04832 U+053AE 厮 00006278 0.0796/万 98.4189%	No:04833 U+04FDA 俚 00006276 0.0795/万 98.4197%	No:04834 U+06FFA 濺 00006276 0.0795/万 98.4205%	No:04835 U+05B3E 嬾 00006267 0.0794/万 98.4213%	No:04836 U+08B83 讃 00006262 0.0794/万 98.4221%	No:04837 U+08E2A 踪 00006261 0.0793/万 98.4229%	No:04838 U+079AB 禫 00006259 0.0793/万 98.4237%	No:04839 U+09D70 鵰 00006255 0.0793/万 98.4245%	No:04840 U+08DDB 跛 00006248 0.0792/万 98.4253%
No:04841 U+07B6F 筯 00006245 0.0791/万 98.4261%	No:04842 U+063C9 揉 00006242 0.0791/万 98.4276%	No:04843 U+09EDE 點 00006242 0.0791/万 98.4269%	No:04844 U+06874 桴 00006236 0.0790/万 98.4284%	No:04845 U+0618A 憊 00006234 0.0790/万 98.4292%	No:04846 U+06221 戡 00006228 0.0789/万 98.4316%	No:04847 U+06BD8 毘 00006228 0.0789/万 98.4308%	No:04848 U+07487 璇 00006228 0.0789/万 98.4300%	No:04849 U+09919 餙 00006223 0.0789/万 98.4324%	No:04850 U+06187 憇 00006218 0.0788/万 98.4340%
No:04851 U+06D82 涂 00006218 0.0788/万 98.4332%	No:04852 U+08DBA 趺 00006215 0.0788/万 98.4348%	No:04853 U+086DB 蛛 00006207 0.0787/万 98.4355%	No:04854 U+08EAD 躭 00006204 0.0786/万 98.4363%	No:04855 U+059E5 姥 00006192 0.0785/万 98.4371%	No:04856 U+05815 堕 00006191 0.0785/万 98.4379%	No:04857 U+078DA 磚 00006191 0.0785/万 98.4395%	No:04858 U+08CD6 賖 00006191 0.0785/万 98.4387%	No:04859 U+09419 鐙 00006189 0.0784/万 98.4402%	No:04860 U+07242 牂 00006186 0.0784/万 98.4418%
No:04861 U+07DFC 緼 00006186 0.0784/万 98.4410%	No:04862 U+056D1 囑 00006178 0.0783/万 98.4426%	No:04863 U+08046 聆 00006178 0.0783/万 98.4434%	No:04864 U+083AA 莪 00006171 0.0782/万 98.4442%	No:04865 U+0873F 蜿 00006169 0.0782/万 98.4457%	No:04866 U+0884E 衎 00006169 0.0782/万 98.4449%	No:04867 U+08180 膀 00006166 0.0781/万 98.4465%	No:04868 U+09017 逗 00006165 0.0781/万 98.4473%	No:04869 U+070A4 炤 00006164 0.0781/万 98.4481%	No:04870 U+073D9 珙 00006162 0.0781/万 98.4489%
No:04871 U+06F88 澈 00006155 0.0780/万 98.4496%	No:04872 U+03762 㝢 00006147 0.0779/万 98.4504%	No:04873 U+0543C 吼 00006147 0.0779/万 98.4512%	No:04874 U+07D98 綘 00006147 0.0779/万 98.4520%	No:04875 U+08182 膂 00006143 0.0778/万 98.4528%	No:04876 U+06A9D 檝 00006139 0.0778/万 98.4543%	No:04877 U+0866B 虫 00006139 0.0778/万 98.4535%	No:04878 U+073C9 珉 00006136 0.0778/万 98.4551%	No:04879 U+06244 扄 00006133 0.0777/万 98.4559%	No:04880 U+03B30 㬰 00006129 0.0777/万 98.4566%
No:04881 U+0688F 梏 00006129 0.0777/万 98.4574%	No:04882 U+05C5B 屛 00006122 0.0776/万 98.4582%	No:04883 U+0536C 卬 00006119 0.0775/万 98.4590%	No:04884 U+06D0A 洊 00006118 0.0775/万 98.4597%	No:04885 U+09074 遴 00006118 0.0775/万 98.4605%	No:04886 U+085D0 藐 00006117 0.0775/万 98.4613%	No:04887 U+04102 䄂 00006110 0.0774/万 98.4621%	No:04888 U+07B4C 筌 00006109 0.0774/万 98.4629%	No:04889 U+0524B 剋 00006108 0.0774/万 98.4636%	No:04890 U+06D27 洧 00006107 0.0774/万 98.4644%
No:04891 U+07C1E 簞 00006105 0.0774/万 98.4652%	No:04892 U+09ECF 黏 00006102 0.0773/万 98.4659%	No:04893 U+051BA 冺 00006101 0.0773/万 98.4667%	No:04894 U+08A5B 詛 00006100 0.0773/万 98.4675%	No:04895 U+05110 儐 00006083 0.0771/万 98.4683%	No:04896 U+08B5F 譟 00006083 0.0771/万 98.4690%	No:04897 U+098FC 飼 00006076 0.0770/万 98.4698%	No:04898 U+07FAF 羯 00006068 0.0769/万 98.4706%	No:04899 U+080F1 胱 00006066 0.0769/万 98.4713%	No:04900 U+06FE9 濩 00006062 0.0768/万 98.4729%

No:04901 U+08D8D 趍 00006062 0.0768/万 98.4721%	No:04902 U+05204 刄 00006059 0.0768/万 98.4737%	No:04903 U+090D7 郗 00006056 0.0767/万 98.4744%	No:04904 U+098EB 飫 00006055 0.0767/万 98.4752%	No:04905 U+07E44 繄 00006053 0.0767/万 98.4760%	No:04906 U+EB0 紙 00006048 0.0766/万 98.4767%	No:04907 U+06F09 漉 00006046 0.0766/万 98.4775%	No:04908 U+08D07 贇 00006045 0.0766/万 98.4783%	No:04909 U+05618 噓 00006036 0.0765/万 98.4790%	No:04910 U+04F0B 伋 00006033 0.0764/万 98.4798%
No:04911 U+0759A 疚 00006029 0.0764/万 98.4805%	No:04912 U+07995 禕 00006027 0.0764/万 98.4813%	No:04913 U+08238 舸 00006020 0.0763/万 98.4821%	No:04914 U+07287 犇 00006019 0.0763/万 98.4836%	No:04915 U+091AF 醯 00006019 0.0763/万 98.4828%	No:04916 U+050C3 僃 00006018 0.0763/万 98.4844%	No:04917 U+051ED 凭 00006017 0.0762/万 98.4851%	No:04918 U+08DE3 跣 00006014 0.0762/万 98.4859%	No:04919 U+09C32 鰲 00006011 0.0762/万 98.4867%	No:04920 U+0720D 爍 00006008 0.0761/万 98.4874%
No:04921 U+04F82 侂 00006004 0.0761/万 98.4882%	No:04922 U+0661C 昜 00006004 0.0761/万 98.4889%	No:04923 U+085BA 薺 00006004 0.0761/万 98.4897%	No:04924 U+07296 犖 00006003 0.0761/万 98.4905%	No:04925 U+0849E 蒞 00006000 0.0760/万 98.4912%	No:04926 U+098F4 飴 00005998 0.0760/万 98.4920%	No:04927 U+08C78 豸 00005993 0.0759/万 98.4927%	No:04928 U+06635 昵 00005992 0.0759/万 98.4935%	No:04929 U+067D1 柑 00005987 0.0759/万 98.4943%	No:04930 U+0668E 暎 00005982 0.0758/万 98.4950%
No:04931 U+09E88 麈 00005976 0.0757/万 98.4958%	No:04932 U+05AAA 媪 00005975 0.0757/万 98.4965%	No:04933 U+07E02 総 00005973 0.0757/万 98.4973%	No:04934 U+05233 刳 00005966 0.0756/万 98.4980%	No:04935 U+07B66 筦 00005966 0.0756/万 98.4988%	No:04936 U+09DD3 鷓 00005958 0.0755/万 98.4996%	No:04937 U+06EF8 滸 00005953 0.0754/万 98.5003%	No:04938 U+03A3F 㨿 00005942 0.0753/万 98.5011%	No:04939 U+07832 砲 00005935 0.0752/万 98.5018%	No:04940 U+07CEF 糯 00005929 0.0751/万 98.5026%
No:04941 U+0741A 琚 00005926 0.0751/万 98.5033%	No:04942 U+09403 鐃 00005925 0.0751/万 98.5041%	No:04943 U+07972 祲 00005924 0.0751/万 98.5048%	No:04944 U+07953 祓 00005923 0.0751/万 98.5056%	No:04945 U+06EBC 溼 00005919 0.0750/万 98.5063%	No:04946 U+0890A 褊 00005917 0.0750/万 98.5071%	No:04947 U+0576A 坪 00005916 0.0750/万 98.5078%	No:04948 U+09266 鉦 00005909 0.0749/万 98.5086%	No:04949 U+09164 酤 00005907 0.0749/万 98.5093%	No:04950 U+0854A 蕊 00005906 0.0748/万 98.5101%
No:04951 U+06C67 汧 00005896 0.0747/万 98.5108%	No:04952 U+05ACB 嫋 00005894 0.0747/万 98.5116%	No:04953 U+09EFF 黿 00005892 0.0747/万 98.5123%	No:04954 U+09998 馘 00005890 0.0746/万 98.5131%	No:04955 U+087BB 螻 00005881 0.0745/万 98.5138%	No:04956 U+09D23 鴣 00005879 0.0745/万 98.5146%	No:04957 U+04F09 伉 00005877 0.0745/万 98.5153%	No:04958 U+05028 倨 00005874 0.0744/万 98.5160%	No:04959 U+05B51 孑 00005870 0.0744/万 98.5168%	No:04960 U+06FA3 澣 00005869 0.0744/万 98.5175%
No:04961 U+07BA0 箠 00005868 0.0744/万 98.5183%	No:04962 U+07A69 穩 00005867 0.0743/万 98.5190%	No:04963 U+07026 瀦 00005864 0.0743/万 98.5198%	No:04964 U+075B9 疹 00005855 0.0742/万 98.5205%	No:04965 U+06289 抉 00005850 0.0741/万 98.5212%	No:04966 U+0645B 摛 00005849 0.0741/万 98.5220%	No:04967 U+05672 噲 00005847 0.0741/万 98.5227%	No:04968 U+06231 戱 00005846 0.0741/万 98.5235%	No:04969 U+06E5F 湟 00005844 0.0741/万 98.5242%	No:04970 U+086E9 蛩 00005841 0.0740/万 98.5250%
No:04971 U+09179 酹 00005837 0.0740/万 98.5257%	No:04972 U+04EDD 仝 00005833 0.0739/万 98.5264%	No:04973 U+061A7 憧 00005828 0.0738/万 98.5272%	No:04974 U+05FA0 徠 00005825 0.0738/万 98.5279%	No:04975 U+05925 夥 00005824 0.0738/万 98.5286%	No:04976 U+09A2E 騮 00005822 0.0738/万 98.5294%	No:04977 U+09276 鉶 00005818 0.0737/万 98.5301%	No:04978 U+07130 焰 00005816 0.0737/万 98.5309%	No:04979 U+08EFA 軺 00005816 0.0737/万 98.5316%	No:04980 U+04EFF 仿 00005814 0.0737/万 98.5323%
No:04981 U+078BE 碾 00005814 0.0737/万 98.5331%	No:04982 U+0819C 膜 00005812 0.0736/万 98.5338%	No:04983 U+0559D 喝 00005811 0.0736/万 98.5345%	No:04984 U+088FC 裼 00005811 0.0736/万 98.5353%	No:04985 U+08778 蝸 00005805 0.0736/万 98.5360%	No:04986 U+09708 霈 00005803 0.0735/万 98.5368%	No:04987 U+04C1F 䰟 00005799 0.0735/万 98.5375%	No:04988 U+06FB3 澳 00005789 0.0734/万 98.5382%	No:04989 U+085FA 藺 00005789 0.0734/万 98.5390%	No:04990 U+09215 鈕 00005787 0.0733/万 98.5397%
No:04991 U+05793 垓 00005786 0.0733/万 98.5404%	No:04992 U+0764E 癎 00005784 0.0733/万 98.5412%	No:04993 U+03553 㕓 00005781 0.0733/万 98.5419%	No:04994 U+09D06 鴆 00005772 0.0731/万 98.5426%	No:04995 U+0614A 慊 00005768 0.0731/万 98.5434%	No:04996 U+073C0 珀 00005764 0.0730/万 98.5441%	No:04997 U+03E11 㸑 00005763 0.0730/万 98.5448%	No:04998 U+07E98 纘 00005754 0.0729/万 98.5455%	No:04999 U+075CA 痊 00005746 0.0728/万 98.5463%	No:05000 U+055E4 嗤 00005743 0.0728/万 98.5470%

No:05001 U+07889 碉 00005725 0.0725/万 98.5477%	No:05002 U+0944A 鑊 00005724 0.0725/万 98.5485%	No:05003 U+082B0 芰 00005721 0.0725/万 98.5492%	No:05004 U+098DC 飜 00005720 0.0725/万 98.5499%	No:05005 U+09583 閃 00005717 0.0724/万 98.5506%	No:05006 U+06D3A 洺 00005715 0.0724/万 98.5514%	No:05007 U+088E1 裡 00005708 0.0723/万 98.5521%	No:05008 U+05819 堙 00005705 0.0723/万 98.5528%	No:05009 U+09D77 鵷 00005693 0.0721/万 98.5535%	No:05010 U+08515 蔕 00005688 0.0721/万 98.5542%
No:05011 U+083A7 莧 00005687 0.0721/万 98.5550%	No:05012 U+08E4B 蹋 00005685 0.0720/万 98.5557%	No:05013 U+07760 睠 00005684 0.0720/万 98.5578%	No:05014 U+09D1E 鴞 00005684 0.0720/万 98.5564%	No:05015 U+0EC14 暴 00005684 0.0720/万 98.5571%	No:05016 U+0EC84 深 00005683 0.0720/万 98.5586%	No:05017 U+089E5 觥 00005675 0.0719/万 98.5593%	No:05018 U+05D53 嵓 00005671 0.0719/万 98.5600%	No:05019 U+06DD6 淖 00005664 0.0718/万 98.5607%	No:05020 U+08B1F 謟 00005663 0.0718/万 98.5614%
No:05021 U+05B93 宓 00005655 0.0717/万 98.5622%	No:05022 U+07F45 罅 00005651 0.0716/万 98.5629%	No:05023 U+0916A 酪 00005643 0.0715/万 98.5636%	No:05024 U+07064 灤 00005639 0.0715/万 98.5643%	No:05025 U+09D51 鵑 00005634 0.0714/万 98.5650%	No:05026 U+07471 瑱 00005627 0.0713/万 98.5657%	No:05027 U+093B0 鎰 00005620 0.0712/万 98.5664%	No:05028 U+07926 礦 00005619 0.0712/万 98.5672%	No:05029 U+081C9 臉 00005617 0.0712/万 98.5679%	No:05030 U+07B3B 笻 00005611 0.0711/万 98.5686%
No:05031 U+0752C 甬 00005607 0.0710/万 98.5693%	No:05032 U+07CD7 糗 00005606 0.0710/万 98.5700%	No:05033 U+06C32 氲 00005604 0.0710/万 98.5707%	No:05034 U+06524 攤 00005602 0.0710/万 98.5728%	No:05035 U+0809A 肚 00005602 0.0710/万 98.5721%	No:05036 U+0EAA0 卿 00005602 0.0710/万 98.5714%	No:05037 U+05024 值 00005600 0.0710/万 98.5736%	No:05038 U+08350 荐 00005598 0.0709/万 98.5743%	No:05039 U+08B5B 譛 00005588 0.0708/万 98.5750%	No:05040 U+0600F 怏 00005585 0.0708/万 98.5764%
No:05041 U+06603 昃 00005585 0.0708/万 98.5757%	No:05042 U+06DDE 淞 00005581 0.0707/万 98.5771%	No:05043 U+085ED 藭 00005575 0.0706/万 98.5785%	No:05044 U+090C3 郃 00005575 0.0706/万 98.5778%	No:05045 U+057A0 垠 00005572 0.0706/万 98.5792%	No:05046 U+091DC 釜 00005565 0.0705/万 98.5799%	No:05047 U+057F6 埶 00005564 0.0705/万 98.5806%	No:05048 U+093D0 鏐 00005560 0.0705/万 98.5813%	No:05049 U+08517 蔗 00005556 0.0704/万 98.5820%	No:05050 U+08A6C 詬 00005549 0.0703/万 98.5827%
No:05051 U+051BD 冽 00005546 0.0703/万 98.5834%	No:05052 U+06A50 橐 00005540 0.0702/万 98.5842%	No:05053 U+08E74 蹴 00005535 0.0701/万 98.5849%	No:05054 U+0546A 呪 00005529 0.0701/万 98.5856%	No:05055 U+068D0 棐 00005522 0.0700/万 98.5863%	No:05056 U+0629C 拔 00005517 0.0699/万 98.5870%	No:05057 U+0652B 攫 00005515 0.0699/万 98.5877%	No:05058 U+06C8C 沌 00005511 0.0698/万 98.5884%	No:05059 U+0EB3E 尢 00005508 0.0698/万 98.5890%	No:05060 U+07D40 絀 00005502 0.0697/万 98.5897%
No:05061 U+062CC 拌 00005501 0.0697/万 98.5904%	No:05062 U+05BD7 寗 00005500 0.0697/万 98.5911%	No:05063 U+05969 奩 00005493 0.0696/万 98.5918%	No:05064 U+08525 蔥 00005491 0.0696/万 98.5925%	No:05065 U+05C63 屣 00005486 0.0695/万 98.5932%	No:05066 U+07B74 筴 00005481 0.0694/万 98.5939%	No:05067 U+06DC6 淆 00005478 0.0694/万 98.5946%	No:05068 U+07B5D 筝 00005469 0.0693/万 98.5960%	No:05069 U+098E1 飡 00005469 0.0693/万 98.5953%	No:05070 U+07028 瀨 00005467 0.0693/万 98.5967%
No:05071 U+0830B 茋 00005467 0.0693/万 98.5974%	No:05072 U+053EB 叫 00005464 0.0692/万 98.5981%	No:05073 U+04EED 仭 00005463 0.0692/万 98.5988%	No:05074 U+063AC 掬 00005463 0.0692/万 98.5995%	No:05075 U+06035 怵 00005462 0.0692/万 98.6002%	No:05076 U+08847 衇 00005460 0.0692/万 98.6009%	No:05077 U+082E7 苧 00005457 0.0691/万 98.6015%	No:05078 U+07E1D 縝 00005456 0.0691/万 98.6022%	No:05079 U+069C0 槀 00005455 0.0691/万 98.6029%	No:05080 U+05B71 孱 00005454 0.0691/万 98.6036%
No:05081 U+04E8A 亊 00005443 0.0690/万 98.6043%	No:05082 U+E05 宾 00005437 0.0689/万 98.6050%	No:05083 U+04F7E 佾 00005429 0.0688/万 98.6057%	No:05084 U+0797A 祺 00005427 0.0688/万 98.6064%	No:05085 U+07E2F 繽 00005426 0.0688/万 98.6078%	No:05086 U+08A48 詈 00005426 0.0688/万 98.6071%	No:05087 U+0874E 蝎 00005425 0.0687/万 98.6084%	No:05088 U+075D4 痔 00005421 0.0687/万 98.6091%	No:05089 U+03BFD 㯽 00005419 0.0687/万 98.6098%	No:05090 U+09123 鄣 00005411 0.0686/万 98.6105%
No:05091 U+066C6 曆 00005407 0.0685/万 98.6112%	No:05092 U+057ED 埭 00005405 0.0685/万 98.6119%	No:05093 U+06FA0 澠 00005404 0.0685/万 98.6126%	No:05094 U+07E22 縢 00005394 0.0683/万 98.6132%	No:05095 U+05864 塤 00005391 0.0683/万 98.6139%	No:05096 U+04ED4 仔 00005389 0.0683/万 98.6146%	No:05097 U+08FA0 辠 00005386 0.0682/万 98.6160%	No:05098 U+092F8 鋸 00005386 0.0682/万 98.6153%	No:05099 U+08712 蜒 00005383 0.0682/万 98.6167%	No:05100 U+0983A 頺 00005375 0.0681/万 98.6173%

No:05101 U+034D7 㓗 00005374 0.0681/万 98.6180%	No:05102 U+07719 眙 00005374 0.0681/万 98.6187%	No:05103 U+074A9 璩 00005371 0.0681/万 98.6194%	No:05104 U+06E72 湲 00005368 0.0680/万 98.6201%	No:05105 U+09463 鑣 00005362 0.0679/万 98.6207%	No:05106 U+08306 茆 00005361 0.0679/万 98.6214%	No:05107 U+086FB 蛻 00005358 0.0679/万 98.6221%	No:05108 U+065AD 断 00005353 0.0678/万 98.6228%	No:05109 U+05DA7 嶧 00005349 0.0678/万 98.6235%	No:05110 U+05AAF 媯 00005348 0.0678/万 98.6241%
No:05111 U+07BE0 篠 00005340 0.0677/万 98.6248%	No:05112 U+0576B 坫 00005335 0.0676/万 98.6255%	No:05113 U+082AD 芭 00005325 0.0675/万 98.6262%	No:05114 U+060F9 惹 00005324 0.0675/万 98.6275%	No:05115 U+0678B 枋 00005324 0.0675/万 98.6268%	No:05116 U+07AE2 竢 00005323 0.0674/万 98.6282%	No:05117 U+E64 峰 00005322 0.0674/万 98.6289%	No:05118 U+05304 匄 00005319 0.0674/万 98.6295%	No:05119 U+0792E 礮 00005315 0.0673/万 98.6302%	No:05120 U+0794A 祊 00005313 0.0673/万 98.6309%
No:05121 U+0342B 㐫 00005311 0.0673/万 98.6316%	No:05122 U+0EDF6 葛 00005308 0.0673/万 98.6322%	No:05123 U+06E44 湄 00005306 0.0672/万 98.6329%	No:05124 U+0896A 襪 00005302 0.0672/万 98.6336%	No:05125 U+0879F 螟 00005301 0.0672/万 98.6349%	No:05126 U+09BAB 鮫 00005301 0.0672/万 98.6343%	No:05127 U+08CF5 賵 00005300 0.0672/万 98.6356%	No:05128 U+07513 甓 00005299 0.0671/万 98.6363%	No:05129 U+05C4A 届 00005298 0.0671/万 98.6369%	No:05130 U+096B9 隹 00005297 0.0671/万 98.6376%
No:05131 U+09F19 鼙 00005293 0.0671/万 98.6383%	No:05132 U+065BF 斿 00005292 0.0671/万 98.6390%	No:05133 U+0557E 啾 00005291 0.0670/万 98.6396%	No:05134 U+097AE 鞮 00005288 0.0670/万 98.6403%	No:05135 U+09E1B 鸛 00005279 0.0669/万 98.6410%	No:05136 U+0527F 剿 00005274 0.0668/万 98.6416%	No:05137 U+067B8 枸 00005274 0.0668/万 98.6423%	No:05138 U+07A17 稗 00005260 0.0666/万 98.6430%	No:05139 U+083C9 菉 00005258 0.0666/万 98.6436%	No:05140 U+0939B 鎛 00005257 0.0666/万 98.6443%
No:05141 U+08E7B 蹻 00005252 0.0665/万 98.6450%	No:05142 U+051DF 凟 00005248 0.0665/万 98.6456%	No:05143 U+06BB3 殳 00005241 0.0664/万 98.6463%	No:05144 U+0EDAE 经 00005238 0.0664/万 98.6470%	No:05145 U+09EA9 麩 00005230 0.0663/万 98.6476%	No:05146 U+090DB 郛 00005225 0.0662/万 98.6483%	No:05147 U+099D8 駘 00005218 0.0661/万 98.6489%	No:05148 U+08A52 詒 00005215 0.0661/万 98.6496%	No:05149 U+065E1 旡 00005212 0.0660/万 98.6503%	No:05150 U+05319 匙 00005211 0.0660/万 98.6509%
No:05151 U+0668C 暌 00005211 0.0660/万 98.6516%	No:05152 U+056A2 囊 00005209 0.0660/万 98.6523%	No:05153 U+08588 薈 00005208 0.0660/万 98.6529%	No:05154 U+05B84 宄 00005205 0.0660/万 98.6536%	No:05155 U+090C4 郄 00005202 0.0659/万 98.6542%	No:05156 U+053C1 叁 00005199 0.0659/万 98.6556%	No:05157 U+05DC9 巉 00005199 0.0659/万 98.6549%	No:05158 U+0585A 塚 00005194 0.0658/万 98.6562%	No:05159 U+054E6 哦 00005193 0.0658/万 98.6569%	No:05160 U+0975A 靚 00005190 0.0658/万 98.6575%
No:05161 U+09DC1 鷁 00005190 0.0658/万 98.6582%	No:05162 U+079E4 秤 00005189 0.0657/万 98.6588%	No:05163 U+06292 抒 00005187 0.0657/万 98.6595%	No:05164 U+06B82 殂 00005184 0.0657/万 98.6608%	No:05165 U+089AF 覯 00005184 0.0657/万 98.6602%	No:05166 U+09599 閙 00005184 0.0657/万 98.6615%	No:05167 U+08201 舁 00005183 0.0657/万 98.6621%	No:05168 U+09F02 鼂 00005182 0.0657/万 98.6628%	No:05169 U+07721 眡 00005178 0.0656/万 98.6634%	No:05170 U+07747 睇 00005177 0.0656/万 98.6641%
No:05171 U+067DA 柚 00005174 0.0656/万 98.6648%	No:05172 U+05E59 幙 00005172 0.0655/万 98.6654%	No:05173 U+095CD 闍 00005172 0.0655/万 98.6661%	No:05174 U+0795B 祛 00005167 0.0655/万 98.6667%	No:05175 U+095DA 闚 00005163 0.0654/万 98.6674%	No:05176 U+06031 怱 00005159 0.0654/万 98.6687%	No:05177 U+09AED 髭 00005159 0.0654/万 98.6680%	No:05178 U+072C3 狃 00005156 0.0653/万 98.6693%	No:05179 U+087C0 蟀 00005149 0.0652/万 98.6700%	No:05180 U+06F1A 漚 00005148 0.0652/万 98.6706%
No:05181 U+0681D 栝 00005147 0.0652/万 98.6713%	No:05182 U+07AAA 窪 00005141 0.0651/万 98.6719%	No:05183 U+07E9A 纚 00005133 0.0650/万 98.6726%	No:05184 U+09BE4 鯤 00005131 0.0650/万 98.6732%	No:05185 U+055F7 嗷 00005127 0.0650/万 98.6739%	No:05186 U+09120 鄠 00005127 0.0650/万 98.6745%	No:05187 U+0515A 党 00005126 0.0649/万 98.6752%	No:05188 U+06434 搴 00005121 0.0649/万 98.6758%	No:05189 U+E20 羌 00005120 0.0649/万 98.6765%	No:05190 U+05664 噤 00005117 0.0648/万 98.6771%
No:05191 U+06D04 洄 00005110 0.0647/万 98.6784%	No:05192 U+07D89 綉 00005110 0.0647/万 98.6778%	No:05193 U+0649D 撝 00005109 0.0647/万 98.6791%	No:05194 U+06B37 欷 00005106 0.0647/万 98.6797%	No:05195 U+05D1B 崛 00005104 0.0647/万 98.6804%	No:05196 U+0760D 瘍 00005104 0.0647/万 98.6810%	No:05197 U+E71 私 00005093 0.0645/万 98.6817%	No:05198 U+071A8 熨 00005092 0.0645/万 98.6823%	No:05199 U+0EBB8 慱 00005081 0.0644/万 98.6830%	No:05200 U+058DF 壟 00005078 0.0643/万 98.6836%

No:05201 U+06B9B 殛 00005078 0.0643/万 98.6843%	No:05202 U+08CFE 賾 00005075 0.0643/万 98.6849%	No:05203 U+095DE 闞 00005073 0.0643/万 98.6855%	No:05204 U+06EF9 滹 00005072 0.0643/万 98.6862%	No:05205 U+06DE9 淩 00005063 0.0641/万 98.6868%	No:05206 U+0EEB7 邊 00005054 0.0640/万 98.6875%	No:05207 U+0932C 錬 00005052 0.0640/万 98.6881%	No:05208 U+084D0 蓐 00005047 0.0639/万 98.6894%	No:05209 U+08693 蚓 00005047 0.0639/万 98.6900%	No:05210 U+ECF 戦 00005047 0.0639/万 98.6887%
No:05211 U+05FA8 徨 00005045 0.0639/万 98.6907%	No:05212 U+087CB 蟋 00005044 0.0639/万 98.6913%	No:05213 U+08E54 蹔 00005043 0.0639/万 98.6919%	No:05214 U+0577B 坻 00005042 0.0639/万 98.6926%	No:05215 U+077AC 瞬 00005041 0.0639/万 98.6932%	No:05216 U+083BE 莾 00005038 0.0638/万 98.6939%	No:05217 U+070B7 炷 00005031 0.0637/万 98.6945%	No:05218 U+08568 蕨 00005030 0.0637/万 98.6951%	No:05219 U+E89 竊 00005028 0.0637/万 98.6958%	No:05220 U+06901 椁 00005024 0.0637/万 98.6964%
No:05221 U+068AD 梭 00005023 0.0636/万 98.6971%	No:05222 U+0851E 蔞 00005022 0.0636/万 98.6977%	No:05223 U+0580A 堊 00005019 0.0636/万 98.6983%	No:05224 U+073CF 珏 00005019 0.0636/万 98.6996%	No:05225 U+08CE0 賠 00005019 0.0636/万 98.6990%	No:05226 U+07250 牐 00005014 0.0635/万 98.7002%	No:05227 U+06E26 渦 00005013 0.0635/万 98.7015%	No:05228 U+E64 帶 00005013 0.0635/万 98.7009%	No:05229 U+06960 楠 00005012 0.0635/万 98.7021%	No:05230 U+06B67 歧 00005011 0.0635/万 98.7028%
No:05231 U+090D5 郕 00005011 0.0635/万 98.7034%	No:05232 U+09832 頲 00005008 0.0635/万 98.7040%	No:05233 U+07CD6 糖 00005003 0.0634/万 98.7047%	No:05234 U+06F51 潑 00005001 0.0634/万 98.7053%	No:05235 U+071B2 熲 00005000 0.0634/万 98.7066%	No:05236 U+08729 蜩 00005000 0.0634/万 98.7059%	No:05237 U+0852D 蔭 00004997 0.0633/万 98.7072%	No:05238 U+07328 猨 00004996 0.0633/万 98.7078%	No:05239 U+07030 瀰 00004992 0.0632/万 98.7091%	No:05240 U+088AA 袪 00004992 0.0632/万 98.7085%
No:05241 U+084BA 蒺 00004990 0.0632/万 98.7097%	No:05242 U+05A7F 婿 00004986 0.0632/万 98.7104%	No:05243 U+0700B 瀋 00004986 0.0632/万 98.7110%	No:05244 U+076FB 盻 00004984 0.0631/万 98.7116%	No:05245 U+0502C 倬 00004983 0.0631/万 98.7123%	No:05246 U+09A02 騂 00004981 0.0631/万 98.7129%	No:05247 U+07081 炁 00004980 0.0631/万 98.7135%	No:05248 U+07968 票 00004974 0.0630/万 98.7142%	No:05249 U+09257 鉗 00004967 0.0629/万 98.7148%	No:05250 U+052F0 勰 00004963 0.0629/万 98.7154%
No:05251 U+05E84 庄 00004953 0.0628/万 98.7161%	No:05252 U+0561B 嘛 00004952 0.0627/万 98.7167%	No:05253 U+E77 藁 00004949 0.0627/万 98.7173%	No:05254 U+099DE 駞 00004943 0.0626/万 98.7179%	No:05255 U+058D5 壕 00004940 0.0626/万 98.7186%	No:05256 U+06EAF 溯 00004937 0.0626/万 98.7192%	No:05257 U+08DD6 跖 00004936 0.0625/万 98.7198%	No:05258 U+0778B 瞋 00004934 0.0625/万 98.7204%	No:05259 U+05310 匐 00004921 0.0623/万 98.7211%	No:05260 U+056A5 嚥 00004920 0.0623/万 98.7217%
No:05261 U+EAa 甯 00004916 0.0623/万 98.7223%	No:05262 U+0834F 荏 00004915 0.0623/万 98.7229%	No:05263 U+067B7 枷 00004914 0.0623/万 98.7236%	No:05264 U+08F5F 轟 00004912 0.0622/万 98.7242%	No:05265 U+08629 蘩 00004905 0.0621/万 98.7248%	No:05266 ,U+08AC9 諉 00004904 0.0621/万 98.7254%	No:05267 U+05861 塡 00004902 0.0621/万 98.7260%	No:05268 U+06FC7 濇 00004900 0.0621/万 98.7267%	No:05269 U+067DD 柝 00004898 0.0621/万 98.7273%	No:05270 U+05075 偵 00004895 0.0620/万 98.7279%
No:05271 U+EE0 耖 00004895 0.0620/万 98.7285%	No:05272 U+0786B 硫 00004892 0.0620/万 98.7292%	No:05273 U+07C72 籲 00004891 0.0620/万 98.7298%	No:05274 U+08901 褁 00004889 0.0619/万 98.7304%	No:05275 U+090C5 郅 00004883 0.0619/万 98.7310%	No:05276 U+06344 捄 00004882 0.0619/万 98.7316%	No:05277 U+04192 䆒 00004878 0.0618/万 98.7322%	No:05278 U+0538E 厎 00004873 0.0617/万 98.7329%	No:05279 U+095A5 閥 00004871 0.0617/万 98.7335%	No:05280 U+05293 劓 00004870 0.0617/万 98.7341%
No:05281 U+09031 週 00004870 0.0617/万 98.7347%	No:05282 U+08300 茀 00004869 0.0617/万 98.7353%	No:05283 U+0564E 噎 00004867 0.0617/万 98.7366%	No:05284 U+09BAA 鮪 00004867 0.0617/万 98.7360%	No:05285 U+060B0 悰 00004866 0.0617/万 98.7372%	No:05286 U+07147 煇 00004866 0.0617/万 98.7378%	No:05287 U+09739 霹 00004864 0.0616/万 98.7384%	No:05288 U+07B51 筑 00004863 0.0616/万 98.7390%	No:05289 U+07DF1 緱 00004862 0.0616/万 98.7397%	No:05290 U+078AD 碭 00004857 0.0615/万 98.7403%
No:05291 U+05216 刖 00004856 0.0615/万 98.7409%	No:05292 U+05D6F 嵯 00004855 0.0615/万 98.7415%	No:05293 U+06DEC 淬 00004850 0.0614/万 98.7421%	No:05294 U+072E0 狠 00004845 0.0614/万 98.7427%	No:05295 U+09A3E 騾 00004844 0.0614/万 98.7433%	No:05296 U+0EB7A 應 00004843 0.0614/万 98.7440%	No:05297 U+06E7C 湼 00004840 0.0613/万 98.7446%	No:05298 U+0759D 疝 00004839 0.0613/万 98.7452%	No:05299 U+06670 晰 00004836 0.0613/万 98.7458%	No:05300 U+08941 襁 00004835 0.0613/万 98.7464%

No:05301 U+08B54 譔 00004833 0.0612/万 98.7470%	No:05302 U+07600 瘀 00004831 0.0612/万 98.7476%	No:05303 U+06710 朐 00004830 0.0612/万 98.7482%	No:05304 U+08E42 蹂 00004828 0.0612/万 98.7489%	No:05305 U+0756C 畬 00004827 0.0612/万 98.7495%	No:05306 U+08AB9 誹 00004819 0.0611/万 98.7501%	No:05307 U+E78 黎 00004818 0.0610/万 98.7507%	No:05308 U+067DE 柞 00004815 0.0610/万 98.7513%	No:05309 U+066A0 暠 00004814 0.0610/万 98.7519%	No:05310 U+0705D 灝 00004811 0.0610/万 98.7525%
No:05311 U+06918 椘 00004810 0.0609/万 98.7531%	No:05312 U+06428 搨 00004808 0.0609/万 98.7537%	No:05313 U+088B5 袵 00004808 0.0609/万 98.7544%	No:05314 U+064E0 擠 00004789 0.0607/万 98.7550%	No:05315 U+09870 顰 00004788 0.0607/万 98.7556%	No:05316 U+050C2 僂 00004785 0.0606/万 98.7562%	No:05317 U+0518F 冏 00004785 0.0606/万 98.7568%	No:05318 U+07329 猩 00004772 0.0605/万 98.7574%	No:05319 U+07897 碗 00004766 0.0604/万 98.7580%	No:05320 U+067B2 枲 00004763 0.0603/万 98.7586%
No:05321 U+06DD9 淙 00004757 0.0603/万 98.7598%	No:05322 U+093C1 鏁 00004757 0.0603/万 98.7592%	No:05323 U+0980E 頎 00004752 0.0602/万 98.7604%	No:05324 U+08556 蕖 00004748 0.0602/万 98.7610%	No:05325 U+08E90 躐 00004748 0.0602/万 98.7616%	No:05326 U+08C8A 貊 00004746 0.0601/万 98.7622%	No:05327 U+073E9 珩 00004744 0.0601/万 98.7634%	No:05328 U+079EB 秫 00004744 0.0601/万 98.7628%	No:05329 U+068DA 棚 00004743 0.0601/万 98.7646%	No:05330 U+07DF9 緹 00004743 0.0601/万 98.7640%
No:05331 U+06EB1 溱 00004739 0.0600/万 98.7652%	No:05332 U+09375 鍵 00004730 0.0599/万 98.7658%	No:05333 U+03EAF 美 00004725 0.0599/万 98.7664%	No:05334 U+058CC 壌 00004724 0.0599/万 98.7670%	No:05335 U+08ACF 諏 00004723 0.0598/万 98.7676%	No:05336 U+083C5 菅 00004719 0.0598/万 98.7682%	No:05337 U+054AC 咬 00004718 0.0598/万 98.7688%	No:05338 U+07196 熖 00004718 0.0598/万 98.7694%	No:05339 U+065D0 旐 00004716 0.0598/万 98.7700%	No:05340 U+07662 癢 00004714 0.0597/万 98.7706%
No:05341 U+07DE0 締 00004713 0.0597/万 98.7712%	No:05342 U+05ECF 廏 00004703 0.0596/万 98.7718%	No:05343 U+0798A 禊 00004702 0.0596/万 98.7730%	No:05344 U+07BD9 篙 00004702 0.0596/万 98.7724%	No:05345 U+09B92 鮒 00004698 0.0595/万 98.7736%	No:05346 U+064FA 擺 00004696 0.0595/万 98.7742%	No:05347 U+0697C 楼 00004695 0.0595/万 98.7748%	No:05348 U+05C14 尔 00004694 0.0595/万 98.7754%	No:05349 U+0532F 匯 00004689 0.0594/万 98.7760%	No:05350 U+067DF 柟 00004686 0.0594/万 98.7766%
No:05351 U+06FA1 澡 00004685 0.0594/万 98.7772%	No:05352 U+06CE1 泡 00004684 0.0593/万 98.7789%	No:05353 U+075A5 疥 00004684 0.0593/万 98.7783%	No:05354 U+EBD 冄 00004684 0.0593/万 98.7777%	No:05355 U+08A22 訢 00004681 0.0593/万 98.7795%	No:05356 U+05B40 孀 00004680 0.0593/万 98.7801%	No:05357 U+0750E 甎 00004680 0.0593/万 98.7807%	No:05358 U+098EE 飮 00004679 0.0593/万 98.7813%	No:05359 U+04E48 么 00004678 0.0593/万 98.7819%	No:05360 U+08500 蔀 00004671 0.0592/万 98.7825%
No:05361 U+05E1A 帚 00004667 0.0591/万 98.7831%	No:05362 U+08558 蕘 00004667 0.0591/万 98.7843%	No:05363 U+08DCE 跎 00004667 0.0591/万 98.7837%	No:05364 U+05D22 崢 00004666 0.0591/万 98.7849%	No:05365 U+0547B 呻 00004660 0.0590/万 98.7855%	No:05366 U+07A60 穠 00004660 0.0590/万 98.7860%	No:05367 U+0705E 灞 00004655 0.0590/万 98.7866%	No:05368 U+09C60 鱠 00004654 0.0590/万 98.7872%	No:05369 U+090DF 郟 00004650 0.0589/万 98.7878%	No:05370 U+04093 䂓 00004649 0.0589/万 98.7884%
No:05371 U+06380 掀 00004647 0.0589/万 98.7896%	No:05372 U+09079 遹 00004647 0.0589/万 98.7890%	No:05373 U+05DCB 巋 00004642 0.0588/万 98.7902%	No:05374 U+0808B 肋 00004641 0.0588/万 98.7913%	No:05375 U+EA7 選 00004641 0.0588/万 98.7908%	No:05376 U+06A23 樣 00004635 0.0587/万 98.7925%	No:05377 U+084B9 蒹 00004635 0.0587/万 98.7919%	No:05378 U+071C9 燉 00004634 0.0587/万 98.7931%	No:05379 U+077D7 矗 00004634 0.0587/万 98.7943%	No:05380 U+0910A 鄊 00004634 0.0587/万 98.7937%
No:05381 U+05C4E 屎 00004633 0.0587/万 98.7949%	No:05382 U+07A86 窆 00004627 0.0586/万 98.7955%	No:05383 U+08D67 赧 00004623 0.0586/万 98.7960%	No:05384 U+09955 饕 00004615 0.0585/万 98.7966%	No:05385 U+081D3 臓 00004607 0.0584/万 98.7972%	No:05386 U+057F8 埸 00004598 0.0583/万 98.7978%	No:05387 U+07704 眄 00004598 0.0583/万 98.7984%	No:05388 U+051D1 凑 00004596 0.0582/万 98.7990%	No:05389 U+06CEB 泫 00004596 0.0582/万 98.7995%	No:05390 U+073FD 珽 00004595 0.0582/万 98.8001%
No:05391 U+087AB 螫 00004589 0.0581/万 98.8007%	No:05392 U+063C4 揄 00004586 0.0581/万 98.8013%	No:05393 U+064FF 擿 00004585 0.0581/万 98.8019%	No:05394 U+07E1F 縟 00004583 0.0581/万 98.8030%	No:05395 U+084A8 蒨 00004583 0.0581/万 98.8025%	No:05396 U+09705 霅 00004573 0.0579/万 98.8036%	No:05397 U+05820 堠 00004572 0.0579/万 98.8042%	No:05398 U+08351 荑 00004563 0.0578/万 98.8048%	No:05399 U+053AA 厪 00004562 0.0578/万 98.8054%	No:05400 U+077CD 矍 00004555 0.0577/万 98.8059%

No:05401 U+04E32 串 00004552 0.0577/万 98.8065%	No:05402 U+0912F 鄱 00004549 0.0576/万 98.8071%	No:05403 U+099DB 駛 00004542 0.0575/万 98.8077%	No:05404 U+06EC9 滉 00004536 0.0575/万 98.8082%	No:05405 U+06478 摸 00004535 0.0575/万 98.8088%	No:05406 U+059E8 姨 00004533 0.0574/万 98.8094%	No:05407 U+0563F 嘿 00004528 0.0574/万 98.8100%	No:05408 U+08146 腆 00004526 0.0573/万 98.8105%	No:05409 U+05232 刲 00004525 0.0573/万 98.8111%	No:05410 U+05588 喈 00004522 0.0573/万 98.8117%
No:05411 U+066EC 曬 00004515 0.0572/万 98.8123%	No:05412 U+0630D 挍 00004513 0.0572/万 98.8128%	No:05413 U+066D6 曖 00004511 0.0572/万 98.8134%	No:05414 U+080E4 胤 00004506 0.0571/万 98.8145%	No:05415 U+097DE 韞 00004506 0.0571/万 98.8140%	No:05416 U+07526 甦 00004505 0.0571/万 98.8157%	No:05417 U+098BC 颼 00004505 0.0571/万 98.8151%	No:05418 U+05666 噦 00004499 0.0570/万 98.8163%	No:05419 U+058DA 壚 00004497 0.0570/万 98.8168%	No:05420 U+04896 䢖 00004496 0.0570/万 98.8174%
No:05421 U+081E0 臠 00004495 0.0569/万 98.8180%	No:05422 U+05729 圩 00004494 0.0569/万 98.8185%	No:05423 U+0873A 蜺 00004491 0.0569/万 98.8191%	No:05424 U+059D9 姙 00004482 0.0568/万 98.8197%	No:05425 U+066DB 曛 00004475 0.0567/万 98.8202%	No:05426 U+08594 薔 00004468 0.0566/万 98.8208%	No:05427 U+05D4C 嵌 00004467 0.0566/万 98.8214%	No:05428 U+04F5F 佟 00004466 0.0566/万 98.8219%	No:05429 U+0737A 獺 00004465 0.0566/万 98.8225%	No:05430 U+0501C 倜 00004464 0.0566/万 98.8231%
No:05431 U+0684E 桎 00004464 0.0566/万 98.8236%	No:05432 U+06777 杷 00004462 0.0565/万 98.8242%	No:05433 U+06033 怳 00004458 0.0565/万 98.8248%	No:05434 U+05910 夐 00004457 0.0565/万 98.8253%	No:05435 U+06250 扐 00004457 0.0565/万 98.8259%	No:05436 U+05B0B 嬋 00004455 0.0564/万 98.8265%	No:05437 U+06384 掄 00004452 0.0564/万 98.8270%	No:05438 U+074A8 璨 00004449 0.0564/万 98.8276%	No:05439 U+08451 葑 00004438 0.0562/万 98.8282%	No:05440 U+05F39 弹 00004437 0.0562/万 98.8293%
No:05441 U+067FF 柿 00004437 0.0562/万 98.8287%	No:05442 U+06AEC 櫬 00004436 0.0562/万 98.8298%	No:05443 U+07D99 継 00004435 0.0562/万 98.8304%	No:05444 U+08482 蒂 00004435 0.0562/万 98.8310%	No:05445 U+063F7 揷 00004429 0.0561/万 98.8315%	No:05446 U+067F7 柷 00004427 0.0561/万 98.8321%	No:05447 U+08CED 賭 00004425 0.0561/万 98.8332%	No:05448 U+09C49 鱉 00004425 0.0561/万 98.8326%	No:05449 U+09ED8 默 00004421 0.0560/万 98.8338%	No:05450 U+077AD 瞭 00004418 0.0560/万 98.8343%
No:05451 U+06963 楣 00004410 0.0559/万 98.8349%	No:05452 U+06EF2 滲 00004410 0.0559/万 98.8354%	No:05453 U+05634 嘴 00004408 0.0558/万 98.8360%	No:05454 U+05807 堇 00004407 0.0558/万 98.8366%	No:05455 U+07E62 繢 00004407 0.0558/万 98.8371%	No:05456 U+04E3A 为 00004406 0.0558/万 98.8377%	No:05457 U+0EAA1 灰 00004404 0.0558/万 98.8382%	No:05458 U+0763C 瘼 00004402 0.0558/万 98.8388%	No:05459 U+05379 卹 00004399 0.0557/万 98.8394%	No:05460 U+0750D 甍 00004396 0.0557/万 98.8405%
No:05461 U+0EB8E 弦 00004396 0.0557/万 98.8399%	No:05462 U+09EAF 麯 00004391 0.0556/万 98.8410%	No:05463 U+09661 陡 00004389 0.0556/万 98.8416%	No:05464 U+08E23 踣 00004388 0.0556/万 98.8421%	No:05465 U+06ADD 櫝 00004385 0.0556/万 98.8427%	No:05466 U+059DD 姝 00004384 0.0555/万 98.8433%	No:05467 U+08768 蝨 00004380 0.0555/万 98.8438%	No:05468 U+093D1 鏑 00004379 0.0555/万 98.8444%	No:05469 U+0520E 刎 00004375 0.0554/万 98.8449%	No:05470 U+06460 摠 00004374 0.0554/万 98.8455%
No:05471 U+06376 捶 00004372 0.0554/万 98.8460%	No:05472 U+0945A 鑚 00004371 0.0554/万 98.8466%	No:05473 U+07F7D 罽 00004370 0.0554/万 98.8471%	No:05474 U+06DDB 淛 00004368 0.0553/万 98.8477%	No:05475 U+072D9 狙 00004367 0.0553/万 98.8482%	No:05476 U+05770 坰 00004362 0.0553/万 98.8488%	No:05477 U+08640 虀 00004359 0.0552/万 98.8499%	No:05478 U+09774 靴 00004359 0.0552/万 98.8493%	No:05479 U+079D6 秖 00004358 0.0552/万 98.8505%	No:05480 U+0947D 鑽 00004358 0.0552/万 98.8510%
No:05481 U+08E91 躑 00004356 0.0552/万 98.8516%	No:05482 U+046D5 䛕 00004354 0.0552/万 98.8521%	No:05483 U+081B4 膴 00004345 0.0550/万 98.8527%	No:05484 U+08A15 訕 00004344 0.0550/万 98.8532%	No:05485 U+0EC38 栢 00004343 0.0550/万 98.8538%	No:05486 U+06B58 歘 00004338 0.0550/万 98.8543%	No:05487 U+06192 憒 00004334 0.0549/万 98.8549%	No:05488 U+05DAE 嶮 00004332 0.0549/万 98.8554%	No:05489 U+090B4 邴 00004331 0.0549/万 98.8560%	No:05490 U+05ABE 媾 00004330 0.0549/万 98.8565%
No:05491 U+064BE 撾 00004323 0.0548/万 98.8571%	No:05492 U+06905 椅 00004322 0.0548/万 98.8576%	No:05493 U+05257 剗 00004314 0.0547/万 98.8587%	No:05494 U+09E0E 鸎 00004314 0.0547/万 98.8582%	No:05495 U+073B3 玳 00004306 0.0546/万 98.8592%	No:05496 U+08B07 謇 00004306 0.0546/万 98.8598%	No:05497 U+069FF 槿 00004305 0.0545/万 98.8603%	No:05498 U+077DA 矚 00004305 0.0545/万 98.8609%	No:05499 U+07A42 穂 00004301 0.0545/万 98.8614%	No:05500 U+079E7 秧 00004299 0.0545/万 98.8620%

No:05501 U+078FE 磾 00004298 0.0545/万 98.8625%	No:05502 U+07B8F 箏 00004295 0.0544/万 98.8631%	No:05503 U+07FB6 羶 00004293 0.0544/万 98.8636%	No:05504 U+08A6B 詫 00004292 0.0544/万 98.8642%	No:05505 U+09AE9 髩 00004291 0.0544/万 98.8647%	No:05506 U+079F0 称 00004288 0.0543/万 98.8652%	No:05507 U+04E30 丰 00004286 0.0543/万 98.8658%	No:05508 U+07AB6 窶 00004275 0.0542/万 98.8663%	No:05509 U+0530D 匍 00004273 0.0541/万 98.8669%	No:05510 U+0776B 睫 00004273 0.0541/万 98.8680%
No:05511 U+083A0 莠 00004273 0.0541/万 98.8674%	No:05512 U+091D7 釗 00004272 0.0541/万 98.8685%	No:05513 U+069E8 槨 00004266 0.0540/万 98.8690%	No:05514 U+07985 禅 00004263 0.0540/万 98.8696%	No:05515 U+07C5C 籜 00004260 0.0540/万 98.8701%	No:05516 U+06ADC 櫜 00004257 0.0539/万 98.8707%	No:05517 U+0600E 怎 00004256 0.0539/万 98.8717%	No:05518 U+096A4 隤 00004256 0.0539/万 98.8712%	No:05519 U+09AFD 髽 00004253 0.0539/万 98.8723%	No:05520 U+08E4C 蹌 00004252 0.0539/万 98.8728%
No:05521 U+07215 爕 00004243 0.0538/万 98.8733%	No:05522 U+06D39 洹 00004242 0.0537/万 98.8744%	No:05523 U+09090 邐 00004242 0.0537/万 98.8739%	No:05524 U+08347 荇 00004235 0.0537/万 98.8750%	No:05525 U+050E6 僦 00004234 0.0536/万 98.8755%	No:05526 U+08283 芃 00004229 0.0536/万 98.8760%	No:05527 U+07A7D 穽 00004228 0.0536/万 98.8766%	No:05528 U+0753F 甿 00004226 0.0535/万 98.8771%	No:05529 U+08193 膓 00004225 0.0535/万 98.8776%	No:05530 U+09654 陔 00004222 0.0535/万 98.8782%
No:05531 U+07635 瘵 00004220 0.0535/万 98.8787%	No:05532 U+08473 葳 00004219 0.0534/万 98.8798%	No:05533 U+0EDAB 紘 00004219 0.0534/万 98.8792%	No:05534 U+0755A 畚 00004218 0.0534/万 98.8803%	No:05535 U+080BB 肻 00004218 0.0534/万 98.8809%	No:05536 U+096B2 隲 00004213 0.0534/万 98.8814%	No:05537 U+08806 蠆 00004209 0.0533/万 98.8819%	No:05538 U+061C3 懃 00004206 0.0533/万 98.8825%	No:05539 U+074B5 璵 00004204 0.0533/万 98.8835%	No:05540 U+09DA1 鶡 00004204 0.0533/万 98.8830%
No:05541 U+070D8 烘 00004203 0.0532/万 98.8841%	No:05542 U+06690 暐 00004198 0.0532/万 98.8846%	No:05543 U+095D6 闖 00004194 0.0531/万 98.8851%	No:05544 U+056C0 囀 00004193 0.0531/万 98.8856%	No:05545 U+06BAE 殮 00004193 0.0531/万 98.8862%	No:05546 U+05A03 娃 00004192 0.0531/万 98.8867%	No:05547 U+0896F 襯 00004192 0.0531/万 98.8872%	No:05548 U+07E89 纉 00004190 0.0531/万 98.8878%	No:05549 U+07E56 織 00004189 0.0531/万 98.8883%	No:05550 U+06681 晓 00004185 0.0530/万 98.8888%
No:05551 U+076BF 皿 00004183 0.0530/万 98.8894%	No:05552 U+06DE6 淦 00004182 0.0530/万 98.8899%	No:05553 U+076CC 盌 00004182 0.0530/万 98.8904%	No:05554 U+08093 肓 00004182 0.0530/万 98.8910%	No:05555 U+0631F 挟 00004181 0.0530/万 98.8915%	No:05556 U+073A6 玦 00004178 0.0529/万 98.8920%	No:05557 U+05226 刦 00004177 0.0529/万 98.8925%	No:05558 U+05F89 徉 00004176 0.0529/万 98.8931%	No:05559 U+0663A 昺 00004175 0.0529/万 98.8936%	No:05560 U+06C24 氤 00004174 0.0529/万 98.8941%
No:05561 U+06CAC 沬 00004169 0.0528/万 98.8947%	No:05562 U+073CA 珊 00004169 0.0528/万 98.8952%	No:05563 U+05DB2 嶲 00004168 0.0528/万 98.8957%	No:05564 U+06BD6 毖 00004168 0.0528/万 98.8962%	No:05565 U+0712F 焯 00004167 0.0528/万 98.8968%	No:05566 U+0627A 扺 00004165 0.0528/万 98.8973%	No:05567 U+05A9B 媛 00004159 0.0527/万 98.8978%	No:05568 U+03F5E 㽞 00004158 0.0527/万 98.8984%	No:05569 U+06AFA 櫺 00004157 0.0527/万 98.8989%	No:05570 U+0854B 蕋 00004156 0.0526/万 98.8994%
No:05571 U+08393 莓 00004155 0.0526/万 98.8999%	No:05572 U+08E70 蹰 00004153 0.0526/万 98.9005%	No:05573 U+09EDD 黝 00004151 0.0526/万 98.9010%	No:05574 U+06729 朩 00004148 0.0525/万 98.9015%	No:05575 U+058FC 壼 00004147 0.0525/万 98.9020%	No:05576 U+097D9 韙 00004145 0.0525/万 98.9026%	No:05577 U+EBB 却 00004145 0.0525/万 98.9031%	No:05578 U+09BE2 鯢 00004144 0.0525/万 98.9036%	No:05579 U+08561 蕡 00004140 0.0524/万 98.9041%	No:05580 U+097B6 鞶 00004139 0.0524/万 98.9047%
No:05581 U+090BD 邽 00004133 0.0524/万 98.9052%	No:05582 U+067B5 枵 00004132 0.0523/万 98.9057%	No:05583 U+077DF 矟 00004128 0.0523/万 98.9062%	No:05584 U+0934B 鍋 00004128 0.0523/万 98.9068%	No:05585 U+08C94 貔 00004127 0.0523/万 98.9073%	No:05586 U+07E59 繙 00004126 0.0523/万 98.9078%	No:05587 U+0EDBB 繼 00004121 0.0522/万 98.9083%	No:05588 U+07CB3 粳 00004113 0.0521/万 98.9089%	No:05589 U+0703C 瀼 00004111 0.0521/万 98.9094%	No:05590 U+05533 唳 00004110 0.0521/万 98.9099%
No:05591 U+07C43 籃 00004109 0.0521/万 98.9104%	No:05592 U+065DB 旛 00004107 0.0520/万 98.9109%	No:05593 U+07027 瀧 00004096 0.0519/万 98.9115%	No:05594 U+064A9 撩 00004095 0.0519/万 98.9120%	No:05595 U+08E93 躓 00004094 0.0519/万 98.9125%	No:05596 U+069CA 槊 00004093 0.0519/万 98.9130%	No:05597 U+082FE 苾 00004092 0.0518/万 98.9135%	No:05598 U+08774 蝴 00004091 0.0518/万 98.9141%	No:05599 U+05AA7 媧 00004088 0.0518/万 98.9146%	No:05600 U+087C7 蟇 00004088 0.0518/万 98.9151%

No:05601 U+082EB 苫 00004086 0.0518/万 98.9156%	No:05602 U+070DC 烜 00004085 0.0517/万 98.9161%	No:05603 U+07615 瘕 00004083 0.0517/万 98.9166%	No:05604 U+06171 慱 00004078 0.0517/万 98.9172%	No:05605 U+0EA7B 冡 00004077 0.0516/万 98.9177%	No:05606 U+07E35 縵 00004075 0.0516/万 98.9182%	No:05607 U+0943A 鐺 00004074 0.0516/万 98.9187%	No:05608 U+058F7 壷 00004068 0.0515/万 98.9192%	No:05609 U+083DF 菟 00004068 0.0515/万 98.9197%	No:05610 U+08661 虡 00004068 0.0515/万 98.9203%
No:05611 U+051AA 冪 00004067 0.0515/万 98.9208%	No:05612 U+09DF2 鷲 00004059 0.0514/万 98.9213%	No:05613 U+076A4 皤 00004058 0.0514/万 98.9218%	No:05614 U+07CDD 糝 00004058 0.0514/万 98.9223%	No:05615 U+0736E 獮 00004056 0.0514/万 98.9228%	No:05616 U+08918 褘 00004055 0.0514/万 98.9233%	No:05617 U+07934 礴 00004054 0.0514/万 98.9239%	No:05618 U+06410 搐 00004052 0.0513/万 98.9244%	No:05619 U+06F87 澇 00004051 0.0513/万 98.9249%	No:05620 U+0800B 耋 00004051 0.0513/万 98.9254%
No:05621 U+0832D 茭 00004049 0.0513/万 98.9259%	No:05622 U+08709 蜉 00004049 0.0513/万 98.9264%	No:05623 U+06173 慳 00004045 0.0512/万 98.9269%	No:05624 U+05220 删 00004038 0.0512/万 98.9275%	No:05625 U+0659A 斚 00004035 0.0511/万 98.9285%	No:05626 U+08052 聒 00004035 0.0511/万 98.9280%	No:05627 U+08461 葡 00004028 0.0510/万 98.9290%	No:05628 U+0683B 栻 00004026 0.0510/万 98.9295%	No:05629 U+08E1F 踟 00004023 0.0510/万 98.9300%	No:05630 U+072FD 狽 00004021 0.0509/万 98.9305%
No:05631 U+05D06 崆 00004018 0.0509/万 98.9310%	No:05632 U+0717D 煽 00004015 0.0509/万 98.9315%	No:05633 U+04EB0 亰 00004014 0.0508/万 98.9320%	No:05634 U+041B3 䆳 00004013 0.0508/万 98.9331%	No:05635 U+E9F 歆 00004013 0.0508/万 98.9326%	No:05636 U+04F97 侗 00004012 0.0508/万 98.9336%	No:05637 U+0638A 掊 00004011 0.0508/万 98.9341%	No:05638 U+064BF 撿 00004010 0.0508/万 98.9346%	No:05639 U+07DAB 綫 00004006 0.0507/万 98.9351%	No:05640 U+0755B 畛 00004004 0.0507/万 98.9356%
No:05641 U+07F38 缸 00004003 0.0507/万 98.9361%	No:05642 U+E6F 庚 00004002 0.0507/万 98.9366%	No:05643 U+07BE1 篡 00003995 0.0506/万 98.9371%	No:05644 U+07DCC 緌 00003995 0.0506/万 98.9376%	No:05645 U+08445 葅 00003990 0.0505/万 98.9381%	No:05646 U+056EF 国 00003986 0.0505/万 98.9386%	No:05647 U+082D2 苒 00003978 0.0504/万 98.9391%	No:05648 U+05E15 帕 00003977 0.0504/万 98.9397%	No:05649 U+0621B 戛 00003977 0.0504/万 98.9402%	No:05650 U+06D65 浥 00003975 0.0504/万 98.9412%
No:05651 U+0766D 癭 00003975 0.0504/万 98.9417%	No:05652 U+09DF0 鷰 00003975 0.0504/万 98.9407%	No:05653 U+0744A 瑊 00003971 0.0503/万 98.9422%	No:05654 U+06FF0 濰 00003968 0.0503/万 98.9432%	No:05655 U+EAa 悪 00003968 0.0503/万 98.9427%	No:05656 U+05851 塑 00003967 0.0503/万 98.9442%	No:05657 U+059A4 妤 00003967 0.0503/万 98.9437%	No:05658 U+06DC0 淀 00003966 0.0502/万 98.9447%	No:05659 U+084FD 蓽 00003965 0.0502/万 98.9452%	No:05660 U+066A6 曆 00003963 0.0502/万 98.9457%
No:05661 U+090DC 郜 00003962 0.0502/万 98.9467%	No:05662 U+E2B 宽 00003962 0.0502/万 98.9462%	No:05663 U+09E1D 鸝 00003960 0.0502/万 98.9472%	No:05664 U+06BAA 殪 00003957 0.0501/万 98.9477%	No:05665 U+0584C 塌 00003955 0.0501/万 98.9482%	No:05666 U+07A85 窅 00003951 0.0501/万 98.9487%	No:05667 U+06B54 歔 00003947 0.0500/万 98.9492%	No:05668 U+06CF1 泱 00003944 0.0500/万 98.9497%	No:05669 U+076BA 皺 00003942 0.0499/万 98.9502%	No:05670 U+08823 蠣 00003939 0.0499/万 98.9512%
No:05671 U+09768 靨 00003939 0.0499/万 98.9507%	No:05672 U+07DD7 緗 00003938 0.0499/万 98.9527%	No:05673 U+08304 茄 00003938 0.0499/万 98.9522%	No:05674 U+0973E 霾 00003938 0.0499/万 98.9517%	No:05675 U+060CB 惋 00003937 0.0499/万 98.9532%	No:05676 U+08221 舡 00003933 0.0498/万 98.9537%	No:05677 U+07480 璀 00003927 0.0497/万 98.9547%	No:05678 U+0828A 芊 00003927 0.0497/万 98.9542%	No:05679 U+06251 扑 00003922 0.0497/万 98.9552%	No:05680 U+08CF8 賸 00003921 0.0497/万 98.9557%
No:05681 U+E43 棘 00003917 0.0496/万 98.9562%	No:05682 U+08160 腠 00003909 0.0495/万 98.9567%	No:05683 U+08F33 輳 00003906 0.0495/万 98.9572%	No:05684 U+06EB2 溲 00003903 0.0494/万 98.9577%	No:05685 U+0647D 摽 00003899 0.0494/万 98.9582%	No:05686 U+08D81 趁 00003899 0.0494/万 98.9587%	No:05687 U+06AF3 櫳 00003891 0.0493/万 98.9592%	No:05688 U+064F7 擷 00003886 0.0492/万 98.9596%	No:05689 U+075CD 痍 00003882 0.0492/万 98.9601%	No:05690 U+0515C 兜 00003879 0.0491/万 98.9606%
No:05691 U+05704 圄 00003879 0.0491/万 98.9611%	No:05692 U+075FC 痼 00003878 0.0491/万 98.9616%	No:05693 U+05D93 嶓 00003873 0.0491/万 98.9621%	No:05694 U+072C1 狁 00003873 0.0491/万 98.9626%	No:05695 U+05C3F 尿 00003872 0.0490/万 98.9631%	No:05696 U+05283 劃 00003871 0.0490/万 98.9636%	No:05697 U+06554 敔 00003871 0.0490/万 98.9641%	No:05698 U+072F7 狷 00003866 0.0490/万 98.9646%	No:05699 U+06A59 橙 00003864 0.0489/万 98.9650%	No:05700 U+07D86 綆 00003860 0.0489/万 98.9655%

No:05701 U+05D17 崗 00003859 0.0489/万 98.9660%	No:05702 U+0697D 楽 00003854 0.0488/万 98.9665%	No:05703 U+083D8 菘 00003853 0.0488/万 98.9670%	No:05704 U+06FFC 濼 00003851 0.0488/万 98.9675%	No:05705 U+07725 眥 00003850 0.0488/万 98.9680%	No:05706 U+05EFD 廽 00003848 0.0487/万 98.9690%	No:05707 U+09D52 鵒 00003848 0.0487/万 98.9685%	No:05708 U+05CE1 峡 00003846 0.0487/万 98.9694%	No:05709 U+06229 戩 00003846 0.0487/万 98.9699%	No:05710 U+068E8 棨 00003843 0.0487/万 98.9704%
No:05711 U+060FA 惺 00003842 0.0487/万 98.9714%	No:05712 U+0EA76 肉 00003842 0.0487/万 98.9709%	No:05713 U+0848B 蒋 00003841 0.0487/万 98.9719%	No:05714 U+08852 衒 00003839 0.0486/万 98.9724%	No:05715 U+0EC57 歌 00003838 0.0486/万 98.9729%	No:05716 U+05F59 彙 00003836 0.0486/万 98.9733%	No:05717 U+07146 煆 00003836 0.0486/万 98.9738%	No:05718 U+0846B 葫 00003835 0.0486/万 98.9748%	No:05719 U+098C7 飇 00003835 0.0486/万 98.9743%	No:05720 U+0539D 厝 00003831 0.0485/万 98.9758%
No:05721 U+05492 咒 00003831 0.0485/万 98.9753%	No:05722 U+05E28 帨 00003829 0.0485/万 98.9763%	No:05723 U+0935C 鍜 00003826 0.0485/万 98.9767%	No:05724 U+0795F 祟 00003824 0.0484/万 98.9772%	No:05725 U+04734 䜴 00003818 0.0484/万 98.9777%	No:05726 U+07FE3 翣 00003818 0.0484/万 98.9787%	No:05727 U+09364 鍤 00003818 0.0484/万 98.9782%	No:05728 U+09471 鑱 00003816 0.0483/万 98.9792%	No:05729 U+0374E 㝎 00003815 0.0483/万 98.9796%	No:05730 U+0826B 艫 00003815 0.0483/万 98.9801%
No:05731 U+08494 蒔 00003813 0.0483/万 98.9806%	No:05732 U+07D8D 綍 00003812 0.0483/万 98.9816%	No:05733 U+09DC2 鷂 00003812 0.0483/万 98.9811%	No:05734 U+09915 餕 00003810 0.0483/万 98.9821%	No:05735 U+07D88 綈 00003809 0.0483/万 98.9825%	No:05736 U+057CF 埏 00003808 0.0482/万 98.9830%	No:05737 U+07F58 罘 00003807 0.0482/万 98.9835%	No:05738 U+06AA0 檠 00003804 0.0482/万 98.9840%	No:05739 U+067E2 柢 00003802 0.0482/万 98.9845%	No:05740 U+07D3C 紼 00003799 0.0481/万 98.9850%
No:05741 U+064C4 擄 00003797 0.0481/万 98.9859%	No:05742 U+07DBB 綻 00003797 0.0481/万 98.9864%	No:05743 U+08F1E 輞 00003797 0.0481/万 98.9854%	No:05744 U+07231 爱 00003796 0.0481/万 98.9869%	No:05745 U+090FF 郿 00003796 0.0481/万 98.9874%	No:05746 U+07DFB 緻 00003795 0.0481/万 98.9883%	No:05747 U+0EB17 姖 00003795 0.0481/万 98.9878%	No:05748 U+07207 爇 00003794 0.0481/万 98.9888%	No:05749 U+06F31 漱 00003792 0.0480/万 98.9893%	No:05750 U+093DC 鏜 00003791 0.0480/万 98.9902%
No:05751 U+EB6 候 00003791 0.0480/万 98.9898%	No:05752 U+09C63 鱣 00003787 0.0480/万 98.9907%	No:05753 U+07B69 筩 00003786 0.0480/万 98.9912%	No:05754 U+09742 靂 00003782 0.0479/万 98.9917%	No:05755 U+067B9 枹 00003780 0.0479/万 98.9922%	No:05756 U+068FC 棼 00003780 0.0479/万 98.9926%	No:05757 U+08E8A 躊 00003778 0.0479/万 98.9931%	No:05758 U+07D09 紉 00003777 0.0478/万 98.9936%	No:05759 U+070F1 烔 00003774 0.0478/万 98.9941%	No:05760 U+05F02 异 00003767 0.0477/万 98.9946%
No:05761 U+0461A 䘚 00003766 0.0477/万 98.9950%	No:05762 U+0600D 怍 00003766 0.0477/万 98.9955%	No:05763 U+06D98 涘 00003764 0.0477/万 98.9960%	No:05764 U+EaE 乏 00003763 0.0477/万 98.9965%	No:05765 U+0895A 襚 00003758 0.0476/万 98.9969%	No:05766 U+08EF9 軹 00003755 0.0476/万 98.9974%	No:05767 U+065DF 旟 00003751 0.0475/万 98.9984%	No:05768 U+079B4 禴 00003751 0.0475/万 98.9979%	No:05769 U+05F40 彀 00003738 0.0473/万 98.9988%	No:05770 U+08DD7 跗 00003735 0.0473/万 98.9993%
No:05771 U+097AC 鞬 00003731 0.0473/万 98.9998%	No:05772 U+09D3F 鴿 00003728 0.0472/万 99.0003%	No:05773 U+09CE7 鳧 00003724 0.0472/万 99.0007%	No:05774 U+08E87 躇 00003722 0.0471/万 99.0012%	No:05775 U+08AE0 諠 00003718 0.0471/万 99.0017%	No:05776 U+058A0 墠 00003716 0.0471/万 99.0022%	No:05777 U+0858F 薏 00003715 0.0471/万 99.0026%	No:05778 U+06FC6 濆 00003712 0.0470/万 99.0031%	No:05779 U+0584D 塍 00003710 0.0470/万 99.0036%	No:05780 U+078CB 磋 00003700 0.0469/万 99.0045%
No:05781 U+0794F 祏 00003700 0.0469/万 99.0040%	No:05782 U+076A6 皦 00003695 0.0468/万 99.0050%	No:05783 U+05B81 宁 00003694 0.0468/万 99.0054%	No:05784 U+09207 鈇 00003693 0.0468/万 99.0059%	No:05785 U+054BA 咺 00003692 0.0468/万 99.0064%	No:05786 U+04B7E 䭾 00003691 0.0468/万 99.0068%	No:05787 U+0732E 献 00003691 0.0468/万 99.0073%	No:05788 U+07B4F 筏 00003691 0.0468/万 99.0078%	No:05789 U+04FB6 侶 00003688 0.0467/万 99.0083%	No:05790 U+0509A 傚 00003687 0.0467/万 99.0087%
No:05791 U+05C61 屡 00003685 0.0467/万 99.0092%	No:05792 U+07F69 罩 00003685 0.0467/万 99.0097%	No:05793 U+08229 舩 00003685 0.0467/万 99.0101%	No:05794 U+05D24 崤 00003682 0.0466/万 99.0106%	No:05795 U+06600 昀 00003682 0.0466/万 99.0111%	No:05796 U+05FED 忭 00003679 0.0466/万 99.0115%	No:05797 U+0979E 鞞 00003678 0.0466/万 99.0120%	No:05798 U+078F5 磵 00003677 0.0466/万 99.0125%	No:05799 U+07B8E 箎 00003677 0.0466/万 99.0129%	No:05800 U+07C38 簸 00003673 0.0465/万 99.0134%

No:05801 U+063CF 描 00003671 0.0465/万 99.0138%	No:05802 U+057DC 埜 00003669 0.0465/万 99.0143%	No:05803 U+0638E 掎 00003669 0.0465/万 99.0148%	No:05804 U+06705 朅 00003666 0.0464/万 99.0157%	No:05805 U+09099 邙 00003666 0.0464/万 99.0152%	No:05806 U+0621E 戞 00003665 0.0464/万 99.0162%	No:05807 U+082A1 芡 00003661 0.0464/万 99.0171%	No:05808 U+09A4A 驊 00003661 0.0464/万 99.0166%	No:05809 U+08411 萑 00003658 0.0463/万 99.0176%	No:05810 U+07A3E 稾 00003656 0.0463/万 99.0180%
No:05811 U+08AD7 諗 00003655 0.0463/万 99.0185%	No:05812 U+07398 玘 00003650 0.0462/万 99.0194%	No:05813 U+07407 琇 00003650 0.0462/万 99.0190%	No:05814 U+09A11 騑 00003649 0.0462/万 99.0203%	No:05815 U+0EC01 數 00003649 0.0462/万 99.0199%	No:05816 U+05355 单 00003645 0.0462/万 99.0208%	No:05817 U+0935A 鍚 00003643 0.0461/万 99.0213%	No:05818 U+068D2 棒 00003642 0.0461/万 99.0217%	No:05819 U+069F3 槳 00003642 0.0461/万 99.0227%	No:05820 U+08301 茁 00003642 0.0461/万 99.0222%
No:05821 U+069B1 榱 00003640 0.0461/万 99.0231%	No:05822 U+06C69 汩 00003638 0.0461/万 99.0240%	No:05823 U+08373 荳 00003638 0.0461/万 99.0236%	No:05824 U+04F54 佔 00003637 0.0461/万 99.0245%	No:05825 U+06E54 湔 00003633 0.0460/万 99.0250%	No:05826 U+08514 蔔 00003632 0.0460/万 99.0259%	No:05827 U+0ED76 稱 00003632 0.0460/万 99.0254%	No:05828 U+0711E 焞 00003631 0.0460/万 99.0263%	No:05829 U+06939 椹 00003629 0.0460/万 99.0273%	No:05830 U+0756F 畯 00003629 0.0460/万 99.0268%
No:05831 U+08CB0 貰 00003625 0.0459/万 99.0277%	No:05832 U+068EB 棫 00003624 0.0459/万 99.0291%	No:05833 U+086A1 蚡 00003624 0.0459/万 99.0286%	No:05834 U+E63 泰 00003624 0.0459/万 99.0282%	No:05835 U+056B6 嚶 00003623 0.0459/万 99.0300%	No:05836 U+09B02 鬂 00003623 0.0459/万 99.0296%	No:05837 U+051C8 凈 00003619 0.0458/万 99.0305%	No:05838 U+05E42 幂 00003619 0.0458/万 99.0309%	No:05839 U+06E4E 湎 00003618 0.0458/万 99.0314%	No:05840 U+05288 劈 00003617 0.0458/万 99.0319%
No:05841 U+03CD9 㳙 00003616 0.0458/万 99.0323%	No:05842 U+03F97 㾗 00003610 0.0457/万 99.0328%	No:05843 U+05011 們 00003608 0.0457/万 99.0332%	No:05844 U+0902D 逭 00003607 0.0457/万 99.0337%	No:05845 U+08153 腓 00003604 0.0457/万 99.0346%	No:05846 U+09917 餗 00003604 0.0457/万 99.0341%	No:05847 U+097BE 鞾 00003602 0.0456/万 99.0351%	No:05848 U+06491 撑 00003601 0.0456/万 99.0360%	No:05849 U+08CD9 賙 00003601 0.0456/万 99.0364%	No:05850 U+E17 饕 00003601 0.0456/万 99.0355%
No:05851 U+07452 瑒 00003599 0.0456/万 99.0369%	No:05852 U+05E4C 幌 00003597 0.0456/万 99.0373%	No:05853 U+05EF3 廳 00003596 0.0455/万 99.0378%	No:05854 U+0609D 悝 00003594 0.0455/万 99.0382%	No:05855 U+054C2 哂 00003593 0.0455/万 99.0387%	No:05856 U+0642D 搭 00003593 0.0455/万 99.0392%	No:05857 U+05E80 庀 00003586 0.0454/万 99.0396%	No:05858 U+06629 昩 00003583 0.0454/万 99.0401%	No:05859 U+08C68 豨 00003575 0.0453/万 99.0405%	No:05860 U+05EB3 庳 00003573 0.0453/万 99.0410%
No:05861 U+06829 栩 00003573 0.0453/万 99.0414%	No:05862 U+07F4F 罏 00003572 0.0452/万 99.0419%	No:05863 U+05699 嚙 00003570 0.0452/万 99.0423%	No:05864 U+06652 晒 00003568 0.0452/万 99.0428%	No:05865 U+08913 褓 00003562 0.0451/万 99.0432%	No:05866 U+09F17 鼗 00003561 0.0451/万 99.0437%	No:05867 U+06787 枇 00003559 0.0451/万 99.0446%	No:05868 U+06876 桶 00003559 0.0451/万 99.0441%	No:05869 U+07D46 絆 00003559 0.0451/万 99.0450%	No:05870 U+090C7 郇 00003552 0.0450/万 99.0455%
No:05871 U+06310 挐 00003548 0.0449/万 99.0464%	No:05872 U+09871 顱 00003548 0.0449/万 99.0459%	No:05873 U+076E9 盩 00003545 0.0449/万 99.0468%	No:05874 U+04FF3 俳 00003543 0.0449/万 99.0473%	No:05875 U+06726 朦 00003543 0.0449/万 99.0477%	No:05876 U+0670F 朏 00003540 0.0448/万 99.0486%	No:05877 U+0EC93 滛 00003540 0.0448/万 99.0482%	No:05878 U+07486 璆 00003539 0.0448/万 99.0491%	No:05879 U+0ED39 監 00003537 0.0448/万 99.0495%	No:05880 U+05992 妒 00003535 0.0448/万 99.0500%
No:05881 U+0647B 摻 00003530 0.0447/万 99.0504%	No:05882 U+0858C 薌 00003525 0.0446/万 99.0509%	No:05883 U+07E9C 纜 00003524 0.0446/万 99.0513%	No:05884 U+07164 煤 00003522 0.0446/万 99.0518%	No:05885 U+08075 聵 00003519 0.0446/万 99.0522%	No:05886 U+07F4C 罌 00003517 0.0445/万 99.0527%	No:05887 U+07039 瀹 00003516 0.0445/万 99.0531%	No:05888 U+08654 虔 00003516 0.0445/万 99.0536%	No:05889 U+066BE 暾 00003515 0.0445/万 99.0540%	No:05890 U+06CAD 沭 00003514 0.0445/万 99.0544%
No:05891 U+087AF 螯 00003512 0.0445/万 99.0553%	No:05892 U+09F6A 齪 00003512 0.0445/万 99.0549%	No:05893 U+082E1 苡 00003507 0.0444/万 99.0558%	No:05894 U+08F46 轆 00003506 0.0444/万 99.0562%	No:05895 U+073BB 玻 00003505 0.0444/万 99.0567%	No:05896 U+0875F 蝟 00003504 0.0444/万 99.0571%	No:05897 U+08638 蘸 00003501 0.0443/万 99.0576%	No:05898 U+08DFC 跼 00003501 0.0443/万 99.0580%	No:05899 U+08477 葷 00003500 0.0443/万 99.0584%	No:05900 U+07D6A 絪 00003498 0.0443/万 99.0589%

No:05901 U+08715 蜕 00003497 0.0443/万 99.0593%	No:05902 U+05939 夹 00003494 0.0443/万 99.0598%	No:05903 U+069CC 槌 00003492 0.0442/万 99.0602%	No:05904 U+05440 呀 00003490 0.0442/万 99.0607%	No:05905 U+03DC0 㷀 00003485 0.0441/万 99.0611%	No:05906 U+06D94 涔 00003484 0.0441/万 99.0615%	No:05907 U+079D4 秔 00003481 0.0441/万 99.0624%	No:05908 U+08DDF 跟 00003481 0.0441/万 99.0620%	No:05909 U+05117 儗 00003480 0.0441/万 99.0629%	No:05910 U+06A1B 樛 00003479 0.0441/万 99.0633%
No:05911 U+08617 蘗 00003477 0.0440/万 99.0638%	No:05912 U+09674 陴 00003473 0.0440/万 99.0642%	No:05913 U+05394 厔 00003472 0.0440/万 99.0646%	No:05914 U+0882D 蠭 00003467 0.0439/万 99.0651%	No:05915 U+054B2 咲 00003462 0.0439/万 99.0655%	No:05916 U+0711C 焜 00003460 0.0438/万 99.0659%	No:05917 U+06092 悒 00003453 0.0437/万 99.0668%	No:05918 U+ED6 圡 00003453 0.0437/万 99.0664%	No:05919 U+06727 朧 00003452 0.0437/万 99.0673%	No:05920 U+08AF2 諲 00003450 0.0437/万 99.0677%
No:05921 U+09173 酳 00003442 0.0436/万 99.0681%	No:05922 U+05015 倕 00003440 0.0436/万 99.0686%	No:05923 U+06147 慇 00003440 0.0436/万 99.0690%	No:05924 U+06D99 涙 00003436 0.0435/万 99.0694%	No:05925 U+052D7 勗 00003435 0.0435/万 99.0699%	No:05926 U+0855E 蕞 00003433 0.0435/万 99.0703%	No:05927 U+07B90 箐 00003428 0.0434/万 99.0707%	No:05928 U+067D2 柒 00003427 0.0434/万 99.0712%	No:05929 U+EE0 陵 00003426 0.0434/万 99.0716%	No:05930 U+071A0 熠 00003424 0.0434/万 99.0721%
No:05931 U+07E7D 繽 00003420 0.0433/万 99.0725%	No:05932 U+069BC 榼 00003416 0.0433/万 99.0729%	No:05933 U+073AB 玫 00003416 0.0433/万 99.0734%	No:05934 U+09146 酆 00003415 0.0433/万 99.0738%	No:05935 U+06C14 气 00003412 0.0432/万 99.0742%	No:05936 U+05269 剩 00003409 0.0432/万 99.0747%	No:05937 U+066C1 暨 00003409 0.0432/万 99.0751%	No:05938 U+060D8 惘 00003404 0.0431/万 99.0755%	No:05939 U+085CE 藎 00003398 0.0430/万 99.0759%	No:05940 U+049FA 䧺 00003397 0.0430/万 99.0764%
No:05941 U+083C0 菀 00003395 0.0430/万 99.0768%	No:05942 U+07931 礱 00003393 0.0430/万 99.0777%	No:05943 U+07A96 窖 00003393 0.0430/万 99.0772%	No:05944 U+09B93 鮓 00003391 0.0430/万 99.0781%	No:05945 U+07C34 簴 00003389 0.0429/万 99.0785%	No:05946 U+07579 畹 00003384 0.0429/万 99.0794%	No:05947 U+0EC48 権 00003384 0.0429/万 99.0790%	No:05948 U+05E6B 幫 00003376 0.0428/万 99.0798%	No:05949 U+052F3 勳 00003373 0.0427/万 99.0802%	No:05950 U+06586 斆 00003371 0.0427/万 99.0807%
No:05951 U+08599 薙 00003371 0.0427/万 99.0811%	No:05952 U+08043 聃 00003370 0.0427/万 99.0815%	No:05953 U+0889E 袞 00003368 0.0427/万 99.0819%	No:05954 U+0649A 撚 00003366 0.0426/万 99.0824%	No:05955 U+08CC3 賃 00003364 0.0426/万 99.0828%	No:05956 U+07331 猱 00003361 0.0426/万 99.0832%	No:05957 U+090C8 郈 00003357 0.0425/万 99.0837%	No:05958 U+04F8F 侏 00003350 0.0424/万 99.0841%	No:05959 U+07E17 縗 00003350 0.0424/万 99.0845%	No:05960 U+084FA 蓺 00003347 0.0424/万 99.0849%
No:05961 U+05EA5 庥 00003346 0.0424/万 99.0854%	No:05962 U+0892B 褫 00003344 0.0424/万 99.0858%	No:05963 U+07665 癥 00003343 0.0423/万 99.0862%	No:05964 U+098BB 颻 00003340 0.0423/万 99.0866%	No:05965 U+095C9 闉 00003337 0.0423/万 99.0870%	No:05966 U+090FE 郾 00003336 0.0423/万 99.0875%	No:05967 U+03761 㝡 00003334 0.0422/万 99.0879%	No:05968 U+05C2D 尭 00003333 0.0422/万 99.0883%	No:05969 U+06168 慨 00003332 0.0422/万 99.0887%	No:05970 U+084C2 蓂 00003332 0.0422/万 99.0892%
No:05971 U+052CD 勍 00003331 0.0422/万 99.0896%	No:05972 U+03BA3 㮣 00003330 0.0422/万 99.0900%	No:05973 U+08318 茘 00003330 0.0422/万 99.0904%	No:05974 U+097E0 韠 00003329 0.0422/万 99.0908%	No:05975 U+0540A 吊 00003326 0.0421/万 99.0913%	No:05976 U+0568C 嚌 00003320 0.0420/万 99.0917%	No:05977 U+0779E 瞞 00003318 0.0420/万 99.0925%	No:05978 U+07E7B 繻 00003318 0.0420/万 99.0921%	No:05979 U+05F9C 徜 00003317 0.0420/万 99.0930%	No:05980 U+06273 扳 00003317 0.0420/万 99.0934%
No:05981 U+0617C 慼 00003312 0.0419/万 99.0942%	No:05982 U+06A1F 樟 00003312 0.0419/万 99.0938%	No:05983 U+09588 閈 00003310 0.0419/万 99.0946%	No:05984 U+07CF2 糲 00003308 0.0419/万 99.0951%	No:05985 U+09185 醅 00003302 0.0418/万 99.0955%	No:05986 U+09A41 驁 00003299 0.0418/万 99.0959%	No:05987 U+09DD6 鷖 00003292 0.0417/万 99.0963%	No:05988 U+06F82 澂 00003290 0.0417/万 99.0967%	No:05989 U+07765 睥 00003290 0.0417/万 99.0971%	No:05990 U+056F9 图 00003285 0.0416/万 99.0976%
No:05991 U+05DD7 巗 00003284 0.0416/万 99.0980%	No:05992 U+05501 唁 00003281 0.0416/万 99.0984%	No:05993 U+077C7 矇 00003276 0.0415/万 99.0988%	No:05994 U+07ADA 竚 00003271 0.0414/万 99.0992%	No:05995 U+08264 艤 00003270 0.0414/万 99.0996%	No:05996 U+062C7 拇 00003269 0.0414/万 99.1000%	No:05997 U+088F8 裸 00003269 0.0414/万 99.1005%	No:05998 U+08343 荃 00003267 0.0414/万 99.1009%	No:05999 U+06F8C 澌 00003266 0.0414/万 99.1013%	No:06000 U+09206 鈆 00003266 0.0414/万 99.1017%

No:06001 U+09F6C 齬 00003265 0.0414/万 99.1021%	No:06002 U+0657A 敺 00003261 0.0413/万 99.1025%	No:06003 U+06E53 湓 00003260 0.0413/万 99.1029%	No:06004 U+07D15 紕 00003260 0.0413/万 99.1034%	No:06005 U+0909C 邜 00003258 0.0413/万 99.1038%	No:06006 U+065F4 旴 00003256 0.0412/万 99.1046%	No:06007 U+0754A 畊 00003256 0.0412/万 99.1042%	No:06008 U+081DE 臞 00003255 0.0412/万 99.1050%	No:06009 U+0870D 蜍 00003253 0.0412/万 99.1054%	No:06010 U+09172 酲 00003250 0.0412/万 99.1058%
No:06011 U+063D1 揑 00003249 0.0411/万 99.1067%	No:06012 U+0674C 杌 00003249 0.0411/万 99.1071%	No:06013 U+E33 乆 00003249 0.0411/万 99.1062%	No:06014 U+050B4 傴 00003246 0.0411/万 99.1075%	No:06015 U+08FA4 辤 00003244 0.0411/万 99.1079%	No:06016 U+05403 吃 00003240 0.0410/万 99.1083%	No:06017 U+05616 嘖 00003240 0.0410/万 99.1087%	No:06018 U+07F9A 羚 00003240 0.0410/万 99.1091%	No:06019 U+06470 摰 00003237 0.0410/万 99.1095%	No:06020 U+06AC3 櫃 00003236 0.0410/万 99.1099%
No:06021 U+06D33 洳 00003234 0.0410/万 99.1104%	No:06022 U+09D76 鵶 00003232 0.0409/万 99.1108%	No:06023 U+07184 熄 00003230 0.0409/万 99.1112%	No:06024 U+0700F 瀏 00003227 0.0409/万 99.1116%	No:06025 U+06D38 洸 00003223 0.0408/万 99.1120%	No:06026 U+07996 禖 00003222 0.0408/万 99.1124%	No:06027 U+06F11 漑 00003220 0.0408/万 99.1132%	No:06028 U+09F5F 齟 00003220 0.0408/万 99.1128%	No:06029 U+06805 栅 00003217 0.0407/万 99.1136%	No:06030 U+061F5 懵 00003215 0.0407/万 99.1140%
No:06031 U+0569A 嚚 00003214 0.0407/万 99.1144%	No:06032 U+05488 咈 00003213 0.0407/万 99.1149%	No:06033 U+0817F 腿 00003213 0.0407/万 99.1153%	No:06034 U+09319 錙 00003213 0.0407/万 99.1157%	No:06035 U+0782D 砭 00003210 0.0407/万 99.1161%	No:06036 U+08E1D 踝 00003208 0.0406/万 99.1165%	No:06037 U+07AA3 窣 00003207 0.0406/万 99.1169%	No:06038 U+E9F 熈 00003203 0.0406/万 99.1173%	No:06039 U+05378 卸 00003198 0.0405/万 99.1177%	No:06040 U+085C2 藂 00003198 0.0405/万 99.1185%
No:06041 U+09002 适 00003198 0.0405/万 99.1181%	No:06042 U+061B8 憸 00003196 0.0405/万 99.1189%	No:06043 U+0914E 酎 00003190 0.0404/万 99.1193%	No:06044 U+08718 蜘 00003188 0.0404/万 99.1197%	No:06045 U+0860A 蘊 00003184 0.0403/万 99.1201%	No:06046 U+05E14 帔 00003183 0.0403/万 99.1205%	No:06047 U+081D1 臑 00003183 0.0403/万 99.1209%	No:06048 U+078F7 磷 00003182 0.0403/万 99.1213%	No:06049 U+06D85 涅 00003181 0.0403/万 99.1217%	No:06050 U+03873 㡳 00003179 0.0403/万 99.1221%
No:06051 U+07054 灔 00003178 0.0402/万 99.1225%	No:06052 U+06E0C 渌 00003171 0.0402/万 99.1229%	No:06053 U+080B8 肸 00003170 0.0401/万 99.1234%	No:06054 U+0533E 匾 00003169 0.0401/万 99.1238%	No:06055 U+053F5 叵 00003168 0.0401/万 99.1242%	No:06056 U+05EDB 廛 00003167 0.0401/万 99.1250%	No:06057 U+07AB3 窳 00003167 0.0401/万 99.1246%	No:06058 U+0766F 癯 00003166 0.0401/万 99.1254%	No:06059 U+05C46 屆 00003159 0.0400/万 99.1258%	No:06060 U+06328 挨 00003156 0.0400/万 99.1262%
No:06061 U+0EB07 沗 00003154 0.0399/万 99.1266%	No:06062 U+090EB 郫 00003152 0.0399/万 99.1270%	No:06063 U+091C3 釃 00003149 0.0399/万 99.1274%	No:06064 U+08B16 謖 00003146 0.0398/万 99.1278%	No:06065 U+06FDE 濞 00003145 0.0398/万 99.1282%	No:06066 U+071CB 燋 00003142 0.0398/万 99.1286%	No:06067 U+087D2 蟒 00003142 0.0398/万 99.1290%	No:06068 U+0EA2E 爱 00003140 0.0398/万 99.1294%	No:06069 U+0873B 蜻 00003139 0.0398/万 99.1297%	No:06070 U+085DF 藟 00003135 0.0397/万 99.1301%
No:06071 U+066B1 暱 00003133 0.0397/万 99.1305%	No:06072 U+05363 卣 00003132 0.0397/万 99.1309%	No:06073 U+050E8 僨 00003131 0.0397/万 99.1317%	No:06074 U+0EDCC 耶 00003131 0.0397/万 99.1313%	No:06075 U+077EE 矮 00003130 0.0396/万 99.1321%	No:06076 U+0790E 礎 00003130 0.0396/万 99.1329%	No:06077 U+07C00 簀 00003130 0.0396/万 99.1325%	No:06078 U+05FAF 徯 00003127 0.0396/万 99.1333%	No:06079 U+074B9 璹 00003126 0.0396/万 99.1337%	No:06080 U+0799C 禜 00003123 0.0396/万 99.1341%
No:06081 U+064D0 擐 00003122 0.0395/万 99.1345%	No:06082 U+07D5B 絛 00003122 0.0395/万 99.1349%	No:06083 U+05EF1 廱 00003120 0.0395/万 99.1353%	No:06084 U+054A4 咤 00003115 0.0395/万 99.1357%	No:06085 U+082DC 苜 00003114 0.0394/万 99.1361%	No:06086 U+0558B 喋 00003113 0.0394/万 99.1365%	No:06087 U+07DAF 綯 00003113 0.0394/万 99.1369%	No:06088 U+0653D 攽 00003110 0.0394/万 99.1373%	No:06089 U+061E3 懣 00003108 0.0394/万 99.1377%	No:06090 U+07616 瘖 00003107 0.0393/万 99.1385%
No:06091 U+084CA 蓊 00003107 0.0393/万 99.1381%	No:06092 U+0EDE6 苑 00003106 0.0393/万 99.1389%	No:06093 U+060AE 悞 00003105 0.0393/万 99.1392%	No:06094 U+0702C 瀨 00003103 0.0393/万 99.1396%	No:06095 U+0724E 牎 00003101 0.0393/万 99.1404%	No:06096 U+FF6 杷 00003101 0.0393/万 99.1400%	No:06097 U+06C9A 沚 00003100 0.0393/万 99.1408%	No:06098 U+07893 碓 00003099 0.0392/万 99.1420%	No:06099 U+090B6 邶 00003099 0.0392/万 99.1416%	No:06100 U+09958 饘 00003099 0.0392/万 99.1412%

No:06101 U+09244 鉄 00003098 0.0392/万 99.1424%	No:06102 U+0ED95 篆 00003096 0.0392/万 99.1428%	No:06103 U+075FE 痾 00003095 0.0392/万 99.1432%	No:06104 U+074EE 瓮 00003094 0.0392/万 99.1440%	No:06105 U+08EFF 軿 00003094 0.0392/万 99.1444%	No:06106 U+09ABC 骼 00003094 0.0392/万 99.1436%	No:06107 U+050F0 僰 00003093 0.0392/万 99.1447%	No:06108 U+06F2F 漯 00003093 0.0392/万 99.1451%	No:06109 U+06E2B 渫 00003089 0.0391/万 99.1455%	No:06110 U+09104 鄄 00003088 0.0391/万 99.1459%
No:06111 U+E43 咼 00003087 0.0391/万 99.1463%	No:06112 U+06C5E 汞 00003085 0.0391/万 99.1467%	No:06113 U+08024 耤 00003081 0.0390/万 99.1471%	No:06114 U+0866F 虯 00003079 0.0390/万 99.1475%	No:06115 U+06FFE 濾 00003078 0.0390/万 99.1479%	No:06116 U+04E71 乱 00003076 0.0390/万 99.1483%	No:06117 U+07C23 簣 00003076 0.0390/万 99.1487%	No:06118 U+08154 腔 00003074 0.0389/万 99.1490%	No:06119 U+057F4 埴 00003070 0.0389/万 99.1494%	No:06120 U+0995C 饜 00003069 0.0389/万 99.1498%
No:06121 U+07F78 罸 00003066 0.0388/万 99.1502%	No:06122 U+09AEB 髫 00003065 0.0388/万 99.1506%	No:06123 U+08C93 貓 00003063 0.0388/万 99.1510%	No:06124 U+05303 匃 00003061 0.0388/万 99.1514%	No:06125 U+05608 嘈 00003058 0.0387/万 99.1518%	No:06126 U+06760 杠 00003056 0.0387/万 99.1521%	No:06127 U+08F62 轢 00003054 0.0387/万 99.1525%	No:06128 U+05A63 婣 00003050 0.0386/万 99.1529%	No:06129 U+07D8C 綌 00003049 0.0386/万 99.1533%	No:06130 U+05D4E 嵎 00003047 0.0386/万 99.1537%
No:06131 U+095D3 闓 00003040 0.0385/万 99.1545%	No:06132 U+09E07 鸇 00003040 0.0385/万 99.1541%	No:06133 U+06E1F 渟 00003039 0.0385/万 99.1552%	No:06134 U+084FF 蓿 00003039 0.0385/万 99.1556%	No:06135 U+0EB34 蜜 00003039 0.0385/万 99.1549%	No:06136 U+05092 傒 00003033 0.0384/万 99.1560%	No:06137 U+05D26 崦 00003032 0.0384/万 99.1564%	No:06138 U+07357 獗 00003032 0.0384/万 99.1568%	No:06139 U+06D5C 浜 00003031 0.0384/万 99.1575%	No:06140 U+08291 芑 00003031 0.0384/万 99.1572%
No:06141 U+09DC3 鷃 00003029 0.0384/万 99.1579%	No:06142 U+075B4 疴 00003028 0.0383/万 99.1583%	No:06143 U+08B29 謩 00003025 0.0383/万 99.1587%	No:06144 U+08F3E 輾 00003023 0.0383/万 99.1591%	No:06145 U+068C9 棉 00003022 0.0383/万 99.1595%	No:06146 U+0578B 型 00003020 0.0382/万 99.1598%	No:06147 U+06332 挲 00003019 0.0382/万 99.1602%	No:06148 U+04F3E 伾 00003018 0.0382/万 99.1606%	No:06149 U+08671 虱 00003018 0.0382/万 99.1610%	No:06150 U+057E0 埠 00003016 0.0382/万 99.1614%
No:06151 U+091BA 醺 00003015 0.0382/万 99.1618%	No:06152 U+0816E 腮 00003012 0.0381/万 99.1621%	No:06153 U+0909B 邛 00003012 0.0381/万 99.1625%	No:06154 U+076B4 皴 00003011 0.0381/万 99.1629%	No:06155 U+0980F 頏 00003008 0.0381/万 99.1633%	No:06156 U+06B0E 欎 00003006 0.0381/万 99.1637%	No:06157 U+04F76 佶 00003005 0.0381/万 99.1640%	No:06158 U+061AC 憬 00003002 0.0380/万 99.1644%	No:06159 U+050C7 僇 00002995 0.0379/万 99.1648%	No:06160 U+0610E 愎 00002994 0.0379/万 99.1652%
No:06161 U+09F90 龐 00002992 0.0379/万 99.1656%	No:06162 U+06514 攔 00002991 0.0379/万 99.1659%	No:06163 U+06FA5 澥 00002991 0.0379/万 99.1663%	No:06164 U+07B9C 箜 00002990 0.0379/万 99.1667%	No:06165 U+05518 啓 00002987 0.0378/万 99.1671%	No:06166 U+05DA4 嶤 00002986 0.0378/万 99.1675%	No:06167 U+09B4B 魋 00002984 0.0378/万 99.1678%	No:06168 U+05AC4 嫄 00002982 0.0378/万 99.1682%	No:06169 U+08A76 詶 00002978 0.0377/万 99.1686%	No:06170 U+041AB 䆫 00002977 0.0377/万 99.1690%
No:06171 U+0892D 褭 00002977 0.0377/万 99.1694%	No:06172 U+09167 酧 00002972 0.0376/万 99.1697%	No:06173 U+08439 萹 00002970 0.0376/万 99.1701%	No:06174 U+E11 奮 00002968 0.0376/万 99.1705%	No:06175 U+07578 畸 00002967 0.0376/万 99.1712%	No:06176 U+08605 蘅 00002967 0.0376/万 99.1716%	No:06177 U+08956 襖 00002967 0.0376/万 99.1709%	No:06178 U+085B3 薳 00002966 0.0376/万 99.1720%	No:06179 U+05ED9 廙 00002965 0.0375/万 99.1724%	No:06180 U+09B51 魑 00002963 0.0375/万 99.1727%
No:06181 U+0678C 枌 00002961 0.0375/万 99.1731%	No:06182 U+06995 榕 00002961 0.0375/万 99.1735%	No:06183 U+080D6 胖 00002960 0.0375/万 99.1739%	No:06184 U+036F0 㛰 00002959 0.0375/万 99.1742%	No:06185 U+084EF 蓯 00002959 0.0375/万 99.1746%	No:06186 U+07F68 罨 00002958 0.0375/万 99.1750%	No:06187 U+05550 啐 00002955 0.0374/万 99.1754%	No:06188 U+05EDE 廞 00002954 0.0374/万 99.1757%	No:06189 U+08F64 轤 00002954 0.0374/万 99.1761%	No:06190 U+05C12 尒 00002953 0.0374/万 99.1765%
No:06191 U+05F08 弈 00002952 0.0374/万 99.1769%	No:06192 U+07CFA 糺 00002952 0.0374/万 99.1772%	No:06193 U+05CA7 岧 00002951 0.0374/万 99.1776%	No:06194 U+0613E 愾 00002943 0.0373/万 99.1780%	No:06195 U+EA2 青 00002942 0.0373/万 99.1784%	No:06196 U+07459 瑙 00002941 0.0372/万 99.1787%	No:06197 U+09DE6 鷦 00002940 0.0372/万 99.1791%	No:06198 U+06214 戔 00002938 0.0372/万 99.1795%	No:06199 U+08E40 蹀 00002938 0.0372/万 99.1798%	No:06200 U+05E5E 幞 00002933 0.0371/万 99.1806%

No:06201 U+07BDD 篝 00002933 0.0371/万 99.1802%	No:06202 U+05345 卅 00002929 0.0371/万 99.1810%	No:06203 U+08532 蔲 00002928 0.0371/万 99.1813%	No:06204 U+08F5D 轝 00002927 0.0371/万 99.1817%	No:06205 U+0730A 猊 00002925 0.0370/万 99.1828%	No:06206 U+08011 耑 00002925 0.0370/万 99.1824%	No:06207 U+ED7 開 00002925 0.0370/万 99.1821%	No:06208 U+08D95 趕 00002923 0.0370/万 99.1832%	No:06209 U+E72 悳 00002922 0.0370/万 99.1836%	No:06210 U+054C7 哇 00002921 0.0370/万 99.1839%
No:06211 U+06AB3 檳 00002921 0.0370/万 99.1843%	No:06212 U+06CD4 泔 00002920 0.0370/万 99.1847%	No:06213 U+058D6 壖 00002919 0.0370/万 99.1850%	No:06214 U+06A3E 樾 00002918 0.0370/万 99.1854%	No:06215 U+07B65 筥 00002917 0.0369/万 99.1858%	No:06216 U+08AFC 諼 00002917 0.0369/万 99.1861%	No:06217 U+084C0 蓀 00002914 0.0369/万 99.1869%	No:06218 U+08816 蠖 00002914 0.0369/万 99.1865%	No:06219 U+0962C 阬 00002912 0.0369/万 99.1873%	No:06220 U+05F5C 彜 00002911 0.0369/万 99.1880%
No:06221 U+0756E 畮 00002911 0.0369/万 99.1876%	No:06222 U+07BCC 篌 00002910 0.0369/万 99.1884%	No:06223 U+07672 癲 00002906 0.0368/万 99.1887%	No:06224 U+07F43 罃 00002905 0.0368/万 99.1891%	No:06225 U+063E9 揩 00002903 0.0368/万 99.1895%	No:06226 U+E86 廻 00002902 0.0368/万 99.1898%	No:06227 U+08476 葶 00002899 0.0367/万 99.1902%	No:06228 U+07696 皖 00002898 0.0367/万 99.1906%	No:06229 U+074F4 瓴 00002897 0.0367/万 99.1909%	No:06230 U+080AB 肫 00002894 0.0366/万 99.1913%
No:06231 U+0770E 眎 00002893 0.0366/万 99.1917%	No:06232 U+0639E 掞 00002890 0.0366/万 99.1920%	No:06233 U+09FA0 龠 00002889 0.0366/万 99.1924%	No:06234 U+0727E 牾 00002887 0.0366/万 99.1931%	No:06235 U+08F4E 轎 00002887 0.0366/万 99.1935%	No:06236 U+09129 鄩 00002887 0.0366/万 99.1928%	No:06237 U+0778D 瞍 00002885 0.0365/万 99.1942%	No:06238 U+0E3BF ⺊ 00002885 0.0365/万 99.1939%	No:06239 U+0459D 䖝 00002883 0.0365/万 99.1950%	No:06240 U+06719 朙 00002883 0.0365/万 99.1953%
No:06241 U+09D7E 鵾 00002883 0.0365/万 99.1946%	No:06242 U+08803 蠃 00002881 0.0365/万 99.1957%	No:06243 U+083D3 菓 00002880 0.0365/万 99.1961%	No:06244 U+09085 邅 00002878 0.0364/万 99.1964%	No:06245 U+0EA96 亘 00002876 0.0364/万 99.1968%	No:06246 U+0EA59 侑 00002872 0.0364/万 99.1975%	No:06247 U+0F848 簾 00002872 0.0364/万 99.1972%	No:06248 U+05D99 嶙 00002868 0.0363/万 99.1979%	No:06249 U+06426 搦 00002867 0.0363/万 99.1986%	No:06250 U+06C8D 沍 00002867 0.0363/万 99.1982%
No:06251 U+05238 券 00002866 0.0363/万 99.1990%	No:06252 U+0788D 碍 00002866 0.0363/万 99.1993%	No:06253 U+06AEA 櫪 00002860 0.0362/万 99.1997%	No:06254 U+0EE89 軏 00002859 0.0362/万 99.2001%	No:06255 U+083E1 菡 00002856 0.0362/万 99.2004%	No:06256 U+06FCA 濊 00002854 0.0361/万 99.2008%	No:06257 U+08334 茴 00002854 0.0361/万 99.2011%	No:06258 U+07451 瑑 00002853 0.0361/万 99.2015%	No:06259 U+065B8 斸 00002852 0.0361/万 99.2019%	No:06260 U+077A5 瞥 00002851 0.0361/万 99.2022%
No:06261 U+03A40 㩀 00002849 0.0361/万 99.2026%	No:06262 U+055C5 嗅 00002849 0.0361/万 99.2030%	No:06263 U+08ABE 誾 00002848 0.0361/万 99.2033%	No:06264 U+08DEC 跬 00002848 0.0361/万 99.2037%	No:06265 U+0542E 吮 00002845 0.0360/万 99.2044%	No:06266 U+054B1 咱 00002845 0.0360/万 99.2040%	No:06267 U+08F36 輶 00002844 0.0360/万 99.2048%	No:06268 U+066B5 暵 00002843 0.0360/万 99.2051%	No:06269 U+09118 鄘 00002843 0.0360/万 99.2055%	No:06270 U+0513A 儺 00002836 0.0359/万 99.2062%
No:06271 U+0EE38 蠶 00002836 0.0359/万 99.2058%	No:06272 U+054F7 哷 00002833 0.0359/万 99.2066%	No:06273 U+0791F 礟 00002833 0.0359/万 99.2069%	No:06274 U+09933 餳 00002830 0.0358/万 99.2073%	No:06275 U+06F8D 澍 00002829 0.0358/万 99.2076%	No:06276 U+07864 硤 00002829 0.0358/万 99.2080%	No:06277 U+062FD 拽 00002825 0.0358/万 99.2087%	No:06278 U+097CE 韎 00002825 0.0358/万 99.2084%	No:06279 U+052D4 勔 00002819 0.0357/万 99.2091%	No:06280 U+05E6C 幬 00002819 0.0357/万 99.2094%
No:06281 U+E72 起 00002818 0.0357/万 99.2098%	No:06282 U+073CE 珎 00002817 0.0357/万 99.2101%	No:06283 U+059C6 姆 00002816 0.0357/万 99.2105%	No:06284 U+0574D 坍 00002815 0.0356/万 99.2109%	No:06285 U+079A1 禡 00002813 0.0356/万 99.2116%	No:06286 U+09E1C 鸜 00002813 0.0356/万 99.2112%	No:06287 U+05BC0 寀 00002808 0.0356/万 99.2119%	No:06288 U+068CD 棍 00002804 0.0355/万 99.2126%	No:06289 U+0EA79 冥 00002804 0.0355/万 99.2123%	No:06290 U+061AE 憮 00002803 0.0355/万 99.2130%
No:06291 U+07377 獷 00002803 0.0355/万 99.2133%	No:06292 U+05D94 嶔 00002801 0.0355/万 99.2137%	No:06293 U+08B8B 讋 00002801 0.0355/万 99.2141%	No:06294 U+07552 畒 00002800 0.0355/万 99.2144%	No:06295 U+07E00 縀 00002800 0.0355/万 99.2148%	No:06296 U+0753A 町 00002799 0.0354/万 99.2151%	No:06297 U+0929B 銛 00002799 0.0354/万 99.2155%	No:06298 U+06E8D 溍 00002798 0.0354/万 99.2158%	No:06299 U+075B8 疸 00002797 0.0354/万 99.2165%	No:06300 U+09E95 麕 00002797 0.0354/万 99.2162%

No:06301 U+0736C 獬 00002792 0.0354/万 99.2169%	No:06302 U+056AC 嚬 00002791 0.0353/万 99.2172%	No:06303 U+06EBD 溽 00002789 0.0353/万 99.2176%	No:06304 U+07649 癉 00002784 0.0353/万 99.2180%	No:06305 U+091A4 醤 00002783 0.0352/万 99.2183%	No:06306 U+EC9 絲 00002781 0.0352/万 99.2187%	No:06307 U+05098 傘 00002778 0.0352/万 99.2190%	No:06308 U+08A67 詧 00002777 0.0352/万 99.2194%	No:06309 U+0EF6C 場 00002774 0.0351/万 99.2197%	No:06310 U+EDB 吉 00002774 0.0351/万 99.2201%
No:06311 U+09E9E 麞 00002773 0.0351/万 99.2204%	No:06312 U+0700D 瀍 00002771 0.0351/万 99.2208%	No:06313 U+039AF 㦯 00002766 0.0350/万 99.2211%	No:06314 U+03D31 㴱 00002766 0.0350/万 99.2215%	No:06315 U+077FB 矻 00002763 0.0350/万 99.2218%	No:06316 U+07CF8 糸 00002761 0.0350/万 99.2222%	No:06317 U+07A32 稲 00002759 0.0349/万 99.2225%	No:06318 U+06CF2 泲 00002758 0.0349/万 99.2229%	No:06319 U+07431 琱 00002756 0.0349/万 99.2232%	No:06320 U+06534 攴 00002755 0.0349/万 99.2236%
No:06321 U+08A0F 訏 00002750 0.0348/万 99.2239%	No:06322 U+0766C 癬 00002749 0.0348/万 99.2243%	No:06323 U+0445B 䑛 00002748 0.0348/万 99.2250%	No:06324 U+09766 靦 00002748 0.0348/万 99.2246%	No:06325 U+05000 倀 00002745 0.0348/万 99.2253%	No:06326 U+06FB1 澱 00002745 0.0348/万 99.2257%	No:06327 U+0564D 噍 00002743 0.0347/万 99.2260%	No:06328 U+07643 癃 00002742 0.0347/万 99.2264%	No:06329 U+088A0 袠 00002741 0.0347/万 99.2271%	No:06330 U+0EBA5 怂 00002741 0.0347/万 99.2267%
No:06331 U+07F9D 羝 00002740 0.0347/万 99.2277%	No:06332 U+09DDF 鷟 00002740 0.0347/万 99.2274%	No:06333 U+07C83 粃 00002737 0.0347/万 99.2281%	No:06334 U+07AD1 竑 00002735 0.0346/万 99.2284%	No:06335 U+08CD2 賒 00002733 0.0346/万 99.2288%	No:06336 U+064E6 擦 00002732 0.0346/万 99.2291%	No:06337 U+05581 喁 00002731 0.0346/万 99.2295%	No:06338 U+05EC6 廆 00002731 0.0346/万 99.2298%	No:06339 U+0890E 褎 00002731 0.0346/万 99.2302%	No:06340 U+07381 玁 00002729 0.0346/万 99.2305%
No:06341 U+089A6 覦 00002728 0.0345/万 99.2309%	No:06342 U+08F2D 輭 00002728 0.0345/万 99.2312%	No:06343 U+06A9F 檟 00002727 0.0345/万 99.2319%	No:06344 U+09114 鄔 00002727 0.0345/万 99.2316%	No:06345 U+0929A 銚 00002726 0.0345/万 99.2326%	No:06346 U+EAC 恒 00002726 0.0345/万 99.2322%	No:06347 U+080FE 胾 00002723 0.0345/万 99.2329%	No:06348 U+05A6A 婪 00002721 0.0345/万 99.2333%	No:06349 U+0743F 琿 00002721 0.0345/万 99.2336%	No:06350 U+08DAF 趯 00002721 0.0345/万 99.2340%
No:06351 U+07780 瞀 00002718 0.0344/万 99.2343%	No:06352 U+09839 頹 00002717 0.0344/万 99.2347%	No:06353 U+081C0 臀 00002715 0.0344/万 99.2350%	No:06354 U+06100 愀 00002712 0.0343/万 99.2357%	No:06355 U+07E0B 縋 00002712 0.0343/万 99.2353%	No:06356 U+08009 耉 00002711 0.0343/万 99.2367%	No:06357 U+08A56 詖 00002711 0.0343/万 99.2364%	No:06358 U+097C8 韈 00002711 0.0343/万 99.2360%	No:06359 U+09835 頵 00002708 0.0343/万 99.2371%	No:06360 U+05A09 娉 00002706 0.0343/万 99.2374%
No:06361 U+0753B 画 00002706 0.0343/万 99.2378%	No:06362 U+07FB9 羹 00002704 0.0342/万 99.2381%	No:06363 U+06A89 檉 00002701 0.0342/万 99.2388%	No:06364 U+0848D 蒍 00002701 0.0342/万 99.2384%	No:06365 U+06A87 檇 00002697 0.0342/万 99.2391%	No:06366 U+076EC 盬 00002695 0.0341/万 99.2398%	No:06367 U+08656 虖 00002695 0.0341/万 99.2395%	No:06368 U+0936A 鍪 00002693 0.0341/万 99.2405%	No:06369 U+E55 誼 00002693 0.0341/万 99.2401%	No:06370 U+054A5 咥 00002691 0.0341/万 99.2408%
No:06371 U+05FE1 忡 00002690 0.0341/万 99.2412%	No:06372 U+0667B 晻 00002690 0.0341/万 99.2419%	No:06373 U+087B3 螳 00002690 0.0341/万 99.2415%	No:06374 U+08173 腳 00002687 0.0340/万 99.2422%	No:06375 U+061F4 懴 00002685 0.0340/万 99.2425%	No:06376 U+06519 攙 00002682 0.0340/万 99.2429%	No:06377 U+08888 袈 00002681 0.0339/万 99.2432%	No:06378 U+03AB7 㪷 00002680 0.0339/万 99.2436%	No:06379 U+05E1F 帟 00002677 0.0339/万 99.2442%	No:06380 U+079A9 禩 00002677 0.0339/万 99.2446%
No:06381 U+0EC1A 史 00002677 0.0339/万 99.2439%	No:06382 U+05368 卨 00002676 0.0339/万 99.2449%	No:06383 U+0F5B4 釵 00002675 0.0339/万 99.2453%	No:06384 U+098EA 飪 00002674 0.0339/万 99.2456%	No:06385 U+07FC0 翀 00002671 0.0338/万 99.2459%	No:06386 U+067E4 柤 00002670 0.0338/万 99.2463%	No:06387 U+09820 頠 00002669 0.0338/万 99.2466%	No:06388 U+05DC2 巂 00002668 0.0338/万 99.2469%	No:06389 U+075A2 疢 00002667 0.0338/万 99.2480%	No:06390 U+07F5D 罝 00002667 0.0338/万 99.2476%
No:06391 U+09A4E 驎 00002667 0.0338/万 99.2473%	No:06392 U+05CE5 峥 00002665 0.0337/万 99.2483%	No:06393 U+079BB 离 00002664 0.0337/万 99.2486%	No:06394 U+05B82 宂 00002662 0.0337/万 99.2493%	No:06395 U+09156 酖 00002662 0.0337/万 99.2496%	No:06396 U+0EC41 棗 00002662 0.0337/万 99.2490%	No:06397 U+04F7B 佻 00002661 0.0337/万 99.2500%	No:06398 U+066C8 曈 00002659 0.0337/万 99.2503%	No:06399 U+06CEA 泪 00002655 0.0336/万 99.2507%	No:06400 U+08130 脰 00002653 0.0336/万 99.2517%

No:06401 U+0818A 膊 00002653 0.0336/万 99.2510%	No:06402 U+0895C 襜 00002653 0.0336/万 99.2513%	No:06403 U+078FD 磽 00002652 0.0336/万 99.2520%	No:06404 U+05AD3 嫓 00002650 0.0336/万 99.2523%	No:06405 U+06516 攖 00002650 0.0336/万 99.2537%	No:06406 U+07E88 纈 00002650 0.0336/万 99.2533%	No:06407 U+08669 虩 00002650 0.0336/万 99.2530%	No:06408 U+EAF 廾 00002650 0.0336/万 99.2527%	No:06409 U+051F9 凹 00002647 0.0335/万 99.2540%	No:06410 U+0633C 挼 00002647 0.0335/万 99.2544%
No:06411 U+05D15 崕 00002646 0.0335/万 99.2547%	No:06412 U+090B2 邲 00002646 0.0335/万 99.2550%	No:06413 U+04E81 乾 00002644 0.0335/万 99.2554%	No:06414 U+088DF 裟 00002644 0.0335/万 99.2557%	No:06415 U+08298 芘 00002642 0.0335/万 99.2560%	No:06416 U+095B4 閴 00002642 0.0335/万 99.2564%	No:06417 U+09EDF 黟 00002641 0.0334/万 99.2567%	No:06418 U+060EC 惬 00002640 0.0334/万 99.2570%	No:06419 U+0746D 瑭 00002638 0.0334/万 99.2574%	No:06420 U+096A9 隩 00002637 0.0334/万 99.2577%
No:06421 U+08B96 讖 00002636 0.0334/万 99.2580%	No:06422 U+03551 㕑 00002635 0.0334/万 99.2590%	No:06423 U+03B9A 㮚 00002635 0.0334/万 99.2587%	No:06424 U+0EE47 覺 00002635 0.0334/万 99.2584%	No:06425 U+05AE0 嫠 00002633 0.0333/万 99.2594%	No:06426 U+07D1E 紞 00002632 0.0333/万 99.2600%	No:06427 U+07D9D 綝 00002632 0.0333/万 99.2604%	No:06428 U+097E1 韡 00002632 0.0333/万 99.2597%	No:06429 U+069E7 槧 00002628 0.0333/万 99.2607%	No:06430 U+0935B 鍛 00002628 0.0333/万 99.2610%
No:06431 U+05E70 幰 00002627 0.0333/万 99.2614%	No:06432 U+0578D 垍 00002626 0.0333/万 99.2617%	No:06433 U+09EF6 黶 00002624 0.0332/万 99.2620%	No:06434 U+E00 類 00002624 0.0332/万 99.2624%	No:06435 U+04856 䡖 00002623 0.0332/万 99.2627%	No:06436 U+061DF 懟 00002622 0.0332/万 99.2630%	No:06437 U+083A9 莩 00002622 0.0332/万 99.2634%	No:06438 U+0EF69 鍚 00002621 0.0332/万 99.2637%	No:06439 U+095BE 閾 00002620 0.0332/万 99.2640%	No:06440 U+05D52 嵒 00002612 0.0331/万 99.2644%
No:06441 U+06F4F 潏 00002611 0.0331/万 99.2647%	No:06442 U+06588 斈 00002602 0.0329/万 99.2650%	No:06443 U+05C13 尓 00002601 0.0329/万 99.2654%	No:06444 U+07A91 窑 00002600 0.0329/万 99.2657%	No:06445 U+096AE 隮 00002599 0.0329/万 99.2660%	No:06446 U+05557 啗 00002598 0.0329/万 99.2667%	No:06447 U+0ED73 黍 00002598 0.0329/万 99.2663%	No:06448 U+0532D 匭 00002596 0.0329/万 99.2670%	No:06449 U+074F7 瓷 00002591 0.0328/万 99.2673%	No:06450 U+079ED 秭 00002591 0.0328/万 99.2677%
No:06451 U+086A3 蚣 00002587 0.0328/万 99.2680%	No:06452 U+05243 剃 00002585 0.0327/万 99.2683%	No:06453 U+06BAD 殭 00002585 0.0327/万 99.2686%	No:06454 U+05AAE 媮 00002583 0.0327/万 99.2690%	No:06455 U+086F8 蛸 00002583 0.0327/万 99.2693%	No:06456 U+04787 䞇 00002581 0.0327/万 99.2696%	No:06457 U+0918D 醍 00002580 0.0327/万 99.2703%	No:06458 U+EFC 鼇 00002580 0.0327/万 99.2700%	No:06459 U+091BB 醻 00002575 0.0326/万 99.2706%	No:06460 U+06FA8 澨 00002571 0.0326/万 99.2709%
No:06461 U+095D1 闑 00002570 0.0325/万 99.2713%	No:06462 U+0EA94 勸 00002568 0.0325/万 99.2716%	No:06463 U+0EBE3 掾 00002567 0.0325/万 99.2719%	No:06464 U+05FEE 忮 00002564 0.0325/万 99.2726%	No:06465 U+07D6B 絫 00002564 0.0325/万 99.2722%	No:06466 U+08F34 輴 00002562 0.0324/万 99.2729%	No:06467 U+05396 厖 00002560 0.0324/万 99.2732%	No:06468 U+0625B 扛 00002560 0.0324/万 99.2735%	No:06469 U+05A55 婕 00002558 0.0324/万 99.2739%	No:06470 U+060E8 惨 00002558 0.0324/万 99.2745%
No:06471 U+07C55 籕 00002558 0.0324/万 99.2742%	No:06472 U+06C54 汔 00002554 0.0323/万 99.2748%	No:06473 U+0769D 皝 00002554 0.0323/万 99.2752%	No:06474 U+08798 螘 00002553 0.0323/万 99.2755%	No:06475 U+07274 牴 00002550 0.0323/万 99.2761%	No:06476 U+09847 顇 00002550 0.0323/万 99.2758%	No:06477 U+08713 蜓 00002549 0.0323/万 99.2765%	No:06478 U+04F7D 佽 00002547 0.0322/万 99.2768%	No:06479 U+065B2 斲 00002546 0.0322/万 99.2771%	No:06480 U+066CF 曏 00002546 0.0322/万 99.2774%
No:06481 U+0735E 獞 00002542 0.0322/万 99.2777%	No:06482 U+06425 搥 00002541 0.0322/万 99.2784%	No:06483 U+07624 瘤 00002541 0.0322/万 99.2781%	No:06484 U+04F40 佀 00002540 0.0322/万 99.2787%	No:06485 U+0695B 楛 00002534 0.0321/万 99.2790%	No:06486 U+07B2E 笮 00002533 0.0321/万 99.2794%	No:06487 U+08124 脤 00002533 0.0321/万 99.2797%	No:06488 U+05B4C 孌 00002532 0.0321/万 99.2800%	No:06489 U+061CA 懊 00002532 0.0321/万 99.2803%	No:06490 U+092CF 鋏 00002531 0.0320/万 99.2810%
No:06491 U+098B7 颷 00002531 0.0320/万 99.2806%	No:06492 U+07241 牁 00002530 0.0320/万 99.2813%	No:06493 U+08B04 謄 00002528 0.0320/万 99.2816%	No:06494 U+09BFD 鯽 00002526 0.0320/万 99.2819%	No:06495 U+06C84 沄 00002523 0.0319/万 99.2822%	No:06496 U+05ADA 嫚 00002519 0.0319/万 99.2826%	No:06497 U+05C22 尢 00002518 0.0319/万 99.2829%	No:06498 U+0637B 捻 00002517 0.0319/万 99.2832%	No:06499 U+0ED6F 襟 00002516 0.0319/万 99.2835%	No:06500 U+054FD 哽 00002515 0.0318/万 99.2838%

No	Unicode	字	频次	频率	累计
No:06501	U+07416	琖	00002514	0.0318/万	99.2842%
No:06502	U+06E30	渰	00002511	0.0318/万	99.2851%
No:06503	U+074DB	瓛	00002511	0.0318/万	99.2845%
No:06504	U+093D6	鏖	00002511	0.0318/万	99.2848%
No:06505	U+06362	换	00002510	0.0318/万	99.2854%
No:06506	U+05278	剸	00002509	0.0318/万	99.2857%
No:06507	U+097B5	鞵	00002508	0.0318/万	99.2861%
No:06508	U+07023	瀣	00002505	0.0317/万	99.2864%
No:06509	U+07481	璁	00002505	0.0317/万	99.2870%
No:06510	U+077F0	矰	00002505	0.0317/万	99.2867%
No:06511	U+0931E	錞	00002505	0.0317/万	99.2873%
No:06512	U+07AB0	窰	00002503	0.0317/万	99.2876%
No:06513	U+05213	刓	00002501	0.0317/万	99.2880%
No:06514	U+03AC4	㫄	00002500	0.0317/万	99.2886%
No:06515	U+050CE	僎	00002500	0.0317/万	99.2883%
No:06516	U+05C69	屩	00002497	0.0316/万	99.2889%
No:06517	U+0579C	垜	00002496	0.0316/万	99.2892%
No:06518	U+08233	舳	00002496	0.0316/万	99.2902%
No:06519	U+082BC	芼	00002496	0.0316/万	99.2899%
No:06520	U+096CA	雊	00002496	0.0316/万	99.2895%
No:06521	U+056AD	嚭	00002495	0.0316/万	99.2905%
No:06522	U+060D4	惔	00002495	0.0316/万	99.2908%
No:06523	U+07CC5	糅	00002495	0.0316/万	99.2911%
No:06524	U+05DA2	嶢	00002494	0.0316/万	99.2914%
No:06525	U+07DDE	緞	00002494	0.0316/万	99.2918%
No:06526	U+07FC3	翃	00002493	0.0316/万	99.2921%
No:06527	U+08E77	蹷	00002492	0.0316/万	99.2924%
No:06528	U+0EDDB	船	00002490	0.0315/万	99.2927%
No:06529	U+09DE9	鷩	00002488	0.0315/万	99.2930%
No:06530	U+06746	杆	00002487	0.0315/万	99.2933%
No:06531	U+ECE	助	00002486	0.0315/万	99.2937%
No:06532	U+0673A	机	00002484	0.0315/万	99.2940%
No:06533	U+053C9	叉	00002482	0.0314/万	99.2943%
No:06534	U+07D47	絇	00002482	0.0314/万	99.2946%
No:06535	U+0606B	恫	00002479	0.0314/万	99.2949%
No:06536	U+089F1	觱	00002477	0.0314/万	99.2952%
No:06537	U+08562	蕢	00002475	0.0313/万	99.2955%
No:06538	U+060F8	惸	00002472	0.0313/万	99.2959%
No:06539	U+06945	楅	00002469	0.0313/万	99.2962%
No:06540	U+07043	灃	00002469	0.0313/万	99.2965%
No:06541	U+06C50	汐	00002467	0.0312/万	99.2968%
No:06542	U+04CAD	䲭	00002465	0.0312/万	99.2977%
No:06543	U+08546	蕆	00002465	0.0312/万	99.2980%
No:06544	U+097A6	鞦	00002465	0.0312/万	99.2974%
No:06545	U+09914	餔	00002465	0.0312/万	99.2971%
No:06546	U+08C99	貙	00002464	0.0312/万	99.2984%
No:06547	U+06061	恡	00002462	0.0312/万	99.2993%
No:06548	U+07B5E	筞	00002462	0.0312/万	99.2987%
No:06549	U+090B0	邰	00002462	0.0312/万	99.2990%
No:06550	U+03A41	㩁	00002461	0.0312/万	99.2996%
No:06551	U+06C3E	氾	00002460	0.0311/万	99.2999%
No:06552	U+E40	耆	00002459	0.0311/万	99.3002%
No:06553	U+05612	嘒	00002458	0.0311/万	99.3009%
No:06554	U+07D32	紲	00002458	0.0311/万	99.3012%
No:06555	U+0EE8D	軽	00002458	0.0311/万	99.3005%
No:06556	U+0574C	坌	00002456	0.0311/万	99.3015%
No:06557	U+09D5C	鵜	00002455	0.0311/万	99.3018%
No:06558	U+057A4	垤	00002454	0.0311/万	99.3021%
No:06559	U+06499	撙	00002453	0.0311/万	99.3030%
No:06560	U+080DD	胝	00002453	0.0311/万	99.3027%
No:06561	U+082F9	苹	00002453	0.0311/万	99.3024%
No:06562	U+0602B	怫	00002450	0.0310/万	99.3033%
No:06563	U+06C08	氈	00002449	0.0310/万	99.3037%
No:06564	U+06CD0	泐	00002449	0.0310/万	99.3040%
No:06565	U+05AE3	嫣	00002446	0.0310/万	99.3043%
No:06566	U+06AAE	檮	00002446	0.0310/万	99.3046%
No:06567	U+06E23	渣	00002445	0.0310/万	99.3049%
No:06568	U+09F57	齗	00002444	0.0309/万	99.3052%
No:06569	U+06BC9	毉	00002443	0.0309/万	99.3055%
No:06570	U+071F9	燹	00002442	0.0309/万	99.3058%
No:06571	U+09186	醆	00002440	0.0309/万	99.3061%
No:06572	U+0584F	塏	00002439	0.0309/万	99.3064%
No:06573	U+05909	変	00002439	0.0309/万	99.3068%
No:06574	U+059D0	姐	00002438	0.0309/万	99.3071%
No:06575	U+078D1	磑	00002438	0.0309/万	99.3074%
No:06576	U+07D59	絙	00002435	0.0308/万	99.3077%
No:06577	U+0542D	吭	00002434	0.0308/万	99.3080%
No:06578	U+09145	酅	00002434	0.0308/万	99.3083%
No:06579	U+07BA7	箧	00002433	0.0308/万	99.3086%
No:06580	U+05E30	帰	00002432	0.0308/万	99.3089%
No:06581	U+05135	儵	00002430	0.0308/万	99.3092%
No:06582	U+05CCB	峋	00002429	0.0308/万	99.3095%
No:06583	U+07E7E	繾	00002428	0.0307/万	99.3098%
No:06584	U+061BA	憺	00002427	0.0307/万	99.3101%
No:06585	U+06E63	湣	00002424	0.0307/万	99.3108%
No:06586	U+07F91	羑	00002424	0.0307/万	99.3105%
No:06587	U+0531C	匜	00002423	0.0307/万	99.3111%
No:06588	U+05C2B	尫	00002422	0.0307/万	99.3114%
No:06589	U+05D12	崒	00002421	0.0307/万	99.3117%
No:06590	U+081CF	臏	00002419	0.0306/万	99.3120%
No:06591	U+07055	灕	00002418	0.0306/万	99.3123%
No:06592	U+0598A	妊	00002417	0.0306/万	99.3129%
No:06593	U+08CD5	賕	00002417	0.0306/万	99.3132%
No:06594	U+09174	酴	00002417	0.0306/万	99.3135%
No:06595	U+0EDCD	取	00002417	0.0306/万	99.3126%
No:06596	U+078FB	磻	00002415	0.0306/万	99.3138%
No:06597	U+087CA	蟊	00002414	0.0306/万	99.3147%
No:06598	U+09E02	鸂	00002414	0.0306/万	99.3144%
No:06599	U+0EBCC	戉	00002414	0.0306/万	99.3141%
No:06600	U+06B8D	殍	00002413	0.0305/万	99.3157%

No:06601 U+070D9 烙 00002413 0.0305/万 99.3154%	No:06602 U+ECC 冥 00002413 0.0305/万 99.3151%	No:06603 U+072ED 狭 00002406 0.0305/万 99.3163%	No:06604 U+07622 瘢 00002406 0.0305/万 99.3166%	No:06605 U+0784E 硎 00002406 0.0305/万 99.3169%	No:06606 U+07AC6 竆 00002406 0.0305/万 99.3175%	No:06607 U+089F3 觳 00002406 0.0305/万 99.3172%	No:06608 U+09D02 鴂 00002406 0.0305/万 99.3160%	No:06609 U+050F4 僴 00002405 0.0304/万 99.3178%	No:06610 U+0473F 䜿 00002404 0.0304/万 99.3184%
No:06611 U+09D12 鴒 00002404 0.0304/万 99.3181%	No:06612 U+08890 袐 00002399 0.0304/万 99.3187%	No:06613 U+06770 杰 00002398 0.0304/万 99.3190%	No:06614 U+09B06 鬆 00002395 0.0303/万 99.3193%	No:06615 U+09191 醑 00002394 0.0303/万 99.3199%	No:06616 U+ED9 外 00002394 0.0303/万 99.3196%	No:06617 U+056FD 国 00002393 0.0303/万 99.3202%	No:06618 U+08F54 轔 00002393 0.0303/万 99.3205%	No:06619 U+07206 爆 00002392 0.0303/万 99.3208%	No:06620 U+08312 茒 00002389 0.0302/万 99.3211%
No:06621 U+05FC9 忉 00002388 0.0302/万 99.3214%	No:06622 U+0695D 楝 00002388 0.0302/万 99.3217%	No:06623 U+09FA2 龢 00002387 0.0302/万 99.3220%	No:06624 U+062FF 拿 00002385 0.0302/万 99.3223%	No:06625 U+05591 喑 00002383 0.0302/万 99.3227%	No:06626 U+0900C 逌 00002383 0.0302/万 99.3230%	No:06627 U+0831C 茜 00002381 0.0301/万 99.3233%	No:06628 U+035D6 㗖 00002379 0.0301/万 99.3239%	No:06629 U+09833 頳 00002379 0.0301/万 99.3236%	No:06630 U+0375B 㝛 00002376 0.0301/万 99.3242%
No:06631 U+EE7 撰 00002376 0.0301/万 99.3245%	No:06632 U+09C15 鰕 00002375 0.0301/万 99.3248%	No:06633 U+08EC4 軄 00002372 0.0300/万 99.3251%	No:06634 U+09EAA 麪 00002368 0.0300/万 99.3254%	No:06635 U+06722 朢 00002367 0.0300/万 99.3257%	No:06636 U+072B4 犴 00002367 0.0300/万 99.3260%	No:06637 U+05687 嚇 00002365 0.0299/万 99.3263%	No:06638 U+07A63 穣 00002365 0.0299/万 99.3269%	No:06639 U+08936 褶 00002365 0.0299/万 99.3266%	No:06640 U+07DA3 綣 00002364 0.0299/万 99.3272%
No:06641 U+09DAC 鶬 00002363 0.0299/万 99.3275%	No:06642 U+05D10 崐 00002362 0.0299/万 99.3281%	No:06643 U+0EAAC 穀 00002362 0.0299/万 99.3278%	No:06644 U+095E4 闤 00002360 0.0299/万 99.3284%	No:06645 U+078C5 磅 00002359 0.0299/万 99.3296%	No:06646 U+09DEF 鷯 00002359 0.0299/万 99.3287%	No:06647 U+0EEFF 碩 00002359 0.0299/万 99.3290%	No:06648 U+E02 顯 00002359 0.0299/万 99.3293%	No:06649 U+0668D 暍 00002358 0.0299/万 99.3302%	No:06650 U+06F19 溥 00002358 0.0299/万 99.3299%
No:06651 U+EC2 繞 00002357 0.0298/万 99.3305%	No:06652 U+062EE 拮 00002356 0.0298/万 99.3308%	No:06653 U+086C4 蛄 00002356 0.0298/万 99.3311%	No:06654 U+03A66 㩦 00002355 0.0298/万 99.3316%	No:06655 U+05527 唧 00002355 0.0298/万 99.3314%	No:06656 U+086FA 蛺 00002355 0.0298/万 99.3319%	No:06657 U+06067 恧 00002352 0.0298/万 99.3325%	No:06658 U+0977A 靺 00002352 0.0298/万 99.3322%	No:06659 U+04E31 丱 00002350 0.0298/万 99.3328%	No:06660 U+05FAC 徬 00002347 0.0297/万 99.3331%
No:06661 U+07145 煅 00002345 0.0297/万 99.3334%	No:06662 U+05773 坳 00002344 0.0297/万 99.3337%	No:06663 U+08763 蝣 00002344 0.0297/万 99.3340%	No:06664 U+084C1 蓁 00002341 0.0296/万 99.3343%	No:06665 U+0686E 桮 00002336 0.0296/万 99.3346%	No:06666 U+04EF7 价 00002334 0.0295/万 99.3349%	No:06667 U+07BEA 篪 00002334 0.0295/万 99.3352%	No:06668 U+05D4A 嵊 00002333 0.0295/万 99.3355%	No:06669 U+085F6 藶 00002332 0.0295/万 99.3358%	No:06670 U+06DFC 淼 00002331 0.0295/万 99.3361%
No:06671 U+070D6 烖 00002330 0.0295/万 99.3364%	No:06672 U+08708 蜈 00002329 0.0295/万 99.3367%	No:06673 U+087C6 蟆 00002329 0.0295/万 99.3370%	No:06674 U+0587C 塼 00002328 0.0295/万 99.3373%	No:06675 U+09D69 鵩 00002323 0.0294/万 99.3376%	No:06676 U+EDB 澓 00002323 0.0294/万 99.3379%	No:06677 U+077B6 瞶 00002322 0.0294/万 99.3382%	No:06678 U+0870B 蜋 00002322 0.0294/万 99.3385%	No:06679 U+0EB45 履 00002321 0.0294/万 99.3388%	No:06680 U+06C87 沇 00002320 0.0294/万 99.3391%
No:06681 U+07C95 粕 00002317 0.0293/万 99.3393%	No:06682 U+072A8 犨 00002314 0.0293/万 99.3399%	No:06683 U+09B10 鬐 00002314 0.0293/万 99.3396%	No:06684 U+04F81 侁 00002312 0.0293/万 99.3402%	No:06685 U+064E1 擡 00002308 0.0292/万 99.3405%	No:06686 U+06DDD 淝 00002308 0.0292/万 99.3408%	No:06687 U+05D0E 崎 00002306 0.0292/万 99.3411%	No:06688 U+09436 鐶 00002306 0.0292/万 99.3414%	No:06689 U+09ECC 黌 00002304 0.0292/万 99.3417%	No:06690 U+06D3F 洿 00002303 0.0292/万 99.3420%
No:06691 U+06EFB 滻 00002301 0.0291/万 99.3423%	No:06692 U+08F9E 辞 00002300 0.0291/万 99.3426%	No:06693 U+07BAC 箬 00002298 0.0291/万 99.3429%	No:06694 U+0EF3F 摶 00002296 0.0291/万 99.3431%	No:06695 U+09117 鄗 00002293 0.0290/万 99.3434%	No:06696 U+08425 营 00002292 0.0290/万 99.3440%	No:06697 U+085F3 藳 00002292 0.0290/万 99.3437%	No:06698 U+095A0 閠 00002290 0.0290/万 99.3446%	No:06699 U+09E87 麇 00002290 0.0290/万 99.3443%	No:06700 U+08344 荄 00002288 0.0290/万 99.3449%

No:06701 U+08E27 踧 00002284 0.0289/万 99.3452%	No:06702 U+07AAC 窬 00002282 0.0289/万 99.3455%	No:06703 U+07085 炅 00002280 0.0289/万 99.3460%	No:06704 U+0872E 蜮 00002280 0.0289/万 99.3458%	No:06705 U+05D84 嶄 00002279 0.0289/万 99.3463%	No:06706 U+083B5 莵 00002279 0.0289/万 99.3466%	No:06707 U+0880F 蠏 00002277 0.0288/万 99.3469%	No:06708 U+08653 虓 00002276 0.0288/万 99.3472%	No:06709 U+067B0 枰 00002275 0.0288/万 99.3475%	No:06710 U+068D6 棖 00002274 0.0288/万 99.3478%
No:06711 U+0637D 捽 00002273 0.0288/万 99.3481%	No:06712 U+059E2 姢 00002272 0.0288/万 99.3484%	No:06713 U+0EEA1 過 00002270 0.0287/万 99.3486%	No:06714 U+09B34 鬴 00002269 0.0287/万 99.3489%	No:06715 U+0793F 礿 00002266 0.0287/万 99.3492%	No:06716 U+0EE0A 華 00002265 0.0287/万 99.3495%	No:06717 U+067C1 柁 00002264 0.0287/万 99.3501%	No:06718 U+09741 靁 00002264 0.0287/万 99.3498%	No:06719 U+06959 楙 00002263 0.0286/万 99.3504%	No:06720 U+075B0 疰 00002262 0.0286/万 99.3507%
No:06721 U+07BD4 篔 00002262 0.0286/万 99.3509%	No:06722 U+050F1 僱 00002261 0.0286/万 99.3512%	No:06723 U+067C5 柅 00002260 0.0286/万 99.3515%	No:06724 U+07630 瘰 00002259 0.0286/万 99.3518%	No:06725 U+0763B 瘻 00002258 0.0286/万 99.3524%	No:06726 U+07702 眂 00002258 0.0286/万 99.3521%	No:06727 U+0770A 眊 00002256 0.0286/万 99.3527%	No:06728 U+0749A 璚 00002254 0.0285/万 99.3532%	No:06729 U+08118 脘 00002254 0.0285/万 99.3529%	No:06730 U+058CE 壎 00002253 0.0285/万 99.3535%
No:06731 U+059BA 妺 00002253 0.0285/万 99.3538%	No:06732 U+0634B 捋 00002252 0.0285/万 99.3541%	No:06733 U+086AA 蚪 00002252 0.0285/万 99.3544%	No:06734 U+06F2D 漭 00002251 0.0285/万 99.3547%	No:06735 U+07589 疉 00002251 0.0285/万 99.3549%	No:06736 U+086C9 蛉 00002251 0.0285/万 99.3552%	No:06737 U+05089 傉 00002250 0.0285/万 99.3555%	No:06738 U+091B2 醲 00002249 0.0285/万 99.3558%	No:06739 U+05344 卄 00002247 0.0284/万 99.3561%	No:06740 U+03D9A 㶚 00002245 0.0284/万 99.3564%
No:06741 U+08974 襴 00002242 0.0284/万 99.3569%	No:06742 U+09E15 鸕 00002242 0.0284/万 99.3566%	No:06743 U+07DCD 緍 00002241 0.0284/万 99.3578%	No:06744 U+09283 銃 00002241 0.0284/万 99.3575%	No:06745 U+09318 錘 00002241 0.0284/万 99.3572%	No:06746 U+05B90 宐 00002238 0.0283/万 99.3584%	No:06747 U+06CD6 泖 00002238 0.0283/万 99.3586%	No:06748 U+09F03 鼃 00002238 0.0283/万 99.3581%	No:06749 U+07A78 穸 00002236 0.0283/万 99.3589%	No:06750 U+08FD5 迕 00002234 0.0283/万 99.3592%
No:06751 U+06490 撐 00002231 0.0282/万 99.3595%	No:06752 U+07A0A 稊 00002230 0.0282/万 99.3598%	No:06753 U+07BFE 篾 00002229 0.0282/万 99.3601%	No:06754 U+07A33 稳 00002228 0.0282/万 99.3606%	No:06755 U+EB4 遷 00002228 0.0282/万 99.3603%	No:06756 U+09941 饁 00002227 0.0282/万 99.3609%	No:06757 U+08406 萆 00002220 0.0281/万 99.3612%	No:06758 U+086AF 蚯 00002218 0.0281/万 99.3617%	No:06759 U+FF8 隙 00002218 0.0281/万 99.3615%	No:06760 U+07517 甗 00002217 0.0281/万 99.3623%
No:06761 U+083FC 菼 00002217 0.0281/万 99.3620%	No:06762 U+08237 舷 00002208 0.0280/万 99.3626%	No:06763 U+092DF 鋟 00002207 0.0279/万 99.3629%	No:06764 U+08E50 蹐 00002205 0.0279/万 99.3631%	No:06765 U+092E9 鋩 00002204 0.0279/万 99.3634%	No:06766 U+06146 慆 00002202 0.0279/万 99.3637%	No:06767 U+0918E 醎 00002199 0.0278/万 99.3645%	No:06768 U+097D0 韐 00002199 0.0278/万 99.3643%	No:06769 U+09F55 齕 00002199 0.0278/万 99.3640%	No:06770 U+055DB 嗛 00002197 0.0278/万 99.3651%
No:06771 U+05AB3 媳 00002197 0.0278/万 99.3648%	No:06772 U+07F4B 罋 00002197 0.0278/万 99.3654%	No:06773 U+080ED 胭 00002196 0.0278/万 99.3657%	No:06774 U+03432 㐲 00002195 0.0278/万 99.3665%	No:06775 U+055C3 嗃 00002195 0.0278/万 99.3662%	No:06776 U+09C0C 鰌 00002195 0.0278/万 99.3659%	No:06777 U+056D3 囓 00002194 0.0278/万 99.3668%	No:06778 U+EE6 塗 00002193 0.0278/万 99.3670%	No:06779 U+0EB3A 鶴 00002192 0.0277/万 99.3673%	No:06780 U+E77 冊 00002192 0.0277/万 99.3676%
No:06781 U+06C02 氂 00002191 0.0277/万 99.3679%	No:06782 U+09414 鐔 00002190 0.0277/万 99.3682%	No:06783 U+09147 酇 00002189 0.0277/万 99.3684%	No:06784 U+0563D 嘽 00002187 0.0277/万 99.3687%	No:06785 U+0809C 肜 00002185 0.0277/万 99.3693%	No:06786 U+092CB 鋋 00002185 0.0277/万 99.3695%	No:06787 U+0EBDC 捎 00002185 0.0277/万 99.3690%	No:06788 U+0642C 搬 00002184 0.0276/万 99.3701%	No:06789 U+0809B 肛 00002184 0.0276/万 99.3698%	No:06790 U+082AB 芫 00002182 0.0276/万 99.3704%
No:06791 U+067BF 枿 00002179 0.0276/万 99.3707%	No:06792 U+06B4A 歊 00002179 0.0276/万 99.3709%	No:06793 U+0ED7B 穖 00002175 0.0275/万 99.3712%	No:06794 U+0528C 劌 00002174 0.0275/万 99.3715%	No:06795 U+07A0C 稌 00002174 0.0275/万 99.3718%	No:06796 U+0876E 蝮 00002173 0.0275/万 99.3720%	No:06797 U+091E7 釧 00002172 0.0275/万 99.3723%	No:06798 U+08EF7 軷 00002171 0.0275/万 99.3726%	No:06799 U+084CF 蓏 00002170 0.0275/万 99.3729%	No:06800 U+06D6F 浯 00002169 0.0275/万 99.3731%

No:06801 U+07DC4 緄 00002167 0.0274/万 99.3737%	No:06802 U+E1E 畀 00002167 0.0274/万 99.3734%	No:06803 U+054C6 哆 00002163 0.0274/万 99.3740%	No:06804 U+068FB 棻 00002163 0.0274/万 99.3742%	No:06805 U+06165 慥 00002162 0.0274/万 99.3748%	No:06806 U+08FA3 辣 00002162 0.0274/万 99.3745%	No:06807 U+08819 蠙 00002161 0.0274/万 99.3751%	No:06808 U+0712E 焮 00002160 0.0273/万 99.3753%	No:06809 U+06AE8 櫨 00002159 0.0273/万 99.3759%	No:06810 U+0928D 銍 00002159 0.0273/万 99.3756%
No:06811 U+05205 刅 00002158 0.0273/万 99.3761%	No:06812 U+0EE16 蘇 00002157 0.0273/万 99.3764%	No:06813 U+05466 呦 00002154 0.0273/万 99.3770%	No:06814 U+074AA 璪 00002154 0.0273/万 99.3775%	No:06815 U+07521 甡 00002154 0.0273/万 99.3778%	No:06816 U+086ED 蛭 00002154 0.0273/万 99.3772%	No:06817 U+09F2F 鼯 00002154 0.0273/万 99.3767%	No:06818 U+07B72 筲 00002152 0.0272/万 99.3781%	No:06819 U+07B31 笱 00002151 0.0272/万 99.3783%	No:06820 U+09795 鞕 00002150 0.0272/万 99.3789%
No:06821 U+097CD 韍 00002150 0.0272/万 99.3786%	No:06822 U+059EB 姫 00002149 0.0272/万 99.3791%	No:06823 U+0863C 蘼 00002149 0.0272/万 99.3794%	No:06824 U+08FEF 迯 00002148 0.0272/万 99.3797%	No:06825 U+0FE3B ︻ 00002146 0.0272/万 99.3800%	No:06826 U+053AB 厫 00002145 0.0272/万 99.3802%	No:06827 U+07B53 筓 00002145 0.0272/万 99.3805%	No:06828 U+097A8 鞨 00002143 0.0271/万 99.3808%	No:06829 U+05C94 岔 00002141 0.0271/万 99.3813%	No:06830 U+098B8 颸 00002141 0.0271/万 99.3811%
No:06831 U+06046 恆 00002140 0.0271/万 99.3819%	No:06832 U+06ECF 滏 00002140 0.0271/万 99.3816%	No:06833 U+06662 晢 00002138 0.0271/万 99.3821%	No:06834 U+05669 噩 00002137 0.0271/万 99.3824%	No:06835 U+08AF4 諴 00002137 0.0271/万 99.3827%	No:06836 U+0931A 錚 00002137 0.0271/万 99.3829%	No:06837 U+05E00 帀 00002136 0.0270/万 99.3832%	No:06838 U+07352 獒 00002136 0.0270/万 99.3838%	No:06839 U+077A2 瞢 00002136 0.0270/万 99.3835%	No:06840 U+09814 頔 00002134 0.0270/万 99.3840%
No:06841 U+06F92 澒 00002133 0.0270/万 99.3843%	No:06842 U+074A1 璡 00002132 0.0270/万 99.3846%	No:06843 U+06C05 氅 00002131 0.0270/万 99.3851%	No:06844 U+09370 鍰 00002131 0.0270/万 99.3848%	No:06845 U+076D2 盒 00002130 0.0270/万 99.3854%	No:06846 U+0786E 确 00002129 0.0269/万 99.3857%	No:06847 U+06112 愒 00002128 0.0269/万 99.3859%	No:06848 U+099C9 駉 00002126 0.0269/万 99.3862%	No:06849 U+0EB75 慶 00002126 0.0269/万 99.3865%	No:06850 U+06969 楩 00002125 0.0269/万 99.3867%
No:06851 U+06A61 橡 00002125 0.0269/万 99.3870%	No:06852 U+05F22 弢 00002124 0.0269/万 99.3875%	No:06853 U+E9B 簡 00002124 0.0269/万 99.3873%	No:06854 U+06DB4 涴 00002123 0.0269/万 99.3878%	No:06855 U+08F58 轘 00002123 0.0269/万 99.3881%	No:06856 U+059E7 姧 00002121 0.0268/万 99.3883%	No:06857 U+08B0C 謌 00002121 0.0268/万 99.3886%	No:06858 U+0722C 爬 00002120 0.0268/万 99.3889%	No:06859 U+05274 剴 00002119 0.0268/万 99.3892%	No:06860 U+08695 蚕 00002118 0.0268/万 99.3894%
No:06861 U+05563 啣 00002117 0.0268/万 99.3897%	No:06862 U+08E60 蹠 00002117 0.0268/万 99.3900%	No:06863 U+067BB 枻 00002116 0.0268/万 99.3905%	No:06864 U+0EC5B 歡 00002116 0.0268/万 99.3902%	No:06865 U+0913C 鄼 00002115 0.0268/万 99.3908%	No:06866 U+06F8E 澎 00002114 0.0268/万 99.3910%	No:06867 U+044FB 䓻 00002113 0.0267/万 99.3913%	No:06868 U+06589 斉 00002112 0.0267/万 99.3918%	No:06869 U+0EC0D [illegible] 00002112 0.0267/万 99.3916%	No:06870 U+06841 桁 00002109 0.0267/万 99.3924%
No:06871 U+08C4B 豋 00002109 0.0267/万 99.3926%	No:06872 U+09760 靠 00002109 0.0267/万 99.3921%	No:06873 U+06D3C 洼 00002108 0.0267/万 99.3929%	No:06874 U+06199 憙 00002107 0.0267/万 99.3932%	No:06875 U+074E4 瓤 00002105 0.0266/万 99.3934%	No:06876 U+0784F 研 00002105 0.0266/万 99.3937%	No:06877 U+08734 蜴 00002105 0.0266/万 99.3940%	No:06878 U+06FD8 濘 00002104 0.0266/万 99.3942%	No:06879 U+0755E 畞 00002100 0.0266/万 99.3945%	No:06880 U+05C67 屧 00002099 0.0266/万 99.3948%
No:06881 U+0992C 餬 00002098 0.0266/万 99.3950%	No:06882 U+08F9D 辝 00002096 0.0265/万 99.3956%	No:06883 U+0992E 餮 00002096 0.0265/万 99.3953%	No:06884 U+087A3 螣 00002095 0.0265/万 99.3958%	No:06885 U+05CDD 峝 00002094 0.0265/万 99.3964%	No:06886 U+06D1F 洟 00002094 0.0265/万 99.3966%	No:06887 U+0EE00 蒙 00002094 0.0265/万 99.3961%	No:06888 U+09ACF 髏 00002089 0.0264/万 99.3969%	No:06889 U+06F37 漷 00002086 0.0264/万 99.3972%	No:06890 U+07667 癧 00002085 0.0264/万 99.3974%
No:06891 U+05E6A 幪 00002084 0.0264/万 99.3977%	No:06892 U+07690 皐 00002084 0.0264/万 99.3980%	No:06893 U+07F96 羖 00002082 0.0264/万 99.3982%	No:06894 U+05F44 彄 00002081 0.0263/万 99.3985%	No:06895 U+06E22 渢 00002081 0.0263/万 99.3987%	No:06896 U+05095 傕 00002080 0.0263/万 99.3990%	No:06897 U+081D9 臙 00002080 0.0263/万 99.3993%	No:06898 U+0887A 衺 00002079 0.0263/万 99.3995%	No:06899 U+071B3 熳 00002078 0.0263/万 99.3998%	No:06900 U+091B8 醸 00002078 0.0263/万 99.4001%

No:06901	U+06831	栱	00002077	0.0263/万	99.4003%
No:06902	U+091BF	醿	00002076	0.0263/万	99.4006%
No:06903	U+08812	蠒	00002075	0.0263/万	99.4009%
No:06904	U+09E9B	麛	00002072	0.0262/万	99.4011%
No:06905	U+0EA4B		00002072	0.0262/万	99.4014%
No:06906	U+06DF6	淶	00002070	0.0262/万	99.4016%
No:06907	U+054B7	咷	00002069	0.0262/万	99.4019%
No:06908	U+06D31	洱	00002069	0.0262/万	99.4022%
No:06909	U+07312	猒	00002068	0.0262/万	99.4024%
No:06910	U+06E46	湆	00002067	0.0262/万	99.4030%
No:06911	U+0EDB6		00002067	0.0262/万	99.4027%
No:06912	U+08E14	踔	00002066	0.0262/万	99.4032%
No:06913	U+093CA	鏊	00002066	0.0262/万	99.4035%
No:06914	U+095E0	闠	00002065	0.0261/万	99.4037%
No:06915	U+03AE4	㫤	00002064	0.0261/万	99.4040%
No:06916	U+0893B	褻	00002063	0.0261/万	99.4048%
No:06917	U+08ADD	諝	00002063	0.0261/万	99.4045%
No:06918	U+08EDB	軛	00002063	0.0261/万	99.4043%
No:06919	U+07E32	縲	00002062	0.0261/万	99.4050%
No:06920	U+04FFA	俺	00002061	0.0261/万	99.4056%
No:06921	U+05A3C	娼	00002061	0.0261/万	99.4053%
No:06922	U+07726	眦	00002061	0.0261/万	99.4058%
No:06923	U+05298	劘	00002060	0.0261/万	99.4061%
No:06924	U+039B2	㦲	00002059	0.0261/万	99.4066%
No:06925	U+0EB06		00002059	0.0261/万	99.4064%
No:06926	U+07FFE	翾	00002058	0.0260/万	99.4069%
No:06927	U+0868B	蚋	00002057	0.0260/万	99.4071%
No:06928	U+092CC	鋌	00002056	0.0260/万	99.4074%
No:06929	U+09025	逥	00002055	0.0260/万	99.4077%
No:06930	U+054EE	哮	00002054	0.0260/万	99.4082%
No:06931	U+EE3	隆	00002054	0.0260/万	99.4079%
No:06932	U+06954	楔	00002053	0.0260/万	99.4084%
No:06933	U+062F7	拷	00002052	0.0260/万	99.4087%
No:06934	U+06A05	樅	00002052	0.0260/万	99.4090%
No:06935	U+06A5B	橛	00002051	0.0260/万	99.4092%
No:06936	U+073AD	玭	00002049	0.0259/万	99.4097%
No:06937	U+0803C	耼	00002049	0.0259/万	99.4095%
No:06938	U+0995F	饟	00002048	0.0259/万	99.4100%
No:06939	U+086C6	蛆	00002046	0.0259/万	99.4103%
No:06940	U+08A7F	詿	00002044	0.0259/万	99.4105%
No:06941	U+0721A	爚	00002042	0.0258/万	99.4108%
No:06942	U+05A7C	婼	00002041	0.0258/万	99.4110%
No:06943	U+089A1	覡	00002041	0.0258/万	99.4113%
No:06944	U+0EB08		00002040	0.0258/万	99.4116%
No:06945	U+08740	蝀	00002038	0.0258/万	99.4121%
No:06946	U+09DC0	鷀	00002038	0.0258/万	99.4118%
No:06947	U+066C0	曀	00002037	0.0258/万	99.4123%
No:06948	U+09B37	鬷	00002036	0.0258/万	99.4126%
No:06949	U+06473	摳	00002034	0.0257/万	99.4134%
No:06950	U+06D5E	浞	00002034	0.0257/万	99.4128%
No:06951	U+088DB	裛	00002034	0.0257/万	99.4131%
No:06952	U+08E6C	蹬	00002033	0.0257/万	99.4136%
No:06953	U+05CA2	岢	00002032	0.0257/万	99.4139%
No:06954	U+E29	挤	00002031	0.0257/万	99.4141%
No:06955	U+08B9F	讟	00002030	0.0257/万	99.4144%
No:06956	U+05BEC	寬	00002029	0.0257/万	99.4146%
No:06957	U+04350	䍐	00002028	0.0257/万	99.4149%
No:06958	U+0EF16		00002026	0.0256/万	99.4152%
No:06959	U+06DE5	淥	00002025	0.0256/万	99.4162%
No:06960	U+07CBC	粼	00002025	0.0256/万	99.4159%
No:06961	U+08C85	貅	00002025	0.0256/万	99.4157%
No:06962	U+08F53	轓	00002025	0.0256/万	99.4154%
No:06963	U+051CA	凊	00002024	0.0256/万	99.4167%
No:06964	U+088F5	裵	00002024	0.0256/万	99.4170%
No:06965	U+ED0	聊	00002024	0.0256/万	99.4164%
No:06966	U+07512	甒	00002023	0.0256/万	99.4172%
No:06967	U+09866	顦	00002022	0.0256/万	99.4175%
No:06968	U+09A40	驀	00002022	0.0256/万	99.4177%
No:06969	U+09E91	麑	00002020	0.0256/万	99.4180%
No:06970	U+06759	杙	00002014	0.0255/万	99.4182%
No:06971	U+07C5E	籞	00002014	0.0255/万	99.4185%
No:06972	U+072D6	狖	00002011	0.0255/万	99.4187%
No:06973	U+05FD6	忖	00002008	0.0254/万	99.4190%
No:06974	U+08D6C	赬	00002008	0.0254/万	99.4193%
No:06975	U+0894C	襌	00002007	0.0254/万	99.4195%
No:06976	U+06271	扱	00002006	0.0254/万	99.4198%
No:06977	U+07284	犄	00002006	0.0254/万	99.4200%
No:06978	U+08030	耰	00002004	0.0254/万	99.4203%
No:06979	U+057D3	埓	00002003	0.0254/万	99.4205%
No:06980	U+0656D	敭	00002003	0.0254/万	99.4210%
No:06981	U+06D91	涑	00002003	0.0254/万	99.4208%
No:06982	U+06DEF	淯	00002002	0.0253/万	99.4213%
No:06983	U+095A1	閡	00002000	0.0253/万	99.4218%
No:06984	U+0EF3D		00002000	0.0253/万	99.4215%
No:06985	U+075A3	疣	00001998	0.0253/万	99.4220%
No:06986	U+06F98	澘	00001997	0.0253/万	99.4223%
No:06987	U+063A6	掦	00001995	0.0253/万	99.4226%
No:06988	U+03B25	㬥	00001993	0.0252/万	99.4228%
No:06989	U+05476	呶	00001992	0.0252/万	99.4233%
No:06990	U+09CF2	鳲	00001992	0.0252/万	99.4231%
No:06991	U+054AE	咮	00001991	0.0252/万	99.4236%
No:06992	U+097C6	韆	00001990	0.0252/万	99.4238%
No:06993	U+0EC02		00001990	0.0252/万	99.4241%
No:06994	U+08E16	踖	00001988	0.0252/万	99.4243%
No:06995	U+06712	朒	00001987	0.0251/万	99.4246%
No:06996	U+08801	蠁	00001987	0.0251/万	99.4248%
No:06997	U+06343	捃	00001983	0.0251/万	99.4256%
No:06998	U+06CC6	泆	00001983	0.0251/万	99.4253%
No:06999	U+0EECC		00001983	0.0251/万	99.4251%
No:07000	U+04F53	体	00001982	0.0251/万	99.4258%

No:07001 U+07277 牷 00001982 0.0251/万 99.4261%	No:07002 U+055CC 嗌 00001979 0.0250/万 99.4263%	No:07003 U+05A1C 娜 00001978 0.0250/万 99.4266%	No:07004 U+05B08 嬈 00001977 0.0250/万 99.4268%	No:07005 U+0978C 鞌 00001974 0.0250/万 99.4271%	No:07006 U+0ED61 袍 00001971 0.0249/万 99.4273%	No:07007 U+09AD1 髑 00001970 0.0249/万 99.4276%	No:07008 U+075C2 痂 00001969 0.0249/万 99.4278%	No:07009 U+05244 剄 00001968 0.0249/万 99.4281%	No:07010 U+0854E 蕎 00001968 0.0249/万 99.4283%
No:07011 U+08307 茇 00001967 0.0249/万 99.4286%	No:07012 U+05002 倂 00001966 0.0249/万 99.4288%	No:07013 U+08622 蘢 00001965 0.0249/万 99.4291%	No:07014 U+09295 銕 00001965 0.0249/万 99.4293%	No:07015 U+08F39 輹 00001964 0.0249/万 99.4296%	No:07016 U+07E50 繐 00001963 0.0248/万 99.4298%	No:07017 U+087E3 蟣 00001963 0.0248/万 99.4301%	No:07018 U+05536 唶 00001961 0.0248/万 99.4303%	No:07019 U+07594 疔 00001960 0.0248/万 99.4308%	No:07020 U+08DFD 跽 00001960 0.0248/万 99.4306%
No:07021 U+06E98 溘 00001959 0.0248/万 99.4311%	No:07022 U+09683 隃 00001957 0.0248/万 99.4313%	No:07023 U+09798 鞘 00001951 0.0247/万 99.4316%	No:07024 U+07822 砢 00001950 0.0247/万 99.4321%	No:07025 U+07A02 稂 00001950 0.0247/万 99.4323%	No:07026 U+0905F 遟 00001950 0.0247/万 99.4318%	No:07027 U+EF0 霻 00001947 0.0246/万 99.4326%	No:07028 U+E21 [illegible] 00001946 0.0246/万 99.4328%	No:07029 U+0800E 耎 00001944 0.0246/万 99.4330%	No:07030 U+E81 数 00001943 0.0246/万 99.4333%
No:07031 U+091ED 釭 00001941 0.0246/万 99.4335%	No:07032 U+06403 搃 00001940 0.0246/万 99.4340%	No:07033 U+07A80 窀 00001940 0.0246/万 99.4338%	No:07034 U+084C6 蓆 00001938 0.0245/万 99.4343%	No:07035 U+067F6 柶 00001936 0.0245/万 99.4348%	No:07036 U+0769A 皚 00001936 0.0245/万 99.4345%	No:07037 U+084AD 蒭 00001935 0.0245/万 99.4350%	No:07038 U+084B1 蒱 00001935 0.0245/万 99.4353%	No:07039 U+05F42 彂 00001934 0.0245/万 99.4355%	No:07040 U+06081 悁 00001933 0.0245/万 99.4358%
No:07041 U+08725 蜥 00001933 0.0245/万 99.4360%	No:07042 U+06FA6 澦 00001930 0.0244/万 99.4362%	No:07043 U+0914F 酏 00001929 0.0244/万 99.4365%	No:07044 U+06207 戇 00001928 0.0244/万 99.4370%	No:07045 U+09927 餧 00001928 0.0244/万 99.4367%	No:07046 U+069B7 榷 00001927 0.0244/万 99.4372%	No:07047 U+04EE1 仡 00001926 0.0244/万 99.4375%	No:07048 U+09A03 駃 00001921 0.0243/万 99.4377%	No:07049 U+093F9 鏹 00001920 0.0243/万 99.4380%	No:07050 U+0905D 遝 00001919 0.0243/万 99.4384%
No:07051 U+E11 驥 00001919 0.0243/万 99.4382%	No:07052 U+05586 喆 00001917 0.0243/万 99.4387%	No:07053 U+055FE 嗾 00001916 0.0242/万 99.4389%	No:07054 U+0818B 膋 00001916 0.0242/万 99.4392%	No:07055 U+083CF 菏 00001916 0.0242/万 99.4394%	No:07056 U+06487 撇 00001914 0.0242/万 99.4397%	No:07057 U+08117 脗 00001912 0.0242/万 99.4399%	No:07058 U+05A77 婷 00001911 0.0242/万 99.4401%	No:07059 U+06B60 歠 00001911 0.0242/万 99.4404%	No:07060 U+07F73 罳 00001910 0.0242/万 99.4406%
No:07061 U+05AF5 嫵 00001906 0.0241/万 99.4409%	No:07062 U+0EBCA 懶 00001905 0.0241/万 99.4411%	No:07063 U+06A97 檗 00001904 0.0241/万 99.4413%	No:07064 U+05635 嘵 00001903 0.0241/万 99.4418%	No:07065 U+09A24 騤 00001903 0.0241/万 99.4416%	No:07066 U+07506 甆 00001902 0.0241/万 99.4421%	No:07067 U+07F7E 罾 00001900 0.0240/万 99.4423%	No:07068 U+0EE8F 輒 00001897 0.0240/万 99.4426%	No:07069 U+05CB5 岵 00001896 0.0240/万 99.4428%	No:07070 U+05372 卲 00001895 0.0240/万 99.4430%
No:07071 U+060B1 悱 00001894 0.0240/万 99.4435%	No:07072 U+06205 戅 00001894 0.0240/万 99.4433%	No:07073 U+06E51 湑 00001890 0.0239/万 99.4438%	No:07074 U+0831F 茟 00001889 0.0239/万 99.4440%	No:07075 U+0945B 鑛 00001889 0.0239/万 99.4442%	No:07076 U+093CC 鏌 00001888 0.0239/万 99.4445%	No:07077 U+07C64 籤 00001887 0.0239/万 99.4447%	No:07078 U+08E92 躒 00001886 0.0239/万 99.4449%	No:07079 U+07708 眈 00001885 0.0239/万 99.4457%	No:07080 U+0994E 饎 00001885 0.0239/万 99.4452%
No:07081 U+0EE10 蔬 00001885 0.0239/万 99.4454%	No:07082 U+04D21 䴡 00001884 0.0238/万 99.4459%	No:07083 U+07447 瑇 00001883 0.0238/万 99.4464%	No:07084 U+074C8 瓈 00001883 0.0238/万 99.4461%	No:07085 U+06930 椰 00001882 0.0238/万 99.4466%	No:07086 U+05F88 很 00001878 0.0238/万 99.4469%	No:07087 U+07688 皈 00001877 0.0238/万 99.4473%	No:07088 U+0EE9A 迴 00001877 0.0238/万 99.4471%	No:07089 U+0552B 唫 00001876 0.0237/万 99.4476%	No:07090 U+0528E 劎 00001874 0.0237/万 99.4478%
No:07091 U+079A0 禠 00001874 0.0237/万 99.4480%	No:07092 U+0610A 愊 00001873 0.0237/万 99.4483%	No:07093 U+0761D 瘝 00001873 0.0237/万 99.4485%	No:07094 U+054BF 咿 00001871 0.0237/万 99.4488%	No:07095 U+05ECB 廋 00001871 0.0237/万 99.4490%	No:07096 U+06A70 橰 00001871 0.0237/万 99.4492%	No:07097 U+05EDA 廚 00001870 0.0237/万 99.4497%	No:07098 U+0634E 捎 00001870 0.0237/万 99.4495%	No:07099 U+079F8 秸 00001870 0.0237/万 99.4499%	No:07100 U+05C3B 尻 00001868 0.0236/万 99.4502%

No:07101 U+07D45 絅 00001868 0.0236/万 99.4504%	No:07102 U+05653 噓 00001867 0.0236/万 99.4507%	No:07103 U+08760 蝠 00001867 0.0236/万 99.4509%	No:07104 U+07AC1 竁 00001866 0.0236/万 99.4514%	No:07105 U+0EAC2 00001866 0.0236/万 99.4511%	No:07106 U+074B2 璲 00001865 0.0236/万 99.4516%	No:07107 U+05896 墖 00001864 0.0236/万 99.4518%	No:07108 U+069F1 槱 00001864 0.0236/万 99.4523%	No:07109 U+07516 甖 00001864 0.0236/万 99.4521%	No:07110 U+05AE6 嫦 00001860 0.0235/万 99.4525%
No:07111 U+06C78 汸 00001857 0.0235/万 99.4528%	No:07112 U+05637 嘷 00001856 0.0235/万 99.4530%	No:07113 U+07370 獰 00001856 0.0235/万 99.4533%	No:07114 U+08555 蕕 00001856 0.0235/万 99.4535%	No:07115 U+03A02 㨂 00001855 0.0235/万 99.4537%	No:07116 U+05848 塈 00001853 0:0234/万 99.4542%	No:07117 U+081DD 臝 00001853 0.0234/万 99.4547%	No:07118 U+09136 鄶 00001853 0.0234/万 99.4544%	No:07119 U+095A7 閧 00001853 0.0234/万 99.4549%	No:07120 U+09F4D 齍 00001853 0.0234/万 99.4540%
No:07121 U+08EAA 躪 00001851 0.0234/万 99.4551%	No:07122 U+05C28 尨 00001850 0.0234/万 99.4554%	No:07123 U+0EDAC 00001849 0.0234/万 99.4556%	No:07124 U+064D7 擗 00001848 0.0234/万 99.4561%	No:07125 U+E92 00001848 0.0234/万 99.4558%	No:07126 U+07ABF 窿 00001847 0.0234/万 99.4563%	No:07127 U+06A44 橄 00001844 0.0233/万 99.4565%	No:07128 U+08E26 踦 00001844 0.0233/万 99.4568%	No:07129 U+08B6B 譫 00001843 0.0233/万 99.4570%	No:07130 U+051E8 凨 00001838 0.0233/万 99.4572%
No:07131 U+05ECC 廌 00001838 0.0233/万 99.4575%	No:07132 U+09A04 騄 00001836 0.0232/万 99.4577%	No:07133 U+07DAE 綮 00001834 0.0232/万 99.4579%	No:07134 U+05412 吒 00001833 0.0232/万 99.4582%	No:07135 U+059EE 姮 00001831 0.0232/万 99.4584%	No:07136 U+05227 刧 00001829 0.0231/万 99.4586%	No:07137 U+0EE1D 00001828 0.0231/万 99.4589%	No:07138 U+07160 煠 00001827 0.0231/万 99.4591%	No:07139 U+0662B 昫 00001826 0.0231/万 99.4596%	No:07140 U+0775A 睚 00001826 0.0231/万 99.4593%
No:07141 U+0525C 剜 00001824 0.0231/万 99.4598%	No:07142 U+07CE2 糢 00001824 0.0231/万 99.4600%	No:07143 U+06174 慴 00001823 0.0231/万 99.4605%	No:07144 U+0ED5A 00001823 0.0231/万 99.4603%	No:07145 U+05C20 尠 00001822 0.0231/万 99.4607%	No:07146 U+07131 焱 00001822 0.0231/万 99.4609%	No:07147 U+07D68 絨 00001822 0.0231/万 99.4612%	No:07148 U+081CA 臊 00001821 0.0230/万 99.4614%	No:07149 U+05D1E 崞 00001820 0.0230/万 99.4616%	No:07150 U+082A3 芣 00001820 0.0230/万 99.4619%
No:07151 U+067CE 柎 00001817 0.0230/万 99.4630%	No:07152 U+06883 梃 00001817 0.0230/万 99.4628%	No:07153 U+07067 灧 00001817 0.0230/万 99.4623%	No:07154 U+09045 遅 00001817 0.0230/万 99.4626%	No:07155 U+097DD 韝 00001817 0.0230/万 99.4621%	No:07156 U+0736A 獪 00001816 0.0230/万 99.4633%	No:07157 U+06B16 欖 00001814 0.0230/万 99.4637%	No:07158 U+080AA 肪 00001814 0.0230/万 99.4635%	No:07159 U+0EC81 00001813 0.0229/万 99.4639%	No:07160 U+06369 捩 00001811 0.0229/万 99.4642%
No:07161 U+079AC 禬 00001810 0.0229/万 99.4646%	No:07162 U+08ED4 軔 00001810 0.0229/万 99.4644%	No:07163 U+099D4 駔 00001809 0.0229/万 99.4649%	No:07164 U+07C09 篴 00001807 0.0229/万 99.4653%	No:07165 U+09A05 騅 00001807 0.0229/万 99.4651%	No:07166 U+0831D 茝 00001805 0.0228/万 99.4655%	No:07167 U+060A4 悤 00001804 0.0228/万 99.4658%	No:07168 U+0880B 蠋 00001804 0.0228/万 99.4660%	No:07169 U+06D11 洑 00001803 0.0228/万 99.4662%	No:07170 U+06EEC 滬 00001801 0.0228/万 99.4665%
No:07171 U+08E3D 踽 00001800 0.0228/万 99.4667%	No:07172 U+06B43 歃 00001796 0.0227/万 99.4669%	No:07173 U+0873C 蜼 00001795 0.0227/万 99.4671%	No:07174 U+07B34 笴 00001792 0.0227/万 99.4676%	No:07175 U+095BF 閿 00001792 0.0227/万 99.4674%	No:07176 U+0687A 桺 00001791 0.0227/万 99.4683%	No:07177 U+075F4 痴 00001791 0.0227/万 99.4681%	No:07178 U+0979A 鞚 00001791 0.0227/万 99.4678%	No:07179 U+09931 餱 00001790 0.0227/万 99.4685%	No:07180 U+09E8C 麌 00001789 0.0226/万 99.4687%
No:07181 U+06595 斕 00001788 0.0226/万 99.4690%	No:07182 U+06755 杕 00001787 0.0226/万 99.4692%	No:07183 U+06BB2 殲 00001784 0.0226/万 99.4694%	No:07184 U+05ABA 媺 00001783 0.0226/万 99.4696%	No:07185 U+06998 榘 00001783 0.0226/万 99.4699%	No:07186 U+081DB 臛 00001783 0.0226/万 99.4701%	No:07187 U+05B19 嬙 00001782 0.0225/万 99.4703%	No:07188 U+0780D 砍 00001782 0.0225/万 99.4705%	No:07189 U+07C53 籓 00001782 0.0225/万 99.4708%	No:07190 U+05541 啁 00001780 0.0225/万 99.4710%
No:07191 U+0840F 萏 00001778 0.0225/万 99.4712%	No:07192 U+062D7 拗 00001775 0.0225/万 99.4714%	No:07193 U+08DD1 跑 00001773 0.0224/万 99.4717%	No:07194 U+0737C 獼 00001771 0.0224/万 99.4719%	No:07195 U+05471 呱 00001770 0.0224/万 99.4721%	No:07196 U+09A2D 騭 00001767 0.0224/万 99.4723%	No:07197 U+098AD 颭 00001766 0.0223/万 99.4726%	No:07198 U+E21 00001766 0.0223/万 99.4728%	No:07199 U+09997 馗 00001764 0.0223/万 99.4730%	No:07200 U+07460 瑠 00001762 0.0223/万 99.4732%

No:07201 U+079AD 禭 00001760 0.0223/万 99.4735%	No:07202 U+06844 桄 00001758 0.0222/万 99.4737%	No:07203 U+0736B 獫 00001757 0.0222/万 99.4739%	No:07204 U+07994 禔 00001756 0.0222/万 99.4744%	No:07205 U+07D12 紒 00001756 0.0222/万 99.4741%	No:07206 U+088B7 袷 00001756 0.0222/万 99.4746%	No:07207 U+0868D 蚍 00001754 0.0222/万 99.4750%	No:07208 U+08855 衕 00001754 0.0222/万 99.4748%	No:07209 U+0785C 硜 00001753 0.0222/万 99.4755%	No:07210 U+07E70 繰 00001753 0.0222/万 99.4757%
No:07211 U+09157 酗 00001753 0.0222/万 99.4752%	No:07212 U+05477 呷 00001751 0.0222/万 99.4759%	No:07213 U+05096 傖 00001749 0.0221/万 99.4764%	No:07214 U+059DE 姞 00001749 0.0221/万 99.4761%	No:07215 U+0774E 睎 00001749 0.0221/万 99.4766%	No:07216 U+05605 嘅 00001748 0.0221/万 99.4768%	No:07217 U+08D8B 趋 00001748 0.0221/万 99.4772%	No:07218 U+093A1 鎡 00001748 0.0221/万 99.4770%	No:07219 U+0EEAA 遽 00001747 0.0221/万 99.4775%	No:07220 U+07F65 罥 00001746 0.0221/万 99.4777%
No:07221 U+05072 偲 00001745 0.0221/万 99.4783%	No:07222 U+09F37 鼷 00001745 0.0221/万 99.4781%	No:07223 U+0EBDD 指 00001745 0.0221/万 99.4779%	No:07224 U+06E86 溆 00001744 0.0221/万 99.4790%	No:07225 U+07BE5 篥 00001744 0.0221/万 99.4786%	No:07226 U+08EE8 軨 00001744 0.0221/万 99.4788%	No:07227 U+0619D 憝 00001743 0.0221/万 99.4797%	No:07228 U+08550 蕐 00001743 0.0221/万 99.4795%	No:07229 U+09723 霣 00001743 0.0221/万 99.4792%	No:07230 U+036B2 㚲 00001738 0.0220/万 99.4801%
No:07231 U+0986B 顫 00001738 0.0220/万 99.4799%	No:07232 U+034DB 㓛 00001737 0.0220/万 99.4803%	No:07233 U+096F1 雱 00001734 0.0219/万 99.4806%	No:07234 U+0574F 坏 00001733 0.0219/万 99.4810%	No:07235 U+09B2A 鬪 00001733 0.0219/万 99.4808%	No:07236 U+07263 牣 00001732 0.0219/万 99.4814%	No:07237 U+09D07 鴇 00001732 0.0219/万 99.4812%	No:07238 U+06CEC 泬 00001730 0.0219/万 99.4817%	No:07239 U+085A2 薢 00001729 0.0219/万 99.4819%	No:07240 U+08A7C 詼 00001728 0.0219/万 99.4821%
No:07241 U+09169 酩 00001727 0.0219/万 99.4823%	No:07242 U+0939A 鎚 00001724 0.0218/万 99.4827%	No:07243 U+093C4 鏄 00001724 0.0218/万 99.4830%	No:07244 U+09AF9 髹 00001724 0.0218/万 99.4825%	No:07245 U+0EC67 氣 00001723 0.0218/万 99.4832%	No:07246 U+04F96 侖 00001722 0.0218/万 99.4834%	No:07247 U+07FFD 翽 00001721 0.0218/万 99.4836%	No:07248 U+053F7 号 00001718 0.0217/万 99.4838%	No:07249 U+07945 祅 00001717 0.0217/万 99.4843%	No:07250 U+09E11 鸑 00001717 0.0217/万 99.4841%
No:07251 U+0967F 陿 00001716 0.0217/万 99.4845%	No:07252 U+0895E 襞 00001712 0.0217/万 99.4847%	No:07253 U+05D1F 崟 00001708 0.0216/万 99.4849%	No:07254 U+0816F 腯 00001708 0.0216/万 99.4854%	No:07255 U+0893E 褾 00001708 0.0216/万 99.4851%	No:07256 U+06D0C 洌 00001704 0.0216/万 99.4860%	No:07257 U+09B43 魃 00001704 0.0216/万 99.4858%	No:07258 U+09DC7 鷇 00001704 0.0216/万 99.4856%	No:07259 U+0ED65 裡 00001703 0.0215/万 99.4862%	No:07260 U+06718 朘 00001697 0.0215/万 99.4864%
No:07261 U+05191 冑 00001696 0.0215/万 99.4867%	No:07262 U+051FE 凾 00001694 0.0214/万 99.4869%	No:07263 U+08E09 踉 00001694 0.0214/万 99.4871%	No:07264 U+03565 㕥 00001693 0.0214/万 99.4873%	No:07265 U+0923A 鈺 00001693 0.0214/万 99.4875%	No:07266 U+0432B 䌫 00001691 0.0214/万 99.4879%	No:07267 U+05014 倔 00001691 0.0214/万 99.4877%	No:07268 U+E75 趣 00001691 0.0214/万 99.4882%	No:07269 U+06ADA 櫚 00001690 0.0214/万 99.4886%	No:07270 U+08A09 訉 00001690 0.0214/万 99.4884%
No:07271 U+06223 戣 00001689 0.0214/万 99.4888%	No:07272 U+081E1 臡 00001688 0.0214/万 99.4890%	No:07273 U+05080 傀 00001686 0.0213/万 99.4892%	No:07274 U+05A35 娵 00001686 0.0213/万 99.4894%	No:07275 U+0500F 倏 00001685 0.0213/万 99.4897%	No:07276 U+082E3 苣 00001685 0.0213/万 99.4899%	No:07277 U+07A8B 窋 00001682 0.0213/万 99.4901%	No:07278 U+092FC 鋼 00001679 0.0212/万 99.4903%	No:07279 U+05640 噀 00001678 0.0212/万 99.4905%	No:07280 U+07213 爓 00001678 0.0212/万 99.4907%
No:07281 U+EAF 恐 00001677 0.0212/万 99.4909%	No:07282 U+06E8F 溏 00001676 0.0212/万 99.4914%	No:07283 U+07D96 綖 00001676 0.0212/万 99.4911%	No:07284 U+06B5C 歜 00001671 0.0211/万 99.4916%	No:07285 U+07BF2 篲 00001670 0.0211/万 99.4918%	No:07286 U+0EEB3 遂 00001668 0.0211/万 99.4920%	No:07287 U+E7A 那 00001667 0.0211/万 99.4922%	No:07288 U+092D0 鋐 00001665 0.0211/万 99.4924%	No:07289 U+0566D 噭 00001664 0.0211/万 99.4928%	No:07290 U+058CD 壍 00001664 0.0211/万 99.4926%
No:07291 U+07C28 簨 00001664 0.0211/万 99.4933%	No:07292 U+08167 腧 00001664 0.0211/万 99.4930%	No:07293 U+05F25 弥 00001663 0.0210/万 99.4935%	No:07294 U+051F8 凸 00001662 0.0210/万 99.4937%	No:07295 U+03CEB 㳫 00001660 0.0210/万 99.4939%	No:07296 U+08D73 赳 00001660 0.0210/万 99.4943%	No:07297 U+EC8 烟 00001660 0.0210/万 99.4941%	No:07298 U+05D4B 嵋 00001658 0.0210/万 99.4945%	No:07299 U+06911 椑 00001658 0.0210/万 99.4947%	No:07300 U+075D9 痙 00001655 0.0209/万 99.4949%

No:07301 U+08759 蝙 00001654 0.0209/万 99.4951%	No:07302 U+08F0A 輊 00001654 0.0209/万 99.4954%	No:07303 U+089B7 覷 00001653 0.0209/万 99.4956%	No:07304 U+05BB7 宷 00001650 0.0209/万 99.4958%	No:07305 U+08946 襆 00001650 0.0209/万 99.4962%	No:07306 U+09360 鍠 00001650 0.0209/万 99.4960%	No:07307 U+08749 蝉 00001649 0.0209/万 99.4964%	No:07308 U+03D91 㶑 00001648 0.0209/万 99.4966%	No:07309 U+081C8 臈 00001648 0.0209/万 99.4968%	No:07310 U+089DD 觝 00001647 0.0208/万 99.4970%
No:07311 U+070B0 炰 00001643 0.0208/万 99.4977%	No:07312 U+073DE 珞 00001643 0.0208/万 99.4979%	No:07313 U+07A5C 穜 00001643 0.0208/万 99.4972%	No:07314 U+0963D 阽 00001643 0.0208/万 99.4974%	No:07315 U+07C39 簹 00001641 0.0208/万 99.4983%	No:07316 U+08927 褧 00001641 0.0208/万 99.4981%	No:07317 U+0914A 酊 00001641 0.0208/万 99.4985%	No:07318 U+0EC32 膝 00001640 0.0207/万 99.4987%	No:07319 U+09BD6 鯖 00001636 0.0207/万 99.4989%	No:07320 U+061D4 懔 00001635 0.0207/万 99.4993%
No:07321 U+097C1 韁 00001635 0.0207/万 99.4991%	No:07322 U+09B8E 鮎 00001634 0.0207/万 99.4995%	No:07323 U+07490 璐 00001632 0.0206/万 99.4997%	No:07324 U+06424 搤 00001631 0.0206/万 99.4999%	No:07325 U+07162 煢 00001628 0.0206/万 99.5008%	No:07326 U+076ED 盭 00001628 0.0206/万 99.5006%	No:07327 U+085CB 藋 00001628 0.0206/万 99.5001%	No:07328 U+0863A 蘺 00001628 0.0206/万 99.5004%	No:07329 U+073DD 珝 00001627 0.0206/万 99.5010%	No:07330 U+098BF 颿 00001626 0.0206/万 99.5012%
No:07331 U+09F77 齷 00001624 0.0205/万 99.5014%	No:07332 U+0548B 咋 00001623 0.0205/万 99.5016%	No:07333 U+07C67 籧 00001622 0.0205/万 99.5018%	No:07334 U+051A4 冤 00001618 0.0205/万 99.5020%	No:07335 U+059B3 妳 00001617 0.0205/万 99.5022%	No:07336 U+05108 儈 00001615 0.0204/万 99.5024%	No:07337 U+080EF 胯 00001615 0.0204/万 99.5026%	No:07338 U+06196 憖 00001613 0.0204/万 99.5028%	No:07339 U+0775F 睟 00001613 0.0204/万 99.5030%	No:07340 U+0558E 喎 00001612 0.0204/万 99.5032%
No:07341 U+068F1 棱 00001612 0.0204/万 99.5034%	No:07342 U+090F3 郳 00001612 0.0204/万 99.5036%	No:07343 U+06F08 漈 00001611 0.0204/万 99.5040%	No:07344 U+09DB1 鶱 00001611 0.0204/万 99.5038%	No:07345 U+08F1B 輛 00001610 0.0204/万 99.5043%	No:07346 U+097C9 韉 00001608 0.0203/万 99.5047%	No:07347 U+09855 顕 00001608 0.0203/万 99.5045%	No:07348 U+073E6 珦 00001607 0.0203/万 99.5049%	No:07349 U+074DE 瓞 00001606 0.0203/万 99.5053%	No:07350 U+090EA 郪 00001606 0.0203/万 99.5055%
No:07351 U+093A9 鎩 00001606 0.0203/万 99.5057%	No:07352 U+09C77 鱷 00001606 0.0203/万 99.5051%	No:07353 U+07669 癩 00001603 0.0203/万 99.5059%	No:07354 U+04E2B 丫 00001601 0.0203/万 99.5061%	No:07355 U+075E4 痤 00001600 0.0202/万 99.5063%	No:07356 U+06957 楗 00001598 0.0202/万 99.5065%	No:07357 U+09190 醐 00001598 0.0202/万 99.5067%	No:07358 U+056CF 囏 00001597 0.0202/万 99.5069%	No:07359 U+0684C 桌 00001597 0.0202/万 99.5071%	No:07360 U+E3F 克 00001596 0.0202/万 99.5073%
No:07361 U+0721D 爝 00001595 0.0202/万 99.5075%	No:07362 U+060BB 悻 00001594 0.0202/万 99.5077%	No:07363 U+05828 堨 00001593 0.0202/万 99.5081%	No:07364 U+09E7A 鹺 00001593 0.0202/万 99.5079%	No:07365 U+098E3 飣 00001592 0.0201/万 99.5085%	No:07366 U+09C44 鱄 00001592 0.0201/万 99.5083%	No:07367 U+03C31 㰱 00001590 0.0201/万 99.5087%	No:07368 U+09455 鑕 00001589 0.0201/万 99.5089%	No:07369 U+07042 灂 00001587 0.0201/万 99.5095%	No:07370 U+08652 虒 00001587 0.0201/万 99.5093%
No:07371 U+E25 虧 00001587 0.0201/万 99.5091%	No:07372 U+05A29 娩 00001586 0.0201/万 99.5097%	No:07373 U+074FF 瓿 00001585 0.0201/万 99.5099%	No:07374 U+E0E 琦 00001583 0.0200/万 99.5101%	No:07375 U+05AD6 嫖 00001582 0.0200/万 99.5105%	No:07376 U+09EB0 麰 00001582 0.0200/万 99.5103%	No:07377 U+084A1 蒡 00001580 0.0200/万 99.5107%	No:07378 U+03AFA 㫺 00001578 0.0200/万 99.5109%	No:07379 U+082B2 芲 00001578 0.0200/万 99.5111%	No:07380 U+0719B 熛 00001577 0.0200/万 99.5115%
No:07381 U+07A5F 穟 00001577 0.0200/万 99.5113%	No:07382 U+099B9 馹 00001576 0.0199/万 99.5117%	No:07383 U+09DBA 鶺 00001575 0.0199/万 99.5119%	No:07384 U+08220 舠 00001574 0.0199/万 99.5121%	No:07385 U+09F15 鼕 00001573 0.0199/万 99.5123%	No:07386 U+080C6 胆 00001571 0.0199/万 99.5125%	No:07387 U+03492 㒒 00001570 0.0199/万 99.5129%	No:07388 U+05B80 宀 00001570 0.0199/万 99.5127%	No:07389 U+05D92 嶒 00001569 0.0198/万 99.5131%	No:07390 U+EB2 迓 00001567 0.0198/万 99.5133%
No:07391 U+07608 瘈 00001566 0.0198/万 99.5137%	No:07392 U+07B9D 箝 00001566 0.0198/万 99.5135%	No:07393 U+09D41 鵁 00001565 0.0198/万 99.5139%	No:07394 U+07D53 絓 00001563 0.0198/万 99.5143%	No:07395 U+08232 舲 00001563 0.0198/万 99.5141%	No:07396 U+052E9 勩 00001562 0.0198/万 99.5145%	No:07397 U+05451 呑 00001560 0.0197/万 99.5149%	No:07398 U+07D41 絁 00001560 0.0197/万 99.5151%	No:07399 U+091B5 醵 00001560 0.0197/万 99.5153%	No:07400 U+0EAFC 隻 00001560 0.0197/万 99.5147%

No:07401 U+06549 敉 00001559 0.0197/万 99.5155%	No:07402 U+06832 栲 00001559 0.0197/万 99.5157%	No:07403 U+07BF4 篴 00001557 0.0197/万 99.5161%	No:07404 U+087DC 蟜 00001557 0.0197/万 99.5159%	No:07405 U+0EBA6 忍 00001556 0.0197/万 99.5163%	No:07406 U+08FB5 辵 00001555 0.0197/万 99.5165%	No:07407 U+096D8 雘 00001555 0.0197/万 99.5167%	No:07408 U+05AFB 嫻 00001554 0.0197/万 99.5171%	No:07409 U+06667 晧 00001554 0.0197/万 99.5173%	No:07410 U+0EDEB 荒 00001554 0.0197/万 99.5169%
No:07411 U+09A27 騧 00001553 0.0196/万 99.5175%	No:07412 U+04FF5 俵 00001552 0.0196/万 99.5181%	No:07413 U+05DC7 巇 00001552 0.0196/万 99.5179%	No:07414 U+067C2 柂 00001552 0.0196/万 99.5184%	No:07415 U+06E47 湇 00001552 0.0196/万 99.5183%	No:07416 U+F85 闘 00001552 0.0196/万 99.5177%	No:07417 U+04B03 䬃 00001550 0.0196/万 99.5186%	No:07418 U+05DB4 嶴 00001548 0.0196/万 99.5188%	No:07419 U+06D1A 洚 00001548 0.0196/万 99.5190%	No:07420 U+05107 儇 00001547 0.0196/万 99.5192%
No:07421 U+0778E 瞎 00001547 0.0196/万 99.5196%	No:07422 U+07B86 箆 00001547 0.0196/万 99.5194%	No:07423 U+04FA0 侠 00001546 0.0196/万 99.5198%	No:07424 U+084BB 蒻 00001545 0.0195/万 99.5200%	No:07425 U+05671 噱 00001544 0.0195/万 99.5202%	No:07426 U+03BF6 㯶 00001543 0.0195/万 99.5204%	No:07427 U+07386 玆 00001543 0.0195/万 99.5206%	No:07428 U+0601C 怜 00001542 0.0195/万 99.5208%	No:07429 U+08E62 蹢 00001542 0.0195/万 99.5210%	No:07430 U+04367 䍧 00001541 0.0195/万 99.5212%
No:07431 U+083C6 菆 00001541 0.0195/万 99.5216%	No:07432 U+08C7B 豻 00001541 0.0195/万 99.5218%	No:07433 U+ED3 聽 00001541 0.0195/万 99.5214%	No:07434 U+0629D 抝 00001540 0.0195/万 99.5222%	No:07435 U+06F94 澔 00001540 0.0195/万 99.5226%	No:07436 U+08782 螂 00001540 0.0195/万 99.5224%	No:07437 U+09B90 鮐 00001540 0.0195/万 99.5220%	No:07438 U+07C1C 簜 00001538 0.0195/万 99.5228%	No:07439 U+056E4 囤 00001537 0.0194/万 99.5229%	No:07440 U+08765 蝥 00001537 0.0194/万 99.5231%
No:07441 U+06A66 橦 00001536 0.0194/万 99.5235%	No:07442 U+0938C 鎌 00001536 0.0194/万 99.5233%	No:07443 U+0875D 蝝 00001535 0.0194/万 99.5237%	No:07444 U+0EB10 桑 00001534 0.0194/万 99.5239%	No:07445 U+06798 枘 00001533 0.0194/万 99.5243%	No:07446 U+09BC8 鯈 00001533 0.0194/万 99.5241%	No:07447 U+07B92 箒 00001532 0.0194/万 99.5251%	No:07448 U+0820B 舋 00001532 0.0194/万 99.5249%	No:07449 U+0ECAF 漆 00001532 0.0194/万 99.5247%	No:07450 U+0ECEC 昬 00001532 0.0194/万 99.5245%
No:07451 U+05594 喔 00001530 0.0194/万 99.5253%	No:07452 U+06CC2 泂 00001530 0.0194/万 99.5255%	No:07453 U+051C2 凂 00001529 0.0193/万 99.5257%	No:07454 U+05D3F 崿 00001529 0.0193/万 99.5259%	No:07455 U+080FC 胼 00001529 0.0193/万 99.5263%	No:07456 U+08100 脀 00001529 0.0193/万 99.5261%	No:07457 U+0811E 脞 00001529 0.0193/万 99.5264%	No:07458 U+0EECA 鋐 00001527 0.0193/万 99.5266%	No:07459 U+05771 块 00001526 0.0193/万 99.5270%	No:07460 U+05D1A 崚 00001526 0.0193/万 99.5272%
No:07461 U+08D0B 贋 00001526 0.0193/万 99.5274%	No:07462 U+0EBD4 戲 00001526 0.0193/万 99.5268%	No:07463 U+06316 挖 00001525 0.0193/万 99.5276%	No:07464 U+05B43 孃 00001522 0.0193/万 99.5278%	No:07465 U+05D08 崈 00001520 0.0192/万 99.5280%	No:07466 U+095D2 闒 00001518 0.0192/万 99.5282%	No:07467 U+077AA 瞪 00001517 0.0192/万 99.5286%	No:07468 U+07E76 繶 00001517 0.0192/万 99.5284%	No:07469 U+085AF 薯 00001515 0.0192/万 99.5288%	No:07470 U+05E8B 庋 00001514 0.0192/万 99.5290%
No:07471 U+05474 呴 00001513 0.0191/万 99.5291%	No:07472 U+0980D 頍 00001512 0.0191/万 99.5293%	No:07473 U+092F9 鋹 00001511 0.0191/万 99.5295%	No:07474 U+048B4 䢴 00001510 0.0191/万 99.5297%	No:07475 U+08E4F 蹏 00001510 0.0191/万 99.5299%	No:07476 U+E7E 襦 00001509 0.0191/万 99.5301%	No:07477 U+05FF8 忸 00001508 0.0191/万 99.5307%	No:07478 U+08915 褕 00001508 0.0191/万 99.5305%	No:07479 U+E5E 豳 00001508 0.0191/万 99.5303%	No:07480 U+05DB0 嶰 00001507 0.0191/万 99.5309%
No:07481 U+0885A 衚 00001507 0.0191/万 99.5311%	No:07482 U+09777 靷 00001504 0.0190/万 99.5312%	No:07483 U+06C97 沗 00001503 0.0190/万 99.5314%	No:07484 U+0769C 皜 00001503 0.0190/万 99.5318%	No:07485 U+08D10 贐 00001503 0.0190/万 99.5316%	No:07486 U+05C7A 屺 00001502 0.0190/万 99.5320%	No:07487 U+05EBF 庿 00001501 0.0190/万 99.5326%	No:07488 U+071D0 燐 00001501 0.0190/万 99.5328%	No:07489 U+07F61 罡 00001501 0.0190/万 99.5330%	No:07490 U+081B0 膰 00001501 0.0190/万 99.5324%
No:07491 U+0EB4D 蚩 00001501 0.0190/万 99.5322%	No:07492 U+0947C 鑼 00001500 0.0190/万 99.5332%	No:07493 U+0995E 饞 00001499 0.0190/万 99.5333%	No:07494 U+05D18 崘 00001498 0.0189/万 99.5335%	No:07495 U+066E8 曨 00001498 0.0189/万 99.5337%	No:07496 U+0808E 肎 00001497 0.0189/万 99.5339%	No:07497 U+083D4 菔 00001497 0.0189/万 99.5341%	No:07498 U+090D1 郑 00001497 0.0189/万 99.5343%	No:07499 U+09E80 麀 00001496 0.0189/万 99.5345%	No:07500 U+05AAB 媫 00001495 0.0189/万 99.5347%

No:07501 U+074D4 瓔 00001494 0.0189/万 99.5349%	No:07502 U+07CF5 糵 00001493 0.0189/万 99.5352%	No:07503 U+09789 鞉 00001493 0.0189/万 99.5351%	No:07504 U+09432 鐲 00001492 0.0189/万 99.5354%	No:07505 U+05504 唄 00001491 0.0189/万 99.5358%	No:07506 U+EC2 [illegible] 00001491 0.0189/万 99.5356%	No:07507 U+0761F 瘟 00001490 0.0188/万 99.5360%	No:07508 U+091C2 釂 00001489 0.0188/万 99.5362%	No:07509 U+06450 摐 00001488 0.0188/万 99.5366%	No:07510 U+065CE 旎 00001488 0.0188/万 99.5364%
No:07511 U+0EA50 舍 00001487 0.0188/万 99.5368%	No:07512 U+EDC 羑 00001484 0.0188/万 99.5369%	No:07513 U+0587F 塿 00001483 0.0188/万 99.5371%	No:07514 U+05058 偘 00001482 0.0187/万 99.5373%	No:07515 U+05C3D 尽 00001481 0.0187/万 99.5377%	No:07516 U+09C13 鰓 00001481 0.0187/万 99.5375%	No:07517 U+04F7C 佼 00001480 0.0187/万 99.5381%	No:07518 U+05486 咆 00001480 0.0187/万 99.5379%	No:07519 U+07D4D 絍 00001480 0.0187/万 99.5383%	No:07520 U+05E47 幇 00001479 0.0187/万 99.5386%
No:07521 U+0721F 爟 00001479 0.0187/万 99.5388%	No:07522 U+08659 虙 00001479 0.0187/万 99.5384%	No:07523 U+06CC7 泇 00001478 0.0187/万 99.5392%	No:07524 U+0981F 頟 00001478 0.0187/万 99.5390%	No:07525 U+09DE5 鷥 00001477 0.0187/万 99.5394%	No:07526 U+08771 蝱 00001476 0.0187/万 99.5396%	No:07527 U+0459F 䖟 00001475 0.0187/万 99.5398%	No:07528 U+061A8 憨 00001475 0.0187/万 99.5407%	No:07529 U+065DC 旜 00001475 0.0187/万 99.5405%	No:07530 U+06849 桉 00001475 0.0187/万 99.5399%
No:07531 U+07E1A 縚 00001475 0.0187/万 99.5409%	No:07532 U+08D14 贔 00001475 0.0187/万 99.5401%	No:07533 U+09277 鉷 00001475 0.0187/万 99.5403%	No:07534 U+071BA 熺 00001474 0.0186/万 99.5411%	No:07535 U+05DAA 嶪 00001472 0.0186/万 99.5412%	No:07536 U+08FCD 迍 00001469 0.0186/万 99.5414%	No:07537 U+061AF 憯 00001468 0.0186/万 99.5418%	No:07538 U+09DF8 鷸 00001468 0.0186/万 99.5416%	No:07539 U+05B1B 嬛 00001467 0.0186/万 99.5420%	No:07540 U+07E6F 繯 00001467 0.0186/万 99.5422%
No:07541 U+082E2 苢 00001463 0.0185/万 99.5424%	No:07542 U+0958C 閌 00001463 0.0185/万 99.5425%	No:07543 U+072AB 犫 00001462 0.0185/万 99.5427%	No:07544 U+05C6E 屮 00001460 0.0185/万 99.5429%	No:07545 U+063F5 揵 00001459 0.0185/万 99.5431%	No:07546 U+0548D 咍 00001458 0.0184/万 99.5435%	No:07547 U+05A6D 婭 00001458 0.0184/万 99.5433%	No:07548 U+08728 蜨 00001458 0.0184/万 99.5438%	No:07549 U+08DAB 趫 00001458 0.0184/万 99.5437%	No:07550 U+0666C 晬 00001457 0.0184/万 99.5440%
No:07551 U+080B5 肵 00001457 0.0184/万 99.5442%	No:07552 U+080D4 胔 00001457 0.0184/万 99.5444%	No:07553 U+06488 撈 00001455 0.0184/万 99.5446%	No:07554 U+07C0F 簏 00001454 0.0184/万 99.5450%	No:07555 U+0EB2C 冠 00001454 0.0184/万 99.5448%	No:07556 U+096F0 雰 00001453 0.0184/万 99.5451%	No:07557 U+09AE4 髤 00001450 0.0183/万 99.5453%	No:07558 U+076AA 皪 00001449 0.0183/万 99.5455%	No:07559 U+05C8F 岏 00001448 0.0183/万 99.5457%	No:07560 U+073E4 珤 00001448 0.0183/万 99.5459%
No:07561 U+07F50 罐 00001448 0.0183/万 99.5462%	No:07562 U+09477 鑷 00001448 0.0183/万 99.5461%	No:07563 U+05D78 嵸 00001447 0.0183/万 99.5466%	No:07564 U+06EC3 滃 00001447 0.0183/万 99.5468%	No:07565 U+09EE7 黧 00001447 0.0183/万 99.5464%	No:07566 U+05398 厘 00001446 0.0183/万 99.5470%	No:07567 U+06F36 漶 00001446 0.0183/万 99.5473%	No:07568 U+0727F 牿 00001446 0.0183/万 99.5475%	No:07569 U+08B4A 譊 00001446 0.0183/万 99.5472%	No:07570 U+0502E 倮 00001445 0.0183/万 99.5477%
No:07571 U+0806A 聪 00001445 0.0183/万 99.5481%	No:07572 U+088EF 裯 00001445 0.0183/万 99.5479%	No:07573 U+05218 刘 00001444 0.0183/万 99.5486%	No:07574 U+0972A 霪 00001444 0.0183/万 99.5484%	No:07575 U+0EB8B 亏 00001444 0.0183/万 99.5483%	No:07576 U+09631 阱 00001443 0.0183/万 99.5488%	No:07577 U+06BFF 毿 00001442 0.0182/万 99.5490%	No:07578 U+07001 瀁 00001442 0.0182/万 99.5492%	No:07579 U+0696C 楬 00001440 0.0182/万 99.5494%	No:07580 U+08D69 赩 00001438 0.0182/万 99.5495%
No:07581 U+06F0A 漊 00001432 0.0181/万 99.5499%	No:07582 U+07E8F 纏 00001432 0.0181/万 99.5497%	No:07583 U+05A13 娓 00001431 0.0181/万 99.5501%	No:07584 U+0912E 鄮 00001431 0.0181/万 99.5503%	No:07585 U+06239 戹 00001430 0.0181/万 99.5506%	No:07586 U+0659D 斝 00001430 0.0181/万 99.5504%	No:07587 U+06026 怦 00001429 0.0181/万 99.5512%	No:07588 U+06474 摴 00001429 0.0181/万 99.5510%	No:07589 U+08A57 詗 00001429 0.0181/万 99.5513%	No:07590 U+E6D 没 00001429 0.0181/万 99.5508%
No:07591 U+08014 耔 00001428 0.0181/万 99.5521%	No:07592 U+08960 襠 00001428 0.0181/万 99.5519%	No:07593 U+08CE8 賨 00001428 0.0181/万 99.5515%	No:07594 U+0970E 霎 00001428 0.0181/万 99.5517%	No:07595 U+089D6 觖 00001427 0.0180/万 99.5523%	No:07596 U+0511B 儛 00001426 0.0180/万 99.5524%	No:07597 U+05025 倥 00001425 0.0180/万 99.5526%	No:07598 U+096EF 雯 00001425 0.0180/万 99.5528%	No:07599 U+0723A 爺 00001423 0.0180/万 99.5532%	No:07600 U+08389 莉 00001423 0.0180/万 99.5530%

No:07601 U+05450 呐 00001422 0.0180/万 99.5533%	No:07602 U+059E3 姣 00001421 0.0180/万 99.5535%	No:07603 U+0677B 杻 00001421 0.0180/万 99.5537%	No:07604 U+07A9E 窞 00001421 0.0180/万 99.5539%	No:07605 U+065AE 斮 00001420 0.0180/万 99.5541%	No:07606 U+06A3A 樺 00001419 0.0179/万 99.5542%	No:07607 U+087B5 螵 00001419 0.0179/万 99.5544%	No:07608 U+08DD5 跕 00001419 0.0179/万 99.5546%	No:07609 U+099C3 駃 00001418 0.0179/万 99.5548%	No:07610 U+076D4 盔 00001417 0.0179/万 99.5550%
No:07611 U+083AC 莬 00001416 0.0179/万 99.5551%	No:07612 U+06CB2 沲 00001415 0.0179/万 99.5555%	No:07613 U+EF3 擕 00001415 0.0179/万 99.5553%	No:07614 U+09B4D 魍 00001413 0.0179/万 99.5557%	No:07615 U+0555A 啚 00001412 0.0179/万 99.5559%	No:07616 U+04CCC 䳌 00001411 0.0178/万 99.5562%	No:07617 U+05E2C 帬 00001411 0.0178/万 99.5560%	No:07618 U+07D03 紃 00001411 0.0178/万 99.5564%	No:07619 U+08711 蜑 00001409 0.0178/万 99.5566%	No:07620 U+06976 楶 00001408 0.0178/万 99.5567%
No:07621 U+05958 奘 00001407 0.0178/万 99.5569%	No:07622 U+066E1 曡 00001407 0.0178/万 99.5571%	No:07623 U+06E43 湃 00001407 0.0178/万 99.5573%	No:07624 U+080CF 胏 00001407 0.0178/万 99.5575%	No:07625 U+062BA 抺 00001406 0.0178/万 99.5576%	No:07626 U+084F0 蓰 00001406 0.0178/万 99.5578%	No:07627 U+08C57 豗 00001406 0.0178/万 99.5580%	No:07628 U+079D5 秕 00001405 0.0178/万 99.5582%	No:07629 U+08797 螗 00001405 0.0178/万 99.5584%	No:07630 U+0622C 戬 00001404 0.0178/万 99.5589%
No:07631 U+0769B 皛 00001404 0.0178/万 99.5585%	No:07632 U+07CC8 糈 00001404 0.0178/万 99.5591%	No:07633 U+0846F 葯 00001404 0.0178/万 99.5587%	No:07634 U+04EFD 份 00001403 0.0177/万 99.5594%	No:07635 U+051E6 処 00001403 0.0177/万 99.5592%	No:07636 U+08401 萁 00001403 0.0177/万 99.5600%	No:07637 U+08548 蕈 00001403 0.0177/万 99.5598%	No:07638 U+0905B 遛 00001403 0.0177/万 99.5596%	No:07639 U+07350 獐 00001402 0.0177/万 99.5603%	No:07640 U+0788F 碏 00001402 0.0177/万 99.5605%
No:07641 U+099F9 駹 00001402 0.0177/万 99.5601%	No:07642 U+0EB99 役 00001401 0.0177/万 99.5607%	No:07643 U+0EC11 [illegible] 00001400 0.0177/万 99.5608%	No:07644 U+072FB 狻 00001398 0.0177/万 99.5610%	No:07645 U+05B76 孶 00001397 0.0177/万 99.5612%	No:07646 U+068B2 梲 00001397 0.0177/万 99.5614%	No:07647 U+068D3 棓 00001395 0.0176/万 99.5617%	No:07648 U+08DCF 跏 00001395 0.0176/万 99.5615%	No:07649 U+0870E 蜎 00001394 0.0176/万 99.5619%	No:07650 U+07609 瘉 00001393 0.0176/万 99.5624%
No:07651 U+0EC29 腴 00001393 0.0176/万 99.5621%	No:07652 U+E3E 豔 00001393 0.0176/万 99.5623%	No:07653 U+07932 礲 00001392 0.0176/万 99.5628%	No:07654 U+09161 酡 00001392 0.0176/万 99.5626%	No:07655 U+064E5 擥 00001391 0.0176/万 99.5631%	No:07656 U+0EC6A 汚 00001391 0.0176/万 99.5630%	No:07657 U+06294 抔 00001390 0.0176/万 99.5633%	No:07658 U+08581 薁 00001389 0.0176/万 99.5635%	No:07659 U+096DA 雚 00001388 0.0176/万 99.5637%	No:07660 U+080B9 肹 00001387 0.0175/万 99.5638%
No:07661 U+08B81 讁 00001387 0.0175/万 99.5640%	No:07662 U+08E36 踶 00001386 0.0175/万 99.5642%	No:07663 U+0940D 鐍 00001386 0.0175/万 99.5644%	No:07664 U+09DF4 鷴 00001385 0.0175/万 99.5645%	No:07665 U+059B2 妲 00001384 0.0175/万 99.5649%	No:07666 U+085BF 薿 00001384 0.0175/万 99.5651%	No:07667 U+08810 蠐 00001384 0.0175/万 99.5652%	No:07668 U+0EEAD 適 00001384 0.0175/万 99.5647%	No:07669 U+056BB 嚻 00001382 0.0175/万 99.5656%	No:07670 U+0EEAF 遮 00001382 0.0175/万 99.5654%
No:07671 U+06113 愓 00001380 0.0175/万 99.5658%	No:07672 U+07BBE 箾 00001379 0.0174/万 99.5661%	No:07673 U+08698 蚘 00001379 0.0174/万 99.5659%	No:07674 U+EFC 致 00001377 0.0174/万 99.5663%	No:07675 U+077A0 瞠 00001376 0.0174/万 99.5665%	No:07676 U+08FC1 迁 00001376 0.0174/万 99.5666%	No:07677 U+06E88 潙 00001374 0.0174/万 99.5670%	No:07678 U+0977C 靼 00001374 0.0174/万 99.5668%	No:07679 U+09D84 鶄 00001373 0.0174/万 99.5672%	No:07680 U+065D6 旖 00001372 0.0174/万 99.5673%
No:07681 U+059F9 姹 00001371 0.0173/万 99.5677%	No:07682 U+07A8A 窊 00001371 0.0173/万 99.5679%	No:07683 U+099C8 駈 00001371 0.0173/万 99.5675%	No:07684 U+07115 焕 00001370 0.0173/万 99.5682%	No:07685 U+07187 熇 00001370 0.0173/万 99.5680%	No:07686 U+038AE 㢮 00001369 0.0173/万 99.5684%	No:07687 U+08E6D 蹭 00001369 0.0173/万 99.5686%	No:07688 U+0EE81 踏 00001368 0.0173/万 99.5687%	No:07689 U+069F2 槲 00001367 0.0173/万 99.5689%	No:07690 U+0896E 襮 00001365 0.0173/万 99.5691%
No:07691 U+06FBC 澼 00001361 0.0172/万 99.5694%	No:07692 U+08E84 躄 00001361 0.0172/万 99.5693%	No:07693 U+055A4 喤 00001360 0.0172/万 99.5696%	No:07694 U+07286 犆 00001358 0.0172/万 99.5701%	No:07695 U+0827D 艽 00001358 0.0172/万 99.5699%	No:07696 U+0EA39 乖 00001358 0.0172/万 99.5698%	No:07697 U+04577 䕷 00001357 0.0172/万 99.5703%	No:07698 U+075D3 痤 00001357 0.0172/万 99.5705%	No:07699 U+08071 聱 00001357 0.0172/万 99.5706%	No:07700 U+075CF 痏 00001355 0.0171/万 99.5708%

No:07701 U+0579E 垞 00001353 0.0171/万 99.5711%	No:07702 U+05890 墐 00001353 0.0171/万 99.5710%	No:07703 U+07CD5 糕 00001353 0.0171/万 99.5713%	No:07704 U+079BF 禿 00001352 0.0171/万 99.5717%	No:07705 U+07E86 纆 00001352 0.0171/万 99.5715%	No:07706 U+05FFC 忼 00001351 0.0171/万 99.5718%	No:07707 U+06BCC 毌 00001350 0.0171/万 99.5720%	No:07708 U+07D4F 絏 00001348 0.0170/万 99.5723%	No:07709 U+E11 [illegible] 00001348 0.0170/万 99.5722%	No:07710 U+04F03 伃 00001347 0.0170/万 99.5725%
No:07711 U+05A6C 婬 00001346 0.0170/万 99.5727%	No:07712 U+053CC 双 00001345 0.0170/万 99.5730%	No:07713 U+077DE 矞 00001345 0.0170/万 99.5732%	No:07714 U+0ECB8 潤 00001345 0.0170/万 99.5729%	No:07715 U+0969F 隟 00001343 0.0170/万 99.5734%	No:07716 U+064E9 擩 00001342 0.0170/万 99.5739%	No:07717 U+07632 瘲 00001342 0.0170/万 99.5737%	No:07718 U+08235 舵 00001342 0.0170/万 99.5735%	No:07719 U+0EEEA 雑 00001340 0.0169/万 99.5740%	No:07720 U+07A6A 穪 00001339 0.0169/万 99.5742%
No:07721 U+0934D 鍍 00001338 0.0169/万 99.5744%	No:07722 U+0782E 砮 00001335 0.0169/万 99.5746%	No:07723 U+052B3 劳 00001333 0.0169/万 99.5747%	No:07724 U+0662A 昪 00001333 0.0169/万 99.5749%	No:07725 U+06A45 橅 00001332 0.0168/万 99.5752%	No:07726 U+09816 頮 00001332 0.0168/万 99.5751%	No:07727 U+08337 茷 00001331 0.0168/万 99.5754%	No:07728 U+060CE 惎 00001330 0.0168/万 99.5757%	No:07729 U+06936 椶 00001330 0.0168/万 99.5756%	No:07730 U+04F48 佈 00001329 0.0168/万 99.5761%
No:07731 U+07746 睆 00001329 0.0168/万 99.5762%	No:07732 U+099F5 駵 00001329 0.0168/万 99.5759%	No:07733 U+09212 鈒 00001328 0.0168/万 99.5766%	No:07734 U+09F66 齦 00001328 0.0168/万 99.5764%	No:07735 U+059F1 姱 00001327 0.0168/万 99.5767%	No:07736 U+08534 蔴 00001327 0.0168/万 99.5769%	No:07737 U+060D9 惙 00001326 0.0168/万 99.5771%	No:07738 U+06B03 欃 00001326 0.0168/万 99.5773%	No:07739 U+07E58 繘 00001325 0.0168/万 99.5774%	No:07740 U+067D9 柙 00001324 0.0167/万 99.5776%
No:07741 U+05F73 彳 00001323 0.0167/万 99.5783%	No:07742 U+0859D 薝 00001323 0.0167/万 99.5779%	No:07743 U+08FAE 辮 00001323 0.0167/万 99.5781%	No:07744 U+E88 寢 00001323 0.0167/万 99.5778%	No:07745 U+0776A 睪 00001322 0.0167/万 99.5784%	No:07746 U+062DA 拚 00001321 0.0167/万 99.5786%	No:07747 U+0EAB1 吐 00001319 0.0167/万 99.5788%	No:07748 U+08363 荣 00001318 0.0167/万 99.5791%	No:07749 U+0EDED 茲 00001318 0.0167/万 99.5789%	No:07750 U+0664C 晌 00001317 0.0167/万 99.5793%
No:07751 U+05881 墁 00001316 0.0166/万 99.5794%	No:07752 U+060EE 惮 00001316 0.0166/万 99.5799%	No:07753 U+08309 茉 00001316 0.0166/万 99.5801%	No:07754 U+08916 褖 00001316 0.0166/万 99.5796%	No:07755 U+0892A 褪 00001316 0.0166/万 99.5798%	No:07756 U+098B6 颶 00001314 0.0166/万 99.5803%	No:07757 U+0ED67 禍 00001313 0.0166/万 99.5804%	No:07758 U+0713C 焼 00001312 0.0166/万 99.5806%	No:07759 U+056C1 囁 00001311 0.0166/万 99.5809%	No:07760 U+08577 蕷 00001311 0.0166/万 99.5811%
No:07761 U+0ECE3 黠 00001311 0.0166/万 99.5808%	No:07762 U+09E83 麃 00001310 0.0166/万 99.5813%	No:07763 U+E70 [illegible] 00001310 0.0166/万 99.5814%	No:07764 U+0605D 恝 00001309 0.0166/万 99.5818%	No:07765 U+097C3 韃 00001309 0.0166/万 99.5816%	No:07766 U+07424 琤 00001308 0.0165/万 99.5819%	No:07767 U+06659 晙 00001306 0.0165/万 99.5823%	No:07768 U+06ABF 檿 00001306 0.0165/万 99.5821%	No:07769 U+07812 砒 00001306 0.0165/万 99.5824%	No:07770 U+07BE8 篨 00001306 0.0165/万 99.5826%
No:07771 U+07830 砰 00001305 0.0165/万 99.5829%	No:07772 U+08573 蕳 00001305 0.0165/万 99.5828%	No:07773 U+087EA 蟪 00001305 0.0165/万 99.5831%	No:07774 U+091C5 釅 00001305 0.0165/万 99.5832%	No:07775 U+04FFB 俻 00001304 0.0165/万 99.5836%	No:07776 U+07B91 箑 00001304 0.0165/万 99.5837%	No:07777 U+E53 散 00001304 0.0165/万 99.5834%	No:07778 U+0EDFE 蒋 00001303 0.0165/万 99.5839%	No:07779 U+06E4B 湋 00001302 0.0165/万 99.5841%	No:07780 U+0706E 灮 00001300 0.0164/万 99.5842%
No:07781 U+060C4 惄 00001299 0.0164/万 99.5847%	No:07782 U+07B70 筰 00001299 0.0164/万 99.5846%	No:07783 U+086B3 蚳 00001299 0.0164/万 99.5849%	No:07784 U+08AB6 誶 00001299 0.0164/万 99.5844%	No:07785 U+07BF3 篳 00001298 0.0164/万 99.5852%	No:07786 U+07E3F 縿 00001298 0.0164/万 99.5851%	No:07787 U+08989 覉 00001298 0.0164/万 99.5854%	No:07788 U+079CA 秊 00001297 0.0164/万 99.5856%	No:07789 U+05E18 帘 00001295 0.0164/万 99.5857%	No:07790 U+07B2D 笭 00001295 0.0164/万 99.5859%
No:07791 U+060DB 惛 00001293 0.0163/万 99.5860%	No:07792 U+07E13 縓 00001293 0.0163/万 99.5862%	No:07793 U+04FD1 俑 00001290 0.0163/万 99.5864%	No:07794 U+065C9 旉 00001290 0.0163/万 99.5867%	No:07795 U+07847 碙 00001290 0.0163/万 99.5865%	No:07796 U+053B6 厶 00001288 0.0163/万 99.5872%	No:07797 U+081BB 膻 00001288 0.0163/万 99.5874%	No:07798 U+09A18 騘 00001288 0.0163/万 99.5870%	No:07799 U+0E80F 娄 00001288 0.0163/万 99.5869%	No:07800 U+05D81 嶁 00001287 0.0163/万 99.5875%

No:07801 U+080DA 胚 00001286 0.0163/万 99.5877%	No:07802 U+051F4 凴 00001285 0.0162/万 99.5880%	No:07803 U+05D6B 嵫 00001285 0.0162/万 99.5878%	No:07804 U+0623A 戺 00001285 0.0162/万 99.5882%	No:07805 U+06197 慗 00001284 0.0162/万 99.5887%	No:07806 U+08308 茈 00001284 0.0162/万 99.5885%	No:07807 U+0855D 蕝 00001284 0.0162/万 99.5883%	No:07808 U+05A9F 媟 00001283 0.0162/万 99.5888%	No:07809 U+05DC3 巃 00001282 0.0162/万 99.5891%	No:07810 U+06BA2 殢 00001282 0.0162/万 99.5893%
No:07811 U+07383 玃 00001282 0.0162/万 99.5895%	No:07812 U+0EB9C 衎 00001282 0.0162/万 99.5890%	No:07813 U+06B3F 欿 00001281 0.0162/万 99.5898%	No:07814 U+08DF1 跱 00001281 0.0162/万 99.5896%	No:07815 U+06845 桅 00001280 0.0162/万 99.5900%	No:07816 U+09F0F 鼏 00001278 0.0162/万 99.5901%	No:07817 U+09F53 齓 00001277 0.0161/万 99.5903%	No:07818 U+07752 睒 00001274 0.0161/万 99.5908%	No:07819 U+08281 芁 00001274 0.0161/万 99.5906%	No:07820 U+EC4 [illegible] 00001274 0.0161/万 99.5904%
No:07821 U+05A40 婀 00001273 0.0161/万 99.5909%	No:07822 U+05E7F 广 00001272 0.0161/万 99.5913%	No:07823 U+078C8 磈 00001272 0.0161/万 99.5916%	No:07824 U+08CFA 賺 00001272 0.0161/万 99.5914%	No:07825 U+09A4C 驌 00001272 0.0161/万 99.5911%	No:07826 U+06D7C 浼 00001271 0.0161/万 99.5917%	No:07827 U+074AE 璮 00001270 0.0161/万 99.5919%	No:07828 U+080B0 肰 00001270 0.0161/万 99.5921%	No:07829 U+05E7A 幺 00001269 0.0160/万 99.5925%	No:07830 U+08600 蘀 00001269 0.0160/万 99.5924%
No:07831 U+0EBF4 攬 00001269 0.0160/万 99.5922%	No:07832 U+07CDA 糚 00001268 0.0160/万 99.5927%	No:07833 U+05AB8 媸 00001267 0.0160/万 99.5929%	No:07834 U+07E87 纇 00001266 0.0160/万 99.5932%	No:07835 U+08D84 趄 00001266 0.0160/万 99.5930%	No:07836 U+056A8 嚨 00001265 0.0160/万 99.5933%	No:07837 U+09F6E 齮 00001264 0.0160/万 99.5935%	No:07838 U+06418 搘 00001263 0.0160/万 99.5937%	No:07839 U+0553C 唼 00001262 0.0160/万 99.5940%	No:07840 U+057D4 埔 00001262 0.0160/万 99.5941%
No:07841 U+09A15 騕 00001262 0.0160/万 99.5938%	No:07842 U+05795 垕 00001261 0.0159/万 99.5943%	No:07843 U+07B99 箙 00001261 0.0159/万 99.5945%	No:07844 U+09B4E 魎 00001260 0.0159/万 99.5946%	No:07845 U+0643D 搽 00001258 0.0159/万 99.5948%	No:07846 U+07BD8 篘 00001258 0.0159/万 99.5949%	No:07847 U+0730B 猋 00001257 0.0159/万 99.5951%	No:07848 U+091A8 醨 00001257 0.0159/万 99.5953%	No:07849 U+0576F 坯 00001256 0.0159/万 99.5954%	No:07850 U+03AAF 羍 00001255 0.0159/万 99.5959%
No:07851 U+09C56 鱖 00001255 0.0159/万 99.5956%	No:07852 U+09D1D 鴝 00001255 0.0159/万 99.5957%	No:07853 U+05D73 嵳 00001254 0.0159/万 99.5962%	No:07854 U+05E40 幀 00001254 0.0159/万 99.5964%	No:07855 U+09D96 鶖 00001254 0.0159/万 99.5961%	No:07856 U+0837D 荽 00001253 0.0158/万 99.5965%	No:07857 U+0636D 捭 00001252 0.0158/万 99.5967%	No:07858 U+0830C 茌 00001250 0.0158/万 99.5969%	No:07859 U+072F4 狴 00001249 0.0158/万 99.5970%	No:07860 U+06567 敧 00001248 0.0158/万 99.5972%
No:07861 U+054BB 咻 00001247 0.0158/万 99.5973%	No:07862 U+06A5A 橚 00001246 0.0158/万 99.5978%	No:07863 U+07032 瀲 00001246 0.0158/万 99.5976%	No:07864 U+08A07 訇 00001246 0.0158/万 99.5980%	No:07865 U+08ADF 諟 00001246 0.0158/万 99.5975%	No:07866 U+08E6F 蹯 00001246 0.0158/万 99.5981%	No:07867 U+07FFF 翿 00001245 0.0157/万 99.5984%	No:07868 U+09181 醁 00001245 0.0157/万 99.5983%	No:07869 U+0637A 捺 00001244 0.0157/万 99.5989%	No:07870 U+07927 礧 00001244 0.0157/万 99.5987%
No:07871 U+EE2 幸 00001244 0.0157/万 99.5986%	No:07872 U+04313 䌓 00001243 0.0157/万 99.5992%	No:07873 U+07796 瞖 00001243 0.0157/万 99.5994%	No:07874 U+09749 靉 00001243 0.0157/万 99.5991%	No:07875 U+08A3F 訿 00001241 0.0157/万 99.5995%	No:07876 U+056D9 囙 00001240 0.0157/万 99.5997%	No:07877 U+0772F 眯 00001239 0.0157/万 99.5998%	No:07878 U+0614D 慍 00001238 0.0157/万 99.6000%	No:07879 U+05013 倓 00001236 0.0156/万 99.6002%	No:07880 U+055E2 嗢 00001235 0.0156/万 99.6006%
No:07881 U+09D53 鵓 00001235 0.0156/万 99.6005%	No:07882 U+0EA69 優 00001235 0.0156/万 99.6003%	No:07883 U+09193 醓 00001234 0.0156/万 99.6008%	No:07884 U+08357 荗 00001233 0.0156/万 99.6009%	No:07885 U+07174 煴 00001232 0.0156/万 99.6011%	No:07886 U+07ABD 窽 00001232 0.0156/万 99.6013%	No:07887 U+06C4B 汋 00001231 0.0156/万 99.6019%	No:07888 U+09F16 鼖 00001231 0.0156/万 99.6014%	No:07889 U+0EB3B 専 00001231 0.0156/万 99.6016%	No:07890 U+EA3 髮 00001231 0.0156/万 99.6017%
No:07891 U+065CD 旍 00001230 0.0156/万 99.6020%	No:07892 U+07C0C 簌 00001229 0.0155/万 99.6024%	No:07893 U+08FC6 迆 00001229 0.0155/万 99.6025%	No:07894 U+0EDFF 慈 00001229 0.0155/万 99.6022%	No:07895 U+06A37 樷 00001228 0.0155/万 99.6030%	No:07896 U+0880D 蠍 00001228 0.0155/万 99.6033%	No:07897 U+093DF 鏟 00001228 0.0155/万 99.6031%	No:07898 U+09C53 鱓 00001228 0.0155/万 99.6028%	No:07899 U+0EACC 嗜 00001228 0.0155/万 99.6027%	No:07900 U+0605F 恟 00001226 0.0155/万 99.6034%

No:07901 U+081A8 膨 00001225 0.0155/万 99.6036%	No:07902 U+09D59 鵙 00001223 0.0155/万 99.6038%	No:07903 U+08A0C 訌 00001222 0.0154/万 99.6042%	No:07904 U+08F55 轕 00001222 0.0154/万 99.6041%	No:07905 U+09DB5 鶵 00001222 0.0154/万 99.6039%	No:07906 U+0981E 頞 00001221 0.0154/万 99.6044%	No:07907 U+086C0 蛀 00001220 0.0154/万 99.6047%	No:07908 U+0938A 鎊 00001220 0.0154/万 99.6045%	No:07909 U+05E21 帡 00001219 0.0154/万 99.6048%	No:07910 U+0618D 憍 00001219 0.0154/万 99.6050%
No:07911 U+07F59 罙 00001219 0.0154/万 99.6053%	No:07912 U+0819E 膞 00001219 0.0154/万 99.6051%	No:07913 U+075DF 痟 00001218 0.0154/万 99.6055%	No:07914 U+073F5 珵 00001217 0.0154/万 99.6059%	No:07915 U+089FF 觿 00001217 0.0154/万 99.6058%	No:07916 U+0EB7C 00001217 0.0154/万 99.6056%	No:07917 U+04529 䔩 00001216 0.0154/万 99.6061%	No:07918 U+06852 桒 00001216 0.0154/万 99.6064%	No:07919 U+06EF7 滷 00001216 0.0154/万 99.6062%	No:07920 U+06909 椉 00001214 0.0153/万 99.6065%
No:07921 U+05F00 开 00001213 0.0153/万 99.6070%	No:07922 U+082FD 苽 00001213 0.0153/万 99.6071%	No:07923 U+098F0 飰 00001213 0.0153/万 99.6067%	No:07924 U+09AB0 骰 00001213 0.0153/万 99.6068%	No:07925 U+08E06 踆 00001211 0.0153/万 99.6073%	No:07926 U+06014 怔 00001210 0.0153/万 99.6075%	No:07927 U+08C76 豶 00001210 0.0153/万 99.6076%	No:07928 U+EBC 冄 00001209 0.0153/万 99.6078%	No:07929 U+080E0 胠 00001208 0.0153/万 99.6081%	No:07930 U+097F2 韲 00001208 0.0153/万 99.6079%
No:07931 U+03C84 㲄 00001207 0.0153/万 99.6085%	No:07932 U+05282 劂 00001207 0.0153/万 99.6084%	No:07933 U+05583 喃 00001207 0.0153/万 99.6082%	No:07934 U+084DE 蓞 00001207 0.0153/万 99.6088%	No:07935 U+09100 鄀 00001207 0.0153/万 99.6090%	No:07936 U+EBF 錫 00001207 0.0153/万 99.6087%	No:07937 U+0F65F 袂 00001206 0.0152/万 99.6091%	No:07938 U+E0D 罥 00001206 0.0152/万 99.6093%	No:07939 U+04F37 伷 00001204 0.0152/万 99.6096%	No:07940 U+06BEF 毯 00001204 0.0152/万 99.6099%
No:07941 U+07485 璅 00001204 0.0152/万 99.6097%	No:07942 U+097EE 韮 00001204 0.0152/万 99.6094%	No:07943 U+0525E 剞 00001203 0.0152/万 99.6101%	No:07944 U+06E62 湢 00001203 0.0152/万 99.6105%	No:07945 U+079A8 禨 00001203 0.0152/万 99.6102%	No:07946 U+08B26 謦 00001203 0.0152/万 99.6104%	No:07947 U+04366 䍦 00001202 0.0152/万 99.6107%	No:07948 U+0850C 蔌 00001202 0.0152/万 99.6108%	No:07949 U+05AA2 媢 00001201 0.0152/万 99.6111%	No:07950 U+07619 瘙 00001201 0.0152/万 99.6113%
No:07951 U+0ECF0 00001201 0.0152/万 99.6110%	No:07952 U+074D6 瓖 00001200 0.0152/万 99.6114%	No:07953 U+062B6 抶 00001199 0.0152/万 99.6116%	No:07954 U+09C67 鱧 00001198 0.0151/万 99.6117%	No:07955 U+052CC 勌 00001197 0.0151/万 99.6119%	No:07956 U+06888 梈 00001194 0.0151/万 99.6123%	No:07957 U+06913 椓 00001194 0.0151/万 99.6122%	No:07958 U+09EEE 黮 00001194 0.0151/万 99.6120%	No:07959 U+06475 摵 00001193 0.0151/万 99.6126%	No:07960 U+09908 餈 00001193 0.0151/万 99.6125%
No:07961 U+08E9E 躞 00001192 0.0151/万 99.6128%	No:07962 U+073CC 珌 00001191 0.0151/万 99.6129%	No:07963 U+08C4C 豌 00001191 0.0151/万 99.6131%	No:07964 U+05685 嚅 00001190 0.0150/万 99.6134%	No:07965 U+09F1B 鼛 00001190 0.0150/万 99.6132%	No:07966 U+0936D 鍭 00001188 0.0150/万 99.6135%	No:07967 U+03B0B 㬋 00001186 0.0150/万 99.6137%	No:07968 U+08322 茢 00001186 0.0150/万 99.6138%	No:07969 U+06E65 湥 00001183 0.0150/万 99.6141%	No:07970 U+06FD9 濙 00001183 0.0150/万 99.6140%
No:07971 U+055F8 嗸 00001182 0.0149/万 99.6143%	No:07972 U+085BE 薾 00001182 0.0149/万 99.6144%	No:07973 U+0704A 灊 00001181 0.0149/万 99.6147%	No:07974 U+091B3 醳 00001181 0.0149/万 99.6146%	No:07975 U+035CB 㗋 00001178 0.0149/万 99.6149%	No:07976 U+06F3C 漼 00001176 0.0149/万 99.6150%	No:07977 U+06695 暕 00001175 0.0149/万 99.6152%	No:07978 U+07A8C 窌 00001175 0.0149/万 99.6153%	No:07979 U+068B1 梱 00001174 0.0148/万 99.6159%	No:07980 U+0757A 畺 00001174 0.0148/万 99.6158%
No:07981 U+07FC6 翆 00001174 0.0148/万 99.6156%	No:07982 U+09143 酃 00001174 0.0148/万 99.6155%	No:07983 U+0661E 昞 00001173 0.0148/万 99.6161%	No:07984 U+0623B 戻 00001172 0.0148/万 99.6167%	No:07985 U+07385 玅 00001172 0.0148/万 99.6162%	No:07986 U+07C26 簦 00001172 0.0148/万 99.6164%	No:07987 U+08526 蔦 00001172 0.0148/万 99.6165%	No:07988 U+08839 蠹 00001171 0.0148/万 99.6170%	No:07989 U+0ED3F 00001171 0.0148/万 99.6168%	No:07990 U+0504E 偎 00001170 0.0148/万 99.6171%
No:07991 U+07095 炕 00001170 0.0148/万 99.6173%	No:07992 U+07D8E 綎 00001170 0.0148/万 99.6174%	No:07993 U+05A00 娀 00001169 0.0148/万 99.6177%	No:07994 U+099FC 駼 00001169 0.0148/万 99.6176%	No:07995 U+08764 蝤 00001168 0.0148/万 99.6180%	No:07996 U+0EB97 形 00001168 0.0148/万 99.6179%	No:07997 U+09874 顴 00001167 0.0148/万 99.6182%	No:07998 U+09C6E 鱮 00001167 0.0148/万 99.6183%	No:07999 U+04F56 佖 00001165 0.0147/万 99.6185%	No:08000 U+E7C 籠 00001165 0.0147/万 99.6186%

No:08001 U+05F74 彴 00001164 0.0147/万 99.6188%	No:08002 U+08706 蜆 00001163 0.0147/万 99.6190%	No:08003 U+0EBF6 敲 00001163 0.0147/万 99.6189%	No:08004 U+07583 疃 00001162 0.0147/万 99.6192%	No:08005 U+05F06 弆 00001160 0.0147/万 99.6196%	No:08006 U+08CCD 賍 00001160 0.0147/万 99.6195%	No:08007 U+E8B 添 00001160 0.0147/万 99.6193%	No:08008 U+08E9A 躚 00001159 0.0147/万 99.6198%	No:08009 U+09CF7 鳷 00001158 0.0146/万 99.6199%	No:08010 U+04FC1 俁 00001157 0.0146/万 99.6201%
No:08011 U+05ED1 廑 00001157 0.0146/万 99.6202%	No:08012 U+087AC 螬 00001154 0.0146/万 99.6204%	No:08013 U+097CC 韌 00001151 0.0145/万 99.6205%	No:08014 U+05AF0 嫰 00001150 0.0145/万 99.6207%	No:08015 U+0611E 愞 00001149 0.0145/万 99.6208%	No:08016 U+0753D 甽 00001148 0.0145/万 99.6211%	No:08017 U+0773E 眾 00001148 0.0145/万 99.6210%	No:08018 U+08122 脢 00001148 0.0145/万 99.6212%	No:08019 U+07E21 縡 00001147 0.0145/万 99.6215%	No:08020 U+08723 蜣 00001147 0.0145/万 99.6217%
No:08021 U+09F54 齔 00001147 0.0145/万 99.6214%	No:08022 U+05CA8 岨 00001146 0.0145/万 99.6218%	No:08023 U+06FC8 濈 00001146 0.0145/万 99.6220%	No:08024 U+0529A 劚 00001145 0.0145/万 99.6221%	No:08025 U+06AFD 櫽 00001144 0.0145/万 99.6223%	No:08026 U+068DC 棜 00001143 0.0144/万 99.6226%	No:08027 U+EB9 瀝 00001143 0.0144/万 99.6224%	No:08028 U+07E27 縧 00001142 0.0144/万 99.6230%	No:08029 U+09AAD 骭 00001142 0.0144/万 99.6227%	No:08030 U+E97 漾 00001142 0.0144/万 99.6228%
No:08031 U+06A51 橑 00001140 0.0144/万 99.6233%	No:08032 U+07978 祸 00001140 0.0144/万 99.6234%	No:08033 U+09D97 鶗 00001140 0.0144/万 99.6231%	No:08034 U+05DBB 嶻 00001139 0.0144/万 99.6237%	No:08035 U+0742B 琫 00001139 0.0144/万 99.6239%	No:08036 U+088C0 裀 00001139 0.0144/万 99.6240%	No:08037 U+0EBD8 投 00001139 0.0144/万 99.6236%	No:08038 U+07CD2 糒 00001138 0.0144/万 99.6243%	No:08039 U+09B12 鬒 00001138 0.0144/万 99.6241%	No:08040 U+089D5 觕 00001137 0.0144/万 99.6244%
No:08041 U+073E7 珧 00001136 0.0144/万 99.6249%	No:08042 U+08813 蠓 00001136 0.0144/万 99.6247%	No:08043 U+0EAFA 壩 00001136 0.0144/万 99.6246%	No:08044 U+0564F 噏 00001135 0.0143/万 99.6251%	No:08045 U+05CD8 峘 00001135 0.0143/万 99.6250%	No:08046 U+0720C 爌 00001134 0.0143/万 99.6253%	No:08047 U+073A2 玢 00001132 0.0143/万 99.6254%	No:08048 U+07DE4 緤 00001131 0.0143/万 99.6256%	No:08049 U+0686F 桯 00001130 0.0143/万 99.6257%	No:08050 U+07C50 籐 00001129 0.0143/万 99.6260%
No:08051 U+0857A 蕺 00001129 0.0143/万 99.6262%	No:08052 U+0E78E 芌 00001129 0.0143/万 99.6259%	No:08053 U+069EA 槪 00001128 0.0143/万 99.6267%	No:08054 U+09011 逑 00001128 0.0143/万 99.6266%	No:08055 U+09154 酔 00001128 0.0143/万 99.6264%	No:08056 U+EA6 秮 00001128 0.0143/万 99.6263%	No:08057 U+05639 嘹 00001127 0.0142/万 99.6269%	No:08058 U+08ECF 軏 00001127 0.0142/万 99.6270%	No:08059 U+08B9D 讝 00001126 0.0142/万 99.6272%	No:08060 U+06195 憕 00001125 0.0142/万 99.6276%
No:08061 U+061FA 懺 00001125 0.0142/万 99.6274%	No:08062 U+09D82 鶂 00001125 0.0142/万 99.6273%	No:08063 U+05006 倆 00001124 0.0142/万 99.6277%	No:08064 U+07C11 簑 00001124 0.0142/万 99.6279%	No:08065 U+09D7B 鵻 00001123 0.0142/万 99.6280%	No:08066 U+05E75 幵 00001121 0.0142/万 99.6284%	No:08067 U+078D5 磕 00001121 0.0142/万 99.6283%	No:08068 U+08E18 踘 00001121 0.0142/万 99.6281%	No:08069 U+0642F 搯 00001120 0.0142/万 99.6286%	No:08070 U+09B58 魘 00001119 0.0141/万 99.6287%
No:08071 U+03E60 㹠 00001118 0.0141/万 99.6290%	No:08072 U+09F2C 鼬 00001118 0.0141/万 99.6289%	No:08073 U+059AF 妯 00001117 0.0141/万 99.6291%	No:08074 U+093AA 鎪 00001117 0.0141/万 99.6293%	No:08075 U+08C6D 豭 00001116 0.0141/万 99.6294%	No:08076 U+05121 儡 00001115 0.0141/万 99.6296%	No:08077 U+0621F 戟 00001115 0.0141/万 99.6297%	No:08078 U+03ACB 㫋 00001114 0.0141/万 99.6299%	No:08079 U+06A94 檔 00001114 0.0141/万 99.6300%	No:08080 U+0729B 犛 00001114 0.0141/万 99.6301%
No:08081 U+050DD 僝 00001113 0.0141/万 99.6306%	No:08082 U+05F6F 彯 00001113 0.0141/万 99.6307%	No:08083 U+09E8F 麏 00001113 0.0141/万 99.6303%	No:08084 U+0E787 -- 00001113 0.0141/万 99.6304%	No:08085 U+07664 癤 00001111 0.0140/万 99.6310%	No:08086 U+E84 寐 00001111 0.0140/万 99.6308%	No:08087 U+E03 邦 00001110 0.0140/万 99.6311%	No:08088 U+068A6 梦 00001109 0.0140/万 99.6315%	No:08089 U+07A11 稑 00001109 0.0140/万 99.6314%	No:08090 U+09A0B 騋 00001109 0.0140/万 99.6313%
No:08091 U+08AD0 諐 00001108 0.0140/万 99.6318%	No:08092 U+0EB2E 寀 00001108 0.0140/万 99.6317%	No:08093 U+0EF36 苛 00001107 0.0140/万 99.6320%	No:08094 U+08EA7 躧 00001106 0.0140/万 99.6321%	No:08095 U+04F3B 伻 00001105 0.0140/万 99.6322%	No:08096 U+087BF 螿 00001105 0.0140/万 99.6324%	No:08097 U+08C5D 豝 00001102 0.0139/万 99.6325%	No:08098 U+0EA81 凰 00001099 0.0139/万 99.6327%	No:08099 U+06818 栘 00001098 0.0139/万 99.6328%	No:08100 U+0362D 㘭 00001096 0.0139/万 99.6329%

No:08101 U+064ED 擭 00001096 0.0139/万 99.6332%	No:08102 U+065E7 旧 00001096 0.0139/万 99.6331%	No:08103 U+072FA 狺 00001095 0.0138/万 99.6334%	No:08104 U+05524 唤 00001094 0.0138/万 99.6336%	No:08105 U+06834 栴 00001094 0.0138/万 99.6338%	No:08106 U+0ED35 盈 00001094 0.0138/万 99.6335%	No:08107 U+06C4A 汊 00001092 0.0138/万 99.6342%	No:08108 U+08B2D 謭 00001092 0.0138/万 99.6343%	No:08109 U+08C9C 貜 00001092 0.0138/万 99.6345%	No:08110 U+08CEE 賮 00001092 0.0138/万 99.6341%
No:08111 U+0EC6B 泓 00001092 0.0138/万 99.6339%	No:08112 U+05E68 幨 00001090 0.0138/万 99.6347%	No:08113 U+0EA46 仇 00001090 0.0138/万 99.6346%	No:08114 U+04E79 乹 00001088 0.0137/万 99.6350%	No:08115 U+06495 撕 00001088 0.0137/万 99.6352%	No:08116 U+09DEB 鷫 00001088 0.0137/万 99.6349%	No:08117 U+05DFF 巿 00001087 0.0137/万 99.6353%	No:08118 U+0824B 艋 00001086 0.0137/万 99.6357%	No:08119 U+086B6 蚶 00001086 0.0137/万 99.6358%	No:08120 U+09AAF 骯 00001086 0.0137/万 99.6356%
No:08121 U+0EA43 臺 00001086 0.0137/万 99.6354%	No:08122 U+09EB8 麸 00001085 0.0137/万 99.6360%	No:08123 U+076DD 盝 00001083 0.0137/万 99.6361%	No:08124 U+073C8 珈 00001082 0.0137/万 99.6364%	No:08125 U+07895 碕 00001082 0.0137/万 99.6365%	No:08126 U+09AAB 骫 00001082 0.0137/万 99.6363%	No:08127 U+07A44 穄 00001081 0.0137/万 99.6369%	No:08128 U+08909 褉 00001081 0.0137/万 99.6368%	No:08129 U+09118 鄘 00001081 0.0137/万 99.6367%	No:08130 U+0982C 頬 00001079 0.0136/万 99.6371%
No:08131 U+057C2 埂 00001078 0.0136/万 99.6374%	No:08132 U+EAE 旨 00001078 0.0136/万 99.6372%	No:08133 U+064C2 擂 00001077 0.0136/万 99.6376%	No:08134 U+082A8 芨 00001077 0.0136/万 99.6375%	No:08135 U+05462 呢 00001075 0.0136/万 99.6379%	No:08136 U+05FF3 忳 00001075 0.0136/万 99.6380%	No:08137 U+0EC82 涅 00001075 0.0136/万 99.6378%	No:08138 U+0ED6A 複 00001074 0.0136/万 99.6382%	No:08139 U+04F84 侄 00001072 0.0135/万 99.6384%	No:08140 U+05CA3 岣 00001072 0.0135/万 99.6386%
No:08141 U+08FEE 迮 00001072 0.0135/万 99.6387%	No:08142 U+09F2B 鼫 00001072 0.0135/万 99.6383%	No:08143 U+05610 嘐 00001071 0.0135/万 99.6391%	No:08144 U+056F1 囱 00001071 0.0135/万 99.6390%	No:08145 U+0794D 祍 00001071 0.0135/万 99.6394%	No:08146 U+0873E 蜾 00001071 0.0135/万 99.6393%	No:08147 U+097D4 韔 00001071 0.0135/万 99.6389%	No:08148 U+06047 恇 00001070 0.0135/万 99.6395%	No:08149 U+08ED3 軓 00001070 0.0135/万 99.6397%	No:08150 U+06E5E 湞 00001069 0.0135/万 99.6398%
No:08151 U+07020 瀠 00001068 0.0135/万 99.6403%	No:08152 U+07C79 籹 00001068 0.0135/万 99.6405%	No:08153 U+0889D 袝 00001068 0.0135/万 99.6402%	No:08154 U+09C10 鰐 00001068 0.0135/万 99.6401%	No:08155 U+0ED20 留 00001068 0.0135/万 99.6399%	No:08156 U+087AE 螮 00001065 0.0135/万 99.6406%	No:08157 U+08EB0 躰 00001065 0.0135/万 99.6407%	No:08158 U+065E4 旤 00001063 0.0134/万 99.6409%	No:08159 U+08585 薅 00001062 0.0134/万 99.6414%	No:08160 U+08F17 輗 00001062 0.0134/万 99.6413%
No:08161 U+09945 饅 00001062 0.0134/万 99.6412%	No:08162 U+09A0A 騊 00001062 0.0134/万 99.6410%	No:08163 U+09AD2 髒 00001061 0.0134/万 99.6416%	No:08164 U+065A8 斨 00001060 0.0134/万 99.6420%	No:08165 U+075E0 痠 00001060 0.0134/万 99.6418%	No:08166 U+08B78 譸 00001060 0.0134/万 99.6417%	No:08167 U+059F8 姸 00001059 0.0134/万 99.6421%	No:08168 U+05027 倧 00001058 0.0134/万 99.6422%	No:08169 U+077F1 矱 00001057 0.0134/万 99.6425%	No:08170 U+08234 舴 00001057 0.0134/万 99.6426%
No:08171 U+0ECED 亂 00001057 0.0134/万 99.6424%	No:08172 U+05259 剙 00001056 0.0133/万 99.6428%	No:08173 U+080F3 胳 00001055 0.0133/万 99.6429%	No:08174 U+0450D 䔍 00001054 0.0133/万 99.6432%	No:08175 U+0533D 匽 00001054 0.0133/万 99.6430%	No:08176 U+0813D 脽 00001054 0.0133/万 99.6433%	No:08177 U+08F47 轇 00001053 0.0133/万 99.6434%	No:08178 U+06F7E 潾 00001052 0.0133/万 99.6438%	No:08179 U+07E10 縐 00001052 0.0133/万 99.6440%	No:08180 U+08B4D 譍 00001052 0.0133/万 99.6441%
No:08181 U+09BFF 鯿 00001052 0.0133/万 99.6436%	No:08182 U+0ED1D 貹 00001052 0.0133/万 99.6437%	No:08183 U+0824E 艎 00001050 0.0133/万 99.6442%	No:08184 U+068D5 棕 00001048 0.0132/万 99.6446%	No:08185 U+09638 阸 00001048 0.0132/万 99.6448%	No:08186 U+09AC4 髄 00001048 0.0132/万 99.6444%	No:08187 U+0EB0E 獎 00001048 0.0132/万 99.6445%	No:08188 U+04525 䔥 00001047 0.0132/万 99.6452%	No:08189 U+05C6D 屭 00001047 0.0132/万 99.6450%	No:08190 U+0EB4E 峯 00001047 0.0132/万 99.6449%
No:08191 U+06B80 殀 00001046 0.0132/万 99.6453%	No:08192 U+05D31 崱 00001045 0.0132/万 99.6454%	No:08193 U+06793 枓 00001045 0.0132/万 99.6458%	No:08194 U+08CA4 貤 00001045 0.0132/万 99.6457%	No:08195 U+ED5 羡 00001045 0.0132/万 99.6456%	No:08196 U+08897 袗 00001044 0.0132/万 99.6460%	No:08197 U+0508B 傋 00001043 0.0132/万 99.6461%	No:08198 U+075C3 痃 00001043 0.0132/万 99.6462%	No:08199 U+0534B 卋 00001042 0.0132/万 99.6465%	No:08200 U+09D3D 鴽 00001042 0.0132/万 99.6464%

No:08201 U+E14 噎 00001042 0.0132/万 99.6466%	No:08202 U+0353B 㔻 00001041 0.0132/万 99.6467%	No:08203 U+063E0 揠 00001041 0.0132/万 99.6469%	No:08204 U+090A1 邡 00001041 0.0132/万 99.6470%	No:08205 U+06F68 潨 00001040 0.0131/万 99.6473%	No:08206 U+081F2 臲 00001040 0.0131/万 99.6474%	No:08207 U+0E786 一 00001040 0.0131/万 99.6471%	No:08208 U+050FE 僾 00001039 0.0131/万 99.6477%	No:08209 U+057E7 埧 00001039 0.0131/万 99.6478%	No:08210 U+0774D 睍 00001039 0.0131/万 99.6479%
No:08211 U+09D42 鵂 00001039 0.0131/万 99.6475%	No:08212 U+08758 蝘 00001038 0.0131/万 99.6482%	No:08213 U+0994D 饍 00001038 0.0131/万 99.6481%	No:08214 U+03634 㘴 00001037 0.0131/万 99.6483%	No:08215 U+06A1D 樝 00001037 0.0131/万 99.6485%	No:08216 U+068EC 棬 00001036 0.0131/万 99.6486%	No:08217 U+081FF 臿 00001036 0.0131/万 99.6487%	No:08218 U+07E15 縕 00001035 0.0131/万 99.6489%	No:08219 U+08DE7 跧 00001035 0.0131/万 99.6490%	No:08220 U+03D81 㶁 00001034 0.0131/万 99.6491%
No:08221 U+E56 傍 00001034 0.0131/万 99.6492%	No:08222 U+053BA 厺 00001033 0.0131/万 99.6494%	No:08223 U+066D5 曕 00001032 0.0130/万 99.6495%	No:08224 U+05C8D 岍 00001031 0.0130/万 99.6496%	No:08225 U+097B2 鞲 00001030 0.0130/万 99.6498%	No:08226 U+0696A 楪 00001029 0.0130/万 99.6500%	No:08227 U+0ECB6 濛 00001029 0.0130/万 99.6499%	No:08228 U+06B79 歹 00001027 0.0130/万 99.6502%	No:08229 U+06E3C 渼 00001027 0.0130/万 99.6504%	No:08230 U+07FF6 翶 00001027 0.0130/万 99.6503%
No:08231 U+052F1 勱 00001026 0.0130/万 99.6506%	No:08232 U+07C5B 籛 00001026 0.0130/万 99.6507%	No:08233 U+08618 蘘 00001026 0.0130/万 99.6508%	No:08234 U+06812 栒 00001025 0.0130/万 99.6515%	No:08235 U+0687F 桿 00001025 0.0130/万 99.6511%	No:08236 U+06E69 湩 00001025 0.0130/万 99.6512%	No:08237 U+0734D 獍 00001025 0.0130/万 99.6513%	No:08238 U+09B18 鬘 00001025 0.0130/万 99.6509%	No:08239 U+07DC5 緅 00001024 0.0129/万 99.6517%	No:08240 U+08021 耡 00001024 0.0129/万 99.6519%
No:08241 U+09DB9 鶹 00001024 0.0129/万 99.6516%	No:08242 U+0617A 慺 00001023 0.0129/万 99.6520%	No:08243 U+06A8E 檎 00001023 0.0129/万 99.6521%	No:08244 U+06153 慓 00001021 0.0129/万 99.6522%	No:08245 U+07E42 繂 00001020 0.0129/万 99.6526%	No:08246 U+088BF 袿 00001020 0.0129/万 99.6525%	No:08247 U+097E3 韣 00001020 0.0129/万 99.6524%	No:08248 U+05611 嘑 00001019 0.0129/万 99.6531%	No:08249 U+098C0 飀 00001019 0.0129/万 99.6528%	No:08250 U+0EB7F 廪 00001019 0.0129/万 99.6530%
No:08251 U+0EC26 胥 00001019 0.0129/万 99.6529%	No:08252 U+07313 猓 00001018 0.0129/万 99.6535%	No:08253 U+0913A 鄺 00001018 0.0129/万 99.6534%	No:08254 U+ECE 鋒 00001018 0.0129/万 99.6533%	No:08255 U+E4A 岐 00001017 0.0128/万 99.6537%	No:08256 U+03D4E 㵎 00001016 0.0128/万 99.6538%	No:08257 U+079E0 秠 00001016 0.0128/万 99.6539%	No:08258 U+061CD 懍 00001015 0.0128/万 99.6542%	No:08259 U+06B48 歈 00001015 0.0128/万 99.6543%	No:08260 U+071AF 熯 00001015 0.0128/万 99.6540%
No:08261 U+051C3 凃 00001014 0.0128/万 99.6546%	No:08262 U+068B9 梹 00001014 0.0128/万 99.6547%	No:08263 U+09C3B 鰻 00001014 0.0128/万 99.6544%	No:08264 U+E50 逷 00001013 0.0128/万 99.6548%	No:08265 U+0EB44 屐 00001012 0.0128/万 99.6549%	No:08266 U+0558A 喊 00001011 0.0128/万 99.6552%	No:08267 U+09BAD 鮭 00001011 0.0128/万 99.6551%	No:08268 U+04FC5 俅 00001010 0.0128/万 99.6558%	No:08269 U+05B00 嬀 00001010 0.0128/万 99.6557%	No:08270 U+05DAD 嶭 00001010 0.0128/万 99.6556%
No:08271 U+09A23 駿 00001010 0.0128/万 99.6553%	No:08272 U+09FA1 龡 00001010 0.0128/万 99.6555%	No:08273 U+0910F 鄏 00001008 0.0127/万 99.6560%	No:08274 U+05C8A 岊 00001007 0.0127/万 99.6561%	No:08275 U+0794B 祋 00001007 0.0127/万 99.6562%	No:08276 U+E94 溪 00001006 0.0127/万 99.6564%	No:08277 U+0558F 喏 00001005 0.0127/万 99.6565%	No:08278 U+067C8 柈 00001005 0.0127/万 99.6566%	No:08279 U+07F63 罣 00001005 0.0127/万 99.6567%	No:08280 U+061E8 懨 00001002 0.0127/万 99.6569%
No:08281 U+087BE 螾 00001001 0.0126/万 99.6570%	No:08282 U+054FF 哿 00000999 0.0126/万 99.6571%	No:08283 U+05F28 弨 00000999 0.0126/万 99.6574%	No:08284 U+0682D 栭 00000999 0.0126/万 99.6575%	No:08285 U+077FC 矼 00000999 0.0126/万 99.6576%	No:08286 U+07F51 网 00000999 0.0126/万 99.6572%	No:08287 U+05F61 彡 00000998 0.0126/万 99.6580%	No:08288 U+085B7 薷 00000998 0.0126/万 99.6579%	No:08289 U+EBE ⿰亻然 00000998 0.0126/万 99.6578%	No:08290 U+06D61 浡 00000997 0.0126/万 99.6581%
No:08291 U+068C1 棁 00000996 0.0126/万 99.6583%	No:08292 U+04527 䔧 00000995 0.0126/万 99.6584%	No:08293 U+06F78 潸 00000995 0.0126/万 99.6586%	No:08294 U+07A3A 稺 00000995 0.0126/万 99.6585%	No:08295 U+05F55 录 00000994 0.0126/万 99.6589%	No:08296 U+09F60 齠 00000994 0.0126/万 99.6588%	No:08297 U+03A85 㪅 00000993 0.0125/万 99.6591%	No:08298 U+05D42 嵂 00000993 0.0125/万 99.6590%	No:08299 U+073BC 玼 00000993 0.0125/万 99.6593%	No:08300 U+0884A 衊 00000993 0.0125/万 99.6594%

No:08301 U+056D7 囗 00000992 0.0125/万 99.6596%	No:08302 U+0EF18 兕 00000992 0.0125/万 99.6595%	No:08303 U+056B2 嚲 00000991 0.0125/万 99.6598%	No:08304 U+0748A 璊 00000991 0.0125/万 99.6600%	No:08305 U+07735 眵 00000991 0.0125/万 99.6601%	No:08306 U+0845A 葚 00000991 0.0125/万 99.6599%	No:08307 U+05832 堲 00000990 0.0125/万 99.6603%	No:08308 U+05382 厂 00000989 0.0125/万 99.6605%	No:08309 U+09665 陥 00000989 0.0125/万 99.6606%	No:08310 U+09B35 鬵 00000989 0.0125/万 99.6604%
No:08311 U+07257 牗 00000988 0.0125/万 99.6610%	No:08312 U+072F6 狶 00000988 0.0125/万 99.6609%	No:08313 U+E13 蓍 00000988 0.0125/万 99.6608%	No:08314 U+0649F 撟 00000987 0.0125/万 99.6611%	No:08315 U+067F2 柲 00000987 0.0125/万 99.6613%	No:08316 U+0736F 獯 00000987 0.0125/万 99.6614%	No:08317 U+087C8 蟈 00000987 0.0125/万 99.6615%	No:08318 U+08E41 蹁 00000987 0.0125/万 99.6616%	No:08319 U+068A0 梠 00000986 0.0125/万 99.6621%	No:08320 U+07DAA 綪 00000986 0.0125/万 99.6620%
No:08321 U+09B80 鮀 00000986 0.0125/万 99.6618%	No:08322 U+0EE83 躔 00000986 0.0125/万 99.6619%	No:08323 U+04F58 佘 00000984 0.0124/万 99.6624%	No:08324 U+08121 脡 00000984 0.0124/万 99.6625%	No:08325 U+085AC 薬 00000984 0.0124/万 99.6626%	No:08326 U+0EAD4 嚻 00000984 0.0124/万 99.6623%	No:08327 U+071FB 燻 00000983 0.0124/万 99.6628%	No:08328 U+07E91 纑 00000982 0.0124/万 99.6630%	No:08329 U+08FC3 迃 00000982 0.0124/万 99.6629%	No:08330 U+03CB2 㲲 00000980 0.0124/万 99.6633%
No:08331 U+06413 搓 00000980 0.0124/万 99.6634%	No:08332 U+0991A 餚 00000980 0.0124/万 99.6631%	No:08333 U+0681F 栟 00000977 0.0123/万 99.6636%	No:08334 U+090CD 郍 00000977 0.0123/万 99.6635%	No:08335 U+09702 霂 00000977 0.0123/万 99.6638%	No:08336 U+06BA3 殣 00000976 0.0123/万 99.6639%	No:08337 U+05827 堧 00000975 0.0123/万 99.6643%	No:08338 U+07B98 箘 00000975 0.0123/万 99.6644%	No:08339 U+0EAC0 [illegible] 00000975 0.0123/万 99.6640%	No:08340 U+E34 [illegible] 00000975 0.0123/万 99.6641%
No:08341 U+0614C 慌 00000974 0.0123/万 99.6646%	No:08342 U+09EBA 麺 00000974 0.0123/万 99.6645%	No:08343 U+06180 憀 00000973 0.0123/万 99.6648%	No:08344 U+067F8 柸 00000973 0.0123/万 99.6650%	No:08345 U+06D97 涗 00000973 0.0123/万 99.6649%	No:08346 U+0787C 硼 00000972 0.0123/万 99.6652%	No:08347 U+09F3E 鼾 00000972 0.0123/万 99.6651%	No:08348 U+05FEA 忪 00000971 0.0123/万 99.6656%	No:08349 U+07B64 筤 00000971 0.0123/万 99.6655%	No:08350 U+0EDA0 [illegible] 00000971 0.0123/万 99.6654%
No:08351 U+07AB1 窱 00000968 0.0122/万 99.6659%	No:08352 U+0902F 逯 00000968 0.0122/万 99.6660%	No:08353 U+09D49 鵉 00000968 0.0122/万 99.6657%	No:08354 U+062D0 拐 00000967 0.0122/万 99.6661%	No:08355 U+095C3 闃 00000967 0.0122/万 99.6662%	No:08356 U+09367 鍧 00000966 0.0122/万 99.6664%	No:08357 U+05194 冔 00000965 0.0122/万 99.6665%	No:08358 U+062A8 抨 00000965 0.0122/万 99.6668%	No:08359 U+07F95 羕 00000965 0.0122/万 99.6667%	No:08360 U+08284 芄 00000965 0.0122/万 99.6666%
No:08361 U+08962 襢 00000965 0.0122/万 99.6670%	No:08362 U+034B5 㒵 00000964 0.0122/万 99.6672%	No:08363 U+05705 圅 00000964 0.0122/万 99.6671%	No:08364 U+0890C 褌 00000963 0.0122/万 99.6673%	No:08365 U+081EE 臮 00000962 0.0122/万 99.6676%	No:08366 U+0857E 蕾 00000962 0.0122/万 99.6675%	No:08367 U+049A7 䦧 00000961 0.0121/万 99.6678%	No:08368 U+0772D 眭 00000961 0.0121/万 99.6679%	No:08369 U+0EE98 述 00000961 0.0121/万 99.6677%	No:08370 U+05AFA 嫺 00000960 0.0121/万 99.6682%
No:08371 U+05E5B 幛 00000960 0.0121/万 99.6684%	No:08372 U+09B03 鬃 00000960 0.0121/万 99.6681%	No:08373 U+E32 [illegible] 00000960 0.0121/万 99.6683%	No:08374 U+06B38 欸 00000958 0.0121/万 99.6687%	No:08375 U+07432 琲 00000958 0.0121/万 99.6689%	No:08376 U+08624 蘤 00000958 0.0121/万 99.6688%	No:08377 U+0877B 蝻 00000958 0.0121/万 99.6686%	No:08378 U+08D17 贗 00000958 0.0121/万 99.6690%	No:08379 U+05EE7 廧 00000956 0.0121/万 99.6694%	No:08380 U+060B3 悳 00000956 0.0121/万 99.6692%
No:08381 U+07B32 笲 00000956 0.0121/万 99.6693%	No:08382 U+E39 俟 00000955 0.0121/万 99.6695%	No:08383 U+09AF2 髲 00000954 0.0121/万 99.6696%	No:08384 U+E45 [illegible] 00000954 0.0121/万 99.6698%	No:08385 U+053EE 叮 00000952 0.0120/万 99.6699%	No:08386 U+0889A 袚 00000952 0.0120/万 99.6700%	No:08387 U+034B7 㒷 00000951 0.0120/万 99.6702%	No:08388 U+07035 瀵 00000951 0.0120/万 99.6704%	No:08389 U+09A19 騙 00000951 0.0120/万 99.6701%	No:08390 U+06E7E 湾 00000950 0.0120/万 99.6708%
No:08391 U+075C1 痁 00000950 0.0120/万 99.6707%	No:08392 U+0911F 鄟 00000950 0.0120/万 99.6710%	No:08393 U+0EE4B 解 00000950 0.0120/万 99.6705%	No:08394 U+EC1 懋 00000950 0.0120/万 99.6706%	No:08395 U+04E0F 丏 00000949 0.0120/万 99.6714%	No:08396 U+04F79 佹 00000949 0.0120/万 99.6713%	No:08397 U+06AE9 櫩 00000949 0.0120/万 99.6716%	No:08398 U+09719 霙 00000949 0.0120/万 99.6711%	No:08399 U+09C0B 鰋 00000949 0.0120/万 99.6712%	No:08400 U+0775E 睞 00000947 0.0120/万 99.6717%

No:08401 U+03B0A 㬊 00000946 0.0119/万 99.6718%	No:08402 U+060DD 惝 00000945 0.0119/万 99.6719%	No:08403 U+07473 瑳 00000945 0.0119/万 99.6720%	No:08404 U+09AB9 骹 00000944 0.0119/万 99.6722%	No:08405 U+0E5AA 亓 00000944 0.0119/万 99.6723%	No:08406 U+0906B 邀 00000943 0.0119/万 99.6724%	No:08407 U+084E7 蓧 00000942 0.0119/万 99.6725%	No:08408 U+08E75 蹵 00000941 0.0119/万 99.6726%	No:08409 U+08C75 豵 00000940 0.0119/万 99.6728%	No:08410 U+0940F 鐏 00000939 0.0119/万 99.6730%
No:08411 U+09696 隖 00000939 0.0119/万 99.6729%	No:08412 U+05711 圑 00000938 0.0118/万 99.6731%	No:08413 U+0749D 璝 00000938 0.0118/万 99.6734%	No:08414 U+09239 鈹 00000938 0.0118/万 99.6732%	No:08415 U+07069 灩 00000937 0.0118/万 99.6736%	No:08416 U+E56 欵 00000937 0.0118/万 99.6735%	No:08417 U+050F6 僶 00000936 0.0118/万 99.6737%	No:08418 U+06C73 汳 00000936 0.0118/万 99.6738%	No:08419 U+055A3 喣 00000935 0.0118/万 99.6740%	No:08420 U+07592 疒 00000935 0.0118/万 99.6745%
No:08421 U+078AA 碪 00000935 0.0118/万 99.6744%	No:08422 U+07A08 稈 00000935 0.0118/万 99.6743%	No:08423 U+083F6 菶 00000935 0.0118/万 99.6741%	No:08424 U+0867D 虽 00000935 0.0118/万 99.6742%	No:08425 U+06745 杅 00000934 0.0118/万 99.6747%	No:08426 U+0791C 礜 00000934 0.0118/万 99.6748%	No:08427 U+05126 儦 00000933 0.0118/万 99.6749%	No:08428 U+06412 搒 00000933 0.0118/万 99.6755%	No:08429 U+0667C 晼 00000933 0.0118/万 99.6750%	No:08430 U+06C0D 氍 00000933 0.0118/万 99.6756%
No:08431 U+06FB7 澷 00000933 0.0118/万 99.6754%	No:08432 U+07318 猘 00000933 0.0118/万 99.6753%	No:08433 U+07BF8 篸 00000933 0.0118/万 99.6751%	No:08434 U+04EF3 仳 00000932 0.0118/万 99.6758%	No:08435 U+05ABC 媼 00000932 0.0118/万 99.6757%	No:08436 U+07671 癱 00000932 0.0118/万 99.6760%	No:08437 U+08A12 訒 00000931 0.0118/万 99.6761%	No:08438 U+0530A 匊 00000930 0.0117/万 99.6762%	No:08439 U+0506C 偬 00000929 0.0117/万 99.6763%	No:08440 U+0572C 圬 00000929 0.0117/万 99.6764%
No:08441 U+06B55 歕 00000929 0.0117/万 99.6767%	No:08442 U+07D1F 紟 00000929 0.0117/万 99.6766%	No:08443 U+060F7 惷 00000928 0.0117/万 99.6769%	No:08444 U+07588 疈 00000928 0.0117/万 99.6770%	No:08445 U+07734 眴 00000928 0.0117/万 99.6768%	No:08446 U+04616 䘖 00000927 0.0117/万 99.6771%	No:08447 U+05FDE 忞 00000927 0.0117/万 99.6774%	No:08448 U+07C7D 籽 00000927 0.0117/万 99.6773%	No:08449 U+06029 怩 00000926 0.0117/万 99.6775%	No:08450 U+06B9A 殚 00000926 0.0117/万 99.6776%
No:08451 U+07271 牱 00000926 0.0117/万 99.6777%	No:08452 U+05193 冓 00000925 0.0117/万 99.6778%	No:08453 U+05E17 帗 00000925 0.0117/万 99.6780%	No:08454 U+07049 灉 00000925 0.0117/万 99.6781%	No:08455 U+06D92 涒 00000924 0.0117/万 99.6788%	No:08456 U+07547 畇 00000924 0.0117/万 99.6786%	No:08457 U+07610 瘐 00000924 0.0117/万 99.6787%	No:08458 U+0889B 袛 00000924 0.0117/万 99.6789%	No:08459 U+0911A 鄚 00000924 0.0117/万 99.6784%	No:08460 U+09BA6 鮦 00000924 0.0117/万 99.6782%
No:08461 U+09D92 鶒 00000924 0.0117/万 99.6783%	No:08462 U+08DBC 趼 00000922 0.0116/万 99.6791%	No:08463 U+E77 晌 00000922 0.0116/万 99.6790%	No:08464 U+0542C 听 00000921 0.0116/万 99.6794%	No:08465 U+05EFE 廾 00000921 0.0116/万 99.6795%	No:08466 U+0EDAD 絶 00000921 0.0116/万 99.6793%	No:08467 U+06EE1 满 00000920 0.0116/万 99.6796%	No:08468 U+08E22 踢 00000920 0.0116/万 99.6798%	No:08469 U+09481 钁 00000920 0.0116/万 99.6797%	No:08470 U+078DD 磝 00000919 0.0116/万 99.6802%
No:08471 U+080CA 胊 00000919 0.0116/万 99.6801%	No:08472 U+E32 𪲵 00000919 0.0116/万 99.6800%	No:08473 U+05B9D 宝 00000918 0.0116/万 99.6803%	No:08474 U+07468 瑨 00000918 0.0116/万 99.6805%	No:08475 U+0800F 耏 00000918 0.0116/万 99.6804%	No:08476 U+06C55 汕 00000917 0.0116/万 99.6807%	No:08477 U+08B0F 謏 00000917 0.0116/万 99.6808%	No:08478 U+077A4 瞤 00000916 0.0116/万 99.6810%	No:08479 U+07C9B 粛 00000916 0.0116/万 99.6809%	No:08480 U+0366E 㙮 00000914 0.0115/万 99.6813%
No:08481 U+03D3B 㴻 00000914 0.0115/万 99.6812%	No:08482 U+07CBB 粻 00000914 0.0115/万 99.6815%	No:08483 U+0EF05 飭 00000914 0.0115/万 99.6811%	No:08484 U+0874C 蝌 00000912 0.0115/万 99.6816%	No:08485 U+08DDA 跚 00000912 0.0115/万 99.6817%	No:08486 U+085F7 藷 00000911 0.0115/万 99.6820%	No:08487 U+09105 鄅 00000911 0.0115/万 99.6819%	No:08488 U+0936E 鍮 00000911 0.0115/万 99.6818%	No:08489 U+075E1 痡 00000910 0.0115/万 99.6824%	No:08490 U+0844D 葍 00000910 0.0115/万 99.6823%
No:08491 U+0EDBC 總 00000910 0.0115/万 99.6822%	No:08492 U+09EC8 黈 00000909 0.0115/万 99.6825%	No:08493 U+059C1 姁 00000908 0.0115/万 99.6827%	No:08494 U+05DD3 巓 00000908 0.0115/万 99.6826%	No:08495 U+0600A 怊 00000907 0.0115/万 99.6830%	No:08496 U+0664A 晊 00000907 0.0115/万 99.6832%	No:08497 U+0752A 甪 00000907 0.0115/万 99.6828%	No:08498 U+076A1 皡 00000907 0.0115/万 99.6831%	No:08499 U+04FAB 侫 00000906 0.0114/万 99.6834%	No:08500 U+0510C 儌 00000906 0.0114/万 99.6835%

No.	Unicode	字	频次	频率	累计
No:08501	U+0993B	餻	00000906	0.0114/万	99.6833%
No:08502	U+054E2	哢	00000905	0.0114/万	99.6837%
No:08503	U+06E5D	湝	00000905	0.0114/万	99.6838%
No:08504	U+0506B	偫	00000904	0.0114/万	99.6839%
No:08505	U+08F2E	輮	00000903	0.0114/万	99.6841%
No:08506	U+0982E	頮	00000903	0.0114/万	99.6840%
No:08507	U+05631	嘱	00000902	0.0114/万	99.6843%
No:08508	U+060FD	惽	00000902	0.0114/万	99.6846%
No:08509	U+06B3B	欻	00000902	0.0114/万	99.6845%
No:08510	U+09F12	鼒	00000902	0.0114/万	99.6842%
No:08511	U+05720	圠	00000901	0.0114/万	99.6849%
No:08512	U+05A0C	娌	00000901	0.0114/万	99.6848%
No:08513	U+064A1	撡	00000901	0.0114/万	99.6850%
No:08514	U+06B57	歗	00000901	0.0114/万	99.6851%
No:08515	U+E13	妄	00000901	0.0114/万	99.6847%
No:08516	U+06F26	漦	00000900	0.0114/万	99.6854%
No:08517	U+0EC98	浆	00000900	0.0114/万	99.6853%
No:08518	U+03F66	㽦	00000899	0.0114/万	99.6855%
No:08519	U+05F4D	彍	00000899	0.0114/万	99.6858%
No:08520	U+066C5	曅	00000899	0.0114/万	99.6859%
No:08521	U+06EA0	溠	00000899	0.0114/万	99.6856%
No:08522	U+09037	逷	00000899	0.0114/万	99.6857%
No:08523	U+06785	枅	00000898	0.0113/万	99.6863%
No:08524	U+06C95	沕	00000898	0.0113/万	99.6862%
No:08525	U+071D6	燖	00000898	0.0113/万	99.6864%
No:08526	U+09804	頄	00000898	0.0113/万	99.6861%
No:08527	U+08F24	輤	00000897	0.0113/万	99.6865%
No:08528	U+054AF	咯	00000896	0.0113/万	99.6866%
No:08529	U+05961	奡	00000896	0.0113/万	99.6867%
No:08530	U+065FC	旼	00000896	0.0113/万	99.6871%
No:08531	U+06A11	樑	00000896	0.0113/万	99.6868%
No:08532	U+07D1D	紝	00000896	0.0113/万	99.6870%
No:08533	U+0501E	倞	00000895	0.0113/万	99.6873%
No:08534	U+06D5F	浟	00000895	0.0113/万	99.6875%
No:08535	U+06EB3	溳	00000895	0.0113/万	99.6874%
No:08536	U+0EA51	奉	00000895	0.0113/万	99.6872%
No:08537	U+058AF	墯	00000894	0.0113/万	99.6876%
No:08538	U+0712B	焫	00000894	0.0113/万	99.6878%
No:08539	U+052F7	勷	00000893	0.0113/万	99.6879%
No:08540	U+07B84	箄	00000893	0.0113/万	99.6881%
No:08541	U+08088	肈	00000893	0.0113/万	99.6884%
No:08542	U+08217	舗	00000893	0.0113/万	99.6883%
No:08543	U+08A96	誖	00000893	0.0113/万	99.6882%
No:08544	U+090DA	郚	00000893	0.0113/万	99.6880%
No:08545	U+07718	眘	00000892	0.0113/万	99.6888%
No:08546	U+08263	艣	00000892	0.0113/万	99.6887%
No:08547	U+ED4	⿰土盍	00000892	0.0113/万	99.6885%
No:08548	U+06296	抖	00000891	0.0113/万	99.6890%
No:08549	U+E91	⿰目冉	00000891	0.0113/万	99.6889%
No:08550	U+038E7	㣧	00000890	0.0112/万	99.6895%
No:08551	U+04EF5	仵	00000890	0.0112/万	99.6893%
No:08552	U+05133	儳	00000890	0.0112/万	99.6892%
No:08553	U+06C36	氶	00000890	0.0112/万	99.6896%
No:08554	U+09B27	鬧	00000890	0.0112/万	99.6891%
No:08555	U+0354D	㕍	00000889	0.0112/万	99.6898%
No:08556	U+05094	傔	00000889	0.0112/万	99.6899%
No:08557	U+07C2D	簭	00000889	0.0112/万	99.6900%
No:08558	U+08EC6	軆	00000889	0.0112/万	99.6901%
No:08559	U+0EDB3	綱	00000889	0.0112/万	99.6897%
No:08560	U+05369	卩	00000888	0.0112/万	99.6904%
No:08561	U+05AEA	嫪	00000888	0.0112/万	99.6905%
No:08562	U+09736	霶	00000888	0.0112/万	99.6902%
No:08563	U+057F3	埳	00000887	0.0112/万	99.6906%
No:08564	U+0799A	禚	00000887	0.0112/万	99.6907%
No:08565	U+0EDB8	⿰糹尧	00000886	0.0112/万	99.6908%
No:08566	U+E3B	速	00000886	0.0112/万	99.6909%
No:08567	U+06449	摉	00000885	0.0112/万	99.6911%
No:08568	U+083A8	莨	00000885	0.0112/万	99.6914%
No:08569	U+08737	蜷	00000885	0.0112/万	99.6913%
No:08570	U+09C50	鱐	00000885	0.0112/万	99.6910%
No:08571	U+063F6	揶	00000884	0.0112/万	99.6915%
No:08572	U+06DA3	涣	00000884	0.0112/万	99.6917%
No:08573	U+07811	砑	00000884	0.0112/万	99.6916%
No:08574	U+09E7B	鹻	00000883	0.0112/万	99.6918%
No:08575	U+0645F	摟	00000882	0.0111/万	99.6920%
No:08576	U+07590	疐	00000882	0.0111/万	99.6919%
No:08577	U+086BA	蚺	00000882	0.0111/万	99.6921%
No:08578	U+06EB4	溴	00000881	0.0111/万	99.6925%
No:08579	U+06EEB	滫	00000881	0.0111/万	99.6923%
No:08580	U+082AA	芪	00000881	0.0111/万	99.6924%
No:08581	U+06532	攲	00000880	0.0111/万	99.6926%
No:08582	U+0943B	鐻	00000880	0.0111/万	99.6927%
No:08583	U+055C1	嗁	00000878	0.0111/万	99.6929%
No:08584	U+08948	襈	00000878	0.0111/万	99.6930%
No:08585	U+0EACF	罷	00000878	0.0111/万	99.6928%
No:08586	U+058C4	壄	00000877	0.0111/万	99.6933%
No:08587	U+06F89	澉	00000877	0.0111/万	99.6935%
No:08588	U+07A75	穵	00000877	0.0111/万	99.6934%
No:08589	U+0EE18	蓺	00000877	0.0111/万	99.6932%
No:08590	U+04FDC	俜	00000876	0.0111/万	99.6936%
No:08591	U+054A2	咢	00000876	0.0111/万	99.6938%
No:08592	U+05AEB	嫫	00000876	0.0111/万	99.6937%
No:08593	U+05D72	嵲	00000876	0.0111/万	99.6939%
No:08594	U+05FD0	忐	00000875	0.0110/万	99.6943%
No:08595	U+07C0D	簍	00000875	0.0110/万	99.6944%
No:08596	U+08E20	踠	00000875	0.0110/万	99.6942%
No:08597	U+09E82	麂	00000875	0.0110/万	99.6940%
No:08598	U+088BD	袽	00000874	0.0110/万	99.6945%
No:08599	U+086EE	蛮	00000873	0.0110/万	99.6947%
No:08600	U+09F72	齲	00000873	0.0110/万	99.6946%

No:08601 U+07104 焄 00000872 0.0110/万 99.6949%	No:08602 U+E30 胥 00000872 0.0110/万 99.6948%	No:08603 U+07488 璈 00000871 0.0110/万 99.6951%	No:08604 U+0EE14 薇 00000871 0.0110/万 99.6950%	No:08605 U+07A21 稡 00000870 0.0110/万 99.6953%	No:08606 U+07F6D 罭 00000869 0.0110/万 99.6955%	No:08607 U+08007 耇 00000869 0.0110/万 99.6956%	No:08608 U+E7A 肹 00000869 0.0110/万 99.6954%	No:08609 U+044E4 䓤 00000868 0.0110/万 99.6958%	No:08610 U+0562C 嘬 00000868 0.0110/万 99.6957%
No:08611 U+05EC4 廄 00000868 0.0110/万 99.6960%	No:08612 U+071DD 燝 00000868 0.0110/万 99.6959%	No:08613 U+08F3C 輼 00000868 0.0110/万 99.6961%	No:08614 U+06086 悆 00000867 0.0109/万 99.6965%	No:08615 U+09AE2 髢 00000867 0.0109/万 99.6962%	No:08616 U+E41 畆 00000867 0.0109/万 99.6964%	No:08617 U+07DB3 綳 00000866 0.0109/万 99.6966%	No:08618 U+0481E 䠞 00000865 0.0109/万 99.6968%	No:08619 U+06830 栰 00000865 0.0109/万 99.6969%	No:08620 U+06F35 漵 00000865 0.0109/万 99.6970%
No:08621 U+09C5F 鱟 00000865 0.0109/万 99.6967%	No:08622 U+07C33 簳 00000864 0.0109/万 99.6973%	No:08623 U+0EC8D 涵 00000864 0.0109/万 99.6971%	No:08624 U+E53 㕣 00000864 0.0109/万 99.6972%	No:08625 U+0852F 蔯 00000863 0.0109/万 99.6976%	No:08626 U+09B16 鬖 00000863 0.0109/万 99.6975%	No:08627 U+071C0 燀 00000861 0.0109/万 99.6978%	No:08628 U+E94 笑 00000861 0.0109/万 99.6977%	No:08629 U+0596B 奫 00000860 0.0109/万 99.6980%	No:08630 U+0ED42 晁 00000860 0.0109/万 99.6979%
No:08631 U+099DC 駜 00000859 0.0108/万 99.6981%	No:08632 U+E2A 麓 00000859 0.0108/万 99.6982%	No:08633 U+05680 嚀 00000856 0.0108/万 99.6983%	No:08634 U+07278 牸 00000856 0.0108/万 99.6985%	No:08635 U+0753E 甾 00000856 0.0108/万 99.6987%	No:08636 U+078CE 磎 00000856 0.0108/万 99.6988%	No:08637 U+08828 蠨 00000856 0.0108/万 99.6984%	No:08638 U+06D43 泱 00000855 0.0108/万 99.6990%	No:08639 U+07155 煕 00000855 0.0108/万 99.6992%	No:08640 U+07993 禓 00000855 0.0108/万 99.6991%
No:08641 U+0ECB5 瀝 00000855 0.0108/万 99.6989%	No:08642 U+06286 抆 00000854 0.0108/万 99.6994%	No:08643 U+06DF0 淰 00000854 0.0108/万 99.6995%	No:08644 U+09C68 鱨 00000854 0.0108/万 99.6993%	No:08645 U+0586A 塪 00000853 0.0108/万 99.6996%	No:08646 U+07D3E 紾 00000852 0.0108/万 99.6997%	No:08647 U+065C6 旆 00000851 0.0107/万 99.7001%	No:08648 U+06F3B 漻 00000851 0.0107/万 99.7002%	No:08649 U+0EAA6 叓 00000851 0.0107/万 99.6998%	No:08650 U+0ED85 寑 00000851 0.0107/万 99.7000%
No:08651 U+07C6F 籯 00000850 0.0107/万 99.7004%	No:08652 U+E02 畒 00000850 0.0107/万 99.7003%	No:08653 U+0872F 蜯 00000849 0.0107/万 99.7006%	No:08654 U+08B37 謷 00000849 0.0107/万 99.7005%	No:08655 U+05809 堉 00000848 0.0107/万 99.7008%	No:08656 U+07DCF 総 00000848 0.0107/万 99.7010%	No:08657 U+0849F 蒟 00000848 0.0107/万 99.7009%	No:08658 U+0881B 蠛 00000848 0.0107/万 99.7011%	No:08659 U+0EBEE 擾 00000848 0.0107/万 99.7007%	No:08660 U+05182 冂 00000847 0.0107/万 99.7014%
No:08661 U+05F23 弣 00000847 0.0107/万 99.7015%	No:08662 U+06DE0 淠 00000847 0.0107/万 99.7016%	No:08663 U+06E0A 渊 00000847 0.0107/万 99.7017%	No:08664 U+E0C 琢 00000847 0.0107/万 99.7012%	No:08665 U+077B7 瞷 00000845 0.0107/万 99.7019%	No:08666 U+088E0 裠 00000845 0.0107/万 99.7018%	No:08667 U+06747 杇 00000842 0.0106/万 99.7020%	No:08668 U+084A2 蒢 00000842 0.0106/万 99.7021%	No:08669 U+07F76 罶 00000841 0.0106/万 99.7023%	No:08670 U+09797 鞗 00000841 0.0106/万 99.7022%
No:08671 U+05582 喂 00000840 0.0106/万 99.7024%	No:08672 U+05E2E 帮 00000840 0.0106/万 99.7025%	No:08673 U+0568F 嚏 00000839 0.0106/万 99.7026%	No:08674 U+060E3 惣 00000839 0.0106/万 99.7027%	No:08675 U+09070 遰 00000839 0.0106/万 99.7028%	No:08676 U+0537C 卼 00000838 0.0106/万 99.7031%	No:08677 U+06CDC 泜 00000838 0.0106/万 99.7032%	No:08678 U+09780 鞀 00000838 0.0106/万 99.7030%	No:08679 U+050EC 僬 00000837 0.0106/万 99.7033%	No:08680 U+0633B 挻 00000834 0.0105/万 99.7034%
No:08681 U+05642 噂 00000833 0.0105/万 99.7035%	No:08682 U+05BC9 寉 00000832 0.0105/万 99.7036%	No:08683 U+08663 虣 00000831 0.0105/万 99.7040%	No:08684 U+091BD 醽 00000831 0.0105/万 99.7039%	No:08685 U+0EAA7 叚 00000831 0.0105/万 99.7038%	No:08686 U+0EE02 蔻 00000831 0.0105/万 99.7037%	No:08687 U+05A2D 娭 00000830 0.0105/万 99.7043%	No:08688 U+07C14 簔 00000830 0.0105/万 99.7045%	No:08689 U+0847D 葽 00000830 0.0105/万 99.7044%	No:08690 U+09721 霡 00000830 0.0105/万 99.7041%
No:08691 U+0EBF5 致 00000830 0.0105/万 99.7042%	No:08692 U+0580B 堋 00000829 0.0105/万 99.7046%	No:08693 U+08506 蔆 00000828 0.0105/万 99.7047%	No:08694 U+09238 鈸 00000828 0.0105/万 99.7049%	No:08695 U+03D1E 㴞 00000827 0.0104/万 99.7050%	No:08696 U+04E12 丒 00000826 0.0104/万 99.7051%	No:08697 U+088CB 裋 00000826 0.0104/万 99.7052%	No:08698 U+08B46 譆 00000825 0.0104/万 99.7053%	No:08699 U+06942 楂 00000824 0.0104/万 99.7054%	No:08700 U+07DD0 緐 00000823 0.0104/万 99.7056%

No:08701 U+08348 荈 00000823 0.0104/万 99.7055%	No:08702 U+0870A 蜊 00000823 0.0104/万 99.7057%	No:08703 U+08F51 轑 00000823 0.0104/万 99.7058%	No:08704 U+075CE 痎 00000822 0.0104/万 99.7061%	No:08705 U+082A4 芤 00000822 0.0104/万 99.7060%	No:08706 U+09793 鞓 00000822 0.0104/万 99.7059%	No:08707 U+05E66 幦 00000821 0.0104/万 99.7062%	No:08708 U+0726F 牯 00000821 0.0104/万 99.7063%	No:08709 U+06F18 滘 00000820 0.0104/万 99.7066%	No:08710 U+085E8 藨 00000820 0.0104/万 99.7067%
No:08711 U+08D1C 贜 00000820 0.0104/万 99.7065%	No:08712 U+097C0 韀 00000820 0.0104/万 99.7064%	No:08713 U+09365 鍥 00000819 0.0103/万 99.7068%	No:08714 U+06573 敳 00000818 0.0103/万 99.7072%	No:08715 U+069E5 槥 00000818 0.0103/万 99.7074%	No:08716 U+086F9 蛹 00000818 0.0103/万 99.7071%	No:08717 U+09137 鄷 00000818 0.0103/万 99.7075%	No:08718 U+EFE 夘 00000818 0.0103/万 99.7069%	No:08719 U+E8D 逞 00000818 0.0103/万 99.7070%	No:08720 U+0670C 朌 00000817 0.0103/万 99.7079%
No:08721 U+06DAC 涬 00000817 0.0103/万 99.7077%	No:08722 U+06DDF 淟 00000817 0.0103/万 99.7076%	No:08723 U+06EC8 滈 00000817 0.0103/万 99.7078%	No:08724 U+03B09 㬉 00000815 0.0103/万 99.7081%	No:08725 U+0546B 呫 00000815 0.0103/万 99.7082%	No:08726 U+0F8A9 廨 00000815 0.0103/万 99.7080%	No:08727 U+0755F 畟 00000814 0.0103/万 99.7084%	No:08728 U+0899C 覜 00000814 0.0103/万 99.7083%	No:08729 U+09BEB 鯫 00000813 0.0103/万 99.7085%	No:08730 U+05F95 徕 00000812 0.0103/万 99.7088%
No:08731 U+0650F 攏 00000812 0.0103/万 99.7087%	No:08732 U+08570 蕰 00000812 0.0103/万 99.7086%	No:08733 U+07F7B 罻 00000811 0.0102/万 99.7090%	No:08734 U+09E18 鸘 00000811 0.0102/万 99.7089%	No:08735 U+04F39 伹 00000810 0.0102/万 99.7091%	No:08736 U+06553 敓 00000810 0.0102/万 99.7092%	No:08737 U+060E7 惧 00000809 0.0102/万 99.7094%	No:08738 U+0EBD1 臧 00000809 0.0102/万 99.7093%	No:08739 U+06394 掔 00000808 0.0102/万 99.7098%	No:08740 U+09776 靶 00000808 0.0102/万 99.7096%
No:08741 U+0EB94 彖 00000808 0.0102/万 99.7095%	No:08742 U+0EE6E 賾 00000808 0.0102/万 99.7097%	No:08743 U+08589 薉 00000807 0.0102/万 99.7100%	No:08744 U+0EC8C 溥 00000807 0.0102/万 99.7099%	No:08745 U+06141 慁 00000806 0.0102/万 99.7101%	No:08746 U+08A29 訩 00000806 0.0102/万 99.7102%	No:08747 U+05083 傃 00000805 0.0102/万 99.7105%	No:08748 U+080DB 胛 00000805 0.0102/万 99.7106%	No:08749 U+09BCA 鯊 00000805 0.0102/万 99.7103%	No:08750 U+0F691 纏 00000805 0.0102/万 99.7104%
No:08751 U+05D2A 崪 00000803 0.0101/万 99.7108%	No:08752 U+0665C 晜 00000803 0.0101/万 99.7109%	No:08753 U+07A03 稃 00000803 0.0101/万 99.7112%	No:08754 U+07A2D 稭 00000803 0.0101/万 99.7110%	No:08755 U+09A58 驘 00000803 0.0101/万 99.7107%	No:08756 U+05022 倢 00000802 0.0101/万 99.7115%	No:08757 U+052BC 劼 00000802 0.0101/万 99.7116%	No:08758 U+05663 噣 00000802 0.0101/万 99.7114%	No:08759 U+09DBC 鶼 00000802 0.0101/万 99.7113%	No:08760 U+061C6 懆 00000801 0.0101/万 99.7118%
No:08761 U+067AE 枮 00000801 0.0101/万 99.7117%	No:08762 U+086EC 蛬 00000801 0.0101/万 99.7120%	No:08763 U+08A11 訑 00000801 0.0101/万 99.7119%	No:08764 U+06907 椇 00000800 0.0101/万 99.7122%	No:08765 U+F83 闕 00000800 0.0101/万 99.7121%	No:08766 U+060A2 悢 00000799 0.0101/万 99.7124%	No:08767 U+E3C 梵 00000799 0.0101/万 99.7123%	No:08768 U+06485 撅 00000798 0.0101/万 99.7126%	No:08769 U+0EC7C 泥 00000798 0.0101/万 99.7125%	No:08770 U+05296 劖 00000797 0.0101/万 99.7128%
No:08771 U+0583D 堽 00000797 0.0101/万 99.7127%	No:08772 U+0509E 傞 00000796 0.0100/万 99.7131%	No:08773 U+055D2 嗒 00000796 0.0100/万 99.7129%	No:08774 U+05E22 帢 00000796 0.0100/万 99.7130%	No:08775 U+06CC5 泅 00000796 0.0100/万 99.7132%	No:08776 U+0369F 㚟 00000795 0.0100/万 99.7134%	No:08777 U+05593 喓 00000795 0.0100/万 99.7133%	No:08778 U+05DD1 巑 00000795 0.0100/万 99.7135%	No:08779 U+06F6C 潬 00000795 0.0100/万 99.7137%	No:08780 U+089FD 觽 00000795 0.0100/万 99.7136%
No:08781 U+08288 芈 00000794 0.0100/万 99.7139%	No:08782 U+0890F 褏 00000794 0.0100/万 99.7138%	No:08783 U+06374 捴 00000793 0.0100/万 99.7140%	No:08784 U+07A94 窔 00000793 0.0100/万 99.7141%	No:08785 U+085B6 薶 00000793 0.0100/万 99.7142%	No:08786 U+07ADE 竞 00000792 0.0100/万 99.7143%	No:08787 U+07F37 缷 00000792 0.0100/万 99.7144%	No:08788 U+0853F 蔿 00000791 0.0100/万 99.7145%	No:08789 U+04E0C 丌 00000790 0.0100/万 99.7146%	No:08790 U+06F9A 澚 00000790 0.0100/万 99.7148%
No:08791 U+0799D 禝 00000790 0.0100/万 99.7149%	No:08792 U+08C3D 谽 00000790 0.0100/万 99.7147%	No:08793 U+09C7B 鱻 00000789 0.0100/万 99.7150%	No:08794 U+E68 祦 00000788 0.0099/万 99.7151%	No:08795 U+0712C 焬 00000787 0.0099/万 99.7155%	No:08796 U+07CBD 粽 00000787 0.0099/万 99.7154%	No:08797 U+08CC5 賅 00000787 0.0099/万 99.7157%	No:08798 U+09586 閆 00000787 0.0099/万 99.7156%	No:08799 U+09794 鞔 00000787 0.0099/万 99.7153%	No:08800 U+0EE36 蠢 00000787 0.0099/万 99.7152%

No:08801 U+086E3 蛣 00000786 0.0099/万 99.7160%	No:08802 U+09B04 鬄 00000786 0.0099/万 99.7158%	No:08803 U+0EC68 汉 00000786 0.0099/万 99.7159%	No:08804 U+04561 䕡 00000785 0.0099/万 99.7162%	No:08805 U+09C52 鱒 00000785 0.0099/万 99.7161%	No:08806 U+089EB 觫 00000784 0.0099/万 99.7164%	No:08807 U+E1F 𤟤 00000784 0.0099/万 99.7163%	No:08808 U+071C1 燁 00000783 0.0099/万 99.7166%	No:08809 U+08C3A 谺 00000783 0.0099/万 99.7165%	No:08810 U+05EC1 廁 00000782 0.0099/万 99.7170%
No:08811 U+06BF9 毹 00000782 0.0099/万 99.7172%	No:08812 U+08DA6 趦 00000782 0.0099/万 99.7171%	No:08813 U+092D7 鋗 00000782 0.0099/万 99.7169%	No:08814 U+09A20 騠 00000782 0.0099/万 99.7168%	No:08815 U+09A29 騩 00000782 0.0099/万 99.7167%	No:08816 U+0833A 茺 00000781 0.0099/万 99.7174%	No:08817 U+098E7 飧 00000781 0.0099/万 99.7173%	No:08818 U+04F6A 佪 00000780 0.0098/万 99.7175%	No:08819 U+05EE5 廥 00000780 0.0098/万 99.7176%	No:08820 U+072A0 犠 00000779 0.0098/万 99.7180%
No:08821 U+09E12 鸒 00000779 0.0098/万 99.7177%	No:08822 U+0EB93 彊 00000779 0.0098/万 99.7178%	No:08823 U+F2A 七 00000779 0.0098/万 99.7179%	No:08824 U+067F9 柹 00000778 0.0098/万 99.7182%	No:08825 U+0EC31 膝 00000778 0.0098/万 99.7181%	No:08826 U+057C6 埆 00000777 0.0098/万 99.7184%	No:08827 U+0ED21 瘞 00000777 0.0098/万 99.7183%	No:08828 U+0661D 昝 00000776 0.0098/万 99.7185%	No:08829 U+03818 㠘 00000775 0.0098/万 99.7187%	No:08830 U+041A0 䆠 00000775 0.0098/万 99.7186%
No:08831 U+0513F 儿 00000774 0.0098/万 99.7188%	No:08832 U+06EEE 滮 00000774 0.0098/万 99.7189%	No:08833 U+07DB7 綷 00000774 0.0098/万 99.7189%	No:08834 U+08DEB 跫 00000774 0.0098/万 99.7191%	No:08835 U+08F57 轗 00000774 0.0098/万 99.7190%	No:08836 U+05B9E 实 00000773 0.0098/万 99.7193%	No:08837 U+0EF0E 騋 00000773 0.0098/万 99.7192%	No:08838 U+05981 妁 00000772 0.0097/万 99.7195%	No:08839 U+07439 琹 00000772 0.0097/万 99.7197%	No:08840 U+0EC78 沿 00000772 0.0097/万 99.7194%
No:08841 U+F5D 袒 00000772 0.0097/万 99.7196%	No:08842 U+09AF3 髳 00000771 0.0097/万 99.7198%	No:08843 U+069EE 槮 00000770 0.0097/万 99.7199%	No:08844 U+0520C 刌 00000769 0.0097/万 99.7200%	No:08845 U+06AA5 檥 00000769 0.0097/万 99.7202%	No:08846 U+078B6 碶 00000769 0.0097/万 99.7201%	No:08847 U+0858D 薍 00000769 0.0097/万 99.7203%	No:08848 U+06855 桕 00000768 0.0097/万 99.7205%	No:08849 U+06EB5 溵 00000768 0.0097/万 99.7206%	No:08850 U+087FA 蟺 00000768 0.0097/万 99.7204%
No:08851 U+085B9 薹 00000767 0.0097/万 99.7207%	No:08852 U+06F29 漩 00000766 0.0097/万 99.7208%	No:08853 U+05070 偰 00000765 0.0097/万 99.7209%	No:08854 U+07722 眢 00000765 0.0097/万 99.7210%	No:08855 U+0565E 噞 00000764 0.0096/万 99.7211%	No:08856 U+06430 搰 00000763 0.0096/万 99.7212%	No:08857 U+09924 餤 00000762 0.0096/万 99.7213%	No:08858 U+03CC4 㳄 00000761 0.0096/万 99.7214%	No:08859 U+064FB 擻 00000761 0.0096/万 99.7215%	No:08860 U+0589D 墝 00000760 0.0096/万 99.7216%
No:08861 U+06663 晣 00000760 0.0096/万 99.7217%	No:08862 U+089BC 覼 00000759 0.0096/万 99.7219%	No:08863 U+EDA 缺 00000759 0.0096/万 99.7218%	No:08864 U+07E30 縰 00000758 0.0096/万 99.7221%	No:08865 U+092DD 鋝 00000758 0.0096/万 99.7222%	No:08866 U+0EEB0 達 00000758 0.0096/万 99.7220%	No:08867 U+05333 匳 00000756 0.0095/万 99.7223%	No:08868 U+07297 犗 00000756 0.0095/万 99.7224%	No:08869 U+0841F 萟 00000756 0.0095/万 99.7223%	No:08870 U+05255 剕 00000755 0.0095/万 99.7226%
No:08871 U+09B8C 鮌 00000755 0.0095/万 99.7225%	No:08872 U+061B9 憹 00000754 0.0095/万 99.7230%	No:08873 U+06792 枒 00000754 0.0095/万 99.7229%	No:08874 U+07BDB 篛 00000754 0.0095/万 99.7228%	No:08875 U+EF0 茾 00000754 0.0095/万 99.7227%	No:08876 U+07C4B 籋 00000753 0.0095/万 99.7231%	No:08877 U+07809 砉 00000752 0.0095/万 99.7232%	No:08878 U+0525F 剟 00000751 0.0095/万 99.7233%	No:08879 U+05D0D 崍 00000751 0.0095/万 99.7234%	No:08880 U+05E99 庙 00000751 0.0095/万 99.7236%
No:08881 U+06017 怗 00000751 0.0095/万 99.7235%	No:08882 U+06183 憃 00000751 0.0095/万 99.7237%	No:08883 U+059CD 姍 00000750 0.0095/万 99.7239%	No:08884 U+06E68 湨 00000750 0.0095/万 99.7241%	No:08885 U+07A4C 穌 00000750 0.0095/万 99.7240%	No:08886 U+099BA 馺 00000750 0.0095/万 99.7238%	No:08887 U+0623D 戽 00000749 0.0095/万 99.7243%	No:08888 U+06B24 欤 00000749 0.0095/万 99.7244%	No:08889 U+06EF1 滱 00000749 0.0095/万 99.7243%	No:08890 U+088CC 裌 00000749 0.0095/万 99.7242%
No:08891 U+04F77 佷 00000748 0.0094/万 99.7246%	No:08892 U+0703A 瀺 00000748 0.0094/万 99.7247%	No:08893 U+09AB3 骳 00000748 0.0094/万 99.7245%	No:08894 U+05505 唅 00000746 0.0094/万 99.7248%	No:08895 U+07DD6 緖 00000746 0.0094/万 99.7249%	No:08896 U+04E55 乕 00000745 0.0094/万 99.7250%	No:08897 U+054C4 哄 00000744 0.0094/万 99.7252%	No:08898 U+08F4A 轊 00000744 0.0094/万 99.7253%	No:08899 U+0ED8E 笛 00000744 0.0094/万 99.7251%	No:08900 U+037E7 㟧 00000743 0.0094/万 99.7254%

No:08901 U+05B17 嬗 00000743 0.0094/万 99.7255%	No:08902 U+072E8 狨 00000743 0.0094/万 99.7257%	No:08903 U+089E9 觩 00000743 0.0094/万 99.7256%	No:08904 U+04D25 䴥 00000742 0.0094/万 99.7258%	No:08905 U+04E99 亙 00000742 0.0094/万 99.7259%	No:08906 U+0700C 瀌 00000742 0.0094/万 99.7260%	No:08907 U+090BF 郿 00000742 0.0094/万 99.7260%	No:08908 U+09111 鄑 00000742 0.0094/万 99.7261%	No:08909 U+05F94 徔 00000741 0.0094/万 99.7264%	No:08910 U+0608A 悊 00000741 0.0094/万 99.7265%
No:08911 U+0838B 莋 00000741 0.0094/万 99.7266%	No:08912 U+099B5 馵 00000741 0.0094/万 99.7263%	No:08913 U+09EA6 麦 00000741 0.0094/万 99.7262%	No:08914 U+086BF 蚿 00000740 0.0093/万 99.7269%	No:08915 U+08F00 輀 00000740 0.0093/万 99.7270%	No:08916 U+097E4 韤 00000740 0.0093/万 99.7267%	No:08917 U+0EA2B 靣 00000740 0.0093/万 99.7268%	No:08918 U+04121 䄡 00000739 0.0093/万 99.7272%	No:08919 U+07577 畷 00000739 0.0093/万 99.7273%	No:08920 U+07D5D 絝 00000739 0.0093/万 99.7274%
No:08921 U+093E6 鏦 00000739 0.0093/万 99.7275%	No:08922 U+0ED8B 竪 00000739 0.0093/万 99.7271%	No:08923 U+078E5 磥 00000738 0.0093/万 99.7275%	No:08924 U+05335 匵 00000737 0.0093/万 99.7276%	No:08925 U+07C01 簁 00000737 0.0093/万 99.7277%	No:08926 U+08289 芉 00000737 0.0093/万 99.7279%	No:08927 U+09183 醃 00000737 0.0093/万 99.7278%	No:08928 U+08B0E 謎 00000736 0.0093/万 99.7281%	No:08929 U+09098 邘 00000736 0.0093/万 99.7282%	No:08930 U+0EA63 偃 00000736 0.0093/万 99.7280%
No:08931 U+05C7C 屼 00000735 0.0093/万 99.7283%	No:08932 U+05E57 幗 00000735 0.0093/万 99.7284%	No:08933 U+06C4D 汍 00000735 0.0093/万 99.7285%	No:08934 U+08268 艨 00000735 0.0093/万 99.7286%	No:08935 U+084A9 蒩 00000735 0.0093/万 99.7287%	No:08936 U+06110 愐 00000734 0.0093/万 99.7289%	No:08937 U+06BD0 毐 00000734 0.0093/万 99.7288%	No:08938 U+07514 甔 00000734 0.0093/万 99.7291%	No:08939 U+086D1 蛑 00000734 0.0093/万 99.7290%	No:08940 U+08747 蝇 00000734 0.0093/万 99.7289%
No:08941 U+0550F 唏 00000732 0.0092/万 99.7293%	No:08942 U+08743 蝃 00000732 0.0092/万 99.7294%	No:08943 U+0EABA 罟 00000732 0.0092/万 99.7292%	No:08944 U+05F60 彠 00000731 0.0092/万 99.7297%	No:08945 U+06DB7 涷 00000731 0.0092/万 99.7296%	No:08946 U+077BC 瞼 00000731 0.0092/万 99.7295%	No:08947 U+097D8 韘 00000730 0.0092/万 99.7299%	No:08948 U+09F1C 鼜 00000730 0.0092/万 99.7298%	No:08949 U+0766E 癮 00000729 0.0092/万 99.7300%	No:08950 U+05CD5 峕 00000728 0.0092/万 99.7302%
No:08951 U+Ea5 廳 00000728 0.0092/万 99.7301%	No:08952 U+06160 慠 00000727 0.0092/万 99.7303%	No:08953 U+0976E 靮 00000727 0.0092/万 99.7302%	No:08954 U+08152 腒 00000726 0.0092/万 99.7305%	No:08955 U+084F7 蓷 00000726 0.0092/万 99.7306%	No:08956 U+08DF2 跲 00000726 0.0092/万 99.7304%	No:08957 U+0626F 扯 00000724 0.0091/万 99.7308%	No:08958 U+0EEB8 卯 00000724 0.0091/万 99.7307%	No:08959 U+06F90 澐 00000723 0.0091/万 99.7311%	No:08960 U+084E8 蓨 00000723 0.0091/万 99.7310%
No:08961 U+0EB79 廢 00000723 0.0091/万 99.7309%	No:08962 U+047CE 䟎 00000722 0.0091/万 99.7312%	No:08963 U+08507 蔇 00000722 0.0091/万 99.7313%	No:08964 U+E12 眢 00000722 0.0091/万 99.7313%	No:08965 U+075EC 痬 00000720 0.0091/万 99.7317%	No:08966 U+087C9 蟉 00000720 0.0091/万 99.7318%	No:08967 U+097B9 鞹 00000720 0.0091/万 99.7315%	No:08968 U+09DEE 鷮 00000720 0.0091/万 99.7314%	No:08969 U+E70 毵 00000720 0.0091/万 99.7316%	No:08970 U+06D70 浰 00000719 0.0091/万 99.7321%
No:08971 U+07482 璂 00000719 0.0091/万 99.7320%	No:08972 U+097BF 鞿 00000719 0.0091/万 99.7319%	No:08973 U+06B6A 歪 00000718 0.0091/万 99.7323%	No:08974 U+09D98 鶘 00000718 0.0091/万 99.7322%	No:08975 U+06B11 欑 00000717 0.0090/万 99.7324%	No:08976 U+08034 耴 00000717 0.0090/万 99.7324%	No:08977 U+059C9 姉 00000716 0.0090/万 99.7326%	No:08978 U+064B1 撱 00000716 0.0090/万 99.7329%	No:08979 U+06633 昳 00000716 0.0090/万 99.7328%	No:08980 U+08E21 踡 00000716 0.0090/万 99.7327%
No:08981 U+0EB31 㝡 00000716 0.0090/万 99.7325%	No:08982 U+051A3 冣 00000715 0.0090/万 99.7331%	No:08983 U+060CF 惏 00000715 0.0090/万 99.7332%	No:08984 U+0972B 霫 00000715 0.0090/万 99.7330%	No:08985 U+03D20 㴠 00000714 0.0090/万 99.7334%	No:08986 U+06D8A 涊 00000714 0.0090/万 99.7335%	No:08987 U+07472 瑲 00000714 0.0090/万 99.7336%	No:08988 U+09C54 鱔 00000714 0.0090/万 99.7333%	No:08989 U+0EB12 桑 00000714 0.0090/万 99.7333%	No:08990 U+05777 坷 00000713 0.0090/万 99.7337%
No:08991 U+062F4 拴 00000713 0.0090/万 99.7338%	No:08992 U+058AA 墪 00000712 0.0090/万 99.7340%	No:08993 U+092C8 鋈 00000712 0.0090/万 99.7342%	No:08994 U+09474 鑴 00000712 0.0090/万 99.7341%	No:08995 U+09A66 驦 00000712 0.0090/万 99.7339%	No:08996 U+09743 靃 00000711 0.0090/万 99.7343%	No:08997 U+EAF 肉 00000711 0.0090/万 99.7343%	No:08998 U+07EC8 终 00000710 0.0090/万 99.7344%	No:08999 U+07806 砆 00000709 0.0089/万 99.7347%	No:09000 U+0797B 祻 00000709 0.0089/万 99.7346%

No:09001 U+07AB4 窴 00000709 0.0089/万 99.7345%	No:09002 U+0936C 鍬 00000709 0.0089/万 99.7348%	No:09003 U+06D2D 洭 00000708 0.0089/万 99.7349%	No:09004 U+05E60 幠 00000707 0.0089/万 99.7351%	No:09005 U+061E5 懥 00000707 0.0089/万 99.7352%	No:09006 U+0825F 艟 00000707 0.0089/万 99.7352%	No:09007 U+E85 刑 00000707 0.0089/万 99.7350%	No:09008 U+07982 禂 00000706 0.0089/万 99.7353%	No:09009 U+04ED0 仐 00000705 0.0089/万 99.7355%	No:09010 U+05BA7 宧 00000705 0.0089/万 99.7356%
No:09011 U+087EB 蟫 00000705 0.0089/万 99.7357%	No:09012 U+09ADF 髟 00000705 0.0089/万 99.7354%	No:09013 U+05A95 媕 00000704 0.0089/万 99.7358%	No:09014 U+093F5 鏵 00000704 0.0089/万 99.7359%	No:09015 U+05C47 屇 00000702 0.0089/万 99.7361%	No:09016 U+069ED 槭 00000702 0.0089/万 99.7362%	No:09017 U+084F1 蓱 00000702 0.0089/万 99.7363%	No:09018 U+095DF 闟 00000702 0.0089/万 99.7364%	No:09019 U+09E90 麐 00000702 0.0089/万 99.7360%	No:09020 U+0EDB4 緬 00000702 0.0089/万 99.7360%
No:09021 U+0571E 圞 00000701 0.0088/万 99.7365%	No:09022 U+07F5B 罛 00000701 0.0088/万 99.7366%	No:09023 U+081D5 臕 00000701 0.0088/万 99.7367%	No:09024 U+03ABA 㪺 00000700 0.0088/万 99.7368%	No:09025 U+06409 搉 00000700 0.0088/万 99.7369%	No:09026 U+06685 暅 00000700 0.0088/万 99.7368%	No:09027 U+08596 薖 00000700 0.0088/万 99.7370%	No:09028 U+057B8 垸 00000699 0.0088/万 99.7375%	No:09029 U+05C5D 屝 00000699 0.0088/万 99.7376%	No:09030 U+07289 犉 00000699 0.0088/万 99.7376%
No:09031 U+09901 餁 00000699 0.0088/万 99.7372%	No:09032 U+09C0D 鰍 00000699 0.0088/万 99.7373%	No:09033 U+09D6A 鵪 00000699 0.0088/万 99.7374%	No:09034 U+0ED9E 箸 00000699 0.0088/万 99.7371%	No:09035 U+0918A 醊 00000698 0.0088/万 99.7379%	No:09036 U+09916 餖 00000698 0.0088/万 99.7378%	No:09037 U+09CF8 鳸 00000698 0.0088/万 99.7377%	No:09038 U+0547F 呿 00000697 0.0088/万 99.7380%	No:09039 U+0789F 碟 00000697 0.0088/万 99.7381%	No:09040 U+0500C 倌 00000696 0.0088/万 99.7383%
No:09041 U+069A8 榨 00000696 0.0088/万 99.7385%	No:09042 U+06A9B 檛 00000696 0.0088/万 99.7389%	No:09043 U+06EFE 滾 00000696 0.0088/万 99.7388%	No:09044 U+07899 碙 00000696 0.0088/万 99.7384%	No:09045 U+07AC2 竂 00000696 0.0088/万 99.7386%	No:09046 U+07C5D 籝 00000696 0.0088/万 99.7387%	No:09047 U+09E0A 鸊 00000696 0.0088/万 99.7382%	No:09048 U+0ED45 昔 00000696 0.0088/万 99.7383%	No:09049 U+05967 奧 00000695 0.0088/万 99.7391%	No:09050 U+093FB 鏻 00000695 0.0088/万 99.7391%
No:09051 U+E7D 涿 00000695 0.0088/万 99.7390%	No:09052 U+05506 唆 00000694 0.0088/万 99.7393%	No:09053 U+07401 琁 00000694 0.0088/万 99.7395%	No:09054 U+07B2B 第 00000694 0.0088/万 99.7394%	No:09055 U+E85 鄽 00000694 0.0088/万 99.7392%	No:09056 U+063EB 揫 00000693 0.0087/万 99.7397%	No:09057 U+0665B 晛 00000693 0.0087/万 99.7398%	No:09058 U+07E34 縴 00000693 0.0087/万 99.7398%	No:09059 U+0EE35 蠡 00000693 0.0087/万 99.7396%	No:09060 U+06A5C 橜 00000692 0.0087/万 99.7400%
No:09061 U+06ECD 滍 00000692 0.0087/万 99.7401%	No:09062 U+07901 礁 00000692 0.0087/万 99.7399%	No:09063 U+0496B 䥫 00000691 0.0087/万 99.7404%	No:09064 U+0984B 顋 00000691 0.0087/万 99.7402%	No:09065 U+09939 餹 00000691 0.0087/万 99.7403%	No:09066 U+073EB 珫 00000690 0.0087/万 99.7407%	No:09067 U+08696 蚖 00000690 0.0087/万 99.7405%	No:09068 U+088E6 裦 00000690 0.0087/万 99.7406%	No:09069 U+09778 靸 00000690 0.0087/万 99.7405%	No:09070 U+07849 硉 00000689 0.0087/万 99.7409%
No:09071 U+091F4 釴 00000689 0.0087/万 99.7408%	No:09072 U+084D3 蓓 00000688 0.0087/万 99.7412%	No:09073 U+086A8 蚨 00000688 0.0087/万 99.7412%	No:09074 U+08B53 譓 00000688 0.0087/万 99.7411%	No:09075 U+0EDC1 纆 00000688 0.0087/万 99.7410%	No:09076 U+0819F 膟 00000687 0.0087/万 99.7413%	No:09077 U+E9B 滞 00000686 0.0087/万 99.7414%	No:09078 U+056E6 囦 00000685 0.0086/万 99.7415%	No:09079 U+04974 䥴 00000684 0.0086/万 99.7416%	No:09080 U+069BF 榿 00000684 0.0086/万 99.7419%
No:09081 U+06D28 洨 00000684 0.0086/万 99.7417%	No:09082 U+076B8 皸 00000684 0.0086/万 99.7418%	No:09083 U+08168 腨 00000683 0.0086/万 99.7420%	No:09084 U+09F3D 鼽 00000683 0.0086/万 99.7419%	No:09085 U+05733 圳 00000682 0.0086/万 99.7423%	No:09086 U+06346 捆 00000682 0.0086/万 99.7424%	No:09087 U+0992B 餫 00000682 0.0086/万 99.7422%	No:09088 U+0EDD8 皋 00000682 0.0086/万 99.7421%	No:09089 U+07157 煗 00000681 0.0086/万 99.7426%	No:09090 U+078BB 碻 00000681 0.0086/万 99.7427%
No:09091 U+099F4 駴 00000681 0.0086/万 99.7425%	No:09092 U+E22 肖 00000681 0.0086/万 99.7425%	No:09093 U+06584 斄 00000680 0.0086/万 99.7431%	No:09094 U+0839D 莝 00000680 0.0086/万 99.7430%	No:09095 U+EE5 壈 00000680 0.0086/万 99.7428%	No:09096 U+E62 貌 00000680 0.0086/万 99.7429%	No:09097 U+05336 匶 00000679 0.0086/万 99.7432%	No:09098 U+053A9 厩 00000679 0.0086/万 99.7431%	No:09099 U+0658D 斍 00000679 0.0086/万 99.7434%	No:09100 U+07388 玈 00000679 0.0086/万 99.7433%

No:09101 U+05277 剷 00000678 0.0086/万 99.7436%	No:09102 U+05659 噙 00000678 0.0086/万 99.7437%	No:09103 U+06A62 橢 00000678 0.0086/万 99.7438%	No:09104 U+09B0C 鬌 00000678 0.0086/万 99.7435%	No:09105 U+05775 坵 00000677 0.0085/万 99.7438%	No:09106 U+08DB5 趵 00000677 0.0085/万 99.7439%	No:09107 U+08C53 豓 00000676 0.0085/万 99.7442%	No:09108 U+08EB1 躱 00000676 0.0085/万 99.7441%	No:09109 U+ED5 [illegible] 00000676 0.0085/万 99.7440%	No:09110 U+04F49 佉 00000675 0.0085/万 99.7444%
No:09111 U+04FD4 俔 00000675 0.0085/万 99.7444%	No:09112 U+0715A 煚 00000675 0.0085/万 99.7445%	No:09113 U+0975B 靛 00000675 0.0085/万 99.7443%	No:09114 U+06EF3 滳 00000674 0.0085/万 99.7448%	No:09115 U+07B78 筸 00000674 0.0085/万 99.7446%	No:09116 U+085A7 薧 00000674 0.0085/万 99.7447%	No:09117 U+082E8 苨 00000673 0.0085/万 99.7449%	No:09118 U+0EB63 [illegible] 00000673 0.0085/万 99.7449%	No:09119 U+04C05 䰅 00000672 0.0085/万 99.7451%	No:09120 U+E04 夸 00000672 0.0085/万 99.7450%
No:09121 U+06EC6 滆 00000671 0.0085/万 99.7453%	No:09122 U+09D55 鵕 00000671 0.0085/万 99.7452%	No:09123 U+0381D 㠝 00000670 0.0085/万 99.7454%	No:09124 U+06535 攵 00000670 0.0085/万 99.7455%	No:09125 U+06DCA 淊 00000670 0.0085/万 99.7455%	No:09126 U+03944 㥄 00000669 0.0084/万 99.7456%	No:09127 U+0400C 䀌 00000669 0.0084/万 99.7458%	No:09128 U+06BDA 毚 00000669 0.0084/万 99.7461%	No:09129 U+08646 虆 00000669 0.0084/万 99.7460%	No:09130 U+ED4 [illegible] 00000669 0.0084/万 99.7459%
No:09131 U+EAF [illegible] 00000669 0.0084/万 99.7457%	No:09132 U+051E5 凥 00000668 0.0084/万 99.7461%	No:09133 U+0651F 攟 00000667 0.0084/万 99.7464%	No:09134 U+0687C 桼 00000667 0.0084/万 99.7465%	No:09135 U+0834D 荍 00000667 0.0084/万 99.7466%	No:09136 U+08F07 輇 00000667 0.0084/万 99.7466%	No:09137 U+090F8 郸 00000667 0.0084/万 99.7463%	No:09138 U+0EB9E [illegible] 00000667 0.0084/万 99.7462%	No:09139 U+04EFC 仼 00000666 0.0084/万 99.7467%	No:09140 U+0616C 慬 00000666 0.0084/万 99.7468%
No:09141 U+070FA 烺 00000666 0.0084/万 99.7469%	No:09142 U+07D7B 絻 00000665 0.0084/万 99.7473%	No:09143 U+08195 膕 00000665 0.0084/万 99.7471%	No:09144 U+08639 蘹 00000665 0.0084/万 99.7472%	No:09145 U+0894F 襏 00000665 0.0084/万 99.7472%	No:09146 U+E5F [illegible] 00000665 0.0084/万 99.7470%	No:09147 U+04FCF 俏 00000664 0.0084/万 99.7474%	No:09148 U+07F9C 羜 00000664 0.0084/万 99.7475%	No:09149 U+04619 䘙 00000663 0.0084/万 99.7477%	No:09150 U+05127 儧 00000663 0.0084/万 99.7477%
No:09151 U+0516A 兪 00000663 0.0084/万 99.7476%	No:09152 U+05884 墄 00000663 0.0084/万 99.7478%	No:09153 U+066F6 曶 00000663 0.0084/万 99.7480%	No:09154 U+07A68 穨 00000663 0.0084/万 99.7481%	No:09155 U+07C6E 籮 00000663 0.0084/万 99.7479%	No:09156 U+060BE 悾 00000662 0.0083/万 99.7487%	No:09157 U+063C3 揃 00000662 0.0083/万 99.7484%	No:09158 U+0715F 煟 00000662 0.0083/万 99.7486%	No:09159 U+07563 畣 00000662 0.0083/万 99.7483%	No:09160 U+08D12 贒 00000662 0.0083/万 99.7485%
No:09161 U+09D30 鴰 00000662 0.0083/万 99.7482%	No:09162 U+E7F [illegible] 00000662 0.0083/万 99.7482%	No:09163 U+05E0A 帊 00000661 0.0083/万 99.7487%	No:09164 U+08563 蕣 00000661 0.0083/万 99.7488%	No:09165 U+07FBE 羾 00000660 0.0083/万 99.7489%	No:09166 U+0842F 萯 00000660 0.0083/万 99.7491%	No:09167 U+08B87 讇 00000660 0.0083/万 99.7492%	No:09168 U+08DB2 趲 00000660 0.0083/万 99.7490%	No:09169 U+04E8F 亏 00000659 0.0083/万 99.7493%	No:09170 U+06679 晹 00000659 0.0083/万 99.7495%
No:09171 U+093A6 鎦 00000659 0.0083/万 99.7496%	No:09172 U+09714 霔 00000659 0.0083/万 99.7493%	No:09173 U+E6C [illegible] 00000659 0.0083/万 99.7494%	No:09174 U+03CD2 㳒 00000658 0.0083/万 99.7497%	No:09175 U+064E7 擧 00000658 0.0083/万 99.7498%	No:09176 U+072D2 狒 00000658 0.0083/万 99.7499%	No:09177 U+07415 琕 00000658 0.0083/万 99.7500%	No:09178 U+079C5 秅 00000658 0.0083/万 99.7501%	No:09179 U+07BF9 篹 00000658 0.0083/万 99.7498%	No:09180 U+09158 酘 00000657 0.0083/万 99.7502%
No:09181 U+0834A 荊 00000656 0.0083/万 99.7504%	No:09182 U+08A39 訹 00000656 0.0083/万 99.7503%	No:09183 U+E06 [illegible] 00000656 0.0083/万 99.7503%	No:09184 U+06576 敶 00000655 0.0083/万 99.7505%	No:09185 U+0853E 蔾 00000655 0.0083/万 99.7506%	No:09186 U+06E17 渗 00000654 0.0082/万 99.7510%	No:09187 U+08D90 趐 00000654 0.0082/万 99.7509%	No:09188 U+0964A 陊 00000654 0.0082/万 99.7508%	No:09189 U+09B86 鮆 00000654 0.0082/万 99.7507%	No:09190 U+E8C 巇 00000654 0.0082/万 99.7508%
No:09191 U+09410 鐐 00000653 0.0082/万 99.7512%	No:09192 U+0EC7F 洪 00000653 0.0082/万 99.7511%	No:09193 U+047F1 䟱 00000651 0.0082/万 99.7512%	No:09194 U+06D7F 浿 00000651 0.0082/万 99.7513%	No:09195 U+07E2D 縭 00000651 0.0082/万 99.7514%	No:09196 U+067A4 枤 00000650 0.0082/万 99.7517%	No:09197 U+08040 聀 00000650 0.0082/万 99.7515%	No:09198 U+081AE 膮 00000650 0.0082/万 99.7516%	No:09199 U+06791 枑 00000649 0.0082/万 99.7518%	No:09200 U+08902 褂 00000649 0.0082/万 99.7519%

No:09201 U+09B28 鬨 00000649 0.0082/万 99.7517%	No:09202 U+05800 堀 00000648 0.0082/万 99.7520%	No:09203 U+08342 荂 00000648 0.0082/万 99.7522%	No:09204 U+08848 衈 00000648 0.0082/万 99.7521%	No:09205 U+092EE 鋮 00000648 0.0082/万 99.7522%	No:09206 U+0518B 冋 00000647 0.0082/万 99.7523%	No:09207 U+07894 碔 00000646 0.0081/万 99.7525%	No:09208 U+07F66 罦 00000646 0.0081/万 99.7524%	No:09209 U+03B0C 㬌 00000645 0.0081/万 99.7527%	No:09210 U+098C2 飂 00000645 0.0081/万 99.7526%
No:09211 U+0E85A 巚 00000645 0.0081/万 99.7526%	No:09212 U+04A34 䨴 00000644 0.0081/万 99.7531%	No:09213 U+0536E 卮 00000644 0.0081/万 99.7530%	No:09214 U+07397 玗 00000644 0.0081/万 99.7533%	No:09215 U+09203 鈃 00000644 0.0081/万 99.7532%	No:09216 U+0EA36 垂 00000644 0.0081/万 99.7528%	No:09217 U+0ED08 獺 00000644 0.0081/万 99.7529%	No:09218 U+EB3 急 00000644 0.0081/万 99.7531%	No:09219 U+03B6C 㭬 00000643 0.0081/万 99.7535%	No:09220 U+06CD2 泒 00000643 0.0081/万 99.7537%
No:09221 U+07C35 簵 00000643 0.0081/万 99.7535%	No:09222 U+09034 逴 00000643 0.0081/万 99.7538%	No:09223 U+09624 阤 00000643 0.0081/万 99.7536%	No:09224 U+0ED1F 番 00000643 0.0081/万 99.7534%	No:09225 U+05D95 嶕 00000642 0.0081/万 99.7540%	No:09226 U+05E08 师 00000642 0.0081/万 99.7541%	No:09227 U+07B06 笆 00000642 0.0081/万 99.7542%	No:09228 U+07B48 筈 00000642 0.0081/万 99.7543%	No:09229 U+091E6 釦 00000642 0.0081/万 99.7544%	No:09230 U+099EA 駪 00000642 0.0081/万 99.7539%
No:09231 U+09ACE 髎 00000642 0.0081/万 99.7539%	No:09232 U+08175 腵 00000641 0.0081/万 99.7545%	No:09233 U+08937 褷 00000641 0.0081/万 99.7546%	No:09234 U+0EE4D 詔 00000641 0.0081/万 99.7544%	No:09235 U+050DB 僛 00000640 0.0081/万 99.7548%	No:09236 U+09C81 鲁 00000640 0.0081/万 99.7547%	No:09237 U+09F45 齅 00000640 0.0081/万 99.7548%	No:09238 U+E80 賡 00000640 0.0081/万 99.7550%	No:09239 U+EA7 糬 00000640 0.0081/万 99.7549%	No:09240 U+072AE 犮 00000639 0.0081/万 99.7554%
No:09241 U+09F2A 鼪 00000639 0.0081/万 99.7551%	No:09242 U+0ECEA 𠂢 00000639 0.0081/万 99.7552%	No:09243 U+E1E 媢 00000639 0.0081/万 99.7552%	No:09244 U+E14 檬 00000639 0.0081/万 99.7553%	No:09245 U+03560 㕠 00000638 0.0080/万 99.7556%	No:09246 U+06133 愳 00000638 0.0080/万 99.7557%	No:09247 U+08E63 蹣 00000638 0.0080/万 99.7557%	No:09248 U+0EAEE 墟 00000638 0.0080/万 99.7555%	No:09249 U+072EC 独 00000637 0.0080/万 99.7559%	No:09250 U+09278 鉸 00000637 0.0080/万 99.7558%
No:09251 U+05DDB 巛 00000636 0.0080/万 99.7560%	No:09252 U+07974 祴 00000636 0.0080/万 99.7561%	No:09253 U+0800D 耍 00000636 0.0080/万 99.7561%	No:09254 U+E43 伎 00000635 0.0080/万 99.7562%	No:09255 U+0515F 兟 00000634 0.0080/万 99.7563%	No:09256 U+0912C 鄬 00000634 0.0080/万 99.7564%	No:09257 U+05EE0 廠 00000633 0.0080/万 99.7566%	No:09258 U+06262 扢 00000633 0.0080/万 99.7565%	No:09259 U+065F9 旹 00000633 0.0080/万 99.7565%	No:09260 U+0712D 焭 00000632 0.0080/万 99.7568%
No:09261 U+088B1 袱 00000632 0.0080/万 99.7569%	No:09262 U+09103 鄃 00000632 0.0080/万 99.7567%	No:09263 U+055A9 喩 00000631 0.0080/万 99.7570%	No:09264 U+0612B 愫 00000631 0.0080/万 99.7571%	No:09265 U+06A20 樠 00000631 0.0080/万 99.7573%	No:09266 U+07AAF 窯 00000631 0.0080/万 99.7572%	No:09267 U+0ECC6 炫 00000631 0.0080/万 99.7569%	No:09268 U+052E0 勠 00000630 0.0079/万 99.7574%	No:09269 U+0ED6E 襆 00000630 0.0079/万 99.7573%	No:09270 U+07613 瘓 00000629 0.0079/万 99.7576%
No:09271 U+08A3D 訽 00000629 0.0079/万 99.7577%	No:09272 U+0EB30 惌 00000629 0.0079/万 99.7575%	No:09273 U+06497 撗 00000628 0.0079/万 99.7577%	No:09274 U+08F2C 輬 00000627 0.0079/万 99.7578%	No:09275 U+09097 邗 00000627 0.0079/万 99.7579%	No:09276 U+043F0 䏰 00000626 0.0079/万 99.7580%	No:09277 U+06608 昈 00000625 0.0079/万 99.7583%	No:09278 U+07724 眤 00000625 0.0079/万 99.7584%	No:09279 U+08251 艑 00000625 0.0079/万 99.7582%	No:09280 U+084FB 蓻 00000625 0.0079/万 99.7585%
No:09281 U+0EA7A 冣 00000625 0.0079/万 99.7581%	No:09282 U+E6B 褊 00000625 0.0079/万 99.7581%	No:09283 U+07239 爹 00000624 0.0079/万 99.7585%	No:09284 U+058A6 墦 00000623 0.0079/万 99.7588%	No:09285 U+05998 妘 00000623 0.0079/万 99.7588%	No:09286 U+07736 眶 00000623 0.0079/万 99.7590%	No:09287 U+07AA8 窨 00000623 0.0079/万 99.7591%	No:09288 U+08101 脁 00000623 0.0079/万 99.7589%	No:09289 U+09DA0 鶠 00000623 0.0079/万 99.7586%	No:09290 U+0EA34 免 00000623 0.0079/万 99.7587%
No:09291 U+067DC 柜 00000622 0.0078/万 99.7592%	No:09292 U+075D7 痗 00000621 0.0078/万 99.7595%	No:09293 U+0896B 襫 00000621 0.0078/万 99.7593%	No:09294 U+091C8 釈 00000621 0.0078/万 99.7594%	No:09295 U+E4E 叁 00000621 0.0078/万 99.7592%	No:09296 U+07D16 紖 00000620 0.0078/万 99.7596%	No:09297 U+07D29 紩 00000620 0.0078/万 99.7596%	No:09298 U+06F69 潩 00000619 0.0078/万 99.7598%	No:09299 U+084B4 蒴 00000619 0.0078/万 99.7597%	No:09300 U+07474 瑴 00000618 0.0078/万 99.7600%

No:09301 U+07860 硠 00000618 0.0078/万 99.7600%	No:09302 U+07C52 籒 00000618 0.0078/万 99.7599%	No:09303 U+075F1 痱 00000617 0.0078/万 99.7602%	No:09304 U+08E5C 蹜 00000617 0.0078/万 99.7603%	No:09305 U+0EBB7 悇 00000617 0.0078/万 99.7601%	No:09306 U+04CFA 䳺 00000616 0.0078/万 99.7603%	No:09307 U+057C7 埇 00000616 0.0078/万 99.7604%	No:09308 U+06B02 欂 00000616 0.0078/万 99.7606%	No:09309 U+08082 肂 00000616 0.0078/万 99.7607%	No:09310 U+EF3 戕 00000616 0.0078/万 99.7605%
No:09311 U+06AE7 櫧 00000615 0.0078/万 99.7609%	No:09312 U+07BB5 箵 00000615 0.0078/万 99.7610%	No:09313 U+08E83 躃 00000615 0.0078/万 99.7610%	No:09314 U+08F22 輢 00000615 0.0078/万 99.7608%	No:09315 U+ED6 獒 00000615 0.0078/万 99.7607%	No:09316 U+03C88 㲈 00000614 0.0077/万 99.7612%	No:09317 U+07021 瀡 00000614 0.0077/万 99.7613%	No:09318 U+E79 帏 00000614 0.0077/万 99.7611%	No:09319 U+03F72 㽲 00000613 0.0077/万 99.7614%	No:09320 U+05B03 嬃 00000613 0.0077/万 99.7614%
No:09321 U+0630F 挏 00000613 0.0077/万 99.7615%	No:09322 U+0764D 癍 00000613 0.0077/万 99.7616%	No:09323 U+07FEF 翯 00000613 0.0077/万 99.7617%	No:09324 U+03B84 㮄 00000612 0.0077/万 99.7617%	No:09325 U+05219 则 00000612 0.0077/万 99.7618%	No:09326 U+08C86 貆 00000612 0.0077/万 99.7619%	No:09327 U+05E0B 帋 00000610 0.0077/万 99.7621%	No:09328 U+06890 梐 00000610 0.0077/万 99.7622%	No:09329 U+06973 楳 00000610 0.0077/万 99.7621%	No:09330 U+0EB65 冪 00000610 0.0077/万 99.7620%
No:09331 U+0521C 刜 00000609 0.0077/万 99.7623%	No:09332 U+07B73 筳 00000609 0.0077/万 99.7624%	No:09333 U+080D5 胕 00000609 0.0077/万 99.7624%	No:09334 U+079C8 秈 00000608 0.0077/万 99.7628%	No:09335 U+091BC 醼 00000608 0.0077/万 99.7629%	No:09336 U+097BB 鞻 00000608 0.0077/万 99.7625%	No:09337 U+09C45 鱅 00000608 0.0077/万 99.7627%	No:09338 U+0EA28 丕 00000608 0.0077/万 99.7626%	No:09339 U+0ED96 篡 00000608 0.0077/万 99.7627%	No:09340 U+076AD 皭 00000607 0.0077/万 99.7631%
No:09341 U+095B7 閷 00000607 0.0077/万 99.7631%	No:09342 U+098CA 飊 00000607 0.0077/万 99.7630%	No:09343 U+050BA 傺 00000606 0.0076/万 99.7634%	No:09344 U+07C54 籔 00000606 0.0076/万 99.7634%	No:09345 U+0812C 脬 00000606 0.0076/万 99.7635%	No:09346 U+08F20 輠 00000606 0.0076/万 99.7637%	No:09347 U+09381 鎁 00000606 0.0076/万 99.7636%	No:09348 U+09C23 鰣 00000606 0.0076/万 99.7633%	No:09349 U+0EEF2 靂 00000606 0.0076/万 99.7632%	No:09350 U+044D7 䓗 00000605 0.0076/万 99.7638%
No:09351 U+063AB 掫 00000605 0.0076/万 99.7639%	No:09352 U+06776 杶 00000605 0.0076/万 99.7641%	No:09353 U+07A0F 稏 00000605 0.0076/万 99.7641%	No:09354 U+07D80 綀 00000605 0.0076/万 99.7640%	No:09355 U+0EC04 夔 00000605 0.0076/万 99.7637%	No:09356 U+03D8F 㶏 00000604 0.0076/万 99.7642%	No:09357 U+07607 瘇 00000603 0.0076/万 99.7646%	No:09358 U+08478 葸 00000603 0.0076/万 99.7644%	No:09359 U+09299 銙 00000603 0.0076/万 99.7645%	No:09360 U+09D8B 鶋 00000603 0.0076/万 99.7643%
No:09361 U+09EC1 黁 00000603 0.0076/万 99.7644%	No:09362 U+07936 礶 00000602 0.0076/万 99.7649%	No:09363 U+081D0 臐 00000602 0.0076/万 99.7648%	No:09364 U+0ECF1 牀 00000602 0.0076/万 99.7647%	No:09365 U+EB4 皐 00000602 0.0076/万 99.7647%	No:09366 U+055CE 嗎 00000601 0.0076/万 99.7651%	No:09367 U+0579D 垝 00000601 0.0076/万 99.7650%	No:09368 U+06252 扒 00000601 0.0076/万 99.7653%	No:09369 U+07739 眹 00000601 0.0076/万 99.7652%	No:09370 U+08B3C 謼 00000601 0.0076/万 99.7654%
No:09371 U+0946E 鑮 00000601 0.0076/万 99.7654%	No:09372 U+09799 鞙 00000601 0.0076/万 99.7650%	No:09373 U+04E8D 亍 00000600 0.0076/万 99.7657%	No:09374 U+051F7 凷 00000600 0.0076/万 99.7656%	No:09375 U+06833 栳 00000600 0.0076/万 99.7658%	No:09376 U+0919E 醞 00000600 0.0076/万 99.7657%	No:09377 U+0EA70 僣 00000600 0.0076/万 99.7655%	No:09378 U+07648 癈 00000599 0.0075/万 99.7660%	No:09379 U+07B28 笨 00000599 0.0075/万 99.7660%	No:09380 U+0938B 鎋 00000599 0.0075/万 99.7661%
No:09381 U+09AA9 骩 00000599 0.0075/万 99.7659%	No:09382 U+048B5 䢵 00000598 0.0075/万 99.7662%	No:09383 U+056E7 囧 00000598 0.0075/万 99.7663%	No:09384 U+0839B 莛 00000598 0.0075/万 99.7664%	No:09385 U+0942E 鐮 00000598 0.0075/万 99.7663%	No:09386 U+0EC1E 囊 00000597 0.0075/万 99.7665%	No:09387 U+0ECA8 漼 00000597 0.0075/万 99.7666%	No:09388 U+08435 萵 00000596 0.0075/万 99.7667%	No:09389 U+E89 挈 00000596 0.0075/万 99.7666%	No:09390 U+08458 葘 00000595 0.0075/万 99.7668%
No:09391 U+0533C 匼 00000594 0.0075/万 99.7669%	No:09392 U+086B1 蚱 00000594 0.0075/万 99.7670%	No:09393 U+EE6 談 00000594 0.0075/万 99.7669%	No:09394 U+05551 啑 00000593 0.0075/万 99.7671%	No:09395 U+07AB5 窵 00000593 0.0075/万 99.7674%	No:09396 U+0871E 蜞 00000593 0.0075/万 99.7673%	No:09397 U+08789 螉 00000593 0.0075/万 99.7672%	No:09398 U+ED7 臭 00000593 0.0075/万 99.7672%	No:09399 U+0460C 䘌 00000592 0.0075/万 99.7675%	No:09400 U+07CBA 粺 00000592 0.0075/万 99.7675%

No:09401 U+07E66 繦 00000592 0.0075/万 99.7676%	No:09402 U+04D0A 䴊 00000590 0.0074/万 99.7677%	No:09403 U+055C8 嗈 00000590 0.0074/万 99.7678%	No:09404 U+080AD 肭 00000590 0.0074/万 99.7680%	No:09405 U+0883A 蠺 00000590 0.0074/万 99.7679%	No:09406 U+EBD ⿰忄尌 00000590 0.0074/万 99.7678%	No:09407 U+07A2F 稯 00000589 0.0074/万 99.7681%	No:09408 U+09A52 驒 00000589 0.0074/万 99.7681%	No:09409 U+038A0 㢠 00000588 0.0074/万 99.7683%	No:09410 U+06390 掐 00000588 0.0074/万 99.7684%
No:09411 U+086B0 蚰 00000588 0.0074/万 99.7684%	No:09412 U+0EA8B 劇 00000588 0.0074/万 99.7682%	No:09413 U+06371 捱 00000587 0.0074/万 99.7687%	No:09414 U+08B2A 謪 00000587 0.0074/万 99.7686%	No:09415 U+08B95 讕 00000587 0.0074/万 99.7685%	No:09416 U+07FCF 翏 00000586 0.0074/万 99.7687%	No:09417 U+080D7 胗 00000586 0.0074/万 99.7688%	No:09418 U+062F2 拲 00000585 0.0074/万 99.7691%	No:09419 U+0706F 灯 00000585 0.0074/万 99.7692%	No:09420 U+08410 萐 00000585 0.0074/万 99.7690%
No:09421 U+0EBFE 敗 00000585 0.0074/万 99.7689%	No:09422 U+E12 槷 00000585 0.0074/万 99.7690%	No:09423 U+04E04 丄 00000584 0.0074/万 99.7694%	No:09424 U+0569E 嚞 00000584 0.0074/万 99.7693%	No:09425 U+06293 抓 00000584 0.0074/万 99.7695%	No:09426 U+084D8 蓘 00000584 0.0074/万 99.7696%	No:09427 U+09AE5 髥 00000584 0.0074/万 99.7693%	No:09428 U+037A2 㞢 00000583 0.0073/万 99.7699%	No:09429 U+03FD7 㿗 00000583 0.0073/万 99.7696%	No:09430 U+040ED 䃭 00000583 0.0073/万 99.7698%
No:09431 U+04FB2 侲 00000583 0.0073/万 99.7697%	No:09432 U+06E08 済 00000583 0.0073/万 99.7700%	No:09433 U+07330 猰 00000583 0.0073/万 99.7699%	No:09434 U+08586 薆 00000583 0.0073/万 99.7701%	No:09435 U+04FCC 俌 00000582 0.0073/万 99.7701%	No:09436 U+06A96 檖 00000582 0.0073/万 99.7702%	No:09437 U+0760F 瘏 00000582 0.0073/万 99.7703%	No:09438 U+03C16 㰖 00000581 0.0073/万 99.7707%	No:09439 U+06BE6 毦 00000581 0.0073/万 99.7707%	No:09440 U+09A54 驔 00000581 0.0073/万 99.7704%
No:09441 U+0EAEA 墨 00000581 0.0073/万 99.7705%	No:09442 U+0EF34 闟 00000581 0.0073/万 99.7706%	No:09443 U+0EF6A 愓 00000581 0.0073/万 99.7704%	No:09444 U+05CA0 岠 00000580 0.0073/万 99.7709%	No:09445 U+069BE 榾 00000580 0.0073/万 99.7710%	No:09446 U+0869D 蚝 00000580 0.0073/万 99.7710%	No:09447 U+09C12 鰒 00000580 0.0073/万 99.7708%	No:09448 U+04DC0 ䷀ 00000579 0.0073/万 99.7713%	No:09449 U+0507C 偼 00000579 0.0073/万 99.7713%	No:09450 U+0554D 啍 00000579 0.0073/万 99.7712%
No:09451 U+087C1 蟁 00000579 0.0073/万 99.7715%	No:09452 U+08835 蠵 00000579 0.0073/万 99.7715%	No:09453 U+09C2D 鰭 00000579 0.0073/万 99.7711%	No:09454 U+E4B 步 00000579 0.0073/万 99.7714%	No:09455 U+07AB9 窹 00000578 0.0073/万 99.7716%	No:09456 U+0541A 吚 00000577 0.0073/万 99.7718%	No:09457 U+082EA 苪 00000577 0.0073/万 99.7718%	No:09458 U+08935 褵 00000577 0.0073/万 99.7719%	No:09459 U+0EA9E 睪 00000577 0.0073/万 99.7717%	No:09460 U+0580C 堌 00000576 0.0073/万 99.7721%
No:09461 U+093DD 鏝 00000576 0.0073/万 99.7722%	No:09462 U+09AC6 髆 00000576 0.0073/万 99.7721%	No:09463 U+0EDB7 縷 00000576 0.0073/万 99.7720%	No:09464 U+03771 㝱 00000575 0.0072/万 99.7724%	No:09465 U+097B4 鞴 00000575 0.0072/万 99.7723%	No:09466 U+0EE06 蓬 00000575 0.0072/万 99.7723%	No:09467 U+05446 呆 00000574 0.0072/万 99.7726%	No:09468 U+0874D 蝍 00000574 0.0072/万 99.7726%	No:09469 U+09746 靆 00000574 0.0072/万 99.7725%	No:09470 U+04AA5 䪥 00000573 0.0072/万 99.7728%
No:09471 U+0570A 圊 00000573 0.0072/万 99.7727%	No:09472 U+04FF4 俴 00000572 0.0072/万 99.7729%	No:09473 U+0539E 厞 00000572 0.0072/万 99.7729%	No:09474 U+0640A 搊 00000572 0.0072/万 99.7732%	No:09475 U+088A8 袨 00000572 0.0072/万 99.7731%	No:09476 U+08A14 訔 00000572 0.0072/万 99.7730%	No:09477 U+08F5C 轜 00000572 0.0072/万 99.7731%	No:09478 U+05BE0 寠 00000571 0.0072/万 99.7734%	No:09479 U+0673E 朾 00000571 0.0072/万 99.7737%	No:09480 U+06C3F 氿 00000571 0.0072/万 99.7736%
No:09481 U+07A45 穅 00000571 0.0072/万 99.7734%	No:09482 U+080F9 胹 00000571 0.0072/万 99.7735%	No:09483 U+081A2 膢 00000571 0.0072/万 99.7737%	No:09484 U+0973F 霿 00000571 0.0072/万 99.7733%	No:09485 U+05235 刵 00000570 0.0072/万 99.7739%	No:09486 U+05503 唃 00000570 0.0072/万 99.7738%	No:09487 U+08460 葠 00000570 0.0072/万 99.7739%	No:09488 U+042EB 䋫 00000569 0.0072/万 99.7741%	No:09489 U+05AF3 嫳 00000569 0.0072/万 99.7742%	No:09490 U+0668F 暏 00000569 0.0072/万 99.7743%
No:09491 U+0742D 琭 00000569 0.0072/万 99.7744%	No:09492 U+08274 艴 00000569 0.0072/万 99.7745%	No:09493 U+08474 葴 00000569 0.0072/万 99.7744%	No:09494 U+0EAF3 瑑 00000569 0.0072/万 99.7740%	No:09495 U+E4D 濤 00000569 0.0072/万 99.7742%	No:09496 U+04DCA ䷊ 00000568 0.0072/万 99.7746%	No:09497 U+E40 兖 00000568 0.0072/万 99.7747%	No:09498 U+04DCB ䷋ 00000567 0.0071/万 99.7749%	No:09499 U+081B7 膷 00000567 0.0071/万 99.7750%	No:09500 U+097D7 韗 00000567 0.0071/万 99.7747%

No:09501 U+0EA9D 罩 00000567 0.0071/万 99.7748%	No:09502 U+05A9E 媞 00000566 0.0071/万 99.7750%	No:09503 U+063FE 揾 00000566 0.0071/万 99.7753%	No:09504 U+082B4 芴 00000566 0.0071/万 99.7751%	No:09505 U+08753 蝓 00000566 0.0071/万 99.7752%	No:09506 U+08E61 蹡 00000566 0.0071/万 99.7752%	No:09507 U+0441C 䐜 00000564 0.0071/万 99.7755%	No:09508 U+048DB 䣛 00000564 0.0071/万 99.7754%	No:09509 U+08267 艧 00000564 0.0071/万 99.7755%	No:09510 U+04E80 亀 00000563 0.0071/万 99.7757%
No:09511 U+06C04 氄 00000563 0.0071/万 99.7758%	No:09512 U+078FA 磺 00000563 0.0071/万 99.7757%	No:09513 U+E99 涵 00000563 0.0071/万 99.7756%	No:09514 U+04E3F 丿 00000562 0.0071/万 99.7760%	No:09515 U+064EB 擫 00000562 0.0071/万 99.7761%	No:09516 U+070D5 烕 00000562 0.0071/万 99.7762%	No:09517 U+0746B 瑫 00000562 0.0071/万 99.7762%	No:09518 U+07D7F 絿 00000562 0.0071/万 99.7760%	No:09519 U+0F87E 兕 00000562 0.0071/万 99.7759%	No:09520 U+05C88 岈 00000561 0.0071/万 99.7763%
No:09521 U+03A8D 㪍 00000560 0.0071/万 99.7765%	No:09522 U+0560D 嘍 00000560 0.0071/万 99.7764%	No:09523 U+05198 冘 00000559 0.0070/万 99.7766%	No:09524 U+07F3D 缽 00000559 0.0070/万 99.7767%	No:09525 U+08DC5 跅 00000559 0.0070/万 99.7767%	No:09526 U+0EABB 骨 00000559 0.0070/万 99.7765%	No:09527 U+075CC 痌 00000558 0.0070/万 99.7769%	No:09528 U+085C7 藇 00000558 0.0070/万 99.7770%	No:09529 U+09429 鐩 00000558 0.0070/万 99.7769%	No:09530 U+09F4F 齏 00000558 0.0070/万 99.7768%
No:09531 U+08353 荓 00000557 0.0070/万 99.7772%	No:09532 U+09A35 騵 00000557 0.0070/万 99.7771%	No:09533 U+EA3 粱 00000557 0.0070/万 99.7772%	No:09534 U+04995 䦕 00000556 0.0070/万 99.7774%	No:09535 U+0590A 夊 00000556 0.0070/万 99.7774%	No:09536 U+05A8D 媍 00000556 0.0070/万 99.7775%	No:09537 U+0717F 煿 00000556 0.0070/万 99.7777%	No:09538 U+0802C 耬 00000556 0.0070/万 99.7776%	No:09539 U+09B9A 鮚 00000556 0.0070/万 99.7773%	No:09540 U+058A2 墢 00000555 0.0070/万 99.7779%
No:09541 U+0690F 椏 00000555 0.0070/万 99.7780%	No:09542 U+09A0D 騍 00000555 0.0070/万 99.7777%	No:09543 U+E07 饌 00000555 0.0070/万 99.7778%	No:09544 U+E1a 鸂 00000555 0.0070/万 99.7779%	No:09545 U+05C9D 岝 00000554 0.0070/万 99.7781%	No:09546 U+05F30 弰 00000554 0.0070/万 99.7784%	No:09547 U+06EC0 滀 00000554 0.0070/万 99.7784%	No:09548 U+06F5A 潚 00000554 0.0070/万 99.7783%	No:09549 U+07F3B 缻 00000554 0.0070/万 99.7782%	No:09550 U+09AFA 髺 00000554 0.0070/万 99.7781%
No:09551 U+07771 睱 00000553 0.0070/万 99.7786%	No:09552 U+08F01 輁 00000553 0.0070/万 99.7786%	No:09553 U+0ECA0 滇 00000553 0.0070/万 99.7785%	No:09554 U+04DD2 ䷒ 00000552 0.0070/万 99.7788%	No:09555 U+06935 椵 00000552 0.0070/万 99.7789%	No:09556 U+076B0 皰 00000552 0.0070/万 99.7790%	No:09557 U+097C7 韇 00000552 0.0070/万 99.7788%	No:09558 U+0EE1E 蘘 00000552 0.0070/万 99.7787%	No:09559 U+04120 䄠 00000551 0.0069/万 99.7791%	No:09560 U+057F5 埵 00000551 0.0069/万 99.7792%
No:09561 U+06461 摡 00000551 0.0069/万 99.7794%	No:09562 U+06645 晅 00000551 0.0069/万 99.7795%	No:09563 U+06DC8 淈 00000551 0.0069/万 99.7793%	No:09564 U+07A09 稉 00000551 0.0069/万 99.7793%	No:09565 U+0882F 蠯 00000551 0.0069/万 99.7795%	No:09566 U+0EC69 泫 00000551 0.0069/万 99.7791%	No:09567 U+04DE0 ䷠ 00000550 0.0069/万 99.7796%	No:09568 U+0505D 偝 00000550 0.0069/万 99.7797%	No:09569 U+068C5 棅 00000550 0.0069/万 99.7798%	No:09570 U+0761B 瘛 00000550 0.0069/万 99.7800%
No:09571 U+0769E 皞 00000550 0.0069/万 99.7801%	No:09572 U+07E06 縆 00000550 0.0069/万 99.7798%	No:09573 U+083EA 菪 00000550 0.0069/万 99.7800%	No:09574 U+09597 閗 00000550 0.0069/万 99.7799%	No:09575 U+0675D 杝 00000549 0.0069/万 99.7803%	No:09576 U+06B42 歂 00000549 0.0069/万 99.7802%	No:09577 U+0727C 牼 00000549 0.0069/万 99.7804%	No:09578 U+08245 艅 00000549 0.0069/万 99.7802%	No:09579 U+083C2 菂 00000548 0.0069/万 99.7805%	No:09580 U+088A2 袢 00000548 0.0069/万 99.7805%
No:09581 U+04D5F 䵟 00000547 0.0069/万 99.7807%	No:09582 U+06937 椷 00000547 0.0069/万 99.7807%	No:09583 U+09CE6 鳦 00000547 0.0069/万 99.7806%	No:09584 U+06DE2 淢 00000546 0.0069/万 99.7809%	No:09585 U+0881C 蠜 00000546 0.0069/万 99.7808%	No:09586 U+09407 鐇 00000546 0.0069/万 99.7810%	No:09587 U+09413 鐓 00000546 0.0069/万 99.7809%	No:09588 U+03684 㚄 00000545 0.0069/万 99.7811%	No:09589 U+EE9 鼓 00000545 0.0069/万 99.7811%	No:09590 U+04844 䡄 00000544 0.0069/万 99.7814%
No:09591 U+04965 䥥 00000544 0.0069/万 99.7814%	No:09592 U+05125 儥 00000544 0.0069/万 99.7813%	No:09593 U+0690C 椌 00000544 0.0069/万 99.7816%	No:09594 U+088F2 裲 00000544 0.0069/万 99.7816%	No:09595 U+0EE08 蓍 00000544 0.0069/万 99.7812%	No:09596 U+EE4 陡 00000544 0.0069/万 99.7815%	No:09597 U+07B01 笁 00000543 0.0068/万 99.7817%	No:09598 U+04E23 丣 00000542 0.0068/万 99.7819%	No:09599 U+05139 儹 00000542 0.0068/万 99.7818%	No:09600 U+060AA 悪 00000542 0.0068/万 99.7822%

No:09601 U+07373 獳 00000542 0.0068/万 99.7822%	No:09602 U+07A4A 穊 00000542 0.0068/万 99.7821%	No:09603 U+089F5 觵 00000542 0.0068/万 99.7820%	No:09604 U+08E38 踸 00000542 0.0068/万 99.7820%	No:09605 U+09959 饙 00000542 0.0068/万 99.7818%	No:09606 U+04DC1 ䷁ 00000541 0.0068/万 99.7824%	No:09607 U+06938 椸 00000541 0.0068/万 99.7826%	No:09608 U+09B23 鬣 00000541 0.0068/万 99.7823%	No:09609 U+EC2 樕 00000541 0.0068/万 99.7825%	No:09610 U+EF0 蚤 00000541 0.0068/万 99.7825%
No:09611 U+0531A 匚 00000540 0.0068/万 99.7827%	No:09612 U+052BF 势 00000539 0.0068/万 99.7829%	No:09613 U+09767 靧 00000539 0.0068/万 99.7828%	No:09614 U+09AE7 髧 00000539 0.0068/万 99.7827%	No:09615 U+056C5 囅 00000538 0.0068/万 99.7831%	No:09616 U+065DE 旞 00000538 0.0068/万 99.7832%	No:09617 U+093B8 鎸 00000538 0.0068/万 99.7831%	No:09618 U+098E9 飩 00000538 0.0068/万 99.7830%	No:09619 U+09F69 齩 00000538 0.0068/万 99.7829%	No:09620 U+04DD7 ䷗ 00000537 0.0068/万 99.7833%
No:09621 U+053D8 变 00000537 0.0068/万 99.7835%	No:09622 U+080FB 胻 00000537 0.0068/万 99.7835%	No:09623 U+0EC9A 漕 00000537 0.0068/万 99.7833%	No:09624 U+E7D 瞟 00000537 0.0068/万 99.7834%	No:09625 U+07A67 穧 00000536 0.0068/万 99.7836%	No:09626 U+08AD3 諓 00000536 0.0068/万 99.7837%	No:09627 U+055C9 嗉 00000535 0.0067/万 99.7838%	No:09628 U+05701 圁 00000535 0.0067/万 99.7837%	No:09629 U+06E32 渲 00000535 0.0067/万 99.7840%	No:09630 U+088D3 裓 00000535 0.0067/万 99.7840%
No:09631 U+0967B 陻 00000535 0.0067/万 99.7839%	No:09632 U+066EE 曮 00000534 0.0067/万 99.7842%	No:09633 U+06A4A 橊 00000534 0.0067/万 99.7844%	No:09634 U+0707A 為 00000534 0.0067/万 99.7844%	No:09635 U+072CC 狌 00000534 0.0067/万 99.7845%	No:09636 U+08D76 赶 00000534 0.0067/万 99.7843%	No:09637 U+09BEA 鯪 00000534 0.0067/万 99.7842%	No:09638 U+0EE9F 逸 00000534 0.0067/万 99.7841%	No:09639 U+07C4A 籊 00000533 0.0067/万 99.7848%	No:09640 U+07F7F 罿 00000533 0.0067/万 99.7846%
No:09641 U+08856 衖 00000533 0.0067/万 99.7847%	No:09642 U+09DFD 鷽 00000533 0.0067/万 99.7846%	No:09643 U+05443 呃 00000532 0.0067/万 99.7850%	No:09644 U+05BD1 寑 00000532 0.0067/万 99.7848%	No:09645 U+05EAA 庪 00000532 0.0067/万 99.7851%	No:09646 U+0626E 扮 00000532 0.0067/万 99.7850%	No:09647 U+087EF 蟯 00000532 0.0067/万 99.7852%	No:09648 U+E35 垂 00000532 0.0067/万 99.7849%	No:09649 U+04F98 侘 00000531 0.0067/万 99.7853%	No:09650 U+074BA 璺 00000531 0.0067/万 99.7854%
No:09651 U+092BC 銼 00000531 0.0067/万 99.7854%	No:09652 U+E4C 佹 00000531 0.0067/万 99.7852%	No:09653 U+062F6 拶 00000530 0.0067/万 99.7856%	No:09654 U+069A7 榧 00000530 0.0067/万 99.7856%	No:09655 U+0ECE8 婪 00000530 0.0067/万 99.7855%	No:09656 U+0537A 卺 00000529 0.0067/万 99.7859%	No:09657 U+05AEE 嫮 00000529 0.0067/万 99.7858%	No:09658 U+06AF8 櫸 00000529 0.0067/万 99.7861%	No:09659 U+06C33 氳 00000529 0.0067/万 99.7862%	No:09660 U+06F91 澑 00000529 0.0067/万 99.7860%
No:09661 U+077AB 瞫 00000529 0.0067/万 99.7862%	No:09662 U+08920 褠 00000529 0.0067/万 99.7860%	No:09663 U+09B33 鬳 00000529 0.0067/万 99.7858%	No:09664 U+0E7A0 芞 00000529 0.0067/万 99.7857%	No:09665 U+0EEFC 頡 00000528 0.0066/万 99.7863%	No:09666 U+EB1 逺 00000528 0.0066/万 99.7864%	No:09667 U+05953 奓 00000527 0.0066/万 99.7865%	No:09668 U+06AD5 櫕 00000527 0.0066/万 99.7866%	No:09669 U+09DDE 鷞 00000527 0.0066/万 99.7864%	No:09670 U+07A4B 穋 00000526 0.0066/万 99.7869%
No:09671 U+08459 葙 00000526 0.0066/万 99.7868%	No:09672 U+09AC3 髃 00000526 0.0066/万 99.7866%	No:09673 U+0EBC6 懈 00000526 0.0066/万 99.7867%	No:09674 U+0ED41 沓 00000526 0.0066/万 99.7868%	No:09675 U+06282 扂 00000525 0.0066/万 99.7872%	No:09676 U+065CA 旊 00000525 0.0066/万 99.7871%	No:09677 U+07D85 緅 00000525 0.0066/万 99.7872%	No:09678 U+090D9 郙 00000525 0.0066/万 99.7873%	No:09679 U+09B05 鬅 00000525 0.0066/万 99.7870%	No:09680 U+0EEB2 邅 00000525 0.0066/万 99.7870%
No:09681 U+085D8 藘 00000524 0.0066/万 99.7876%	No:09682 U+09B25 鬥 00000524 0.0066/万 99.7874%	No:09683 U+E8B 尼 00000524 0.0066/万 99.7874%	No:09684 U+E93 擽 00000524 0.0066/万 99.7875%	No:09685 U+07CD9 糙 00000523 0.0066/万 99.7878%	No:09686 U+09B48 魈 00000523 0.0066/万 99.7876%	No:09687 U+E6a 偺 00000523 0.0066/万 99.7877%	No:09688 U+07964 祤 00000522 0.0066/万 99.7880%	No:09689 U+083FB 菻 00000522 0.0066/万 99.7879%	No:09690 U+08E33 踳 00000522 0.0066/万 99.7878%
No:09691 U+096FA 雺 00000522 0.0066/万 99.7880%	No:09692 U+0525A 剚 00000521 0.0066/万 99.7882%	No:09693 U+0616B 慫 00000521 0.0066/万 99.7883%	No:09694 U+068A1 梡 00000521 0.0066/万 99.7884%	No:09695 U+06D34 洴 00000521 0.0066/万 99.7885%	No:09696 U+082A7 芧 00000521 0.0066/万 99.7882%	No:09697 U+08893 袓 00000521 0.0066/万 99.7884%	No:09698 U+08FCB 迋 00000521 0.0066/万 99.7886%	No:09699 U+0ED92 箕 00000521 0.0066/万 99.7881%	No:09700 U+07D9F 綟 00000520 0.0065/万 99.7887%

No:09701 U+08341 荁 00000520 0.0065/万 99.7886%	No:09702 U+045EB 䗫 00000519 0.0065/万 99.7888%	No:09703 U+05124 儤 00000519 0.0065/万 99.7888%	No:09704 U+0634F 捏 00000519 0.0065/万 99.7890%	No:09705 U+06704 朄 00000519 0.0065/万 99.7889%	No:09706 U+0673C 朼 00000519 0.0065/万 99.7891%	No:09707 U+06BE3 毣 00000519 0.0065/万 99.7892%	No:09708 U+074B8 璸 00000519 0.0065/万 99.7890%	No:09709 U+05399 厙 00000518 0.0065/万 99.7892%	No:09710 U+0698E 榎 00000518 0.0065/万 99.7894%
No:09711 U+071B8 熸 00000518 0.0065/万 99.7894%	No:09712 U+08479 葹 00000518 0.0065/万 99.7893%	No:09713 U+04189 䆉 00000517 0.0065/万 99.7896%	No:09714 U+04DC2 ䷂ 00000517 0.0065/万 99.7896%	No:09715 U+04DD3 ䷓ 00000517 0.0065/万 99.7897%	No:09716 U+04DEB ䷫ 00000517 0.0065/万 99.7895%	No:09717 U+08019 耙 00000517 0.0065/万 99.7898%	No:09718 U+0509C 傜 00000516 0.0065/万 99.7898%	No:09719 U+0667E 晾 00000516 0.0065/万 99.7900%	No:09720 U+07E95 纕 00000516 0.0065/万 99.7901%
No:09721 U+08814 蠔 00000516 0.0065/万 99.7899%	No:09722 U+08D71 赱 00000516 0.0065/万 99.7899%	No:09723 U+04DD6 ䷖ 00000515 0.0065/万 99.7902%	No:09724 U+04DE1 ䷡ 00000515 0.0065/万 99.7903%	No:09725 U+0523E 刾 00000515 0.0065/万 99.7903%	No:09726 U+06336 挶 00000515 0.0065/万 99.7905%	No:09727 U+0648F 撏 00000515 0.0065/万 99.7906%	No:09728 U+06FC9 濉 00000515 0.0065/万 99.7904%	No:09729 U+080CD 胍 00000515 0.0065/万 99.7905%	No:09730 U+09E16 鸖 00000515 0.0065/万 99.7901%
No:09731 U+04DEA ䷪ 00000514 0.0065/万 99.7908%	No:09732 U+05D55 嵕 00000514 0.0065/万 99.7909%	No:09733 U+067EE 柮 00000514 0.0065/万 99.7911%	No:09734 U+068F0 棰 00000514 0.0065/万 99.7910%	No:09735 U+08751 蝑 00000514 0.0065/万 99.7911%	No:09736 U+09D6F 鵯 00000514 0.0065/万 99.7907%	No:09737 U+0EAA4 廳 00000514 0.0065/万 99.7907%	No:09738 U+E27 肓 00000514 0.0065/万 99.7909%	No:09739 U+05808 堈 00000513 0.0065/万 99.7912%	No:09740 U+05C17 尗 00000513 0.0065/万 99.7913%
No:09741 U+062D5 拕 00000513 0.0065/万 99.7917%	No:09742 U+07A1E 稞 00000513 0.0065/万 99.7916%	No:09743 U+07F7C 罼 00000513 0.0065/万 99.7916%	No:09744 U+086A7 蚧 00000513 0.0065/万 99.7914%	No:09745 U+08C9B 貛 00000513 0.0065/万 99.7915%	No:09746 U+0913E 鄾 00000513 0.0065/万 99.7914%	No:09747 U+E5C 替 00000513 0.0065/万 99.7913%	No:09748 U+05F38 弸 00000512 0.0064/万 99.7920%	No:09749 U+063E5 揥 00000512 0.0064/万 99.7918%	No:09750 U+06C9C 沜 00000512 0.0064/万 99.7920%
No:09751 U+07C94 粔 00000512 0.0064/万 99.7919%	No:09752 U+08A40 詀 00000512 0.0064/万 99.7918%	No:09753 U+03AC3 㫃 00000511 0.0064/万 99.7923%	No:09754 U+09B0B 鬋 00000511 0.0064/万 99.7922%	No:09755 U+09D25 鴥 00000511 0.0064/万 99.7922%	No:09756 U+09EA8 麨 00000511 0.0064/万 99.7921%	No:09757 U+E30 般 00000511 0.0064/万 99.7924%	No:09758 U+07333 猳 00000510 0.0064/万 99.7926%	No:09759 U+07CC1 糁 00000510 0.0064/万 99.7925%	No:09760 U+08E69 蹩 00000510 0.0064/万 99.7925%
No:09761 U+0EA7D 凌 00000510 0.0064/万 99.7924%	No:09762 U+0477F 䝿 00000509 0.0064/万 99.7928%	No:09763 U+057FC 埼 00000509 0.0064/万 99.7929%	No:09764 U+05852 塒 00000509 0.0064/万 99.7927%	No:09765 U+064A3 撣 00000509 0.0064/万 99.7930%	No:09766 U+06991 榑 00000509 0.0064/万 99.7931%	No:09767 U+07DCE 緎 00000509 0.0064/万 99.7931%	No:09768 U+09826 頦 00000509 0.0064/万 99.7927%	No:09769 U+E2B 胥 00000509 0.0064/万 99.7929%	No:09770 U+05970 奰 00000508 0.0064/万 99.7933%
No:09771 U+0672E 朮 00000508 0.0064/万 99.7934%	No:09772 U+06AD1 櫑 00000508 0.0064/万 99.7935%	No:09773 U+08761 蝡 00000508 0.0064/万 99.7935%	No:09774 U+0EB3F 就 00000508 0.0064/万 99.7932%	No:09775 U+EC1 鸂 00000508 0.0064/万 99.7933%	No:09776 U+03D78 㵸 00000507 0.0064/万 99.7936%	No:09777 U+045F6 䗶 00000507 0.0064/万 99.7936%	No:09778 U+06C79 汹 00000507 0.0064/万 99.7939%	No:09779 U+072B5 犵 00000507 0.0064/万 99.7938%	No:09780 U+07603 瘃 00000507 0.0064/万 99.7937%
No:09781 U+090C9 郉 00000507 0.0064/万 99.7938%	No:09782 U+0535D 卝 00000506 0.0064/万 99.7940%	No:09783 U+09139 鄹 00000506 0.0064/万 99.7940%	No:09784 U+057FF 埿 00000505 0.0064/万 99.7941%	No:09785 U+06F30 漰 00000505 0.0064/万 99.7943%	No:09786 U+07367 獧 00000505 0.0064/万 99.7942%	No:09787 U+07499 璙 00000505 0.0064/万 99.7942%	No:09788 U+03D36 㴶 00000504 0.0063/万 99.7944%	No:09789 U+06DDC 淜 00000504 0.0063/万 99.7946%	No:09790 U+0876A 蝪 00000504 0.0063/万 99.7945%
No:09791 U+08FE9 迩 00000504 0.0063/万 99.7945%	No:09792 U+E41 局 00000504 0.0063/万 99.7944%	No:09793 U+04116 䄖 00000503 0.0063/万 99.7947%	No:09794 U+0747A 瑺 00000503 0.0063/万 99.7949%	No:09795 U+0852B 蔫 00000503 0.0063/万 99.7949%	No:09796 U+098C3 飃 00000503 0.0063/万 99.7947%	No:09797 U+EDB 煙 00000503 0.0063/万 99.7948%	No:09798 U+04DDB ䷛ 00000502 0.0063/万 99.7951%	No:09799 U+04DE5 ䷥ 00000502 0.0063/万 99.7952%	No:09800 U+04EDF 仟 00000502 0.0063/万 99.7952%

No:09801 U+0506D 偭 00000502 0.0063/万 99.7951%	No:09802 U+099D3 駓 00000502 0.0063/万 99.7950%	No:09803 U+055AD 喭 00000501 0.0063/万 99.7954%	No:09804 U+06910 椐 00000501 0.0063/万 99.7956%	No:09805 U+07B35 笵 00000501 0.0063/万 99.7954%	No:09806 U+07CB5 粵 00000501 0.0063/万 99.7956%	No:09807 U+07D3D 紽 00000501 0.0063/万 99.7955%	No:09808 U+0972E 霮 00000501 0.0063/万 99.7953%	No:09809 U+0739F 玟 00000500 0.0063/万 99.7958%	No:09810 U+08E6E 蹮 00000500 0.0063/万 99.7958%
No:09811 U+09DD5 鷕 00000500 0.0063/万 99.7957%	No:09812 U+03E40 㹀 00000499 0.0063/万 99.7959%	No:09813 U+055C4 嗄 00000499 0.0063/万 99.7959%	No:09814 U+057D5 埕 00000499 0.0063/万 99.7960%	No:09815 U+0651B 攛 00000499 0.0063/万 99.7962%	No:09816 U+068B4 梴 00000499 0.0063/万 99.7961%	No:09817 U+06A47 橇 00000499 0.0063/万 99.7961%	No:09818 U+04635 䘵 00000498 0.0063/万 99.7964%	No:09819 U+07134 焴 00000498 0.0063/万 99.7965%	No:09820 U+07829 砩 00000498 0.0063/万 99.7967%
No:09821 U+0791A 礚 00000498 0.0063/万 99.7966%	No:09822 U+08177 腷 00000498 0.0063/万 99.7966%	No:09823 U+08EA9 躩 00000498 0.0063/万 99.7968%	No:09824 U+092D9 鋙 00000498 0.0063/万 99.7968%	No:09825 U+0EEE7 隳 00000498 0.0063/万 99.7963%	No:09826 U+E86 刾 00000498 0.0063/万 99.7964%	No:09827 U+ECE 叁 00000498 0.0063/万 99.7963%	No:09828 U+050AA 傪 00000497 0.0063/万 99.7970%	No:09829 U+05662 噢 00000497 0.0063/万 99.7970%	No:09830 U+08691 蚑 00000497 0.0063/万 99.7971%
No:09831 U+08931 褱 00000497 0.0063/万 99.7971%	No:09832 U+09902 餂 00000497 0.0063/万 99.7969%	No:09833 U+07BE6 篦 00000496 0.0062/万 99.7973%	No:09834 U+08C98 貘 00000496 0.0062/万 99.7974%	No:09835 U+0E790 芎 00000496 0.0062/万 99.7972%	No:09836 U+F8A 龥 00000496 0.0062/万 99.7973%	No:09837 U+04DC7 ䷇ 00000495 0.0062/万 99.7976%	No:09838 U+0642A 搪 00000495 0.0062/万 99.7978%	No:09839 U+077C9 矉 00000495 0.0062/万 99.7976%	No:09840 U+081CB 臋 00000495 0.0062/万 99.7977%
No:09841 U+0EB37 𡫸 00000495 0.0062/万 99.7975%	No:09842 U+0ED13 瓌 00000495 0.0062/万 99.7975%	No:09843 U+039FE 㧾 00000494 0.0062/万 99.7981%	No:09844 U+04225 䈥 00000494 0.0062/万 99.7981%	No:09845 U+04F4B 佋 00000494 0.0062/万 99.7980%	No:09846 U+052F9 勹 00000494 0.0062/万 99.7979%	No:09847 U+07887 碇 00000494 0.0062/万 99.7982%	No:09848 U+09AB4 骴 00000494 0.0062/万 99.7978%	No:09849 U+EC7 珎 00000494 0.0062/万 99.7980%	No:09850 U+05545 啅 00000493 0.0062/万 99.7984%
No:09851 U+07462 瑢 00000493 0.0062/万 99.7985%	No:09852 U+08C56 豖 00000493 0.0062/万 99.7985%	No:09853 U+09950 饐 00000493 0.0062/万 99.7983%	No:09854 U+E48 余 00000493 0.0062/万 99.7983%	No:09855 U+03B07 㬇 00000492 0.0062/万 99.7987%	No:09856 U+056DF 囟 00000492 0.0062/万 99.7986%	No:09857 U+06245 扅 00000492 0.0062/万 99.7989%	No:09858 U+063BA 掺 00000492 0.0062/万 99.7988%	No:09859 U+07225 爥 00000492 0.0062/万 99.7988%	No:09860 U+EC5 悢 00000492 0.0062/万 99.7986%
No:09861 U+05482 咂 00000491 0.0062/万 99.7990%	No:09862 U+0735D 獝 00000491 0.0062/万 99.7990%	No:09863 U+05470 呰 00000490 0.0062/万 99.7991%	No:09864 U+08FD8 还 00000490 0.0062/万 99.7992%	No:09865 U+09F91 龑 00000490 0.0062/万 99.7991%	No:09866 U+04DDD ䷝ 00000489 0.0062/万 99.7993%	No:09867 U+0552C 唬 00000489 0.0062/万 99.7993%	No:09868 U+06303 挃 00000489 0.0062/万 99.7994%	No:09869 U+0821D 舝 00000489 0.0062/万 99.7995%	No:09870 U+088E9 裩 00000489 0.0062/万 99.7995%
No:09871 U+073B9 玹 00000488 0.0061/万 99.7998%	No:09872 U+07FAD 羭 00000488 0.0061/万 99.7996%	No:09873 U+090F1 郱 00000488 0.0061/万 99.7997%	No:09874 U+09237 鈷 00000488 0.0061/万 99.7998%	No:09875 U+0EA54 供 00000488 0.0061/万 99.7996%	No:09876 U+048CA 䣊 00000487 0.0061/万 99.7999%	No:09877 U+06BF0 毰 00000487 0.0061/万 99.8000%	No:09878 U+07075 灵 00000487 0.0061/万 99.7999%	No:09879 U+058D0 壐 00000486 0.0061/万 99.8002%	No:09880 U+07602 瘂 00000486 0.0061/万 99.8004%
No:09881 U+089F9 觹 00000486 0.0061/万 99.8003%	No:09882 U+0EE34 鮮 00000486 0.0061/万 99.8001%	No:09883 U+E0D 玥 00000486 0.0061/万 99.8001%	No:09884 U+F1B 冝 00000486 0.0061/万 99.8003%	No:09885 U+05ADC 嫜 00000485 0.0061/万 99.8006%	No:09886 U+06637 昷 00000485 0.0061/万 99.8007%	No:09887 U+06BF8 毸 00000485 0.0061/万 99.8009%	No:09888 U+06F59 潙 00000485 0.0061/万 99.8008%	No:09889 U+082F6 苶 00000485 0.0061/万 99.8007%	No:09890 U+08C5C 豜 00000485 0.0061/万 99.8006%
No:09891 U+099B1 馱 00000485 0.0061/万 99.8004%	No:09892 U+E3A 豕 00000485 0.0061/万 99.8005%	No:09893 U+04DCC ䷌ 00000484 0.0061/万 99.8011%	No:09894 U+07120 焠 00000484 0.0061/万 99.8012%	No:09895 U+07B2A 笪 00000484 0.0061/万 99.8011%	No:09896 U+0993E 餾 00000484 0.0061/万 99.8009%	No:09897 U+0EB28 空 00000484 0.0061/万 99.8010%	No:09898 U+04DDA ䷚ 00000483 0.0061/万 99.8012%	No:09899 U+04ECC 仌 00000483 0.0061/万 99.8014%	No:09900 U+04F9C 侜 00000483 0.0061/万 99.8015%

No:09901 U+050E9 僩 00000483 0.0061/万 99.8015%	No:09902 U+05209 刉 00000483 0.0061/万 99.8014%	No:09903 U+05DAB 嶫 00000483 0.0061/万 99.8013%	No:09904 U+06BFC 毼 00000483 0.0061/万 99.8016%	No:09905 U+04DCD ䷍ 00000482 0.0061/万 99.8017%	No:09906 U+04DD0 ䷐ 00000482 0.0061/万 99.8019%	No:09907 U+04DFE ䷾ 00000482 0.0061/万 99.8018%	No:09908 U+0622D 戭 00000482 0.0061/万 99.8019%	No:09909 U+07ADC 竜 00000482 0.0061/万 99.8020%	No:09910 U+08210 舐 00000482 0.0061/万 99.8020%
No:09911 U+E80 巎 00000482 0.0061/万 99.8017%	No:09912 U+07076 灶 00000481 0.0061/万 99.8022%	No:09913 U+07332 猲 00000481 0.0061/万 99.8021%	No:09914 U+08DA0 趠 00000481 0.0061/万 99.8023%	No:09915 U+08F25 輥 00000481 0.0061/万 99.8022%	No:09916 U+04DFD ䷽ 00000480 0.0060/万 99.8024%	No:09917 U+05103 儃 00000480 0.0060/万 99.8023%	No:09918 U+05801 堁 00000480 0.0060/万 99.8025%	No:09919 U+0613B 愻 00000480 0.0060/万 99.8025%	No:09920 U+03654 㙔 00000479 0.0060/万 99.8026%
No:09921 U+07992 禒 00000479 0.0060/万 99.8027%	No:09922 U+0991B 餛 00000479 0.0060/万 99.8026%	No:09923 U+06FD4 濔 00000478 0.0060/万 99.8029%	No:09924 U+07B67 筧 00000478 0.0060/万 99.8030%	No:09925 U+086B4 蚴 00000478 0.0060/万 99.8029%	No:09926 U+089ED 觭 00000478 0.0060/万 99.8031%	No:09927 U+0ECE0 勳 00000478 0.0060/万 99.8028%	No:09928 U+0EDE2 芉 00000478 0.0060/万 99.8028%	No:09929 U+06CC3 泃 00000477 0.0060/万 99.8033%	No:09930 U+07380 玀 00000477 0.0060/万 99.8032%
No:09931 U+09B08 鬈 00000477 0.0060/万 99.8031%	No:09932 U+E2D 捘 00000477 0.0060/万 99.8032%	No:09933 U+0365C 㙜 00000476 0.0060/万 99.8035%	No:09934 U+03B20 㬠 00000476 0.0060/万 99.8034%	No:09935 U+05849 塉 00000476 0.0060/万 99.8034%	No:09936 U+06ABE 檾 00000476 0.0060/万 99.8036%	No:09937 U+07322 猢 00000476 0.0060/万 99.8036%	No:09938 U+04DC4 ䷄ 00000475 0.0060/万 99.8039%	No:09939 U+04DC6 ䷆ 00000475 0.0060/万 99.8039%	No:09940 U+0508E 傎 00000475 0.0060/万 99.8038%
No:09941 U+06E94 溔 00000475 0.0060/万 99.8040%	No:09942 U+09657 陗 00000475 0.0060/万 99.8040%	No:09943 U+09D43 鵃 00000475 0.0060/万 99.8037%	No:09944 U+0EA57 偹 00000475 0.0060/万 99.8037%	No:09945 U+05E4E 幎 00000474 0.0060/万 99.8043%	No:09946 U+07A48 穈 00000474 0.0060/万 99.8042%	No:09947 U+09BF7 鯷 00000474 0.0060/万 99.8042%	No:09948 U+0ED27 瘠 00000474 0.0060/万 99.8041%	No:09949 U+04DF6 ䷶ 00000473 0.0060/万 99.8044%	No:09950 U+06D64 浤 00000473 0.0060/万 99.8045%
No:09951 U+07DF0 緰 00000473 0.0060/万 99.8045%	No:09952 U+0EB9B 径 00000473 0.0060/万 99.8043%	No:09953 U+04DD1 ䷑ 00000472 0.0059/万 99.8047%	No:09954 U+08783 螃 00000472 0.0059/万 99.8048%	No:09955 U+088CE 裎 00000472 0.0059/万 99.8048%	No:09956 U+0EB21 嬾 00000472 0.0059/万 99.8046%	No:09957 U+EB7 暬 00000472 0.0059/万 99.8046%	No:09958 U+04DDC ䷜ 00000471 0.0059/万 99.8049%	No:09959 U+04E90 亐 00000471 0.0059/万 99.8050%	No:09960 U+04F4C 佌 00000471 0.0059/万 99.8051%
No:09961 U+05976 奶 00000471 0.0059/万 99.8051%	No:09962 U+05BCD 寍 00000471 0.0059/万 99.8049%	No:09963 U+069B0 榰 00000471 0.0059/万 99.8052%	No:09964 U+0928E 銎 00000471 0.0059/万 99.8052%	No:09965 U+072B2 犲 00000470 0.0059/万 99.8053%	No:09966 U+084F2 蓲 00000470 0.0059/万 99.8054%	No:09967 U+04DCE ䷎ 00000469 0.0059/万 99.8055%	No:09968 U+04DE8 ䷨ 00000469 0.0059/万 99.8055%	No:09969 U+0EE99 追 00000469 0.0059/万 99.8054%	No:09970 U+039A7 㦧 00000468 0.0059/万 99.8056%
No:09971 U+06757 杗 00000468 0.0059/万 99.8057%	No:09972 U+06F5D 潝 00000468 0.0059/万 99.8058%	No:09973 U+E74 氍 00000468 0.0059/万 99.8056%	No:09974 U+04DD4 ䷔ 00000467 0.0059/万 99.8061%	No:09975 U+04DE3 ䷣ 00000467 0.0059/万 99.8059%	No:09976 U+04DFC ䷼ 00000467 0.0059/万 99.8060%	No:09977 U+04EAF 亯 00000467 0.0059/万 99.8058%	No:09978 U+053ED 叭 00000467 0.0059/万 99.8059%	No:09979 U+06227 戧 00000467 0.0059/万 99.8062%	No:09980 U+06AA1 檡 00000467 0.0059/万 99.8062%
No:09981 U+EBF 盩 00000467 0.0059/万 99.8061%	No:09982 U+04DE9 ䷩ 00000466 0.0059/万 99.8063%	No:09983 U+05437 吷 00000466 0.0059/万 99.8064%	No:09984 U+05FFA 忺 00000466 0.0059/万 99.8065%	No:09985 U+065F6 时 00000466 0.0059/万 99.8065%	No:09986 U+08EB6 躶 00000466 0.0059/万 99.8064%	No:09987 U+04DF0 ䷰ 00000465 0.0059/万 99.8066%	No:09988 U+06BFA 毺 00000465 0.0059/万 99.8067%	No:09989 U+06D9A 涚 00000465 0.0059/万 99.8068%	No:09990 U+0704E 灎 00000465 0.0059/万 99.8068%
No:09991 U+07420 琠 00000465 0.0059/万 99.8067%	No:09992 U+03A0E 㨎 00000464 0.0058/万 99.8069%	No:09993 U+0699D 榝 00000464 0.0058/万 99.8071%	No:09994 U+07A83 窃 00000464 0.0058/万 99.8071%	No:09995 U+08880 袀 00000464 0.0058/万 99.8070%	No:09996 U+EBE 郡 00000464 0.0058/万 99.8069%	No:09997 U+04DEE ䷮ 00000463 0.0058/万 99.8073%	No:09998 U+05AB1 媱 00000463 0.0058/万 99.8072%	No:09999 U+09D7D 鵽 00000463 0.0058/万 99.8072%	No:10000 U+04DDF ䷟ 00000462 0.0058/万 99.8077%

No:10001 U+04DF3 ䷳ 00000462 0.0058/万 99.8074%	No:10002 U+04DF4 ䷴ 00000462 0.0058/万 99.8076%	No:10003 U+04E27 丧 00000462 0.0058/万 99.8074%	No:10004 U+04EC3 仃 00000462 0.0058/万 99.8075%	No:10005 U+06386 掆 00000462 0.0058/万 99.8077%	No:10006 U+EED 悠 00000462 0.0058/万 99.8075%	No:10007 U+058C3 壃 00000461 0.0058/万 99.8078%	No:10008 U+06486 撆 00000461 0.0058/万 99.8080%	No:10009 U+06774 杴 00000461 0.0058/万 99.8079%	No:10010 U+06E33 渳 00000461 0.0058/万 99.8081%
No:10011 U+088E7 裧 00000461 0.0058/万 99.8078%	No:10012 U+089B8 覸 00000461 0.0058/万 99.8081%	No:10013 U+08C3C 谼 00000461 0.0058/万 99.8079%	No:10014 U+04DF5 ䷵ 00000460 0.0058/万 99.8082%	No:10015 U+05670 噰 00000460 0.0058/万 99.8082%	No:10016 U+07143 煃 00000460 0.0058/万 99.8084%	No:10017 U+08144 腄 00000460 0.0058/万 99.8083%	No:10018 U+04DD8 ䷘ 00000459 0.0058/万 99.8085%	No:10019 U+057BE 垾 00000459 0.0058/万 99.8085%	No:10020 U+E1F 嫺 00000459 0.0058/万 99.8084%
No:10021 U+03CC5 㳅 00000458 0.0058/万 99.8086%	No:10022 U+0624A 扊 00000458 0.0058/万 99.8089%	No:10023 U+06958 楘 00000458 0.0058/万 99.8089%	No:10024 U+073C5 珅 00000458 0.0058/万 99.8087%	No:10025 U+0782B 砫 00000458 0.0058/万 99.8088%	No:10026 U+08F02 輂 00000458 0.0058/万 99.8090%	No:10027 U+096A5 隥 00000458 0.0058/万 99.8088%	No:10028 U+09EE4 黤 00000458 0.0058/万 99.8086%	No:10029 U+04DF2 ䷲ 00000457 0.0057/万 99.8092%	No:10030 U+05113 儓 00000457 0.0057/万 99.8092%
No:10031 U+09A56 驖 00000457 0.0057/万 99.8090%	No:10032 U+09E9A 麚 00000457 0.0057/万 99.8091%	No:10033 U+04096 䂖 00000456 0.0057/万 99.8093%	No:10034 U+05485 咅 00000456 0.0057/万 99.8093%	No:10035 U+0757C 畼 00000456 0.0057/万 99.8094%	No:10036 U+08793 螓 00000456 0.0057/万 99.8095%	No:10037 U+04DCF ䷏ 00000455 0.0057/万 99.8096%	No:10038 U+06AC4 櫄 00000455 0.0057/万 99.8097%	No:10039 U+06CED 泭 00000455 0.0057/万 99.8097%	No:10040 U+09AD6 髖 00000455 0.0057/万 99.8096%
No:10041 U+09C29 鰩 00000455 0.0057/万 99.8095%	No:10042 U+04DC3 ䷃ 00000454 0.0057/万 99.8099%	No:10043 U+04DC8 ䷈ 00000454 0.0057/万 99.8099%	No:10044 U+052BB 劻 00000454 0.0057/万 99.8098%	No:10045 U+0615C 慜 00000454 0.0057/万 99.8100%	No:10046 U+08722 蜢 00000454 0.0057/万 99.8101%	No:10047 U+09651 陑 00000454 0.0057/万 99.8100%	No:10048 U+03790 㞐 00000453 0.0057/万 99.8103%	No:10049 U+054A1 咡 00000453 0.0057/万 99.8102%	No:10050 U+05E9B 庛 00000453 0.0057/万 99.8104%
No:10051 U+07B07 笇 00000453 0.0057/万 99.8104%	No:10052 U+09F58 齘 00000453 0.0057/万 99.8101%	No:10053 U+EFD 菭 00000453 0.0057/万 99.8103%	No:10054 U+04DDE ䷞ 00000452 0.0057/万 99.8105%	No:10055 U+04DE2 ䷢ 00000452 0.0057/万 99.8106%	No:10056 U+04E02 丂 00000452 0.0057/万 99.8105%	No:10057 U+05B3F 嬿 00000452 0.0057/万 99.8107%	No:10058 U+06D13 洓 00000452 0.0057/万 99.8108%	No:10059 U+0859F 薟 00000452 0.0057/万 99.8107%	No:10060 U+03AEA 㫪 00000451 0.0057/万 99.8109%
No:10061 U+05B1D 嬝 00000451 0.0057/万 99.8110%	No:10062 U+06678 晸 00000451 0.0057/万 99.8111%	No:10063 U+0733B 猻 00000451 0.0057/万 99.8111%	No:10064 U+0EC0C 旨 00000451 0.0057/万 99.8108%	No:10065 U+EFB 菹 00000451 0.0057/万 99.8109%	No:10066 U+043F6 䏶 00000450 0.0057/万 99.8113%	No:10067 U+0861E 蘞 00000450 0.0057/万 99.8113%	No:10068 U+09639 阹 00000450 0.0057/万 99.8114%	No:10069 U+0EA42 曺 00000450 0.0057/万 99.8112%	No:10070 U+E4C 詟 00000450 0.0057/万 99.8112%
No:10071 U+04DEC ䷬ 00000449 0.0056/万 99.8116%	No:10072 U+050C4 僄 00000449 0.0056/万 99.8116%	No:10073 U+054BC 咼 00000449 0.0056/万 99.8117%	No:10074 U+06D0F 洏 00000449 0.0056/万 99.8117%	No:10075 U+098E5 飥 00000449 0.0056/万 99.8115%	No:10076 U+09F76 齶 00000449 0.0056/万 99.8115%	No:10077 U+04DC5 ䷅ 00000448 0.0056/万 99.8119%	No:10078 U+04DD5 ䷕ 00000448 0.0056/万 99.8119%	No:10079 U+05D83 嶃 00000448 0.0056/万 99.8120%	No:10080 U+06592 斒 00000448 0.0056/万 99.8121%
No:10081 U+07A6F 穯 00000448 0.0056/万 99.8120%	No:10082 U+09C4F 鱏 00000448 0.0056/万 99.8118%	No:10083 U+03E84 㺄 00000447 0.0056/万 99.8124%	No:10084 U+04DFA ䷺ 00000447 0.0056/万 99.8123%	No:10085 U+0542A 吪 00000447 0.0056/万 99.8123%	No:10086 U+086CB 蛋 00000447 0.0056/万 99.8125%	No:10087 U+089E1 觡 00000447 0.0056/万 99.8124%	No:10088 U+09848 顈 00000447 0.0056/万 99.8121%	No:10089 U+09D8A 鶊 00000447 0.0056/万 99.8122%	No:10090 U+04DED ䷭ 00000446 0.0056/万 99.8129%
No:10091 U+04DEF ䷯ 00000446 0.0056/万 99.8128%	No:10092 U+04DF8 ䷸ 00000446 0.0056/万 99.8128%	No:10093 U+051D8 凘 00000446 0.0056/万 99.8127%	No:10094 U+0590C 夌 00000446 0.0056/万 99.8127%	No:10095 U+08C77 豷 00000446 0.0056/万 99.8129%	No:10096 U+0EBA7 怵 00000446 0.0056/万 99.8126%	No:10097 U+0EE24 虢 00000446 0.0056/万 99.8125%	No:10098 U+06962 楢 00000445 0.0056/万 99.8130%	No:10099 U+072E2 狢 00000445 0.0056/万 99.8130%	No:10100 U+087DB 蟛 00000445 0.0056/万 99.8131%

No:10101 U+064A2 撢 00000444 0.0056/万 99.8134%	No:10102 U+070CB 烋 00000444 0.0056/万 99.8132%	No:10103 U+083A4 莤 00000444 0.0056/万 99.8133%	No:10104 U+08C39 谹 00000444 0.0056/万 99.8133%	No:10105 U+098E6 飦 00000444 0.0056/万 99.8132%	No:10106 U+070CA 烊 00000443 0.0056/万 99.8137%	No:10107 U+076C9 盉 00000443 0.0056/万 99.8136%	No:10108 U+0864D 虍 00000443 0.0056/万 99.8138%	No:10109 U+08E5B 蹛 00000443 0.0056/万 99.8136%	No:10110 U+093E2 鏢 00000443 0.0056/万 99.8137%
No:10111 U+EDB 抢 00000443 0.0056/万 99.8135%	No:10112 U+EC7 杰 00000443 0.0056/万 99.8134%	No:10113 U+0487E 䡾 00000442 0.0056/万 99.8140%	No:10114 U+04DD9 ䷙ 00000442 0.0056/万 99.8139%	No:10115 U+0537E 卾 00000442 0.0056/万 99.8138%	No:10116 U+05698 嚘 00000442 0.0056/万 99.8139%	No:10117 U+0657B 敻 00000442 0.0056/万 99.8143%	No:10118 U+066DA 曚 00000442 0.0056/万 99.8142%	No:10119 U+06A52 橒 00000442 0.0056/万 99.8142%	No:10120 U+07A6E 穮 00000442 0.0056/万 99.8141%
No:10121 U+07F3F 缿 00000442 0.0056/万 99.8141%	No:10122 U+0825A 艚 00000442 0.0056/万 99.8143%	No:10123 U+04DE4 ䷤ 00000441 0.0055/万 99.8146%	No:10124 U+04DFF ䷿ 00000441 0.0055/万 99.8144%	No:10125 U+05602 嘂 00000441 0.0055/万 99.8145%	No:10126 U+06498 撘 00000441 0.0055/万 99.8146%	No:10127 U+06C61 污 00000441 0.0055/万 99.8147%	No:10128 U+0774A 睊 00000441 0.0055/万 99.8147%	No:10129 U+E1E 鵬 00000441 0.0055/万 99.8145%	No:10130 U+0410D 䄍 00000440 0.0055/万 99.8150%
No:10131 U+04DFB ䷻ 00000440 0.0055/万 99.8149%	No:10132 U+058C8 壈 00000440 0.0055/万 99.8150%	No:10133 U+06053 恓 00000440 0.0055/万 99.8151%	No:10134 U+060BA 悺 00000440 0.0055/万 99.8153%	No:10135 U+06A15 樕 00000440 0.0055/万 99.8152%	No:10136 U+06A28 樨 00000440 0.0055/万 99.8153%	No:10137 U+078A8 碨 00000440 0.0055/万 99.8151%	No:10138 U+08CAD 貭 00000440 0.0055/万 99.8152%	No:10139 U+09ED3 黓 00000440 0.0055/万 99.8148%	No:10140 U+0E79F 运 00000440 0.0055/万 99.8148%
No:10141 U+04DC9 ䷉ 00000439 0.0055/万 99.8155%	No:10142 U+04DE7 ䷧ 00000439 0.0055/万 99.8156%	No:10143 U+058BC 墼 00000439 0.0055/万 99.8156%	No:10144 U+065DD 旝 00000439 0.0055/万 99.8158%	No:10145 U+06A3F 樿 00000439 0.0055/万 99.8157%	No:10146 U+06B31 欱 00000439 0.0055/万 99.8157%	No:10147 U+09138 鄸 00000439 0.0055/万 99.8158%	No:10148 U+09D33 鴳 00000439 0.0055/万 99.8155%	No:10149 U+0EB7B 膺 00000439 0.0055/万 99.8154%	No:10150 U+0536A 卪 00000438 0.0055/万 99.8159%
No:10151 U+07869 硩 00000438 0.0055/万 99.8160%	No:10152 U+08181 膁 00000438 0.0055/万 99.8160%	No:10153 U+04DE6 ䷦ 00000437 0.0055/万 99.8161%	No:10154 U+05CFF 峿 00000437 0.0055/万 99.8161%	No:10155 U+08319 茙 00000437 0.0055/万 99.8162%	No:10156 U+03B4A 㭊 00000436 0.0055/万 99.8163%	No:10157 U+045B5 䖵 00000436 0.0055/万 99.8162%	No:10158 U+06BE8 毨 00000436 0.0055/万 99.8164%	No:10159 U+07458 瑘 00000436 0.0055/万 99.8163%	No:10160 U+05FE9 忩 00000435 0.0055/万 99.8168%
No:10161 U+06630 昰 00000435 0.0055/万 99.8167%	No:10162 U+06FC4 濄 00000435 0.0055/万 99.8166%	No:10163 U+08103 脃 00000435 0.0055/万 99.8168%	No:10164 U+08EC3 軃 00000435 0.0055/万 99.8166%	No:10165 U+08ED1 軑 00000435 0.0055/万 99.8167%	No:10166 U+098C6 飆 00000435 0.0055/万 99.8165%	No:10167 U+0EAA3 廨 00000435 0.0055/万 99.8165%	No:10168 U+04411 䐑 00000434 0.0055/万 99.8170%	No:10169 U+04E3E 举 00000434 0.0055/万 99.8170%	No:10170 U+05A5E 婞 00000434 0.0055/万 99.8169%
No:10171 U+071C2 燂 00000434 0.0055/万 99.8173%	No:10172 U+07500 甀 00000434 0.0055/万 99.8172%	No:10173 U+0750B 甋 00000434 0.0055/万 99.8172%	No:10174 U+077F4 矴 00000434 0.0055/万 99.8173%	No:10175 U+08497 蒗 00000434 0.0055/万 99.8171%	No:10176 U+0908D 邍 00000434 0.0055/万 99.8171%	No:10177 U+05C53 屓 00000433 0.0054/万 99.8176%	No:10178 U+06F34 漴 00000433 0.0054/万 99.8177%	No:10179 U+073D3 珓 00000433 0.0054/万 99.8177%	No:10180 U+0746E 瑮 00000433 0.0054/万 99.8178%
No:10181 U+074A5 璥 00000433 0.0054/万 99.8178%	No:10182 U+099CF 駏 00000433 0.0054/万 99.8174%	No:10183 U+099EC 駬 00000433 0.0054/万 99.8174%	No:10184 U+09BA7 鮧 00000433 0.0054/万 99.8176%	No:10185 U+0E791 苟 00000433 0.0054/万 99.8175%	No:10186 U+034EA 㓪 00000432 0.0054/万 99.8179%	No:10187 U+040EE 䃮 00000432 0.0054/万 99.8181%	No:10188 U+0644E 摎 00000432 0.0054/万 99.8182%	No:10189 U+07758 睘 00000432 0.0054/万 99.8181%	No:10190 U+088B2 袲 00000432 0.0054/万 99.8183%
No:10191 U+090F2 郲 00000432 0.0054/万 99.8182%	No:10192 U+0EE78 跂 00000432 0.0054/万 99.8179%	No:10193 U+E9E 爇 00000432 0.0054/万 99.8180%	No:10194 U+063D5 揕 00000431 0.0054/万 99.8185%	No:10195 U+06E93 溓 00000431 0.0054/万 99.8184%	No:10196 U+081F0 臰 00000431 0.0054/万 99.8184%	No:10197 U+088ED 裭 00000431 0.0054/万 99.8185%	No:10198 U+08A7E 詾 00000431 0.0054/万 99.8186%	No:10199 U+EDE 吐 00000431 0.0054/万 99.8183%	No:10200 U+04FD3 俓 00000430 0.0054/万 99.8188%

No:10201 U+05702 圂 00000430 0.0054/万 99.8188%	No:10202 U+09351 鍑 00000430 0.0054/万 99.8189%	No:10203 U+0967C 陼 00000430 0.0054/万 99.8189%	No:10204 U+098E4 飤 00000430 0.0054/万 99.8187%	No:10205 U+09C37 鰷 00000430 0.0054/万 99.8187%	No:10206 U+053B9 厹 00000429 0.0054/万 99.8191%	No:10207 U+0582E 堮 00000429 0.0054/万 99.8191%	No:10208 U+06DAB 涫 00000429 0.0054/万 99.8193%	No:10209 U+09F04 鼄 00000429 0.0054/万 99.8190%	No:10210 U+E26 ⿰舟召 00000429 0.0054/万 99.8190%
No:10211 U+EB4 ⿺辶生 00000429 0.0054/万 99.8192%	No:10212 U+05C74 屴 00000428 0.0054/万 99.8194%	No:10213 U+06A8D 檍 00000428 0.0054/万 99.8195%	No:10214 U+07A19 稙 00000428 0.0054/万 99.8195%	No:10215 U+0EEA6 逢 00000428 0.0054/万 99.8193%	No:10216 U+E0D ⿱竹欽 00000428 0.0054/万 99.8194%	No:10217 U+05C03 尃 00000427 0.0054/万 99.8197%	No:10218 U+06032 怲 00000427 0.0054/万 99.8198%	No:10219 U+0760B 瘋 00000427 0.0054/万 99.8197%	No:10220 U+0889C 袜 00000427 0.0054/万 99.8198%
No:10221 U+09EF2 黲 00000427 0.0054/万 99.8196%	No:10222 U+ED5 ⿰犭回 00000427 0.0054/万 99.8196%	No:10223 U+04569 䕩 00000426 0.0054/万 99.8201%	No:10224 U+04DF7 ䷷ 00000426 0.0054/万 99.8200%	No:10225 U+0570C 圌 00000426 0.0054/万 99.8202%	No:10226 U+05ABB 媻 00000426 0.0054/万 99.8200%	No:10227 U+05E09 帉 00000426 0.0054/万 99.8201%	No:10228 U+05E8C 庌 00000426 0.0054/万 99.8203%	No:10229 U+07623 瘣 00000426 0.0054/万 99.8203%	No:10230 U+085FE 藾 00000426 0.0054/万 99.8202%
No:10231 U+08976 襶 00000426 0.0054/万 99.8204%	No:10232 U+098F6 飶 00000426 0.0054/万 99.8199%	No:10233 U+05228 刨 00000425 0.0053/万 99.8205%	No:10234 U+05660 噠 00000425 0.0053/万 99.8206%	No:10235 U+058AC 墬 00000425 0.0053/万 99.8207%	No:10236 U+05986 妆 00000425 0.0053/万 99.8205%	No:10237 U+060F5 惵 00000425 0.0053/万 99.8208%	No:10238 U+06E12 渒 00000425 0.0053/万 99.8207%	No:10239 U+09EB9 麹 00000425 0.0053/万 99.8204%	No:10240 U+038B8 㢸 00000424 0.0053/万 99.8210%
No:10241 U+042B8 䊸 00000424 0.0053/万 99.8209%	No:10242 U+04670 䙰 00000424 0.0053/万 99.8210%	No:10243 U+053C0 叀 00000424 0.0053/万 99.8211%	No:10244 U+05F2E 弮 00000424 0.0053/万 99.8213%	No:10245 U+063AF 掯 00000424 0.0053/万 99.8211%	No:10246 U+06A67 橧 00000424 0.0053/万 99.8212%	No:10247 U+07628 瘨 00000424 0.0053/万 99.8212%	No:10248 U+084DA 蓚 00000424 0.0053/万 99.8214%	No:10249 U+08B7E 譾 00000424 0.0053/万 99.8214%	No:10250 U+09B9E 鮞 00000424 0.0053/万 99.8208%
No:10251 U+09D10 鴐 00000424 0.0053/万 99.8209%	No:10252 U+04DF1 ䷱ 00000423 0.0053/万 99.8215%	No:10253 U+0604B 恋 00000423 0.0053/万 99.8217%	No:10254 U+0644B 摋 00000423 0.0053/万 99.8218%	No:10255 U+06604 昄 00000423 0.0053/万 99.8218%	No:10256 U+0724F 牏 00000423 0.0053/万 99.8217%	No:10257 U+07D56 絖 00000423 0.0053/万 99.8216%	No:10258 U+0EA3A 衰 00000423 0.0053/万 99.8215%	No:10259 U+E8A 辛 00000423 0.0053/万 99.8216%	No:10260 U+077C5 矅 00000422 0.0053/万 99.8219%
No:10261 U+087E8 蟨 00000422 0.0053/万 99.8219%	No:10262 U+03559 㕙 00000421 0.0053/万 99.8221%	No:10263 U+0380B 㠋 00000421 0.0053/万 99.8221%	No:10264 U+04DF9 ䷹ 00000421 0.0053/万 99.8222%	No:10265 U+0789E 碞 00000421 0.0053/万 99.8223%	No:10266 U+07D63 絣 00000421 0.0053/万 99.8222%	No:10267 U+09EF9 黹 00000421 0.0053/万 99.8220%	No:10268 U+05405 吅 00000420 0.0053/万 99.8225%	No:10269 U+05AD5 嫕 00000420 0.0053/万 99.8226%	No:10270 U+05C1E 尞 00000420 0.0053/万 99.8225%
No:10271 U+060EA 惪 00000420 0.0053/万 99.8228%	No:10272 U+0818D 膍 00000420 0.0053/万 99.8229%	No:10273 U+092C4 鋄 00000420 0.0053/万 99.8227%	No:10274 U+0967E 陾 00000420 0.0053/万 99.8227%	No:10275 U+0971B 霛 00000420 0.0053/万 99.8223%	No:10276 U+E0C ⿰氵亟 00000420 0.0053/万 99.8226%	No:10277 U+E4F 角 00000420 0.0053/万 99.8224%	No:10278 U+E57 ⿰言旁 00000420 0.0053/万 99.8224%	No:10279 U+05684 嚄 00000419 0.0053/万 99.8230%	No:10280 U+09327 錧 00000419 0.0053/万 99.8231%
No:10281 U+09C08 鰈 00000419 0.0053/万 99.8230%	No:10282 U+0EB01 殊 00000419 0.0053/万 99.8229%	No:10283 U+0470C 䜌 00000418 0.0053/万 99.8233%	No:10284 U+05273 剳 00000418 0.0053/万 99.8233%	No:10285 U+054F3 哳 00000418 0.0053/万 99.8232%	No:10286 U+06A0F 標 00000418 0.0053/万 99.8235%	No:10287 U+06C98 沘 00000418 0.0053/万 99.8234%	No:10288 U+07BD0 篐 00000418 0.0053/万 99.8235%	No:10289 U+07DFA 緺 00000418 0.0053/万 99.8234%	No:10290 U+09DCA 鷊 00000418 0.0053/万 99.8232%
No:10291 U+0EECB 鉛 00000418 0.0053/万 99.8231%	No:10292 U+05036 倶 00000417 0.0052/万 99.8236%	No:10293 U+05917 夗 00000417 0.0052/万 99.8236%	No:10294 U+077CC 矌 00000417 0.0052/万 99.8238%	No:10295 U+07A6C 穬 00000417 0.0052/万 99.8237%	No:10296 U+083E3 菣 00000417 0.0052/万 99.8238%	No:10297 U+04F80 侀 00000416 0.0052/万 99.8239%	No:10298 U+069C5 槅 00000416 0.0052/万 99.8240%	No:10299 U+07D6D 絭 00000416 0.0052/万 99.8241%	No:10300 U+0EC96 淦 00000416 0.0052/万 99.8239%

No:10301 U+F06 散 00000416 0.0052/万 99.8240%	No:10302 U+08DA1 趡 00000415 0.0052/万 99.8241%	No:10303 U+035F8 㗸 00000414 0.0052/万 99.8243%	No:10304 U+0666B 晫 00000414 0.0052/万 99.8244%	No:10305 U+08EB3 躳 00000414 0.0052/万 99.8245%	No:10306 U+09121 鄡 00000414 0.0052/万 99.8244%	No:10307 U+0976C 靬 00000414 0.0052/万 99.8242%	No:10308 U+EB3 刿 00000414 0.0052/万 99.8243%	No:10309 U+E84 膗 00000414 0.0052/万 99.8242%	No:10310 U+05899 墙 00000413 0.0052/万 99.8247%
No:10311 U+05DF9 巹 00000413 0.0052/万 99.8246%	No:10312 U+06DF2 淲 00000413 0.0052/万 99.8248%	No:10313 U+0784C 硌 00000413 0.0052/万 99.8248%	No:10314 U+09C31 鰱 00000413 0.0052/万 99.8246%	No:10315 U+0EB0F 燹 00000413 0.0052/万 99.8245%	No:10316 U+03984 㦄 00000412 0.0052/万 99.8249%	No:10317 U+05EF0 廰 00000412 0.0052/万 99.8251%	No:10318 U+06342 捂 00000412 0.0052/万 99.8250%	No:10319 U+06B7A 歺 00000412 0.0052/万 99.8252%	No:10320 U+06D8D 涍 00000412 0.0052/万 99.8251%
No:10321 U+085A0 薠 00000412 0.0052/万 99.8250%	No:10322 U+0876F 蝯 00000412 0.0052/万 99.8249%	No:10323 U+08926 褦 00000412 0.0052/万 99.8252%	No:10324 U+0684B 桋 00000411 0.0052/万 99.8255%	No:10325 U+06CD1 泑 00000411 0.0052/万 99.8255%	No:10326 U+08200 舀 00000411 0.0052/万 99.8256%	No:10327 U+0910B 鄋 00000411 0.0052/万 99.8254%	No:10328 U+099E3 駣 00000411 0.0052/万 99.8253%	No:10329 U+09B3D 鬽 00000411 0.0052/万 99.8254%	No:10330 U+09E0B 鸋 00000411 0.0052/万 99.8253%
No:10331 U+054CD 响 00000410 0.0052/万 99.8256%	No:10332 U+0571B 圛 00000410 0.0052/万 99.8257%	No:10333 U+05FF7 忷 00000410 0.0052/万 99.8258%	No:10334 U+06F57 潗 00000410 0.0052/万 99.8257%	No:10335 U+082FA 苺 00000410 0.0052/万 99.8259%	No:10336 U+0896D 襭 00000410 0.0052/万 99.8258%	No:10337 U+0927C 鉼 00000410 0.0052/万 99.8260%	No:10338 U+078BC 碼 00000409 0.0051/万 99.8261%	No:10339 U+093C7 鏇 00000409 0.0051/万 99.8260%	No:10340 U+088A1 袡 00000408 0.0051/万 99.8263%
No:10341 U+09920 餠 00000408 0.0051/万 99.8261%	No:10342 U+EBA 癧 00000408 0.0051/万 99.8262%	No:10343 U+EC0 餐 00000408 0.0051/万 99.8262%	No:10344 U+09911 餑 00000407 0.0051/万 99.8263%	No:10345 U+09935 餵 00000407 0.0051/万 99.8264%	No:10346 U+061D8 懘 00000406 0.0051/万 99.8266%	No:10347 U+06A7F 橿 00000406 0.0051/万 99.8266%	No:10348 U+06E45 湅 00000406 0.0051/万 99.8265%	No:10349 U+EDD 白 00000406 0.0051/万 99.8264%	No:10350 U+EE6 甑 00000406 0.0051/万 99.8265%
No:10351 U+04F90 侐 00000405 0.0051/万 99.8268%	No:10352 U+07376 獶 00000405 0.0051/万 99.8268%	No:10353 U+07820 砠 00000405 0.0051/万 99.8269%	No:10354 U+086DA 蛚 00000405 0.0051/万 99.8269%	No:10355 U+0919D 醝 00000405 0.0051/万 99.8270%	No:10356 U+0EDA2 邊 00000405 0.0051/万 99.8267%	No:10357 U+EE3 苊 00000405 0.0051/万 99.8267%	No:10358 U+05C66 屦 00000404 0.0051/万 99.8271%	No:10359 U+0676E 杮 00000404 0.0051/万 99.8273%	No:10360 U+067E3 柣 00000404 0.0051/万 99.8272%
No:10361 U+0723F 爿 00000404 0.0051/万 99.8273%	No:10362 U+07421 琡 00000404 0.0051/万 99.8271%	No:10363 U+08203 舃 00000404 0.0051/万 99.8272%	No:10364 U+09782 鞂 00000404 0.0051/万 99.8270%	No:10365 U+07DF5 緵 00000403 0.0051/万 99.8276%	No:10366 U+080C9 胉 00000403 0.0051/万 99.8276%	No:10367 U+0881A 蠚 00000403 0.0051/万 99.8275%	No:10368 U+09B29 鬩 00000403 0.0051/万 99.8274%	No:10369 U+0EB5F 卺 00000403 0.0051/万 99.8274%	No:10370 U+0EEF1 霨 00000403 0.0051/万 99.8275%
No:10371 U+0526D 剭 00000402 0.0051/万 99.8277%	No:10372 U+06329 挩 00000402 0.0051/万 99.8279%	No:10373 U+06E73 湳 00000402 0.0051/万 99.8278%	No:10374 U+07548 畈 00000402 0.0051/万 99.8277%	No:10375 U+04065 䁥 00000401 0.0050/万 99.8280%	No:10376 U+064A6 撦 00000401 0.0050/万 99.8280%	No:10377 U+074C0 瓀 00000401 0.0050/万 99.8281%	No:10378 U+09B19 鬙 00000401 0.0050/万 99.8279%	No:10379 U+04E22 丢 00000400 0.0050/万 99.8283%	No:10380 U+0ED7E 窆 00000400 0.0050/万 99.8281%
No:10381 U+0ED99 篏 00000400 0.0050/万 99.8282%	No:10382 U+ED4 昊 00000400 0.0050/万 99.8283%	No:10383 U+EB1 𤩷 00000400 0.0050/万 99.8284%	No:10384 U+E31 匱 00000400 0.0050/万 99.8282%	No:10385 U+065D3 旓 00000399 0.0050/万 99.8286%	No:10386 U+07DC6 緆 00000399 0.0050/万 99.8286%	No:10387 U+0862A 蘪 00000399 0.0050/万 99.8287%	No:10388 U+09124 鄤 00000399 0.0050/万 99.8285%	No:10389 U+09BD4 鯔 00000399 0.0050/万 99.8284%	No:10390 U+0F55C 聠 00000399 0.0050/万 99.8285%
No:10391 U+034B9 㒹 00000398 0.0050/万 99.8288%	No:10392 U+082C3 苃 00000398 0.0050/万 99.8289%	No:10393 U+084EB 蓫 00000398 0.0050/万 99.8288%	No:10394 U+089BB 覻 00000398 0.0050/万 99.8289%	No:10395 U+09F7E 齾 00000398 0.0050/万 99.8287%	No:10396 U+03CE4 㳤 00000397 0.0050/万 99.8292%	No:10397 U+04D44 䵄 00000397 0.0050/万 99.8291%	No:10398 U+06209 戉 00000397 0.0050/万 99.8294%	No:10399 U+0708C 炌 00000397 0.0050/万 99.8293%	No:10400 U+077A9 瞩 00000397 0.0050/万 99.8292%

No:10401 U+07BFF 篿 00000397 0.0050/万 99.8295%	No:10402 U+080A3 肣 00000397 0.0050/万 99.8293%	No:10403 U+08A44 詄 00000397 0.0050/万 99.8294%	No:10404 U+09D4A 鵊 00000397 0.0050/万 99.8290%	No:10405 U+0EA5C 偙 00000397 0.0050/万 99.8290%	No:10406 U+0EB8D ⿰弓口 00000397 0.0050/万 99.8291%	No:10407 U+053DC 叜 00000396 0.0050/万 99.8297%	No:10408 U+0588C 墌 00000396 0.0050/万 99.8298%	No:10409 U+08964 襤 00000396 0.0050/万 99.8299%	No:10410 U+097C5 韅 00000396 0.0050/万 99.8296%
No:10411 U+099BD 馽 00000396 0.0050/万 99.8296%	No:10412 U+09A46 驆 00000396 0.0050/万 99.8297%	No:10413 U+0EF6D 睗 00000396 0.0050/万 99.8295%	No:10414 U+E61 ⿰豸寸 00000396 0.0050/万 99.8298%	No:10415 U+04836 䠶 00000395 0.0050/万 99.8299%	No:10416 U+05AA0 婧 00000395 0.0050/万 99.8300%	No:10417 U+06145 慅 00000395 0.0050/万 99.8301%	No:10418 U+08061 聡 00000395 0.0050/万 99.8300%	No:10419 U+04E9D 亝 00000394 0.0050/万 99.8302%	No:10420 U+052EE 勮 00000394 0.0050/万 99.8302%
No:10421 U+078AF 碯 00000394 0.0050/万 99.8304%	No:10422 U+083ED 落 00000394 0.0050/万 99.8303%	No:10423 U+0882E 蠮 00000394 0.0050/万 99.8303%	No:10424 U+0ECC4 ⿱⺌九 00000394 0.0050/万 99.8301%	No:10425 U+07044 灄 00000393 0.0049/万 99.8304%	No:10426 U+07098 炘 00000393 0.0049/万 99.8305%	No:10427 U+0710C 焌 00000393 0.0049/万 99.8306%	No:10428 U+083DD 菝 00000393 0.0049/万 99.8305%	No:10429 U+0408A ⿰豸彖 00000392 0.0049/万 99.8309%	No:10430 U+0453F ⿱艹尊 00000392 0.0049/万 99.8308%
No:10431 U+09948 饈 00000392 0.0049/万 99.8308%	No:10432 U+09EB7 麷 00000392 0.0049/万 99.8307%	No:10433 U+0EC79 汧 00000392 0.0049/万 99.8307%	No:10434 U+0ED9C 簷 00000392 0.0049/万 99.8306%	No:10435 U+09709 霉 00000391 0.0049/万 99.8310%	No:10436 U+09DA4 鶤 00000391 0.0049/万 99.8309%	No:10437 U+0574B 坋 00000390 0.0049/万 99.8312%	No:10438 U+0683F 栿 00000390 0.0049/万 99.8313%	No:10439 U+075E3 痣 00000390 0.0049/万 99.8313%	No:10440 U+09BF6 鯶 00000390 0.0049/万 99.8310%
No:10441 U+0EE26 ⿸虍亏 00000390 0.0049/万 99.8311%	No:10442 U+EBC 悠 00000390 0.0049/万 99.8311%	No:10443 U+E44 ⿰目㐬 00000390 0.0049/万 99.8312%	No:10444 U+06748 杈 00000389 0.0049/万 99.8315%	No:10445 U+0EB2F ⿱宀幸 00000389 0.0049/万 99.8314%	No:10446 U+EAF ⿰王燮 00000389 0.0049/万 99.8314%	No:10447 U+03DD4 㷔 00000388 0.0049/万 99.8316%	No:10448 U+057BB 垻 00000388 0.0049/万 99.8317%	No:10449 U+05A2C 娬 00000388 0.0049/万 99.8316%	No:10450 U+05D41 嵁 00000388 0.0049/万 99.8317%
No:10451 U+062C5 担 00000388 0.0049/万 99.8319%	No:10452 U+0656B 敫 00000388 0.0049/万 99.8319%	No:10453 U+076C7 盇 00000388 0.0049/万 99.8318%	No:10454 U+08EE5 軥 00000388 0.0049/万 99.8318%	No:10455 U+0F1B6 ⿰⿱罒木刂 00000388 0.0049/万 99.8315%	No:10456 U+05C70 屰 00000387 0.0049/万 99.8321%	No:10457 U+05D7D 嵽 00000387 0.0049/万 99.8320%	No:10458 U+0751D 甝 00000387 0.0049/万 99.8321%	No:10459 U+08A7B 詻 00000387 0.0049/万 99.8322%	No:10460 U+092B6 銶 00000387 0.0049/万 99.8322%
No:10461 U+0EC8A 涼 00000387 0.0049/万 99.8320%	No:10462 U+E29 蜂 00000387 0.0049/万 99.8321%	No:10463 U+054A0 咠 00000386 0.0048/万 99.8324%	No:10464 U+05860 塠 00000386 0.0048/万 99.8323%	No:10465 U+06A34 樴 00000386 0.0048/万 99.8324%	No:10466 U+075B1 疱 00000386 0.0048/万 99.8326%	No:10467 U+07FC2 翂 00000386 0.0048/万 99.8326%	No:10468 U+081C1 臁 00000386 0.0048/万 99.8325%	No:10469 U+09462 鑢 00000386 0.0048/万 99.8325%	No:10470 U+09F41 齁 00000386 0.0048/万 99.8323%
No:10471 U+056A6 嚦 00000385 0.0048/万 99.8327%	No:10472 U+056C8 囈 00000385 0.0048/万 99.8328%	No:10473 U+0604C 恌 00000385 0.0048/万 99.8330%	No:10474 U+063CE 揎 00000385 0.0048/万 99.8331%	No:10475 U+06835 栵 00000385 0.0048/万 99.8328%	No:10476 U+07A90 窐 00000385 0.0048/万 99.8329%	No:10477 U+07B2F 笯 00000385 0.0048/万 99.8329%	No:10478 U+08A8E 誎 00000385 0.0048/万 99.8330%	No:10479 U+EFA ⿰口沓 00000385 0.0048/万 99.8327%	No:10480 U+04E93 亓 00000384 0.0048/万 99.8332%
No:10481 U+054A9 咩 00000384 0.0048/万 99.8333%	No:10482 U+05BCB 寋 00000384 0.0048/万 99.8331%	No:10483 U+0749B 璛 00000384 0.0048/万 99.8334%	No:10484 U+07E63 繣 00000384 0.0048/万 99.8333%	No:10485 U+0800A 耊 00000384 0.0048/万 99.8334%	No:10486 U+E99 ⿰角戔 00000384 0.0048/万 99.8332%	No:10487 U+036D0 㛐 00000383 0.0048/万 99.8337%	No:10488 U+03A5C 㩜 00000383 0.0048/万 99.8337%	No:10489 U+08429 萩 00000383 0.0048/万 99.8338%	No:10490 U+093A3 鎣 00000383 0.0048/万 99.8338%
No:10491 U+09A22 騢 00000383 0.0048/万 99.8335%	No:10492 U+09CFB 鳻 00000383 0.0048/万 99.8335%	No:10493 U+09DD4 鷔 00000383 0.0048/万 99.8336%	No:10494 U+E3A ⿱尧几 00000383 0.0048/万 99.8336%	No:10495 U+07715 眕 00000382 0.0048/万 99.8340%	No:10496 U+0777A 睺 00000382 0.0048/万 99.8340%	No:10497 U+09135 鄵 00000382 0.0048/万 99.8340%	No:10498 U+0F76F 濩 00000382 0.0048/万 99.8339%	No:10499 U+E9D ⿺辶羊 00000382 0.0048/万 99.8339%	No:10500 U+05A04 娄 00000381 0.0048/万 99.8342%

No:10501 U+09788 鞈 00000381 0.0048/万 99.8342%	No:10502 U+097B8 鞸 00000381 0.0048/万 99.8341%	No:10503 U+09EF4 黴 00000381 0.0048/万 99.8341%	No:10504 U+0676C 杬 00000380 0.0048/万 99.8344%	No:10505 U+06B91 殑 00000380 0.0048/万 99.8346%	No:10506 U+07581 疁 00000380 0.0048/万 99.8345%	No:10507 U+07910 礐 00000380 0.0048/万 99.8345%	No:10508 U+08879 衹 00000380 0.0048/万 99.8344%	No:10509 U+0EB9D 衘 00000380 0.0048/万 99.8343%	No:10510 U+E40 居 00000380 0.0048/万 99.8343%
No:10511 U+05BAC 宬 00000379 0.0048/万 99.8347%	No:10512 U+07C9E 粞 00000379 0.0048/万 99.8348%	No:10513 U+07D11 紑 00000379 0.0048/万 99.8348%	No:10514 U+0EA2A 册 00000379 0.0048/万 99.8347%	No:10515 U+0ED4A 瞋 00000379 0.0048/万 99.8346%	No:10516 U+034E8 㓨 00000378 0.0047/万 99.8349%	No:10517 U+0400B 䀋 00000378 0.0047/万 99.8350%	No:10518 U+04FD9 俙 00000378 0.0047/万 99.8351%	No:10519 U+0505F 偟 00000378 0.0047/万 99.8351%	No:10520 U+0588D 墍 00000378 0.0047/万 99.8350%
No:10521 U+058F3 壳 00000378 0.0047/万 99.8352%	No:10522 U+075F9 痹 00000378 0.0047/万 99.8352%	No:10523 U+0ECB7 潛 00000378 0.0047/万 99.8349%	No:10524 U+04610 䘐 00000377 0.0047/万 99.8354%	No:10525 U+05212 划 00000377 0.0047/万 99.8353%	No:10526 U+05E50 幐 00000377 0.0047/万 99.8354%	No:10527 U+075AA 疪 00000377 0.0047/万 99.8355%	No:10528 U+07E4D 繍 00000377 0.0047/万 99.8355%	No:10529 U+09726 霦 00000377 0.0047/万 99.8353%	No:10530 U+F63 芑 00000377 0.0047/万 99.8353%
No:10531 U+0349F 㒟 00000376 0.0047/万 99.8356%	No:10532 U+04CD2 䳒 00000376 0.0047/万 99.8356%	No:10533 U+06233 戳 00000376 0.0047/万 99.8358%	No:10534 U+06FDC 濜 00000376 0.0047/万 99.8358%	No:10535 U+078E1 磡 00000376 0.0047/万 99.8357%	No:10536 U+0793D 礽 00000376 0.0047/万 99.8359%	No:10537 U+07A38 稸 00000376 0.0047/万 99.8359%	No:10538 U+E85 躞 00000376 0.0047/万 99.8357%	No:10539 U+03CAA 㲪 00000375 0.0047/万 99.8361%	No:10540 U+06FAD 澭 00000375 0.0047/万 99.8361%
No:10541 U+083D9 菙 00000375 0.0047/万 99.8362%	No:10542 U+085AE 薮 00000375 0.0047/万 99.8362%	No:10543 U+0EBD0 残 00000375 0.0047/万 99.8360%	No:10544 U+0ED6D [illegible] 00000375 0.0047/万 99.8360%	No:10545 U+03D29 㴩 00000374 0.0047/万 99.8364%	No:10546 U+05874 塴 00000374 0.0047/万 99.8363%	No:10547 U+05C1D 尝 00000374 0.0047/万 99.8363%	No:10548 U+06F5F 潟 00000374 0.0047/万 99.8365%	No:10549 U+077EC 矬 00000374 0.0047/万 99.8366%	No:10550 U+07B4A 筊 00000374 0.0047/万 99.8365%
No:10551 U+088F1 裱 00000374 0.0047/万 99.8366%	No:10552 U+089F7 觷 00000374 0.0047/万 99.8364%	No:10553 U+09ABE 骾 00000374 0.0047/万 99.8363%	No:10554 U+07356 獖 00000373 0.0047/万 99.8370%	No:10555 U+07D91 綑 00000373 0.0047/万 99.8370%	No:10556 U+085BB 薻 00000373 0.0047/万 99.8371%	No:10557 U+08796 螖 00000373 0.0047/万 99.8369%	No:10558 U+0999B 馛 00000373 0.0047/万 99.8367%	No:10559 U+0FA23 﨣 00000373 0.0047/万 99.8367%	No:10560 U+EF9 墻 00000373 0.0047/万 99.8368%
No:10561 U+E9E 湿 00000373 0.0047/万 99.8368%	No:10562 U+E51 遂 00000373 0.0047/万 99.8369%	No:10563 U+04104 䄄 00000372 0.0047/万 99.8372%	No:10564 U+04C1E 䰞 00000372 0.0047/万 99.8372%	No:10565 U+05721 圡 00000372 0.0047/万 99.8372%	No:10566 U+06723 朣 00000372 0.0047/万 99.8373%	No:10567 U+09E96 麖 00000372 0.0047/万 99.8371%	No:10568 U+0552A 唪 00000371 0.0047/万 99.8375%	No:10569 U+05804 堄 00000371 0.0047/万 99.8376%	No:10570 U+05B7F 孿 00000371 0.0047/万 99.8375%
No:10571 U+05DE3 巣 00000371 0.0047/万 99.8374%	No:10572 U+07680 皀 00000371 0.0047/万 99.8378%	No:10573 U+07928 礨 00000371 0.0047/万 99.8377%	No:10574 U+08609 蘉 00000371 0.0047/万 99.8377%	No:10575 U+0EE07 蕙 00000371 0.0047/万 99.8373%	No:10576 U+E67 忝 00000371 0.0047/万 99.8374%	No:10577 U+E28 虧 00000371 0.0047/万 99.8376%	No:10578 U+03800 㠀 00000370 0.0046/万 99.8378%	No:10579 U+03B0E 㬎 00000370 0.0046/万 99.8379%	No:10580 U+06956 楖 00000370 0.0046/万 99.8380%
No:10581 U+0864B 虋 00000370 0.0046/万 99.8379%	No:10582 U+0869B 蚛 00000370 0.0046/万 99.8380%	No:10583 U+03EDB 㻛 00000369 0.0046/万 99.8381%	No:10584 U+050E4 僤 00000369 0.0046/万 99.8380%	No:10585 U+0617D 慽 00000369 0.0046/万 99.8382%	No:10586 U+06879 桹 00000369 0.0046/万 99.8381%	No:10587 U+0858B 薋 00000369 0.0046/万 99.8383%	No:10588 U+093EC 鏬 00000369 0.0046/万 99.8382%	No:10589 U+096B6 隶 00000369 0.0046/万 99.8383%	No:10590 U+04FB9 侹 00000368 0.0046/万 99.8384%
No:10591 U+0546C 呬 00000368 0.0046/万 99.8384%	No:10592 U+05E53 幓 00000368 0.0046/万 99.8386%	No:10593 U+05E92 庒 00000368 0.0046/万 99.8385%	No:10594 U+F00 隷 00000368 0.0046/万 99.8385%	No:10595 U+0385B 㡛 00000367 0.0046/万 99.8388%	No:10596 U+0592F 夯 00000367 0.0046/万 99.8389%	No:10597 U+05B7C 孼 00000367 0.0046/万 99.8387%	No:10598 U+05D0C 崌 00000367 0.0046/万 99.8389%	No:10599 U+05DA1 嶡 00000367 0.0046/万 99.8388%	No:10600 U+05DD9 巙 00000367 0.0046/万 99.8390%

No:10601 U+05FEC 忬 00000367 0.0046/万 99.8391%	No:10602 U+06264 扤 00000367 0.0046/万 99.8391%	No:10603 U+06882 梂 00000367 0.0046/万 99.8392%	No:10604 U+06BBC 殼 00000367 0.0046/万 99.8392%	No:10605 U+07646 癆 00000367 0.0046/万 99.8390%	No:10606 U+08967 襧 00000367 0.0046/万 99.8393%	No:10607 U+09829 頩 00000367 0.0046/万 99.8387%	No:10608 U+09A1E 騞 00000367 0.0046/万 99.8387%	No:10609 U+09D74 鵴 00000367 0.0046/万 99.8386%	No:10610 U+0581D 堝 00000366 0.0046/万 99.8393%
No:10611 U+08E79 蹹 00000366 0.0046/万 99.8394%	No:10612 U+0919F 醟 00000366 0.0046/万 99.8394%	No:10613 U+E37 坙 00000366 0.0046/万 99.8393%	No:10614 U+04E29 丩 00000365 0.0046/万 99.8395%	No:10615 U+0501B 倛 00000365 0.0046/万 99.8396%	No:10616 U+06EFD 滽 00000365 0.0046/万 99.8397%	No:10617 U+09246 鉆 00000365 0.0046/万 99.8397%	No:10618 U+096BE 难 00000365 0.0046/万 99.8396%	No:10619 U+09823 頣 00000365 0.0046/万 99.8395%	No:10620 U+0519E 冞 00000364 0.0046/万 99.8399%
No:10621 U+05D9D 嶝 00000364 0.0046/万 99.8399%	No:10622 U+05DE0 巠 00000364 0.0046/万 99.8400%	No:10623 U+072A6 犦 00000364 0.0046/万 99.8401%	No:10624 U+07C3A 簺 00000364 0.0046/万 99.8400%	No:10625 U+09C3E 鰾 00000364 0.0046/万 99.8398%	No:10626 U+0EB96 彤 00000364 0.0046/万 99.8398%	No:10627 U+E54 𧊋 00000364 0.0046/万 99.8400%	No:10628 U+05794 垔 00000363 0.0046/万 99.8402%	No:10629 U+05C30 尰 00000363 0.0046/万 99.8402%	No:10630 U+05D37 崷 00000363 0.0046/万 99.8403%
No:10631 U+072EB 狫 00000363 0.0046/万 99.8403%	No:10632 U+08D8E 趎 00000363 0.0046/万 99.8404%	No:10633 U+09ED5 黕 00000363 0.0046/万 99.8401%	No:10634 U+04768 䝨 00000362 0.0045/万 99.8405%	No:10635 U+05D9E 嶞 00000362 0.0045/万 99.8405%	No:10636 U+0678F 枏 00000362 0.0045/万 99.8406%	No:10637 U+06A32 樲 00000362 0.0045/万 99.8408%	No:10638 U+07611 瘑 00000362 0.0045/万 99.8408%	No:10639 U+08187 膇 00000362 0.0045/万 99.8407%	No:10640 U+084A7 蒧 00000362 0.0045/万 99.8406%
No:10641 U+09692 隒 00000362 0.0045/万 99.8407%	No:10642 U+0EC4C 櫪 00000362 0.0045/万 99.8404%	No:10643 U+E4C 㱿 00000362 0.0045/万 99.8405%	No:10644 U+04478 䑸 00000361 0.0045/万 99.8409%	No:10645 U+06665 晥 00000361 0.0045/万 99.8411%	No:10646 U+06965 楥 00000361 0.0045/万 99.8410%	No:10647 U+08552 蕒 00000361 0.0045/万 99.8410%	No:10648 U+097FA 韺 00000361 0.0045/万 99.8409%	No:10649 U+057C8 埈 00000360 0.0045/万 99.8412%	No:10650 U+057F0 埰 00000360 0.0045/万 99.8412%
No:10651 U+091B7 醷 00000360 0.0045/万 99.8413%	No:10652 U+09C7A 鱺 00000360 0.0045/万 99.8411%	No:10653 U+0EA91 勑 00000360 0.0045/万 99.8411%	No:10654 U+0608B 悋 00000359 0.0045/万 99.8416%	No:10655 U+06B00 欀 00000359 0.0045/万 99.8416%	No:10656 U+06BE1 毡 00000359 0.0045/万 99.8415%	No:10657 U+07045 灅 00000359 0.0045/万 99.8415%	No:10658 U+07BAF 箯 00000359 0.0045/万 99.8414%	No:10659 U+08637 蘷 00000359 0.0045/万 99.8414%	No:10660 U+08ADE 諞 00000359 0.0045/万 99.8417%
No:10661 U+09315 錕 00000359 0.0045/万 99.8416%	No:10662 U+09A08 騈 00000359 0.0045/万 99.8413%	No:10663 U+04793 䞓 00000358 0.0045/万 99.8419%	No:10664 U+05902 夂 00000358 0.0045/万 99.8419%	No:10665 U+06827 栧 00000358 0.0045/万 99.8421%	No:10666 U+06871 桱 00000358 0.0045/万 99.8422%	No:10667 U+0765C 癜 00000358 0.0045/万 99.8421%	No:10668 U+077F9 矹 00000358 0.0045/万 99.8422%	No:10669 U+07913 礓 00000358 0.0045/万 99.8420%	No:10670 U+0835A 荚 00000358 0.0045/万 99.8420%
No:10671 U+086A0 蚠 00000358 0.0045/万 99.8421%	No:10672 U+0979F 鞟 00000358 0.0045/万 99.8418%	No:10673 U+09C58 鱘 00000358 0.0045/万 99.8418%	No:10674 U+09EC2 黂 00000358 0.0045/万 99.8417%	No:10675 U+03687 㚇 00000357 0.0045/万 99.8424%	No:10676 U+04BFB 䯻 00000357 0.0045/万 99.8424%	No:10677 U+05B38 嬸 00000357 0.0045/万 99.8423%	No:10678 U+05E6D 幭 00000357 0.0045/万 99.8425%	No:10679 U+068A9 梩 00000357 0.0045/万 99.8426%	No:10680 U+081C3 臃 00000357 0.0045/万 99.8425%
No:10681 U+08788 螈 00000357 0.0045/万 99.8426%	No:10682 U+09133 鄳 00000357 0.0045/万 99.8426%	No:10683 U+09D40 鵀 00000357 0.0045/万 99.8423%	No:10684 U+041AE 䆮 00000356 0.0045/万 99.8428%	No:10685 U+0648B 撋 00000356 0.0045/万 99.8430%	No:10686 U+06A64 橤 00000356 0.0045/万 99.8430%	No:10687 U+076B5 皵 00000356 0.0045/万 99.8431%	No:10688 U+08B0A 謊 00000356 0.0045/万 99.8430%	No:10689 U+08CE7 賧 00000356 0.0045/万 99.8431%	No:10690 U+08EDC 軜 00000356 0.0045/万 99.8429%
No:10691 U+093E8 鏨 00000356 0.0045/万 99.8429%	No:10692 U+099FE 駾 00000356 0.0045/万 99.8427%	No:10693 U+09A38 騸 00000356 0.0045/万 99.8427%	No:10694 U+E5E 譛 00000356 0.0045/万 99.8428%	No:10695 U+040AC 䂬 00000355 0.0045/万 99.8433%	No:10696 U+05508 唈 00000355 0.0045/万 99.8435%	No:10697 U+0560E 嘎 00000355 0.0045/万 99.8434%	No:10698 U+058B1 墱 00000355 0.0045/万 99.8434%	No:10699 U+05CF1 峱 00000355 0.0045/万 99.8433%	No:10700 U+05EA4 庤 00000355 0.0045/万 99.8435%

No:10701	No:10702	No:10703	No:10704	No:10705	No:10706	No:10707	No:10708	No:10709	No:10710
U+08AF0	U+09B20	U+09C02	U+050D4	U+05509	U+05646	U+05F54	U+069F7	U+07343	U+081B1
諰	鬠	鰂	僔	唉	噆	彔	槷	獃	膱
00000355	00000355	00000355	00000354	00000354	00000354	00000354	00000354	00000354	00000354
0.0045/万	0.0045/万	0.0045/万	0.0044/万	0.0044/万	0.0044/万	0.0044/万	0.0044/万	0.0044/万	0.0044/万
99.8435%	99.8432%	99.8432%	99.8439%	99.8437%	99.8437%	99.8441%	99.8439%	99.8440%	99.8441%
No:10711	No:10712	No:10713	No:10714	No:10715	No:10716	No:10717	No:10718	No:10719	No:10720
U+0842D	U+0853B	U+093DA	U+09DA2	U+0EF19	U+EF9	U+E55	U+05E90	U+06443	U+07F6B
萭	蔻	鏚	鶢	⿰魚色	⿱癶婁	⿱言言壽	庐	摃	罫
00000354	00000354	00000354	00000354	00000354	00000354	00000354	00000353	00000353	00000353
0.0044/万	0.0044/万	0.0044/万	0.0044/万	0.0044/万	0.0044/万	0.0044/万	0.0044/万	0.0044/万	0.0044/万
99.8439%	99.8440%	99.8442%	99.8436%	99.8436%	99.8438%	99.8438%	99.8443%	99.8442%	99.8443%
No:10721	No:10722	No:10723	No:10724	No:10725	No:10726	No:10727	No:10728	No:10729	No:10730
U+054E4	U+06880	U+07C7A	U+07FB1	U+08830	U+08F52	U+06527	U+0738E	U+07CC7	U+091A5
哤	梀	籺	羱	蠰	轒	攧	玎	糇	醥
00000352	00000352	00000352	00000352	00000352	00000352	00000351	00000351	00000351	00000351
0.0044/万	0.0044/万	0.0044/万	0.0044/万	0.0044/万	0.0044/万	0.0044/万	0.0044/万	0.0044/万	0.0044/万
99.8444%	99.8446%	99.8444%	99.8444%	99.8445%	99.8445%	99.8448%	99.8448%	99.8447%	99.8447%
No:10731	No:10732	No:10733	No:10734	No:10735	No:10736	No:10737	No:10738	No:10739	No:10740
U+EA4	U+04EDA	U+08799	U+08FFE	U+0904C	U+0930D	U+0EC72	U+E14	U+EE5	U+EAD
⿰忄厸	仚	螙	迾	遌	錍	⿰氵𠂢	姛	⿰巾員	⿰王綦
00000351	00000350	00000350	00000350	00000350	00000350	00000350	00000350	00000350	00000350
0.0044/万	0.0044/万	0.0044/万	0.0044/万	0.0044/万	0.0044/万	0.0044/万	0.0044/万	0.0044/万	0.0044/万
99.8446%	99.8450%	99.8452%	99.8451%	99.8451%	99.8452%	99.8448%	99.8450%	99.8449%	99.8449%
No:10741	No:10742	No:10743	No:10744	No:10745	No:10746	No:10747	No:10748	No:10749	No:10750
U+04BD2	U+061AD	U+07AF8	U+08176	U+08621	U+08C90	U+09DBF	U+EB6	U+03B31	U+0403B
䯒	憭	竸	腶	蘡	貐	鶿	⿺辶貇	㬱	䀻
00000349	00000349	00000349	00000349	00000349	00000349	00000349	00000349	00000348	00000348
0.0044/万	0.0044/万	0.0044/万	0.0044/万	0.0044/万	0.0044/万	0.0044/万	0.0044/万	0.0044/万	0.0044/万
99.8453%	99.8454%	99.8454%	99.8455%	99.8455%	99.8456%	99.8452%	99.8453%	99.8458%	99.8458%
No:10751	No:10752	No:10753	No:10754	No:10755	No:10756	No:10757	No:10758	No:10759	No:10760
U+051AE	U+051BC	U+05388	U+05735	U+070D3	U+0737E	U+080F5	U+EBE	U+051F3	U+05906
冮	冼	厈	圵	烓	獾	胵	⿰氵屢	凳	夆
00000348	00000348	00000348	00000348	00000348	00000348	00000348	00000348	00000347	00000347
0.0044/万	0.0044/万	0.0044/万	0.0044/万	0.0044/万	0.0044/万	0.0044/万	0.0044/万	0.0044/万	0.0044/万
99.8456%	99.8459%	99.8457%	99.8457%	99.8459%	99.8459%	99.8460%	99.8456%	99.8462%	99.8461%
No:10761	No:10762	No:10763	No:10764	No:10765	No:10766	No:10767	No:10768	No:10769	No:10770
U+0645D	U+06F10	U+0861D	U+0EBE0	U+0EC9F	U+03B22	U+08198	U+08493	U+08845	U+08F50
摝	漐	蘝	採	澀	㬢	膘	蒓	衅	轐
00000347	00000347	00000347	00000347	00000347	00000346	00000346	00000346	00000346	00000346
0.0044/万	0.0044/万	0.0044/万	0.0044/万	0.0044/万	0.0043/万	0.0043/万	0.0043/万	0.0043/万	0.0043/万
99.8463%	99.8462%	99.8463%	99.8460%	99.8461%	99.8464%	99.8465%	99.8466%	99.8464%	99.8465%
No:10771	No:10772	No:10773	No:10774	No:10775	No:10776	No:10777	No:10778	No:10779	No:10780
U+0FF0C	U+0563C	U+086D4	U+09F5A	U+065B6	U+07988	U+089FC	U+E09	U+E73	U+EDA
，	嘼	蛔	齚	斶	禈	觼	⿸尸艮	⿰山欽	⿵門𤔔
00000346	00000345	00000345	00000345	00000344	00000344	00000344	00000344	00000344	00000344
0.0043/万	0.0043/万	0.0043/万	0.0043/万	0.0043/万	0.0043/万	0.0043/万	0.0043/万	0.0043/万	0.0043/万
99.8463%	99.8467%	99.8467%	99.8466%	99.8469%	99.8470%	99.8469%	99.8468%	99.8468%	99.8467%
No:10781	No:10782	No:10783	No:10784	No:10785	No:10786	No:10787	No:10788	No:10789	No:10790
U+04C49	U+0566F	U+07508	U+0852A	U+090E0	U+0965D	U+0EB7D	U+0506F	U+06970	U+08784
䱉	噯	甈	蔪	郠	陝	⿸厂埜	偯	楰	螄
00000343	00000343	00000343	00000343	00000343	00000343	00000343	00000342	00000342	00000342
0.0043/万	0.0043/万	0.0043/万	0.0043/万	0.0043/万	0.0043/万	0.0043/万	0.0043/万	0.0043/万	0.0043/万
99.8471%	99.8470%	99.8472%	99.8471%	99.8472%	99.8473%	99.8470%	99.8473%	99.8476%	99.8475%
No:10791	No:10792	No:10793	No:10794	No:10795	No:10796	No:10797	No:10798	No:10799	No:10800
U+08A86	U+08F23	U+09800	U+E4C	U+F5A	U+046A2	U+07AAB	U+099AF	U+0374F	U+06940
誆	輣	護	瀹	⿱艹泣	䚢	窫	馯	㝏	楀
00000342	00000342	00000342	00000342	00000342	00000341	00000341	00000341	00000340	00000340
0.0043/万	0.0043/万	0.0043/万	0.0043/万	0.0043/万	0.0043/万	0.0043/万	0.0043/万	0.0043/万	0.0043/万
99.8476%	99.8475%	99.8473%	99.8474%	99.8474%	99.8477%	99.8477%	99.8477%	99.8479%	99.8480%

No:10801 U+07850 硐 00000340 0.0043/万 99.8481%	No:10802 U+0867B 虻 00000340 0.0043/万 99.8482%	No:10803 U+08A77 詷 00000340 0.0043/万 99.8480%	No:10804 U+08AD1 諑 00000340 0.0043/万 99.8480%	No:10805 U+08C92 貒 00000340 0.0043/万 99.8481%	No:10806 U+08EE7 軧 00000340 0.0043/万 99.8482%	No:10807 U+09851 顑 00000340 0.0043/万 99.8478%	No:10808 U+09D20 鴠 00000340 0.0043/万 99.8478%	No:10809 U+EE9 茆 00000340 0.0043/万 99.8479%	No:10810 U+03EDE 㻞 00000339 0.0043/万 99.8483%
No:10811 U+057E1 埡 00000339 0.0043/万 99.8483%	No:10812 U+06FB4 澴 00000339 0.0043/万 99.8483%	No:10813 U+0885C 衜 00000339 0.0043/万 99.8484%	No:10814 U+08D91 趑 00000339 0.0043/万 99.8484%	No:10815 U+045EA 䗪 00000338 0.0042/万 99.8486%	No:10816 U+04E05 丅 00000338 0.0042/万 99.8486%	No:10817 U+056CB 囋 00000338 0.0042/万 99.8486%	No:10818 U+05D85 嶅 00000338 0.0042/万 99.8485%	No:10819 U+062D1 拑 00000338 0.0042/万 99.8488%	No:10820 U+085DA 藚 00000338 0.0042/万 99.8487%
No:10821 U+089FA 觺 00000338 0.0042/万 99.8487%	No:10822 U+0961E 阞 00000338 0.0042/万 99.8488%	No:10823 U+0EC15 瞑 00000338 0.0042/万 99.8485%	No:10824 U+03811 㠑 00000337 0.0042/万 99.8490%	No:10825 U+04EC2 仂 00000337 0.0042/万 99.8489%	No:10826 U+0539C 厜 00000337 0.0042/万 99.8489%	No:10827 U+05ABD 媽 00000337 0.0042/万 99.8490%	No:10828 U+068F7 棷 00000337 0.0042/万 99.8492%	No:10829 U+06944 楄 00000337 0.0042/万 99.8493%	No:10830 U+079FA 秺 00000337 0.0042/万 99.8491%
No:10831 U+083E5 菥 00000337 0.0042/万 99.8492%	No:10832 U+08707 蜇 00000337 0.0042/万 99.8492%	No:10833 U+08DE6 跦 00000337 0.0042/万 99.8491%	No:10834 U+097FD 韽 00000337 0.0042/万 99.8489%	No:10835 U+035DC 㗜 00000336 0.0042/万 99.8494%	No:10836 U+06621 昡 00000336 0.0042/万 99.8495%	No:10837 U+079B5 禵 00000336 0.0042/万 99.8495%	No:10838 U+0ECDC 黝 00000336 0.0042/万 99.8494%	No:10839 U+0EDF5 茝 00000336 0.0042/万 99.8493%	No:10840 U+ECB ⿰忄雙 00000336 0.0042/万 99.8495%
No:10841 U+040AE 䂮 00000335 0.0042/万 99.8496%	No:10842 U+06358 捘 00000335 0.0042/万 99.8498%	No:10843 U+06F4E 潎 00000335 0.0042/万 99.8498%	No:10844 U+06F55 潕 00000335 0.0042/万 99.8497%	No:10845 U+07550 畐 00000335 0.0042/万 99.8498%	No:10846 U+07745 睅 00000335 0.0042/万 99.8497%	No:10847 U+081C4 臄 00000335 0.0042/万 99.8496%	No:10848 U+04F70 佰 00000334 0.0042/万 99.8500%	No:10849 U+0626D 扭 00000334 0.0042/万 99.8500%	No:10850 U+09175 酵 00000334 0.0042/万 99.8501%
No:10851 U+0EABF ⿸厃吉 00000334 0.0042/万 99.8499%	No:10852 U+0F6A5 塚 00000334 0.0042/万 99.8499%	No:10853 U+EE1 隅 00000334 0.0042/万 99.8500%	No:10854 U+03B05 㬅 00000333 0.0042/万 99.8503%	No:10855 U+04ABA 䪺 00000333 0.0042/万 99.8502%	No:10856 U+05768 坨 00000333 0.0042/万 99.8502%	No:10857 U+05E5D 幝 00000333 0.0042/万 99.8504%	No:10858 U+06721 朡 00000333 0.0042/万 99.8503%	No:10859 U+06967 楧 00000333 0.0042/万 99.8505%	No:10860 U+075EF 痯 00000333 0.0042/万 99.8504%
No:10861 U+07FB5 羵 00000333 0.0042/万 99.8503%	No:10862 U+09F70 齰 00000333 0.0042/万 99.8501%	No:10863 U+03552 㕒 00000332 0.0042/万 99.8506%	No:10864 U+03D9F 㶟 00000332 0.0042/万 99.8505%	No:10865 U+04028 䀨 00000332 0.0042/万 99.8506%	No:10866 U+0689C 梜 00000332 0.0042/万 99.8506%	No:10867 U+07539 甹 00000332 0.0042/万 99.8507%	No:10868 U+07DC9 緉 00000332 0.0042/万 99.8507%	No:10869 U+03BAE 㮮 00000331 0.0042/万 99.8509%	No:10870 U+03F5C 㽜 00000331 0.0042/万 99.8508%
No:10871 U+068E1 棡 00000331 0.0042/万 99.8511%	No:10872 U+06B10 欐 00000331 0.0042/万 99.8511%	No:10873 U+0702B 瀫 00000331 0.0042/万 99.8510%	No:10874 U+078DC 磜 00000331 0.0042/万 99.8511%	No:10875 U+08A26 訦 00000331 0.0042/万 99.8510%	No:10876 U+09A51 驑 00000331 0.0042/万 99.8508%	No:10877 U+0EB36 ⿱穴祭 00000331 0.0042/万 99.8508%	No:10878 U+E3E 裵 00000331 0.0042/万 99.8509%	No:10879 U+0346D 㑭 00000330 0.0041/万 99.8513%	No:10880 U+06AF0 櫰 00000330 0.0041/万 99.8513%
No:10881 U+08689 蚉 00000330 0.0041/万 99.8514%	No:10882 U+08CAE 貮 00000330 0.0041/万 99.8514%	No:10883 U+09267 鉧 00000330 0.0041/万 99.8514%	No:10884 U+09AFE 髾 00000330 0.0041/万 99.8512%	No:10885 U+09BC7 鯇 00000330 0.0041/万 99.8512%	No:10886 U+04FBB 侻 00000329 0.0041/万 99.8516%	No:10887 U+06121 愡 00000329 0.0041/万 99.8518%	No:10888 U+06AD0 櫐 00000329 0.0041/万 99.8517%	No:10889 U+075C0 痀 00000329 0.0041/万 99.8518%	No:10890 U+09689 隉 00000329 0.0041/万 99.8517%
No:10891 U+09C05 鰅 00000329 0.0041/万 99.8515%	No:10892 U+09CF1 鳱 00000329 0.0041/万 99.8515%	No:10893 U+ED8 考 00000329 0.0041/万 99.8516%	No:10894 U+F84 ⿵鬥昌 00000329 0.0041/万 99.8516%	No:10895 U+04197 䆗 00000328 0.0041/万 99.8521%	No:10896 U+04789 䞉 00000328 0.0041/万 99.8520%	No:10897 U+083EB 菫 00000328 0.0041/万 99.8522%	No:10898 U+087E7 蟧 00000328 0.0041/万 99.8521%	No:10899 U+091B9 醹 00000328 0.0041/万 99.8523%	No:10900 U+092EC 鋬 00000328 0.0041/万 99.8522%

No:10901 U+0940E 鐎 00000328 0.0041/万 99.8521%	No:10902 U+09926 餦 00000328 0.0041/万 99.8520%	No:10903 U+0995B 饛 00000328 0.0041/万 99.8519%	No:10904 U+09B9D 鮝 00000328 0.0041/万 99.8519%	No:10905 U+09E81 麁 00000328 0.0041/万 99.8519%	No:10906 U+03DED 㷭 00000327 0.0041/万 99.8524%	No:10907 U+04EBC 亼 00000327 0.0041/万 99.8523%	No:10908 U+085D9 藙 00000327 0.0041/万 99.8525%	No:10909 U+08F35 輵 00000327 0.0041/万 99.8524%	No:10910 U+E3A 工 00000327 0.0041/万 99.8524%
No:10911 U+037ED 㟭 00000326 0.0041/万 99.8526%	No:10912 U+03F45 㽅 00000326 0.0041/万 99.8527%	No:10913 U+056DD 囝 00000326 0.0041/万 99.8526%	No:10914 U+05BEA 寪 00000326 0.0041/万 99.8527%	No:10915 U+06561 敡 00000326 0.0041/万 99.8528%	No:10916 U+06ADE 櫞 00000326 0.0041/万 99.8528%	No:10917 U+08184 膄 00000326 0.0041/万 99.8529%	No:10918 U+092C3 鋃 00000326 0.0041/万 99.8528%	No:10919 U+09A00 騀 00000326 0.0041/万 99.8525%	No:10920 U+0EE41 龍 00000326 0.0041/万 99.8526%
No:10921 U+0402E 䀮 00000325 0.0041/万 99.8530%	No:10922 U+06FDA 濚 00000325 0.0041/万 99.8531%	No:10923 U+071BF 熿 00000325 0.0041/万 99.8530%	No:10924 U+08C83 貃 00000325 0.0041/万 99.8531%	No:10925 U+0959C 閜 00000325 0.0041/万 99.8531%	No:10926 U+096C8 雈 00000325 0.0041/万 99.8532%	No:10927 U+09932 餲 00000325 0.0041/万 99.8529%	No:10928 U+04E2E 丮 00000324 0.0041/万 99.8533%	No:10929 U+06149 慉 00000324 0.0041/万 99.8533%	No:10930 U+07595 疕 00000324 0.0041/万 99.8534%
No:10931 U+08938 褸 00000324 0.0041/万 99.8534%	No:10932 U+08980 覀 00000324 0.0041/万 99.8533%	No:10933 U+09BF8 鯸 00000324 0.0041/万 99.8532%	No:10934 U+06420 搠 00000323 0.0041/万 99.8537%	No:10935 U+07153 煓 00000323 0.0041/万 99.8535%	No:10936 U+081E4 臤 00000323 0.0041/万 99.8536%	No:10937 U+084DB 蓛 00000323 0.0041/万 99.8536%	No:10938 U+09E10 鸐 00000323 0.0041/万 99.8535%	No:10939 U+E29 務 00000323 0.0041/万 99.8535%	No:10940 U+05081 傁 00000322 0.0040/万 99.8537%
No:10941 U+059B7 妷 00000322 0.0040/万 99.8538%	No:10942 U+07C48 籈 00000322 0.0040/万 99.8539%	No:10943 U+07CA6 粦 00000322 0.0040/万 99.8538%	No:10944 U+08D19 贙 00000322 0.0040/万 99.8539%	No:10945 U+09468 鑨 00000322 0.0040/万 99.8538%	No:10946 U+04C5C 䱜 00000321 0.0040/万 99.8540%	No:10947 U+04F85 侅 00000321 0.0040/万 99.8540%	No:10948 U+05A58 婘 00000321 0.0040/万 99.8541%	No:10949 U+0786A 硪 00000321 0.0040/万 99.8542%	No:10950 U+07DF6 緶 00000321 0.0040/万 99.8542%
No:10951 U+0977D 靽 00000321 0.0040/万 99.8540%	No:10952 U+FF5 陃 00000321 0.0040/万 99.8541%	No:10953 U+06ABD 檽 00000320 0.0040/万 99.8544%	No:10954 U+07659 癙 00000320 0.0040/万 99.8544%	No:10955 U+0897B 襻 00000320 0.0040/万 99.8543%	No:10956 U+09EA2 麢 00000320 0.0040/万 99.8542%	No:10957 U+EA3 遞 00000320 0.0040/万 99.8543%	No:10958 U+04E69 乩 00000319 0.0040/万 99.8545%	No:10959 U+05CD7 峗 00000319 0.0040/万 99.8545%	No:10960 U+0627E 找 00000319 0.0040/万 99.8546%
No:10961 U+07754 睔 00000319 0.0040/万 99.8547%	No:10962 U+08DF0 跰 00000319 0.0040/万 99.8547%	No:10963 U+08FFB 迻 00000319 0.0040/万 99.8546%	No:10964 U+0945E 鑞 00000319 0.0040/万 99.8546%	No:10965 U+EE1 摽 00000319 0.0040/万 99.8544%	No:10966 U+03817 㠗 00000318 0.0040/万 99.8548%	No:10967 U+03E26 㸦 00000318 0.0040/万 99.8549%	No:10968 U+05F12 弒 00000318 0.0040/万 99.8551%	No:10969 U+06365 捥 00000318 0.0040/万 99.8550%	No:10970 U+063F3 揳 00000318 0.0040/万 99.8551%
No:10971 U+074DD 瓝 00000318 0.0040/万 99.8552%	No:10972 U+07805 砅 00000318 0.0040/万 99.8550%	No:10973 U+0790C 礌 00000318 0.0040/万 99.8550%	No:10974 U+08A1E 訞 00000318 0.0040/万 99.8552%	No:10975 U+09F9E 龞 00000318 0.0040/万 99.8548%	No:10976 U+EA3 璁 00000318 0.0040/万 99.8549%	No:10977 U+EA6 郱 00000318 0.0040/万 99.8548%	No:10978 U+0564C 噌 00000317 0.0040/万 99.8553%	No:10979 U+06521 攡 00000317 0.0040/万 99.8554%	No:10980 U+07599 疙 00000317 0.0040/万 99.8555%
No:10981 U+08719 蜙 00000317 0.0040/万 99.8555%	No:10982 U+0882A 蠪 00000317 0.0040/万 99.8556%	No:10983 U+088FB 裻 00000317 0.0040/万 99.8554%	No:10984 U+08F16 輖 00000317 0.0040/万 99.8553%	No:10985 U+09691 隑 00000317 0.0040/万 99.8554%	No:10986 U+09F29 鼩 00000317 0.0040/万 99.8552%	No:10987 U+03BB0 㮰 00000316 0.0040/万 99.8557%	No:10988 U+03C43 㱃 00000316 0.0040/万 99.8557%	No:10989 U+06B13 欓 00000316 0.0040/万 99.8557%	No:10990 U+EFF [illegible] 00000316 0.0040/万 99.8556%
No:10991 U+05DCF 巏 00000315 0.0039/万 99.8559%	No:10992 U+05F05 弅 00000315 0.0039/万 99.8560%	No:10993 U+0668B 暋 00000315 0.0039/万 99.8561%	No:10994 U+084A6 蒦 00000315 0.0039/万 99.8559%	No:10995 U+086DC 蛜 00000315 0.0039/万 99.8559%	No:10996 U+08C88 貈 00000315 0.0039/万 99.8560%	No:10997 U+08E3C 踼 00000315 0.0039/万 99.8561%	No:10998 U+0992D 餭 00000315 0.0039/万 99.8558%	No:10999 U+0EAB5 呦 00000315 0.0039/万 99.8558%	No:11000 U+03400 㐀 00000314 0.0039/万 99.8562%

No:11001 U+04640 䙀 00000314 0.0039/万 99.8562%	No:11002 U+04E5C 乜 00000314 0.0039/万 99.8562%	No:11003 U+05A16 娖 00000314 0.0039/万 99.8561%	No:11004 U+05A19 娙 00000314 0.0039/万 99.8563%	No:11005 U+0628D 抍 00000314 0.0039/万 99.8564%	No:11006 U+0856B 蕫 00000314 0.0039/万 99.8564%	No:11007 U+08975 襵 00000314 0.0039/万 99.8564%	No:11008 U+08AE2 諢 00000314 0.0039/万 99.8563%	No:11009 U+06024 怤 00000313 0.0039/万 99.8566%	No:11010 U+0628C 抌 00000313 0.0039/万 99.8566%
No:11011 U+0880E 蠎 00000313 0.0039/万 99.8566%	No:11012 U+09DE4 鷤 00000313 0.0039/万 99.8565%	No:11013 U+EDE [illegible] 00000313 0.0039/万 99.8565%	No:11014 U+040FA 䃺 00000312 0.0039/万 99.8568%	No:11015 U+05688 嚈 00000312 0.0039/万 99.8569%	No:11016 U+07217 爗 00000312 0.0039/万 99.8570%	No:11017 U+07AEE 竮 00000312 0.0039/万 99.8569%	No:11018 U+080AC 肬 00000312 0.0039/万 99.8570%	No:11019 U+08603 蘃 00000312 0.0039/万 99.8570%	No:11020 U+09B09 鬉 00000312 0.0039/万 99.8567%
No:11021 U+EFF [illegible] 00000312 0.0039/万 99.8568%	No:11022 U+E40 卝 00000312 0.0039/万 99.8567%	No:11023 U+E8B 醃 00000312 0.0039/万 99.8568%	No:11024 U+04CF5 䳵 00000311 0.0039/万 99.8572%	No:11025 U+052A6 劦 00000311 0.0039/万 99.8572%	No:11026 U+073D6 珖 00000311 0.0039/万 99.8573%	No:11027 U+07B40 筀 00000311 0.0039/万 99.8573%	No:11028 U+08F37 輷 00000311 0.0039/万 99.8574%	No:11029 U+09AC1 髁 00000311 0.0039/万 99.8571%	No:11030 U+0EC1B 昜 00000311 0.0039/万 99.8571%
No:11031 U+E61 跪 00000311 0.0039/万 99.8572%	No:11032 U+04365 䍥 00000310 0.0039/万 99.8575%	No:11033 U+04F87 侇 00000310 0.0039/万 99.8574%	No:11034 U+0602D 怭 00000310 0.0039/万 99.8575%	No:11035 U+064C9 擉 00000310 0.0039/万 99.8576%	No:11036 U+079CF 秏 00000310 0.0039/万 99.8577%	No:11037 U+08290 芐 00000310 0.0039/万 99.8577%	No:11038 U+0834E 荎 00000310 0.0039/万 99.8576%	No:11039 U+092E3 鋣 00000310 0.0039/万 99.8576%	No:11040 U+09D36 鴶 00000310 0.0039/万 99.8574%
No:11041 U+05741 坁 00000309 0.0039/万 99.8578%	No:11042 U+05F1C 弜 00000309 0.0039/万 99.8579%	No:11043 U+066CC 曌 00000309 0.0039/万 99.8579%	No:11044 U+07F48 罈 00000309 0.0039/万 99.8580%	No:11045 U+0EA83 色 00000309 0.0039/万 99.8578%	No:11046 U+E5A [illegible] 00000309 0.0039/万 99.8579%	No:11047 U+E44 [illegible] 00000309 0.0039/万 99.8578%	No:11048 U+0349E 㒞 00000308 0.0039/万 99.8581%	No:11049 U+06097 悗 00000308 0.0039/万 99.8583%	No:11050 U+06542 敂 00000308 0.0039/万 99.8581%
No:11051 U+06961 楡 00000308 0.0039/万 99.8582%	No:11052 U+07C0E 簎 00000308 0.0039/万 99.8582%	No:11053 U+083E0 菠 00000308 0.0039/万 99.8583%	No:11054 U+08E01 踁 00000308 0.0039/万 99.8581%	No:11055 U+09AFF 髿 00000308 0.0039/万 99.8580%	No:11056 U+051F5 凵 00000307 0.0038/万 99.8584%	No:11057 U+059AE 妮 00000307 0.0038/万 99.8585%	No:11058 U+062E0 拠 00000307 0.0038/万 99.8585%	No:11059 U+0630B 挋 00000307 0.0038/万 99.8585%	No:11060 U+07FE8 翨 00000307 0.0038/万 99.8586%
No:11061 U+0878B 螋 00000307 0.0038/万 99.8586%	No:11062 U+08E7A 蹺 00000307 0.0038/万 99.8586%	No:11063 U+09BCB 鯋 00000307 0.0038/万 99.8583%	No:11064 U+E53 欝 00000307 0.0038/万 99.8584%	No:11065 U+034B3 㒳 00000306 0.0038/万 99.8587%	No:11066 U+03711 㜑 00000306 0.0038/万 99.8588%	No:11067 U+05D90 嶐 00000306 0.0038/万 99.8588%	No:11068 U+07010 瀐 00000306 0.0038/万 99.8590%	No:11069 U+074AC 璬 00000306 0.0038/万 99.8590%	No:11070 U+08162 腢 00000306 0.0038/万 99.8589%
No:11071 U+08E99 躙 00000306 0.0038/万 99.8589%	No:11072 U+0E9B8 皇 00000306 0.0038/万 99.8587%	No:11073 U+E3D 對 00000306 0.0038/万 99.8588%	No:11074 U+05EA3 庣 00000305 0.0038/万 99.8593%	No:11075 U+067D7 柗 00000305 0.0038/万 99.8592%	No:11076 U+06E11 渑 00000305 0.0038/万 99.8592%	No:11077 U+0861C 蘜 00000305 0.0038/万 99.8592%	No:11078 U+091F1 釱 00000305 0.0038/万 99.8593%	No:11079 U+0982F 頯 00000305 0.0038/万 99.8590%	No:11080 U+0EF37 怱 00000305 0.0038/万 99.8591%
No:11081 U+EBE [illegible] 00000305 0.0038/万 99.8591%	No:11082 U+03431 㐱 00000304 0.0038/万 99.8593%	No:11083 U+04D77 䵷 00000304 0.0038/万 99.8594%	No:11084 U+04F08 伈 00000304 0.0038/万 99.8594%	No:11085 U+073A8 玨 00000304 0.0038/万 99.8596%	No:11086 U+07D25 紥 00000304 0.0038/万 99.8595%	No:11087 U+081FD 臽 00000304 0.0038/万 99.8595%	No:11088 U+0883C 蠼 00000304 0.0038/万 99.8596%	No:11089 U+09371 鍱 00000304 0.0038/万 99.8597%	No:11090 U+095E8 门 00000304 0.0038/万 99.8595%
No:11091 U+05532 唲 00000303 0.0038/万 99.8598%	No:11092 U+069D7 槗 00000303 0.0038/万 99.8600%	No:11093 U+07E1C 縜 00000303 0.0038/万 99.8599%	No:11094 U+080B6 肶 00000303 0.0038/万 99.8601%	No:11095 U+08C66 豦 00000303 0.0038/万 99.8600%	No:11096 U+08F63 轣 00000303 0.0038/万 99.8600%	No:11097 U+093FD 鏽 00000303 0.0038/万 99.8599%	No:11098 U+09934 餴 00000303 0.0038/万 99.8597%	No:11099 U+09AD5 髕 00000303 0.0038/万 99.8597%	No:11100 U+0EEC6 醘 00000303 0.0038/万 99.8598%

No:11101 U+E4C 臞 00000303 0.0038/万 99.8598%	No:11102 U+036F9 㛹 00000302 0.0038/万 99.8602%	No:11103 U+04F41 佁 00000302 0.0038/万 99.8603%	No:11104 U+06204 戄 00000302 0.0038/万 99.8603%	No:11105 U+06B0F 欏 00000302 0.0038/万 99.8603%	No:11106 U+06F60 潠 00000302 0.0038/万 99.8604%	No:11107 U+08875 衵 00000302 0.0038/万 99.8604%	No:11108 U+0EE6D 賻 00000302 0.0038/万 99.8601%	No:11109 U+EB7 堊 00000302 0.0038/万 99.8602%	No:11110 U+E48 睫 00000302 0.0038/万 99.8602%
No:11111 U+04632 䘲 00000301 0.0038/万 99.8605%	No:11112 U+05B2D 嬭 00000301 0.0038/万 99.8605%	No:11113 U+065FF 旿 00000301 0.0038/万 99.8605%	No:11114 U+07ADB 竛 00000301 0.0038/万 99.8606%	No:11115 U+08447 葇 00000301 0.0038/万 99.8606%	No:11116 U+08F59 轙 00000301 0.0038/万 99.8607%	No:11117 U+091F3 釳 00000301 0.0038/万 99.8607%	No:11118 U+0342D 㐭 00000300 0.0038/万 99.8609%	No:11119 U+04040 䁀 00000300 0.0038/万 99.8608%	No:11120 U+063A4 掤 00000300 0.0038/万 99.8611%
No:11121 U+08256 艖 00000300 0.0038/万 99.8610%	No:11122 U+0845C 葜 00000300 0.0038/万 99.8610%	No:11123 U+08620 蘠 00000300 0.0038/万 99.8611%	No:11124 U+0944C 鑌 00000300 0.0038/万 99.8610%	No:11125 U+09B56 魖 00000300 0.0038/万 99.8607%	No:11126 U+0EA7E 凉 00000300 0.0038/万 99.8608%	No:11127 U+EB3 卣 00000300 0.0038/万 99.8609%	No:11128 U+E15 涵 00000300 0.0038/万 99.8608%	No:11129 U+03E10 㸐 00000299 0.0037/万 99.8612%	No:11130 U+03E85 㺅 00000299 0.0037/万 99.8613%
No:11131 U+0721E 爞 00000299 0.0037/万 99.8615%	No:11132 U+07A2C 稬 00000299 0.0037/万 99.8614%	No:11133 U+08F5A 轚 00000299 0.0037/万 99.8614%	No:11134 U+09265 鉥 00000299 0.0037/万 99.8613%	No:11135 U+09314 錔 00000299 0.0037/万 99.8614%	No:11136 U+0EA9A 乎 00000299 0.0037/万 99.8611%	No:11137 U+E55 搽 00000299 0.0037/万 99.8613%	No:11138 U+E5E 粼 00000299 0.0037/万 99.8612%	No:11139 U+05033 倳 00000298 0.0037/万 99.8616%	No:11140 U+06354 捔 00000298 0.0037/万 99.8617%
No:11141 U+0681E 栞 00000298 0.0037/万 99.8617%	No:11142 U+0787E 硾 00000298 0.0037/万 99.8616%	No:11143 U+078F2 磲 00000298 0.0037/万 99.8618%	No:11144 U+08253 艓 00000298 0.0037/万 99.8618%	No:11145 U+09348 鍈 00000298 0.0037/万 99.8616%	No:11146 U+09F0A 鼊 00000298 0.0037/万 99.8615%	No:11147 U+04E63 乣 00000297 0.0037/万 99.8619%	No:11148 U+05911 夑 00000297 0.0037/万 99.8619%	No:11149 U+073F7 珷 00000297 0.0037/万 99.8621%	No:11150 U+0827B 艻 00000297 0.0037/万 99.8621%
No:11151 U+08F5B 轛 00000297 0.0037/万 99.8621%	No:11152 U+09587 閇 00000297 0.0037/万 99.8620%	No:11153 U+0ECA6 激 00000297 0.0037/万 99.8618%	No:11154 U+E4E 保 00000297 0.0037/万 99.8620%	No:11155 U+F56 鼑 00000297 0.0037/万 99.8619%	No:11156 U+04AC9 䫉 00000296 0.0037/万 99.8622%	No:11157 U+04D35 䴵 00000296 0.0037/万 99.8622%	No:11158 U+06C43 汃 00000296 0.0037/万 99.8623%	No:11159 U+08684 蚄 00000296 0.0037/万 99.8623%	No:11160 U+08919 褙 00000296 0.0037/万 99.8624%
No:11161 U+08982 覂 00000296 0.0037/万 99.8625%	No:11162 U+0910E 鄎 00000296 0.0037/万 99.8624%	No:11163 U+0925F 鉟 00000296 0.0037/万 99.8624%	No:11164 U+E9B 觸 00000296 0.0037/万 99.8622%	No:11165 U+0475F 䝟 00000295 0.0037/万 99.8626%	No:11166 U+0547E 呾 00000295 0.0037/万 99.8625%	No:11167 U+054F1 哱 00000295 0.0037/万 99.8625%	No:11168 U+074FB 瓻 00000295 0.0037/万 99.8626%	No:11169 U+07FDC 翜 00000295 0.0037/万 99.8627%	No:11170 U+08668 虨 00000295 0.0037/万 99.8627%
No:11171 U+090CF 郏 00000295 0.0037/万 99.8627%	No:11172 U+09349 鍉 00000295 0.0037/万 99.8628%	No:11173 U+03BED 㯭 00000294 0.0037/万 99.8629%	No:11174 U+04AC7 䫇 00000294 0.0037/万 99.8629%	No:11175 U+06331 挱 00000294 0.0037/万 99.8631%	No:11176 U+08AF5 諵 00000294 0.0037/万 99.8630%	No:11177 U+08D09 贉 00000294 0.0037/万 99.8630%	No:11178 U+08FB9 边 00000294 0.0037/万 99.8630%	No:11179 U+09EF3 黳 00000294 0.0037/万 99.8628%	No:11180 U+0EDBD 繊 00000294 0.0037/万 99.8628%
No:11181 U+053D5 叕 00000293 0.0037/万 99.8631%	No:11182 U+06201 戁 00000293 0.0037/万 99.8633%	No:11183 U+06966 楦 00000293 0.0037/万 99.8632%	No:11184 U+0771B 眛 00000293 0.0037/万 99.8633%	No:11185 U+087F7 蟷 00000293 0.0037/万 99.8632%	No:11186 U+08811 蠑 00000293 0.0037/万 99.8632%	No:11187 U+097B3 鞳 00000293 0.0037/万 99.8631%	No:11188 U+07B88 箈 00000292 0.0037/万 99.8635%	No:11189 U+0833B 茻 00000292 0.0037/万 99.8635%	No:11190 U+08FD2 迒 00000292 0.0037/万 99.8635%
No:11191 U+0971D 霝 00000292 0.0037/万 99.8634%	No:11192 U+0EADF 坳 00000292 0.0037/万 99.8634%	No:11193 U+EAC 禊 00000292 0.0037/万 99.8634%	No:11194 U+05818 堘 00000291 0.0036/万 99.8637%	No:11195 U+05829 堩 00000291 0.0036/万 99.8637%	No:11196 U+069A5 榥 00000291 0.0036/万 99.8638%	No:11197 U+06B07 欇 00000291 0.0036/万 99.8640%	No:11198 U+06B45 歅 00000291 0.0036/万 99.8639%	No:11199 U+0739E 玞 00000291 0.0036/万 99.8639%	No:11200 U+076AF 皯 00000291 0.0036/万 99.8638%

No:11201 U+0791E 礞 00000291 0.0036/万 99.8640%	No:11202 U+079C7 秇 00000291 0.0036/万 99.8640%	No:11203 U+0993A 餺 00000291 0.0036/万 99.8637%	No:11204 U+099FD 駽 00000291 0.0036/万 99.8636%	No:11205 U+0E816 𠂇 00000291 0.0036/万 99.8636%	No:11206 U+E05 篆 00000291 0.0036/万 99.8638%	No:11207 U+046A1 䚡 00000290 0.0036/万 99.8642%	No:11208 U+061EB 懫 00000290 0.0036/万 99.8643%	No:11209 U+06B88 殈 00000290 0.0036/万 99.8642%	No:11210 U+07141 煁 00000290 0.0036/万 99.8644%
No:11211 U+071C5 燅 00000290 0.0036/万 99.8643%	No:11212 U+08A2C 訬 00000290 0.0036/万 99.8642%	No:11213 U+E6C 僊 00000290 0.0036/万 99.8641%	No:11214 U+E6F 蘇 00000290 0.0036/万 99.8641%	No:11215 U+E2F 躹 00000290 0.0036/万 99.8641%	No:11216 U+056BE 嚾 00000289 0.0036/万 99.8645%	No:11217 U+071EB 燫 00000289 0.0036/万 99.8645%	No:11218 U+07A7E 穾 00000289 0.0036/万 99.8645%	No:11219 U+08508 蔈 00000289 0.0036/万 99.8646%	No:11220 U+091EC 釬 00000289 0.0036/万 99.8646%
No:11221 U+09C4D 鱍 00000289 0.0036/万 99.8644%	No:11222 U+0ECAE 潜 00000289 0.0036/万 99.8644%	No:11223 U+058D2 壒 00000288 0.0036/万 99.8647%	No:11224 U+06203 戃 00000288 0.0036/万 99.8648%	No:11225 U+0669C 暜 00000288 0.0036/万 99.8649%	No:11226 U+069EB 槫 00000288 0.0036/万 99.8650%	No:11227 U+06B70 歰 00000288 0.0036/万 99.8649%	No:11228 U+06BFE 毾 00000288 0.0036/万 99.8650%	No:11229 U+06FAC 澬 00000288 0.0036/万 99.8649%	No:11230 U+0701C 瀜 00000288 0.0036/万 99.8647%
No:11231 U+07CF3 糳 00000288 0.0036/万 99.8648%	No:11232 U+0910D 鄍 00000288 0.0036/万 99.8648%	No:11233 U+09A48 驈 00000288 0.0036/万 99.8646%	No:11234 U+05260 剠 00000287 0.0036/万 99.8651%	No:11235 U+05886 墆 00000287 0.0036/万 99.8651%	No:11236 U+05EC8 廈 00000287 0.0036/万 99.8652%	No:11237 U+07449 瑉 00000287 0.0036/万 99.8652%	No:11238 U+08EA0 躠 00000287 0.0036/万 99.8653%	No:11239 U+09404 鐄 00000287 0.0036/万 99.8652%	No:11240 U+09EC5 黅 00000287 0.0036/万 99.8650%
No:11241 U+04BE2 䯢 00000286 0.0036/万 99.8653%	No:11242 U+053B7 厷 00000286 0.0036/万 99.8654%	No:11243 U+06CD9 泙 00000286 0.0036/万 99.8654%	No:11244 U+06F67 潧 00000286 0.0036/万 99.8655%	No:11245 U+0762D 瘭 00000286 0.0036/万 99.8655%	No:11246 U+08C70 豰 00000286 0.0036/万 99.8654%	No:11247 U+090F0 郰 00000286 0.0036/万 99.8656%	No:11248 U+09C6F 鱯 00000286 0.0036/万 99.8653%	No:11249 U+05CAF 岯 00000285 0.0036/万 99.8656%	No:11250 U+064EA 擪 00000285 0.0036/万 99.8659%
No:11251 U+06A8F 檏 00000285 0.0036/万 99.8658%	No:11252 U+06FCB 濋 00000285 0.0036/万 99.8660%	No:11253 U+072CA 狊 00000285 0.0036/万 99.8658%	No:11254 U+083C7 菇 00000285 0.0036/万 99.8660%	No:11255 U+08B98 讘 00000285 0.0036/万 99.8659%	No:11256 U+093FA 鏺 00000285 0.0036/万 99.8658%	No:11257 U+0976B 靫 00000285 0.0036/万 99.8656%	No:11258 U+E3E 叐 00000285 0.0036/万 99.8657%	No:11259 U+EC0 𤫊 00000285 0.0036/万 99.8657%	No:11260 U+E5E 菰 00000285 0.0036/万 99.8657%
No:11261 U+037CF 㟏 00000284 0.0036/万 99.8660%	No:11262 U+0694E 楎 00000284 0.0036/万 99.8663%	No:11263 U+06C4F 汏 00000284 0.0036/万 99.8662%	No:11264 U+075BB 疻 00000284 0.0036/万 99.8661%	No:11265 U+07C1D 簝 00000284 0.0036/万 99.8663%	No:11266 U+08294 芔 00000284 0.0036/万 99.8662%	No:11267 U+08732 蜲 00000284 0.0036/万 99.8662%	No:11268 U+08DDC 跜 00000284 0.0036/万 99.8661%	No:11269 U+092B2 銲 00000284 0.0036/万 99.8661%	No:11270 U+03E0C 㸌 00000283 0.0035/万 99.8664%
No:11271 U+05F3B 弻 00000283 0.0035/万 99.8665%	No:11272 U+08029 耩 00000283 0.0035/万 99.8664%	No:11273 U+080F2 胲 00000283 0.0035/万 99.8664%	No:11274 U+08731 蜱 00000283 0.0035/万 99.8665%	No:11275 U+0961D 阝 00000283 0.0035/万 99.8665%	No:11276 U+03738 㜸 00000282 0.0035/万 99.8666%	No:11277 U+05748 坈 00000282 0.0035/万 99.8666%	No:11278 U+058BA 墺 00000282 0.0035/万 99.8667%	No:11279 U+05CDB 峛 00000282 0.0035/万 99.8666%	No:11280 U+05EAE 庮 00000282 0.0035/万 99.8669%
No:11281 U+05F63 彣 00000282 0.0035/万 99.8668%	No:11282 U+06914 椔 00000282 0.0035/万 99.8669%	No:11283 U+074C6 瓆 00000282 0.0035/万 99.8669%	No:11284 U+08829 蠩 00000282 0.0035/万 99.8668%	No:11285 U+E7E 㬥 00000282 0.0035/万 99.8667%	No:11286 U+E07 獸 00000282 0.0035/万 99.8667%	No:11287 U+03CBC 㲼 00000281 0.0035/万 99.8671%	No:11288 U+05330 匰 00000281 0.0035/万 99.8671%	No:11289 U+064A0 撠 00000281 0.0035/万 99.8673%	No:11290 U+0732C 猬 00000281 0.0035/万 99.8672%
No:11291 U+07C30 簰 00000281 0.0035/万 99.8671%	No:11292 U+08B3B 謻 00000281 0.0035/万 99.8672%	No:11293 U+08E4D 蹍 00000281 0.0035/万 99.8672%	No:11294 U+09781 鞁 00000281 0.0035/万 99.8670%	No:11295 U+09B0D 鬍 00000281 0.0035/万 99.8670%	No:11296 U+ED2 萸 00000281 0.0035/万 99.8670%	No:11297 U+02637 ☷ 00000280 0.0035/万 99.8674%	No:11298 U+056B5 嚵 00000280 0.0035/万 99.8674%	No:11299 U+05E24 帤 00000280 0.0035/万 99.8675%	No:11300 U+06701 朁 00000280 0.0035/万 99.8676%

No:11301 U+06F93 澓 00000280 0.0035/万 99.8676%	No:11302 U+078D3 磓 00000280 0.0035/万 99.8677%	No:11303 U+07B47 筇 00000280 0.0035/万 99.8675%	No:11304 U+081AC 膬 00000280 0.0035/万 99.8676%	No:11305 U+0EBFA 敁 00000280 0.0035/万 99.8673%	No:11306 U+ECB 洛 00000280 0.0035/万 99.8675%	No:11307 U+EC3 00000280 0.0035/万 99.8674%	No:11308 U+05030 倰 00000279 0.0035/万 99.8678%	No:11309 U+050FD 僽 00000279 0.0035/万 99.8678%	No:11310 U+057BC 垼 00000279 0.0035/万 99.8679%
No:11311 U+05AC8 嫈 00000279 0.0035/万 99.8680%	No:11312 U+06095 悕 00000279 0.0035/万 99.8681%	No:11313 U+06E3B 渻 00000279 0.0035/万 99.8682%	No:11314 U+06F9F 澟 00000279 0.0035/万 99.8681%	No:11315 U+07404 琄 00000279 0.0035/万 99.8682%	No:11316 U+0826D 艭 00000279 0.0035/万 99.8680%	No:11317 U+087E2 蟢 00000279 0.0035/万 99.8680%	No:11318 U+09201 鈁 00000279 0.0035/万 99.8681%	No:11319 U+09DDA 鷚 00000279 0.0035/万 99.8677%	No:11320 U+0EB85 00000279 0.0035/万 99.8678%
No:11321 U+0ED2F 癩 00000279 0.0035/万 99.8677%	No:11322 U+ECA 烽 00000279 0.0035/万 99.8679%	No:11323 U+037A6 㞦 00000278 0.0035/万 99.8683%	No:11324 U+037EA 㟪 00000278 0.0035/万 99.8684%	No:11325 U+05673 噳 00000278 0.0035/万 99.8684%	No:11326 U+05D3A 崺 00000278 0.0035/万 99.8685%	No:11327 U+06013 怓 00000278 0.0035/万 99.8685%	No:11328 U+06451 摑 00000278 0.0035/万 99.8686%	No:11329 U+071C7 燇 00000278 0.0035/万 99.8686%	No:11330 U+07A6D 穭 00000278 0.0035/万 99.8687%
No:11331 U+07D8B 綋 00000278 0.0035/万 99.8686%	No:11332 U+0873D 蜽 00000278 0.0035/万 99.8687%	No:11333 U+08EF6 軶 00000278 0.0035/万 99.8687%	No:11334 U+09128 鄨 00000278 0.0035/万 99.8688%	No:11335 U+09D03 鴃 00000278 0.0035/万 99.8683%	No:11336 U+0EBA3 聳 00000278 0.0035/万 99.8683%	No:11337 U+0EEEE 00000278 0.0035/万 99.8682%	No:11338 U+E4B 00000278 0.0035/万 99.8684%	No:11339 U+04D22 䴢 00000277 0.0035/万 99.8689%	No:11340 U+0590B 夋 00000277 0.0035/万 99.8690%
No:11341 U+0590D 复 00000277 0.0035/万 99.8689%	No:11342 U+06DBD 涽 00000277 0.0035/万 99.8693%	No:11343 U+0714A 煊 00000277 0.0035/万 99.8692%	No:11344 U+07655 癕 00000277 0.0035/万 99.8693%	No:11345 U+077DD 矝 00000277 0.0035/万 99.8693%	No:11346 U+07B9B 箛 00000277 0.0035/万 99.8691%	No:11347 U+08329 茩 00000277 0.0035/万 99.8691%	No:11348 U+08399 莙 00000277 0.0035/万 99.8690%	No:11349 U+085B2 薲 00000277 0.0035/万 99.8692%	No:11350 U+08B1C 謜 00000277 0.0035/万 99.8692%
No:11351 U+099A1 馡 00000277 0.0035/万 99.8688%	No:11352 U+0ED36 00000277 0.0035/万 99.8688%	No:11353 U+E1A 00000277 0.0035/万 99.8689%	No:11354 U+E0E 00000277 0.0035/万 99.8690%	No:11355 U+03B7F 㭿 00000276 0.0035/万 99.8694%	No:11356 U+052D6 勖 00000276 0.0035/万 99.8694%	No:11357 U+0534D 卍 00000276 0.0035/万 99.8695%	No:11358 U+053A4 厤 00000276 0.0035/万 99.8694%	No:11359 U+06157 慗 00000276 0.0035/万 99.8695%	No:11360 U+0644F 摏 00000276 0.0035/万 99.8696%
No:11361 U+06B18 欘 00000276 0.0035/万 99.8697%	No:11362 U+079CC 秌 00000276 0.0035/万 99.8696%	No:11363 U+08727 蜧 00000276 0.0035/万 99.8696%	No:11364 U+087ED 蟭 00000276 0.0035/万 99.8695%	No:11365 U+08EA8 躨 00000276 0.0035/万 99.8697%	No:11366 U+02630 ☰ 00000275 0.0034/万 99.8698%	No:11367 U+05430 吰 00000275 0.0034/万 99.8698%	No:11368 U+06088 悈 00000275 0.0034/万 99.8700%	No:11369 U+06875 桵 00000275 0.0034/万 99.8701%	No:11370 U+07AEB 竫 00000275 0.0034/万 99.8701%
No:11371 U+07C51 籑 00000275 0.0034/万 99.8699%	No:11372 U+08470 葰 00000275 0.0034/万 99.8700%	No:11373 U+087C2 蟂 00000275 0.0034/万 99.8699%	No:11374 U+08E12 踒 00000275 0.0034/万 99.8699%	No:11375 U+0900E 逎 00000275 0.0034/万 99.8700%	No:11376 U+0EDF7 00000275 0.0034/万 99.8697%	No:11377 U+042B7 䊷 00000274 0.0034/万 99.8701%	No:11378 U+0572A 圪 00000274 0.0034/万 99.8702%	No:11379 U+077B5 瞵 00000274 0.0034/万 99.8703%	No:11380 U+08F32 輲 00000274 0.0034/万 99.8702%
No:11381 U+E86 窣 00000274 0.0034/万 99.8702%	No:11382 U+05280 劀 00000273 0.0034/万 99.8703%	No:11383 U+055BF 喿 00000273 0.0034/万 99.8704%	No:11384 U+0678A 枊 00000273 0.0034/万 99.8704%	No:11385 U+0964F 陏 00000273 0.0034/万 99.8704%	No:11386 U+099CA 駊 00000273 0.0034/万 99.8703%	No:11387 U+05D8D 嶍 00000272 0.0034/万 99.8706%	No:11388 U+06BB9 殹 00000272 0.0034/万 99.8706%	No:11389 U+072C6 狆 00000272 0.0034/万 99.8706%	No:11390 U+08779 蝹 00000272 0.0034/万 99.8707%
No:11391 U+09940 饀 00000272 0.0034/万 99.8705%	No:11392 U+0EB09 00000272 0.0034/万 99.8705%	No:11393 U+0EEC4 00000272 0.0034/万 99.8705%	No:11394 U+03861 㡡 00000271 0.0034/万 99.8708%	No:11395 U+04A25 䨥 00000271 0.0034/万 99.8708%	No:11396 U+0557F 啿 00000271 0.0034/万 99.8708%	No:11397 U+05E69 幩 00000271 0.0034/万 99.8711%	No:11398 U+07182 熂 00000271 0.0034/万 99.8710%	No:11399 U+075BF 疿 00000271 0.0034/万 99.8709%	No:11400 U+07909 礉 00000271 0.0034/万 99.8710%

No:11401 U+082BA 芺 00000271 0.0034/万 99.8709%	No:11402 U+0863D 蘽 00000271 0.0034/万 99.8710%	No:11403 U+0991F 餟 00000271 0.0034/万 99.8707%	No:11404 U+E3E ⿱山⿰文攵 00000271 0.0034/万 99.8709%	No:11405 U+04361 䍡 00000270 0.0034/万 99.8712%	No:11406 U+04CC7 䳇 00000270 0.0034/万 99.8713%	No:11407 U+05427 吧 00000270 0.0034/万 99.8713%	No:11408 U+058F4 壴 00000270 0.0034/万 99.8712%	No:11409 U+06513 攓 00000270 0.0034/万 99.8714%	No:11410 U+0745D 瑝 00000270 0.0034/万 99.8715%
No:11411 U+08794 螔 00000270 0.0034/万 99.8714%	No:11412 U+08958 襘 00000270 0.0034/万 99.8714%	No:11413 U+08CA3 貣 00000270 0.0034/万 99.8715%	No:11414 U+0977F 靿 00000270 0.0034/万 99.8711%	No:11415 U+09B6E 魮 00000270 0.0034/万 99.8711%	No:11416 U+E08 斷 00000270 0.0034/万 99.8713%	No:11417 U+EBE ⿸疒需 00000270 0.0034/万 99.8712%	No:11418 U+05E4D 幍 00000269 0.0034/万 99.8717%	No:11419 U+078F6 磶 00000269 0.0034/万 99.8716%	No:11420 U+08452 葒 00000269 0.0034/万 99.8717%
No:11421 U+08553 蕓 00000269 0.0034/万 99.8717%	No:11422 U+08610 蘐 00000269 0.0034/万 99.8718%	No:11423 U+08A27 訧 00000269 0.0034/万 99.8716%	No:11424 U+EA7 憪 00000269 0.0034/万 99.8716%	No:11425 U+E13 爇 00000269 0.0034/万 99.8715%	No:11426 U+05EB2 庲 00000268 0.0034/万 99.8719%	No:11427 U+05FF2 忲 00000268 0.0034/万 99.8719%	No:11428 U+08434 萴 00000268 0.0034/万 99.8718%	No:11429 U+08595 薕 00000268 0.0034/万 99.8718%	No:11430 U+03FC9 㿉 00000267 0.0033/万 99.8721%
No:11431 U+0511C 儜 00000267 0.0033/万 99.8722%	No:11432 U+053E7 另 00000267 0.0033/万 99.8722%	No:11433 U+05AB2 媲 00000267 0.0033/万 99.8722%	No:11434 U+061EE 懮 00000267 0.0033/万 99.8724%	No:11435 U+06933 椳 00000267 0.0033/万 99.8723%	No:11436 U+07868 硨 00000267 0.0033/万 99.8724%	No:11437 U+078E3 磣 00000267 0.0033/万 99.8725%	No:11438 U+08955 襕 00000267 0.0033/万 99.8724%	No:11439 U+08C47 豇 00000267 0.0033/万 99.8723%	No:11440 U+0936B 鍫 00000267 0.0033/万 99.8723%
No:11441 U+0EA47 伱 00000267 0.0033/万 99.8721%	No:11442 U+0EAAF 呱 00000267 0.0033/万 99.8720%	No:11443 U+0EBC0 懽 00000267 0.0033/万 99.8720%	No:11444 U+0EBF7 敺 00000267 0.0033/万 99.8720%	No:11445 U+0FE35 ︵ 00000267 0.0033/万 99.8721%	No:11446 U+05A50 婐 00000266 0.0033/万 99.8726%	No:11447 U+05D7C 嵼 00000266 0.0033/万 99.8725%	No:11448 U+061EC 懬 00000266 0.0033/万 99.8727%	No:11449 U+07005 瀅 00000266 0.0033/万 99.8726%	No:11450 U+070B1 炱 00000266 0.0033/万 99.8727%
No:11451 U+085D1 藑 00000266 0.0033/万 99.8727%	No:11452 U+08678 虸 00000266 0.0033/万 99.8726%	No:11453 U+0EFE5 構 00000266 0.0033/万 99.8725%	No:11454 U+05E67 幧 00000265 0.0033/万 99.8730%	No:11455 U+06783 枃 00000265 0.0033/万 99.8729%	No:11456 U+06BC7 毇 00000265 0.0033/万 99.8729%	No:11457 U+07925 礥 00000265 0.0033/万 99.8730%	No:11458 U+08787 螇 00000265 0.0033/万 99.8730%	No:11459 U+08C4F 豏 00000265 0.0033/万 99.8729%	No:11460 U+09A49 驉 00000265 0.0033/万 99.8728%
No:11461 U+09C3C 鰼 00000265 0.0033/万 99.8728%	No:11462 U+EA1 躠 00000265 0.0033/万 99.8728%	No:11463 U+03C54 㱔 00000264 0.0033/万 99.8732%	No:11464 U+04AEB 䫫 00000264 0.0033/万 99.8731%	No:11465 U+04CCF 䳏 00000264 0.0033/万 99.8732%	No:11466 U+05AA6 媦 00000264 0.0033/万 99.8732%	No:11467 U+07A07 稇 00000264 0.0033/万 99.8734%	No:11468 U+0829A 芚 00000264 0.0033/万 99.8733%	No:11469 U+08B69 譩 00000264 0.0033/万 99.8733%	No:11470 U+08FA7 辧 00000264 0.0033/万 99.8733%
No:11471 U+09856 顖 00000264 0.0033/万 99.8731%	No:11472 U+0EA31 ⿺廴王 00000264 0.0033/万 99.8731%	No:11473 U+03CFF 㳿 00000263 0.0033/万 99.8734%	No:11474 U+0648E 撎 00000263 0.0033/万 99.8735%	No:11475 U+06648 晈 00000263 0.0033/万 99.8736%	No:11476 U+070F0 烰 00000263 0.0033/万 99.8735%	No:11477 U+087F6 蟶 00000263 0.0033/万 99.8735%	No:11478 U+08F65 轥 00000263 0.0033/万 99.8736%	No:11479 U+ED2 臣 00000263 0.0033/万 99.8734%	No:11480 U+03E45 㹅 00000262 0.0033/万 99.8739%
No:11481 U+0501D 倝 00000262 0.0033/万 99.8738%	No:11482 U+0581B 堛 00000262 0.0033/万 99.8739%	No:11483 U+06529 攩 00000262 0.0033/万 99.8741%	No:11484 U+07201 爁 00000262 0.0033/万 99.8740%	No:11485 U+07E2A 縪 00000262 0.0033/万 99.8740%	No:11486 U+08ED8 軘 00000262 0.0033/万 99.8740%	No:11487 U+09DE2 鷢 00000262 0.0033/万 99.8737%	No:11488 U+0EB51 嵊 00000262 0.0033/万 99.8738%	No:11489 U+0EE27 虜 00000262 0.0033/万 99.8736%	No:11490 U+0EF12 驪 00000262 0.0033/万 99.8737%
No:11491 U+0FE36 ︶ 00000262 0.0033/万 99.8737%	No:11492 U+EF3 ⿰目咢 00000262 0.0033/万 99.8738%	No:11493 U+E5A ⿰酉盧 00000262 0.0033/万 99.8739%	No:11494 U+05008 倈 00000261 0.0033/万 99.8742%	No:11495 U+06AA6 檦 00000261 0.0033/万 99.8743%	No:11496 U+0839A 莚 00000261 0.0033/万 99.8743%	No:11497 U+08524 蔤 00000261 0.0033/万 99.8744%	No:11498 U+0894B 襋 00000261 0.0033/万 99.8742%	No:11499 U+08C7D 豽 00000261 0.0033/万 99.8742%	No:11500 U+08DD0 跐 00000261 0.0033/万 99.8743%

No:11501 U+08E56 蹖 00000261 0.0033/万 99.8744%	No:11502 U+09F22 鼢 00000261 0.0033/万 99.8741%	No:11503 U+F67 繽 00000261 0.0033/万 99.8741%	No:11504 U+039D6 㧖 00000260 0.0033/万 99.8745%	No:11505 U+03F75 㽵 00000260 0.0033/万 99.8746%	No:11506 U+050FF 僿 00000260 0.0033/万 99.8746%	No:11507 U+0762F 瘯 00000260 0.0033/万 99.8747%	No:11508 U+078A1 碡 00000260 0.0033/万 99.8748%	No:11509 U+086B9 蚹 00000260 0.0033/万 99.8747%	No:11510 U+09200 鈀 00000260 0.0033/万 99.8747%
No:11511 U+0EBA0 徜 00000260 0.0033/万 99.8745%	No:11512 U+0EF40 殊 00000260 0.0033/万 99.8744%	No:11513 U+E1D 罶 00000260 0.0033/万 99.8746%	No:11514 U+ED0 霓 00000260 0.0033/万 99.8745%	No:11515 U+051AB 冫 00000259 0.0032/万 99.8749%	No:11516 U+05AED 嫭 00000259 0.0032/万 99.8749%	No:11517 U+05C95 岕 00000259 0.0032/万 99.8750%	No:11518 U+06138 愸 00000259 0.0032/万 99.8750%	No:11519 U+06872 桲 00000259 0.0032/万 99.8751%	No:11520 U+07249 牉 00000259 0.0032/万 99.8751%
No:11521 U+0818E 膎 00000259 0.0032/万 99.8750%	No:11522 U+091EA 釪 00000259 0.0032/万 99.8751%	No:11523 U+0938F 鎏 00000259 0.0032/万 99.8752%	No:11524 U+0EA72 儼 00000259 0.0032/万 99.8748%	No:11525 U+0EB6E 庳 00000259 0.0032/万 99.8749%	No:11526 U+0F847 煬 00000259 0.0032/万 99.8748%	No:11527 U+07ABE 窾 00000258 0.0032/万 99.8754%	No:11528 U+08053 聓 00000258 0.0032/万 99.8753%	No:11529 U+08E39 踹 00000258 0.0032/万 99.8753%	No:11530 U+09DAA 鶪 00000258 0.0032/万 99.8752%
No:11531 U+0ECD3 塋 00000258 0.0032/万 99.8752%	No:11532 U+EA9 㦇 00000258 0.0032/万 99.8753%	No:11533 U+E5D 萬 00000258 0.0032/万 99.8752%	No:11534 U+04908 醘 00000257 0.0032/万 99.8756%	No:11535 U+06672 晲 00000257 0.0032/万 99.8757%	No:11536 U+06F0E 漎 00000257 0.0032/万 99.8756%	No:11537 U+0757E 畾 00000257 0.0032/万 99.8757%	No:11538 U+0897A 襺 00000257 0.0032/万 99.8757%	No:11539 U+092C2 鋂 00000257 0.0032/万 99.8758%	No:11540 U+0979B 鞛 00000257 0.0032/万 99.8754%
No:11541 U+09F75 齵 00000257 0.0032/万 99.8755%	No:11542 U+0EA49 低 00000257 0.0032/万 99.8754%	No:11543 U+0EA4A 吟 00000257 0.0032/万 99.8755%	No:11544 U+0ED16 環 00000257 0.0032/万 99.8755%	No:11545 U+ED2 戳 00000257 0.0032/万 99.8756%	No:11546 U+04509 䔉 00000256 0.0032/万 99.8761%	No:11547 U+061E0 懠 00000256 0.0032/万 99.8762%	No:11548 U+06439 搹 00000256 0.0032/万 99.8763%	No:11549 U+069A0 榠 00000256 0.0032/万 99.8764%	No:11550 U+06BB0 殰 00000256 0.0032/万 99.8762%
No:11551 U+06EFA 滺 00000256 0.0032/万 99.8761%	No:11552 U+07202 爂 00000256 0.0032/万 99.8764%	No:11553 U+073F9 珹 00000256 0.0032/万 99.8763%	No:11554 U+077D1 矑 00000256 0.0032/万 99.8765%	No:11555 U+07B45 筅 00000256 0.0032/万 99.8763%	No:11556 U+07FBC 羼 00000256 0.0032/万 99.8765%	No:11557 U+081B2 膲 00000256 0.0032/万 99.8762%	No:11558 U+08450 葐 00000256 0.0032/万 99.8764%	No:11559 U+08739 蜹 00000256 0.0032/万 99.8761%	No:11560 U+09A12 騒 00000256 0.0032/万 99.8758%
No:11561 U+09D21 鴡 00000256 0.0032/万 99.8759%	No:11562 U+09E03 鸃 00000256 0.0032/万 99.8760%	No:11563 U+09F6F 齯 00000256 0.0032/万 99.8758%	No:11564 U+0EA5D 倦 00000256 0.0032/万 99.8759%	No:11565 U+0EA84 免 00000256 0.0032/万 99.8759%	No:11566 U+E3B 蓼 00000256 0.0032/万 99.8760%	No:11567 U+E65 黯 00000256 0.0032/万 99.8760%	No:11568 U+03DCA 㷊 00000255 0.0032/万 99.8766%	No:11569 U+05131 儱 00000255 0.0032/万 99.8766%	No:11570 U+05EB1 庱 00000255 0.0032/万 99.8768%
No:11571 U+068AC 梬 00000255 0.0032/万 99.8769%	No:11572 U+06A3B 樻 00000255 0.0032/万 99.8767%	No:11573 U+076CB 盋 00000255 0.0032/万 99.8767%	No:11574 U+07769 睩 00000255 0.0032/万 99.8768%	No:11575 U+0782F 砯 00000255 0.0032/万 99.8769%	No:11576 U+08809 蠉 00000255 0.0032/万 99.8768%	No:11577 U+08871 衱 00000255 0.0032/万 99.8767%	No:11578 U+0924C 鉌 00000255 0.0032/万 99.8769%	No:11579 U+09B66 魦 00000255 0.0032/万 99.8765%	No:11580 U+0E79E 荳 00000255 0.0032/万 99.8765%
No:11581 U+E7B 懱 00000255 0.0032/万 99.8766%	No:11582 U+04E5A 乚 00000254 0.0032/万 99.8771%	No:11583 U+051B1 冱 00000254 0.0032/万 99.8772%	No:11584 U+05559 啙 00000254 0.0032/万 99.8771%	No:11585 U+05A75 婵 00000254 0.0032/万 99.8770%	No:11586 U+05DDC 巜 00000254 0.0032/万 99.8771%	No:11587 U+06B97 殗 00000254 0.0032/万 99.8772%	No:11588 U+06F05 漅 00000254 0.0032/万 99.8773%	No:11589 U+07362 獢 00000254 0.0032/万 99.8773%	No:11590 U+08320 茠 00000254 0.0032/万 99.8772%
No:11591 U+086BB 蚻 00000254 0.0032/万 99.8773%	No:11592 U+09F2E 鼮 00000254 0.0032/万 99.8770%	No:11593 U+0F7AF 宰 00000254 0.0032/万 99.8770%	No:11594 U+0437D 䍽 00000253 0.0032/万 99.8775%	No:11595 U+049B1 䦱 00000253 0.0032/万 99.8774%	No:11596 U+05535 唵 00000253 0.0032/万 99.8775%	No:11597 U+05EAC 庬 00000253 0.0032/万 99.8775%	No:11598 U+06142 慂 00000253 0.0032/万 99.8776%	No:11599 U+06A00 樀 00000253 0.0032/万 99.8776%	No:11600 U+078E2 磢 00000253 0.0032/万 99.8775%

No:11601 U+099FB 駻 00000253 0.0032/万 99.8774%	No:11602 U+0EDE0 艤 00000253 0.0032/万 99.8774%	No:11603 U+03795 㞕 00000252 0.0032/万 99.8777%	No:11604 U+07068 灨 00000252 0.0032/万 99.8777%	No:11605 U+08843 衃 00000252 0.0032/万 99.8778%	No:11606 U+09B0A 鬊 00000252 0.0032/万 99.8776%	No:11607 U+E4D 保 00000252 0.0032/万 99.8777%	No:11608 U+05629 嘩 00000251 0.0031/万 99.8779%	No:11609 U+06287 抇 00000251 0.0031/万 99.8779%	No:11610 U+06898 梘 00000251 0.0031/万 99.8780%
No:11611 U+07DE7 緧 00000251 0.0031/万 99.8780%	No:11612 U+09863 顣 00000251 0.0031/万 99.8778%	No:11613 U+09AB2 骲 00000251 0.0031/万 99.8779%	No:11614 U+0EA60 偹 00000251 0.0031/万 99.8778%	No:11615 U+0355C 㕜 00000250 0.0031/万 99.8782%	No:11616 U+0466B 䙫 00000250 0.0031/万 99.8783%	No:11617 U+05184 冄 00000250 0.0031/万 99.8782%	No:11618 U+05299 劙 00000250 0.0031/万 99.8782%	No:11619 U+054FB 哻 00000250 0.0031/万 99.8781%	No:11620 U+05BC1 寁 00000250 0.0031/万 99.8782%
No:11621 U+061D5 懕 00000250 0.0031/万 99.8783%	No:11622 U+068FD 棽 00000250 0.0031/万 99.8785%	No:11623 U+07351 獑 00000250 0.0031/万 99.8784%	No:11624 U+07CE6 糦 00000250 0.0031/万 99.8784%	No:11625 U+082D9 苙 00000250 0.0031/万 99.8783%	No:11626 U+08898 袘 00000250 0.0031/万 99.8784%	No:11627 U+08B1E 謞 00000250 0.0031/万 99.8785%	No:11628 U+09CFA 鳺 00000250 0.0031/万 99.8780%	No:11629 U+09D44 鵄 00000250 0.0031/万 99.8781%	No:11630 U+0EA52 倪 00000250 0.0031/万 99.8781%
No:11631 U+03BFA 㯺 00000249 0.0031/万 99.8786%	No:11632 U+04831 䠱 00000249 0.0031/万 99.8787%	No:11633 U+04874 䡴 00000249 0.0031/万 99.8787%	No:11634 U+0543D 吽 00000249 0.0031/万 99.8786%	No:11635 U+0637C 捼 00000249 0.0031/万 99.8789%	No:11636 U+0682B 栫 00000249 0.0031/万 99.8788%	No:11637 U+069C4 槄 00000249 0.0031/万 99.8788%	No:11638 U+06DCF 淏 00000249 0.0031/万 99.8788%	No:11639 U+0717B 煻 00000249 0.0031/万 99.8788%	No:11640 U+07DF7 緷 00000249 0.0031/万 99.8790%
No:11641 U+0817D 腽 00000249 0.0031/万 99.8789%	No:11642 U+081F7 臷 00000249 0.0031/万 99.8789%	No:11643 U+08619 蘙 00000249 0.0031/万 99.8787%	No:11644 U+08E95 躕 00000249 0.0031/万 99.8790%	No:11645 U+0ED05 猒 00000249 0.0031/万 99.8785%	No:11646 U+E64 [illegible] 00000249 0.0031/万 99.8786%	No:11647 U+03813 㠓 00000248 0.0031/万 99.8791%	No:11648 U+076AB 皫 00000248 0.0031/万 99.8791%	No:11649 U+080C8 胈 00000248 0.0031/万 99.8792%	No:11650 U+08869 衩 00000248 0.0031/万 99.8792%
No:11651 U+0ED37 盟 00000248 0.0031/万 99.8790%	No:11652 U+EAa [illegible] 00000248 0.0031/万 99.8791%	No:11653 U+043D1 䏑 00000247 0.0031/万 99.8794%	No:11654 U+05A3F 娿 00000247 0.0031/万 99.8794%	No:11655 U+086D3 蛓 00000247 0.0031/万 99.8795%	No:11656 U+08942 襂 00000247 0.0031/万 99.8795%	No:11657 U+0895B 襛 00000247 0.0031/万 99.8795%	No:11658 U+09783 鞃 00000247 0.0031/万 99.8793%	No:11659 U+09849 顉 00000247 0.0031/万 99.8793%	No:11660 U+0EA78 穾 00000247 0.0031/万 99.8793%
No:11661 U+0EE1B 蘘 00000247 0.0031/万 99.8792%	No:11662 U+EBE [illegible] 00000247 0.0031/万 99.8794%	No:11663 U+ECC 瘦 00000247 0.0031/万 99.8794%	No:11664 U+05C9E 岞 00000246 0.0031/万 99.8797%	No:11665 U+0635D 捝 00000246 0.0031/万 99.8798%	No:11666 U+07004 瀄 00000246 0.0031/万 99.8799%	No:11667 U+07705 眅 00000246 0.0031/万 99.8799%	No:11668 U+0787F 硿 00000246 0.0031/万 99.8800%	No:11669 U+084B3 蒳 00000246 0.0031/万 99.8799%	No:11670 U+0915F 酟 00000246 0.0031/万 99.8798%
No:11671 U+09168 酨 00000246 0.0031/万 99.8798%	No:11672 U+0931F 錟 00000246 0.0031/万 99.8799%	No:11673 U+0994A 饊 00000246 0.0031/万 99.8796%	No:11674 U+09C6D 鱭 00000246 0.0031/万 99.8796%	No:11675 U+09EE6 黦 00000246 0.0031/万 99.8796%	No:11676 U+EDC 瀛 00000246 0.0031/万 99.8797%	No:11677 U+ED4 鏉 00000246 0.0031/万 99.8797%	No:11678 U+0340C 㐌 00000245 0.0031/万 99.8802%	No:11679 U+0469F 䚟 00000245 0.0031/万 99.8803%	No:11680 U+059FA 姺 00000245 0.0031/万 99.8802%
No:11681 U+0628E 抎 00000245 0.0031/万 99.8804%	No:11682 U+067CD 柍 00000245 0.0031/万 99.8803%	No:11683 U+06ACB 櫋 00000245 0.0031/万 99.8803%	No:11684 U+072CB 狋 00000245 0.0031/万 99.8804%	No:11685 U+08957 襗 00000245 0.0031/万 99.8804%	No:11686 U+08C95 貕 00000245 0.0031/万 99.8804%	No:11687 U+099B2 馲 00000245 0.0031/万 99.8801%	No:11688 U+09A31 騱 00000245 0.0031/万 99.8801%	No:11689 U+09B68 魨 00000245 0.0031/万 99.8800%	No:11690 U+09BA5 鮥 00000245 0.0031/万 99.8800%
No:11691 U+0EC6F 洞 00000245 0.0031/万 99.8801%	No:11692 U+EAD 恙 00000245 0.0031/万 99.8802%	No:11693 U+04B54 䭔 00000244 0.0030/万 99.8806%	No:11694 U+064D6 擖 00000244 0.0030/万 99.8806%	No:11695 U+07340 獀 00000244 0.0030/万 99.8806%	No:11696 U+081F6 臶 00000244 0.0030/万 99.8807%	No:11697 U+082A6 芦 00000244 0.0030/万 99.8807%	No:11698 U+09784 鞄 00000244 0.0030/万 99.8805%	No:11699 U+0EB47 屢 00000244 0.0030/万 99.8805%	No:11700 U+0EB48 屮 00000244 0.0030/万 99.8805%

No:11701 U+04F07 伇 00000243 0.0030/万 99.8807%	No:11702 U+077D5 矕 00000243 0.0030/万 99.8809%	No:11703 U+07C3B 簻 00000243 0.0030/万 99.8809%	No:11704 U+08189 膉 00000243 0.0030/万 99.8808%	No:11705 U+08448 葈 00000243 0.0030/万 99.8809%	No:11706 U+090D4 郔 00000243 0.0030/万 99.8808%	No:11707 U+09110 鄐 00000243 0.0030/万 99.8808%	No:11708 U+EB3 朮 00000243 0.0030/万 99.8808%	No:11709 U+04516 䔖 00000242 0.0030/万 99.8811%	No:11710 U+046D2 䛒 00000242 0.0030/万 99.8812%
No:11711 U+05AFD 嫽 00000242 0.0030/万 99.8811%	No:11712 U+060C9 惉 00000242 0.0030/万 99.8812%	No:11713 U+0632A 挪 00000242 0.0030/万 99.8814%	No:11714 U+06680 暀 00000242 0.0030/万 99.8813%	No:11715 U+07034 瀴 00000242 0.0030/万 99.8813%	No:11716 U+07154 煔 00000242 0.0030/万 99.8812%	No:11717 U+074FD 瓽 00000242 0.0030/万 99.8814%	No:11718 U+078C9 磉 00000242 0.0030/万 99.8812%	No:11719 U+0920C 鈌 00000242 0.0030/万 99.8813%	No:11720 U+09C3F 鰿 00000242 0.0030/万 99.8810%
No:11721 U+09D83 鶃 00000242 0.0030/万 99.8810%	No:11722 U+0ED18 ⿰王夐 00000242 0.0030/万 99.8810%	No:11723 U+E26 [illegible] 00000242 0.0030/万 99.8811%	No:11724 U+05853 塓 00000241 0.0030/万 99.8815%	No:11725 U+0639C 挽 00000241 0.0030/万 99.8816%	No:11726 U+0678D 枍 00000241 0.0030/万 99.8816%	No:11727 U+06C6F 汯 00000241 0.0030/万 99.8817%	No:11728 U+07181 熁 00000241 0.0030/万 99.8816%	No:11729 U+07358 獘 00000241 0.0030/万 99.8816%	No:11730 U+077D9 矙 00000241 0.0030/万 99.8815%
No:11731 U+07F82 羂 00000241 0.0030/万 99.8815%	No:11732 U+09D54 鵔 00000241 0.0030/万 99.8814%	No:11733 U+04183 䆃 00000240 0.0030/万 99.8818%	No:11734 U+0557D 啽 00000240 0.0030/万 99.8819%	No:11735 U+05F72 彲 00000240 0.0030/万 99.8820%	No:11736 U+06220 戠 00000240 0.0030/万 99.8820%	No:11737 U+0628F 抏 00000240 0.0030/万 99.8821%	No:11738 U+06D5B 浛 00000240 0.0030/万 99.8820%	No:11739 U+07D7C 絼 00000240 0.0030/万 99.8821%	No:11740 U+080A7 肧 00000240 0.0030/万 99.8819%
No:11741 U+08744 蝄 00000240 0.0030/万 99.8819%	No:11742 U+095DB 闛 00000240 0.0030/万 99.8821%	No:11743 U+09E00 鸀 00000240 0.0030/万 99.8818%	No:11744 U+09E85 麅 00000240 0.0030/万 99.8817%	No:11745 U+0EBDE 括 00000240 0.0030/万 99.8817%	No:11746 U+E0F 佤 00000240 0.0030/万 99.8818%	No:11747 U+E4B ⿰赤皮 00000240 0.0030/万 99.8819%	No:11748 U+03A3E 㨾 00000239 0.0030/万 99.8823%	No:11749 U+05825 堥 00000239 0.0030/万 99.8822%	No:11750 U+05D9F 嶟 00000239 0.0030/万 99.8822%
No:11751 U+068F8 棸 00000239 0.0030/万 99.8825%	No:11752 U+06CDE 泞 00000239 0.0030/万 99.8824%	No:11753 U+0702F 瀯 00000239 0.0030/万 99.8823%	No:11754 U+0777E 睾 00000239 0.0030/万 99.8823%	No:11755 U+07BE3 篣 00000239 0.0030/万 99.8824%	No:11756 U+07C2C 簬 00000239 0.0030/万 99.8823%	No:11757 U+07E0C 縌 00000239 0.0030/万 99.8824%	No:11758 U+EBE ⿰田巛 00000239 0.0030/万 99.8822%	No:11759 U+04408 䐈 00000238 0.0030/万 99.8826%	No:11760 U+04443 䑃 00000238 0.0030/万 99.8827%
No:11761 U+05AD8 嫘 00000238 0.0030/万 99.8826%	No:11762 U+05D46 嵆 00000238 0.0030/万 99.8826%	No:11763 U+06AB5 檵 00000238 0.0030/万 99.8828%	No:11764 U+072B9 犹 00000238 0.0030/万 99.8828%	No:11765 U+0789D 碝 00000238 0.0030/万 99.8829%	No:11766 U+079BC 禼 00000238 0.0030/万 99.8827%	No:11767 U+083F8 菸 00000238 0.0030/万 99.8828%	No:11768 U+08730 蜰 00000238 0.0030/万 99.8829%	No:11769 U+08884 袄 00000238 0.0030/万 99.8829%	No:11770 U+093D5 鏕 00000238 0.0030/万 99.8827%
No:11771 U+09D79 鵹 00000238 0.0030/万 99.8825%	No:11772 U+0EDE4 茋 00000238 0.0030/万 99.8825%	No:11773 U+E70 ⿸厂享 00000238 0.0030/万 99.8826%	No:11774 U+04B8D 䮍 00000237 0.0030/万 99.8830%	No:11775 U+058CB 壋 00000237 0.0030/万 99.8830%	No:11776 U+064CB 擋 00000237 0.0030/万 99.8832%	No:11777 U+071AD 熭 00000237 0.0030/万 99.8832%	No:11778 U+072D8 狘 00000237 0.0030/万 99.8833%	No:11779 U+0757D 畽 00000237 0.0030/万 99.8833%	No:11780 U+08064 聤 00000237 0.0030/万 99.8831%
No:11781 U+08FC7 过 00000237 0.0030/万 99.8833%	No:11782 U+0921C 鈜 00000237 0.0030/万 99.8832%	No:11783 U+0942C 鐬 00000237 0.0030/万 99.8832%	No:11784 U+099A3 馣 00000237 0.0030/万 99.8829%	No:11785 U+0EC91 減 00000237 0.0030/万 99.8830%	No:11786 U+EFB ⿱殸毛 00000237 0.0030/万 99.8831%	No:11787 U+EBC ⿰田巛 00000237 0.0030/万 99.8831%	No:11788 U+03566 㕦 00000236 0.0029/万 99.8836%	No:11789 U+03A7B 㩻 00000236 0.0029/万 99.8835%	No:11790 U+03B8F 㮏 00000236 0.0029/万 99.8835%
No:11791 U+050E2 僢 00000236 0.0029/万 99.8835%	No:11792 U+0534C 卌 00000236 0.0029/万 99.8835%	No:11793 U+05686 嚆 00000236 0.0029/万 99.8834%	No:11794 U+066EF 曯 00000236 0.0029/万 99.8837%	No:11795 U+068AE 梮 00000236 0.0029/万 99.8838%	No:11796 U+07089 炉 00000236 0.0029/万 99.8836%	No:11797 U+0732D 猭 00000236 0.0029/万 99.8837%	No:11798 U+07366 獦 00000236 0.0029/万 99.8837%	No:11799 U+07920 礠 00000236 0.0029/万 99.8838%	No:11800 U+07991 禑 00000236 0.0029/万 99.8836%

No:11801 U+095BA 閺 00000236 0.0029/万 99.8838%	No:11802 U+09921 餡 00000236 0.0029/万 99.8834%	No:11803 U+09EDA 黚 00000236 0.0029/万 99.8834%	No:11804 U+03F95 㾕 00000235 0.0029/万 99.8839%	No:11805 U+051D9 凙 00000235 0.0029/万 99.8839%	No:11806 U+05B32 嬲 00000235 0.0029/万 99.8839%	No:11807 U+0758C 疌 00000235 0.0029/万 99.8840%	No:11808 U+07F8D 羍 00000235 0.0029/万 99.8841%	No:11809 U+0838D 莍 00000235 0.0029/万 99.8841%	No:11810 U+08626 蘦 00000235 0.0029/万 99.8841%
No:11811 U+08922 褢 00000235 0.0029/万 99.8840%	No:11812 U+08EEC 軬 00000235 0.0029/万 99.8840%	No:11813 U+09947 饇 00000235 0.0029/万 99.8838%	No:11814 U+04F78 佸 00000234 0.0029/万 99.8841%	No:11815 U+05078 偸 00000234 0.0029/万 99.8842%	No:11816 U+056B1 嚱 00000234 0.0029/万 99.8843%	No:11817 U+058A1 墡 00000234 0.0029/万 99.8842%	No:11818 U+06179 慹 00000234 0.0029/万 99.8843%	No:11819 U+074AF 璯 00000234 0.0029/万 99.8843%	No:11820 U+080D8 胘 00000234 0.0029/万 99.8843%
No:11821 U+EB9 [illegible] 00000234 0.0029/万 99.8842%	No:11822 U+04E36 丶 00000233 0.0029/万 99.8845%	No:11823 U+04EE9 仩 00000233 0.0029/万 99.8846%	No:11824 U+050AB 傫 00000233 0.0029/万 99.8845%	No:11825 U+05769 坩 00000233 0.0029/万 99.8845%	No:11826 U+05D4F 嵏 00000233 0.0029/万 99.8846%	No:11827 U+061F0 懰 00000233 0.0029/万 99.8847%	No:11828 U+07371 獱 00000233 0.0029/万 99.8847%	No:11829 U+08E97 躗 00000233 0.0029/万 99.8846%	No:11830 U+09EED 黭 00000233 0.0029/万 99.8844%
No:11831 U+0EE53 詒 00000233 0.0029/万 99.8844%	No:11832 U+E77 廚 00000233 0.0029/万 99.8844%	No:11833 U+E3A 盤 00000233 0.0029/万 99.8846%	No:11834 U+039A4 㦤 00000232 0.0029/万 99.8848%	No:11835 U+04F8C 侌 00000232 0.0029/万 99.8850%	No:11836 U+0575F 坟 00000232 0.0029/万 99.8849%	No:11837 U+07723 眣 00000232 0.0029/万 99.8851%	No:11838 U+0779A 瞚 00000232 0.0029/万 99.8851%	No:11839 U+0784A 硊 00000232 0.0029/万 99.8850%	No:11840 U+0850F 蔏 00000232 0.0029/万 99.8851%
No:11841 U+0875A 蝚 00000232 0.0029/万 99.8851%	No:11842 U+08961 襡 00000232 0.0029/万 99.8850%	No:11843 U+09A1F 騟 00000232 0.0029/万 99.8847%	No:11844 U+0E815 厂 00000232 0.0029/万 99.8848%	No:11845 U+0EC42 櫛 00000232 0.0029/万 99.8848%	No:11846 U+ED9 褻 00000232 0.0029/万 99.8849%	No:11847 U+E21 虒 00000232 0.0029/万 99.8849%	No:11848 U+EFE 蠑 00000232 0.0029/万 99.8849%	No:11849 U+02635 ☵ 00000231 0.0029/万 99.8854%	No:11850 U+04CC4 䳄 00000231 0.0029/万 99.8853%
No:11851 U+04FE3 俣 00000231 0.0029/万 99.8852%	No:11852 U+056EE 囮 00000231 0.0029/万 99.8853%	No:11853 U+059FC 姼 00000231 0.0029/万 99.8853%	No:11854 U+0634A 捊 00000231 0.0029/万 99.8854%	No:11855 U+06A6D 橭 00000231 0.0029/万 99.8856%	No:11856 U+073A5 玥 00000231 0.0029/万 99.8855%	No:11857 U+075B7 疷 00000231 0.0029/万 99.8855%	No:11858 U+07639 瘹 00000231 0.0029/万 99.8856%	No:11859 U+0784B 硋 00000231 0.0029/万 99.8854%	No:11860 U+07B30 笰 00000231 0.0029/万 99.8856%
No:11861 U+07C78 籸 00000231 0.0029/万 99.8855%	No:11862 U+07E60 繠 00000231 0.0029/万 99.8856%	No:11863 U+09F32 鼲 00000231 0.0029/万 99.8852%	No:11864 U+0F636 暕 00000231 0.0029/万 99.8852%	No:11865 U+E10 驤 00000231 0.0029/万 99.8854%	No:11866 U+05A53 婓 00000230 0.0029/万 99.8858%	No:11867 U+06A14 樔 00000230 0.0029/万 99.8860%	No:11868 U+07037 瀷 00000230 0.0029/万 99.8859%	No:11869 U+078F3 磳 00000230 0.0029/万 99.8859%	No:11870 U+08F28 輨 00000230 0.0029/万 99.8859%
No:11871 U+09B6B 魫 00000230 0.0029/万 99.8857%	No:11872 U+0ED47 䀮 00000230 0.0029/万 99.8858%	No:11873 U+0EDF4 菌 00000230 0.0029/万 99.8857%	No:11874 U+0F638 敀 00000230 0.0029/万 99.8857%	No:11875 U+E5A [illegible] 00000230 0.0029/万 99.8858%	No:11876 U+EAB 澹 00000230 0.0029/万 99.8858%	No:11877 U+0504A 偊 00000229 0.0029/万 99.8861%	No:11878 U+057BD 垽 00000229 0.0029/万 99.8861%	No:11879 U+059F6 姶 00000229 0.0029/万 99.8861%	No:11880 U+05EEE 廮 00000229 0.0029/万 99.8863%
No:11881 U+06260 扠 00000229 0.0029/万 99.8863%	No:11882 U+06481 撁 00000229 0.0029/万 99.8864%	No:11883 U+06596 斖 00000229 0.0029/万 99.8862%	No:11884 U+06D8F 涏 00000229 0.0029/万 99.8863%	No:11885 U+0717C 煼 00000229 0.0029/万 99.8863%	No:11886 U+07A71 穱 00000229 0.0029/万 99.8864%	No:11887 U+08078 聸 00000229 0.0029/万 99.8864%	No:11888 U+08EF5 軵 00000229 0.0029/万 99.8862%	No:11889 U+0939E 鎞 00000229 0.0029/万 99.8862%	No:11890 U+0EA3E 卒 00000229 0.0029/万 99.8860%
No:11891 U+0EB2A 害 00000229 0.0029/万 99.8860%	No:11892 U+0ECDA 敦 00000229 0.0029/万 99.8861%	No:11893 U+03541 㕁 00000228 0.0028/万 99.8865%	No:11894 U+047C6 䟆 00000228 0.0028/万 99.8865%	No:11895 U+04ABC 䪼 00000228 0.0028/万 99.8866%	No:11896 U+04C94 䲔 00000228 0.0028/万 99.8866%	No:11897 U+07F6C 罬 00000228 0.0028/万 99.8867%	No:11898 U+0847C 葼 00000228 0.0028/万 99.8867%	No:11899 U+08DB9 趹 00000228 0.0028/万 99.8867%	No:11900 U+08DD9 跙 00000228 0.0028/万 99.8867%

No:11901 U+09D18 鴘 00000228 0.0028/万 99.8865%	No:11902 U+E87 刑 00000228 0.0028/万 99.8865%	No:11903 U+ED8 [illegible] 00000228 0.0028/万 99.8866%	No:11904 U+04328 䌨 00000227 0.0028/万 99.8871%	No:11905 U+04E35 丵 00000227 0.0028/万 99.8870%	No:11906 U+050F8 僸 00000227 0.0028/万 99.8870%	No:11907 U+05604 嘄 00000227 0.0028/万 99.8870%	No:11908 U+05CDE 峞 00000227 0.0028/万 99.8871%	No:11909 U+07C29 簩 00000227 0.0028/万 99.8873%	No:11910 U+086C5 蛅 00000227 0.0028/万 99.8873%
No:11911 U+089DF 觟 00000227 0.0028/万 99.8871%	No:11912 U+08DAA 趪 00000227 0.0028/万 99.8872%	No:11913 U+08E4E 蹎 00000227 0.0028/万 99.8872%	No:11914 U+0906C 遬 00000227 0.0028/万 99.8872%	No:11915 U+090E5 郥 00000227 0.0028/万 99.8871%	No:11916 U+091AD 醭 00000227 0.0028/万 99.8873%	No:11917 U+0981C 頜 00000227 0.0028/万 99.8868%	No:11918 U+098AE 颮 00000227 0.0028/万 99.8869%	No:11919 U+09D2F 鴯 00000227 0.0028/万 99.8869%	No:11920 U+0EE58 誧 00000227 0.0028/万 99.8869%
No:11921 U+0EF23 鷙 00000227 0.0028/万 99.8868%	No:11922 U+0EF2D 麪 00000227 0.0028/万 99.8868%	No:11923 U+E83 窣 00000227 0.0028/万 99.8869%	No:11924 U+03FC0 㿀 00000226 0.0028/万 99.8874%	No:11925 U+04764 䝤 00000226 0.0028/万 99.8875%	No:11926 U+05B45 孅 00000226 0.0028/万 99.8875%	No:11927 U+068FF 棿 00000226 0.0028/万 99.8876%	No:11928 U+08906 褆 00000226 0.0028/万 99.8876%	No:11929 U+08F5E 轞 00000226 0.0028/万 99.8876%	No:11930 U+0913D 鄽 00000226 0.0028/万 99.8875%
No:11931 U+09B4C 魌 00000226 0.0028/万 99.8874%	No:11932 U+0E7A5 芝 00000226 0.0028/万 99.8874%	No:11933 U+0EF6B 瘍 00000226 0.0028/万 99.8874%	No:11934 U+03474 㑴 00000225 0.0028/万 99.8880%	No:11935 U+03B2A 㬪 00000225 0.0028/万 99.8878%	No:11936 U+05004 倄 00000225 0.0028/万 99.8878%	No:11937 U+0527A 剺 00000225 0.0028/万 99.8879%	No:11938 U+055FC 嗼 00000225 0.0028/万 99.8878%	No:11939 U+05A8C 媌 00000225 0.0028/万 99.8879%	No:11940 U+05D34 崴 00000225 0.0028/万 99.8879%
No:11941 U+05F1D 弝 00000225 0.0028/万 99.8881%	No:11942 U+06010 怐 00000225 0.0028/万 99.8882%	No:11943 U+06472 摲 00000225 0.0028/万 99.8881%	No:11944 U+06985 榅 00000225 0.0028/万 99.8880%	No:11945 U+06D22 洢 00000225 0.0028/万 99.8880%	No:11946 U+06D86 涆 00000225 0.0028/万 99.8881%	No:11947 U+07856 硖 00000225 0.0028/万 99.8882%	No:11948 U+07D81 綁 00000225 0.0028/万 99.8883%	No:11949 U+07E6E 繮 00000225 0.0028/万 99.8882%	No:11950 U+08171 腱 00000225 0.0028/万 99.8882%
No:11951 U+088BA 袺 00000225 0.0028/万 99.8880%	No:11952 U+09D6B 鵫 00000225 0.0028/万 99.8876%	No:11953 U+0ED87 竈 00000225 0.0028/万 99.8877%	No:11954 U+0EDE8 茂 00000225 0.0028/万 99.8877%	No:11955 U+0EE8B [illegible] 00000225 0.0028/万 99.8877%	No:11956 U+E28 育 00000225 0.0028/万 99.8878%	No:11957 U+04AFB 䫻 00000224 0.0028/万 99.8883%	No:11958 U+0528A 劊 00000224 0.0028/万 99.8884%	No:11959 U+05E23 帣 00000224 0.0028/万 99.8884%	No:11960 U+062AA 抪 00000224 0.0028/万 99.8885%
No:11961 U+064FD 擽 00000224 0.0028/万 99.8887%	No:11962 U+06612 昒 00000224 0.0028/万 99.8887%	No:11963 U+0663E 显 00000224 0.0028/万 99.8885%	No:11964 U+067BD 枽 00000224 0.0028/万 99.8886%	No:11965 U+069FB 槻 00000224 0.0028/万 99.8887%	No:11966 U+06AF1 櫱 00000224 0.0028/万 99.8886%	No:11967 U+07319 猙 00000224 0.0028/万 99.8885%	No:11968 U+077D4 矔 00000224 0.0028/万 99.8884%	No:11969 U+07C70 籰 00000224 0.0028/万 99.8886%	No:11970 U+07DBC 綼 00000224 0.0028/万 99.8885%
No:11971 U+08067 聧 00000224 0.0028/万 99.8887%	No:11972 U+09758 靘 00000224 0.0028/万 99.8883%	No:11973 U+E69 裀 00000224 0.0028/万 99.8884%	No:11974 U+03C7F 㱿 00000223 0.0028/万 99.8889%	No:11975 U+043A1 䎡 00000223 0.0028/万 99.8889%	No:11976 U+04D20 䴠 00000223 0.0028/万 99.8890%	No:11977 U+04E40 乀 00000223 0.0028/万 99.8889%	No:11978 U+05774 坴 00000223 0.0028/万 99.8890%	No:11979 U+05B25 嬥 00000223 0.0028/万 99.8889%	No:11980 U+0630E 挎 00000223 0.0028/万 99.8891%
No:11981 U+07C19 簙 00000223 0.0028/万 99.8892%	No:11982 U+08453 葓 00000223 0.0028/万 99.8891%	No:11983 U+08932 褲 00000223 0.0028/万 99.8893%	No:11984 U+08DD4 跔 00000223 0.0028/万 99.8892%	No:11985 U+08E5D 蹝 00000223 0.0028/万 99.8891%	No:11986 U+08F18 輘 00000223 0.0028/万 99.8891%	No:11987 U+0921A 鈚 00000223 0.0028/万 99.8892%	No:11988 U+09B57 魗 00000223 0.0028/万 99.8888%	No:11989 U+0EC20 暴 00000223 0.0028/万 99.8888%	No:11990 U+0F522 匕 00000223 0.0028/万 99.8888%
No:11991 U+EA0 [illegible] 00000223 0.0028/万 99.8890%	No:11992 U+05196 冖 00000222 0.0028/万 99.8893%	No:11993 U+06CA0 沠 00000222 0.0028/万 99.8895%	No:11994 U+06EED 滭 00000222 0.0028/万 99.8896%	No:11995 U+07408 琈 00000222 0.0028/万 99.8896%	No:11996 U+07979 祹 00000222 0.0028/万 99.8896%	No:11997 U+084E4 蓤 00000222 0.0028/万 99.8895%	No:11998 U+085B8 薸 00000222 0.0028/万 99.8894%	No:11999 U+08A7A 詺 00000222 0.0028/万 99.8894%	No:12000 U+08D6E 赮 00000222 0.0028/万 99.8895%

No:12001 U+09094 邔 00000222 0.0028/万 99.8897%	No:12002 U+09323 錣 00000222 0.0028/万 99.8894%	No:12003 U+09324 錤 00000222 0.0028/万 99.8895%	No:12004 U+EA6 憿 00000222 0.0028/万 99.8893%	No:12005 U+EF1 闟 00000222 0.0028/万 99.8893%	No:12006 U+04802 楚 00000221 0.0028/万 99.8898%	No:12007 U+0543A 吺 00000221 0.0028/万 99.8898%	No:12008 U+05878 塸 00000221 0.0028/万 99.8898%	No:12009 U+0637F 捿 00000221 0.0028/万 99.8901%	No:12010 U+070FB 烻 00000221 0.0028/万 99.8900%
No:12011 U+072DA 狚 00000221 0.0028/万 99.8900%	No:12012 U+0846A 葪 00000221 0.0028/万 99.8900%	No:12013 U+08B3F 謿 00000221 0.0028/万 99.8900%	No:12014 U+09722 霢 00000221 0.0028/万 99.8897%	No:12015 U+0EAC7 嘘 00000221 0.0028/万 99.8897%	No:12016 U+0ED09 玖 00000221 0.0028/万 99.8897%	No:12017 U+ED0 救 00000221 0.0028/万 99.8898%	No:12018 U+ECC 焫 00000221 0.0028/万 99.8899%	No:12019 U+EA1 盂 00000221 0.0028/万 99.8899%	No:12020 U+EDB 闥 00000221 0.0028/万 99.8899%
No:12021 U+03FD4 癗 00000220 0.0027/万 99.8902%	No:12022 U+0560C 嘌 00000220 0.0027/万 99.8901%	No:12023 U+05B66 学 00000220 0.0027/万 99.8902%	No:12024 U+0655C 敜 00000220 0.0027/万 99.8902%	No:12025 U+06B6C 歬 00000220 0.0027/万 99.8902%	No:12026 U+E04 宗 00000220 0.0027/万 99.8901%	No:12027 U+04020 䀠 00000219 0.0027/万 99.8903%	No:12028 U+04977 䥷 00000219 0.0027/万 99.8903%	No:12029 U+04FC8 俈 00000219 0.0027/万 99.8903%	No:12030 U+06BCA 毊 00000219 0.0027/万 99.8905%
No:12031 U+07327 猧 00000219 0.0027/万 99.8904%	No:12032 U+07335 猵 00000219 0.0027/万 99.8904%	No:12033 U+0734C 獌 00000219 0.0027/万 99.8905%	No:12034 U+08395 莕 00000219 0.0027/万 99.8903%	No:12035 U+0878C 螌 00000219 0.0027/万 99.8904%	No:12036 U+08953 襓 00000219 0.0027/万 99.8905%	No:12037 U+04530 䔰 00000218 0.0027/万 99.8907%	No:12038 U+055FA 嗺 00000218 0.0027/万 99.8906%	No:12039 U+0695F 楟 00000218 0.0027/万 99.8909%	No:12040 U+06D23 洣 00000218 0.0027/万 99.8908%
No:12041 U+07019 瀙 00000218 0.0027/万 99.8908%	No:12042 U+07728 眨 00000218 0.0027/万 99.8909%	No:12043 U+078D7 磗 00000218 0.0027/万 99.8908%	No:12044 U+084D6 蓖 00000218 0.0027/万 99.8907%	No:12045 U+087E5 蟥 00000218 0.0027/万 99.8907%	No:12046 U+089B3 観 00000218 0.0027/万 99.8909%	No:12047 U+0959E 閞 00000218 0.0027/万 99.8908%	No:12048 U+098CB 飋 00000218 0.0027/万 99.8906%	No:12049 U+09A2C 騬 00000218 0.0027/万 99.8906%	No:12050 U+0EEFD 頟 00000218 0.0027/万 99.8905%
No:12051 U+EB4 呾 00000218 0.0027/万 99.8907%	No:12052 U+03D11 㴑 00000217 0.0027/万 99.8910%	No:12053 U+03F58 㽘 00000217 0.0027/万 99.8911%	No:12054 U+04AA8 䪨 00000217 0.0027/万 99.8911%	No:12055 U+04CE2 䳢 00000217 0.0027/万 99.8912%	No:12056 U+04EFE 伍 00000217 0.0027/万 99.8911%	No:12057 U+055E5 嗥 00000217 0.0027/万 99.8912%	No:12058 U+05942 奂 00000217 0.0027/万 99.8912%	No:12059 U+0625C 扜 00000217 0.0027/万 99.8914%	No:12060 U+06E1C 渜 00000217 0.0027/万 99.8913%
No:12061 U+07A15 稕 00000217 0.0027/万 99.8914%	No:12062 U+07E0F 縏 00000217 0.0027/万 99.8913%	No:12063 U+08947 襇 00000217 0.0027/万 99.8913%	No:12064 U+0958D 閍 00000217 0.0027/万 99.8913%	No:12065 U+095C5 闅 00000217 0.0027/万 99.8914%	No:12066 U+09F71 齱 00000217 0.0027/万 99.8910%	No:12067 U+0EE7E 蹈 00000217 0.0027/万 99.8910%	No:12068 U+E50 詧 00000217 0.0027/万 99.8910%	No:12069 U+E0A 騘 00000217 0.0027/万 99.8912%	No:12070 U+0347A 㑺 00000216 0.0027/万 99.8916%
No:12071 U+04F89 侉 00000216 0.0027/万 99.8916%	No:12072 U+0579A 垚 00000216 0.0027/万 99.8916%	No:12073 U+05B74 孴 00000216 0.0027/万 99.8915%	No:12074 U+05D5E 嵞 00000216 0.0027/万 99.8915%	No:12075 U+05D70 嵰 00000216 0.0027/万 99.8916%	No:12076 U+05FA6 徦 00000216 0.0027/万 99.8919%	No:12077 U+060B7 悷 00000216 0.0027/万 99.8917%	No:12078 U+067BC 枼 00000216 0.0027/万 99.8918%	No:12079 U+06BBE 殾 00000216 0.0027/万 99.8917%	No:12080 U+072D1 狑 00000216 0.0027/万 99.8919%
No:12081 U+07A30 稰 00000216 0.0027/万 99.8918%	No:12082 U+0862C 蘬 00000216 0.0027/万 99.8917%	No:12083 U+08697 蚗 00000216 0.0027/万 99.8918%	No:12084 U+0898C 观 00000216 0.0027/万 99.8918%	No:12085 U+09BA8 鮨 00000216 0.0027/万 99.8915%	No:12086 U+0EB0C 癸 00000216 0.0027/万 99.8915%	No:12087 U+0353E 㔾 00000215 0.0027/万 99.8920%	No:12088 U+08280 芀 00000215 0.0027/万 99.8922%	No:12089 U+0885F 衟 00000215 0.0027/万 99.8922%	No:12090 U+0899B 覛 00000215 0.0027/万 99.8921%
No:12091 U+08AC8 諈 00000215 0.0027/万 99.8921%	No:12092 U+08DBF 趿 00000215 0.0027/万 99.8921%	No:12093 U+0907B 遻 00000215 0.0027/万 99.8921%	No:12094 U+099DA 駚 00000215 0.0027/万 99.8920%	No:12095 U+09DFE 鷾 00000215 0.0027/万 99.8919%	No:12096 U+0E78F 芎 00000215 0.0027/万 99.8919%	No:12097 U+0EDBE 繳 00000215 0.0027/万 99.8920%	No:12098 U+082EF 苯 00000214 0.0027/万 99.8923%	No:12099 U+09199 醙 00000214 0.0027/万 99.8923%	No:12100 U+0EBE8 捺 00000214 0.0027/万 99.8922%

No:12101 U+EC6 玹 00000214 0.0027/万 99.8922%	No:12102 U+EED [illegible] 00000214 0.0027/万 99.8923%	No:12103 U+03E05 㸅 00000213 0.0027/万 99.8924%	No:12104 U+03F10 㼐 00000213 0.0027/万 99.8924%	No:12105 U+05183 冃 00000213 0.0027/万 99.8925%	No:12106 U+071A2 熢 00000213 0.0027/万 99.8926%	No:12107 U+07930 礰 00000213 0.0027/万 99.8925%	No:12108 U+07B8A 箊 00000213 0.0027/万 99.8927%	No:12109 U+07CC9 糉 00000213 0.0027/万 99.8925%	No:12110 U+080F0 胰 00000213 0.0027/万 99.8926%
No:12111 U+081C5 臅 00000213 0.0027/万 99.8926%	No:12112 U+08518 蔘 00000213 0.0027/万 99.8927%	No:12113 U+08B0D 謍 00000213 0.0027/万 99.8927%	No:12114 U+08C3E 谾 00000213 0.0027/万 99.8925%	No:12115 U+08CF7 賷 00000213 0.0027/万 99.8927%	No:12116 U+E5B [illegible] 00000213 0.0027/万 99.8924%	No:12117 U+EDB [illegible] 00000213 0.0027/万 99.8924%	No:12118 U+041C2 䇂 00000212 0.0026/万 99.8928%	No:12119 U+047C3 䟃 00000212 0.0026/万 99.8929%	No:12120 U+04CDC 䳜 00000212 0.0026/万 99.8928%
No:12121 U+04F45 佅 00000212 0.0026/万 99.8928%	No:12122 U+0595E 奞 00000212 0.0026/万 99.8929%	No:12123 U+059D7 姗 00000212 0.0026/万 99.8929%	No:12124 U+06242 扂 00000212 0.0026/万 99.8929%	No:12125 U+06C66 汦 00000212 0.0026/万 99.8930%	No:12126 U+098CC 飌 00000212 0.0026/万 99.8928%	No:12127 U+03804 㠄 00000211 0.0026/万 99.8931%	No:12128 U+055F6 嗶 00000211 0.0026/万 99.8931%	No:12129 U+05905 夅 00000211 0.0026/万 99.8931%	No:12130 U+0597C 奼 00000211 0.0026/万 99.8932%
No:12131 U+05B3A 嬺 00000211 0.0026/万 99.8931%	No:12132 U+062B4 抴 00000211 0.0026/万 99.8933%	No:12133 U+06526 攦 00000211 0.0026/万 99.8932%	No:12134 U+0725A 牚 00000211 0.0026/万 99.8934%	No:12135 U+076BD 皽 00000211 0.0026/万 99.8933%	No:12136 U+08A68 詨 00000211 0.0026/万 99.8933%	No:12137 U+091B0 醰 00000211 0.0026/万 99.8932%	No:12138 U+09392 鎒 00000211 0.0026/万 99.8933%	No:12139 U+095FB 闻 00000211 0.0026/万 99.8932%	No:12140 U+096D4 雔 00000211 0.0026/万 99.8934%
No:12141 U+09AF5 髵 00000211 0.0026/万 99.8930%	No:12142 U+0EF5C [illegible] 00000211 0.0026/万 99.8930%	No:12143 U+03694 㚔 00000210 0.0026/万 99.8937%	No:12144 U+04A32 䨲 00000210 0.0026/万 99.8937%	No:12145 U+04C50 䱐 00000210 0.0026/万 99.8936%	No:12146 U+05D51 嵑 00000210 0.0026/万 99.8936%	No:12147 U+07307 猇 00000210 0.0026/万 99.8937%	No:12148 U+0761C 瘜 00000210 0.0026/万 99.8938%	No:12149 U+077B9 瞹 00000210 0.0026/万 99.8938%	No:12150 U+078F9 磹 00000210 0.0026/万 99.8937%
No:12151 U+08BF8 诸 00000210 0.0026/万 99.8938%	No:12152 U+0999D 馝 00000210 0.0026/万 99.8935%	No:12153 U+09AB6 骶 00000210 0.0026/万 99.8935%	No:12154 U+09B00 鬀 00000210 0.0026/万 99.8935%	No:12155 U+09F05 鼅 00000210 0.0026/万 99.8934%	No:12156 U+0EAB6 [illegible] 00000210 0.0026/万 99.8936%	No:12157 U+0F623 猺 00000210 0.0026/万 99.8935%	No:12158 U+EEB 忕 00000210 0.0026/万 99.8936%	No:12159 U+04417 䐗 00000209 0.0026/万 99.8939%	No:12160 U+071BB 熻 00000209 0.0026/万 99.8941%
No:12161 U+074B1 璱 00000209 0.0026/万 99.8941%	No:12162 U+07961 祡 00000209 0.0026/万 99.8940%	No:12163 U+07E7F 繿 00000209 0.0026/万 99.8940%	No:12164 U+07FF1 翱 00000209 0.0026/万 99.8940%	No:12165 U+085C3 藃 00000209 0.0026/万 99.8941%	No:12166 U+08FB4 辴 00000209 0.0026/万 99.8941%	No:12167 U+0E79D 荁 00000209 0.0026/万 99.8939%	No:12168 U+0ED7A 稹 00000209 0.0026/万 99.8939%	No:12169 U+E7F 膽 00000209 0.0026/万 99.8939%	No:12170 U+EA9 邀 00000209 0.0026/万 99.8940%
No:12171 U+040C2 䃂 00000208 0.0026/万 99.8943%	No:12172 U+050AF 傯 00000208 0.0026/万 99.8943%	No:12173 U+056ED 园 00000208 0.0026/万 99.8942%	No:12174 U+057DB 埛 00000208 0.0026/万 99.8942%	No:12175 U+05D1D 崝 00000208 0.0026/万 99.8943%	No:12176 U+0618B 憋 00000208 0.0026/万 99.8944%	No:12177 U+07185 熅 00000208 0.0026/万 99.8944%	No:12178 U+079C6 秆 00000208 0.0026/万 99.8944%	No:12179 U+088A7 袧 00000208 0.0026/万 99.8945%	No:12180 U+088BC 袼 00000208 0.0026/万 99.8943%
No:12181 U+0969D 隝 00000208 0.0026/万 99.8944%	No:12182 U+0EDB2 緩 00000208 0.0026/万 99.8942%	No:12183 U+04C79 䱹 00000207 0.0026/万 99.8946%	No:12184 U+04D38 䴸 00000207 0.0026/万 99.8945%	No:12185 U+05C75 屵 00000207 0.0026/万 99.8945%	No:12186 U+05E56 幖 00000207 0.0026/万 99.8946%	No:12187 U+07FD6 翖 00000207 0.0026/万 99.8946%	No:12188 U+07FED 翭 00000207 0.0026/万 99.8946%	No:12189 U+086F1 蛱 00000207 0.0026/万 99.8947%	No:12190 U+08780 螀 00000207 0.0026/万 99.8947%
No:12191 U+E20 濡 00000207 0.0026/万 99.8945%	No:12192 U+03B1C 㬜 00000206 0.0026/万 99.8949%	No:12193 U+04671 䙱 00000206 0.0026/万 99.8950%	No:12194 U+0526C 剬 00000206 0.0026/万 99.8949%	No:12195 U+059B8 妸 00000206 0.0026/万 99.8950%	No:12196 U+06AC6 櫆 00000206 0.0026/万 99.8950%	No:12197 U+07264 牤 00000206 0.0026/万 99.8951%	No:12198 U+07DC1 緁 00000206 0.0026/万 99.8951%	No:12199 U+086D8 蛘 00000206 0.0026/万 99.8951%	No:12200 U+09F46 齆 00000206 0.0026/万 99.8948%

No:12201 U+0EB78 廞 00000206 0.0026/万 99.8948%	No:12202 U+0EC88 淤 00000206 0.0026/万 99.8948%	No:12203 U+0ED00 狐 00000206 0.0026/万 99.8948%	No:12204 U+0ED0B 珎 00000206 0.0026/万 99.8947%	No:12205 U+E42 对 00000206 0.0026/万 99.8949%	No:12206 U+E75 乘 00000206 0.0026/万 99.8950%	No:12207 U+E19 藻 00000206 0.0026/万 99.8949%	No:12208 U+0386D 㡭 00000205 0.0026/万 99.8955%	No:12209 U+04956 䥖 00000205 0.0026/万 99.8952%	No:12210 U+0505E 偞 00000205 0.0026/万 99.8953%
No:12211 U+05268 剨 00000205 0.0026/万 99.8954%	No:12212 U+059E1 姡 00000205 0.0026/万 99.8955%	No:12213 U+05CAA 岪 00000205 0.0026/万 99.8954%	No:12214 U+05D7F 嵿 00000205 0.0026/万 99.8952%	No:12215 U+06B7E 歾 00000205 0.0026/万 99.8956%	No:12216 U+06E71 湱 00000205 0.0026/万 99.8955%	No:12217 U+07F6F 罯 00000205 0.0026/万 99.8955%	No:12218 U+087D8 蟘 00000205 0.0026/万 99.8956%	No:12219 U+08EDD 軝 00000205 0.0026/万 99.8956%	No:12220 U+0EDD6 臨 00000205 0.0026/万 99.8952%
No:12221 U+0EF20 鵲 00000205 0.0026/万 99.8951%	No:12222 U+E08 鬲 00000205 0.0026/万 99.8954%	No:12223 U+E0A 奄 00000205 0.0026/万 99.8953%	No:12224 U+E05 く 00000205 0.0026/万 99.8954%	No:12225 U+ED2 鏤 00000205 0.0026/万 99.8952%	No:12226 U+E2D 齋 00000205 0.0026/万 99.8953%	No:12227 U+03A67 㩧 00000204 0.0025/万 99.8957%	No:12228 U+04FD0 俐 00000204 0.0025/万 99.8958%	No:12229 U+062A5 报 00000204 0.0025/万 99.8958%	No:12230 U+06F0B 漋 00000204 0.0025/万 99.8958%
No:12231 U+077F8 矸 00000204 0.0025/万 99.8958%	No:12232 U+08316 茖 00000204 0.0025/万 99.8959%	No:12233 U+08844 衄 00000204 0.0025/万 99.8959%	No:12234 U+08F43 轃 00000204 0.0025/万 99.8959%	No:12235 U+09772 靲 00000204 0.0025/万 99.8957%	No:12236 U+09D8C 鶌 00000204 0.0025/万 99.8956%	No:12237 U+E9D 跌 00000204 0.0025/万 99.8957%	No:12238 U+E65 踐 00000204 0.0025/万 99.8957%	No:12239 U+03E9C 㺜 00000203 0.0025/万 99.8962%	No:12240 U+041F2 䇲 00000203 0.0025/万 99.8960%
No:12241 U+05498 咘 00000203 0.0025/万 99.8962%	No:12242 U+05930 夰 00000203 0.0025/万 99.8961%	No:12243 U+0594A 奊 00000203 0.0025/万 99.8962%	No:12244 U+05D2B 崫 00000203 0.0025/万 99.8960%	No:12245 U+063EC 揬 00000203 0.0025/万 99.8962%	No:12246 U+06971 楱 00000203 0.0025/万 99.8963%	No:12247 U+06AB4 檴 00000203 0.0025/万 99.8963%	No:12248 U+07438 琸 00000203 0.0025/万 99.8963%	No:12249 U+07A27 稧 00000203 0.0025/万 99.8963%	No:12250 U+08704 蜄 00000203 0.0025/万 99.8964%
No:12251 U+0ED86 离 00000203 0.0025/万 99.8960%	No:12252 U+0EE22 虚 00000203 0.0025/万 99.8959%	No:12253 U+EBA 黝 00000203 0.0025/万 99.8961%	No:12254 U+E65 栈 00000203 0.0025/万 99.8961%	No:12255 U+E8E 連 00000203 0.0025/万 99.8961%	No:12256 U+02633 ☳ 00000202 0.0025/万 99.8965%	No:12257 U+0363D 㘽 00000202 0.0025/万 99.8966%	No:12258 U+047EB 䟫 00000202 0.0025/万 99.8967%	No:12259 U+04CF1 䳱 00000202 0.0025/万 99.8966%	No:12260 U+05380 厀 00000202 0.0025/万 99.8967%
No:12261 U+0576D 坭 00000202 0.0025/万 99.8965%	No:12262 U+05868 塨 00000202 0.0025/万 99.8967%	No:12263 U+05AC7 嫇 00000202 0.0025/万 99.8966%	No:12264 U+05B4F 孏 00000202 0.0025/万 99.8965%	No:12265 U+05DA8 嶨 00000202 0.0025/万 99.8967%	No:12266 U+06381 掁 00000202 0.0025/万 99.8968%	No:12267 U+064F1 擱 00000202 0.0025/万 99.8968%	No:12268 U+06B8B 残 00000202 0.0025/万 99.8969%	No:12269 U+087E6 蟦 00000202 0.0025/万 99.8968%	No:12270 U+088F6 裶 00000202 0.0025/万 99.8969%
No:12271 U+08C80 貀 00000202 0.0025/万 99.8968%	No:12272 U+09217 鈗 00000202 0.0025/万 99.8969%	No:12273 U+09475 鑵 00000202 0.0025/万 99.8969%	No:12274 U+09A09 騉 00000202 0.0025/万 99.8964%	No:12275 U+0EE05 蔆 00000202 0.0025/万 99.8964%	No:12276 U+0EF46 臼 00000202 0.0025/万 99.8964%	No:12277 U+E1E 禫 00000202 0.0025/万 99.8965%	No:12278 U+EAD 頗 00000202 0.0025/万 99.8966%	No:12279 U+0387F 㡿 00000201 0.0025/万 99.8971%	No:12280 U+05628 嘨 00000201 0.0025/万 99.8972%
No:12281 U+07929 礩 00000201 0.0025/万 99.8973%	No:12282 U+0889F 袟 00000201 0.0025/万 99.8973%	No:12283 U+08B11 謑 00000201 0.0025/万 99.8973%	No:12284 U+08B71 譱 00000201 0.0025/万 99.8972%	No:12285 U+08FA1 辡 00000201 0.0025/万 99.8972%	No:12286 U+0902C 逬 00000201 0.0025/万 99.8972%	No:12287 U+091BE 醾 00000201 0.0025/万 99.8973%	No:12288 U+09C09 鰉 00000201 0.0025/万 99.8970%	No:12289 U+0EBEF 擽 00000201 0.0025/万 99.8970%	No:12290 U+0EC3D 树 00000201 0.0025/万 99.8970%
No:12291 U+0EF38 款 00000201 0.0025/万 99.8970%	No:12292 U+E8F 畾 00000201 0.0025/万 99.8971%	No:12293 U+E50 曙 00000201 0.0025/万 99.8971%	No:12294 U+04A90 䪐 00000200 0.0025/万 99.8974%	No:12295 U+05342 卂 00000200 0.0025/万 99.8976%	No:12296 U+05A64 婤 00000200 0.0025/万 99.8976%	No:12297 U+0728E 犎 00000200 0.0025/万 99.8977%	No:12298 U+0747D 瑽 00000200 0.0025/万 99.8977%	No:12299 U+0814C 腌 00000200 0.0025/万 99.8976%	No:12300 U+081C7 臇 00000200 0.0025/万 99.8977%

No:12301 U+083D0 菐 00000200 0.0025/万 99.8978%	No:12302 U+08F56 轖 00000200 0.0025/万 99.8978%	No:12303 U+0903F 逿 00000200 0.0025/万 99.8977%	No:12304 U+0990B 餋 00000200 0.0025/万 99.8974%	No:12305 U+09D45 鵅 00000200 0.0025/万 99.8974%	No:12306 U+09F5D 齝 00000200 0.0025/万 99.8974%	No:12307 U+E03 夬 00000200 0.0025/万 99.8976%	No:12308 U+EE2 [illegible] 00000200 0.0025/万 99.8975%	No:12309 U+EC0 溢 00000200 0.0025/万 99.8975%	No:12310 U+F58 突 00000200 0.0025/万 99.8975%
No:12311 U+E8C [illegible] 00000200 0.0025/万 99.8975%	No:12312 U+0344A 㑊 00000199 0.0025/万 99.8979%	No:12313 U+04473 䑳 00000199 0.0025/万 99.8979%	No:12314 U+044AD 䒭 00000199 0.0025/万 99.8979%	No:12315 U+06054 恔 00000199 0.0025/万 99.8980%	No:12316 U+06356 捖 00000199 0.0025/万 99.8981%	No:12317 U+063EA 揪 00000199 0.0025/万 99.8982%	No:12318 U+06B36 欶 00000199 0.0025/万 99.8982%	No:12319 U+06E9E 溞 00000199 0.0025/万 99.8980%	No:12320 U+07475 瑵 00000199 0.0025/万 99.8981%
No:12321 U+08480 蒀 00000199 0.0025/万 99.8982%	No:12322 U+0849A 蒚 00000199 0.0025/万 99.8982%	No:12323 U+084CC 蓌 00000199 0.0025/万 99.8981%	No:12324 U+08AC6 諆 00000199 0.0025/万 99.8980%	No:12325 U+08DC7 跇 00000199 0.0025/万 99.8981%	No:12326 U+09FA4 龤 00000199 0.0025/万 99.8978%	No:12327 U+0E864 䜌 00000199 0.0025/万 99.8978%	No:12328 U+E5B 撊 00000199 0.0025/万 99.8980%	No:12329 U+EB3 滑 00000199 0.0025/万 99.8979%	No:12330 U+038A7 㢧 00000198 0.0025/万 99.8984%
No:12331 U+05069 偩 00000198 0.0025/万 99.8983%	No:12332 U+05231 刱 00000198 0.0025/万 99.8985%	No:12333 U+054EF 哯 00000198 0.0025/万 99.8984%	No:12334 U+05C56 屖 00000198 0.0025/万 99.8985%	No:12335 U+05D7E 嵾 00000198 0.0025/万 99.8985%	No:12336 U+064F8 擸 00000198 0.0025/万 99.8987%	No:12337 U+068AA 梪 00000198 0.0025/万 99.8986%	No:12338 U+07699 皙 00000198 0.0025/万 99.8986%	No:12339 U+086F7 蛷 00000198 0.0025/万 99.8986%	No:12340 U+08979 襹 00000198 0.0025/万 99.8985%
No:12341 U+08FE3 迣 00000198 0.0025/万 99.8986%	No:12342 U+09807 頇 00000198 0.0025/万 99.8983%	No:12343 U+09F18 鼘 00000198 0.0025/万 99.8983%	No:12344 U+E9C [illegible] 00000198 0.0025/万 99.8984%	No:12345 U+EC9 [illegible] 00000198 0.0025/万 99.8983%	No:12346 U+E4C [illegible] 00000198 0.0025/万 99.8984%	No:12347 U+04039 䀹 00000197 0.0025/万 99.8987%	No:12348 U+042B5 䊵 00000197 0.0025/万 99.8988%	No:12349 U+0547A 呺 00000197 0.0025/万 99.8988%	No:12350 U+055FF 嗿 00000197 0.0025/万 99.8989%
No:12351 U+05C9C 岜 00000197 0.0025/万 99.8988%	No:12352 U+05F0D 弍 00000197 0.0025/万 99.8991%	No:12353 U+06116 愖 00000197 0.0025/万 99.8991%	No:12354 U+067E7 柧 00000197 0.0025/万 99.8989%	No:12355 U+06D9E 涞 00000197 0.0025/万 99.8990%	No:12356 U+074C5 瓅 00000197 0.0025/万 99.8989%	No:12357 U+07757 睗 00000197 0.0025/万 99.8990%	No:12358 U+0859E 薞 00000197 0.0025/万 99.8990%	No:12359 U+08A83 誃 00000197 0.0025/万 99.8989%	No:12360 U+09693 隓 00000197 0.0025/万 99.8990%
No:12361 U+097CF 韏 00000197 0.0025/万 99.8987%	No:12362 U+EC3 [illegible] 00000197 0.0025/万 99.8988%	No:12363 U+E2B 蛲 00000197 0.0025/万 99.8987%	No:12364 U+050B1 傱 00000196 0.0024/万 99.8991%	No:12365 U+057CA 埊 00000196 0.0024/万 99.8992%	No:12366 U+05D25 崥 00000196 0.0024/万 99.8991%	No:12367 U+069EC 槬 00000196 0.0024/万 99.8994%	No:12368 U+06D46 浆 00000196 0.0024/万 99.8994%	No:12369 U+07510 甐 00000196 0.0024/万 99.8994%	No:12370 U+078E9 磩 00000196 0.0024/万 99.8993%
No:12371 U+07A9D 窝 00000196 0.0024/万 99.8993%	No:12372 U+08456 葖 00000196 0.0024/万 99.8993%	No:12373 U+0876D 蝭 00000196 0.0024/万 99.8992%	No:12374 U+08914 褔 00000196 0.0024/万 99.8994%	No:12375 U+09232 鈲 00000196 0.0024/万 99.8993%	No:12376 U+EFB 鼙 00000196 0.0024/万 99.8992%	No:12377 U+EE2 虢 00000196 0.0024/万 99.8992%	No:12378 U+04E47 乇 00000195 0.0024/万 99.8995%	No:12379 U+0577F 坿 00000195 0.0024/万 99.8995%	No:12380 U+062B3 抳 00000195 0.0024/万 99.8996%
No:12381 U+068AB 梫 00000195 0.0024/万 99.8996%	No:12382 U+069E2 槢 00000195 0.0024/万 99.8998%	No:12383 U+07189 熉 00000195 0.0024/万 99.8997%	No:12384 U+07CD4 糔 00000195 0.0024/万 99.8995%	No:12385 U+07DE5 緥 00000195 0.0024/万 99.8997%	No:12386 U+07E40 繀 00000195 0.0024/万 99.8996%	No:12387 U+08293 芓 00000195 0.0024/万 99.8997%	No:12388 U+08DC0 跀 00000195 0.0024/万 99.8997%	No:12389 U+08E24 踤 00000195 0.0024/万 99.8998%	No:12390 U+091E4 釤 00000195 0.0024/万 99.8998%
No:12391 U+09356 鍖 00000195 0.0024/万 99.8996%	No:12392 U+E3C 粲 00000195 0.0024/万 99.8995%	No:12393 U+02636 ☶ 00000194 0.0024/万 99.8999%	No:12394 U+05271 剱 00000194 0.0024/万 99.8999%	No:12395 U+060CC 惌 00000194 0.0024/万 99.9000%	No:12396 U+063F1 揱 00000194 0.0024/万 99.9000%	No:12397 U+065D9 旙 00000194 0.0024/万 99.9001%	No:12398 U+06CB6 沶 00000194 0.0024/万 99.9001%	No:12399 U+06CFF 泿 00000194 0.0024/万 99.9001%	No:12400 U+06FC5 濅 00000194 0.0024/万 99.9000%

No:12401 U+0827C 艼 00000194 0.0024/万 99.9000%	No:12402 U+08634 蘴 00000194 0.0024/万 99.9001%	No:12403 U+09DBE 鶾 00000194 0.0024/万 99.8998%	No:12404 U+0EC95 滑 00000194 0.0024/万 99.8999%	No:12405 U+EF2 [illegible] 00000194 0.0024/万 99.8999%	No:12406 U+02632 ☲ 00000193 0.0024/万 99.9002%	No:12407 U+04E96 亖 00000193 0.0024/万 99.9003%	No:12408 U+0530B 匋 00000193 0.0024/万 99.9003%	No:12409 U+060E2 惢 00000193 0.0024/万 99.9003%	No:12410 U+061C5 懅 00000193 0.0024/万 99.9004%
No:12411 U+0637E 捾 00000193 0.0024/万 99.9005%	No:12412 U+069D4 槔 00000193 0.0024/万 99.9005%	No:12413 U+069FE 槾 00000193 0.0024/万 99.9005%	No:12414 U+06B4D 歍 00000193 0.0024/万 99.9005%	No:12415 U+06FA9 澩 00000193 0.0024/万 99.9004%	No:12416 U+0709F 炟 00000193 0.0024/万 99.9006%	No:12417 U+07CED 糭 00000193 0.0024/万 99.9004%	No:12418 U+08409 萉 00000193 0.0024/万 99.9004%	No:12419 U+0884B 衋 00000193 0.0024/万 99.9004%	No:12420 U+08B31 謱 00000193 0.0024/万 99.9006%
No:12421 U+09279 鉹 00000193 0.0024/万 99.9006%	No:12422 U+09729 霩 00000193 0.0024/万 99.9002%	No:12423 U+0EB1A 娷 00000193 0.0024/万 99.9002%	No:12424 U+E96 [illegible] 00000193 0.0024/万 99.9002%	No:12425 U+EA5 [illegible] 00000193 0.0024/万 99.9003%	No:12426 U+04C10 䰐 00000192 0.0024/万 99.9008%	No:12427 U+04C47 䱇 00000192 0.0024/万 99.9008%	No:12428 U+04D89 䶉 00000192 0.0024/万 99.9007%	No:12429 U+04EB1 亱 00000192 0.0024/万 99.9007%	No:12430 U+04FF2 俲 00000192 0.0024/万 99.9008%
No:12431 U+05D0B 崋 00000192 0.0024/万 99.9007%	No:12432 U+060A8 您 00000192 0.0024/万 99.9010%	No:12433 U+06ACC 櫌 00000192 0.0024/万 99.9010%	No:12434 U+0701E 瀞 00000192 0.0024/万 99.9012%	No:12435 U+072C9 狉 00000192 0.0024/万 99.9009%	No:12436 U+07497 璗 00000192 0.0024/万 99.9011%	No:12437 U+076F0 盰 00000192 0.0024/万 99.9009%	No:12438 U+07A12 稒 00000192 0.0024/万 99.9010%	No:12439 U+07BC5 篅 00000192 0.0024/万 99.9010%	No:12440 U+0875B 蝛 00000192 0.0024/万 99.9011%
No:12441 U+087DF 蟟 00000192 0.0024/万 99.9011%	No:12442 U+091FF 釿 00000192 0.0024/万 99.9011%	No:12443 U+0EAAA [illegible] 00000192 0.0024/万 99.9006%	No:12444 U+E19 娟 00000192 0.0024/万 99.9009%	No:12445 U+E06 马 00000192 0.0024/万 99.9009%	No:12446 U+EF5 [illegible] 00000192 0.0024/万 99.9008%	No:12447 U+E1A [illegible] 00000192 0.0024/万 99.9007%	No:12448 U+0349C 㒜 00000191 0.0024/万 99.9013%	No:12449 U+0463F 䘿 00000191 0.0024/万 99.9013%	No:12450 U+04CD5 䳕 00000191 0.0024/万 99.9012%
No:12451 U+050BF 傿 00000191 0.0024/万 99.9013%	No:12452 U+05E34 帴 00000191 0.0024/万 99.9017%	No:12453 U+05EDD 廝 00000191 0.0024/万 99.9014%	No:12454 U+05F21 弡 00000191 0.0024/万 99.9016%	No:12455 U+06520 攠 00000191 0.0024/万 99.9017%	No:12456 U+065F5 旵 00000191 0.0024/万 99.9014%	No:12457 U+066D2 曒 00000191 0.0024/万 99.9016%	No:12458 U+06F85 澅 00000191 0.0024/万 99.9015%	No:12459 U+0791B 礛 00000191 0.0024/万 99.9017%	No:12460 U+079DD 秝 00000191 0.0024/万 99.9016%
No:12461 U+07B13 笓 00000191 0.0024/万 99.9014%	No:12462 U+07E4A 繊 00000191 0.0024/万 99.9015%	No:12463 U+0831B 茛 00000191 0.0024/万 99.9015%	No:12464 U+08545 蕅 00000191 0.0024/万 99.9014%	No:12465 U+08551 蕑 00000191 0.0024/万 99.9015%	No:12466 U+08DA2 趢 00000191 0.0024/万 99.9016%	No:12467 U+0977B 靻 00000191 0.0024/万 99.9012%	No:12468 U+0EBEB [illegible] 00000191 0.0024/万 99.9012%	No:12469 U+E2A 粘 00000191 0.0024/万 99.9013%	No:12470 U+E3C 邛 00000191 0.0024/万 99.9013%
No:12471 U+0394F 㥏 00000190 0.0024/万 99.9019%	No:12472 U+0398E 㦎 00000190 0.0024/万 99.9018%	No:12473 U+04F74 佴 00000190 0.0024/万 99.9019%	No:12474 U+058A3 墣 00000190 0.0024/万 99.9018%	No:12475 U+058AB 墫 00000190 0.0024/万 99.9018%	No:12476 U+061FB 懻 00000190 0.0024/万 99.9021%	No:12477 U+068C6 棆 00000190 0.0024/万 99.9020%	No:12478 U+07200 爀 00000190 0.0024/万 99.9021%	No:12479 U+07886 碆 00000190 0.0024/万 99.9019%	No:12480 U+07AC9 竉 00000190 0.0024/万 99.9019%
No:12481 U+07FD0 翐 00000190 0.0024/万 99.9021%	No:12482 U+081B9 膹 00000190 0.0024/万 99.9020%	No:12483 U+08665 虥 00000190 0.0024/万 99.9020%	No:12484 U+09108 鄈 00000190 0.0024/万 99.9020%	No:12485 U+099E5 駥 00000190 0.0024/万 99.9017%	No:12486 U+E52 逄 00000190 0.0024/万 99.9018%	No:12487 U+035F2 㗲 00000189 0.0024/万 99.9023%	No:12488 U+0425B 䉛 00000189 0.0024/万 99.9022%	No:12489 U+0518E 冎 00000189 0.0024/万 99.9022%	No:12490 U+05BF1 寱 00000189 0.0024/万 99.9021%
No:12491 U+05EA8 庨 00000189 0.0024/万 99.9024%	No:12492 U+061F9 懹 00000189 0.0024/万 99.9024%	No:12493 U+062EB 拫 00000189 0.0024/万 99.9025%	No:12494 U+0686D 桭 00000189 0.0024/万 99.9025%	No:12495 U+06EF6 滶 00000189 0.0024/万 99.9024%	No:12496 U+08C87 貇 00000189 0.0024/万 99.9023%	No:12497 U+09184 醄 00000189 0.0024/万 99.9024%	No:12498 U+0EEC9 鈇 00000189 0.0024/万 99.9021%	No:12499 U+E38 [illegible] 00000189 0.0024/万 99.9023%	No:12500 U+E51 [illegible] 00000189 0.0024/万 99.9022%

No:12501 U+E21 肥 00000189 0.0024/万 99.9023%	No:12502 U+EB9 00000189 0.0024/万 99.9022%	No:12503 U+034DD 㓝 00000188 0.0023/万 99.9028%	No:12504 U+03B87 㮇 00000188 0.0023/万 99.9026%	No:12505 U+04006 䀆 00000188 0.0023/万 99.9027%	No:12506 U+045A4 䖤 00000188 0.0023/万 99.9026%	No:12507 U+04889 䢉 00000188 0.0023/万 99.9026%	No:12508 U+050C8 僈 00000188 0.0023/万 99.9027%	No:12509 U+05464 呤 00000188 0.0023/万 99.9027%	No:12510 U+05A17 娗 00000188 0.0023/万 99.9028%
No:12511 U+061DC 懜 00000188 0.0023/万 99.9028%	No:12512 U+06758 杘 00000188 0.0023/万 99.9029%	No:12513 U+06B1E 欞 00000188 0.0023/万 99.9028%	No:12514 U+07007 瀇 00000188 0.0023/万 99.9029%	No:12515 U+07059 灙 00000188 0.0023/万 99.9030%	No:12516 U+08382 莂 00000188 0.0023/万 99.9030%	No:12517 U+0841D 萝 00000188 0.0023/万 99.9029%	No:12518 U+0966D 陭 00000188 0.0023/万 99.9029%	No:12519 U+09AC2 髂 00000188 0.0023/万 99.9026%	No:12520 U+09D4C 鵌 00000188 0.0023/万 99.9025%
No:12521 U+09EFE 黾 00000188 0.0023/万 99.9026%	No:12522 U+0E796 00000188 0.0023/万 99.9025%	No:12523 U+ECF 00000188 0.0023/万 99.9027%	No:12524 U+0342C 㐬 00000187 0.0023/万 99.9031%	No:12525 U+035F3 㗳 00000187 0.0023/万 99.9031%	No:12526 U+03FA6 㾦 00000187 0.0023/万 99.9031%	No:12527 U+043F8 䏸 00000187 0.0023/万 99.9031%	No:12528 U+04439 䐹 00000187 0.0023/万 99.9032%	No:12529 U+057BA 垺 00000187 0.0023/万 99.9031%	No:12530 U+05D80 嶀 00000187 0.0023/万 99.9030%
No:12531 U+066AC 暬 00000187 0.0023/万 99.9033%	No:12532 U+06739 朹 00000187 0.0023/万 99.9033%	No:12533 U+069A3 榣 00000187 0.0023/万 99.9033%	No:12534 U+06E74 湴 00000187 0.0023/万 99.9032%	No:12535 U+07502 甂 00000187 0.0023/万 99.9033%	No:12536 U+082BF 芿 00000187 0.0023/万 99.9034%	No:12537 U+083F5 菵 00000187 0.0023/万 99.9032%	No:12538 U+086DE 蛞 00000187 0.0023/万 99.9032%	No:12539 U+09FA5 龥 00000187 0.0023/万 99.9030%	No:12540 U+03745 㝅 00000186 0.0023/万 99.9036%
No:12541 U+03A57 㩗 00000186 0.0023/万 99.9035%	No:12542 U+04C04 䰄 00000186 0.0023/万 99.9036%	No:12543 U+0535F 卟 00000186 0.0023/万 99.9035%	No:12544 U+05D2E 崮 00000186 0.0023/万 99.9035%	No:12545 U+06099 悙 00000186 0.0023/万 99.9037%	No:12546 U+0638F 掏 00000186 0.0023/万 99.9038%	No:12547 U+06ABC 檼 00000186 0.0023/万 99.9037%	No:12548 U+073D5 珕 00000186 0.0023/万 99.9037%	No:12549 U+0811D 脝 00000186 0.0023/万 99.9036%	No:12550 U+0816D 腭 00000186 0.0023/万 99.9038%
No:12551 U+0875C 蝜 00000186 0.0023/万 99.9036%	No:12552 U+0888C 袌 00000186 0.0023/万 99.9038%	No:12553 U+08A51 詑 00000186 0.0023/万 99.9037%	No:12554 U+09869 顩 00000186 0.0023/万 99.9034%	No:12555 U+09C4E 鱎 00000186 0.0023/万 99.9035%	No:12556 U+0ED01 犺 00000186 0.0023/万 99.9034%	No:12557 U+0EE46 靦 00000186 0.0023/万 99.9034%	No:12558 U+E7B 00000186 0.0023/万 99.9036%	No:12559 U+035CA 㗊 00000185 0.0023/万 99.9040%	No:12560 U+03B2D 㬭 00000185 0.0023/万 99.9040%
No:12561 U+049E2 䧢 00000185 0.0023/万 99.9041%	No:12562 U+04DB5 䶵 00000185 0.0023/万 99.9040%	No:12563 U+04F19 伙 00000185 0.0023/万 99.9040%	No:12564 U+057FB 埻 00000185 0.0023/万 99.9041%	No:12565 U+05C8B 岋 00000185 0.0023/万 99.9041%	No:12566 U+05D63 嵣 00000185 0.0023/万 99.9040%	No:12567 U+06E00 渀 00000185 0.0023/万 99.9041%	No:12568 U+0801E 耞 00000185 0.0023/万 99.9042%	No:12569 U+08580 薀 00000185 0.0023/万 99.9042%	No:12570 U+086BC 蚼 00000185 0.0023/万 99.9042%
No:12571 U+097F1 韱 00000185 0.0023/万 99.9038%	No:12572 U+0EACE 噦 00000185 0.0023/万 99.9039%	No:12573 U+0EC18 00000185 0.0023/万 99.9039%	No:12574 U+0EDC3 00000185 0.0023/万 99.9039%	No:12575 U+ED7 左 00000185 0.0023/万 99.9039%	No:12576 U+05334 匴 00000184 0.0023/万 99.9043%	No:12577 U+05A67 婧 00000184 0.0023/万 99.9043%	No:12578 U+07150 煐 00000184 0.0023/万 99.9044%	No:12579 U+0774B 睋 00000184 0.0023/万 99.9044%	No:12580 U+07782 瞂 00000184 0.0023/万 99.9044%
No:12581 U+07C6A 籪 00000184 0.0023/万 99.9045%	No:12582 U+07E43 繃 00000184 0.0023/万 99.9044%	No:12583 U+08724 蜤 00000184 0.0023/万 99.9045%	No:12584 U+092B9 銹 00000184 0.0023/万 99.9045%	No:12585 U+09F79 齹 00000184 0.0023/万 99.9042%	No:12586 U+0EBDA 抗 00000184 0.0023/万 99.9043%	No:12587 U+E09 00000184 0.0023/万 99.9043%	No:12588 U+E8A 00000184 0.0023/万 99.9043%	No:12589 U+04AAB 䪫 00000183 0.0023/万 99.9047%	No:12590 U+05188 冈 00000183 0.0023/万 99.9046%
No:12591 U+057CC 埌 00000183 0.0023/万 99.9046%	No:12592 U+05E89 庉 00000183 0.0023/万 99.9048%	No:12593 U+06261 扡 00000183 0.0023/万 99.9047%	No:12594 U+06640 晀 00000183 0.0023/万 99.9048%	No:12595 U+06A86 檆 00000183 0.0023/万 99.9047%	No:12596 U+07393 玓 00000183 0.0023/万 99.9047%	No:12597 U+092CA 鋊 00000183 0.0023/万 99.9047%	No:12598 U+EFE 衝 00000183 0.0023/万 99.9045%	No:12599 U+E21 00000183 0.0023/万 99.9046%	No:12600 U+EA2 00000183 0.0023/万 99.9046%

No:12601 U+0372A 㜪 00000182 0.0023/万 99.9049%	No:12602 U+05C29 尩 00000182 0.0023/万 99.9050%	No:12603 U+05F9B 徛 00000182 0.0023/万 99.9050%	No:12604 U+06A6A 橪 00000182 0.0023/万 99.9051%	No:12605 U+07479 瑹 00000182 0.0023/万 99.9050%	No:12606 U+07900 礀 00000182 0.0023/万 99.9051%	No:12607 U+07C25 簥 00000182 0.0023/万 99.9052%	No:12608 U+080AE 肮 00000182 0.0023/万 99.9051%	No:12609 U+08F60 轠 00000182 0.0023/万 99.9051%	No:12610 U+09AD0 髐 00000182 0.0023/万 99.9048%
No:12611 U+09E05 鸅 00000182 0.0023/万 99.9048%	No:12612 U+09ED0 黐 00000182 0.0023/万 99.9049%	No:12613 U+0EBE6 [illegible] 00000182 0.0023/万 99.9049%	No:12614 U+EC8 傘 00000182 0.0023/万 99.9050%	No:12615 U+E0B 冃 00000182 0.0023/万 99.9050%	No:12616 U+EED 摛 00000182 0.0023/万 99.9049%	No:12617 U+03D52 㵒 00000181 0.0022/万 99.9052%	No:12618 U+04B40 䭀 00000181 0.0022/万 99.9052%	No:12619 U+05EC7 廇 00000181 0.0022/万 99.9053%	No:12620 U+06686 暆 00000181 0.0022/万 99.9054%
No:12621 U+0686B 桫 00000181 0.0022/万 99.9054%	No:12622 U+06904 椄 00000181 0.0022/万 99.9055%	No:12623 U+07B14 笔 00000181 0.0022/万 99.9055%	No:12624 U+07B96 箖 00000181 0.0022/万 99.9055%	No:12625 U+0856E 蕮 00000181 0.0022/万 99.9056%	No:12626 U+085CA 藊 00000181 0.0022/万 99.9055%	No:12627 U+08649 虉 00000181 0.0022/万 99.9053%	No:12628 U+08694 蚔 00000181 0.0022/万 99.9056%	No:12629 U+08C40 豀 00000181 0.0022/万 99.9055%	No:12630 U+0912A 鄪 00000181 0.0022/万 99.9054%
No:12631 U+09235 鈵 00000181 0.0022/万 99.9053%	No:12632 U+0970A 霊 00000181 0.0022/万 99.9054%	No:12633 U+EF5 [illegible] 00000181 0.0022/万 99.9052%	No:12634 U+EB1 [illegible] 00000181 0.0022/万 99.9053%	No:12635 U+E7A 嶔 00000181 0.0022/万 99.9053%	No:12636 U+03D73 㵳 00000180 0.0022/万 99.9059%	No:12637 U+0408E 䂎 00000180 0.0022/万 99.9059%	No:12638 U+04578 䕸 00000180 0.0022/万 99.9058%	No:12639 U+04825 䠥 00000180 0.0022/万 99.9058%	No:12640 U+05DC5 巅 00000180 0.0022/万 99.9058%
No:12641 U+06FCE 濎 00000180 0.0022/万 99.9060%	No:12642 U+074EC 瓬 00000180 0.0022/万 99.9060%	No:12643 U+07561 畡 00000180 0.0022/万 99.9059%	No:12644 U+076E6 盦 00000180 0.0022/万 99.9059%	No:12645 U+0824D 艍 00000180 0.0022/万 99.9060%	No:12646 U+09402 鐂 00000180 0.0022/万 99.9060%	No:12647 U+09728 霨 00000180 0.0022/万 99.9057%	No:12648 U+09B24 鬤 00000180 0.0022/万 99.9058%	No:12649 U+09B5F 魟 00000180 0.0022/万 99.9057%	No:12650 U+09B7E 魾 00000180 0.0022/万 99.9056%
No:12651 U+09F39 鼹 00000180 0.0022/万 99.9058%	No:12652 U+0EB90 [illegible] 00000180 0.0022/万 99.9057%	No:12653 U+0EC4A 櫪 00000180 0.0022/万 99.9057%	No:12654 U+0EC87 涵 00000180 0.0022/万 99.9056%	No:12655 U+04532 䔲 00000179 0.0022/万 99.9063%	No:12656 U+049FF 䧿 00000179 0.0022/万 99.9062%	No:12657 U+051D4 凔 00000179 0.0022/万 99.9063%	No:12658 U+0588B 墋 00000179 0.0022/万 99.9063%	No:12659 U+05CC9 峉 00000179 0.0022/万 99.9062%	No:12660 U+05E26 带 00000179 0.0022/万 99.9063%
No:12661 U+062AC 抬 00000179 0.0022/万 99.9064%	No:12662 U+06917 椗 00000179 0.0022/万 99.9065%	No:12663 U+070B2 炲 00000179 0.0022/万 99.9064%	No:12664 U+07962 祢 00000179 0.0022/万 99.9065%	No:12665 U+086E6 蛦 00000179 0.0022/万 99.9063%	No:12666 U+0890B 褋 00000179 0.0022/万 99.9065%	No:12667 U+090A7 邧 00000179 0.0022/万 99.9064%	No:12668 U+0931D 錝 00000179 0.0022/万 99.9064%	No:12669 U+097BA 鞺 00000179 0.0022/万 99.9061%	No:12670 U+09A1D 騝 00000179 0.0022/万 99.9061%
No:12671 U+09D39 鴹 00000179 0.0022/万 99.9061%	No:12672 U+09E8E 麎 00000179 0.0022/万 99.9062%	No:12673 U+0E795 [illegible] 00000179 0.0022/万 99.9061%	No:12674 U+0EEA0 [illegible] 00000179 0.0022/万 99.9062%	No:12675 U+0EF44 [illegible] 00000179 0.0022/万 99.9061%	No:12676 U+04948 䥈 00000178 0.0022/万 99.9066%	No:12677 U+05136 儶 00000178 0.0022/万 99.9066%	No:12678 U+0567D 噽 00000178 0.0022/万 99.9066%	No:12679 U+05C6B 屫 00000178 0.0022/万 99.9066%	No:12680 U+0683E 栾 00000178 0.0022/万 99.9067%
No:12681 U+06E41 湁 00000178 0.0022/万 99.9067%	No:12682 U+07342 獂 00000178 0.0022/万 99.9066%	No:12683 U+07AFE 竾 00000178 0.0022/万 99.9067%	No:12684 U+07E5F 繟 00000178 0.0022/万 99.9067%	No:12685 U+090A5 邥 00000178 0.0022/万 99.9068%	No:12686 U+0EB8F [illegible] 00000178 0.0022/万 99.9065%	No:12687 U+02631 ☱ 00000177 0.0022/万 99.9070%	No:12688 U+04ADC 䫜 00000177 0.0022/万 99.9069%	No:12689 U+05E48 幈 00000177 0.0022/万 99.9071%	No:12690 U+06A5E 橞 00000177 0.0022/万 99.9070%
No:12691 U+06BF1 毱 00000177 0.0022/万 99.9071%	No:12692 U+07094 炔 00000177 0.0022/万 99.9070%	No:12693 U+072FF 狿 00000177 0.0022/万 99.9071%	No:12694 U+0778C 瞌 00000177 0.0022/万 99.9072%	No:12695 U+07A06 稆 00000177 0.0022/万 99.9070%	No:12696 U+080C2 胂 00000177 0.0022/万 99.9072%	No:12697 U+08A92 誒 00000177 0.0022/万 99.9071%	No:12698 U+09CFF 鳿 00000177 0.0022/万 99.9068%	No:12699 U+0EC6E 膊 00000177 0.0022/万 99.9068%	No:12700 U+0EE68 貳 00000177 0.0022/万 99.9068%

No:12701 U+E7F ⿱⿰車聿日 00000177 0.0022/万 99.9069%	No:12702 U+EE5 ⿰虫雋 00000177 0.0022/万 99.9070%	No:12703 U+E25 ⿳亠日𧘇 00000177 0.0022/万 99.9069%	No:12704 U+E0F 騣 00000177 0.0022/万 99.9069%	No:12705 U+E29 廥 00000177 0.0022/万 99.9068%	No:12706 U+03EEC 㻬 00000176 0.0022/万 99.9073%	No:12707 U+0411C 䄜 00000176 0.0022/万 99.9074%	No:12708 U+048D5 䣕 00000176 0.0022/万 99.9074%	No:12709 U+04C65 䱥 00000176 0.0022/万 99.9072%	No:12710 U+04CED 䳭 00000176 0.0022/万 99.9074%
No:12711 U+04F2D 伭 00000176 0.0022/万 99.9074%	No:12712 U+054B6 咶 00000176 0.0022/万 99.9073%	No:12713 U+0550E 唎 00000176 0.0022/万 99.9075%	No:12714 U+05997 妗 00000176 0.0022/万 99.9072%	No:12715 U+059A2 妢 00000176 0.0022/万 99.9072%	No:12716 U+0623C 戼 00000176 0.0022/万 99.9076%	No:12717 U+0669F 暟 00000176 0.0022/万 99.9076%	No:12718 U+06ACD 櫍 00000176 0.0022/万 99.9077%	No:12719 U+070EE 烮 00000176 0.0022/万 99.9076%	No:12720 U+07285 犅 00000176 0.0022/万 99.9078%
No:12721 U+073BF 玿 00000176 0.0022/万 99.9075%	No:12722 U+07AB8 窸 00000176 0.0022/万 99.9077%	No:12723 U+07B0A 笊 00000176 0.0022/万 99.9076%	No:12724 U+07B61 筡 00000176 0.0022/万 99.9077%	No:12725 U+07C66 籦 00000176 0.0022/万 99.9077%	No:12726 U+07FAC 羬 00000176 0.0022/万 99.9078%	No:12727 U+0850A 蔊 00000176 0.0022/万 99.9076%	No:12728 U+08AA7 誧 00000176 0.0022/万 99.9078%	No:12729 U+ECD ⿰口替 00000176 0.0022/万 99.9073%	No:12730 U+FF8 ⿱八子 00000176 0.0022/万 99.9074%
No:12731 U+EC3 ⿸疒樂 00000176 0.0022/万 99.9075%	No:12732 U+E83 ⿸厂贅 00000176 0.0022/万 99.9073%	No:12733 U+E36 ⿰酉罷 00000176 0.0022/万 99.9075%	No:12734 U+0666D 晭 00000175 0.0022/万 99.9080%	No:12735 U+06FAF 澯 00000175 0.0022/万 99.9081%	No:12736 U+07951 祑 00000175 0.0022/万 99.9081%	No:12737 U+080D0 胐 00000175 0.0022/万 99.9080%	No:12738 U+09733 霳 00000175 0.0022/万 99.9078%	No:12739 U+09E17 鸗 00000175 0.0022/万 99.9079%	No:12740 U+0E7AA ⿱𥫗乙 00000175 0.0022/万 99.9079%
No:12741 U+0EA82 切 00000175 0.0022/万 99.9078%	No:12742 U+0EC45 檄 00000175 0.0022/万 99.9079%	No:12743 U+E3B ⿱罒疋 00000175 0.0022/万 99.9080%	No:12744 U+E42 濅 00000175 0.0022/万 99.9080%	No:12745 U+F93 ⿱𥫗憲 00000175 0.0022/万 99.9080%	No:12746 U+EEF ⿱雨涇 00000175 0.0022/万 99.9079%	No:12747 U+03E19 㸙 00000174 0.0022/万 99.9082%	No:12748 U+040C9 䃉 00000174 0.0022/万 99.9082%	No:12749 U+05D7A 嵺 00000174 0.0022/万 99.9082%	No:12750 U+05EF4 廴 00000174 0.0022/万 99.9084%
No:12751 U+0612E 愮 00000174 0.0022/万 99.9085%	No:12752 U+07AC0 竀 00000174 0.0022/万 99.9084%	No:12753 U+07C87 粇 00000174 0.0022/万 99.9084%	No:12754 U+07D58 絘 00000174 0.0022/万 99.9083%	No:12755 U+083E2 菢 00000174 0.0022/万 99.9083%	No:12756 U+08666 虦 00000174 0.0022/万 99.9084%	No:12757 U+08AB7 誷 00000174 0.0022/万 99.9084%	No:12758 U+08C38 谸 00000174 0.0022/万 99.9085%	No:12759 U+09D57 鵚 00000174 0.0022/万 99.9081%	No:12760 U+09D9E 鶣 00000174 0.0022/万 99.9081%
No:12761 U+09DF7 鷷 00000174 0.0022/万 99.9082%	No:12762 U+FC8 𢆶 00000174 0.0022/万 99.9083%	No:12763 U+E50 檽 00000174 0.0022/万 99.9083%	No:12764 U+E92 滲 00000174 0.0022/万 99.9082%	No:12765 U+02634 ☴ 00000173 0.0021/万 99.9087%	No:12766 U+050B0 傰 00000173 0.0021/万 99.9087%	No:12767 U+050D2 僒 00000173 0.0021/万 99.9086%	No:12768 U+05487 咇 00000173 0.0021/万 99.9085%	No:12769 U+055A8 喨 00000173 0.0021/万 99.9086%	No:12770 U+06257 扗 00000173 0.0021/万 99.9089%
No:12771 U+06267 执 00000173 0.0021/万 99.9088%	No:12772 U+06544 敄 00000173 0.0021/万 99.9088%	No:12773 U+07983 禃 00000173 0.0021/万 99.9088%	No:12774 U+07BFB 篻 00000173 0.0021/万 99.9088%	No:12775 U+08250 艐 00000173 0.0021/万 99.9087%	No:12776 U+088A5 袥 00000173 0.0021/万 99.9089%	No:12777 U+08E7C 蹼 00000173 0.0021/万 99.9088%	No:12778 U+09024 逤 00000173 0.0021/万 99.9089%	No:12779 U+09F74 齴 00000173 0.0021/万 99.9085%	No:12780 U+E29 刷 00000173 0.0021/万 99.9086%
No:12781 U+E0E 淮 00000173 0.0021/万 99.9086%	No:12782 U+EC0 ⿸疒亶 00000173 0.0021/万 99.9087%	No:12783 U+E08 簿 00000173 0.0021/万 99.9086%	No:12784 U+04119 䄙 00000172 0.0021/万 99.9092%	No:12785 U+04D82 䶂 00000172 0.0021/万 99.9090%	No:12786 U+05044 偄 00000172 0.0021/万 99.9091%	No:12787 U+05514 唔 00000172 0.0021/万 99.9091%	No:12788 U+05558 啘 00000172 0.0021/万 99.9091%	No:12789 U+0559E 喞 00000172 0.0021/万 99.9092%	No:12790 U+058F5 壵 00000172 0.0021/万 99.9091%
No:12791 U+061ED 懭 00000172 0.0021/万 99.9093%	No:12792 U+063BB 掻 00000172 0.0021/万 99.9093%	No:12793 U+06452 摒 00000172 0.0021/万 99.9092%	No:12794 U+08C72 豲 00000172 0.0021/万 99.9093%	No:12795 U+092D8 鋘 00000172 0.0021/万 99.9093%	No:12796 U+09415 鐕 00000172 0.0021/万 99.9092%	No:12797 U+09C66 鱦 00000172 0.0021/万 99.9090%	No:12798 U+0EBF1 撻 00000172 0.0021/万 99.9089%	No:12799 U+0EC1C 黾 00000172 0.0021/万 99.9090%	No:12800 U+0EC25 脈 00000172 0.0021/万 99.9090%

No:12801 U+E2D ⿰月⿷匚正 00000172 0.0021/万 99.9091%	No:12802 U+E7E ⿺走覃 00000172 0.0021/万 99.9090%	No:12803 U+053D2 叒 00000171 0.0021/万 99.9094%	No:12804 U+05903 夃 00000171 0.0021/万 99.9094%	No:12805 U+066CD 曍 00000171 0.0021/万 99.9095%	No:12806 U+06781 极 00000171 0.0021/万 99.9096%	No:12807 U+06814 栔 00000171 0.0021/万 99.9096%	No:12808 U+06E4C 湌 00000171 0.0021/万 99.9096%	No:12809 U+07038 瀸 00000171 0.0021/万 99.9095%	No:12810 U+07660 癠 00000171 0.0021/万 99.9096%
No:12811 U+07A5B 穛 00000171 0.0021/万 99.9096%	No:12812 U+07E48 繈 00000171 0.0021/万 99.9095%	No:12813 U+086C1 蛁 00000171 0.0021/万 99.9095%	No:12814 U+096E5 雥 00000171 0.0021/万 99.9095%	No:12815 U+0EC7B 涉 00000171 0.0021/万 99.9093%	No:12816 U+E87 ⿰石粤 00000171 0.0021/万 99.9094%	No:12817 U+E01 蒂 00000171 0.0021/万 99.9094%	No:12818 U+03E91 㺑 00000170 0.0021/万 99.9098%	No:12819 U+04343 䍃 00000170 0.0021/万 99.9098%	No:12820 U+048D9 䣙 00000170 0.0021/万 99.9099%
No:12821 U+0503F 倿 00000170 0.0021/万 99.9098%	No:12822 U+0530C 匌 00000170 0.0021/万 99.9099%	No:12823 U+05734 圴 00000170 0.0021/万 99.9097%	No:12824 U+05ACF 嫏 00000170 0.0021/万 99.9099%	No:12825 U+05DE4 巤 00000170 0.0021/万 99.9099%	No:12826 U+05FD5 忕 00000170 0.0021/万 99.9100%	No:12827 U+06B28 欨 00000170 0.0021/万 99.9100%	No:12828 U+06EB0 溰 00000170 0.0021/万 99.9100%	No:12829 U+075D1 痑 00000170 0.0021/万 99.9100%	No:12830 U+07727 眧 00000170 0.0021/万 99.9099%
No:12831 U+0920F 鈏 00000170 0.0021/万 99.9101%	No:12832 U+0976D 靭 00000170 0.0021/万 99.9097%	No:12833 U+0EDF9 萌 00000170 0.0021/万 99.9097%	No:12834 U+E9F 喓 00000170 0.0021/万 99.9098%	No:12835 U+E5E 賀 00000170 0.0021/万 99.9098%	No:12836 U+EA1 彭 00000170 0.0021/万 99.9097%	No:12837 U+03905 㤅 00000169 0.0021/万 99.9103%	No:12838 U+03A16 㨖 00000169 0.0021/万 99.9102%	No:12839 U+04958 䥘 00000169 0.0021/万 99.9102%	No:12840 U+04BBE 䮾 00000169 0.0021/万 99.9101%
No:12841 U+0545E 呞 00000169 0.0021/万 99.9103%	No:12842 U+0558C 喌 00000169 0.0021/万 99.9103%	No:12843 U+058C2 壂 00000169 0.0021/万 99.9102%	No:12844 U+058E5 壥 00000169 0.0021/万 99.9102%	No:12845 U+0638D 掍 00000169 0.0021/万 99.9103%	No:12846 U+06778 杸 00000169 0.0021/万 99.9104%	No:12847 U+06F74 潴 00000169 0.0021/万 99.9105%	No:12848 U+075A4 疤 00000169 0.0021/万 99.9106%	No:12849 U+076B6 皶 00000169 0.0021/万 99.9105%	No:12850 U+0773D 眽 00000169 0.0021/万 99.9104%
No:12851 U+078CC 磌 00000169 0.0021/万 99.9106%	No:12852 U+07C03 簃 00000169 0.0021/万 99.9105%	No:12853 U+07CFF 糿 00000169 0.0021/万 99.9106%	No:12854 U+08104 脄 00000169 0.0021/万 99.9104%	No:12855 U+0825B 艛 00000169 0.0021/万 99.9104%	No:12856 U+0850E 蔎 00000169 0.0021/万 99.9104%	No:12857 U+08A30 訰 00000169 0.0021/万 99.9105%	No:12858 U+0908B 邋 00000169 0.0021/万 99.9105%	No:12859 U+0ECC5 炁 00000169 0.0021/万 99.9101%	No:12860 U+EBA 奆 00000169 0.0021/万 99.9101%
No:12861 U+E84 巀 00000169 0.0021/万 99.9101%	No:12862 U+E76 麻 00000169 0.0021/万 99.9102%	No:12863 U+051D3 凓 00000168 0.0021/万 99.9107%	No:12864 U+05234 刴 00000168 0.0021/万 99.9107%	No:12865 U+055CA 嗊 00000168 0.0021/万 99.9107%	No:12866 U+058DC 壜 00000168 0.0021/万 99.9108%	No:12867 U+0601A 怚 00000168 0.0021/万 99.9109%	No:12868 U+0630C 挌 00000168 0.0021/万 99.9111%	No:12869 U+06738 朸 00000168 0.0021/万 99.9109%	No:12870 U+06800 栀 00000168 0.0021/万 99.9110%
No:12871 U+06AFE 櫾 00000168 0.0021/万 99.9108%	No:12872 U+06F9E 澞 00000168 0.0021/万 99.9111%	No:12873 U+0735C 獜 00000168 0.0021/万 99.9110%	No:12874 U+0747F 瑿 00000168 0.0021/万 99.9108%	No:12875 U+076EB 盫 00000168 0.0021/万 99.9110%	No:12876 U+086A2 蚢 00000168 0.0021/万 99.9109%	No:12877 U+08DC6 跆 00000168 0.0021/万 99.9108%	No:12878 U+091B1 醱 00000168 0.0021/万 99.9110%	No:12879 U+09241 鉁 00000168 0.0021/万 99.9110%	No:12880 U+0924A 鉊 00000168 0.0021/万 99.9109%
No:12881 U+096D7 雗 00000168 0.0021/万 99.9108%	No:12882 U+09BA0 鮠 00000168 0.0021/万 99.9107%	No:12883 U+0EE12 藶 00000168 0.0021/万 99.9106%	No:12884 U+EBB 灑 00000168 0.0021/万 99.9107%	No:12885 U+039D3 㧓 00000167 0.0021/万 99.9112%	No:12886 U+03F27 㼧 00000167 0.0021/万 99.9113%	No:12887 U+04741 䝁 00000167 0.0021/万 99.9112%	No:12888 U+0569C 嚜 00000167 0.0021/万 99.9113%	No:12889 U+05790 垐 00000167 0.0021/万 99.9112%	No:12890 U+0690A 椊 00000167 0.0021/万 99.9114%
No:12891 U+0750A 甊 00000167 0.0021/万 99.9113%	No:12892 U+07A64 穤 00000167 0.0021/万 99.9114%	No:12893 U+07B8D 箍 00000167 0.0021/万 99.9113%	No:12894 U+08826 蠦 00000167 0.0021/万 99.9114%	No:12895 U+09D9D 鶝 00000167 0.0021/万 99.9112%	No:12896 U+09F56 齖 00000167 0.0021/万 99.9111%	No:12897 U+0EA62 僃 00000167 0.0021/万 99.9111%	No:12898 U+0EE5A 謬 00000167 0.0021/万 99.9111%	No:12899 U+EC6 刲 00000167 0.0021/万 99.9113%	No:12900 U+03816 㠖 00000166 0.0021/万 99.9115%

No	Unicode	字	频次	频率	累计
No:12901	U+040D4	䃔	00000166	0.0021/万	99.9115%
No:12902	U+05AFF	嫿	00000166	0.0021/万	99.9116%
No:12903	U+066B8	暸	00000166	0.0021/万	99.9118%
No:12904	U+06AF9	櫹	00000166	0.0021/万	99.9117%
No:12905	U+06E7B	湻	00000166	0.0021/万	99.9117%
No:12906	U+077D0	矐	00000166	0.0021/万	99.9116%
No:12907	U+0799F	禟	00000166	0.0021/万	99.9117%
No:12908	U+07DC3	緃	00000166	0.0021/万	99.9118%
No:12909	U+0815D	腝	00000166	0.0021/万	99.9118%
No:12910	U+0846E	葮	00000166	0.0021/万	99.9116%
No:12911	U+086B5	蚵	00000166	0.0021/万	99.9117%
No:12912	U+08726	蜦	00000166	0.0021/万	99.9118%
No:12913	U+089D3	觓	00000166	0.0021/万	99.9116%
No:12914	U+08D97	趗	00000166	0.0021/万	99.9117%
No:12915	U+09211	鈑	00000166	0.0021/万	99.9118%
No:12916	U+09731	霱	00000166	0.0021/万	99.9114%
No:12917	U+09845	顅	00000166	0.0021/万	99.9114%
No:12918	U+0EC3E		00000166	0.0021/万	99.9115%
No:12919	U+E6B	庋	00000166	0.0021/万	99.9115%
No:12920	U+EB0	[illegible]	00000166	0.0021/万	99.9115%
No:12921	U+039D9	㧙	00000165	0.0020/万	99.9120%
No:12922	U+04976	䥶	00000165	0.0020/万	99.9120%
No:12923	U+04D79	䵹	00000165	0.0020/万	99.9120%
No:12924	U+04FCD	俍	00000165	0.0020/万	99.9121%
No:12925	U+057DD	埝	00000165	0.0020/万	99.9121%
No:12926	U+059FD	姽	00000165	0.0020/万	99.9121%
No:12927	U+066E3	曣	00000165	0.0020/万	99.9122%
No:12928	U+06735	朵	00000165	0.0020/万	99.9122%
No:12929	U+0713B	焻	00000165	0.0020/万	99.9122%
No:12930	U+08356	荖	00000165	0.0020/万	99.9122%
No:12931	U+0911B	鄛	00000165	0.0020/万	99.9122%
No:12932	U+09844	顄	00000165	0.0020/万	99.9119%
No:12933	U+098BE	颾	00000165	0.0020/万	99.9119%
No:12934	U+09D4B	鵋	00000165	0.0020/万	99.9119%
No:12935	U+09F1A	鼚	00000165	0.0020/万	99.9119%
No:12936	U+09F7B	齻	00000165	0.0020/万	99.9119%
No:12937	U+E58	[illegible]	00000165	0.0020/万	99.9120%
No:12938	U+EFA	[illegible]	00000165	0.0020/万	99.9121%
No:12939	U+E2D	[illegible]	00000165	0.0020/万	99.9121%
No:12940	U+049F9	䧹	00000164	0.0020/万	99.9125%
No:12941	U+04E1D	丝	00000164	0.0020/万	99.9124%
No:12942	U+0526E	剮	00000164	0.0020/万	99.9125%
No:12943	U+05776	坶	00000164	0.0020/万	99.9125%
No:12944	U+0587D	塽	00000164	0.0020/万	99.9124%
No:12945	U+05A5F	婟	00000164	0.0020/万	99.9126%
No:12946	U+05B60	孠	00000164	0.0020/万	99.9124%
No:12947	U+05EDC	廜	00000164	0.0020/万	99.9127%
No:12948	U+06502	攂	00000164	0.0020/万	99.9127%
No:12949	U+0657F	敿	00000164	0.0020/万	99.9126%
No:12950	U+067A3	枣	00000164	0.0020/万	99.9127%
No:12951	U+07392	玒	00000164	0.0020/万	99.9126%
No:12952	U+077D6	矖	00000164	0.0020/万	99.9126%
No:12953	U+08542	蕂	00000164	0.0020/万	99.9126%
No:12954	U+08C45	豅	00000164	0.0020/万	99.9127%
No:12955	U+0999E	馞	00000164	0.0020/万	99.9124%
No:12956	U+09A6B	驫	00000164	0.0020/万	99.9123%
No:12957	U+09B11	鬑	00000164	0.0020/万	99.9124%
No:12958	U+09C40	鱀	00000164	0.0020/万	99.9123%
No:12959	U+0EBF2		00000164	0.0020/万	99.9123%
No:12960	U+0ED3B		00000164	0.0020/万	99.9123%
No:12961	U+0F524		00000164	0.0020/万	99.9123%
No:12962	U+E3B	[illegible]	00000164	0.0020/万	99.9125%
No:12963	U+03C1A	㰚	00000163	0.0020/万	99.9129%
No:12964	U+04A5E	䩞	00000163	0.0020/万	99.9128%
No:12965	U+05082	傂	00000163	0.0020/万	99.9128%
No:12966	U+055A2	喢	00000163	0.0020/万	99.9129%
No:12967	U+05833	堳	00000163	0.0020/万	99.9128%
No:12968	U+0598E	妎	00000163	0.0020/万	99.9129%
No:12969	U+05B8E	宎	00000163	0.0020/万	99.9129%
No:12970	U+05C1F	尟	00000163	0.0020/万	99.9129%
No:12971	U+0673B	朻	00000163	0.0020/万	99.9130%
No:12972	U+06A53	橓	00000163	0.0020/万	99.9131%
No:12973	U+06B1B	欛	00000163	0.0020/万	99.9130%
No:12974	U+075A7	疧	00000163	0.0020/万	99.9130%
No:12975	U+08444	葄	00000163	0.0020/万	99.9130%
No:12976	U+08CDD	賝	00000163	0.0020/万	99.9130%
No:12977	U+09ABB	骻	00000163	0.0020/万	99.9127%
No:12978	U+09C1D	鰝	00000163	0.0020/万	99.9128%
No:12979	U+09F35	鼵	00000163	0.0020/万	99.9128%
No:12980	U+03737	㜷	00000162	0.0020/万	99.9132%
No:12981	U+03982	㦂	00000162	0.0020/万	99.9132%
No:12982	U+039C1	㧁	00000162	0.0020/万	99.9133%
No:12983	U+03CA3	㲣	00000162	0.0020/万	99.9133%
No:12984	U+04C9B	䲛	00000162	0.0020/万	99.9132%
No:12985	U+057E8	埨	00000162	0.0020/万	99.9132%
No:12986	U+059A0	妠	00000162	0.0020/万	99.9132%
No:12987	U+05C49	屉	00000162	0.0020/万	99.9131%
No:12988	U+06056	恖	00000162	0.0020/万	99.9135%
No:12989	U+061C2	懂	00000162	0.0020/万	99.9133%
No:12990	U+06650	晐	00000162	0.0020/万	99.9134%
No:12991	U+06906	椆	00000162	0.0020/万	99.9135%
No:12992	U+074DF	瓟	00000162	0.0020/万	99.9136%
No:12993	U+07D67	絧	00000162	0.0020/万	99.9136%
No:12994	U+07FC4	翄	00000162	0.0020/万	99.9135%
No:12995	U+08252	艒	00000162	0.0020/万	99.9134%
No:12996	U+08502	蔂	00000162	0.0020/万	99.9133%
No:12997	U+08647	虇	00000162	0.0020/万	99.9134%
No:12998	U+087D5	蟕	00000162	0.0020/万	99.9134%
No:12999	U+087DE	蟞	00000162	0.0020/万	99.9135%
No:13000	U+0886F	衯	00000162	0.0020/万	99.9135%

No:13001 U+089B0 覰 00000162 0.0020/万 99.9136%	No:13002 U+08ECE 軎 00000162 0.0020/万 99.9134%	No:13003 U+09B07 鬇 00000162 0.0020/万 99.9131%	No:13004 U+0EAB7 00000162 0.0020/万 99.9131%	No:13005 U+E65 [illegible] 00000162 0.0020/万 99.9133%	No:13006 U+03605 㘅 00000161 0.0020/万 99.9137%	No:13007 U+037C5 㟅 00000161 0.0020/万 99.9138%	No:13008 U+0408D 䂍 00000161 0.0020/万 99.9139%	No:13009 U+04A18 䨘 00000161 0.0020/万 99.9137%	No:13010 U+05697 嚗 00000161 0.0020/万 99.9139%
No:13011 U+0578C 垌 00000161 0.0020/万 99.9138%	No:13012 U+05B4B 孋 00000161 0.0020/万 99.9137%	No:13013 U+05CDA 峚 00000161 0.0020/万 99.9138%	No:13014 U+066ED 曭 00000161 0.0020/万 99.9141%	No:13015 U+068EA 棪 00000161 0.0020/万 99.9140%	No:13016 U+069AF 榯 00000161 0.0020/万 99.9140%	No:13017 U+07400 琀 00000161 0.0020/万 99.9141%	No:13018 U+07997 禗 00000161 0.0020/万 99.9140%	No:13019 U+07BB3 箳 00000161 0.0020/万 99.9141%	No:13020 U+08394 莔 00000161 0.0020/万 99.9141%
No:13021 U+08971 襱 00000161 0.0020/万 99.9141%	No:13022 U+08A6A 詪 00000161 0.0020/万 99.9140%	No:13023 U+096D1 雑 00000161 0.0020/万 99.9140%	No:13024 U+09B3F 鬿 00000161 0.0020/万 99.9137%	No:13025 U+09C41 鱁 00000161 0.0020/万 99.9136%	No:13026 U+0EBE5 00000161 0.0020/万 99.9136%	No:13027 U+EB6 [illegible] 00000161 0.0020/万 99.9139%	No:13028 U+E26 [illegible] 00000161 0.0020/万 99.9139%	No:13029 U+E18 [illegible] 00000161 0.0020/万 99.9138%	No:13030 U+E33 [illegible] 00000161 0.0020/万 99.9138%
No:13031 U+E7E [illegible] 00000161 0.0020/万 99.9137%	No:13032 U+03696 㚖 00000160 0.0020/万 99.9143%	No:13033 U+051C7 凇 00000160 0.0020/万 99.9143%	No:13034 U+05C23 尣 00000160 0.0020/万 99.9143%	No:13035 U+05CCD 峍 00000160 0.0020/万 99.9143%	No:13036 U+0641A 搚 00000160 0.0020/万 99.9146%	No:13037 U+06509 攉 00000160 0.0020/万 99.9144%	No:13038 U+0663C 昼 00000160 0.0020/万 99.9146%	No:13039 U+06A40 橀 00000160 0.0020/万 99.9146%	No:13040 U+06D90 涐 00000160 0.0020/万 99.9144%
No:13041 U+070F7 烷 00000160 0.0020/万 99.9144%	No:13042 U+07629 瘩 00000160 0.0020/万 99.9147%	No:13043 U+07A1B 稛 00000160 0.0020/万 99.9145%	No:13044 U+07F39 缹 00000160 0.0020/万 99.9143%	No:13045 U+081AB 膫 00000160 0.0020/万 99.9145%	No:13046 U+0832C 茬 00000160 0.0020/万 99.9146%	No:13047 U+0832E 茮 00000160 0.0020/万 99.9144%	No:13048 U+0841E 萞 00000160 0.0020/万 99.9145%	No:13049 U+086E5 蛥 00000160 0.0020/万 99.9146%	No:13050 U+087B0 螰 00000160 0.0020/万 99.9145%
No:13051 U+08B08 謈 00000160 0.0020/万 99.9145%	No:13052 U+08B30 謰 00000160 0.0020/万 99.9144%	No:13053 U+097EF 韯 00000160 0.0020/万 99.9142%	No:13054 U+099F7 駷 00000160 0.0020/万 99.9142%	No:13055 U+09B1D 鬝 00000160 0.0020/万 99.9142%	No:13056 U+0EE69 00000160 0.0020/万 99.9142%	No:13057 U+E76 [illegible] 00000160 0.0020/万 99.9142%	No:13058 U+0382D 㠭 00000159 0.0020/万 99.9148%	No:13059 U+043CC 䏌 00000159 0.0020/万 99.9148%	No:13060 U+047D0 䟐 00000159 0.0020/万 99.9148%
No:13061 U+0533B 医 00000159 0.0020/万 99.9147%	No:13062 U+05DC6 巆 00000159 0.0020/万 99.9148%	No:13063 U+05F84 径 00000159 0.0020/万 99.9150%	No:13064 U+06049 恉 00000159 0.0020/万 99.9151%	No:13065 U+066AA 暪 00000159 0.0020/万 99.9149%	No:13066 U+06A95 檕 00000159 0.0020/万 99.9149%	No:13067 U+06BB8 殸 00000159 0.0020/万 99.9150%	No:13068 U+06EAE 溮 00000159 0.0020/万 99.9150%	No:13069 U+070B8 炸 00000159 0.0020/万 99.9149%	No:13070 U+0722F 爯 00000159 0.0020/万 99.9151%
No:13071 U+072EA 狪 00000159 0.0020/万 99.9149%	No:13072 U+0775C 睜 00000159 0.0020/万 99.9148%	No:13073 U+07774 睴 00000159 0.0020/万 99.9149%	No:13074 U+07958 祘 00000159 0.0020/万 99.9150%	No:13075 U+08590 薐 00000159 0.0020/万 99.9150%	No:13076 U+09B21 鬡 00000159 0.0020/万 99.9147%	No:13077 U+09D00 鴀 00000159 0.0020/万 99.9147%	No:13078 U+0E829 00000159 0.0020/万 99.9147%	No:13079 U+0355B 㕛 00000158 0.0020/万 99.9152%	No:13080 U+04108 䄈 00000158 0.0020/万 99.9153%
No:13081 U+04403 䐃 00000158 0.0020/万 99.9153%	No:13082 U+044FF 䓿 00000158 0.0020/万 99.9152%	No:13083 U+05630 嘰 00000158 0.0020/万 99.9152%	No:13084 U+0587A 塺 00000158 0.0020/万 99.9153%	No:13085 U+05CAD 岭 00000158 0.0020/万 99.9152%	No:13086 U+066A7 暧 00000158 0.0020/万 99.9155%	No:13087 U+069EF 槯 00000158 0.0020/万 99.9154%	No:13088 U+06A8B 檋 00000158 0.0020/万 99.9156%	No:13089 U+06BC4 毄 00000158 0.0020/万 99.9156%	No:13090 U+06DD4 淔 00000158 0.0020/万 99.9154%
No:13091 U+0719A 熚 00000158 0.0020/万 99.9155%	No:13092 U+073B6 玶 00000158 0.0020/万 99.9155%	No:13093 U+0767F 癿 00000158 0.0020/万 99.9154%	No:13094 U+08578 蕸 00000158 0.0020/万 99.9154%	No:13095 U+0872A 蜪 00000158 0.0020/万 99.9155%	No:13096 U+087DA 蟚 00000158 0.0020/万 99.9155%	No:13097 U+08C64 豤 00000158 0.0020/万 99.9154%	No:13098 U+09AFC 髼 00000158 0.0020/万 99.9151%	No:13099 U+0F5F8 00000158 0.0020/万 99.9151%	No:13100 U+0F8C0 00000158 0.0020/万 99.9151%

No:13101	U+EA5	秝	00000158	0.0020/万	99.9153%
No:13102	U+E97	迅	00000158	0.0020/万	99.9152%
No:13103	U+E5E	[illegible]	00000158	0.0020/万	99.9153%
No:13104	U+0356F	㕯	00000157	0.0019/万	99.9157%
No:13105	U+0389D	㢝	00000157	0.0019/万	99.9158%
No:13106	U+04ABF	䪿	00000157	0.0019/万	99.9157%
No:13107	U+05020	倠	00000157	0.0019/万	99.9158%
No:13108	U+057A1	垡	00000157	0.0019/万	99.9157%
No:13109	U+06352	捒	00000157	0.0019/万	99.9161%
No:13110	U+0646B	摫	00000157	0.0019/万	99.9160%
No:13111	U+0659E	斞	00000157	0.0019/万	99.9161%
No:13112	U+06611	昑	00000157	0.0019/万	99.9158%
No:13113	U+066B2	暲	00000157	0.0019/万	99.9161%
No:13114	U+06908	椈	00000157	0.0019/万	99.9159%
No:13115	U+069B9	榹	00000157	0.0019/万	99.9160%
No:13116	U+069E4	槤	00000157	0.0019/万	99.9161%
No:13117	U+06B9C	殜	00000157	0.0019/万	99.9158%
No:13118	U+0748F	璏	00000157	0.0019/万	99.9160%
No:13119	U+07C6D	籭	00000157	0.0019/万	99.9159%
No:13120	U+08099	肙	00000157	0.0019/万	99.9158%
No:13121	U+080D1	胑	00000157	0.0019/万	99.9159%
No:13122	U+08259	艙	00000157	0.0019/万	99.9160%
No:13123	U+0879D	螝	00000157	0.0019/万	99.9159%
No:13124	U+089D7	觗	00000157	0.0019/万	99.9160%
No:13125	U+08A49	詉	00000157	0.0019/万	99.9161%
No:13126	U+09125	鄥	00000157	0.0019/万	99.9159%
No:13127	U+0978E	鞎	00000157	0.0019/万	99.9156%
No:13128	U+097C4	韄	00000157	0.0019/万	99.9156%
No:13129	U+0ECB2	澟	00000157	0.0019/万	99.9156%
No:13130	U+0EE3C	[illegible]	00000157	0.0019/万	99.9157%
No:13131	U+ECB	[illegible]	00000157	0.0019/万	99.9157%
No:13132	U+039FB	㧻	00000156	0.0019/万	99.9162%
No:13133	U+04B47	䭇	00000156	0.0019/万	99.9163%
No:13134	U+04CA7	䲧	00000156	0.0019/万	99.9162%
No:13135	U+055B3	喳	00000156	0.0019/万	99.9163%
No:13136	U+05C0C	尌	00000156	0.0019/万	99.9162%
No:13137	U+06AA9	檩	00000156	0.0019/万	99.9164%
No:13138	U+07CB0	粰	00000156	0.0019/万	99.9164%
No:13139	U+087C3	蟃	00000156	0.0019/万	99.9163%
No:13140	U+09260	鉠	00000156	0.0019/万	99.9163%
No:13141	U+09DC5	鷅	00000156	0.0019/万	99.9162%
No:13142	U+0ED25	[illegible]	00000156	0.0019/万	99.9162%
No:13143	U+F79	湏	00000156	0.0019/万	99.9163%
No:13144	U+03567	㕧	00000155	0.0019/万	99.9167%
No:13145	U+04EC9	仉	00000155	0.0019/万	99.9166%
No:13146	U+05823	堣	00000155	0.0019/万	99.9165%
No:13147	U+05DAC	嶬	00000155	0.0019/万	99.9166%
No:13148	U+05ED2	廒	00000155	0.0019/万	99.9167%
No:13149	U+06193	憓	00000155	0.0019/万	99.9169%
No:13150	U+06530	攰	00000155	0.0019/万	99.9167%
No:13151	U+065C8	旈	00000155	0.0019/万	99.9169%
No:13152	U+0683A	栺	00000155	0.0019/万	99.9168%
No:13153	U+07524	甤	00000155	0.0019/万	99.9168%
No:13154	U+076EF	盯	00000155	0.0019/万	99.9168%
No:13155	U+0888A	袊	00000155	0.0019/万	99.9167%
No:13156	U+08B7B	譻	00000155	0.0019/万	99.9167%
No:13157	U+095F4	间	00000155	0.0019/万	99.9168%
No:13158	U+0963A	阺	00000155	0.0019/万	99.9168%
No:13159	U+09850	顐	00000155	0.0019/万	99.9164%
No:13160	U+0986C	顬	00000155	0.0019/万	99.9164%
No:13161	U+09D85	鶅	00000155	0.0019/万	99.9165%
No:13162	U+09E64	鹤	00000155	0.0019/万	99.9165%
No:13163	U+0EE9B	[illegible]	00000155	0.0019/万	99.9164%
No:13164	U+0EEC2	[illegible]	00000155	0.0019/万	99.9165%
No:13165	U+E72	麀	00000155	0.0019/万	99.9166%
No:13166	U+F85	[illegible]	00000155	0.0019/万	99.9166%
No:13167	U+EED	[illegible]	00000155	0.0019/万	99.9165%
No:13168	U+ED1	鬄	00000155	0.0019/万	99.9166%
No:13169	U+037FD	㟽	00000154	0.0019/万	99.9172%
No:13170	U+03FAC	㾬	00000154	0.0019/万	99.9172%
No:13171	U+04B3C	䬼	00000154	0.0019/万	99.9171%
No:13172	U+05723	圣	00000154	0.0019/万	99.9170%
No:13173	U+05D43	嵃	00000154	0.0019/万	99.9170%
No:13174	U+06117	愗	00000154	0.0019/万	99.9173%
No:13175	U+06466	摦	00000154	0.0019/万	99.9173%
No:13176	U+064BD	撽	00000154	0.0019/万	99.9174%
No:13177	U+06886	梆	00000154	0.0019/万	99.9174%
No:13178	U+06F12	漒	00000154	0.0019/万	99.9173%
No:13179	U+06F52	潒	00000154	0.0019/万	99.9174%
No:13180	U+07BC2	篂	00000154	0.0019/万	99.9172%
No:13181	U+07D6F	絯	00000154	0.0019/万	99.9172%
No:13182	U+07E29	縩	00000154	0.0019/万	99.9173%
No:13183	U+0814D	腍	00000154	0.0019/万	99.9172%
No:13184	U+08611	蘑	00000154	0.0019/万	99.9173%
No:13185	U+09153	酓	00000154	0.0019/万	99.9174%
No:13186	U+09AC7	髇	00000154	0.0019/万	99.9169%
No:13187	U+09BF9	鯹	00000154	0.0019/万	99.9169%
No:13188	U+09F0D	鼍	00000154	0.0019/万	99.9169%
No:13189	U+0EE6B	[illegible]	00000154	0.0019/万	99.9169%
No:13190	U+EE9	[illegible]	00000154	0.0019/万	99.9171%
No:13191	U+E01	[illegible]	00000154	0.0019/万	99.9170%
No:13192	U+E3F	虀	00000154	0.0019/万	99.9171%
No:13193	U+EC5	訑	00000154	0.0019/万	99.9170%
No:13194	U+EC1	鄬	00000154	0.0019/万	99.9171%
No:13195	U+ED8	閞	00000154	0.0019/万	99.9170%
No:13196	U+EB8	[illegible]	00000154	0.0019/万	99.9171%
No:13197	U+043FF	䏿	00000153	0.0019/万	99.9175%
No:13198	U+04998	䦘	00000153	0.0019/万	99.9176%
No:13199	U+04D0F	䴏	00000153	0.0019/万	99.9176%
No:13200	U+05068	偨	00000153	0.0019/万	99.9177%

No:13201 U+05683 嚃 00000153 0.0019/万 99.9176%	No:13202 U+0573D 圽 00000153 0.0019/万 99.9176%	No:13203 U+0573E 圾 00000153 0.0019/万 99.9176%	No:13204 U+05F51 彑 00000153 0.0019/万 99.9178%	No:13205 U+07676 癶 00000153 0.0019/万 99.9178%	No:13206 U+0827F 艿 00000153 0.0019/万 99.9179%	No:13207 U+083E8 菨 00000153 0.0019/万 99.9177%	No:13208 U+087F3 蟳 00000153 0.0019/万 99.9177%	No:13209 U+08DAE 趮 00000153 0.0019/万 99.9178%	No:13210 U+09107 鄇 00000153 0.0019/万 99.9177%
No:13211 U+091B6 醶 00000153 0.0019/万 99.9178%	No:13212 U+095EE 问 00000153 0.0019/万 99.9178%	No:13213 U+09AB7 骷 00000153 0.0019/万 99.9175%	No:13214 U+09CFD 鳽 00000153 0.0019/万 99.9174%	No:13215 U+E2F [illegible] 00000153 0.0019/万 99.9177%	No:13216 U+EC0 瀳 00000153 0.0019/万 99.9177%	No:13217 U+E98 [illegible] 00000153 0.0019/万 99.9175%	No:13218 U+E51 [illegible] 00000153 0.0019/万 99.9175%	No:13219 U+E94 [illegible] 00000153 0.0019/万 99.9175%	No:13220 U+034DE 㓞 00000152 0.0019/万 99.9179%
No:13221 U+03677 㙷 00000152 0.0019/万 99.9181%	No:13222 U+0423D 䈽 00000152 0.0019/万 99.9181%	No:13223 U+04646 䙆 00000152 0.0019/万 99.9180%	No:13224 U+04CB9 䲹 00000152 0.0019/万 99.9180%	No:13225 U+04FCB 俋 00000152 0.0019/万 99.9180%	No:13226 U+050C6 僆 00000152 0.0019/万 99.9181%	No:13227 U+06198 憘 00000152 0.0019/万 99.9182%	No:13228 U+068D1 棑 00000152 0.0019/万 99.9182%	No:13229 U+06E61 湡 00000152 0.0019/万 99.9182%	No:13230 U+073F8 珸 00000152 0.0019/万 99.9182%
No:13231 U+07714 眔 00000152 0.0019/万 99.9182%	No:13232 U+08C65 豥 00000152 0.0019/万 99.9180%	No:13233 U+0930F 錏 00000152 0.0019/万 99.9182%	No:13234 U+097DB 韛 00000152 0.0019/万 99.9179%	No:13235 U+09D37 鴷 00000152 0.0019/万 99.9179%	No:13236 U+09DC9 鷉 00000152 0.0019/万 99.9179%	No:13237 U+E74 稜 00000152 0.0019/万 99.9181%	No:13238 U+E66 [illegible] 00000152 0.0019/万 99.9180%	No:13239 U+E10 [illegible] 00000152 0.0019/万 99.9181%	No:13240 U+03775 㝵 00000151 0.0019/万 99.9184%
No:13241 U+037FC 㟼 00000151 0.0019/万 99.9185%	No:13242 U+03E5E 㹞 00000151 0.0019/万 99.9184%	No:13243 U+05850 塐 00000151 0.0019/万 99.9184%	No:13244 U+0619E 憞 00000151 0.0019/万 99.9186%	No:13245 U+0629A 抚 00000151 0.0019/万 99.9187%	No:13246 U+06C06 氆 00000151 0.0019/万 99.9186%	No:13247 U+06D62 浢 00000151 0.0019/万 99.9187%	No:13248 U+06DBE 涾 00000151 0.0019/万 99.9185%	No:13249 U+07048 灈 00000151 0.0019/万 99.9185%	No:13250 U+07265 牥 00000151 0.0019/万 99.9186%
No:13251 U+078EA 磪 00000151 0.0019/万 99.9186%	No:13252 U+085C4 藄 00000151 0.0019/万 99.9186%	No:13253 U+08F0B 輋 00000151 0.0019/万 99.9185%	No:13254 U+093D3 鏓 00000151 0.0019/万 99.9185%	No:13255 U+09864 顤 00000151 0.0019/万 99.9184%	No:13256 U+09D22 鴢 00000151 0.0019/万 99.9183%	No:13257 U+09DD8 鷘 00000151 0.0019/万 99.9183%	No:13258 U+09EF0 黰 00000151 0.0019/万 99.9183%	No:13259 U+09F43 齃 00000151 0.0019/万 99.9183%	No:13260 U+0E79C [illegible] 00000151 0.0019/万 99.9183%
No:13261 U+EC7 [illegible] 00000151 0.0019/万 99.9184%	No:13262 U+03801 㠁 00000150 0.0019/万 99.9188%	No:13263 U+03966 㥦 00000150 0.0019/万 99.9188%	No:13264 U+03A49 㩉 00000150 0.0019/万 99.9189%	No:13265 U+03FFD 㿽 00000150 0.0019/万 99.9188%	No:13266 U+04CDF 䳟 00000150 0.0019/万 99.9187%	No:13267 U+05311 匑 00000150 0.0019/万 99.9188%	No:13268 U+05620 嘠 00000150 0.0019/万 99.9189%	No:13269 U+056B7 嚷 00000150 0.0019/万 99.9189%	No:13270 U+06022 怢 00000150 0.0019/万 99.9190%
No:13271 U+068D9 棙 00000150 0.0019/万 99.9190%	No:13272 U+06F53 潓 00000150 0.0019/万 99.9190%	No:13273 U+0844A 葊 00000150 0.0019/万 99.9190%	No:13274 U+088BE 袾 00000150 0.0019/万 99.9190%	No:13275 U+097A2 鞢 00000150 0.0019/万 99.9187%	No:13276 U+099BF 馿 00000150 0.0019/万 99.9187%	No:13277 U+09B75 魵 00000150 0.0019/万 99.9187%	No:13278 U+EA8 [illegible] 00000150 0.0019/万 99.9189%	No:13279 U+EC1 [illegible] 00000150 0.0019/万 99.9189%	No:13280 U+E74 [illegible] 00000150 0.0019/万 99.9188%
No:13281 U+04E85 亅 00000149 0.0018/万 99.9191%	No:13282 U+05052 偒 00000149 0.0018/万 99.9191%	No:13283 U+0719E 熞 00000149 0.0018/万 99.9193%	No:13284 U+0799B 禛 00000149 0.0018/万 99.9193%	No:13285 U+07F67 罧 00000149 0.0018/万 99.9192%	No:13286 U+08583 薃 00000149 0.0018/万 99.9192%	No:13287 U+0887B 衻 00000149 0.0018/万 99.9192%	No:13288 U+08891 袑 00000149 0.0018/万 99.9192%	No:13289 U+08D9F 趟 00000149 0.0018/万 99.9192%	No:13290 U+092DC 鋜 00000149 0.0018/万 99.9191%
No:13291 U+0983F 頿 00000149 0.0018/万 99.9191%	No:13292 U+0EE0C [illegible] 00000149 0.0018/万 99.9191%	No:13293 U+EAE [illegible] 00000149 0.0018/万 99.9191%	No:13294 U+03563 㕣 00000148 0.0018/万 99.9194%	No:13295 U+03AA3 㪣 00000148 0.0018/万 99.9194%	No:13296 U+0421A 䈚 00000148 0.0018/万 99.9194%	No:13297 U+04B48 䭈 00000148 0.0018/万 99.9194%	No:13298 U+0548A 咊 00000148 0.0018/万 99.9195%	No:13299 U+06626 昦 00000148 0.0018/万 99.9197%	No:13300 U+06AB7 檷 00000148 0.0018/万 99.9195%

No:13301 U+06C0C 氌 00000148 0.0018/万 99.9196%	No:13302 U+06CBA 沺 00000148 0.0018/万 99.9196%	No:13303 U+06E39 渹 00000148 0.0018/万 99.9196%	No:13304 U+07BF1 篱 00000148 0.0018/万 99.9195%	No:13305 U+07C5A 籚 00000148 0.0018/万 99.9197%	No:13306 U+07F52 罒 00000148 0.0018/万 99.9195%	No:13307 U+07F89 羉 00000148 0.0018/万 99.9196%	No:13308 U+07FF2 翲 00000148 0.0018/万 99.9197%	No:13309 U+0845D 葝 00000148 0.0018/万 99.9197%	No:13310 U+08531 蔱 00000148 0.0018/万 99.9196%
No:13311 U+0869A 蚚 00000148 0.0018/万 99.9195%	No:13312 U+086B7 蚷 00000148 0.0018/万 99.9197%	No:13313 U+08B84 讄 00000148 0.0018/万 99.9197%	No:13314 U+09930 餰 00000148 0.0018/万 99.9193%	No:13315 U+0ED2B 癮 00000148 0.0018/万 99.9193%	No:13316 U+0F866 澂 00000148 0.0018/万 99.9193%	No:13317 U+E18 嚱 00000148 0.0018/万 99.9194%	No:13318 U+E65 臬 00000148 0.0018/万 99.9194%	No:13319 U+036EE 㛮 00000147 0.0018/万 99.9201%	No:13320 U+03853 㡓 00000147 0.0018/万 99.9200%
No:13321 U+03E1A 㸚 00000147 0.0018/万 99.9200%	No:13322 U+0511A 儚 00000147 0.0018/万 99.9200%	No:13323 U+059B5 妵 00000147 0.0018/万 99.9200%	No:13324 U+05CAC 岬 00000147 0.0018/万 99.9201%	No:13325 U+05F0C 弌 00000147 0.0018/万 99.9201%	No:13326 U+067FB 查 00000147 0.0018/万 99.9201%	No:13327 U+069AC 榬 00000147 0.0018/万 99.9202%	No:13328 U+06F8B 澋 00000147 0.0018/万 99.9203%	No:13329 U+072DF 狟 00000147 0.0018/万 99.9202%	No:13330 U+07A04 稄 00000147 0.0018/万 99.9202%
No:13331 U+07FA2 羢 00000147 0.0018/万 99.9203%	No:13332 U+0811F 脟 00000147 0.0018/万 99.9203%	No:13333 U+08257 艗 00000147 0.0018/万 99.9203%	No:13334 U+0866D 虭 00000147 0.0018/万 99.9201%	No:13335 U+086C8 蛈 00000147 0.0018/万 99.9203%	No:13336 U+08A82 誂 00000147 0.0018/万 99.9202%	No:13337 U+09366 鍦 00000147 0.0018/万 99.9202%	No:13338 U+093F8 鏸 00000147 0.0018/万 99.9203%	No:13339 U+09E8A 麊 00000147 0.0018/万 99.9198%	No:13340 U+09F31 鼱 00000147 0.0018/万 99.9198%
No:13341 U+0EB39 搴 00000147 0.0018/万 99.9198%	No:13342 U+0EBDF 担 00000147 0.0018/万 99.9198%	No:13343 U+0EBFB 欲 00000147 0.0018/万 99.9198%	No:13344 U+EB4 仉 00000147 0.0018/万 99.9199%	No:13345 U+E3F 峴 00000147 0.0018/万 99.9200%	No:13346 U+E81 塵 00000147 0.0018/万 99.9199%	No:13347 U+EE6 㱢 00000147 0.0018/万 99.9200%	No:13348 U+EDD 坬 00000147 0.0018/万 99.9199%	No:13349 U+EFC 㟗 00000147 0.0018/万 99.9199%	No:13350 U+E30 骰 00000147 0.0018/万 99.9199%
No:13351 U+03F93 㾓 00000146 0.0018/万 99.9205%	No:13352 U+044D1 䓑 00000146 0.0018/万 99.9205%	No:13353 U+044DE 䓞 00000146 0.0018/万 99.9204%	No:13354 U+04885 䢅 00000146 0.0018/万 99.9205%	No:13355 U+0528B 劋 00000146 0.0018/万 99.9204%	No:13356 U+05752 坒 00000146 0.0018/万 99.9204%	No:13357 U+05DB6 嶶 00000146 0.0018/万 99.9204%	No:13358 U+0612D 愭 00000146 0.0018/万 99.9207%	No:13359 U+0619B 憛 00000146 0.0018/万 99.9206%	No:13360 U+062FC 拼 00000146 0.0018/万 99.9208%
No:13361 U+063C5 揅 00000146 0.0018/万 99.9206%	No:13362 U+0650E 攎 00000146 0.0018/万 99.9208%	No:13363 U+06743 权 00000146 0.0018/万 99.9207%	No:13364 U+068A3 梣 00000146 0.0018/万 99.9205%	No:13365 U+07536 甶 00000146 0.0018/万 99.9207%	No:13366 U+085D4 藔 00000146 0.0018/万 99.9206%	No:13367 U+088F7 裷 00000146 0.0018/万 99.9207%	No:13368 U+08973 襳 00000146 0.0018/万 99.9206%	No:13369 U+08AA9 誩 00000146 0.0018/万 99.9205%	No:13370 U+0927D 鉽 00000146 0.0018/万 99.9206%
No:13371 U+09445 鑅 00000146 0.0018/万 99.9207%	No:13372 U+E8E 旻 00000146 0.0018/万 99.9204%	No:13373 U+E52 磹 00000146 0.0018/万 99.9205%	No:13374 U+03608 㘈 00000145 0.0018/万 99.9209%	No:13375 U+05D2F 崯 00000145 0.0018/万 99.9209%	No:13376 U+05D3D 崽 00000145 0.0018/万 99.9209%	No:13377 U+06219 戙 00000145 0.0018/万 99.9210%	No:13378 U+06315 挕 00000145 0.0018/万 99.9211%	No:13379 U+0654D 敍 00000145 0.0018/万 99.9210%	No:13380 U+069F9 槹 00000145 0.0018/万 99.9210%
No:13381 U+078E4 磤 00000145 0.0018/万 99.9210%	No:13382 U+07DB9 綹 00000145 0.0018/万 99.9211%	No:13383 U+07E8B 纋 00000145 0.0018/万 99.9209%	No:13384 U+08674 虴 00000145 0.0018/万 99.9209%	No:13385 U+08F1A 輚 00000145 0.0018/万 99.9210%	No:13386 U+09653 陓 00000145 0.0018/万 99.9210%	No:13387 U+09BFE 鯾 00000145 0.0018/万 99.9208%	No:13388 U+09E13 鸓 00000145 0.0018/万 99.9208%	No:13389 U+0EC23 胍 00000145 0.0018/万 99.9208%	No:13390 U+EC9 棱 00000145 0.0018/万 99.9208%
No:13391 U+0399B 㦛 00000144 0.0018/万 99.9213%	No:13392 U+03C8B 㲋 00000144 0.0018/万 99.9211%	No:13393 U+04392 䎒 00000144 0.0018/万 99.9212%	No:13394 U+053BD 厽 00000144 0.0018/万 99.9212%	No:13395 U+055C6 嗆 00000144 0.0018/万 99.9212%	No:13396 U+05C5A 屚 00000144 0.0018/万 99.9212%	No:13397 U+05DDF 巟 00000144 0.0018/万 99.9212%	No:13398 U+06423 搣 00000144 0.0018/万 99.9215%	No:13399 U+0678E 枎 00000144 0.0018/万 99.9216%	No:13400 U+06DD3 淓 00000144 0.0018/万 99.9214%

No:13401 U+071A5 熥 00000144 0.0018/万 99.9216%	No:13402 U+080C5 胅 00000144 0.0018/万 99.9215%	No:13403 U+0816A 腪 00000144 0.0018/万 99.9213%	No:13404 U+08567 蕧 00000144 0.0018/万 99.9216%	No:13405 U+08625 蘥 00000144 0.0018/万 99.9216%	No:13406 U+08641 虁 00000144 0.0018/万 99.9215%	No:13407 U+0877C 蝼 00000144 0.0018/万 99.9213%	No:13408 U+0880A 蠊 00000144 0.0018/万 99.9213%	No:13409 U+08A97 誗 00000144 0.0018/万 99.9214%	No:13410 U+08A99 誙 00000144 0.0018/万 99.9214%
No:13411 U+08B35 謵 00000144 0.0018/万 99.9214%	No:13412 U+08B40 譀 00000144 0.0018/万 99.9214%	No:13413 U+08FCA 迊 00000144 0.0018/万 99.9215%	No:13414 U+08FF5 迵 00000144 0.0018/万 99.9215%	No:13415 U+090F9 郹 00000144 0.0018/万 99.9216%	No:13416 U+09101 鄁 00000144 0.0018/万 99.9214%	No:13417 U+091A1 醡 00000144 0.0018/万 99.9216%	No:13418 U+09B67 魧 00000144 0.0018/万 99.9211%	No:13419 U+09BB9 鮹 00000144 0.0018/万 99.9211%	No:13420 U+E0A 珏 00000144 0.0018/万 99.9213%
No:13421 U+E38 盤 00000144 0.0018/万 99.9212%	No:13422 U+03D5D 㵝 00000143 0.0018/万 99.9219%	No:13423 U+03FC3 㿃 00000143 0.0018/万 99.9219%	No:13424 U+048DC 䣜 00000143 0.0018/万 99.9218%	No:13425 U+04FC7 俇 00000143 0.0018/万 99.9218%	No:13426 U+0616D 慭 00000143 0.0018/万 99.9220%	No:13427 U+06503 攃 00000143 0.0018/万 99.9222%	No:13428 U+069F8 槸 00000143 0.0018/万 99.9221%	No:13429 U+072E4 狤 00000143 0.0018/万 99.9221%	No:13430 U+077B1 瞱 00000143 0.0018/万 99.9220%
No:13431 U+0803E 耾 00000143 0.0018/万 99.9221%	No:13432 U+085D2 藒 00000143 0.0018/万 99.9220%	No:13433 U+087D3 蟓 00000143 0.0018/万 99.9220%	No:13434 U+08800 蠀 00000143 0.0018/万 99.9221%	No:13435 U+09233 鈳 00000143 0.0018/万 99.9220%	No:13436 U+09325 錥 00000143 0.0018/万 99.9221%	No:13437 U+093C2 鏂 00000143 0.0018/万 99.9220%	No:13438 U+0973C 霼 00000143 0.0018/万 99.9217%	No:13439 U+09DB7 鶷 00000143 0.0018/万 99.9217%	No:13440 U+0EA3C 彦 00000143 0.0018/万 99.9217%
No:13441 U+0EA9C 爽 00000143 0.0018/万 99.9217%	No:13442 U+0EAF6 墼 00000143 0.0018/万 99.9217%	No:13443 U+0ECB0 潜 00000143 0.0018/万 99.9218%	No:13444 U+EA3 漭 00000143 0.0018/万 99.9219%	No:13445 U+ED6 昜 00000143 0.0018/万 99.9218%	No:13446 U+EF6 蚌 00000143 0.0018/万 99.9218%	No:13447 U+EF6 蜮 00000143 0.0018/万 99.9219%	No:13448 U+E2C 軛 00000143 0.0018/万 99.9219%	No:13449 U+E31 鸂 00000143 0.0018/万 99.9218%	No:13450 U+03536 㔶 00000142 0.0018/万 99.9222%
No:13451 U+03A72 㩲 00000142 0.0018/万 99.9223%	No:13452 U+0407E 䁾 00000142 0.0018/万 99.9223%	No:13453 U+048C3 䣃 00000142 0.0018/万 99.9223%	No:13454 U+05C5C 屜 00000142 0.0018/万 99.9224%	No:13455 U+0602E 怮 00000142 0.0018/万 99.9225%	No:13456 U+061A3 憣 00000142 0.0018/万 99.9225%	No:13457 U+0649C 撜 00000142 0.0018/万 99.9224%	No:13458 U+06E7F 湿 00000142 0.0018/万 99.9226%	No:13459 U+072BF 犿 00000142 0.0018/万 99.9224%	No:13460 U+0789A 碚 00000142 0.0018/万 99.9225%
No:13461 U+07A77 穷 00000142 0.0018/万 99.9225%	No:13462 U+08608 蘈 00000142 0.0018/万 99.9224%	No:13463 U+08DE2 跢 00000142 0.0018/万 99.9225%	No:13464 U+097F8 韸 00000142 0.0018/万 99.9222%	No:13465 U+09873 顳 00000142 0.0018/万 99.9222%	No:13466 U+09F34 鼴 00000142 0.0018/万 99.9222%	No:13467 U+ECD 殰 00000142 0.0018/万 99.9223%	No:13468 U+E00 篕 00000142 0.0018/万 99.9222%	No:13469 U+E22 緋 00000142 0.0018/万 99.9224%	No:13470 U+EE8 蚎 00000142 0.0018/万 99.9224%
No:13471 U+FDC 祚 00000142 0.0018/万 99.9223%	No:13472 U+037AF 㞯 00000141 0.0017/万 99.9227%	No:13473 U+037CD 㟍 00000141 0.0017/万 99.9227%	No:13474 U+03D7F 㵿 00000141 0.0017/万 99.9228%	No:13475 U+03DF1 㷱 00000141 0.0017/万 99.9227%	No:13476 U+03E92 㺒 00000141 0.0017/万 99.9228%	No:13477 U+03F3E 㼾 00000141 0.0017/万 99.9227%	No:13478 U+040E7 䃧 00000141 0.0017/万 99.9226%	No:13479 U+0463A 䘺 00000141 0.0017/万 99.9228%	No:13480 U+05166 兦 00000141 0.0017/万 99.9228%
No:13481 U+05338 匸 00000141 0.0017/万 99.9227%	No:13482 U+05A38 娸 00000141 0.0017/万 99.9228%	No:13483 U+05D64 嵤 00000141 0.0017/万 99.9229%	No:13484 U+061E4 懤 00000141 0.0017/万 99.9230%	No:13485 U+0661B 昛 00000141 0.0017/万 99.9231%	No:13486 U+06D24 洤 00000141 0.0017/万 99.9231%	No:13487 U+0705C 灜 00000141 0.0017/万 99.9231%	No:13488 U+07379 獹 00000141 0.0017/万 99.9229%	No:13489 U+073A4 玤 00000141 0.0017/万 99.9230%	No:13490 U+077F2 矲 00000141 0.0017/万 99.9229%
No:13491 U+07871 硱 00000141 0.0017/万 99.9229%	No:13492 U+07F5C 罜 00000141 0.0017/万 99.9230%	No:13493 U+0844C 葌 00000141 0.0017/万 99.9229%	No:13494 U+0866A 虪 00000141 0.0017/万 99.9230%	No:13495 U+08733 蜳 00000141 0.0017/万 99.9229%	No:13496 U+08AD5 諕 00000141 0.0017/万 99.9230%	No:13497 U+09416 鐖 00000141 0.0017/万 99.9231%	No:13498 U+096BA 隺 00000141 0.0017/万 99.9231%	No:13499 U+09DD2 鷒 00000141 0.0017/万 99.9226%	No:13500 U+0EBCD 戓 00000141 0.0017/万 99.9226%

No:13501 U+0EDFA 蕁 00000141 0.0017/万 99.9226%	No:13502 U+E57 掔 00000141 0.0017/万 99.9226%	No:13503 U+E7C 琙 00000141 0.0017/万 99.9227%	No:13504 U+034A1 㒡 00000140 0.0017/万 99.9232%	No:13505 U+03C89 㲉 00000140 0.0017/万 99.9232%	No:13506 U+04054 䁔 00000140 0.0017/万 99.9232%	No:13507 U+061BF 憿 00000140 0.0017/万 99.9234%	No:13508 U+0642B 搫 00000140 0.0017/万 99.9234%	No:13509 U+06515 攕 00000140 0.0017/万 99.9233%	No:13510 U+0676B 杫 00000140 0.0017/万 99.9233%
No:13511 U+068CC 棌 00000140 0.0017/万 99.9234%	No:13512 U+06A93 檓 00000140 0.0017/万 99.9234%	No:13513 U+06BA0 殠 00000140 0.0017/万 99.9234%	No:13514 U+0763D 瘽 00000140 0.0017/万 99.9234%	No:13515 U+07BB9 箹 00000140 0.0017/万 99.9233%	No:13516 U+08670 虰 00000140 0.0017/万 99.9232%	No:13517 U+089E2 觢 00000140 0.0017/万 99.9233%	No:13518 U+091A7 醧 00000140 0.0017/万 99.9233%	No:13519 U+0ECF6 嵸 00000140 0.0017/万 99.9231%	No:13520 U+E22 乿 00000140 0.0017/万 99.9232%
No:13521 U+E03 飢 00000140 0.0017/万 99.9232%	No:13522 U+0373D 㜽 00000139 0.0017/万 99.9236%	No:13523 U+0380E 㠎 00000139 0.0017/万 99.9236%	No:13524 U+03899 㢙 00000139 0.0017/万 99.9235%	No:13525 U+04071 䁱 00000139 0.0017/万 99.9235%	No:13526 U+0431F 䌟 00000139 0.0017/万 99.9238%	No:13527 U+045E5 䗥 00000139 0.0017/万 99.9235%	No:13528 U+04FC0 俀 00000139 0.0017/万 99.9237%	No:13529 U+05855 塕 00000139 0.0017/万 99.9236%	No:13530 U+0595D 奝 00000139 0.0017/万 99.9237%
No:13531 U+069BD 榽 00000139 0.0017/万 99.9239%	No:13532 U+06E60 湠 00000139 0.0017/万 99.9238%	No:13533 U+06FBE 澾 00000139 0.0017/万 99.9239%	No:13534 U+07295 犕 00000139 0.0017/万 99.9238%	No:13535 U+076C5 盅 00000139 0.0017/万 99.9240%	No:13536 U+079F7 秷 00000139 0.0017/万 99.9239%	No:13537 U+07BD6 篖 00000139 0.0017/万 99.9238%	No:13538 U+07FEA 翪 00000139 0.0017/万 99.9238%	No:13539 U+0859A 薚 00000139 0.0017/万 99.9239%	No:13540 U+08B76 譶 00000139 0.0017/万 99.9239%
No:13541 U+099E1 駡 00000139 0.0017/万 99.9235%	No:13542 U+0EADC 㚔 00000139 0.0017/万 99.9235%	No:13543 U+0EAE3 城 00000139 0.0017/万 99.9235%	No:13544 U+E03 朩 00000139 0.0017/万 99.9236%	No:13545 U+EFC 莖 00000139 0.0017/万 99.9238%	No:13546 U+E9A 嶁 00000139 0.0017/万 99.9237%	No:13547 U+E2C 敵 00000139 0.0017/万 99.9237%	No:13548 U+EEF 莆 00000139 0.0017/万 99.9237%	No:13549 U+E1F 藋 00000139 0.0017/万 99.9237%	No:13550 U+E86 躝 00000139 0.0017/万 99.9236%
No:13551 U+034BC 㒼 00000138 0.0017/万 99.9242%	No:13552 U+03869 㡩 00000138 0.0017/万 99.9240%	No:13553 U+03AF0 㫰 00000138 0.0017/万 99.9241%	No:13554 U+03B68 㭨 00000138 0.0017/万 99.9240%	No:13555 U+03BD5 㯕 00000138 0.0017/万 99.9241%	No:13556 U+03D72 㵲 00000138 0.0017/万 99.9242%	No:13557 U+0428B 䊋 00000138 0.0017/万 99.9243%	No:13558 U+044C8 䓈 00000138 0.0017/万 99.9241%	No:13559 U+04633 䘳 00000138 0.0017/万 99.9243%	No:13560 U+0470B 䜋 00000138 0.0017/万 99.9242%
No:13561 U+059AD 妭 00000138 0.0017/万 99.9243%	No:13562 U+05D7B 嵻 00000138 0.0017/万 99.9241%	No:13563 U+05D88 嶈 00000138 0.0017/万 99.9243%	No:13564 U+05D8A 嶊 00000138 0.0017/万 99.9240%	No:13565 U+06780 枀 00000138 0.0017/万 99.9244%	No:13566 U+067E6 柦 00000138 0.0017/万 99.9244%	No:13567 U+0681C 栜 00000138 0.0017/万 99.9245%	No:13568 U+0714F 煏 00000138 0.0017/万 99.9244%	No:13569 U+077A1 瞡 00000138 0.0017/万 99.9243%	No:13570 U+07D5F 絟 00000138 0.0017/万 99.9244%
No:13571 U+07F7A 罺 00000138 0.0017/万 99.9245%	No:13572 U+08825 蠥 00000138 0.0017/万 99.9244%	No:13573 U+08B63 譣 00000138 0.0017/万 99.9243%	No:13574 U+08CEC 賬 00000138 0.0017/万 99.9245%	No:13575 U+09681 隁 00000138 0.0017/万 99.9244%	No:13576 U+09F26 鼦 00000138 0.0017/万 99.9240%	No:13577 U+09F28 鼨 00000138 0.0017/万 99.9240%	No:13578 U+E7C 㕓 00000138 0.0017/万 99.9242%	No:13579 U+E68 躯 00000138 0.0017/万 99.9242%	No:13580 U+E12 陾 00000138 0.0017/万 99.9241%
No:13581 U+ED2 鬘 00000138 0.0017/万 99.9241%	No:13582 U+03DC6 㷆 00000137 0.0017/万 99.9248%	No:13583 U+04181 䆁 00000137 0.0017/万 99.9248%	No:13584 U+04905 䤅 00000137 0.0017/万 99.9246%	No:13585 U+04C0D 䰍 00000137 0.0017/万 99.9247%	No:13586 U+04E51 乑 00000137 0.0017/万 99.9246%	No:13587 U+05134 儴 00000137 0.0017/万 99.9246%	No:13588 U+052B2 劲 00000137 0.0017/万 99.9247%	No:13589 U+05FEF 忯 00000137 0.0017/万 99.9249%	No:13590 U+06087 悇 00000137 0.0017/万 99.9249%
No:13591 U+06090 悐 00000137 0.0017/万 99.9249%	No:13592 U+0615E 慞 00000137 0.0017/万 99.9248%	No:13593 U+06B0B 欋 00000137 0.0017/万 99.9248%	No:13594 U+06D14 洔 00000137 0.0017/万 99.9250%	No:13595 U+07750 睐 00000137 0.0017/万 99.9249%	No:13596 U+0778F 瞏 00000137 0.0017/万 99.9248%	No:13597 U+079B8 禸 00000137 0.0017/万 99.9249%	No:13598 U+07AF1 竱 00000137 0.0017/万 99.9250%	No:13599 U+08147 腇 00000137 0.0017/万 99.9249%	No:13600 U+08631 蘱 00000137 0.0017/万 99.9250%

No:13601 U+09400 鐀 00000137 0.0017/万 99.9250%	No:13602 U+09B3E 鬾 00000137 0.0017/万 99.9245%	No:13603 U+0EBB4 窓 00000137 0.0017/万 99.9245%	No:13604 U+0EC33 膠 00000137 0.0017/万 99.9245%	No:13605 U+F0E 皐 00000137 0.0017/万 99.9247%	No:13606 U+E5C 繯 00000137 0.0017/万 99.9248%	No:13607 U+F50 篴 00000137 0.0017/万 99.9247%	No:13608 U+E21 絺 00000137 0.0017/万 99.9246%	No:13609 U+E20 虔 00000137 0.0017/万 99.9246%	No:13610 U+E82 蹗 00000137 0.0017/万 99.9247%
No:13611 U+E67 龜 00000137 0.0017/万 99.9247%	No:13612 U+039B7 㦷 00000136 0.0017/万 99.9251%	No:13613 U+04051 䁑 00000136 0.0017/万 99.9251%	No:13614 U+043C2 䏂 00000136 0.0017/万 99.9252%	No:13615 U+0606E 恮 00000136 0.0017/万 99.9254%	No:13616 U+060C0 惀 00000136 0.0017/万 99.9253%	No:13617 U+0636C 捬 00000136 0.0017/万 99.9254%	No:13618 U+0655A 敚 00000136 0.0017/万 99.9253%	No:13619 U+06644 晄 00000136 0.0017/万 99.9254%	No:13620 U+07B85 箅 00000136 0.0017/万 99.9253%
No:13621 U+07C18 簘 00000136 0.0017/万 99.9253%	No:13622 U+07E74 繴 00000136 0.0017/万 99.9254%	No:13623 U+0858E 薎 00000136 0.0017/万 99.9254%	No:13624 U+08648 虈 00000136 0.0017/万 99.9254%	No:13625 U+08E98 躘 00000136 0.0017/万 99.9253%	No:13626 U+08FBF 辿 00000136 0.0017/万 99.9255%	No:13627 U+096CF 雏 00000136 0.0017/万 99.9253%	No:13628 U+09946 饆 00000136 0.0017/万 99.9251%	No:13629 U+09A2F 騯 00000136 0.0017/万 99.9251%	No:13630 U+09A59 驙 00000136 0.0017/万 99.9250%
No:13631 U+0E7A3 茞 00000136 0.0017/万 99.9251%	No:13632 U+E6B 峇 00000136 0.0017/万 99.9251%	No:13633 U+E12 涄 00000136 0.0017/万 99.9252%	No:13634 U+EDD 熸 00000136 0.0017/万 99.9252%	No:13635 U+E3E 眭 00000136 0.0017/万 99.9252%	No:13636 U+E53 窾 00000136 0.0017/万 99.9252%	No:13637 U+E2C 朐 00000136 0.0017/万 99.9252%	No:13638 U+04046 䁆 00000135 0.0017/万 99.9256%	No:13639 U+04376 䍶 00000135 0.0017/万 99.9256%	No:13640 U+045B3 䖳 00000135 0.0017/万 99.9256%
No:13641 U+048BC 䢼 00000135 0.0017/万 99.9256%	No:13642 U+04CDA 䳚 00000135 0.0017/万 99.9257%	No:13643 U+04EDC 仜 00000135 0.0017/万 99.9256%	No:13644 U+05173 关 00000135 0.0017/万 99.9255%	No:13645 U+0542F 启 00000135 0.0017/万 99.9255%	No:13646 U+058C6 壆 00000135 0.0017/万 99.9257%	No:13647 U+05BCE 寎 00000135 0.0017/万 99.9257%	No:13648 U+05D86 嶆 00000135 0.0017/万 99.9257%	No:13649 U+05F43 彃 00000135 0.0017/万 99.9257%	No:13650 U+06178 慸 00000135 0.0017/万 99.9258%
No:13651 U+063CD 揍 00000135 0.0017/万 99.9258%	No:13652 U+07106 焆 00000135 0.0017/万 99.9257%	No:13653 U+07DED 緭 00000135 0.0017/万 99.9258%	No:13654 U+082B5 芵 00000135 0.0017/万 99.9258%	No:13655 U+08324 茤 00000135 0.0017/万 99.9258%	No:13656 U+0924E 鉎 00000135 0.0017/万 99.9258%	No:13657 U+09B3A 鬺 00000135 0.0017/万 99.9255%	No:13658 U+0EAEF 堅 00000135 0.0017/万 99.9255%	No:13659 U+E02 夳 00000135 0.0017/万 99.9256%	No:13660 U+03715 㜕 00000134 0.0017/万 99.9260%
No:13661 U+03757 㝗 00000134 0.0017/万 99.9260%	No:13662 U+03B95 㮕 00000134 0.0017/万 99.9260%	No:13663 U+0401C 䀜 00000134 0.0017/万 99.9261%	No:13664 U+04185 䆅 00000134 0.0017/万 99.9260%	No:13665 U+04396 䎖 00000134 0.0017/万 99.9261%	No:13666 U+050BC 傼 00000134 0.0017/万 99.9260%	No:13667 U+050C1 僁 00000134 0.0017/万 99.9261%	No:13668 U+055DE 嗞 00000134 0.0017/万 99.9260%	No:13669 U+0582D 堭 00000134 0.0017/万 99.9259%	No:13670 U+05B68 孨 00000134 0.0017/万 99.9261%
No:13671 U+05E13 帓 00000134 0.0017/万 99.9259%	No:13672 U+0674D 杍 00000134 0.0017/万 99.9262%	No:13673 U+06810 栐 00000134 0.0017/万 99.9262%	No:13674 U+06AC8 櫈 00000134 0.0017/万 99.9263%	No:13675 U+06D72 浲 00000134 0.0017/万 99.9261%	No:13676 U+06E40 湀 00000134 0.0017/万 99.9263%	No:13677 U+07454 瑔 00000134 0.0017/万 99.9263%	No:13678 U+07492 璒 00000134 0.0017/万 99.9262%	No:13679 U+07679 癹 00000134 0.0017/万 99.9263%	No:13680 U+0780E 砎 00000134 0.0017/万 99.9264%
No:13681 U+07AD8 竘 00000134 0.0017/万 99.9263%	No:13682 U+0839F 莟 00000134 0.0017/万 99.9264%	No:13683 U+083CE 菎 00000134 0.0017/万 99.9262%	No:13684 U+084E9 蓩 00000134 0.0017/万 99.9263%	No:13685 U+08742 蝂 00000134 0.0017/万 99.9264%	No:13686 U+088DE 裞 00000134 0.0017/万 99.9264%	No:13687 U+089FB 觻 00000134 0.0017/万 99.9264%	No:13688 U+08DF4 跴 00000134 0.0017/万 99.9262%	No:13689 U+0928A 銊 00000134 0.0017/万 99.9264%	No:13690 U+0985C 顜 00000134 0.0017/万 99.9259%
No:13691 U+09B76 魶 00000134 0.0017/万 99.9259%	No:13692 U+09EBC 麼 00000134 0.0017/万 99.9259%	No:13693 U+0EC0A 旜 00000134 0.0017/万 99.9259%	No:13694 U+E3C 碭 00000134 0.0017/万 99.9261%	No:13695 U+039D8 㧘 00000133 0.0016/万 99.9266%	No:13696 U+03D6F 㵯 00000133 0.0016/万 99.9267%	No:13697 U+03E6A 㹪 00000133 0.0016/万 99.9266%	No:13698 U+040D8 䃘 00000133 0.0016/万 99.9266%	No:13699 U+04BF1 䯱 00000133 0.0016/万 99.9266%	No:13700 U+04F17 众 00000133 0.0016/万 99.9266%

No:13701 U+0509D 傝 00000133 0.0016/万 99.9267%	No:13702 U+05D21 崡 00000133 0.0016/万 99.9267%	No:13703 U+06A10 樐 00000133 0.0016/万 99.9268%	No:13704 U+06A9E 檞 00000133 0.0016/万 99.9269%	No:13705 U+06E36 渶 00000133 0.0016/万 99.9269%	No:13706 U+07016 瀖 00000133 0.0016/万 99.9269%	No:13707 U+070A7 炧 00000133 0.0016/万 99.9268%	No:13708 U+07755 睕 00000133 0.0016/万 99.9268%	No:13709 U+07CC2 糂 00000133 0.0016/万 99.9267%	No:13710 U+080EE 胮 00000133 0.0016/万 99.9268%
No:13711 U+0824C 艌 00000133 0.0016/万 99.9269%	No:13712 U+08762 蝢 00000133 0.0016/万 99.9268%	No:13713 U+087EE 蟮 00000133 0.0016/万 99.9267%	No:13714 U+08838 蠸 00000133 0.0016/万 99.9268%	No:13715 U+09925 餥 00000133 0.0016/万 99.9265%	No:13716 U+09B8B 鮋 00000133 0.0016/万 99.9265%	No:13717 U+0EE6F 賻 00000133 0.0016/万 99.9265%	No:13718 U+0EEAB 遽 00000133 0.0016/万 99.9265%	No:13719 U+0EEE6 ⿰阝青 00000133 0.0016/万 99.9265%	No:13720 U+E20 ⿰女截 00000133 0.0016/万 99.9266%
No:13721 U+E24 禃 00000133 0.0016/万 99.9265%	No:13722 U+F9C 鷩 00000133 0.0016/万 99.9267%	No:13723 U+03AD2 㫒 00000132 0.0016/万 99.9271%	No:13724 U+046BB 䚻 00000132 0.0016/万 99.9270%	No:13725 U+04750 䝐 00000132 0.0016/万 99.9272%	No:13726 U+04B19 䬙 00000132 0.0016/万 99.9271%	No:13727 U+0513D 儽 00000132 0.0016/万 99.9271%	No:13728 U+056AB 嚫 00000132 0.0016/万 99.9272%	No:13729 U+056D0 囐 00000132 0.0016/万 99.9271%	No:13730 U+05CB0 岰 00000132 0.0016/万 99.9271%
No:13731 U+061C0 懀 00000132 0.0016/万 99.9272%	No:13732 U+063D7 揗 00000132 0.0016/万 99.9273%	No:13733 U+067C0 柀 00000132 0.0016/万 99.9273%	No:13734 U+067FA 柺 00000132 0.0016/万 99.9272%	No:13735 U+069F5 槵 00000132 0.0016/万 99.9274%	No:13736 U+06DD0 淐 00000132 0.0016/万 99.9274%	No:13737 U+070F6 烶 00000132 0.0016/万 99.9274%	No:13738 U+0781F 砟 00000132 0.0016/万 99.9272%	No:13739 U+078CD 磍 00000132 0.0016/万 99.9274%	No:13740 U+07B9F 箟 00000132 0.0016/万 99.9274%
No:13741 U+07DA1 綡 00000132 0.0016/万 99.9273%	No:13742 U+08115 脕 00000132 0.0016/万 99.9273%	No:13743 U+0814F 腏 00000132 0.0016/万 99.9273%	No:13744 U+085FC 藼 00000132 0.0016/万 99.9274%	No:13745 U+086E2 蛢 00000132 0.0016/万 99.9273%	No:13746 U+099A4 馤 00000132 0.0016/万 99.9270%	No:13747 U+099CD 駍 00000132 0.0016/万 99.9269%	No:13748 U+09D3E 鴾 00000132 0.0016/万 99.9270%	No:13749 U+0ED5B 礚 00000132 0.0016/万 99.9269%	No:13750 U+E8F 务 00000132 0.0016/万 99.9270%
No:13751 U+E37 ⿰木朿 00000132 0.0016/万 99.9270%	No:13752 U+E13 泾 00000132 0.0016/万 99.9272%	No:13753 U+EEA 苶 00000132 0.0016/万 99.9271%	No:13754 U+EAC ⿺辶酎 00000132 0.0016/万 99.9270%	No:13755 U+0396F 㥯 00000131 0.0016/万 99.9277%	No:13756 U+04760 䝠 00000131 0.0016/万 99.9277%	No:13757 U+04BA7 䮧 00000131 0.0016/万 99.9276%	No:13758 U+051EC 凬 00000131 0.0016/万 99.9276%	No:13759 U+05A65 婥 00000131 0.0016/万 99.9277%	No:13760 U+05D60 嵠 00000131 0.0016/万 99.9276%
No:13761 U+06A18 樘 00000131 0.0016/万 99.9280%	No:13762 U+06C6E 汮 00000131 0.0016/万 99.9278%	No:13763 U+0700E 瀎 00000131 0.0016/万 99.9280%	No:13764 U+0792D 礭 00000131 0.0016/万 99.9278%	No:13765 U+07F93 羓 00000131 0.0016/万 99.9278%	No:13766 U+07F9B 羛 00000131 0.0016/万 99.9278%	No:13767 U+07FAB 羫 00000131 0.0016/万 99.9279%	No:13768 U+0848C 蒌 00000131 0.0016/万 99.9279%	No:13769 U+0854D 蕍 00000131 0.0016/万 99.9278%	No:13770 U+08899 袙 00000131 0.0016/万 99.9279%
No:13771 U+08CB1 貱 00000131 0.0016/万 99.9278%	No:13772 U+08EBD 躽 00000131 0.0016/万 99.9280%	No:13773 U+08F4F 轏 00000131 0.0016/万 99.9279%	No:13774 U+092C9 鋉 00000131 0.0016/万 99.9279%	No:13775 U+093E0 鏠 00000131 0.0016/万 99.9279%	No:13776 U+097A3 鞣 00000131 0.0016/万 99.9275%	No:13777 U+09D1A 鴚 00000131 0.0016/万 99.9275%	No:13778 U+0E818 丁 00000131 0.0016/万 99.9275%	No:13779 U+0EC61 ⿰歹贊 00000131 0.0016/万 99.9275%	No:13780 U+0ECEB ⿸𠂆巴 00000131 0.0016/万 99.9275%
No:13781 U+E91 凷 00000131 0.0016/万 99.9276%	No:13782 U+FC8 ⿰口晢 00000131 0.0016/万 99.9277%	No:13783 U+E28 ⿰山弗 00000131 0.0016/万 99.9277%	No:13784 U+EaB 毅 00000131 0.0016/万 99.9275%	No:13785 U+E5B ⿰言敫 00000131 0.0016/万 99.9276%	No:13786 U+E4A ⿱雨毛 00000131 0.0016/万 99.9276%	No:13787 U+E0E 覃 00000131 0.0016/万 99.9277%	No:13788 U+03E71 㹱 00000130 0.0016/万 99.9282%	No:13789 U+043C8 䏈 00000130 0.0016/万 99.9282%	No:13790 U+045C1 䗁 00000130 0.0016/万 99.9281%
No:13791 U+04B79 䭹 00000130 0.0016/万 99.9282%	No:13792 U+04D37 䴷 00000130 0.0016/万 99.9283%	No:13793 U+04E33 丳 00000130 0.0016/万 99.9281%	No:13794 U+054A6 咦 00000130 0.0016/万 99.9280%	No:13795 U+0562E 嘮 00000130 0.0016/万 99.9281%	No:13796 U+05DC0 巀 00000130 0.0016/万 99.9282%	No:13797 U+074F5 瓵 00000130 0.0016/万 99.9284%	No:13798 U+07695 皕 00000130 0.0016/万 99.9283%	No:13799 U+07B10 笐 00000130 0.0016/万 99.9284%	No:13800 U+08467 葧 00000130 0.0016/万 99.9284%

No:13801 U+084A4 蒤 00000130 0.0016/万 99.9283%	No:13802 U+0850D 蔍 00000130 0.0016/万 99.9283%	No:13803 U+08A45 詅 00000130 0.0016/万 99.9283%	No:13804 U+09086 邆 00000130 0.0016/万 99.9284%	No:13805 U+0EE30 螾 00000130 0.0016/万 99.9280%	No:13806 U+0EF06 餙 00000130 0.0016/万 99.9280%	No:13807 U+E8C 弘 00000130 0.0016/万 99.9283%	No:13808 U+E0B 旟 00000130 0.0016/万 99.9281%	No:13809 U+E67 桯 00000130 0.0016/万 99.9282%	No:13810 U+E58 硯 00000130 0.0016/万 99.9281%
No:13811 U+E27 舸 00000130 0.0016/万 99.9281%	No:13812 U+E07 蠙 00000130 0.0016/万 99.9282%	No:13813 U+034B8 㒸 00000129 0.0016/万 99.9286%	No:13814 U+03754 㝔 00000129 0.0016/万 99.9287%	No:13815 U+041BF 䆿 00000129 0.0016/万 99.9286%	No:13816 U+053B8 厸 00000129 0.0016/万 99.9286%	No:13817 U+05C7E 屾 00000129 0.0016/万 99.9285%	No:13818 U+05D20 崠 00000129 0.0016/万 99.9286%	No:13819 U+061C1 懁 00000129 0.0016/万 99.9287%	No:13820 U+0741F 琟 00000129 0.0016/万 99.9288%
No:13821 U+0754D 畍 00000129 0.0016/万 99.9288%	No:13822 U+08172 腲 00000129 0.0016/万 99.9288%	No:13823 U+085EB 藫 00000129 0.0016/万 99.9288%	No:13824 U+08921 褡 00000129 0.0016/万 99.9288%	No:13825 U+08ED6 軖 00000129 0.0016/万 99.9287%	No:13826 U+08F40 轀 00000129 0.0016/万 99.9287%	No:13827 U+096BD 隽 00000129 0.0016/万 99.9287%	No:13828 U+09960 饠 00000129 0.0016/万 99.9285%	No:13829 U+09BAC 鮬 00000129 0.0016/万 99.9285%	No:13830 U+09BBF 鮿 00000129 0.0016/万 99.9285%
No:13831 U+0EB5C 巖 00000129 0.0016/万 99.9285%	No:13832 U+0ECAD 滅 00000129 0.0016/万 99.9284%	No:13833 U+0EE9C 逄 00000129 0.0016/万 99.9284%	No:13834 U+E80 凴 00000129 0.0016/万 99.9287%	No:13835 U+EB2 卣 00000129 0.0016/万 99.9287%	No:13836 U+EA9 昰 00000129 0.0016/万 99.9285%	No:13837 U+EE0 挹 00000129 0.0016/万 99.9286%	No:13838 U+EE2 濤 00000129 0.0016/万 99.9286%	No:13839 U+03D7E 㵾 00000128 0.0016/万 99.9290%	No:13840 U+0451B 䔛 00000128 0.0016/万 99.9290%
No:13841 U+0509B 傛 00000128 0.0016/万 99.9291%	No:13842 U+051EE 凮 00000128 0.0016/万 99.9290%	No:13843 U+05389 厉 00000128 0.0016/万 99.9289%	No:13844 U+0550C 唌 00000128 0.0016/万 99.9289%	No:13845 U+05615 嘕 00000128 0.0016/万 99.9289%	No:13846 U+05D9A 嶚 00000128 0.0016/万 99.9290%	No:13847 U+05FE8 忨 00000128 0.0016/万 99.9293%	No:13848 U+061BC 憼 00000128 0.0016/万 99.9291%	No:13849 U+06266 扦 00000128 0.0016/万 99.9294%	No:13850 U+06C52 汒 00000128 0.0016/万 99.9294%
No:13851 U+06C9D 沝 00000128 0.0016/万 99.9293%	No:13852 U+0739D 玝 00000128 0.0016/万 99.9292%	No:13853 U+0746C 瑬 00000128 0.0016/万 99.9292%	No:13854 U+075E7 痧 00000128 0.0016/万 99.9291%	No:13855 U+0764F 癏 00000128 0.0016/万 99.9293%	No:13856 U+078CF 磏 00000128 0.0016/万 99.9294%	No:13857 U+07D97 綗 00000128 0.0016/万 99.9292%	No:13858 U+07FCD 翍 00000128 0.0016/万 99.9291%	No:13859 U+0844E 葎 00000128 0.0016/万 99.9291%	No:13860 U+08498 蒘 00000128 0.0016/万 99.9293%
No:13861 U+084A0 蒠 00000128 0.0016/万 99.9291%	No:13862 U+08DD2 跒 00000128 0.0016/万 99.9292%	No:13863 U+08E86 躆 00000128 0.0016/万 99.9294%	No:13864 U+08EF1 軱 00000128 0.0016/万 99.9293%	No:13865 U+090AD 邭 00000128 0.0016/万 99.9292%	No:13866 U+093F7 鏷 00000128 0.0016/万 99.9293%	No:13867 U+095A6 閦 00000128 0.0016/万 99.9292%	No:13868 U+09A3B 騻 00000128 0.0016/万 99.9288%	No:13869 U+0EAA8 叠 00000128 0.0016/万 99.9289%	No:13870 U+0ED2E 癩 00000128 0.0016/万 99.9289%
No:13871 U+EC6 侖 00000128 0.0016/万 99.9290%	No:13872 U+ECE 譸 00000128 0.0016/万 99.9290%	No:13873 U+EFF 鷊 00000128 0.0016/万 99.9289%	No:13874 U+0389F 㢟 00000127 0.0016/万 99.9296%	No:13875 U+03B52 㭒 00000127 0.0016/万 99.9295%	No:13876 U+05040 偀 00000127 0.0016/万 99.9296%	No:13877 U+05066 偦 00000127 0.0016/万 99.9295%	No:13878 U+05BFF 寿 00000127 0.0016/万 99.9295%	No:13879 U+05C41 屁 00000127 0.0016/万 99.9296%	No:13880 U+05FA5 徥 00000127 0.0016/万 99.9297%
No:13881 U+061DE 懞 00000127 0.0016/万 99.9297%	No:13882 U+06671 晱 00000127 0.0016/万 99.9297%	No:13883 U+0697A 楺 00000127 0.0016/万 99.9298%	No:13884 U+06C49 汉 00000127 0.0016/万 99.9297%	No:13885 U+07180 熀 00000127 0.0016/万 99.9298%	No:13886 U+072D4 狔 00000127 0.0016/万 99.9298%	No:13887 U+074E8 瓨 00000127 0.0016/万 99.9298%	No:13888 U+07921 礡 00000127 0.0016/万 99.9297%	No:13889 U+0815C 腜 00000127 0.0016/万 99.9298%	No:13890 U+0852E 蔮 00000127 0.0016/万 99.9297%
No:13891 U+08677 虷 00000127 0.0016/万 99.9299%	No:13892 U+086D2 蛒 00000127 0.0016/万 99.9298%	No:13893 U+093F3 鏳 00000127 0.0016/万 99.9298%	No:13894 U+09712 霒 00000127 0.0016/万 99.9294%	No:13895 U+09F78 齸 00000127 0.0016/万 99.9295%	No:13896 U+0E794 芎 00000127 0.0016/万 99.9294%	No:13897 U+0EE3B 袲 00000127 0.0016/万 99.9294%	No:13898 U+E1C 娙 00000127 0.0016/万 99.9295%	No:13899 U+EC9 竟 00000127 0.0016/万 99.9296%	No:13900 U+E7C 纗 00000127 0.0016/万 99.9295%

No:13901 U+EEC 薑 00000127 0.0016/万 99.9296%	No:13902 U+EF5 ⿰禾鳥 00000127 0.0016/万 99.9296%	No:13903 U+03529 㔩 00000126 0.0016/万 99.9300%	No:13904 U+0359F 㖟 00000126 0.0016/万 99.9300%	No:13905 U+04158 䅘 00000126 0.0016/万 99.9300%	No:13906 U+044A0 䒠 00000126 0.0016/万 99.9301%	No:13907 U+04F2C 伬 00000126 0.0016/万 99.9300%	No:13908 U+0526B 剫 00000126 0.0016/万 99.9301%	No:13909 U+0607F 恿 00000126 0.0016/万 99.9303%	No:13910 U+06934 椴 00000126 0.0016/万 99.9302%
No:13911 U+07000 瀀 00000126 0.0016/万 99.9303%	No:13912 U+078AC 碬 00000126 0.0016/万 99.9303%	No:13913 U+0797E 祾 00000126 0.0016/万 99.9303%	No:13914 U+079F1 秱 00000126 0.0016/万 99.9302%	No:13915 U+07A34 稴 00000126 0.0016/万 99.9302%	No:13916 U+07E75 繵 00000126 0.0016/万 99.9303%	No:13917 U+07E78 繸 00000126 0.0016/万 99.9302%	No:13918 U+0833F 茿 00000126 0.0016/万 99.9301%	No:13919 U+08465 葥 00000126 0.0016/万 99.9302%	No:13920 U+08541 蕁 00000126 0.0016/万 99.9304%
No:13921 U+090B9 邹 00000126 0.0016/万 99.9302%	No:13922 U+09448 鑈 00000126 0.0016/万 99.9302%	No:13923 U+0946F 鑯 00000126 0.0016/万 99.9301%	No:13924 U+096BF 隿 00000126 0.0016/万 99.9303%	No:13925 U+09B6A 魪 00000126 0.0016/万 99.9299%	No:13926 U+09E86 麆 00000126 0.0016/万 99.9299%	No:13927 U+0EA97 ⿱艹車 00000126 0.0016/万 99.9299%	No:13928 U+0EC66 氎 00000126 0.0016/万 99.9299%	No:13929 U+0ED2A ⿸疒懸 00000126 0.0016/万 99.9299%	No:13930 U+E49 ⿰山勾 00000126 0.0016/万 99.9300%
No:13931 U+E3D 茜 00000126 0.0016/万 99.9301%	No:13932 U+E79 ⿰山畾 00000126 0.0016/万 99.9300%	No:13933 U+E96 鴚 00000126 0.0016/万 99.9301%	No:13934 U+03672 㙲 00000125 0.0015/万 99.9306%	No:13935 U+038FB 㣻 00000125 0.0015/万 99.9305%	No:13936 U+03A65 㩥 00000125 0.0015/万 99.9306%	No:13937 U+04109 䄉 00000125 0.0015/万 99.9305%	No:13938 U+04B1F 䬟 00000125 0.0015/万 99.9305%	No:13939 U+04C1C 䰜 00000125 0.0015/万 99.9305%	No:13940 U+04F32 伲 00000125 0.0015/万 99.9307%
No:13941 U+05633 嘳 00000125 0.0015/万 99.9304%	No:13942 U+05645 噅 00000125 0.0015/万 99.9304%	No:13943 U+05BEF 寯 00000125 0.0015/万 99.9306%	No:13944 U+05BFD 寽 00000125 0.0015/万 99.9306%	No:13945 U+05D9C 嶜 00000125 0.0015/万 99.9306%	No:13946 U+06128 愨 00000125 0.0015/万 99.9308%	No:13947 U+063DF 揟 00000125 0.0015/万 99.9310%	No:13948 U+0654A 敊 00000125 0.0015/万 99.9308%	No:13949 U+06799 枙 00000125 0.0015/万 99.9308%	No:13950 U+06C00 氀 00000125 0.0015/万 99.9307%
No:13951 U+0735F 獟 00000125 0.0015/万 99.9307%	No:13952 U+07645 癅 00000125 0.0015/万 99.9309%	No:13953 U+077FA 矺 00000125 0.0015/万 99.9309%	No:13954 U+078E0 磠 00000125 0.0015/万 99.9308%	No:13955 U+07BE7 篧 00000125 0.0015/万 99.9309%	No:13956 U+07CA3 粣 00000125 0.0015/万 99.9309%	No:13957 U+07CCD 糍 00000125 0.0015/万 99.9309%	No:13958 U+0823C 舼 00000125 0.0015/万 99.9309%	No:13959 U+083A3 莣 00000125 0.0015/万 99.9307%	No:13960 U+084C7 蓇 00000125 0.0015/万 99.9308%
No:13961 U+08664 虤 00000125 0.0015/万 99.9308%	No:13962 U+089E0 觠 00000125 0.0015/万 99.9309%	No:13963 U+09126 鄦 00000125 0.0015/万 99.9307%	No:13964 U+0EBCE ⿹戈心 00000125 0.0015/万 99.9304%	No:13965 U+EC1 ⿰山幾 00000125 0.0015/万 99.9305%	No:13966 U+E99 ⿰火尾 00000125 0.0015/万 99.9306%	No:13967 U+EB3 皐 00000125 0.0015/万 99.9306%	No:13968 U+EF9 ⿱⺮电 00000125 0.0015/万 99.9307%	No:13969 U+E1F ⿰衤襄 00000125 0.0015/万 99.9304%	No:13970 U+F2F ⿰甬頁 00000125 0.0015/万 99.9305%
No:13971 U+EAa 黈 00000125 0.0015/万 99.9304%	No:13972 U+03A12 㨒 00000124 0.0015/万 99.9311%	No:13973 U+03C26 㰦 00000124 0.0015/万 99.9310%	No:13974 U+04B3E 䬾 00000124 0.0015/万 99.9311%	No:13975 U+05A86 媆 00000124 0.0015/万 99.9311%	No:13976 U+05C2A 尪 00000124 0.0015/万 99.9310%	No:13977 U+05D79 嵹 00000124 0.0015/万 99.9311%	No:13978 U+060B9 悹 00000124 0.0015/万 99.9313%	No:13979 U+06130 愰 00000124 0.0015/万 99.9313%	No:13980 U+06454 摔 00000124 0.0015/万 99.9312%
No:13981 U+0779F 瞟 00000124 0.0015/万 99.9312%	No:13982 U+07F92 羒 00000124 0.0015/万 99.9313%	No:13983 U+082C4 苄 00000124 0.0015/万 99.9314%	No:13984 U+08326 茦 00000124 0.0015/万 99.9312%	No:13985 U+0832A 茪 00000124 0.0015/万 99.9312%	No:13986 U+08593 薓 00000124 0.0015/万 99.9314%	No:13987 U+08735 蜵 00000124 0.0015/万 99.9314%	No:13988 U+088A9 袩 00000124 0.0015/万 99.9312%	No:13989 U+08923 褣 00000124 0.0015/万 99.9313%	No:13990 U+08DC1 跁 00000124 0.0015/万 99.9313%
No:13991 U+08E5E 蹞 00000124 0.0015/万 99.9313%	No:13992 U+09630 阰 00000124 0.0015/万 99.9314%	No:13993 U+09656 陖 00000124 0.0015/万 99.9312%	No:13994 U+E23 孝 00000124 0.0015/万 99.9311%	No:13995 U+E85 滂 00000124 0.0015/万 99.9310%	No:13996 U+E66 ⿱山禁 00000124 0.0015/万 99.9310%	No:13997 U+E45 ⿰米見 00000124 0.0015/万 99.9310%	No:13998 U+E52 ⿱𤼽酉 00000124 0.0015/万 99.9312%	No:13999 U+E06 ⿸尸養 00000124 0.0015/万 99.9311%	No:14000 U+0355E 㕞 00000123 0.0015/万 99.9316%

No:14001 U+03748 㝈 00000123 0.0015/万 99.9316%	No:14002 U+03825 㠥 00000123 0.0015/万 99.9315%	No:14003 U+040F3 䃳 00000123 0.0015/万 99.9317%	No:14004 U+04401 䐁 00000123 0.0015/万 99.9315%	No:14005 U+048F1 䣱 00000123 0.0015/万 99.9315%	No:14006 U+04935 䤵 00000123 0.0015/万 99.9316%	No:14007 U+050D3 僓 00000123 0.0015/万 99.9316%	No:14008 U+051B8 冸 00000123 0.0015/万 99.9315%	No:14009 U+05297 劗 00000123 0.0015/万 99.9318%	No:14010 U+0550A 唊 00000123 0.0015/万 99.9315%
No:14011 U+0553D 唽 00000123 0.0015/万 99.9315%	No:14012 U+056F2 囲 00000123 0.0015/万 99.9317%	No:14013 U+06415 搕 00000123 0.0015/万 99.9319%	No:14014 U+06459 摙 00000123 0.0015/万 99.9318%	No:14015 U+0660B 昋 00000123 0.0015/万 99.9319%	No:14016 U+06837 样 00000123 0.0015/万 99.9319%	No:14017 U+069D3 槓 00000123 0.0015/万 99.9318%	No:14018 U+07369 獩 00000123 0.0015/万 99.9319%	No:14019 U+075DD 痝 00000123 0.0015/万 99.9318%	No:14020 U+07712 眒 00000123 0.0015/万 99.9320%
No:14021 U+07831 砱 00000123 0.0015/万 99.9319%	No:14022 U+07E64 繤 00000123 0.0015/万 99.9319%	No:14023 U+0821A 舚 00000123 0.0015/万 99.9320%	No:14024 U+085B4 薴 00000123 0.0015/万 99.9318%	No:14025 U+08ABB 誻 00000123 0.0015/万 99.9320%	No:14026 U+0909F 邟 00000123 0.0015/万 99.9320%	No:14027 U+0939C 鎜 00000123 0.0015/万 99.9319%	No:14028 U+09480 钀 00000123 0.0015/万 99.9318%	No:14029 U+09ABF 骿 00000123 0.0015/万 99.9314%	No:14030 U+09B7C 魼 00000123 0.0015/万 99.9315%
No:14031 U+09DFF 鷿 00000123 0.0015/万 99.9314%	No:14032 U+ECA 几 00000123 0.0015/万 99.9317%	No:14033 U+E72 ⿰犭思 00000123 0.0015/万 99.9316%	No:14034 U+E14 ⿰王業 00000123 0.0015/万 99.9317%	No:14035 U+E89 ⿰石宿 00000123 0.0015/万 99.9317%	No:14036 U+E5F ⿰谷丸 00000123 0.0015/万 99.9317%	No:14037 U+EBA ⿺辶買 00000123 0.0015/万 99.9316%	No:14038 U+EEA ⿱敄夕 00000123 0.0015/万 99.9317%	No:14039 U+03AFF 㫿 00000122 0.0015/万 99.9322%	No:14040 U+03C9A 㲚 00000122 0.0015/万 99.9323%
No:14041 U+03FFB 㿻 00000122 0.0015/万 99.9323%	No:14042 U+04202 䈂 00000122 0.0015/万 99.9324%	No:14043 U+042C8 䋈 00000122 0.0015/万 99.9322%	No:14044 U+04EBB 亻 00000122 0.0015/万 99.9322%	No:14045 U+04F4A 佊 00000122 0.0015/万 99.9323%	No:14046 U+04F8A 侊 00000122 0.0015/万 99.9324%	No:14047 U+04FB7 侷 00000122 0.0015/万 99.9323%	No:14048 U+05061 偡 00000122 0.0015/万 99.9322%	No:14049 U+055CF 嗏 00000122 0.0015/万 99.9324%	No:14050 U+05682 嚂 00000122 0.0015/万 99.9324%
No:14051 U+057B9 垹 00000122 0.0015/万 99.9324%	No:14052 U+06E6D 湭 00000122 0.0015/万 99.9326%	No:14053 U+070F4 烴 00000122 0.0015/万 99.9325%	No:14054 U+0720A 爊 00000122 0.0015/万 99.9325%	No:14055 U+07223 爣 00000122 0.0015/万 99.9324%	No:14056 U+072F0 狰 00000122 0.0015/万 99.9325%	No:14057 U+077A7 瞧 00000122 0.0015/万 99.9326%	No:14058 U+0780F 砏 00000122 0.0015/万 99.9326%	No:14059 U+08054 联 00000122 0.0015/万 99.9326%	No:14060 U+08481 蒁 00000122 0.0015/万 99.9325%
No:14061 U+08CCF 賏 00000122 0.0015/万 99.9326%	No:14062 U+08E11 踑 00000122 0.0015/万 99.9326%	No:14063 U+09204 鈄 00000122 0.0015/万 99.9325%	No:14064 U+09408 鐈 00000122 0.0015/万 99.9325%	No:14065 U+096C3 雃 00000122 0.0015/万 99.9324%	No:14066 U+097C2 韂 00000122 0.0015/万 99.9321%	No:14067 U+099B0 馰 00000122 0.0015/万 99.9321%	No:14068 U+09AEC 髬 00000122 0.0015/万 99.9321%	No:14069 U+09C8B 鲋 00000122 0.0015/万 99.9320%	No:14070 U+09D56 鵖 00000122 0.0015/万 99.9321%
No:14071 U+09EA7 麧 00000122 0.0015/万 99.9320%	No:14072 U+09EF5 黵 00000122 0.0015/万 99.9321%	No:14073 U+0ED97 篷 00000122 0.0015/万 99.9321%	No:14074 U+E96 ⿰方童 00000122 0.0015/万 99.9323%	No:14075 U+E3D 浚 00000122 0.0015/万 99.9322%	No:14076 U+E76 蕁 00000122 0.0015/万 99.9322%	No:14077 U+EF3 ⿰革匋 00000122 0.0015/万 99.9322%	No:14078 U+E62 ⿰骨系 00000122 0.0015/万 99.9323%	No:14079 U+03B99 㮙 00000121 0.0015/万 99.9328%	No:14080 U+04080 䂀 00000121 0.0015/万 99.9328%
No:14081 U+0444B 䑋 00000121 0.0015/万 99.9328%	No:14082 U+053F4 叴 00000121 0.0015/万 99.9328%	No:14083 U+05989 妉 00000121 0.0015/万 99.9327%	No:14084 U+06B6B 歫 00000121 0.0015/万 99.9330%	No:14085 U+07163 煣 00000121 0.0015/万 99.9330%	No:14086 U+07194 熔 00000121 0.0015/万 99.9330%	No:14087 U+0731E 猞 00000121 0.0015/万 99.9330%	No:14088 U+07C63 籣 00000121 0.0015/万 99.9329%	No:14089 U+07D84 綄 00000121 0.0015/万 99.9329%	No:14090 U+08095 肕 00000121 0.0015/万 99.9329%
No:14091 U+080DC 胜 00000121 0.0015/万 99.9331%	No:14092 U+08426 萦 00000121 0.0015/万 99.9330%	No:14093 U+0872C 蜬 00000121 0.0015/万 99.9329%	No:14094 U+0890D 褍 00000121 0.0015/万 99.9330%	No:14095 U+08FA5 辥 00000121 0.0015/万 99.9329%	No:14096 U+09240 鉀 00000121 0.0015/万 99.9330%	No:14097 U+0966B 陫 00000121 0.0015/万 99.9329%	No:14098 U+09C2B 鰫 00000121 0.0015/万 99.9326%	No:14099 U+09DD1 鷑 00000121 0.0015/万 99.9327%	No:14100 U+09E7C 鹼 00000121 0.0015/万 99.9327%

No:14101 U+09F8F 龏 00000121 0.0015/万 99.9327%	No:14102 U+0EBAB 忹 00000121 0.0015/万 99.9327%	No:14103 U+0EF2E 孰 00000121 0.0015/万 99.9327%	No:14104 U+E6B 荦 00000121 0.0015/万 99.9328%	No:14105 U+E54 鼓 00000121 0.0015/万 99.9328%	No:14106 U+EDC 驏 00000121 0.0015/万 99.9328%	No:14107 U+038A1 㢡 00000120 0.0015/万 99.9332%	No:14108 U+03EA6 㺦 00000120 0.0015/万 99.9333%	No:14109 U+044B6 䒶 00000120 0.0015/万 99.9333%	No:14110 U+04D8E 䶎 00000120 0.0015/万 99.9331%
No:14111 U+04E3D 丽 00000120 0.0015/万 99.9332%	No:14112 U+0546D 呭 00000120 0.0015/万 99.9332%	No:14113 U+05C89 岉 00000120 0.0015/万 99.9332%	No:14114 U+06254 扔 00000120 0.0015/万 99.9333%	No:14115 U+06DB9 涹 00000120 0.0015/万 99.9333%	No:14116 U+06FCC 濌 00000120 0.0015/万 99.9335%	No:14117 U+06FDD 濝 00000120 0.0015/万 99.9335%	No:14118 U+0729D 犝 00000120 0.0015/万 99.9335%	No:14119 U+072E7 狧 00000120 0.0015/万 99.9334%	No:14120 U+073C7 珇 00000120 0.0015/万 99.9335%
No:14121 U+07456 瑖 00000120 0.0015/万 99.9334%	No:14122 U+0763E 癔 00000120 0.0015/万 99.9335%	No:14123 U+07DDB 緛 00000120 0.0015/万 99.9335%	No:14124 U+0829B 芛 00000120 0.0015/万 99.9334%	No:14125 U+08333 茳 00000120 0.0015/万 99.9334%	No:14126 U+0856F 蕯 00000120 0.0015/万 99.9335%	No:14127 U+085F8 藸 00000120 0.0015/万 99.9334%	No:14128 U+08688 蚈 00000120 0.0015/万 99.9333%	No:14129 U+08905 褅 00000120 0.0015/万 99.9333%	No:14130 U+08D9A 趚 00000120 0.0015/万 99.9334%
No:14131 U+09CEA 鳪 00000120 0.0015/万 99.9331%	No:14132 U+09EA1 麡 00000120 0.0015/万 99.9331%	No:14133 U+0EF41 鄜 00000120 0.0015/万 99.9331%	No:14134 U+E66 華 00000120 0.0015/万 99.9333%	No:14135 U+E21 貙 00000120 0.0015/万 99.9332%	No:14136 U+E97 艄 00000120 0.0015/万 99.9331%	No:14137 U+E0a 諱 00000120 0.0015/万 99.9332%	No:14138 U+E64 鬙 00000120 0.0015/万 99.9332%	No:14139 U+03C7E 㱾 00000119 0.0015/万 99.9337%	No:14140 U+04022 䀢 00000119 0.0015/万 99.9338%
No:14141 U+04137 䄷 00000119 0.0015/万 99.9338%	No:14142 U+04330 䌰 00000119 0.0015/万 99.9337%	No:14143 U+04480 䒀 00000119 0.0015/万 99.9337%	No:14144 U+04E9C 亜 00000119 0.0015/万 99.9338%	No:14145 U+050DC 僜 00000119 0.0015/万 99.9338%	No:14146 U+05613 嘓 00000119 0.0015/万 99.9337%	No:14147 U+059CE 姎 00000119 0.0015/万 99.9338%	No:14148 U+05AF7 嫷 00000119 0.0015/万 99.9337%	No:14149 U+060E5 惥 00000119 0.0015/万 99.9339%	No:14150 U+06610 昐 00000119 0.0015/万 99.9340%
No:14151 U+066AD 暭 00000119 0.0015/万 99.9338%	No:14152 U+0682F 栯 00000119 0.0015/万 99.9339%	No:14153 U+06B08 欈 00000119 0.0015/万 99.9339%	No:14154 U+06C03 氃 00000119 0.0015/万 99.9339%	No:14155 U+07061 灡 00000119 0.0015/万 99.9340%	No:14156 U+0737F 獿 00000119 0.0015/万 99.9339%	No:14157 U+07E12 縒 00000119 0.0015/万 99.9339%	No:14158 U+07F60 罠 00000119 0.0015/万 99.9340%	No:14159 U+09D2E 鴮 00000119 0.0015/万 99.9336%	No:14160 U+09D3A 鴺 00000119 0.0015/万 99.9336%
No:14161 U+09DDC 鷜 00000119 0.0015/万 99.9337%	No:14162 U+0EBD9 抓 00000119 0.0015/万 99.9336%	No:14163 U+0ED70 禊 00000119 0.0015/万 99.9336%	No:14164 U+0EE6C 賊 00000119 0.0015/万 99.9336%	No:14165 U+0EE80 踏 00000119 0.0015/万 99.9336%	No:14166 U+EF2 筆 00000119 0.0015/万 99.9337%	No:14167 U+E98 筏 00000119 0.0015/万 99.9338%	No:14168 U+0384A 惂 00000118 0.0015/万 99.9342%	No:14169 U+03858 慊 00000118 0.0015/万 99.9343%	No:14170 U+03867 憕 00000118 0.0015/万 99.9342%
No:14171 U+03BF3 㯳 00000118 0.0015/万 99.9342%	No:14172 U+03DFC 㷼 00000118 0.0015/万 99.9342%	No:14173 U+04C71 䱱 00000118 0.0015/万 99.9343%	No:14174 U+0554E 啎 00000118 0.0015/万 99.9342%	No:14175 U+05D66 嵦 00000118 0.0015/万 99.9341%	No:14176 U+05E4F 幏 00000118 0.0015/万 99.9345%	No:14177 U+05F4B 彋 00000118 0.0015/万 99.9346%	No:14178 U+061A2 憢 00000118 0.0015/万 99.9344%	No:14179 U+06348 捈 00000118 0.0015/万 99.9344%	No:14180 U+06622 昢 00000118 0.0015/万 99.9346%
No:14181 U+0690B 椋 00000118 0.0015/万 99.9345%	No:14182 U+06B6D 歭 00000118 0.0015/万 99.9343%	No:14183 U+06D08 洈 00000118 0.0015/万 99.9346%	No:14184 U+06E52 湒 00000118 0.0015/万 99.9346%	No:14185 U+06F6B 潫 00000118 0.0015/万 99.9344%	No:14186 U+07031 瀱 00000118 0.0015/万 99.9344%	No:14187 U+0744C 瑌 00000118 0.0015/万 99.9346%	No:14188 U+07912 礒 00000118 0.0015/万 99.9346%	No:14189 U+07999 禙 00000118 0.0015/万 99.9345%	No:14190 U+07B55 筕 00000118 0.0015/万 99.9343%
No:14191 U+080C7 胇 00000118 0.0015/万 99.9343%	No:14192 U+0855B 蕛 00000118 0.0015/万 99.9344%	No:14193 U+08720 蜠 00000118 0.0015/万 99.9345%	No:14194 U+087BC 螼 00000118 0.0015/万 99.9344%	No:14195 U+08900 褀 00000118 0.0015/万 99.9345%	No:14196 U+08E71 蹱 00000118 0.0015/万 99.9346%	No:14197 U+08F11 輑 00000118 0.0015/万 99.9345%	No:14198 U+09155 酕 00000118 0.0015/万 99.9344%	No:14199 U+0977E 靾 00000118 0.0015/万 99.9341%	No:14200 U+09BFC 鯼 00000118 0.0015/万 99.9340%

No:14201 U+09D86 鶆 00000118 0.0015/万 99.9341%	No:14202 U+09DA8 鶨 00000118 0.0015/万 99.9340%	No:14203 U+0E788 川 00000118 0.0015/万 99.9341%	No:14204 U+0EA44 襄 00000118 0.0015/万 99.9340%	No:14205 U+0ED28 瘇 00000118 0.0015/万 99.9341%	No:14206 U+0EDF8 萑 00000118 0.0015/万 99.9340%	No:14207 U+0F889 羸 00000118 0.0015/万 99.9341%	No:14208 U+E25 岕 00000118 0.0015/万 99.9343%	No:14209 U+E9C 珽 00000118 0.0015/万 99.9342%	No:14210 U+EB8 甗 00000118 0.0015/万 99.9341%
No:14211 U+EAB 黬 00000118 0.0015/万 99.9343%	No:14212 U+0383E 帤 00000117 0.0014/万 99.9348%	No:14213 U+0402A 䀪 00000117 0.0014/万 99.9347%	No:14214 U+04820 䠠 00000117 0.0014/万 99.9348%	No:14215 U+04827 䠧 00000117 0.0014/万 99.9349%	No:14216 U+04CD8 䳘 00000117 0.0014/万 99.9348%	No:14217 U+04D1A 䴚 00000117 0.0014/万 99.9349%	No:14218 U+05138 儸 00000117 0.0014/万 99.9347%	No:14219 U+05538 唸 00000117 0.0014/万 99.9347%	No:14220 U+05E01 币 00000117 0.0014/万 99.9347%
No:14221 U+06A5D 橝 00000117 0.0014/万 99.9350%	No:14222 U+06BC8 毈 00000117 0.0014/万 99.9350%	No:14223 U+06C35 氵 00000117 0.0014/万 99.9350%	No:14224 U+071E1 燡 00000117 0.0014/万 99.9351%	No:14225 U+0744D 瑍 00000117 0.0014/万 99.9350%	No:14226 U+08537 蔷 00000117 0.0014/万 99.9350%	No:14227 U+0869E 蚞 00000117 0.0014/万 99.9350%	No:14228 U+086D5 蛕 00000117 0.0014/万 99.9350%	No:14229 U+090FC 郼 00000117 0.0014/万 99.9349%	No:14230 U+09297 銗 00000117 0.0014/万 99.9349%
No:14231 U+09441 鑁 00000117 0.0014/万 99.9349%	No:14232 U+0EEE1 阢 00000117 0.0014/万 99.9347%	No:14233 U+E1D 嬓 00000117 0.0014/万 99.9348%	No:14234 U+EC3 床 00000117 0.0014/万 99.9347%	No:14235 U+E7A 徕 00000117 0.0014/万 99.9349%	No:14236 U+E8C 扜 00000117 0.0014/万 99.9348%	No:14237 U+EE4 攡 00000117 0.0014/万 99.9349%	No:14238 U+EC5 畆 00000117 0.0014/万 99.9347%	No:14239 U+E9E 逵 00000117 0.0014/万 99.9348%	No:14240 U+036D7 㛗 00000116 0.0014/万 99.9353%
No:14241 U+037BC 㞼 00000116 0.0014/万 99.9354%	No:14242 U+03BC9 㯉 00000116 0.0014/万 99.9354%	No:14243 U+042E3 䋣 00000116 0.0014/万 99.9353%	No:14244 U+04603 䘃 00000116 0.0014/万 99.9353%	No:14245 U+04CE1 䳡 00000116 0.0014/万 99.9354%	No:14246 U+04D4D 䵍 00000116 0.0014/万 99.9352%	No:14247 U+04D5D 䵝 00000116 0.0014/万 99.9352%	No:14248 U+050EA 僪 00000116 0.0014/万 99.9352%	No:14249 U+05641 噁 00000116 0.0014/万 99.9352%	No:14250 U+058CF 壏 00000116 0.0014/万 99.9352%
No:14251 U+05D36 崶 00000116 0.0014/万 99.9354%	No:14252 U+05DC4 巄 00000116 0.0014/万 99.9354%	No:14253 U+06040 恀 00000116 0.0014/万 99.9356%	No:14254 U+061B4 憴 00000116 0.0014/万 99.9356%	No:14255 U+0658E 斎 00000116 0.0014/万 99.9355%	No:14256 U+06ACE 櫎 00000116 0.0014/万 99.9356%	No:14257 U+07711 眑 00000116 0.0014/万 99.9356%	No:14258 U+07733 眳 00000116 0.0014/万 99.9355%	No:14259 U+07DC2 緂 00000116 0.0014/万 99.9356%	No:14260 U+08752 蝒 00000116 0.0014/万 99.9355%
No:14261 U+087B2 螲 00000116 0.0014/万 99.9356%	No:14262 U+08CBE 貾 00000116 0.0014/万 99.9355%	No:14263 U+08F06 輆 00000116 0.0014/万 99.9355%	No:14264 U+08FA2 辢 00000116 0.0014/万 99.9355%	No:14265 U+09140 酀 00000116 0.0014/万 99.9355%	No:14266 U+097BC 鞼 00000116 0.0014/万 99.9351%	No:14267 U+09D1C 鴜 00000116 0.0014/万 99.9351%	No:14268 U+09E19 鸙 00000116 0.0014/万 99.9351%	No:14269 U+0EC1F [illegible] 00000116 0.0014/万 99.9351%	No:14270 U+0EC36 杈 00000116 0.0014/万 99.9351%
No:14271 U+0EE54 誇 00000116 0.0014/万 99.9351%	No:14272 U+E39 兮 00000116 0.0014/万 99.9354%	No:14273 U+E24 丞 00000116 0.0014/万 99.9352%	No:14274 U+EBC 哹 00000116 0.0014/万 99.9353%	No:14275 U+E53 獾 00000116 0.0014/万 99.9353%	No:14276 U+EAE 碙 00000116 0.0014/万 99.9354%	No:14277 U+E16 蔞 00000116 0.0014/万 99.9353%	No:14278 U+E40 裹 00000116 0.0014/万 99.9352%	No:14279 U+03630 㘰 00000115 0.0014/万 99.9357%	No:14280 U+0388B 㢋 00000115 0.0014/万 99.9357%
No:14281 U+03C38 㰸 00000115 0.0014/万 99.9358%	No:14282 U+04A49 酺 00000115 0.0014/万 99.9358%	No:14283 U+04BDA 䯚 00000115 0.0014/万 99.9358%	No:14284 U+04C02 䰂 00000115 0.0014/万 99.9357%	No:14285 U+04F5D 佝 00000115 0.0014/万 99.9357%	No:14286 U+054AD 咭 00000115 0.0014/万 99.9357%	No:14287 U+05E51 幑 00000115 0.0014/万 99.9358%	No:14288 U+061D1 懑 00000115 0.0014/万 99.9358%	No:14289 U+061F1 懱 00000115 0.0014/万 99.9359%	No:14290 U+06B6F 歯 00000115 0.0014/万 99.9359%
No:14291 U+07365 獥 00000115 0.0014/万 99.9358%	No:14292 U+07580 疀 00000115 0.0014/万 99.9359%	No:14293 U+080E6 胦 00000115 0.0014/万 99.9359%	No:14294 U+086BE 蚾 00000115 0.0014/万 99.9359%	No:14295 U+08808 蠈 00000115 0.0014/万 99.9359%	No:14296 U+09483 钃 00000115 0.0014/万 99.9359%	No:14297 U+09862 顢 00000115 0.0014/万 99.9356%	No:14298 U+09F01 黿 00000115 0.0014/万 99.9357%	No:14299 U+0EB16 姿 00000115 0.0014/万 99.9357%	No:14300 U+038D8 㣘 00000114 0.0014/万 99.9361%

No:14301 U+03904 㤄 00000114 0.0014/万 99.9360%	No:14302 U+0397E 㥾 00000114 0.0014/万 99.9360%	No:14303 U+03A74 㩴 00000114 0.0014/万 99.9362%	No:14304 U+03D50 㵐 00000114 0.0014/万 99.9360%	No:14305 U+040DC 䃜 00000114 0.0014/万 99.9361%	No:14306 U+04209 䈉 00000114 0.0014/万 99.9360%	No:14307 U+0436E 䍮 00000114 0.0014/万 99.9362%	No:14308 U+0437F 䍿 00000114 0.0014/万 99.9362%	No:14309 U+04583 䖃 00000114 0.0014/万 99.9360%	No:14310 U+050D9 僙 00000114 0.0014/万 99.9361%
No:14311 U+05651 噑 00000114 0.0014/万 99.9361%	No:14312 U+05803 堃 00000114 0.0014/万 99.9363%	No:14313 U+05887 墇 00000114 0.0014/万 99.9362%	No:14314 U+06103 愃 00000114 0.0014/万 99.9365%	No:14315 U+063DE 揞 00000114 0.0014/万 99.9363%	No:14316 U+067C3 柃 00000114 0.0014/万 99.9363%	No:14317 U+06DB6 涶 00000114 0.0014/万 99.9364%	No:14318 U+07301 猁 00000114 0.0014/万 99.9364%	No:14319 U+0730E 猎 00000114 0.0014/万 99.9363%	No:14320 U+073E2 珢 00000114 0.0014/万 99.9364%
No:14321 U+074EB 瓫 00000114 0.0014/万 99.9364%	No:14322 U+075FB 痻 00000114 0.0014/万 99.9364%	No:14323 U+078C4 磄 00000114 0.0014/万 99.9364%	No:14324 U+07FB4 羴 00000114 0.0014/万 99.9364%	No:14325 U+082F0 苰 00000114 0.0014/万 99.9363%	No:14326 U+0851C 蔜 00000114 0.0014/万 99.9363%	No:14327 U+09648 陈 00000114 0.0014/万 99.9365%	No:14328 U+0E841 禶 00000114 0.0014/万 99.9360%	No:14329 U+0EC76 洶 00000114 0.0014/万 99.9360%	No:14330 U+E22 [illegible] 00000114 0.0014/万 99.9362%
No:14331 U+E07 [illegible] 00000114 0.0014/万 99.9363%	No:14332 U+EC8 [illegible] 00000114 0.0014/万 99.9362%	No:14333 U+EE3 蟜 00000114 0.0014/万 99.9361%	No:14334 U+EE6 [illegible] 00000114 0.0014/万 99.9361%	No:14335 U+EDF 降 00000114 0.0014/万 99.9362%	No:14336 U+E1A 馞 00000114 0.0014/万 99.9361%	No:14337 U+03840 㡀 00000113 0.0014/万 99.9366%	No:14338 U+04AD9 䫙 00000113 0.0014/万 99.9367%	No:14339 U+04B38 䬸 00000113 0.0014/万 99.9366%	No:14340 U+05120 儠 00000113 0.0014/万 99.9366%
No:14341 U+05465 呥 00000113 0.0014/万 99.9366%	No:14342 U+0560A 嘊 00000113 0.0014/万 99.9368%	No:14343 U+0568E 嚎 00000113 0.0014/万 99.9368%	No:14344 U+05745 坅 00000113 0.0014/万 99.9366%	No:14345 U+0577A 坺 00000113 0.0014/万 99.9365%	No:14346 U+058E1 壡 00000113 0.0014/万 99.9367%	No:14347 U+05912 夒 00000113 0.0014/万 99.9367%	No:14348 U+05A47 婇 00000113 0.0014/万 99.9367%	No:14349 U+05A51 婑 00000113 0.0014/万 99.9366%	No:14350 U+06045 恅 00000113 0.0014/万 99.9370%
No:14351 U+0687B 桻 00000113 0.0014/万 99.9369%	No:14352 U+06CB7 沷 00000113 0.0014/万 99.9369%	No:14353 U+06D7D 浽 00000113 0.0014/万 99.9369%	No:14354 U+070ED 热 00000113 0.0014/万 99.9370%	No:14355 U+073AA 玪 00000113 0.0014/万 99.9369%	No:14356 U+07706 眆 00000113 0.0014/万 99.9369%	No:14357 U+078DF 磟 00000113 0.0014/万 99.9369%	No:14358 U+07B3F 笿 00000113 0.0014/万 99.9370%	No:14359 U+0805F 聟 00000113 0.0014/万 99.9368%	No:14360 U+0823D 舽 00000113 0.0014/万 99.9368%
No:14361 U+08375 荵 00000113 0.0014/万 99.9370%	No:14362 U+08383 莃 00000113 0.0014/万 99.9368%	No:14363 U+085B1 薱 00000113 0.0014/万 99.9370%	No:14364 U+086EB 蛫 00000113 0.0014/万 99.9368%	No:14365 U+08773 蝳 00000113 0.0014/万 99.9368%	No:14366 U+0924B 鉋 00000113 0.0014/万 99.9369%	No:14367 U+09A1C 騜 00000113 0.0014/万 99.9365%	No:14368 U+09E0D 鸍 00000113 0.0014/万 99.9365%	No:14369 U+09F00 鼀 00000113 0.0014/万 99.9365%	No:14370 U+09FA3 龣 00000113 0.0014/万 99.9365%
No:14371 U+E9F [illegible] 00000113 0.0014/万 99.9366%	No:14372 U+E9F [illegible] 00000113 0.0014/万 99.9367%	No:14373 U+E06 [illegible] 00000113 0.0014/万 99.9367%	No:14374 U+ED2 [illegible] 00000113 0.0014/万 99.9367%	No:14375 U+037D9 㟙 00000112 0.0014/万 99.9372%	No:14376 U+0382A 㠪 00000112 0.0014/万 99.9371%	No:14377 U+039D7 㧗 00000112 0.0014/万 99.9372%	No:14378 U+03E78 㹸 00000112 0.0014/万 99.9373%	No:14379 U+0485D 䡝 00000112 0.0014/万 99.9371%	No:14380 U+058BD 墽 00000112 0.0014/万 99.9371%
No:14381 U+059CC 姌 00000112 0.0014/万 99.9372%	No:14382 U+05B4A 孊 00000112 0.0014/万 99.9373%	No:14383 U+05CD0 峐 00000112 0.0014/万 99.9372%	No:14384 U+05F24 弤 00000112 0.0014/万 99.9374%	No:14385 U+0645A 摚 00000112 0.0014/万 99.9375%	No:14386 U+06887 梇 00000112 0.0014/万 99.9374%	No:14387 U+06D0D 洍 00000112 0.0014/万 99.9376%	No:14388 U+0732F 猯 00000112 0.0014/万 99.9374%	No:14389 U+0734E 獎 00000112 0.0014/万 99.9375%	No:14390 U+076B1 皱 00000112 0.0014/万 99.9375%
No:14391 U+077C2 矂 00000112 0.0014/万 99.9375%	No:14392 U+078A2 碢 00000112 0.0014/万 99.9374%	No:14393 U+07AF7 竷 00000112 0.0014/万 99.9374%	No:14394 U+07E5C 繜 00000112 0.0014/万 99.9375%	No:14395 U+07FA0 羠 00000112 0.0014/万 99.9376%	No:14396 U+08378 荸 00000112 0.0014/万 99.9374%	No:14397 U+08540 蕀 00000112 0.0014/万 99.9373%	No:14398 U+08A90 誐 00000112 0.0014/万 99.9375%	No:14399 U+08DBB 趻 00000112 0.0014/万 99.9374%	No:14400 U+08E25 踥 00000112 0.0014/万 99.9373%

No:14401 U+08E31 踱 00000112 0.0014/万 99.9373%	No:14402 U+08EA3 躣 00000112 0.0014/万 99.9375%	No:14403 U+09B6D 魭 00000112 0.0014/万 99.9371%	No:14404 U+09D2A 鴪 00000112 0.0014/万 99.9370%	No:14405 U+0EB62 恱 00000112 0.0014/万 99.9371%	No:14406 U+0EC59 歔 00000112 0.0014/万 99.9371%	No:14407 U+0EDA9 紆 00000112 0.0014/万 99.9370%	No:14408 U+E8D 剩 00000112 0.0014/万 99.9373%	No:14409 U+EE1 畬 00000112 0.0014/万 99.9371%	No:14410 U+EF0 壆 00000112 0.0014/万 99.9373%
No:14411 U+EB5 [illegible] 00000112 0.0014/万 99.9372%	No:14412 U+ED6 [illegible] 00000112 0.0014/万 99.9372%	No:14413 U+E70 薵 00000112 0.0014/万 99.9372%	No:14414 U+03528 㔨 00000111 0.0014/万 99.9379%	No:14415 U+03CA8 㲨 00000111 0.0014/万 99.9379%	No:14416 U+0456D 䕭 00000111 0.0014/万 99.9379%	No:14417 U+04806 䠆 00000111 0.0014/万 99.9379%	No:14418 U+04A68 䩨 00000111 0.0014/万 99.9378%	No:14419 U+050F7 僷 00000111 0.0014/万 99.9377%	No:14420 U+055CB 嗋 00000111 0.0014/万 99.9379%
No:14421 U+05895 墕 00000111 0.0014/万 99.9378%	No:14422 U+05A90 媐 00000111 0.0014/万 99.9378%	No:14423 U+05F34 弴 00000111 0.0014/万 99.9380%	No:14424 U+06512 攒 00000111 0.0014/万 99.9380%	No:14425 U+06B19 欙 00000111 0.0014/万 99.9380%	No:14426 U+070D4 烔 00000111 0.0014/万 99.9381%	No:14427 U+07797 瞗 00000111 0.0014/万 99.9381%	No:14428 U+078A5 碥 00000111 0.0014/万 99.9380%	No:14429 U+08381 莁 00000111 0.0014/万 99.9379%	No:14430 U+083E4 菤 00000111 0.0014/万 99.9380%
No:14431 U+08547 蕇 00000111 0.0014/万 99.9380%	No:14432 U+08635 蘵 00000111 0.0014/万 99.9381%	No:14433 U+0864C 虌 00000111 0.0014/万 99.9381%	No:14434 U+08B52 譒 00000111 0.0014/万 99.9380%	No:14435 U+091DA 釚 00000111 0.0014/万 99.9379%	No:14436 U+095B5 閵 00000111 0.0014/万 99.9380%	No:14437 U+09A2A 騪 00000111 0.0014/万 99.9377%	No:14438 U+09AE1 髡 00000111 0.0014/万 99.9377%	No:14439 U+09B9B 鮛 00000111 0.0014/万 99.9376%	No:14440 U+09BB8 鮸 00000111 0.0014/万 99.9376%
No:14441 U+09BC6 鯆 00000111 0.0014/万 99.9376%	No:14442 U+0ECA7 漕 00000111 0.0014/万 99.9376%	No:14443 U+0ED3C 盥 00000111 0.0014/万 99.9376%	No:14444 U+0EDBA 縫 00000111 0.0014/万 99.9377%	No:14445 U+E4B [illegible] 00000111 0.0014/万 99.9378%	No:14446 U+EFE 頦 00000111 0.0014/万 99.9378%	No:14447 U+E4A [illegible] 00000111 0.0014/万 99.9378%	No:14448 U+EFB [illegible] 00000111 0.0014/万 99.9377%	No:14449 U+E58 [illegible] 00000111 0.0014/万 99.9377%	No:14450 U+EDF 螞 00000111 0.0014/万 99.9378%
No:14451 U+E84 [illegible] 00000111 0.0014/万 99.9377%	No:14452 U+03A9F 㪟 00000110 0.0013/万 99.9383%	No:14453 U+03BFB 㯻 00000110 0.0013/万 99.9382%	No:14454 U+03D10 㴐 00000110 0.0013/万 99.9382%	No:14455 U+03DB3 㶳 00000110 0.0013/万 99.9383%	No:14456 U+04580 䖀 00000110 0.0013/万 99.9383%	No:14457 U+0463D 䘽 00000110 0.0013/万 99.9383%	No:14458 U+05D58 嵘 00000110 0.0013/万 99.9383%	No:14459 U+05D77 嵷 00000110 0.0013/万 99.9382%	No:14460 U+065F3 旳 00000110 0.0013/万 99.9384%
No:14461 U+068E4 棤 00000110 0.0013/万 99.9384%	No:14462 U+069D9 槙 00000110 0.0013/万 99.9386%	No:14463 U+06DB3 涳 00000110 0.0013/万 99.9385%	No:14464 U+072BA 犺 00000110 0.0013/万 99.9384%	No:14465 U+07870 硰 00000110 0.0013/万 99.9385%	No:14466 U+0791D 礝 00000110 0.0013/万 99.9385%	No:14467 U+07BCE 篎 00000110 0.0013/万 99.9385%	No:14468 U+07BD7 篗 00000110 0.0013/万 99.9386%	No:14469 U+08528 蔨 00000110 0.0013/万 99.9384%	No:14470 U+085A5 薥 00000110 0.0013/万 99.9384%
No:14471 U+08658 虘 00000110 0.0013/万 99.9384%	No:14472 U+087B4 螴 00000110 0.0013/万 99.9385%	No:14473 U+08A4D 詍 00000110 0.0013/万 99.9386%	No:14474 U+08B23 謣 00000110 0.0013/万 99.9385%	No:14475 U+091F2 釲 00000110 0.0013/万 99.9384%	No:14476 U+0944B 鑋 00000110 0.0013/万 99.9385%	No:14477 U+09C28 鰨 00000110 0.0013/万 99.9381%	No:14478 U+09D67 鵧 00000110 0.0013/万 99.9382%	No:14479 U+09DE3 鷣 00000110 0.0013/万 99.9381%	No:14480 U+09EAE 麮 00000110 0.0013/万 99.9381%
No:14481 U+0EC49 槖 00000110 0.0013/万 99.9382%	No:14482 U+EF8 廈 00000110 0.0013/万 99.9382%	No:14483 U+EEE 蠕 00000110 0.0013/万 99.9382%	No:14484 U+EB0 [illegible] 00000110 0.0013/万 99.9383%	No:14485 U+EDB [illegible] 00000110 0.0013/万 99.9383%	No:14486 U+03616 㘖 00000109 0.0013/万 99.9389%	No:14487 U+03BA4 㮤 00000109 0.0013/万 99.9386%	No:14488 U+03BA8 㮨 00000109 0.0013/万 99.9387%	No:14489 U+03BC3 㯃 00000109 0.0013/万 99.9388%	No:14490 U+03E90 㺐 00000109 0.0013/万 99.9388%
No:14491 U+0435A 䍚 00000109 0.0013/万 99.9388%	No:14492 U+045B8 䖸 00000109 0.0013/万 99.9389%	No:14493 U+04B12 䬒 00000109 0.0013/万 99.9388%	No:14494 U+04BE4 䯤 00000109 0.0013/万 99.9386%	No:14495 U+04C1D 䰝 00000109 0.0013/万 99.9389%	No:14496 U+054C5 哅 00000109 0.0013/万 99.9389%	No:14497 U+05A7B 婻 00000109 0.0013/万 99.9388%	No:14498 U+05D39 崹 00000109 0.0013/万 99.9387%	No:14499 U+05D71 嵱 00000109 0.0013/万 99.9387%	No:14500 U+05DB1 嶱 00000109 0.0013/万 99.9386%

No:14501 U+05EEF 廯 00000109 0.0013/万 99.9390%	No:14502 U+05F46 彆 00000109 0.0013/万 99.9390%	No:14503 U+06285 抅 00000109 0.0013/万 99.9392%	No:14504 U+0640C 搌 00000109 0.0013/万 99.9390%	No:14505 U+067EB 柫 00000109 0.0013/万 99.9390%	No:14506 U+0685A 桚 00000109 0.0013/万 99.9389%	No:14507 U+0699E 榞 00000109 0.0013/万 99.9392%	No:14508 U+06EA4 溤 00000109 0.0013/万 99.9391%	No:14509 U+0738F 玏 00000109 0.0013/万 99.9391%	No:14510 U+07584 疄 00000109 0.0013/万 99.9391%
No:14511 U+07638 瘸 00000109 0.0013/万 99.9391%	No:14512 U+076F9 盹 00000109 0.0013/万 99.9390%	No:14513 U+079C4 秄 00000109 0.0013/万 99.9390%	No:14514 U+07A99 窙 00000109 0.0013/万 99.9392%	No:14515 U+07D78 絸 00000109 0.0013/万 99.9390%	No:14516 U+08437 萷 00000109 0.0013/万 99.9391%	No:14517 U+08B94 讔 00000109 0.0013/万 99.9391%	No:14518 U+08DEE 跮 00000109 0.0013/万 99.9392%	No:14519 U+0913F 鄿 00000109 0.0013/万 99.9389%	No:14520 U+092AE 銮 00000109 0.0013/万 99.9390%
No:14521 U+095F2 闲 00000109 0.0013/万 99.9391%	No:14522 U+0979C 鞜 00000109 0.0013/万 99.9386%	No:14523 U+09F06 鼆 00000109 0.0013/万 99.9386%	No:14524 U+E29 宂 00000109 0.0013/万 99.9387%	No:14525 U+E3C 医 00000109 0.0013/万 99.9389%	No:14526 U+E8E [illegible] 00000109 0.0013/万 99.9387%	No:14527 U+EC2 [illegible] 00000109 0.0013/万 99.9388%	No:14528 U+EF5 [illegible] 00000109 0.0013/万 99.9387%	No:14529 U+E4A [illegible] 00000109 0.0013/万 99.9388%	No:14530 U+E82 [illegible] 00000109 0.0013/万 99.9387%
No:14531 U+035BE 㖾 00000108 0.0013/万 99.9395%	No:14532 U+0381C 㠜 00000108 0.0013/万 99.9393%	No:14533 U+0393F 㤿 00000108 0.0013/万 99.9394%	No:14534 U+039AC 㦬 00000108 0.0013/万 99.9395%	No:14535 U+0445E 䑞 00000108 0.0013/万 99.9396%	No:14536 U+044F6 䓶 00000108 0.0013/万 99.9393%	No:14537 U+04507 䔇 00000108 0.0013/万 99.9395%	No:14538 U+04592 䖒 00000108 0.0013/万 99.9393%	No:14539 U+04A75 䩵 00000108 0.0013/万 99.9394%	No:14540 U+04BF3 䯳 00000108 0.0013/万 99.9394%
No:14541 U+05111 儑 00000108 0.0013/万 99.9395%	No:14542 U+0520F 刏 00000108 0.0013/万 99.9394%	No:14543 U+05928 夨 00000108 0.0013/万 99.9394%	No:14544 U+05B2C 嬬 00000108 0.0013/万 99.9396%	No:14545 U+05D23 崣 00000108 0.0013/万 99.9395%	No:14546 U+05DA9 嶩 00000108 0.0013/万 99.9395%	No:14547 U+064CF 擏 00000108 0.0013/万 99.9396%	No:14548 U+06511 攑 00000108 0.0013/万 99.9397%	No:14549 U+066BB 暻 00000108 0.0013/万 99.9396%	No:14550 U+068DD 棝 00000108 0.0013/万 99.9398%
No:14551 U+06B25 欥 00000108 0.0013/万 99.9397%	No:14552 U+06C75 汵 00000108 0.0013/万 99.9397%	No:14553 U+06D6D 浭 00000108 0.0013/万 99.9397%	No:14554 U+077E0 矠 00000108 0.0013/万 99.9397%	No:14555 U+0784D 硍 00000108 0.0013/万 99.9397%	No:14556 U+08215 舕 00000108 0.0013/万 99.9397%	No:14557 U+082F2 苲 00000108 0.0013/万 99.9398%	No:14558 U+086D6 蛖 00000108 0.0013/万 99.9396%	No:14559 U+08E6A 蹪 00000108 0.0013/万 99.9396%	No:14560 U+092C6 鋆 00000108 0.0013/万 99.9396%
No:14561 U+092E6 鋦 00000108 0.0013/万 99.9397%	No:14562 U+09E99 麙 00000108 0.0013/万 99.9392%	No:14563 U+0ED80 [illegible] 00000108 0.0013/万 99.9392%	No:14564 U+ED1 囋 00000108 0.0013/万 99.9393%	No:14565 U+EAC [illegible] 00000108 0.0013/万 99.9394%	No:14566 U+EC8 [illegible] 00000108 0.0013/万 99.9395%	No:14567 U+E2A 蜥 00000108 0.0013/万 99.9394%	No:14568 U+E07 [illegible] 00000108 0.0013/万 99:9393%	No:14569 U+E5D [illegible] 00000108 0.0013/万 99.9393%	No:14570 U+FAC 鉚 00000108 0.0013/万 99.9394%
No:14571 U+EEB 雯 00000108 0.0013/万 99.9392%	No:14572 U+ED8 [illegible] 00000108 0.0013/万 99.9393%	No:14573 U+03453 㑓 00000107 0.0013/万 99.9401%	No:14574 U+03A36 㨶 00000107 0.0013/万 99.9400%	No:14575 U+03D67 㵧 00000107 0.0013/万 99.9400%	No:14576 U+04261 [illegible] 00000107 0.0013/万 99.9399%	No:14577 U+043DA [illegible] 00000107 0.0013/万 99.9400%	No:14578 U+04560 䕠 00000107 0.0013/万 99.9400%	No:14579 U+052F4 勴 00000107 0.0013/万 99.9399%	No:14580 U+054EB 哫 00000107 0.0013/万 99.9401%
No:14581 U+059DF 姟 00000107 0.0013/万 99.9399%	No:14582 U+0619C 憜 00000107 0.0013/万 99.9403%	No:14583 U+06226 戦 00000107 0.0013/万 99.9403%	No:14584 U+062BE 抾 00000107 0.0013/万 99.9402%	No:14585 U+064A8 撨 00000107 0.0013/万 99.9402%	No:14586 U+06F7F 潿 00000107 0.0013/万 99.9402%	No:14587 U+06FE5 濥 00000107 0.0013/万 99.9403%	No:14588 U+0770C 県 00000107 0.0013/万 99.9401%	No:14589 U+07BC3 篃 00000107 0.0013/万 99.9402%	No:14590 U+07C22 簢 00000107 0.0013/万 99.9403%
No:14591 U+081F8 臸 00000107 0.0013/万 99.9402%	No:14592 U+084AB 蒫 00000107 0.0013/万 99.9403%	No:14593 U+08598 薘 00000107 0.0013/万 99.9401%	No:14594 U+0862E 蘮 00000107 0.0013/万 99.9402%	No:14595 U+0899E 覞 00000107 0.0013/万 99.9401%	No:14596 U+089AD 覭 00000107 0.0013/万 99.9402%	No:14597 U+08C69 豩 00000107 0.0013/万 99.9403%	No:14598 U+09294 銔 00000107 0.0013/万 99.9401%	No:14599 U+098F5 飵 00000107 0.0013/万 99.9399%	No:14600 U+09C4A 鱊 00000107 0.0013/万 99.9398%

No:14601 U+09D9B 鶛 00000107 0.0013/万 99.9398%	No:14602 U+09EEC 黬 00000107 0.0013/万 99.9398%	No:14603 U+0EB22 00000107 0.0013/万 99.9398%	No:14604 U+0ED49 00000107 0.0013/万 99.9398%	No:14605 U+E15 [illegible] 00000107 0.0013/万 99.9401%	No:14606 U+ED3 [illegible] 00000107 0.0013/万 99.9400%	No:14607 U+E72 [illegible] 00000107 0.0013/万 99.9400%	No:14608 U+EE4 [illegible] 00000107 0.0013/万 99.9399%	No:14609 U+EF7 [illegible] 00000107 0.0013/万 99.9400%	No:14610 U+E83 [illegible] 00000107 0.0013/万 99.9399%
No:14611 U+E33 [illegible] 00000107 0.0013/万 99.9399%	No:14612 U+EF3 [illegible] 00000107 0.0013/万 99.9400%	No:14613 U+03401 㐁 00000106 0.0013/万 99.9406%	No:14614 U+03583 㖃 00000106 0.0013/万 99.9408%	No:14615 U+03A7C 㩼 00000106 0.0013/万 99.9405%	No:14616 U+03B3B 㬻 00000106 0.0013/万 99.9405%	No:14617 U+03C02 㰂 00000106 0.0013/万 99.9406%	No:14618 U+03D38 㴸 00000106 0.0013/万 99.9406%	No:14619 U+04654 䙔 00000106 0.0013/万 99.9408%	No:14620 U+04858 䡘 00000106 0.0013/万 99.9404%
No:14621 U+04A2E 䨮 00000106 0.0013/万 99.9405%	No:14622 U+04A3C 䨼 00000106 0.0013/万 99.9404%	No:14623 U+04CE8 䳨 00000106 0.0013/万 99.9405%	No:14624 U+04D6C 䵬 00000106 0.0013/万 99.9405%	No:14625 U+04EBF 亿 00000106 0.0013/万 99.9407%	No:14626 U+04F31 伱 00000106 0.0013/万 99.9407%	No:14627 U+05046 偆 00000106 0.0013/万 99.9407%	No:14628 U+055DD 嗝 00000106 0.0013/万 99.9407%	No:14629 U+0563E 嘾 00000106 0.0013/万 99.9406%	No:14630 U+05822 堢 00000106 0.0013/万 99.9406%
No:14631 U+05859 塙 00000106 0.0013/万 99.9407%	No:14632 U+05DE9 巩 00000106 0.0013/万 99.9406%	No:14633 U+0624C 扌 00000106 0.0013/万 99.9409%	No:14634 U+06259 扙 00000106 0.0013/万 99.9409%	No:14635 U+06427 搧 00000106 0.0013/万 99.9409%	No:14636 U+06616 昖 00000106 0.0013/万 99.9410%	No:14637 U+06784 构 00000106 0.0013/万 99.9409%	No:14638 U+06796 枖 00000106 0.0013/万 99.9409%	No:14639 U+06BF5 毵 00000106 0.0013/万 99.9410%	No:14640 U+0719D 熝 00000106 0.0013/万 99.9408%
No:14641 U+07939 礹 00000106 0.0013/万 99.9410%	No:14642 U+08035 耵 00000106 0.0013/万 99.9408%	No:14643 U+08492 蒒 00000106 0.0013/万 99.9408%	No:14644 U+08520 蔠 00000106 0.0013/万 99.9410%	No:14645 U+088D7 裗 00000106 0.0013/万 99.9410%	No:14646 U+08950 襐 00000106 0.0013/万 99.9409%	No:14647 U+08EEE 軮 00000106 0.0013/万 99.9409%	No:14648 U+08F10 輐 00000106 0.0013/万 99.9408%	No:14649 U+09720 霠 00000106 0.0013/万 99.9403%	No:14650 U+09840 顀 00000106 0.0013/万 99.9403%
No:14651 U+09B49 魉 00000106 0.0013/万 99.9404%	No:14652 U+09CED 鳭 00000106 0.0013/万 99.9404%	No:14653 U+09D78 鵸 00000106 0.0013/万 99.9404%	No:14654 U+E20 [illegible] 00000106 0.0013/万 99.9404%	No:14655 U+E98 [illegible] 00000106 0.0013/万 99.9408%	No:14656 U+ED2 [illegible] 00000106 0.0013/万 99.9405%	No:14657 U+EA1 [illegible] 00000106 0.0013/万 99.9406%	No:14658 U+E9A [illegible] 00000106 0.0013/万 99.9405%	No:14659 U+E5C [illegible] 00000106 0.0013/万 99.9407%	No:14660 U+EEB [illegible] 00000106 0.0013/万 99.9407%
No:14661 U+E77 [illegible] 00000106 0.0013/万 99.9407%	No:14662 U+EFB [illegible] 00000106 0.0013/万 99.9405%	No:14663 U+E20 [illegible] 00000106 0.0013/万 99.9404%	No:14664 U+034CA 㓊 00000105 0.0013/万 99.9412%	No:14665 U+03C0D 㰍 00000105 0.0013/万 99.9411%	No:14666 U+03CEC 㳬 00000105 0.0013/万 99.9413%	No:14667 U+0423C 䈼 00000105 0.0013/万 99.9411%	No:14668 U+042CF 䋏 00000105 0.0013/万 99.9413%	No:14669 U+04504 䔄 00000105 0.0013/万 99.9413%	No:14670 U+04A13 䨓 00000105 0.0013/万 99.9413%
No:14671 U+04C7B 䱻 00000105 0.0013/万 99.9412%	No:14672 U+04FC6 俆 00000105 0.0013/万 99.9412%	No:14673 U+050EF 僯 00000105 0.0013/万 99.9412%	No:14674 U+0596F 奯 00000105 0.0013/万 99.9412%	No:14675 U+05ADB 嫛 00000105 0.0013/万 99.9413%	No:14676 U+05B0E 嬎 00000105 0.0013/万 99.9413%	No:14677 U+05B3B 嬻 00000105 0.0013/万 99.9413%	No:14678 U+05D9B 嶛 00000105 0.0013/万 99.9411%	No:14679 U+06455 摕 00000105 0.0013/万 99.9416%	No:14680 U+06508 攈 00000105 0.0013/万 99.9415%
No:14681 U+06517 攗 00000105 0.0013/万 99.9414%	No:14682 U+067DB 柛 00000105 0.0013/万 99.9415%	No:14683 U+06951 楑 00000105 0.0013/万 99.9415%	No:14684 U+06A09 樉 00000105 0.0013/万 99.9415%	No:14685 U+06A46 橆 00000105 0.0013/万 99.9414%	No:14686 U+06A49 橉 00000105 0.0013/万 99.9414%	No:14687 U+06D58 浘 00000105 0.0013/万 99.9415%	No:14688 U+06EBE 溾 00000105 0.0013/万 99.9415%	No:14689 U+06F2E 漮 00000105 0.0013/万 99.9414%	No:14690 U+07952 祒 00000105 0.0013/万 99.9414%
No:14691 U+08116 脖 00000105 0.0013/万 99.9414%	No:14692 U+083CB 菋 00000105 0.0013/万 99.9416%	No:14693 U+08E9F 躟 00000105 0.0013/万 99.9415%	No:14694 U+08EEF 軯 00000105 0.0013/万 99.9416%	No:14695 U+09252 鉒 00000105 0.0013/万 99.9416%	No:14696 U+0985D 顝 00000105 0.0013/万 99.9411%	No:14697 U+09C21 鰡 00000105 0.0013/万 99.9411%	No:14698 U+09D14 鴔 00000105 0.0013/万 99.9411%	No:14699 U+09E94 麔 00000105 0.0013/万 99.9410%	No:14700 U+0EB46 00000105 0.0013/万 99.9410%

No:14701 U+0EC70 泖 00000105 0.0013/万 99.9410%	No:14702 U+0EF25 鶓 00000105 0.0013/万 99.9411%	No:14703 U+E07 茀 00000105 0.0013/万 99.9412%	No:14704 U+EEB 蛪 00000105 0.0013/万 99.9412%	No:14705 U+EC3 醎 00000105 0.0013/万 99.9412%	No:14706 U+E75 鏞 00000105 0.0013/万 99.9414%	No:14707 U+F79 鼇 00000105 0.0013/万 99.9414%	No:14708 U+036CD 㛍 00000104 0.0013/万 99.9418%	No:14709 U+03743 㝃 00000104 0.0013/万 99.9417%	No:14710 U+03769 㝩 00000104 0.0013/万 99.9417%
No:14711 U+04230 䈰 00000104 0.0013/万 99.9417%	No:14712 U+0447F 䑿 00000104 0.0013/万 99.9419%	No:14713 U+0456C 䕬 00000104 0.0013/万 99.9417%	No:14714 U+04C3B 䰻 00000104 0.0013/万 99.9419%	No:14715 U+04F52 佒 00000104 0.0013/万 99.9419%	No:14716 U+0500E 倎 00000104 0.0013/万 99.9418%	No:14717 U+0508C 傌 00000104 0.0013/万 99.9418%	No:14718 U+054F5 哵 00000104 0.0013/万 99.9417%	No:14719 U+055D5 嗕 00000104 0.0013/万 99.9418%	No:14720 U+05A27 娧 00000104 0.0013/万 99.9418%
No:14721 U+05CB9 岹 00000104 0.0013/万 99.9418%	No:14722 U+06051 恑 00000104 0.0013/万 99.9419%	No:14723 U+0648D 撍 00000104 0.0013/万 99.9419%	No:14724 U+06A06 樆 00000104 0.0013/万 99.9419%	No:14725 U+06B4B 歋 00000104 0.0013/万 99.9419%	No:14726 U+06C0B 氋 00000104 0.0013/万 99.9420%	No:14727 U+06FF4 濴 00000104 0.0013/万 99.9420%	No:14728 U+07F5E 罞 00000104 0.0013/万 99.9420%	No:14729 U+0871B 蜛 00000104 0.0013/万 99.9420%	No:14730 U+0879E 螞 00000104 0.0013/万 99.9420%
No:14731 U+08E9D 躝 00000104 0.0013/万 99.9419%	No:14732 U+0916E 酮 00000104 0.0013/万 99.9420%	No:14733 U+09787 鞇 00000104 0.0013/万 99.9416%	No:14734 U+0991D 餝 00000104 0.0013/万 99.9416%	No:14735 U+09B85 鮅 00000104 0.0013/万 99.9416%	No:14736 U+09BDE 鯞 00000104 0.0013/万 99.9417%	No:14737 U+0EB6C 庢 00000104 0.0013/万 99.9417%	No:14738 U+0EBF0 撤 00000104 0.0013/万 99.9416%	No:14739 U+0ED93 篌 00000104 0.0013/万 99.9417%	No:14740 U+E58 圓 00000104 0.0013/万 99.9418%
No:14741 U+0367A 㙺 00000103 0.0013/万 99.9422%	No:14742 U+036C2 㛂 00000103 0.0013/万 99.9421%	No:14743 U+03B7C 㭼 00000103 0.0013/万 99.9422%	No:14744 U+0410F 䄏 00000103 0.0013/万 99.9421%	No:14745 U+0447D 䑽 00000103 0.0013/万 99.9421%	No:14746 U+0457A 䕺 00000103 0.0013/万 99.9422%	No:14747 U+04894 䢔 00000103 0.0013/万 99.9422%	No:14748 U+04AF4 䫴 00000103 0.0013/万 99.9422%	No:14749 U+05314 匔 00000103 0.0013/万 99.9423%	No:14750 U+05BF4 寴 00000103 0.0013/万 99.9421%
No:14751 U+068CE 棎 00000103 0.0013/万 99.9424%	No:14752 U+06A55 橕 00000103 0.0013/万 99.9424%	No:14753 U+06CE7 泧 00000103 0.0013/万 99.9424%	No:14754 U+06F07 漇 00000103 0.0013/万 99.9423%	No:14755 U+07022 瀢 00000103 0.0013/万 99.9423%	No:14756 U+072FE 狾 00000103 0.0013/万 99.9425%	No:14757 U+07315 猕 00000103 0.0013/万 99.9423%	No:14758 U+074D0 瓐 00000103 0.0013/万 99.9425%	No:14759 U+074EA 瓪 00000103 0.0013/万 99.9423%	No:14760 U+0780A 砊 00000103 0.0013/万 99.9424%
No:14761 U+07A47 穇 00000103 0.0013/万 99.9425%	No:14762 U+07AFB 竻 00000103 0.0013/万 99.9423%	No:14763 U+07BFD 篽 00000103 0.0013/万 99.9423%	No:14764 U+07EF3 绳 00000103 0.0013/万 99.9424%	No:14765 U+084B5 蒵 00000103 0.0013/万 99.9425%	No:14766 U+08BED 语 00000103 0.0013/万 99.9425%	No:14767 U+08D8C 趌 00000103 0.0013/万 99.9424%	No:14768 U+0911D 鄝 00000103 0.0013/万 99.9424%	No:14769 U+0928B 銋 00000103 0.0013/万 99.9424%	No:14770 U+098CD 飍 00000103 0.0013/万 99.9420%
No:14771 U+09A3C 騼 00000103 0.0013/万 99.9421%	No:14772 U+0EBC9 懥 00000103 0.0013/万 99.9421%	No:14773 U+0EFCA 宂 00000103 0.0013/万 99.9421%	No:14774 U+E6E 儷 00000103 0.0013/万 99.9422%	No:14775 U+EBF 畄 00000103 0.0013/万 99.9422%	No:14776 U+EE6 虾 00000103 0.0013/万 99.9422%	No:14777 U+E5D 謗 00000103 0.0013/万 99.9421%	No:14778 U+0395C 㥜 00000102 0.0012/万 99.9428%	No:14779 U+03B13 㬓 00000102 0.0012/万 99.9428%	No:14780 U+040E3 䃣 00000102 0.0012/万 99.9427%
No:14781 U+041D3 䇓 00000102 0.0012/万 99.9428%	No:14782 U+044B1 䒱 00000102 0.0012/万 99.9427%	No:14783 U+04D63 䵣 00000102 0.0012/万 99.9427%	No:14784 U+04E2F 丯 00000102 0.0012/万 99.9428%	No:14785 U+05346 卆 00000102 0.0012/万 99.9427%	No:14786 U+05397 厗 00000102 0.0012/万 99.9427%	No:14787 U+05554 啔 00000102 0.0012/万 99.9428%	No:14788 U+057E2 埢 00000102 0.0012/万 99.9427%	No:14789 U+05D5B 嵛 00000102 0.0012/万 99.9427%	No:14790 U+06363 捣 00000102 0.0012/万 99.9430%
No:14791 U+06A41 橁 00000102 0.0012/万 99.9429%	No:14792 U+06A6C 橬 00000102 0.0012/万 99.9429%	No:14793 U+06AAF 檯 00000102 0.0012/万 99.9429%	No:14794 U+06E59 湙 00000102 0.0012/万 99.9428%	No:14795 U+07222 爢 00000102 0.0012/万 99.9430%	No:14796 U+0744E 瑎 00000102 0.0012/万 99.9429%	No:14797 U+07810 砐 00000102 0.0012/万 99.9428%	No:14798 U+0831E 茞 00000102 0.0012/万 99.9430%	No:14799 U+08440 葀 00000102 0.0012/万 99.9429%	No:14800 U+08442 葂 00000102 0.0012/万 99.9429%

No:14801 U+086F5 蛵 00000102 0.0012/万 99.9429%	No:14802 U+08AD4 諔 00000102 0.0012/万 99.9429%	No:14803 U+093C8 鏈 00000102 0.0012/万 99.9430%	No:14804 U+098B0 颰 00000102 0.0012/万 99.9425%	No:14805 U+09A3A 騺 00000102 0.0012/万 99.9426%	No:14806 U+09AD7 髗 00000102 0.0012/万 99.9426%	No:14807 U+09BE7 鯧 00000102 0.0012/万 99.9426%	No:14808 U+09E06 鸆 00000102 0.0012/万 99.9426%	No:14809 U+09F38 鼸 00000102 0.0012/万 99.9425%	No:14810 U+0EB6D 00000102 0.0012/万 99.9425%
No:14811 U+0EB87 00000102 0.0012/万 99.9426%	No:14812 U+0EDEE 00000102 0.0012/万 99.9426%	No:14813 U+0EF2C 00000102 0.0012/万 99.9426%	No:14814 U+EA5 恝 00000102 0.0012/万 99.9427%	No:14815 U+E04 飣 00000102 0.0012/万 99.9428%	No:14816 U+0372E 㜮 00000101 0.0012/万 99.9433%	No:14817 U+038E5 㣥 00000101 0.0012/万 99.9431%	No:14818 U+03F1C 㼜 00000101 0.0012/万 99.9432%	No:14819 U+0457B 䕻 00000101 0.0012/万 99.9432%	No:14820 U+04B34 䬴 00000101 0.0012/万 99.9431%
No:14821 U+04C54 䱔 00000101 0.0012/万 99.9433%	No:14822 U+04C61 䱡 00000101 0.0012/万 99.9433%	No:14823 U+0512D 儭 00000101 0.0012/万 99.9431%	No:14824 U+05549 啉 00000101 0.0012/万 99.9432%	No:14825 U+05BCF 寏 00000101 0.0012/万 99.9433%	No:14826 U+05E12 帒 00000101 0.0012/万 99.9433%	No:14827 U+05ED4 廔 00000101 0.0012/万 99.9434%	No:14828 U+05FD3 忓 00000101 0.0012/万 99.9435%	No:14829 U+06947 楇 00000101 0.0012/万 99.9436%	No:14830 U+07096 炖 00000101 0.0012/万 99.9435%
No:14831 U+07293 犓 00000101 0.0012/万 99.9434%	No:14832 U+07308 猈 00000101 0.0012/万 99.9436%	No:14833 U+07323 猣 00000101 0.0012/万 99.9434%	No:14834 U+07555 畕 00000101 0.0012/万 99.9434%	No:14835 U+076A0 皠 00000101 0.0012/万 99.9434%	No:14836 U+08079 聹 00000101 0.0012/万 99.9435%	No:14837 U+08127 脧 00000101 0.0012/万 99.9435%	No:14838 U+08143 腃 00000101 0.0012/万 99.9436%	No:14839 U+0845F 葟 00000101 0.0012/万 99.9434%	No:14840 U+08C63 豣 00000101 0.0012/万 99.9434%
No:14841 U+08DFF 跿 00000101 0.0012/万 99.9436%	No:14842 U+09057 遗 00000101 0.0012/万 99.9434%	No:14843 U+09248 鉈 00000101 0.0012/万 99.9435%	No:14844 U+092E5 鋥 00000101 0.0012/万 99.9435%	No:14845 U+096ED 雭 00000101 0.0012/万 99.9435%	No:14846 U+097AA 鞪 00000101 0.0012/万 99.9430%	No:14847 U+098AC 颬 00000101 0.0012/万 99.9430%	No:14848 U+FD3 昬 00000101 0.0012/万 99.9432%	No:14849 U+E74 峈 00000101 0.0012/万 99.9431%	No:14850 U+EC4 楷 00000101 0.0012/万 99.9433%
No:14851 U+E77 淩 00000101 0.0012/万 99.9432%	No:14852 U+E39 湤 00000101 0.0012/万 99.9433%	No:14853 U+E21 灤 00000101 0.0012/万 99.9432%	No:14854 U+ED8 狢 00000101 0.0012/万 99.9430%	No:14855 U+E69 蒙 00000101 0.0012/万 99.9431%	No:14856 U+ED5 虓 00000101 0.0012/万 99.9433%	No:14857 U+EE5 垂 00000101 0.0012/万 99.9431%	No:14858 U+F42 軒 00000101 0.0012/万 99.9431%	No:14859 U+E02 轊 00000101 0.0012/万 99.9432%	No:14860 U+EA5 鑛 00000101 0.0012/万 99.9432%
No:14861 U+ED0 鬆 00000101 0.0012/万 99.9431%	No:14862 U+03649 㙉 00000100 0.0012/万 99.9438%	No:14863 U+0386F 㡯 00000100 0.0012/万 99.9437%	No:14864 U+03BB6 㮶 00000100 0.0012/万 99.9437%	No:14865 U+03DE0 㷠 00000100 0.0012/万 99.9437%	No:14866 U+0417B 䅻 00000100 0.0012/万 99.9438%	No:14867 U+0472A 䜪 00000100 0.0012/万 99.9438%	No:14868 U+04C3D 䰽 00000100 0.0012/万 99.9438%	No:14869 U+04D51 䵑 00000100 0.0012/万 99.9438%	No:14870 U+05383 厃 00000100 0.0012/万 99.9437%
No:14871 U+054EA 哪 00000100 0.0012/万 99.9437%	No:14872 U+0552D 唭 00000100 0.0012/万 99.9437%	No:14873 U+05A57 婗 00000100 0.0012/万 99.9438%	No:14874 U+060C2 惂 00000100 0.0012/万 99.9439%	No:14875 U+060C8 惈 00000100 0.0012/万 99.9439%	No:14876 U+061BB 憻 00000100 0.0012/万 99.9439%	No:14877 U+06477 摷 00000100 0.0012/万 99.9439%	No:14878 U+065AA 斪 00000100 0.0012/万 99.9439%	No:14879 U+06F28 漨 00000100 0.0012/万 99.9438%	No:14880 U+07743 睃 00000100 0.0012/万 99.9440%
No:14881 U+07C1A 簚 00000100 0.0012/万 99.9440%	No:14882 U+082F5 苵 00000100 0.0012/万 99.9440%	No:14883 U+086EA 蛪 00000100 0.0012/万 99.9439%	No:14884 U+0881D 蠝 00000100 0.0012/万 99.9440%	No:14885 U+089A4 覤 00000100 0.0012/万 99.9439%	No:14886 U+091E8 釨 00000100 0.0012/万 99.9439%	No:14887 U+09745 靅 00000100 0.0012/万 99.9436%	No:14888 U+09C74 鱴 00000100 0.0012/万 99.9436%	No:14889 U+0EB0D 00000100 0.0012/万 99.9437%	No:14890 U+0EBE4 00000100 0.0012/万 99.9436%
No:14891 U+0EE0E 00000100 0.0012/万 99.9437%	No:14892 U+0EF2B 00000100 0.0012/万 99.9436%	No:14893 U+EF2 㦕 00000100 0.0012/万 99.9438%	No:14894 U+03708 㜈 00000099 0.0012/万 99.9442%	No:14895 U+03814 㠔 00000099 0.0012/万 99.9441%	No:14896 U+03AD0 㫐 00000099 0.0012/万 99.9442%	No:14897 U+03CBB 㲻 00000099 0.0012/万 99.9441%	No:14898 U+03D8C 㶌 00000099 0.0012/万 99.9442%	No:14899 U+040F1 䃱 00000099 0.0012/万 99.9443%	No:14900 U+042C1 䋁 00000099 0.0012/万 99.9442%

No	Unicode	字	频次	频率	累计
No:14901	U+04C4E	䱎	00000099	0.0012/万	99.9442%
No:14902	U+05A8A	媊	00000099	0.0012/万	99.9441%
No:14903	U+05F0E	弎	00000099	0.0012/万	99.9443%
No:14904	U+06E03	渃	00000099	0.0012/万	99.9444%
No:14905	U+0734F	獏	00000099	0.0012/万	99.9443%
No:14906	U+079B7	禷	00000099	0.0012/万	99.9444%
No:14907	U+07BCD	篍	00000099	0.0012/万	99.9444%
No:14908	U+07C02	簂	00000099	0.0012/万	99.9443%
No:14909	U+08063	聣	00000099	0.0012/万	99.9443%
No:14910	U+0807B	聻	00000099	0.0012/万	99.9443%
No:14911	U+08408	萈	00000099	0.0012/万	99.9444%
No:14912	U+086E1	蛡	00000099	0.0012/万	99.9444%
No:14913	U+08995	覕	00000099	0.0012/万	99.9444%
No:14914	U+089EA	觪	00000099	0.0012/万	99.9443%
No:14915	U+08AFF	諿	00000099	0.0012/万	99.9444%
No:14916	U+08DC8	跈	00000099	0.0012/万	99.9443%
No:14917	U+08FB6	辶	00000099	0.0012/万	99.9444%
No:14918	U+09A53	驓	00000099	0.0012/万	99.9441%
No:14919	U+09C64	鱤	00000099	0.0012/万	99.9440%
No:14920	U+0E77D	[illegible]	00000099	0.0012/万	99.9440%
No:14921	U+0EE39	衣	00000099	0.0012/万	99.9440%
No:14922	U+0EE3D	裛	00000099	0.0012/万	99.9440%
No:14923	U+0EE6A	資	00000099	0.0012/万	99.9441%
No:14924	U+E24	[illegible]	00000099	0.0012/万	99.9441%
No:14925	U+EF0	[illegible]	00000099	0.0012/万	99.9442%
No:14926	U+E4F	職	00000099	0.0012/万	99.9441%
No:14927	U+E0E	濤	00000099	0.0012/万	99.9441%
No:14928	U+EC0	鄱	00000099	0.0012/万	99.9442%
No:14929	U+EE0	[illegible]	00000099	0.0012/万	99.9442%
No:14930	U+03465	傷	00000098	0.0012/万	99.9446%
No:14931	U+0385A	㡚	00000098	0.0012/万	99.9446%
No:14932	U+03A94	㪔	00000098	0.0012/万	99.9445%
No:14933	U+03BF9	㯹	00000098	0.0012/万	99.9446%
No:14934	U+03F4E	㽎	00000098	0.0012/万	99.9446%
No:14935	U+03F65	㽥	00000098	0.0012/万	99.9447%
No:14936	U+04136	䄶	00000098	0.0012/万	99.9446%
No:14937	U+04845	䡅	00000098	0.0012/万	99.9445%
No:14938	U+04D7C	䵼	00000098	0.0012/万	99.9445%
No:14939	U+0511E	儞	00000098	0.0012/万	99.9446%
No:14940	U+053B4	厴	00000098	0.0012/万	99.9447%
No:14941	U+05AB0	媰	00000098	0.0012/万	99.9445%
No:14942	U+05CE6	峦	00000098	0.0012/万	99.9445%
No:14943	U+05FD4	忔	00000098	0.0012/万	99.9447%
No:14944	U+06018	怘	00000098	0.0012/万	99.9448%
No:14945	U+06399	掙	00000098	0.0012/万	99.9448%
No:14946	U+0645C	摜	00000098	0.0012/万	99.9449%
No:14947	U+06579	敹	00000098	0.0012/万	99.9448%
No:14948	U+068F3	棳	00000098	0.0012/万	99.9449%
No:14949	U+07097	炗	00000098	0.0012/万	99.9448%
No:14950	U+072AA	犪	00000098	0.0012/万	99.9447%
No:14951	U+0762E	瘮	00000098	0.0012/万	99.9448%
No:14952	U+0779C	瞜	00000098	0.0012/万	99.9447%
No:14953	U+07B22	笢	00000098	0.0012/万	99.9447%
No:14954	U+07B93	箓	00000098	0.0012/万	99.9448%
No:14955	U+07BF0	篰	00000098	0.0012/万	99.9449%
No:14956	U+07E72	繲	00000098	0.0012/万	99.9448%
No:14957	U+08B5D	譝	00000098	0.0012/万	99.9448%
No:14958	U+092E1	鋡	00000098	0.0012/万	99.9447%
No:14959	U+0932A	錪	00000098	0.0012/万	99.9449%
No:14960	U+0F637	睠	00000098	0.0012/万	99.9445%
No:14961	U+E6A	[illegible]	00000098	0.0012/万	99.9446%
No:14962	U+E18	欀	00000098	0.0012/万	99.9447%
No:14963	U+E7F	[illegible]	00000098	0.0012/万	99.9446%
No:14964	U+E73	鍽	00000098	0.0012/万	99.9445%
No:14965	U+FFE	闇	00000098	0.0012/万	99.9445%
No:14966	U+03683	㚃	00000097	0.0012/万	99.9451%
No:14967	U+0380A	㠊	00000097	0.0012/万	99.9452%
No:14968	U+03857	㡗	00000097	0.0012/万	99.9451%
No:14969	U+03A28	㨨	00000097	0.0012/万	99.9452%
No:14970	U+03C24	㰤	00000097	0.0012/万	99.9450%
No:14971	U+0405D	䁝	00000097	0.0012/万	99.9450%
No:14972	U+040CD	䃍	00000097	0.0012/万	99.9452%
No:14973	U+04107	䄇	00000097	0.0012/万	99.9452%
No:14974	U+041FE	䇾	00000097	0.0012/万	99.9451%
No:14975	U+044F2	䓲	00000097	0.0012/万	99.9453%
No:14976	U+0472D	䜭	00000097	0.0012/万	99.9452%
No:14977	U+048BF	䢿	00000097	0.0012/万	99.9451%
No:14978	U+048FC	䣼	00000097	0.0012/万	99.9452%
No:14979	U+04AE1	䫡	00000097	0.0012/万	99.9451%
No:14980	U+05DA3	嶣	00000097	0.0012/万	99.9450%
No:14981	U+0607C	恼	00000097	0.0012/万	99.9454%
No:14982	U+0613A	愺	00000097	0.0012/万	99.9455%
No:14983	U+065FE	旾	00000097	0.0012/万	99.9455%
No:14984	U+069A4	榤	00000097	0.0012/万	99.9453%
No:14985	U+06A91	檑	00000097	0.0012/万	99.9455%
No:14986	U+06AEB	櫫	00000097	0.0012/万	99.9454%
No:14987	U+06D60	浠	00000097	0.0012/万	99.9453%
No:14988	U+06EF0	滰	00000097	0.0012/万	99.9454%
No:14989	U+06EF5	滵	00000097	0.0012/万	99.9454%
No:14990	U+0734B	獋	00000097	0.0012/万	99.9454%
No:14991	U+07361	獡	00000097	0.0012/万	99.9454%
No:14992	U+073EC	珬	00000097	0.0012/万	99.9454%
No:14993	U+077D8	矘	00000097	0.0012/万	99.9455%
No:14994	U+0785E	硞	00000097	0.0012/万	99.9453%
No:14995	U+07A56	穖	00000097	0.0012/万	99.9453%
No:14996	U+07B8C	箌	00000097	0.0012/万	99.9453%
No:14997	U+0804E	聎	00000097	0.0012/万	99.9453%
No:14998	U+087A1	螡	00000097	0.0012/万	99.9453%
No:14999	U+08917	褗	00000097	0.0012/万	99.9454%
No:15000	U+091CA	释	00000097	0.0012/万	99.9455%

No:15001 U+091FE 釾 00000097 0.0012/万 99.9453%	No:15002 U+0927E 鉾 00000097 0.0012/万 99.9455%	No:15003 U+09B5B 魛 00000097 0.0012/万 99.9449%	No:15004 U+09D73 鵳 00000097 0.0012/万 99.9449%	No:15005 U+09D99 鶙 00000097 0.0012/万 99.9449%	No:15006 U+0EAE1 ⿰土冊 00000097 0.0012/万 99.9449%	No:15007 U+EA7 悲 00000097 0.0012/万 99.9451%	No:15008 U+EBD ⿰木茶 00000097 0.0012/万 99.9450%	No:15009 U+E6F ⿰木獻 00000097 0.0012/万 99.9450%	No:15010 U+EA0 ⿰吉殳 00000097 0.0012/万 99.9451%
No:15011 U+E4E ⿰目巠 00000097 0.0012/万 99.9451%	No:15012 U+F4D 礚 00000097 0.0012/万 99.9452%	No:15013 U+E37 ⿱艹易 00000097 0.0012/万 99.9452%	No:15014 U+E7E ⿱非巴 00000097 0.0012/万 99.9450%	No:15015 U+EF1 ⿰弋鳥 00000097 0.0012/万 99.9450%	No:15016 U+E9A ⿸虍鳥 00000097 0.0012/万 99.9450%	No:15017 U+035D0 㗐 00000096 0.0012/万 99.9457%	No:15018 U+0397D 㥽 00000096 0.0012/万 99.9457%	No:15019 U+03BD3 㯓 00000096 0.0012/万 99.9458%	No:15020 U+03DBF 㶿 00000096 0.0012/万 99.9456%
No:15021 U+040C1 䃁 00000096 0.0012/万 99.9456%	No:15022 U+040F2 䃲 00000096 0.0012/万 99.9456%	No:15023 U+040F4 䃴 00000096 0.0012/万 99.9458%	No:15024 U+045BA 䖺 00000096 0.0012/万 99.9456%	No:15025 U+045C3 䗃 00000096 0.0012/万 99.9457%	No:15026 U+04612 䘒 00000096 0.0012/万 99.9457%	No:15027 U+04BB7 䮷 00000096 0.0012/万 99.9456%	No:15028 U+05359 卙 00000096 0.0012/万 99.9456%	No:15029 U+053D0 叐 00000096 0.0012/万 99.9457%	No:15030 U+05888 墈 00000096 0.0012/万 99.9458%
No:15031 U+05F2F 弯 00000096 0.0012/万 99.9459%	No:15032 U+06107 愇 00000096 0.0012/万 99.9458%	No:15033 U+06290 抐 00000096 0.0012/万 99.9461%	No:15034 U+062AE 抮 00000096 0.0012/万 99.9459%	No:15035 U+066CB 曋 00000096 0.0012/万 99.9460%	No:15036 U+06932 椲 00000096 0.0012/万 99.9459%	No:15037 U+06FBD 澽 00000096 0.0012/万 99.9461%	No:15038 U+07244 牄 00000096 0.0012/万 99.9458%	No:15039 U+0733C 猼 00000096 0.0012/万 99.9460%	No:15040 U+07491 璑 00000096 0.0012/万 99.9460%
No:15041 U+07DC0 緀 00000096 0.0012/万 99.9460%	No:15042 U+08314 茔 00000096 0.0012/万 99.9458%	No:15043 U+083B9 莹 00000096 0.0012/万 99.9459%	No:15044 U+08685 蚅 00000096 0.0012/万 99.9459%	No:15045 U+086B8 蚸 00000096 0.0012/万 99.9460%	No:15046 U+0872B 蜫 00000096 0.0012/万 99.9460%	No:15047 U+087E9 蟩 00000096 0.0012/万 99.9459%	No:15048 U+0892E 褮 00000096 0.0012/万 99.9459%	No:15049 U+08B0B 謋 00000096 0.0012/万 99.9460%	No:15050 U+08D06 贆 00000096 0.0012/万 99.9458%
No:15051 U+08D68 赨 00000096 0.0012/万 99.9459%	No:15052 U+08EDE 軞 00000096 0.0012/万 99.9460%	No:15053 U+091C9 釉 00000096 0.0012/万 99.9459%	No:15054 U+09301 錁 00000096 0.0012/万 99.9458%	No:15055 U+098B2 颲 00000096 0.0012/万 99.9455%	No:15056 U+09F5E 齞 00000096 0.0012/万 99.9455%	No:15057 U+0EC51 鬱 00000096 0.0012/万 99.9456%	No:15058 U+E8F ⿰扌索 00000096 0.0012/万 99.9456%	No:15059 U+E33 ⿰卢又 00000096 0.0012/万 99.9457%	No:15060 U+E43 ⿰月正 00000096 0.0012/万 99.9457%
No:15061 U+E9B ⿰⻊也 00000096 0.0012/万 99.9457%	No:15062 U+03406 㐆 00000095 0.0012/万 99.9463%	No:15063 U+03B1A 㬚 00000095 0.0012/万 99.9462%	No:15064 U+03B58 㭘 00000095 0.0012/万 99.9462%	No:15065 U+04398 䎘 00000095 0.0012/万 99.9463%	No:15066 U+0444F 䑏 00000095 0.0012/万 99.9463%	No:15067 U+0453E 䔾 00000095 0.0012/万 99.9463%	No:15068 U+046A6 䚦 00000095 0.0012/万 99.9462%	No:15069 U+0478B 䞋 00000095 0.0012/万 99.9462%	No:15070 U+04D42 䵂 00000095 0.0012/万 99.9462%
No:15071 U+04E3C 丼 00000095 0.0012/万 99.9462%	No:15072 U+05665 噥 00000095 0.0012/万 99.9463%	No:15073 U+05700 圀 00000095 0.0012/万 99.9462%	No:15074 U+06404 搄 00000095 0.0012/万 99.9465%	No:15075 U+06660 晠 00000095 0.0012/万 99.9466%	No:15076 U+06692 暒 00000095 0.0012/万 99.9463%	No:15077 U+066C3 曃 00000095 0.0012/万 99.9464%	No:15078 U+06AE1 櫡 00000095 0.0012/万 99.9464%	No:15079 U+06B95 殕 00000095 0.0012/万 99.9465%	No:15080 U+06C0E 氎 00000095 0.0012/万 99.9465%
No:15081 U+06E28 湨 00000095 0.0012/万 99.9465%	No:15082 U+06FB0 澰 00000095 0.0012/万 99.9464%	No:15083 U+07062 灢 00000095 0.0012/万 99.9465%	No:15084 U+070DB 烛 00000095 0.0012/万 99.9464%	No:15085 U+07191 熑 00000095 0.0012/万 99.9465%	No:15086 U+072CD 狍 00000095 0.0012/万 99.9463%	No:15087 U+075C4 痄 00000095 0.0012/万 99.9466%	No:15088 U+0764A 癊 00000095 0.0012/万 99.9464%	No:15089 U+07FBA 羺 00000095 0.0012/万 99.9466%	No:15090 U+0805D 聝 00000095 0.0012/万 99.9465%
No:15091 U+0837A 荺 00000095 0.0012/万 99.9466%	No:15092 U+084C8 蓈 00000095 0.0012/万 99.9464%	No:15093 U+084F3 蓳 00000095 0.0012/万 99.9464%	No:15094 U+087D9 蟙 00000095 0.0012/万 99.9466%	No:15095 U+0880C 蠌 00000095 0.0012/万 99.9464%	No:15096 U+0883E 蠾 00000095 0.0012/万 99.9465%	No:15097 U+09073 遳 00000095 0.0012/万 99.9466%	No:15098 U+0927F 鉿 00000095 0.0012/万 99.9466%	No:15099 U+09A13 験 00000095 0.0012/万 99.9461%	No:15100 U+09B81 鮁 00000095 0.0012/万 99.9461%

No:15101 U+09EA0 麠 00000095 0.0012/万 99.9461%	No:15102 U+09F1F 鼟 00000095 0.0012/万 99.9461%	No:15103 U+0EB68 ⿰忄憲 00000095 0.0012/万 99.9461%	No:15104 U+0EECF 錘 00000095 0.0012/万 99.9461%	No:15105 U+E86 ⿰氵髓 00000095 0.0012/万 99.9463%	No:15106 U+EFC ⿰舟周 00000095 0.0012/万 99.9462%	No:15107 U+E6C ⿱大鼎 00000095 0.0012/万 99.9463%	No:15108 U+0366A 㙪 00000094 0.0011/万 99.9467%	No:15109 U+03698 㚘 00000094 0.0011/万 99.9468%	No:15110 U+03822 㠢 00000094 0.0011/万 99.9468%
No:15111 U+03DC9 㷉 00000094 0.0011/万 99.9467%	No:15112 U+0453A 䔺 00000094 0.0011/万 99.9467%	No:15113 U+04A85 䪅 00000094 0.0011/万 99.9469%	No:15114 U+04FC9 俉 00000094 0.0011/万 99.9468%	No:15115 U+06136 愶 00000094 0.0011/万 99.9470%	No:15116 U+0639D 掝 00000094 0.0011/万 99.9470%	No:15117 U+064C8 擈 00000094 0.0011/万 99.9469%	No:15118 U+0691C 検 00000094 0.0011/万 99.9470%	No:15119 U+06DCC 淌 00000094 0.0011/万 99.9470%	No:15120 U+071CC 燌 00000094 0.0011/万 99.9469%
No:15121 U+0776E 睮 00000094 0.0011/万 99.9470%	No:15122 U+07786 瞆 00000094 0.0011/万 99.9470%	No:15123 U+077AF 瞯 00000094 0.0011/万 99.9470%	No:15124 U+07CF0 糰 00000094 0.0011/万 99.9469%	No:15125 U+07FF7 翷 00000094 0.0011/万 99.9470%	No:15126 U+08241 艁 00000094 0.0011/万 99.9469%	No:15127 U+083A5 莥 00000094 0.0011/万 99.9471%	No:15128 U+08B61 譡 00000094 0.0011/万 99.9469%	No:15129 U+08BD7 诗 00000094 0.0011/万 99.9469%	No:15130 U+0921B 鈛 00000094 0.0011/万 99.9471%
No:15131 U+09841 顁 00000094 0.0011/万 99.9466%	No:15132 U+09B60 魠 00000094 0.0011/万 99.9466%	No:15133 U+09C55 鱕 00000094 0.0011/万 99.9467%	No:15134 U+09DFB 鷻 00000094 0.0011/万 99.9467%	No:15135 U+0EC03 ⿰窶攵 00000094 0.0011/万 99.9467%	No:15136 U+0EF0B ⿰馬总 00000094 0.0011/万 99.9467%	No:15137 U+E61 ⿰亻畢 00000094 0.0011/万 99.9467%	No:15138 U+EC5 榜 00000094 0.0011/万 99.9468%	No:15139 U+E5F ⿰火鼎 00000094 0.0011/万 99.9468%	No:15140 U+E56 ⿱𡗗言 00000094 0.0011/万 99.9468%
No:15141 U+EAa ⿰禾恖 00000094 0.0011/万 99.9468%	No:15142 U+E29 ⿰麥辛 00000094 0.0011/万 99.9468%	No:15143 U+E24 ⿰身出 00000094 0.0011/万 99.9469%	No:15144 U+EE1 ⿰虘式 00000094 0.0011/万 99.9469%	No:15145 U+0354E 㕎 00000093 0.0011/万 99.9472%	No:15146 U+039FA 㧺 00000093 0.0011/万 99.9472%	No:15147 U+03C46 㱆 00000093 0.0011/万 99.9472%	No:15148 U+03EC6 㻆 00000093 0.0011/万 99.9473%	No:15149 U+0401B 䀛 00000093 0.0011/万 99.9473%	No:15150 U+045A6 䖦 00000093 0.0011/万 99.9473%
No:15151 U+04748 䝈 00000093 0.0011/万 99.9473%	No:15152 U+05060 偠 00000093 0.0011/万 99.9474%	No:15153 U+0527B 剻 00000093 0.0011/万 99.9472%	No:15154 U+05540 啀 00000093 0.0011/万 99.9474%	No:15155 U+05798 垘 00000093 0.0011/万 99.9472%	No:15156 U+05CBA 岺 00000093 0.0011/万 99.9472%	No:15157 U+05D54 嵔 00000093 0.0011/万 99.9474%	No:15158 U+05EC5 廅 00000093 0.0011/万 99.9476%	No:15159 U+06225 戥 00000093 0.0011/万 99.9475%	No:15160 U+06235 戵 00000093 0.0011/万 99.9476%
No:15161 U+062AF 抯 00000093 0.0011/万 99.9474%	No:15162 U+0688C 梌 00000093 0.0011/万 99.9476%	No:15163 U+06ACF 櫏 00000093 0.0011/万 99.9476%	No:15164 U+06EB9 溹 00000093 0.0011/万 99.9475%	No:15165 U+06FBA 澺 00000093 0.0011/万 99.9476%	No:15166 U+07132 焲 00000093 0.0011/万 99.9475%	No:15167 U+076AC 皬 00000093 0.0011/万 99.9475%	No:15168 U+07969 祩 00000093 0.0011/万 99.9475%	No:15169 U+08045 联 00000093 0.0011/万 99.9475%	No:15170 U+082A0 芠 00000093 0.0011/万 99.9476%
No:15171 U+084AE 蒮 00000093 0.0011/万 99.9474%	No:15172 U+085E1 藡 00000093 0.0011/万 99.9475%	No:15173 U+08792 螒 00000093 0.0011/万 99.9476%	No:15174 U+087E1 蟡 00000093 0.0011/万 99.9474%	No:15175 U+088B9 袹 00000093 0.0011/万 99.9474%	No:15176 U+08D9C 趜 00000093 0.0011/万 99.9475%	No:15177 U+09350 鍐 00000093 0.0011/万 99.9474%	No:15178 U+0957C 镼 00000093 0.0011/万 99.9475%	No:15179 U+09B82 鮂 00000093 0.0011/万 99.9471%	No:15180 U+09BEC 鯬 00000093 0.0011/万 99.9471%
No:15181 U+09EF8 黸 00000093 0.0011/万 99.9471%	No:15182 U+0EA75 ⿱𦥯異 00000093 0.0011/万 99.9471%	No:15183 U+0EB33 ⿱穴甬 00000093 0.0011/万 99.9471%	No:15184 U+ED9 ⿱丕土 00000093 0.0011/万 99.9473%	No:15185 U+E4E 羊 00000093 0.0011/万 99.9471%	No:15186 U+FAF ⿸广矢 00000093 0.0011/万 99.9472%	No:15187 U+EAa ⿱丙心 00000093 0.0011/万 99.9473%	No:15188 U+E27 ⿹戈夊 00000093 0.0011/万 99.9473%	No:15189 U+E32 ⿰扌僕 00000093 0.0011/万 99.9473%	No:15190 U+E71 ⿰余毛 00000093 0.0011/万 99.9473%
No:15191 U+E44 ⿵风鬼 00000093 0.0011/万 99.9472%	No:15192 U+E72 ⿱艹儲 00000093 0.0011/万 99.9471%	No:15193 U+03442 㑂 00000092 0.0011/万 99.9477%	No:15194 U+03579 㕹 00000092 0.0011/万 99.9478%	No:15195 U+039D5 㧕 00000092 0.0011/万 99.9479%	No:15196 U+03D55 㵕 00000092 0.0011/万 99.9480%	No:15197 U+03EEB 㻫 00000092 0.0011/万 99.9479%	No:15198 U+03FE5 㿥 00000092 0.0011/万 99.9480%	No:15199 U+040CB 䃋 00000092 0.0011/万 99.9479%	No:15200 U+04358 䍘 00000092 0.0011/万 99.9478%

No:15201 U+043AB 䎫 00000092 0.0011/万 99.9478%	No:15202 U+04466 䑦 00000092 0.0011/万 99.9478%	No:15203 U+045E4 䗤 00000092 0.0011/万 99.9479%	No:15204 U+046C1 䛁 00000092 0.0011/万 99.9480%	No:15205 U+04928 䤨 00000092 0.0011/万 99.9477%	No:15206 U+04ABB 䪻 00000092 0.0011/万 99.9479%	No:15207 U+04CCB 䳋 00000092 0.0011/万 99.9479%	No:15208 U+050DF 僟 00000092 0.0011/万 99.9479%	No:15209 U+052B4 労 00000092 0.0011/万 99.9478%	No:15210 U+05447 呇 00000092 0.0011/万 99.9478%
No:15211 U+0565F 噟 00000092 0.0011/万 99.9477%	No:15212 U+05D0F 崏 00000092 0.0011/万 99.9480%	No:15213 U+05DBE 嶾 00000092 0.0011/万 99.9477%	No:15214 U+06274 扴 00000092 0.0011/万 99.9481%	No:15215 U+0692F 椯 00000092 0.0011/万 99.9481%	No:15216 U+06AD6 櫖 00000092 0.0011/万 99.9481%	No:15217 U+06DF4 淴 00000092 0.0011/万 99.9482%	No:15218 U+06E3D 渽 00000092 0.0011/万 99.9482%	No:15219 U+07065 灥 00000092 0.0011/万 99.9481%	No:15220 U+07557 畗 00000092 0.0011/万 99.9482%
No:15221 U+077B2 瞲 00000092 0.0011/万 99.9482%	No:15222 U+077BE 瞾 00000092 0.0011/万 99.9482%	No:15223 U+079FC 秼 00000092 0.0011/万 99.9481%	No:15224 U+07B4E 筎 00000092 0.0011/万 99.9481%	No:15225 U+08125 脥 00000092 0.0011/万 99.9482%	No:15226 U+08B15 謕 00000092 0.0011/万 99.9481%	No:15227 U+093C9 鏉 00000092 0.0011/万 99.9482%	No:15228 U+0966E 陮 00000092 0.0011/万 99.9481%	No:15229 U+09C1C 鰜 00000092 0.0011/万 99.9477%	No:15230 U+09C39 鰹 00000092 0.0011/万 99.9477%
No:15231 U+09D27 鴧 00000092 0.0011/万 99.9477%	No:15232 U+09F42 齂 00000092 0.0011/万 99.9476%	No:15233 U+0EC80 00000092 0.0011/万 99.9477%	No:15234 U+0EE4A 00000092 0.0011/万 99.9477%	No:15235 U+E71 ⿰亻霍 00000092 0.0011/万 99.9479%	No:15236 U+EE2 ⿰土孛 00000092 0.0011/万 99.9480%	No:15237 U+E6D ⿰山弇 00000092 0.0011/万 99.9480%	No:15238 U+EAa 滜 00000092 0.0011/万 99.9478%	No:15239 U+E30 ⿰米亶 00000092 0.0011/万 99.9478%	No:15240 U+E6D 鰁 00000092 0.0011/万 99.9481%
No:15241 U+E77 ⿰契鳥 00000092 0.0011/万 99.9479%	No:15242 U+E9D 鷩 00000092 0.0011/万 99.9480%	No:15243 U+E24 ⿰麦婁 00000092 0.0011/万 99.9480%	No:15244 U+03650 㙐 00000091 0.0011/万 99.9484%	No:15245 U+03D6B 㵫 00000091 0.0011/万 99.9485%	No:15246 U+03FCA 㿊 00000091 0.0011/万 99.9483%	No:15247 U+044F4 䓴 00000091 0.0011/万 99.9484%	No:15248 U+0467E 䙾 00000091 0.0011/万 99.9485%	No:15249 U+04B00 䬀 00000091 0.0011/万 99.9483%	No:15250 U+04B20 䬠 00000091 0.0011/万 99.9484%
No:15251 U+05017 倗 00000091 0.0011/万 99.9484%	No:15252 U+05CA5 岥 00000091 0.0011/万 99.9485%	No:15253 U+05EA2 庢 00000091 0.0011/万 99.9485%	No:15254 U+05EC0 廀 00000091 0.0011/万 99.9486%	No:15255 U+06152 慒 00000091 0.0011/万 99.9486%	No:15256 U+06334 挴 00000091 0.0011/万 99.9486%	No:15257 U+065B3 斳 00000091 0.0011/万 99.9487%	No:15258 U+067CC 柌 00000091 0.0011/万 99.9486%	No:15259 U+07501 甁 00000091 0.0011/万 99.9487%	No:15260 U+077CE 矎 00000091 0.0011/万 99.9486%
No:15261 U+07D2D 紭 00000091 0.0011/万 99.9485%	No:15262 U+0819B 膛 00000091 0.0011/万 99.9485%	No:15263 U+08601 蘁 00000091 0.0011/万 99.9486%	No:15264 U+086C2 蛂 00000091 0.0011/万 99.9485%	No:15265 U+08C91 貑 00000091 0.0011/万 99.9486%	No:15266 U+0927B 鉻 00000091 0.0011/万 99.9486%	No:15267 U+09BA4 鮤 00000091 0.0011/万 99.9482%	No:15268 U+0E83B 00000091 0.0011/万 99.9483%	No:15269 U+0EAE8 00000091 0.0011/万 99.9482%	No:15270 U+0EDC0 00000091 0.0011/万 99.9483%
No:15271 U+0EE03 00000091 0.0011/万 99.9483%	No:15272 U+0EE09 00000091 0.0011/万 99.9483%	No:15273 U+E73 ⿰忄咸 00000091 0.0011/万 99.9485%	No:15274 U+EEA ⿰扌罰 00000091 0.0011/万 99.9483%	No:15275 U+E23 ⿰氵羅 00000091 0.0011/万 99.9484%	No:15276 U+E31 ⿰白宛 00000091 0.0011/万 99.9484%	No:15277 U+FC5 ⿰羊古 00000091 0.0011/万 99.9485%	No:15278 U+EE5 ⿰金屈 00000091 0.0011/万 99.9483%	No:15279 U+E1E ⿰馬真 00000091 0.0011/万 99.9484%	No:15280 U+E0D 鶩 00000091 0.0011/万 99.9484%
No:15281 U+E27 鸝 00000091 0.0011/万 99.9484%	No:15282 U+0355F 㕟 00000090 0.0011/万 99.9489%	No:15283 U+03660 㙠 00000090 0.0011/万 99.9488%	No:15284 U+03810 㠐 00000090 0.0011/万 99.9489%	No:15285 U+03C61 㱡 00000090 0.0011/万 99.9490%	No:15286 U+03F96 㾖 00000090 0.0011/万 99.9488%	No:15287 U+040E4 䃤 00000090 0.0011/万 99.9491%	No:15288 U+041F6 䇶 00000090 0.0011/万 99.9489%	No:15289 U+04204 䈄 00000090 0.0011/万 99.9490%	No:15290 U+0430C 䌌 00000090 0.0011/万 99.9488%
No:15291 U+04586 䖆 00000090 0.0011/万 99.9488%	No:15292 U+045D0 䗐 00000090 0.0011/万 99.9490%	No:15293 U+04D39 䴹 00000090 0.0011/万 99.9489%	No:15294 U+051C5 凅 00000090 0.0011/万 99.9491%	No:15295 U+052E5 勥 00000090 0.0011/万 99.9491%	No:15296 U+0586F 塯 00000090 0.0011/万 99.9489%	No:15297 U+05C85 岅 00000090 0.0011/万 99.9491%	No:15298 U+05D4D 嵍 00000090 0.0011/万 99.9489%	No:15299 U+05D5C 嵜 00000090 0.0011/万 99.9488%	No:15300 U+06038 怸 00000090 0.0011/万 99.9491%

No:15301 U+066D3 曓 00000090 0.0011/万 99.9491%	No:15302 U+06A60 橠 00000090 0.0011/万 99.9494%	No:15303 U+06AC5 櫅 00000090 0.0011/万 99.9493%	No:15304 U+06B9F 殟 00000090 0.0011/万 99.9492%	No:15305 U+07047 灇 00000090 0.0011/万 99.9492%	No:15306 U+07209 爉 00000090 0.0011/万 99.9492%	No:15307 U+07298 犘 00000090 0.0011/万 99.9493%	No:15308 U+074A6 璦 00000090 0.0011/万 99.9494%	No:15309 U+079AF 禯 00000090 0.0011/万 99.9494%	No:15310 U+07BFC 篼 00000090 0.0011/万 99.9491%
No:15311 U+07C57 籗 00000090 0.0011/万 99.9492%	No:15312 U+07CF1 糱 00000090 0.0011/万 99.9493%	No:15313 U+0838F 莏 00000090 0.0011/万 99.9493%	No:15314 U+08529 蔩 00000090 0.0011/万 99.9494%	No:15315 U+08544 蕄 00000090 0.0011/万 99.9492%	No:15316 U+08741 蝁 00000090 0.0011/万 99.9492%	No:15317 U+087B7 螷 00000090 0.0011/万 99.9493%	No:15318 U+08952 襒 00000090 0.0011/万 99.9493%	No:15319 U+0897C 襼 00000090 0.0011/万 99.9493%	No:15320 U+0897E 覀 00000090 0.0011/万 99.9492%
No:15321 U+08D86 趆 00000090 0.0011/万 99.9493%	No:15322 U+08F21 輡 00000090 0.0011/万 99.9492%	No:15323 U+092AD 銭 00000090 0.0011/万 99.9493%	No:15324 U+09687 隇 00000090 0.0011/万 99.9492%	No:15325 U+09771 靱 00000090 0.0011/万 99.9487%	No:15326 U+09819 頙 00000090 0.0011/万 99.9487%	No:15327 U+09961 饡 00000090 0.0011/万 99.9487%	No:15328 U+099AA 馪 00000090 0.0011/万 99.9487%	No:15329 U+09BAF 鮯 00000090 0.0011/万 99.9488%	No:15330 U+09BB0 鮰 00000090 0.0011/万 99.9487%
No:15331 U+09C5E 鱞 00000090 0.0011/万 99.9488%	No:15332 U+0EB5B [illegible] 00000090 0.0011/万 99.9487%	No:15333 U+0EBA9 怪 00000090 0.0011/万 99.9487%	No:15334 U+0EC83 淩 00000090 0.0011/万 99.9488%	No:15335 U+ECa [illegible] 00000090 0.0011/万 99.9491%	No:15336 U+EA8 [illegible] 00000090 0.0011/万 99.9490%	No:15337 U+E70 [illegible] 00000090 0.0011/万 99.9488%	No:15338 U+EFF [illegible] 00000090 0.0011/万 99.9490%	No:15339 U+EE8 [illegible] 00000090 0.0011/万 99.9490%	No:15340 U+E57 [illegible] 00000090 0.0011/万 99.9490%
No:15341 U+E1F [illegible] 00000090 0.0011/万 99.9489%	No:15342 U+E2A [illegible] 00000090 0.0011/万 99.9489%	No:15343 U+E59 [illegible] 00000090 0.0011/万 99.9490%	No:15344 U+E3E [illegible] 00000090 0.0011/万 99.9491%	No:15345 U+EE3 [illegible] 00000090 0.0011/万 99.9489%	No:15346 U+034C3 㓃 00000089 0.0011/万 99.9496%	No:15347 U+03791 㞑 00000089 0.0011/万 99.9497%	No:15348 U+037D0 㟐 00000089 0.0011/万 99.9497%	No:15349 U+03D87 㶇 00000089 0.0011/万 99.9496%	No:15350 U+03E48 㹈 00000089 0.0011/万 99.9497%
No:15351 U+03FE0 㿠 00000089 0.0011/万 99.9496%	No:15352 U+04156 䅖 00000089 0.0011/万 99.9495%	No:15353 U+0420F 䈏 00000089 0.0011/万 99.9496%	No:15354 U+043CE 䏎 00000089 0.0011/万 99.9497%	No:15355 U+04C52 䱒 00000089 0.0011/万 99.9495%	No:15356 U+04F1A 会 00000089 0.0011/万 99.9498%	No:15357 U+05051 偑 00000089 0.0011/万 99.9496%	No:15358 U+0599F 妟 00000089 0.0011/万 99.9496%	No:15359 U+05E88 庈 00000089 0.0011/万 99.9498%	No:15360 U+06C8F 沏 00000089 0.0011/万 99.9498%
No:15361 U+06F3A 漺 00000089 0.0011/万 99.9499%	No:15362 U+06FF2 濲 00000089 0.0011/万 99.9499%	No:15363 U+07888 碈 00000089 0.0011/万 99.9499%	No:15364 U+079E5 秥 00000089 0.0011/万 99.9498%	No:15365 U+07A7C 穼 00000089 0.0011/万 99.9500%	No:15366 U+07A82 窂 00000089 0.0011/万 99.9499%	No:15367 U+07BDE 篞 00000089 0.0011/万 99.9498%	No:15368 U+07C74 籴 00000089 0.0011/万 99.9499%	No:15369 U+07D4C 経 00000089 0.0011/万 99.9499%	No:15370 U+08016 耖 00000089 0.0011/万 99.9500%
No:15371 U+080A8 肨 00000089 0.0011/万 99.9499%	No:15372 U+082EE 苮 00000089 0.0011/万 99.9500%	No:15373 U+08527 蔧 00000089 0.0011/万 99.9498%	No:15374 U+0861F 蘟 00000089 0.0011/万 99.9498%	No:15375 U+08687 蚇 00000089 0.0011/万 99.9500%	No:15376 U+087F0 蟰 00000089 0.0011/万 99.9498%	No:15377 U+088B8 袸 00000089 0.0011/万 99.9499%	No:15378 U+08ABA 誺 00000089 0.0011/万 99.9498%	No:15379 U+09062 遢 00000089 0.0011/万 99.9499%	No:15380 U+092BB 銻 00000089 0.0011/万 99.9500%
No:15381 U+09735 霵 00000089 0.0011/万 99.9494%	No:15382 U+099A7 馧 00000089 0.0011/万 99.9495%	No:15383 U+09D31 鴱 00000089 0.0011/万 99.9494%	No:15384 U+09DFC 鷼 00000089 0.0011/万 99.9495%	No:15385 U+09F40 齀 00000089 0.0011/万 99.9495%	No:15386 U+0E799 [illegible] 00000089 0.0011/万 99.9494%	No:15387 U+0EAE4 [illegible] 00000089 0.0011/万 99.9495%	No:15388 U+0EBA1 徒 00000089 0.0011/万 99.9495%	No:15389 U+0EBB2 [illegible] 00000089 0.0011/万 99.9495%	No:15390 U+0ECBD [illegible] 00000089 0.0011/万 99.9494%
No:15391 U+0EE52 誤 00000089 0.0011/万 99.9495%	No:15392 U+ED5 [illegible] 00000089 0.0011/万 99.9497%	No:15393 U+E15 [illegible] 00000089 0.0011/万 99.9497%	No:15394 U+E47 [illegible] 00000089 0.0011/万 99.9496%	No:15395 U+E77 [illegible] 00000089 0.0011/万 99.9496%	No:15396 U+E89 [illegible] 00000089 0.0011/万 99.9497%	No:15397 U+EFD [illegible] 00000089 0.0011/万 99.9497%	No:15398 U+E50 [illegible] 00000089 0.0011/万 99.9496%	No:15399 U+EA9 [illegible] 00000089 0.0011/万 99.9497%	No:15400 U+03404 㐄 00000088 0.0011/万 99.9502%

No:15401 U+0385C 㡜 00000088 0.0011/万 99.9501%	No:15402 U+03C59 㱙 00000088 0.0011/万 99.9501%	No:15403 U+03CD8 㳘 00000088 0.0011/万 99.9503%	No:15404 U+03D4B 㵋 00000088 0.0011/万 99.9501%	No:15405 U+03F90 㾐 00000088 0.0011/万 99.9503%	No:15406 U+043B9 䎹 00000088 0.0011/万 99.9502%	No:15407 U+04674 䙴 00000088 0.0011/万 99.9503%	No:15408 U+04ACF 䫏 00000088 0.0011/万 99.9504%	No:15409 U+04E1C 东 00000088 0.0011/万 99.9501%	No:15410 U+0507B 偻 00000088 0.0011/万 99.9503%
No:15411 U+05309 匉 00000088 0.0011/万 99.9502%	No:15412 U+0564B 噋 00000088 0.0011/万 99.9502%	No:15413 U+05772 坲 00000088 0.0011/万 99.9502%	No:15414 U+057C5 埅 00000088 0.0011/万 99.9502%	No:15415 U+05A12 娒 00000088 0.0011/万 99.9502%	No:15416 U+05B56 孖 00000088 0.0011/万 99.9501%	No:15417 U+05B7E 孾 00000088 0.0011/万 99.9503%	No:15418 U+05E29 帩 00000088 0.0011/万 99.9503%	No:15419 U+060FC 惼 00000088 0.0011/万 99.9505%	No:15420 U+06154 慔 00000088 0.0011/万 99.9506%
No:15421 U+0646E 摮 00000088 0.0011/万 99.9505%	No:15422 U+06740 杀 00000088 0.0011/万 99.9504%	No:15423 U+067AC 枬 00000088 0.0011/万 99.9505%	No:15424 U+06948 楈 00000088 0.0011/万 99.9505%	No:15425 U+06A43 橃 00000088 0.0011/万 99.9506%	No:15426 U+06C53 汓 00000088 0.0011/万 99.9504%	No:15427 U+06FE6 濦 00000088 0.0011/万 99.9506%	No:15428 U+074D3 瓓 00000088 0.0011/万 99.9506%	No:15429 U+07959 祙 00000088 0.0011/万 99.9505%	No:15430 U+07AA1 窡 00000088 0.0011/万 99.9505%
No:15431 U+07E97 纗 00000088 0.0011/万 99.9504%	No:15432 U+07F64 罤 00000088 0.0011/万 99.9506%	No:15433 U+07FB7 羷 00000088 0.0011/万 99.9505%	No:15434 U+084AC 蒬 00000088 0.0011/万 99.9504%	No:15435 U+0860C 蘌 00000088 0.0011/万 99.9506%	No:15436 U+0868F 蚏 00000088 0.0011/万 99.9506%	No:15437 U+08795 螕 00000088 0.0011/万 99.9504%	No:15438 U+088EA 裪 00000088 0.0011/万 99.9505%	No:15439 U+08FE1 迡 00000088 0.0011/万 99.9505%	No:15440 U+0925D 鉝 00000088 0.0011/万 99.9504%
No:15441 U+0974A 靊 00000088 0.0011/万 99.9500%	No:15442 U+09827 頧 00000088 0.0011/万 99.9500%	No:15443 U+09B71 魱 00000088 0.0011/万 99.9501%	No:15444 U+09C6C 鱬 00000088 0.0011/万 99.9501%	No:15445 U+09EB3 麳 00000088 0.0011/万 99.9500%	No:15446 U+0E793 ⿰虫弓 00000088 0.0011/万 99.9501%	No:15447 U+0EC47 楢 00000088 0.0011/万 99.9500%	No:15448 U+0F589 ⿰弓爪 00000088 0.0011/万 99.9501%	No:15449 U+E05 ⿰口留 00000088 0.0011/万 99.9503%	No:15450 U+EDC 蟦 00000088 0.0011/万 99.9502%
No:15451 U+EE4 ⿰虫敫 00000088 0.0011/万 99.9503%	No:15452 U+E5C ⿰言侖 00000088 0.0011/万 99.9503%	No:15453 U+E38 ⿱弜鬲 00000088 0.0011/万 99.9502%	No:15454 U+E6B ⿰鼠卯 00000088 0.0011/万 99.9504%	No:15455 U+037DD 㟝 00000087 0.0011/万 99.9508%	No:15456 U+03ADD 㫝 00000087 0.0011/万 99.9509%	No:15457 U+03BCB 㯋 00000087 0.0011/万 99.9508%	No:15458 U+03CB0 㲰 00000087 0.0011/万 99.9509%	No:15459 U+03CC1 㳁 00000087 0.0011/万 99.9508%	No:15460 U+04432 䐲 00000087 0.0011/万 99.9508%
No:15461 U+047E4 䟤 00000087 0.0011/万 99.9507%	No:15462 U+0490B 䤋 00000087 0.0011/万 99.9507%	No:15463 U+05534 唴 00000087 0.0011/万 99.9508%	No:15464 U+055A6 喦 00000087 0.0011/万 99.9509%	No:15465 U+059D5 姕 00000087 0.0011/万 99.9507%	No:15466 U+05D13 崓 00000087 0.0011/万 99.9508%	No:15467 U+05F1E 弞 00000087 0.0011/万 99.9510%	No:15468 U+06347 捇 00000087 0.0011/万 99.9510%	No:15469 U+06716 朖 00000087 0.0011/万 99.9510%	No:15470 U+06813 栓 00000087 0.0011/万 99.9511%
No:15471 U+06A83 檃 00000087 0.0011/万 99.9511%	No:15472 U+06C71 汱 00000087 0.0011/万 99.9511%	No:15473 U+06D7A 浺 00000087 0.0011/万 99.9511%	No:15474 U+070C7 烇 00000087 0.0011/万 99.9509%	No:15475 U+0737D 獽 00000087 0.0011/万 99.9510%	No:15476 U+074A2 璢 00000087 0.0011/万 99.9511%	No:15477 U+075C6 痆 00000087 0.0011/万 99.9511%	No:15478 U+07914 礔 00000087 0.0011/万 99.9510%	No:15479 U+07BEC 篬 00000087 0.0011/万 99.9510%	No:15480 U+0815E 腞 00000087 0.0011/万 99.9509%
No:15481 U+081D2 臒 00000087 0.0011/万 99.9509%	No:15482 U+083FA 菺 00000087 0.0011/万 99.9509%	No:15483 U+088FA 裺 00000087 0.0011/万 99.9511%	No:15484 U+089F0 觰 00000087 0.0011/万 99.9510%	No:15485 U+08B05 謅 00000087 0.0011/万 99.9510%	No:15486 U+08C6F 豯 00000087 0.0011/万 99.9512%	No:15487 U+08D30 贰 00000087 0.0011/万 99.9510%	No:15488 U+08EA4 躤 00000087 0.0011/万 99.9511%	No:15489 U+09395 鎕 00000087 0.0011/万 99.9511%	No:15490 U+09BE6 鯦 00000087 0.0011/万 99.9507%
No:15491 U+09DE7 鷧 00000087 0.0011/万 99.9507%	No:15492 U+0E789 川 00000087 0.0011/万 99.9507%	No:15493 U+0EB0B 喬 00000087 0.0011/万 99.9506%	No:15494 U+0EC39 枵 00000087 0.0011/万 99.9507%	No:15495 U+0ED2D 癧 00000087 0.0011/万 99.9506%	No:15496 U+ED2 ⿰⿸厂大刂 00000087 0.0011/万 99.9507%	No:15497 U+E3F ⿱與土 00000087 0.0011/万 99.9508%	No:15498 U+E58 ⿱大癸 00000087 0.0011/万 99.9508%	No:15499 U+ECE ⿹戈⿸厂目 00000087 0.0011/万 99.9509%	No:15500 U+EA4 ⿰禾巴 00000087 0.0011/万 99.9507%

No:15501 U+EDA ⿰虫邦 00000087 0.0011/万 99.9508%	No:15502 U+E6E ⿰阝瓦 00000087 0.0011/万 99.9509%	No:15503 U+EB4 ⿰骨亏 00000087 0.0011/万 99.9507%	No:15504 U+035A7 㖧 00000086 0.0010/万 99.9513%	No:15505 U+03A87 㪇 00000086 0.0010/万 99.9513%	No:15506 U+03AEE 㫮 00000086 0.0010/万 99.9513%	No:15507 U+044D8 䓘 00000086 0.0010/万 99.9513%	No:15508 U+04598 䖘 00000086 0.0010/万 99.9514%	No:15509 U+04D4E 䵎 00000086 0.0010/万 99.9512%	No:15510 U+05276 剶 00000086 0.0010/万 99.9513%
No:15511 U+05A60 婠 00000086 0.0010/万 99.9514%	No:15512 U+05B22 嬢 00000086 0.0010/万 99.9513%	No:15513 U+061E1 懡 00000086 0.0010/万 99.9514%	No:15514 U+06531 攱 00000086 0.0010/万 99.9516%	No:15515 U+066B3 暳 00000086 0.0010/万 99.9516%	No:15516 U+067ED 柭 00000086 0.0010/万 99.9514%	No:15517 U+06F63 潣 00000086 0.0010/万 99.9515%	No:15518 U+07024 瀤 00000086 0.0010/万 99.9515%	No:15519 U+0786D 硭 00000086 0.0010/万 99.9515%	No:15520 U+07A65 穥 00000086 0.0010/万 99.9515%
No:15521 U+07B18 笘 00000086 0.0010/万 99.9514%	No:15522 U+0812E 脮 00000086 0.0010/万 99.9516%	No:15523 U+0815B 腛 00000086 0.0010/万 99.9514%	No:15524 U+08285 芅 00000086 0.0010/万 99.9516%	No:15525 U+08427 萧 00000086 0.0010/万 99.9515%	No:15526 U+084A5 蒥 00000086 0.0010/万 99.9514%	No:15527 U+08686 蚆 00000086 0.0010/万 99.9515%	No:15528 U+086E7 蛧 00000086 0.0010/万 99.9515%	No:15529 U+087B9 螹 00000086 0.0010/万 99.9515%	No:15530 U+087C5 蟅 00000086 0.0010/万 99.9516%
No:15531 U+089EF 觯 00000086 0.0010/万 99.9516%	No:15532 U+08A8B 誋 00000086 0.0010/万 99.9516%	No:15533 U+08B18 謘 00000086 0.0010/万 99.9517%	No:15534 U+08F27 輧 00000086 0.0010/万 99.9514%	No:15535 U+08FAC 辬 00000086 0.0010/万 99.9516%	No:15536 U+08FFF 迿 00000086 0.0010/万 99.9516%	No:15537 U+092DA 鋚 00000086 0.0010/万 99.9514%	No:15538 U+0933D 錽 00000086 0.0010/万 99.9515%	No:15539 U+096E7 雧 00000086 0.0010/万 99.9516%	No:15540 U+097A5 鞥 00000086 0.0010/万 99.9512%
No:15541 U+09861 顡 00000086 0.0010/万 99.9512%	No:15542 U+09A63 驣 00000086 0.0010/万 99.9512%	No:15543 U+09C26 鰦 00000086 0.0010/万 99.9512%	No:15544 U+09ED6 黖 00000086 0.0010/万 99.9512%	No:15545 U+EB0 ⿸厂百 00000086 0.0010/万 99.9513%	No:15546 U+ED8 ⿰日生 00000086 0.0010/万 99.9513%	No:15547 U+EB6 ⿰目寥 00000086 0.0010/万 99.9512%	No:15548 U+EB5 ⿺辶革 00000086 0.0010/万 99.9512%	No:15549 U+EAD ⿱雨黽 00000086 0.0010/万 99.9513%	No:15550 U+035A9 㖩 00000085 0.0010/万 99.9519%
No:15551 U+035C1 㗁 00000085 0.0010/万 99.9520%	No:15552 U+03849 㡉 00000085 0.0010/万 99.9520%	No:15553 U+038C7 㣇 00000085 0.0010/万 99.9518%	No:15554 U+03976 㥶 00000085 0.0010/万 99.9519%	No:15555 U+03D80 㶀 00000085 0.0010/万 99.9520%	No:15556 U+043E7 䏧 00000085 0.0010/万 99.9519%	No:15557 U+046F3 䛳 00000085 0.0010/万 99.9517%	No:15558 U+049AF 䦯 00000085 0.0010/万 99.9518%	No:15559 U+04A5C 䩜 00000085 0.0010/万 99.9518%	No:15560 U+04A7A 䩺 00000085 0.0010/万 99.9518%
No:15561 U+05431 吱 00000085 0.0010/万 99.9518%	No:15562 U+05490 咐 00000085 0.0010/万 99.9520%	No:15563 U+0559B 喛 00000085 0.0010/万 99.9520%	No:15564 U+05707 圇 00000085 0.0010/万 99.9520%	No:15565 U+05C18 尘 00000085 0.0010/万 99.9519%	No:15566 U+05DDA 巚 00000085 0.0010/万 99.9519%	No:15567 U+0622B 戫 00000085 0.0010/万 99.9520%	No:15568 U+06943 楃 00000085 0.0010/万 99.9521%	No:15569 U+06949 楉 00000085 0.0010/万 99.9522%	No:15570 U+06A7E 橾 00000085 0.0010/万 99.9521%
No:15571 U+06D1D 洝 00000085 0.0010/万 99.9520%	No:15572 U+070C6 烆 00000085 0.0010/万 99.9521%	No:15573 U+07776 睶 00000085 0.0010/万 99.9520%	No:15574 U+077B4 瞴 00000085 0.0010/万 99.9521%	No:15575 U+077D3 矓 00000085 0.0010/万 99.9522%	No:15576 U+078D2 磒 00000085 0.0010/万 99.9521%	No:15577 U+07BB0 箰 00000085 0.0010/万 99.9521%	No:15578 U+08397 莗 00000085 0.0010/万 99.9521%	No:15579 U+08887 袇 00000085 0.0010/万 99.9521%	No:15580 U+089DB 觛 00000085 0.0010/万 99.9521%
No:15581 U+08C81 貁 00000085 0.0010/万 99.9522%	No:15582 U+09B8A 鮊 00000085 0.0010/万 99.9517%	No:15583 U+09BE5 鯥 00000085 0.0010/万 99.9517%	No:15584 U+09D80 鶀 00000085 0.0010/万 99.9517%	No:15585 U+0EA65 ⿱人羊 00000085 0.0010/万 99.9517%	No:15586 U+0EBD5 ⿺辶燮 00000085 0.0010/万 99.9517%	No:15587 U+0EE0B ⿱莫男 00000085 0.0010/万 99.9517%	No:15588 U+E74 ⿰𠦝戈 00000085 0.0010/万 99.9518%	No:15589 U+E17 瞬 00000085 0.0010/万 99.9518%	No:15590 U+EC1 桸 00000085 0.0010/万 99.9518%
No:15591 U+E4F 灩 00000085 0.0010/万 99.9519%	No:15592 U+E9B ⿰王吉 00000085 0.0010/万 99.9520%	No:15593 U+E81 ⿰月癸 00000085 0.0010/万 99.9518%	No:15594 U+E2C ⿰舟冓 00000085 0.0010/万 99.9519%	No:15595 U+EF3 啇 00000085 0.0010/万 99.9517%	No:15596 U+EE7 ⿰虫尹 00000085 0.0010/万 99.9519%	No:15597 U+E8B ⿱雋食 00000085 0.0010/万 99.9519%	No:15598 U+03C65 㱥 00000084 0.0010/万 99.9523%	No:15599 U+04173 䅳 00000084 0.0010/万 99.9524%	No:15600 U+04249 䉉 00000084 0.0010/万 99.9524%

No:15601 U+042AE 䊮 00000084 0.0010/万 99.9524%	No:15602 U+04316 䌖 00000084 0.0010/万 99.9525%	No:15603 U+043C1 䏁 00000084 0.0010/万 99.9523%	No:15604 U+04434 䐴 00000084 0.0010/万 99.9523%	No:15605 U+04A6D 䩭 00000084 0.0010/万 99.9522%	No:15606 U+04B2F 䬯 00000084 0.0010/万 99.9523%	No:15607 U+04C07 䰇 00000084 0.0010/万 99.9524%	No:15608 U+04C32 䰲 00000084 0.0010/万 99.9525%	No:15609 U+04EB2 亲 00000084 0.0010/万 99.9524%	No:15610 U+05045 偅 00000084 0.0010/万 99.9522%
No:15611 U+053B1 厱 00000084 0.0010/万 99.9522%	No:15612 U+05421 吡 00000084 0.0010/万 99.9522%	No:15613 U+054F0 哰 00000084 0.0010/万 99.9523%	No:15614 U+05648 噈 00000084 0.0010/万 99.9523%	No:15615 U+056A7 嚧 00000084 0.0010/万 99.9523%	No:15616 U+05797 垗 00000084 0.0010/万 99.9524%	No:15617 U+05836 堶 00000084 0.0010/万 99.9524%	No:15618 U+0583F 堿 00000084 0.0010/万 99.9523%	No:15619 U+05990 妐 00000084 0.0010/万 99.9524%	No:15620 U+05EE6 廦 00000084 0.0010/万 99.9525%
No:15621 U+062A6 抦 00000084 0.0010/万 99.9525%	No:15622 U+06997 榗 00000084 0.0010/万 99.9526%	No:15623 U+069B6 榶 00000084 0.0010/万 99.9527%	No:15624 U+06E78 湸 00000084 0.0010/万 99.9527%	No:15625 U+06FFF 濿 00000084 0.0010/万 99.9526%	No:15626 U+07053 灓 00000084 0.0010/万 99.9527%	No:15627 U+072A9 犩 00000084 0.0010/万 99.9525%	No:15628 U+0759E 疞 00000084 0.0010/万 99.9526%	No:15629 U+07710 眐 00000084 0.0010/万 99.9527%	No:15630 U+07815 砕 00000084 0.0010/万 99.9525%
No:15631 U+07C49 籉 00000084 0.0010/万 99.9525%	No:15632 U+07DE2 緢 00000084 0.0010/万 99.9527%	No:15633 U+08190 膐 00000084 0.0010/万 99.9525%	No:15634 U+08420 萠 00000084 0.0010/万 99.9526%	No:15635 U+084AA 蒪 00000084 0.0010/万 99.9526%	No:15636 U+08509 蔉 00000084 0.0010/万 99.9526%	No:15637 U+086C3 蛃 00000084 0.0010/万 99.9526%	No:15638 U+0878A 螊 00000084 0.0010/万 99.9527%	No:15639 U+08DAC 趬 00000084 0.0010/万 99.9526%	No:15640 U+08E73 蹳 00000084 0.0010/万 99.9525%
No:15641 U+0908C 邌 00000084 0.0010/万 99.9526%	No:15642 U+0920B 鈋 00000084 0.0010/万 99.9525%	No:15643 U+097E5 韥 00000084 0.0010/万 99.9522%	No:15644 U+09DD0 鷐 00000084 0.0010/万 99.9522%	No:15645 U+EE5 [illegible] 00000084 0.0010/万 99.9523%	No:15646 U+EEA [illegible] 00000084 0.0010/万 99.9524%	No:15647 U+EA1 [illegible] 00000084 0.0010/万 99.9523%	No:15648 U+0348B 㒋 00000083 0.0010/万 99.9529%	No:15649 U+035F1 㗱 00000083 0.0010/万 99.9528%	No:15650 U+03D63 㵣 00000083 0.0010/万 99.9528%
No:15651 U+03DA3 㶣 00000083 0.0010/万 99.9529%	No:15652 U+04572 䕲 00000083 0.0010/万 99.9529%	No:15653 U+04628 䘨 00000083 0.0010/万 99.9528%	No:15654 U+048C4 䣄 00000083 0.0010/万 99.9530%	No:15655 U+05122 儢 00000083 0.0010/万 99.9530%	No:15656 U+05461 呡 00000083 0.0010/万 99.9529%	No:15657 U+05489 咉 00000083 0.0010/万 99.9529%	No:15658 U+05AE2 嫢 00000083 0.0010/万 99.9528%	No:15659 U+05D65 嵥 00000083 0.0010/万 99.9528%	No:15660 U+0601E 怞 00000083 0.0010/万 99.9531%
No:15661 U+066D1 曑 00000083 0.0010/万 99.9531%	No:15662 U+06B99 殙 00000083 0.0010/万 99.9530%	No:15663 U+06BA5 殥 00000083 0.0010/万 99.9531%	No:15664 U+06C7B 汻 00000083 0.0010/万 99.9530%	No:15665 U+070A3 炣 00000083 0.0010/万 99.9531%	No:15666 U+072B3 犳 00000083 0.0010/万 99.9532%	No:15667 U+07C8A 粊 00000083 0.0010/万 99.9530%	No:15668 U+08582 薂 00000083 0.0010/万 99.9532%	No:15669 U+085E6 藦 00000083 0.0010/万 99.9532%	No:15670 U+087F4 蟴 00000083 0.0010/万 99.9532%
No:15671 U+08820 蠠 00000083 0.0010/万 99.9531%	No:15672 U+089A2 覢 00000083 0.0010/万 99.9530%	No:15673 U+08ACE 諎 00000083 0.0010/万 99.9532%	No:15674 U+08B22 謢 00000083 0.0010/万 99.9531%	No:15675 U+08E78 蹸 00000083 0.0010/万 99.9531%	No:15676 U+09409 鐉 00000083 0.0010/万 99.9531%	No:15677 U+09427 鐧 00000083 0.0010/万 99.9530%	No:15678 U+09652 陒 00000083 0.0010/万 99.9531%	No:15679 U+097F0 韰 00000083 0.0010/万 99.9527%	No:15680 U+0992A 餪 00000083 0.0010/万 99.9527%
No:15681 U+09D75 鵵 00000083 0.0010/万 99.9527%	No:15682 U+0ED22 [illegible] 00000083 0.0010/万 99.9528%	No:15683 U+0F0A2 [illegible] 00000083 0.0010/万 99.9528%	No:15684 U+EC0 [illegible] 00000083 0.0010/万 99.9529%	No:15685 U+E1B [illegible] 00000083 0.0010/万 99.9529%	No:15686 U+EE3 [illegible] 00000083 0.0010/万 99.9528%	No:15687 U+EA6 [illegible] 00000083 0.0010/万 99.9528%	No:15688 U+EBC [illegible] 00000083 0.0010/万 99.9529%	No:15689 U+E52 蔦 00000083 0.0010/万 99.9530%	No:15690 U+E03 [illegible] 00000083 0.0010/万 99.9530%
No:15691 U+E56 [illegible] 00000083 0.0010/万 99.9530%	No:15692 U+E99 [illegible] 00000083 0.0010/万 99.9528%	No:15693 U+EF8 [illegible] 00000083 0.0010/万 99.9529%	No:15694 U+03B2E 㬮 00000082 0.0010/万 99.9533%	No:15695 U+03C0E 㰎 00000082 0.0010/万 99.9537%	No:15696 U+03CCC 㳌 00000082 0.0010/万 99.9535%	No:15697 U+03CDB 㳛 00000082 0.0010/万 99.9535%	No:15698 U+03D32 㴲 00000082 0.0010/万 99.9537%	No:15699 U+03E32 㸲 00000082 0.0010/万 99.9536%	No:15700 U+03EB7 㺷 00000082 0.0010/万 99.9535%

No:15701 U+04023 䀣 00000082 0.0010/万 99.9534%	No:15702 U+045F2 䗲 00000082 0.0010/万 99.9535%	No:15703 U+0460D 䘍 00000082 0.0010/万 99.9534%	No:15704 U+04638 䘸 00000082 0.0010/万 99.9533%	No:15705 U+046A7 䚧 00000082 0.0010/万 99.9535%	No:15706 U+04B6B 䭫 00000082 0.0010/万 99.9534%	No:15707 U+04D4B 䵋 00000082 0.0010/万 99.9534%	No:15708 U+04F35 伵 00000082 0.0010/万 99.9535%	No:15709 U+05E71 幱 00000082 0.0010/万 99.9538%	No:15710 U+0604E 恎 00000082 0.0010/万 99.9537%
No:15711 U+0623C 戼 00000082 0.0010/万 99.9533%	No:15712 U+06675 晵 00000082 0.0010/万 99.9537%	No:15713 U+069FA 槺 00000082 0.0010/万 99.9538%	No:15714 U+06C01 氁 00000082 0.0010/万 99.9538%	No:15715 U+07066 灦 00000082 0.0010/万 99.9538%	No:15716 U+07973 祳 00000082 0.0010/万 99.9537%	No:15717 U+07C62 籢 00000082 0.0010/万 99.9537%	No:15718 U+07CEA 糪 00000082 0.0010/万 99.9537%	No:15719 U+0829E 芞 00000082 0.0010/万 99.9538%	No:15720 U+0839C 莜 00000082 0.0010/万 99.9538%
No:15721 U+084FE 蓾 00000082 0.0010/万 99.9537%	No:15722 U+085BD 薽 00000082 0.0010/万 99.9538%	No:15723 U+086AD 蚭 00000082 0.0010/万 99.9538%	No:15724 U+08C4D 豍 00000082 0.0010/万 99.9538%	No:15725 U+099A2 馢 00000082 0.0010/万 99.9533%	No:15726 U+09D38 鴸 00000082 0.0010/万 99.9533%	No:15727 U+09DF1 鷱 00000082 0.0010/万 99.9533%	No:15728 U+09EEB 黫 00000082 0.0010/万 99.9532%	No:15729 U+0EBBF 愕 00000082 0.0010/万 99.9532%	No:15730 U+0EBFD 敎 00000082 0.0010/万 99.9532%
No:15731 U+0ECD0 烹 00000082 0.0010/万 99.9533%	No:15732 U+0ECFE 举 00000082 0.0010/万 99.9532%	No:15733 U+0F607 丗 00000082 0.0010/万 99.9532%	No:15734 U+E68 僁 00000082 0.0010/万 99.9536%	No:15735 U+EEA 舡 00000082 0.0010/万 99.9534%	No:15736 U+E25 麻 00000082 0.0010/万 99.9536%	No:15737 U+E4C 唁 00000082 0.0010/万 99.9537%	No:15738 U+ED3 嗈 00000082 0.0010/万 99.9535%	No:15739 U+EBA 巕 00000082 0.0010/万 99.9535%	No:15740 U+EAF 弓 00000082 0.0010/万 99.9533%
No:15741 U+E09 浫 00000082 0.0010/万 99.9536%	No:15742 U+E36 津 00000082 0.0010/万 99.9535%	No:15743 U+E49 潟 00000082 0.0010/万 99.9536%	No:15744 U+EF4 腍 00000082 0.0010/万 99.9534%	No:15745 U+EE0 獙 00000082 0.0010/万 99.9537%	No:15746 U+E0E 篕 00000082 0.0010/万 99.9535%	No:15747 U+E24 綊 00000082 0.0010/万 99.9534%	No:15748 U+E35 襬 00000082 0.0010/万 99.9533%	No:15749 U+FC1 訌 00000082 0.0010/万 99.9533%	No:15750 U+E59 談 00000082 0.0010/万 99.9536%
No:15751 U+E7B 郗 00000082 0.0010/万 99.9536%	No:15752 U+E56 醑 00000082 0.0010/万 99.9534%	No:15753 U+E79 頎 00000082 0.0010/万 99.9534%	No:15754 U+E8D 駙 00000082 0.0010/万 99.9536%	No:15755 U+E94 鳸 00000082 0.0010/万 99.9536%	No:15756 U+034F7 㓷 00000081 0.0010/万 99.9541%	No:15757 U+0366F 㙯 00000081 0.0010/万 99.9540%	No:15758 U+037F4 㟴 00000081 0.0010/万 99.9541%	No:15759 U+03847 㡇 00000081 0.0010/万 99.9540%	No:15760 U+03909 㤉 00000081 0.0010/万 99.9541%
No:15761 U+03A4B 㩋 00000081 0.0010/万 99.9540%	No:15762 U+03AEC 㫬 00000081 0.0010/万 99.9541%	No:15763 U+03B08 㬈 00000081 0.0010/万 99.9542%	No:15764 U+03B88 㮈 00000081 0.0010/万 99.9542%	No:15765 U+040E1 䃡 00000081 0.0010/万 99.9541%	No:15766 U+0424B 䉋 00000081 0.0010/万 99.9541%	No:15767 U+0431B 䌛 00000081 0.0010/万 99.9541%	No:15768 U+04708 䜈 00000081 0.0010/万 99.9542%	No:15769 U+047B4 䞴 00000081 0.0010/万 99.9540%	No:15770 U+04ADF 䫟 00000081 0.0010/万 99.9541%
No:15771 U+04D30 䴰 00000081 0.0010/万 99.9541%	No:15772 U+04F42 佂 00000081 0.0010/万 99.9540%	No:15773 U+06132 愲 00000081 0.0010/万 99.9542%	No:15774 U+061E9 懩 00000081 0.0010/万 99.9542%	No:15775 U+0640B 搋 00000081 0.0010/万 99.9542%	No:15776 U+068E5 棥 00000081 0.0010/万 99.9543%	No:15777 U+06EBB 溻 00000081 0.0010/万 99.9544%	No:15778 U+071C6 燆 00000081 0.0010/万 99.9542%	No:15779 U+075F3 痳 00000081 0.0010/万 99.9543%	No:15780 U+0777C 睼 00000081 0.0010/万 99.9543%
No:15781 U+079A5 禥 00000081 0.0010/万 99.9542%	No:15782 U+07E5B 繛 00000081 0.0010/万 99.9542%	No:15783 U+08325 茥 00000081 0.0010/万 99.9544%	No:15784 U+08C7C 豼 00000081 0.0010/万 99.9543%	No:15785 U+08E45 蹅 00000081 0.0010/万 99.9543%	No:15786 U+09028 逨 00000081 0.0010/万 99.9544%	No:15787 U+0922D 鈭 00000081 0.0010/万 99.9543%	No:15788 U+09437 鐷 00000081 0.0010/万 99.9543%	No:15789 U+09620 阠 00000081 0.0010/万 99.9543%	No:15790 U+096C2 雂 00000081 0.0010/万 99.9543%
No:15791 U+098C9 飉 00000081 0.0010/万 99.9539%	No:15792 U+099E9 駩 00000081 0.0010/万 99.9539%	No:15793 U+09ACA 髊 00000081 0.0010/万 99.9539%	No:15794 U+09B2E 鬮 00000081 0.0010/万 99.9539%	No:15795 U+09CEB 鳫 00000081 0.0010/万 99.9538%	No:15796 U+09D05 鴅 00000081 0.0010/万 99.9539%	No:15797 U+09F36 鼶 00000081 0.0010/万 99.9539%	No:15798 U+0EDC4 業 00000081 0.0010/万 99.9539%	No:15799 U+0EE95 迲 00000081 0.0010/万 99.9539%	No:15800 U+E26 岇 00000081 0.0010/万 99.9540%

No:15801 U+EFF [illegible] 00000081 0.0010/万 99.9540%	No:15802 U+EE8 [illegible] 00000081 0.0010/万 99.9540%	No:15803 U+E4C [illegible] 00000081 0.0010/万 99.9541%	No:15804 U+EB1 [illegible] 00000081 0.0010/万 99.9540%	No:15805 U+EB5 [illegible] 00000081 0.0010/万 99.9540%	No:15806 U+E0F [illegible] 00000081 0.0010/万 99.9542%	No:15807 U+EA2 適 00000081 0.0010/万 99.9539%	No:15808 U+03820 㠠 00000080 0.0010/万 99.9546%	No:15809 U+03C9D 㲝 00000080 0.0010/万 99.9546%	No:15810 U+03D3E 㴾 00000080 0.0010/万 99.9546%
No:15811 U+03E8A 㺊 00000080 0.0010/万 99.9546%	No:15812 U+04273 䉳 00000080 0.0010/万 99.9545%	No:15813 U+045C2 䗂 00000080 0.0010/万 99.9545%	No:15814 U+04613 䘓 00000080 0.0010/万 99.9545%	No:15815 U+04695 䚕 00000080 0.0010/万 99.9546%	No:15816 U+04B53 䭓 00000080 0.0010/万 99.9545%	No:15817 U+0502F 倯 00000080 0.0010/万 99.9545%	No:15818 U+05215 刕 00000080 0.0010/万 99.9545%	No:15819 U+053AC 厬 00000080 0.0010/万 99.9546%	No:15820 U+05694 嚔 00000080 0.0010/万 99.9546%
No:15821 U+0582B 堫 00000080 0.0010/万 99.9545%	No:15822 U+059CF 姏 00000080 0.0010/万 99.9545%	No:15823 U+06048 恈 00000080 0.0010/万 99.9549%	No:15824 U+060C3 惃 00000080 0.0010/万 99.9547%	No:15825 U+062F8 拸 00000080 0.0010/万 99.9547%	No:15826 U+06453 摓 00000080 0.0010/万 99.9547%	No:15827 U+06A29 権 00000080 0.0010/万 99.9548%	No:15828 U+06A7A 橺 00000080 0.0010/万 99.9547%	No:15829 U+06CCF 泏 00000080 0.0010/万 99.9548%	No:15830 U+06D7B 浻 00000080 0.0010/万 99.9549%
No:15831 U+06F39 漹 00000080 0.0010/万 99.9547%	No:15832 U+077E4 矤 00000080 0.0010/万 99.9547%	No:15833 U+07A18 稘 00000080 0.0010/万 99.9548%	No:15834 U+07C68 籨 00000080 0.0010/万 99.9549%	No:15835 U+07D28 紨 00000080 0.0010/万 99.9548%	No:15836 U+07D65 絥 00000080 0.0010/万 99.9549%	No:15837 U+07F71 罱 00000080 0.0010/万 99.9547%	No:15838 U+0804F 聏 00000080 0.0010/万 99.9548%	No:15839 U+08119 脙 00000080 0.0010/万 99.9547%	No:15840 U+08120 脠 00000080 0.0010/万 99.9548%
No:15841 U+081E9 臩 00000080 0.0010/万 99.9549%	No:15842 U+083FE 菾 00000080 0.0010/万 99.9548%	No:15843 U+08579 蕹 00000080 0.0010/万 99.9549%	No:15844 U+0893D 褽 00000080 0.0010/万 99.9548%	No:15845 U+089F2 觲 00000080 0.0010/万 99.9549%	No:15846 U+08A94 誔 00000080 0.0010/万 99.9547%	No:15847 U+08DC9 跉 00000080 0.0010/万 99.9547%	No:15848 U+0909E 邞 00000080 0.0010/万 99.9548%	No:15849 U+0932D 錭 00000080 0.0010/万 99.9548%	No:15850 U+09A68 驨 00000080 0.0010/万 99.9544%
No:15851 U+09BA1 鮡 00000080 0.0010/万 99.9544%	No:15852 U+09BB5 鮵 00000080 0.0010/万 99.9544%	No:15853 U+09DF3 鷳 00000080 0.0010/万 99.9544%	No:15854 U+09E04 鸄 00000080 0.0010/万 99.9544%	No:15855 U+0EBB1 息 00000080 0.0010/万 99.9545%	No:15856 U+0ECD7 [illegible] 00000080 0.0010/万 99.9544%	No:15857 U+0EE17 [illegible] 00000080 0.0010/万 99.9544%	No:15858 U+E60 希 00000080 0.0010/万 99.9545%	No:15859 U+ED9 [illegible] 00000080 0.0010/万 99.9546%	No:15860 U+E9F [illegible] 00000080 0.0010/万 99.9546%
No:15861 U+E9B [illegible] 00000080 0.0010/万 99.9546%	No:15862 U+0377F 㝿 00000079 0.0010/万 99.9552%	No:15863 U+03A4C 㩌 00000079 0.0010/万 99.9550%	No:15864 U+03A4E 㩎 00000079 0.0010/万 99.9551%	No:15865 U+03D92 㶒 00000079 0.0010/万 99.9551%	No:15866 U+03EB9 㺹 00000079 0.0010/万 99.9552%	No:15867 U+040D5 䃕 00000079 0.0010/万 99.9551%	No:15868 U+04276 䉶 00000079 0.0010/万 99.9551%	No:15869 U+04C00 䰀 00000079 0.0010/万 99.9551%	No:15870 U+050B9 傹 00000079 0.0010/万 99.9550%
No:15871 U+055CD 嗍 00000079 0.0010/万 99.9552%	No:15872 U+056E2 团 00000079 0.0010/万 99.9552%	No:15873 U+056EB 囫 00000079 0.0010/万 99.9552%	No:15874 U+05725 圥 00000079 0.0010/万 99.9550%	No:15875 U+05945 奅 00000079 0.0010/万 99.9551%	No:15876 U+05EAF 庯 00000079 0.0010/万 99.9554%	No:15877 U+05FC0 忀 00000079 0.0010/万 99.9552%	No:15878 U+06135 愵 00000079 0.0010/万 99.9554%	No:15879 U+06181 憁 00000079 0.0010/万 99.9554%	No:15880 U+061D9 懙 00000079 0.0010/万 99.9555%
No:15881 U+063D8 揘 00000079 0.0010/万 99.9554%	No:15882 U+069CF 槏 00000079 0.0010/万 99.9555%	No:15883 U+06A71 橱 00000079 0.0010/万 99.9555%	No:15884 U+06AAA 檪 00000079 0.0010/万 99.9553%	No:15885 U+071AE 熮 00000079 0.0010/万 99.9553%	No:15886 U+073BD 玽 00000079 0.0010/万 99.9554%	No:15887 U+07717 眗 00000079 0.0010/万 99.9552%	No:15888 U+07741 睁 00000079 0.0010/万 99.9555%	No:15889 U+077D2 矒 00000079 0.0010/万 99.9553%	No:15890 U+08008 耈 00000079 0.0010/万 99.9553%
No:15891 U+085E3 藣 00000079 0.0010/万 99.9553%	No:15892 U+085EC 藬 00000079 0.0010/万 99.9554%	No:15893 U+08738 蜸 00000079 0.0010/万 99.9554%	No:15894 U+087F8 蟸 00000079 0.0010/万 99.9554%	No:15895 U+08889 袉 00000079 0.0010/万 99.9552%	No:15896 U+08997 覗 00000079 0.0010/万 99.9555%	No:15897 U+08A06 訆 00000079 0.0010/万 99.9553%	No:15898 U+08F04 輄 00000079 0.0010/万 99.9553%	No:15899 U+08F48 轈 00000079 0.0010/万 99.9553%	No:15900 U+091C4 釄 00000079 0.0010/万 99.9554%

No:15901 U+0925A 鉚 00000079 0.0010/万 99.9554%	No:15902 U+09292 銒 00000079 0.0010/万 99.9553%	No:15903 U+0962B 阫 00000079 0.0010/万 99.9553%	No:15904 U+09828 頨 00000079 0.0010/万 99.9550%	No:15905 U+09AB1 骱 00000079 0.0010/万 99.9550%	No:15906 U+09C3D 鰽 00000079 0.0010/万 99.9549%	No:15907 U+0EC4D 隰 00000079 0.0010/万 99.9550%	No:15908 U+0ED11 璀 00000079 0.0010/万 99.9549%	No:15909 U+0F11D 褭 00000079 0.0010/万 99.9550%	No:15910 U+E6B 侖 00000079 0.0010/万 99.9550%
No:15911 U+E91 ⿰丑攵 00000079 0.0010/万 99.9551%	No:15912 U+EAB ⿰丹山 00000079 0.0010/万 99.9551%	No:15913 U+EE1 ⿰犭壹 00000079 0.0010/万 99.9551%	No:15914 U+ECC ⿰禾員 00000079 0.0010/万 99.9550%	No:15915 U+EE2 ⿰虫就 00000079 0.0010/万 99.9552%	No:15916 U+E58 ⿰豸隶 00000079 0.0010/万 99.9552%	No:15917 U+E71 賦 00000079 0.0010/万 99.9550%	No:15918 U+E25 ⿰麥粦 00000079 0.0010/万 99.9551%	No:15919 U+035C9 㗉 00000078 0.0009/万 99.9556%	No:15920 U+03732 㜲 00000078 0.0009/万 99.9558%
No:15921 U+037E2 㟢 00000078 0.0009/万 99.9557%	No:15922 U+039CD 㧍 00000078 0.0009/万 99.9558%	No:15923 U+03A89 㪉 00000078 0.0009/万 99.9558%	No:15924 U+03AFC 㫼 00000078 0.0009/万 99.9558%	No:15925 U+03C05 㰅 00000078 0.0009/万 99.9558%	No:15926 U+03C39 㰹 00000078 0.0009/万 99.9556%	No:15927 U+03E76 㹶 00000078 0.0009/万 99.9556%	No:15928 U+044C7 䓇 00000078 0.0009/万 99.9557%	No:15929 U+04A5B 䩛 00000078 0.0009/万 99.9557%	No:15930 U+04C78 䱸 00000078 0.0009/万 99.9558%
No:15931 U+04F00 伀 00000078 0.0009/万 99.9559%	No:15932 U+05245 剅 00000078 0.0009/万 99.9557%	No:15933 U+05318 匘 00000078 0.0009/万 99.9557%	No:15934 U+05661 噡 00000078 0.0009/万 99.9557%	No:15935 U+0578E 垎 00000078 0.0009/万 99.9557%	No:15936 U+0594D 奍 00000078 0.0009/万 99.9558%	No:15937 U+05963 奣 00000078 0.0009/万 99.9558%	No:15938 U+05A0E 娎 00000078 0.0009/万 99.9559%	No:15939 U+061B0 憰 00000078 0.0009/万 99.9560%	No:15940 U+06761 条 00000078 0.0009/万 99.9560%
No:15941 U+0687E 桾 00000078 0.0009/万 99.9560%	No:15942 U+06B2E 欮 00000078 0.0009/万 99.9560%	No:15943 U+06C8B 沋 00000078 0.0009/万 99.9561%	No:15944 U+06E31 渱 00000078 0.0009/万 99.9560%	No:15945 U+0706C 灬 00000078 0.0009/万 99.9559%	No:15946 U+074E1 瓡 00000078 0.0009/万 99.9560%	No:15947 U+07631 瘱 00000078 0.0009/万 99.9559%	No:15948 U+078FC 磼 00000078 0.0009/万 99.9561%	No:15949 U+07B44 筄 00000078 0.0009/万 99.9560%	No:15950 U+080E3 胣 00000078 0.0009/万 99.9561%
No:15951 U+08750 蝐 00000078 0.0009/万 99.9559%	No:15952 U+087F1 蟱 00000078 0.0009/万 99.9560%	No:15953 U+087FF 蟿 00000078 0.0009/万 99.9559%	No:15954 U+08B79 譹 00000078 0.0009/万 99.9559%	No:15955 U+08DA9 趩 00000078 0.0009/万 99.9560%	No:15956 U+08DAD 趭 00000078 0.0009/万 99.9559%	No:15957 U+08E3E 踾 00000078 0.0009/万 99.9559%	No:15958 U+09450 鑐 00000078 0.0009/万 99.9560%	No:15959 U+0993F 餿 00000078 0.0009/万 99.9556%	No:15960 U+09A61 驡 00000078 0.0009/万 99.9556%
No:15961 U+09C2C 鰬 00000078 0.0009/万 99.9555%	No:15962 U+09C61 鱡 00000078 0.0009/万 99.9555%	No:15963 U+09D71 鵱 00000078 0.0009/万 99.9555%	No:15964 U+0E797 蚐 00000078 0.0009/万 99.9555%	No:15965 U+0EB52 肩 00000078 0.0009/万 99.9555%	No:15966 U+E74 ⿱敖出 00000078 0.0009/万 99.9557%	No:15967 U+EF8 敹 00000078 0.0009/万 99.9556%	No:15968 U+E16 湞 00000078 0.0009/万 99.9556%	No:15969 U+EF3 ⿱⺮旅 00000078 0.0009/万 99.9556%	No:15970 U+E9A ⿱⺮㢧 00000078 0.0009/万 99.9558%
No:15971 U+E29 ⿰舟定 00000078 0.0009/万 99.9557%	No:15972 U+E30 ⿰衤了 00000078 0.0009/万 99.9556%	No:15973 U+E02 ⿰礻曾 00000078 0.0009/万 99.9559%	No:15974 U+E3F ⿱敝衣 00000078 0.0009/万 99.9556%	No:15975 U+E2D ⿰車开 00000078 0.0009/万 99.9557%	No:15976 U+EEC 鍏 00000078 0.0009/万 99.9556%	No:15977 U+ED8 ⿰馬舌 00000078 0.0009/万 99.9558%	No:15978 U+0347B 㑻 00000077 0.0009/万 99.9563%	No:15979 U+037B5 㞵 00000077 0.0009/万 99.9562%	No:15980 U+037F9 㟹 00000077 0.0009/万 99.9562%
No:15981 U+03862 㡢 00000077 0.0009/万 99.9564%	No:15982 U+039A5 㦥 00000077 0.0009/万 99.9564%	No:15983 U+03A7D 㩽 00000077 0.0009/万 99.9565%	No:15984 U+03D5F 㵟 00000077 0.0009/万 99.9562%	No:15985 U+03F31 㼱 00000077 0.0009/万 99.9562%	No:15986 U+03F49 㽉 00000077 0.0009/万 99.9563%	No:15987 U+03FFF 㿿 00000077 0.0009/万 99.9565%	No:15988 U+0411B 䄛 00000077 0.0009/万 99.9562%	No:15989 U+041B1 䆱 00000077 0.0009/万 99.9562%	No:15990 U+04454 䑔 00000077 0.0009/万 99.9561%
No:15991 U+04460 䑠 00000077 0.0009/万 99.9562%	No:15992 U+0451F 䔟 00000077 0.0009/万 99.9563%	No:15993 U+04645 䙅 00000077 0.0009/万 99.9563%	No:15994 U+04BC0 䯀 00000077 0.0009/万 99.9563%	No:15995 U+04C3C 䰼 00000077 0.0009/万 99.9564%	No:15996 U+04D97 䶗 00000077 0.0009/万 99.9565%	No:15997 U+04F9A 侚 00000077 0.0009/万 99.9564%	No:15998 U+05327 匧 00000077 0.0009/万 99.9564%	No:15999 U+055C0 嗀 00000077 0.0009/万 99.9565%	No:16000 U+05765 坥 00000077 0.0009/万 99.9564%

No:16001 U+05972 奲 00000077 0.0009/万 99.9565%	No:16002 U+059C5 姅 00000077 0.0009/万 99.9562%	No:16003 U+05A3D 娽 00000077 0.0009/万 99.9563%	No:16004 U+061EA 懪 00000077 0.0009/万 99.9566%	No:16005 U+06733 朳 00000077 0.0009/万 99.9566%	No:16006 U+067E0 柠 00000077 0.0009/万 99.9567%	No:16007 U+0682E 栮 00000077 0.0009/万 99.9567%	No:16008 U+069C8 槈 00000077 0.0009/万 99.9567%	No:16009 U+06B41 歁 00000077 0.0009/万 99.9567%	No:16010 U+072A4 犤 00000077 0.0009/万 99.9566%
No:16011 U+076BB 皻 00000077 0.0009/万 99.9566%	No:16012 U+07A2B 稫 00000077 0.0009/万 99.9567%	No:16013 U+07BB7 箷 00000077 0.0009/万 99.9565%	No:16014 U+08044 聄 00000077 0.0009/万 99.9566%	No:16015 U+081D6 臖 00000077 0.0009/万 99.9567%	No:16016 U+08557 蕗 00000077 0.0009/万 99.9566%	No:16017 U+08911 褑 00000077 0.0009/万 99.9566%	No:16018 U+08A19 訙 00000077 0.0009/万 99.9566%	No:16019 U+08B2E 謮 00000077 0.0009/万 99.9565%	No:16020 U+08EA2 躢 00000077 0.0009/万 99.9566%
No:16021 U+0924D 鉍 00000077 0.0009/万 99.9567%	No:16022 U+092DE 鋞 00000077 0.0009/万 99.9565%	No:16023 U+093F6 鏶 00000077 0.0009/万 99.9565%	No:16024 U+0957A 镺 00000077 0.0009/万 99.9566%	No:16025 U+096D3 雓 00000077 0.0009/万 99.9567%	No:16026 U+0999A 馚 00000077 0.0009/万 99.9561%	No:16027 U+09DAD 鶭 00000077 0.0009/万 99.9561%	No:16028 U+09DAE 鶮 00000077 0.0009/万 99.9561%	No:16029 U+0EBB9 愓 00000077 0.0009/万 99.9561%	No:16030 U+0EDBF 繳 00000077 0.0009/万 99.9561%
No:16031 U+0EDD9 敫 00000077 0.0009/万 99.9561%	No:16032 U+E03 冢 00000077 0.0009/万 99.9563%	No:16033 U+E30 撆 00000077 0.0009/万 99.9564%	No:16034 U+ECD [illegible] 00000077 0.0009/万 99.9564%	No:16035 U+E0A [illegible] 00000077 0.0009/万 99.9563%	No:16036 U+EE9 [illegible] 00000077 0.0009/万 99.9564%	No:16037 U+EF8 [illegible] 00000077 0.0009/万 99.9564%	No:16038 U+EDB [illegible] 00000077 0.0009/万 99.9562%	No:16039 U+E01 [illegible] 00000077 0.0009/万 99.9562%	No:16040 U+E49 郋 00000077 0.0009/万 99.9563%
No:16041 U+EDE [illegible] 00000077 0.0009/万 99.9563%	No:16042 U+EFE [illegible] 00000077 0.0009/万 99.9563%	No:16043 U+E1D [illegible] 00000077 0.0009/万 99.9565%	No:16044 U+035A1 㖡 00000076 0.0009/万 99.9568%	No:16045 U+03661 㙡 00000076 0.0009/万 99.9570%	No:16046 U+03669 㙩 00000076 0.0009/万 99.9569%	No:16047 U+036A4 㚤 00000076 0.0009/万 99.9570%	No:16048 U+0371D 㜝 00000076 0.0009/万 99.9569%	No:16049 U+03779 㝹 00000076 0.0009/万 99.9570%	No:16050 U+037C3 㟃 00000076 0.0009/万 99.9571%
No:16051 U+03977 㥷 00000076 0.0009/万 99.9570%	No:16052 U+042D9 䋙 00000076 0.0009/万 99.9570%	No:16053 U+04380 䎀 00000076 0.0009/万 99.9568%	No:16054 U+04788 䞈 00000076 0.0009/万 99.9570%	No:16055 U+047D3 䟓 00000076 0.0009/万 99.9568%	No:16056 U+0492C 䤬 00000076 0.0009/万 99.9569%	No:16057 U+0494F 䥏 00000076 0.0009/万 99.9571%	No:16058 U+049E6 䧦 00000076 0.0009/万 99.9568%	No:16059 U+04A3E 䨾 00000076 0.0009/万 99.9571%	No:16060 U+04B1D 䬝 00000076 0.0009/万 99.9569%
No:16061 U+04DA5 䶥 00000076 0.0009/万 99.9568%	No:16062 U+04F05 伅 00000076 0.0009/万 99.9571%	No:16063 U+05638 嘸 00000076 0.0009/万 99.9569%	No:16064 U+0568A 嚊 00000076 0.0009/万 99.9568%	No:16065 U+05D28 崨 00000076 0.0009/万 99.9569%	No:16066 U+05D56 嵖 00000076 0.0009/万 99.9571%	No:16067 U+05F4F 彏 00000076 0.0009/万 99.9572%	No:16068 U+062B0 抰 00000076 0.0009/万 99.9573%	No:16069 U+062CB 拋 00000076 0.0009/万 99.9573%	No:16070 U+06819 栙 00000076 0.0009/万 99.9572%
No:16071 U+06999 榙 00000076 0.0009/万 99.9573%	No:16072 U+06A24 樤 00000076 0.0009/万 99.9571%	No:16073 U+06B26 欦 00000076 0.0009/万 99.9573%	No:16074 U+0727B 牻 00000076 0.0009/万 99.9572%	No:16075 U+072F3 狳 00000076 0.0009/万 99.9572%	No:16076 U+07419 琙 00000076 0.0009/万 99.9572%	No:16077 U+0760C 瘌 00000076 0.0009/万 99.9572%	No:16078 U+078AB 碫 00000076 0.0009/万 99.9573%	No:16079 U+07FE2 翢 00000076 0.0009/万 99.9573%	No:16080 U+08211 舑 00000076 0.0009/万 99.9572%
No:16081 U+0837E 荾 00000076 0.0009/万 99.9572%	No:16082 U+084DD 蓝 00000076 0.0009/万 99.9572%	No:16083 U+08628 蘨 00000076 0.0009/万 99.9573%	No:16084 U+0871D 蜝 00000076 0.0009/万 99.9573%	No:16085 U+08D92 趒 00000076 0.0009/万 99.9573%	No:16086 U+08E89 躉 00000076 0.0009/万 99.9572%	No:16087 U+09535 锵 00000076 0.0009/万 99.9572%	No:16088 U+09DCF 鷏 00000076 0.0009/万 99.9567%	No:16089 U+09F33 鼳 00000076 0.0009/万 99.9567%	No:16090 U+0E792 苟 00000076 0.0009/万 99.9568%
No:16091 U+0EBD3 戮 00000076 0.0009/万 99.9567%	No:16092 U+E0E [illegible] 00000076 0.0009/万 99.9571%	No:16093 U+E54 [illegible] 00000076 0.0009/万 99.9569%	No:16094 U+E04 [illegible] 00000076 0.0009/万 99.9568%	No:16095 U+EA8 忩 00000076 0.0009/万 99.9570%	No:16096 U+ED3 藪 00000076 0.0009/万 99.9570%	No:16097 U+E0E [illegible] 00000076 0.0009/万 99.9568%	No:16098 U+EAC 濟 00000076 0.0009/万 99.9571%	No:16099 U+F13 [illegible] 00000076 0.0009/万 99.9569%	No:16100 U+E8C 祥 00000076 0.0009/万 99.9571%

No:16101 U+E15 藺 00000076 0.0009/万 99.9570%	No:16102 U+E56 蠡 00000076 0.0009/万 99.9568%	No:16103 U+EDD 阝市 00000076 0.0009/万 99.9570%	No:16104 U+E4D 魚舀 00000076 0.0009/万 99.9569%	No:16105 U+E28 付鳥 00000076 0.0009/万 99.9569%	No:16106 U+EF2 鷊 00000076 0.0009/万 99.9570%	No:16107 U+E9F 鷔 00000076 0.0009/万 99.9571%	No:16108 U+03433 㐳 00000075 0.0009/万 99.9575%	No:16109 U+034A9 㒩 00000075 0.0009/万 99.9576%	No:16110 U+0378B 㞋 00000075 0.0009/万 99.9576%
No:16111 U+037DE 㟞 00000075 0.0009/万 99.9575%	No:16112 U+03881 㢁 00000075 0.0009/万 99.9574%	No:16113 U+03ADA 㫚 00000075 0.0009/万 99.9577%	No:16114 U+03BB4 㮴 00000075 0.0009/万 99.9575%	No:16115 U+03CFD 㳽 00000075 0.0009/万 99.9576%	No:16116 U+0412E 䄮 00000075 0.0009/万 99.9575%	No:16117 U+0414C 䅌 00000075 0.0009/万 99.9574%	No:16118 U+041A1 䆡 00000075 0.0009/万 99.9575%	No:16119 U+0484A 䡊 00000075 0.0009/万 99.9574%	No:16120 U+04868 䡨 00000075 0.0009/万 99.9577%
No:16121 U+04A55 䩕 00000075 0.0009/万 99.9577%	No:16122 U+04AB9 䪹 00000075 0.0009/万 99.9577%	No:16123 U+04B2A 䬪 00000075 0.0009/万 99.9576%	No:16124 U+04B61 䭡 00000075 0.0009/万 99.9576%	No:16125 U+04B82 䮂 00000075 0.0009/万 99.9577%	No:16126 U+04FB8 侸 00000075 0.0009/万 99.9574%	No:16127 U+05252 剒 00000075 0.0009/万 99.9575%	No:16128 U+057F2 埲 00000075 0.0009/万 99.9576%	No:16129 U+05D6A 嵪 00000075 0.0009/万 99.9574%	No:16130 U+06072 恲 00000075 0.0009/万 99.9578%
No:16131 U+06435 搵 00000075 0.0009/万 99.9578%	No:16132 U+066CE 曎 00000075 0.0009/万 99.9578%	No:16133 U+06931 椱 00000075 0.0009/万 99.9579%	No:16134 U+0698D 榍 00000075 0.0009/万 99.9578%	No:16135 U+06BFB 毻 00000075 0.0009/万 99.9577%	No:16136 U+06D75 浵 00000075 0.0009/万 99.9579%	No:16137 U+072D3 狓 00000075 0.0009/万 99.9579%	No:16138 U+077CA 矊 00000075 0.0009/万 99.9580%	No:16139 U+0790A 礊 00000075 0.0009/万 99.9579%	No:16140 U+07B81 箁 00000075 0.0009/万 99.9578%
No:16141 U+0801D 耝 00000075 0.0009/万 99.9578%	No:16142 U+0838C 莌 00000075 0.0009/万 99.9578%	No:16143 U+083C8 菈 00000075 0.0009/万 99.9578%	No:16144 U+083DE 菞 00000075 0.0009/万 99.9579%	No:16145 U+087B8 螸 00000075 0.0009/万 99.9577%	No:16146 U+08940 襀 00000075 0.0009/万 99.9579%	No:16147 U+08B73 譳 00000075 0.0009/万 99.9578%	No:16148 U+08B7A 譺 00000075 0.0009/万 99.9578%	No:16149 U+08E15 踕 00000075 0.0009/万 99.9579%	No:16150 U+08FF3 迳 00000075 0.0009/万 99.9579%
No:16151 U+09049 遉 00000075 0.0009/万 99.9579%	No:16152 U+0935D 鍝 00000075 0.0009/万 99.9579%	No:16153 U+093E9 鏩 00000075 0.0009/万 99.9578%	No:16154 U+09A3D 騽 00000075 0.0009/万 99.9573%	No:16155 U+09F3A 鼺 00000075 0.0009/万 99.9574%	No:16156 U+0EE49 觖 00000075 0.0009/万 99.9574%	No:16157 U+E34 山巠 00000075 0.0009/万 99.9574%	No:16158 U+E02 廞 00000075 0.0009/万 99.9577%	No:16159 U+E53 扌豆 00000075 0.0009/万 99.9576%	No:16160 U+E3A 淍 00000075 0.0009/万 99.9577%
No:16161 U+EBF 灘 00000075 0.0009/万 99.9575%	No:16162 U+F55 石襄 00000075 0.0009/万 99.9576%	No:16163 U+E13 竹郎 00000075 0.0009/万 99.9575%	No:16164 U+E20 糸亥 00000075 0.0009/万 99.9576%	No:16165 U+F89 翁 00000075 0.0009/万 99.9574%	No:16166 U+E9C 足甫 00000075 0.0009/万 99.9574%	No:16167 U+E6C 足習 00000075 0.0009/万 99.9577%	No:16168 U+EE2 陫 00000075 0.0009/万 99.9575%	No:16169 U+E78 革薄 00000075 0.0009/万 99.9575%	No:16170 U+EBD 霝鬼 00000075 0.0009/万 99.9576%
No:16171 U+E99 良鳥 00000075 0.0009/万 99.9574%	No:16172 U+E26 麥廣 00000075 0.0009/万 99.9576%	No:16173 U+03405 㐅 00000074 0.0009/万 99.9582%	No:16174 U+034A7 㒧 00000074 0.0009/万 99.9581%	No:16175 U+034BF 㒿 00000074 0.0009/万 99.9582%	No:16176 U+0361D 㘝 00000074 0.0009/万 99.9583%	No:16177 U+03632 㘲 00000074 0.0009/万 99.9581%	No:16178 U+0370F 㜏 00000074 0.0009/万 99.9581%	No:16179 U+037CE 㟎 00000074 0.0009/万 99.9583%	No:16180 U+0391C 㤜 00000074 0.0009/万 99.9580%
No:16181 U+03A37 㨷 00000074 0.0009/万 99.9581%	No:16182 U+03B49 㭉 00000074 0.0009/万 99.9583%	No:16183 U+03CB9 㲹 00000074 0.0009/万 99.9581%	No:16184 U+03D5A 㵚 00000074 0.0009/万 99.9582%	No:16185 U+03F5F 㽟 00000074 0.0009/万 99.9583%	No:16186 U+040EC 䃬 00000074 0.0009/万 99.9583%	No:16187 U+0413A 䄺 00000074 0.0009/万 99.9583%	No:16188 U+042FF 䋿 00000074 0.0009/万 99.9583%	No:16189 U+0462A 䘪 00000074 0.0009/万 99.9583%	No:16190 U+04C03 䰃 00000074 0.0009/万 99.9582%
No:16191 U+04C12 䰒 00000074 0.0009/万 99.9581%	No:16192 U+04C1B 䰛 00000074 0.0009/万 99.9581%	No:16193 U+04C64 䱤 00000074 0.0009/万 99.9582%	No:16194 U+04C8A 䲊 00000074 0.0009/万 99.9583%	No:16195 U+04D34 䴴 00000074 0.0009/万 99.9581%	No:16196 U+050B6 傶 00000074 0.0009/万 99.9583%	No:16197 U+051B9 冹 00000074 0.0009/万 99.9583%	No:16198 U+055F9 嗹 00000074 0.0009/万 99.9582%	No:16199 U+05647 噇 00000074 0.0009/万 99.9581%	No:16200 U+05975 奵 00000074 0.0009/万 99.9582%

No:16201 U+05D35 崵 00000074 0.0009/万 99.9580%	No:16202 U+06105 愅 00000074 0.0009/万 99.9584%	No:16203 U+06278 扸 00000074 0.0009/万 99.9586%	No:16204 U+0632D 挭 00000074 0.0009/万 99.9585%	No:16205 U+06366 捦 00000074 0.0009/万 99.9584%	No:16206 U+067C9 柉 00000074 0.0009/万 99.9584%	No:16207 U+068EF 棯 00000074 0.0009/万 99.9585%	No:16208 U+06B2F 欯 00000074 0.0009/万 99.9585%	No:16209 U+06BF2 毲 00000074 0.0009/万 99.9586%	No:16210 U+06ED2 滒 00000074 0.0009/万 99.9585%
No:16211 U+06F47 潇 00000074 0.0009/万 99.9584%	No:16212 U+07448 瑈 00000074 0.0009/万 99.9586%	No:16213 U+074C3 瓃 00000074 0.0009/万 99.9585%	No:16214 U+074C4 瓄 00000074 0.0009/万 99.9584%	No:16215 U+078C3 磃 00000074 0.0009/万 99.9585%	No:16216 U+07DA7 綧 00000074 0.0009/万 99.9584%	No:16217 U+07FD3 翓 00000074 0.0009/万 99.9585%	No:16218 U+08081 肁 00000074 0.0009/万 99.9586%	No:16219 U+082EC 苬 00000074 0.0009/万 99.9585%	No:16220 U+083D2 菒 00000074 0.0009/万 99.9585%
No:16221 U+084E1 蓡 00000074 0.0009/万 99.9584%	No:16222 U+0855F 蕟 00000074 0.0009/万 99.9586%	No:16223 U+08791 螑 00000074 0.0009/万 99.9585%	No:16224 U+08939 褹 00000074 0.0009/万 99.9586%	No:16225 U+08C3B 谻 00000074 0.0009/万 99.9584%	No:16226 U+08DE0 跠 00000074 0.0009/万 99.9584%	No:16227 U+092C0 鋀 00000074 0.0009/万 99.9584%	No:16228 U+0940A 鐊 00000074 0.0009/万 99.9585%	No:16229 U+09CFC 鳼 00000074 0.0009/万 99.9580%	No:16230 U+09D19 鴙 00000074 0.0009/万 99.9580%
No:16231 U+09DB6 鶶 00000074 0.0009/万 99.9580%	No:16232 U+09F5B 齛 00000074 0.0009/万 99.9580%	No:16233 U+0EA64 僚 00000074 0.0009/万 99.9580%	No:16234 U+0EF42 槢 00000074 0.0009/万 99.9580%	No:16235 U+0F0DA 跚 00000074 0.0009/万 99.9580%	No:16236 U+E51 ⿰口移 00000074 0.0009/万 99.9581%	No:16237 U+EBD 悏 00000074 0.0009/万 99.9580%	No:16238 U+E5D ⿰扌雹 00000074 0.0009/万 99.9582%	No:16239 U+F74 ⿸疒录 00000074 0.0009/万 99.9582%	No:16240 U+E54 ⿰犭贊 00000074 0.0009/万 99.9582%
No:16241 U+E0B ⿱罒弓 00000074 0.0009/万 99.9582%	No:16242 U+03B8A 㮊 00000073 0.0009/万 99.9590%	No:16243 U+03DD6 ⿱罒召 00000073 0.0009/万 99.9588%	No:16244 U+04307 䌇 00000073 0.0009/万 99.9590%	No:16245 U+0447A 䑺 00000073 0.0009/万 99.9589%	No:16246 U+044B7 䒷 00000073 0.0009/万 99.9590%	No:16247 U+045FD 䗽 00000073 0.0009/万 99.9590%	No:16248 U+0480A 䠊 00000073 0.0009/万 99.9588%	No:16249 U+0494D 䥍 00000073 0.0009/万 99.9588%	No:16250 U+04B33 䬳 00000073 0.0009/万 99.9588%
No:16251 U+04C85 䲅 00000073 0.0009/万 99.9589%	No:16252 U+04F6E 佮 00000073 0.0009/万 99.9587%	No:16253 U+04F92 侒 00000073 0.0009/万 99.9589%	No:16254 U+05105 儅 00000073 0.0009/万 99.9588%	No:16255 U+05C35 尵 00000073 0.0009/万 99.9590%	No:16256 U+05CC7 峇 00000073 0.0009/万 99.9588%	No:16257 U+05CDC 峜 00000073 0.0009/万 99.9590%	No:16258 U+05D89 嶉 00000073 0.0009/万 99.9587%	No:16259 U+05F49 彉 00000073 0.0009/万 99.9591%	No:16260 U+05FE5 忥 00000073 0.0009/万 99.9592%
No:16261 U+06952 楒 00000073 0.0009/万 99.9591%	No:16262 U+069E6 槦 00000073 0.0009/万 99.9591%	No:16263 U+06BF7 毷 00000073 0.0009/万 99.9591%	No:16264 U+06EAD 溭 00000073 0.0009/万 99.9591%	No:16265 U+06ED8 滘 00000073 0.0009/万 99.9591%	No:16266 U+06F75 潵 00000073 0.0009/万 99.9592%	No:16267 U+07359 獙 00000073 0.0009/万 99.9591%	No:16268 U+073D2 珒 00000073 0.0009/万 99.9592%	No:16269 U+07429 琩 00000073 0.0009/万 99.9592%	No:16270 U+07484 璄 00000073 0.0009/万 99.9591%
No:16271 U+07B41 筁 00000073 0.0009/万 99.9592%	No:16272 U+080F4 胴 00000073 0.0009/万 99.9591%	No:16273 U+085B5 薵 00000073 0.0009/万 99.9591%	No:16274 U+0886D 衭 00000073 0.0009/万 99.9591%	No:16275 U+08B32 謲 00000073 0.0009/万 99.9592%	No:16276 U+0939D 鎝 00000073 0.0009/万 99.9592%	No:16277 U+0985F 顟 00000073 0.0009/万 99.9586%	No:16278 U+09A0C 騌 00000073 0.0009/万 99.9587%	No:16279 U+09B15 鬕 00000073 0.0009/万 99.9586%	No:16280 U+09BB7 鮷 00000073 0.0009/万 99.9586%
No:16281 U+09D94 鶔 00000073 0.0009/万 99.9586%	No:16282 U+09DF5 鷵 00000073 0.0009/万 99.9587%	No:16283 U+09E01 鸁 00000073 0.0009/万 99.9587%	No:16284 U+09F7A 齺 00000073 0.0009/万 99.9586%	No:16285 U+09F93 龓 00000073 0.0009/万 99.9587%	No:16286 U+0E78B ⿱一川 00000073 0.0009/万 99.9587%	No:16287 U+0E819 ⺄ 00000073 0.0009/万 99.9587%	No:16288 U+0E848 ⿱口龰 00000073 0.0009/万 99.9587%	No:16289 U+E8C 剡 00000073 0.0009/万 99.9589%	No:16290 U+EDF ⿰口卉 00000073 0.0009/万 99.9588%
No:16291 U+E70 ⿱巛果 00000073 0.0009/万 99.9589%	No:16292 U+E68 ⿰山虖 00000073 0.0009/万 99.9590%	No:16293 U+E78 ⿱宀系 00000073 0.0009/万 99.9590%	No:16294 U+E57 嶍 00000073 0.0009/万 99.9589%	No:16295 U+EC7 ⿰忄盧 00000073 0.0009/万 99.9589%	No:16296 U+EB8 ⿰木尤 00000073 0.0009/万 99.9590%	No:16297 U+EAC ⿰王象 00000073 0.0009/万 99.9589%	No:16298 U+E27 ⿸厂生 00000073 0.0009/万 99.9589%	No:16299 U+EAC ⿰石冈 00000073 0.0009/万 99.9590%	No:16300 U+E38 ⿰舌也 00000073 0.0009/万 99.9587%

No:16301 U+E15 藺 00000073 0.0009/万 99.9590%	No:16302 U+E3D 積 00000073 0.0009/万 99.9587%	No:16303 U+F37 貝入 00000073 0.0009/万 99.9589%	No:16304 U+EA7 鞈 00000073 0.0009/万 99.9588%	No:16305 U+F7D 鞸 00000073 0.0009/万 99.9588%	No:16306 U+EFC 鷅 00000073 0.0009/万 99.9588%	No:16307 U+E30 齈 00000073 0.0009/万 99.9589%	No:16308 U+035C5 㗅 00000072 0.0009/万 99.9593%	No:16309 U+03671 㙱 00000072 0.0009/万 99.9594%	No:16310 U+0395B 㥛 00000072 0.0009/万 99.9595%
No:16311 U+03E12 㸒 00000072 0.0009/万 99.9594%	No:16312 U+04000 䀀 00000072 0.0009/万 99.9594%	No:16313 U+04021 䀡 00000072 0.0009/万 99.9593%	No:16314 U+04219 䈙 00000072 0.0009/万 99.9594%	No:16315 U+042DE 䋞 00000072 0.0009/万 99.9594%	No:16316 U+0447C 䑼 00000072 0.0009/万 99.9594%	No:16317 U+044BC 䒼 00000072 0.0009/万 99.9593%	No:16318 U+0464F 䙏 00000072 0.0009/万 99.9596%	No:16319 U+04694 䚔 00000072 0.0009/万 99.9594%	No:16320 U+046AE 䚮 00000072 0.0009/万 99.9594%
No:16321 U+048B7 䢷 00000072 0.0009/万 99.9595%	No:16322 U+04E7F 乿 00000072 0.0009/万 99.9593%	No:16323 U+0573F 圿 00000072 0.0009/万 99.9596%	No:16324 U+058A7 墧 00000072 0.0009/万 99.9595%	No:16325 U+05BD9 寙 00000072 0.0009/万 99.9593%	No:16326 U+05CEC 峬 00000072 0.0009/万 99.9593%	No:16327 U+05CF3 峳 00000072 0.0009/万 99.9594%	No:16328 U+062B2 抲 00000072 0.0009/万 99.9596%	No:16329 U+06540 敀 00000072 0.0009/万 99.9597%	No:16330 U+06550 敐 00000072 0.0009/万 99.9597%
No:16331 U+06632 昲 00000072 0.0009/万 99.9597%	No:16332 U+06B40 歀 00000072 0.0009/万 99.9596%	No:16333 U+0705F 灟 00000072 0.0009/万 99.9597%	No:16334 U+07086 炆 00000072 0.0009/万 99.9597%	No:16335 U+07496 璖 00000072 0.0009/万 99.9596%	No:16336 U+0751B 甛 00000072 0.0009/万 99.9597%	No:16337 U+0790B 礋 00000072 0.0009/万 99.9597%	No:16338 U+0833C 茼 00000072 0.0009/万 99.9596%	No:16339 U+085A1 薡 00000072 0.0009/万 99.9596%	No:16340 U+0894A 襊 00000072 0.0009/万 99.9597%
No:16341 U+08E04 踄 00000072 0.0009/万 99.9597%	No:16342 U+090FA 郺 00000072 0.0009/万 99.9596%	No:16343 U+0922F 鈯 00000072 0.0009/万 99.9598%	No:16344 U+09379 鍹 00000072 0.0009/万 99.9597%	No:16345 U+09458 鑘 00000072 0.0009/万 99.9597%	No:16346 U+098C1 飁 00000072 0.0009/万 99.9592%	No:16347 U+09A60 驠 00000072 0.0009/万 99.9593%	No:16348 U+09B17 鬗 00000072 0.0009/万 99.9592%	No:16349 U+0E820 嚪 00000072 0.0009/万 99.9593%	No:16350 U+0EA5A 假 00000072 0.0009/万 99.9593%
No:16351 U+0EAAD 卵叚 00000072 0.0009/万 99.9593%	No:16352 U+0EAF8 鼛 00000072 0.0009/万 99.9593%	No:16353 U+0EE56 訊 00000072 0.0009/万 99.9592%	No:16354 U+0EEFB 頸 00000072 0.0009/万 99.9592%	No:16355 U+E5D 囂 00000072 0.0009/万 99.9595%	No:16356 U+E11 㜪 00000072 0.0009/万 99.9594%	No:16357 U+EAE 履 00000072 0.0009/万 99.9594%	No:16358 U+EAD 㥂 00000072 0.0009/万 99.9596%	No:16359 U+ED7 寝 00000072 0.0009/万 99.9595%	No:16360 U+EF0 建 00000072 0.0009/万 99.9595%
No:16361 U+E25 綅 00000072 0.0009/万 99.9595%	No:16362 U+EF7 秢 00000072 0.0009/万 99.9595%	No:16363 U+ED1 𧈧 00000072 0.0009/万 99.9595%	No:16364 U+E00 𧞤 00000072 0.0009/万 99.9595%	No:16365 U+E0B 謥 00000072 0.0009/万 99.9596%	No:16366 U+EBC 𧮫 00000072 0.0009/万 99.9595%	No:16367 U+035FF 㗿 00000071 0.0009/万 99.9600%	No:16368 U+0379A 㞚 00000071 0.0009/万 99.9599%	No:16369 U+038FC 㣼 00000071 0.0009/万 99.9598%	No:16370 U+03B71 㭱 00000071 0.0009/万 99.9599%
No:16371 U+03E0B 㸋 00000071 0.0009/万 99.9600%	No:16372 U+04308 䌈 00000071 0.0009/万 99.9600%	No:16373 U+0465A 䙚 00000071 0.0009/万 99.9601%	No:16374 U+047CF 䟏 00000071 0.0009/万 99.9600%	No:16375 U+04925 䤥 00000071 0.0009/万 99.9601%	No:16376 U+04AC8 䫈 00000071 0.0009/万 99.9601%	No:16377 U+04B7F 䭿 00000071 0.0009/万 99.9600%	No:16378 U+04C4B 䱋 00000071 0.0009/万 99.9600%	No:16379 U+04D43 䵃 00000071 0.0009/万 99.9601%	No:16380 U+04E20 丠 00000071 0.0009/万 99.9599%
No:16381 U+05290 劐 00000071 0.0009/万 99.9598%	No:16382 U+053D3 叓 00000071 0.0009/万 99.9599%	No:16383 U+056C6 囆 00000071 0.0009/万 99.9599%	No:16384 U+05714 圔 00000071 0.0009/万 99.9599%	No:16385 U+057BF 垿 00000071 0.0009/万 99.9599%	No:16386 U+0582C 堬 00000071 0.0009/万 99.9599%	No:16387 U+058E7 壧 00000071 0.0009/万 99.9600%	No:16388 U+05E94 应 00000071 0.0009/万 99.9602%	No:16389 U+05F7A 彺 00000071 0.0009/万 99.9603%	No:16390 U+05FB2 徲 00000071 0.0009/万 99.9602%
No:16391 U+06456 摖 00000071 0.0009/万 99.9604%	No:16392 U+06A33 樳 00000071 0.0009/万 99.9602%	No:16393 U+06A4F 橏 00000071 0.0009/万 99.9603%	No:16394 U+06A81 檁 00000071 0.0009/万 99.9603%	No:16395 U+07003 瀃 00000071 0.0009/万 99.9602%	No:16396 U+0747B 瑻 00000071 0.0009/万 99.9604%	No:16397 U+0772E 眮 00000071 0.0009/万 99.9604%	No:16398 U+07A72 穲 00000071 0.0009/万 99.9603%	No:16399 U+07E04 繩 00000071 0.0009/万 99.9602%	No:16400 U+07FCB 翋 00000071 0.0009/万 99.9603%

No:16401 U+08164 腤 00000071 0.0009/万 99.9601%	No:16402 U+0818C 膌 00000071 0.0009/万 99.9602%	No:16403 U+0826C 艬 00000071 0.0009/万 99.9603%	No:16404 U+083BF 莿 00000071 0.0009/万 99.9604%	No:16405 U+08710 蜐 00000071 0.0009/万 99.9603%	No:16406 U+087B1 螱 00000071 0.0009/万 99.9604%	No:16407 U+08837 蠷 00000071 0.0009/万 99.9602%	No:16408 U+08AC5 諅 00000071 0.0009/万 99.9603%	No:16409 U+08B82 讂 00000071 0.0009/万 99.9603%	No:16410 U+08FF1 迱 00000071 0.0009/万 99.9603%
No:16411 U+09141 酁 00000071 0.0009/万 99.9602%	No:16412 U+09159 酙 00000071 0.0009/万 99.9602%	No:16413 U+091A9 醩 00000071 0.0009/万 99.9602%	No:16414 U+09622 阢 00000071 0.0009/万 99.9602%	No:16415 U+096F4 雴 00000071 0.0009/万 99.9603%	No:16416 U+099E7 駧 00000071 0.0009/万 99.9598%	No:16417 U+09AF6 髶 00000071 0.0009/万 99.9598%	No:16418 U+09BBA 鮺 00000071 0.0009/万 99.9598%	No:16419 U+09C73 鱳 00000071 0.0009/万 99.9598%	No:16420 U+09D0A 鴊 00000071 0.0009/万 99.9598%
No:16421 U+09D0B 鴋 00000071 0.0009/万 99.9598%	No:16422 U+0EA8E 00000071 0.0009/万 99.9598%	No:16423 U+0EC62 00000071 0.0009/万 99.9598%	No:16424 U+0EED5 00000071 0.0009/万 99.9598%	No:16425 U+EB4 娑 00000071 0.0009/万 99.9601%	No:16426 U+E61 𢁒 00000071 0.0009/万 99.9600%	No:16427 U+E81 座 00000071 0.0009/万 99.9601%	No:16428 U+E52 龡 00000071 0.0009/万 99.9600%	No:16429 U+E1D [illegible] 00000071 0.0009/万 99.9601%	No:16430 U+EBB 瘨 00000071 0.0009/万 99.9600%
No:16431 U+ECB [illegible] 00000071 0.0009/万. 99.9600%	No:16432 U+EB9 緱 00000071 0.0009/万 99.9601%	No:16433 U+E9D [illegible] 00000071 0.0009/万 99.9601%	No:16434 U+EF5 [illegible] 00000071 0.0009/万 99.9601%	No:16435 U+EB6 [illegible] 00000071 0.0009/万 99.9599%	No:16436 U+E09 魮 00000071 0.0009/万 99.9599%	No:16437 U+E26 [illegible] 00000071 0.0009/万 99.9599%	No:16438 U+034D6 㓖 00000070 0.0008/万 99.9605%	No:16439 U+0351F 㔟 00000070 0.0008/万 99.9608%	No:16440 U+03941 㥁 00000070 0.0008/万 99.9608%
No:16441 U+03AF7 㫷 00000070 0.0008/万 99.9608%	No:16442 U+03D95 㶕 00000070 0.0008/万 99.9606%	No:16443 U+03E6E 㹮 00000070 0.0008/万 99.9608%	No:16444 U+03F1A 㼚 00000070 0.0008/万 99.9607%	No:16445 U+03FC8 㿈 00000070 0.0008/万 99.9607%	No:16446 U+04212 䈒 00000070 0.0008/万 99.9606%	No:16447 U+042FD 䋽 00000070 0.0008/万 99.9605%	No:16448 U+04395 䎕 00000070 0.0008/万 99.9605%	No:16449 U+04404 䐄 00000070 0.0008/万 99.9608%	No:16450 U+04422 䐢 00000070 0.0008/万 99.9607%
No:16451 U+045F1 䗱 00000070 0.0008/万 99.9607%	No:16452 U+04606 䘆 00000070 0.0008/万 99.9605%	No:16453 U+046A9 䚩 00000070 0.0008/万 99.9605%	No:16454 U+04934 䤴 00000070 0.0008/万 99.9606%	No:16455 U+04C09 䰉 00000070 0.0008/万 99.9606%	No:16456 U+04C83 䲃 00000070 0.0008/万 99.9605%	No:16457 U+04D52 䵒 00000070 0.0008/万 99.9605%	No:16458 U+050BD 傽 00000070 0.0008/万 99.9605%	No:16459 U+051DA 凚 00000070 0.0008/万 99.9605%	No:16460 U+05483 咃 00000070 0.0008/万 99.9606%
No:16461 U+05552 啒 00000070 0.0008/万 99.9608%	No:16462 U+055D7 嗗 00000070 0.0008/万 99.9604%	No:16463 U+05749 坉 00000070 0.0008/万 99.9606%	No:16464 U+057EF 埯 00000070 0.0008/万 99.9608%	No:16465 U+0591B 夛 00000070 0.0008/万 99.9608%	No:16466 U+0599E 妞 00000070 0.0008/万 99.9606%	No:16467 U+05CA6 岦 00000070 0.0008/万 99.9606%	No:16468 U+05F32 弲 00000070 0.0008/万 99.9609%	No:16469 U+0686C 桬 00000070 0.0008/万 99.9611%	No:16470 U+06990 榐 00000070 0.0008/万 99.9609%
No:16471 U+06AFC 櫼 00000070 0.0008/万 99.9610%	No:16472 U+06E80 満 00000070 0.0008/万 99.9609%	No:16473 U+06EA6 溦 00000070 0.0008/万 99.9609%	No:16474 U+07002 瀂 00000070 0.0008/万 99.9610%	No:16475 U+07224 爤 00000070 0.0008/万 99.9610%	No:16476 U+07299 犙 00000070 0.0008/万 99.9610%	No:16477 U+07465 瑥 00000070 0.0008/万 99.9611%	No:16478 U+07605 瘅 00000070 0.0008/万 99.9609%	No:16479 U+07885 碅 00000070 0.0008/万 99.9609%	No:16480 U+07B21 笡 00000070 0.0008/万 99.9609%
No:16481 U+08039 耹 00000070 0.0008/万 99.9610%	No:16482 U+08261 艡 00000070 0.0008/万 99.9611%	No:16483 U+08265 艥 00000070 0.0008/万 99.9609%	No:16484 U+0845E 葞 00000070 0.0008/万 99.9611%	No:16485 U+08560 蕠 00000070 0.0008/万 99.9610%	No:16486 U+086A5 蚥 00000070 0.0008/万 99.9609%	No:16487 U+0882C 蠬 00000070 0.0008/万 99.9609%	No:16488 U+088D6 裖 00000070 0.0008/万 99.9609%	No:16489 U+088F0 裰 00000070 0.0008/万 99.9610%	No:16490 U+08C43 豃 00000070 0.0008/万 99.9610%
No:16491 U+08DFE 跾 00000070 0.0008/万 99.9610%	No:16492 U+08FC0 迀 00000070 0.0008/万 99.9610%	No:16493 U+0907E 遾 00000070 0.0008/万 99.9610%	No:16494 U+0971A 霚 00000070 0.0008/万 99.9604%	No:16495 U+0EA6D [illegible] 00000070 0.0008/万 99.9604%	No:16496 U+0EC86 00000070 0.0008/万 99.9604%	No:16497 U+0EF14 [illegible] 00000070 0.0008/万 99.9604%	No:16498 U+EE3 [illegible] 00000070 0.0008/万 99.9605%	No:16499 U+EED 小 00000070 0.0008/万 99.9607%	No:16500 U+E95 嶭 00000070 0.0008/万 99.9607%

No:16501 U+E6C 冰 00000070 0.0008/万 99.9606%	No:16502 U+E41 ⿰氵臬 00000070 0.0008/万 99.9607%	No:16503 U+E52 ⿰目縣 00000070 0.0008/万 99.9607%	No:16504 U+E55 ⿰兆敫 00000070 0.0008/万 99.9609%	No:16505 U+EC9 ⿰羽聴 00000070 0.0008/万 99.9605%	No:16506 U+ECB 翻 00000070 0.0008/万 99.9605%	No:16507 U+EE1 ⿱夂至 00000070 0.0008/万 99.9604%	No:16508 U+EFC 蟤 00000070 0.0008/万 99.9607%	No:16509 U+EFF ⿰衤叔 00000070 0.0008/万 99.9608%	No:16510 U+E03 ⿰衤童 00000070 0.0008/万 99.9608%
No:16511 U+E5B ⿰舟巨 00000070 0.0008/万 99.9606%	No:16512 U+E91 ⿰谷孔 00000070 0.0008/万 99.9606%	No:16513 U+E85 ⿰足區 00000070 0.0008/万 99.9607%	No:16514 U+EF6 ⿰革從 00000070 0.0008/万 99.9608%	No:16515 U+E69 ⿸麻龜 00000070 0.0008/万 99.9607%	No:16516 U+034FB 㓻 00000069 0.0008/万 99.9612%	No:16517 U+040A6 䂦 00000069 0.0008/万 99.9613%	No:16518 U+040CC 䃌 00000069 0.0008/万 99.9613%	No:16519 U+040F8 䃸 00000069 0.0008/万 99.9613%	No:16520 U+04407 䐇 00000069 0.0008/万 99.9612%
No:16521 U+044E3 䓣 00000069 0.0008/万 99.9613%	No:16522 U+046CF 䛏 00000069 0.0008/万 99.9615%	No:16523 U+046E0 䛠 00000069 0.0008/万 99.9612%	No:16524 U+0476F 䝯 00000069 0.0008/万 99.9614%	No:16525 U+0480B 䠋 00000069 0.0008/万 99.9613%	No:16526 U+048DD 䣝 00000069 0.0008/万 99.9614%	No:16527 U+04A78 䩸 00000069 0.0008/万 99.9615%	No:16528 U+04B05 䬅 00000069 0.0008/万 99.9615%	No:16529 U+04BF0 䯰 00000069 0.0008/万 99.9612%	No:16530 U+04C20 䰠 00000069 0.0008/万 99.9613%
No:16531 U+05084 傄 00000069 0.0008/万 99.9612%	No:16532 U+050BB 傻 00000069 0.0008/万 99.9614%	No:16533 U+050CB 僋 00000069 0.0008/万 99.9614%	No:16534 U+0554C 啌 00000069 0.0008/万 99.9614%	No:16535 U+05C73 屳 00000069 0.0008/万 99.9614%	No:16536 U+05CEE 峮 00000069 0.0008/万 99.9613%	No:16537 U+05F3D 弽 00000069 0.0008/万 99.9616%	No:16538 U+06080 悀 00000069 0.0008/万 99.9617%	No:16539 U+06082 悂 00000069 0.0008/万 99.9617%	No:16540 U+061EF 懯 00000069 0.0008/万 99.9615%
No:16541 U+06437 搷 00000069 0.0008/万 99.9616%	No:16542 U+06A88 檈 00000069 0.0008/万 99.9616%	No:16543 U+06E49 湉 00000069 0.0008/万 99.9615%	No:16544 U+070A1 炡 00000069 0.0008/万 99.9617%	No:16545 U+076D3 盓 00000069 0.0008/万 99.9616%	No:16546 U+0771D 眝 00000069 0.0008/万 99.9617%	No:16547 U+0796A 祪 00000069 0.0008/万 99.9615%	No:16548 U+07AE4 竤 00000069 0.0008/万 99.9616%	No:16549 U+07BB6 鍸 00000069 0.0008/万 99.9617%	No:16550 U+07C86 粆 00000069 0.0008/万 99.9617%
No:16551 U+07E53 繓 00000069 0.0008/万 99.9616%	No:16552 U+08225 舥 00000069 0.0008/万 99.9616%	No:16553 U+0842E 萮 00000069 0.0008/万 99.9615%	No:16554 U+08430 萰 00000069 0.0008/万 99.9615%	No:16555 U+08516 蔖 00000069 0.0008/万 99.9616%	No:16556 U+086A6 蚦 00000069 0.0008/万 99.9617%	No:16557 U+0896C 襬 00000069 0.0008/万 99.9617%	No:16558 U+08B68 譨 00000069 0.0008/万 99.9616%	No:16559 U+08D50 賜 00000069 0.0008/万 99.9616%	No:16560 U+091A0 醠 00000069 0.0008/万 99.9616%
No:16561 U+092D5 鋕 00000069 0.0008/万 99.9615%	No:16562 U+096FF 雿 00000069 0.0008/万 99.9617%	No:16563 U+09A07 騇 00000069 0.0008/万 99.9611%	No:16564 U+09B87 鮇 00000069 0.0008/万 99.9611%	No:16565 U+09C51 鱑 00000069 0.0008/万 99.9611%	No:16566 U+09D5B 鵛 00000069 0.0008/万 99.9611%	No:16567 U+09F47 齇 00000069 0.0008/万 99.9611%	No:16568 U+0EADA 圵 00000069 0.0008/万 99.9611%	No:16569 U+0EC12 陽 00000069 0.0008/万 99.9611%	No:16570 U+0F831 務 00000069 0.0008/万 99.9612%
No:16571 U+E5D ⿰忄閣 00000069 0.0008/万 99.9612%	No:16572 U+E6A ⿸广千 00000069 0.0008/万 99.9614%	No:16573 U+E7A ⿱皆日 00000069 0.0008/万 99.9612%	No:16574 U+E88 ⿰月罷 00000069 0.0008/万 99.9614%	No:16575 U+EC2 ⿰木疌 00000069 0.0008/万 99.9612%	No:16576 U+F3E ⿱鬼木 00000069 0.0008/万 99.9613%	No:16577 U+E10 ⿰木𤰈 00000069 0.0008/万 99.9614%	No:16578 U+EA9 ⿰氵窖 00000069 0.0008/万 99.9614%	No:16579 U+E46 睺 00000069 0.0008/万 99.9615%	No:16580 U+EF2 ⿱罒殳 00000069 0.0008/万 99.9612%
No:16581 U+E25 ⿰舟邛 00000069 0.0008/万 99.9612%	No:16582 U+ED7 虮 00000069 0.0008/万 99.9614%	No:16583 U+E98 ⿰舟虎 00000069 0.0008/万 99.9615%	No:16584 U+E08 ⿰言冉 00000069 0.0008/万 99.9612%	No:16585 U+E2B ⿺走曷 00000069 0.0008/万 99.9613%	No:16586 U+E88 ⿰車巛 00000069 0.0008/万 99.9614%	No:16587 U+EDA ⿰夫隹 00000069 0.0008/万 99.9613%	No:16588 U+E2E ⿱般鳥 00000069 0.0008/万 99.9613%	No:16589 U+0345B 㑛 00000068 0.0008/万 99.9620%	No:16590 U+0356D 㕭 00000068 0.0008/万 99.9619%
No:16591 U+03625 㘥 00000068 0.0008/万 99.9619%	No:16592 U+0391E 㤞 00000068 0.0008/万 99.9618%	No:16593 U+03930 㤰 00000068 0.0008/万 99.9618%	No:16594 U+03DBC 㶼 00000068 0.0008/万 99.9618%	No:16595 U+03E38 㸸 00000068 0.0008/万 99.9619%	No:16596 U+0406E 䁮 00000068 0.0008/万 99.9618%	No:16597 U+040A5 䂥 00000068 0.0008/万 99.9618%	No:16598 U+04377 䍷 00000068 0.0008/万 99.9618%	No:16599 U+04D56 䵖 00000068 0.0008/万 99.9619%	No:16600 U+056EA 囪 00000068 0.0008/万 99.9619%

No:16601 U+05920 夠 00000068 0.0008/万 99.9620%	No:16602 U+059D8 姘 00000068 0.0008/万 99.9620%	No:16603 U+05B12 嬒 00000068 0.0008/万 99.9620%	No:16604 U+05B8D 宍 00000068 0.0008/万 99.9620%	No:16605 U+061D6 懖 00000068 0.0008/万 99.9622%	No:16606 U+06463 摣 00000068 0.0008/万 99.9622%	No:16607 U+064D1 擑 00000068 0.0008/万 99.9621%	No:16608 U+06A3C 樼 00000068 0.0008/万 99.9622%	No:16609 U+06B2A 欪 00000068 0.0008/万 99.9621%	No:16610 U+06FAB 澫 00000068 0.0008/万 99.9623%
No:16611 U+07074 灴 00000068 0.0008/万 99.9621%	No:16612 U+070C4 烄 00000068 0.0008/万 99.9620%	No:16613 U+07896 碖 00000068 0.0008/万 99.9622%	No:16614 U+078DB 磛 00000068 0.0008/万 99.9622%	No:16615 U+07BFA 篺 00000068 0.0008/万 99.9622%	No:16616 U+08090 肐 00000068 0.0008/万 99.9622%	No:16617 U+082C0 苀 00000068 0.0008/万 99.9621%	No:16618 U+08390 莐 00000068 0.0008/万 99.9622%	No:16619 U+083F3 菳 00000068 0.0008/万 99.9621%	No:16620 U+0849B 蒛 00000068 0.0008/万 99.9622%
No:16621 U+085D6 藖 00000068 0.0008/万 99.9622%	No:16622 U+087FC 蟼 00000068 0.0008/万 99.9621%	No:16623 U+0893A 褺 00000068 0.0008/万 99.9621%	No:16624 U+08B48 譈 00000068 0.0008/万 99.9621%	No:16625 U+08C8F 貏 00000068 0.0008/万 99.9621%	No:16626 U+08E43 蹃 00000068 0.0008/万 99.9621%	No:16627 U+0901C 逜 00000068 0.0008/万 99.9622%	No:16628 U+092F7 鋷 00000068 0.0008/万 99.9622%	No:16629 U+0943C 鐼 00000068 0.0008/万 99.9621%	No:16630 U+09F44 齄 00000068 0.0008/万 99.9618%
No:16631 U+0EAC9 00000068 0.0008/万 99.9617%	No:16632 U+0EB88 00000068 0.0008/万 99.9618%	No:16633 U+0ED9D 00000068 0.0008/万 99.9617%	No:16634 U+0EDD4 00000068 0.0008/万 99.9617%	No:16635 U+E5F 儕 00000068 0.0008/万 99.9620%	No:16636 U+ED8 墄 00000068 0.0008/万 99.9619%	No:16637 U+E68 崩 00000068 0.0008/万 99.9620%	No:16638 U+E6E 累 00000068 0.0008/万 99.9620%	No:16639 U+E75 黨 00000068 0.0008/万 99.9619%	No:16640 U+EA8 思 00000068 0.0008/万 99.9620%
No:16641 U+FFC 梅 00000068 0.0008/万 99.9619%	No:16642 U+F1B 犯 00000068 0.0008/万 99.9619%	No:16643 U+EB5 綠 00000068 0.0008/万 99.9618%	No:16644 U+F61 茉 00000068 0.0008/万 99.9618%	No:16645 U+E14 藪 00000068 0.0008/万 99.9618%	No:16646 U+E1A 薅 00000068 0.0008/万 99.9618%	No:16647 U+EF8 蚤 00000068 0.0008/万 99.9619%	No:16648 U+E50 負 00000068 0.0008/万 99.9620%	No:16649 U+EBD 郡 00000068 0.0008/万 99.9620%	No:16650 U+E16 鹿 00000068 0.0008/万 99.9619%
No:16651 U+034F6 㓶 00000067 0.0008/万 99.9626%	No:16652 U+0374C 㝌 00000067 0.0008/万 99.9626%	No:16653 U+03A62 㩢 00000067 0.0008/万 99.9624%	No:16654 U+03AE5 㫥 00000067 0.0008/万 99.9624%	No:16655 U+03B70 㭰 00000067 0.0008/万 99.9625%	No:16656 U+04042 䁂 00000067 0.0008/万 99.9625%	No:16657 U+040FE 䃾 00000067 0.0008/万 99.9624%	No:16658 U+0423E 䈾 00000067 0.0008/万 99.9625%	No:16659 U+042A7 䊧 00000067 0.0008/万 99.9625%	No:16660 U+04374 䍴 00000067 0.0008/万 99.9625%
No:16661 U+043D9 䏙 00000067 0.0008/万 99.9624%	No:16662 U+0444E 䑎 00000067 0.0008/万 99.9623%	No:16663 U+045B9 䖹 00000067 0.0008/万 99.9626%	No:16664 U+0466C 䙬 00000067 0.0008/万 99.9624%	No:16665 U+047A3 䞣 00000067 0.0008/万 99.9624%	No:16666 U+0504B 偋 00000067 0.0008/万 99.9626%	No:16667 U+051BE 冾 00000067 0.0008/万 99.9626%	No:16668 U+05263 剣 00000067 0.0008/万 99.9626%	No:16669 U+052E7 勧 00000067 0.0008/万 99.9626%	No:16670 U+0535B 卛 00000067 0.0008/万 99.9626%
No:16671 U+054F6 哶 00000067 0.0008/万 99.9623%	No:16672 U+05592 喒 00000067 0.0008/万 99.9625%	No:16673 U+058D4 壔 00000067 0.0008/万 99.9625%	No:16674 U+05A0B 娋 00000067 0.0008/万 99.9624%	No:16675 U+05B94 宔 00000067 0.0008/万 99.9624%	No:16676 U+05B96 宖 00000067 0.0008/万 99.9624%	No:16677 U+05EB4 庴 00000067 0.0008/万 99.9628%	No:16678 U+05F36 弶 00000067 0.0008/万 99.9627%	No:16679 U+062EA 拪 00000067 0.0008/万 99.9627%	No:16680 U+06341 捁 00000067 0.0008/万 99.9628%
No:16681 U+06972 楲 00000067 0.0008/万 99.9628%	No:16682 U+06BF6 毶 00000067 0.0008/万 99.9628%	No:16683 U+06FED 濭 00000067 0.0008/万 99.9627%	No:16684 U+07288 犈 00000067 0.0008/万 99.9628%	No:16685 U+072A5 犥 00000067 0.0008/万 99.9628%	No:16686 U+0743A 琺 00000067 0.0008/万 99.9627%	No:16687 U+07865 硥 00000067 0.0008/万 99.9627%	No:16688 U+07AE7 竧 00000067 0.0008/万 99.9627%	No:16689 U+07DFE 緾 00000067 0.0008/万 99.9628%	No:16690 U+080FF 胿 00000067 0.0008/万 99.9627%
No:16691 U+0813A 脺 00000067 0.0008/万 99.9626%	No:16692 U+082D8 苘 00000067 0.0008/万 99.9627%	No:16693 U+083F7 菷 00000067 0.0008/万 99.9628%	No:16694 U+084EA 蓪 00000067 0.0008/万 99.9627%	No:16695 U+08597 薗 00000067 0.0008/万 99.9627%	No:16696 U+0883D 蠽 00000067 0.0008/万 99.9627%	No:16697 U+08EF2 軲 00000067 0.0008/万 99.9627%	No:16698 U+097BD 鞽 00000067 0.0008/万 99.9623%	No:16699 U+09D29 鴩 00000067 0.0008/万 99.9623%	No:16700 U+09DA3 鶣 00000067 0.0008/万 99.9623%

No:16701 U+09DC8 鷈 00000067 0.0008/万 99.9623%	No:16702 U+09EFA 黺 00000067 0.0008/万 99.9623%	No:16703 U+0EDDF ⿰舟曾 00000067 0.0008/万 99.9623%	No:16704 U+ED1 ⿰土䍃 00000067 0.0008/万 99.9623%	No:16705 U+E88 索 00000067 0.0008/万 99.9626%	No:16706 U+E43 ⿸尸羊 00000067 0.0008/万 99.9626%	No:16707 U+EE3 帶 00000067 0.0008/万 99.9625%	No:16708 U+E49 采 00000067 0.0008/万 99.9624%	No:16709 U+EC8 ⿰羽氐 00000067 0.0008/万 99.9625%	No:16710 U+ED2 蚻 00000067 0.0008/万 99.9626%
No:16711 U+EED ⿸厂蟲 00000067 0.0008/万 99.9623%	No:16712 U+EFA 幾 00000067 0.0008/万 99.9624%	No:16713 U+E09 ⿰言乎 00000067 0.0008/万 99.9623%	No:16714 U+E76 ⿺走憲 00000067 0.0008/万 99.9625%	No:16715 U+E62 ⿰足冘 00000067 0.0008/万 99.9625%	No:16716 U+E31 齹 00000067 0.0008/万 99.9625%	No:16717 U+034BE 㒾 00000066 0.0008/万 99.9630%	No:16718 U+034E4 㓤 00000066 0.0008/万 99.9632%	No:16719 U+03664 㙤 00000066 0.0008/万 99.9632%	No:16720 U+036F4 㛴 00000066 0.0008/万 99.9631%
No:16721 U+037CB 㟋 00000066 0.0008/万 99.9632%	No:16722 U+0384B 㡋 00000066 0.0008/万 99.9631%	No:16723 U+03974 㥴 00000066 0.0008/万 99.9629%	No:16724 U+03C15 㰕 00000066 0.0008/万 99.9631%	No:16725 U+03E01 㸁 00000066 0.0008/万 99.9629%	No:16726 U+03E24 㸤 00000066 0.0008/万 99.9631%	No:16727 U+03ECD 㻍 00000066 0.0008/万 99.9631%	No:16728 U+03FAF 㾯 00000066 0.0008/万 99.9631%	No:16729 U+04059 䁙 00000066 0.0008/万 99.9629%	No:16730 U+040F6 䃶 00000066 0.0008/万 99.9631%
No:16731 U+042CE 䋎 00000066 0.0008/万 99.9631%	No:16732 U+043B6 䎶 00000066 0.0008/万 99.9630%	No:16733 U+0443F 䐿 00000066 0.0008/万 99.9632%	No:16734 U+04736 䜶 00000066 0.0008/万 99.9630%	No:16735 U+04A65 䩥 00000066 0.0008/万 99.9630%	No:16736 U+04A9C 䪜 00000066 0.0008/万 99.9631%	No:16737 U+04CB7 䲷 00000066 0.0008/万 99.9631%	No:16738 U+04E84 亄 00000066 0.0008/万 99.9629%	No:16739 U+056AA 嚪 00000066 0.0008/万 99.9630%	No:16740 U+0577D 坽 00000066 0.0008/万 99.9630%
No:16741 U+05B4E 孎 00000066 0.0008/万 99.9630%	No:16742 U+05C9F 岟 00000066 0.0008/万 99.9631%	No:16743 U+05DCA 巊 00000066 0.0008/万 99.9632%	No:16744 U+06213 戓 00000066 0.0008/万 99.9633%	No:16745 U+06323 挣 00000066 0.0008/万 99.9634%	No:16746 U+064AC 撬 00000066 0.0008/万 99.9634%	No:16747 U+06571 敱 00000066 0.0008/万 99.9633%	No:16748 U+065C7 旇 00000066 0.0008/万 99.9634%	No:16749 U+0674B 杋 00000066 0.0008/万 99.9634%	No:16750 U+06A1A 樚 00000066 0.0008/万 99.9634%
No:16751 U+06CCB 泋 00000066 0.0008/万 99.9633%	No:16752 U+06FAA 澪 00000066 0.0008/万 99.9633%	No:16753 U+07270 牰 00000066 0.0008/万 99.9634%	No:16754 U+0735A 獚 00000066 0.0008/万 99.9635%	No:16755 U+07644 癄 00000066 0.0008/万 99.9633%	No:16756 U+077C6 矆 00000066 0.0008/万 99.9634%	No:16757 U+07A5A 穚 00000066 0.0008/万 99.9633%	No:16758 U+07BE2 篢 00000066 0.0008/万 99.9633%	No:16759 U+0812A 脪 00000066 0.0008/万 99.9633%	No:16760 U+084F6 蓶 00000066 0.0008/万 99.9633%
No:16761 U+086D7 蛗 00000066 0.0008/万 99.9632%	No:16762 U+08833 蠳 00000066 0.0008/万 99.9635%	No:16763 U+08873 衳 00000066 0.0008/万 99.9633%	No:16764 U+08AFD 諽 00000066 0.0008/万 99.9634%	No:16765 U+08B2F 謯 00000066 0.0008/万 99.9634%	No:16766 U+08C71 豱 00000066 0.0008/万 99.9633%	No:16767 U+08EE6 軦 00000066 0.0008/万 99.9634%	No:16768 U+092FB 鋻 00000066 0.0008/万 99.9635%	No:16769 U+093A2 鎢 00000066 0.0008/万 99.9633%	No:16770 U+093D4 鏔 00000066 0.0008/万 99.9634%
No:16771 U+0969A 隚 00000066 0.0008/万 99.9634%	No:16772 U+09703 霃 00000066 0.0008/万 99.9632%	No:16773 U+09B88 鮈 00000066 0.0008/万 99.9629%	No:16774 U+09BE0 鯠 00000066 0.0008/万 99.9629%	No:16775 U+09BE9 鯩 00000066 0.0008/万 99.9629%	No:16776 U+09C27 鰧 00000066 0.0008/万 99.9628%	No:16777 U+09F96 龖 00000066 0.0008/万 99.9628%	No:16778 U+0E81A ⿰亻芻 00000066 0.0008/万 99.9629%	No:16779 U+0EC71 ⿰氵助 00000066 0.0008/万 99.9629%	No:16780 U+0EE7A 跨 00000066 0.0008/万 99.9628%
No:16781 U+0EF93 ⿰司刂 00000066 0.0008/万 99.9629%	No:16782 U+0F106 髀 00000066 0.0008/万 99.9628%	No:16783 U+E87 偊 00000066 0.0008/万 99.9629%	No:16784 U+E24 ⿱丞子 00000066 0.0008/万 99.9632%	No:16785 U+E42 ⿸尸矢 00000066 0.0008/万 99.9629%	No:16786 U+E40 ⿰木攸 00000066 0.0008/万 99.9630%	No:16787 U+EBA 奈 00000066 0.0008/万 99.9630%	No:16788 U+EC3 瀛 00000066 0.0008/万 99.9632%	No:16789 U+EEE 曼 00000066 0.0008/万 99.9632%	No:16790 U+E02 ⿰虫爾 00000066 0.0008/万 99.9631%
No:16791 U+E04 蠽 00000066 0.0008/万 99.9632%	No:16792 U+E4F 黨 00000066 0.0008/万 99.9630%	No:16793 U+E9C ⿰彳鳥 00000066 0.0008/万 99.9632%	No:16794 U+E19 ⿰身青 00000066 0.0008/万 99.9630%	No:16795 U+03444 㑄 00000065 0.0008/万 99.9637%	No:16796 U+03494 㒔 00000065 0.0008/万 99.9638%	No:16797 U+03609 㘉 00000065 0.0008/万 99.9636%	No:16798 U+03BE5 㯥 00000065 0.0008/万 99.9637%	No:16799 U+0417D 䅽 00000065 0.0008/万 99.9635%	No:16800 U+041C4 䇄 00000065 0.0008/万 99.9637%

No:16801 U+042C4 䋄 00000065 0.0008/万 99.9636%	No:16802 U+04359 䍙 00000065 0.0008/万 99.9636%	No:16803 U+043CD 䏍 00000065 0.0008/万 99.9639%	No:16804 U+044A9 䒩 00000065 0.0008/万 99.9637%	No:16805 U+045EC 䗬 00000065 0.0008/万 99.9638%	No:16806 U+04677 䙷 00000065 0.0008/万 99.9638%	No:16807 U+046E2 䛢 00000065 0.0008/万 99.9636%	No:16808 U+049B0 䦰 00000065 0.0008/万 99.9637%	No:16809 U+049B2 䦲 00000065 0.0008/万 99.9637%	No:16810 U+049B3 䦳 00000065 0.0008/万 99.9637%
No:16811 U+04A8C 䪌 00000065 0.0008/万 99.9636%	No:16812 U+04B0D 䬍 00000065 0.0008/万 99.9635%	No:16813 U+04B97 䮗 00000065 0.0008/万 99.9637%	No:16814 U+04D74 䵴 00000065 0.0008/万 99.9635%	No:16815 U+04D80 䶀 00000065 0.0008/万 99.9636%	No:16816 U+05034 倴 00000065 0.0008/万 99.9638%	No:16817 U+0580D 堍 00000065 0.0008/万 99.9636%	No:16818 U+0581F 堟 00000065 0.0008/万 99.9635%	No:16819 U+06007 怇 00000065 0.0008/万 99.9640%	No:16820 U+0600C 怌 00000065 0.0008/万 99.9639%
No:16821 U+06189 憉 00000065 0.0008/万 99.9639%	No:16822 U+06402 搂 00000065 0.0008/万 99.9640%	No:16823 U+065A0 斠 00000065 0.0008/万 99.9640%	No:16824 U+0661A 昚 00000065 0.0008/万 99.9640%	No:16825 U+067D6 柖 00000065 0.0008/万 99.9639%	No:16826 U+06A0C 樌 00000065 0.0008/万 99.9640%	No:16827 U+06A22 樢 00000065 0.0008/万 99.9639%	No:16828 U+06A54 橔 00000065 0.0008/万 99.9640%	No:16829 U+06C6B 汫 00000065 0.0008/万 99.9639%	No:16830 U+06C91 沑 00000065 0.0008/万 99.9639%
No:16831 U+06CFE 泾 00000065 0.0008/万 99.9640%	No:16832 U+06D26 洦 00000065 0.0008/万 99.9640%	No:16833 U+06E7D 湽 00000065 0.0008/万 99.9640%	No:16834 U+0703F 瀿 00000065 0.0008/万 99.9639%	No:16835 U+0728F 犏 00000065 0.0008/万 99.9640%	No:16836 U+073FB 珻 00000065 0.0008/万 99.9640%	No:16837 U+07657 癗 00000065 0.0008/万 99.9639%	No:16838 U+07BCA 篊 00000065 0.0008/万 99.9640%	No:16839 U+08B5E 譞 00000065 0.0008/万 99.9639%	No:16840 U+092B8 銸 00000065 0.0008/万 99.9639%
No:16841 U+092E7 鋧 00000065 0.0008/万 99.9639%	No:16842 U+09EC0 黀 00000065 0.0008/万 99.9635%	No:16843 U+0E843 [illegible] 00000065 0.0008/万 99.9635%	No:16844 U+0EA37 [illegible] 00000065 0.0008/万 99.9635%	No:16845 U+0EBA2 [illegible] 00000065 0.0008/万 99.9635%	No:16846 U+0ECE2 [illegible] 00000065 0.0008/万 99.9635%	No:16847 U+EC1 乙 00000065 0.0008/万 99.9637%	No:16848 U+E28 [illegible] 00000065 0.0008/万 99.9638%	No:16849 U+E90 [illegible] 00000065 0.0008/万 99.9638%	No:16850 U+E1B [illegible] 00000065 0.0008/万 99.9636%
No:16851 U+EAD 粇 00000065 0.0008/万 99.9636%	No:16852 U+E11 [illegible] 00000065 0.0008/万 99.9638%	No:16853 U+EDC [illegible] 00000065 0.0008/万 99.9636%	No:16854 U+EE1 艼 00000065 0.0008/万 99.9637%	No:16855 U+E4C 菧 00000065 0.0008/万 99.9636%	No:16856 U+E4E [illegible] 00000065 0.0008/万 99.9637%	No:16857 U+E5F [illegible] 00000065 0.0008/万 99.9636%	No:16858 U+FD3 轓 00000065 0.0008/万 99.9637%	No:16859 U+E9C [illegible] 00000065 0.0008/万 99.9638%	No:16860 U+E59 [illegible] 00000065 0.0008/万 99.9638%
No:16861 U+EF6 韡 00000065 0.0008/万 99.9638%	No:16862 U+EA9 [illegible] 00000065 0.0008/万 99.9638%	No:16863 U+EE0 [illegible] 00000065 0.0008/万 99.9638%	No:16864 U+E34 [illegible] 00000065 0.0008/万 99.9636%	No:16865 U+03430 㐰 00000064 0.0008/万 99.9644%	No:16866 U+0346E 㑮 00000064 0.0008/万 99.9642%	No:16867 U+034E0 㓠 00000064 0.0008/万 99.9644%	No:16868 U+0350D 㔍 00000064 0.0008/万 99.9642%	No:16869 U+036E0 㛠 00000064 0.0008/万 99.9642%	No:16870 U+0391D 㤝 00000064 0.0008/万 99.9642%
No:16871 U+03928 㤨 00000064 0.0008/万 99.9643%	No:16872 U+03A4A 㩊 00000064 0.0008/万 99.9643%	No:16873 U+03A63 㩣 00000064 0.0008/万 99.9642%	No:16874 U+03A98 㪘 00000064 0.0008/万 99.9642%	No:16875 U+03F0C 㼌 00000064 0.0008/万 99.9641%	No:16876 U+03FC5 㿅 00000064 0.0008/万 99.9644%	No:16877 U+04084 䂄 00000064 0.0008/万 99.9641%	No:16878 U+0419B 䆛 00000064 0.0008/万 99.9643%	No:16879 U+041BE 䆾 00000064 0.0008/万 99.9644%	No:16880 U+0421B 䈛 00000064 0.0008/万 99.9644%
No:16881 U+04248 䉈 00000064 0.0008/万 99.9644%	No:16882 U+042D0 䋐 00000064 0.0008/万 99.9642%	No:16883 U+042E4 䋤 00000064 0.0008/万 99.9642%	No:16884 U+0437A 䍺 00000064 0.0008/万 99.9643%	No:16885 U+044BD 䒽 00000064 0.0008/万 99.9644%	No:16886 U+047FA 䟺 00000064 0.0008/万 99.9644%	No:16887 U+04811 䠑 00000064 0.0008/万 99.9644%	No:16888 U+04CB0 䲰 00000064 0.0008/万 99.9641%	No:16889 U+04CEB 䳫 00000064 0.0008/万 99.9645%	No:16890 U+054E0 哠 00000064 0.0008/万 99.9644%
No:16891 U+059A6 妦 00000064 0.0008/万 99.9643%	No:16892 U+05B48 孈 00000064 0.0008/万 99.9644%	No:16893 U+05D49 嵉 00000064 0.0008/万 99.9645%	No:16894 U+05E1E 帞 00000064 0.0008/万 99.9641%	No:16895 U+062F9 拹 00000064 0.0008/万 99.9645%	No:16896 U+06340 捀 00000064 0.0008/万 99.9646%	No:16897 U+0651E 攞 00000064 0.0008/万 99.9645%	No:16898 U+06560 敠 00000064 0.0008/万 99.9645%	No:16899 U+068F5 棵 00000064 0.0008/万 99.9645%	No:16900 U+06C09 氉 00000064 0.0008/万 99.9645%

No:16901 U+06E55 湕 00000064 0.0008/万 99.9645%	No:16902 U+0729A 犚 00000064 0.0008/万 99.9646%	No:16903 U+072F5 狵 00000064 0.0008/万 99.9646%	No:16904 U+07302 猂 00000064 0.0008/万 99.9645%	No:16905 U+0759B 疛 00000064 0.0008/万 99.9646%	No:16906 U+07D5A 絚 00000064 0.0008/万 99.9646%	No:16907 U+08049 聉 00000064 0.0008/万 99.9646%	No:16908 U+0842A 萪 00000064 0.0008/万 99.9645%	No:16909 U+0888E 袎 00000064 0.0008/万 99.9646%	No:16910 U+0899A 覚 00000064 0.0008/万 99.9645%
No:16911 U+089B5 覵 00000064 0.0008/万 99.9646%	No:16912 U+08DBD 趽 00000064 0.0008/万 99.9646%	No:16913 U+09220 鈠 00000064 0.0008/万 99.9645%	No:16914 U+093D2 鏒 00000064 0.0008/万 99.9646%	No:16915 U+09900 餀 00000064 0.0008/万 99.9641%	No:16916 U+099C2 駂 00000064 0.0008/万 99.9641%	No:16917 U+09A32 騲 00000064 0.0008/万 99.9641%	No:16918 U+0E171 [illegible] 00000064 0.0008/万 99.9641%	No:16919 U+0E78C [illegible] 00000064 0.0008/万 99.9641%	No:16920 U+0EB7E 廣 00000064 0.0008/万 99.9641%
No:16921 U+0EC16 瞯 00000064 0.0008/万 99.9641%	No:16922 U+0EDF1 茨 00000064 0.0008/万 99.9641%	No:16923 U+E5A 欵 00000064 0.0008/万 99.9643%	No:16924 U+E97 [illegible] 00000064 0.0008/万 99.9644%	No:16925 U+E69 [illegible] 00000064 0.0008/万 99.9642%	No:16926 U+EE4 [illegible] 00000064 0.0008/万 99.9642%	No:16927 U+EA5 [illegible] 00000064 0.0008/万 99.9643%	No:16928 U+E96 蜀 00000064 0.0008/万 99.9643%	No:16929 U+ECF 墊 00000064 0.0008/万 99.9645%	No:16930 U+EFA [illegible] 00000064 0.0008/万 99.9643%
No:16931 U+EC1 [illegible] 00000064 0.0008/万 99.9642%	No:16932 U+E55 [illegible] 00000064 0.0008/万 99.9642%	No:16933 U+E96 [illegible] 00000064 0.0008/万 99.9642%	No:16934 U+E8E [illegible] 00000064 0.0008/万 99.9643%	No:16935 U+E32 零 00000064 0.0008/万 99.9643%	No:16936 U+E6F [illegible] 00000064 0.0008/万 99.9643%	No:16937 U+0342A 㐪 00000063 0.0008/万 99.9649%	No:16938 U+03641 㙁 00000063 0.0008/万 99.9647%	No:16939 U+0383F 㠿 00000063 0.0008/万 99.9648%	No:16940 U+03D14 㴔 00000063 0.0008/万 99.9649%
No:16941 U+03E5C 㹜 00000063 0.0008/万 99.9649%	No:16942 U+04053 䁓 00000063 0.0008/万 99.9649%	No:16943 U+04223 䈣 00000063 0.0008/万 99.9647%	No:16944 U+045EF 䗯 00000063 0.0008/万 99.9648%	No:16945 U+0462F 䘯 00000063 0.0008/万 99.9648%	No:16946 U+04731 䜱 00000063 0.0008/万 99.9648%	No:16947 U+0484D 䡍 00000063 0.0008/万 99.9647%	No:16948 U+048B1 䢱 00000063 0.0008/万 99.9647%	No:16949 U+049C5 䧅 00000063 0.0008/万 99.9648%	No:16950 U+049D5 䧕 00000063 0.0008/万 99.9649%
No:16951 U+04BCA 䯊 00000063 0.0008/万 99.9647%	No:16952 U+04D09 䴉 00000063 0.0008/万 99.9648%	No:16953 U+04FF7 俷 00000063 0.0008/万 99.9648%	No:16954 U+0504C 偌 00000063 0.0008/万 99.9649%	No:16955 U+05479 呹 00000063 0.0008/万 99.9649%	No:16956 U+055C2 嗂 00000063 0.0008/万 99.9649%	No:16957 U+05792 垒 00000063 0.0008/万 99.9648%	No:16958 U+05C00 尀 00000063 0.0008/万 99.9649%	No:16959 U+05F78 彸 00000063 0.0008/万 99.9650%	No:16960 U+0621C 戜 00000063 0.0008/万 99.9650%
No:16961 U+0627B 扻 00000063 0.0008/万 99.9650%	No:16962 U+062AD 抭 00000063 0.0008/万 99.9651%	No:16963 U+06496 撖 00000063 0.0008/万 99.9650%	No:16964 U+073E1 珡 00000063 0.0008/万 99.9650%	No:16965 U+0771C 眜 00000063 0.0008/万 99.9651%	No:16966 U+07884 碄 00000063 0.0008/万 99.9650%	No:16967 U+0790F 礏 00000063 0.0008/万 99.9650%	No:16968 U+07AD7 竗 00000063 0.0008/万 99.9651%	No:16969 U+07B1F 笟 00000063 0.0008/万 99.9651%	No:16970 U+07BD5 篕 00000063 0.0008/万 99.9651%
No:16971 U+07C04 簄 00000063 0.0008/万 99.9650%	No:16972 U+07E51 繑 00000063 0.0008/万 99.9650%	No:16973 U+07F80 罀 00000063 0.0008/万 99.9650%	No:16974 U+08169 腩 00000063 0.0008/万 99.9651%	No:16975 U+085DE 藞 00000063 0.0008/万 99.9651%	No:16976 U+086DD 蛝 00000063 0.0008/万 99.9651%	No:16977 U+086E8 蛨 00000063 0.0008/万 99.9649%	No:16978 U+08C5E 豞 00000063 0.0008/万 99.9650%	No:16979 U+08C97 貗 00000063 0.0008/万 99.9650%	No:16980 U+0967A 険 00000063 0.0008/万 99.9651%
No:16981 U+09764 靤 00000063 0.0008/万 99.9647%	No:16982 U+097A7 鞧 00000063 0.0008/万 99.9646%	No:16983 U+09C43 鱃 00000063 0.0008/万 99.9646%	No:16984 U+0EB35 [illegible] 00000063 0.0008/万 99.9647%	No:16985 U+0EB67 [illegible] 00000063 0.0008/万 99.9647%	No:16986 U+0ECB4 渢 00000063 0.0008/万 99.9647%	No:16987 U+0EECD 鈶 00000063 0.0008/万 99.9647%	No:16988 U+0EEDE [illegible] 00000063 0.0008/万 99.9647%	No:16989 U+E80 [illegible] 00000063 0.0008/万 99.9648%	No:16990 U+E6B [illegible] 00000063 0.0008/万 99.9648%
No:16991 U+E13 澯 00000063 0.0008/万 99.9648%	No:16992 U+EC7 [illegible] 00000063 0.0008/万 99.9648%	No:16993 U+EA4 粲 00000063 0.0008/万 99.9649%	No:16994 U+E10 踏 00000063 0.0008/万 99.9647%	No:16995 U+E0C [illegible] 00000063 0.0008/万 99.9649%	No:16996 U+ED9 [illegible] 00000063 0.0008/万 99.9647%	No:16997 U+E68 [illegible] 00000063 0.0008/万 99.9649%	No:16998 U+0349A 㒚 00000062 0.0007/万 99.9652%	No:16999 U+034F2 㓲 00000062 0.0007/万 99.9653%	No:17000 U+0375E 㝞 00000062 0.0007/万 99.9653%

No:17001 U+03815 㠕 00000062 0.0007/万 99.9653%	No:17002 U+0394B 㥋 00000062 0.0007/万 99.9653%	No:17003 U+03AAC 㪬 00000062 0.0007/万 99.9653%	No:17004 U+03E4C 㹌 00000062 0.0007/万 99.9653%	No:17005 U+03F3D 㼽 00000062 0.0007/万 99.9653%	No:17006 U+04008 䀈 00000062 0.0007/万 99.9654%	No:17007 U+0400F 䀏 00000062 0.0007/万 99.9653%	No:17008 U+0429D 䊝 00000062 0.0007/万 99.9652%	No:17009 U+042F6 䋶 00000062 0.0007/万 99.9654%	No:17010 U+04553 䕓 00000062 0.0007/万 99.9652%
No:17011 U+04771 䝱 00000062 0.0007/万 99.9653%	No:17012 U+04848 䡈 00000062 0.0007/万 99.9652%	No:17013 U+04A9D 䪝 00000062 0.0007/万 99.9654%	No:17014 U+04BAF 䮯 00000062 0.0007/万 99.9652%	No:17015 U+04D05 䴅 00000062 0.0007/万 99.9654%	No:17016 U+04DA7 䶧 00000062 0.0007/万 99.9654%	No:17017 U+052E1 勡 00000062 0.0007/万 99.9653%	No:17018 U+058B0 墰 00000062 0.0007/万 99.9653%	No:17019 U+05AF6 嫶 00000062 0.0007/万 99.9652%	No:17020 U+05E5A 幚 00000062 0.0007/万 99.9654%
No:17021 U+05F1A 弚 00000062 0.0007/万 99.9656%	No:17022 U+05FE6 忦 00000062 0.0007/万 99.9656%	No:17023 U+06057 恗 00000062 0.0007/万 99.9657%	No:17024 U+0615B 慛 00000062 0.0007/万 99.9655%	No:17025 U+061DD 懝 00000062 0.0007/万 99.9657%	No:17026 U+0671A 朚 00000062 0.0007/万 99.9656%	No:17027 U+06754 杔 00000062 0.0007/万 99.9655%	No:17028 U+069A9 榩 00000062 0.0007/万 99.9656%	No:17029 U+069BA 榺 00000062 0.0007/万 99.9655%	No:17030 U+06A92 檒 00000062 0.0007/万 99.9656%
No:17031 U+06B2D 欭 00000062 0.0007/万 99.9655%	No:17032 U+06CCE 泎 00000062 0.0007/万 99.9656%	No:17033 U+06E6A 湪 00000062 0.0007/万 99.9655%	No:17034 U+07014 瀔 00000062 0.0007/万 99.9657%	No:17035 U+070A5 炥 00000062 0.0007/万 99.9656%	No:17036 U+076F7 盷 00000062 0.0007/万 99.9654%	No:17037 U+07732 眲 00000062 0.0007/万 99.9655%	No:17038 U+0774C 睌 00000062 0.0007/万 99.9656%	No:17039 U+07B63 筣 00000062 0.0007/万 99.9657%	No:17040 U+07B71 筱 00000062 0.0007/万 99.9657%
No:17041 U+07CF7 糷 00000062 0.0007/万 99.9656%	No:17042 U+07E2C 縬 00000062 0.0007/万 99.9657%	No:17043 U+07FB3 羳 00000062 0.0007/万 99.9657%	No:17044 U+08051 聑 00000062 0.0007/万 99.9655%	No:17045 U+0813F 脿 00000062 0.0007/万 99.9657%	No:17046 U+081B8 膸 00000062 0.0007/万 99.9657%	No:17047 U+082F7 苷 00000062 0.0007/万 99.9655%	No:17048 U+08432 萲 00000062 0.0007/万 99.9657%	No:17049 U+0861B 蘛 00000062 0.0007/万 99.9655%	No:17050 U+0863B 蘻 00000062 0.0007/万 99.9657%
No:17051 U+0893C 褼 00000062 0.0007/万 99.9655%	No:17052 U+08B6E 譮 00000062 0.0007/万 99.9655%	No:17053 U+08C7E 豾 00000062 0.0007/万 99.9656%	No:17054 U+08C7F 豿 00000062 0.0007/万 99.9656%	No:17055 U+092C1 鋁 00000062 0.0007/万 99.9656%	No:17056 U+0934F 鍏 00000062 0.0007/万 99.9655%	No:17057 U+09401 鐁 00000062 0.0007/万 99.9657%	No:17058 U+09582 閂 00000062 0.0007/万 99.9654%	No:17059 U+09601 阁 00000062 0.0007/万 99.9655%	No:17060 U+0970B 霋 00000062 0.0007/万 99.9654%
No:17061 U+09AC5 髅 00000062 0.0007/万 99.9651%	No:17062 U+09B14 鬔 00000062 0.0007/万 99.9651%	No:17063 U+09CF5 鳵 00000062 0.0007/万 99.9651%	No:17064 U+09F68 齨 00000062 0.0007/万 99.9652%	No:17065 U+0EE42 襶 00000062 0.0007/万 99.9651%	No:17066 U+E22 宂 00000062 0.0007/万 99.9652%	No:17067 U+E7D ⿰山會 00000062 0.0007/万 99.9652%	No:17068 U+EDF ⿰角炎 00000062 0.0007/万 99.9652%	No:17069 U+EDD ⿰犭從 00000062 0.0007/万 99.9653%	No:17070 U+E23 ⿱冖瓦 00000062 0.0007/万 99.9653%
No:17071 U+E8F 硷 00000062 0.0007/万 99.9654%	No:17072 U+EDA ⿰虫遂 00000062 0.0007/万 99.9654%	No:17073 U+E3E ⿰魚丙 00000062 0.0007/万 99.9652%	No:17074 U+E4A ⿰魚脊 00000062 0.0007/万 99.9652%	No:17075 U+E21 ⿰覃鳥 00000062 0.0007/万 99.9654%	No:17076 U+E22 ⿰章鳥 00000062 0.0007/万 99.9654%	No:17077 U+034F9 㓹 00000061 0.0007/万 99.9658%	No:17078 U+0355A 㕚 00000061 0.0007/万 99.9659%	No:17079 U+038E3 㣣 00000061 0.0007/万 99.9661%	No:17080 U+03C07 㰇 00000061 0.0007/万 99.9660%
No:17081 U+03E65 㹥 00000061 0.0007/万 99.9658%	No:17082 U+03F5B 㽛 00000061 0.0007/万 99.9658%	No:17083 U+03FC7 㿇 00000061 0.0007/万 99.9661%	No:17084 U+04079 䁹 00000061 0.0007/万 99.9661%	No:17085 U+04469 䑩 00000061 0.0007/万 99.9660%	No:17086 U+045BB 䖻 00000061 0.0007/万 99.9660%	No:17087 U+04819 䠙 00000061 0.0007/万 99.9659%	No:17088 U+04A60 䩠 00000061 0.0007/万 99.9661%	No:17089 U+04A8E 䪎 00000061 0.0007/万 99.9661%	No:17090 U+04BCF 䯏 00000061 0.0007/万 99.9659%
No:17091 U+04C30 䰰 00000061 0.0007/万 99.9660%	No:17092 U+04C40 䱀 00000061 0.0007/万 99.9659%	No:17093 U+04FAD 侭 00000061 0.0007/万 99.9660%	No:17094 U+0505B 偛 00000061 0.0007/万 99.9658%	No:17095 U+05312 匒 00000061 0.0007/万 99.9658%	No:17096 U+054F4 哴 00000061 0.0007/万 99.9659%	No:17097 U+055D3 嗓 00000061 0.0007/万 99.9659%	No:17098 U+05696 嚖 00000061 0.0007/万 99.9660%	No:17099 U+05787 垇 00000061 0.0007/万 99.9659%	No:17100 U+05A4F 婏 00000061 0.0007/万 99.9659%

No:17101 U+05A69 婩 00000061 0.0007/万 99.9658%	No:17102 U+05A78 婸 00000061 0.0007/万 99.9658%	No:17103 U+05B33 嬳 00000061 0.0007/万 99.9661%	No:17104 U+05CF9 峹 00000061 0.0007/万 99.9661%	No:17105 U+05E82 庂 00000061 0.0007/万 99.9662%	No:17106 U+05F47 彇 00000061 0.0007/万 99.9662%	No:17107 U+060E4 惤 00000061 0.0007/万 99.9662%	No:17108 U+0645E 摞 00000061 0.0007/万 99.9663%	No:17109 U+066D0 曐 00000061 0.0007/万 99.9662%	No:17110 U+06782 枂 00000061 0.0007/万 99.9663%
No:17111 U+067B1 枱 00000061 0.0007/万 99.9663%	No:17112 U+06DC3 淃 00000061 0.0007/万 99.9662%	No:17113 U+070B5 炵 00000061 0.0007/万 99.9662%	No:17114 U+07275 牵 00000061 0.0007/万 99.9661%	No:17115 U+073BA 玺 00000061 0.0007/万 99.9663%	No:17116 U+075A8 疨 00000061 0.0007/万 99.9663%	No:17117 U+075F8 痸 00000061 0.0007/万 99.9661%	No:17118 U+07848 硈 00000061 0.0007/万 99.9661%	No:17119 U+078FF 磿 00000061 0.0007/万 99.9663%	No:17120 U+0796E 祮 00000061 0.0007/万 99.9663%
No:17121 U+079FF 秿 00000061 0.0007/万 99.9663%	No:17122 U+07B5F 筟 00000061 0.0007/万 99.9661%	No:17123 U+07C9C 粜 00000061 0.0007/万 99.9663%	No:17124 U+07CE8 糨 00000061 0.0007/万 99.9662%	No:17125 U+07D69 絩 00000061 0.0007/万 99.9664%	No:17126 U+081E6 臦 00000061 0.0007/万 99.9664%	No:17127 U+08310 茐 00000061 0.0007/万 99.9662%	No:17128 U+08878 衸 00000061 0.0007/万 99.9663%	No:17129 U+08AB3 誳 00000061 0.0007/万 99.9663%	No:17130 U+08AC0 諀 00000061 0.0007/万 99.9662%
No:17131 U+08D65 赥 00000061 0.0007/万 99.9663%	No:17132 U+08D9E 趞 00000061 0.0007/万 99.9662%	No:17133 U+0916D 酭 00000061 0.0007/万 99.9662%	No:17134 U+09195 醕 00000061 0.0007/万 99.9663%	No:17135 U+091F0 釰 00000061 0.0007/万 99.9662%	No:17136 U+092FA 鋺 00000061 0.0007/万 99.9662%	No:17137 U+09A5D 驝 00000061 0.0007/万 99.9658%	No:17138 U+09C34 鰴 00000061 0.0007/万 99.9658%	No:17139 U+09D6E 鵮 00000061 0.0007/万 99.9658%	No:17140 U+0ECA5 溜 00000061 0.0007/万 99.9657%
No:17141 U+0EDFC 範 00000061 0.0007/万 99.9658%	No:17142 U+EDE 劉 00000061 0.0007/万 99.9660%	No:17143 U+E59 亦 00000061 0.0007/万 99.9658%	No:17144 U+FA8 厥 00000061 0.0007/万 99.9660%	No:17145 U+EF1 墖 00000061 0.0007/万 99.9660%	No:17146 U+EBC 粲 00000061 0.0007/万 99.9660%	No:17147 U+EF7 膗 00000061 0.0007/万 99.9661%	No:17148 U+E24 𤛓 00000061 0.0007/万 99.9661%	No:17149 U+EA9 瑝 00000061 0.0007/万 99.9658%	No:17150 U+ECF 瘳 00000061 0.0007/万 99.9659%
No:17151 U+F61 袨 00000061 0.0007/万 99.9659%	No:17152 U+EC7 狐 00000061 0.0007/万 99.9659%	No:17153 U+E24 冐 00000061 0.0007/万 99.9660%	No:17154 U+E61 𧢄 00000061 0.0007/万 99.9659%	No:17155 U+EA8 遅 00000061 0.0007/万 99.9660%	No:17156 U+EB3 骪 00000061 0.0007/万 99.9659%	No:17157 U+E3D [illegible] 00000061 0.0007/万 99.9660%	No:17158 U+035FB 㗻 00000060 0.0007/万 99.9667%	No:17159 U+03606 㘆 00000060 0.0007/万 99.9667%	No:17160 U+037A7 㞧 00000060 0.0007/万 99.9667%
No:17161 U+03E37 㸷 00000060 0.0007/万 99.9665%	No:17162 U+03FBB 㾻 00000060 0.0007/万 99.9664%	No:17163 U+0420E 䈎 00000060 0.0007/万 99.9665%	No:17164 U+042AA 䊪 00000060 0.0007/万 99.9667%	No:17165 U+043D6 䏖 00000060 0.0007/万 99.9666%	No:17166 U+04463 䑣 00000060 0.0007/万 99.9666%	No:17167 U+0472E 䜮 00000060 0.0007/万 99.9666%	No:17168 U+0477A 䝺 00000060 0.0007/万 99.9665%	No:17169 U+047EE 䟮 00000060 0.0007/万 99.9666%	No:17170 U+04813 䠓 00000060 0.0007/万 99.9665%
No:17171 U+04939 䤹 00000060 0.0007/万 99.9667%	No:17172 U+04A11 䨑 00000060 0.0007/万 99.9665%	No:17173 U+04A8D 䪍 00000060 0.0007/万 99.9664%	No:17174 U+04EA0 亠 00000060 0.0007/万 99.9665%	No:17175 U+05295 劕 00000060 0.0007/万 99.9666%	No:17176 U+05435 吵 00000060 0.0007/万 99.9667%	No:17177 U+056A9 嚩 00000060 0.0007/万 99.9667%	No:17178 U+058B2 墲 00000060 0.0007/万 99.9666%	No:17179 U+05AA5 媥 00000060 0.0007/万 99.9665%	No:17180 U+05AE5 嫥 00000060 0.0007/万 99.9667%
No:17181 U+05AE7 嫧 00000060 0.0007/万 99.9667%	No:17182 U+05CC1 峁 00000060 0.0007/万 99.9667%	No:17183 U+05E0E 帎 00000060 0.0007/万 99.9665%	No:17184 U+06312 挒 00000060 0.0007/万 99.9669%	No:17185 U+06353 捓 00000060 0.0007/万 99.9670%	No:17186 U+06429 搩 00000060 0.0007/万 99.9668%	No:17187 U+065BB 斻 00000060 0.0007/万 99.9669%	No:17188 U+067CA 柊 00000060 0.0007/万 99.9669%	No:17189 U+06902 椂 00000060 0.0007/万 99.9669%	No:17190 U+06A0D 樍 00000060 0.0007/万 99.9670%
No:17191 U+06C7D 汽 00000060 0.0007/万 99.9669%	No:17192 U+06D80 涀 00000060 0.0007/万 99.9668%	No:17193 U+06EE6 滦 00000060 0.0007/万 99.9668%	No:17194 U+07033 瀳 00000060 0.0007/万 99.9669%	No:17195 U+0715B 煛 00000060 0.0007/万 99.9670%	No:17196 U+0730C 猌 00000060 0.0007/万 99.9668%	No:17197 U+07647 癇 00000060 0.0007/万 99.9668%	No:17198 U+07731 眱 00000060 0.0007/万 99.9669%	No:17199 U+0794C 祌 00000060 0.0007/万 99.9668%	No:17200 U+07D24 紤 00000060 0.0007/万 99.9669%

No:17201 U+07DDF 緟 00000060 0.0007/万 99.9669%	No:17202 U+07F41 罁 00000060 0.0007/万 99.9668%	No:17203 U+08279 艹 00000060 0.0007/万 99.9668%	No:17204 U+08367 荧 00000060 0.0007/万 99.9669%	No:17205 U+08372 荲 00000060 0.0007/万 99.9670%	No:17206 U+0851B 蔛 00000060 0.0007/万 99.9669%	No:17207 U+0870C 蜌 00000060 0.0007/万 99.9669%	No:17208 U+087B6 螶 00000060 0.0007/万 99.9668%	No:17209 U+08A65 詥 00000060 0.0007/万 99.9668%	No:17210 U+08C13 谓 00000060 0.0007/万 99.9669%
No:17211 U+08EE1 軡 00000060 0.0007/万 99.9668%	No:17212 U+0927A 鉺 00000060 0.0007/万 99.9668%	No:17213 U+09368 鍨 00000060 0.0007/万 99.9670%	No:17214 U+095B3 閳 00000060 0.0007/万 99.9668%	No:17215 U+099A6 馦 00000060 0.0007/万 99.9664%	No:17216 U+099FA 駺 00000060 0.0007/万 99.9664%	No:17217 U+09A4F 驏 00000060 0.0007/万 99.9664%	No:17218 U+09E9C 麜 00000060 0.0007/万 99.9664%	No:17219 U+0EB74 座 00000060 0.0007/万 99.9664%	No:17220 U+0EC46 桌 00000060 0.0007/万 99.9664%
No:17221 U+0EDDA 皋 00000060 0.0007/万 99.9664%	No:17222 U+E59 獄 00000060 0.0007/万 99.9665%	No:17223 U+E96 𢹿 00000060 0.0007/万 99.9666%	No:17224 U+EBF 𤸱 00000060 0.0007/万 99.9667%	No:17225 U+E84 硇 00000060 0.0007/万 99.9666%	No:17226 U+EFE 簽 00000060 0.0007/万 99.9666%	No:17227 U+EAa 紆 00000060 0.0007/万 99.9665%	No:17228 U+E27 縒 00000060 0.0007/万 99.9666%	No:17229 U+E9D 腪 00000060 0.0007/万 99.9667%	No:17230 U+EC0 釁 00000060 0.0007/万 99.9666%
No:17231 U+E3A 薔 00000060 0.0007/万 99.9664%	No:17232 U+ED8 蝂 00000060 0.0007/万 99.9666%	No:17233 U+E96 皐 00000060 0.0007/万 99.9666%	No:17234 U+E79 跅 00000060 0.0007/万 99.9667%	No:17235 U+E53 迦 00000060 0.0007/万 99.9665%	No:17236 U+EEE 鏀 00000060 0.0007/万 99.9665%	No:17237 U+EA7 饜 00000060 0.0007/万 99.9664%	No:17238 U+E1C 騇 00000060 0.0007/万 99.9665%	No:17239 U+03618 㘘 00000059 0.0007/万 99.9674%	No:17240 U+03626 㘦 00000059 0.0007/万 99.9674%
No:17241 U+0367B 㙻 00000059 0.0007/万 99.9673%	No:17242 U+038D9 㣙 00000059 0.0007/万 99.9674%	No:17243 U+03915 㤕 00000059 0.0007/万 99.9673%	No:17244 U+03A81 㪁 00000059 0.0007/万 99.9673%	No:17245 U+03AE6 㫦 00000059 0.0007/万 99.9671%	No:17246 U+03B23 㬣 00000059 0.0007/万 99.9674%	No:17247 U+03EC1 㻁 00000059 0.0007/万 99.9672%	No:17248 U+03F35 㼵 00000059 0.0007/万 99.9671%	No:17249 U+03FBE 㾾 00000059 0.0007/万 99.9673%	No:17250 U+0427D 䉽 00000059 0.0007/万 99.9672%
No:17251 U+043FD 䏽 00000059 0.0007/万 99.9671%	No:17252 U+046D8 䛘 00000059 0.0007/万 99.9674%	No:17253 U+047E3 䟣 00000059 0.0007/万 99.9673%	No:17254 U+04938 䤸 00000059 0.0007/万 99.9673%	No:17255 U+04B06 䬆 00000059 0.0007/万 99.9674%	No:17256 U+04C29 䰩 00000059 0.0007/万 99.9671%	No:17257 U+04C74 䱴 00000059 0.0007/万 99.9672%	No:17258 U+04DAC 䶬 00000059 0.0007/万 99.9674%	No:17259 U+05062 偢 00000059 0.0007/万 99.9672%	No:17260 U+0538F 厏 00000059 0.0007/万 99.9672%
No:17261 U+055A5 喥 00000059 0.0007/万 99.9673%	No:17262 U+057F1 埱 00000059 0.0007/万 99.9672%	No:17263 U+0588E 墎 00000059 0.0007/万 99.9671%	No:17264 U+0591D 殅 00000059 0.0007/万 99.9672%	No:17265 U+05B79 孹 00000059 0.0007/万 99.9672%	No:17266 U+05C93 岓 00000059 0.0007/万 99.9673%	No:17267 U+05D00 崀 00000059 0.0007/万 99.9671%	No:17268 U+0612A 愪 00000059 0.0007/万 99.9674%	No:17269 U+06382 掂 00000059 0.0007/万 99.9676%	No:17270 U+06397 掗 00000059 0.0007/万 99.9675%
No:17271 U+063E4 揤 00000059 0.0007/万 99.9676%	No:17272 U+0657D 敽 00000059 0.0007/万 99.9675%	No:17273 U+06828 栨 00000059 0.0007/万 99.9675%	No:17274 U+06964 楤 00000059 0.0007/万 99.9675%	No:17275 U+06BAC 殬 00000059 0.0007/万 99.9675%	No:17276 U+0710D 焍 00000059 0.0007/万 99.9675%	No:17277 U+0731A 猚 00000059 0.0007/万 99.9675%	No:17278 U+073A7 玧 00000059 0.0007/万 99.9675%	No:17279 U+073C6 珆 00000059 0.0007/万 99.9675%	No:17280 U+079F3 秳 00000059 0.0007/万 99.9676%
No:17281 U+07C88 粈 00000059 0.0007/万 99.9676%	No:17282 U+07DA8 綨 00000059 0.0007/万 99.9675%	No:17283 U+07E57 繗 00000059 0.0007/万 99.9676%	No:17284 U+08094 肔 00000059 0.0007/万 99.9675%	No:17285 U+081CC 臌 00000059 0.0007/万 99.9676%	No:17286 U+084C3 蓃 00000059 0.0007/万 99.9676%	No:17287 U+08965 襥 00000059 0.0007/万 99.9675%	No:17288 U+08A43 詃 00000059 0.0007/万 99.9675%	No:17289 U+08C51 豑 00000059 0.0007/万 99.9676%	No:17290 U+08E03 踃 00000059 0.0007/万 99.9676%
No:17291 U+091FD 釽 00000059 0.0007/万 99.9676%	No:17292 U+09300 錀 00000059 0.0007/万 99.9675%	No:17293 U+09406 鐆 00000059 0.0007/万 99.9676%	No:17294 U+09595 閕 00000059 0.0007/万 99.9676%	No:17295 U+097D2 韒 00000059 0.0007/万 99.9670%	No:17296 U+098FB 飻 00000059 0.0007/万 99.9671%	No:17297 U+09AAA 骪 00000059 0.0007/万 99.9671%	No:17298 U+09B4A 魊 00000059 0.0007/万 99.9670%	No:17299 U+09B7F 魿 00000059 0.0007/万 99.9670%	No:17300 U+09C20 鰠 00000059 0.0007/万 99.9670%

No:17301	U+09C62	鱢	00000059	0.0007/万	99.9670%
No:17302	U+09D17	鴗	00000059	0.0007/万	99.9670%
No:17303	U+09F4C	齌	00000059	0.0007/万	99.9671%
No:17304	U+09F65	齥	00000059	0.0007/万	99.9670%
No:17305	U+09F7C	齼	00000059	0.0007/万	99.9670%
No:17306	U+0E78A		00000059	0.0007/万	99.9671%
No:17307	U+0EBC8		00000059	0.0007/万	99.9670%
No:17308	U+0ED23		00000059	0.0007/万	99.9671%
No:17309	U+E31	[illegible]	00000059	0.0007/万	99.9674%
No:17310	U+E45	[illegible]	00000059	0.0007/万	99.9674%
No:17311	U+E7F	[illegible]	00000059	0.0007/万	99.9673%
No:17312	U+E9F	俉	00000059	0.0007/万	99.9672%
No:17313	U+EF9	[illegible]	00000059	0.0007/万	99.9673%
No:17314	U+E7A	泧	00000059	0.0007/万	99.9672%
No:17315	U+E14	[illegible]	00000059	0.0007/万	99.9674%
No:17316	U+EC6	瘃	00000059	0.0007/万	99.9673%
No:17317	U+EEC	筌	00000059	0.0007/万	99.9672%
No:17318	U+EEA	鏧	00000059	0.0007/万	99.9674%
No:17319	U+E32	螢	00000059	0.0007/万	99.9673%
No:17320	U+E8A	軥	00000059	0.0007/万	99.9671%
No:17321	U+EBF	[illegible]	00000059	0.0007/万	99.9673%
No:17322	U+E0F	黮	00000059	0.0007/万	99.9672%
No:17323	U+E83	餐	00000059	0.0007/万	99.9674%
No:17324	U+E2C	鶪	00000059	0.0007/万	99.9672%
No:17325	U+EA0	[illegible]	00000059	0.0007/万	99.9671%
No:17326	U+E60	麢	00000059	0.0007/万	99.9673%
No:17327	U+035D8	㗘	00000058	0.0007/万	99.9679%
No:17328	U+035EB	㗫	00000058	0.0007/万	99.9678%
No:17329	U+0373B	㜻	00000058	0.0007/万	99.9680%
No:17330	U+03829	㠩	00000058	0.0007/万	99.9679%
No:17331	U+03A2D	㨭	00000058	0.0007/万	99.9677%
No:17332	U+03AF8	㫸	00000058	0.0007/万	99.9679%
No:17333	U+03B12	㬒	00000058	0.0007/万	99.9677%
No:17334	U+03BAF	㮯	00000058	0.0007/万	99.9678%
No:17335	U+03BFF	㯿	00000058	0.0007/万	99.9678%
No:17336	U+03DB8	㶸	00000058	0.0007/万	99.9680%
No:17337	U+03FAA	㾪	00000058	0.0007/万	99.9680%
No:17338	U+04029	䀩	00000058	0.0007/万	99.9680%
No:17339	U+040A9	䂩	00000058	0.0007/万	99.9679%
No:17340	U+0449E	䒞	00000058	0.0007/万	99.9678%
No:17341	U+0455E	䕞	00000058	0.0007/万	99.9677%
No:17342	U+04715	䜕	00000058	0.0007/万	99.9679%
No:17343	U+04823	䠣	00000058	0.0007/万	99.9679%
No:17344	U+048B0	䢰	00000058	0.0007/万	99.9678%
No:17345	U+0498C	䦌	00000058	0.0007/万	99.9678%
No:17346	U+04B77	䭷	00000058	0.0007/万	99.9679%
No:17347	U+04B9D	䮝	00000058	0.0007/万	99.9680%
No:17348	U+04C41	䱁	00000058	0.0007/万	99.9679%
No:17349	U+04CBD	䲽	00000058	0.0007/万	99.9678%
No:17350	U+04CD3	䳓	00000058	0.0007/万	99.9677%
No:17351	U+04F6B	佫	00000058	0.0007/万	99.9680%
No:17352	U+05031	倱	00000058	0.0007/万	99.9677%
No:17353	U+052FC	勼	00000058	0.0007/万	99.9677%
No:17354	U+0571D	圝	00000058	0.0007/万	99.9678%
No:17355	U+05763	坣	00000058	0.0007/万	99.9679%
No:17356	U+05A1E	娞	00000058	0.0007/万	99.9678%
No:17357	U+05BF7	寷	00000058	0.0007/万	99.9679%
No:17358	U+05D97	嶗	00000058	0.0007/万	99.9679%
No:17359	U+05E32	帲	00000058	0.0007/万	99.9681%
No:17360	U+06802	栂	00000058	0.0007/万	99.9681%
No:17361	U+068D4	棔	00000058	0.0007/万	99.9681%
No:17362	U+06E8E	溎	00000058	0.0007/万	99.9682%
No:17363	U+06F50	潐	00000058	0.0007/万	99.9680%
No:17364	U+06F6A	潪	00000058	0.0007/万	99.9681%
No:17365	U+070D1	烑	00000058	0.0007/万	99.9682%
No:17366	U+0728C	犌	00000058	0.0007/万	99.9681%
No:17367	U+072A3	犣	00000058	0.0007/万	99.9680%
No:17368	U+073A1	玡	00000058	0.0007/万	99.9681%
No:17369	U+07730	眰	00000058	0.0007/万	99.9682%
No:17370	U+07792	瞒	00000058	0.0007/万	99.9682%
No:17371	U+07B12	笒	00000058	0.0007/万	99.9681%
No:17372	U+07B80	简	00000058	0.0007/万	99.9681%
No:17373	U+07E80	纀	00000058	0.0007/万	99.9681%
No:17374	U+08163	腣	00000058	0.0007/万	99.9682%
No:17375	U+0828C	芌	00000058	0.0007/万	99.9682%
No:17376	U+0833E	茾	00000058	0.0007/万	99.9682%
No:17377	U+08424	萤	00000058	0.0007/万	99.9682%
No:17378	U+0871F	蜟	00000058	0.0007/万	99.9681%
No:17379	U+0872D	蜭	00000058	0.0007/万	99.9682%
No:17380	U+0874F	蝏	00000058	0.0007/万	99.9682%
No:17381	U+0886A	衪	00000058	0.0007/万	99.9681%
No:17382	U+0894E	襎	00000058	0.0007/万	99.9681%
No:17383	U+08B47	譇	00000058	0.0007/万	99.9682%
No:17384	U+090D6	郖	00000058	0.0007/万	99.9682%
No:17385	U+0941F	鐟	00000058	0.0007/万	99.9681%
No:17386	U+09667	陧	00000058	0.0007/万	99.9681%
No:17387	U+099D6	駖	00000058	0.0007/万	99.9677%
No:17388	U+09D4F	鵏	00000058	0.0007/万	99.9677%
No:17389	U+09F0B	鼋	00000058	0.0007/万	99.9677%
No:17390	U+0ED90		00000058	0.0007/万	99.9677%
No:17391	U+0EE92		00000058	0.0007/万	99.9676%
No:17392	U+0EF55		00000058	0.0007/万	99.9677%
No:17393	U+0F594		00000058	0.0007/万	99.9677%
No:17394	U+EC2	[illegible]	00000058	0.0007/万	99.9679%
No:17395	U+EC3	[illegible]	00000058	0.0007/万	99.9678%
No:17396	U+EB1	[illegible]	00000058	0.0007/万	99.9680%
No:17397	U+EF5	膀	00000058	0.0007/万	99.9678%
No:17398	U+ECA	[illegible]	00000058	0.0007/万	99.9679%
No:17399	U+E5B	[illegible]	00000058	0.0007/万	99.9678%
No:17400	U+E42	节	00000058	0.0007/万	99.9679%

No:17401 U+F39 ⿰貝巴 00000058 0.0007/万 99.9677%	No:17402 U+E32 轒 00000058 0.0007/万 99.9680%	No:17403 U+E16 ⿱髟悤 00000058 0.0007/万 99.9680%	No:17404 U+EFD ⿰商鳥 00000058 0.0007/万 99.9677%	No:17405 U+EEB ⿰麥喬 00000058 0.0007/万 99.9680%	No:17406 U+E1C ⿰黑知 00000058 0.0007/万 99.9680%	No:17407 U+E24 ⿰骨令 00000058 0.0007/万 99.9678%	No:17408 U+0350B 㔋 00000057 0.0007/万 99.9685%	No:17409 U+035B6 㖶 00000057 0.0007/万 99.9686%	No:17410 U+036D1 㛑 00000057 0.0007/万 99.9684%
No:17411 U+0376E 㝮 00000057 0.0007/万 99.9686%	No:17412 U+037FF 㟿 00000057 0.0007/万 99.9684%	No:17413 U+038EF 㣯 00000057 0.0007/万 99.9686%	No:17414 U+03A14 㨔 00000057 0.0007/万 99.9683%	No:17415 U+03A60 㩠 00000057 0.0007/万 99.9685%	No:17416 U+03CCA 㳊 00000057 0.0007/万 99.9686%	No:17417 U+03CFB 㳻 00000057 0.0007/万 99.9684%	No:17418 U+03D57 㵗 00000057 0.0007/万 99.9685%	No:17419 U+041D0 䇐 00000057 0.0007/万 99.9687%	No:17420 U+04214 䈔 00000057 0.0007/万 99.9686%
No:17421 U+04280 䊀 00000057 0.0007/万 99.9684%	No:17422 U+0431C 䌜 00000057 0.0007/万 99.9686%	No:17423 U+04372 䍲 00000057 0.0007/万 99.9684%	No:17424 U+04459 䑙 00000057 0.0007/万 99.9685%	No:17425 U+04472 䑲 00000057 0.0007/万 99.9685%	No:17426 U+0448C 䒌 00000057 0.0007/万 99.9683%	No:17427 U+04497 䒗 00000057 0.0007/万 99.9684%	No:17428 U+044C6 䓆 00000057 0.0007/万 99.9686%	No:17429 U+046E9 䛩 00000057 0.0007/万 99.9684%	No:17430 U+046EC 䛬 00000057 0.0007/万 99.9684%
No:17431 U+04705 䜅 00000057 0.0007/万 99.9686%	No:17432 U+0476A 䝪 00000057 0.0007/万 99.9683%	No:17433 U+04887 䢇 00000057 0.0007/万 99.9686%	No:17434 U+048C0 䣀 00000057 0.0007/万 99.9683%	No:17435 U+049A3 䦣 00000057 0.0007/万 99.9685%	No:17436 U+04AB4 䪴 00000057 0.0007/万 99.9685%	No:17437 U+04B6C 䭬 00000057 0.0007/万 99.9686%	No:17438 U+04C0E 䰎 00000057 0.0007/万 99.9685%	No:17439 U+04CA8 䲨 00000057 0.0007/万 99.9683%	No:17440 U+05496 咖 00000057 0.0007/万 99.9684%
No:17441 U+05585 喅 00000057 0.0007/万 99.9685%	No:17442 U+058FE 壾 00000057 0.0007/万 99.9684%	No:17443 U+05B3C 嬼 00000057 0.0007/万 99.9686%	No:17444 U+05BAD 宭 00000057 0.0007/万 99.9684%	No:17445 U+05D62 嵢 00000057 0.0007/万 99.9684%	No:17446 U+0605B 恛 00000057 0.0007/万 99.9688%	No:17447 U+0605E 恞 00000057 0.0007/万 99.9687%	No:17448 U+06288 抈 00000057 0.0007/万 99.9689%	No:17449 U+06345 捅 00000057 0.0007/万 99.9688%	No:17450 U+063BF 掿 00000057 0.0007/万 99.9689%
No:17451 U+064E8 擨 00000057 0.0007/万 99.9688%	No:17452 U+0652D 攭 00000057 0.0007/万 99.9687%	No:17453 U+06804 栄 00000057 0.0007/万 99.9688%	No:17454 U+06884 梄 00000057 0.0007/万 99.9688%	No:17455 U+07445 瑅 00000057 0.0007/万 99.9688%	No:17456 U+07654 癔 00000057 0.0007/万 99.9688%	No:17457 U+076C4 盄 00000057 0.0007/万 99.9687%	No:17458 U+07799 瞙 00000057 0.0007/万 99.9687%	No:17459 U+07823 砣 00000057 0.0007/万 99.9688%	No:17460 U+07923 礣 00000057 0.0007/万 99.9687%
No:17461 U+07AF2 竲 00000057 0.0007/万 99.9687%	No:17462 U+07DD9 緙 00000057 0.0007/万 99.9688%	No:17463 U+07FD1 翑 00000057 0.0007/万 99.9687%	No:17464 U+0834B 荋 00000057 0.0007/万 99.9687%	No:17465 U+083E7 菧 00000057 0.0007/万 99.9687%	No:17466 U+084CE 蓎 00000057 0.0007/万 99.9688%	No:17467 U+084E2 蓢 00000057 0.0007/万 99.9687%	No:17468 U+08C59 豙 00000057 0.0007/万 99.9688%	No:17469 U+08C5B 豛 00000057 0.0007/万 99.9688%	No:17470 U+08D89 趉 00000057 0.0007/万 99.9687%
No:17471 U+0913B 鄻 00000057 0.0007/万 99.9687%	No:17472 U+09198 醘 00000057 0.0007/万 99.9688%	No:17473 U+0940B 鐋 00000057 0.0007/万 99.9688%	No:17474 U+098BD 颽 00000057 0.0007/万 99.9683%	No:17475 U+09D5A 鵚 00000057 0.0007/万 99.9683%	No:17476 U+09ECA 黊 00000057 0.0007/万 99.9683%	No:17477 U+09F1D 鼝 00000057 0.0007/万 99.9682%	No:17478 U+0ECA2 潦 00000057 0.0007/万 99.9683%	No:17479 U+0ECE5 燫 00000057 0.0007/万 99.9682%	No:17480 U+0EE3A ⿰礻叉 00000057 0.0007/万 99.9683%
No:17481 U+0F5E9 ⿰米冓 00000057 0.0007/万 99.9683%	No:17482 U+0F693 穀 00000057 0.0007/万 99.9683%	No:17483 U+EDF ⿰麗刂 00000057 0.0007/万 99.9683%	No:17484 U+EAE ⿰毎卜 00000057 0.0007/万 99.9686%	No:17485 U+E01 ⿸广孛 00000057 0.0007/万 99.9686%	No:17486 U+EB1 懇 00000057 0.0007/万 99.9687%	No:17487 U+F05 歐 00000057 0.0007/万 99.9685%	No:17488 U+E82 ⿰月禹 00000057 0.0007/万 99.9685%	No:17489 U+E59 ⿸厂盍 00000057 0.0007/万 99.9685%	No:17490 U+E99 瞰 00000057 0.0007/万 99.9685%
No:17491 U+E6F ⿰足頁 00000057 0.0007/万 99.9686%	No:17492 U+E1C ⿰鳥乚 00000057 0.0007/万 99.9684%	No:17493 U+E97 蔦 00000057 0.0007/万 99.9684%	No:17494 U+E1F [illegible] 00000057 0.0007/万 99.9685%	No:17495 U+03493 㒓 00000056 0.0007/万 99.9692%	No:17496 U+035C0 㗀 00000056 0.0007/万 99.9693%	No:17497 U+035DB 㗛 00000056 0.0007/万 99.9692%	No:17498 U+03652 㙒 00000056 0.0007/万 99.9690%	No:17499 U+038F6 㣶 00000056 0.0007/万 99.9690%	No:17500 U+0390F 㤏 00000056 0.0007/万 99.9693%

No:17501 U+039A3 [illegible] 00000056 0.0007/万 99.9692%	No:17502 U+039D2 扻 00000056 0.0007/万 99.9690%	No:17503 U+03C42 歉 00000056 0.0007/万 99.9690%	No:17504 U+03EF1 𤥽 00000056 0.0007/万 99.9692%	No:17505 U+03F30 瓬 00000056 0.0007/万 99.9690%	No:17506 U+03F36 瓻 00000056 0.0007/万 99.9690%	No:17507 U+0402D 䀭 00000056 0.0007/万 99.9690%	No:17508 U+0404E 䁍 00000056 0.0007/万 99.9692%	No:17509 U+040DA 䃚 00000056 0.0007/万 99.9691%	No:17510 U+04163 䅣 00000056 0.0007/万 99.9693%
No:17511 U+041B2 䆲 00000056 0.0007/万 99.9692%	No:17512 U+04213 䈓 00000056 0.0007/万 99.9692%	No:17513 U+04286 䊆 00000056 0.0007/万 99.9690%	No:17514 U+042FA 䋺 00000056 0.0007/万 99.9691%	No:17515 U+043E0 䏠 00000056 0.0007/万 99.9690%	No:17516 U+04423 䐣 00000056 0.0007/万 99.9692%	No:17517 U+0471A 䜚 00000056 0.0007/万 99.9691%	No:17518 U+04838 䠸 00000056 0.0007/万 99.9691%	No:17519 U+04B35 䬵 00000056 0.0007/万 99.9691%	No:17520 U+04B51 䭑 00000056 0.0007/万 99.9692%
No:17521 U+04DA6 䶦 00000056 0.0007/万 99.9691%	No:17522 U+04FB3 侳 00000056 0.0007/万 99.9690%	No:17523 U+05093 偓 00000056 0.0007/万 99.9690%	No:17524 U+051BF 冿 00000056 0.0007/万 99.9691%	No:17525 U+052AE 劮 00000056 0.0007/万 99.9691%	No:17526 U+055D9 嗙 00000056 0.0007/万 99.9693%	No:17527 U+05799 垙 00000056 0.0007/万 99.9691%	No:17528 U+057B6 垶 00000056 0.0007/万 99.9693%	No:17529 U+05B52 孒 00000056 0.0007/万 99.9693%	No:17530 U+05CD3 峓 00000056 0.0007/万 99.9689%
No:17531 U+05D03 崃 00000056 0.0007/万 99.9693%	No:17532 U+06119 愙 00000056 0.0007/万 99.9694%	No:17533 U+0612F 愯 00000056 0.0007/万 99.9695%	No:17534 U+061E2 懢 00000056 0.0007/万 99.9694%	No:17535 U+062BF 抿 00000056 0.0007/万 99.9695%	No:17536 U+0647C 摼 00000056 0.0007/万 99.9694%	No:17537 U+06974 楴 00000056 0.0007/万 99.9694%	No:17538 U+06E27 渧 00000056 0.0007/万 99.9695%	No:17539 U+07103 焃 00000056 0.0007/万 99.9694%	No:17540 U+07105 焅 00000056 0.0007/万 99.9694%
No:17541 U+071D1 燑 00000056 0.0007/万 99.9694%	No:17542 U+07203 爃 00000056 0.0007/万 99.9695%	No:17543 U+072B0 犰 00000056 0.0007/万 99.9694%	No:17544 U+07446 瑆 00000056 0.0007/万 99.9694%	No:17545 U+07787 瞇 00000056 0.0007/万 99.9693%	No:17546 U+077C3 矃 00000056 0.0007/万 99.9695%	No:17547 U+07861 硡 00000056 0.0007/万 99.9694%	No:17548 U+07A01 稁 00000056 0.0007/万 99.9695%	No:17549 U+07B29 笩 00000056 0.0007/万 99.9694%	No:17550 U+07C91 粑 00000056 0.0007/万 99.9694%
No:17551 U+07D51 絑 00000056 0.0007/万 99.9694%	No:17552 U+08255 艕 00000056 0.0007/万 99.9695%	No:17553 U+08384 莄 00000056 0.0007/万 99.9695%	No:17554 U+0876C 蝬 00000056 0.0007/万 99.9693%	No:17555 U+089EC 觬 00000056 0.0007/万 99.9695%	No:17556 U+08B51 譑 00000056 0.0007/万 99.9695%	No:17557 U+09247 鉇 00000056 0.0007/万 99.9693%	No:17558 U+0968C 隌 00000056 0.0007/万 99.9694%	No:17559 U+097F9 韹 00000056 0.0007/万 99.9689%	No:17560 U+099D7 駗 00000056 0.0007/万 99.9689%
No:17561 U+09BD7 鯗 00000056 0.0007/万 99.9689%	No:17562 U+09D9F 鶟 00000056 0.0007/万 99.9689%	No:17563 U+09DDB 鷛 00000056 0.0007/万 99.9689%	No:17564 U+0EABE 景 00000056 0.0007/万 99.9689%	No:17565 U+0EB73 庋 00000056 0.0007/万 99.9689%	No:17566 U+0ED24 瘕 00000056 0.0007/万 99.9689%	No:17567 U+0EDA1 籕 00000056 0.0007/万 99.9689%	No:17568 U+0EEE9 雋 00000056 0.0007/万 99.9689%	No:17569 U+0F621 獿 00000056 0.0007/万 99.9689%	No:17570 U+EC3 㓌 00000056 0.0007/万 99.9692%
No:17571 U+E95 斻 00000056 0.0007/万 99.9693%	No:17572 U+E15 橛 00000056 0.0007/万 99.9692%	No:17573 U+E65 㲪 00000056 0.0007/万 99.9692%	No:17574 U+E15 環 00000056 0.0007/万 99.9691%	No:17575 U+E8F 簗 00000056 0.0007/万 99.9691%	No:17576 U+EFC 箕 00000056 0.0007/万 99.9692%	No:17577 U+EC6 羢 00000056 0.0007/万 99.9690%	No:17578 U+ED1 聃 00000056 0.0007/万 99.9693%	No:17579 U+ED0 虞 00000056 0.0007/万 99.9693%	No:17580 U+EEF 螷 00000056 0.0007/万 99.9691%
No:17581 U+E2A 趄 00000056 0.0007/万 99.9691%	No:17582 U+E84 躖 00000056 0.0007/万 99.9690%	No:17583 U+E10 䨣 00000056 0.0007/万 99.9690%	No:17584 U+EFA 韸 00000056 0.0007/万 99.9691%	No:17585 U+F96 饕 00000056 0.0007/万 99.9692%	No:17586 U+E43 鴽 00000056 0.0007/万 99.9693%	No:17587 U+035D4 㗔 00000055 0.0007/万 99.9696%	No:17588 U+03613 㘓 00000055 0.0007/万 99.9696%	No:17589 U+038EA 㣪 00000055 0.0007/万 99.9696%	No:17590 U+038FF 㣿 00000055 0.0007/万 99.9696%
No:17591 U+03934 㤴 00000055 0.0007/万 99.9698%	No:17592 U+03B7A 㭺 00000055 0.0007/万 99.9696%	No:17593 U+03BA7 㮧 00000055 0.0007/万 99.9697%	No:17594 U+03BBF 㮿 00000055 0.0007/万 99.9696%	No:17595 U+03D84 㶄 00000055 0.0007/万 99.9696%	No:17596 U+03E83 㺃 00000055 0.0007/万 99.9699%	No:17597 U+03EAC 㺬 00000055 0.0007/万 99.9698%	No:17598 U+04032 䀲 00000055 0.0007/万 99.9697%	No:17599 U+040EF 䃯 00000055 0.0007/万 99.9696%	No:17600 U+041E8 䇨 00000055 0.0007/万 99.9697%

No:17601 U+042A4 䊤 00000055 0.0007/万 99.9697%	No:17602 U+0452D 䔭 00000055 0.0007/万 99.9699%	No:17603 U+045A1 䖡 00000055 0.0007/万 99.9698%	No:17604 U+0470E 䜎 00000055 0.0007/万 99.9696%	No:17605 U+0495D 䥝 00000055 0.0007/万 99.9697%	No:17606 U+04A1F 䨟 00000055 0.0007/万 99.9698%	No:17607 U+04A27 䨧 00000055 0.0007/万 99.9699%	No:17608 U+04A6E 䩮 00000055 0.0007/万 99.9696%	No:17609 U+04A97 䪗 00000055 0.0007/万 99.9697%	No:17610 U+04AF2 䫲 00000055 0.0007/万 99.9698%
No:17611 U+04B02 䬂 00000055 0.0007/万 99.9699%	No:17612 U+04BFD 䯽 00000055 0.0007/万 99.9698%	No:17613 U+04C5F 䱟 00000055 0.0007/万 99.9697%	No:17614 U+04FE9 俩 00000055 0.0007/万 99.9699%	No:17615 U+052CA 勊 00000055 0.0007/万 99.9698%	No:17616 U+05A85 媅 00000055 0.0007/万 99.9698%	No:17617 U+05A94 媔 00000055 0.0007/万 99.9698%	No:17618 U+05B3D 嬽 00000055 0.0007/万 99.9699%	No:17619 U+05C92 岒 00000055 0.0007/万 99.9697%	No:17620 U+05F7E 彾 00000055 0.0007/万 99.9701%
No:17621 U+06870 桰 00000055 0.0007/万 99.9700%	No:17622 U+06A98 檘 00000055 0.0007/万 99.9700%	No:17623 U+06B17 欗 00000055 0.0007/万 99.9700%	No:17624 U+06F24 漤 00000055 0.0007/万 99.9699%	No:17625 U+06F27 漧 00000055 0.0007/万 99.9699%	No:17626 U+07214 爔 00000055 0.0007/万 99.9700%	No:17627 U+07326 猦 00000055 0.0007/万 99.9701%	No:17628 U+07411 琑 00000055 0.0007/万 99.9701%	No:17629 U+0743E 琾 00000055 0.0007/万 99.9701%	No:17630 U+076D1 监 00000055 0.0007/万 99.9700%
No:17631 U+0776F 睯 00000055 0.0007/万 99.9699%	No:17632 U+078BD 碽 00000055 0.0007/万 99.9699%	No:17633 U+07FE7 翧 00000055 0.0007/万 99.9700%	No:17634 U+080D2 肒 00000055 0.0007/万 99.9701%	No:17635 U+0828F 芏 00000055 0.0007/万 99.9701%	No:17636 U+085D7 藗 00000055 0.0007/万 99.9701%	No:17637 U+088A3 袣 00000055 0.0007/万 99.9700%	No:17638 U+0895D 襝 00000055 0.0007/万 99.9700%	No:17639 U+08A4B 詋 00000055 0.0007/万 99.9700%	No:17640 U+08AEF 諯 00000055 0.0007/万 99.9700%
No:17641 U+08B50 譐 00000055 0.0007/万 99.9700%	No:17642 U+08B60 譠 00000055 0.0007/万 99.9700%	No:17643 U+08CD8 賘 00000055 0.0007/万 99.9700%	No:17644 U+0941D 鐝 00000055 0.0007/万 99.9700%	No:17645 U+0986A 顪 00000055 0.0007/万 99.9696%	No:17646 U+0EA74 ⿱夶金 00000055 0.0007/万 99.9695%	No:17647 U+0EAF4 墾 00000055 0.0007/万 99.9696%	No:17648 U+0F753 蔻 00000055 0.0007/万 99.9695%	No:17649 U+0F78F ⿱羽言 00000055 0.0007/万 99.9695%	No:17650 U+0F8FD 越 00000055 0.0007/万 99.9695%
No:17651 U+E0D ⿰女氏 00000055 0.0007/万 99.9697%	No:17652 U+E60 ⿰扌𡤢 00000055 0.0007/万 99.9698%	No:17653 U+E37 ⿰歹毛 00000055 0.0007/万 99.9697%	No:17654 U+E6F ⿺毛满 00000055 0.0007/万 99.9696%	No:17655 U+E17 ⿰氵通 00000055 0.0007/万 99.9699%	No:17656 U+E87 潤 00000055 0.0007/万 99.9699%	No:17657 U+EA0 隧 00000055 0.0007/万 99.9699%	No:17658 U+EE4 ⿰火蒦 00000055 0.0007/万 99.9698%	No:17659 U+E27 擊 00000055 0.0007/万 99.9697%	No:17660 U+E5A 廦 00000055 0.0007/万 99.9697%
No:17661 U+E7D ⿰月吕 00000055 0.0007/万 99.9698%	No:17662 U+E48 ⿰月宰 00000055 0.0007/万 99.9699%	No:17663 U+E1C 雚 00000055 0.0007/万 99.9698%	No:17664 U+E43 ⿰𧾷遠 00000055 0.0007/万 99.9696%	No:17665 U+E7E ⿰夅辛 00000055 0.0007/万 99.9697%	No:17666 U+EAa ⿰盍阝 00000055 0.0007/万 99.9696%	No:17667 U+E87 鄉 00000055 0.0007/万 99.9697%	No:17668 U+FFD 閟 00000055 0.0007/万 99.9699%	No:17669 U+ED4 ⿰雨資 00000055 0.0007/万 99.9698%	No:17670 U+0350C 㔌 00000054 0.0006/万 99.9704%
No:17671 U+03522 㔢 00000054 0.0006/万 99.9704%	No:17672 U+035A4 㖤 00000054 0.0006/万 99.9706%	No:17673 U+035AB 㖫 00000054 0.0006/万 99.9702%	No:17674 U+037A1 㞡 00000054 0.0006/万 99.9704%	No:17675 U+03852 㡒 00000054 0.0006/万 99.9704%	No:17676 U+03860 㡠 00000054 0.0006/万 99.9704%	No:17677 U+03953 㥓 00000054 0.0006/万 99.9702%	No:17678 U+0398D 㦍 00000054 0.0006/万 99.9703%	No:17679 U+039CE 㧎 00000054 0.0006/万 99.9703%	No:17680 U+03BC5 㯅 00000054 0.0006/万 99.9705%
No:17681 U+03C33 㰳 00000054 0.0006/万 99.9705%	No:17682 U+03E96 㺖 00000054 0.0006/万 99.9706%	No:17683 U+04167 䅧 00000054 0.0006/万 99.9704%	No:17684 U+042D4 䋔 00000054 0.0006/万 99.9702%	No:17685 U+04356 䍖 00000054 0.0006/万 99.9703%	No:17686 U+044EF 䓯 00000054 0.0006/万 99.9704%	No:17687 U+0452B 䔫 00000054 0.0006/万 99.9703%	No:17688 U+045B6 䖶 00000054 0.0006/万 99.9703%	No:17689 U+04600 䘀 00000054 0.0006/万 99.9702%	No:17690 U+04761 䝡 00000054 0.0006/万 99.9702%
No:17691 U+047D2 䟒 00000054 0.0006/万 99.9706%	No:17692 U+04854 䡔 00000054 0.0006/万 99.9702%	No:17693 U+04A20 䨠 00000054 0.0006/万 99.9702%	No:17694 U+04A28 䨨 00000054 0.0006/万 99.9702%	No:17695 U+04B55 䭕 00000054 0.0006/万 99.9703%	No:17696 U+04BD3 䯓 00000054 0.0006/万 99.9702%	No:17697 U+04CBB 䲻 00000054 0.0006/万 99.9702%	No:17698 U+04D3A 䴺 00000054 0.0006/万 99.9703%	No:17699 U+04D73 䵳 00000054 0.0006/万 99.9703%	No:17700 U+04F0C 伌 00000054 0.0006/万 99.9706%

No:17701 U+053A1 厡 00000054 0.0006/万 99.9702%	No:17702 U+0575A 坚 00000054 0.0006/万 99.9705%	No:17703 U+0579B 垛 00000054 0.0006/万 99.9702%	No:17704 U+059C3 姃 00000054 0.0006/万 99.9703%	No:17705 U+05AD9 嫙 00000054 0.0006/万 99.9703%	No:17706 U+05B10 嬐 00000054 0.0006/万 99.9705%	No:17707 U+05D45 嵅 00000054 0.0006/万 99.9706%	No:17708 U+0639A 掚 00000054 0.0006/万 99.9708%	No:17709 U+063CC 揌 00000054 0.0006/万 99.9707%	No:17710 U+06438 搸 00000054 0.0006/万 99.9706%
No:17711 U+064F3 擳 00000054 0.0006/万 99.9706%	No:17712 U+066A1 暡 00000054 0.0006/万 99.9707%	No:17713 U+0675A 杚 00000054 0.0006/万 99.9707%	No:17714 U+069F4 槴 00000054 0.0006/万 99.9707%	No:17715 U+06CB0 沰 00000054 0.0006/万 99.9708%	No:17716 U+06DAE 涮 00000054 0.0006/万 99.9706%	No:17717 U+06DCD 淍 00000054 0.0006/万 99.9706%	No:17718 U+06E2E 渮 00000054 0.0006/万 99.9708%	No:17719 U+070D2 烒 00000054 0.0006/万 99.9706%	No:17720 U+0719C 熜 00000054 0.0006/万 99.9708%
No:17721 U+076A2 皢 00000054 0.0006/万 99.9707%	No:17722 U+076E2 盢 00000054 0.0006/万 99.9707%	No:17723 U+07821 砡 00000054 0.0006/万 99.9707%	No:17724 U+07E0E 縎 00000054 0.0006/万 99.9708%	No:17725 U+0813C 脼 00000054 0.0006/万 99.9706%	No:17726 U+081CE 臎 00000054 0.0006/万 99.9706%	No:17727 U+0843F 萿 00000054 0.0006/万 99.9707%	No:17728 U+08501 蔁 00000054 0.0006/万 99.9708%	No:17729 U+087D6 蟖 00000054 0.0006/万 99.9707%	No:17730 U+08807 蠇 00000054 0.0006/万 99.9707%
No:17731 U+08949 襉 00000054 0.0006/万 99.9707%	No:17732 U+08B86 讆 00000054 0.0006/万 99.9707%	No:17733 U+08DD8 跘 00000054 0.0006/万 99.9707%	No:17734 U+08E05 踅 00000054 0.0006/万 99.9707%	No:17735 U+091D5 釕 00000054 0.0006/万 99.9707%	No:17736 U+0969E 隞 00000054 0.0006/万 99.9706%	No:17737 U+09822 頢 00000054 0.0006/万 99.9701%	No:17738 U+09860 顠 00000054 0.0006/万 99.9701%	No:17739 U+09B5D 魝 00000054 0.0006/万 99.9701%	No:17740 U+09E0F 鸏 00000054 0.0006/万 99.9701%
No:17741 U+0ECD4 [illegible] 00000054 0.0006/万 99.9701%	No:17742 U+0EF09 [illegible] 00000054 0.0006/万 99.9701%	No:17743 U+0F84E [illegible] 00000054 0.0006/万 99.9701%	No:17744 U+E1B [illegible] 00000054 0.0006/万 99.9704%	No:17745 U+E38 [illegible] 00000054 0.0006/万 99.9704%	No:17746 U+E18 姽 00000054 0.0006/万 99.9705%	No:17747 U+E69 [illegible] 00000054 0.0006/万 99.9706%	No:17748 U+EA6 巵 00000054 0.0006/万 99.9705%	No:17749 U+E94 [illegible] 00000054 0.0006/万 99.9705%	No:17750 U+E2B [illegible] 00000054 0.0006/万 99.9705%
No:17751 U+ED0 [illegible] 00000054 0.0006/万 99.9703%	No:17752 U+E9F [illegible] 00000054 0.0006/万 99.9705%	No:17753 U+E9E [illegible] 00000054 0.0006/万 99.9702%	No:17754 U+E0C [illegible] 00000054 0.0006/万 99.9704%	No:17755 U+E1E [illegible] 00000054 0.0006/万 99.9704%	No:17756 U+E1C [illegible] 00000054 0.0006/万 99.9704%	No:17757 U+E9A [illegible] 00000054 0.0006/万 99.9705%	No:17758 U+EFB [illegible] 00000054 0.0006/万 99.9703%	No:17759 U+E1C [illegible] 00000054 0.0006/万 99.9702%	No:17760 U+ED5 [illegible] 00000054 0.0006/万 99.9704%
No:17761 U+E96 [illegible] 00000054 0.0006/万 99.9705%	No:17762 U+E87 [illegible] 00000054 0.0006/万 99.9703%	No:17763 U+E48 [illegible] 00000054 0.0006/万 99.9705%	No:17764 U+EAF [illegible] 00000054 0.0006/万 99.9702%	No:17765 U+EC7 [illegible] 00000054 0.0006/万 99.9704%	No:17766 U+F03 [illegible] 00000054 0.0006/万 99.9703%	No:17767 U+ED7 [illegible] 00000054 0.0006/万 99.9705%	No:17768 U+E60 [illegible] 00000054 0.0006/万 99.9703%	No:17769 U+FDF [illegible] 00000054 0.0006/万 99.9705%	No:17770 U+E2A [illegible] 00000054 0.0006/万 99.9705%
No:17771 U+035DA 㗚 00000053 0.0006/万 99.9710%	No:17772 U+036C3 㛃 00000053 0.0006/万 99.9709%	No:17773 U+036EF 㛯 00000053 0.0006/万 99.9709%	No:17774 U+038DA 㣚 00000053 0.0006/万 99.9711%	No:17775 U+03A04 㨄 00000053 0.0006/万 99.9711%	No:17776 U+03C96 㲖 00000053 0.0006/万 99.9710%	No:17777 U+03E2C 㸬 00000053 0.0006/万 99.9711%	No:17778 U+03E41 㹁 00000053 0.0006/万 99.9711%	No:17779 U+03F9E 㾞 00000053 0.0006/万 99.9709%	No:17780 U+0400E 䀎 00000053 0.0006/万 99.9709%
No:17781 U+040AD 䂭 00000053 0.0006/万 99.9710%	No:17782 U+04275 䉵 00000053 0.0006/万 99.9711%	No:17783 U+04333 䌳 00000053 0.0006/万 99.9710%	No:17784 U+043B5 䎵 00000053 0.0006/万 99.9712%	No:17785 U+043E3 䏣 00000053 0.0006/万 99.9710%	No:17786 U+04470 䑰 00000053 0.0006/万 99.9711%	No:17787 U+04511 䔑 00000053 0.0006/万 99.9710%	No:17788 U+04591 䖑 00000053 0.0006/万 99.9709%	No:17789 U+046C6 䛆 00000053 0.0006/万 99.9710%	No:17790 U+049F4 䧴 00000053 0.0006/万 99.9711%
No:17791 U+04A6B 䩫 00000053 0.0006/万 99.9709%	No:17792 U+04AD8 䫘 00000053 0.0006/万 99.9712%	No:17793 U+04C70 䱰 00000053 0.0006/万 99.9710%	No:17794 U+04C7A 䱺 00000053 0.0006/万 99.9709%	No:17795 U+04D7E 䵾 00000053 0.0006/万 99.9712%	No:17796 U+05097 傗 00000053 0.0006/万 99.9709%	No:17797 U+050AE 傮 00000053 0.0006/万 99.9708%	No:17798 U+0510D 儍 00000053 0.0006/万 99.9709%	No:17799 U+0577E 坾 00000053 0.0006/万 99.9709%	No:17800 U+057B7 垷 00000053 0.0006/万 99.9712%

No:17801 U+05817 堗 00000053 0.0006/万 99.9711%	No:17802 U+058A4 墤 00000053 0.0006/万 99.9711%	No:17803 U+058A5 墥 00000053 0.0006/万 99.9712%	No:17804 U+05A44 婄 00000053 0.0006/万 99.9710%	No:17805 U+05B07 嬇 00000053 0.0006/万 99.9709%	No:17806 U+05B2E 嬮 00000053 0.0006/万 99.9709%	No:17807 U+05BF9 对 00000053 0.0006/万 99.9712%	No:17808 U+05C10 尐 00000053 0.0006/万 99.9712%	No:17809 U+05F20 张 00000053 0.0006/万 99.9713%	No:17810 U+061AA 憪 00000053 0.0006/万 99.9714%
No:17811 U+06510 攐 00000053 0.0006/万 99.9714%	No:17812 U+0688B 梋 00000053 0.0006/万 99.9713%	No:17813 U+069C9 槉 00000053 0.0006/万 99.9713%	No:17814 U+06B90 殐 00000053 0.0006/万 99.9713%	No:17815 U+06BED 毭 00000053 0.0006/万 99.9714%	No:17816 U+07079 灹 00000053 0.0006/万 99.9713%	No:17817 U+071B0 熰 00000053 0.0006/万 99.9714%	No:17818 U+0730D 猍 00000053 0.0006/万 99.9713%	No:17819 U+075F7 痷 00000053 0.0006/万 99.9712%	No:17820 U+076E0 盠 00000053 0.0006/万 99.9713%
No:17821 U+076E8 盨 00000053 0.0006/万 99.9712%	No:17822 U+07A89 窉 00000053 0.0006/万 99.9713%	No:17823 U+07DF3 縻 00000053 0.0006/万 99.9713%	No:17824 U+07F1A 缚 00000053 0.0006/万 99.9714%	No:17825 U+08083 肃 00000053 0.0006/万 99.9714%	No:17826 U+081D7 臗 00000053 0.0006/万 99.9714%	No:17827 U+08495 蒕 00000053 0.0006/万 99.9713%	No:17828 U+084BE 蒾 00000053 0.0006/万 99.9713%	No:17829 U+084D2 蓒 00000053 0.0006/万 99.9714%	No:17830 U+085F2 藲 00000053 0.0006/万 99.9713%
No:17831 U+086F6 蛶 00000053 0.0006/万 99.9714%	No:17832 U+08770 蝰 00000053 0.0006/万 99.9714%	No:17833 U+08908 褈 00000053 0.0006/万 99.9712%	No:17834 U+08B65 譥 00000053 0.0006/万 99.9714%	No:17835 U+08E88 躈 00000053 0.0006/万 99.9714%	No:17836 U+09222 鈢 00000053 0.0006/万 99.9713%	No:17837 U+09250 鉐 00000053 0.0006/万 99.9713%	No:17838 U+092D1 鋑 00000053 0.0006/万 99.9712%	No:17839 U+09439 鐹 00000053 0.0006/万 99.9713%	No:17840 U+098B1 颱 00000053 0.0006/万 99.9708%
No:17841 U+099BC 馼 00000053 0.0006/万 99.9708%	No:17842 U+09A06 騆 00000053 0.0006/万 99.9708%	No:17843 U+09A1B 騛 00000053 0.0006/万 99.9708%	No:17844 U+09D81 鶁 00000053 0.0006/万 99.9708%	No:17845 U+09F23 鼣 00000053 0.0006/万 99.9708%	No:17846 U+0EED0 鋑 00000053 0.0006/万 99.9708%	No:17847 U+EB7 [illegible] 00000053 0.0006/万 99.9711%	No:17848 U+EC8 [illegible] 00000053 0.0006/万 99.9711%	No:17849 U+EBB [illegible] 00000053 0.0006/万 99.9711%	No:17850 U+E42 [illegible] 00000053 0.0006/万 99.9710%
No:17851 U+E52 [illegible] 00000053 0.0006/万 99.9710%	No:17852 U+F31 [illegible] 00000053 0.0006/万 99.9708%	No:17853 U+EA4 [illegible] 00000053 0.0006/万 99.9711%	No:17854 U+F01 [illegible] 00000053 0.0006/万 99.9710%	No:17855 U+E47 [illegible] 00000053 0.0006/万 99.9712%	No:17856 U+EA1 [illegible] 00000053 0.0006/万 99.9709%	No:17857 U+FF8 [illegible] 00000053 0.0006/万 99.9711%	No:17858 U+E70 [illegible] 00000053 0.0006/万 99.9710%	No:17859 U+E33 觻 00000053 0.0006/万 99.9710%	No:17860 U+EDE 殺 00000053 0.0006/万 99.9711%
No:17861 U+E92 [illegible] 00000053 0.0006/万 99.9710%	No:17862 U+E11 [illegible] 00000053 0.0006/万 99.9709%	No:17863 U+E79 [illegible] 00000053 0.0006/万 99.9712%	No:17864 U+E4B [illegible] 00000053 0.0006/万 99.9712%	No:17865 U+E39 虉 00000053 0.0006/万 99.9709%	No:17866 U+034CB 㓋 00000052 0.0006/万 99.9718%	No:17867 U+0352C 㔬 00000052 0.0006/万 99.9718%	No:17868 U+035E9 㗩 00000052 0.0006/万 99.9716%	No:17869 U+0377E 㝾 00000052 0.0006/万 99.9716%	No:17870 U+037B6 㞶 00000052 0.0006/万 99.9716%
No:17871 U+03895 㢕 00000052 0.0006/万 99.9717%	No:17872 U+038B0 㢰 00000052 0.0006/万 99.9716%	No:17873 U+03A8F 㪏 00000052 0.0006/万 99.9718%	No:17874 U+03E02 㸂 00000052 0.0006/万 99.9718%	No:17875 U+03E8C 㺌 00000052 0.0006/万 99.9716%	No:17876 U+03F2C 㼬 00000052 0.0006/万 99.9716%	No:17877 U+03F79 㽹 00000052 0.0006/万 99.9716%	No:17878 U+04058 䁘 00000052 0.0006/万 99.9715%	No:17879 U+04195 䆕 00000052 0.0006/万 99.9715%	No:17880 U+04198 䆘 00000052 0.0006/万 99.9716%
No:17881 U+043D4 䏔 00000052 0.0006/万 99.9715%	No:17882 U+045B4 䖴 00000052 0.0006/万 99.9717%	No:17883 U+045DA 䗚 00000052 0.0006/万 99.9718%	No:17884 U+04655 䙕 00000052 0.0006/万 99.9717%	No:17885 U+0466D 䙭 00000052 0.0006/万 99.9718%	No:17886 U+047AD 䞭 00000052 0.0006/万 99.9716%	No:17887 U+04807 䠇 00000052 0.0006/万 99.9717%	No:17888 U+04817 䠗 00000052 0.0006/万 99.9718%	No:17889 U+048F8 䣸 00000052 0.0006/万 99.9717%	No:17890 U+0496F 䥯 00000052 0.0006/万 99.9715%
No:17891 U+049C7 䧇 00000052 0.0006/万 99.9717%	No:17892 U+04A31 䨱 00000052 0.0006/万 99.9715%	No:17893 U+04B72 䭲 00000052 0.0006/万 99.9717%	No:17894 U+04B90 䮐 00000052 0.0006/万 99.9717%	No:17895 U+04F2E 伮 00000052 0.0006/万 99.9716%	No:17896 U+04F93 侓 00000052 0.0006/万 99.9716%	No:17897 U+04FD5 俕 00000052 0.0006/万 99.9717%	No:17898 U+051D2 凒 00000052 0.0006/万 99.9716%	No:17899 U+05467 呧 00000052 0.0006/万 99.9715%	No:17900 U+0566E 噮 00000052 0.0006/万 99.9716%

No:17901 U+05E5C 幜 00000052 0.0006/万 99.9718%	No:17902 U+05EC3 廃 00000052 0.0006/万 99.9719%	No:17903 U+05ECE 廎 00000052 0.0006/万 99.9719%	No:17904 U+0648A 撊 00000052 0.0006/万 99.9720%	No:17905 U+06543 敃 00000052 0.0006/万 99.9720%	No:17906 U+06564 敤 00000052 0.0006/万 99.9720%	No:17907 U+065EA 旪 00000052 0.0006/万 99.9721%	No:17908 U+06846 框 00000052 0.0006/万 99.9719%	No:17909 U+06878 桸 00000052 0.0006/万 99.9719%	No:17910 U+06A68 橨 00000052 0.0006/万 99.9719%
No:17911 U+06A76 橶 00000052 0.0006/万 99.9719%	No:17912 U+06D00 洀 00000052 0.0006/万 99.9719%	No:17913 U+06D07 洇 00000052 0.0006/万 99.9719%	No:17914 U+06E18 渘 00000052 0.0006/万 99.9719%	No:17915 U+06E3F 渿 00000052 0.0006/万 99.9718%	No:17916 U+06F25 漥 00000052 0.0006/万 99.9718%	No:17917 U+07036 瀶 00000052 0.0006/万 99.9721%	No:17918 U+072AD 犭 00000052 0.0006/万 99.9719%	No:17919 U+072BE 犾 00000052 0.0006/万 99.9720%	No:17920 U+07417 琗 00000052 0.0006/万 99.9720%
No:17921 U+07443 瑃 00000052 0.0006/万 99.9721%	No:17922 U+07494 璔 00000052 0.0006/万 99.9719%	No:17923 U+07651 癑 00000052 0.0006/万 99.9720%	No:17924 U+0767A 発 00000052 0.0006/万 99.9720%	No:17925 U+0779B 瞛 00000052 0.0006/万 99.9721%	No:17926 U+07E3A 縺 00000052 0.0006/万 99.9720%	No:17927 U+07EDD 绝 00000052 0.0006/万 99.9721%	No:17928 U+08048 聈 00000052 0.0006/万 99.9721%	No:17929 U+083A6 莦 00000052 0.0006/万 99.9719%	No:17930 U+0857F 蕿 00000052 0.0006/万 99.9719%
No:17931 U+087E4 蟤 00000052 0.0006/万 99.9720%	No:17932 U+088B3 袳 00000052 0.0006/万 99.9720%	No:17933 U+08B6A 譪 00000052 0.0006/万 99.9721%	No:17934 U+091D9 釙 00000052 0.0006/万 99.9720%	No:17935 U+09209 鈉 00000052 0.0006/万 99.9720%	No:17936 U+0934C 鍌 00000052 0.0006/万 99.9720%	No:17937 U+093D9 鏙 00000052 0.0006/万 99.9719%	No:17938 U+0942F 鐯 00000052 0.0006/万 99.9720%	No:17939 U+09430 鐰 00000052 0.0006/万 99.9720%	No:17940 U+096DF 雟 00000052 0.0006/万 99.9719%
No:17941 U+09B1E 鬞 00000052 0.0006/万 99.9714%	No:17942 U+09C42 鱂 00000052 0.0006/万 99.9715%	No:17943 U+09F24 鼤 00000052 0.0006/万 99.9714%	No:17944 U+0E4AB 彐 00000052 0.0006/万 99.9715%	No:17945 U+0EA58 偬 00000052 0.0006/万 99.9715%	No:17946 U+0EAE0 坼 00000052 0.0006/万 99.9715%	No:17947 U+0EC74 沔 00000052 0.0006/万 99.9715%	No:17948 U+0F5D4 㕑 00000052 0.0006/万 99.9714%	No:17949 U+EED 墼 00000052 0.0006/万 99.9717%	No:17950 U+EC0 [illegible] 00000052 0.0006/万 99.9716%
No:17951 U+E5F 搔 00000052 0.0006/万 99.9717%	No:17952 U+E69 梓 00000052 0.0006/万 99.9718%	No:17953 U+EB2 [illegible] 00000052 0.0006/万 99.9717%	No:17954 U+E73 [illegible] 00000052 0.0006/万 99.9718%	No:17955 U+EC1 罟 00000052 0.0006/万 99.9715%	No:17956 U+E41 翮 00000052 0.0006/万 99.9715%	No:17957 U+EDD [illegible] 00000052 0.0006/万 99.9715%	No:17958 U+E5F 覔 00000052 0.0006/万 99.9716%	No:17959 U+E94 豣 00000052 0.0006/万 99.9717%	No:17960 U+E41 [illegible] 00000052 0.0006/万 99.9718%
No:17961 U+E6E [illegible] 00000052 0.0006/万 99.9717%	No:17962 U+E84 [illegible] 00000052 0.0006/万 99.9718%	No:17963 U+EDC [illegible] 00000052 0.0006/万 99.9717%	No:17964 U+EF4 [illegible] 00000052 0.0006/万 99.9718%	No:17965 U+E89 鐲 00000052 0.0006/万 99.9716%	No:17966 U+ECF [illegible] 00000052 0.0006/万 99.9715%	No:17967 U+0345E 㑞 00000051 0.0006/万 99.9722%	No:17968 U+03782 㞂 00000051 0.0006/万 99.9724%	No:17969 U+037FA 㟺 00000051 0.0006/万 99.9723%	No:17970 U+03981 㦁 00000051 0.0006/万 99.9723%
No:17971 U+039BD 㦽 00000051 0.0006/万 99.9723%	No:17972 U+03A0A 㨊 00000051 0.0006/万 99.9722%	No:17973 U+03ACA 㫊 00000051 0.0006/万 99.9721%	No:17974 U+03BB5 㮵 00000051 0.0006/万 99.9723%	No:17975 U+03BF1 㯱 00000051 0.0006/万 99.9723%	No:17976 U+03C83 㲃 00000051 0.0006/万 99.9724%	No:17977 U+03D09 㴉 00000051 0.0006/万 99.9723%	No:17978 U+03DD1 㷑 00000051 0.0006/万 99.9724%	No:17979 U+040FD 䃽 00000051 0.0006/万 99.9724%	No:17980 U+04103 䄃 00000051 0.0006/万 99.9724%
No:17981 U+0416D 䅭 00000051 0.0006/万 99.9723%	No:17982 U+041D8 䇘 00000051 0.0006/万 99.9723%	No:17983 U+042D5 䋕 00000051 0.0006/万 99.9722%	No:17984 U+04B71 䭱 00000051 0.0006/万 99.9724%	No:17985 U+04C42 䱂 00000051 0.0006/万 99.9721%	No:17986 U+04C7E 䱾 00000051 0.0006/万 99.9722%	No:17987 U+04CC5 䳅 00000051 0.0006/万 99.9721%	No:17988 U+04CCE 䳎 00000051 0.0006/万 99.9722%	No:17989 U+04DA9 䶩 00000051 0.0006/万 99.9725%	No:17990 U+0538A 厊 00000051 0.0006/万 99.9722%
No:17991 U+054C3 哃 00000051 0.0006/万 99.9723%	No:17992 U+05722 圢 00000051 0.0006/万 99.9723%	No:17993 U+058AD 墭 00000051 0.0006/万 99.9723%	No:17994 U+058DB 壛 00000051 0.0006/万 99.9723%	No:17995 U+058E6 壦 00000051 0.0006/万 99.9724%	No:17996 U+059D6 姖 00000051 0.0006/万 99.9722%	No:17997 U+05A4E 婎 00000051 0.0006/万 99.9724%	No:17998 U+05A93 媓 00000051 0.0006/万 99.9722%	No:17999 U+05AB7 媷 00000051 0.0006/万 99.9722%	No:18000 U+05CCA 峊 00000051 0.0006/万 99.9722%

No:18001 U+05D32 崲 00000051 0.0006/万 99.9722%	No:18002 U+05DF8 巸 00000051 0.0006/万 99.9724%	No:18003 U+05EF2 廲 00000051 0.0006/万 99.9726%	No:18004 U+05FDA 忚 00000051 0.0006/万 99.9725%	No:18005 U+06143 慃 00000051 0.0006/万 99.9726%	No:18006 U+0614F 慏 00000051 0.0006/万 99.9726%	No:18007 U+06272 扲 00000051 0.0006/万 99.9726%	No:18008 U+06419 搙 00000051 0.0006/万 99.9726%	No:18009 U+0644D 摍 00000051 0.0006/万 99.9726%	No:18010 U+06623 昣 00000051 0.0006/万 99.9726%
No:18011 U+0698F 榏 00000051 0.0006/万 99.9725%	No:18012 U+06A03 樃 00000051 0.0006/万 99.9725%	No:18013 U+06B56 歖 00000051 0.0006/万 99.9726%	No:18014 U+070DA 烚 00000051 0.0006/万 99.9725%	No:18015 U+0714B 煋 00000051 0.0006/万 99.9726%	No:18016 U+071D3 燓 00000051 0.0006/万 99.9725%	No:18017 U+07382 玂 00000051 0.0006/万 99.9726%	No:18018 U+07854 硔 00000051 0.0006/万 99.9726%	No:18019 U+07971 祱 00000051 0.0006/万 99.9726%	No:18020 U+07CBF 粿 00000051 0.0006/万 99.9725%
No:18021 U+08142 腂 00000051 0.0006/万 99.9725%	No:18022 U+08183 膃 00000051 0.0006/万 99.9725%	No:18023 U+08242 艂 00000051 0.0006/万 99.9726%	No:18024 U+0826A 艪 00000051 0.0006/万 99.9725%	No:18025 U+08522 蔢 00000051 0.0006/万 99.9726%	No:18026 U+0869F 蚟 00000051 0.0006/万 99.9725%	No:18027 U+0877A 蝺 00000051 0.0006/万 99.9725%	No:18028 U+091E5 釥 00000051 0.0006/万 99.9725%	No:18029 U+0930E 錎 00000051 0.0006/万 99.9725%	No:18030 U+0931C 錜 00000051 0.0006/万 99.9725%
No:18031 U+09377 鍷 00000051 0.0006/万 99.9726%	No:18032 U+09627 阧 00000051 0.0006/万 99.9726%	No:18033 U+099BB 馻 00000051 0.0006/万 99.9721%	No:18034 U+09B8F 鮏 00000051 0.0006/万 99.9721%	No:18035 U+09EF1 黱 00000051 0.0006/万 99.9721%	No:18036 U+0E81D 㔾 00000051 0.0006/万 99.9721%	No:18037 U+E61 咮 00000051 0.0006/万 99.9724%	No:18038 U+EE5 炏 00000051 0.0006/万 99.9724%	No:18039 U+F9E 煿 00000051 0.0006/万 99.9722%	No:18040 U+ED7 㹁 00000051 0.0006/万 99.9723%
No:18041 U+EB1 𥿡 00000051 0.0006/万 99.9721%	No:18042 U+F8A 絜 00000051 0.0006/万 99.9723%	No:18043 U+EFE 蓨 00000051 0.0006/万 99.9724%	No:18044 U+EF1 董 00000051 0.0006/万 99.9723%	No:18045 U+E49 𧽍 00000051 0.0006/万 99.9722%	No:18046 U+E3F 踇 00000051 0.0006/万 99.9721%	No:18047 U+E7D 踍 00000051 0.0006/万 99.9724%	No:18048 U+E68 蹬 00000051 0.0006/万 99.9724%	No:18049 U+E42 踣 00000051 0.0006/万 99.9723%	No:18050 U+E81 𨋤 00000051 0.0006/万 99.9722%
No:18051 U+E05 𩚵 00000051 0.0006/万 99.9724%	No:18052 U+E29 鸛 00000051 0.0006/万 99.9722%	No:18053 U+0379C 㞜 00000050 0.0006/万 99.9730%	No:18054 U+038CE 㣎 00000050 0.0006/万 99.9727%	No:18055 U+03AF2 㫲 00000050 0.0006/万 99.9728%	No:18056 U+03B94 㮔 00000050 0.0006/万 99.9728%	No:18057 U+03BA6 㮦 00000050 0.0006/万 99.9728%	No:18058 U+03CA0 㲠 00000050 0.0006/万 99.9727%	No:18059 U+03CF7 㳷 00000050 0.0006/万 99.9728%	No:18060 U+03D85 㶅 00000050 0.0006/万 99.9728%
No:18061 U+03ECC 㻌 00000050 0.0006/万 99.9729%	No:18062 U+04048 䁈 00000050 0.0006/万 99.9728%	No:18063 U+0418B 䆋 00000050 0.0006/万 99.9728%	No:18064 U+0426C 䉬 00000050 0.0006/万 99.9729%	No:18065 U+042DB 䋛 00000050 0.0006/万 99.9729%	No:18066 U+045CF 䗏 00000050 0.0006/万 99.9727%	No:18067 U+045D4 䗔 00000050 0.0006/万 99.9727%	No:18068 U+04762 䝢 00000050 0.0006/万 99.9728%	No:18069 U+0484C 䡌 00000050 0.0006/万 99.9730%	No:18070 U+04B18 䬘 00000050 0.0006/万 99.9730%
No:18071 U+04B9A 䮚 00000050 0.0006/万 99.9729%	No:18072 U+04D2C 䴬 00000050 0.0006/万 99.9729%	No:18073 U+04D2D 䴭 00000050 0.0006/万 99.9729%	No:18074 U+04F02 伂 00000050 0.0006/万 99.9727%	No:18075 U+04F15 伕 00000050 0.0006/万 99.9728%	No:18076 U+0545D 呝 00000050 0.0006/万 99.9727%	No:18077 U+05516 唖 00000050 0.0006/万 99.9728%	No:18078 U+0584E 塎 00000050 0.0006/万 99.9729%	No:18079 U+05865 塥 00000050 0.0006/万 99.9729%	No:18080 U+05A7E 婾 00000050 0.0006/万 99.9729%
No:18081 U+05E07 帇 00000050 0.0006/万 99.9728%	No:18082 U+05F7D 彽 00000050 0.0006/万 99.9731%	No:18083 U+0619F 憟 00000050 0.0006/万 99.9731%	No:18084 U+0625A 扚 00000050 0.0006/万 99.9732%	No:18085 U+0625F 扟 00000050 0.0006/万 99.9732%	No:18086 U+065A2 斢 00000050 0.0006/万 99.9730%	No:18087 U+068F6 棶 00000050 0.0006/万 99.9731%	No:18088 U+06903 椃 00000050 0.0006/万 99.9732%	No:18089 U+06992 榒 00000050 0.0006/万 99.9730%	No:18090 U+069C7 槇 00000050 0.0006/万 99.9732%
No:18091 U+06A4E 橎 00000050 0.0006/万 99.9731%	No:18092 U+06A6E 橮 00000050 0.0006/万 99.9732%	No:18093 U+06BC3 毃 00000050 0.0006/万 99.9731%	No:18094 U+06CE6 泦 00000050 0.0006/万 99.9731%	No:18095 U+071A3 熣 00000050 0.0006/万 99.9730%	No:18096 U+071B7 熷 00000050 0.0006/万 99.9730%	No:18097 U+071CF 燏 00000050 0.0006/万 99.9731%	No:18098 U+073F6 珶 00000050 0.0006/万 99.9730%	No:18099 U+0740C 琌 00000050 0.0006/万 99.9731%	No:18100 U+0770F 眏 00000050 0.0006/万 99.9731%

No:18101 U+07818 砘 00000050 0.0006/万 99.9732%	No:18102 U+079DC 秜 00000050 0.0006/万 99.9732%	No:18103 U+07A8F 窏 00000050 0.0006/万 99.9730%	No:18104 U+07C06 簆 00000050 0.0006/万 99.9731%	No:18105 U+07E3C 縼 00000050 0.0006/万 99.9731%	No:18106 U+08246 艆 00000050 0.0006/万 99.9731%	No:18107 U+0830E 茎 00000050 0.0006/万 99.9732%	No:18108 U+08374 荴 00000050 0.0006/万 99.9730%	No:18109 U+083D5 菕 00000050 0.0006/万 99.9730%	No:18110 U+08536 蔶 00000050 0.0006/万 99.9730%
No:18111 U+0877D 蝽 00000050 0.0006/万 99.9731%	No:18112 U+089B1 覱 00000050 0.0006/万 99.9732%	No:18113 U+08A7D 詽 00000050 0.0006/万 99.9731%	No:18114 U+08F31 輱 00000050 0.0006/万 99.9730%	No:18115 U+09066 遦 00000050 0.0006/万 99.9732%	No:18116 U+09216 鈖 00000050 0.0006/万 99.9731%	No:18117 U+09398 鎘 00000050 0.0006/万 99.9731%	No:18118 U+093C6 鏆 00000050 0.0006/万 99.9730%	No:18119 U+0946D 鑭 00000050 0.0006/万 99.9730%	No:18120 U+0957B 镻 00000050 0.0006/万 99.9732%
No:18121 U+0957E 镾 00000050 0.0006/万 99.9732%	No:18122 U+099B6 馶 00000050 0.0006/万 99.9727%	No:18123 U+099EB 駫 00000050 0.0006/万 99.9727%	No:18124 U+09AAC 骬 00000050 0.0006/万 99.9727%	No:18125 U+09C1E 鰞 00000050 0.0006/万 99.9727%	No:18126 U+09C2A 鰪 00000050 0.0006/万 99.9727%	No:18127 U+0E002 00000050 0.0006/万 99.9727%	No:18128 U+0EC05 00000050 0.0006/万 99.9727%	No:18129 U+0F526 00000050 0.0006/万 99.9727%	No:18130 U+ECF [illegible] 00000050 0.0006/万 99.9729%
No:18131 U+E85 [illegible] 00000050 0.0006/万 99.9728%	No:18132 U+E37 [illegible] 00000050 0.0006/万 99.9727%	No:18133 U+E71 [illegible] 00000050 0.0006/万 99.9728%	No:18134 U+E7C 徹 00000050 0.0006/万 99.9729%	No:18135 U+EB9 [illegible] 00000050 0.0006/万 99.9728%	No:18136 U+E8C 笢 00000050 0.0006/万 99.9727%	No:18137 U+E40 [illegible] 00000050 0.0006/万 99.9729%	No:18138 U+EDD [illegible] 00000050 0.0006/万 99.9728%	No:18139 U+E90 [illegible] 00000050 0.0006/万 99.9730%	No:18140 U+E77 [illegible] 00000050 0.0006/万 99.9729%
No:18141 U+E01 鸀 00000050 0.0006/万 99.9729%	No:18142 U+E17 [illegible] 00000050 0.0006/万 99.9729%	No:18143 U+E90 [illegible] 00000050 0.0006/万 99.9729%	No:18144 U+035E8 㗨 00000049 0.0006/万 99.9733%	No:18145 U+0365B 㙛 00000049 0.0006/万 99.9734%	No:18146 U+03A1C 㨜 00000049 0.0006/万 99.9735%	No:18147 U+03C80 㲀 00000049 0.0006/万 99.9735%	No:18148 U+03E8E 㺎 00000049 0.0006/万 99.9735%	No:18149 U+03F0E 㼎 00000049 0.0006/万 99.9734%	No:18150 U+0401D 䀝 00000049 0.0006/万 99.9733%
No:18151 U+0401F 䀟 00000049 0.0006/万 99.9735%	No:18152 U+0403D 䀽 00000049 0.0006/万 99.9734%	No:18153 U+04069 䁩 00000049 0.0006/万 99.9734%	No:18154 U+04169 䅩 00000049 0.0006/万 99.9735%	No:18155 U+041E2 䇢 00000049 0.0006/万 99.9733%	No:18156 U+041F8 䇸 00000049 0.0006/万 99.9734%	No:18157 U+04378 䍸 00000049 0.0006/万 99.9734%	No:18158 U+04428 䐨 00000049 0.0006/万 99.9733%	No:18159 U+0452C 䔬 00000049 0.0006/万 99.9734%	No:18160 U+045CA 䗊 00000049 0.0006/万 99.9733%
No:18161 U+04744 䝄 00000049 0.0006/万 99.9733%	No:18162 U+048CD 䣍 00000049 0.0006/万 99.9734%	No:18163 U+04AE4 䫤 00000049 0.0006/万 99.9734%	No:18164 U+04B2B 䬫 00000049 0.0006/万 99.9734%	No:18165 U+04B78 䭸 00000049 0.0006/万 99.9734%	No:18166 U+04CB4 䲴 00000049 0.0006/万 99.9733%	No:18167 U+05071 偱 00000049 0.0006/万 99.9734%	No:18168 U+050F2 僲 00000049 0.0006/万 99.9733%	No:18169 U+05279 剹 00000049 0.0006/万 99.9735%	No:18170 U+055A0 喠 00000049 0.0006/万 99.9733%
No:18171 U+0564A 噊 00000049 0.0006/万 99.9734%	No:18172 U+05ADF 嫟 00000049 0.0006/万 99.9734%	No:18173 U+05CAE 岮 00000049 0.0006/万 99.9735%	No:18174 U+0600B 怋 00000049 0.0006/万 99.9738%	No:18175 U+0605C 恜 00000049 0.0006/万 99.9736%	No:18176 U+06091 悑 00000049 0.0006/万 99.9738%	No:18177 U+060FE 惾 00000049 0.0006/万 99.9737%	No:18178 U+0635E 捞 00000049 0.0006/万 99.9737%	No:18179 U+0641E 搞 00000049 0.0006/万 99.9736%	No:18180 U+0650B 攋 00000049 0.0006/万 99.9736%
No:18181 U+06594 斔 00000049 0.0006/万 99.9737%	No:18182 U+066AF 暯 00000049 0.0006/万 99.9737%	No:18183 U+066E4 曤 00000049 0.0006/万 99.9736%	No:18184 U+06825 栥 00000049 0.0006/万 99.9736%	No:18185 U+069B2 榲 00000049 0.0006/万 99.9737%	No:18186 U+06A1C 樜 00000049 0.0006/万 99.9736%	No:18187 U+06AB9 檹 00000049 0.0006/万 99.9738%	No:18188 U+06B1A 欚 00000049 0.0006/万 99.9736%	No:18189 U+06C58 汘 00000049 0.0006/万 99.9738%	No:18190 U+06D7E 浾 00000049 0.0006/万 99.9738%
No:18191 U+06ED0 滐 00000049 0.0006/万 99.9738%	No:18192 U+07208 爈 00000049 0.0006/万 99.9737%	No:18193 U+07266 牦 00000049 0.0006/万 99.9736%	No:18194 U+072E3 狣 00000049 0.0006/万 99.9738%	No:18195 U+073AF 环 00000049 0.0006/万 99.9737%	No:18196 U+07414 琔 00000049 0.0006/万 99.9736%	No:18197 U+0761A 瘚 00000049 0.0006/万 99.9737%	No:18198 U+078B1 碱 00000049 0.0006/万 99.9737%	No:18199 U+079CE 秎 00000049 0.0006/万 99.9736%	No:18200 U+07A73 穳 00000049 0.0006/万 99.9737%

No:18201 U+07AA2 窢 00000049 0.0006/万 99.9737%	No:18202 U+07CE9 糩 00000049 0.0006/万 99.9738%	No:18203 U+081F1 臱 00000049 0.0006/万 99.9737%	No:18204 U+08287 芇 00000049 0.0006/万 99.9736%	No:18205 U+08387 莇 00000049 0.0006/万 99.9738%	No:18206 U+085F0 藰 00000049 0.0006/万 99.9735%	No:18207 U+0878E 螎 00000049 0.0006/万 99.9737%	No:18208 U+08818 蠘 00000049 0.0006/万 99.9738%	No:18209 U+0883F 蠿 00000049 0.0006/万 99.9736%	No:18210 U+08849 衉 00000049 0.0006/万 99.9738%
No:18211 U+08A2E 訮 00000049 0.0006/万 99.9738%	No:18212 U+08B25 謥 00000049 0.0006/万 99.9736%	No:18213 U+08B3A 謺 00000049 0.0006/万 99.9738%	No:18214 U+08B55 譕 00000049 0.0006/万 99.9737%	No:18215 U+08CC9 賉 00000049 0.0006/万 99.9738%	No:18216 U+08DA7 趧 00000049 0.0006/万 99.9736%	No:18217 U+08DD3 跓 00000049 0.0006/万 99.9736%	No:18218 U+08E57 蹗 00000049 0.0006/万 99.9738%	No:18219 U+09308 錈 00000049 0.0006/万 99.9738%	No:18220 U+0938E 鎎 00000049 0.0006/万 99.9737%
No:18221 U+09459 鑙 00000049 0.0006/万 99.9736%	No:18222 U+096FD 雽 00000049 0.0006/万 99.9737%	No:18223 U+097DA 韚 00000049 0.0006/万 99.9732%	No:18224 U+0982A 頪 00000049 0.0006/万 99.9732%	No:18225 U+09872 顲 00000049 0.0006/万 99.9733%	No:18226 U+0EDE7 茼 00000049 0.0006/万 99.9733%	No:18227 U+0EE43 ⿰礻遷 00000049 0.0006/万 99.9732%	No:18228 U+0F52B 卌 00000049 0.0006/万 99.9732%	No:18229 U+ECC ⿰需刂 00000049 0.0006/万 99.9735%	No:18230 U+E66 ⿰山完 00000049 0.0006/万 99.9735%
No:18231 U+E56 ⿰山朝 00000049 0.0006/万 99.9735%	No:18232 U+E8A ⿰山層 00000049 0.0006/万 99.9733%	No:18233 U+EE3 ⿰扌⿱秦木 00000049 0.0006/万 99.9733%	No:18234 U+EC3 稐 00000049 0.0006/万 99.9735%	No:18235 U+ECD ⿰耳関 00000049 0.0006/万 99.9734%	No:18236 U+E2E 膀 00000049 0.0006/万 99.9735%	No:18237 U+E0B ⿱艹剅 00000049 0.0006/万 99.9733%	No:18238 U+E0D ⿱艹辞 00000049 0.0006/万 99.9733%	No:18239 U+E1B ⿱艹鸞 00000049 0.0006/万 99.9735%	No:18240 U+ECE ⿱罒⿸厂良 00000049 0.0006/万 99.9735%
No:18241 U+F8B ⿰缶害 00000049 0.0006/万 99.9735%	No:18242 U+E71 ⿰⻊荅 00000049 0.0006/万 99.9733%	No:18243 U+E2B ⿰尚鳥 00000049 0.0006/万 99.9734%	No:18244 U+03718 㜘 00000048 0.0006/万 99.9740%	No:18245 U+03750 㝐 00000048 0.0006/万 99.9741%	No:18246 U+0388F 㢏 00000048 0.0006/万 99.9743%	No:18247 U+0390D 㤍 00000048 0.0006/万 99.9740%	No:18248 U+03940 㥀 00000048 0.0006/万 99.9741%	No:18249 U+03951 㥑 00000048 0.0006/万 99.9741%	No:18250 U+03B02 㬂 00000048 0.0006/万 99.9742%
No:18251 U+03B59 㭙 00000048 0.0006/万 99.9742%	No:18252 U+03BD0 㯐 00000048 0.0006/万 99.9740%	No:18253 U+03C3B 㰻 00000048 0.0006/万 99.9742%	No:18254 U+03CA6 㲦 00000048 0.0006/万 99.9743%	No:18255 U+03E56 㹖 00000048 0.0006/万 99.9740%	No:18256 U+03F3B 㼻 00000048 0.0006/万 99.9741%	No:18257 U+03F68 㽨 00000048 0.0006/万 99.9742%	No:18258 U+04036 䀶 00000048 0.0006/万 99.9739%	No:18259 U+0403C 䀼 00000048 0.0006/万 99.9743%	No:18260 U+040D7 䃗 00000048 0.0006/万 99.9741%
No:18261 U+04165 䅥 00000048 0.0006/万 99.9742%	No:18262 U+04175 䅵 00000048 0.0006/万 99.9742%	No:18263 U+04207 䈇 00000048 0.0006/万 99.9739%	No:18264 U+042CA 䋊 00000048 0.0006/万 99.9740%	No:18265 U+04412 䐒 00000048 0.0006/万 99.9740%	No:18266 U+04537 䔷 00000048 0.0006/万 99.9742%	No:18267 U+045C7 䗇 00000048 0.0006/万 99.9740%	No:18268 U+0475E 䝞 00000048 0.0006/万 99.9740%	No:18269 U+047F4 䟴 00000048 0.0006/万 99.9740%	No:18270 U+04875 䡵 00000048 0.0006/万 99.9741%
No:18271 U+04883 䢃 00000048 0.0006/万 99.9741%	No:18272 U+049DC 䧜 00000048 0.0006/万 99.9743%	No:18273 U+04A5A 䩚 00000048 0.0006/万 99.9742%	No:18274 U+04CD0 䳐 00000048 0.0006/万 99.9739%	No:18275 U+04EF8 仸 00000048 0.0006/万 99.9740%	No:18276 U+0521A 刚 00000048 0.0006/万 99.9742%	No:18277 U+0527E 剾 00000048 0.0006/万 99.9741%	No:18278 U+05539 唹 00000048 0.0006/万 99.9739%	No:18279 U+0553B 唻 00000048 0.0006/万 99.9739%	No:18280 U+05597 喗 00000048 0.0006/万 99.9743%
No:18281 U+057CD 埍 00000048 0.0006/万 99.9739%	No:18282 U+057EA 埪 00000048 0.0006/万 99.9741%	No:18283 U+058C0 壀 00000048 0.0006/万 99.9740%	No:18284 U+05A15 娕 00000048 0.0006/万 99.9743%	No:18285 U+05C2C 尬 00000048 0.0006/万 99.9742%	No:18286 U+05C59 屙 00000048 0.0006/万 99.9743%	No:18287 U+0641F 搟 00000048 0.0006/万 99.9745%	No:18288 U+0684D 桍 00000048 0.0006/万 99.9745%	No:18289 U+06DBA 涺 00000048 0.0006/万 99.9744%	No:18290 U+06E99 溙 00000048 0.0006/万 99.9744%
No:18291 U+06F61 潡 00000048 0.0006/万 99.9743%	No:18292 U+070AA 炪 00000048 0.0006/万 99.9744%	No:18293 U+07107 焇 00000048 0.0006/万 99.9744%	No:18294 U+07138 焸 00000048 0.0006/万 99.9745%	No:18295 U+071D9 燙 00000048 0.0006/万 99.9744%	No:18296 U+0728B 犋 00000048 0.0006/万 99.9744%	No:18297 U+072BD 犽 00000048 0.0006/万 99.9744%	No:18298 U+0760A 瘊 00000048 0.0006/万 99.9745%	No:18299 U+07A28 稨 00000048 0.0006/万 99.9745%	No:18300 U+07AF3 竳 00000048 0.0006/万 99.9745%

No	Unicode	字	频次	频率	累计频率
No:18301	U+07D6C	絬	00000048	0.0006/万	99.9743%
No:18302	U+07ECF	经	00000048	0.0006/万	99.9743%
No:18303	U+0817B	腻	00000048	0.0006/万	99.9744%
No:18304	U+08214	舔	00000048	0.0006/万	99.9744%
No:18305	U+0844B	葋	00000048	0.0006/万	99.9743%
No:18306	U+0844F	葏	00000048	0.0006/万	99.9745%
No:18307	U+08566	蕦	00000048	0.0006/万	99.9744%
No:18308	U+08705	蜅	00000048	0.0006/万	99.9745%
No:18309	U+08754	蝔	00000048	0.0006/万	99.9745%
No:18310	U+0891E	褞	00000048	0.0006/万	99.9744%
No:18311	U+089B6	覶	00000048	0.0006/万	99.9745%
No:18312	U+08A47	詇	00000048	0.0006/万	99.9744%
No:18313	U+08ABD	誽	00000048	0.0006/万	99.9743%
No:18314	U+08C58	豘	00000048	0.0006/万	99.9744%
No:18315	U+08C74	豴	00000048	0.0006/万	99.9744%
No:18316	U+08CCE	賎	00000048	0.0006/万	99.9744%
No:18317	U+08E1B	踛	00000048	0.0006/万	99.9745%
No:18318	U+08E1C	踜	00000048	0.0006/万	99.9745%
No:18319	U+08F3A	輺	00000048	0.0006/万	99.9744%
No:18320	U+09329	錩	00000048	0.0006/万	99.9744%
No:18321	U+09619	阙	00000048	0.0006/万	99.9745%
No:18322	U+09ABD	骽	00000048	0.0006/万	99.9739%
No:18323	U+09C36	鰶	00000048	0.0006/万	99.9739%
No:18324	U+0EC89	湇	00000048	0.0006/万	99.9739%
No:18325	U+0ECE9	[illegible]	00000048	0.0006/万	99.9739%
No:18326	U+0F0EA	鄽	00000048	0.0006/万	99.9739%
No:18327	U+F2F	𠃊	00000048	0.0006/万	99.9740%
No:18328	U+E27	剌	00000048	0.0006/万	99.9739%
No:18329	U+FB9	𠬝	00000048	0.0006/万	99.9742%
No:18330	U+E62	斈	00000048	0.0006/万	99.9740%
No:18331	U+E54	[illegible]	00000048	0.0006/万	99.9742%
No:18332	U+E7F	[illegible]	00000048	0.0006/万	99.9741%
No:18333	U+EC4	[illegible]	00000048	0.0006/万	99.9739%
No:18334	U+ED1	數	00000048	0.0006/万	99.9741%
No:18335	U+F65	敺	00000048	0.0006/万	99.9743%
No:18336	U+E73	[illegible]	00000048	0.0006/万	99.9739%
No:18337	U+E44	[illegible]	00000048	0.0006/万	99.9741%
No:18338	U+EB3	礫	00000048	0.0006/万	99.9741%
No:18339	U+E7B	[illegible]	00000048	0.0006/万	99.9743%
No:18340	U+EF6	鎛	00000048	0.0006/万	99.9741%
No:18341	U+E34	[illegible]	00000048	0.0006/万	99.9743%
No:18342	U+EEC	茶	00000048	0.0006/万	99.9739%
No:18343	U+EE2	[illegible]	00000048	0.0006/万	99.9743%
No:18344	U+EE7	[illegible]	00000048	0.0006/万	99.9740%
No:18345	U+E5C	[illegible]	00000048	0.0006/万	99.9741%
No:18346	U+E3E	跐	00000048	0.0006/万	99.9742%
No:18347	U+E82	輞	00000048	0.0006/万	99.9740%
No:18348	U+E2F	[illegible]	00000048	0.0006/万	99.9742%
No:18349	U+E93	[illegible]	00000048	0.0006/万	99.9742%
No:18350	U+E35	畬	00000048	0.0006/万	99.9741%
No:18351	U+ED3	[illegible]	00000048	0.0006/万	99.9742%
No:18352	U+F82	[illegible]	00000048	0.0006/万	99.9741%
No:18353	U+E5C	鼈	00000048	0.0006/万	99.9740%
No:18354	U+E98	[illegible]	00000048	0.0006/万	99.9739%
No:18355	U+EA3	[illegible]	00000048	0.0006/万	99.9739%
No:18356	U+0344B	㑋	00000047	0.0006/万	99.9749%
No:18357	U+03550	㕐	00000047	0.0006/万	99.9747%
No:18358	U+03561	㕡	00000047	0.0006/万	99.9746%
No:18359	U+03600	㘀	00000047	0.0006/万	99.9748%
No:18360	U+036B7	㚷	00000047	0.0006/万	99.9749%
No:18361	U+0370E	㜎	00000047	0.0006/万	99.9747%
No:18362	U+037D2	㟒	00000047	0.0006/万	99.9746%
No:18363	U+03859	㡙	00000047	0.0006/万	99.9747%
No:18364	U+03893	㢓	00000047	0.0006/万	99.9746%
No:18365	U+03B37	㬷	00000047	0.0006/万	99.9748%
No:18366	U+03B9E	㮞	00000047	0.0006/万	99.9748%
No:18367	U+03BEB	㯫	00000047	0.0006/万	99.9747%
No:18368	U+03CDA	㳚	00000047	0.0006/万	99.9747%
No:18369	U+03D7D	㵽	00000047	0.0006/万	99.9748%
No:18370	U+03F21	㼡	00000047	0.0006/万	99.9747%
No:18371	U+03F3F	㼿	00000047	0.0006/万	99.9747%
No:18372	U+03F43	㽃	00000047	0.0006/万	99.9747%
No:18373	U+040AA	䂪	00000047	0.0006/万	99.9748%
No:18374	U+040EA	䃪	00000047	0.0006/万	99.9748%
No:18375	U+04215	䈕	00000047	0.0006/万	99.9746%
No:18376	U+04364	䍤	00000047	0.0006/万	99.9749%
No:18377	U+0436B	䍫	00000047	0.0006/万	99.9748%
No:18378	U+043C6	䏆	00000047	0.0006/万	99.9748%
No:18379	U+0459C	䖜	00000047	0.0006/万	99.9747%
No:18380	U+045E7	䗧	00000047	0.0006/万	99.9747%
No:18381	U+046AF	䚯	00000047	0.0006/万	99.9749%
No:18382	U+0479A	䞚	00000047	0.0006/万	99.9748%
No:18383	U+04903	䤃	00000047	0.0006/万	99.9746%
No:18384	U+04A71	䩱	00000047	0.0006/万	99.9749%
No:18385	U+04B74	䭴	00000047	0.0006/万	99.9747%
No:18386	U+04D96	䶖	00000047	0.0006/万	99.9748%
No:18387	U+04F9E	侞	00000047	0.0006/万	99.9746%
No:18388	U+05214	刔	00000047	0.0006/万	99.9747%
No:18389	U+05690	嚐	00000047	0.0006/万	99.9749%
No:18390	U+057A7	垧	00000047	0.0006/万	99.9749%
No:18391	U+058BF	墿	00000047	0.0006/万	99.9747%
No:18392	U+05CF5	峵	00000047	0.0006/万	99.9749%
No:18393	U+05EB0	庰	00000047	0.0006/万	99.9751%
No:18394	U+05F50	彐	00000047	0.0006/万	99.9750%
No:18395	U+05F8D	徍	00000047	0.0006/万	99.9750%
No:18396	U+060D0	惐	00000047	0.0006/万	99.9751%
No:18397	U+061DA	懚	00000047	0.0006/万	99.9750%
No:18398	U+06305	挅	00000047	0.0006/万	99.9751%
No:18399	U+0658B	斋	00000047	0.0006/万	99.9750%
No:18400	U+065FD	旽	00000047	0.0006/万	99.9751%

No:18401 U+066A4 暤 00000047 0.0006/万 99.9750%	No:18402 U+067BA 枺 00000047 0.0006/万 99.9750%	No:18403 U+06A12 樒 00000047 0.0006/万 99.9750%	No:18404 U+06B14 欔 00000047 0.0006/万 99.9750%	No:18405 U+06CB5 沵 00000047 0.0006/万 99.9751%	No:18406 U+06D37 洷 00000047 0.0006/万 99.9750%	No:18407 U+06D67 浧 00000047 0.0006/万 99.9750%	No:18408 U+06D9D 涝 00000047 0.0006/万 99.9751%	No:18409 U+07013 瀓 00000047 0.0006/万 99.9751%	No:18410 U+07190 熐 00000047 0.0006/万 99.9750%
No:18411 U+071BC 熼 00000047 0.0006/万 99.9751%	No:18412 U+0735B 獛 00000047 0.0006/万 99.9749%	No:18413 U+0768F 皏 00000047 0.0006/万 99.9751%	No:18414 U+0785F 硟 00000047 0.0006/万 99.9751%	No:18415 U+07867 硧 00000047 0.0006/万 99.9750%	No:18416 U+07915 礕 00000047 0.0006/万 99.9751%	No:18417 U+0797D 祽 00000047 0.0006/万 99.9749%	No:18418 U+07BCF 篏 00000047 0.0006/万 99.9749%	No:18419 U+07D38 紸 00000047 0.0006/万 99.9751%	No:18420 U+07FC7 翇 00000047 0.0006/万 99.9749%
No:18421 U+08186 膆 00000047 0.0006/万 99.9750%	No:18422 U+082FF 苿 00000047 0.0006/万 99.9750%	No:18423 U+0875E 蝞 00000047 0.0006/万 99.9751%	No:18424 U+08841 衁 00000047 0.0006/万 99.9750%	No:18425 U+08860 衠 00000047 0.0006/万 99.9751%	No:18426 U+08B97 讗 00000047 0.0006/万 99.9750%	No:18427 U+08C44 豄 00000047 0.0006/万 99.9751%	No:18428 U+09288 銈 00000047 0.0006/万 99.9750%	No:18429 U+09434 鐴 00000047 0.0006/万 99.9751%	No:18430 U+09479 鑹 00000047 0.0006/万 99.9751%
No:18431 U+0959B 閛 00000047 0.0006/万 99.9749%	No:18432 U+099E0 駠 00000047 0.0006/万 99.9745%	No:18433 U+09A25 騥 00000047 0.0006/万 99.9746%	No:18434 U+09AC8 髈 00000047 0.0006/万 99.9745%	No:18435 U+09CF9 鳹 00000047 0.0006/万 99.9746%	No:18436 U+09DCB 鷋 00000047 0.0006/万 99.9745%	No:18437 U+09F6B 齫 00000047 0.0006/万 99.9746%	No:18438 U+0EAEB ⿰土盖 00000047 0.0006/万 99.9746%	No:18439 U+0ECF2 ⿰片嗇 00000047 0.0006/万 99.9746%	No:18440 U+EBA 傚 00000047 0.0006/万 99.9746%
No:18441 U+E1D 僇 00000047 0.0006/万 99.9746%	No:18442 U+E8A ⿰扌刂 00000047 0.0006/万 99.9746%	No:18443 U+E3E ⿰口閒 00000047 0.0006/万 99.9749%	No:18444 U+EEB ⿺辶謙 00000047 0.0006/万 99.9746%	No:18445 U+ECE 櫼 00000047 0.0006/万 99.9748%	No:18446 U+E1C ⿱敝瓦 00000047 0.0006/万 99.9747%	No:18447 U+E01 ⿰罙羽 00000047 0.0006/万 99.9748%	No:18448 U+E53 [illegible] 00000047 0.0006/万 99.9746%	No:18449 U+E2B 艅 00000047 0.0006/万 99.9747%	No:18450 U+EFF ⿺辶蒙 00000047 0.0006/万 99.9749%
No:18451 U+EFB ⿰虫習 00000047 0.0006/万 99.9748%	No:18452 U+EC7 ⿰言隶 00000047 0.0006/万 99.9747%	No:18453 U+E60 ⿱殹言 00000047 0.0006/万 99.9746%	No:18454 U+E59 ⿰豸离 00000047 0.0006/万 99.9749%	No:18455 U+E63 ⿰豸虛 00000047 0.0006/万 99.9748%	No:18456 U+E74 ⿺走柔 00000047 0.0006/万 99.9748%	No:18457 U+E09 鏪 00000047 0.0006/万 99.9748%	No:18458 U+E80 ⿰骨肙 00000047 0.0006/万 99.9747%	No:18459 U+E33 ⿰習鳥 00000047 0.0006/万 99.9748%	No:18460 U+03548 㕈 00000046 0.0005/万 99.9752%
No:18461 U+03730 㜰 00000046 0.0005/万 99.9756%	No:18462 U+037F3 㟳 00000046 0.0005/万 99.9754%	No:18463 U+03A3B 㨻 00000046 0.0005/万 99.9755%	No:18464 U+03A8B 㪋 00000046 0.0005/万 99.9754%	No:18465 U+03DC2 㷂 00000046 0.0005/万 99.9755%	No:18466 U+03E0F 㸏 00000046 0.0005/万 99.9753%	No:18467 U+03E57 㹗 00000046 0.0005/万 99.9754%	No:18468 U+03F55 㽕 00000046 0.0005/万 99.9756%	No:18469 U+03FDD 㿝 00000046 0.0005/万 99.9756%	No:18470 U+04002 䀂 00000046 0.0005/万 99.9752%
No:18471 U+04055 䁕 00000046 0.0005/万 99.9754%	No:18472 U+04068 䁨 00000046 0.0005/万 99.9752%	No:18473 U+0407A 䁺 00000046 0.0005/万 99.9754%	No:18474 U+04140 䅀 00000046 0.0005/万 99.9755%	No:18475 U+042CC 䋌 00000046 0.0005/万 99.9754%	No:18476 U+0434C 䍌 00000046 0.0005/万 99.9752%	No:18477 U+04444 䑄 00000046 0.0005/万 99.9755%	No:18478 U+044EE 䓮 00000046 0.0005/万 99.9753%	No:18479 U+0456F 䕯 00000046 0.0005/万 99.9753%	No:18480 U+045C5 䗅 00000046 0.0005/万 99.9752%
No:18481 U+0465F 䙟 00000046 0.0005/万 99.9753%	No:18482 U+0474F 䝏 00000046 0.0005/万 99.9753%	No:18483 U+0479F 䞟 00000046 0.0005/万 99.9754%	No:18484 U+04849 䡉 00000046 0.0005/万 99.9752%	No:18485 U+048C2 䣂 00000046 0.0005/万 99.9754%	No:18486 U+04A23 䨣 00000046 0.0005/万 99.9752%	No:18487 U+04A39 䨹 00000046 0.0005/万 99.9755%	No:18488 U+04AE5 䫥 00000046 0.0005/万 99.9754%	No:18489 U+04AE9 䫩 00000046 0.0005/万 99.9753%	No:18490 U+04B45 䭅 00000046 0.0005/万 99.9755%
No:18491 U+04C4C 䱌 00000046 0.0005/万 99.9754%	No:18492 U+04C99 䲙 00000046 0.0005/万 99.9755%	No:18493 U+04CC8 䳈 00000046 0.0005/万 99.9753%	No:18494 U+04D00 䴀 00000046 0.0005/万 99.9752%	No:18495 U+04D60 䵠 00000046 0.0005/万 99.9753%	No:18496 U+04F18 优 00000046 0.0005/万 99.9755%	No:18497 U+04FEB 俫 00000046 0.0005/万 99.9755%	No:18498 U+05153 兓 00000046 0.0005/万 99.9753%	No:18499 U+05281 劁 00000046 0.0005/万 99.9753%	No:18500 U+053B5 厵 00000046 0.0005/万 99.9752%

No:18501	No:18502	No:18503	No:18504	No:18505	No:18506	No:18507	No:18508	No:18509	No:18510
U+053FF	U+05429	U+054CE	U+054F9	U+05754	U+05CBB	U+05FF4	U+0608F	U+0689A	U+0692E
叿	吩	哎	哹	坔	岻	忴	悏	梚	椮
00000046	00000046	00000046	00000046	00000046	00000046	00000046	00000046	00000046	00000046
0.0005/万	0.0005/万	0.0005/万	0.0005/万	0.0005/万	0.0005/万	0.0005/万	0.0005/万	0.0005/万	0.0005/万
99.9755%	99.9755%	99.9754%	99.9755%	99.9753%	99.9754%	99.9757%	99.9756%	99.9756%	99.9756%
No:18511	No:18512	No:18513	No:18514	No:18515	No:18516	No:18517	No:18518	No:18519	No:18520
U+06A85	U+06B44	U+06B71	U+076F3	U+07892	U+078C2	U+07946	U+07970	U+079F2	U+07ABC
檅	歄	歱	盳	碒	磂	祆	祰	秲	窼
00000046	00000046	00000046	00000046	00000046	00000046	00000046	00000046	00000046	00000046
0.0005/万	0.0005/万	0.0005/万	0.0005/万	0.0005/万	0.0005/万	0.0005/万	0.0005/万	0.0005/万	0.0005/万
99.9757%	99.9756%	99.9756%	99.9757%	99.9757%	99.9756%	99.9756%	99.9757%	99.9757%	99.9758%
No:18521	No:18522	No:18523	No:18524	No:18525	No:18526	No:18527	No:18528	No:18529	No:18530
U+07B27	U+08192	U+08197	U+08244	U+08321	U+0847F	U+0868E	U+08716	U+08895	U+08AB8
笧	膒	膗	艄	茡	葿	蚎	蜖	袕	誸
00000046	00000046	00000046	00000046	00000046	00000046	00000046	00000046	00000046	00000046
0.0005/万	0.0005/万	0.0005/万	0.0005/万	0.0005/万	0.0005/万	0.0005/万	0.0005/万	0.0005/万	0.0005/万
99.9756%	99.9757%	99.9757%	99.9757%	99.9757%	99.9757%	99.9756%	99.9757%	99.9756%	99.9757%
No:18531	No:18532	No:18533	No:18534	No:18535	No:18536	No:18537	No:18538	No:18539	No:18540
U+08B62	U+08C42	U+08E02	U+092E0	U+093CB	U+093CF	U+09433	U+096D0	U+0992F	U+09C7C
譢	豂	踂	鋠	鏋	鏏	鐳	雐	餯	鱼
00000046	00000046	00000046	00000046	00000046	00000046	00000046	00000046	00000046	00000046
0.0005/万	0.0005/万	0.0005/万	0.0005/万	0.0005/万	0.0005/万	0.0005/万	0.0005/万	0.0005/万	0.0005/万
99.9756%	99.9757%	99.9758%	99.9756%	99.9757%	99.9757%	99.9757%	99.9756%	99.9752%	99.9752%
No:18541	No:18542	No:18543	No:18544	No:18545	No:18546	No:18547	No:18548	No:18549	No:18550
U+0EAC5	U+0ED12	U+E2A	U+EB6	U+F15	U+E92	U+EE8	U+EEF	U+FBA	U+ED7
⿰口隽	⿰王栗	⿰豆刂	⿰⿱𠂊谷刂	⿱𦥑只	⿰女殳	⿰亻公	⿰忄巠	⿰忄敫	⿸户弗
00000046	00000046	00000046	00000046	00000046	00000046	00000046	00000046	00000046	00000046
0.0005/万	0.0005/万	0.0005/万	0.0005/万	0.0005/万	0.0005/万	0.0005/万	0.0005/万	0.0005/万	0.0005/万
99.9752%	99.9752%	99.9752%	99.9755%	99.9754%	99.9754%	99.9753%	99.9754%	99.9756%	99.9755%
No:18551	No:18552	No:18553	No:18554	No:18555	No:18556	No:18557	No:18558	No:18559	No:18560
U+ED2	U+E5E	U+E1C	U+EC5	U+E75	U+E54	U+E09	U+E8E	U+E4F	U+E8F
⿰⿱宀婁攵	⿱山豆	⿰犭留	⿸疒余	⿰豆羽	⿱艹囱	⿱艹兖	⿰車句	⿰車㥯	⿺辶頁
00000046	00000046	00000046	00000046	00000046	00000046	00000046	00000046	00000046	00000046
0.0005/万	0.0005/万	0.0005/万	0.0005/万	0.0005/万	0.0005/万	0.0005/万	0.0005/万	0.0005/万	0.0005/万
99.9755%	99.9753%	99.9753%	99.9753%	99.9752%	99.9752%	99.9752%	99.9755%	99.9755%	99.9754%
No:18561	No:18562	No:18563	No:18564	No:18565	No:18566	No:18567	No:18568	No:18569	No:18570
U+E6D	U+EF9	U+E1E	U+E2A	U+03488	U+0348A	U+03692	U+0378F	U+037EF	U+03809
⿰阝九	⿰鬲曷	⿰黍攵	⿰魚夾	㒈	㒊	㚒	㞏	㟯	㠉
00000046	00000046	00000046	00000046	00000045	00000045	00000045	00000045	00000045	00000045
0.0005/万	0.0005/万	0.0005/万	0.0005/万	0.0005/万	0.0005/万	0.0005/万	0.0005/万	0.0005/万	0.0005/万
99.9753%	99.9754%	99.9755%	99.9753%	99.9761%	99.9760%	99.9761%	99.9759%	99.9761%	99.9761%
No:18571	No:18572	No:18573	No:18574	No:18575	No:18576	No:18577	No:18578	No:18579	No:18580
U+039B0	U+03A92	U+03C18	U+03C6A	U+03C78	U+03CCD	U+03F8F	U+03FB0	U+04201	U+0422A
㦰	㪒	㰘	㱪	㱸	㳍	㾏	㾰	䈁	䈪
00000045	00000045	00000045	00000045	00000045	00000045	00000045	00000045	00000045	00000045
0.0005/万	0.0005/万	0.0005/万	0.0005/万	0.0005/万	0.0005/万	0.0005/万	0.0005/万	0.0005/万	0.0005/万
99.9759%	99.9762%	99.9758%	99.9758%	99.9759%	99.9760%	99.9760%	99.9761%	99.9760%	99.9761%
No:18581	No:18582	No:18583	No:18584	No:18585	No:18586	No:18587	No:18588	No:18589	No:18590
U+043FC	U+04568	U+04622	U+04630	U+046B9	U+046C5	U+04709	U+0481F	U+04872	U+04AA7
䏼	䕨	䘢	䘰	䚹	䛅	䜉	䠟	䡲	䪧
00000045	00000045	00000045	00000045	00000045	00000045	00000045	00000045	00000045	00000045
0.0005/万	0.0005/万	0.0005/万	0.0005/万	0.0005/万	0.0005/万	0.0005/万	0.0005/万	0.0005/万	0.0005/万
99.9760%	99.9759%	99.9760%	99.9761%	99.9762%	99.9759%	99.9758%	99.9760%	99.9758%	99.9761%
No:18591	No:18592	No:18593	No:18594	No:18595	No:18596	No:18597	No:18598	No:18599	No:18600
U+04B3D	U+04C53	U+04CB8	U+04CE6	U+04CF2	U+04D33	U+04D3D	U+04D69	U+04FD6	U+0527C
䬽	䱓	䲸	䳦	䳲	䴳	䴽	䵩	俖	剼
00000045	00000045	00000045	00000045	00000045	00000045	00000045	00000045	00000045	00000045
0.0005/万	0.0005/万	0.0005/万	0.0005/万	0.0005/万	0.0005/万	0.0005/万	0.0005/万	0.0005/万	0.0005/万
99.9759%	99.9761%	99.9760%	99.9760%	99.9761%	99.9759%	99.9759%	99.9759%	99.9760%	99.9759%

No:18601 U+05780 垀 00000045 0.0005/万 99.9761%	No:18602 U+057E6 埦 00000045 0.0005/万 99.9760%	No:18603 U+0590E 夎 00000045 0.0005/万 99.9760%	No:18604 U+05E39 帹 00000045 0.0005/万 99.9763%	No:18605 U+05FB6 徶 00000045 0.0005/万 99.9762%	No:18606 U+0616F 慯 00000045 0.0005/万 99.9763%	No:18607 U+06172 慲 00000045 0.0005/万 99.9763%	No:18608 U+06E57 湗 00000045 0.0005/万 99.9762%	No:18609 U+06E76 湶 00000045 0.0005/万 99.9762%	No:18610 U+071F8 燸 00000045 0.0005/万 99.9764%
No:18611 U+07251 牑 00000045 0.0005/万 99.9764%	No:18612 U+07324 猤 00000045 0.0005/万 99.9763%	No:18613 U+0741C 琜 00000045 0.0005/万 99.9763%	No:18614 U+074FA 瓺 00000045 0.0005/万 99.9763%	No:18615 U+077CF 矏 00000045 0.0005/万 99.9762%	No:18616 U+07AB2 窲 00000045 0.0005/万 99.9763%	No:18617 U+07AF5 竵 00000045 0.0005/万 99.9763%	No:18618 U+07B9A 箚 00000045 0.0005/万 99.9764%	No:18619 U+07DFD 緽 00000045 0.0005/万 99.9762%	No:18620 U+07E4F 繏 00000045 0.0005/万 99.9763%
No:18621 U+07E6C 繬 00000045 0.0005/万 99.9762%	No:18622 U+07EAA 纪 00000045 0.0005/万 99.9763%	No:18623 U+080EC 胬 00000045 0.0005/万 99.9764%	No:18624 U+08213 舓 00000045 0.0005/万 99.9763%	No:18625 U+0823A 舺 00000045 0.0005/万 99.9763%	No:18626 U+08391 莑 00000045 0.0005/万 99.9763%	No:18627 U+0849D 蒝 00000045 0.0005/万 99.9763%	No:18628 U+0879C 螜 00000045 0.0005/万 99.9763%	No:18629 U+08AFB 諻 00000045 0.0005/万 99.9763%	No:18630 U+08C84 貄 00000045 0.0005/万 99.9762%
No:18631 U+08E82 躂 00000045 0.0005/万 99.9762%	No:18632 U+090E3 郣 00000045 0.0005/万 99.9764%	No:18633 U+091EB 釫 00000045 0.0005/万 99.9763%	No:18634 U+09236 鈶 00000045 0.0005/万 99.9762%	No:18635 U+092BF 銿 00000045 0.0005/万 99.9763%	No:18636 U+09352 鍒 00000045 0.0005/万 99.9762%	No:18637 U+09361 鍡 00000045 0.0005/万 99.9762%	No:18638 U+09A34 騴 00000045 0.0005/万 99.9758%	No:18639 U+09BDD 鯝 00000045 0.0005/万 99.9758%	No:18640 U+09F1E 鼞 00000045 0.0005/万 99.9758%
No:18641 U+09F30 鼰 00000045 0.0005/万 99.9758%	No:18642 U+0EB50 00000045 0.0005/万 99.9758%	No:18643 U+0EEA5 00000045 0.0005/万 99.9758%	No:18644 U+EF6 [illegible] 00000045 0.0005/万 99.9761%	No:18645 U+EB0 [illegible] 00000045 0.0005/万 99.9760%	No:18646 U+E0A 內 00000045 0.0005/万 99.9758%	No:18647 U+EB4 [illegible] 00000045 0.0005/万 99.9760%	No:18648 U+EB9 [illegible] 00000045 0.0005/万 99.9762%	No:18649 U+E2D [illegible] 00000045 0.0005/万 99.9759%	No:18650 U+EF7 [illegible] 00000045 0.0005/万 99.9758%
No:18651 U+EE2 [illegible] 00000045 0.0005/万 99.9759%	No:18652 U+E76 [illegible] 00000045 0.0005/万 99.9761%	No:18653 U+E8E [illegible] 00000045 0.0005/万 99.9759%	No:18654 U+E5E [illegible] 00000045 0.0005/万 99.9759%	No:18655 U+E7D [illegible] 00000045 0.0005/万 99.9761%	No:18656 U+E0C [illegible] 00000045 0.0005/万 99.9758%	No:18657 U+E37 [illegible] 00000045 0.0005/万 99.9759%	No:18658 U+E38 [illegible] 00000045 0.0005/万 99.9759%	No:18659 U+E33 [illegible] 00000045 0.0005/万 99.9760%	No:18660 U+E9A [illegible] 00000045 0.0005/万 99.9762%
No:18661 U+E47 [illegible] 00000045 0.0005/万 99.9759%	No:18662 U+E89 [illegible] 00000045 0.0005/万 99.9761%	No:18663 U+E13 [illegible] 00000045 0.0005/万 99.9758%	No:18664 U+E63 [illegible] 00000045 0.0005/万 99.9762%	No:18665 U+E6B [illegible] 00000045 0.0005/万 99.9760%	No:18666 U+E77 [illegible] 00000045 0.0005/万 99.9758%	No:18667 U+EC6 [illegible] 00000045 0.0005/万 99.9761%	No:18668 U+E87 [illegible] 00000045 0.0005/万 99.9761%	No:18669 U+E17 [illegible] 00000045 0.0005/万 99.9759%	No:18670 U+E98 [illegible] 00000045 0.0005/万 99.9762%
No:18671 U+E1F [illegible] 00000045 0.0005/万 99.9761%	No:18672 U+E37 [illegible] 00000045 0.0005/万 99.9760%	No:18673 U+03449 㑉 00000044 0.0005/万 99.9765%	No:18674 U+0347F 㑿 00000044 0.0005/万 99.9764%	No:18675 U+035B5 㖵 00000044 0.0005/万 99.9767%	No:18676 U+0367E 㙾 00000044 0.0005/万 99.9768%	No:18677 U+037BE 㞾 00000044 0.0005/万 99.9767%	No:18678 U+037E0 㟠 00000044 0.0005/万 99.9767%	No:18679 U+0380C 㠌 00000044 0.0005/万 99.9768%	No:18680 U+0384F 㡏 00000044 0.0005/万 99.9768%
No:18681 U+03863 㡣 00000044 0.0005/万 99.9768%	No:18682 U+03868 㡨 00000044 0.0005/万 99.9768%	No:18683 U+038D4 㣔 00000044 0.0005/万 99.9767%	No:18684 U+03992 㦒 00000044 0.0005/万 99.9767%	No:18685 U+03A0F 㨏 00000044 0.0005/万 99.9768%	No:18686 U+03A35 㨵 00000044 0.0005/万 99.9767%	No:18687 U+03C64 㱤 00000044 0.0005/万 99.9766%	No:18688 U+03C73 㱳 00000044 0.0005/万 99.9766%	No:18689 U+03CA9 㲩 00000044 0.0005/万 99.9765%	No:18690 U+03DF8 㷸 00000044 0.0005/万 99.9764%
No:18691 U+03FAB 㾫 00000044 0.0005/万 99.9765%	No:18692 U+03FD6 㿖 00000044 0.0005/万 99.9766%	No:18693 U+04017 䀗 00000044 0.0005/万 99.9766%	No:18694 U+040E2 䃢 00000044 0.0005/万 99.9765%	No:18695 U+041B8 䆸 00000044 0.0005/万 99.9765%	No:18696 U+04231 䈱 00000044 0.0005/万 99.9766%	No:18697 U+04240 䉀 00000044 0.0005/万 99.9766%	No:18698 U+043CF 䏏 00000044 0.0005/万 99.9765%	No:18699 U+044E0 䓠 00000044 0.0005/万 99.9765%	No:18700 U+045AA 䖪 00000044 0.0005/万 99.9768%

No:18701 U+045D8 䗘 00000044 0.0005/万 99.9767%	No:18702 U+045E1 䗡 00000044 0.0005/万 99.9768%	No:18703 U+04643 䙃 00000044 0.0005/万 99.9767%	No:18704 U+049A9 䦩 00000044 0.0005/万 99.9767%	No:18705 U+04A8A 䪊 00000044 0.0005/万 99.9768%	No:18706 U+04ABE 䪾 00000044 0.0005/万 99.9767%	No:18707 U+04B11 䬑 00000044 0.0005/万 99.9768%	No:18708 U+04B52 䭒 00000044 0.0005/万 99.9767%	No:18709 U+04C08 䰈 00000044 0.0005/万 99.9767%	No:18710 U+04CF0 䳰 00000044 0.0005/万 99.9768%
No:18711 U+04F9F 侟 00000044 0.0005/万 99.9767%	No:18712 U+05039 倹 00000044 0.0005/万 99.9768%	No:18713 U+050D0 僐 00000044 0.0005/万 99.9767%	No:18714 U+057A9 垩 00000044 0.0005/万 99.9766%	No:18715 U+05816 堖 00000044 0.0005/万 99.9765%	No:18716 U+0595C 奜 00000044 0.0005/万 99.9766%	No:18717 U+0597B 奻 00000044 0.0005/万 99.9766%	No:18718 U+05B44 孄 00000044 0.0005/万 99.9766%	No:18719 U+05BB2 宲 00000044 0.0005/万 99.9765%	No:18720 U+05DC1 巁 00000044 0.0005/万 99.9766%
No:18721 U+05EA9 庩 00000044 0.0005/万 99.9769%	No:18722 U+0601F 怟 00000044 0.0005/万 99.9770%	No:18723 U+062CE 拎 00000044 0.0005/万 99.9769%	No:18724 U+0632E 挮 00000044 0.0005/万 99.9769%	No:18725 U+063E2 揢 00000044 0.0005/万 99.9770%	No:18726 U+0650C 攌 00000044 0.0005/万 99.9769%	No:18727 U+065F2 旲 00000044 0.0005/万 99.9770%	No:18728 U+06896 梖 00000044 0.0005/万 99.9769%	No:18729 U+068C8 棈 00000044 0.0005/万 99.9769%	No:18730 U+06E9B 溛 00000044 0.0005/万 99.9770%
No:18731 U+06F56 潖 00000044 0.0005/万 99.9769%	No:18732 U+072A1 犡 00000044 0.0005/万 99.9770%	No:18733 U+073CB 珋 00000044 0.0005/万 99.9769%	No:18734 U+074F3 瓳 00000044 0.0005/万 99.9769%	No:18735 U+07713 眓 00000044 0.0005/万 99.9769%	No:18736 U+07749 睉 00000044 0.0005/万 99.9770%	No:18737 U+07A51 穑 00000044 0.0005/万 99.9769%	No:18738 U+07AAD 窭 00000044 0.0005/万 99.9768%	No:18739 U+07AC3 竃 00000044 0.0005/万 99.9770%	No:18740 U+07AF4 竴 00000044 0.0005/万 99.9769%
No:18741 U+07DC8 緈 00000044 0.0005/万 99.9770%	No:18742 U+0812D 脭 00000044 0.0005/万 99.9769%	No:18743 U+08370 荰 00000044 0.0005/万 99.9769%	No:18744 U+08412 萒 00000044 0.0005/万 99.9770%	No:18745 U+0857C 蕼 00000044 0.0005/万 99.9769%	No:18746 U+08B13 謓 00000044 0.0005/万 99.9768%	No:18747 U+08D96 趖 00000044 0.0005/万 99.9769%	No:18748 U+08E13 踓 00000044 0.0005/万 99.9769%	No:18749 U+09A4B 驋 00000044 0.0005/万 99.9764%	No:18750 U+09A5E 驞 00000044 0.0005/万 99.9764%
No:18751 U+09C5D 鱝 00000044 0.0005/万 99.9764%	No:18752 U+09D7A 鵺 00000044 0.0005/万 99.9764%	No:18753 U+09E09 鸉 00000044 0.0005/万 99.9764%	No:18754 U+0EC3F 00000044 0.0005/万 99.9764%	No:18755 U+0EE87 00000044 0.0005/万 99.9764%	No:18756 U+E2C [illegible] 00000044 0.0005/万 99.9765%	No:18757 U+E57 [illegible] 00000044 0.0005/万 99.9765%	No:18758 U+E3E [illegible] 00000044 0.0005/万 99.9766%	No:18759 U+E84 [illegible] 00000044 0.0005/万 99.9766%	No:18760 U+E69 [illegible] 00000044 0.0005/万 99.9764%
No:18761 U+E6A [illegible] 00000044 0.0005/万 99.9767%	No:18762 U+E8A [illegible] 00000044 0.0005/万 99.9768%	No:18763 U+E4E [illegible] 00000044 0.0005/万 99.9765%	No:18764 U+EE7 [illegible] 00000044 0.0005/万 99.9764%	No:18765 U+E0B 汧 00000044 0.0005/万 99.9764%	No:18766 U+E19 [illegible] 00000044 0.0005/万 99.9768%	No:18767 U+E5E [illegible] 00000044 0.0005/万 99.9767%	No:18768 U+E99 [illegible] 00000044 0.0005/万 99.9765%	No:18769 U+EC5 [illegible] 00000044 0.0005/万 99.9766%	No:18770 U+E8A 膹 00000044 0.0005/万 99.9765%
No:18771 U+E10 [illegible] 00000044 0.0005/万 99.9767%	No:18772 U+E17 [illegible] 00000044 0.0005/万 99.9768%	No:18773 U+EF0 蜦 00000044 0.0005/万 99.9767%	No:18774 U+E6D [illegible] 00000044 0.0005/万 99.9768%	No:18775 U+FFC [illegible] 00000044 0.0005/万 99.9765%	No:18776 U+ED6 [illegible] 00000044 0.0005/万 99.9766%	No:18777 U+E8C [illegible] 00000044 0.0005/万 99.9766%	No:18778 U+E85 [illegible] 00000044 0.0005/万 99.9766%	No:18779 U+E1E [illegible] 00000044 0.0005/万 99.9765%	No:18780 U+EAE [illegible] 00000044 0.0005/万 99.9765%
No:18781 U+E03 [illegible] 00000044 0.0005/万 99.9765%	No:18782 U+E21 蘢 00000044 0.0005/万 99.9764%	No:18783 U+E6D [illegible] 00000044 0.0005/万 99.9766%	No:18784 U+03428 㐨 00000043 0.0005/万 99.9773%	No:18785 U+03466 㑦 00000043 0.0005/万 99.9773%	No:18786 U+0360A 㘊 00000043 0.0005/万 99.9772%	No:18787 U+03668 㙨 00000043 0.0005/万 99.9775%	No:18788 U+03854 㡔 00000043 0.0005/万 99.9774%	No:18789 U+038A5 㢥 00000043 0.0005/万 99.9773%	No:18790 U+03A15 㨕 00000043 0.0005/万 99.9772%
No:18791 U+03A1B 㨛 00000043 0.0005/万 99.9772%	No:18792 U+03B2B 㬫 00000043 0.0005/万 99.9771%	No:18793 U+03B8B 㮋 00000043 0.0005/万 99.9772%	No:18794 U+03B9B 㮛 00000043 0.0005/万 99.9773%	No:18795 U+03C2F 㰯 00000043 0.0005/万 99.9774%	No:18796 U+03C34 㰴 00000043 0.0005/万 99.9774%	No:18797 U+03C74 㱴 00000043 0.0005/万 99.9773%	No:18798 U+03DC4 㷄 00000043 0.0005/万 99.9774%	No:18799 U+03DF6 㷶 00000043 0.0005/万 99.9773%	No:18800 U+03E30 㸰 00000043 0.0005/万 99.9774%

No:18801 U+03E95 㺕 00000043 0.0005/万 99.9772%	No:18802 U+04001 䀁 00000043 0.0005/万 99.9771%	No:18803 U+0406C 䁬 00000043 0.0005/万 99.9774%	No:18804 U+041B7 䆷 00000043 0.0005/万 99.9773%	No:18805 U+041F9 䇹 00000043 0.0005/万 99.9771%	No:18806 U+0423F 䈿 00000043 0.0005/万 99.9772%	No:18807 U+042ED 䋭 00000043 0.0005/万 99.9774%	No:18808 U+04324 䌤 00000043 0.0005/万 99.9773%	No:18809 U+04325 䌥 00000043 0.0005/万 99.9773%	No:18810 U+04406 䐆 00000043 0.0005/万 99.9775%
No:18811 U+044E6 䓦 00000043 0.0005/万 99.9771%	No:18812 U+045BF 䖿 00000043 0.0005/万 99.9771%	No:18813 U+045E3 䗣 00000043 0.0005/万 99.9771%	No:18814 U+0477B 䝻 00000043 0.0005/万 99.9774%	No:18815 U+047E1 䟡 00000043 0.0005/万 99.9771%	No:18816 U+04890 䢐 00000043 0.0005/万 99.9775%	No:18817 U+048A9 䢩 00000043 0.0005/万 99.9773%	No:18818 U+04929 䤩 00000043 0.0005/万 99.9772%	No:18819 U+04A4C 䩌 00000043 0.0005/万 99.9773%	No:18820 U+04A6C 䩬 00000043 0.0005/万 99.9772%
No:18821 U+04AD6 䫖 00000043 0.0005/万 99.9771%	No:18822 U+04AE8 䫨 00000043 0.0005/万 99.9771%	No:18823 U+04AF0 䫰 00000043 0.0005/万 99.9775%	No:18824 U+04B5E 䭞 00000043 0.0005/万 99.9773%	No:18825 U+04BD1 䯑 00000043 0.0005/万 99.9772%	No:18826 U+04BD7 䯗 00000043 0.0005/万 99.9773%	No:18827 U+04C80 䲀 00000043 0.0005/万 99.9773%	No:18828 U+04D26 䴦 00000043 0.0005/万 99.9774%	No:18829 U+04EE2 仢 00000043 0.0005/万 99.9774%	No:18830 U+04FD2 俒 00000043 0.0005/万 99.9771%
No:18831 U+0508F 傏 00000043 0.0005/万 99.9772%	No:18832 U+052DC 勜 00000043 0.0005/万 99.9771%	No:18833 U+05424 吤 00000043 0.0005/万 99.9771%	No:18834 U+056FE 图 00000043 0.0005/万 99.9774%	No:18835 U+057C4 埄 00000043 0.0005/万 99.9774%	No:18836 U+057EB 埫 00000043 0.0005/万 99.9773%	No:18837 U+0581A 堚 00000043 0.0005/万 99.9773%	No:18838 U+059B4 妴 00000043 0.0005/万 99.9772%	No:18839 U+05A6B 婫 00000043 0.0005/万 99.9775%	No:18840 U+05C32 尲 00000043 0.0005/万 99.9772%
No:18841 U+05C5F 屟 00000043 0.0005/万 99.9772%	No:18842 U+060C1 惁 00000043 0.0005/万 99.9776%	No:18843 U+061A1 憡 00000043 0.0005/万 99.9777%	No:18844 U+06330 挰 00000043 0.0005/万 99.9776%	No:18845 U+0650D 攍 00000043 0.0005/万 99.9777%	No:18846 U+065A6 斦 00000043 0.0005/万 99.9776%	No:18847 U+065D1 旑 00000043 0.0005/万 99.9777%	No:18848 U+06A7D 橽 00000043 0.0005/万 99.9776%	No:18849 U+06AE0 櫠 00000043 0.0005/万 99.9775%	No:18850 U+06D76 浶 00000043 0.0005/万 99.9776%
No:18851 U+06FBB 澻 00000043 0.0005/万 99.9777%	No:18852 U+07029 瀩 00000043 0.0005/万 99.9776%	No:18853 U+07108 焈 00000043 0.0005/万 99.9776%	No:18854 U+07353 獓 00000043 0.0005/万 99.9776%	No:18855 U+07467 瑧 00000043 0.0005/万 99.9776%	No:18856 U+075F6 痶 00000043 0.0005/万 99.9776%	No:18857 U+08013 耓 00000043 0.0005/万 99.9777%	No:18858 U+08114 脔 00000043 0.0005/万 99.9776%	No:18859 U+082E9 苩 00000043 0.0005/万 99.9776%	No:18860 U+083C4 菄 00000043 0.0005/万 99.9775%
No:18861 U+0851D 蔝 00000043 0.0005/万 99.9777%	No:18862 U+085C8 藈 00000043 0.0005/万 99.9776%	No:18863 U+08769 蝩 00000043 0.0005/万 99.9777%	No:18864 U+0879A 螚 00000043 0.0005/万 99.9777%	No:18865 U+088FF 裿 00000043 0.0005/万 99.9777%	No:18866 U+08A05 訅 00000043 0.0005/万 99.9777%	No:18867 U+08AF9 諹 00000043 0.0005/万 99.9777%	No:18868 U+08B09 謉 00000043 0.0005/万 99.9776%	No:18869 U+08B89 讉 00000043 0.0005/万 99.9777%	No:18870 U+08E68 蹨 00000043 0.0005/万 99.9776%
No:18871 U+08EE9 軩 00000043 0.0005/万 99.9775%	No:18872 U+08F2B 輫 00000043 0.0005/万 99.9776%	No:18873 U+08F41 轁 00000043 0.0005/万 99.9776%	No:18874 U+09302 錂 00000043 0.0005/万 99.9777%	No:18875 U+09374 鍴 00000043 0.0005/万 99.9776%	No:18876 U+0946B 鑫 00000043 0.0005/万 99.9776%	No:18877 U+0976F 靯 00000043 0.0005/万 99.9770%	No:18878 U+098B9 颹 00000043 0.0005/万 99.9770%	No:18879 U+098FA 飺 00000043 0.0005/万 99.9770%	No:18880 U+09903 餃 00000043 0.0005/万 99.9770%
No:18881 U+09922 餢 00000043 0.0005/万 99.9770%	No:18882 U+09B7B 魻 00000043 0.0005/万 99.9770%	No:18883 U+09BD5 鯕 00000043 0.0005/万 99.9770%	No:18884 U+09D16 鴖 00000043 0.0005/万 99.9770%	No:18885 U+0EB1B [illegible] 00000043 0.0005/万 99.9770%	No:18886 U+EB0 召 00000043 0.0005/万 99.9775%	No:18887 U+E3C [illegible] 00000043 0.0005/万 99.9770%	No:18888 U+EAF [illegible] 00000043 0.0005/万 99.9774%	No:18889 U+EB3 [illegible] 00000043 0.0005/万 99.9775%	No:18890 U+E41 [illegible] 00000043 0.0005/万 99.9774%
No:18891 U+E88 廖 00000043 0.0005/万 99.9775%	No:18892 U+E8E 嶺 00000043 0.0005/万 99.9773%	No:18893 U+EB6 [illegible] 00000043 0.0005/万 99.9771%	No:18894 U+E34 [illegible] 00000043 0.0005/万 99.9773%	No:18895 U+EF9 [illegible] 00000043 0.0005/万 99.9773%	No:18896 U+EFA [illegible] 00000043 0.0005/万 99.9775%	No:18897 U+EC3 [illegible] 00000043 0.0005/万 99.9775%	No:18898 U+ECE 赁 00000043 0.0005/万 99.9775%	No:18899 U+E00 蘷 00000043 0.0005/万 99.9774%	No:18900 U+E51 [illegible] 00000043 0.0005/万 99.9771%

No:18901 U+EF1 洿 00000043 0.0005/万 99.9771%	No:18902 U+E0F [illegible] 00000043 0.0005/万 99.9771%	No:18903 U+E08 胄 00000043 0.0005/万 99.9771%	No:18904 U+FB5 蔻 00000043 0.0005/万 99.9774%	No:18905 U+E6B [illegible] 00000043 0.0005/万 99.9775%	No:18906 U+FD8 䙡 00000043 0.0005/万 99.9772%	No:18907 U+E80 報 00000043 0.0005/万 99.9775%	No:18908 U+E2E [illegible] 00000043 0.0005/万 99.9772%	No:18909 U+EC8 醹 00000043 0.0005/万 99.9772%	No:18910 U+E74 [illegible] 00000043 0.0005/万 99.9774%
No:18911 U+EF7 鞳 00000043 0.0005/万 99.9775%	No:18912 U+E1D 騡 00000043 0.0005/万 99.9774%	No:18913 U+E2F [illegible] 00000043 0.0005/万 99.9772%	No:18914 U+E50 [illegible] 00000043 0.0005/万 99.9771%	No:18915 U+E92 [illegible] 00000043 0.0005/万 99.9775%	No:18916 U+E32 [illegible] 00000043 0.0005/万 99.9772%	No:18917 U+03483 㒃 00000042 0.0005/万 99.9779%	No:18918 U+034FC 㓼 00000042 0.0005/万 99.9780%	No:18919 U+035F5 㗵 00000042 0.0005/万 99.9778%	No:18920 U+03601 㘁 00000042 0.0005/万 99.9782%
No:18921 U+03717 㜗 00000042 0.0005/万 99.9782%	No:18922 U+03723 㜣 00000042 0.0005/万 99.9778%	No:18923 U+039CA 㧊 00000042 0.0005/万 99.9779%	No:18924 U+039EA 㧪 00000042 0.0005/万 99.9778%	No:18925 U+039EC 㧬 00000042 0.0005/万 99.9778%	No:18926 U+03A21 㨡 00000042 0.0005/万 99.9782%	No:18927 U+03A52 㩒 00000042 0.0005/万 99.9780%	No:18928 U+03A71 㩱 00000042 0.0005/万 99.9780%	No:18929 U+03ADC 㫜 00000042 0.0005/万 99.9781%	No:18930 U+03BDF 㯟 00000042 0.0005/万 99.9778%
No:18931 U+03C01 㰁 00000042 0.0005/万 99.9782%	No:18932 U+03C5F 㱟 00000042 0.0005/万 99.9781%	No:18933 U+03D62 㵢 00000042 0.0005/万 99.9779%	No:18934 U+03DB7 㶷 00000042 0.0005/万 99.9780%	No:18935 U+03DBE 㶾 00000042 0.0005/万 99.9780%	No:18936 U+03DCC 㷌 00000042 0.0005/万 99.9780%	No:18937 U+03E9D 㺝 00000042 0.0005/万 99.9779%	No:18938 U+03ED2 㻒 00000042 0.0005/万 99.9782%	No:18939 U+040CA 䃊 00000042 0.0005/万 99.9782%	No:18940 U+04232 䈲 00000042 0.0005/万 99.9782%
No:18941 U+04245 䉅 00000042 0.0005/万 99.9780%	No:18942 U+04424 䐤 00000042 0.0005/万 99.9779%	No:18943 U+04481 䒁 00000042 0.0005/万 99.9779%	No:18944 U+04492 䒒 00000042 0.0005/万 99.9779%	No:18945 U+044A6 䒦 00000042 0.0005/万 99.9782%	No:18946 U+044C3 䓃 00000042 0.0005/万 99.9781%	No:18947 U+04512 䔒 00000042 0.0005/万 99.9781%	No:18948 U+045AD 䖭 00000042 0.0005/万 99.9782%	No:18949 U+046DF 䛟 00000042 0.0005/万 99.9780%	No:18950 U+0485A 䡚 00000042 0.0005/万 99.9779%
No:18951 U+0486E 䡮 00000042 0.0005/万 99.9779%	No:18952 U+048DA 䣚 00000042 0.0005/万 99.9782%	No:18953 U+04A69 䩩 00000042 0.0005/万 99.9782%	No:18954 U+04A6F 䩯 00000042 0.0005/万 99.9782%	No:18955 U+04AA4 䪤 00000042 0.0005/万 99.9778%	No:18956 U+04AD7 䫗 00000042 0.0005/万 99.9778%	No:18957 U+04B1E 䬞 00000042 0.0005/万 99.9778%	No:18958 U+04B2C 䬬 00000042 0.0005/万 99.9778%	No:18959 U+04BF8 䯸 00000042 0.0005/万 99.9781%	No:18960 U+04C5D 䱝 00000042 0.0005/万 99.9780%
No:18961 U+04C96 䲖 00000042 0.0005/万 99.9781%	No:18962 U+04CC0 䳀 00000042 0.0005/万 99.9781%	No:18963 U+04E06 丆 00000042 0.0005/万 99.9778%	No:18964 U+050E0 僠 00000042 0.0005/万 99.9781%	No:18965 U+05116 儖 00000042 0.0005/万 99.9780%	No:18966 U+05202 刂 00000042 0.0005/万 99.9781%	No:18967 U+0568D 嚍 00000042 0.0005/万 99.9782%	No:18968 U+05743 坃 00000042 0.0005/万 99.9781%	No:18969 U+057FE 埾 00000042 0.0005/万 99.9781%	No:18970 U+0593D 夽 00000042 0.0005/万 99.9782%
No:18971 U+05D33 崳 00000042 0.0005/万 99.9779%	No:18972 U+05E20 帠 00000042 0.0005/万 99.9780%	No:18973 U+06270 扰 00000042 0.0005/万 99.9783%	No:18974 U+064C0 擀 00000042 0.0005/万 99.9783%	No:18975 U+06624 昤 00000042 0.0005/万 99.9783%	No:18976 U+066E5 曥 00000042 0.0005/万 99.9782%	No:18977 U+0684A 桊 00000042 0.0005/万 99.9784%	No:18978 U+06D05 洅 00000042 0.0005/万 99.9783%	No:18979 U+06E37 渷 00000042 0.0005/万 99.9783%	No:18980 U+06FA2 澢 00000042 0.0005/万 99.9783%
No:18981 U+07052 灒 00000042 0.0005/万 99.9783%	No:18982 U+0706A 灪 00000042 0.0005/万 99.9784%	No:18983 U+071FD 燽 00000042 0.0005/万 99.9783%	No:18984 U+07466 瑦 00000042 0.0005/万 99.9783%	No:18985 U+074ED 瓭 00000042 0.0005/万 99.9783%	No:18986 U+07781 瞁 00000042 0.0005/万 99.9783%	No:18987 U+079A2 禢 00000042 0.0005/万 99.9783%	No:18988 U+07B24 笤 00000042 0.0005/万 99.9783%	No:18989 U+07C08 簈 00000042 0.0005/万 99.9783%	No:18990 U+07CCF 糏 00000042 0.0005/万 99.9782%
No:18991 U+07DF8 緸 00000042 0.0005/万 99.9784%	No:18992 U+080B3 肳 00000042 0.0005/万 99.9783%	No:18993 U+081AA 膪 00000042 0.0005/万 99.9783%	No:18994 U+08405 萅 00000042 0.0005/万 99.9784%	No:18995 U+085C5 藅 00000042 0.0005/万 99.9784%	No:18996 U+087DD 蟝 00000042 0.0005/万 99.9783%	No:18997 U+0881E 蠞 00000042 0.0005/万 99.9784%	No:18998 U+089E4 觤 00000042 0.0005/万 99.9784%	No:18999 U+08A5D 詝 00000042 0.0005/万 99.9783%	No:19000 U+090AE 邮 00000042 0.0005/万 99.9784%

No:19001 U+09144 酄 00000042 0.0005/万 99.9783%	No:19002 U+09747 靇 00000042 0.0005/万 99.9778%	No:19003 U+09868 顨 00000042 0.0005/万 99.9778%	No:19004 U+09DDD 鷝 00000042 0.0005/万 99.9777%	No:19005 U+09DE8 鷨 00000042 0.0005/万 99.9777%	No:19006 U+09F7D 齽 00000042 0.0005/万 99.9777%	No:19007 U+0EC3B 梜 00000042 0.0005/万 99.9777%	No:19008 U+0ED81 穸 00000042 0.0005/万 99.9777%	No:19009 U+EBB ⿰亻罙 00000042 0.0005/万 99.9779%	No:19010 U+E71 ⿰山圍 00000042 0.0005/万 99.9778%
No:19011 U+E95 形 00000042 0.0005/万 99.9781%	No:19012 U+EAE ⿰忄癸 00000042 0.0005/万 99.9780%	No:19013 U+E47 ⿰壴攵 00000042 0.0005/万 99.9779%	No:19014 U+E43 枇 00000042 0.0005/万 99.9782%	No:19015 U+E44 椛 00000042 0.0005/万 99.9779%	No:19016 U+EBF ⿰木匿 00000042 0.0005/万 99.9780%	No:19017 U+EC5 ⿰木絜 00000042 0.0005/万 99.9781%	No:19018 U+E7E 洶 00000042 0.0005/万 99.9779%	No:19019 U+E94 毅 00000042 0.0005/万 99.9781%	No:19020 U+E40 消 00000042 0.0005/万 99.9780%
No:19021 U+E4B ⿰目曼 00000042 0.0005/万 99.9780%	No:19022 U+E4D ⿰目替 00000042 0.0005/万 99.9781%	No:19023 U+E16 纂 00000042 0.0005/万 99.9781%	No:19024 U+EAF ⿰糸冊 00000042 0.0005/万 99.9778%	No:19025 U+F8F ⿰糸叟 00000042 0.0005/万 99.9779%	No:19026 U+E27 拳 00000042 0.0005/万 99.9780%	No:19027 U+ED2 ⿰耳炎 00000042 0.0005/万 99.9779%	No:19028 U+E1B ⿰舟龍 00000042 0.0005/万 99.9778%	No:19029 U+E34 ⿱艹忌 00000042 0.0005/万 99.9781%	No:19030 U+E6F ⿱艹囂 00000042 0.0005/万 99.9782%
No:19031 U+E9D ⿰言朔 00000042 0.0005/万 99.9781%	No:19032 U+E3D 豔 00000042 0.0005/万 99.9780%	No:19033 U+E7C ⿰𧾷存 00000042 0.0005/万 99.9782%	No:19034 U+EA2 ⿰𧾷雙 00000042 0.0005/万 99.9778%	No:19035 U+E8C 迟 00000042 0.0005/万 99.9780%	No:19036 U+EB5 ⿺辶業 00000042 0.0005/万 99.9779%	No:19037 U+EB9 ⿰丂阝 00000042 0.0005/万 99.9779%	No:19038 U+E72 ⿰阝賣 00000042 0.0005/万 99.9778%	No:19039 U+ED6 ⿰馬介 00000042 0.0005/万 99.9778%	No:19040 U+E4E 鯿 00000042 0.0005/万 99.9778%
No:19041 U+E27 鴈 00000042 0.0005/万 99.9781%	No:19042 U+E2E ⿰齒戔 00000042 0.0005/万 99.9779%	No:19043 U+034F5 㓵 00000041 0.0005/万 99.9788%	No:19044 U+035C7 㗇 00000041 0.0005/万 99.9785%	No:19045 U+036EA 㛪 00000041 0.0005/万 99.9785%	No:19046 U+03787 㞇 00000041 0.0005/万 99.9785%	No:19047 U+03819 㠙 00000041 0.0005/万 99.9787%	No:19048 U+03832 㠲 00000041 0.0005/万 99.9788%	No:19049 U+03879 㡹 00000041 0.0005/万 99.9788%	No:19050 U+038BC 㢼 00000041 0.0005/万 99.9787%
No:19051 U+039BF 㦿 00000041 0.0005/万 99.9786%	No:19052 U+03A00 㨀 00000041 0.0005/万 99.9785%	No:19053 U+03C32 㰲 00000041 0.0005/万 99.9788%	No:19054 U+03C66 㱦 00000041 0.0005/万 99.9786%	No:19055 U+03C94 㲔 00000041 0.0005/万 99.9787%	No:19056 U+03E7B 㹻 00000041 0.0005/万 99.9786%	No:19057 U+03EAA 㺪 00000041 0.0005/万 99.9786%	No:19058 U+03ED7 㻗 00000041 0.0005/万 99.9786%	No:19059 U+03F9B 㾛 00000041 0.0005/万 99.9786%	No:19060 U+04122 䄢 00000041 0.0005/万 99.9787%
No:19061 U+0417A 䅺 00000041 0.0005/万 99.9785%	No:19062 U+041B4 䆴 00000041 0.0005/万 99.9786%	No:19063 U+041D1 䇑 00000041 0.0005/万 99.9786%	No:19064 U+04233 䈳 00000041 0.0005/万 99.9786%	No:19065 U+04479 䑹 00000041 0.0005/万 99.9787%	No:19066 U+044A2 䒢 00000041 0.0005/万 99.9787%	No:19067 U+047B3 䞳 00000041 0.0005/万 99.9786%	No:19068 U+047ED 䟭 00000041 0.0005/万 99.9785%	No:19069 U+0481A 䠚 00000041 0.0005/万 99.9785%	No:19070 U+04962 䥢 00000041 0.0005/万 99.9788%
No:19071 U+04996 䦖 00000041 0.0005/万 99.9787%	No:19072 U+04A22 䨢 00000041 0.0005/万 99.9788%	No:19073 U+04A47 䩇 00000041 0.0005/万 99.9786%	No:19074 U+04AD4 䫔 00000041 0.0005/万 99.9788%	No:19075 U+04BFE 䯾 00000041 0.0005/万 99.9785%	No:19076 U+04D27 䴧 00000041 0.0005/万 99.9785%	No:19077 U+04EEF 仯 00000041 0.0005/万 99.9786%	No:19078 U+04F26 伦 00000041 0.0005/万 99.9785%	No:19079 U+05007 倇 00000041 0.0005/万 99.9787%	No:19080 U+05365 卥 00000041 0.0005/万 99.9787%
No:19081 U+05681 嚁 00000041 0.0005/万 99.9786%	No:19082 U+0569B 嚛 00000041 0.0005/万 99.9786%	No:19083 U+05A4D 婍 00000041 0.0005/万 99.9785%	No:19084 U+05A79 婹 00000041 0.0005/万 99.9785%	No:19085 U+05B39 嬹 00000041 0.0005/万 99.9787%	No:19086 U+05BA8 宨 00000041 0.0005/万 99.9787%	No:19087 U+05D91 嶑 00000041 0.0005/万 99.9788%	No:19088 U+05E3E 帾 00000041 0.0005/万 99.9790%	No:19089 U+05EB9 庹 00000041 0.0005/万 99.9789%	No:19090 U+05ED7 廗 00000041 0.0005/万 99.9790%
No:19091 U+05EEB 廫 00000041 0.0005/万 99.9789%	No:19092 U+05F8E 徎 00000041 0.0005/万 99.9789%	No:19093 U+061B1 憱 00000041 0.0005/万 99.9789%	No:19094 U+06375 捵 00000041 0.0005/万 99.9789%	No:19095 U+06541 敁 00000041 0.0005/万 99.9790%	No:19096 U+06580 斀 00000041 0.0005/万 99.9789%	No:19097 U+0684F 桏 00000041 0.0005/万 99.9789%	No:19098 U+068CF 棏 00000041 0.0005/万 99.9790%	No:19099 U+068DE 棞 00000041 0.0005/万 99.9790%	No:19100 U+0693E 椾 00000041 0.0005/万 99.9789%

No:19101 U+06B94 殔 00000041 0.0005/万 99.9789%	No:19102 U+06CF9 泹 00000041 0.0005/万 99.9790%	No:19103 U+06D01 洁 00000041 0.0005/万 99.9790%	No:19104 U+06DAD 涭 00000041 0.0005/万 99.9788%	No:19105 U+06E6C 湬 00000041 0.0005/万 99.9788%	No:19106 U+06F1D 漝 00000041 0.0005/万 99.9791%	No:19107 U+0710A 焊 00000041 0.0005/万 99.9789%	No:19108 U+07125 焥 00000041 0.0005/万 99.9789%	No:19109 U+0718C 熌 00000041 0.0005/万 99.9791%	No:19110 U+073A3 玣 00000041 0.0005/万 99.9788%
No:19111 U+0750F 甏 00000041 0.0005/万 99.9789%	No:19112 U+07685 皅 00000041 0.0005/万 99.9790%	No:19113 U+07772 睲 00000041 0.0005/万 99.9791%	No:19114 U+0788A 碊 00000041 0.0005/万 99.9789%	No:19115 U+07890 碐 00000041 0.0005/万 99.9789%	No:19116 U+07B23 笣 00000041 0.0005/万 99.9791%	No:19117 U+07C1B 簛 00000041 0.0005/万 99.9789%	No:19118 U+07C36 簶 00000041 0.0005/万 99.9791%	No:19119 U+07C45 籅 00000041 0.0005/万 99.9790%	No:19120 U+07E4E 繎 00000041 0.0005/万 99.9789%
No:19121 U+07F4A 罊 00000041 0.0005/万 99.9790%	No:19122 U+0816C 腬 00000041 0.0005/万 99.9790%	No:19123 U+081A7 膧 00000041 0.0005/万 99.9789%	No:19124 U+0829C 芜 00000041 0.0005/万 99.9790%	No:19125 U+0854F 蕏 00000041 0.0005/万 99.9790%	No:19126 U+08756 蝖 00000041 0.0005/万 99.9790%	No:19127 U+087CC 蟌 00000041 0.0005/万 99.9788%	No:19128 U+087D4 蟔 00000041 0.0005/万 99.9790%	No:19129 U+087D7 蟗 00000041 0.0005/万 99.9790%	No:19130 U+08AE9 諩 00000041 0.0005/万 99.9788%
No:19131 U+08B42 譂 00000041 0.0005/万 99.9788%	No:19132 U+08DED 跭 00000041 0.0005/万 99.9789%	No:19133 U+08EE4 軤 00000041 0.0005/万 99.9790%	No:19134 U+0902A 逪 00000041 0.0005/万 99.9789%	No:19135 U+09046 遆 00000041 0.0005/万 99.9790%	No:19136 U+090C0 郀 00000041 0.0005/万 99.9788%	No:19137 U+09218 鈘 00000041 0.0005/万 99.9790%	No:19138 U+09258 鉘 00000041 0.0005/万 99.9788%	No:19139 U+09734 霴 00000041 0.0005/万 99.9784%	No:19140 U+09956 饖 00000041 0.0005/万 99.9784%
No:19141 U+099E4 駤 00000041 0.0005/万 99.9784%	No:19142 U+09B7D 魽 00000041 0.0005/万 99.9784%	No:19143 U+09DBD 鶽 00000041 0.0005/万 99.9784%	No:19144 U+09EE3 黣 00000041 0.0005/万 99.9784%	No:19145 U+09EEA 黪 00000041 0.0005/万 99.9784%	No:19146 U+0E180 ⿰石巳 00000041 0.0005/万 99.9784%	No:19147 U+0EC2F 腃 00000041 0.0005/万 99.9784%	No:19148 U+0ECEF 曼 00000041 0.0005/万 99.9784%	No:19149 U+0EDCF ⿰耳户 00000041 0.0005/万 99.9784%	No:19150 U+E54 噢 00000041 0.0005/万 99.9786%
No:19151 U+E40 ⿰山房 00000041 0.0005/万 99.9788%	No:19152 U+E4F ⿰木奉 00000041 0.0005/万 99.9786%	No:19153 U+E4A 瀎 00000041 0.0005/万 99.9785%	No:19154 U+ED4 為 00000041 0.0005/万 99.9787%	No:19155 U+ED4 ⿰犭多 00000041 0.0005/万 99.9787%	No:19156 U+E71 ⿰耑犬 00000041 0.0005/万 99.9787%	No:19157 U+E99 ⿰齒庶 00000041 0.0005/万 99.9786%	No:19158 U+EAD ⿰石厷 00000041 0.0005/万 99.9785%	No:19159 U+E8A ⿰石蒦 00000041 0.0005/万 99.9785%	No:19160 U+F50 ⿰石瞿 00000041 0.0005/万 99.9785%
No:19161 U+E07 ⿱竹巢 00000041 0.0005/万 99.9786%	No:19162 U+E14 ⿰禾⿱竹鬲 00000041 0.0005/万 99.9787%	No:19163 U+FEB ⿰米焦 00000041 0.0005/万 99.9787%	No:19164 U+EF7 ⿱秝离 00000041 0.0005/万 99.9786%	No:19165 U+EF3 ⿰虫便 00000041 0.0005/万 99.9787%	No:19166 U+E2D ⿱髟以 00000041 0.0005/万 99.9787%	No:19167 U+EE6 ⿰虫廛 00000041 0.0005/万 99.9788%	No:19168 U+E37 ⿰虫醫 00000041 0.0005/万 99.9787%	No:19169 U+E61 ⿰言壹 00000041 0.0005/万 99.9785%	No:19170 U+E94 ⿰車蘭 00000041 0.0005/万 99.9788%
No:19171 U+EDF ⿰阝交 00000041 0.0005/万 99.9785%	No:19172 U+EF4 ⿰革室 00000041 0.0005/万 99.9787%	No:19173 U+EF9 ⿰酉鳥 00000041 0.0005/万 99.9785%	No:19174 U+03506 㔆 00000040 0.0005/万 99.9792%	No:19175 U+03570 㕰 00000040 0.0005/万 99.9792%	No:19176 U+035C3 㗃 00000040 0.0005/万 99.9794%	No:19177 U+03629 㘩 00000040 0.0005/万 99.9792%	No:19178 U+0365E 㙞 00000040 0.0005/万 99.9792%	No:19179 U+03673 㙳 00000040 0.0005/万 99.9791%	No:19180 U+0368B 㚋 00000040 0.0005/万 99.9792%
No:19181 U+03846 㡆 00000040 0.0005/万 99.9794%	No:19182 U+03965 㥥 00000040 0.0005/万 99.9794%	No:19183 U+03997 㦗 00000040 0.0005/万 99.9794%	No:19184 U+039E1 㧡 00000040 0.0005/万 99.9792%	No:19185 U+03A01 㨁 00000040 0.0005/万 99.9792%	No:19186 U+03A39 㨹 00000040 0.0005/万 99.9793%	No:19187 U+03BE2 㯢 00000040 0.0005/万 99.9794%	No:19188 U+03CD0 㳐 00000040 0.0005/万 99.9792%	No:19189 U+03D6A 㵪 00000040 0.0005/万 99.9792%	No:19190 U+03DC5 㷅 00000040 0.0005/万 99.9793%
No:19191 U+03F33 㼳 00000040 0.0005/万 99.9792%	No:19192 U+03F6D 㽭 00000040 0.0005/万 99.9794%	No:19193 U+03F91 㾑 00000040 0.0005/万 99.9795%	No:19194 U+0404F 䁏 00000040 0.0005/万 99.9794%	No:19195 U+04075 䁵 00000040 0.0005/万 99.9793%	No:19196 U+040C0 䃀 00000040 0.0005/万 99.9793%	No:19197 U+0419E 䆞 00000040 0.0005/万 99.9794%	No:19198 U+04234 䈴 00000040 0.0005/万 99.9794%	No:19199 U+043A6 䎦 00000040 0.0005/万 99.9793%	No:19200 U+043F4 䏴 00000040 0.0005/万 99.9792%

No:19201 U+04418 䐘 00000040 0.0005/万 99.9794%	No:19202 U+0446C 䑬 00000040 0.0005/万 99.9794%	No:19203 U+04475 䑵 00000040 0.0005/万 99.9794%	No:19204 U+044F5 䓵 00000040 0.0005/万 99.9793%	No:19205 U+0450F 䔏 00000040 0.0005/万 99.9793%	No:19206 U+04562 䕢 00000040 0.0005/万 99.9793%	No:19207 U+046E1 䛡 00000040 0.0005/万 99.9793%	No:19208 U+047AE 䞮 00000040 0.0005/万 99.9792%	No:19209 U+047D1 䟑 00000040 0.0005/万 99.9793%	No:19210 U+04857 䡗 00000040 0.0005/万 99.9792%
No:19211 U+04914 䤔 00000040 0.0005/万 99.9792%	No:19212 U+04918 䤘 00000040 0.0005/万 99.9792%	No:19213 U+049AA 䦪 00000040 0.0005/万 99.9793%	No:19214 U+049C4 䧄 00000040 0.0005/万 99.9793%	No:19215 U+04BEA 䯪 00000040 0.0005/万 99.9793%	No:19216 U+04DAA 䶪 00000040 0.0005/万 99.9791%	No:19217 U+04FE2 俢 00000040 0.0005/万 99.9795%	No:19218 U+05059 偙 00000040 0.0005/万 99.9793%	No:19219 U+05142 兂 00000040 0.0005/万 99.9792%	No:19220 U+05392 厒 00000040 0.0005/万 99.9791%
No:19221 U+05561 啡 00000040 0.0005/万 99.9794%	No:19222 U+05781 垁 00000040 0.0005/万 99.9792%	No:19223 U+05CFE 峾 00000040 0.0005/万 99.9793%	No:19224 U+0609C 悜 00000040 0.0005/万 99.9795%	No:19225 U+060DE 惞 00000040 0.0005/万 99.9796%	No:19226 U+062A7 抧 00000040 0.0005/万 99.9795%	No:19227 U+063C1 揁 00000040 0.0005/万 99.9795%	No:19228 U+06411 搑 00000040 0.0005/万 99.9795%	No:19229 U+06737 朷 00000040 0.0005/万 99.9795%	No:19230 U+069C6 槆 00000040 0.0005/万 99.9795%
No:19231 U+06AA8 檨 00000040 0.0005/万 99.9795%	No:19232 U+0722E 爮 00000040 0.0005/万 99.9795%	No:19233 U+0726D 牭 00000040 0.0005/万 99.9796%	No:19234 U+075EE 痮 00000040 0.0005/万 99.9796%	No:19235 U+07636 瘶 00000040 0.0005/万 99.9796%	No:19236 U+0773B 眻 00000040 0.0005/万 99.9796%	No:19237 U+07828 砨 00000040 0.0005/万 99.9795%	No:19238 U+078DE 磞 00000040 0.0005/万 99.9796%	No:19239 U+079B2 禲 00000040 0.0005/万 99.9796%	No:19240 U+07D36 紶 00000040 0.0005/万 99.9796%
No:19241 U+07D3B 紻 00000040 0.0005/万 99.9795%	No:19242 U+07D8A 綊 00000040 0.0005/万 99.9795%	No:19243 U+08041 聁 00000040 0.0005/万 99.9795%	No:19244 U+08091 肑 00000040 0.0005/万 99.9796%	No:19245 U+08141 腁 00000040 0.0005/万 99.9795%	No:19246 U+0876B 蝫 00000040 0.0005/万 99.9795%	No:19247 U+08D7C 赼 00000040 0.0005/万 99.9796%	No:19248 U+08ED7 軗 00000040 0.0005/万 99.9796%	No:19249 U+08FBE 达 00000040 0.0005/万 99.9795%	No:19250 U+093E5 鏥 00000040 0.0005/万 99.9795%
No:19251 U+093F4 鏴 00000040 0.0005/万 99.9796%	No:19252 U+09461 鑡 00000040 0.0005/万 99.9795%	No:19253 U+09740 靀 00000040 0.0005/万 99.9791%	No:19254 U+0986E 顮 00000040 0.0005/万 99.9791%	No:19255 U+09AF8 髸 00000040 0.0005/万 99.9791%	No:19256 U+09B8D 鮍 00000040 0.0005/万 99.9791%	No:19257 U+09BA3 鮣 00000040 0.0005/万 99.9791%	No:19258 U+09C1F 鰟 00000040 0.0005/万 99.9791%	No:19259 U+09C35 鰵 00000040 0.0005/万 99.9791%	No:19260 U+09DA6 鶦 00000040 0.0005/万 99.9791%
No:19261 U+09E89 麉 00000040 0.0005/万 99.9791%	No:19262 U+09F64 齤 00000040 0.0005/万 99.9791%	No:19263 U+0EC75 沿 00000040 0.0005/万 99.9791%	No:19264 U+0F5C7 噳 00000040 0.0005/万 99.9791%	No:19265 U+E1C [illegible] 00000040 0.0005/万 99.9794%	No:19266 U+EBA [illegible] 00000040 0.0005/万 99.9794%	No:19267 U+E36 嵐 00000040 0.0005/万 99.9792%	No:19268 U+EC9 [illegible] 00000040 0.0005/万 99.9794%	No:19269 U+E48 湝 00000040 0.0005/万 99.9793%	No:19270 U+ECD [illegible] 00000040 0.0005/万 99.9794%
No:19271 U+EDD [illegible] 00000040 0.0005/万 99.9793%	No:19272 U+EEC [illegible] 00000040 0.0005/万 99.9795%	No:19273 U+EC2 [illegible] 00000040 0.0005/万 99.9794%	No:19274 U+EA6 粳 00000040 0.0005/万 99.9792%	No:19275 U+E1E 絣 00000040 0.0005/万 99.9794%	No:19276 U+E35 [illegible] 00000040 0.0005/万 99.9792%	No:19277 U+FBD [illegible] 00000040 0.0005/万 99.9793%	No:19278 U+ED4 [illegible] 00000040 0.0005/万 99.9794%	No:19279 U+ED1 鎪 00000040 0.0005/万 99.9793%	No:19280 U+0349D 㒝 00000039 0.0004/万 99.9797%
No:19281 U+03627 㘧 00000039 0.0004/万 99.9799%	No:19282 U+0375F 㝟 00000039 0.0004/万 99.9800%	No:19283 U+03764 㝤 00000039 0.0004/万 99.9798%	No:19284 U+03802 㠂 00000039 0.0004/万 99.9800%	No:19285 U+03841 㡁 00000039 0.0004/万 99.9799%	No:19286 U+03946 㥆 00000039 0.0004/万 99.9800%	No:19287 U+03983 㦃 00000039 0.0004/万 99.9801%	No:19288 U+03A06 㨆 00000039 0.0004/万 99.9800%	No:19289 U+03A31 㨱 00000039 0.0004/万 99.9798%	No:19290 U+03B41 㭁 00000039 0.0004/万 99.9798%
No:19291 U+03B69 㭩 00000039 0.0004/万 99.9801%	No:19292 U+03BC8 㯈 00000039 0.0004/万 99.9797%	No:19293 U+03DCF 㷏 00000039 0.0004/万 99.9798%	No:19294 U+03F40 㽀 00000039 0.0004/万 99.9798%	No:19295 U+03F77 㽷 00000039 0.0004/万 99.9799%	No:19296 U+03F7A 㽺 00000039 0.0004/万 99.9799%	No:19297 U+03FAD 㾭 00000039 0.0004/万 99.9800%	No:19298 U+04011 䀑 00000039 0.0004/万 99.9799%	No:19299 U+04045 䁅 00000039 0.0004/万 99.9800%	No:19300 U+04072 䁲 00000039 0.0004/万 99.9800%

No:19301 U+040BA 䂺 00000039 0.0004/万 99.9798%	No:19302 U+041D4 䇔 00000039 0.0004/万 99.9800%	No:19303 U+04200 䈀 00000039 0.0004/万 99.9799%	No:19304 U+04274 䉴 00000039 0.0004/万 99.9798%	No:19305 U+0427E 䉾 00000039 0.0004/万 99.9797%	No:19306 U+0429E 䊞 00000039 0.0004/万 99.9798%	No:19307 U+043E8 䏨 00000039 0.0004/万 99.9799%	No:19308 U+0440E 䐎 00000039 0.0004/万 99.9799%	No:19309 U+04420 䐠 00000039 0.0004/万 99.9798%	No:19310 U+044C4 䓄 00000039 0.0004/万 99.9797%
No:19311 U+044C9 䓉 00000039 0.0004/万 99.9799%	No:19312 U+044DF 䓟 00000039 0.0004/万 99.9798%	No:19313 U+045AF 䖯 00000039 0.0004/万 99.9797%	No:19314 U+047A8 䞨 00000039 0.0004/万 99.9797%	No:19315 U+0484B 䡋 00000039 0.0004/万 99.9799%	No:19316 U+0487A 䡺 00000039 0.0004/万 99.9800%	No:19317 U+04888 䢈 00000039 0.0004/万 99.9799%	No:19318 U+04899 䢙 00000039 0.0004/万 99.9799%	No:19319 U+04991 䦑 00000039 0.0004/万 99.9798%	No:19320 U+04999 䦙 00000039 0.0004/万 99.9798%
No:19321 U+04AF8 䫸 00000039 0.0004/万 99.9798%	No:19322 U+04AFE 䫾 00000039 0.0004/万 99.9799%	No:19323 U+04B10 䬐 00000039 0.0004/万 99.9800%	No:19324 U+04B9E 䮞 00000039 0.0004/万 99.9800%	No:19325 U+04BE6 䯦 00000039 0.0004/万 99.9798%	No:19326 U+04C66 䱦 00000039 0.0004/万 99.9799%	No:19327 U+04D84 䶄 00000039 0.0004/万 99.9797%	No:19328 U+04D85 䶅 00000039 0.0004/万 99.9797%	No:19329 U+04EF1 仱 00000039 0.0004/万 99.9797%	No:19330 U+04FF9 俹 00000039 0.0004/万 99.9800%
No:19331 U+05032 倲 00000039 0.0004/万 99.9800%	No:19332 U+054A7 咧 00000039 0.0004/万 99.9797%	No:19333 U+055FB 嗻 00000039 0.0004/万 99.9800%	No:19334 U+05601 嘁 00000039 0.0004/万 99.9801%	No:19335 U+05667 噧 00000039 0.0004/万 99.9797%	No:19336 U+0578A 垊 00000039 0.0004/万 99.9800%	No:19337 U+0579F 垟 00000039 0.0004/万 99.9801%	No:19338 U+057E5 埥 00000039 0.0004/万 99.9799%	No:19339 U+0585B 塛 00000039 0.0004/万 99.9798%	No:19340 U+0587B 塻 00000039 0.0004/万 99.9798%
No:19341 U+05A96 媖 00000039 0.0004/万 99.9799%	No:19342 U+05B72 孲 00000039 0.0004/万 99.9799%	No:19343 U+05BE3 寣 00000039 0.0004/万 99.9801%	No:19344 U+05E4B 幋 00000039 0.0004/万 99.9802%	No:19345 U+06000 怀 00000039 0.0004/万 99.9801%	No:19346 U+061BD 憽 00000039 0.0004/万 99.9803%	No:19347 U+062B7 抷 00000039 0.0004/万 99.9802%	No:19348 U+0649B 撛 00000039 0.0004/万 99.9802%	No:19349 U+06699 暙 00000039 0.0004/万 99.9802%	No:19350 U+067C6 柆 00000039 0.0004/万 99.9801%
No:19351 U+068E9 棩 00000039 0.0004/万 99.9801%	No:19352 U+06C65 汥 00000039 0.0004/万 99.9803%	No:19353 U+06CA2 沢 00000039 0.0004/万 99.9801%	No:19354 U+06CFD 泽 00000039 0.0004/万 99.9802%	No:19355 U+06DED 淭 00000039 0.0004/万 99.9802%	No:19356 U+06EE9 滩 00000039 0.0004/万 99.9801%	No:19357 U+071A4 熤 00000039 0.0004/万 99.9801%	No:19358 U+07238 爸 00000039 0.0004/万 99.9802%	No:19359 U+07243 牃 00000039 0.0004/万 99.9802%	No:19360 U+072DB 狛 00000039 0.0004/万 99.9802%
No:19361 U+07427 琧 00000039 0.0004/万 99.9801%	No:19362 U+074C1 瓁 00000039 0.0004/万 99.9802%	No:19363 U+07789 瞉 00000039 0.0004/万 99.9801%	No:19364 U+07918 礘 00000039 0.0004/万 99.9802%	No:19365 U+07935 礵 00000039 0.0004/万 99.9801%	No:19366 U+07C96 粖 00000039 0.0004/万 99.9801%	No:19367 U+07D64 絤 00000039 0.0004/万 99.9801%	No:19368 U+07D94 綔 00000039 0.0004/万 99.9802%	No:19369 U+07DA9 綩 00000039 0.0004/万 99.9802%	No:19370 U+0801B 耛 00000039 0.0004/万 99.9802%
No:19371 U+085C6 藆 00000039 0.0004/万 99.9802%	No:19372 U+08951 襑 00000039 0.0004/万 99.9802%	No:19373 U+08B45 譅 00000039 0.0004/万 99.9801%	No:19374 U+08C01 谁 00000039 0.0004/万 99.9801%	No:19375 U+08F0C 輌 00000039 0.0004/万 99.9803%	No:19376 U+08F30 輰 00000039 0.0004/万 99.9802%	No:19377 U+091A6 醦 00000039 0.0004/万 99.9802%	No:19378 U+09282 銂 00000039 0.0004/万 99.9802%	No:19379 U+09378 鍸 00000039 0.0004/万 99.9802%	No:19380 U+09660 陠 00000039 0.0004/万 99.9803%
No:19381 U+098B5 颵 00000039 0.0004/万 99.9797%	No:19382 U+099CC 駌 00000039 0.0004/万 99.9796%	No:19383 U+09ABA 骺 00000039 0.0004/万 99.9796%	No:19384 U+09ADD 髝 00000039 0.0004/万 99.9796%	No:19385 U+09B9C 鮜 00000039 0.0004/万 99.9796%	No:19386 U+09D04 鴄 00000039 0.0004/万 99.9796%	No:19387 U+09DC6 鷆 00000039 0.0004/万 99.9796%	No:19388 U+09DF6 鷶 00000039 0.0004/万 99.9796%	No:19389 U+09F73 齳 00000039 0.0004/万 99.9797%	No:19390 U+0EA67 傂 00000039 0.0004/万 99.9797%
No:19391 U+0EDCA 翽 00000039 0.0004/万 99.9796%	No:19392 U+EB2 [illegible] 00000039 0.0004/万 99.9797%	No:19393 U+EC4 [illegible] 00000039 0.0004/万 99.9798%	No:19394 U+E10 [illegible] 00000039 0.0004/万 99.9797%	No:19395 U+E20 峁 00000039 0.0004/万 99.9798%	No:19396 U+E61 [illegible] 00000039 0.0004/万 99.9800%	No:19397 U+E6F [illegible] 00000039 0.0004/万 99.9801%	No:19398 U+E5C [illegible] 00000039 0.0004/万 99.9798%	No:19399 U+EBB 康 00000039 0.0004/万 99.9799%	No:19400 U+EA0 琝 00000039 0.0004/万 99.9800%

No:19401 U+E9D 琿 00000039 0.0004/万 99.9801%	No:19402 U+E1A 瓬 00000039 0.0004/万 99.9800%	No:19403 U+EF8 簉 00000039 0.0004/万 99.9799%	No:19404 U+E03 篰 00000039 0.0004/万 99.9797%	No:19405 U+E15 鎬 00000039 0.0004/万 99.9797%	No:19406 U+E77 綎 00000039 0.0004/万 99.9798%	No:19407 U+F43 瞔 00000039 0.0004/万 99.9799%	No:19408 U+E60 䞁 00000039 0.0004/万 99.9800%	No:19409 U+F9F 闟 00000039 0.0004/万 99.9800%	No:19410 U+EEC 霒 00000039 0.0004/万 99.9800%
No:19411 U+E5E 霚 00000039 0.0004/万 99.9797%	No:19412 U+EA6 鞞 00000039 0.0004/万 99.9797%	No:19413 U+0341C 㐜 00000038 0.0004/万 99.9806%	No:19414 U+034A4 㒤 00000038 0.0004/万 99.9805%	No:19415 U+0352E 㔮 00000038 0.0004/万 99.9803%	No:19416 U+03562 㕢 00000038 0.0004/万 99.9806%	No:19417 U+03572 㕲 00000038 0.0004/万 99.9806%	No:19418 U+035AA 㖪 00000038 0.0004/万 99.9803%	No:19419 U+035BF 㖿 00000038 0.0004/万 99.9806%	No:19420 U+036A2 㚢 00000038 0.0004/万 99.9805%
No:19421 U+036F1 㛱 00000038 0.0004/万 99.9806%	No:19422 U+03792 㞒 00000038 0.0004/万 99.9804%	No:19423 U+0380F 㠏 00000038 0.0004/万 99.9805%	No:19424 U+0385E 㡞 00000038 0.0004/万 99.9803%	No:19425 U+038D3 㣓 00000038 0.0004/万 99.9807%	No:19426 U+0394A 㥊 00000038 0.0004/万 99.9805%	No:19427 U+03985 㦅 00000038 0.0004/万 99.9804%	No:19428 U+039E6 㧦 00000038 0.0004/万 99.9805%	No:19429 U+03A91 㪑 00000038 0.0004/万 99.9804%	No:19430 U+03B48 㭈 00000038 0.0004/万 99.9807%
No:19431 U+03B51 㭑 00000038 0.0004/万 99.9807%	No:19432 U+03B6A 㭪 00000038 0.0004/万 99.9806%	No:19433 U+03B81 㮁 00000038 0.0004/万 99.9805%	No:19434 U+03B92 㮒 00000038 0.0004/万 99.9807%	No:19435 U+03BEE 㯮 00000038 0.0004/万 99.9805%	No:19436 U+03C41 㱁 00000038 0.0004/万 99.9804%	No:19437 U+03C8D 㲍 00000038 0.0004/万 99.9803%	No:19438 U+03CA5 㲥 00000038 0.0004/万 99.9807%	No:19439 U+03CBD 㲽 00000038 0.0004/万 99.9806%	No:19440 U+03E21 㸡 00000038 0.0004/万 99.9805%
No:19441 U+03E64 㹤 00000038 0.0004/万 99.9805%	No:19442 U+03EF8 㻸 00000038 0.0004/万 99.9805%	No:19443 U+03F39 㼹 00000038 0.0004/万 99.9807%	No:19444 U+04083 䂃 00000038 0.0004/万 99.9804%	No:19445 U+04153 䅓 00000038 0.0004/万 99.9804%	No:19446 U+04157 䅗 00000038 0.0004/万 99.9804%	No:19447 U+0415C 䅜 00000038 0.0004/万 99.9803%	No:19448 U+04180 䆀 00000038 0.0004/万 99.9804%	No:19449 U+0418D 䆍 00000038 0.0004/万 99.9803%	No:19450 U+0418E 䆎 00000038 0.0004/万 99.9803%
No:19451 U+041FD 䇽 00000038 0.0004/万 99.9806%	No:19452 U+04243 䉃 00000038 0.0004/万 99.9805%	No:19453 U+043A7 䎧 00000038 0.0004/万 99.9806%	No:19454 U+043E9 䏩 00000038 0.0004/万 99.9806%	No:19455 U+04409 䐉 00000038 0.0004/万 99.9806%	No:19456 U+0442F 䐯 00000038 0.0004/万 99.9804%	No:19457 U+04441 䑁 00000038 0.0004/万 99.9805%	No:19458 U+044AA 䒪 00000038 0.0004/万 99.9806%	No:19459 U+044EA 䓪 00000038 0.0004/万 99.9807%	No:19460 U+0452E 䔮 00000038 0.0004/万 99.9805%
No:19461 U+0454F 䕏 00000038 0.0004/万 99.9805%	No:19462 U+046D6 䛖 00000038 0.0004/万 99.9806%	No:19463 U+046FC 䛼 00000038 0.0004/万 99.9804%	No:19464 U+04704 䜄 00000038 0.0004/万 99.9804%	No:19465 U+04978 䥸 00000038 0.0004/万 99.9807%	No:19466 U+04A19 䨙 00000038 0.0004/万 99.9805%	No:19467 U+04A74 䩴 00000038 0.0004/万 99.9805%	No:19468 U+04B27 䬧 00000038 0.0004/万 99.9804%	No:19469 U+04B43 䭃 00000038 0.0004/万 99.9803%	No:19470 U+04BBD 䮽 00000038 0.0004/万 99.9806%
No:19471 U+04BC2 䯂 00000038 0.0004/万 99.9806%	No:19472 U+04D0E 䴎 00000038 0.0004/万 99.9804%	No:19473 U+04D86 䶆 00000038 0.0004/万 99.9806%	No:19474 U+04F99 侙 00000038 0.0004/万 99.9805%	No:19475 U+051C1 凁 00000038 0.0004/万 99.9803%	No:19476 U+0529C 劜 00000038 0.0004/万 99.9807%	No:19477 U+0568B 嚋 00000038 0.0004/万 99.9805%	No:19478 U+0583A 堺 00000038 0.0004/万 99.9804%	No:19479 U+05873 塳 00000038 0.0004/万 99.9803%	No:19480 U+05876 塶 00000038 0.0004/万 99.9803%
No:19481 U+059C2 姂 00000038 0.0004/万 99.9806%	No:19482 U+05CBE 岾 00000038 0.0004/万 99.9807%	No:19483 U+05D8F 嶏 00000038 0.0004/万 99.9804%	No:19484 U+06076 恶 00000038 0.0004/万 99.9809%	No:19485 U+060D2 惒 00000038 0.0004/万 99.9807%	No:19486 U+0631B 挛 00000038 0.0004/万 99.9808%	No:19487 U+0654C 敌 00000038 0.0004/万 99.9808%	No:19488 U+066DF 曟 00000038 0.0004/万 99.9808%	No:19489 U+06836 栶 00000038 0.0004/万 99.9808%	No:19490 U+068FE 棾 00000038 0.0004/万 99.9808%
No:19491 U+0699F 榟 00000038 0.0004/万 99.9808%	No:19492 U+06B4F 歏 00000038 0.0004/万 99.9807%	No:19493 U+06DE7 淧 00000038 0.0004/万 99.9807%	No:19494 U+070B9 点 00000038 0.0004/万 99.9808%	No:19495 U+071CA 燊 00000038 0.0004/万 99.9809%	No:19496 U+071E9 燩 00000038 0.0004/万 99.9809%	No:19497 U+07216 爖 00000038 0.0004/万 99.9808%	No:19498 U+073E8 珨 00000038 0.0004/万 99.9809%	No:19499 U+07542 畂 00000038 0.0004/万 99.9809%	No:19500 U+0760E 瘎 00000038 0.0004/万 99.9808%

No:19501 U+07650 癐 00000038 0.0004/万 99.9808%	No:19502 U+07703 眃 00000038 0.0004/万 99.9808%	No:19503 U+07851 硑 00000038 0.0004/万 99.9809%	No:19504 U+07BA3 箣 00000038 0.0004/万 99.9808%	No:19505 U+07D37 紷 00000038 0.0004/万 99.9807%	No:19506 U+0801A 耚 00000038 0.0004/万 99.9808%	No:19507 U+08243 艃 00000038 0.0004/万 99.9809%	No:19508 U+08963 襣 00000038 0.0004/万 99.9808%	No:19509 U+08A1C 訜 00000038 0.0004/万 99.9809%	No:19510 U+08BB0 记 00000038 0.0004/万 99.9808%
No:19511 U+08CF0 賰 00000038 0.0004/万 99.9808%	No:19512 U+08DA5 趥 00000038 0.0004/万 99.9808%	No:19513 U+08DE4 跤 00000038 0.0004/万 99.9807%	No:19514 U+09281 銁 00000038 0.0004/万 99.9808%	No:19515 U+092F3 鋳 00000038 0.0004/万 99.9809%	No:19516 U+09388 鎈 00000038 0.0004/万 99.9808%	No:19517 U+096AF 隯 00000038 0.0004/万 99.9808%	No:19518 U+099A0 馠 00000038 0.0004/万 99.9803%	No:19519 U+09AA5 骥 00000038 0.0004/万 99.9803%	No:19520 U+0F56C [illegible] 00000038 0.0004/万 99.9803%
No:19521 U+0F633 伇 00000038 0.0004/万 99.9803%	No:19522 U+E55 啓 00000038 0.0004/万 99.9806%	No:19523 U+FC6 [illegible] 00000038 0.0004/万 99.9807%	No:19524 U+E9E [illegible] 00000038 0.0004/万 99.9807%	No:19525 U+E99 斗 00000038 0.0004/万 99.9804%	No:19526 U+E63 毡 00000038 0.0004/万 99.9806%	No:19527 U+E38 [illegible] 00000038 0.0004/万 99.9806%	No:19528 U+E59 皃 00000038 0.0004/万 99.9807%	No:19529 U+E83 [illegible] 00000038 0.0004/万 99.9804%	No:19530 U+E74 翑 00000038 0.0004/万 99.9804%
No:19531 U+E67 蕎 00000038 0.0004/万 99.9804%	No:19532 U+E66 琰 00000038 0.0004/万 99.9804%	No:19533 U+EA0 [illegible] 00000038 0.0004/万 99.9805%	No:19534 U+E7B [illegible] 00000038 0.0004/万 99.9805%	No:19535 U+E6A [illegible] 00000038 0.0004/万 99.9807%	No:19536 U+E91 [illegible] 00000038 0.0004/万 99.9807%	No:19537 U+E4F [illegible] 00000038 0.0004/万 99.9803%	No:19538 U+E04 [illegible] 00000038 0.0004/万 99.9806%	No:19539 U+ED5 [illegible] 00000038 0.0004/万 99.9805%	No:19540 U+E02 [illegible] 00000038 0.0004/万 99.9803%
No:19541 U+EE6 [illegible] 00000038 0.0004/万 99.9807%	No:19542 U+034CE 㓎 00000037 0.0004/万 99.9812%	No:19543 U+0357F 㕿 00000037 0.0004/万 99.9813%	No:19544 U+035E6 㗦 00000037 0.0004/万 99.9813%	No:19545 U+0376A 㝪 00000037 0.0004/万 99.9812%	No:19546 U+03827 㠧 00000037 0.0004/万 99.9811%	No:19547 U+038A9 㢩 00000037 0.0004/万 99.9812%	No:19548 U+03960 㥠 00000037 0.0004/万 99.9811%	No:19549 U+03A76 㩶 00000037 0.0004/万 99.9811%	No:19550 U+03AAB 㪫 00000037 0.0004/万 99.9811%
No:19551 U+03BCD 㯍 00000037 0.0004/万 99.9812%	No:19552 U+03BCF 㯏 00000037 0.0004/万 99.9812%	No:19553 U+03C7C 㱼 00000037 0.0004/万 99.9812%	No:19554 U+03D1D 㴝 00000037 0.0004/万 99.9813%	No:19555 U+03DA7 㶧 00000037 0.0004/万 99.9812%	No:19556 U+03E42 㹂 00000037 0.0004/万 99.9811%	No:19557 U+03ED1 㻑 00000037 0.0004/万 99.9812%	No:19558 U+03F41 㽁 00000037 0.0004/万 99.9810%	No:19559 U+03F99 㾙 00000037 0.0004/万 99.9811%	No:19560 U+03FD2 㿒 00000037 0.0004/万 99.9811%
No:19561 U+040EB 䃫 00000037 0.0004/万 99.9812%	No:19562 U+0410C 䄌 00000037 0.0004/万 99.9810%	No:19563 U+041EC 䇬 00000037 0.0004/万 99.9810%	No:19564 U+042F8 䋸 00000037 0.0004/万 99.9810%	No:19565 U+0431E 䌞 00000037 0.0004/万 99.9812%	No:19566 U+0437B 䍻 00000037 0.0004/万 99.9813%	No:19567 U+044CA 䓊 00000037 0.0004/万 99.9813%	No:19568 U+044D9 䓙 00000037 0.0004/万 99.9814%	No:19569 U+0468E 䚎 00000037 0.0004/万 99.9813%	No:19570 U+04756 䝖 00000037 0.0004/万 99.9810%
No:19571 U+04869 䡩 00000037 0.0004/万 99.9810%	No:19572 U+048E1 䣡 00000037 0.0004/万 99.9810%	No:19573 U+048E9 䣩 00000037 0.0004/万 99.9811%	No:19574 U+0493E 䤾 00000037 0.0004/万 99.9810%	No:19575 U+04968 䥨 00000037 0.0004/万 99.9811%	No:19576 U+04975 䥵 00000037 0.0004/万 99.9811%	No:19577 U+049F1 䧱 00000037 0.0004/万 99.9810%	No:19578 U+04A04 䨄 00000037 0.0004/万 99.9810%	No:19579 U+04A1E 䨞 00000037 0.0004/万 99.9811%	No:19580 U+04A56 䩖 00000037 0.0004/万 99.9811%
No:19581 U+04B24 䬤 00000037 0.0004/万 99.9810%	No:19582 U+04BA9 䮩 00000037 0.0004/万 99.9810%	No:19583 U+04BDC 䯜 00000037 0.0004/万 99.9810%	No:19584 U+04CFD 䳽 00000037 0.0004/万 99.9814%	No:19585 U+04D0C 䴌 00000037 0.0004/万 99.9812%	No:19586 U+04D7A 䵺 00000037 0.0004/万 99.9814%	No:19587 U+052FD 勽 00000037 0.0004/万 99.9813%	No:19588 U+0549C 咜 00000037 0.0004/万 99.9813%	No:19589 U+055F4 嗴 00000037 0.0004/万 99.9813%	No:19590 U+056D2 囒 00000037 0.0004/万 99.9813%
No:19591 U+05746 坆 00000037 0.0004/万 99.9813%	No:19592 U+05757 块 00000037 0.0004/万 99.9813%	No:19593 U+057C1 埁 00000037 0.0004/万 99.9810%	No:19594 U+057EC 埬 00000037 0.0004/万 99.9811%	No:19595 U+058C9 壉 00000037 0.0004/万 99.9811%	No:19596 U+05B42 孂 00000037 0.0004/万 99.9809%	No:19597 U+05FC2 忂 00000037 0.0004/万 99.9814%	No:19598 U+0611D 愝 00000037 0.0004/万 99.9815%	No:19599 U+06122 愢 00000037 0.0004/万 99.9815%	No:19600 U+062C3 拃 00000037 0.0004/万 99.9815%

No:19601 U+06507 攇 00000037 0.0004/万 99.9814%	No:19602 U+0681B 栛 00000037 0.0004/万 99.9815%	No:19603 U+0693B 椻 00000037 0.0004/万 99.9814%	No:19604 U+069F6 槶 00000037 0.0004/万 99.9815%	No:19605 U+06AAB 檫 00000037 0.0004/万 99.9814%	No:19606 U+06AD7 櫗 00000037 0.0004/万 99.9815%	No:19607 U+06B53 歓 00000037 0.0004/万 99.9815%	No:19608 U+06B6E 歮 00000037 0.0004/万 99.9815%	No:19609 U+06BE2 毢 00000037 0.0004/万 99.9815%	No:19610 U+06D5D 浝 00000037 0.0004/万 99.9815%
No:19611 U+06DD5 淕 00000037 0.0004/万 99.9815%	No:19612 U+06EE3 滣 00000037 0.0004/万 99.9815%	No:19613 U+06F73 潳 00000037 0.0004/万 99.9815%	No:19614 U+070EC 烬 00000037 0.0004/万 99.9815%	No:19615 U+072DD 狝 00000037 0.0004/万 99.9815%	No:19616 U+077C4 矄 00000037 0.0004/万 99.9814%	No:19617 U+078ED 磭 00000037 0.0004/万 99.9814%	No:19618 U+07A41 穁 00000037 0.0004/万 99.9814%	No:19619 U+07B76 筶 00000037 0.0004/万 99.9814%	No:19620 U+07E77 繷 00000037 0.0004/万 99.9814%
No:19621 U+082F3 苳 00000037 0.0004/万 99.9814%	No:19622 U+0857B 蕻 00000037 0.0004/万 99.9814%	No:19623 U+0887C 衼 00000037 0.0004/万 99.9815%	No:19624 U+0892F 褯 00000037 0.0004/万 99.9814%	No:19625 U+08AB4 誴 00000037 0.0004/万 99.9815%	No:19626 U+08E28 踨 00000037 0.0004/万 99.9814%	No:19627 U+090EE 郮 00000037 0.0004/万 99.9814%	No:19628 U+0935E 鍞 00000037 0.0004/万 99.9814%	No:19629 U+0936F 鍯 00000037 0.0004/万 99.9814%	No:19630 U+09737 霷 00000037 0.0004/万 99.9809%
No:19631 U+0976A 靪 00000037 0.0004/万 99.9809%	No:19632 U+0EA2C [illegible] 00000037 0.0004/万 99.9809%	No:19633 U+0EB4F [illegible] 00000037 0.0004/万 99.9809%	No:19634 U+0ED29 療 00000037 0.0004/万 99.9809%	No:19635 U+0ED79 [illegible] 00000037 0.0004/万 99.9809%	No:19636 U+0EF01 [illegible] 00000037 0.0004/万 99.9809%	No:19637 U+0EF24 [illegible] 00000037 0.0004/万 99.9809%	No:19638 U+0EF56 [illegible] 00000037 0.0004/万 99.9809%	No:19639 U+0F5D9 [illegible] 00000037 0.0004/万 99.9809%	No:19640 U+0F69D [illegible] 00000037 0.0004/万 99.9809%
No:19641 U+EDC 剸 00000037 0.0004/万 99.9810%	No:19642 U+E45 [illegible] 00000037 0.0004/万 99.9813%	No:19643 U+E49 [illegible] 00000037 0.0004/万 99.9814%	No:19644 U+E4A [illegible] 00000037 0.0004/万 99.9813%	No:19645 U+E82 [illegible] 00000037 0.0004/万 99.9812%	No:19646 U+EEC [illegible] 00000037 0.0004/万 99.9812%	No:19647 U+E66 [illegible] 00000037 0.0004/万 99.9811%	No:19648 U+E54 櫟 00000037 0.0004/万 99.9812%	No:19649 U+E51 歙 00000037 0.0004/万 99.9812%	No:19650 U+E5D [illegible] 00000037 0.0004/万 99.9812%
No:19651 U+EE9 殜 00000037 0.0004/万 99.9813%	No:19652 U+E87 [illegible] 00000037 0.0004/万 99.9810%	No:19653 U+EB9 眠 00000037 0.0004/万 99.9812%	No:19654 U+E2C [illegible] 00000037 0.0004/万 99.9813%	No:19655 U+EAF 砽 00000037 0.0004/万 99.9813%	No:19656 U+EB3 [illegible] 00000037 0.0004/万 99.9813%	No:19657 U+E09 [illegible] 00000037 0.0004/万 99.9813%	No:19658 U+E10 [illegible] 00000037 0.0004/万 99.9813%	No:19659 U+E1C [illegible] 00000037 0.0004/万 99.9814%	No:19660 U+E2C [illegible] 00000037 0.0004/万 99.9812%
No:19661 U+E78 総 00000037 0.0004/万 99.9813%	No:19662 U+E23 [illegible] 00000037 0.0004/万 99.9811%	No:19663 U+E19 [illegible] 00000037 0.0004/万 99.9811%	No:19664 U+E2E [illegible] 00000037 0.0004/万 99.9810%	No:19665 U+EC2 [illegible] 00000037 0.0004/万 99.9809%	No:19666 U+E57 [illegible] 00000037 0.0004/万 99.9812%	No:19667 U+E64 [illegible] 00000037 0.0004/万 99.9810%	No:19668 U+E7F [illegible] 00000037 0.0004/万 99.9812%	No:19669 U+E15 [illegible] 00000037 0.0004/万 99.9811%	No:19670 U+F25 轡 00000037 0.0004/万 99.9810%
No:19671 U+EC5 [illegible] 00000037 0.0004/万 99.9811%	No:19672 U+E18 [illegible] 00000037 0.0004/万 99.9812%	No:19673 U+ECC [illegible] 00000037 0.0004/万 99.9810%	No:19674 U+E0C [illegible] 00000037 0.0004/万 99.9811%	No:19675 U+FF2 [illegible] 00000037 0.0004/万 99.9811%	No:19676 U+E30 鶞 00000037 0.0004/万 99.9810%	No:19677 U+E1D [illegible] 00000037 0.0004/万 99.9813%	No:19678 U+03439 㐹 00000036 0.0004/万 99.9817%	No:19679 U+034DF 㓟 00000036 0.0004/万 99.9818%	No:19680 U+0357B 㕻 00000036 0.0004/万 99.9820%
No:19681 U+035E2 㗢 00000036 0.0004/万 99.9819%	No:19682 U+03638 㘸 00000036 0.0004/万 99.9819%	No:19683 U+036A5 㚥 00000036 0.0004/万 99.9818%	No:19684 U+0380D 㠍 00000036 0.0004/万 99.9819%	No:19685 U+038B4 㢴 00000036 0.0004/万 99.9819%	No:19686 U+038BB 㢻 00000036 0.0004/万 99.9817%	No:19687 U+0392E 㤮 00000036 0.0004/万 99.9819%	No:19688 U+03945 㥅 00000036 0.0004/万 99,9820%	No:19689 U+03A45 㩅 00000036 0.0004/万 99.9818%	No:19690 U+03A7A 㩺 00000036 0.0004/万 99.9817%
No:19691 U+03CCF 㳏 00000036 0.0004/万 99.9820%	No:19692 U+03D06 㴆 00000036 0.0004/万 99.9816%	No:19693 U+03D96 㶖 00000036 0.0004/万 99.9818%	No:19694 U+03E39 㸹 00000036 0.0004/万 99.9817%	No:19695 U+03F23 㼣 00000036 0.0004/万 99.9818%	No:19696 U+03F32 㼲 00000036 0.0004/万 99.9817%	No:19697 U+03FCE 㿎 00000036 0.0004/万 99.9819%	No:19698 U+0404B 䁋 00000036 0.0004/万 99.9819%	No:19699 U+0418F 䆏 00000036 0.0004/万 99.9818%	No:19700 U+041B5 䆵 00000036 0.0004/万 99.9817%

No:19701 U+042F7 䋷 00000036 0.0004/万 99.9820%	No:19702 U+04490 䒐 00000036 0.0004/万 99.9819%	No:19703 U+04567 䕧 00000036 0.0004/万 99.9816%	No:19704 U+045D3 䗓 00000036 0.0004/万 99.9819%	No:19705 U+045FF 䗿 00000036 0.0004/万 99.9817%	No:19706 U+0460E 䘎 00000036 0.0004/万 99.9817%	No:19707 U+04662 䙢 00000036 0.0004/万 99.9817%	No:19708 U+04697 䚗 00000036 0.0004/万 99.9818%	No:19709 U+0473A 䜺 00000036 0.0004/万 99.9820%	No:19710 U+04797 䞗 00000036 0.0004/万 99.9820%
No:19711 U+0482F 䠯 00000036 0.0004/万 99.9818%	No:19712 U+04870 䡰 00000036 0.0004/万 99.9816%	No:19713 U+048A1 䢡 00000036 0.0004/万 99.9817%	No:19714 U+04909 䤉 00000036 0.0004/万 99.9818%	No:19715 U+04969 䥩 00000036 0.0004/万 99.9819%	No:19716 U+049CA 䧊 00000036 0.0004/万 99.9818%	No:19717 U+049D1 䧑 00000036 0.0004/万 99.9816%	No:19718 U+04A4D 䩍 00000036 0.0004/万 99.9816%	No:19719 U+04A59 䩙 00000036 0.0004/万 99.9819%	No:19720 U+04A66 䩦 00000036 0.0004/万 99.9818%
No:19721 U+04ACB 䫋 00000036 0.0004/万 99.9819%	No:19722 U+04B6D 䭭 00000036 0.0004/万 99.9818%	No:19723 U+04BC1 䯁 00000036 0.0004/万 99.9818%	No:19724 U+04BD6 䯖 00000036 0.0004/万 99.9816%	No:19725 U+04C19 䰙 00000036 0.0004/万 99.9818%	No:19726 U+04C37 䰷 00000036 0.0004/万 99.9816%	No:19727 U+04C51 䱑 00000036 0.0004/万 99.9816%	No:19728 U+04C59 䱙 00000036 0.0004/万 99.9817%	No:19729 U+04C93 䲓 00000036 0.0004/万 99.9819%	No:19730 U+04CE9 䳩 00000036 0.0004/万 99.9818%
No:19731 U+04D3B 䴻 00000036 0.0004/万 99.9820%	No:19732 U+04F06 伆 00000036 0.0004/万 99.9817%	No:19733 U+04FBC 侼 00000036 0.0004/万 99.9819%	No:19734 U+054FE 哾 00000036 0.0004/万 99.9817%	No:19735 U+05548 啈 00000036 0.0004/万 99.9817%	No:19736 U+0563A 嘺 00000036 0.0004/万 99.9818%	No:19737 U+05744 坄 00000036 0.0004/万 99.9820%	No:19738 U+05778 坸 00000036 0.0004/万 99.9819%	No:19739 U+0599C 妜 00000036 0.0004/万 99.9816%	No:19740 U+05B23 嬣 00000036 0.0004/万 99.9817%
No:19741 U+05FDB 忛 00000036 0.0004/万 99.9821%	No:19742 U+0618F 憏 00000036 0.0004/万 99.9820%	No:19743 U+062FA 拺 00000036 0.0004/万 99.9821%	No:19744 U+063C8 揈 00000036 0.0004/万 99.9822%	No:19745 U+06457 摗 00000036 0.0004/万 99.9821%	No:19746 U+0650A 攊 00000036 0.0004/万 99.9822%	No:19747 U+0670E 朎 00000036 0.0004/万 99.9820%	No:19748 U+069AA 榪 00000036 0.0004/万 99.9821%	No:19749 U+069B8 榸 00000036 0.0004/万 99.9820%	No:19750 U+06A36 樶 00000036 0.0004/万 99.9822%
No:19751 U+06A56 橖 00000036 0.0004/万 99.9821%	No:19752 U+06B51 歑 00000036 0.0004/万 99.9822%	No:19753 U+06D6C 浬 00000036 0.0004/万 99.9820%	No:19754 U+0705B 灛 00000036 0.0004/万 99.9822%	No:19755 U+07077 灷 00000036 0.0004/万 99.9821%	No:19756 U+0711F 焟 00000036 0.0004/万 99.9820%	No:19757 U+073DC 珜 00000036 0.0004/万 99.9821%	No:19758 U+07574 畴 00000036 0.0004/万 99.9821%	No:19759 U+0787B 硻 00000036 0.0004/万 99.9821%	No:19760 U+078F0 磰 00000036 0.0004/万 99.9821%
No:19761 U+07907 礇 00000036 0.0004/万 99.9821%	No:19762 U+07A7B 穻 00000036 0.0004/万 99.9821%	No:19763 U+07BD3 篓 00000036 0.0004/万 99.9822%	No:19764 U+07C3C 簼 00000036 0.0004/万 99.9821%	No:19765 U+07E71 繱 00000036 0.0004/万 99.9822%	No:19766 U+07FF4 翴 00000036 0.0004/万 99.9821%	No:19767 U+080D3 胓 00000036 0.0004/万 99.9822%	No:19768 U+083E6 菦 00000036 0.0004/万 99.9821%	No:19769 U+083FF 菿 00000036 0.0004/万 99.9820%	No:19770 U+08483 蒃 00000036 0.0004/万 99.9821%
No:19771 U+08504 蔄 00000036 0.0004/万 99.9820%	No:19772 U+08633 蘳 00000036 0.0004/万 99.9821%	No:19773 U+086F0 蛰 00000036 0.0004/万 99.9821%	No:19774 U+08790 螐 00000036 0.0004/万 99.9822%	No:19775 U+08817 蠗 00000036 0.0004/万 99.9821%	No:19776 U+08D60 赠 00000036 0.0004/万 99.9821%	No:19777 U+08EB4 躴 00000036 0.0004/万 99.9822%	No:19778 U+08EFD 軽 00000036 0.0004/万 99.9820%	No:19779 U+09029 逩 00000036 0.0004/万 99.9821%	No:19780 U+092C5 鋅 00000036 0.0004/万 99.9821%
No:19781 U+09357 鍗 00000036 0.0004/万 99.9822%	No:19782 U+0981D 頝 00000036 0.0004/万 99.9816%	No:19783 U+098A9 颩 00000036 0.0004/万 99.9816%	No:19784 U+098AB 颫 00000036 0.0004/万 99.9816%	No:19785 U+098C5 飅 00000036 0.0004/万 99.9816%	No:19786 U+09ADE 髞 00000036 0.0004/万 99.9815%	No:19787 U+09BBE 鮾 00000036 0.0004/万 99.9815%	No:19788 U+09BFA 鯺 00000036 0.0004/万 99.9816%	No:19789 U+09D11 鴑 00000036 0.0004/万 99.9816%	No:19790 U+09DE0 鷠 00000036 0.0004/万 99.9815%
No:19791 U+09ECB 黋 00000036 0.0004/万 99.9816%	No:19792 U+0E264 達 00000036 0.0004/万 99.9816%	No:19793 U+0ED26 00000036 0.0004/万 99.9816%	No:19794 U+0ED7C 00000036 0.0004/万 99.9816%	No:19795 U+0EE0F 00000036 0.0004/万 99.9815%	No:19796 U+0EEE8 00000036 0.0004/万 99.9815%	No:19797 U+0F773 00000036 0.0004/万 99.9816%	No:19798 U+E06 [illegible] 00000036 0.0004/万 99.9818%	No:19799 U+EC6 [illegible] 00000036 0.0004/万 99.9818%	No:19800 U+E97 [illegible] 00000036 0.0004/万 99.9819%

No:19801 U+E8C 屜 00000036 0.0004/万 99.9820%	No:19802 U+E33 葦 00000036 0.0004/万 99.9819%	No:19803 U+E44 㟅 00000036 0.0004/万 99.9817%	No:19804 U+E77 嵣 00000036 0.0004/万 99.9819%	No:19805 U+E8D 畾 00000036 0.0004/万 99.9817%	No:19806 U+F7B 営 00000036 0.0004/万 99.9819%	No:19807 U+EE2 帑 00000036 0.0004/万 99.9819%	No:19808 U+E8A 慅 00000036 0.0004/万 99.9816%	No:19809 U+E5E 擭 00000036 0.0004/万 99.9817%	No:19810 U+EFD 纂 00000036 0.0004/万 99.9817%
No:19811 U+E17 蘢 00000036 0.0004/万 99.9820%	No:19812 U+E08 泉 00000036 0.0004/万 99.9818%	No:19813 U+E82 㴐 00000036 0.0004/万 99.9819%	No:19814 U+E8E 濙 00000036 0.0004/万 99.9820%	No:19815 U+EDE 麈 00000036 0.0004/万 99.9820%	No:19816 U+EC8 疦 00000036 0.0004/万 99.9819%	No:19817 U+ED3 瘩 00000036 0.0004/万 99.9818%	No:19818 U+F72 䓿 00000036 0.0004/万 99.9820%	No:19819 U+ED3 賀 00000036 0.0004/万 99.9817%	No:19820 U+EFD 街 00000036 0.0004/万 99.9818%
No:19821 U+E65 霂 00000036 0.0004/万 99.9818%	No:19822 U+EC7 飌 00000036 0.0004/万 99.9820%	No:19823 U+E1D 鴃 00000036 0.0004/万 99.9817%	No:19824 U+E1B 黱 00000036 0.0004/万 99.9817%	No:19825 U+0345C 㑜 00000035 0.0004/万 99.9824%	No:19826 U+034E2 㓢 00000035 0.0004/万 99.9823%	No:19827 U+03644 㙄 00000035 0.0004/万 99.9826%	No:19828 U+03770 㝰 00000035 0.0004/万 99.9824%	No:19829 U+0395A 㥚 00000035 0.0004/万 99.9825%	No:19830 U+03A0B 㨋 00000035 0.0004/万 99.9823%
No:19831 U+03BB3 㮳 00000035 0.0004/万 99.9824%	No:19832 U+03BB9 㮹 00000035 0.0004/万 99.9822%	No:19833 U+03BE4 㯤 00000035 0.0004/万 99.9825%	No:19834 U+03BF2 㯲 00000035 0.0004/万 99.9825%	No:19835 U+03C60 㱠 00000035 0.0004/万 99.9826%	No:19836 U+03C63 㱣 00000035 0.0004/万 99.9824%	No:19837 U+03CE6 㳦 00000035 0.0004/万 99.9825%	No:19838 U+03D86 㶆 00000035 0.0004/万 99.9823%	No:19839 U+03F71 㽱 00000035 0.0004/万 99.9826%	No:19840 U+03F7F 㽿 00000035 0.0004/万 99.9824%
No:19841 U+03F9C 㾜 00000035 0.0004/万 99.9825%	No:19842 U+03FC2 㿂 00000035 0.0004/万 99.9826%	No:19843 U+04012 䀒 00000035 0.0004/万 99.9824%	No:19844 U+040BF 䂿 00000035 0.0004/万 99.9822%	No:19845 U+04176 䅶 00000035 0.0004/万 99.9825%	No:19846 U+0423A 䈺 00000035 0.0004/万 99.9824%	No:19847 U+042B3 䊳 00000035 0.0004/万 99.9825%	No:19848 U+042FE 䋾 00000035 0.0004/万 99.9823%	No:19849 U+04306 䌆 00000035 0.0004/万 99.9824%	No:19850 U+0437C 䍼 00000035 0.0004/万 99.9825%
No:19851 U+04436 䐶 00000035 0.0004/万 99.9825%	No:19852 U+044FE 䓾 00000035 0.0004/万 99.9824%	No:19853 U+04501 䔁 00000035 0.0004/万 99.9824%	No:19854 U+0486C 䡬 00000035 0.0004/万 99.9825%	No:19855 U+04953 䥓 00000035 0.0004/万 99.9823%	No:19856 U+0498E 䦎 00000035 0.0004/万 99.9824%	No:19857 U+04A79 䩹 00000035 0.0004/万 99.9823%	No:19858 U+04AA9 䪩 00000035 0.0004/万 99.9826%	No:19859 U+04B23 䬣 00000035 0.0004/万 99.9826%	No:19860 U+04B39 䬹 00000035 0.0004/万 99.9823%
No:19861 U+04C15 䰕 00000035 0.0004/万 99.9826%	No:19862 U+04C3F 䰿 00000035 0.0004/万 99.9824%	No:19863 U+04CEF 䳯 00000035 0.0004/万 99.9824%	No:19864 U+04CF4 䳴 00000035 0.0004/万 99.9823%	No:19865 U+04D68 䵨 00000035 0.0004/万 99.9825%	No:19866 U+04D9C 䶜 00000035 0.0004/万 99.9823%	No:19867 U+04EA3 亣 00000035 0.0004/万 99.9824%	No:19868 U+04EDB 仛 00000035 0.0004/万 99.9824%	No:19869 U+04FFF 俿 00000035 0.0004/万 99.9823%	No:19870 U+050D8 僘 00000035 0.0004/万 99.9825%
No:19871 U+05402 吂 00000035 0.0004/万 99.9824%	No:19872 U+05432 吲 00000035 0.0004/万 99.9825%	No:19873 U+056BD 嚽 00000035 0.0004/万 99.9826%	No:19874 U+05724 圤 00000035 0.0004/万 99.9825%	No:19875 U+05796 垖 00000035 0.0004/万 99.9823%	No:19876 U+057E9 埩 00000035 0.0004/万 99.9825%	No:19877 U+0585D 塝 00000035 0.0004/万 99.9825%	No:19878 U+0591F 够 00000035 0.0004/万 99.9823%	No:19879 U+059C7 姇 00000035 0.0004/万 99.9824%	No:19880 U+05D05 崅 00000035 0.0004/万 99.9823%
No:19881 U+05EA1 庡 00000035 0.0004/万 99.9828%	No:19882 U+05F76 彶 00000035 0.0004/万 99.9826%	No:19883 U+05FE3 忣 00000035 0.0004/万 99.9826%	No:19884 U+0610B 愋 00000035 0.0004/万 99.9827%	No:19885 U+0610C 愌 00000035 0.0004/万 99.9827%	No:19886 U+06156 慖 00000035 0.0004/万 99.9827%	No:19887 U+064A7 撧 00000035 0.0004/万 99.9827%	No:19888 U+064B6 撶 00000035 0.0004/万 99.9827%	No:19889 U+06857 桗 00000035 0.0004/万 99.9828%	No:19890 U+06859 桙 00000035 0.0004/万 99.9828%
No:19891 U+069AB 榫 00000035 0.0004/万 99.9827%	No:19892 U+06A8A 檊 00000035 0.0004/万 99.9826%	No:19893 U+06D30 洰 00000035 0.0004/万 99.9827%	No:19894 U+06DC9 淉 00000035 0.0004/万 99.9828%	No:19895 U+06FCD 濍 00000035 0.0004/万 99.9826%	No:19896 U+06FFD 濽 00000035 0.0004/万 99.9827%	No:19897 U+073FF 珿 00000035 0.0004/万 99.9826%	No:19898 U+07418 琘 00000035 0.0004/万 99.9828%	No:19899 U+074D7 瓗 00000035 0.0004/万 99.9828%	No:19900 U+07604 瘄 00000035 0.0004/万 99.9826%

No:19901 U+07618 瘻 00000035 0.0004/万 99.9827%	No:19902 U+07777 睷 00000035 0.0004/万 99.9827%	No:19903 U+078EB 磫 00000035 0.0004/万 99.9828%	No:19904 U+079DB 秛 00000035 0.0004/万 99.9827%	No:19905 U+07A59 穙 00000035 0.0004/万 99.9826%	No:19906 U+07B1D 笝 00000035 0.0004/万 99.9827%	No:19907 U+07B6C 筬 00000035 0.0004/万 99.9828%	No:19908 U+07D7D 絽 00000035 0.0004/万 99.9827%	No:19909 U+0825C 艜 00000035 0.0004/万 99.9827%	No:19910 U+08701 蜁 00000035 0.0004/万 99.9827%
No:19911 U+088EE 裮 00000035 0.0004/万 99.9827%	No:19912 U+08AE3 諣 00000035 0.0004/万 99.9828%	No:19913 U+08C67 豧 00000035 0.0004/万 99.9827%	No:19914 U+08D7D 赽 00000035 0.0004/万 99.9827%	No:19915 U+08DC3 跃 00000035 0.0004/万 99.9826%	No:19916 U+08EBF 躿 00000035 0.0004/万 99.9827%	No:19917 U+08EED 軭 00000035 0.0004/万 99.9827%	No:19918 U+0902B 逫 00000035 0.0004/万 99.9826%	No:19919 U+09071 遱 00000035 0.0004/万 99.9827%	No:19920 U+09231 鈱 00000035 0.0004/万 99.9827%
No:19921 U+092B5 銵 00000035 0.0004/万 99.9828%	No:19922 U+0942A 鐪 00000035 0.0004/万 99.9827%	No:19923 U+0963E 阾 00000035 0.0004/万 99.9828%	No:19924 U+096E1 雡 00000035 0.0004/万 99.9826%	No:19925 U+09710 霐 00000035 0.0004/万 99.9822%	No:19926 U+098F3 飳 00000035 0.0004/万 99.9822%	No:19927 U+09904 餄 00000035 0.0004/万 99.9822%	No:19928 U+09B7A 魺 00000035 0.0004/万 99.9822%	No:19929 U+09BEE 鯮 00000035 0.0004/万 99.9822%	No:19930 U+09D0E 鴎 00000035 0.0004/万 99.9822%
No:19931 U+0EA8A 剃 00000035 0.0004/万 99.9822%	No:19932 U+0EC00 叕 00000035 0.0004/万 99.9822%	No:19933 U+E73 儍 00000035 0.0004/万 99.9824%	No:19934 U+ECA 剩 00000035 0.0004/万 99.9825%	No:19935 U+E4C 岷 00000035 0.0004/万 99.9824%	No:19936 U+E48 ⿰山臽 00000035 0.0004/万 99.9826%	No:19937 U+E5F 嵮 00000035 0.0004/万 99.9826%	No:19938 U+E71 ⿰山憂 00000035 0.0004/万 99.9826%	No:19939 U+EC5 ⿲弓豕弓 00000035 0.0004/万 99.9822%	No:19940 U+FD0 蛓 00000035 0.0004/万 99.9823%
No:19941 U+EEC ⿸广戚 00000035 0.0004/万 99.9824%	No:19942 U+E9C ⿰氵欲 00000035 0.0004/万 99.9823%	No:19943 U+E10 ⿰王將 00000035 0.0004/万 99.9825%	No:19944 U+EF0 ⿰虛瓦 00000035 0.0004/万 99.9825%	No:19945 U+EC1 毒 00000035 0.0004/万 99.9825%	No:19946 U+EC3 ⿸疒憲 00000035 0.0004/万 99.9826%	No:19947 U+E9E ⿰月息 00000035 0.0004/万 99.9823%	No:19948 U+EC4 ⿰言希 00000035 0.0004/万 99.9824%	No:19949 U+E0C 謷 00000035 0.0004/万 99.9825%	No:19950 U+E4C ⿰赤垔 00000035 0.0004/万 99.9825%
No:19951 U+EA4 ⿺辶莒 00000035 0.0004/万 99.9823%	No:19952 U+F78 ⿺辶咼 00000035 0.0004/万 99.9825%	No:19953 U+E9E 鄭 00000035 0.0004/万 99.9823%	No:19954 U+E05 鄙 00000035 0.0004/万 99.9823%	No:19955 U+EF2 ⿰革沙 00000035 0.0004/万 99.9823%	No:19956 U+E12 ⿱髟亏 00000035 0.0004/万 99.9823%	No:19957 U+E11 ⿰魚泰 00000035 0.0004/万 99.9823%	No:19958 U+E36 ⿸鹿鳥 00000035 0.0004/万 99.9824%	No:19959 U+E61 ⿰鼎干 00000035 0.0004/万 99.9823%	No:19960 U+0343A 㐺 00000034 0.0004/万 99.9831%
No:19961 U+03505 㔅 00000034 0.0004/万 99.9832%	No:19962 U+0351E 㔞 00000034 0.0004/万 99.9831%	No:19963 U+03538 㔸 00000034 0.0004/万 99.9829%	No:19964 U+035AE 㖮 00000034 0.0004/万 99.9830%	No:19965 U+03763 㝣 00000034 0.0004/万 99.9829%	No:19966 U+037B7 㞷 00000034 0.0004/万 99.9830%	No:19967 U+037F6 㟶 00000034 0.0004/万 99.9829%	No:19968 U+03889 㢉 00000034 0.0004/万 99.9833%	No:19969 U+03901 㤁 00000034 0.0004/万 99.9829%	No:19970 U+039E2 㧢 00000034 0.0004/万 99.9831%
No:19971 U+03A19 㨙 00000034 0.0004/万 99.9831%	No:19972 U+03A47 㩇 00000034 0.0004/万 99.9831%	No:19973 U+03A9C 㪜 00000034 0.0004/万 99.9832%	No:19974 U+03C20 㰠 00000034 0.0004/万 99.9830%	No:19975 U+03C30 㰰 00000034 0.0004/万 99.9830%	No:19976 U+03C5A 㱚 00000034 0.0004/万 99.9832%	No:19977 U+03CEF 㳯 00000034 0.0004/万 99.9829%	No:19978 U+03D68 㵨 00000034 0.0004/万 99.9829%	No:19979 U+03F14 㼔 00000034 0.0004/万 99.9830%	No:19980 U+03F6C 㽬 00000034 0.0004/万 99.9830%
No:19981 U+03F88 㾈 00000034 0.0004/万 99.9830%	No:19982 U+03FA8 㾨 00000034 0.0004/万 99.9829%	No:19983 U+04151 䅑 00000034 0.0004/万 99.9830%	No:19984 U+04224 䈤 00000034 0.0004/万 99.9831%	No:19985 U+042C3 䋃 00000034 0.0004/万 99.9832%	No:19986 U+042DA 䋚 00000034 0.0004/万 99.9832%	No:19987 U+042F5 䋵 00000034 0.0004/万 99.9832%	No:19988 U+04301 䌁 00000034 0.0004/万 99.9832%	No:19989 U+043F5 䏵 00000034 0.0004/万 99.9829%	No:19990 U+0441E 䐞 00000034 0.0004/万 99.9830%
No:19991 U+0445C 䑜 00000034 0.0004/万 99.9829%	No:19992 U+04474 䑴 00000034 0.0004/万 99.9829%	No:19993 U+044B9 䒹 00000034 0.0004/万 99.9829%	No:19994 U+0450B 䔋 00000034 0.0004/万 99.9833%	No:19995 U+0454B 䕋 00000034 0.0004/万 99.9832%	No:19996 U+045CB 䗋 00000034 0.0004/万 99.9829%	No:19997 U+045CD 䗍 00000034 0.0004/万 99.9830%	No:19998 U+045DC 䗜 00000034 0.0004/万 99.9829%	No:19999 U+045FA 䗺 00000034 0.0004/万 99.9830%	No:20000 U+046AB 䚫 00000034 0.0004/万 99.9831%

No:20001 U+04752 䝒 00000034 0.0004/万 99.9832%	No:20002 U+047BD 䞽 00000034 0.0004/万 99.9832%	No:20003 U+04846 䡆 00000034 0.0004/万 99.9833%	No:20004 U+0485C 䡜 00000034 0.0004/万 99.9828%	No:20005 U+0488B 䢋 00000034 0.0004/万 99.9830%	No:20006 U+04936 䤶 00000034 0.0004/万 99.9829%	No:20007 U+049F3 䧳 00000034 0.0004/万 99.9831%	No:20008 U+04A3D 䨽 00000034 0.0004/万 99.9828%	No:20009 U+04A52 䩒 00000034 0.0004/万 99.9829%	No:20010 U+04B0C 䬌 00000034 0.0004/万 99.9830%
No:20011 U+04B32 䬲 00000034 0.0004/万 99.9830%	No:20012 U+04B89 䮉 00000034 0.0004/万 99.9829%	No:20013 U+04BBA 䮺 00000034 0.0004/万 99.9831%	No:20014 U+04BDE 䯞 00000034 0.0004/万 99.9831%	No:20015 U+04C21 䰡 00000034 0.0004/万 99.9831%	No:20016 U+04CD1 䳑 00000034 0.0004/万 99.9832%	No:20017 U+04D03 䴃 00000034 0.0004/万 99.9832%	No:20018 U+04D83 䶃 00000034 0.0004/万 99.9831%	No:20019 U+04DA2 䶢 00000034 0.0004/万 99.9832%	No:20020 U+04DB4 䶴 00000034 0.0004/万 99.9833%
No:20021 U+050FC 僼 00000034 0.0004/万 99.9830%	No:20022 U+05376 卶 00000034 0.0004/万 99.9829%	No:20023 U+05600 嘀 00000034 0.0004/万 99.9831%	No:20024 U+05731 圱 00000034 0.0004/万 99.9832%	No:20025 U+059F0 姰 00000034 0.0004/万 99.9829%	No:20026 U+05A2A 娪 00000034 0.0004/万 99.9828%	No:20027 U+05B53 孓 00000034 0.0004/万 99.9829%	No:20028 U+05C54 屔 00000034 0.0004/万 99.9830%	No:20029 U+05E52 幒 00000034 0.0004/万 99.9835%	No:20030 U+05FE7 忧 00000034 0.0004/万 99.9833%
No:20031 U+06118 愘 00000034 0.0004/万 99.9834%	No:20032 U+06281 抁 00000034 0.0004/万 99.9835%	No:20033 U+06393 掓 00000034 0.0004/万 99.9833%	No:20034 U+06471 摱 00000034 0.0004/万 99.9834%	No:20035 U+06752 杒 00000034 0.0004/万 99.9833%	No:20036 U+0677D 杽 00000034 0.0004/万 99.9834%	No:20037 U+06AAC 檬 00000034 0.0004/万 99.9833%	No:20038 U+06BA7 殧 00000034 0.0004/万 99.9834%	No:20039 U+06E0F 渏 00000034 0.0004/万 99.9834%	No:20040 U+06E92 溒 00000034 0.0004/万 99.9834%
No:20041 U+06F0C 漌 00000034 0.0004/万 99.9835%	No:20042 U+06FCF 濏 00000034 0.0004/万 99.9833%	No:20043 U+070B6 炶 00000034 0.0004/万 99.9834%	No:20044 U+070DE 烞 00000034 0.0004/万 99.9833%	No:20045 U+07283 犃 00000034 0.0004/万 99.9835%	No:20046 U+07291 犑 00000034 0.0004/万 99.9833%	No:20047 U+073DA 珚 00000034 0.0004/万 99.9833%	No:20048 U+07423 琣 00000034 0.0004/万 99.9835%	No:20049 U+0757B 畻 00000034 0.0004/万 99.9835%	No:20050 U+07653 癓 00000034 0.0004/万 99.9834%
No:20051 U+07675 癵 00000034 0.0004/万 99.9834%	No:20052 U+07924 礤 00000034 0.0004/万 99.9834%	No:20053 U+07966 祦 00000034 0.0004/万 99.9835%	No:20054 U+07976 祶 00000034 0.0004/万 99.9833%	No:20055 U+07977 祷 00000034 0.0004/万 99.9834%	No:20056 U+07989 禉 00000034 0.0004/万 99.9834%	No:20057 U+07B68 筨 00000034 0.0004/万 99.9833%	No:20058 U+07B82 箂 00000034 0.0004/万 99.9833%	No:20059 U+07CEB 糫 00000034 0.0004/万 99.9834%	No:20060 U+07D34 紴 00000034 0.0004/万 99.9835%
No:20061 U+0808A 肊 00000034 0.0004/万 99.9834%	No:20062 U+080A6 肦 00000034 0.0004/万 99.9834%	No:20063 U+08111 脑 00000034 0.0004/万 99.9833%	No:20064 U+08443 葃 00000034 0.0004/万 99.9835%	No:20065 U+08746 蝆 00000034 0.0004/万 99.9835%	No:20066 U+08969 襩 00000034 0.0004/万 99.9835%	No:20067 U+08992 覒 00000034 0.0004/万 99.9834%	No:20068 U+08AB5 誵 00000034 0.0004/万 99.9833%	No:20069 U+08B27 謧 00000034 0.0004/万 99.9835%	No:20070 U+08B36 謶 00000034 0.0004/万 99.9835%
No:20071 U+08CF1 賱 00000034 0.0004/万 99.9834%	No:20072 U+08D15 贕 00000034 0.0004/万 99.9833%	No:20073 U+08E07 踇 00000034 0.0004/万 99.9834%	No:20074 U+08EA6 躦 00000034 0.0004/万 99.9834%	No:20075 U+09009 选 00000034 0.0004/万 99.9833%	No:20076 U+09182 醂 00000034 0.0004/万 99.9833%	No:20077 U+09405 鐅 00000034 0.0004/万 99.9834%	No:20078 U+0944D 鑍 00000034 0.0004/万 99.9834%	No:20079 U+0957D 镽 00000034 0.0004/万 99.9834%	No:20080 U+0957F 长 00000034 0.0004/万 99.9834%
No:20081 U+097CA 韊 00000034 0.0004/万 99.9828%	No:20082 U+09A96 骖 00000034 0.0004/万 99.9828%	No:20083 U+09B61 魡 00000034 0.0004/万 99.9828%	No:20084 U+09BC4 鯄 00000034 0.0004/万 99.9828%	No:20085 U+0EF1A 00000034 0.0004/万 99.9828%	No:20086 U+0EFCC 00000034 0.0004/万 99.9828%	No:20087 U+EC7 [illegible] 00000034 0.0004/万 99.9829%	No:20088 U+E2E [illegible] 00000034 0.0004/万 99.9831%	No:20089 U+EB9 [illegible] 00000034 0.0004/万 99.9828%	No:20090 U+E74 [illegible] 00000034 0.0004/万 99.9831%
No:20091 U+E60 [illegible] 00000034 0.0004/万 99.9833%	No:20092 U+EC4 [illegible] 00000034 0.0004/万 99.9832%	No:20093 U+E46 [illegible] 00000034 0.0004/万 99.9832%	No:20094 U+EFF [illegible] 00000034 0.0004/万 99.9829%	No:20095 U+ED0 [illegible] 00000034 0.0004/万 99.9831%	No:20096 U+ED5 [illegible] 00000034 0.0004/万 99.9832%	No:20097 U+FF6 [illegible] 00000034 0.0004/万 99.9831%	No:20098 U+F54 [illegible] 00000034 0.0004/万 99.9832%	No:20099 U+E59 [illegible] 00000034 0.0004/万 99.9832%	No:20100 U+E18 [illegible] 00000034 0.0004/万 99.9828%

No:20101 U+E25 善 00000034 0.0004/万 99.9832%	No:20102 U+F5B 咠 00000034 0.0004/万 99.9832%	No:20103 U+E0A [illegible] 00000034 0.0004/万 99.9832%	No:20104 U+E11 [illegible] 00000034 0.0004/万 99.9832%	No:20105 U+E73 蘱 00000034 0.0004/万 99.9831%	No:20106 U+E2C [illegible] 00000034 0.0004/万 99.9829%	No:20107 U+EF1 疊 00000034 0.0004/万 99.9830%	No:20108 U+E4A [illegible] 00000034 0.0004/万 99.9833%	No:20109 U+E88 [illegible] 00000034 0.0004/万 99.9830%	No:20110 U+E9F 鄭 00000034 0.0004/万 99.9830%
No:20111 U+E0D 隸 00000034 0.0004/万 99.9831%	No:20112 U+E6C [illegible] 00000034 0.0004/万 99.9830%	No:20113 U+ED1 [illegible] 00000034 0.0004/万 99.9830%	No:20114 U+EA1 [illegible] 00000034 0.0004/万 99.9828%	No:20115 U+ED7 [illegible] 00000034 0.0004/万 99.9829%	No:20116 U+E8F [illegible] 00000034 0,0004/万 99.9830%	No:20117 U+E13 [illegible] 00000034 0.0004/万 99.9830%	No:20118 U+E3A 叙 00000034 0.0004/万 99.9833%	No:20119 U+E1B [illegible] 00000034 0.0004/万 99.9831%	No:20120 U+E32 [illegible] 00000034 0.0004/万 99.9832%
No:20121 U+E15 [illegible] 00000034 0.0004/万 99.9831%	No:20122 U+E66 [illegible] 00000034 0.0004/万 99.9831%	No:20123 U+E23 [illegible] 00000034 0.0004/万 99.9831%	No:20124 U+0347E 㑾 00000033 0.0004/万 99.9836%	No:20125 U+03481 㒁 00000033 0.0004/万 99.9837%	No:20126 U+034EE 㓮 00000033 0.0004/万 99.9836%	No:20127 U+034F1 㓱 00000033 0.0004/万 99.9836%	No:20128 U+03520 㔠 00000033 0.0004/万 99.9840%	No:20129 U+035E7 㗧 00000033 0.0004/万 99.9837%	No:20130 U+03623 㘣 00000033 0.0004/万 99.9837%
No:20131 U+03674 㙴 00000033 0.0004/万 99.9837%	No:20132 U+03842 㡂 00000033 0.0004/万 99.9839%	No:20133 U+03910 㤐 00000033 0.0004/万 99.9838%	No:20134 U+0399C 㦜 00000033 0.0004/万 99.9839%	No:20135 U+03A43 㩃 00000033 0.0004/万 99.9836%	No:20136 U+03B06 㬆 00000033 0.0004/万 99.9838%	No:20137 U+03B17 㬗 00000033 0.0004/万 99.9836%	No:20138 U+03B26 㬦 00000033 0.0004/万 99.9838%	No:20139 U+03B54 㭔 00000033 0.0004/万 99.9840%	No:20140 U+03BF7 㯷 00000033 0.0004/万 99.9838%
No:20141 U+03C23 㰣 00000033 0.0004/万 99.9837%	No:20142 U+03C4A 㱊 00000033 0.0004/万 99.9837%	No:20143 U+03CA2 㲢 00000033 0.0004/万 99.9838%	No:20144 U+03D69 㵩 00000033 0.0004/万 99.9839%	No:20145 U+03DF7 㷷 00000033 0.0004/万 99.9838%	No:20146 U+03DFF 㷿 00000033 0.0004/万 99.9837%	No:20147 U+03E23 㸣 00000033 0.0004/万 99.9837%	No:20148 U+03E5F 㹟 00000033 0.0004/万 99.9836%	No:20149 U+03FCB 㿋 00000033 0.0004/万 99.9839%	No:20150 U+0404D 䁍 00000033 0.0004/万 99.9838%
No:20151 U+0409E 䂞 00000033 0.0004/万 99.9839%	No:20152 U+040C3 䃃 00000033 0.0004/万 99.9838%	No:20153 U+04106 䄆 00000033 0.0004/万 99.9838%	No:20154 U+041CF 䇏 00000033 0.0004/万 99.9839%	No:20155 U+041DE 䇞 00000033 0.0004/万 99.9837%	No:20156 U+041E3 䇣 00000033 0.0004/万 99.9836%	No:20157 U+04263 䉣 00000033 0.0004/万 99.9836%	No:20158 U+04277 䉷 00000033 0.0004/万 99.9837%	No:20159 U+04320 䌠 00000033 0.0004/万 99.9839%	No:20160 U+0434D 䍍 00000033 0.0004/万 99.9840%
No:20161 U+043AA 䎪 00000033 0.0004/万 99.9840%	No:20162 U+043CA 䏊 00000033 0.0004/万 99.9838%	No:20163 U+04431 䐱 00000033 0.0004/万 99.9840%	No:20164 U+045A7 䖧 00000033 0.0004/万 99.9838%	No:20165 U+045E0 䗠 00000033 0.0004/万 99.9837%	No:20166 U+04605 䘅 00000033 0.0004/万 99.9837%	No:20167 U+04629 䘩 00000033 0.0004/万 99.9839%	No:20168 U+046FB 䛻 00000033 0.0004/万 99.9836%	No:20169 U+046FD 䛽 00000033 0.0004/万 99.9836%	No:20170 U+0481B 䠛 00000033 0.0004/万 99.9839%
No:20171 U+048BB 䢻 00000033 0.0004/万 99.9840%	No:20172 U+048C6 䣆 00000033 0.0004/万 99.9836%	No:20173 U+04901 䤁 00000033 0.0004/万 99.9836%	No:20174 U+04A33 䨳 00000033 0.0004/万 99.9840%	No:20175 U+04A46 䩆 00000033 0.0004/万 99.9839%	No:20176 U+04A81 䪁 00000033 0.0004/万 99.9837%	No:20177 U+04AA1 䪡 00000033 0.0004/万 99.9838%	No:20178 U+04AEA 䫪 00000033 0.0004/万 99.9836%	No:20179 U+04B42 䭂 00000033 0.0004/万 99.9839%	No:20180 U+04B49 䭉 00000033 0.0004/万 99.9839%
No:20181 U+04BA2 䮢 00000033 0.0004/万 99.9838%	No:20182 U+04C25 䰥 00000033 0.0004/万 99.9836%	No:20183 U+04C7D 䱽 00000033 0.0004/万 99.9836%	No:20184 U+04CDD 䳝 00000033 0.0004/万 99.9838%	No:20185 U+04F3F 伿 00000033 0.0004/万 99.9836%	No:20186 U+052C8 勈 00000033 0.0004/万 99.9837%	No:20187 U+05441 呁 00000033 0.0004/万 99.9836%	No:20188 U+054B0 咰 00000033 0.0004/万 99.9837%	No:20189 U+0555D 啝 00000033 0.0004/万 99.9839%	No:20190 U+055B6 営 00000033 0.0004/万 99.9838%
No:20191 U+0562B 嘫 00000033 0.0004/万 99.9839%	No:20192 U+05788 垈 00000033 0.0004/万 99.9837%	No:20193 U+05810 堐 00000033 0.0004/万 99.9838%	No:20194 U+058FF 壿 00000033 0.0004/万 99.9840%	No:20195 U+05A21 娡 00000033 0.0004/万 99.9837%	No:20196 U+05A37 娷 00000033 0.0004/万 99.9839%	No:20197 U+05D6D 嵭 00000033 0.0004/万 99.9837%	No:20198 U+05E05 帅 00000033 0.0004/万 99.9837%	No:20199 U+05FB8 徸 00000033 0.0004/万 99.9841%	No:20200 U+061DB 懛 00000033 0.0004/万 99.9841%

No:20201 U+06277 扷 00000033 0.0004/万 99.9840%	No:20202 U+06395 掕 00000033 0.0004/万 99.9840%	No:20203 U+063F0 揰 00000033 0.0004/万 99.9840%	No:20204 U+06794 枔 00000033 0.0004/万 99.9841%	No:20205 U+06AF2 櫲 00000033 0.0004/万 99.9841%	No:20206 U+06B06 欆 00000033 0.0004/万 99.9841%	No:20207 U+06B52 歒 00000033 0.0004/万 99.9841%	No:20208 U+06CD8 泘 00000033 0.0004/万 99.9840%	No:20209 U+06DE3 淣 00000033 0.0004/万 99.9841%	No:20210 U+06FD7 濗 00000033 0.0004/万 99.9841%
No:20211 U+06FE7 濧 00000033 0.0004/万 99.9840%	No:20212 U+07025 瀥 00000033 0.0004/万 99.9841%	No:20213 U+07179 煹 00000033 0.0004/万 99.9841%	No:20214 U+07276 牶 00000033 0.0004/万 99.9841%	No:20215 U+072D5 狕 00000033 0.0004/万 99.9841%	No:20216 U+074FE 瓾 00000033 0.0004/万 99.9841%	No:20217 U+075F5 痵 00000033 0.0004/万 99.9841%	No:20218 U+07668 癨 00000033 0.0004/万 99.9840%	No:20219 U+076BE 皾 00000033 0.0004/万 99.9840%	No:20220 U+0776D 睭 00000033 0.0004/万 99.9841%
No:20221 U+07963 祣 00000033 0.0004/万 99.9841%	No:20222 U+07B3A 笺 00000033 0.0004/万 99.9841%	No:20223 U+07C6B 籫 00000033 0.0004/万 99.9842%	No:20224 U+07CFC 糼 00000033 0.0004/万 99.9842%	No:20225 U+084B6 蒶 00000033 0.0004/万 99.9841%	No:20226 U+08642 虂 00000033 0.0004/万 99.9841%	No:20227 U+08676 虶 00000033 0.0004/万 99.9841%	No:20228 U+08786 螆 00000033 0.0004/万 99.9841%	No:20229 U+0878F 螏 00000033 0.0004/万 99.9840%	No:20230 U+0879B 螛 00000033 0.0004/万 99.9840%
No:20231 U+087AA 螪 00000033 0.0004/万 99.9841%	No:20232 U+090E9 郩 00000033 0.0004/万 99.9841%	No:20233 U+09202 鈂 00000033 0.0004/万 99.9841%	No:20234 U+09843 顃 00000033 0.0004/万 99.9835%	No:20235 U+09BA9 鮩 00000033 0.0004/万 99.9835%	No:20236 U+09BD8 鯘 00000033 0.0004/万 99.9835%	No:20237 U+09BDF 鯟 00000033 0.0004/万 99.9835%	No:20238 U+09C38 鰸 00000033 0.0004/万 99.9835%	No:20239 U+0E7AB 丆 00000033 0.0004/万 99.9835%	No:20240 U+0E83C 䎱 00000033 0.0004/万 99.9835%
No:20241 U+0EC9D 溯 00000033 0.0004/万 99.9835%	No:20242 U+0ECF8 𦧲 00000033 0.0004/万 99.9835%	No:20243 U+0ED0F 𤩱 00000033 0.0004/万 99.9835%	No:20244 U+0FECD □ 00000033 0.0004/万 99.9835%	No:20245 U+E45 壬 00000033 0.0004/万 99.9840%	No:20246 U+E35 峲 00000033 0.0004/万 99.9837%	No:20247 U+E64 蔆 00000033 0.0004/万 99.9837%	No:20248 U+E81 薢 00000033 0.0004/万 99.9839%	No:20249 U+E94 嶬 00000033 0.0004/万 99.9839%	No:20250 U+EE1 𢭏 00000033 0.0004/万 99.9840%
No:20251 U+E2E 捥 00000033 0.0004/万 99.9836%	No:20252 U+F72 敱 00000033 0.0004/万 99.9836%	No:20253 U+EC8 楙 00000033 0.0004/万 99.9837%	No:20254 U+E31 𣲃 00000033 0.0004/万 99.9837%	No:20255 U+E84 㳽 00000033 0.0004/万 99.9838%	No:20256 U+E14 𣹟 00000033 0.0004/万 99.9836%	No:20257 U+E17 𤩰 00000033 0.0004/万 99.9839%	No:20258 U+E1B 𤭛 00000033 0.0004/万 99.9837%	No:20259 U+EBD 畾 00000033 0.0004/万 99.9838%	No:20260 U+EC9 皵 00000033 0.0004/万 99.9839%
No:20261 U+E92 暜 00000033 0.0004/万 99.9836%	No:20262 U+EBB 䁧 00000033 0.0004/万 99.9838%	No:20263 U+EC2 𥞵 00000033 0.0004/万 99.9839%	No:20264 U+F55 𨯮 00000033 0.0004/万 99.9839%	No:20265 U+FBB 耇 00000033 0.0004/万 99.9839%	No:20266 U+E23 虓 00000033 0.0004/万 99.9840%	No:20267 U+EE4 𤤽 00000033 0.0004/万 99.9840%	No:20268 U+EE0 蟞 00000033 0.0004/万 99.9836%	No:20269 U+EFA 𥜒 00000033 0.0004/万 99.9840%	No:20270 U+E5A 𧳜 00000033 0.0004/万 99.9838%
No:20271 U+E73 𧺆 00000033 0.0004/万 99.9838%	No:20272 U+E40 𨀘 00000033 0.0004/万 99.9839%	No:20273 U+E69 𨆷 00000033 0.0004/万 99.9838%	No:20274 U+EB0 鄰 00000033 0.0004/万 99.9839%	No:20275 U+F47 𩟈 00000033 0.0004/万 99.9838%	No:20276 U+E13 𩨁 00000033 0.0004/万 99.9840%	No:20277 U+ED3 鬣 00000033 0.0004/万 99.9840%	No:20278 U+E93 𪉟 00000033 0.0004/万 99.9836%	No:20279 U+E2C 𨉞 00000033 0.0004/万 99.9838%	No:20280 U+034AB 㒫 00000032 0.0004/万 99.9843%
No:20281 U+034DA 㓚 00000032 0.0004/万 99.9845%	No:20282 U+0353C 㔼 00000032 0.0004/万 99.9843%	No:20283 U+03582 㖂 00000032 0.0004/万 99.9845%	No:20284 U+0368D 㚍 00000032 0.0004/万 99.9843%	No:20285 U+036D2 㛒 00000032 0.0004/万 99.9844%	No:20286 U+037F0 㟰 00000032 0.0004/万 99.9842%	No:20287 U+03831 㠱 00000032 0.0004/万 99.9846%	No:20288 U+03925 㤥 00000032 0.0004/万 99.9842%	No:20289 U+03B19 㬙 00000032 0.0004/万 99.9846%	No:20290 U+03B5D 㭝 00000032 0.0004/万 99.9845%
No:20291 U+03B5F 㭟 00000032 0.0004/万 99.9846%	No:20292 U+03B6D 㭭 00000032 0.0004/万 99.9844%	No:20293 U+03B83 㮃 00000032 0.0004/万 99.9844%	No:20294 U+03BF8 㯸 00000032 0.0004/万 99.9844%	No:20295 U+03C0F 㰏 00000032 0.0004/万 99.9843%	No:20296 U+03C28 㰨 00000032 0.0004/万 99.9844%	No:20297 U+03C9E 㲞 00000032 0.0004/万 99.9844%	No:20298 U+03CE7 㳧 00000032 0.0004/万 99.9846%	No:20299 U+03D2D 㴭 00000032 0.0004/万 99.9845%	No:20300 U+03DD2 㷒 00000032 0.0004/万 99.9844%

No:20301 U+03E73 㹳 00000032 0.0004/万 99.9845%	No:20302 U+03EA0 㺠 00000032 0.0004/万 99.9846%	No:20303 U+03EC2 㻂 00000032 0.0004/万 99.9843%	No:20304 U+03F34 㼴 00000032 0.0004/万 99.9846%	No:20305 U+0402F 䀯 00000032 0.0004/万 99.9843%	No:20306 U+04064 䁤 00000032 0.0004/万 99.9845%	No:20307 U+04073 䁳 00000032 0.0004/万 99.9846%	No:20308 U+040B3 䂳 00000032 0.0004/万 99.9846%	No:20309 U+04124 䄤 00000032 0.0004/万 99.9846%	No:20310 U+0412B 䄫 00000032 0.0004/万 99.9845%
No:20311 U+04143 䅃 00000032 0.0004/万 99.9846%	No:20312 U+0416F 䅯 00000032 0.0004/万 99.9846%	No:20313 U+0419F 䆟 00000032 0.0004/万 99.9846%	No:20314 U+04251 䉑 00000032 0.0004/万 99.9846%	No:20315 U+042C0 䋀 00000032 0.0004/万 99.9844%	No:20316 U+042EA 䋪 00000032 0.0004/万 99.9843%	No:20317 U+042FC 䋼 00000032 0.0004/万 99.9843%	No:20318 U+0431D 䌝 00000032 0.0004/万 99.9842%	No:20319 U+04326 䌦 00000032 0.0004/万 99.9842%	No:20320 U+0435B 䍛 00000032 0.0004/万 99.9845%
No:20321 U+04382 䎂 00000032 0.0004/万 99.9845%	No:20322 U+04397 䎗 00000032 0.0004/万 99.9846%	No:20323 U+04399 䎙 00000032 0.0004/万 99.9846%	No:20324 U+043F7 䏷 00000032 0.0004/万 99.9844%	No:20325 U+04429 䐩 00000032 0.0004/万 99.9845%	No:20326 U+044B2 䒲 00000032 0.0004/万 99.9843%	No:20327 U+04594 䖔 00000032 0.0004/万 99.9844%	No:20328 U+045B1 䖱 00000032 0.0004/万 99.9844%	No:20329 U+04657 䙗 00000032 0.0004/万 99.9844%	No:20330 U+0468B 䚋 00000032 0.0004/万 99.9844%
No:20331 U+046E5 䛥 00000032 0.0004/万 99.9845%	No:20332 U+04737 䜷 00000032 0.0004/万 99.9843%	No:20333 U+04740 䝀 00000032 0.0004/万 99.9843%	No:20334 U+04859 䡙 00000032 0.0004/万 99.9843%	No:20335 U+048A3 䢣 00000032 0.0004/万 99.9846%	No:20336 U+04957 䥗 00000032 0.0004/万 99.9844%	No:20337 U+049DE 䧞 00000032 0.0004/万 99.9845%	No:20338 U+04A64 䩤 00000032 0.0004/万 99.9843%	No:20339 U+04A86 䪆 00000032 0.0004/万 99.9843%	No:20340 U+04AC4 䫄 00000032 0.0004/万 99.9842%
No:20341 U+04ADB 䫛 00000032 0.0004/万 99.9847%	No:20342 U+04ADE 䫞 00000032 0.0004/万 99.9846%	No:20343 U+04B84 䮄 00000032 0.0004/万 99.9843%	No:20344 U+04BB4 䮴 00000032 0.0004/万 99.9842%	No:20345 U+04BFF 䯿 00000032 0.0004/万 99.9845%	No:20346 U+04C0F 䰏 00000032 0.0004/万 99.9845%	No:20347 U+04CEE 䳮 00000032 0.0004/万 99.9843%	No:20348 U+04D59 䵙 00000032 0.0004/万 99.9845%	No:20349 U+04D71 䵱 00000032 0.0004/万 99.9844%	No:20350 U+04F04 伄 00000032 0.0004/万 99.9844%
No:20351 U+04F72 佲 00000032 0.0004/万 99.9845%	No:20352 U+05073 偳 00000032 0.0004/万 99.9843%	No:20353 U+05129 儩 00000032 0.0004/万 99.9843%	No:20354 U+052BA 劺 00000032 0.0004/万 99.9843%	No:20355 U+052ED 勭 00000032 0.0004/万 99.9843%	No:20356 U+05364 卤 00000032 0.0004/万 99.9844%	No:20357 U+0557A 啺 00000032 0.0004/万 99.9844%	No:20358 U+0558D 喍 00000032 0.0004/万 99.9847%	No:20359 U+05607 嘇 00000032 0.0004/万 99.9844%	No:20360 U+0572B 圫 00000032 0.0004/万 99.9844%
No:20361 U+0573C 圼 00000032 0.0004/万 99.9846%	No:20362 U+05758 坘 00000032 0.0004/万 99.9846%	No:20363 U+05A3A 娺 00000032 0.0004/万 99.9843%	No:20364 U+05A81 媁 00000032 0.0004/万 99.9847%	No:20365 U+05B04 嬄 00000032 0.0004/万 99.9845%	No:20366 U+05B13 嬓 00000032 0.0004/万 99.9845%	No:20367 U+05B77 孷 00000032 0.0004/万 99.9842%	No:20368 U+05CF7 峷 00000032 0.0004/万 99.9845%	No:20369 U+05D6E 嵮 00000032 0.0004/万 99.9844%	No:20370 U+05D98 嶘 00000032 0.0004/万 99.9846%
No:20371 U+05E0D 帍 00000032 0.0004/万 99.9846%	No:20372 U+05E35 帵 00000032 0.0004/万 99.9847%	No:20373 U+0607E 恾 00000032 0.0004/万 99.9847%	No:20374 U+0624F 扏 00000032 0.0004/万 99.9848%	No:20375 U+06300 挀 00000032 0.0004/万 99.9847%	No:20376 U+063E8 揨 00000032 0.0004/万 99.9847%	No:20377 U+06408 搈 00000032 0.0004/万 99.9847%	No:20378 U+066BC 暼 00000032 0.0004/万 99.9847%	No:20379 U+066D4 曔 00000032 0.0004/万 99.9847%	No:20380 U+06725 朥 00000032 0.0004/万 99.9847%
No:20381 U+06A0E 樎 00000032 0.0004/万 99.9848%	No:20382 U+06AD4 櫔 00000032 0.0004/万 99.9847%	No:20383 U+06CDF 泟 00000032 0.0004/万 99.9848%	No:20384 U+070EF 烯 00000032 0.0004/万 99.9847%	No:20385 U+071D8 燘 00000032 0.0004/万 99.9847%	No:20386 U+07572 畲 00000032 0.0004/万 99.9847%	No:20387 U+076FF 盿 00000032 0.0004/万 99.9848%	No:20388 U+0772A 眪 00000032 0.0004/万 99.9848%	No:20389 U+07748 睈 00000032 0.0004/万 99.9848%	No:20390 U+07B0D 笍 00000032 0.0004/万 99.9848%
No:20391 U+07CCC 糌 00000032 0.0004/万 99.9847%	No:20392 U+080DF 胟 00000032 0.0004/万 99.9847%	No:20393 U+081AD 膭 00000032 0.0004/万 99.9847%	No:20394 U+08365 荥 00000032 0.0004/万 99.9848%	No:20395 U+084F9 蓹 00000032 0.0004/万 99.9847%	No:20396 U+08510 蔐 00000032 0.0004/万 99.9848%	No:20397 U+08632 蘲 00000032 0.0004/万 99.9847%	No:20398 U+08A21 訡 00000032 0.0004/万 99.9847%	No:20399 U+08BDA 诚 00000032 0.0004/万 99.9848%	No:20400 U+08D8F 趏 00000032 0.0004/万 99.9847%

No:20401 U+08E9B 躛 00000032 0.0004/万 99.9847%	No:20402 U+09067 違 00000032 0.0004/万 99.9848%	No:20403 U+090C6 郆 00000032 0.0004/万 99.9847%	No:20404 U+0922B 鈫 00000032 0.0004/万 99.9848%	No:20405 U+09256 鉖 00000032 0.0004/万 99.9847%	No:20406 U+0925C 鉜 00000032 0.0004/万 99.9848%	No:20407 U+09284 銄 00000032 0.0004/万 99.9848%	No:20408 U+09328 錨 00000032 0.0004/万 99.9848%	No:20409 U+09372 鍲 00000032 0.0004/万 99.9848%	No:20410 U+0981B 頛 00000032 0.0004/万 99.9842%
No:20411 U+09A17 騗 00000032 0.0004/万 99.9842%	No:20412 U+09BDB 鯛 00000032 0.0004/万 99.9842%	No:20413 U+09BDC 鯜 00000032 0.0004/万 99.9842%	No:20414 U+0EAA9 殿 00000032 0.0004/万 99.9842%	No:20415 U+0EACB ⿰口殿 00000032 0.0004/万 99.9842%	No:20416 U+0EC90 ⿰氵荐 00000032 0.0004/万 99.9842%	No:20417 U+0EE11 藏 00000032 0.0004/万 99.9842%	No:20418 U+0F5C3 ⿲口口口 00000032 0.0004/万 99.9842%	No:20419 U+EFB ⿰口店 00000032 0.0004/万 99.9845%	No:20420 U+E0F ⿰口蓋 00000032 0.0004/万 99.9842%
No:20421 U+E0A ⿰口醫 00000032 0.0004/万 99.9842%	No:20422 U+E26 ⿱宀匕 00000032 0.0004/万 99.9842%	No:20423 U+E5E ⿱大山 00000032 0.0004/万 99.9843%	No:20424 U+FA9 ⿰忄監 00000032 0.0004/万 99.9844%	No:20425 U+EE5 ⿰扌闌 00000032 0.0004/万 99.9844%	No:20426 U+F76 ⿰氵齒 00000032 0.0004/万 99.9845%	No:20427 U+E4E ⿰氵靈 00000032 0.0004/万 99.9842%	No:20428 U+E50 伞 00000032 0.0004/万 99.9845%	No:20429 U+E03 ⿰矣犬 00000032 0.0004/万 99.9843%	No:20430 U+F97 盈 00000032 0.0004/万 99.9844%
No:20431 U+E94 ⿰目享 00000032 0.0004/万 99.9845%	No:20432 U+EA0 ⿱罒畾 00000032 0.0004/万 99.9842%	No:20433 U+E5A ⿱兟貝 00000032 0.0004/万 99.9846%	No:20434 U+E2F ⿰虫敫 00000032 0.0004/万 99.9845%	No:20435 U+E09 蠹 00000032 0.0004/万 99.9843%	No:20436 U+E39 ⿰豸育 00000032 0.0004/万 99.9846%	No:20437 U+EB3 ⿺辶止 00000032 0.0004/万 99.9842%	No:20438 U+E81 郎 00000032 0.0004/万 99.9844%	No:20439 U+ED3 ⿱雨斬 00000032 0.0004/万 99.9846%	No:20440 U+E51 ⿰魚辱 00000032 0.0004/万 99.9842%
No:20441 U+E28 鸝 00000032 0.0004/万 99.9846%	No:20442 U+03463 㑣 00000031 0.0003/万 99.9852%	No:20443 U+0346A 㑪 00000031 0.0003/万 99.9852%	No:20444 U+034A0 㒠 00000031 0.0003/万 99.9851%	No:20445 U+03525 㔥 00000031 0.0003/万 99.9849%	No:20446 U+03537 㔷 00000031 0.0003/万 99.9849%	No:20447 U+0357C 㕼 00000031 0.0003/万 99.9852%	No:20448 U+035D5 㗕 00000031 0.0003/万 99.9849%	No:20449 U+0368C 㚌 00000031 0.0003/万 99.9852%	No:20450 U+037C2 㟂 00000031 0.0003/万 99.9852%
No:20451 U+037C9 㟉 00000031 0.0003/万 99.9852%	No:20452 U+038A6 㢦 00000031 0.0003/万 99.9849%	No:20453 U+038FD 㣽 00000031 0.0003/万 99.9851%	No:20454 U+039F5 㧵 00000031 0.0003/万 99.9851%	No:20455 U+03AF1 㫱 00000031 0.0003/万 99.9852%	No:20456 U+03B93 㮓 00000031 0.0003/万 99.9850%	No:20457 U+03BD4 㯔 00000031 0.0003/万 99.9852%	No:20458 U+03C0C 㰌 00000031 0.0003/万 99.9852%	No:20459 U+03C36 㰶 00000031 0.0003/万 99.9849%	No:20460 U+03D71 㵱 00000031 0.0003/万 99.9850%
No:20461 U+03D9E 㶞 00000031 0.0003/万 99.9850%	No:20462 U+03DB4 㶴 00000031 0.0003/万 99.9850%	No:20463 U+03E43 㹃 00000031 0.0003/万 99.9852%	No:20464 U+03E4A 㹊 00000031 0.0003/万 99.9852%	No:20465 U+03F1D 㼝 00000031 0.0003/万 99.9849%	No:20466 U+03F44 㽄 00000031 0.0003/万 99.9850%	No:20467 U+03F48 㽈 00000031 0.0003/万 99.9851%	No:20468 U+03FBD 㾽 00000031 0.0003/万 99.9851%	No:20469 U+04034 䀴 00000031 0.0003/万 99.9849%	No:20470 U+0407F 䁿 00000031 0.0003/万 99.9849%
No:20471 U+04095 䂕 00000031 0.0003/万 99.9848%	No:20472 U+040FC 䃼 00000031 0.0003/万 99.9851%	No:20473 U+041E1 䇡 00000031 0.0003/万 99.9850%	No:20474 U+04220 䈠 00000031 0.0003/万 99.9851%	No:20475 U+04362 䍢 00000031 0.0003/万 99.9850%	No:20476 U+04363 䍣 00000031 0.0003/万 99.9850%	No:20477 U+0440A 䐊 00000031 0.0003/万 99.9851%	No:20478 U+0441A 䐚 00000031 0.0003/万 99.9852%	No:20479 U+0443A 䐺 00000031 0.0003/万 99.9852%	No:20480 U+04451 䑑 00000031 0.0003/万 99.9852%
No:20481 U+0448F 䒏 00000031 0.0003/万 99.9851%	No:20482 U+04544 䕄 00000031 0.0003/万 99.9849%	No:20483 U+045A2 䖢 00000031 0.0003/万 99.9852%	No:20484 U+0467C 䙼 00000031 0.0003/万 99.9850%	No:20485 U+046B0 䚰 00000031 0.0003/万 99.9850%	No:20486 U+046ED 䛭 00000031 0.0003/万 99.9849%	No:20487 U+04865 䡥 00000031 0.0003/万 99.9850%	No:20488 U+04911 䤑 00000031 0.0003/万 99.9851%	No:20489 U+04916 䤖 00000031 0.0003/万 99.9851%	No:20490 U+04955 䥕 00000031 0.0003/万 99.9851%
No:20491 U+04A42 䩂 00000031 0.0003/万 99.9849%	No:20492 U+04B94 䮔 00000031 0.0003/万 99.9850%	No:20493 U+04BA0 䮠 00000031 0.0003/万 99.9850%	No:20494 U+04BAB 䮫 00000031 0.0003/万 99.9851%	No:20495 U+04BB8 䮸 00000031 0.0003/万 99.9851%	No:20496 U+04C16 䰖 00000031 0.0003/万 99.9850%	No:20497 U+04C6E 䱮 00000031 0.0003/万 99.9852%	No:20498 U+04C92 䲒 00000031 0.0003/万 99.9852%	No:20499 U+04D5E 䵞 00000031 0.0003/万 99.9851%	No:20500 U+04D88 䶈 00000031 0.0003/万 99.9851%

No:20501 U+04D98 䶘 00000031 0.0003/万 99.9850%	No:20502 U+04E1A 业 00000031 0.0003/万 99.9850%	No:20503 U+04EC5 仅 00000031 0.0003/万 99.9851%	No:20504 U+04EE0 仠 00000031 0.0003/万 99.9849%	No:20505 U+04F8E 侎 00000031 0.0003/万 99.9852%	No:20506 U+04FFD 俽 00000031 0.0003/万 99.9851%	No:20507 U+0504D 偍 00000031 0.0003/万 99.9851%	No:20508 U+0512F 儯 00000031 0.0003/万 99.9849%	No:20509 U+0529D 劝 00000031 0.0003/万 99.9849%	No:20510 U+054FC 哼 00000031 0.0003/万 99.9852%
No:20511 U+05511 唑 00000031 0.0003/万 99.9852%	No:20512 U+056E9 囩 00000031 0.0003/万 99.9849%	No:20513 U+058E3 壣 00000031 0.0003/万 99.9850%	No:20514 U+05A43 婃 00000031 0.0003/万 99.9850%	No:20515 U+05BA9 宩 00000031 0.0003/万 99.9851%	No:20516 U+05C7F 屿 00000031 0.0003/万 99.9852%	No:20517 U+05CA4 岤 00000031 0.0003/万 99.9849%	No:20518 U+05CC8 峈 00000031 0.0003/万 99.9849%	No:20519 U+05D1C 崜 00000031 0.0003/万 99.9848%	No:20520 U+05D8B 嶋 00000031 0.0003/万 99.9849%
No:20521 U+05E2A 帪 00000031 0.0003/万 99.9849%	No:20522 U+05E81 庁 00000031 0.0003/万 99.9853%	No:20523 U+06036 怶 00000031 0.0003/万 99.9853%	No:20524 U+06370 捰 00000031 0.0003/万 99.9854%	No:20525 U+06432 搲 00000031 0.0003/万 99.9854%	No:20526 U+066BF 暿 00000031 0.0003/万 99.9854%	No:20527 U+06A2C 樬 00000031 0.0003/万 99.9854%	No:20528 U+06A69 橩 00000031 0.0003/万 99.9853%	No:20529 U+06A82 檂 00000031 0.0003/万 99.9854%	No:20530 U+06A99 檙 00000031 0.0003/万 99.9853%
No:20531 U+06AA7 檧 00000031 0.0003/万 99.9854%	No:20532 U+06B27 欧 00000031 0.0003/万 99.9854%	No:20533 U+06B85 殅 00000031 0.0003/万 99.9852%	No:20534 U+06B8F 殏 00000031 0.0003/万 99.9853%	No:20535 U+06BA8 殨 00000031 0.0003/万 99.9853%	No:20536 U+06EDE 滞 00000031 0.0003/万 99.9853%	No:20537 U+06F00 漀 00000031 0.0003/万 99.9854%	No:20538 U+06F0D 漍 00000031 0.0003/万 99.9854%	No:20539 U+0712A 焪 00000031 0.0003/万 99.9853%	No:20540 U+0716A 煪 00000031 0.0003/万 99.9853%
No:20541 U+07195 熕 00000031 0.0003/万 99.9853%	No:20542 U+07212 爒 00000031 0.0003/万 99.9853%	No:20543 U+07349 獉 00000031 0.0003/万 99.9853%	No:20544 U+07764 睤 00000031 0.0003/万 99.9853%	No:20545 U+079E2 秢 00000031 0.0003/万 99.9853%	No:20546 U+07C44 籄 00000031 0.0003/万 99.9853%	No:20547 U+07C84 粄 00000031 0.0003/万 99.9854%	No:20548 U+0801F 耟 00000031 0.0003/万 99.9853%	No:20549 U+08262 艢 00000031 0.0003/万 99.9854%	No:20550 U+08379 荹 00000031 0.0003/万 99.9853%
No:20551 U+0856C 蕬 00000031 0.0003/万 99.9854%	No:20552 U+086D0 蛐 00000031 0.0003/万 99.9854%	No:20553 U+0870F 蜏 00000031 0.0003/万 99.9853%	No:20554 U+087A0 螠 00000031 0.0003/万 99.9854%	No:20555 U+08AB1 誱 00000031 0.0003/万 99.9853%	No:20556 U+08BF4 说 00000031 0.0003/万 99.9853%	No:20557 U+08E19 踙 00000031 0.0003/万 99.9853%	No:20558 U+08E1A 踚 00000031 0.0003/万 99.9853%	No:20559 U+08E37 踷 00000031 0.0003/万 99.9853%	No:20560 U+09176 酶 00000031 0.0003/万 99.9854%
No:20561 U+09194 醔 00000031 0.0003/万 99.9854%	No:20562 U+091E9 釩 00000031 0.0003/万 99.9853%	No:20563 U+09341 鍁 00000031 0.0003/万 99.9853%	No:20564 U+093FE 鏾 00000031 0.0003/万 99.9852%	No:20565 U+0942D 鐭 00000031 0.0003/万 99.9854%	No:20566 U+0944F 鑏 00000031 0.0003/万 99.9853%	No:20567 U+09BCD 鯍 00000031 0.0003/万 99.9848%	No:20568 U+09C14 鰔 00000031 0.0003/万 99.9848%	No:20569 U+09D6D 鵭 00000031 0.0003/万 99.9848%	No:20570 U+09F48 齈 00000031 0.0003/万 99.9848%
No:20571 U+0EA45 仵 00000031 0.0003/万 99.9848%	No:20572 U+0ED04 狷 00000031 0.0003/万 99.9848%	No:20573 U+0EEBC [illegible] 00000031 0.0003/万 99.9848%	No:20574 U+ED3 [illegible] 00000031 0.0003/万 99.9850%	No:20575 U+EE7 [illegible] 00000031 0.0003/万 99.9850%	No:20576 U+EA3 巕 00000031 0.0003/万 99.9849%	No:20577 U+E6E [illegible] 00000031 0.0003/万 99.9852%	No:20578 U+EAF [illegible] 00000031 0.0003/万 99.9850%	No:20579 U+ED9 [illegible] 00000031 0.0003/万 99.9851%	No:20580 U+E05 [illegible] 00000031 0.0003/万 99.9851%
No:20581 U+E9A [illegible] 00000031 0.0003/万 99.9849%	No:20582 U+E5A [illegible] 00000031 0.0003/万 99.9849%	No:20583 U+E69 [illegible] 00000031 0.0003/万 99.9849%	No:20584 U+EF2 莆 00000031 0.0003/万 99.9851%	No:20585 U+E86 [illegible] 00000031 0.0003/万 99.9850%	No:20586 U+EE8 蚢 00000031 0.0003/万 99.9850%	No:20587 U+EDF 鏧 00000031 0.0003/万 99.9849%	No:20588 U+F40 冡 00000031 0.0003/万 99.9850%	No:20589 U+E8D [illegible] 00000031 0.0003/万 99.9851%	No:20590 U+F7E 鑌 00000031 0.0003/万 99.9852%
No:20591 U+EFA [illegible] 00000031 0.0003/万 99.9849%	No:20592 U+E07 [illegible] 00000031 0.0003/万 99.9851%	No:20593 U+EE9 [illegible] 00000031 0.0003/万 99.9850%	No:20594 U+EE4 [illegible] 00000031 0.0003/万 99.9850%	No:20595 U+0344C 㑌 00000030 0.0003/万 99.9855%	No:20596 U+03484 㒄 00000030 0.0003/万 99.9855%	No:20597 U+0352B 㔫 00000030 0.0003/万 99.9855%	No:20598 U+03549 㕉 00000030 0.0003/万 99.9855%	No:20599 U+0363B 㘻 00000030 0.0003/万 99.9855%	No:20600 U+036B0 㚰 00000030 0.0003/万 99.9855%

No:20601 U+036F6 㛶 00000030 0.0003/万 99.9856%	No:20602 U+0373A 㜺 00000030 0.0003/万 99.9856%	No:20603 U+03838 㠸 00000030 0.0003/万 99.9856%	No:20604 U+03888 㢈 00000030 0.0003/万 99.9855%	No:20605 U+038E4 㣤 00000030 0.0003/万 99.9855%	No:20606 U+03931 㤱 00000030 0.0003/万 99.9855%	No:20607 U+0398F 㦏 00000030 0.0003/万 99.9856%	No:20608 U+03A0D 㨍 00000030 0.0003/万 99.9856%	No:20609 U+03AFB 㫻 00000030 0.0003/万 99.9855%	No:20610 U+03B60 㭠 00000030 0.0003/万 99.9856%
No:20611 U+03BFC 㯼 00000030 0.0003/万 99.9855%	No:20612 U+03C9C 㲜 00000030 0.0003/万 99.9855%	No:20613 U+03D44 㵄 00000030 0.0003/万 99.9856%	No:20614 U+03DC8 㷈 00000030 0.0003/万 99.9855%	No:20615 U+03DD3 㷓 00000030 0.0003/万 99.9855%	No:20616 U+03DF3 㷳 00000030 0.0003/万 99.9855%	No:20617 U+03F15 㼕 00000030 0.0003/万 99.9856%	No:20618 U+03F16 㼖 00000030 0.0003/万 99.9856%	No:20619 U+03FEA 㿪 00000030 0.0003/万 99.9855%	No:20620 U+0400A 䀊 00000030 0.0003/万 99.9855%
No:20621 U+040C8 䃈 00000030 0.0003/万 99.9857%	No:20622 U+0411F 䄟 00000030 0.0003/万 99.9857%	No:20623 U+04196 䆖 00000030 0.0003/万 99.9857%	No:20624 U+041E6 䇦 00000030 0.0003/万 99.9857%	No:20625 U+041EF 䇯 00000030 0.0003/万 99.9857%	No:20626 U+04414 䐔 00000030 0.0003/万 99.9858%	No:20627 U+0443D 䐽 00000030 0.0003/万 99.9857%	No:20628 U+04457 䑗 00000030 0.0003/万 99.9857%	No:20629 U+0448D 䒍 00000030 0.0003/万 99.9856%	No:20630 U+044CC 䓌 00000030 0.0003/万 99.9858%
No:20631 U+044CF 䓏 00000030 0.0003/万 99.9857%	No:20632 U+04639 䘹 00000030 0.0003/万 99.9857%	No:20633 U+0465C 䙜 00000030 0.0003/万 99.9856%	No:20634 U+0470F 䜏 00000030 0.0003/万 99.9858%	No:20635 U+047A6 䞦 00000030 0.0003/万 99.9856%	No:20636 U+047BF 䞿 00000030 0.0003/万 99.9857%	No:20637 U+047DD 䟝 00000030 0.0003/万 99.9858%	No:20638 U+047E0 䟠 00000030 0.0003/万 99.9856%	No:20639 U+047FE 䟾 00000030 0.0003/万 99.9856%	No:20640 U+04822 䠢 00000030 0.0003/万 99.9857%
No:20641 U+0485F 䡟 00000030 0.0003/万 99.9858%	No:20642 U+0490D 䤍 00000030 0.0003/万 99.9856%	No:20643 U+04993 䦓 00000030 0.0003/万 99.9856%	No:20644 U+0499A 䦚 00000030 0.0003/万 99.9858%	No:20645 U+04B26 䬦 00000030 0.0003/万 99.9857%	No:20646 U+04B62 䭢 00000030 0.0003/万 99.9858%	No:20647 U+04BC7 䯇 00000030 0.0003/万 99.9857%	No:20648 U+04BDD 䯝 00000030 0.0003/万 99.9858%	No:20649 U+04C8B 䲋 00000030 0.0003/万 99.9857%	No:20650 U+04CE4 䳤 00000030 0.0003/万 99.9857%
No:20651 U+04D8B 䶋 00000030 0.0003/万 99.9858%	No:20652 U+04EEE 仮 00000030 0.0003/万 99.9857%	No:20653 U+05086 傆 00000030 0.0003/万 99.9856%	No:20654 U+051FC 凼 00000030 0.0003/万 99.9857%	No:20655 U+0529E 办 00000030 0.0003/万 99.9857%	No:20656 U+052A4 劤 00000030 0.0003/万 99.9856%	No:20657 U+053A2 厢 00000030 0.0003/万 99.9857%	No:20658 U+05AEF 嫯 00000030 0.0003/万 99.9857%	No:20659 U+05CCC 峌 00000030 0.0003/万 99.9858%	No:20660 U+05CD1 峑 00000030 0.0003/万 99.9857%
No:20661 U+0602C 怬 00000030 0.0003/万 99.9860%	No:20662 U+060FF 惿 00000030 0.0003/万 99.9859%	No:20663 U+06102 愂 00000030 0.0003/万 99.9860%	No:20664 U+06228 戨 00000030 0.0003/万 99.9859%	No:20665 U+063CA 揊 00000030 0.0003/万 99.9860%	No:20666 U+063D9 揙 00000030 0.0003/万 99.9860%	No:20667 U+0642E 搮 00000030 0.0003/万 99.9859%	No:20668 U+06693 暓 00000030 0.0003/万 99.9859%	No:20669 U+066BD 暽 00000030 0.0003/万 99.9859%	No:20670 U+06820 栠 00000030 0.0003/万 99.9858%
No:20671 U+06955 楕 00000030 0.0003/万 99.9860%	No:20672 U+0697B 楻 00000030 0.0003/万 99.9860%	No:20673 U+06A2F 樯 00000030 0.0003/万 99.9860%	No:20674 U+06ABA 檺 00000030 0.0003/万 99.9860%	No:20675 U+06AC9 櫉 00000030 0.0003/万 99.9860%	No:20676 U+07017 瀗 00000030 0.0003/万 99.9860%	No:20677 U+07071 灱 00000030 0.0003/万 99.9860%	No:20678 U+070C9 烉 00000030 0.0003/万 99.9860%	No:20679 U+070D7 烗 00000030 0.0003/万 99.9861%	No:20680 U+070FC 烼 00000030 0.0003/万 99.9858%
No:20681 U+07101 焁 00000030 0.0003/万 99.9859%	No:20682 U+07102 焂 00000030 0.0003/万 99.9859%	No:20683 U+071AA 熪 00000030 0.0003/万 99.9860%	No:20684 U+071BD 熽 00000030 0.0003/万 99.9860%	No:20685 U+071CD 燍 00000030 0.0003/万 99.9859%	No:20686 U+071E8 燨 00000030 0.0003/万 99.9859%	No:20687 U+071F1 燱 00000030 0.0003/万 99.9859%	No:20688 U+0726C 牬 00000030 0.0003/万 99.9859%	No:20689 U+07273 牳 00000030 0.0003/万 99.9860%	No:20690 U+073D7 珗 00000030 0.0003/万 99.9859%
No:20691 U+07442 瑂 00000030 0.0003/万 99.9860%	No:20692 U+07773 睳 00000030 0.0003/万 99.9859%	No:20693 U+07798 瞘 00000030 0.0003/万 99.9860%	No:20694 U+07842 硂 00000030 0.0003/万 99.9858%	No:20695 U+078C6 磆 00000030 0.0003/万 99.9860%	No:20696 U+078C7 磇 00000030 0.0003/万 99.9859%	No:20697 U+079DE 秞 00000030 0.0003/万 99.9859%	No:20698 U+07AE9 竩 00000030 0.0003/万 99.9860%	No:20699 U+07C8B 粋 00000030 0.0003/万 99.9860%	No:20700 U+07D0C 紌 00000030 0.0003/万 99.9859%

No:20701 U+07DA5 綥 00000030 0.0003/万 99.9859%	No:20702 U+07E38 縸 00000030 0.0003/万 99.9860%	No:20703 U+080A4 肤 00000030 0.0003/万 99.9858%	No:20704 U+080F6 胶 00000030 0.0003/万 99.9859%	No:20705 U+08161 腡 00000030 0.0003/万 99.9858%	No:20706 U+083EC 菬 00000030 0.0003/万 99.9859%	No:20707 U+084D7 蓗 00000030 0.0003/万 99.9858%	No:20708 U+085E2 藢 00000030 0.0003/万 99.9859%	No:20709 U+0867C 虼 00000030 0.0003/万 99.9859%	No:20710 U+089C1 见 00000030 0.0003/万 99.9860%
No:20711 U+08A0D 訍 00000030 0.0003/万 99.9861%	No:20712 U+08A6F 詯 00000030 0.0003/万 99.9860%	No:20713 U+08ACA 諊 00000030 0.0003/万 99.9859%	No:20714 U+08D78 赸 00000030 0.0003/万 99.9860%	No:20715 U+08EF4 軴 00000030 0.0003/万 99.9860%	No:20716 U+09113 鄓 00000030 0.0003/万 99.9859%	No:20717 U+0918F 醏 00000030 0.0003/万 99.9859%	No:20718 U+09230 鈰 00000030 0.0003/万 99.9859%	No:20719 U+0929E 銞 00000030 0.0003/万 99.9858%	No:20720 U+092FE 鋾 00000030 0.0003/万 99.9859%
No:20721 U+09457 鑗 00000030 0.0003/万 99.9858%	No:20722 U+0947A 鑺 00000030 0.0003/万 99.9860%	No:20723 U+09923 餣 00000030 0.0003/万 99.9854%	No:20724 U+09BDA 鯚 00000030 0.0003/万 99.9854%	No:20725 U+0E846 ⿰貝青 00000030 0.0003/万 99.9854%	No:20726 U+0EB84 ⿸广蠱 00000030 0.0003/万 99.9854%	No:20727 U+0EC4B ⿰杀余 00000030 0.0003/万 99.9854%	No:20728 U+0EC58 ⿰豈欠 00000030 0.0003/万 99.9854%	No:20729 U+0EF5D ⿰口斷 00000030 0.0003/万 99.9854%	No:20730 U+EB0 儌 00000030 0.0003/万 99.9858%
No:20731 U+E7F ⿵几乂 00000030 0.0003/万 99.9858%	No:20732 U+EB3 ⿰口亏 00000030 0.0003/万 99.9858%	No:20733 U+E01 ⿰口劫 00000030 0.0003/万 99.9857%	No:20734 U+EC2 ⿱耂多 00000030 0.0003/万 99.9856%	No:20735 U+ECF ⿱十衣 00000030 0.0003/万 99.9855%	No:20736 U+EA2 ⿱奚灬 00000030 0.0003/万 99.9858%	No:20737 U+ED1 ⿰犭巨 00000030 0.0003/万 99.9857%	No:20738 U+EB0 ⿱獮土 00000030 0.0003/万 99.9858%	No:20739 U+EB7 ⿰音瓜 00000030 0.0003/万 99.9858%	No:20740 U+F4E ⿰石后 00000030 0.0003/万 99.9857%
No:20741 U+E3A ⿰米宜 00000030 0.0003/万 99.9857%	No:20742 U+E2D ⿰米冥 00000030 0.0003/万 99.9856%	No:20743 U+ECF ⿰耒麃 00000030 0.0003/万 99.9858%	No:20744 U+E9C ⿰月石 00000030 0.0003/万 99.9857%	No:20745 U+E15 ⿱白丂 00000030 0.0003/万 99.9856%	No:20746 U+E5D 舥 00000030 0.0003/万 99.9858%	No:20747 U+E1D ⿰舟靈 00000030 0.0003/万 99.9857%	No:20748 U+E5B ⿱艹狹 00000030 0.0003/万 99.9854%	No:20749 U+ED9 ⿰虫戍 00000030 0.0003/万 99.9855%	No:20750 U+EE5 ⿰虫壓 00000030 0.0003/万 99.9855%
No:20751 U+FD1 ⿰衤建 00000030 0.0003/万 99.9855%	No:20752 U+ECA ⿰言前 00000030 0.0003/万 99.9856%	No:20753 U+E92 ⿰谷間 00000030 0.0003/万 99.9854%	No:20754 U+E4D 軶 00000030 0.0003/万 99.9855%	No:20755 U+E86 ⿰車怱 00000030 0.0003/万 99.9855%	No:20756 U+E30 ⿰車唐 00000030 0.0003/万 99.9856%	No:20757 U+EEA ⿱癸金 00000030 0.0003/万 99.9855%	No:20758 U+E70 ⿰阝建 00000030 0.0003/万 99.9856%	No:20759 U+E7F ⿰昏頁 00000030 0.0003/万 99.9856%	No:20760 U+F45 ⿰食孚 00000030 0.0003/万 99.9855%
No:20761 U+E26 ⿰馬旗 00000030 0.0003/万 99.9855%	No:20762 U+E29 ⿱髟巠 00000030 0.0003/万 99.9856%	No:20763 U+03457 㑗 00000029 0.0003/万 99.9861%	No:20764 U+03517 㔗 00000029 0.0003/万 99.9863%	No:20765 U+03523 㔣 00000029 0.0003/万 99.9865%	No:20766 U+0353D 㔽 00000029 0.0003/万 99.9864%	No:20767 U+03631 㘱 00000029 0.0003/万 99.9861%	No:20768 U+0363F 㘿 00000029 0.0003/万 99.9861%	No:20769 U+0364A 㙊 00000029 0.0003/万 99.9861%	No:20770 U+0365A 㙚 00000029 0.0003/万 99.9861%
No:20771 U+0366D 㙭 00000029 0.0003/万 99.9862%	No:20772 U+03778 㝸 00000029 0.0003/万 99.9861%	No:20773 U+0381B 㠛 00000029 0.0003/万 99.9861%	No:20774 U+03821 㠡 00000029 0.0003/万 99.9861%	No:20775 U+038BE 㢾 00000029 0.0003/万 99.9864%	No:20776 U+038EB 㣫 00000029 0.0003/万 99.9865%	No:20777 U+0394D 㥍 00000029 0.0003/万 99.9864%	No:20778 U+039A8 㦨 00000029 0.0003/万 99.9863%	No:20779 U+03A03 㨃 00000029 0.0003/万 99.9863%	No:20780 U+03AB9 㪹 00000029 0.0003/万 99.9862%
No:20781 U+03B7E 㭾 00000029 0.0003/万 99.9862%	No:20782 U+03B96 㮖 00000029 0.0003/万 99.9862%	No:20783 U+03BAA 㮪 00000029 0.0003/万 99.9865%	No:20784 U+03BDD 㯝 00000029 0.0003/万 99.9863%	No:20785 U+03C1F 㰟 00000029 0.0003/万 99.9863%	No:20786 U+03C25 㰥 00000029 0.0003/万 99.9864%	No:20787 U+03D19 㴙 00000029 0.0003/万 99.9864%	No:20788 U+03D26 㴦 00000029 0.0003/万 99.9864%	No:20789 U+03D5E 㵞 00000029 0.0003/万 99.9861%	No:20790 U+03EEE 㻮 00000029 0.0003/万 99.9865%
No:20791 U+03EF6 㻶 00000029 0.0003/万 99.9863%	No:20792 U+03F2E 㼮 00000029 0.0003/万 99.9862%	No:20793 U+03FB9 㾹 00000029 0.0003/万 99.9862%	No:20794 U+03FBA 㾺 00000029 0.0003/万 99.9862%	No:20795 U+03FE3 㿣 00000029 0.0003/万 99.9864%	No:20796 U+04015 䀕 00000029 0.0003/万 99.9863%	No:20797 U+04062 䁢 00000029 0.0003/万 99.9863%	No:20798 U+04113 䄓 00000029 0.0003/万 99.9863%	No:20799 U+041D5 䇕 00000029 0.0003/万 99.9864%	No:20800 U+0422C 䈬 00000029 0.0003/万 99.9864%

No:20801 U+04242 䉂 00000029 0.0003/万 99.9864%	No:20802 U+04270 䉰 00000029 0.0003/万 99.9864%	No:20803 U+0429A 䊚 00000029 0.0003/万 99.9863%	No:20804 U+0434A 䍊 00000029 0.0003/万 99.9862%	No:20805 U+0448E 䒎 00000029 0.0003/万 99.9863%	No:20806 U+04541 䕁 00000029 0.0003/万 99.9863%	No:20807 U+04547 䕇 00000029 0.0003/万 99.9862%	No:20808 U+045B2 䖲 00000029 0.0003/万 99.9863%	No:20809 U+04602 䘂 00000029 0.0003/万 99.9861%	No:20810 U+046CC 䛌 00000029 0.0003/万 99.9864%
No:20811 U+0472B 䜫 00000029 0.0003/万 99.9863%	No:20812 U+0474B 䝋 00000029 0.0003/万 99.9864%	No:20813 U+04763 䝣 00000029 0.0003/万 99.9861%	No:20814 U+04779 䝹 00000029 0.0003/万 99.9862%	No:20815 U+047A4 䞤 00000029 0.0003/万 99.9862%	No:20816 U+047D4 䟔 00000029 0.0003/万 99.9861%	No:20817 U+047DB 䟛 00000029 0.0003/万 99.9861%	No:20818 U+047FF 䟿 00000029 0.0003/万 99.9864%	No:20819 U+04808 䠈 00000029 0.0003/万 99.9863%	No:20820 U+0482A 䠪 00000029 0.0003/万 99.9863%
No:20821 U+0484F 䡏 00000029 0.0003/万 99.9864%	No:20822 U+04853 䡓 00000029 0.0003/万 99.9864%	No:20823 U+048E2 䣢 00000029 0.0003/万 99.9863%	No:20824 U+048FA 䣺 00000029 0.0003/万 99.9864%	No:20825 U+0492A 䤪 00000029 0.0003/万 99.9863%	No:20826 U+04988 䦈 00000029 0.0003/万 99.9864%	No:20827 U+049D9 䧙 00000029 0.0003/万 99.9861%	No:20828 U+04A1B 䨛 00000029 0.0003/万 99.9861%	No:20829 U+04A3B 䨻 00000029 0.0003/万 99.9861%	No:20830 U+04A61 䩡 00000029 0.0003/万 99.9861%
No:20831 U+04B68 䭨 00000029 0.0003/万 99.9862%	No:20832 U+04C2B 䰫 00000029 0.0003/万 99.9861%	No:20833 U+04C9A 䲚 00000029 0.0003/万 99.9862%	No:20834 U+04CC2 䳂 00000029 0.0003/万 99.9862%	No:20835 U+04EB8 亸 00000029 0.0003/万 99.9863%	No:20836 U+04FA2 侢 00000029 0.0003/万 99.9863%	No:20837 U+05221 刡 00000029 0.0003/万 99.9863%	No:20838 U+053CF 叏 00000029 0.0003/万 99.9864%	No:20839 U+05568 啨 00000029 0.0003/万 99.9862%	No:20840 U+0571A 圚 00000029 0.0003/万 99.9862%
No:20841 U+057DE 埞 00000029 0.0003/万 99.9862%	No:20842 U+05A80 媀 00000029 0.0003/万 99.9864%	No:20843 U+05AF4 嫴 00000029 0.0003/万 99.9863%	No:20844 U+05B27 嬧 00000029 0.0003/万 99.9864%	No:20845 U+05F8F 徏 00000029 0.0003/万 99.9866%	No:20846 U+061B7 憷 00000029 0.0003/万 99.9866%	No:20847 U+0621D 戝 00000029 0.0003/万 99.9865%	No:20848 U+062BB 抻 00000029 0.0003/万 99.9866%	No:20849 U+063F8 揸 00000029 0.0003/万 99.9865%	No:20850 U+0640E 搎 00000029 0.0003/万 99.9865%
No:20851 U+06433 搳 00000029 0.0003/万 99.9866%	No:20852 U+0646C 摬 00000029 0.0003/万 99.9865%	No:20853 U+0647F 摿 00000029 0.0003/万 99.9865%	No:20854 U+065DA 旚 00000029 0.0003/万 99.9866%	No:20855 U+06646 晆 00000029 0.0003/万 99.9866%	No:20856 U+066EB 曫 00000029 0.0003/万 99.9867%	No:20857 U+06786 枆 00000029 0.0003/万 99.9866%	No:20858 U+068ED 棭 00000029 0.0003/万 99.9865%	No:20859 U+06D2C 洬 00000029 0.0003/万 99.9865%	No:20860 U+06DC1 淁 00000029 0.0003/万 99.9866%
No:20861 U+06EDC 滜 00000029 0.0003/万 99.9866%	No:20862 U+06F03 漃 00000029 0.0003/万 99.9865%	No:20863 U+06F1E 漞 00000029 0.0003/万 99.9866%	No:20864 U+07060 灠 00000029 0.0003/万 99.9866%	No:20865 U+070B4 炴 00000029 0.0003/万 99.9866%	No:20866 U+07290 犐 00000029 0.0003/万 99.9865%	No:20867 U+072E6 狦 00000029 0.0003/万 99.9866%	No:20868 U+07311 猑 00000029 0.0003/万 99.9866%	No:20869 U+07493 璓 00000029 0.0003/万 99.9866%	No:20870 U+074D5 瓕 00000029 0.0003/万 99.9865%
No:20871 U+07541 畁 00000029 0.0003/万 99.9866%	No:20872 U+07544 畄 00000029 0.0003/万 99.9866%	No:20873 U+07694 皔 00000029 0.0003/万 99.9866%	No:20874 U+076C1 盁 00000029 0.0003/万 99.9867%	No:20875 U+076D9 盙 00000029 0.0003/万 99.9866%	No:20876 U+0777B 睻 00000029 0.0003/万 99.9865%	No:20877 U+07807 砇 00000029 0.0003/万 99.9865%	No:20878 U+07944 祄 00000029 0.0003/万 99.9865%	No:20879 U+07A9A 窚 00000029 0.0003/万 99.9865%	No:20880 U+07CE4 糤 00000029 0.0003/万 99.9866%
No:20881 U+07E0D 縍 00000029 0.0003/万 99.9866%	No:20882 U+0802B 耫 00000029 0.0003/万 99.9865%	No:20883 U+08037 耷 00000029 0.0003/万 99.9866%	No:20884 U+08145 腅 00000029 0.0003/万 99.9866%	No:20885 U+0825E 艞 00000029 0.0003/万 99.9865%	No:20886 U+08270 艰 00000029 0.0003/万 99.9866%	No:20887 U+08376 荶 00000029 0.0003/万 99.9866%	No:20888 U+0899D 覝 00000029 0.0003/万 99.9866%	No:20889 U+08A04 訄 00000029 0.0003/万 99.9865%	No:20890 U+08A5C 詜 00000029 0.0003/万 99.9865%
No:20891 U+08A80 誀 00000029 0.0003/万 99.9865%	No:20892 U+09043 遃 00000029 0.0003/万 99.9866%	No:20893 U+092F4 鋴 00000029 0.0003/万 99.9865%	No:20894 U+09317 錗 00000029 0.0003/万 99.9865%	No:20895 U+0937F 鍿 00000029 0.0003/万 99.9866%	No:20896 U+093B2 鎲 00000029 0.0003/万 99.9865%	No:20897 U+09D32 鴲 00000029 0.0003/万 99.9861%	No:20898 U+09F27 鼧 00000029 0.0003/万 99.9861%	No:20899 U+0EE66 00000029 0.0003/万 99.9861%	No:20900 U+0EE90 00000029 0.0003/万 99.9861%

No:20901 U+F39 卉 00000029 0.0003/万 99.9862%	No:20902 U+E47 収 00000029 0.0003/万 99.9862%	No:20903 U+E00 ⿰口軋 00000029 0.0003/万 99.9862%	No:20904 U+E42 宂 00000029 0.0003/万 99.9864%	No:20905 U+E2C 崦 00000029 0.0003/万 99.9863%	No:20906 U+F32 絆 00000029 0.0003/万 99.9863%	No:20907 U+E90 ⿰弓𣶒 00000029 0.0003/万 99.9862%	No:20908 U+F42 ⿰忄忩 00000029 0.0003/万 99.9861%	No:20909 U+EF7 敲 00000029 0.0003/万 99.9862%	No:20910 U+EC6 ⿰木猒 00000029 0.0003/万 99.9863%
No:20911 U+E93 般 00000029 0.0003/万 99.9862%	No:20912 U+E45 ⿰犭欶 00000029 0.0003/万 99.9864%	No:20913 U+EC5 ⿸疒雚 00000029 0.0003/万 99.9864%	No:20914 U+E7F ⿰石卜 00000029 0.0003/万 99.9864%	No:20915 U+E14 ⿱⺮虜 00000029 0.0003/万 99.9864%	No:20916 U+E7C ⿰月尻 00000029 0.0003/万 99.9865%	No:20917 U+EC9 ⿹戈言 00000029 0.0003/万 99.9862%	No:20918 U+E06 過 00000029 0.0003/万 99.9861%	No:20919 U+E86 鄙 00000029 0.0003/万 99.9862%	No:20920 U+E14 ⿰釒粤 00000029 0.0003/万 99.9861%
No:20921 U+EAB ⿰革叟 00000029 0.0003/万 99.9864%	No:20922 U+E08 ⿰馬缶 00000029 0.0003/万 99.9863%	No:20923 U+E1F ⿰馬春 00000029 0.0003/万 99.9863%	No:20924 U+EEF ⿰禾鳥 00000029 0.0003/万 99.9862%	No:20925 U+EF8 ⿰四鳥 00000029 0.0003/万 99.9862%	No:20926 U+E1E 贊 00000029 0.0003/万 99.9861%	No:20927 U+035D9 㗙 00000028 0.0003/万 99.9868%	No:20928 U+036A0 㚠 00000028 0.0003/万 99.9869%	No:20929 U+036FC 㛼 00000028 0.0003/万 99.9867%	No:20930 U+03724 㜤 00000028 0.0003/万 99.9871%
No:20931 U+03736 㜶 00000028 0.0003/万 99.9871%	No:20932 U+0376F 㝯 00000028 0.0003/万 99.9871%	No:20933 U+037B9 㞹 00000028 0.0003/万 99.9871%	No:20934 U+0399D 㦝 00000028 0.0003/万 99.9870%	No:20935 U+039C9 㧉 00000028 0.0003/万 99.9871%	No:20936 U+039E3 㧣 00000028 0.0003/万 99.9871%	No:20937 U+039F9 㧹 00000028 0.0003/万 99.9871%	No:20938 U+03A09 㨉 00000028 0.0003/万 99.9871%	No:20939 U+03A90 㪐 00000028 0.0003/万 99.9871%	No:20940 U+03B2C 㬬 00000028 0.0003/万 99.9868%
No:20941 U+03BC2 㯂 00000028 0.0003/万 99.9870%	No:20942 U+03BE0 㯠 00000028 0.0003/万 99.9868%	No:20943 U+03CBE 㲾 00000028 0.0003/万 99.9871%	No:20944 U+03D1C 㴜 00000028 0.0003/万 99.9870%	No:20945 U+03D25 㴥 00000028 0.0003/万 99.9870%	No:20946 U+03D94 㶔 00000028 0.0003/万 99.9871%	No:20947 U+03E0E 㸎 00000028 0.0003/万 99.9869%	No:20948 U+03E8F 㺏 00000028 0.0003/万 99.9868%	No:20949 U+03EDD 㻝 00000028 0.0003/万 99.9868%	No:20950 U+03EE3 㻣 00000028 0.0003/万 99.9868%
No:20951 U+03F52 㽒 00000028 0.0003/万 99.9868%	No:20952 U+03F7D 㽽 00000028 0.0003/万 99.9868%	No:20953 U+03FA7 㾧 00000028 0.0003/万 99.9871%	No:20954 U+03FF4 㿴 00000028 0.0003/万 99.9870%	No:20955 U+0403A 䀺 00000028 0.0003/万 99.9871%	No:20956 U+04092 䂒 00000028 0.0003/万 99.9870%	No:20957 U+0410E 䄎 00000028 0.0003/万 99.9869%	No:20958 U+04118 䄘 00000028 0.0003/万 99.9869%	No:20959 U+04217 䈗 00000028 0.0003/万 99.9868%	No:20960 U+042A6 䊦 00000028 0.0003/万 99.9868%
No:20961 U+042E0 䋠 00000028 0.0003/万 99.9868%	No:20962 U+042EE 䋮 00000028 0.0003/万 99.9869%	No:20963 U+043B3 䎳 00000028 0.0003/万 99.9869%	No:20964 U+043BF 䎿 00000028 0.0003/万 99.9869%	No:20965 U+043F3 䏳 00000028 0.0003/万 99.9869%	No:20966 U+0442C 䐬 00000028 0.0003/万 99.9870%	No:20967 U+0443C 䐼 00000028 0.0003/万 99.9870%	No:20968 U+04447 䑇 00000028 0.0003/万 99.9869%	No:20969 U+04461 䑡 00000028 0.0003/万 99.9870%	No:20970 U+04468 䑨 00000028 0.0003/万 99.9869%
No:20971 U+044FC 䓼 00000028 0.0003/万 99.9869%	No:20972 U+04505 䔅 00000028 0.0003/万 99.9870%	No:20973 U+0452F 䔯 00000028 0.0003/万 99.9869%	No:20974 U+04545 䕅 00000028 0.0003/万 99.9870%	No:20975 U+045A5 䖥 00000028 0.0003/万 99.9867%	No:20976 U+0463E 䘾 00000028 0.0003/万 99.9871%	No:20977 U+04730 䜰 00000028 0.0003/万 99.9868%	No:20978 U+04794 䞔 00000028 0.0003/万 99.9868%	No:20979 U+04799 䞙 00000028 0.0003/万 99.9870%	No:20980 U+047C2 䟂 00000028 0.0003/万 99.9870%
No:20981 U+047D5 䟕 00000028 0.0003/万 99.9869%	No:20982 U+04828 䠨 00000028 0.0003/万 99.9869%	No:20983 U+04863 䡣 00000028 0.0003/万 99.9870%	No:20984 U+048BD 䢽 00000028 0.0003/万 99.9869%	No:20985 U+04904 䤄 00000028 0.0003/万 99.9870%	No:20986 U+04A26 䨦 00000028 0.0003/万 99.9869%	No:20987 U+04A62 䩢 00000028 0.0003/万 99.9869%	No:20988 U+04A63 䩣 00000028 0.0003/万 99.9869%	No:20989 U+04AC2 䫂 00000028 0.0003/万 99.9869%	No:20990 U+04ACC 䫌 00000028 0.0003/万 99.9870%
No:20991 U+04AE2 䫢 00000028 0.0003/万 99.9871%	No:20992 U+04BCB 䯋 00000028 0.0003/万 99.9868%	No:20993 U+04C23 䰣 00000028 0.0003/万 99.9867%	No:20994 U+04CAC 䲬 00000028 0.0003/万 99.9869%	No:20995 U+04CFB 䳻 00000028 0.0003/万 99.9868%	No:20996 U+04D4C 䵌 00000028 0.0003/万 99.9868%	No:20997 U+05064 偤 00000028 0.0003/万 99.9868%	No:20998 U+05088 傈 00000028 0.0003/万 99.9869%	No:20999 U+052A5 劥 00000028 0.0003/万 99.9867%	No:21000 U+0532C 匬 00000028 0.0003/万 99.9869%

No:21001 U+05428 吨 00000028 0.0003/万 99.9868%	No:21002 U+054CA 哊 00000028 0.0003/万 99.9868%	No:21003 U+0550D 唍 00000028 0.0003/万 99.9868%	No:21004 U+0576E 坮 00000028 0.0003/万 99.9871%	No:21005 U+05979 她 00000028 0.0003/万 99.9870%	No:21006 U+05AA3 媣 00000028 0.0003/万 99.9870%	No:21007 U+05B1C 嬜 00000028 0.0003/万 99.9870%	No:21008 U+05B8A 宊 00000028 0.0003/万 99.9869%	No:21009 U+05C26 尦 00000028 0.0003/万 99.9869%	No:21010 U+05CC6 峆 00000028 0.0003/万 99.9870%
No:21011 U+05D5D 嵝 00000028 0.0003/万 99.9871%	No:21012 U+05E98 庘 00000028 0.0003/万 99.9872%	No:21013 U+062E9 择 00000028 0.0003/万 99.9872%	No:21014 U+062F0 拰 00000028 0.0003/万 99.9872%	No:21015 U+06533 攳 00000028 0.0003/万 99.9872%	No:21016 U+069B3 榳 00000028 0.0003/万 99.9872%	No:21017 U+069DC 槜 00000028 0.0003/万 99.9872%	No:21018 U+069FC 槼 00000028 0.0003/万 99.9872%	No:21019 U+06A9A 檚 00000028 0.0003/万 99.9872%	No:21020 U+06B34 欴 00000028 0.0003/万 99.9872%
No:21021 U+06B76 歶 00000028 0.0003/万 99.9871%	No:21022 U+06BD1 毑 00000028 0.0003/万 99.9871%	No:21023 U+06CC8 泈 00000028 0.0003/万 99.9873%	No:21024 U+06D6B 浫 00000028 0.0003/万 99.9872%	No:21025 U+070E0 烠 00000028 0.0003/万 99.9872%	No:21026 U+07556 畖 00000028 0.0003/万 99.9872%	No:21027 U+076A3 皣 00000028 0.0003/万 99.9872%	No:21028 U+07E18 縘 00000028 0.0003/万 99.9872%	No:21029 U+08275 艵 00000028 0.0003/万 99.9872%	No:21030 U+08472 葲 00000028 0.0003/万 99.9872%
No:21031 U+0857D 蕽 00000028 0.0003/万 99.9872%	No:21032 U+0862B 蘫 00000028 0.0003/万 99.9871%	No:21033 U+08785 螅 00000028 0.0003/万 99.9872%	No:21034 U+08894 袔 00000028 0.0003/万 99.9871%	No:21035 U+0893F 褿 00000028 0.0003/万 99.9872%	No:21036 U+08B38 謸 00000028 0.0003/万 99.9872%	No:21037 U+08C9A 貚 00000028 0.0003/万 99.9872%	No:21038 U+08D79 趹 00000028 0.0003/万 99.9872%	No:21039 U+08FD6 迖 00000028 0.0003/万 99.9872%	No:21040 U+09290 銐 00000028 0.0003/万 99.9872%
No:21041 U+092FF 鋿 00000028 0.0003/万 99.9872%	No:21042 U+09358 鍘 00000028 0.0003/万 99.9872%	No:21043 U+09390 鎐 00000028 0.0003/万 99.9871%	No:21044 U+095ED 闭 00000028 0.0003/万 99.9872%	No:21045 U+096B5 隵 00000028 0.0003/万 99.9872%	No:21046 U+097D5 韕 00000028 0.0003/万 99.9867%	No:21047 U+09842 顂 00000028 0.0003/万 99.9867%	No:21048 U+0999C 馜 00000028 0.0003/万 99.9867%	No:21049 U+099BE 馾 00000028 0.0003/万 99.9867%	No:21050 U+09B6C 魬 00000028 0.0003/万 99.9867%
No:21051 U+09C4B 鱋 00000028 0.0003/万 99.9867%	No:21052 U+09D4D 鵍 00000028 0.0003/万 99.9867%	No:21053 U+09D88 鶈 00000028 0.0003/万 99.9867%	No:21054 U+09EAC 麬 00000028 0.0003/万 99.9867%	No:21055 U+0E067 00000028 0.0003/万 99.9867%	No:21056 U+0E7AD 00000028 0.0003/万 99.9867%	No:21057 U+0E823 00000028 0.0003/万 99.9867%	No:21058 U+0EA95 00000028 0.0003/万 99.9867%	No:21059 U+0EB00 00000028 0.0003/万 99.9867%	No:21060 U+0EC0F 00000028 0.0003/万 99.9867%
No:21061 U+0ECA4 00000028 0.0003/万 99.9867%	No:21062 U+0EF15 00000028 0.0003/万 99.9867%	No:21063 U+0F0F6 00000028 0.0003/万 99.9867%	No:21064 U+0FA0C 兀 00000028 0.0003/万 99.9867%	No:21065 U+EBD [illegible] 00000028 0.0003/万 99.9870%	No:21066 U+E33 [illegible] 00000028 0.0003/万 99.9868%	No:21067 U+E3B [illegible] 00000028 0.0003/万 99.9868%	No:21068 U+E2A [illegible] 00000028 0.0003/万 99.9868%	No:21069 U+E3F [illegible] 00000028 0.0003/万 99.9868%	No:21070 U+E7B [illegible] 00000028 0.0003/万 99.9868%
No:21071 U+E87 [illegible] 00000028 0.0003/万 99.9868%	No:21072 U+EEB [illegible] 00000028 0.0003/万 99.9871%	No:21073 U+F60 [illegible] 00000028 0.0003/万 99.9869%	No:21074 U+EFE [illegible] 00000028 0.0003/万 99.9869%	No:21075 U+F12 [illegible] 00000028 0.0003/万 99.9867%	No:21076 U+EC0 [illegible] 00000028 0.0003/万 99.9870%	No:21077 U+E06 [illegible] 00000028 0.0003/万 99.9867%	No:21078 U+EF9 [illegible] 00000028 0.0003/万 99.9870%	No:21079 U+F49 [illegible] 00000028 0.0003/万 99.9871%	No:21080 U+E79 [illegible] 00000028 0.0003/万 99.9870%
No:21081 U+E70 [illegible] 00000028 0.0003/万 99.9868%	No:21082 U+EE7 [illegible] 00000028 0.0003/万 99.9868%	No:21083 U+E12 [illegible] 00000028 0.0003/万 99.9871%	No:21084 U+FDB [illegible] 00000028 0.0003/万 99.9871%	No:21085 U+E04 [illegible] 00000028 0.0003/万 99.9870%	No:21086 U+E5E [illegible] 00000028 0.0003/万 99.9867%	No:21087 U+ED6 [illegible] 00000028 0.0003/万 99.9870%	No:21088 U+EE2 [illegible] 00000028 0.0003/万 99.9869%	No:21089 U+E0F [illegible] 00000028 0.0003/万 99.9871%	No:21090 U+E19 [illegible] 00000028 0.0003/万 99.9870%
No:21091 U+EE3 [illegible] 00000028 0.0003/万 99.9870%	No:21092 U+EA5 [illegible] 00000028 0.0003/万 99.9869%	No:21093 U+EF0 [illegible] 00000028 0.0003/万 99.9871%	No:21094 U+03438 㐸 00000027 0.0003/万 99.9876%	No:21095 U+03487 㒇 00000027 0.0003/万 99.9876%	No:21096 U+034A5 㒥 00000027 0.0003/万 99.9876%	No:21097 U+034FA 㓺 00000027 0.0003/万 99.9874%	No:21098 U+03546 㕆 00000027 0.0003/万 99.9873%	No:21099 U+035B7 㖷 00000027 0.0003/万 99.9873%	No:21100 U+035E4 㗤 00000027 0.0003/万 99.9875%

No:21101 U+0362A 㘪 00000027 0.0003/万 99.9875%	No:21102 U+0366C 㙬 00000027 0.0003/万 99.9875%	No:21103 U+03705 㜅 00000027 0.0003/万 99.9874%	No:21104 U+03707 㜇 00000027 0.0003/万 99.9874%	No:21105 U+03784 㞄 00000027 0.0003/万 99.9874%	No:21106 U+03799 㞙 00000027 0.0003/万 99.9874%	No:21107 U+037B4 㞴 00000027 0.0003/万 99.9874%	No:21108 U+03806 㠆 00000027 0.0003/万 99.9874%	No:21109 U+038C5 㣅 00000027 0.0003/万 99.9875%	No:21110 U+0392A 㤪 00000027 0.0003/万 99.9873%
No:21111 U+0399F 㦟 00000027 0.0003/万 99.9873%	No:21112 U+039A6 㦦 00000027 0.0003/万 99.9873%	No:21113 U+03A1D 㨝 00000027 0.0003/万 99.9873%	No:21114 U+03A1F 㨟 00000027 0.0003/万 99.9874%	No:21115 U+03B1D 㬝 00000027 0.0003/万 99.9877%	No:21116 U+03B53 㭓 00000027 0.0003/万 99.9877%	No:21117 U+03C6F 㱯 00000027 0.0003/万 99.9875%	No:21118 U+03D3F 㴿 00000027 0.0003/万 99.9874%	No:21119 U+03E44 㹄 00000027 0.0003/万 99.9875%	No:21120 U+03E7E 㹾 00000027 0.0003/万 99.9875%
No:21121 U+03F2D 㼭 00000027 0.0003/万 99.9877%	No:21122 U+03F38 㼸 00000027 0.0003/万 99.9877%	No:21123 U+03F81 㾁 00000027 0.0003/万 99.9876%	No:21124 U+03FDB 㿛 00000027 0.0003/万 99.9876%	No:21125 U+03FF7 㿷 00000027 0.0003/万 99.9876%	No:21126 U+04047 䁇 00000027 0.0003/万 99.9877%	No:21127 U+040E9 䃩 00000027 0.0003/万 99.9876%	No:21128 U+041F7 䇷 00000027 0.0003/万 99.9876%	No:21129 U+0422E 䈮 00000027 0.0003/万 99.9873%	No:21130 U+04235 䈵 00000027 0.0003/万 99.9873%
No:21131 U+04260 䉠 00000027 0.0003/万 99.9873%	No:21132 U+04267 䉧 00000027 0.0003/万 99.9873%	No:21133 U+0428E 䊎 00000027 0.0003/万 99.9875%	No:21134 U+042A1 䊡 00000027 0.0003/万 99.9875%	No:21135 U+042D6 䋖 00000027 0.0003/万 99.9875%	No:21136 U+042F1 䋱 00000027 0.0003/万 99.9874%	No:21137 U+04354 䍔 00000027 0.0003/万 99.9874%	No:21138 U+04389 䎉 00000027 0.0003/万 99.9875%	No:21139 U+0438E 䎎 00000027 0.0003/万 99.9874%	No:21140 U+043DE 䏞 00000027 0.0003/万 99.9875%
No:21141 U+0443E 䐾 00000027 0.0003/万 99.9875%	No:21142 U+04535 䔵 00000027 0.0003/万 99.9874%	No:21143 U+0456E 䕮 00000027 0.0003/万 99.9875%	No:21144 U+04579 䕹 00000027 0.0003/万 99.9874%	No:21145 U+04582 䖂 00000027 0.0003/万 99.9874%	No:21146 U+045AE 䖮 00000027 0.0003/万 99.9877%	No:21147 U+045BD 䖽 00000027 0.0003/万 99.9876%	No:21148 U+04601 䘁 00000027 0.0003/万 99.9876%	No:21149 U+04636 䘶 00000027 0.0003/万 99.9876%	No:21150 U+0464E 䙎 00000027 0.0003/万 99.9876%
No:21151 U+046B7 䚷 00000027 0.0003/万 99.9876%	No:21152 U+04798 䞘 00000027 0.0003/万 99.9875%	No:21153 U+047C7 䟇 00000027 0.0003/万 99.9875%	No:21154 U+047D7 䟗 00000027 0.0003/万 99.9875%	No:21155 U+0489C 䢜 00000027 0.0003/万 99.9873%	No:21156 U+048AD 䢭 00000027 0.0003/万 99.9874%	No:21157 U+048AE 䢮 00000027 0.0003/万 99.9873%	No:21158 U+04910 䤐 00000027 0.0003/万 99.9874%	No:21159 U+0498A 䦊 00000027 0.0003/万 99.9875%	No:21160 U+049B5 䦵 00000027 0.0003/万 99.9875%
No:21161 U+049D8 䧘 00000027 0.0003/万 99.9875%	No:21162 U+049FC 䧼 00000027 0.0003/万 99.9875%	No:21163 U+04A93 䪓 00000027 0.0003/万 99.9875%	No:21164 U+04AE6 䫦 00000027 0.0003/万 99.9874%	No:21165 U+04AF5 䫵 00000027 0.0003/万 99.9874%	No:21166 U+04B36 䬶 00000027 0.0003/万 99.9874%	No:21167 U+04B58 䭘 00000027 0.0003/万 99.9874%	No:21168 U+04BA4 䮤 00000027 0.0003/万 99.9874%	No:21169 U+04C27 䰧 00000027 0.0003/万 99.9874%	No:21170 U+04C4F 䱏 00000027 0.0003/万 99.9874%
No:21171 U+04C62 䱢 00000027 0.0003/万 99.9875%	No:21172 U+04CB3 䲳 00000027 0.0003/万 99.9874%	No:21173 U+04D11 䴑 00000027 0.0003/万 99.9875%	No:21174 U+04ECF 仏 00000027 0.0003/万 99.9873%	No:21175 U+04FBA 侺 00000027 0.0003/万 99.9873%	No:21176 U+050D7 僗 00000027 0.0003/万 99.9873%	No:21177 U+051AD 冭 00000027 0.0003/万 99.9873%	No:21178 U+05248 剈 00000027 0.0003/万 99.9877%	No:21179 U+054CF 哏 00000027 0.0003/万 99.9876%	No:21180 U+0562A 嘪 00000027 0.0003/万 99.9876%
No:21181 U+0569D 嚝 00000027 0.0003/万 99.9876%	No:21182 U+056C7 囇 00000027 0.0003/万 99.9876%	No:21183 U+05779 坹 00000027 0.0003/万 99.9876%	No:21184 U+057D0 埐 00000027 0.0003/万 99.9876%	No:21185 U+0580E 堎 00000027 0.0003/万 99.9877%	No:21186 U+05921 夡 00000027 0.0003/万 99.9877%	No:21187 U+05A54 婔 00000027 0.0003/万 99.9876%	No:21188 U+05A84 媄 00000027 0.0003/万 99.9877%	No:21189 U+05A89 媉 00000027 0.0003/万 99.9877%	No:21190 U+05AA8 媨 00000027 0.0003/万 99.9877%
No:21191 U+05CDF 峟 00000027 0.0003/万 99.9876%	No:21192 U+05EBD 庽 00000027 0.0003/万 99.9879%	No:21193 U+05FA2 徢 00000027 0.0003/万 99.9879%	No:21194 U+06161 慡 00000027 0.0003/万 99.9877%	No:21195 U+06186 憆 00000027 0.0003/万 99.9879%	No:21196 U+0625D 扝 00000027 0.0003/万 99.9878%	No:21197 U+06464 摤 00000027 0.0003/万 99.9877%	No:21198 U+06788 枈 00000027 0.0003/万 99.9878%	No:21199 U+0681A 栚 00000027 0.0003/万 99.9879%	No:21200 U+06892 梒 00000027 0.0003/万 99.9878%

No:21201 U+068A5 梥 00000027 0.0003/万 99.9878%	No:21202 U+068E2 棢 00000027 0.0003/万 99.9879%	No:21203 U+069A2 榢 00000027 0.0003/万 99.9878%	No:21204 U+06AB0 檰 00000027 0.0003/万 99.9879%	No:21205 U+06D21 洡 00000027 0.0003/万 99.9878%	No:21206 U+06F1F 漟 00000027 0.0003/万 99.9878%	No:21207 U+06F21 漡 00000027 0.0003/万 99.9879%	No:21208 U+06FE2 濢 00000027 0.0003/万 99.9877%	No:21209 U+07221 爣 00000027 0.0003/万 99.9878%	No:21210 U+0730F 猏 00000027 0.0003/万 99.9879%
No:21211 U+073C4 珄 00000027 0.0003/万 99.9878%	No:21212 U+07507 甇 00000027 0.0003/万 99.9878%	No:21213 U+076BC 皼 00000027 0.0003/万 99.9878%	No:21214 U+07756 睖 00000027 0.0003/万 99.9878%	No:21215 U+0787A 硺 00000027 0.0003/万 99.9877%	No:21216 U+079D9 秙 00000027 0.0003/万 99.9878%	No:21217 U+079E8 秨 00000027 0.0003/万 99.9877%	No:21218 U+07A22 稢 00000027 0.0003/万 99.9879%	No:21219 U+07A36 稶 00000027 0.0003/万 99.9877%	No:21220 U+07A54 穔 00000027 0.0003/万 99.9878%
No:21221 U+07B6B 筫 00000027 0.0003/万 99.9879%	No:21222 U+0803A 耺 00000027 0.0003/万 99.9877%	No:21223 U+083B7 获 00000027 0.0003/万 99.9879%	No:21224 U+08413 萓 00000027 0.0003/万 99.9878%	No:21225 U+0843A 萺 00000027 0.0003/万 99.9878%	No:21226 U+0850B 蔋 00000027 0.0003/万 99.9878%	No:21227 U+08576 蕶 00000027 0.0003/万 99.9878%	No:21228 U+0866E 虮 00000027 0.0003/万 99.9878%	No:21229 U+087A4 螤 00000027 0.0003/万 99.9877%	No:21230 U+08866 衦 00000027 0.0003/万 99.9879%
No:21231 U+08867 衧 00000027 0.0003/万 99.9878%	No:21232 U+08A53 詓 00000027 0.0003/万 99.9878%	No:21233 U+08B7C 譼 00000027 0.0003/万 99.9879%	No:21234 U+08C5F 豟 00000027 0.0003/万 99.9877%	No:21235 U+08EE0 軠 00000027 0.0003/万 99.9878%	No:21236 U+08FB3 辳 00000027 0.0003/万 99.9878%	No:21237 U+09033 逳 00000027 0.0003/万 99.9877%	No:21238 U+090BC 邼 00000027 0.0003/万 99.9878%	No:21239 U+0920A 鈊 00000027 0.0003/万 99.9879%	No:21240 U+09226 鈦 00000027 0.0003/万 99.9878%
No:21241 U+0937B 鍻 00000027 0.0003/万 99.9878%	No:21242 U+093CE 鏎 00000027 0.0003/万 99.9878%	No:21243 U+09456 鑖 00000027 0.0003/万 99.9878%	No:21244 U+09478 鑸 00000027 0.0003/万 99.9879%	No:21245 U+095E3 闣 00000027 0.0003/万 99.9878%	No:21246 U+09625 阥 00000027 0.0003/万 99.9877%	No:21247 U+09D13 鴓 00000027 0.0003/万 99.9873%	No:21248 U+09D5F 鵟 00000027 0.0003/万 99.9873%	No:21249 U+09E0C 鸌 00000027 0.0003/万 99.9873%	No:21250 U+09F2D 鼭 00000027 0.0003/万 99.9873%
No:21251 U+0EC19 曝 00000027 0.0003/万 99.9873%	No:21252 U+0ED82 窓 00000027 0.0003/万 99.9873%	No:21253 U+0EDDE [illegible] 00000027 0.0003/万 99.9873%	No:21254 U+0EF65 [illegible] 00000027 0.0003/万 99.9873%	No:21255 U+0EF97 劓 00000027 0.0003/万 99.9873%	No:21256 U+E5E 傶 00000027 0.0003/万 99.9877%	No:21257 U+EC9 [illegible] 00000027 0.0003/万 99.9877%	No:21258 U+E64 播 00000027 0.0003/万 99.9876%	No:21259 U+ECA [illegible] 00000027 0.0003/万 99.9874%	No:21260 U+E07 壁 00000027 0.0003/万 99.9874%
No:21261 U+EA3 燩 00000027 0.0003/万 99.9875%	No:21262 U+E23 [illegible] 00000027 0.0003/万 99.9873%	No:21263 U+EBD [illegible] 00000027 0.0003/万 99.9873%	No:21264 U+E34 [illegible] 00000027 0.0003/万 99.9874%	No:21265 U+F4D [illegible] 00000027 0.0003/万 99.9876%	No:21266 U+EA9 [illegible] 00000027 0.0003/万 99.9877%	No:21267 U+EFA [illegible] 00000027 0.0003/万 99.9876%	No:21268 U+E91 [illegible] 00000027 0.0003/万 99.9873%	No:21269 U+E3B [illegible] 00000027 0.0003/万 99.9873%	No:21270 U+ED1 [illegible] 00000027 0.0003/万 99.9875%
No:21271 U+E46 革 00000027 0.0003/万 99.9877%	No:21272 U+E53 畝 00000027 0.0003/万 99.9877%	No:21273 U+EDB 螪 00000027 0.0003/万 99.9875%	No:21274 U+EFD 蟪 00000027 0.0003/万 99.9875%	No:21275 U+E06 [illegible] 00000027 0.0003/万 99.9875%	No:21276 U+E9E [illegible] 00000027 0.0003/万 99.9874%	No:21277 U+EBB 遹 00000027 0.0003/万 99.9877%	No:21278 U+E04 [illegible] 00000027 0.0003/万 99.9876%	No:21279 U+EE7 鋑 00000027 0.0003/万 99.9876%	No:21280 U+FAE 鐏 00000027 0.0003/万 99.9877%
No:21281 U+E91 [illegible] 00000027 0.0003/万 99.9876%	No:21282 U+E64 [illegible] 00000027 0.0003/万 99.9876%	No:21283 U+EAa [illegible] 00000027 0.0003/万 99.9876%	No:21284 U+03476 㑶 00000026 0.0003/万 99.9883%	No:21285 U+03502 㔂 00000026 0.0003/万 99.9883%	No:21286 U+0350F 㔏 00000026 0.0003/万 99.9883%	No:21287 U+03521 㔡 00000026 0.0003/万 99.9882%	No:21288 U+03585 㖅 00000026 0.0003/万 99.9883%	No:21289 U+03642 㙂 00000026 0.0003/万 99.9880%	No:21290 U+03647 㙇 00000026 0.0003/万 99.9880%
No:21291 U+036A9 㚩 00000026 0.0003/万 99.9881%	No:21292 U+036B6 㚶 00000026 0.0003/万 99.9881%	No:21293 U+03735 㜵 00000026 0.0003/万 99.9881%	No:21294 U+037DA 㟚 00000026 0.0003/万 99.9881%	No:21295 U+037E6 㟦 00000026 0.0003/万 99.9881%	No:21296 U+03878 㡸 00000026 0.0003/万 99.9881%	No:21297 U+039FF 㧿 00000026 0.0003/万 99.9882%	No:21298 U+03A10 㨐 00000026 0.0003/万 99.9882%	No:21299 U+03B6B 㭫 00000026 0.0003/万 99.9882%	No:21300 U+03B80 㮀 00000026 0.0003/万 99.9880%

No:21301 U+03B8D 㮍 00000026 0.0003/万 99.9881%	No:21302 U+03B98 㮘 00000026 0.0003/万 99.9881%	No:21303 U+03BB2 㮲 00000026 0.0003/万 99.9883%	No:21304 U+03BB7 㮷 00000026 0.0003/万 99.9882%	No:21305 U+03CAB 㲫 00000026 0.0003/万 99.9883%	No:21306 U+03CC7 㳇 00000026 0.0003/万 99.9882%	No:21307 U+03CF9 㳹 00000026 0.0003/万 99.9883%	No:21308 U+03D2C 㴬 00000026 0.0003/万 99.9879%	No:21309 U+03D3D 㴽 00000026 0.0003/万 99.9881%	No:21310 U+03D46 㵆 00000026 0.0003/万 99.9881%
No:21311 U+03E18 㸘 00000026 0.0003/万 99.9881%	No:21312 U+03F78 㽸 00000026 0.0003/万 99.9882%	No:21313 U+03FB7 㾷 00000026 0.0003/万 99.9881%	No:21314 U+03FBC 㾼 00000026 0.0003/万 99.9881%	No:21315 U+03FD1 㿑 00000026 0.0003/万 99.9881%	No:21316 U+03FD3 㿓 00000026 0.0003/万 99.9882%	No:21317 U+03FE8 㿨 00000026 0.0003/万 99.9879%	No:21318 U+03FFA 㿺 00000026 0.0003/万 99.9880%	No:21319 U+04013 䀓 00000026 0.0003/万 99.9882%	No:21320 U+04018 䀘 00000026 0.0003/万 99.9883%
No:21321 U+0405B 䁛 00000026 0.0003/万 99.9882%	No:21322 U+04067 䁧 00000026 0.0003/万 99.9883%	No:21323 U+04090 䂐 00000026 0.0003/万 99.9882%	No:21324 U+04148 䅈 00000026 0.0003/万 99.9880%	No:21325 U+04184 䆄 00000026 0.0003/万 99.9881%	No:21326 U+04210 䈐 00000026 0.0003/万 99.9883%	No:21327 U+0421D 䈝 00000026 0.0003/万 99.9883%	No:21328 U+04288 䊈 00000026 0.0003/万 99.9883%	No:21329 U+04335 䌵 00000026 0.0003/万 99.9882%	No:21330 U+04384 䎄 00000026 0.0003/万 99.9880%
No:21331 U+043B7 䎷 00000026 0.0003/万 99.9881%	No:21332 U+043C5 䏅 00000026 0.0003/万 99.9881%	No:21333 U+04410 䐐 00000026 0.0003/万 99.9881%	No:21334 U+04467 䑧 00000026 0.0003/万 99.9882%	No:21335 U+044A5 䒥 00000026 0.0003/万 99.9882%	No:21336 U+044D2 䓒 00000026 0.0003/万 99.9882%	No:21337 U+0457C 䕼 00000026 0.0003/万 99.9883%	No:21338 U+04627 䘧 00000026 0.0003/万 99.9880%	No:21339 U+04658 䙘 00000026 0.0003/万 99.9881%	No:21340 U+046A8 䚨 00000026 0.0003/万 99.9880%
No:21341 U+046CB 䛋 00000026 0.0003/万 99.9880%	No:21342 U+046FE 䛾 00000026 0.0003/万 99.9883%	No:21343 U+04710 䜐 00000026 0.0003/万 99.9883%	No:21344 U+0476E 䝮 00000026 0.0003/万 99.9880%	No:21345 U+04780 䞀 00000026 0.0003/万 99.9881%	No:21346 U+047C4 䟄 00000026 0.0003/万 99.9880%	No:21347 U+047F8 䟸 00000026 0.0003/万 99.9880%	No:21348 U+0483C 䠼 00000026 0.0003/万 99.9882%	No:21349 U+0486D 䡭 00000026 0.0003/万 99.9882%	No:21350 U+0488C 䢌 00000026 0.0003/万 99.9883%
No:21351 U+04892 䢒 00000026 0.0003/万 99.9883%	No:21352 U+048A8 䢨 00000026 0.0003/万 99.9883%	No:21353 U+048D8 䣘 00000026 0.0003/万 99.9883%	No:21354 U+04919 䤙 00000026 0.0003/万 99.9881%	No:21355 U+049E4 䧤 00000026 0.0003/万 99.9882%	No:21356 U+04A4A 䩊 00000026 0.0003/万 99.9880%	No:21357 U+04A92 䪒 00000026 0.0003/万 99.9881%	No:21358 U+04AD2 䫒 00000026 0.0003/万 99.9881%	No:21359 U+04AF3 䫳 00000026 0.0003/万 99.9881%	No:21360 U+04BC9 䯉 00000026 0.0003/万 99.9882%
No:21361 U+04CA6 䲦 00000026 0.0003/万 99.9881%	No:21362 U+04CFC 䳼 00000026 0.0003/万 99.9880%	No:21363 U+04D07 䴇 00000026 0.0003/万 99.9880%	No:21364 U+04D32 䴲 00000026 0.0003/万 99.9880%	No:21365 U+04D3E 䴾 00000026 0.0003/万 99.9880%	No:21366 U+04D57 䵗 00000026 0.0003/万 99.9880%	No:21367 U+04D8C 䶌 00000026 0.0003/万 99.9880%	No:21368 U+052EC 勬 00000026 0.0003/万 99.9883%	No:21369 U+05478 呸 00000026 0.0003/万 99.9880%	No:21370 U+05493 咓 00000026 0.0003/万 99.9879%
No:21371 U+05596 喖 00000026 0.0003/万 99.9880%	No:21372 U+055D8 嗘 00000026 0.0003/万 99.9881%	No:21373 U+056C3 囃 00000026 0.0003/万 99.9882%	No:21374 U+059F7 姷 00000026 0.0003/万 99.9881%	No:21375 U+05A1D 娝 00000026 0.0003/万 99.9879%	No:21376 U+05D74 嵴 00000026 0.0003/万 99.9883%	No:21377 U+05E46 幆 00000026 0.0003/万 99.9885%	No:21378 U+05E6F 幯 00000026 0.0003/万 99.9884%	No:21379 U+06009 怉 00000026 0.0003/万 99.9885%	No:21380 U+060BF 悿 00000026 0.0003/万 99.9884%
No:21381 U+0629E 択 00000026 0.0003/万 99.9884%	No:21382 U+062FB 拻 00000026 0.0003/万 99.9884%	No:21383 U+063C7 揇 00000026 0.0003/万 99.9885%	No:21384 U+06468 摨 00000026 0.0003/万 99.9884%	No:21385 U+065A3 斣 00000026 0.0003/万 99.9884%	No:21386 U+06865 桥 00000026 0.0003/万 99.9884%	No:21387 U+069D1 槑 00000026 0.0003/万 99.9884%	No:21388 U+06AD9 櫙 00000026 0.0003/万 99.9884%	No:21389 U+06BE0 毠 00000026 0.0003/万 99.9884%	No:21390 U+06C3B 氻 00000026 0.0003/万 99.9885%
No:21391 U+06C3D 氽 00000026 0.0003/万 99.9885%	No:21392 U+06DB1 涱 00000026 0.0003/万 99.9884%	No:21393 U+06E97 溗 00000026 0.0003/万 99.9884%	No:21394 U+0710B 焋 00000026 0.0003/万 99.9884%	No:21395 U+07128 焨 00000026 0.0003/万 99.9884%	No:21396 U+0715D 煝 00000026 0.0003/万 99.9884%	No:21397 U+072C5 狅 00000026 0.0003/万 99.9884%	No:21398 U+073B5 玵 00000026 0.0003/万 99.9884%	No:21399 U+07509 甉 00000026 0.0003/万 99.9884%	No:21400 U+07716 眖 00000026 0.0003/万 99.9884%

No:21401 U+0779D 瞝 00000026 0.0003/万 99.9885%	No:21402 U+0796C 祬 00000026 0.0003/万 99.9884%	No:21403 U+07C05 簅 00000026 0.0003/万 99.9884%	No:21404 U+07D48 絈 00000026 0.0003/万 99.9884%	No:21405 U+07EA3 纣 00000026 0.0003/万 99.9883%	No:21406 U+07FA7 羧 00000026 0.0003/万 99.9884%	No:21407 U+0805B 聛 00000026 0.0003/万 99.9884%	No:21408 U+080EB 胫 00000026 0.0003/万 99.9884%	No:21409 U+08222 舢 00000026 0.0003/万 99.9885%	No:21410 U+0860E 蘎 00000026 0.0003/万 99.9885%
No:21411 U+08643 虃 00000026 0.0003/万 99.9884%	No:21412 U+086B2 蚲 00000026 0.0003/万 99.9884%	No:21413 U+08EC1 軁 00000026 0.0003/万 99.9885%	No:21414 U+0903B 逻 00000026 0.0003/万 99.9884%	No:21415 U+092FD 鋽 00000026 0.0003/万 99.9884%	No:21416 U+093E7 鏧 00000026 0.0003/万 99.9885%	No:21417 U+096AB 隫 00000026 0.0003/万 99.9884%	No:21418 U+09A5C 驜 00000026 0.0003/万 99.9879%	No:21419 U+09B72 魲 00000026 0.0003/万 99.9879%	No:21420 U+09BC5 鯅 00000026 0.0003/万 99.9879%
No:21421 U+09C33 鰳 00000026 0.0003/万 99.9879%	No:21422 U+0E831 夫 00000026 0.0003/万 99.9879%	No:21423 U+0EABD 洛 00000026 0.0003/万 99.9879%	No:21424 U+0EBEC 湯 00000026 0.0003/万 99.9879%	No:21425 U+F7E ⿱大介 00000026 0.0003/万 99.9880%	No:21426 U+E95 嬰 00000026 0.0003/万 99.9879%	No:21427 U+E39 ⿱止凵 00000026 0.0003/万 99.9883%	No:21428 U+E53 ⿰山軍 00000026 0.0003/万 99.9882%	No:21429 U+E6E 嵮 00000026 0.0003/万 99.9882%	No:21430 U+E7C ⿰山當 00000026 0.0003/万 99.9882%
No:21431 U+E5A 悾 00000026 0.0003/万 99.9882%	No:21432 U+E57 弁 00000026 0.0003/万 99.9880%	No:21433 U+ED7 習 00000026 0.0003/万 99.9882%	No:21434 U+E7E 槎 00000026 0.0003/万 99.9883%	No:21435 U+E50 ⿰日欠 00000026 0.0003/万 99.9880%	No:21436 U+E3F 淑 00000026 0.0003/万 99.9883%	No:21437 U+EBC ⿰氵黎 00000026 0.0003/万 99.9881%	No:21438 U+E85 ⿰氵閲 00000026 0.0003/万 99.9880%	No:21439 U+E28 ⿰犭子 00000026 0.0003/万 99.9879%	No:21440 U+EC5 ⿰乘瓜 00000026 0.0003/万 99.9882%
No:21441 U+F5B ⿱丞皿 00000026 0.0003/万 99.9883%	No:21442 U+FD8 ⿱罒畐 00000026 0.0003/万 99.9880%	No:21443 U+F5B 聜 00000026 0.0003/万 99.9879%	No:21444 U+E76 ⿰月匕 00000026 0.0003/万 99.9883%	No:21445 U+E18 ⿰舟非 00000026 0.0003/万 99.9881%	No:21446 U+E01 ⿱奉皿 00000026 0.0003/万 99.9880%	No:21447 U+E9A ⿰習見 00000026 0.0003/万 99.9880%	No:21448 U+FE8 ⿰足尌 00000026 0.0003/万 99.9883%	No:21449 U+E44 蹻 00000026 0.0003/万 99.9882%	No:21450 U+E34 ⿰車矍 00000026 0.0003/万 99.9883%
No:21451 U+F97 ⿰華韋 00000026 0.0003/万 99.9883%	No:21452 U+E0C ⿰皆風 00000026 0.0003/万 99.9883%	No:21453 U+E07 ⿰飠俞 00000026 0.0003/万 99.9882%	No:21454 U+F8C 髕 00000026 0.0003/万 99.9880%	No:21455 U+E0E ⿰魚飛 00000026 0.0003/万 99.9882%	No:21456 U+E4C ⿰魚華 00000026 0.0003/万 99.9880%	No:21457 U+E46 ⿰鳥戉 00000026 0.0003/万 99.9881%	No:21458 U+EFA 鵖 00000026 0.0003/万 99.9880%	No:21459 U+E22 ⿰單黽 00000026 0.0003/万 99.9882%	No:21460 U+03507 㔇 00000025 0.0003/万 99.9886%
No:21461 U+035B8 㖸 00000025 0.0003/万 99.9887%	No:21462 U+035EC 㗬 00000025 0.0003/万 99.9888%	No:21463 U+0368F 㚏 00000025 0.0003/万 99.9888%	No:21464 U+036BF 㚿 00000025 0.0003/万 99.9889%	No:21465 U+0376B 㝫 00000025 0.0003/万 99.9887%	No:21466 U+03839 㠹 00000025 0.0003/万 99.9886%	No:21467 U+0389A 㢚 00000025 0.0003/万 99.9889%	No:21468 U+0389C 㢜 00000025 0.0003/万 99.9889%	No:21469 U+03902 㤂 00000025 0.0003/万 99.9888%	No:21470 U+03952 㥒 00000025 0.0003/万 99.9888%
No:21471 U+03995 㦕 00000025 0.0003/万 99.9889%	No:21472 U+039BB 㦻 00000025 0.0003/万 99.9886%	No:21473 U+039DD 㧝 00000025 0.0003/万 99.9886%	No:21474 U+039EB 㧫 00000025 0.0003/万 99.9886%	No:21475 U+03ABB 㪻 00000025 0.0003/万 99.9888%	No:21476 U+03ACD 㫍 00000025 0.0003/万 99.9888%	No:21477 U+03B44 㭄 00000025 0.0003/万 99.9888%	No:21478 U+03B56 㭖 00000025 0.0003/万 99.9887%	No:21479 U+03B6F 㭯 00000025 0.0003/万 99.9886%	No:21480 U+03BC6 㯆 00000025 0.0003/万 99.9887%
No:21481 U+03C2D 㰭 00000025 0.0003/万 99.9888%	No:21482 U+03C40 㱀 00000025 0.0003/万 99.9885%	No:21483 U+03C6C 㱬 00000025 0.0003/万 99.9886%	No:21484 U+03C7B 㱻 00000025 0.0003/万 99.9888%	No:21485 U+03C95 㲕 00000025 0.0003/万 99.9886%	No:21486 U+03D04 㴄 00000025 0.0003/万 99.9888%	No:21487 U+03D70 㵰 00000025 0.0003/万 99.9886%	No:21488 U+03DF2 㷲 00000025 0.0003/万 99.9886%	No:21489 U+03E7F 㹿 00000025 0.0003/万 99.9887%	No:21490 U+03EA5 㺥 00000025 0.0003/万 99.9888%
No:21491 U+03EA9 㺩 00000025 0.0003/万 99.9886%	No:21492 U+03F8B 㾋 00000025 0.0003/万 99.9887%	No:21493 U+03FDF 㿟 00000025 0.0003/万 99.9887%	No:21494 U+04078 䁸 00000025 0.0003/万 99.9889%	No:21495 U+04082 䂂 00000025 0.0003/万 99.9888%	No:21496 U+040D9 䃙 00000025 0.0003/万 99.9888%	No:21497 U+0411A 䄚 00000025 0.0003/万 99.9886%	No:21498 U+0417C 䅼 00000025 0.0003/万 99.9888%	No:21499 U+041A4 䆤 00000025 0.0003/万 99.9887%	No:21500 U+04221 䈡 00000025 0.0003/万 99.9886%

No:21501 U+042BA 䊺 00000025 0.0003/万 99.9887%	No:21502 U+042E2 䋢 00000025 0.0003/万 99.9889%	No:21503 U+042E8 䋨 00000025 0.0003/万 99.9889%	No:21504 U+0434E 䍎 00000025 0.0003/万 99.9887%	No:21505 U+04351 䍑 00000025 0.0003/万 99.9887%	No:21506 U+0435C 䍜 00000025 0.0003/万 99.9887%	No:21507 U+04421 䐡 00000025 0.0003/万 99.9888%	No:21508 U+044DC 䓜 00000025 0.0003/万 99.9886%	No:21509 U+044E7 䓧 00000025 0.0003/万 99.9888%	No:21510 U+04522 䔢 00000025 0.0003/万 99.9887%
No:21511 U+0453D 䔽 00000025 0.0003/万 99.9886%	No:21512 U+045D2 䗒 00000025 0.0003/万 99.9888%	No:21513 U+045F7 䗷 00000025 0.0003/万 99.9888%	No:21514 U+04690 䚐 00000025 0.0003/万 99.9885%	No:21515 U+046AD 䚭 00000025 0.0003/万 99.9887%	No:21516 U+046E3 䛣 00000025 0.0003/万 99.9885%	No:21517 U+0471D 䜝 00000025 0.0003/万 99.9885%	No:21518 U+04732 䜲 00000025 0.0003/万 99.9889%	No:21519 U+047BE 䞾 00000025 0.0003/万 99.9886%	No:21520 U+047C9 䟉 00000025 0.0003/万 99.9887%
No:21521 U+04847 䡇 00000025 0.0003/万 99.9886%	No:21522 U+04866 䡦 00000025 0.0003/万 99.9887%	No:21523 U+0487C 䡼 00000025 0.0003/万 99.9887%	No:21524 U+04994 䦔 00000025 0.0003/万 99.9887%	No:21525 U+04A02 䨂 00000025 0.0003/万 99.9886%	No:21526 U+04A12 䨒 00000025 0.0003/万 99.9885%	No:21527 U+04AAF 䪯 00000025 0.0003/万 99.9886%	No:21528 U+04BBB 䮻 00000025 0.0003/万 99.9885%	No:21529 U+04BC8 䯈 00000025 0.0003/万 99.9885%	No:21530 U+04BFC 䯼 00000025 0.0003/万 99.9886%
No:21531 U+04D01 䴁 00000025 0.0003/万 99.9887%	No:21532 U+04D75 䵵 00000025 0.0003/万 99.9888%	No:21533 U+04D99 䶙 00000025 0.0003/万 99.9888%	No:21534 U+04DAB 䶫 00000025 0.0003/万 99.9888%	No:21535 U+04FB4 侴 00000025 0.0003/万 99.9885%	No:21536 U+052E8 勨 00000025 0.0003/万 99.9886%	No:21537 U+05332 匲 00000025 0.0003/万 99.9887%	No:21538 U+05337 匷 00000025 0.0003/万 99.9887%	No:21539 U+05387 厇 00000025 0.0003/万 99.9888%	No:21540 U+05445 呅 00000025 0.0003/万 99.9888%
No:21541 U+0581C 堜 00000025 0.0003/万 99.9886%	No:21542 U+05838 堸 00000025 0.0003/万 99.9886%	No:21543 U+05964 奤 00000025 0.0003/万 99.9887%	No:21544 U+059BF 妿 00000025 0.0003/万 99.9889%	No:21545 U+05A30 娰 00000025 0.0003/万 99.9887%	No:21546 U+05A88 媈 00000025 0.0003/万 99.9888%	No:21547 U+05B75 孵 00000025 0.0003/万 99.9887%	No:21548 U+05CB6 岶 00000025 0.0003/万 99.9886%	No:21549 U+05DA6 嶦 00000025 0.0003/万 99.9886%	No:21550 U+05FA3 徣 00000025 0.0003/万 99.9890%
No:21551 U+05FBF 徿 00000025 0.0003/万 99.9890%	No:21552 U+05FCB 忋 00000025 0.0003/万 99.9890%	No:21553 U+06093 悓 00000025 0.0003/万 99.9891%	No:21554 U+06140 慀 00000025 0.0003/万 99.9889%	No:21555 U+0618C 憌 00000025 0.0003/万 99.9889%	No:21556 U+0627D 扽 00000025 0.0003/万 99.9890%	No:21557 U+063C2 揂 00000025 0.0003/万 99.9889%	No:21558 U+064DE 擞 00000025 0.0003/万 99.9889%	No:21559 U+064DF 擟 00000025 0.0003/万 99.9889%	No:21560 U+066B6 暶 00000025 0.0003/万 99.9891%
No:21561 U+068E6 棦 00000025 0.0003/万 99.9889%	No:21562 U+068F4 棴 00000025 0.0003/万 99.9889%	No:21563 U+06A07 樇 00000025 0.0003/万 99.9890%	No:21564 U+06AF4 櫴 00000025 0.0003/万 99.9890%	No:21565 U+06CA3 沣 00000025 0.0003/万 99.9890%	No:21566 U+06CE9 泩 00000025 0.0003/万 99.9889%	No:21567 U+06E42 湂 00000025 0.0003/万 99.9890%	No:21568 U+06F72 潲 00000025 0.0003/万 99.9890%	No:21569 U+0706D 灭 00000025 0.0003/万 99.9891%	No:21570 U+07088 炈 00000025 0.0003/万 99.9890%
No:21571 U+0717E 煾 00000025 0.0003/万 99.9890%	No:21572 U+072B1 犱 00000025 0.0003/万 99.9890%	No:21573 U+0741E 琞 00000025 0.0003/万 99.9890%	No:21574 U+07598 疘 00000025 0.0003/万 99.9891%	No:21575 U+075DC 痜 00000025 0.0003/万 99.9891%	No:21576 U+07640 癀 00000025 0.0003/万 99.9889%	No:21577 U+0764C 癌 00000025 0.0003/万 99.9889%	No:21578 U+0769F 皟 00000025 0.0003/万 99.9889%	No:21579 U+0781D 砝 00000025 0.0003/万 99.9891%	No:21580 U+07875 硵 00000025 0.0003/万 99.9890%
No:21581 U+07905 礅 00000025 0.0003/万 99.9891%	No:21582 U+07A35 稵 00000025 0.0003/万 99.9891%	No:21583 U+07B43 筃 00000025 0.0003/万 99.9889%	No:21584 U+07BBD 箽 00000025 0.0003/万 99.9891%	No:21585 U+07C7C 籼 00000025 0.0003/万 99.9890%	No:21586 U+07CF9 糹 00000025 0.0003/万 99.9889%	No:21587 U+07FA5 羥 00000025 0.0003/万 99.9890%	No:21588 U+08050 聐 00000025 0.0003/万 99.9890%	No:21589 U+080CB 胋 00000025 0.0003/万 99.9889%	No:21590 U+0817C 腼 00000025 0.0003/万 99.9890%
No:21591 U+08194 膔 00000025 0.0003/万 99.9889%	No:21592 U+081B6 膶 00000025 0.0003/万 99.9889%	No:21593 U+08421 萡 00000025 0.0003/万 99.9889%	No:21594 U+085E0 藠 00000025 0.0003/万 99.9889%	No:21595 U+08692 蚒 00000025 0.0003/万 99.9890%	No:21596 U+08A4C 詌 00000025 0.0003/万 99.9890%	No:21597 U+08A59 詙 00000025 0.0003/万 99.9890%	No:21598 U+08C22 谢 00000025 0.0003/万 99.9889%	No:21599 U+08C60 豠 00000025 0.0003/万 99.9890%	No:21600 U+08D7E 赾 00000025 0.0003/万 99.9890%

No:21601 U+08D80 趀 00000025 0.0003/万 99.9891%	No:21602 U+08DF5 践 00000025 0.0003/万 99.9890%	No:21603 U+08ED0 軐 00000025 0.0003/万 99.9890%	No:21604 U+08FE7 迧 00000025 0.0003/万 99.9891%	No:21605 U+091F6 釶 00000025 0.0003/万 99.9890%	No:21606 U+09219 鈙 00000025 0.0003/万 99.9890%	No:21607 U+0934E 鍎 00000025 0.0003/万 99.9890%	No:21608 U+09431 鐱 00000025 0.0003/万 99.9890%	No:21609 U+0947B 鑻 00000025 0.0003/万 99.9889%	No:21610 U+095B0 閰 00000025 0.0003/万 99.9890%
No:21611 U+095F0 闰 00000025 0.0003/万 99.9890%	No:21612 U+097E2 韢 00000025 0.0003/万 99.9885%	No:21613 U+09929 餩 00000025 0.0003/万 99.9885%	No:21614 U+099A9 馩 00000025 0.0003/万 99.9885%	No:21615 U+09BB6 鮶 00000025 0.0003/万 99.9885%	No:21616 U+09BBB 鮻 00000025 0.0003/万 99.9885%	No:21617 U+09C0E 鰎 00000025 0.0003/万 99.9885%	No:21618 U+09D3C 鴼 00000025 0.0003/万 99.9885%	No:21619 U+09F25 鼥 00000025 0.0003/万 99.9885%	No:21620 U+0E855 [illegible] 00000025 0.0003/万 99.9885%
No:21621 U+0F755 [illegible] 00000025 0.0003/万 99.9885%	No:21622 U+EB2 宼 00000025 0.0003/万 99.9888%	No:21623 U+E66 [illegible] 00000025 0.0003/万 99.9887%	No:21624 U+E26 剢 00000025 0.0003/万 99.9886%	No:21625 U+EF6 [illegible] 00000025 0.0003/万 99.9886%	No:21626 U+E73 [illegible] 00000025 0.0003/万 99.9889%	No:21627 U+EE4 [illegible] 00000025 0.0003/万 99.9888%	No:21628 U+E91 [illegible] 00000025 0.0003/万 99.9887%	No:21629 U+E6D [illegible] 00000025 0.0003/万 99.9888%	No:21630 U+EF1 [illegible] 00000025 0.0003/万 99.9887%
No:21631 U+E31 [illegible] 00000025 0.0003/万 99.9887%	No:21632 U+E13 [illegible] 00000025 0.0003/万 99.9887%	No:21633 U+EC1 桀 00000025 0.0003/万 99.9888%	No:21634 U+FF3 [illegible] 00000025 0.0003/万 99.9885%	No:21635 U+E3C [illegible] 00000025 0.0003/万 99.9886%	No:21636 U+E63 [illegible] 00000025 0.0003/万 99.9889%	No:21637 U+EA2 [illegible] 00000025 0.0003/万 99.9888%	No:21638 U+ECA [illegible] 00000025 0.0003/万 99.9886%	No:21639 U+EDA [illegible] 00000025 0.0003/万 99.9886%	No:21640 U+EB1 [illegible] 00000025 0.0003/万 99.9885%
No:21641 U+EC8 [illegible] 00000025 0.0003/万 99.9888%	No:21642 U+F59 [illegible] 00000025 0.0003/万 99.9889%	No:21643 U+E6C [illegible] 00000025 0.0003/万 99.9886%	No:21644 U+EDC [illegible] 00000025 0.0003/万 99.9887%	No:21645 U+EBF [illegible] 00000025 0.0003/万 99.9888%	No:21646 U+FCF [illegible] 00000025 0.0003/万 99.9886%	No:21647 U+E4E [illegible] 00000025 0.0003/万 99.9887%	No:21648 U+EA7 [illegible] 00000025 0.0003/万 99.9888%	No:21649 U+ECB [illegible] 00000025 0.0003/万 99.9885%	No:21650 U+03443 㑃 00000024 0.0003/万 99.9894%
No:21651 U+03480 㒀 00000024 0.0003/万 99.9894%	No:21652 U+03786 㞆 00000024 0.0003/万 99.9895%	No:21653 U+0379F 㞟 00000024 0.0003/万 99.9894%	No:21654 U+037A5 㞥 00000024 0.0003/万 99.9894%	No:21655 U+037EE 㟮 00000024 0.0003/万 99.9892%	No:21656 U+03851 㡑 00000024 0.0003/万 99.9893%	No:21657 U+038A8 㢨 00000024 0.0003/万 99.9892%	No:21658 U+03906 㤆 00000024 0.0003/万 99.9891%	No:21659 U+03932 㤲 00000024 0.0003/万 99.9893%	No:21660 U+0393A 㤺 00000024 0.0003/万 99.9892%
No:21661 U+0395F 㥟 00000024 0.0003/万 99.9892%	No:21662 U+03967 㥧 00000024 0.0003/万 99.9892%	No:21663 U+03A75 㩵 00000024 0.0003/万 99.9892%	No:21664 U+03A99 㪙 00000024 0.0003/万 99.9893%	No:21665 U+03AD1 㫑 00000024 0.0003/万 99.9894%	No:21666 U+03B3E 㬾 00000024 0.0003/万 99.9894%	No:21667 U+03B55 㭕 00000024 0.0003/万 99.9894%	No:21668 U+03C0B 㰋 00000024 0.0003/万 99.9895%	No:21669 U+03C2A 㰪 00000024 0.0003/万 99.9894%	No:21670 U+03C71 㱱 00000024 0.0003/万 99.9892%
No:21671 U+03D0E 㴎 00000024 0.0003/万 99.9892%	No:21672 U+03DEE 㷮 00000024 0.0003/万 99.9893%	No:21673 U+03DF0 㷰 00000024 0.0003/万 99.9893%	No:21674 U+03E49 㹉 00000024 0.0003/万 99.9894%	No:21675 U+03E6B 㹫 00000024 0.0003/万 99.9894%	No:21676 U+03E7C 㹼 00000024 0.0003/万 99.9894%	No:21677 U+03EA8 㺨 00000024 0.0003/万 99.9893%	No:21678 U+03EFE 㻾 00000024 0.0003/万 99.9895%	No:21679 U+03F1F 㼟 00000024 0.0003/万 99.9893%	No:21680 U+03F24 㼤 00000024 0.0003/万 99.9893%
No:21681 U+04004 䀄 00000024 0.0003/万 99.9892%	No:21682 U+04035 䀵 00000024 0.0003/万 99.9891%	No:21683 U+0408C 䂌 00000024 0.0003/万 99.9893%	No:21684 U+040F0 䃰 00000024 0.0003/万 99.9892%	No:21685 U+040F9 䃹 00000024 0.0003/万 99.9893%	No:21686 U+04205 䈅 00000024 0.0003/万 99.9894%	No:21687 U+04211 䈑 00000024 0.0003/万 99.9895%	No:21688 U+0426B 䉫 00000024 0.0003/万 99.9893%	No:21689 U+0427A 䉺 00000024 0.0003/万 99.9894%	No:21690 U+04287 䊇 00000024 0.0003/万 99.9894%
No:21691 U+042A0 䊠 00000024 0.0003/万 99.9894%	No:21692 U+042C9 䋉 00000024 0.0003/万 99.9894%	No:21693 U+0432A 䌪 00000024 0.0003/万 99.9893%	No:21694 U+04413 䐓 00000024 0.0003/万 99.9892%	No:21695 U+0441D 䐝 00000024 0.0003/万 99.9891%	No:21696 U+044AB 䒫 00000024 0.0003/万 99.9892%	No:21697 U+0451A 䔚 00000024 0.0003/万 99.9893%	No:21698 U+04574 䕴 00000024 0.0003/万 99.9894%	No:21699 U+04590 䖐 00000024 0.0003/万 99.9895%	No:21700 U+045E2 䗢 00000024 0.0003/万 99.9894%

No:21701 U+04631 䘱 00000024 0.0003/万 99.9892%	No:21702 U+04651 䙑 00000024 0.0003/万 99.9892%	No:21703 U+04675 䙵 00000024 0.0003/万 99.9894%	No:21704 U+04684 䚄 00000024 0.0003/万 99.9893%	No:21705 U+046EA 䛪 00000024 0.0003/万 99.9895%	No:21706 U+04703 䜃 00000024 0.0003/万 99.9895%	No:21707 U+04719 䜙 00000024 0.0003/万 99.9895%	No:21708 U+04774 䝴 00000024 0.0003/万 99.9893%	No:21709 U+04835 䠵 00000024 0.0003/万 99.9892%	No:21710 U+04837 䠷 00000024 0.0003/万 99.9892%
No:21711 U+048AB 䢫 00000024 0.0003/万 99.9892%	No:21712 U+04933 䤳 00000024 0.0003/万 99.9892%	No:21713 U+0495B 䥛 00000024 0.0003/万 99.9891%	No:21714 U+049DB 䧛 00000024 0.0003/万 99.9892%	No:21715 U+04A50 䩐 00000024 0.0003/万 99.9893%	No:21716 U+04A99 䪙 00000024 0.0003/万 99.9891%	No:21717 U+04A9E 䪞 00000024 0.0003/万 99.9892%	No:21718 U+04B13 䬓 00000024 0.0003/万 99.9895%	No:21719 U+04B14 䬔 00000024 0.0003/万 99.9894%	No:21720 U+04B99 䮙 00000024 0.0003/万 99.9894%
No:21721 U+04BB2 䮲 00000024 0.0003/万 99.9893%	No:21722 U+04BE3 䯣 00000024 0.0003/万 99.9893%	No:21723 U+04C60 䱠 00000024 0.0003/万 99.9893%	No:21724 U+04CB1 䲱 00000024 0.0003/万 99.9894%	No:21725 U+04D3F 䴿 00000024 0.0003/万 99.9894%	No:21726 U+04D40 䵀 00000024 0.0003/万 99.9893%	No:21727 U+04EB5 亵 00000024 0.0003/万 99.9894%	No:21728 U+04F1D 伝 00000024 0.0003/万 99.9893%	No:21729 U+0503B 倻 00000024 0.0003/万 99.9895%	No:21730 U+05285 劅 00000024 0.0003/万 99.9895%
No:21731 U+052C6 勆 00000024 0.0003/万 99.9894%	No:21732 U+055E1 嗡 00000024 0.0003/万 99.9893%	No:21733 U+05621 嘡 00000024 0.0003/万 99.9893%	No:21734 U+05856 塖 00000024 0.0003/万 99.9895%	No:21735 U+0588F 墏 00000024 0.0003/万 99.9895%	No:21736 U+05898 墘 00000024 0.0003/万 99.9895%	No:21737 U+058F6 壶 00000024 0.0003/万 99.9892%	No:21738 U+05943 奃 00000024 0.0003/万 99.9893%	No:21739 U+05A3E 娾 00000024 0.0003/万 99.9892%	No:21740 U+05B31 嬱 00000024 0.0003/万 99.9892%
No:21741 U+05CFA 峺 00000024 0.0003/万 99.9893%	No:21742 U+05F3F 弿 00000024 0.0003/万 99.9895%	No:21743 U+05FC4 忄 00000024 0.0003/万 99.9895%	No:21744 U+06129 愩 00000024 0.0003/万 99.9896%	No:21745 U+061B5 憵 00000024 0.0003/万 99.9896%	No:21746 U+06378 捸 00000024 0.0003/万 99.9895%	No:21747 U+06465 摥 00000024 0.0003/万 99.9895%	No:21748 U+06552 敒 00000024 0.0003/万 99.9895%	No:21749 U+06AAD 檭 00000024 0.0003/万 99.9895%	No:21750 U+06B5E 歞 00000024 0.0003/万 99.9895%
No:21751 U+06C6C 汬 00000024 0.0003/万 99.9896%	No:21752 U+06D83 涃 00000024 0.0003/万 99.9896%	No:21753 U+06E66 湦 00000024 0.0003/万 99.9896%	No:21754 U+06F7B 潻 00000024 0.0003/万 99.9896%	No:21755 U+07056 灖 00000024 0.0003/万 99.9897%	No:21756 U+07057 灗 00000024 0.0003/万 99.9896%	No:21757 U+07093 炓 00000024 0.0003/万 99.9896%	No:21758 U+07229 爩 00000024 0.0003/万 99.9897%	No:21759 U+07245 牅 00000024 0.0003/万 99.9896%	No:21760 U+073BE 玾 00000024 0.0003/万 99.9896%
No:21761 U+07593 疓 00000024 0.0003/万 99.9896%	No:21762 U+07612 瘒 00000024 0.0003/万 99.9897%	No:21763 U+0782C 砬 00000024 0.0003/万 99.9896%	No:21764 U+0789C 碜 00000024 0.0003/万 99.9896%	No:21765 U+078D6 磂 00000024 0.0003/万 99.9896%	No:21766 U+0793B 礻 00000024 0.0003/万 99.9896%	No:21767 U+07B79 筹 00000024 0.0003/万 99.9897%	No:21768 U+07C71 籱 00000024 0.0003/万 99.9896%	No:21769 U+07CE3 糣 00000024 0.0003/万 99.9896%	No:21770 U+07D95 結 00000024 0.0003/万 99.9896%
No:21771 U+07EA6 约 00000024 0.0003/万 99.9896%	No:21772 U+07F15 缕 00000024 0.0003/万 99.9896%	No:21773 U+07FA6 羦 00000024 0.0003/万 99.9896%	No:21774 U+08023 耣 00000024 0.0003/万 99.9897%	No:21775 U+08057 聗 00000024 0.0003/万 99.9896%	No:21776 U+083DA 菚 00000024 0.0003/万 99.9896%	No:21777 U+08491 蒑 00000024 0.0003/万 99.9897%	No:21778 U+08699 蚙 00000024 0.0003/万 99.9897%	No:21779 U+087CD 蟍 00000024 0.0003/万 99.9896%	No:21780 U+0888F 袏 00000024 0.0003/万 99.9896%
No:21781 U+089A3 覣 00000024 0.0003/万 99.9897%	No:21782 U+089D9 觙 00000024 0.0003/万 99.9897%	No:21783 U+08A37 訷 00000024 0.0003/万 99.9896%	No:21784 U+08B44 譄 00000024 0.0003/万 99.9896%	No:21785 U+08B75 譵 00000024 0.0003/万 99.9897%	No:21786 U+08B91 讑 00000024 0.0003/万 99.9897%	No:21787 U+09040 遀 00000024 0.0003/万 99.9896%	No:21788 U+09253 鉓 00000024 0.0003/万 99.9896%	No:21789 U+09263 鉣 00000024 0.0003/万 99.9896%	No:21790 U+09274 鉴 00000024 0.0003/万 99.9895%
No:21791 U+092A7 銧 00000024 0.0003/万 99.9896%	No:21792 U+092B4 銴 00000024 0.0003/万 99.9895%	No:21793 U+09307 錇 00000024 0.0003/万 99.9895%	No:21794 U+0930A 錊 00000024 0.0003/万 99.9895%	No:21795 U+093A0 鎠 00000024 0.0003/万 99.9896%	No:21796 U+09449 鑉 00000024 0.0003/万 99.9895%	No:21797 U+095C2 闂 00000024 0.0003/万 99.9895%	No:21798 U+09610 阐 00000024 0.0003/万 99.9896%	No:21799 U+096F5 雵 00000024 0.0003/万 99.9895%	No:21800 U+0973A 霺 00000024 0.0003/万 99.9891%

No:21801 U+0983E 頾 00000024 0.0003/万 99.9891%	No:21802 U+098F7 飷 00000024 0.0003/万 99.9891%	No:21803 U+09AB5 骵 00000024 0.0003/万 99.9891%	No:21804 U+09C75 鱵 00000024 0.0003/万 99.9891%	No:21805 U+09D87 鶇 00000024 0.0003/万 99.9891%	No:21806 U+09DA5 鶥 00000024 0.0003/万 99.9891%	No:21807 U+09DE1 鷡 00000024 0.0003/万 99.9891%	No:21808 U+09ED7 黗 00000024 0.0003/万 99.9891%	No:21809 U+09F3F 鼿 00000024 0.0003/万 99.9891%	No:21810 U+09F6D 齭 00000024 0.0003/万 99.9891%
No:21811 U+0EAB9 咩 00000024 0.0003/万 99.9891%	No:21812 U+0F758 蘁 00000024 0.0003/万 99.9891%	No:21813 U+0F886 暴 00000024 0.0003/万 99.9891%	No:21814 U+EC0 亭 00000024 0.0003/万 99.9892%	No:21815 U+F42 勢 00000024 0.0003/万 99.9894%	No:21816 U+F99 𡓷 00000024 0.0003/万 99.9894%	No:21817 U+F0C 媨 00000024 0.0003/万 99.9894%	No:21818 U+E00 虎 00000024 0.0003/万 99.9894%	No:21819 U+F86 弡 00000024 0.0003/万 99.9894%	No:21820 U+E5A 摛 00000024 0.0003/万 99.9895%
No:21821 U+E91 揞 00000024 0.0003/万 99.9892%	No:21822 U+E65 攗 00000024 0.0003/万 99.9893%	No:21823 U+E7B 噢 00000024 0.0003/万 99.9895%	No:21824 U+E4F 钦 00000024 0.0003/万 99.9893%	No:21825 U+E5F 𣨼 00000024 0.0003/万 99.9895%	No:21826 U+E69 毜 00000024 0.0003/万 99.9892%	No:21827 U+E73 𣰽 00000024 0.0003/万 99.9892%	No:21828 U+EBB 畇 00000024 0.0003/万 99.9893%	No:21829 U+EC4 癱 00000024 0.0003/万 99.9893%	No:21830 U+EB5 𥗊 00000024 0.0003/万 99.9894%
No:21831 U+EAC 𥢕 00000024 0.0003/万 99.9892%	No:21832 U+E1B 篹 00000024 0.0003/万 99.9892%	No:21833 U+E44 䐣 00000024 0.0003/万 99.9893%	No:21834 U+E35 菘 00000024 0.0003/万 99.9892%	No:21835 U+E57 䓒 00000024 0.0003/万 99.9894%	No:21836 U+ED7 蜉 00000024 0.0003/万 99.9893%	No:21837 U+EE1 蝂 00000024 0.0003/万 99.9893%	No:21838 U+E08 鑅 00000024 0.0003/万 99.9892%	No:21839 U+EE8 靁 00000024 0.0003/万 99.9891%	No:21840 U+E3C 現 00000024 0.0003/万 99.9895%
No:21841 U+FFE 邏 00000024 0.0003/万 99.9894%	No:21842 U+F76 逯 00000024 0.0003/万 99.9893%	No:21843 U+E66 霹 00000024 0.0003/万 99.9891%	No:21844 U+E95 鴨 00000024 0.0003/万 99.9892%	No:21845 U+EED 鴆 00000024 0.0003/万 99.9892%	No:21846 U+E2F 鷬 00000024 0.0003/万 99.9895%	No:21847 U+034BB 㒻 00000023 0.0002/万 99.9898%	No:21848 U+0351D 㔝 00000023 0.0002/万 99.9897%	No:21849 U+03578 㕸 00000023 0.0002/万 99.9899%	No:21850 U+03591 㖑 00000023 0.0002/万 99.9898%
No:21851 U+03592 㖒 00000023 0.0002/万 99.9899%	No:21852 U+035F4 㗴 00000023 0.0002/万 99.9898%	No:21853 U+03619 㘙 00000023 0.0002/万 99.9900%	No:21854 U+0361E 㘞 00000023 0.0002/万 99.9901%	No:21855 U+03624 㘤 00000023 0.0002/万 99.9901%	No:21856 U+03628 㘨 00000023 0.0002/万 99.9901%	No:21857 U+03659 㙙 00000023 0.0002/万 99.9901%	No:21858 U+03697 㚗 00000023 0.0002/万 99.9901%	No:21859 U+0370C 㜌 00000023 0.0002/万 99.9900%	No:21860 U+03793 㞓 00000023 0.0002/万 99.9901%
No:21861 U+037B3 㞳 00000023 0.0002/万 99.9900%	No:21862 U+03837 㠷 00000023 0.0002/万 99.9899%	No:21863 U+03897 㢗 00000023 0.0002/万 99.9902%	No:21864 U+03929 㤩 00000023 0.0002/万 99.9898%	No:21865 U+0393E 㤾 00000023 0.0002/万 99.9897%	No:21866 U+03949 㥉 00000023 0.0002/万 99.9898%	No:21867 U+03973 㥳 00000023 0.0002/万 99.9899%	No:21868 U+03975 㥵 00000023 0.0002/万 99.9899%	No:21869 U+0398C 㦌 00000023 0.0002/万 99.9899%	No:21870 U+03A11 㨑 00000023 0.0002/万 99.9899%
No:21871 U+03A58 㩘 00000023 0.0002/万 99.9900%	No:21872 U+03A7E 㩾 00000023 0.0002/万 99.9900%	No:21873 U+03A96 㪖 00000023 0.0002/万 99.9900%	No:21874 U+03AEB 㫫 00000023 0.0002/万 99.9898%	No:21875 U+03AF3 㫳 00000023 0.0002/万 99.9898%	No:21876 U+03B04 㬄 00000023 0.0002/万 99.9898%	No:21877 U+03BD9 㯙 00000023 0.0002/万 99.9900%	No:21878 U+03C2E 㰮 00000023 0.0002/万 99.9901%	No:21879 U+03C4E 㱎 00000023 0.0002/万 99.9900%	No:21880 U+03C4F 㱏 00000023 0.0002/万 99.9901%
No:21881 U+03C72 㱲 00000023 0.0002/万 99.9902%	No:21882 U+03CF6 㳶 00000023 0.0002/万 99.9898%	No:21883 U+03D41 㵁 00000023 0.0002/万 99.9901%	No:21884 U+03DE2 㷢 00000023 0.0002/万 99.9900%	No:21885 U+03E3C 㸼 00000023 0.0002/万 99.9901%	No:21886 U+03E47 㹇 00000023 0.0002/万 99.9901%	No:21887 U+03E4D 㹍 00000023 0.0002/万 99.9901%	No:21888 U+03E54 㹔 00000023 0.0002/万 99.9901%	No:21889 U+03E7A 㹺 00000023 0.0002/万 99.9898%	No:21890 U+03E94 㺔 00000023 0.0002/万 99.9899%
No:21891 U+03EE1 㻡 00000023 0.0002/万 99.9898%	No:21892 U+03FCC 㿌 00000023 0.0002/万 99.9900%	No:21893 U+03FF1 㿱 00000023 0.0002/万 99.9901%	No:21894 U+0400D 䀍 00000023 0.0002/万 99.9898%	No:21895 U+04041 䁁 00000023 0.0002/万 99.9899%	No:21896 U+04091 䂑 00000023 0.0002/万 99.9899%	No:21897 U+040D2 䃒 00000023 0.0002/万 99.9902%	No:21898 U+040FF 䃿 00000023 0.0002/万 99.9900%	No:21899 U+0410B 䄋 00000023 0.0002/万 99.9901%	No:21900 U+04132 䄲 00000023 0.0002/万 99.9900%

No:21901 U+0417E 䅾 00000023 0.0002/万 99.9902%	No:21902 U+0422F 䈯 00000023 0.0002/万 99.9899%	No:21903 U+04241 䉁 00000023 0.0002/万 99.9898%	No:21904 U+04266 䉦 00000023 0.0002/万 99.9898%	No:21905 U+0426E 䉮 00000023 0.0002/万 99.9899%	No:21906 U+04293 䊓 00000023 0.0002/万 99.9898%	No:21907 U+042FB 䋻 00000023 0.0002/万 99.9902%	No:21908 U+04315 䌕 00000023 0.0002/万 99.9901%	No:21909 U+043C3 䏃 00000023 0.0002/万 99.9900%	No:21910 U+043D0 䏐 00000023 0.0002/万 99.9901%
No:21911 U+04437 䐷 00000023 0.0002/万 99.9901%	No:21912 U+04458 䑘 00000023 0.0002/万 99.9898%	No:21913 U+04498 䒘 00000023 0.0002/万 99.9899%	No:21914 U+044A7 䒧 00000023 0.0002/万 99.9899%	No:21915 U+044DA 䓚 00000023 0.0002/万 99.9898%	No:21916 U+04502 䔂 00000023 0.0002/万 99.9897%	No:21917 U+0454C 䕌 00000023 0.0002/万 99.9900%	No:21918 U+0456A 䕪 00000023 0.0002/万 99.9901%	No:21919 U+04585 䖅 00000023 0.0002/万 99.9899%	No:21920 U+04620 䘠 00000023 0.0002/万 99.9901%
No:21921 U+04648 䙈 00000023 0.0002/万 99.9898%	No:21922 U+04659 䙙 00000023 0.0002/万 99.9900%	No:21923 U+046A3 䚣 00000023 0.0002/万 99.9900%	No:21924 U+046B4 䚴 00000023 0.0002/万 99.9902%	No:21925 U+046DA 䛚 00000023 0.0002/万 99.9898%	No:21926 U+0471C 䜜 00000023 0.0002/万 99.9898%	No:21927 U+0473E 䜾 00000023 0.0002/万 99.9899%	No:21928 U+04755 䝕 00000023 0.0002/万 99.9901%	No:21929 U+047F9 䟹 00000023 0.0002/万 99.9901%	No:21930 U+04810 䠐 00000023 0.0002/万 99.9897%
No:21931 U+048EF 䣯 00000023 0.0002/万 99.9899%	No:21932 U+048F0 䣰 00000023 0.0002/万 99.9898%	No:21933 U+04971 䥱 00000023 0.0002/万 99.9900%	No:21934 U+0498F 䦏 00000023 0.0002/万 99.9901%	No:21935 U+04AB3 䪳 00000023 0.0002/万 99.9901%	No:21936 U+04AB7 䪷 00000023 0.0002/万 99.9900%	No:21937 U+04AC3 䫃 00000023 0.0002/万 99.9900%	No:21938 U+04AC6 䫆 00000023 0.0002/万 99.9900%	No:21939 U+04AEC 䫬 00000023 0.0002/万 99.9900%	No:21940 U+04B0E 䬎 00000023 0.0002/万 99.9900%
No:21941 U+04B21 䬡 00000023 0.0002/万 99.9901%	No:21942 U+04BA6 䮦 00000023 0.0002/万 99.9900%	No:21943 U+04BAD 䮭 00000023 0.0002/万 99.9900%	No:21944 U+04BDF 䯟 00000023 0.0002/万 99.9900%	No:21945 U+04C75 䱵 00000023 0.0002/万 99.9901%	No:21946 U+04CA9 䲩 00000023 0.0002/万 99.9902%	No:21947 U+04CFE 䳾 00000023 0.0002/万 99.9901%	No:21948 U+04D6B 䵫 00000023 0.0002/万 99.9898%	No:21949 U+04D76 䵶 00000023 0.0002/万 99.9898%	No:21950 U+04D9E 䶞 00000023 0.0002/万 99.9899%
No:21951 U+04F44 佄 00000023 0.0002/万 99.9898%	No:21952 U+05090 傐 00000023 0.0002/万 99.9898%	No:21953 U+05174 兴 00000023 0.0002/万 99.9898%	No:21954 U+05286 劆 00000023 0.0002/万 99.9899%	No:21955 U+052B1 励 00000023 0.0002/万 99.9898%	No:21956 U+052EF 勯 00000023 0.0002/万 99.9899%	No:21957 U+05328 匨 00000023 0.0002/万 99.9899%	No:21958 U+05555 啕 00000023 0.0002/万 99.9902%	No:21959 U+05619 嘙 00000023 0.0002/万 99.9901%	No:21960 U+057AC 垬 00000023 0.0002/万 99.9899%
No:21961 U+05842 塂 00000023 0.0002/万 99.9900%	No:21962 U+05847 塇 00000023 0.0002/万 99.9900%	No:21963 U+05882 墂 00000023 0.0002/万 99.9900%	No:21964 U+05971 奱 00000023 0.0002/万 99.9900%	No:21965 U+05A0F 娏 00000023 0.0002/万 99.9902%	No:21966 U+05AAD 媭 00000023 0.0002/万 99.9901%	No:21967 U+05B2F 嬯 00000023 0.0002/万 99.9898%	No:21968 U+05B49 孉 00000023 0.0002/万 99.9899%	No:21969 U+05C52 屒 00000023 0.0002/万 99.9898%	No:21970 U+05CCE 峎 00000023 0.0002/万 99.9899%
No:21971 U+05CFC 峼 00000023 0.0002/万 99.9898%	No:21972 U+05D5F 嵟 00000023 0.0002/万 99.9898%	No:21973 U+05FCF 忏 00000023 0.0002/万 99.9902%	No:21974 U+06034 怴 00000023 0.0002/万 99.9903%	No:21975 U+061E7 懧 00000023 0.0002/万 99.9903%	No:21976 U+062A9 抩 00000023 0.0002/万 99.9903%	No:21977 U+0636A 捪 00000023 0.0002/万 99.9903%	No:21978 U+06391 掑 00000023 0.0002/万 99.9903%	No:21979 U+064DB 擛 00000023 0.0002/万 99.9903%	No:21980 U+06506 攆 00000023 0.0002/万 99.9902%
No:21981 U+06598 斘 00000023 0.0002/万 99.9903%	No:21982 U+06658 晘 00000023 0.0002/万 99.9902%	No:21983 U+06742 杂 00000023 0.0002/万 99.9902%	No:21984 U+06815 栕 00000023 0.0002/万 99.9903%	No:21985 U+06993 榓 00000023 0.0002/万 99.9903%	No:21986 U+069E3 槣 00000023 0.0002/万 99.9903%	No:21987 U+06AD8 櫘 00000023 0.0002/万 99.9902%	No:21988 U+06AED 櫭 00000023 0.0002/万 99.9902%	No:21989 U+06C56 汖 00000023 0.0002/万 99.9903%	No:21990 U+06D16 洖 00000023 0.0002/万 99.9902%
No:21991 U+06D71 浱 00000023 0.0002/万 99.9903%	No:21992 U+06DA1 涡 00000023 0.0002/万 99.9902%	No:21993 U+06DA6 润 00000023 0.0002/万 99.9902%	No:21994 U+06E14 渔 00000023 0.0002/万 99.9903%	No:21995 U+06EA1 溡 00000023 0.0002/万 99.9903%	No:21996 U+06EA9 溩 00000023 0.0002/万 99.9904%	No:21997 U+07008 瀈 00000023 0.0002/万 99.9903%	No:21998 U+0700A 瀊 00000023 0.0002/万 99.9904%	No:21999 U+07100 焀 00000023 0.0002/万 99.9903%	No:22000 U+071A9 熩 00000023 0.0002/万 99.9903%

No:22001 U+0720B 爋 00000023 0.0002/万 99.9902%	No:22002 U+0726A 牪 00000023 0.0002/万 99.9902%	No:22003 U+07B09 笉 00000023 0.0002/万 99.9902%	No:22004 U+07B1A 笚 00000023 0.0002/万 99.9902%	No:22005 U+07BBF 箿 00000023 0.0002/万 99.9904%	No:22006 U+07BC8 篈 00000023 0.0002/万 99.9903%	No:22007 U+07BDF 篟 00000023 0.0002/万 99.9903%	No:22008 U+07DEA 緪 00000023 0.0002/万 99.9903%	No:22009 U+07E19 縙 00000023 0.0002/万 99.9903%	No:22010 U+07FF5 翵 00000023 0.0002/万 99.9902%
No:22011 U+08065 聥 00000023 0.0002/万 99.9902%	No:22012 U+08092 肒 00000023 0.0002/万 99.9902%	No:22013 U+081A1 膡 00000023 0.0002/万 99.9904%	No:22014 U+081AF 膯 00000023 0.0002/万 99.9904%	No:22015 U+0824F 艏 00000023 0.0002/万 99.9903%	No:22016 U+08286 芆 00000023 0.0002/万 99.9903%	No:22017 U+082E0 苠 00000023 0.0002/万 99.9904%	No:22018 U+082ED 苭 00000023 0.0002/万 99.9904%	No:22019 U+08380 莀 00000023 0.0002/万 99.9903%	No:22020 U+083AE 莮 00000023 0.0002/万 99.9903%
No:22021 U+08416 萖 00000023 0.0002/万 99.9904%	No:22022 U+08883 袃 00000023 0.0002/万 99.9903%	No:22023 U+088B6 袶 00000023 0.0002/万 99.9902%	No:22024 U+0898D 覍 00000023 0.0002/万 99.9902%	No:22025 U+089E6 触 00000023 0.0002/万 99.9903%	No:22026 U+08AC3 諃 00000023 0.0002/万 99.9902%	No:22027 U+08B7F 譿 00000023 0.0002/万 99.9903%	No:22028 U+08D2F 贯 00000023 0.0002/万 99.9903%	No:22029 U+08EEA 軪 00000023 0.0002/万 99.9902%	No:22030 U+0917B 酻 00000023 0.0002/万 99.9903%
No:22031 U+09213 鈓 00000023 0.0002/万 99.9903%	No:22032 U+0923C 鈼 00000023 0.0002/万 99.9904%	No:22033 U+09243 鉃 00000023 0.0002/万 99.9903%	No:22034 U+0928F 銏 00000023 0.0002/万 99.9902%	No:22035 U+09309 錉 00000023 0.0002/万 99.9903%	No:22036 U+09399 鎙 00000023 0.0002/万 99.9902%	No:22037 U+093CD 鏍 00000023 0.0002/万 99.9903%	No:22038 U+0972C 霬 00000023 0.0002/万 99.9897%	No:22039 U+098FF 飿 00000023 0.0002/万 99.9897%	No:22040 U+099CE 駎 00000023 0.0002/万 99.9897%
No:22041 U+099F6 駶 00000023 0.0002/万 99.9897%	No:22042 U+09C79 鱹 00000023 0.0002/万 99.9897%	No:22043 U+09CEE 鳮 00000023 0.0002/万 99.9897%	No:22044 U+09D95 鶕 00000023 0.0002/万 99.9897%	No:22045 U+09D9C 鶜 00000023 0.0002/万 99.9897%	No:22046 U+09EC7 黇 00000023 0.0002/万 99.9897%	No:22047 U+09F62 齢 00000023 0.0002/万 99.9897%	No:22048 U+09F98 龘 00000023 0.0002/万 99.9897%	No:22049 U+0EB66 憣 00000023 0.0002/万 99.9897%	No:22050 U+0ECCB 奂 00000023 0.0002/万 99.9897%
No:22051 U+0EDA8 ⿰米厭 00000023 0.0002/万 99.9897%	No:22052 U+0EEAE ⿺辶重 00000023 0.0002/万 99.9897%	No:22053 U+0EEC5 ⿱医酉 00000023 0.0002/万 99.9897%	No:22054 U+0EF51 ⿱𦥑大 00000023 0.0002/万 99.9897%	No:22055 U+0F81E ⿱癶廾 00000023 0.0002/万 99.9897%	No:22056 U+EC4 ⿰豕刂 00000023 0.0002/万 99.9901%	No:22057 U+ECB ⿰⿱艹重刂 00000023 0.0002/万 99.9901%	No:22058 U+E11 ⿰口雋 00000023 0.0002/万 99.9900%	No:22059 U+E89 ⿱宀咼 00000023 0.0002/万 99.9899%	No:22060 U+EFD 阜 00000023 0.0002/万 99.9899%
No:22061 U+E6A ⿰木⿱罒子 00000023 0.0002/万 99.9898%	No:22062 U+E19 櫃 00000023 0.0002/万 99.9899%	No:22063 U+E1E ⿰氵裏 00000023 0.0002/万 99.9898%	No:22064 U+F41 冩 00000023 0.0002/万 99.9899%	No:22065 U+E1B ⿰犭盈 00000023 0.0002/万 99.9901%	No:22066 U+EEE ⿰石侌 00000023 0.0002/万 99.9899%	No:22067 U+EB9 ⿰目攸 00000023 0.0002/万 99.9899%	No:22068 U+EB0 ⿰石建 00000023 0.0002/万 99.9897%	No:22069 U+EF3 ⿱罒彖 00000023 0.0002/万 99.9899%	No:22070 U+E26 ⿰羊呈 00000023 0.0002/万 99.9900%
No:22071 U+EDE ⿰虫風 00000023 0.0002/万 99.9898%	No:22072 U+FD2 ⿰衤曼 00000023 0.0002/万 99.9900%	No:22073 U+EF9 ⿰衤敫 00000023 0.0002/万 99.9900%	No:22074 U+E98 ⿰貝廉 00000023 0.0002/万 99.9901%	No:22075 U+FEE ⿰酉夬 00000023 0.0002/万 99.9902%	No:22076 U+EF9 ⿰酉含 00000023 0.0002/万 99.9899%	No:22077 U+F7B ⿰革兑 00000023 0.0002/万 99.9899%	No:22078 U+E0A ⿰飠走 00000023 0.0002/万 99.9899%	No:22079 U+E4B 亶 00000023 0.0002/万 99.9901%	No:22080 U+ECD ⿱髟戈 00000023 0.0002/万 99.9901%
No:22081 U+EEE ⿰自鳥 00000023 0.0002/万 99.9900%	No:22082 U+E28 ⿰身圭 00000023 0.0002/万 99.9902%	No:22083 U+E71 攏 00000023 0.0002/万 99.9902%	No:22084 U+0343E 㐾 00000022 0.0002/万 99.9906%	No:22085 U+03459 㑙 00000022 0.0002/万 99.9906%	No:22086 U+03477 㑷 00000022 0.0002/万 99.9906%	No:22087 U+034A8 㒨 00000022 0.0002/万 99.9906%	No:22088 U+034B0 㒰 00000022 0.0002/万 99.9906%	No:22089 U+034C7 㓇 00000022 0.0002/万 99.9906%	No:22090 U+034D1 㓑 00000022 0.0002/万 99.9906%
No:22091 U+03503 㔃 00000022 0.0002/万 99.9906%	No:22092 U+03519 㔙 00000022 0.0002/万 99.9907%	No:22093 U+03539 㔹 00000022 0.0002/万 99.9907%	No:22094 U+03540 㕀 00000022 0.0002/万 99.9907%	No:22095 U+035A2 㖢 00000022 0.0002/万 99.9906%	No:22096 U+035F6 㗶 00000022 0.0002/万 99.9905%	No:22097 U+0364F 㙏 00000022 0.0002/万 99.9905%	No:22098 U+03657 㙗 00000022 0.0002/万 99.9905%	No:22099 U+03680 㚀 00000022 0.0002/万 99.9905%	No:22100 U+038D1 㣑 00000022 0.0002/万 99.9907%

No:22101 U+03920 㤠 00000022 0.0002/万 99.9908%	No:22102 U+039CB 㧋 00000022 0.0002/万 99.9908%	No:22103 U+039FD 㧽 00000022 0.0002/万 99.9905%	No:22104 U+03A53 㩓 00000022 0.0002/万 99.9905%	No:22105 U+03A8E 㪎 00000022 0.0002/万 99.9905%	No:22106 U+03AA4 㪤 00000022 0.0002/万 99.9904%	No:22107 U+03AD8 㫘 00000022 0.0002/万 99.9905%	No:22108 U+03B90 㮐 00000022 0.0002/万 99.9905%	No:22109 U+03BA2 㮢 00000022 0.0002/万 99.9905%	No:22110 U+03BA5 㮥 00000022 0.0002/万 99.9905%
No:22111 U+03BAB 㮫 00000022 0.0002/万 99.9905%	No:22112 U+03C19 㰙 00000022 0.0002/万 99.9904%	No:22113 U+03CA1 㲡 00000022 0.0002/万 99.9908%	No:22114 U+03CB1 㲱 00000022 0.0002/万 99.9908%	No:22115 U+03CCB 㳋 00000022 0.0002/万 99.9908%	No:22116 U+03DAD 㶭 00000022 0.0002/万 99.9905%	No:22117 U+03DDF 㷟 00000022 0.0002/万 99.9908%	No:22118 U+03E4E 㹎 00000022 0.0002/万 99.9905%	No:22119 U+03E59 㹙 00000022 0.0002/万 99.9905%	No:22120 U+03E68 㹨 00000022 0.0002/万 99.9905%
No:22121 U+03E82 㺂 00000022 0.0002/万 99.9905%	No:22122 U+03E97 㺗 00000022 0.0002/万 99.9906%	No:22123 U+03EBA 㺺 00000022 0.0002/万 99.9907%	No:22124 U+03EBF 㺿 00000022 0.0002/万 99.9906%	No:22125 U+03ED0 㻐 00000022 0.0002/万 99.9907%	No:22126 U+03EEF 㻯 00000022 0.0002/万 99.9906%	No:22127 U+04077 䁷 00000022 0.0002/万 99.9908%	No:22128 U+040D3 䃓 00000022 0.0002/万 99.9907%	No:22129 U+0412A 䄪 00000022 0.0002/万 99.9908%	No:22130 U+0413F 䄿 00000022 0.0002/万 99.9908%
No:22131 U+0414A 䅊 00000022 0.0002/万 99.9908%	No:22132 U+0415D 䅝 00000022 0.0002/万 99.9906%	No:22133 U+04177 䅷 00000022 0.0002/万 99.9906%	No:22134 U+0418A 䆊 00000022 0.0002/万 99.9905%	No:22135 U+041CE 䇎 00000022 0.0002/万 99.9906%	No:22136 U+041FA 䇺 00000022 0.0002/万 99.9906%	No:22137 U+0433D 䌽 00000022 0.0002/万 99.9906%	No:22138 U+04368 䍨 00000022 0.0002/万 99.9906%	No:22139 U+043A8 䎨 00000022 0.0002/万 99.9908%	No:22140 U+043A9 䎩 00000022 0.0002/万 99.9908%
No:22141 U+043F2 䏲 00000022 0.0002/万 99.9907%	No:22142 U+0440F 䐏 00000022 0.0002/万 99.9907%	No:22143 U+04427 䐧 00000022 0.0002/万 99.9907%	No:22144 U+0446F 䑯 00000022 0.0002/万 99.9908%	No:22145 U+044F1 䓱 00000022 0.0002/万 99.9905%	No:22146 U+0451E 䔞 00000022 0.0002/万 99.9905%	No:22147 U+04644 䙄 00000022 0.0002/万 99.9906%	No:22148 U+0469B 䚛 00000022 0.0002/万 99.9904%	No:22149 U+0474D 䝍 00000022 0.0002/万 99.9905%	No:22150 U+04758 䝘 00000022 0.0002/万 99.9905%
No:22151 U+04777 䝷 00000022 0.0002/万 99.9905%	No:22152 U+04862 䡢 00000022 0.0002/万 99.9908%	No:22153 U+048F5 䣵 00000022 0.0002/万 99.9907%	No:22154 U+048FF 䣿 00000022 0.0002/万 99.9908%	No:22155 U+0490E 䤎 00000022 0.0002/万 99.9908%	No:22156 U+04950 䥐 00000022 0.0002/万 99.9908%	No:22157 U+049A0 䦠 00000022 0.0002/万 99.9907%	No:22158 U+049BC 䦼 00000022 0.0002/万 99.9907%	No:22159 U+04A41 䩁 00000022 0.0002/万 99.9908%	No:22160 U+04A43 䩃 00000022 0.0002/万 99.9908%
No:22161 U+04A4B 䩋 00000022 0.0002/万 99.9908%	No:22162 U+04A7F 䩿 00000022 0.0002/万 99.9908%	No:22163 U+04A9A 䪚 00000022 0.0002/万 99.9908%	No:22164 U+04AC0 䫀 00000022 0.0002/万 99.9908%	No:22165 U+04B09 䬉 00000022 0.0002/万 99.9907%	No:22166 U+04B4A 䭊 00000022 0.0002/万 99.9905%	No:22167 U+04B91 䮑 00000022 0.0002/万 99.9906%	No:22168 U+04BD4 䯔 00000022 0.0002/万 99.9906%	No:22169 U+04BEE 䯮 00000022 0.0002/万 99.9905%	No:22170 U+04C38 䰸 00000022 0.0002/万 99.9906%
No:22171 U+04C90 䲐 00000022 0.0002/万 99.9906%	No:22172 U+04CC6 䳆 00000022 0.0002/万 99.9906%	No:22173 U+04CC9 䳉 00000022 0.0002/万 99.9905%	No:22174 U+04D06 䴆 00000022 0.0002/万 99.9905%	No:22175 U+04D1B 䴛 00000022 0.0002/万 99.9905%	No:22176 U+04D58 䵘 00000022 0.0002/万 99.9905%	No:22177 U+04FB0 侰 00000022 0.0002/万 99.9907%	No:22178 U+050E1 僡 00000022 0.0002/万 99.9907%	No:22179 U+0517B 养 00000022 0.0002/万 99.9907%	No:22180 U+052C4 勄 00000022 0.0002/万 99.9906%
No:22181 U+052F6 勶 00000022 0.0002/万 99.9906%	No:22182 U+05385 厅 00000022 0.0002/万 99.9906%	No:22183 U+0545F 呟 00000022 0.0002/万 99.9906%	No:22184 U+05472 呲 00000022 0.0002/万 99.9907%	No:22185 U+0549F 咟 00000022 0.0002/万 99.9906%	No:22186 U+054CC 哌 00000022 0.0002/万 99.9907%	No:22187 U+05675 噵 00000022 0.0002/万 99.9906%	No:22188 U+05679 噹 00000022 0.0002/万 99.9906%	No:22189 U+056E1 囡 00000022 0.0002/万 99.9906%	No:22190 U+057B5 垵 00000022 0.0002/万 99.9905%
No:22191 U+05946 奆 00000022 0.0002/万 99.9907%	No:22192 U+05A08 娈 00000022 0.0002/万 99.9907%	No:22193 U+05B29 嬩 00000022 0.0002/万 99.9907%	No:22194 U+05B41 孁 00000022 0.0002/万 99.9907%	No:22195 U+05C25 尥 00000022 0.0002/万 99.9908%	No:22196 U+05CCF 峏 00000022 0.0002/万 99.9908%	No:22197 U+05FBE 徾 00000022 0.0002/万 99.9909%	No:22198 U+0632C 挬 00000022 0.0002/万 99.9909%	No:22199 U+06385 掅 00000022 0.0002/万 99.9908%	No:22200 U+063E7 揧 00000022 0.0002/万 99.9910%

No:22201 U+0648C 撌 00000022 0.0002/万 99.9909%	No:22202 U+0655F 敟 00000022 0.0002/万 99.9909%	No:22203 U+06639 昹 00000022 0.0002/万 99.9910%	No:22204 U+06647 晇 00000022 0.0002/万 99.9910%	No:22205 U+06779 杹 00000022 0.0002/万 99.9910%	No:22206 U+0695C 楜 00000022 0.0002/万 99.9909%	No:22207 U+06BB6 殶 00000022 0.0002/万 99.9909%	No:22208 U+06BE4 毤 00000022 0.0002/万 99.9910%	No:22209 U+06D10 洐 00000022 0.0002/万 99.9909%	No:22210 U+06D45 浅 00000022 0.0002/万 99.9908%
No:22211 U+06F04 漄 00000022 0.0002/万 99.9910%	No:22212 U+06FB2 澲 00000022 0.0002/万 99.9909%	No:22213 U+0703D 瀽 00000022 0.0002/万 99.9909%	No:22214 U+07083 炃 00000022 0.0002/万 99.9908%	No:22215 U+071E3 燣 00000022 0.0002/万 99.9909%	No:22216 U+071FA 燺 00000022 0.0002/万 99.9909%	No:22217 U+073B8 玸 00000022 0.0002/万 99.9909%	No:22218 U+075BA 疺 00000022 0.0002/万 99.9909%	No:22219 U+076FA 盺 00000022 0.0002/万 99.9909%	No:22220 U+07744 睄 00000022 0.0002/万 99.9908%
No:22221 U+07866 硦 00000022 0.0002/万 99.9910%	No:22222 U+079E1 秡 00000022 0.0002/万 99.9910%	No:22223 U+07A2A 稪 00000022 0.0002/万 99.9909%	No:22224 U+07BF5 篵 00000022 0.0002/万 99.9910%	No:22225 U+07CC3 糃 00000022 0.0002/万 99.9910%	No:22226 U+07D60 絠 00000022 0.0002/万 99.9909%	No:22227 U+07D90 綐 00000022 0.0002/万 99.9909%	No:22228 U+07E03 縃 00000022 0.0002/万 99.9910%	No:22229 U+07EC6 细 00000022 0.0002/万 99.9909%	No:22230 U+07EF4 维 00000022 0.0002/万 99.9909%
No:22231 U+07F18 缘 00000022 0.0002/万 99.9909%	No:22232 U+08020 耠 00000022 0.0002/万 99.9909%	No:22233 U+0802E 耮 00000022 0.0002/万 99.9909%	No:22234 U+082CD 苍 00000022 0.0002/万 99.9909%	No:22235 U+0847B 葻 00000022 0.0002/万 99.9909%	No:22236 U+085BC 薼 00000022 0.0002/万 99.9910%	No:22237 U+085EE 藮 00000022 0.0002/万 99.9909%	No:22238 U+08772 蝲 00000022 0.0002/万 99.9909%	No:22239 U+087F5 蟵 00000022 0.0002/万 99.9908%	No:22240 U+089A5 覥 00000022 0.0002/万 99.9910%
No:22241 U+089AE 覮 00000022 0.0002/万 99.9909%	No:22242 U+08A0B 訋 00000022 0.0002/万 99.9908%	No:22243 U+08A35 訵 00000022 0.0002/万 99.9909%	No:22244 U+08B43 譃 00000022 0.0002/万 99.9910%	No:22245 U+08B6D 譭 00000022 0.0002/万 99.9909%	No:22246 U+08CCC 賌 00000022 0.0002/万 99.9909%	No:22247 U+08E5A 蹚 00000022 0.0002/万 99.9910%	No:22248 U+09286 銆 00000022 0.0002/万 99.9909%	No:22249 U+0938D 鎍 00000022 0.0002/万 99.9909%	No:22250 U+09391 鎑 00000022 0.0002/万 99.9909%
No:22251 U+093A4 鎤 00000022 0.0002/万 99.9910%	No:22252 U+093C0 鏀 00000022 0.0002/万 99.9909%	No:22253 U+0959D 閝 00000022 0.0002/万 99.9909%	No:22254 U+09659 陙 00000022 0.0002/万 99.9909%	No:22255 U+09750 靐 00000022 0.0002/万 99.9904%	No:22256 U+09757 靗 00000022 0.0002/万 99.9904%	No:22257 U+0984E 顎 00000022 0.0002/万 99.9904%	No:22258 U+099C7 駇 00000022 0.0002/万 99.9904%	No:22259 U+09B1C 鬜 00000022 0.0002/万 99.9904%	No:22260 U+09BA2 鮢 00000022 0.0002/万 99.9904%
No:22261 U+09C11 鰑 00000022 0.0002/万 99.9904%	No:22262 U+09C59 鱙 00000022 0.0002/万 99.9904%	No:22263 U+09CBD 鰈 00000022 0.0002/万 99.9904%	No:22264 U+09DA7 鶧 00000022 0.0002/万 99.9904%	No:22265 U+09E76 鹶 00000022 0.0002/万 99.9904%	No:22266 U+09F63 齣 00000022 0.0002/万 99.9904%	No:22267 U+09F97 龗 00000022 0.0002/万 99.9904%	No:22268 U+09F9D 龝 00000022 0.0002/万 99.9904%	No:22269 U+0E000 [illegible] 00000022 0.0002/万 99.9904%	No:22270 U+0EBD6 尻 00000022 0.0002/万 99.9904%
No:22271 U+0ECBA [illegible] 00000022 0.0002/万 99.9904%	No:22272 U+0ECE1 [illegible] 00000022 0.0002/万 99.9904%	No:22273 U+0F529 萸 00000022 0.0002/万 99.9904%	No:22274 U+0FA29 隝 00000022 0.0002/万 99.9904%	No:22275 U+E7D [illegible] 00000022 0.0002/万 99.9906%	No:22276 U+E55 峉 00000022 0.0002/万 99.9907%	No:22277 U+E72 [illegible] 00000022 0.0002/万 99.9907%	No:22278 U+E82 [illegible] 00000022 0.0002/万 99.9905%	No:22279 U+E75 [illegible] 00000022 0.0002/万 99.9907%	No:22280 U+F5A [illegible] 00000022 0.0002/万 99.9907%
No:22281 U+E7B [illegible] 00000022 0.0002/万 99.9906%	No:22282 U+E81 沚 00000022 0.0002/万 99.9907%	No:22283 U+E22 潘 00000022 0.0002/万 99.9908%	No:22284 U+F9A 炾 00000022 0.0002/万 99.9908%	No:22285 U+ED3 [illegible] 00000022 0.0002/万 99.9907%	No:22286 U+EA1 瑀 00000022 0.0002/万 99.9907%	No:22287 U+ED9 [illegible] 00000022 0.0002/万 99.9904%	No:22288 U+EBA [illegible] 00000022 0.0002/万 99.9905%	No:22289 U+E9B [illegible] 00000022 0.0002/万 99.9905%	No:22290 U+EB4 [illegible] 00000022 0.0002/万 99.9904%
No:22291 U+EB3 [illegible] 00000022 0.0002/万 99.9904%	No:22292 U+EAB [illegible] 00000022 0.0002/万 99.9904%	No:22293 U+F52 筈 00000022 0.0002/万 99.9905%	No:22294 U+F1C 臬 00000022 0.0002/万 99.9908%	No:22295 U+E8B [illegible] 00000022 0.0002/万 99.9906%	No:22296 U+F65 [illegible] 00000022 0.0002/万 99.9907%	No:22297 U+EE9 [illegible] 00000022 0.0002/万 99.9907%	No:22298 U+F8E 容 00000022 0.0002/万 99.9905%	No:22299 U+E7D [illegible] 00000022 0.0002/万 99.9905%	No:22300 U+E89 [illegible] 00000022 0.0002/万 99.9906%

No:22301 U+ED5 ⿱雨溥 00000022 0.0002/万 99.9907%	No:22302 U+FB8 醰 00000022 0.0002/万 99.9907%	No:22303 U+ED9 ⿰馬匡 00000022 0.0002/万 99.9907%	No:22304 U+E22 ⿰馬劉 00000022 0.0002/万 99.9908%	No:22305 U+E14 ⿰魚雋 00000022 0.0002/万 99.9908%	No:22306 U+0343C 㐼 00000021 0.0002/万 99.9911%	No:22307 U+03475 㑵 00000021 0.0002/万 99.9910%	No:22308 U+034F3 㓳 00000021 0.0002/万 99.9913%	No:22309 U+03509 㔉 00000021 0.0002/万 99.9913%	No:22310 U+03568 㕨 00000021 0.0002/万 99.9912%
No:22311 U+0356C 㕬 00000021 0.0002/万 99.9912%	No:22312 U+035D7 㗗 00000021 0.0002/万 99.9913%	No:22313 U+0368A 㚊 00000021 0.0002/万 99.9913%	No:22314 U+0369B 㚛 00000021 0.0002/万 99.9913%	No:22315 U+0370A 㜊 00000021 0.0002/万 99.9913%	No:22316 U+037F8 㟸 00000021 0.0002/万 99.9912%	No:22317 U+03845 㡅 00000021 0.0002/万 99.9911%	No:22318 U+03848 㡈 00000021 0.0002/万 99.9911%	No:22319 U+03882 㢂 00000021 0.0002/万 99.9912%	No:22320 U+038AD 㢭 00000021 0.0002/万 99.9912%
No:22321 U+0390B 㤋 00000021 0.0002/万 99.9912%	No:22322 U+03962 㥢 00000021 0.0002/万 99.9912%	No:22323 U+0397F 㥿 00000021 0.0002/万 99.9912%	No:22324 U+03993 㦓 00000021 0.0002/万 99.9912%	No:22325 U+03AB6 㪶 00000021 0.0002/万 99.9913%	No:22326 U+03ABF 㪿 00000021 0.0002/万 99.9913%	No:22327 U+03B10 㬐 00000021 0.0002/万 99.9913%	No:22328 U+03B4B 㭋 00000021 0.0002/万 99.9911%	No:22329 U+03B5C 㭜 00000021 0.0002/万 99.9911%	No:22330 U+03B72 㭲 00000021 0.0002/万 99.9911%
No:22331 U+03BAC 㮬 00000021 0.0002/万 99.9911%	No:22332 U+03BBB 㮻 00000021 0.0002/万 99.9914%	No:22333 U+03C1D 㰝 00000021 0.0002/万 99.9915%	No:22334 U+03C1E 㰞 00000021 0.0002/万 99.9915%	No:22335 U+03C5E 㱞 00000021 0.0002/万 99.9914%	No:22336 U+03C76 㱶 00000021 0.0002/万 99.9914%	No:22337 U+03C7D 㱽 00000021 0.0002/万 99.9915%	No:22338 U+03CFE 㳾 00000021 0.0002/万 99.9914%	No:22339 U+03D12 㴒 00000021 0.0002/万 99.9914%	No:22340 U+03DE9 㷩 00000021 0.0002/万 99.9914%
No:22341 U+03E2E 㸮 00000021 0.0002/万 99.9913%	No:22342 U+03E2F 㸯 00000021 0.0002/万 99.9914%	No:22343 U+03E52 㹒 00000021 0.0002/万 99.9913%	No:22344 U+03E67 㹧 00000021 0.0002/万 99.9913%	No:22345 U+03EFB 㻻 00000021 0.0002/万 99.9914%	No:22346 U+03EFD 㻽 00000021 0.0002/万 99.9914%	No:22347 U+03F12 㼒 00000021 0.0002/万 99.9914%	No:22348 U+03F1B 㼛 00000021 0.0002/万 99.9914%	No:22349 U+03F2F 㼯 00000021 0.0002/万 99.9914%	No:22350 U+03F37 㼷 00000021 0.0002/万 99.9914%
No:22351 U+03FCD 㿍 00000021 0.0002/万 99.9914%	No:22352 U+03FF8 㿸 00000021 0.0002/万 99.9914%	No:22353 U+0403F 䀿 00000021 0.0002/万 99.9913%	No:22354 U+04061 䁡 00000021 0.0002/万 99.9914%	No:22355 U+0407B 䁻 00000021 0.0002/万 99.9915%	No:22356 U+040BB 䂻 00000021 0.0002/万 99.9914%	No:22357 U+0414F 䅏 00000021 0.0002/万 99.9913%	No:22358 U+041D7 䇗 00000021 0.0002/万 99.9915%	No:22359 U+0420B 䈋 00000021 0.0002/万 99.9915%	No:22360 U+04254 䉔 00000021 0.0002/万 99.9914%
No:22361 U+0425E 䉞 00000021 0.0002/万 99.9914%	No:22362 U+042DF 䋟 00000021 0.0002/万 99.9914%	No:22363 U+04309 䌉 00000021 0.0002/万 99.9914%	No:22364 U+04318 䌘 00000021 0.0002/万 99.9914%	No:22365 U+0439A 䎚 00000021 0.0002/万 99.9914%	No:22366 U+043B0 䎰 00000021 0.0002/万 99.9914%	No:22367 U+043E2 䏢 00000021 0.0002/万 99.9914%	No:22368 U+04462 䑢 00000021 0.0002/万 99.9914%	No:22369 U+044A8 䒨 00000021 0.0002/万 99.9914%	No:22370 U+044C5 䓅 00000021 0.0002/万 99.9915%
No:22371 U+044F3 䓳 00000021 0.0002/万 99.9914%	No:22372 U+04521 䔡 00000021 0.0002/万 99.9915%	No:22373 U+04558 䕘 00000021 0.0002/万 99.9915%	No:22374 U+0457D 䕽 00000021 0.0002/万 99.9914%	No:22375 U+045F5 䗵 00000021 0.0002/万 99.9914%	No:22376 U+045F8 䗸 00000021 0.0002/万 99.9914%	No:22377 U+04626 䘦 00000021 0.0002/万 99.9915%	No:22378 U+04698 䚘 00000021 0.0002/万 99.9911%	No:22379 U+046A5 䚥 00000021 0.0002/万 99.9911%	No:22380 U+046D0 䛐 00000021 0.0002/万 99.9911%
No:22381 U+047B6 䞶 00000021 0.0002/万 99.9912%	No:22382 U+0483D 䠽 00000021 0.0002/万 99.9912%	No:22383 U+0485E 䡞 00000021 0.0002/万 99.9913%	No:22384 U+04893 䢓 00000021 0.0002/万 99.9912%	No:22385 U+048B2 䢲 00000021 0.0002/万 99.9912%	No:22386 U+048B8 䢸 00000021 0.0002/万 99.9912%	No:22387 U+048C5 䣅 00000021 0.0002/万 99.9912%	No:22388 U+048E3 䣣 00000021 0.0002/万 99.9912%	No:22389 U+049D2 䧒 00000021 0.0002/万 99.9912%	No:22390 U+049E1 䧡 00000021 0.0002/万 99.9911%
No:22391 U+049EB 䧫 00000021 0.0002/万 99.9911%	No:22392 U+04A00 䨀 00000021 0.0002/万 99.9911%	No:22393 U+04A7C 䩼 00000021 0.0002/万 99.9911%	No:22394 U+04A98 䪘 00000021 0.0002/万 99.9912%	No:22395 U+04A9B 䪛 00000021 0.0002/万 99.9912%	No:22396 U+04AD0 䫐 00000021 0.0002/万 99.9912%	No:22397 U+04B3F 䬿 00000021 0.0002/万 99.9912%	No:22398 U+04B63 䭣 00000021 0.0002/万 99.9912%	No:22399 U+04BB0 䮰 00000021 0.0002/万 99.9913%	No:22400 U+04C4A 䱊 00000021 0.0002/万 99.9913%

No:22401 U+04CD4 䳔 00000021 0.0002/万 99.9913%	No:22402 U+04D90 䶐 00000021 0.0002/万 99.9913%	No:22403 U+04D92 䶒 00000021 0.0002/万 99.9913%	No:22404 U+04DA3 䶣 00000021 0.0002/万 99.9913%	No:22405 U+04DB1 䶱 00000021 0.0002/万 99.9913%	No:22406 U+04E68 乨 00000021 0.0002/万 99.9911%	No:22407 U+04E9A 亚 00000021 0.0002/万 99.9912%	No:22408 U+04F13 伓 00000021 0.0002/万 99.9912%	No:22409 U+051D7 凗 00000021 0.0002/万 99.9912%	No:22410 U+051E3 凣 00000021 0.0002/万 99.9913%
No:22411 U+05246 剆 00000021 0.0002/万 99.9913%	No:22412 U+05253 剓 00000021 0.0002/万 99.9913%	No:22413 U+05262 剢 00000021 0.0002/万 99.9913%	No:22414 U+05264 剤 00000021 0.0002/万 99.9913%	No:22415 U+05313 匓 00000021 0.0002/万 99.9910%	No:22416 U+05425 吥 00000021 0.0002/万 99.9910%	No:22417 U+05542 啂 00000021 0.0002/万 99.9911%	No:22418 U+0556B 啫 00000021 0.0002/万 99.9911%	No:22419 U+05762 坢 00000021 0.0002/万 99.9911%	No:22420 U+0576C 坬 00000021 0.0002/万 99.9911%
No:22421 U+05839 堹 00000021 0.0002/万 99.9911%	No:22422 U+05877 塷 00000021 0.0002/万 99.9911%	No:22423 U+05933 夳 00000021 0.0002/万 99.9911%	No:22424 U+0598B 妋 00000021 0.0002/万 99.9911%	No:22425 U+0598C 妌 00000021 0.0002/万 99.9911%	No:22426 U+05BCA 寊 00000021 0.0002/万 99.9910%	No:22427 U+05BDA 寚 00000021 0.0002/万 99.9910%	No:22428 U+05DB5 嶵 00000021 0.0002/万 99.9910%	No:22429 U+05DFA 巺 00000021 0.0002/万 99.9910%	No:22430 U+05E3A 帺 00000021 0.0002/万 99.9916%
No:22431 U+05FCA 忊 00000021 0.0002/万 99.9915%	No:22432 U+05FF0 忰 00000021 0.0002/万 99.9915%	No:22433 U+061CF 懏 00000021 0.0002/万 99.9915%	No:22434 U+061D3 懓 00000021 0.0002/万 99.9915%	No:22435 U+06327 挧 00000021 0.0002/万 99.9916%	No:22436 U+0639F 掟 00000021 0.0002/万 99.9915%	No:22437 U+063D3 揓 00000021 0.0002/万 99.9916%	No:22438 U+06440 摀 00000021 0.0002/万 99.9915%	No:22439 U+064F0 擰 00000021 0.0002/万 99.9915%	No:22440 U+06618 昘 00000021 0.0002/万 99.9916%
No:22441 U+0667D 晽 00000021 0.0002/万 99.9916%	No:22442 U+066CA 曊 00000021 0.0002/万 99.9916%	No:22443 U+066EA 曪 00000021 0.0002/万 99.9916%	No:22444 U+067EA 柪 00000021 0.0002/万 99.9915%	No:22445 U+06AB8 檸 00000021 0.0002/万 99.9915%	No:22446 U+06B30 欰 00000021 0.0002/万 99.9916%	No:22447 U+06CCD 泍 00000021 0.0002/万 99.9916%	No:22448 U+06D9B 涛 00000021 0.0002/万 99.9916%	No:22449 U+06EE5 滥 00000021 0.0002/万 99.9915%	No:22450 U+06EE7 滧 00000021 0.0002/万 99.9915%
No:22451 U+06F16 漖 00000021 0.0002/万 99.9916%	No:22452 U+06F77 潷 00000021 0.0002/万 99.9916%	No:22453 U+07137 焷 00000021 0.0002/万 99.9915%	No:22454 U+071A6 熦 00000021 0.0002/万 99.9916%	No:22455 U+071E4 燤 00000021 0.0002/万 99.9915%	No:22456 U+07227 爧 00000021 0.0002/万 99.9916%	No:22457 U+0722B 爫 00000021 0.0002/万 99.9916%	No:22458 U+072C7 狇 00000021 0.0002/万 99.9916%	No:22459 U+073D8 珘 00000021 0.0002/万 99.9916%	No:22460 U+0756D 畭 00000021 0.0002/万 99.9916%
No:22461 U+07689 皉 00000021 0.0002/万 99.9916%	No:22462 U+07767 睧 00000021 0.0002/万 99.9915%	No:22463 U+07808 砈 00000021 0.0002/万 99.9916%	No:22464 U+0783A 砺 00000021 0.0002/万 99.9915%	No:22465 U+0788B 碋 00000021 0.0002/万 99.9915%	No:22466 U+0799E 禞 00000021 0.0002/万 99.9916%	No:22467 U+07A13 稓 00000021 0.0002/万 99.9916%	No:22468 U+07A87 窇 00000021 0.0002/万 99.9915%	No:22469 U+07B9E 箞 00000021 0.0002/万 99.9916%	No:22470 U+07CDB 糛 00000021 0.0002/万 99.9915%
No:22471 U+07E85 纅 00000021 0.0002/万 99.9915%	No:22472 U+07ED3 结 00000021 0.0002/万 99.9916%	No:22473 U+0813B 脻 00000021 0.0002/万 99.9916%	No:22474 U+08196 膖 00000021 0.0002/万 99.9916%	No:22475 U+083D7 菗 00000021 0.0002/万 99.9916%	No:22476 U+0842B 萫 00000021 0.0002/万 99.9916%	No:22477 U+08777 蝷 00000021 0.0002/万 99.9915%	No:22478 U+088A6 袦 00000021 0.0002/万 99.9915%	No:22479 U+08978 襸 00000021 0.0002/万 99.9916%	No:22480 U+08A9C 誜 00000021 0.0002/万 99.9916%
No:22481 U+08CB9 貹 00000021 0.0002/万 99.9915%	No:22482 U+08D0E 贎 00000021 0.0002/万 99.9916%	No:22483 U+08E3F 踿 00000021 0.0002/万 99.9916%	No:22484 U+08FC9 迉 00000021 0.0002/万 99.9915%	No:22485 U+08FFC 迼 00000021 0.0002/万 99.9915%	No:22486 U+0901B 逛 00000021 0.0002/万 99.9915%	No:22487 U+0903D 逽 00000021 0.0002/万 99.9915%	No:22488 U+090A4 邤 00000021 0.0002/万 99.9916%	No:22489 U+090FB 郻 00000021 0.0002/万 99.9915%	No:22490 U+09251 鉑 00000021 0.0002/万 99.9916%
No:22491 U+0953A 锺 00000021 0.0002/万 99.9915%	No:22492 U+09611 阑 00000021 0.0002/万 99.9916%	No:22493 U+0966F 陯 00000021 0.0002/万 99.9916%	No:22494 U+097DF 韟 00000021 0.0002/万 99.9910%	No:22495 U+0987A 顺 00000021 0.0002/万 99.9910%	No:22496 U+099E8 駨 00000021 0.0002/万 99.9910%	No:22497 U+09A50 驐 00000021 0.0002/万 99.9910%	No:22498 U+09B39 鬹 00000021 0.0002/万 99.9910%	No:22499 U+09B40 魀 00000021 0.0002/万 99.9910%	No:22500 U+09B65 魥 00000021 0.0002/万 99.9910%

No:22501 U+09C17 鰗 00000021 0.0002/万 99.9910%	No:22502 U+09EC6 黆 00000021 0.0002/万 99.9910%	No:22503 U+0E50E 椔 00000021 0.0002/万 99.9910%	No:22504 U+0E809 [illegible] 00000021 0.0002/万 99.9910%	No:22505 U+0ECD1 [illegible] 00000021 0.0002/万 99.9910%	No:22506 U+0F640 [illegible] 00000021 0.0002/万 99.9910%	No:22507 U+0FF1A ： 00000021 0.0002/万 99.9910%	No:22508 U+E4E [illegible] 00000021 0.0002/万 99.9911%	No:22509 U+E1F [illegible] 00000021 0.0002/万 99.9913%	No:22510 U+E2B [illegible] 00000021 0.0002/万 99.9913%
No:22511 U+E43 [illegible] 00000021 0.0002/万 99.9912%	No:22512 U+E60 [illegible] 00000021 0.0002/万 99.9912%	No:22513 U+E83 [illegible] 00000021 0.0002/万 99.9913%	No:22514 U+EAB [illegible] 00000021 0.0002/万 99.9913%	No:22515 U+E6C [illegible] 00000021 0.0002/万 99.9911%	No:22516 U+E8D [illegible] 00000021 0.0002/万 99.9912%	No:22517 U+E2C [illegible] 00000021 0.0002/万 99.9912%	No:22518 U+EB6 [illegible] 00000021 0.0002/万 99.9914%	No:22519 U+E90 歎 00000021 0.0002/万 99.9914%	No:22520 U+E6A [illegible] 00000021 0.0002/万 99.9914%
No:22521 U+ED2 [illegible] 00000021 0.0002/万 99.9912%	No:22522 U+FAD [illegible] 00000021 0.0002/万 99.9912%	No:22523 U+EC6 [illegible] 00000021 0.0002/万 99.9912%	No:22524 U+F42 [illegible] 00000021 0.0002/万 99.9912%	No:22525 U+E7C [illegible] 00000021 0.0002/万 99.9911%	No:22526 U+EFF [illegible] 00000021 0.0002/万 99.9913%	No:22527 U+E17 [illegible] 00000021 0.0002/万 99.9914%	No:22528 U+E9B [illegible] 00000021 0.0002/万 99.9914%	No:22529 U+EDF [illegible] 00000021 0.0002/万 99.9913%	No:22530 U+EFD 艛 00000021 0.0002/万 99.9913%
No:22531 U+E48 [illegible] 00000021 0.0002/万 99.9914%	No:22532 U+E39 蓊 00000021 0.0002/万 99.9913%	No:22533 U+E62 [illegible] 00000021 0.0002/万 99.9913%	No:22534 U+E3B [illegible] 00000021 0.0002/万 99.9912%	No:22535 U+E6D [illegible] 00000021 0.0002/万 99.9911%	No:22536 U+EE3 [illegible] 00000021 0.0002/万 99.9912%	No:22537 U+EEE [illegible] 00000021 0.0002/万 99.9912%	No:22538 U+EDD [illegible] 00000021 0.0002/万 99.9912%	No:22539 U+EC8 [illegible] 00000021 0.0002/万 99.9913%	No:22540 U+E9E [illegible] 00000021 0.0002/万 99.9913%
No:22541 U+E88 [illegible] 00000021 0.0002/万 99.9912%	No:22542 U+E82 [illegible] 00000021 0.0002/万 99.9911%	No:22543 U+E4C [illegible] 00000021 0.0002/万 99.9911%	No:22544 U+E41 [illegible] 00000021 0.0002/万 99.9911%	No:22545 U+E7A [illegible] 00000021 0.0002/万 99.9911%	No:22546 U+EF6 樢 00000021 0.0002/万 99.9911%	No:22547 U+E9E [illegible] 00000021 0.0002/万 99.9911%	No:22548 U+EA1 [illegible] 00000021 0.0002/万 99.9911%	No:22549 U+EE7 [illegible] 00000021 0.0002/万 99.9911%	No:22550 U+E2B [illegible] 00000021 0.0002/万 99.9911%
No:22551 U+03440 㑀 00000020 0.0002/万 99.9919%	No:22552 U+03472 㑲 00000020 0.0002/万 99.9919%	No:22553 U+03485 㒅 00000020 0.0002/万 99.9919%	No:22554 U+03491 㒑 00000020 0.0002/万 99.9919%	No:22555 U+0354B 㕋 00000020 0.0002/万 99.9918%	No:22556 U+035A0 㖠 00000020 0.0002/万 99.9919%	No:22557 U+035A5 㖥 00000020 0.0002/万 99.9919%	No:22558 U+03607 㘇 00000020 0.0002/万 99.9920%	No:22559 U+0360B 㘋 00000020 0.0002/万 99.9920%	No:22560 U+03640 㙀 00000020 0.0002/万 99.9920%
No:22561 U+036D8 㛘 00000020 0.0002/万 99.9920%	No:22562 U+03823 㠣 00000020 0.0002/万 99.9917%	No:22563 U+03864 㡤 00000020 0.0002/万 99.9917%	No:22564 U+038C2 㣂 00000020 0.0002/万 99.9918%	No:22565 U+03938 㤸 00000020 0.0002/万 99.9918%	No:22566 U+03989 㦉 00000020 0.0002/万 99.9918%	No:22567 U+039BA 㦺 00000020 0.0002/万 99.9918%	No:22568 U+039F2 㧲 00000020 0.0002/万 99.9918%	No:22569 U+039F6 㧶 00000020 0.0002/万 99.9918%	No:22570 U+03A2F 㨯 00000020 0.0002/万 99.9918%
No:22571 U+03A73 㩳 00000020 0.0002/万 99.9918%	No:22572 U+03B3D 㬽 00000020 0.0002/万 99.9921%	No:22573 U+03B5A 㭚 00000020 0.0002/万 99.9921%	No:22574 U+03B9D 㮝 00000020 0.0002/万 99.9921%	No:22575 U+03BEA 㯪 00000020 0.0002/万 99.9921%	No:22576 U+03C47 㱇 00000020 0.0002/万 99.9917%	No:22577 U+03D2B 㴫 00000020 0.0002/万 99.9917%	No:22578 U+03D4C 㵌 00000020 0.0002/万 99.9917%	No:22579 U+03DE4 㷤 00000020 0.0002/万 99.9920%	No:22580 U+03E1D 㸝 00000020 0.0002/万 99.9920%
No:22581 U+03E20 㸠 00000020 0.0002/万 99.9920%	No:22582 U+03E2A 㸪 00000020 0.0002/万 99.9920%	No:22583 U+03E9F 㺟 00000020 0.0002/万 99.9919%	No:22584 U+03EE0 㻠 00000020 0.0002/万 99.9919%	No:22585 U+03F0F 㼏 00000020 0.0002/万 99.9919%	No:22586 U+03F63 㽣 00000020 0.0002/万 99.9919%	No:22587 U+03F7B 㽻 00000020 0.0002/万 99.9919%	No:22588 U+03F8C 㾌 00000020 0.0002/万 99.9919%	No:22589 U+03F92 㾒 00000020 0.0002/万 99.9920%	No:22590 U+04010 䀐 00000020 0.0002/万 99.9918%
No:22591 U+04038 䀸 00000020 0.0002/万 99.9921%	No:22592 U+040BD 䂽 00000020 0.0002/万 99.9918%	No:22593 U+0413B 䄻 00000020 0.0002/万 99.9920%	No:22594 U+04166 䅦 00000020 0.0002/万 99.9919%	No:22595 U+0419A 䆚 00000020 0.0002/万 99.9919%	No:22596 U+041EB 䇫 00000020 0.0002/万 99.9919%	No:22597 U+041ED 䇭 00000020 0.0002/万 99.9919%	No:22598 U+0421E 䈞 00000020 0.0002/万 99.9919%	No:22599 U+0426D 䉭 00000020 0.0002/万 99.9919%	No:22600 U+04295 䊕 00000020 0.0002/万 99.9920%

No:22601 U+042BC 䊼 00000020 0.0002/万 99.9920%	No:22602 U+042BF 䊿 00000020 0.0002/万 99.9920%	No:22603 U+0434B 䍋 00000020 0.0002/万 99.9920%	No:22604 U+04352 䍒 00000020 0.0002/万 99.9918%	No:22605 U+04369 䍩 00000020 0.0002/万 99.9920%	No:22606 U+04388 䎈 00000020 0.0002/万 99.9920%	No:22607 U+043A0 䎠 00000020 0.0002/万 99.9920%	No:22608 U+043AF 䎯 00000020 0.0002/万 99.9918%	No:22609 U+043DF 䏟 00000020 0.0002/万 99.9917%	No:22610 U+043FA 䏺 00000020 0.0002/万 99.9917%
No:22611 U+04400 䐀 00000020 0.0002/万 99.9917%	No:22612 U+04495 䒕 00000020 0.0002/万 99.9918%	No:22613 U+044B0 䒰 00000020 0.0002/万 99.9918%	No:22614 U+04548 䕈 00000020 0.0002/万 99.9917%	No:22615 U+0455D 䕝 00000020 0.0002/万 99.9917%	No:22616 U+045E6 䗦 00000020 0.0002/万 99.9921%	No:22617 U+0461D 䘝 00000020 0.0002/万 99.9921%	No:22618 U+04647 䙇 00000020 0.0002/万 99.9921%	No:22619 U+0465E 䙞 00000020 0.0002/万 99.9921%	No:22620 U+04699 䚙 00000020 0.0002/万 99.9921%
No:22621 U+046B5 䚵 00000020 0.0002/万 99.9921%	No:22622 U+046DB 䛛 00000020 0.0002/万 99.9921%	No:22623 U+046F4 䛴 00000020 0.0002/万 99.9921%	No:22624 U+04711 䜑 00000020 0.0002/万 99.9921%	No:22625 U+04717 䜗 00000020 0.0002/万 99.9921%	No:22626 U+0473C 䜼 00000020 0.0002/万 99.9921%	No:22627 U+04781 䞁 00000020 0.0002/万 99.9917%	No:22628 U+04851 䡑 00000020 0.0002/万 99.9918%	No:22629 U+04879 䡹 00000020 0.0002/万 99.9918%	No:22630 U+0487D 䡽 00000020 0.0002/万 99.9918%
No:22631 U+048A6 䢦 00000020 0.0002/万 99.9918%	No:22632 U+048DE 䣞 00000020 0.0002/万 99.9918%	No:22633 U+04912 䤒 00000020 0.0002/万 99.9918%	No:22634 U+0493F 䤿 00000020 0.0002/万 99.9918%	No:22635 U+04997 䦗 00000020 0.0002/万 99.9918%	No:22636 U+049C1 䧁 00000020 0.0002/万 99.9917%	No:22637 U+049F2 䧲 00000020 0.0002/万 99.9917%	No:22638 U+04A15 䨕 00000020 0.0002/万 99.9917%	No:22639 U+04A24 䨤 00000020 0.0002/万 99.9917%	No:22640 U+04A94 䪔 00000020 0.0002/万 99.9917%
No:22641 U+04AC1 䫁 00000020 0.0002/万 99.9917%	No:22642 U+04B16 䬖 00000020 0.0002/万 99.9920%	No:22643 U+04B37 䬷 00000020 0.0002/万 99.9920%	No:22644 U+04B46 䭆 00000020 0.0002/万 99.9920%	No:22645 U+04B8B 䮋 00000020 0.0002/万 99.9919%	No:22646 U+04BA1 䮡 00000020 0.0002/万 99.9920%	No:22647 U+04BB9 䮹 00000020 0.0002/万 99.9920%	No:22648 U+04CBE 䲾 00000020 0.0002/万 99.9920%	No:22649 U+04CE0 䳠 00000020 0.0002/万 99.9920%	No:22650 U+04CF8 䳸 00000020 0.0002/万 99.9920%
No:22651 U+04D2E 䴮 00000020 0.0002/万 99.9920%	No:22652 U+04D4F 䵏 00000020 0.0002/万 99.9920%	No:22653 U+04EE6 仦 00000020 0.0002/万 99.9920%	No:22654 U+0508A 傊 00000020 0.0002/万 99.9919%	No:22655 U+050A0 傠 00000020 0.0002/万 99.9919%	No:22656 U+0513E 儾 00000020 0.0002/万 99.9919%	No:22657 U+05186 円 00000020 0.0002/万 99.9919%	No:22658 U+052B6 劶 00000020 0.0002/万 99.9919%	No:22659 U+05302 匂 00000020 0.0002/万 99.9919%	No:22660 U+05564 啤 00000020 0.0002/万 99.9919%
No:22661 U+05577 啷 00000020 0.0002/万 99.9919%	No:22662 U+055D0 嗐 00000020 0.0002/万 99.9919%	No:22663 U+05935 夵 00000020 0.0002/万 99.9920%	No:22664 U+0593C 夼 00000020 0.0002/万 99.9920%	No:22665 U+05977 奷 00000020 0.0002/万 99.9920%	No:22666 U+059A7 妧 00000020 0.0002/万 99.9920%	No:22667 U+059C8 姈 00000020 0.0002/万 99.9920%	No:22668 U+05AFC 嫼 00000020 0.0002/万 99.9918%	No:22669 U+05C87 岇 00000020 0.0002/万 99.9917%	No:22670 U+05D40 嵀 00000020 0.0002/万 99.9921%
No:22671 U+05D67 嵧 00000020 0.0002/万 99.9921%	No:22672 U+05E6E 幮 00000020 0.0002/万 99.9922%	No:22673 U+05ED8 廘 00000020 0.0002/万 99.9921%	No:22674 U+06011 怑 00000020 0.0002/万 99.9921%	No:22675 U+060D6 惖 00000020 0.0002/万 99.9922%	No:22676 U+060D7 惗 00000020 0.0002/万 99.9922%	No:22677 U+06400 搀 00000020 0.0002/万 99.9923%	No:22678 U+064F9 擹 00000020 0.0002/万 99.9923%	No:22679 U+06744 杄 00000020 0.0002/万 99.9921%	No:22680 U+0688A 梊 00000020 0.0002/万 99.9923%
No:22681 U+068C7 棇 00000020 0.0002/万 99.9922%	No:22682 U+0694F 楏 00000020 0.0002/万 99.9923%	No:22683 U+06A72 橲 00000020 0.0002/万 99.9922%	No:22684 U+06BA6 殦 00000020 0.0002/万 99.9923%	No:22685 U+06BDE 毞 00000020 0.0002/万 99.9922%	No:22686 U+06C12 氒 00000020 0.0002/万 99.9922%	No:22687 U+06C77 汷 00000020 0.0002/万 99.9923%	No:22688 U+06C7F 汿 00000020 0.0002/万 99.9923%	No:22689 U+06C8A 沊 00000020 0.0002/万 99.9923%	No:22690 U+06D56 浖 00000020 0.0002/万 99.9922%
No:22691 U+06E04 渄 00000020 0.0002/万 99.9922%	No:22692 U+06E95 溕 00000020 0.0002/万 99.9923%	No:22693 U+06FBF 澿 00000020 0.0002/万 99.9923%	No:22694 U+070A6 炦 00000020 0.0002/万 99.9922%	No:22695 U+07123 焣 00000020 0.0002/万 99.9921%	No:22696 U+07161 煡 00000020 0.0002/万 99.9922%	No:22697 U+07314 猔 00000020 0.0002/万 99.9921%	No:22698 U+0739C 玜 00000020 0.0002/万 99.9922%	No:22699 U+07402 琂 00000020 0.0002/万 99.9922%	No:22700 U+0743D 琽 00000020 0.0002/万 99.9922%

No:22701 U+074B7 璷 00000020 0.0002/万 99.9922%	No:22702 U+075A6 疦 00000020 0.0002/万 99.9923%	No:22703 U+075A9 疩 00000020 0.0002/万 99.9922%	No:22704 U+077A6 瞦 00000020 0.0002/万 99.9921%	No:22705 U+07846 硆 00000020 0.0002/万 99.9922%	No:22706 U+07863 硣 00000020 0.0002/万 99.9921%	No:22707 U+07908 礈 00000020 0.0002/万 99.9922%	No:22708 U+07990 禐 00000020 0.0002/万 99.9923%	No:22709 U+079B6 禶 00000020 0.0002/万 99.9922%	No:22710 U+07A10 稐 00000020 0.0002/万 99.9922%
No:22711 U+07A55 穕 00000020 0.0002/万 99.9921%	No:22712 U+07B89 箉 00000020 0.0002/万 99.9923%	No:22713 U+07C15 簕 00000020 0.0002/万 99.9922%	No:22714 U+07C77 籷 00000020 0.0002/万 99.9922%	No:22715 U+07D2E 紮 00000020 0.0002/万 99.9922%	No:22716 U+07D4E 絎 00000020 0.0002/万 99.9922%	No:22717 U+07D87 綇 00000020 0.0002/万 99.9921%	No:22718 U+07D9B 綛 00000020 0.0002/万 99.9922%	No:22719 U+07EE7 继 00000020 0.0002/万 99.9922%	No:22720 U+08097 肗 00000020 0.0002/万 99.9921%
No:22721 U+08149 腉 00000020 0.0002/万 99.9921%	No:22722 U+08454 葔 00000020 0.0002/万 99.9921%	No:22723 U+08575 蕵 00000020 0.0002/万 99.9922%	No:22724 U+085A3 薣 00000020 0.0002/万 99.9923%	No:22725 U+085F1 藱 00000020 0.0002/万 99.9922%	No:22726 U+0863E 蘾 00000020 0.0002/万 99.9922%	No:22727 U+08673 虳 00000020 0.0002/万 99.9921%	No:22728 U+08736 蜶 00000020 0.0002/万 99.9922%	No:22729 U+088DA 裚 00000020 0.0002/万 99.9922%	No:22730 U+0891F 褟 00000020 0.0002/万 99.9923%
No:22731 U+08954 襔 00000020 0.0002/万 99.9922%	No:22732 U+08A8F 誏 00000020 0.0002/万 99.9922%	No:22733 U+08B4B 譋 00000020 0.0002/万 99.9922%	No:22734 U+08BB8 许 00000020 0.0002/万 99.9922%	No:22735 U+08C8B 貋 00000020 0.0002/万 99.9923%	No:22736 U+08D00 贀 00000020 0.0002/万 99.9923%	No:22737 U+08DB7 趷 00000020 0.0002/万 99.9922%	No:22738 U+08ED9 軙 00000020 0.0002/万 99.9922%	No:22739 U+08FEC 迬 00000020 0.0002/万 99.9922%	No:22740 U+09096 邖 00000020 0.0002/万 99.9921%
No:22741 U+090D8 郘 00000020 0.0002/万 99.9923%	No:22742 U+0931B 錛 00000020 0.0002/万 99.9923%	No:22743 U+09578 镸 00000020 0.0002/万 99.9921%	No:22744 U+095FD 闽 00000020 0.0002/万 99.9922%	No:22745 U+0986D 顭 00000020 0.0002/万 99.9917%	No:22746 U+09A39 騹 00000020 0.0002/万 99.9917%	No:22747 U+09B2B 鬫 00000020 0.0002/万 99.9917%	No:22748 U+09B5C 魜 00000020 0.0002/万 99.9917%	No:22749 U+09B63 魣 00000020 0.0002/万 99.9917%	No:22750 U+09B73 魳 00000020 0.0002/万 99.9917%
No:22751 U+09B95 鮕 00000020 0.0002/万 99.9917%	No:22752 U+09DED 鷭 00000020 0.0002/万 99.9916%	No:22753 U+09E14 鸔 00000020 0.0002/万 99.9917%	No:22754 U+0E81E 00000020 0.0002/万 99.9917%	No:22755 U+0EC8F 00000020 0.0002/万 99.9917%	No:22756 U+0EF48 00000020 0.0002/万 99.9917%	No:22757 U+0EF4D 00000020 0.0002/万 99.9917%	No:22758 U+0F5CE 00000020 0.0002/万 99.9917%	No:22759 U+0F662 禩 00000020 0.0002/万 99.9917%	No:22760 U+0F845 管 00000020 0.0002/万 99.9917%
No:22761 U+EBC [illegible] 00000020 0.0002/万 99.9918%	No:22762 U+E2D [illegible] 00000020 0.0002/万 99.9919%	No:22763 U+E41 [illegible] 00000020 0.0002/万 99.9919%	No:22764 U+EB7 [illegible] 00000020 0.0002/万 99.9919%	No:22765 U+E8A [illegible] 00000020 0.0002/万 99.9919%	No:22766 U+E63 峵 00000020 0.0002/万 99.9918%	No:22767 U+E3C [illegible] 00000020 0.0002/万 99.9918%	No:22768 U+E46 [illegible] 00000020 0.0002/万 99.9919%	No:22769 U+E6F [illegible] 00000020 0.0002/万 99.9919%	No:22770 U+E6C [illegible] 00000020 0.0002/万 99.9919%
No:22771 U+FD5 [illegible] 00000020 0.0002/万 99.9919%	No:22772 U+E66 [illegible] 00000020 0.0002/万 99.9918%	No:22773 U+FC9 [illegible] 00000020 0.0002/万 99.9917%	No:22774 U+F28 [illegible] 00000020 0.0002/万 99.9917%	No:22775 U+E75 [illegible] 00000020 0.0002/万 99.9918%	No:22776 U+E2F [illegible] 00000020 0.0002/万 99.9918%	No:22777 U+E0A [illegible] 00000020 0.0002/万 99.9918%	No:22778 U+E9D [illegible] 00000020 0.0002/万 99.9917%	No:22779 U+EDA [illegible] 00000020 0.0002/万 99.9918%	No:22780 U+FBF [illegible] 00000020 0.0002/万 99.9921%
No:22781 U+F76 瘵 00000020 0.0002/万 99.9921%	No:22782 U+E93 [illegible] 00000020 0.0002/万 99.9918%	No:22783 U+E96 [illegible] 00000020 0.0002/万 99.9918%	No:22784 U+E87 臑 00000020 0.0002/万 99.9919%	No:22785 U+E4E [illegible] 00000020 0.0002/万 99.9917%	No:22786 U+F68 筝 00000020 0.0002/万 99.9918%	No:22787 U+ECD 謏 00000020 0.0002/万 99.9920%	No:22788 U+E93 [illegible] 00000020 0.0002/万 99.9920%	No:22789 U+E92 [illegible] 00000020 0.0002/万 99.9920%	No:22790 U+E38 [illegible] 00000020 0.0002/万 99.9920%
No:22791 U+F77 輂 00000020 0.0002/万 99.9919%	No:22792 U+F3C [illegible] 00000020 0.0002/万 99.9918%	No:22793 U+FDD [illegible] 00000020 0.0002/万 99.9919%	No:22794 U+FE9 [illegible] 00000020 0.0002/万 99.9919%	No:22795 U+E64 [illegible] 00000020 0.0002/万 99.9917%	No:22796 U+EE4 [illegible] 00000020 0.0002/万 99.9917%	No:22797 U+E6A [illegible] 00000020 0.0002/万 99.9918%	No:22798 U+ED2 [illegible] 00000020 0.0002/万 99.9918%	No:22799 U+EB2 [illegible] 00000020 0.0002/万 99.9921%	No:22800 U+E7D [illegible] 00000020 0.0002/万 99.9921%

No:22801 U+E63 [illegible] 00000020 0.0002/万 99.9921%	No:22802 U+EB1 [illegible] 00000020 0.0002/万 99.9921%	No:22803 U+E03 [illegible] 00000020 0.0002/万 99.9921%	No:22804 U+F4B [illegible] 00000020 0.0002/万 99.9917%	No:22805 U+EB7 [illegible] 00000020 0.0002/万 99.9918%	No:22806 U+E12 [illegible] 00000020 0.0002/万 99.9920%	No:22807 U+E35 [illegible] 00000020 0.0002/万 99.9920%	No:22808 U+0348D 㒍 00000019 0.0002/万 99.9926%	No:22809 U+034A6 㒦 00000019 0.0002/万 99.9927%	No:22810 U+034E9 㓩 00000019 0.0002/万 99.9927%
No:22811 U+034FD 㓽 00000019 0.0002/万 99.9927%	No:22812 U+03504 㔄 00000019 0.0002/万 99.9924%	No:22813 U+03534 㔴 00000019 0.0002/万 99.9924%	No:22814 U+03573 㕳 00000019 0.0002/万 99.9923%	No:22815 U+0360C 㘌 00000019 0.0002/万 99.9925%	No:22816 U+0364B 㙋 00000019 0.0002/万 99.9924%	No:22817 U+03685 㚅 00000019 0.0002/万 99.9924%	No:22818 U+03695 㚕 00000019 0.0002/万 99.9925%	No:22819 U+036AB 㚫 00000019 0.0002/万 99.9925%	No:22820 U+0371E 㜞 00000019 0.0002/万 99.9926%
No:22821 U+037A3 㞣 00000019 0.0002/万 99.9926%	No:22822 U+0381F 㠟 00000019 0.0002/万 99.9925%	No:22823 U+038C9 㣉 00000019 0.0002/万 99.9927%	No:22824 U+03907 㤇 00000019 0.0002/万 99.9925%	No:22825 U+0390A 㤊 00000019 0.0002/万 99.9927%	No:22826 U+03922 㤢 00000019 0.0002/万 99.9926%	No:22827 U+03942 㥂 00000019 0.0002/万 99.9925%	No:22828 U+0396D 㥭 00000019 0.0002/万 99.9927%	No:22829 U+03980 㦀 00000019 0.0002/万 99.9926%	No:22830 U+039C6 㧆 00000019 0.0002/万 99.9924%
No:22831 U+039F3 㧳 00000019 0.0002/万 99.9925%	No:22832 U+03A56 㩖 00000019 0.0002/万 99.9924%	No:22833 U+03A68 㩨 00000019 0.0002/万 99.9924%	No:22834 U+03AD9 㫙 00000019 0.0002/万 99.9927%	No:22835 U+03B24 㬤 00000019 0.0002/万 99.9927%	No:22836 U+03B39 㬹 00000019 0.0002/万 99.9927%	No:22837 U+03B91 㮑 00000019 0.0002/万 99.9927%	No:22838 U+03BBD 㮽 00000019 0.0002/万 99.9926%	No:22839 U+03BDB 㯛 00000019 0.0002/万 99.9925%	No:22840 U+03BE3 㯣 00000019 0.0002/万 99.9925%
No:22841 U+03C56 㱖 00000019 0.0002/万 99.9927%	No:22842 U+03CE8 㳨 00000019 0.0002/万 99.9925%	No:22843 U+03D02 㴂 00000019 0.0002/万 99.9926%	No:22844 U+03D35 㴵 00000019 0.0002/万 99.9924%	No:22845 U+03DA2 㶢 00000019 0.0002/万 99.9926%	No:22846 U+03DBB 㶻 00000019 0.0002/万 99.9925%	No:22847 U+03DC7 㷇 00000019 0.0002/万 99.9927%	No:22848 U+03DCE 㷎 00000019 0.0002/万 99.9925%	No:22849 U+03E72 㹲 00000019 0.0002/万 99.9925%	No:22850 U+03EFF 㻿 00000019 0.0002/万 99.9927%
No:22851 U+03F02 㼂 00000019 0.0002/万 99.9927%	No:22852 U+03F0B 㼋 00000019 0.0002/万 99.9927%	No:22853 U+03F51 㽑 00000019 0.0002/万 99.9927%	No:22854 U+03F64 㽤 00000019 0.0002/万 99.9926%	No:22855 U+03F84 㾄 00000019 0.0002/万 99.9924%	No:22856 U+03F86 㾆 00000019 0.0002/万 99.9924%	No:22857 U+03FE9 㿩 00000019 0.0002/万 99.9927%	No:22858 U+0402B 䀫 00000019 0.0002/万 99.9924%	No:22859 U+0402C 䀬 00000019 0.0002/万 99.9924%	No:22860 U+040C5 䃅 00000019 0.0002/万 99.9927%
No:22861 U+04147 䅇 00000019 0.0002/万 99.9925%	No:22862 U+0416E 䅮 00000019 0.0002/万 99.9926%	No:22863 U+04179 䅹 00000019 0.0002/万 99.9926%	No:22864 U+04193 䆓 00000019 0.0002/万 99.9927%	No:22865 U+041A7 䆧 00000019 0.0002/万 99.9926%	No:22866 U+041FB 䇻 00000019 0.0002/万 99.9927%	No:22867 U+04252 䉒 00000019 0.0002/万 99.9924%	No:22868 U+04255 䉕 00000019 0.0002/万 99.9924%	No:22869 U+0429F 䊟 00000019 0.0002/万 99.9925%	No:22870 U+042F4 䋴 00000019 0.0002/万 99.9924%
No:22871 U+0432F 䌯 00000019 0.0002/万 99.9924%	No:22872 U+04334 䌴 00000019 0.0002/万 99.9924%	No:22873 U+04344 䍄 00000019 0.0002/万 99.9924%	No:22874 U+0436A 䍪 00000019 0.0002/万 99.9926%	No:22875 U+04383 䎃 00000019 0.0002/万 99.9926%	No:22876 U+043C4 䏄 00000019 0.0002/万 99.9926%	No:22877 U+043D2 䏒 00000019 0.0002/万 99.9927%	No:22878 U+0443B 䐻 00000019 0.0002/万 99.9926%	No:22879 U+04440 䑀 00000019 0.0002/万 99.9926%	No:22880 U+04442 䑂 00000019 0.0002/万 99.9926%
No:22881 U+04476 䑶 00000019 0.0002/万 99.9925%	No:22882 U+045D9 䗙 00000019 0.0002/万 99.9925%	No:22883 U+04607 䘇 00000019 0.0002/万 99.9925%	No:22884 U+046A0 䚠 00000019 0.0002/万 99.9924%	No:22885 U+046C0 䛀 00000019 0.0002/万 99.9927%	No:22886 U+04712 䜒 00000019 0.0002/万 99.9924%	No:22887 U+04747 䝇 00000019 0.0002/万 99.9926%	No:22888 U+04753 䝓 00000019 0.0002/万 99.9926%	No:22889 U+0475C 䝜 00000019 0.0002/万 99.9926%	No:22890 U+047AF 䞯 00000019 0.0002/万 99.9926%
No:22891 U+047B7 䞷 00000019 0.0002/万 99.9924%	No:22892 U+047D8 䟘 00000019 0.0002/万 99.9923%	No:22893 U+047F7 䟷 00000019 0.0002/万 99.9925%	No:22894 U+0489D 䢝 00000019 0.0002/万 99.9924%	No:22895 U+04913 䤓 00000019 0.0002/万 99.9924%	No:22896 U+04992 䦒 00000019 0.0002/万 99.9926%	No:22897 U+04A0A 䨊 00000019 0.0002/万 99.9924%	No:22898 U+04A17 䨗 00000019 0.0002/万 99.9925%	No:22899 U+04A38 䨸 00000019 0.0002/万 99.9925%	No:22900 U+04A6A 䩪 00000019 0.0002/万 99.9924%

No:22901 U+04AF6 䫶 00000019 0.0002/万 99.9927%	No:22902 U+04B04 䬄 00000019 0.0002/万 99.9926%	No:22903 U+04B1B 䬛 00000019 0.0002/万 99.9926%	No:22904 U+04B2E 䬮 00000019 0.0002/万 99.9926%	No:22905 U+04C2F 䰯 00000019 0.0002/万 99.9925%	No:22906 U+04C77 䱷 00000019 0.0002/万 99.9925%	No:22907 U+04C95 䲕 00000019 0.0002/万 99.9924%	No:22908 U+04C9C 䲜 00000019 0.0002/万 99.9925%	No:22909 U+04CD9 䳙 00000019 0.0002/万 99.9925%	No:22910 U+04D0B 䴋 00000019 0.0002/万 99.9925%
No:22911 U+04D1D 䴝 00000019 0.0002/万 99.9924%	No:22912 U+04D3C 䴼 00000019 0.0002/万 99.9925%	No:22913 U+04D46 䵆 00000019 0.0002/万 99.9925%	No:22914 U+04D50 䵐 00000019 0.0002/万 99.9925%	No:22915 U+05003 倃 00000019 0.0002/万 99.9924%	No:22916 U+05123 儣 00000019 0.0002/万 99.9924%	No:22917 U+05130 儰 00000019 0.0002/万 99.9924%	No:22918 U+051CE 凎 00000019 0.0002/万 99.9927%	No:22919 U+0531B 匛 00000019 0.0002/万 99.9927%	No:22920 U+0532B 匫 00000019 0.0002/万 99.9927%
No:22921 U+053A7 厧 00000019 0.0002/万 99.9926%	No:22922 U+0549E 咞 00000019 0.0002/万 99.9926%	No:22923 U+054D6 哖 00000019 0.0002/万 99.9926%	No:22924 U+054E7 哧 00000019 0.0002/万 99.9926%	No:22925 U+055E9 嗩 00000019 0.0002/万 99.9926%	No:22926 U+05907 备 00000019 0.0002/万 99.9925%	No:22927 U+05A24 娤 00000019 0.0002/万 99.9925%	No:22928 U+05A82 媂 00000019 0.0002/万 99.9924%	No:22929 U+05D48 嵈 00000019 0.0002/万 99.9924%	No:22930 U+05F2B 弫 00000019 0.0002/万 99.9929%
No:22931 U+05FBB 徻 00000019 0.0002/万 99.9928%	No:22932 U+05FF6 忶 00000019 0.0002/万 99.9929%	No:22933 U+06023 怣 00000019 0.0002/万 99.9929%	No:22934 U+060CA 惊 00000019 0.0002/万 99.9928%	No:22935 U+06313 挓 00000019 0.0002/万 99.9928%	No:22936 U+06357 捗 00000019 0.0002/万 99.9929%	No:22937 U+063AD 掭 00000019 0.0002/万 99.9928%	No:22938 U+063CB 揋 00000019 0.0002/万 99.9929%	No:22939 U+06421 搡 00000019 0.0002/万 99.9928%	No:22940 U+0644C 摌 00000019 0.0002/万 99.9927%
No:22941 U+064EE 擮 00000019 0.0002/万 99.9928%	No:22942 U+06605 昅 00000019 0.0002/万 99.9928%	No:22943 U+066E7 曧 00000019 0.0002/万 99.9928%	No:22944 U+06732 朲 00000019 0.0002/万 99.9928%	No:22945 U+06823 栣 00000019 0.0002/万 99.9928%	No:22946 U+06891 梑 00000019 0.0002/万 99.9928%	No:22947 U+06CC0 泀 00000019 0.0002/万 99.9928%	No:22948 U+06DD7 淗 00000019 0.0002/万 99.9927%	No:22949 U+07046 灆 00000019 0.0002/万 99.9928%	No:22950 U+070F3 烳 00000019 0.0002/万 99.9928%
No:22951 U+0711B 焛 00000019 0.0002/万 99.9927%	No:22952 U+07135 焵 00000019 0.0002/万 99.9927%	No:22953 U+071A1 熡 00000019 0.0002/万 99.9929%	No:22954 U+0729E 犞 00000019 0.0002/万 99.9927%	No:22955 U+07453 瑓 00000019 0.0002/万 99.9927%	No:22956 U+074BC 璼 00000019 0.0002/万 99.9928%	No:22957 U+075CB 痋 00000019 0.0002/万 99.9928%	No:22958 U+07637 瘷 00000019 0.0002/万 99.9928%	No:22959 U+076F6 盶 00000019 0.0002/万 99.9928%	No:22960 U+07790 瞐 00000019 0.0002/万 99.9928%
No:22961 U+077C1 矁 00000019 0.0002/万 99.9929%	No:22962 U+077F6 矶 00000019 0.0002/万 99.9929%	No:22963 U+07845 硅 00000019 0.0002/万 99.9928%	No:22964 U+078D8 磘 00000019 0.0002/万 99.9927%	No:22965 U+07BB2 箲 00000019 0.0002/万 99.9929%	No:22966 U+07D2A 紪 00000019 0.0002/万 99.9928%	No:22967 U+07D7E 絾 00000019 0.0002/万 99.9929%	No:22968 U+07D9E 綞 00000019 0.0002/万 99.9927%	No:22969 U+07EA2 红 00000019 0.0002/万 99.9927%	No:22970 U+07FC8 翈 00000019 0.0002/万 99.9928%
No:22971 U+0802D 耭 00000019 0.0002/万 99.9928%	No:22972 U+0808D 肍 00000019 0.0002/万 99.9929%	No:22973 U+08128 脨 00000019 0.0002/万 99.9928%	No:22974 U+081D4 臔 00000019 0.0002/万 99.9927%	No:22975 U+082FC 苼 00000019 0.0002/万 99.9928%	No:22976 U+083CD 菍 00000019 0.0002/万 99.9928%	No:22977 U+08505 蔅 00000019 0.0002/万 99.9929%	No:22978 U+085DB 藛 00000019 0.0002/万 99.9927%	No:22979 U+08623 蘣 00000019 0.0002/万 99.9928%	No:22980 U+08874 衴 00000019 0.0002/万 99.9927%
No:22981 U+08A89 誉 00000019 0.0002/万 99.9929%	No:22982 U+08AE5 諥 00000019 0.0002/万 99.9927%	No:22983 U+08B34 謴 00000019 0.0002/万 99.9927%	No:22984 U+08CA6 貦 00000019 0.0002/万 99.9929%	No:22985 U+08CC6 賆 00000019 0.0002/万 99.9928%	No:22986 U+08CDF 賟 00000019 0.0002/万 99.9928%	No:22987 U+08D7F 赿 00000019 0.0002/万 99.9929%	No:22988 U+08E3B 踻 00000019 0.0002/万 99.9929%	No:22989 U+08E96 躖 00000019 0.0002/万 99.9928%	No:22990 U+08EB7 躷 00000019 0.0002/万 99.9928%
No:22991 U+090CB 郋 00000019 0.0002/万 99.9928%	No:22992 U+0917C 酼 00000019 0.0002/万 99.9928%	No:22993 U+0922E 鈮 00000019 0.0002/万 99.9929%	No:22994 U+09254 鉔 00000019 0.0002/万 99.9928%	No:22995 U+092C7 鋇 00000019 0.0002/万 99.9928%	No:22996 U+092D6 鋖 00000019 0.0002/万 99.9928%	No:22997 U+092F0 鋰 00000019 0.0002/万 99.9928%	No:22998 U+09316 錖 00000019 0.0002/万 99.9928%	No:22999 U+09590 閐 00000019 0.0002/万 99.9928%	No:23000 U+095F5 闵 00000019 0.0002/万 99.9928%

No:23001 U+0962D 阭 00000019 0.0002/万 99.9928%	No:23002 U+097FE 韾 00000019 0.0002/万 99.9923%	No:23003 U+098D8 飘 00000019 0.0002/万 99.9923%	No:23004 U+09936 餶 00000019 0.0002/万 99.9923%	No:23005 U+09B64 魤 00000019 0.0002/万 99.9923%	No:23006 U+09C24 鰤 00000019 0.0002/万 99.9923%	No:23007 U+09C9C 鲜 00000019 0.0002/万 99.9923%	No:23008 U+09D0D 鴍 00000019 0.0002/万 99.9923%	No:23009 U+09D4E 鵎 00000019 0.0002/万 99.9923%	No:23010 U+09F11 鼑 00000019 0.0002/万 99.9923%
No:23011 U+09F59 齙 00000019 0.0002/万 99.9923%	No:23012 U+09F5C 齜 00000019 0.0002/万 99.9923%	No:23013 U+09F8B 齲 00000019 0.0002/万 99.9923%	No:23014 U+0EAB8 啓 00000019 0.0002/万 99.9923%	No:23015 U+0EB29 宙 00000019 0.0002/万 99.9923%	No:23016 U+0F0C2 蘷 00000019 0.0002/万 99.9923%	No:23017 U+0F734 毅 00000019 0.0002/万 99.9923%	No:23018 U+0FF1B ； 00000019 0.0002/万 99.9923%	No:23019 U+F2E 侹 00000019 0.0002/万 99.9925%	No:23020 U+E3D 夙 00000019 0.0002/万 99.9926%
No:23021 U+EFE 喀 00000019 0.0002/万 99.9924%	No:23022 U+E52 青 00000019 0.0002/万 99.9926%	No:23023 U+E47 罠 00000019 0.0002/万 99.9926%	No:23024 U+E0E 婚 00000019 0.0002/万 99.9926%	No:23025 U+EA9 寇 00000019 0.0002/万 99.9925%	No:23026 U+E4C 窭 00000019 0.0002/万 99.9924%	No:23027 U+E57 峭 00000019 0.0002/万 99.9924%	No:23028 U+E6D 嶒 00000019 0.0002/万 99.9924%	No:23029 U+E9B 嶺 00000019 0.0002/万 99.9925%	No:23030 U+F48 徲 00000019 0.0002/万 99.9925%
No:23031 U+E0F 蕙 00000019 0.0002/万 99.9924%	No:23032 U+E59 撍 00000019 0.0002/万 99.9926%	No:23033 U+E33 摟 00000019 0.0002/万 99.9924%	No:23034 U+E95 擂 00000019 0.0002/万 99.9925%	No:23035 U+EF4 翻 00000019 0.0002/万 99.9925%	No:23036 U+ECC 檍 00000019 0.0002/万 99.9924%	No:23037 U+E6E 氈 00000019 0.0002/万 99.9924%	No:23038 U+E89 犪 00000019 0.0002/万 99.9926%	No:23039 U+E9C 眶 00000019 0.0002/万 99.9927%	No:23040 U+E13 篥 00000019 0.0002/万 99.9923%
No:23041 U+EF6 簉 00000019 0.0002/万 99.9925%	No:23042 U+E42 緋 00000019 0.0002/万 99.9923%	No:23043 U+ECD 秾 00000019 0.0002/万 99.9925%	No:23044 U+E1A 艍 00000019 0.0002/万 99.9925%	No:23045 U+E5A 菱 00000019 0.0002/万 99.9926%	No:23046 U+F92 蟦 00000019 0.0002/万 99.9926%	No:23047 U+FCF 䙌 00000019 0.0002/万 99.9926%	No:23048 U+EA0 譩 00000019 0.0002/万 99.9925%	No:23049 U+FFA 趯 00000019 0.0002/万 99.9925%	No:23050 U+E54 醭 00000019 0.0002/万 99.9927%
No:23051 U+F7C 靰 00000019 0.0002/万 99.9924%	No:23052 U+E0B 鮂 00000019 0.0002/万 99.9926%	No:23053 U+EF3 鵂 00000019 0.0002/万 99.9924%	No:23054 U+03446 㑆 00000018 0.0002/万 99.9932%	No:23055 U+0346F 㑯 00000018 0.0002/万 99.9932%	No:23056 U+034E3 㓣 00000018 0.0002/万 99.9931%	No:23057 U+03542 㕂 00000018 0.0002/万 99.9931%	No:23058 U+0356B 㕫 00000018 0.0002/万 99.9933%	No:23059 U+035A6 㖦 00000018 0.0002/万 99.9933%	No:23060 U+035BD 㖽 00000018 0.0002/万 99.9932%
No:23061 U+03620 㘠 00000018 0.0002/万 99.9933%	No:23062 U+03682 㚂 00000018 0.0002/万 99.9931%	No:23063 U+036CE 㛎 00000018 0.0002/万 99.9931%	No:23064 U+037CC 㟌 00000018 0.0002/万 99.9929%	No:23065 U+037EC 㟬 00000018 0.0002/万 99.9930%	No:23066 U+037F2 㟲 00000018 0.0002/万 99.9931%	No:23067 U+03808 㠈 00000018 0.0002/万 99.9930%	No:23068 U+03835 㠵 00000018 0.0002/万 99.9933%	No:23069 U+03865 㡥 00000018 0.0002/万 99.9933%	No:23070 U+03892 㢒 00000018 0.0002/万 99.9933%
No:23071 U+038AC 㢬 00000018 0.0002/万 99.9931%	No:23072 U+038B5 㢵 00000018 0.0002/万 99.9931%	No:23073 U+03948 㥈 00000018 0.0002/万 99.9933%	No:23074 U+0394E 㥎 00000018 0.0002/万 99.9929%	No:23075 U+039C0 㧀 00000018 0.0002/万 99.9931%	No:23076 U+039C3 㧃 00000018 0.0002/万 99.9931%	No:23077 U+039F4 㧴 00000018 0.0002/万 99.9933%	No:23078 U+03A25 㨥 00000018 0.0002/万 99.9933%	No:23079 U+03A61 㩡 00000018 0.0002/万 99.9932%	No:23080 U+03A9B 㪛 00000018 0.0002/万 99.9931%
No:23081 U+03ACE 㫎 00000018 0.0002/万 99.9932%	No:23082 U+03ACF 㫏 00000018 0.0002/万 99.9932%	No:23083 U+03B11 㬑 00000018 0.0002/万 99.9933%	No:23084 U+03B42 㭂 00000018 0.0002/万 99.9930%	No:23085 U+03B5B 㭛 00000018 0.0002/万 99.9930%	No:23086 U+03BEF 㯯 00000018 0.0002/万 99.9931%	No:23087 U+03C2C 㰬 00000018 0.0002/万 99.9932%	No:23088 U+03C35 㰵 00000018 0.0002/万 99.9932%	No:23089 U+03C3D 㰽 00000018 0.0002/万 99.9932%	No:23090 U+03C48 㱈 00000018 0.0002/万 99.9931%
No:23091 U+03C4C 㱌 00000018 0.0002/万 99.9931%	No:23092 U+03C75 㱵 00000018 0.0002/万 99.9933%	No:23093 U+03C98 㲘 00000018 0.0002/万 99.9930%	No:23094 U+03CB3 㲳 00000018 0.0002/万 99.9930%	No:23095 U+03CC6 㳆 00000018 0.0002/万 99.9930%	No:23096 U+03D98 㶘 00000018 0.0002/万 99.9930%	No:23097 U+03DCD 㷍 00000018 0.0002/万 99.9930%	No:23098 U+03DEB 㷫 00000018 0.0002/万 99.9930%	No:23099 U+03E5B 㹛 00000018 0.0002/万 99.9933%	No:23100 U+03E81 㺁 00000018 0.0002/万 99.9931%

No:23101 U+03E87 㺇 00000018 0.0002/万 99.9933%	No:23102 U+03EBD 㺽 00000018 0.0002/万 99.9931%	No:23103 U+03EBE 㺾 00000018 0.0002/万 99.9931%	No:23104 U+03ECB 㻋 00000018 0.0002/万 99.9931%	No:23105 U+03EE6 㻦 00000018 0.0002/万 99.9931%	No:23106 U+03F05 㼅 00000018 0.0002/万 99.9931%	No:23107 U+03FA2 㾢 00000018 0.0002/万 99.9932%	No:23108 U+03FC4 㿄 00000018 0.0002/万 99.9930%	No:23109 U+03FCF 㿏 00000018 0.0002/万 99.9930%	No:23110 U+03FD5 㿕 00000018 0.0002/万 99.9930%
No:23111 U+04074 䁴 00000018 0.0002/万 99.9932%	No:23112 U+0408F 䂏 00000018 0.0002/万 99.9930%	No:23113 U+040D6 䃖 00000018 0.0002/万 99.9930%	No:23114 U+04142 䅂 00000018 0.0002/万 99.9932%	No:23115 U+04162 䅢 00000018 0.0002/万 99.9931%	No:23116 U+0416C 䅬 00000018 0.0002/万 99.9931%	No:23117 U+04172 䅲 00000018 0.0002/万 99.9932%	No:23118 U+04262 䉢 00000018 0.0002/万 99.9933%	No:23119 U+0428A 䊊 00000018 0.0002/万 99.9932%	No:23120 U+042F0 䋰 00000018 0.0002/万 99.9929%
No:23121 U+04347 䍇 00000018 0.0002/万 99.9930%	No:23122 U+04371 䍱 00000018 0.0002/万 99.9930%	No:23123 U+043BC 䎼 00000018 0.0002/万 99.9929%	No:23124 U+043C9 䏉 00000018 0.0002/万 99.9930%	No:23125 U+04446 䑆 00000018 0.0002/万 99.9932%	No:23126 U+044DB 䓛 00000018 0.0002/万 99.9930%	No:23127 U+044F0 䓰 00000018 0.0002/万 99.9933%	No:23128 U+0455A 䕚 00000018 0.0002/万 99.9932%	No:23129 U+04575 䕵 00000018 0.0002/万 99.9932%	No:23130 U+04604 䘄 00000018 0.0002/万 99.9931%
No:23131 U+04634 䘴 00000018 0.0002/万 99.9932%	No:23132 U+04637 䘷 00000018 0.0002/万 99.9932%	No:23133 U+04652 䙒 00000018 0.0002/万 99.9932%	No:23134 U+04673 䙳 00000018 0.0002/万 99.9931%	No:23135 U+0468D 䚍 00000018 0.0002/万 99.9933%	No:23136 U+046B3 䚳 00000018 0.0002/万 99.9929%	No:23137 U+046C4 䛄 00000018 0.0002/万 99.9930%	No:23138 U+046D7 䛗 00000018 0.0002/万 99.9929%	No:23139 U+04706 䜆 00000018 0.0002/万 99.9930%	No:23140 U+0473D 䜽 00000018 0.0002/万 99.9932%
No:23141 U+04754 䝔 00000018 0.0002/万 99.9932%	No:23142 U+04757 䝗 00000018 0.0002/万 99.9932%	No:23143 U+04795 䞕 00000018 0.0002/万 99.9931%	No:23144 U+04804 䠄 00000018 0.0002/万 99.9933%	No:23145 U+04824 䠤 00000018 0.0002/万 99.9932%	No:23146 U+04830 䠰 00000018 0.0002/万 99.9933%	No:23147 U+04867 䡧 00000018 0.0002/万 99.9930%	No:23148 U+0486F 䡯 00000018 0.0002/万 99.9930%	No:23149 U+04876 䡶 00000018 0.0002/万 99.9930%	No:23150 U+0488D 䢍 00000018 0.0002/万 99.9930%
No:23151 U+04891 䢑 00000018 0.0002/万 99.9930%	No:23152 U+048C1 䣁 00000018 0.0002/万 99.9930%	No:23153 U+0490F 䤏 00000018 0.0002/万 99.9933%	No:23154 U+04961 䥡 00000018 0.0002/万 99.9932%	No:23155 U+0496C 䥬 00000018 0.0002/万 99.9931%	No:23156 U+04A54 䩔 00000018 0.0002/万 99.9931%	No:23157 U+04A8F 䪏 00000018 0.0002/万 99.9930%	No:23158 U+04AFF 䫿 00000018 0.0002/万 99.9929%	No:23159 U+04B50 䭐 00000018 0.0002/万 99.9931%	No:23160 U+04B66 䭦 00000018 0.0002/万 99.9930%
No:23161 U+04BD8 䯘 00000018 0.0002/万 99.9930%	No:23162 U+04BDB 䯛 00000018 0.0002/万 99.9930%	No:23163 U+04BEF 䯯 00000018 0.0002/万 99.9930%	No:23164 U+04C0C 䰌 00000018 0.0002/万 99.9931%	No:23165 U+04C13 䰓 00000018 0.0002/万 99.9931%	No:23166 U+04C55 䱕 00000018 0.0002/万 99.9931%	No:23167 U+04C57 䱗 00000018 0.0002/万 99.9930%	No:23168 U+04C6C 䱬 00000018 0.0002/万 99.9930%	No:23169 U+04D24 䴤 00000018 0.0002/万 99.9932%	No:23170 U+04DB2 䶲 00000018 0.0002/万 99.9933%
No:23171 U+04EBD 亽 00000018 0.0002/万 99.9932%	No:23172 U+04EE7 仧 00000018 0.0002/万 99.9933%	No:23173 U+0512B 儫 00000018 0.0002/万 99.9931%	No:23174 U+05222 刢 00000018 0.0002/万 99.9931%	No:23175 U+053DE 叞 00000018 0.0002/万 99.9931%	No:23176 U+0546F 呯 00000018 0.0002/万 99.9932%	No:23177 U+05530 唰 00000018 0.0002/万 99.9932%	No:23178 U+0556C 啬 00000018 0.0002/万 99.9932%	No:23179 U+055A1 喡 00000018 0.0002/万 99.9932%	No:23180 U+0567C 噼 00000018 0.0002/万 99.9931%
No:23181 U+05791 垑 00000018 0.0002/万 99.9932%	No:23182 U+059B1 妱 00000018 0.0002/万 99.9929%	No:23183 U+059DB 姛 00000018 0.0002/万 99.9930%	No:23184 U+05A28 娨 00000018 0.0002/万 99.9933%	No:23185 U+05A4C 婌 00000018 0.0002/万 99.9933%	No:23186 U+05CE7 峧 00000018 0.0002/万 99.9933%	No:23187 U+05D09 崉 00000018 0.0002/万 99.9932%	No:23188 U+05D3E 崾 00000018 0.0002/万 99.9931%	No:23189 U+06044 恄 00000018 0.0002/万 99.9934%	No:23190 U+06098 悘 00000018 0.0002/万 99.9935%
No:23191 U+06104 愄 00000018 0.0002/万 99.9935%	No:23192 U+06218 战 00000018 0.0002/万 99.9933%	No:23193 U+0631A 挚 00000018 0.0002/万 99.9935%	No:23194 U+06338 挸 00000018 0.0002/万 99.9935%	No:23195 U+0643E 搾 00000018 0.0002/万 99.9934%	No:23196 U+0666A 晪 00000018 0.0002/万 99.9935%	No:23197 U+06858 桘 00000018 0.0002/万 99.9934%	No:23198 U+068A4 梤 00000018 0.0002/万 99.9935%	No:23199 U+06AA4 檤 00000018 0.0002/万 99.9934%	No:23200 U+06B22 欢 00000018 0.0002/万 99.9934%

No:23201 U+06D18 洘 00000018 0.0002/万 99.9934%	No:23202 U+06DA5 涥 00000018 0.0002/万 99.9934%	No:23203 U+06E02 渂 00000018 0.0002/万 99.9935%	No:23204 U+06ECA 滊 00000018 0.0002/万 99.9934%	No:23205 U+06F7D 潽 00000018 0.0002/万 99.9934%	No:23206 U+06F8A 澊 00000018 0.0002/万 99.9935%	No:23207 U+06F99 澙 00000018 0.0002/万 99.9934%	No:23208 U+06FFB 濻 00000018 0.0002/万 99.9933%	No:23209 U+07084 炄 00000018 0.0002/万 99.9933%	No:23210 U+070A0 炠 00000018 0.0002/万 99.9933%
No:23211 U+070E4 烤 00000018 0.0002/万 99.9934%	No:23212 U+070FE 烾 00000018 0.0002/万 99.9934%	No:23213 U+07133 焳 00000018 0.0002/万 99.9934%	No:23214 U+071F7 燷 00000018 0.0002/万 99.9934%	No:23215 U+072BB 犻 00000018 0.0002/万 99.9934%	No:23216 U+073C3 珃 00000018 0.0002/万 99.9934%	No:23217 U+073DB 珛 00000018 0.0002/万 99.9934%	No:23218 U+07413 琓 00000018 0.0002/万 99.9933%	No:23219 U+07437 琷 00000018 0.0002/万 99.9935%	No:23220 U+075B6 疶 00000018 0.0002/万 99.9934%
No:23221 U+0765F 癟 00000018 0.0002/万 99.9934%	No:23222 U+076B9 皹 00000018 0.0002/万 99.9934%	No:23223 U+0773F 眿 00000018 0.0002/万 99.9934%	No:23224 U+07794 瞔 00000018 0.0002/万 99.9934%	No:23225 U+07833 砳 00000018 0.0002/万 99.9935%	No:23226 U+078F8 磸 00000018 0.0002/万 99.9934%	No:23227 U+079F4 秴 00000018 0.0002/万 99.9935%	No:23228 U+07AEC 竬 00000018 0.0002/万 99.9934%	No:23229 U+07BAB 箫 00000018 0.0002/万 99.9934%	No:23230 U+07CAF 粯 00000018 0.0002/万 99.9934%
No:23231 U+07E9D 纝 00000018 0.0002/万 99.9935%	No:23232 U+07EB3 纳 00000018 0.0002/万 99.9935%	No:23233 U+07FBB 羻 00000018 0.0002/万 99.9934%	No:23234 U+081A6 膦 00000018 0.0002/万 99.9935%	No:23235 U+08228 舨 00000018 0.0002/万 99.9933%	No:23236 U+0822D 舭 00000018 0.0002/万 99.9933%	No:23237 U+08400 萀 00000018 0.0002/万 99.9935%	No:23238 U+0847E 葾 00000018 0.0002/万 99.9934%	No:23239 U+084A3 蒣 00000018 0.0002/万 99.9934%	No:23240 U+085CC 藌 00000018 0.0002/万 99.9933%
No:23241 U+08690 蚐 00000018 0.0002/万 99.9934%	No:23242 U+086AE 蚮 00000018 0.0002/万 99.9934%	No:23243 U+088EC 裬 00000018 0.0002/万 99.9934%	No:23244 U+089FE 觾 00000018 0.0002/万 99.9934%	No:23245 U+08A20 訠 00000018 0.0002/万 99.9934%	No:23246 U+08B64 譤 00000018 0.0002/万 99.9934%	No:23247 U+08CE5 賥 00000018 0.0002/万 99.9933%	No:23248 U+08EF3 軳 00000018 0.0002/万 99.9934%	No:23249 U+08F0D 輍 00000018 0.0002/万 99.9934%	No:23250 U+08FDB 进 00000018 0.0002/万 99.9934%
No:23251 U+09012 递 00000018 0.0002/万 99.9935%	No:23252 U+090A9 邩 00000018 0.0002/万 99.9935%	No:23253 U+092CE 鋎 00000018 0.0002/万 99.9934%	No:23254 U+09311 錑 00000018 0.0002/万 99.9935%	No:23255 U+09359 鍙 00000018 0.0002/万 99.9934%	No:23256 U+093FC 鏼 00000018 0.0002/万 99.9935%	No:23257 U+09473 鑳 00000018 0.0002/万 99.9934%	No:23258 U+095AE 閮 00000018 0.0002/万 99.9934%	No:23259 U+095C4 闄 00000018 0.0002/万 99.9934%	No:23260 U+095F8 闸 00000018 0.0002/万 99.9934%
No:23261 U+0964E 陎 00000018 0.0002/万 99.9935%	No:23262 U+097D6 韖 00000018 0.0002/万 99.9929%	No:23263 U+09836 頶 00000018 0.0002/万 99.9929%	No:23264 U+0995D 饝 00000018 0.0002/万 99.9929%	No:23265 U+099C0 駀 00000018 0.0002/万 99.9929%	No:23266 U+09A1A 騚 00000018 0.0002/万 99.9929%	No:23267 U+09A33 騳 00000018 0.0002/万 99.9929%	No:23268 U+09B52 魒 00000018 0.0002/万 99.9929%	No:23269 U+09BCF 鯏 00000018 0.0002/万 99.9929%	No:23270 U+09C0A 鰊 00000018 0.0002/万 99.9929%
No:23271 U+09C8D 鲍 00000018 0.0002/万 99.9929%	No:23272 U+09F92 龒 00000018 0.0002/万 99.9929%	No:23273 U+0EA88 刷 00000018 0.0002/万 99.9929%	No:23274 U+0EC52 欖 00000018 0.0002/万 99.9929%	No:23275 U+0EFCF 彘 00000018 0.0002/万 99.9929%	No:23276 U+0F750 艼 00000018 0.0002/万 99.9929%	No:23277 U+0F76E 蘱 00000018 0.0002/万 99.9929%	No:23278 U+0F778 褢 00000018 0.0002/万 99.9929%	No:23279 U+E13 囚 00000018 0.0002/万 99.9930%	No:23280 U+FA1 塥 00000018 0.0002/万 99.9932%
No:23281 U+ED6 壋 00000018 0.0002/万 99.9932%	No:23282 U+E46 复 00000018 0.0002/万 99.9932%	No:23283 U+EB5 嫣 00000018 0.0002/万 99.9932%	No:23284 U+EAD 屎 00000018 0.0002/万 99.9931%	No:23285 U+E29 岬 00000018 0.0002/万 99.9931%	No:23286 U+E3B 菝 00000018 0.0002/万 99.9931%	No:23287 U+FAB 㥛 00000018 0.0002/万 99.9933%	No:23288 U+FB3 廩 00000018 0.0002/万 99.9933%	No:23289 U+ECA 樏 00000018 0.0002/万 99.9930%	No:23290 U+E4E 檣 00000018 0.0002/万 99.9930%
No:23291 U+EDB 奪 00000018 0.0002/万 99.9930%	No:23292 U+E33 泖 00000018 0.0002/万 99.9933%	No:23293 U+F24 嗣 00000018 0.0002/万 99.9931%	No:23294 U+E91 奋 00000018 0.0002/万 99.9931%	No:23295 U+EFB 筇 00000018 0.0002/万 99.9933%	No:23296 U+F46 篲 00000018 0.0002/万 99.9933%	No:23297 U+E3D 槃 00000018 0.0002/万 99.9929%	No:23298 U+FBA 考 00000018 0.0002/万 99.9933%	No:23299 U+FFE 脽 00000018 0.0002/万 99.9931%	No:23300 U+E8D 臙 00000018 0.0002/万 99.9932%

No:23301 U+E2E 艞 00000018 0.0002/万 99.9932%	No:23302 U+FB5 ⿸虍共 00000018 0.0002/万 99.9933%	No:23303 U+F94 ⿰虫夆 00000018 0.0002/万 99.9931%	No:23304 U+EFE ⿰舟養 00000018 0.0002/万 99.9931%	No:23305 U+F5C 狪 00000018 0.0002/万 99.9930%	No:23306 U+EAB ⿰芻阝 00000018 0.0002/万 99.9932%	No:23307 U+E8F 醬 00000018 0.0002/万 99.9930%	No:23308 U+E90 ⿰酉窑 00000018 0.0002/万 99.9932%	No:23309 U+F72 ⿰阝殳 00000018 0.0002/万 99.9931%	No:23310 U+F80 ⿰革嵩 00000018 0.0002/万 99.9930%
No:23311 U+E7B ⿰乞頁 00000018 0.0002/万 99.9933%	No:23312 U+E7C ⿰扌頁 00000018 0.0002/万 99.9933%	No:23313 U+E0B ⿰歹風 00000018 0.0002/万 99.9933%	No:23314 U+F4A ⿰飠彖 00000018 0.0002/万 99.9933%	No:23315 U+EB5 ⿰骨毛 00000018 0.0002/万 99.9932%	No:23316 U+E4B 魶 00000018 0.0002/万 99.9930%	No:23317 U+E13 ⿰魚夒 00000018 0.0002/万 99.9930%	No:23318 U+EFE ⿰蒭鳥 00000018 0.0002/万 99.9932%	No:23319 U+03451 㑑 00000017 0.0002/万 99.9937%	No:23320 U+03452 㑒 00000017 0.0002/万 99.9937%
No:23321 U+03486 㒆 00000017 0.0002/万 99.9937%	No:23322 U+0348C 㒌 00000017 0.0002/万 99.9937%	No:23323 U+0352A 㔪 00000017 0.0002/万 99.9936%	No:23324 U+03547 㕇 00000017 0.0002/万 99.9936%	No:23325 U+03597 㖗 00000017 0.0002/万 99.9936%	No:23326 U+0366B 㙫 00000017 0.0002/万 99.9936%	No:23327 U+036A3 㚣 00000017 0.0002/万 99.9938%	No:23328 U+036D5 㛕 00000017 0.0002/万 99.9937%	No:23329 U+036E7 㛧 00000017 0.0002/万 99.9937%	No:23330 U+0379B 㞛 00000017 0.0002/万 99.9937%
No:23331 U+037B0 㞰 00000017 0.0002/万 99.9937%	No:23332 U+037FB 㟻 00000017 0.0002/万 99.9935%	No:23333 U+0385F 㡟 00000017 0.0002/万 99.9936%	No:23334 U+0386E 㡮 00000017 0.0002/万 99.9936%	No:23335 U+03885 㢅 00000017 0.0002/万 99.9935%	No:23336 U+038C8 㣈 00000017 0.0002/万 99.9936%	No:23337 U+038DB 㣛 00000017 0.0002/万 99.9936%	No:23338 U+038ED 㣭 00000017 0.0002/万 99.9936%	No:23339 U+03903 㤃 00000017 0.0002/万 99.9935%	No:23340 U+03936 㤶 00000017 0.0002/万 99.9938%
No:23341 U+0396C 㥬 00000017 0.0002/万 99.9939%	No:23342 U+0399A 㦚 00000017 0.0002/万 99.9939%	No:23343 U+0399E 㦞 00000017 0.0002/万 99.9939%	No:23344 U+03A20 㨠 00000017 0.0002/万 99.9938%	No:23345 U+03A3D 㨽 00000017 0.0002/万 99.9938%	No:23346 U+03A4D 㩍 00000017 0.0002/万 99.9939%	No:23347 U+03A7F 㩿 00000017 0.0002/万 99.9938%	No:23348 U+03B86 㮆 00000017 0.0002/万 99.9936%	No:23349 U+03B8C 㮌 00000017 0.0002/万 99.9937%	No:23350 U+03B8E 㮎 00000017 0.0002/万 99.9937%
No:23351 U+03BDE 㯞 00000017 0.0002/万 99.9938%	No:23352 U+03C04 㰄 00000017 0.0002/万 99.9938%	No:23353 U+03C06 㰆 00000017 0.0002/万 99.9938%	No:23354 U+03C37 㰷 00000017 0.0002/万 99.9938%	No:23355 U+03C5C 㱜 00000017 0.0002/万 99.9939%	No:23356 U+03CDD 㳝 00000017 0.0002/万 99.9938%	No:23357 U+03D1A 㴚 00000017 0.0002/万 99.9936%	No:23358 U+03D45 㵅 00000017 0.0002/万 99.9935%	No:23359 U+03D53 㵓 00000017 0.0002/万 99.9936%	No:23360 U+03D66 㵦 00000017 0.0002/万 99.9936%
No:23361 U+03D79 㵹 00000017 0.0002/万 99.9936%	No:23362 U+03DA0 㶠 00000017 0.0002/万 99.9937%	No:23363 U+03E08 㸈 00000017 0.0002/万 99.9937%	No:23364 U+03E22 㸢 00000017 0.0002/万 99.9938%	No:23365 U+03EB2 㺲 00000017 0.0002/万 99.9936%	No:23366 U+03F11 㼑 00000017 0.0002/万 99.9937%	No:23367 U+03F22 㼢 00000017 0.0002/万 99.9937%	No:23368 U+03F87 㾇 00000017 0.0002/万 99.9936%	No:23369 U+03FAE 㾮 00000017 0.0002/万 99.9938%	No:23370 U+03FEC 㿬 00000017 0.0002/万 99.9935%
No:23371 U+03FEE 㿮 00000017 0.0002/万 99.9936%	No:23372 U+03FFE 㿾 00000017 0.0002/万 99.9936%	No:23373 U+0404A 䁊 00000017 0.0002/万 99.9938%	No:23374 U+0404C 䁌 00000017 0.0002/万 99.9936%	No:23375 U+0405C 䁜 00000017 0.0002/万 99.9938%	No:23376 U+04087 䂇 00000017 0.0002/万 99.9938%	No:23377 U+040B9 䂹 00000017 0.0002/万 99.9938%	No:23378 U+040F5 䃵 00000017 0.0002/万 99.9937%	No:23379 U+04154 䅔 00000017 0.0002/万 99.9938%	No:23380 U+0415A 䅚 00000017 0.0002/万 99.9938%
No:23381 U+04164 䅤 00000017 0.0002/万 99.9936%	No:23382 U+04178 䅸 00000017 0.0002/万 99.9937%	No:23383 U+04182 䆂 00000017 0.0002/万 99.9936%	No:23384 U+041DD 䇝 00000017 0.0002/万 99.9936%	No:23385 U+0421C 䈜 00000017 0.0002/万 99.9936%	No:23386 U+0421F 䈟 00000017 0.0002/万 99.9936%	No:23387 U+04238 䈸 00000017 0.0002/万 99.9936%	No:23388 U+0424D 䉍 00000017 0.0002/万 99.9936%	No:23389 U+04289 䊉 00000017 0.0002/万 99.9938%	No:23390 U+0430E 䌎 00000017 0.0002/万 99.9937%
No:23391 U+0435D 䍝 00000017 0.0002/万 99.9937%	No:23392 U+043AE 䎮 00000017 0.0002/万 99.9937%	No:23393 U+0441F 䐟 00000017 0.0002/万 99.9935%	No:23394 U+04425 䐥 00000017 0.0002/万 99.9935%	No:23395 U+0446B 䑫 00000017 0.0002/万 99.9939%	No:23396 U+04483 䒃 00000017 0.0002/万 99.9938%	No:23397 U+044BB 䒻 00000017 0.0002/万 99.9939%	No:23398 U+04523 䔣 00000017 0.0002/万 99.9938%	No:23399 U+04538 䔸 00000017 0.0002/万 99.9939%	No:23400 U+04649 䙉 00000017 0.0002/万 99.9936%

No:23401 U+04685 䚅 00000017 0.0002/万 99.9937%	No:23402 U+046B8 䚸 00000017 0.0002/万 99.9937%	No:23403 U+0470A 䜊 00000017 0.0002/万 99.9938%	No:23404 U+047B5 䞵 00000017 0.0002/万 99.9939%	No:23405 U+0483B 䠻 00000017 0.0002/万 99.9939%	No:23406 U+04850 䡐 00000017 0.0002/万 99.9939%	No:23407 U+04864 䡤 00000017 0.0002/万 99.9938%	No:23408 U+048DF 䣟 00000017 0.0002/万 99.9939%	No:23409 U+048E0 䣠 00000017 0.0002/万 99.9938%	No:23410 U+04915 䤕 00000017 0.0002/万 99.9938%
No:23411 U+0493D 䤽 00000017 0.0002/万 99.9935%	No:23412 U+04A01 䨁 00000017 0.0002/万 99.9936%	No:23413 U+04A3F 䨿 00000017 0.0002/万 99.9935%	No:23414 U+04A73 䩳 00000017 0.0002/万 99.9936%	No:23415 U+04A76 䩶 00000017 0.0002/万 99.9936%	No:23416 U+04A7E 䩾 00000017 0.0002/万 99.9936%	No:23417 U+04AA6 䪦 00000017 0.0002/万 99.9936%	No:23418 U+04B64 䭤 00000017 0.0002/万 99.9937%	No:23419 U+04B75 䭵 00000017 0.0002/万 99.9937%	No:23420 U+04B86 䮆 00000017 0.0002/万 99.9937%
No:23421 U+04B9C 䮜 00000017 0.0002/万 99.9937%	No:23422 U+04BB1 䮱 00000017 0.0002/万 99.9937%	No:23423 U+04C01 䰁 00000017 0.0002/万 99.9937%	No:23424 U+04C46 䱆 00000017 0.0002/万 99.9937%	No:23425 U+04C63 䱣 00000017 0.0002/万 99.9937%	No:23426 U+04C76 䱶 00000017 0.0002/万 99.9938%	No:23427 U+04CC1 䳁 00000017 0.0002/万 99.9938%	No:23428 U+04CF3 䳳 00000017 0.0002/万 99.9938%	No:23429 U+04D12 䴒 00000017 0.0002/万 99.9938%	No:23430 U+04D6A 䵪 00000017 0.0002/万 99.9938%
No:23431 U+04E52 乒 00000017 0.0002/万 99.9938%	No:23432 U+04E66 书 00000017 0.0002/万 99.9938%	No:23433 U+04EEA 仪 00000017 0.0002/万 99.9937%	No:23434 U+04F14 伔 00000017 0.0002/万 99.9937%	No:23435 U+04FF0 俰 00000017 0.0002/万 99.9936%	No:23436 U+05063 偣 00000017 0.0002/万 99.9936%	No:23437 U+050A5 傥 00000017 0.0002/万 99.9936%	No:23438 U+05181 冁 00000017 0.0002/万 99.9936%	No:23439 U+052CF 勏 00000017 0.0002/万 99.9937%	No:23440 U+05407 吇 00000017 0.0002/万 99.9937%
No:23441 U+05463 呣 00000017 0.0002/万 99.9937%	No:23442 U+05513 唓 00000017 0.0002/万 99.9936%	No:23443 U+05543 啃 00000017 0.0002/万 99.9936%	No:23444 U+05732 圲 00000017 0.0002/万 99.9936%	No:23445 U+05837 堷 00000017 0.0002/万 99.9937%	No:23446 U+058B6 墶 00000017 0.0002/万 99.9937%	No:23447 U+05A8E 媎 00000017 0.0002/万 99.9936%	No:23448 U+05BF2 寲 00000017 0.0002/万 99.9938%	No:23449 U+05C2F 尯 00000017 0.0002/万 99.9938%	No:23450 U+05CF8 峸 00000017 0.0002/万 99.9938%
No:23451 U+05E8D 庍 00000017 0.0002/万 99.9940%	No:23452 U+0608E 悎 00000017 0.0002/万 99.9940%	No:23453 U+061C4 懄 00000017 0.0002/万 99.9940%	No:23454 U+06333 挳 00000017 0.0002/万 99.9939%	No:23455 U+0646A 摪 00000017 0.0002/万 99.9940%	No:23456 U+064C6 擆 00000017 0.0002/万 99.9939%	No:23457 U+064CC 擌 00000017 0.0002/万 99.9940%	No:23458 U+0664E 晎 00000017 0.0002/万 99.9939%	No:23459 U+066C2 曂 00000017 0.0002/万 99.9940%	No:23460 U+066D8 曘 00000017 0.0002/万 99.9940%
No:23461 U+06A2B 樫 00000017 0.0002/万 99.9940%	No:23462 U+06AE2 櫢 00000017 0.0002/万 99.9939%	No:23463 U+06B3C 欼 00000017 0.0002/万 99.9939%	No:23464 U+06DCE 淎 00000017 0.0002/万 99.9940%	No:23465 U+06EFC 滼 00000017 0.0002/万 99.9939%	No:23466 U+06F3D 漽 00000017 0.0002/万 99.9939%	No:23467 U+06F79 潹 00000017 0.0002/万 99.9939%	No:23468 U+06F8F 澏 00000017 0.0002/万 99.9939%	No:23469 U+06F96 澖 00000017 0.0002/万 99.9939%	No:23470 U+070A2 炢 00000017 0.0002/万 99.9940%
No:23471 U+070D0 烐 00000017 0.0002/万 99.9940%	No:23472 U+07268 牨 00000017 0.0002/万 99.9940%	No:23473 U+07306 猆 00000017 0.0002/万 99.9940%	No:23474 U+07394 玔 00000017 0.0002/万 99.9940%	No:23475 U+073F4 珴 00000017 0.0002/万 99.9939%	No:23476 U+07461 瑡 00000017 0.0002/万 99.9939%	No:23477 U+074B6 璶 00000017 0.0002/万 99.9939%	No:23478 U+074BE 璾 00000017 0.0002/万 99.9939%	No:23479 U+074C2 瓂 00000017 0.0002/万 99.9939%	No:23480 U+074E5 瓥 00000017 0.0002/万 99.9940%
No:23481 U+075E5 痥 00000017 0.0002/万 99.9939%	No:23482 U+075EA 痪 00000017 0.0002/万 99.9939%	No:23483 U+0765D 癝 00000017 0.0002/万 99.9939%	No:23484 U+0780B 砋 00000017 0.0002/万 99.9940%	No:23485 U+07819 砙 00000017 0.0002/万 99.9940%	No:23486 U+07B05 笅 00000017 0.0002/万 99.9939%	No:23487 U+07DA4 綤 00000017 0.0002/万 99.9940%	No:23488 U+07EDF 统 00000017 0.0002/万 99.9940%	No:23489 U+07EF6 绶 00000017 0.0002/万 99.9940%	No:23490 U+07FDE 翞 00000017 0.0002/万 99.9940%
No:23491 U+0802F 耯 00000017 0.0002/万 99.9939%	No:23492 U+080FA 胺 00000017 0.0002/万 99.9939%	No:23493 U+0811C 脜 00000017 0.0002/万 99.9939%	No:23494 U+08240 艀 00000017 0.0002/万 99.9940%	No:23495 U+082AF 芯 00000017 0.0002/万 99.9940%	No:23496 U+083C3 菃 00000017 0.0002/万 99.9939%	No:23497 U+08468 葨 00000017 0.0002/万 99.9939%	No:23498 U+08512 蔒 00000017 0.0002/万 99.9939%	No:23499 U+08717 蜗 00000017 0.0002/万 99.9939%	No:23500 U+0886C 衬 00000017 0.0002/万 99.9940%

No:23501 U+089B9 覹 00000017 0.0002/万 99.9940%	No:23502 U+08A78 詸 00000017 0.0002/万 99.9939%	No:23503 U+08AAF 誯 00000017 0.0002/万 99.9939%	No:23504 U+08B67 譧 00000017 0.0002/万 99.9940%	No:23505 U+08BF7 请 00000017 0.0002/万 99.9940%	No:23506 U+08D1A 贚 00000017 0.0002/万 99.9939%	No:23507 U+08DCA 跊 00000017 0.0002/万 99.9940%	No:23508 U+08E65 蹥 00000017 0.0002/万 99.9940%	No:23509 U+08EB8 躸 00000017 0.0002/万 99.9939%	No:23510 U+091DF 釟 00000017 0.0002/万 99.9939%
No:23511 U+095C0 闀 00000017 0.0002/万 99.9939%	No:23512 U+0965A 陚 00000017 0.0002/万 99.9939%	No:23513 U+0984A 顊 00000017 0.0002/万 99.9935%	No:23514 U+0999F 馟 00000017 0.0002/万 99.9935%	No:23515 U+09A67 驧 00000017 0.0002/万 99.9935%	No:23516 U+09B70 魰 00000017 0.0002/万 99.9935%	No:23517 U+09B89 鮉 00000017 0.0002/万 99.9935%	No:23518 U+09CE8 鳨 00000017 0.0002/万 99.9935%	No:23519 U+09D63 鵣 00000017 0.0002/万 99.9935%	No:23520 U+09D68 鵨 00000017 0.0002/万 99.9935%
No:23521 U+09E98 麘 00000017 0.0002/万 99.9935%	No:23522 U+0E007 丑 00000017 0.0002/万 99.9935%	No:23523 U+0E835 穇 00000017 0.0002/万 99.9935%	No:23524 U+0E850 閨 00000017 0.0002/万 99.9935%	No:23525 U+0E906 糓 00000017 0.0002/万 99.9935%	No:23526 U+0EA6F 儁 00000017 0.0002/万 99.9935%	No:23527 U+0F53D 輀 00000017 0.0002/万 99.9935%	No:23528 U+0F732 救 00000017 0.0002/万 99.9935%	No:23529 U+E19 保 00000017 0.0002/万 99.9936%	No:23530 U+EBF 傷 00000017 0.0002/万 99.9936%
No:23531 U+EF7 啞 00000017 0.0002/万 99.9936%	No:23532 U+E16 嚶 00000017 0.0002/万 99.9937%	No:23533 U+F10 娟 00000017 0.0002/万 99.9937%	No:23534 U+ED8 娑 00000017 0.0002/万 99.9937%	No:23535 U+E94 嫸 00000017 0.0002/万 99.9937%	No:23536 U+E67 嶝 00000017 0.0002/万 99.9936%	No:23537 U+E89 麓 00000017 0.0002/万 99.9938%	No:23538 U+E97 憲 00000017 0.0002/万 99.9938%	No:23539 U+EED 戲 00000017 0.0002/万 99.9937%	No:23540 U+E36 擧 00000017 0.0002/万 99.9938%
No:23541 U+E01 殤 00000017 0.0002/万 99.9936%	No:23542 U+E0F 標 00000017 0.0002/万 99.9938%	No:23543 U+E6E 欕 00000017 0.0002/万 99.9937%	No:23544 U+EE0 琜 00000017 0.0002/万 99.9938%	No:23545 U+EB5 皞 00000017 0.0002/万 99.9938%	No:23546 U+EDB 薣 00000017 0.0002/万 99.9938%	No:23547 U+EA8 䅺 00000017 0.0002/万 99.9937%	No:23548 U+FEC 糷 00000017 0.0002/万 99.9938%	No:23549 U+ED0 仐 00000017 0.0002/万 99.9938%	No:23550 U+E80 腊 00000017 0.0002/万 99.9936%
No:23551 U+E65 稀 00000017 0.0002/万 99.9939%	No:23552 U+E95 豨 00000017 0.0002/万 99.9937%	No:23553 U+E57 䤚 00000017 0.0002/万 99.9937%	No:23554 U+EA5 閱 00000017 0.0002/万 99.9938%	No:23555 U+F64 醭 00000017 0.0002/万 99.9939%	No:23556 U+FE1 驪 00000017 0.0002/万 99.9938%	No:23557 U+E45 鯳 00000017 0.0002/万 99.9937%	No:23558 U+EE8 麴 00000017 0.0002/万 99.9936%	No:23559 U+034FF 㓿 00000016 0.0002/万 99.9942%	No:23560 U+0350E 㔎 00000016 0.0002/万 99.9942%
No:23561 U+0354A 㕊 00000016 0.0002/万 99.9942%	No:23562 U+03587 㖇 00000016 0.0002/万 99.9941%	No:23563 U+035CC 㗌 00000016 0.0002/万 99.9944%	No:23564 U+035ED 㗭 00000016 0.0002/万 99.9944%	No:23565 U+035FC 㗼 00000016 0.0002/万 99.9944%	No:23566 U+0363A 㘺 00000016 0.0002/万 99.9944%	No:23567 U+03648 㙈 00000016 0.0002/万 99.9944%	No:23568 U+03676 㙶 00000016 0.0002/万 99.9943%	No:23569 U+036B9 㚹 00000016 0.0002/万 99.9944%	No:23570 U+036F3 㛳 00000016 0.0002/万 99.9941%
No:23571 U+03722 㜢 00000016 0.0002/万 99.9941%	No:23572 U+0375D 㝝 00000016 0.0002/万 99.9941%	No:23573 U+037A4 㞤 00000016 0.0002/万 99.9942%	No:23574 U+037E9 㟩 00000016 0.0002/万 99.9942%	No:23575 U+03834 㠴 00000016 0.0002/万 99.9940%	No:23576 U+0389B 㢛 00000016 0.0002/万 99.9944%	No:23577 U+038AF 㢯 00000016 0.0002/万 99.9943%	No:23578 U+038EC 㣬 00000016 0.0002/万 99.9943%	No:23579 U+038F1 㣱 00000016 0.0002/万 99.9942%	No:23580 U+03921 㤡 00000016 0.0002/万 99.9942%
No:23581 U+0392F 㤯 00000016 0.0002/万 99.9944%	No:23582 U+0395D 㥝 00000016 0.0002/万 99.9942%	No:23583 U+039B4 㦴 00000016 0.0002/万 99.9941%	No:23584 U+039C5 㧅 00000016 0.0002/万 99.9944%	No:23585 U+039EF 㧯 00000016 0.0002/万 99.9942%	No:23586 U+03A33 㨳 00000016 0.0002/万 99.9941%	No:23587 U+03A5D 㩝 00000016 0.0002/万 99.9942%	No:23588 U+03A6C 㩬 00000016 0.0002/万 99.9941%	No:23589 U+03A86 㪆 00000016 0.0002/万 99.9941%	No:23590 U+03AA0 㪠 00000016 0.0002/万 99.9941%
No:23591 U+03AA6 㪦 00000016 0.0002/万 99.9941%	No:23592 U+03AD7 㫗 00000016 0.0002/万 99.9943%	No:23593 U+03C44 㱄 00000016 0.0002/万 99.9941%	No:23594 U+03C97 㲗 00000016 0.0002/万 99.9943%	No:23595 U+03CAF 㲯 00000016 0.0002/万 99.9944%	No:23596 U+03D13 㴓 00000016 0.0002/万 99.9943%	No:23597 U+03D51 㵑 00000016 0.0002/万 99.9941%	No:23598 U+03DEC 㷬 00000016 0.0002/万 99.9941%	No:23599 U+03E0A 㸊 00000016 0.0002/万 99.9943%	No:23600 U+03E3A 㸺 00000016 0.0002/万 99.9944%

No:23601	No:23602	No:23603	No:23604	No:23605	No:23606	No:23607	No:23608	No:23609	No:23610
U+03E7D	U+03EB1	U+03EDA	U+03EE7	U+03F09	U+03F46	U+03F50	U+04044	U+04052	U+040A2
㹽	㺱	㻚	㻧	㼉	㽆	㽐	䁄	䁒	䂢
00000016	00000016	00000016	00000016	00000016	00000016	00000016	00000016	00000016	00000016
0.0002/万	0.0002/万	0.0002/万	0.0002/万	0.0002/万	0.0002/万	0.0002/万	0.0002/万	0.0002/万	0.0002/万
99.9944%	99.9940%	99.9941%	99.9942%	99.9941%	99.9943%	99.9943%	99.9943%	99.9944%	99.9942%
No:23611	No:23612	No:23613	No:23614	No:23615	No:23616	No:23617	No:23618	No:23619	No:23620
U+040B8	U+0411D	U+04129	U+0412C	U+04145	U+0416A	U+041A2	U+041AF	U+042B6	U+042E1
䂸	䄝	䄩	䄬	䅅	䅪	䆢	䆯	䊶	䋡
00000016	00000016	00000016	00000016	00000016	00000016	00000016	00000016	00000016	00000016
0.0002/万	0.0002/万	0.0002/万	0.0002/万	0.0002/万	0.0002/万	0.0002/万	0.0002/万	0.0002/万	0.0002/万
99.9940%	99.9941%	99.9944%	99.9943%	99.9944%	99.9942%	99.9943%	99.9943%	99.9943%	99.9943%
No:23621	No:23622	No:23623	No:23624	No:23625	No:23626	No:23627	No:23628	No:23629	No:23630
U+042E5	U+04304	U+043C7	U+043D8	U+043E6	U+043EC	U+0440C	U+0442E	U+04433	U+04491
䋥	䌄	䏇	䏘	䏦	䏬	䐌	䐮	䐳	䒑
00000016	00000016	00000016	00000016	00000016	00000016	00000016	00000016	00000016	00000016
0.0002/万	0.0002/万	0.0002/万	0.0002/万	0.0002/万	0.0002/万	0.0002/万	0.0002/万	0.0002/万	0.0002/万
99.9943%	99.9943%	99.9941%	99.9942%	99.9942%	99.9942%	99.9941%	99.9943%	99.9943%	99.9942%
No:23631	No:23632	No:23633	No:23634	No:23635	No:23636	No:23637	No:23638	No:23639	No:23640
U+0449C	U+044A3	U+044B3	U+044B8	U+044E2	U+044F8	U+04503	U+0451C	U+04520	U+0452A
䒜	䒣	䒳	䒸	䓢	䓸	䔃	䔜	䔠	䔪
00000016	00000016	00000016	00000016	00000016	00000016	00000016	00000016	00000016	00000016
0.0002/万	0.0002/万	0.0002/万	0.0002/万	0.0002/万	0.0002/万	0.0002/万	0.0002/万	0.0002/万	0.0002/万
99.9942%	99.9942%	99.9940%	99.9941%	99.9943%	99.9943%	99.9943%	99.9942%	99.9942%	99.9942%
No:23641	No:23642	No:23643	No:23644	No:23645	No:23646	No:23647	No:23648	No:23649	No:23650
U+04534	U+04546	U+04554	U+04587	U+0462B	U+046F9	U+04738	U+04769	U+047FB	U+0480E
䔴	䕆	䕔	䖇	䘫	䛹	䜸	䝩	䟻	䠎
00000016	00000016	00000016	00000016	00000016	00000016	00000016	00000016	00000016	00000016
0.0002/万	0.0002/万	0.0002/万	0.0002/万	0.0002/万	0.0002/万	0.0002/万	0.0002/万	0.0002/万	0.0002/万
99.9941%	99.9942%	99.9941%	99.9942%	99.9941%	99.9944%	99.9943%	99.9944%	99.9941%	99.9943%
No:23651	No:23652	No:23653	No:23654	No:23655	No:23656	No:23657	No:23658	No:23659	No:23660
U+04840	U+04841	U+04877	U+048E4	U+0492E	U+04966	U+04970	U+0498D	U+0499D	U+049E8
䡀	䡁	䡷	䣤	䤮	䥦	䥰	䦍	䦝	䧨
00000016	00000016	00000016	00000016	00000016	00000016	00000016	00000016	00000016	00000016
0.0002/万	0.0002/万	0.0002/万	0.0002/万	0.0002/万	0.0002/万	0.0002/万	0.0002/万	0.0002/万	0.0002/万
99.9943%	99.9943%	99.9944%	99.9941%	99.9943%	99.9943%	99.9943%	99.9943%	99.9943%	99.9941%
No:23661	No:23662	No:23663	No:23664	No:23665	No:23666	No:23667	No:23668	No:23669	No:23670
U+049EF	U+04A1C	U+04A4F	U+04A70	U+04A88	U+04A89	U+04AAE	U+04AE0	U+04AFC	U+04B6E
䧯	䨜	䩏	䩰	䪈	䪉	䪮	䫠	䫼	䭮
00000016	00000016	00000016	00000016	00000016	00000016	00000016	00000016	00000016	00000016
0.0002/万	0.0002/万	0.0002/万	0.0002/万	0.0002/万	0.0002/万	0.0002/万	0.0002/万	0.0002/万	0.0002/万
99.9941%	99.9940%	99.9942%	99.9942%	99.9942%	99.9942%	99.9941%	99.9942%	99.9942%	99.9942%
No:23671	No:23672	No:23673	No:23674	No:23675	No:23676	No:23677	No:23678	No:23679	No:23680
U+04B87	U+04BF2	U+04D1C	U+04D53	U+04D67	U+04D6E	U+04D78	U+04D7F	U+04DA4	U+04F2B
䮇	䯲	䴜	䵓	䵧	䵮	䵸	䵿	䶤	伫
00000016	00000016	00000016	00000016	00000016	00000016	00000016	00000016	00000016	00000016
0.0002/万	0.0002/万	0.0002/万	0.0002/万	0.0002/万	0.0002/万	0.0002/万	0.0002/万	0.0002/万	0.0002/万
99.9942%	99.9941%	99.9944%	99.9942%	99.9943%	99.9943%	99.9943%	99.9943%	99.9944%	99.9941%
No:23681	No:23682	No:23683	No:23684	No:23685	No:23686	No:23687	No:23688	No:23689	No:23690
U+050B8	U+05414	U+054B9	U+05573	U+05574	U+05652	U+057C9	U+0583C	U+05891	U+058B4
傸	吔	咹	啳	啴	噒	埉	堼	墑	墴
00000016	00000016	00000016	00000016	00000016	00000016	00000016	00000016	00000016	00000016
0.0002/万	0.0002/万	0.0002/万	0.0002/万	0.0002/万	0.0002/万	0.0002/万	0.0002/万	0.0002/万	0.0002/万
99.9942%	99.9941%	99.9944%	99.9944%	99.9944%	99.9941%	99.9944%	99.9944%	99.9943%	99.9943%
No:23691	No:23692	No:23693	No:23694	No:23695	No:23696	No:23697	No:23698	No:23699	No:23700
U+058B7	U+05940	U+05980	U+0599B	U+059B6	U+05AF8	U+05B06	U+05B61	U+05C76	U+05C7D
墷	奀	妀	妛	妶	嫸	嬆	孡	屶	屽
00000016	00000016	00000016	00000016	00000016	00000016	00000016	00000016	00000016	00000016
0.0002/万	0.0002/万	0.0002/万	0.0002/万	0.0002/万	0.0002/万	0.0002/万	0.0002/万	0.0002/万	0.0002/万
99.9943%	99.9940%	99.9942%	99.9941%	99.9942%	99.9942%	99.9942%	99.9944%	99.9941%	99.9944%

No:23701 U+05D3C 崼 00000016 0.0002/万 99.9942%	No:23702 U+05DCE 巎 00000016 0.0002/万 99.9941%	No:23703 U+05E8E 庎 00000016 0.0002/万 99.9945%	No:23704 U+05E9D 庝 00000016 0.0002/万 99.9945%	No:23705 U+05FFE 忾 00000016 0.0002/万 99.9946%	No:23706 U+06030 怰 00000016 0.0002/万 99.9945%	No:23707 U+06066 恦 00000016 0.0002/万 99.9946%	No:23708 U+0616A 慪 00000016 0.0002/万 99.9945%	No:23709 U+061CE 懎 00000016 0.0002/万 99.9945%	No:23710 U+06335 挵 00000016 0.0002/万 99.9944%
No:23711 U+06373 捳 00000016 0.0002/万 99.9945%	No:23712 U+063DD 揝 00000016 0.0002/万 99.9945%	No:23713 U+06546 敆 00000016 0.0002/万 99.9945%	No:23714 U+0668A 暊 00000016 0.0002/万 99.9944%	No:23715 U+0670A 朊 00000016 0.0002/万 99.9944%	No:23716 U+0689E 梞 00000016 0.0002/万 99.9945%	No:23717 U+06941 楁 00000016 0.0002/万 99.9945%	No:23718 U+06C3A 氺 00000016 0.0002/万 99.9945%	No:23719 U+06D06 洆 00000016 0.0002/万 99.9945%	No:23720 U+06DBB 涻 00000016 0.0002/万 99.9945%
No:23721 U+06F65 潥 00000016 0.0002/万 99.9946%	No:23722 U+06FE3 濣 00000016 0.0002/万 99.9945%	No:23723 U+06FE8 濨 00000016 0.0002/万 99.9945%	No:23724 U+0704D 灍 00000016 0.0002/万 99.9945%	No:23725 U+070A8 炨 00000016 0.0002/万 99.9945%	No:23726 U+07219 爙 00000016 0.0002/万 99.9945%	No:23727 U+07374 獴 00000016 0.0002/万 99.9944%	No:23728 U+07535 电 00000016 0.0002/万 99.9945%	No:23729 U+0765B 癛 00000016 0.0002/万 99.9945%	No:23730 U+0766B 癫 00000016 0.0002/万 99.9945%
No:23731 U+07692 皒 00000016 0.0002/万 99.9945%	No:23732 U+076A7 皧 00000016 0.0002/万 99.9945%	No:23733 U+0776C 睬 00000016 0.0002/万 99.9945%	No:23734 U+07775 睵 00000016 0.0002/万 99.9944%	No:23735 U+077C0 矀 00000016 0.0002/万 99.9944%	No:23736 U+07883 碃 00000016 0.0002/万 99.9944%	No:23737 U+07C46 籆 00000016 0.0002/万 99.9945%	No:23738 U+07CA0 粠 00000016 0.0002/万 99.9945%	No:23739 U+07CC4 糄 00000016 0.0002/万 99.9945%	No:23740 U+07EC0 绀 00000016 0.0002/万 99.9945%
No:23741 U+08047 聇 00000016 0.0002/万 99.9946%	No:23742 U+082DD 苝 00000016 0.0002/万 99.9945%	No:23743 U+082F8 苸 00000016 0.0002/万 99.9946%	No:23744 U+08415 萕 00000016 0.0002/万 99.9945%	No:23745 U+0841B 萛 00000016 0.0002/万 99.9945%	No:23746 U+08455 葕 00000016 0.0002/万 99.9945%	No:23747 U+08503 蔃 00000016 0.0002/万 99.9945%	No:23748 U+085EF 藯 00000016 0.0002/万 99.9945%	No:23749 U+085FD 藽 00000016 0.0002/万 99.9945%	No:23750 U+0869C 蚜 00000016 0.0002/万 99.9945%
No:23751 U+087CE 蟎 00000016 0.0002/万 99.9944%	No:23752 U+08804 蠄 00000016 0.0002/万 99.9945%	No:23753 U+08903 褃 00000016 0.0002/万 99.9945%	No:23754 U+0892C 褬 00000016 0.0002/万 99.9945%	No:23755 U+089B4 覴 00000016 0.0002/万 99.9945%	No:23756 U+08A38 訸 00000016 0.0002/万 99.9945%	No:23757 U+08AA2 誢 00000016 0.0002/万 99.9944%	No:23758 U+08B24 謤 00000016 0.0002/万 99.9944%	No:23759 U+08BA1 计 00000016 0.0002/万 99.9944%	No:23760 U+08CF9 賹 00000016 0.0002/万 99.9945%
No:23761 U+08D25 败 00000016 0.0002/万 99.9944%	No:23762 U+08E00 踀 00000016 0.0002/万 99.9946%	No:23763 U+08F3D 輽 00000016 0.0002/万 99.9946%	No:23764 U+0908E 邎 00000016 0.0002/万 99.9946%	No:23765 U+090C2 郂 00000016 0.0002/万 99.9945%	No:23766 U+0910C 鄌 00000016 0.0002/万 99.9945%	No:23767 U+09259 鉙 00000016 0.0002/万 99.9944%	No:23768 U+09289 銉 00000016 0.0002/万 99.9944%	No:23769 U+0935F 鍟 00000016 0.0002/万 99.9945%	No:23770 U+09363 鍣 00000016 0.0002/万 99.9944%
No:23771 U+09380 鎀 00000016 0.0002/万 99.9944%	No:23772 U+0940C 鐌 00000016 0.0002/万 99.9945%	No:23773 U+095B8 閸 00000016 0.0002/万 99.9945%	No:23774 U+09643 陃 00000016 0.0002/万 99.9945%	No:23775 U+096AD 隭 00000016 0.0002/万 99.9945%	No:23776 U+0972F 霯 00000016 0.0002/万 99.9940%	No:23777 U+097A4 鞤 00000016 0.0002/万 99.9940%	No:23778 U+099CB 駋 00000016 0.0002/万 99.9940%	No:23779 U+09A47 驇 00000016 0.0002/万 99.9940%	No:23780 U+09ACD 髍 00000016 0.0002/万 99.9940%
No:23781 U+09D50 鵐 00000016 0.0002/万 99.9940%	No:23782 U+09D91 鶑 00000016 0.0002/万 99.9940%	No:23783 U+09DEA 鷪 00000016 0.0002/万 99.9940%	No:23784 U+0EAF7 壆 00000016 0.0002/万 99.9940%	No:23785 U+0EFA2 ⿸厂賣 00000016 0.0002/万 99.9940%	No:23786 U+0F770 ⿰黍頁 00000016 0.0002/万 99.9940%	No:23787 U+E21 臾 00000016 0.0002/万 99.9942%	No:23788 U+EBB ⿰咼元 00000016 0.0002/万 99.9942%	No:23789 U+E1B ⿰口龐 00000016 0.0002/万 99.9941%	No:23790 U+ED0 ⿱奄土 00000016 0.0002/万 99.9943%
No:23791 U+E8F ⿱日夂 00000016 0.0002/万 99.9943%	No:23792 U+EB0 ⿰子禹 00000016 0.0002/万 99.9943%	No:23793 U+E30 峎 00000016 0.0002/万 99.9941%	No:23794 U+E70 移 00000016 0.0002/万 99.9941%	No:23795 U+E78 ⿰山監 00000016 0.0002/万 99.9941%	No:23796 U+E92 嶷 00000016 0.0002/万 99.9944%	No:23797 U+E76 ⿱竹祭 00000016 0.0002/万 99.9944%	No:23798 U+E0A ⿰子番 00000016 0.0002/万 99.9943%	No:23799 U+FBB 怯 00000016 0.0002/万 99.9943%	No:23800 U+E75 ⿱甚心 00000016 0.0002/万 99.9944%

No:23801 U+E78 [illegible] 00000016 0.0002/万 99.9941%	No:23802 U+E8B 扰 00000016 0.0002/万 99.9942%	No:23803 U+F4E 撇 00000016 0.0002/万 99.9941%	No:23804 U+E16 [illegible] 00000016 0.0002/万 99.9941%	No:23805 U+E55 毀 00000016 0.0002/万 99.9942%	No:23806 U+E9B [illegible] 00000016 0.0002/万 99.9940%	No:23807 U+E61 勳 00000016 0.0002/万 99.9941%	No:23808 U+EA8 [illegible] 00000016 0.0002/万 99.9942%	No:23809 U+EDD [illegible] 00000016 0.0002/万 99.9944%	No:23810 U+EB8 [illegible] 00000016 0.0002/万 99.9942%
No:23811 U+F8B 繝 00000016 0.0002/万 99.9942%	No:23812 U+E28 [illegible] 00000016 0.0002/万 99.9941%	No:23813 U+F67 鑐 00000016 0.0002/万 99.9942%	No:23814 U+E1D 翪 00000016 0.0002/万 99.9944%	No:23815 U+FFC [illegible] 00000016 0.0002/万 99.9941%	No:23816 U+EB5 到 00000016 0.0002/万 99.9941%	No:23817 U+EDE 瞥 00000016 0.0002/万 99.9943%	No:23818 U+EEB [illegible] 00000016 0.0002/万 99.9944%	No:23819 U+F5D [illegible] 00000016 0.0002/万 99.9942%	No:23820 U+EC6 [illegible] 00000016 0.0002/万 99.9941%
No:23821 U+EBD [illegible] 00000016 0.0002/万 99.9943%	No:23822 U+EBE. [illegible] 00000016 0.0002/万 99.9943%	No:23823 U+E85 [illegible] 00000016 0.0002/万 99.9942%	No:23824 U+F3F [illegible] 00000016 0.0002/万 99.9941%	No:23825 U+E13 [illegible] 00000016 0.0002/万 99.9943%	No:23826 U+E4A 鄗 00000016 0.0002/万 99.9943%	No:23827 U+FE0 [illegible] 00000016 0.0002/万 99.9941%	No:23828 U+E14 [illegible] 00000016 0.0002/万 99.9944%	No:23829 U+E3F [illegible] 00000016 0.0002/万 99.9941%	No:23830 U+E78 [illegible] 00000016 0.0002/万 99.9941%
No:23831 U+EFB [illegible] 00000016 0.0002/万 99.9943%	No:23832 U+03458 㑘 00000015 0.0001/万 99.9949%	No:23833 U+034C4 㓄 00000015 0.0001/万 99.9948%	No:23834 U+034D8 㓘 00000015 0.0001/万 99.9949%	No:23835 U+03512 㔒 00000015 0.0001/万 99.9946%	No:23836 U+0355D 㕝 00000015 0.0001/万 99.9948%	No:23837 U+03564 㕤 00000015 0.0001/万 99.9948%	No:23838 U+036D4 㛔 00000015 0.0001/万 99.9947%	No:23839 U+036DA 㛚 00000015 0.0001/万 99.9947%	No:23840 U+036E5 㛥 00000015 0.0001/万 99.9947%
No:23841 U+03788 㞈 00000015 0.0001/万 99.9946%	No:23842 U+0383A 㠺 00000015 0.0001/万 99.9948%	No:23843 U+03870 㡰 00000015 0.0001/万 99.9948%	No:23844 U+0387A 㡺 00000015 0.0001/万 99.9948%	No:23845 U+038A2 㢢 00000015 0.0001/万 99.9949%	No:23846 U+038A3 㢣 00000015 0.0001/万 99.9949%	No:23847 U+038AA 㢪 00000015 0.0001/万 99.9949%	No:23848 U+038F0 㣰 00000015 0.0001/万 99.9949%	No:23849 U+03916 㤖 00000015 0.0001/万 99.9949%	No:23850 U+03923 㤣 00000015 0.0001/万 99.9949%
No:23851 U+03955 㥕 00000015 0.0001/万 99.9948%	No:23852 U+0395E 㥞 00000015 0.0001/万 99.9949%	No:23853 U+03996 㦖 00000015 0.0001/万 99.9947%	No:23854 U+039E8 㧨 00000015 0.0001/万 99.9948%	No:23855 U+039FC 㧼 00000015 0.0001/万 99.9946%	No:23856 U+03A05 㨅 00000015 0.0001/万 99.9946%	No:23857 U+03A5E 㩞 00000015 0.0001/万 99.9947%	No:23858 U+03A83 㪃 00000015 0.0001/万 99.9949%	No:23859 U+03AAD 㪭 00000015 0.0001/万 99.9948%	No:23860 U+03ABE 㪾 00000015 0.0001/万 99.9949%
No:23861 U+03B97 㮗 00000015 0.0001/万 99.9948%	No:23862 U+03BA9 㮩 00000015 0.0001/万 99.9949%	No:23863 U+03BE1 㯡 00000015 0.0001/万 99.9947%	No:23864 U+03C45 㱅 00000015 0.0001/万 99.9948%	No:23865 U+03C6D 㱭 00000015 0.0001/万 99.9948%	No:23866 U+03CAC 㲬 00000015 0.0001/万 99.9947%	No:23867 U+03D42 㵂 00000015 0.0001/万 99.9948%	No:23868 U+03E25 㸥 00000015 0.0001/万 99.9946%	No:23869 U+03E33 㸳 00000015 0.0001/万 99.9946%	No:23870 U+03E6F 㹯 00000015 0.0001/万 99.9948%
No:23871 U+03F0A 㼊 00000015 0.0001/万 99.9949%	No:23872 U+03F17 㼗 00000015 0.0001/万 99.9948%	No:23873 U+03F2A 㼪 00000015 0.0001/万 99.9949%	No:23874 U+03F4C 㽌 00000015 0.0001/万 99.9949%	No:23875 U+03F73 㽳 00000015 0.0001/万 99.9949%	No:23876 U+03F7E 㽾 00000015 0.0001/万 99.9946%	No:23877 U+03F80 㾀 00000015 0.0001/万 99.9946%	No:23878 U+03F8A 㾊 00000015 0.0001/万 99.9947%	No:23879 U+03F8D 㾍 00000015 0.0001/万 99.9947%	No:23880 U+03FE7 㿧 00000015 0.0001/万 99.9949%
No:23881 U+04019 䀙 00000015 0.0001/万 99.9947%	No:23882 U+04060 䁠 00000015 0.0001/万 99.9947%	No:23883 U+04066 䁦 00000015 0.0001/万 99.9948%	No:23884 U+040A1 䂡 00000015 0.0001/万 99.9948%	No:23885 U+040CE 䃎 00000015 0.0001/万 99.9949%	No:23886 U+040DB 䃛 00000015 0.0001/万 99.9946%	No:23887 U+0414B 䅋 00000015 0.0001/万 99.9947%	No:23888 U+041C3 䇃 00000015 0.0001/万 99.9949%	No:23889 U+041DC 䇜 00000015 0.0001/万 99.9948%	No:23890 U+041DF 䇟 00000015 0.0001/万 99.9948%
No:23891 U+041EE 䇮 00000015 0.0001/万 99.9948%	No:23892 U+0422D 䈭 00000015 0.0001/万 99.9946%	No:23893 U+04236 䈶 00000015 0.0001/万 99.9946%	No:23894 U+04297 䊗 00000015 0.0001/万 99.9947%	No:23895 U+042CB 䋋 00000015 0.0001/万 99.9947%	No:23896 U+042D8 䋘 00000015 0.0001/万 99.9946%	No:23897 U+042E9 䋩 00000015 0.0001/万 99.9947%	No:23898 U+04317 䌗 00000015 0.0001/万 99.9947%	No:23899 U+04373 䍳 00000015 0.0001/万 99.9948%	No:23900 U+0438A 䎊 00000015 0.0001/万 99.9946%

No:23901	No:23902	No:23903	No:23904	No:23905	No:23906	No:23907	No:23908	No:23909	No:23910
U+043B8	U+04435	U+04464	U+0449D	U+044B4	U+04515	U+04539	U+045A3	U+045A8	U+045A9
䎸	䐵	䑤	䒝	䒴	䔕	䔹	䖣	䖨	䖩
00000015	00000015	00000015	00000015	00000015	00000015	00000015	00000015	00000015	00000015
0.0001/万	0.0001/万	0.0001/万	0.0001/万	0.0001/万	0.0001/万	0.0001/万	0.0001/万	0.0001/万	0.0001/万
99.9949%	99.9949%	99.9948%	99.9947%	99.9947%	99.9948%	99.9949%	99.9948%	99.9946%	99.9946%
No:23911	No:23912	No:23913	No:23914	No:23915	No:23916	No:23917	No:23918	No:23919	No:23920
U+04650	U+04682	U+04687	U+0469C	U+046D9	U+046EB	U+046EE	U+04722	U+04778	U+04782
䙐	䚂	䚇	䚜	䛙	䛫	䛮	䜢	䝸	䞂
00000015	00000015	00000015	00000015	00000015	00000015	00000015	00000015	00000015	00000015
0.0001/万	0.0001/万	0.0001/万	0.0001/万	0.0001/万	0.0001/万	0.0001/万	0.0001/万	0.0001/万	0.0001/万
99.9948%	99.9947%	99.9947%	99.9947%	99.9948%	99.9949%	99.9949%	99.9950%	99.9948%	99.9948%
No:23921	No:23922	No:23923	No:23924	No:23925	No:23926	No:23927	No:23928	No:23929	No:23930
U+0479E	U+047AA	U+047F6	U+0480D	U+04855	U+0487B	U+048BE	U+0491B	U+04940	U+04942
䞞	䞪	䟶	䠍	䡕	䡻	䢾	䤛	䥀	䥂
00000015	00000015	00000015	00000015	00000015	00000015	00000015	00000015	00000015	00000015
0.0001/万	0.0001/万	0.0001/万	0.0001/万	0.0001/万	0.0001/万	0.0001/万	0.0001/万	0.0001/万	0.0001/万
99.9948%	99.9950%	99.9947%	99.9948%	99.9948%	99.9947%	99.9946%	99.9949%	99.9949%	99.9949%
No:23931	No:23932	No:23933	No:23934	No:23935	No:23936	No:23937	No:23938	No:23939	No:23940
U+04954	U+0498B	U+049B9	U+049BA	U+049C6	U+049E0	U+049F8	U+04A21	U+04A51	U+04A7D
䥔	䦋	䦹	䦺	䧆	䧠	䧸	䨡	䩑	䩽
00000015	00000015	00000015	00000015	00000015	00000015	00000015	00000015	00000015	00000015
0.0001/万	0.0001/万	0.0001/万	0.0001/万	0.0001/万	0.0001/万	0.0001/万	0.0001/万	0.0001/万	0.0001/万
99.9949%	99.9949%	99.9949%	99.9949%	99.9949%	99.9948%	99.9948%	99.9948%	99.9948%	99.9948%
No:23941	No:23942	No:23943	No:23944	No:23945	No:23946	No:23947	No:23948	No:23949	No:23950
U+04AAC	U+04AB8	U+04ACE	U+04AED	U+04B01	U+04BAE	U+04C34	U+04C67	U+04C91	U+04CEC
䪬	䪸	䫎	䫭	䬁	䮮	䰴	䱧	䲑	䳬
00000015	00000015	00000015	00000015	00000015	00000015	00000015	00000015	00000015	00000015
0.0001/万	0.0001/万	0.0001/万	0.0001/万	0.0001/万	0.0001/万	0.0001/万	0.0001/万	0.0001/万	0.0001/万
99.9950%	99.9949%	99.9949%	99.9949%	99.9946%	99.9947%	99.9947%	99.9947%	99.9948%	99.9947%
No:23951	No:23952	No:23953	No:23954	No:23955	No:23956	No:23957	No:23958	No:23959	No:23960
U+04DA8	U+04E37	U+04F28	U+04F29	U+04F6C	U+05050	U+05164	U+052CE	U+05325	U+054B5
䶨	丷	伨	伩	佬	偐	兤	勎	匥	咵
00000015	00000015	00000015	00000015	00000015	00000015	00000015	00000015	00000015	00000015
0.0001/万	0.0001/万	0.0001/万	0.0001/万	0.0001/万	0.0001/万	0.0001/万	0.0001/万	0.0001/万	0.0001/万
99.9947%	99.9947%	99.9947%	99.9947%	99.9947%	99.9948%	99.9946%	99.9948%	99.9948%	99.9949%
No:23961	No:23962	No:23963	No:23964	No:23965	No:23966	No:23967	No:23968	No:23969	No:23970
U+054BE	U+054F8	U+05502	U+0550B	U+0553F	U+05590	U+057D1	U+057EE	U+05894	U+05904
咾	哸	唂	唋	唿	喐	埑	埮	墔	处
00000015	00000015	00000015	00000015	00000015	00000015	00000015	00000015	00000015	00000015
0.0001/万	0.0001/万	0.0001/万	0.0001/万	0.0001/万	0.0001/万	0.0001/万	0.0001/万	0.0001/万	0.0001/万
99.9949%	99.9949%	99.9949%	99.9949%	99.9949%	99.9949%	99.9947%	99.9948%	99.9947%	99.9947%
No:23971	No:23972	No:23973	No:23974	No:23975	No:23976	No:23977	No:23978	No:23979	No:23980
U+0595F	U+05991	U+059ED	U+05B1A	U+05B59	U+05C33	U+05C8E	U+05CB4	U+05D30	U+05E9F
奟	妑	姭	嬚	孙	尳	岎	岴	崰	废
00000015	00000015	00000015	00000015	00000015	00000015	00000015	00000015	00000015	00000015
0.0001/万	0.0001/万	0.0001/万	0.0001/万	0.0001/万	0.0001/万	0.0001/万	0.0001/万	0.0001/万	0.0001/万
99.9948%	99.9947%	99.9949%	99.9946%	99.9947%	99.9949%	99.9949%	99.9949%	99.9949%	99.9950%
No:23981	No:23982	No:23983	No:23984	No:23985	No:23986	No:23987	No:23988	No:23989	No:23990
U+05F75	U+05FD1	U+0603D	U+06131	U+06139	U+0641B	U+06525	U+06528	U+0656F	U+0664D
彵	忑	怽	愱	愹	搛	攥	攨	敯	晍
00000015	00000015	00000015	00000015	00000015	00000015	00000015	00000015	00000015	00000015
0.0001/万	0.0001/万	0.0001/万	0.0001/万	0.0001/万	0.0001/万	0.0001/万	0.0001/万	0.0001/万	0.0001/万
99.9950%	99.9950%	99.9950%	99.9950%	99.9950%	99.9951%	99.9951%	99.9951%	99.9950%	99.9951%
No:23991	No:23992	No:23993	No:23994	No:23995	No:23996	No:23997	No:23998	No:23999	No:24000
U+066BA	U+0688E	U+0694D	U+06A6F	U+06ACA	U+06AEE	U+06B09	U+06B5D	U+06C2F	U+06C45
暺	梎	楍	橯	櫊	櫮	欉	歝	氯	汅
00000015	00000015	00000015	00000015	00000015	00000015	00000015	00000015	00000015	00000015
0.0001/万	0.0001/万	0.0001/万	0.0001/万	0.0001/万	0.0001/万	0.0001/万	0.0001/万	0.0001/万	0.0001/万
99.9950%	99.9951%	99.9951%	99.9950%	99.9951%	99.9951%	99.9950%	99.9950%	99.9950%	99.9950%

No:24001 U+06C4C 汌 00000015 0.0001/万 99.9950%	No:24002 U+06CF4 泴 00000015 0.0001/万 99.9951%	No:24003 U+06CF5 泵 00000015 0.0001/万 99.9950%	No:24004 U+06D15 洕 00000015 0.0001/万 99.9950%	No:24005 U+06D2F 洯 00000015 0.0001/万 99.9950%	No:24006 U+06E8B 溋 00000015 0.0001/万 99.9950%	No:24007 U+06F76 潶 00000015 0.0001/万 99.9950%	No:24008 U+06FD6 濖 00000015 0.0001/万 99.9950%	No:24009 U+0702A 瀪 00000015 0.0001/万 99.9950%	No:24010 U+070F2 烲 00000015 0.0001/万 99.9951%
No:24011 U+070FF 烿 00000015 0.0001/万 99.9951%	No:24012 U+07186 熆 00000015 0.0001/万 99.9950%	No:24013 U+071B6 熶 00000015 0.0001/万 99.9950%	No:24014 U+0726E 牮 00000015 0.0001/万 99.9950%	No:24015 U+07294 犔 00000015 0.0001/万 99.9951%	No:24016 U+07338 猸 00000015 0.0001/万 99.9950%	No:24017 U+07346 獆 00000015 0.0001/万 99.9950%	No:24018 U+0734A 獊 00000015 0.0001/万 99.9951%	No:24019 U+07354 獔 00000015 0.0001/万 99.9951%	No:24020 U+073FA 珺 00000015 0.0001/万 99.9950%
No:24021 U+0740B 琋 00000015 0.0001/万 99.9951%	No:24022 U+07641 癁 00000015 0.0001/万 99.9951%	No:24023 U+07652 癒 00000015 0.0001/万 99.9951%	No:24024 U+07878 硸 00000015 0.0001/万 99.9951%	No:24025 U+07880 碀 00000015 0.0001/万 99.9950%	No:24026 U+07975 祵 00000015 0.0001/万 99.9950%	No:24027 U+079F6 秶 00000015 0.0001/万 99.9950%	No:24028 U+07AE8 竨 00000015 0.0001/万 99.9951%	No:24029 U+07B0E 笎 00000015 0.0001/万 99.9951%	No:24030 U+07B36 笶 00000015 0.0001/万 99.9951%
No:24031 U+07B42 筂 00000015 0.0001/万 99.9951%	No:24032 U+07BED 篭 00000015 0.0001/万 99.9951%	No:24033 U+07C85 粅 00000015 0.0001/万 99.9951%	No:24034 U+07EAF 纯 00000015 0.0001/万 99.9951%	No:24035 U+08148 腈 00000015 0.0001/万 99.9950%	No:24036 U+08223 舣 00000015 0.0001/万 99.9950%	No:24037 U+08327 茧 00000015 0.0001/万 99.9950%	No:24038 U+0837F 荿 00000015 0.0001/万 99.9950%	No:24039 U+084BD 蒽 00000015 0.0001/万 99.9951%	No:24040 U+08651 虑 00000015 0.0001/万 99.9950%
No:24041 U+08781 螁 00000015 0.0001/万 99.9951%	No:24042 U+0882B 蠫 00000015 0.0001/万 99.9950%	No:24043 U+08928 褨 00000015 0.0001/万 99.9950%	No:24044 U+08A28 訨 00000015 0.0001/万 99.9951%	No:24045 U+08A74 詴 00000015 0.0001/万 99.9950%	No:24046 U+08AD8 諘 00000015 0.0001/万 99.9950%	No:24047 U+08B57 譗 00000015 0.0001/万 99.9950%	No:24048 U+08B88 讈 00000015 0.0001/万 99.9951%	No:24049 U+08D83 趃 00000015 0.0001/万 99.9950%	No:24050 U+08D9B 趛 00000015 0.0001/万 99.9950%
No:24051 U+08D9D 趝 00000015 0.0001/万 99.9950%	No:24052 U+08DCD 跍 00000015 0.0001/万 99.9950%	No:24053 U+08EC7 軇 00000015 0.0001/万 99.9951%	No:24054 U+08F0E 輎 00000015 0.0001/万 99.9951%	No:24055 U+0906A 遪 00000015 0.0001/万 99.9951%	No:24056 U+09228 鈨 00000015 0.0001/万 99.9950%	No:24057 U+0923B 鉅 00000015 0.0001/万 99.9951%	No:24058 U+092EB 鋫 00000015 0.0001/万 99.9951%	No:24059 U+093C5 鏅 00000015 0.0001/万 99.9950%	No:24060 U+093DB 鏛 00000015 0.0001/万 99.9950%
No:24061 U+0945D 鑝 00000015 0.0001/万 99.9951%	No:24062 U+09623 阣 00000015 0.0001/万 99.9950%	No:24063 U+0974D 靍 00000015 0.0001/万 99.9946%	No:24064 U+09779 靹 00000015 0.0001/万 99.9946%	No:24065 U+09815 頕 00000015 0.0001/万 99.9946%	No:24066 U+09831 頱 00000015 0.0001/万 99.9946%	No:24067 U+09AE8 髨 00000015 0.0001/万 99.9946%	No:24068 U+09AF7 髷 00000015 0.0001/万 99.9946%	No:24069 U+09BE1 鯡 00000015 0.0001/万 99.9946%	No:24070 U+09C07 鰇 00000015 0.0001/万 99.9946%
No:24071 U+09C22 鰢 00000015 0.0001/万 99.9946%	No:24072 U+0E612 篾 00000015 0.0001/万 99.9946%	No:24073 U+0EE65 敡 00000015 0.0001/万 99.9946%	No:24074 U+0F0CE 軔 00000015 0.0001/万 99.9946%	No:24075 U+0F523 耒 00000015 0.0001/万 99.9946%	No:24076 U+0F59B 爕 00000015 0.0001/万 99.9946%	No:24077 U+0F688 瀍 00000015 0.0001/万 99.9946%	No:24078 U+E72 侈 00000015 0.0001/万 99.9949%	No:24079 U+EDB 剥 00000015 0.0001/万 99.9947%	No:24080 U+FC5 吃 00000015 0.0001/万 99.9947%
No:24081 U+EBC 峊 00000015 0.0001/万 99.9948%	No:24082 U+E23 岜 00000015 0.0001/万 99.9948%	No:24083 U+E5B 堂 00000015 0.0001/万 99.9947%	No:24084 U+E5D 詹 00000015 0.0001/万 99.9946%	No:24085 U+EBF 嶂 00000015 0.0001/万 99.9947%	No:24086 U+E58 嵈 00000015 0.0001/万 99.9947%	No:24087 U+E83 嶋 00000015 0.0001/万 99.9947%	No:24088 U+E56 掾 00000015 0.0001/万 99.9946%	No:24089 U+EF5 𢿭 00000015 0.0001/万 99.9948%	No:24090 U+EBE 椮 00000015 0.0001/万 99.9946%
No:24091 U+ECD 櫍 00000015 0.0001/万 99.9947%	No:24092 U+F3A 殷 00000015 0.0001/万 99.9950%	No:24093 U+E3E 浧 00000015 0.0001/万 99.9947%	No:24094 U+E83 浼 00000015 0.0001/万 99.9946%	No:24095 U+E45 㴨 00000015 0.0001/万 99.9949%	No:24096 U+E58 㔸 00000015 0.0001/万 99.9948%	No:24097 U+F48 麵 00000015 0.0001/万 99.9948%	No:24098 U+E67 㸈 00000015 0.0001/万 99.9949%	No:24099 U+EB0 穠 00000015 0.0001/万 99.9946%	No:24100 U+E1D 䉰 00000015 0.0001/万 99.9946%

No:24101 U+E9A [illegible] 00000015 0.0001/万 99.9947%	No:24102 U+E83 [illegible] 00000015 0.0001/万 99.9947%	No:24103 U+EE9 [illegible] 00000015 0.0001/万 99.9947%	No:24104 U+F50 蝮 00000015 0.0001/万 99.9949%	No:24105 U+FD3 [illegible] 00000015 0.0001/万 99.9946%	No:24106 U+E5C [illegible] 00000015 0.0001/万 99.9948%	No:24107 U+FE0 [illegible] 00000015 0.0001/万 99.9947%	No:24108 U+F39 [illegible] 00000015 0.0001/万 99.9947%	No:24109 U+E75 [illegible] 00000015 0.0001/万 99.9947%	No:24110 U+EB9 選 00000015 0.0001/万 99.9948%
No:24111 U+EA4 [illegible] 00000015 0.0001/万 99.9949%	No:24112 U+E46 [illegible] 00000015 0.0001/万 99.9949%	No:24113 U+EF7 顯 00000015 0.0001/万 99.9947%	No:24114 U+EF8 [illegible] 00000015 0.0001/万 99.9948%	No:24115 U+EBC [illegible] 00000015 0.0001/万 99.9946%	No:24116 U+E06 [illegible] 00000015 0.0001/万 99.9946%	No:24117 U+FD7 [illegible] 00000015 0.0001/万 99.9948%	No:24118 U+E23 [illegible] 00000015 0.0001/万 99.9946%	No:24119 U+FAE [illegible] 00000015 0.0001/万 99.9948%	No:24120 U+E1C [illegible] 00000015 0.0001/万 99.9948%
No:24121 U+0348E 㒎 00000014 0.0001/万 99.9954%	No:24122 U+0350A 㔊 00000014 0.0001/万 99.9953%	No:24123 U+0352F 㔯 00000014 0.0001/万 99.9952%	No:24124 U+0358F 㖏 00000014 0.0001/万 99.9954%	No:24125 U+035A8 㖨 00000014 0.0001/万 99.9954%	No:24126 U+035E5 㗥 00000014 0.0001/万 99.9953%	No:24127 U+035FD 㗽 00000014 0.0001/万 99.9952%	No:24128 U+036C5 㛅 00000014 0.0001/万 99.9952%	No:24129 U+036C6 㛆 00000014 0.0001/万 99.9953%	No:24130 U+036FA 㛺 00000014 0.0001/万 99.9952%
No:24131 U+03742 㝂 00000014 0.0001/万 99.9954%	No:24132 U+03774 㝴 00000014 0.0001/万 99.9953%	No:24133 U+0377C 㝼 00000014 0.0001/万 99.9954%	No:24134 U+03843 㡃 00000014 0.0001/万 99.9954%	No:24135 U+03894 㢔 00000014 0.0001/万 99.9953%	No:24136 U+038C6 㣆 00000014 0.0001/万 99.9952%	No:24137 U+038D2 㣒 00000014 0.0001/万 99.9952%	No:24138 U+038F7 㣷 00000014 0.0001/万 99.9953%	No:24139 U+0393B 㤻 00000014 0.0001/万 99.9954%	No:24140 U+03972 㥲 00000014 0.0001/万 99.9954%
No:24141 U+039B1 㦱 00000014 0.0001/万 99.9953%	No:24142 U+039B5 㦵 00000014 0.0001/万 99.9952%	No:24143 U+03A2C 㨬 00000014 0.0001/万 99.9951%	No:24144 U+03A2E 㨮 00000014 0.0001/万 99.9952%	No:24145 U+03A6D 㩭 00000014 0.0001/万 99.9952%	No:24146 U+03AB5 料 00000014 0.0001/万 99.9952%	No:24147 U+03B27 㬧 00000014 0.0001/万 99.9953%	No:24148 U+03B82 㮂 00000014 0.0001/万 99.9954%	No:24149 U+03BCA 㯊 00000014 0.0001/万 99.9954%	No:24150 U+03BDA 㯚 00000014 0.0001/万 99.9954%
No:24151 U+03BF0 㯰 00000014 0.0001/万 99.9953%	No:24152 U+03C14 㰔 00000014 0.0001/万 99.9953%	No:24153 U+03C22 㰢 00000014 0.0001/万 99.9953%	No:24154 U+03C3A 㰺 00000014 0.0001/万 99.9952%	No:24155 U+03C8F 㲏 00000014 0.0001/万 99.9953%	No:24156 U+03CDC 㳜 00000014 0.0001/万 99.9952%	No:24157 U+03CFC 㳼 00000014 0.0001/万 99.9953%	No:24158 U+03D15 㴕 00000014 0.0001/万 99.9952%	No:24159 U+03D18 㴘 00000014 0.0001/万 99.9952%	No:24160 U+03D60 㵠 00000014 0.0001/万 99.9953%
No:24161 U+03E1B 㸛 00000014 0.0001/万 99.9952%	No:24162 U+03E1C 㸜 00000014 0.0001/万 99.9952%	No:24163 U+03E35 㸵 00000014 0.0001/万 99.9953%	No:24164 U+03E4F 㹏 00000014 0.0001/万 99.9954%	No:24165 U+03E89 㺉 00000014 0.0001/万 99.9952%	No:24166 U+03EF2 㻲 00000014 0.0001/万 99.9953%	No:24167 U+03F0D 㼍 00000014 0.0001/万 99.9953%	No:24168 U+03F59 㽙 00000014 0.0001/万 99.9954%	No:24169 U+03F89 㾉 00000014 0.0001/万 99.9954%	No:24170 U+03FB8 㾸 00000014 0.0001/万 99.9953%
No:24171 U+03FD9 㿙 00000014 0.0001/万 99.9953%	No:24172 U+03FED 㿭 00000014 0.0001/万 99.9954%	No:24173 U+04007 䀇 00000014 0.0001/万 99.9953%	No:24174 U+04009 䀉 00000014 0.0001/万 99.9953%	No:24175 U+0403E 䀾 00000014 0.0001/万 99.9952%	No:24176 U+04086 䂆 00000014 0.0001/万 99.9954%	No:24177 U+04088 䂈 00000014 0.0001/万 99.9954%	No:24178 U+0409A 䂚 00000014 0.0001/万 99.9952%	No:24179 U+0409C 䂜 00000014 0.0001/万 99.9953%	No:24180 U+04114 䄔 00000014 0.0001/万 99.9951%
No:24181 U+04131 䄱 00000014 0.0001/万 99.9952%	No:24182 U+04138 䄸 00000014 0.0001/万 99.9952%	No:24183 U+041B6 䆶 00000014 0.0001/万 99.9952%	No:24184 U+041E9 䇩 00000014 0.0001/万 99.9954%	No:24185 U+04208 䈈 00000014 0.0001/万 99.9954%	No:24186 U+04264 䉤 00000014 0.0001/万 99.9953%	No:24187 U+04268 䉨 00000014 0.0001/万 99.9952%	No:24188 U+042AD 䊭 00000014 0.0001/万 99.9951%	No:24189 U+042C2 䋂 00000014 0.0001/万 99.9953%	No:24190 U+04303 䌃 00000014 0.0001/万 99.9952%
No:24191 U+04394 䎔 00000014 0.0001/万 99.9952%	No:24192 U+043A4 䎤 00000014 0.0001/万 99.9952%	No:24193 U+0442D 䐭 00000014 0.0001/万 99.9952%	No:24194 U+04448 䑈 00000014 0.0001/万 99.9953%	No:24195 U+04486 䒆 00000014 0.0001/万 99.9953%	No:24196 U+044B5 䒵 00000014 0.0001/万 99.9954%	No:24197 U+044C2 䓂 00000014 0.0001/万 99.9953%	No:24198 U+044CD 䓍 00000014 0.0001/万 99.9952%	No:24199 U+044F7 䓷 00000014 0.0001/万 99.9953%	No:24200 U+0453C 䔼 00000014 0.0001/万 99.9954%

No:24201 U+0454D 䕍 00000014 0.0001/万 99.9954%	No:24202 U+04556 䕖 00000014 0.0001/万 99.9952%	No:24203 U+0455F 䕟 00000014 0.0001/万 99.9952%	No:24204 U+0457E 䕾 00000014 0.0001/万 99.9954%	No:24205 U+0458A 䖊 00000014 0.0001/万 99.9952%	No:24206 U+045C6 䗆 00000014 0.0001/万 99.9952%	No:24207 U+045C8 䗈 00000014 0.0001/万 99.9952%	No:24208 U+045FE 䗾 00000014 0.0001/万 99.9954%	No:24209 U+0463C 䘼 00000014 0.0001/万 99.9953%	No:24210 U+04679 䙹 00000014 0.0001/万 99.9954%
No:24211 U+046F2 䛲 00000014 0.0001/万 99.9954%	No:24212 U+046FF 䛿 00000014 0.0001/万 99.9953%	No:24213 U+0470D 䜍 00000014 0.0001/万 99.9953%	No:24214 U+0474E 䝎 00000014 0.0001/万 99.9952%	No:24215 U+047BC 䞼 00000014 0.0001/万 99.9953%	No:24216 U+047CD 䟍 00000014 0.0001/万 99.9954%	No:24217 U+047E8 䟨 00000014 0.0001/万 99.9954%	No:24218 U+047EA 䟪 00000014 0.0001/万 99.9954%	No:24219 U+04843 䡃 00000014 0.0001/万 99.9953%	No:24220 U+0489A 䢚 00000014 0.0001/万 99.9954%
No:24221 U+048B9 䢹 00000014 0.0001/万 99.9953%	No:24222 U+048CC 䣌 00000014 0.0001/万 99.9953%	No:24223 U+048D0 䣐 00000014 0.0001/万 99.9952%	No:24224 U+0493B 䤻 00000014 0.0001/万 99.9953%	No:24225 U+04959 䥙 00000014 0.0001/万 99.9954%	No:24226 U+04964 䥤 00000014 0.0001/万 99.9954%	No:24227 U+049BD 䦽 00000014 0.0001/万 99.9953%	No:24228 U+049CD 䧍 00000014 0.0001/万 99.9953%	No:24229 U+04A77 䩷 00000014 0.0001/万 99.9954%	No:24230 U+04AC5 䫅 00000014 0.0001/万 99.9953%
No:24231 U+04B41 䭁 00000014 0.0001/万 99.9954%	No:24232 U+04B80 䮀 00000014 0.0001/万 99.9953%	No:24233 U+04BD9 䯙 00000014 0.0001/万 99.9954%	No:24234 U+04BE0 䯠 00000014 0.0001/万 99.9953%	No:24235 U+04BEB 䯫 00000014 0.0001/万 99.9952%	No:24236 U+04BF7 䯷 00000014 0.0001/万 99.9952%	No:24237 U+04C35 䰵 00000014 0.0001/万 99.9952%	No:24238 U+04C45 䱅 00000014 0.0001/万 99.9953%	No:24239 U+04C7C 䱼 00000014 0.0001/万 99.9952%	No:24240 U+04CAF 䲯 00000014 0.0001/万 99.9953%
No:24241 U+04D47 䵇 00000014 0.0001/万 99.9954%	No:24242 U+04D48 䵈 00000014 0.0001/万 99.9954%	No:24243 U+04D94 䶔 00000014 0.0001/万 99.9952%	No:24244 U+04D9B 䶛 00000014 0.0001/万 99.9953%	No:24245 U+04E34 临 00000014 0.0001/万 99.9952%	No:24246 U+04FBE 侾 00000014 0.0001/万 99.9953%	No:24247 U+05035 倵 00000014 0.0001/万 99.9953%	No:24248 U+05054 偔 00000014 0.0001/万 99.9953%	No:24249 U+051FB 击 00000014 0.0001/万 99.9951%	No:24250 U+05358 单 00000014 0.0001/万 99.9954%
No:24251 U+05481 咁 00000014 0.0001/万 99.9952%	No:24252 U+055D6 嗖 00000014 0.0001/万 99.9952%	No:24253 U+05789 垉 00000014 0.0001/万 99.9954%	No:24254 U+05952 奒 00000014 0.0001/万 99.9953%	No:24255 U+0599A 妚 00000014 0.0001/万 99.9952%	No:24256 U+059F3 姳 00000014 0.0001/万 99.9953%	No:24257 U+05A2B 娫 00000014 0.0001/万 99.9953%	No:24258 U+05A32 娲 00000014 0.0001/万 99.9954%	No:24259 U+05B37 嬷 00000014 0.0001/万 99.9952%	No:24260 U+05B6E 孮 00000014 0.0001/万 99.9952%
No:24261 U+05C84 岄 00000014 0.0001/万 99.9951%	No:24262 U+05D01 崁 00000014 0.0001/万 99.9952%	No:24263 U+05DB9 嶹 00000014 0.0001/万 99.9954%	No:24264 U+05DF6 巶 00000014 0.0001/万 99.9952%	No:24265 U+05FAB 徫 00000014 0.0001/万 99.9955%	No:24266 U+05FCE 忎 00000014 0.0001/万 99.9955%	No:24267 U+060A5 悥 00000014 0.0001/万 99.9955%	No:24268 U+06337 挷 00000014 0.0001/万 99.9956%	No:24269 U+0643B 搻 00000014 0.0001/万 99.9955%	No:24270 U+06442 摂 00000014 0.0001/万 99.9955%
No:24271 U+06462 摢 00000014 0.0001/万 99.9955%	No:24272 U+064D3 擓 00000014 0.0001/万 99.9955%	No:24273 U+0669B 暛 00000014 0.0001/万 99.9955%	No:24274 U+066A5 暥 00000014 0.0001/万 99.9956%	No:24275 U+0677A 杺 00000014 0.0001/万 99.9955%	No:24276 U+0693A 椺 00000014 0.0001/万 99.9956%	No:24277 U+06AC1 櫁 00000014 0.0001/万 99.9956%	No:24278 U+06BE7 毧 00000014 0.0001/万 99.9955%	No:24279 U+06C44 汄 00000014 0.0001/万 99.9955%	No:24280 U+06C9E 沞 00000014 0.0001/万 99.9955%
No:24281 U+06DA7 涧 00000014 0.0001/万 99.9955%	No:24282 U+06DB0 涰 00000014 0.0001/万 99.9955%	No:24283 U+06E9A 溚 00000014 0.0001/万 99.9955%	No:24284 U+06EA3 溣 00000014 0.0001/万 99.9955%	No:24285 U+06F43 潃 00000014 0.0001/万 99.9956%	No:24286 U+07144 煄 00000014 0.0001/万 99.9955%	No:24287 U+07158 煘 00000014 0.0001/万 99.9955%	No:24288 U+071A7 熧 00000014 0.0001/万 99.9955%	No:24289 U+071D7 燗 00000014 0.0001/万 99.9955%	No:24290 U+071DB 燛 00000014 0.0001/万 99.9955%
No:24291 U+072CF 狏 00000014 0.0001/万 99.9955%	No:24292 U+0743C 琼 00000014 0.0001/万 99.9955%	No:24293 U+074F9 瓹 00000014 0.0001/万 99.9955%	No:24294 U+0763A 瘺 00000014 0.0001/万 99.9956%	No:24295 U+0768C 皌 00000014 0.0001/万 99.9956%	No:24296 U+077A8 瞨 00000014 0.0001/万 99.9956%	No:24297 U+077BA 瞺 00000014 0.0001/万 99.9955%	No:24298 U+077C8 矈 00000014 0.0001/万 99.9955%	No:24299 U+078C0 磀 00000014 0.0001/万 99.9955%	No:24300 U+079A3 禣 00000014 0.0001/万 99.9955%

No:24301 U+079D7 秗 00000014 0.0001/万 99.9956%	No:24302 U+07A58 穘 00000014 0.0001/万 99.9955%	No:24303 U+07AFC 竼 00000014 0.0001/万 99.9956%	No:24304 U+07B0C 笌 00000014 0.0001/万 99.9955%	No:24305 U+07BDC 篜 00000014 0.0001/万 99.9955%	No:24306 U+07C7B 类 00000014 0.0001/万 99.9955%	No:24307 U+07ED9 给 00000014 0.0001/万 99.9955%	No:24308 U+07F4E 罎 00000014 0.0001/万 99.9956%	No:24309 U+08059 聙 00000014 0.0001/万 99.9955%	No:24310 U+0810B 脋 00000014 0.0001/万 99.9955%
No:24311 U+08199 膙 00000014 0.0001/万 99.9955%	No:24312 U+083DB 菛 00000014 0.0001/万 99.9955%	No:24313 U+0864A 虊 00000014 0.0001/万 99.9956%	No:24314 U+086AB 蚫 00000014 0.0001/万 99.9955%	No:24315 U+087FD 蟽 00000014 0.0001/万 99.9955%	No:24316 U+088CD 裍 00000014 0.0001/万 99.9955%	No:24317 U+088D1 裑 00000014 0.0001/万 99.9954%	No:24318 U+08929 褩 00000014 0.0001/万 99.9955%	No:24319 U+08933 褳 00000014 0.0001/万 99.9955%	No:24320 U+089EE 觮 00000014 0.0001/万 99.9955%
No:24321 U+08A24 訤 00000014 0.0001/万 99.9955%	No:24322 U+08B8D 讍 00000014 0.0001/万 99.9955%	No:24323 U+08BBF 访 00000014 0.0001/万 99.9955%	No:24324 U+08BCD 词 00000014 0.0001/万 99.9955%	No:24325 U+08D6F 赯 00000014 0.0001/万 99.9955%	No:24326 U+08E0D 踍 00000014 0.0001/万 99.9955%	No:24327 U+08EB9 躹 00000014 0.0001/万 99.9956%	No:24328 U+08EC2 軂 00000014 0.0001/万 99.9956%	No:24329 U+08FB8 辸 00000014 0.0001/万 99.9955%	No:24330 U+091E0 釠 00000014 0.0001/万 99.9955%
No:24331 U+09205 鈅 00000014 0.0001/万 99.9955%	No:24332 U+09353 鍓 00000014 0.0001/万 99.9955%	No:24333 U+09626 阦 00000014 0.0001/万 99.9955%	No:24334 U+096A1 隡 00000014 0.0001/万 99.9955%	No:24335 U+096E4 雤 00000014 0.0001/万 99.9955%	No:24336 U+0978A 鞊 00000014 0.0001/万 99.9951%	No:24337 U+097E9 韩 00000014 0.0001/万 99.9951%	No:24338 U+098B4 颴 00000014 0.0001/万 99.9951%	No:24339 U+09906 餆 00000014 0.0001/万 99.9951%	No:24340 U+09B46 魆 00000014 0.0001/万 99.9951%
No:24341 U+09C00 鰀 00000014 0.0001/万 99.9951%	No:24342 U+09C72 鱲 00000014 0.0001/万 99.9951%	No:24343 U+09EB1 麱 00000014 0.0001/万 99.9951%	No:24344 U+09F99 龙 00000014 0.0001/万 99.9951%	No:24345 U+FF9 旡 00000014 0.0001/万 99.9951%	No:24346 U+EB1 ⿰亻橐 00000014 0.0001/万 99.9954%	No:24347 U+ECD ⿰分刂 00000014 0.0001/万 99.9952%	No:24348 U+ECF 刻 00000014 0.0001/万 99.9954%	No:24349 U+EE0 ⿰齒力 00000014 0.0001/万 99.9952%	No:24350 U+ED6 ⿰女芙 00000014 0.0001/万 99.9952%
No:24351 U+E49 ⿰山电 00000014 0.0001/万 99.9954%	No:24352 U+E82 路 00000014 0.0001/万 99.9954%	No:24353 U+E8B ⿰山樂 00000014 0.0001/万 99.9951%	No:24354 U+F49 ⿰彳止 00000014 0.0001/万 99.9953%	No:24355 U+E2F ⿰扌焱 00000014 0.0001/万 99.9951%	No:24356 U+E63 ⿰扌爵 00000014 0.0001/万 99.9954%	No:24357 U+F15 ⿰著斤 00000014 0.0001/万 99.9954%	No:24358 U+EDC 猘 00000014 0.0001/万 99.9954%	No:24359 U+EA5 ⿰王匽 00000014 0.0001/万 99.9953%	No:24360 U+F19 ⿰辛瓦 00000014 0.0001/万 99.9953%
No:24361 U+E95 ⿰目卓 00000014 0.0001/万 99.9954%	No:24362 U+EC1 ⿰矢巠 00000014 0.0001/万 99.9952%	No:24363 U+E4A 禾 00000014 0.0001/万 99.9954%	No:24364 U+E19 ⿱⺮僕 00000014 0.0001/万 99.9954%	No:24365 U+E23 緒 00000014 0.0001/万 99.9952%	No:24366 U+E98 ⿰舟元 00000014 0.0001/万 99.9954%	No:24367 U+EFF ⿰虫寧 00000014 0.0001/万 99.9953%	No:24368 U+E60 ⿰婁見 00000014 0.0001/万 99.9954%	No:24369 U+E80 ⿰罒阝 00000014 0.0001/万 99.9952%	No:24370 U+EAC ⿰虘阝 00000014 0.0001/万 99.9951%
No:24371 U+EA4 ⿰金厮 00000014 0.0001/万 99.9952%	No:24372 U+EEF ⿰金甯 00000014 0.0001/万 99.9954%	No:24373 U+ED9 夆 00000014 0.0001/万 99.9952%	No:24374 U+F49 ⿰食甚 00000014 0.0001/万 99.9953%	No:24375 U+E76 ⿰馬戌 00000014 0.0001/万 99.9954%	No:24376 U+F4A ⿱髟畐 00000014 0.0001/万 99.9953%	No:24377 U+EDF ⿰鬲斗 00000014 0.0001/万 99.9953%	No:24378 U+E56 ⿰魚黨 00000014 0.0001/万 99.9951%	No:24379 U+03441 㑁 00000013 0.0001/万 99.9957%	No:24380 U+034AF 㒯 00000013 0.0001/万 99.9957%
No:24381 U+034B6 㒶 00000013 0.0001/万 99.9957%	No:24382 U+03527 㔧 00000013 0.0001/万 99.9957%	No:24383 U+03595 㖕 00000013 0.0001/万 99.9957%	No:24384 U+03681 㚁 00000013 0.0001/万 99.9960%	No:24385 U+0369C 㚜 00000013 0.0001/万 99.9958%	No:24386 U+036C1 㛁 00000013 0.0001/万 99.9958%	No:24387 U+03713 㜓 00000013 0.0001/万 99.9958%	No:24388 U+0374A 㝊 00000013 0.0001/万 99.9959%	No:24389 U+03756 㝖 00000013 0.0001/万 99.9959%	No:24390 U+03772 㝲 00000013 0.0001/万 99.9960%
No:24391 U+0377A 㝺 00000013 0.0001/万 99.9959%	No:24392 U+0377B 㝻 00000013 0.0001/万 99.9959%	No:24393 U+03794 㞔 00000013 0.0001/万 99.9960%	No:24394 U+03798 㞘 00000013 0.0001/万 99.9958%	No:24395 U+037D7 㟗 00000013 0.0001/万 99.9959%	No:24396 U+037DF 㟟 00000013 0.0001/万 99.9958%	No:24397 U+037E4 㟤 00000013 0.0001/万 99.9959%	No:24398 U+037FE 㟾 00000013 0.0001/万 99.9959%	No:24399 U+03844 㡄 00000013 0.0001/万 99.9959%	No:24400 U+0385D 㡝 00000013 0.0001/万 99.9958%

No:24401 U+03872 㡲 00000013 0.0001/万 99.9958%	No:24402 U+03875 㡵 00000013 0.0001/万 99.9958%	No:24403 U+0387C 㡼 00000013 0.0001/万 99.9958%	No:24404 U+03896 㢖 00000013 0.0001/万 99.9960%	No:24405 U+038B3 㢳 00000013 0.0001/万 99.9959%	No:24406 U+038DD 㣝 00000013 0.0001/万 99.9959%	No:24407 U+03911 㤑 00000013 0.0001/万 99.9959%	No:24408 U+03914 㤔 00000013 0.0001/万 99.9959%	No:24409 U+0391F 㤟 00000013 0.0001/万 99.9959%	No:24410 U+0396A 㥪 00000013 0.0001/万 99.9959%
No:24411 U+03971 㥱 00000013 0.0001/万 99.9959%	No:24412 U+03986 㦆 00000013 0.0001/万 99.9960%	No:24413 U+039A2 㦢 00000013 0.0001/万 99.9958%	No:24414 U+039C4 㧄 00000013 0.0001/万 99.9958%	No:24415 U+039E5 㧥 00000013 0.0001/万 99.9958%	No:24416 U+039E7 㧧 00000013 0.0001/万 99.9960%	No:24417 U+03A08 㨈 00000013 0.0001/万 99.9956%	No:24418 U+03A26 㨦 00000013 0.0001/万 99.9958%	No:24419 U+03A46 㩆 00000013 0.0001/万 99.9957%	No:24420 U+03A48 㩈 00000013 0.0001/万 99.9957%
No:24421 U+03A69 㩩 00000013 0.0001/万 99.9958%	No:24422 U+03A79 㩹 00000013 0.0001/万 99.9956%	No:24423 U+03A8C 㪌 00000013 0.0001/万 99.9957%	No:24424 U+03AD5 㫕 00000013 0.0001/万 99.9956%	No:24425 U+03ADB 㫛 00000013 0.0001/万 99.9956%	No:24426 U+03AF9 㫹 00000013 0.0001/万 99.9958%	No:24427 U+03AFD 㫽 00000013 0.0001/万 99.9959%	No:24428 U+03C10 㰐 00000013 0.0001/万 99.9959%	No:24429 U+03C4D 㱍 00000013 0.0001/万 99.9957%	No:24430 U+03C79 㱹 00000013 0.0001/万 99.9958%
No:24431 U+03C99 㲙 00000013 0.0001/万 99.9958%	No:24432 U+03CBA 㲺 00000013 0.0001/万 99.9958%	No:24433 U+03CD1 㳑 00000013 0.0001/万 99.9959%	No:24434 U+03CF0 㳰 00000013 0.0001/万 99.9958%	No:24435 U+03CF4 㳴 00000013 0.0001/万 99.9959%	No:24436 U+03D00 㴀 00000013 0.0001/万 99.9959%	No:24437 U+03D30 㴰 00000013 0.0001/万 99.9959%	No:24438 U+03D75 㵵 00000013 0.0001/万 99.9959%	No:24439 U+03E07 㸇 00000013 0.0001/万 99.9958%	No:24440 U+03E62 㹢 00000013 0.0001/万 99.9956%
No:24441 U+03E9E 㺞 00000013 0.0001/万 99.9957%	No:24442 U+03EAE 㺮 00000013 0.0001/万 99.9957%	No:24443 U+03F26 㼦 00000013 0.0001/万 99.9957%	No:24444 U+03F47 㽇 00000013 0.0001/万 99.9957%	No:24445 U+03F82 㾂 00000013 0.0001/万 99.9958%	No:24446 U+03FA9 㾩 00000013 0.0001/万 99.9959%	No:24447 U+03FEF 㿯 00000013 0.0001/万 99.9958%	No:24448 U+04033 䀳 00000013 0.0001/万 99.9958%	No:24449 U+04050 䁐 00000013 0.0001/万 99.9958%	No:24450 U+04057 䁗 00000013 0.0001/万 99.9956%
No:24451 U+0407C 䁼 00000013 0.0001/万 99.9956%	No:24452 U+040DD 䃝 00000013 0.0001/万 99.9958%	No:24453 U+040F7 䃷 00000013 0.0001/万 99.9960%	No:24454 U+04101 䄁 00000013 0.0001/万 99.9960%	No:24455 U+0412F 䄯 00000013 0.0001/万 99.9958%	No:24456 U+0413D 䄽 00000013 0.0001/万 99.9957%	No:24457 U+0414E 䅎 00000013 0.0001/万 99.9958%	No:24458 U+04161 䅡 00000013 0.0001/万 99.9956%	No:24459 U+041B9 䆹 00000013 0.0001/万 99.9958%	No:24460 U+041E0 䇠 00000013 0.0001/万 99.9957%
No:24461 U+0420C 䈌 00000013 0.0001/万 99.9957%	No:24462 U+04216 䈖 00000013 0.0001/万 99.9957%	No:24463 U+04227 䈧 00000013 0.0001/万 99.9956%	No:24464 U+0424C 䉌 00000013 0.0001/万 99.9957%	No:24465 U+0425A 䉚 00000013 0.0001/万 99.9957%	No:24466 U+04272 䉲 00000013 0.0001/万 99.9958%	No:24467 U+04278 䉸 00000013 0.0001/万 99.9958%	No:24468 U+0427F 䉿 00000013 0.0001/万 99.9957%	No:24469 U+0428D 䊍 00000013 0.0001/万 99.9957%	No:24470 U+0430D 䌍 00000013 0.0001/万 99.9958%
No:24471 U+043EB 䏫 00000013 0.0001/万 99.9959%	No:24472 U+043F9 䏹 00000013 0.0001/万 99.9958%	No:24473 U+04416 䐖 00000013 0.0001/万 99.9960%	No:24474 U+0446A 䑪 00000013 0.0001/万 99.9958%	No:24475 U+04482 䒂 00000013 0.0001/万 99.9959%	No:24476 U+04485 䒅 00000013 0.0001/万 99.9959%	No:24477 U+0449A 䒚 00000013 0.0001/万 99.9960%	No:24478 U+044ED 䓭 00000013 0.0001/万 99.9959%	No:24479 U+04536 䔶 00000013 0.0001/万 99.9956%	No:24480 U+0457F 䕿 00000013 0.0001/万 99.9956%
No:24481 U+045D7 䗗 00000013 0.0001/万 99.9958%	No:24482 U+04614 䘔 00000013 0.0001/万 99.9956%	No:24483 U+04617 䘗 00000013 0.0001/万 99.9957%	No:24484 U+046B1 䚱 00000013 0.0001/万 99.9959%	No:24485 U+046C8 䛈 00000013 0.0001/万 99.9959%	No:24486 U+046E6 䛦 00000013 0.0001/万 99.9960%	No:24487 U+046FA 䛺 00000013 0.0001/万 99.9959%	No:24488 U+04721 䜡 00000013 0.0001/万 99.9956%	No:24489 U+04766 䝦 00000013 0.0001/万 99.9958%	No:24490 U+0476D 䝭 00000013 0.0001/万 99.9958%
No:24491 U+04776 䝶 00000013 0.0001/万 99.9958%	No:24492 U+047A5 䞥 00000013 0.0001/万 99.9957%	No:24493 U+047CB 䟋 00000013 0.0001/万 99.9957%	No:24494 U+047E2 䟢 00000013 0.0001/万 99.9957%	No:24495 U+047EC 䟬 00000013 0.0001/万 99.9957%	No:24496 U+047EF 䟯 00000013 0.0001/万 99.9957%	No:24497 U+047F5 䟵 00000013 0.0001/万 99.9957%	No:24498 U+04805 䠅 00000013 0.0001/万 99.9958%	No:24499 U+04809 䠉 00000013 0.0001/万 99.9956%	No:24500 U+04818 䠘 00000013 0.0001/万 99.9956%

No:24501 U+04821 䠡 00000013 0.0001/万 99.9957%	No:24502 U+04834 䠴 00000013 0.0001/万 99.9959%	No:24503 U+04842 䡂 00000013 0.0001/万 99.9960%	No:24504 U+0488A 䢊 00000013 0.0001/万 99.9959%	No:24505 U+0489B 䢛 00000013 0.0001/万 99.9959%	No:24506 U+048C7 䣇 00000013 0.0001/万 99.9960%	No:24507 U+048D4 䣔 00000013 0.0001/万 99.9958%	No:24508 U+048F9 䣹 00000013 0.0001/万 99.9959%	No:24509 U+0494A 䥊 00000013 0.0001/万 99.9959%	No:24510 U+04990 䦐 00000013 0.0001/万 99.9959%
No:24511 U+0499C 䦜 00000013 0.0001/万 99.9959%	No:24512 U+049DA 䧚 00000013 0.0001/万 99.9960%	No:24513 U+049EA 䧪 00000013 0.0001/万 99.9958%	No:24514 U+049F6 䧶 00000013 0.0001/万 99.9958%	No:24515 U+04A10 䨐 00000013 0.0001/万 99.9958%	No:24516 U+04A1D 䨝 00000013 0.0001/万 99.9958%	No:24517 U+04A5F 䩟 00000013 0.0001/万 99.9959%	No:24518 U+04A87 䪇 00000013 0.0001/万 99.9958%	No:24519 U+04A95 䪕 00000013 0.0001/万 99.9959%	No:24520 U+04AF9 䫹 00000013 0.0001/万 99.9959%
No:24521 U+04B28 䬨 00000013 0.0001/万 99.9959%	No:24522 U+04B5A 䭚 00000013 0.0001/万 99.9959%	No:24523 U+04B93 䮓 00000013 0.0001/万 99.9959%	No:24524 U+04BF9 䯹 00000013 0.0001/万 99.9959%	No:24525 U+04C44 䱄 00000013 0.0001/万 99.9958%	No:24526 U+04C8C 䲌 00000013 0.0001/万 99.9958%	No:24527 U+04CB2 䲲 00000013 0.0001/万 99.9960%	No:24528 U+04D8F 䶏 00000013 0.0001/万 99.9957%	No:24529 U+04D93 䶓 00000013 0.0001/万 99.9957%	No:24530 U+04E41 乁 00000013 0.0001/万 99.9958%
No:24531 U+050C0 僀 00000013 0.0001/万 99.9957%	No:24532 U+0510A 儊 00000013 0.0001/万 99.9958%	No:24533 U+0519F 冟 00000013 0.0001/万 99.9958%	No:24534 U+0521F 刟 00000013 0.0001/万 99.9958%	No:24535 U+05258 剘 00000013 0.0001/万 99.9957%	No:24536 U+05324 匤 00000013 0.0001/万 99.9957%	No:24537 U+05329 匩 00000013 0.0001/万 99.9957%	No:24538 U+05423 吣 00000013 0.0001/万 99.9958%	No:24539 U+05643 噃 00000013 0.0001/万 99.9957%	No:24540 U+0567F 噿 00000013 0.0001/万 99.9957%
No:24541 U+05756 坖 00000013 0.0001/万 99.9957%	No:24542 U+057E3 埣 00000013 0.0001/万 99.9957%	No:24543 U+05840 塀 00000013 0.0001/万 99.9956%	No:24544 U+0593B 夻 00000013 0.0001/万 99.9959%	No:24545 U+059BC 妼 00000013 0.0001/万 99.9958%	No:24546 U+059F4 姴 00000013 0.0001/万 99.9959%	No:24547 U+05A1A 娚 00000013 0.0001/万 99.9959%	No:24548 U+05A7D 婽 00000013 0.0001/万 99.9960%	No:24549 U+05AC0 嫀 00000013 0.0001/万 99.9959%	No:24550 U+05AC6 嫆 00000013 0.0001/万 99.9959%
No:24551 U+05B86 宆 00000013 0.0001/万 99.9956%	No:24552 U+05BED 寭 00000013 0.0001/万 99.9957%	No:24553 U+05C82 岂 00000013 0.0001/万 99.9957%	No:24554 U+05D61 嵡 00000013 0.0001/万 99.9956%	No:24555 U+06008 怈 00000013 0.0001/万 99.9960%	No:24556 U+062B8 抸 00000013 0.0001/万 99.9961%	No:24557 U+062DE 拞 00000013 0.0001/万 99.9961%	No:24558 U+0656E 敮 00000013 0.0001/万 99.9960%	No:24559 U+065D8 旘 00000013 0.0001/万 99.9961%	No:24560 U+065EF 旯 00000013 0.0001/万 99.9960%
No:24561 U+06601 昁 00000013 0.0001/万 99.9961%	No:24562 U+0669A 暚 00000013 0.0001/万 99.9961%	No:24563 U+0679B 枛 00000013 0.0001/万 99.9960%	No:24564 U+067D5 柕 00000013 0.0001/万 99.9960%	No:24565 U+06856 桖 00000013 0.0001/万 99.9960%	No:24566 U+0694B 楋 00000013 0.0001/万 99.9961%	No:24567 U+069A1 榡 00000013 0.0001/万 99.9961%	No:24568 U+069C2 槂 00000013 0.0001/万 99.9961%	No:24569 U+069DB 槛 00000013 0.0001/万 99.9961%	No:24570 U+06A08 樈 00000013 0.0001/万 99.9961%
No:24571 U+06AC0 櫀 00000013 0.0001/万 99.9960%	No:24572 U+06AD2 櫒 00000013 0.0001/万 99.9960%	No:24573 U+06C62 汢 00000013 0.0001/万 99.9960%	No:24574 U+06CAF 沯 00000013 0.0001/万 99.9960%	No:24575 U+06E1E 渞 00000013 0.0001/万 99.9961%	No:24576 U+06ED6 滖 00000013 0.0001/万 99.9961%	No:24577 U+06FB8 澸 00000013 0.0001/万 99.9960%	No:24578 U+07091 炑 00000013 0.0001/万 99.9961%	No:24579 U+0709E 炞 00000013 0.0001/万 99.9961%	No:24580 U+070CD 烍 00000013 0.0001/万 99.9961%
No:24581 U+070F5 烵 00000013 0.0001/万 99.9960%	No:24582 U+070F8 烸 00000013 0.0001/万 99.9960%	No:24583 U+0711D 焝 00000013 0.0001/万 99.9960%	No:24584 U+071F0 燰 00000013 0.0001/万 99.9960%	No:24585 U+07204 爄 00000013 0.0001/万 99.9960%	No:24586 U+072BC 犼 00000013 0.0001/万 99.9961%	No:24587 U+07348 獈 00000013 0.0001/万 99.9961%	No:24588 U+076CF 盏 00000013 0.0001/万 99.9960%	No:24589 U+076F5 盵 00000013 0.0001/万 99.9960%	No:24590 U+07770 睰 00000013 0.0001/万 99.9961%
No:24591 U+07785 瞅 00000013 0.0001/万 99.9960%	No:24592 U+07844 硄 00000013 0.0001/万 99.9960%	No:24593 U+07904 礄 00000013 0.0001/万 99.9961%	No:24594 U+079EE 秮 00000013 0.0001/万 99.9961%	No:24595 U+07C99 粙 00000013 0.0001/万 99.9961%	No:24596 U+07E24 縤 00000013 0.0001/万 99.9961%	No:24597 U+0806D 聭 00000013 0.0001/万 99.9960%	No:24598 U+082C2 苂 00000013 0.0001/万 99.9961%	No:24599 U+082E4 苤 00000013 0.0001/万 99.9961%	No:24600 U+08323 茣 00000013 0.0001/万 99.9961%

No:24601 U+08388 莈 00000013 0.0001/万 99.9961%	No:24602 U+08433 萳 00000013 0.0001/万 99.9960%	No:24603 U+0843B 萻 00000013 0.0001/万 99.9960%	No:24604 U+08484 蒄 00000013 0.0001/万 99.9960%	No:24605 U+08496 蒖 00000013 0.0001/万 99.9960%	No:24606 U+08530 蔰 00000013 0.0001/万 99.9960%	No:24607 U+0855C 蕜 00000013 0.0001/万 99.9960%	No:24608 U+08572 蕲 00000013 0.0001/万 99.9960%	No:24609 U+08714 蜔 00000013 0.0001/万 99.9961%	No:24610 U+08802 蠂 00000013 0.0001/万 99.9961%
No:24611 U+0898E 覎 00000013 0.0001/万 99.9960%	No:24612 U+089D8 觘 00000013 0.0001/万 99.9960%	No:24613 U+08A64 詤 00000013 0.0001/万 99.9961%	No:24614 U+08A9F 誟 00000013 0.0001/万 99.9960%	No:24615 U+08AAB 誫 00000013 0.0001/万 99.9960%	No:24616 U+08AC1 諁 00000013 0.0001/万 99.9960%	No:24617 U+08AD9 諙 00000013 0.0001/万 99.9960%	No:24618 U+08C52 豒 00000013 0.0001/万 99.9961%	No:24619 U+08D01 贁 00000013 0.0001/万 99.9961%	No:24620 U+08D0C 贌 00000013 0.0001/万 99.9961%
No:24621 U+08D7A 赺 00000013 0.0001/万 99.9961%	No:24622 U+08D88 趈 00000013 0.0001/万 99.9961%	No:24623 U+08DA4 趤 00000013 0.0001/万 99.9961%	No:24624 U+08E32 踲 00000013 0.0001/万 99.9960%	No:24625 U+08E3A 踺 00000013 0.0001/万 99.9961%	No:24626 U+09018 逘 00000013 0.0001/万 99.9961%	No:24627 U+09150 酐 00000013 0.0001/万 99.9960%	No:24628 U+091D6 釖 00000013 0.0001/万 99.9960%	No:24629 U+091FC 釼 00000013 0.0001/万 99.9961%	No:24630 U+09275 鉵 00000013 0.0001/万 99.9961%
No:24631 U+092E2 鋢 00000013 0.0001/万 99.9960%	No:24632 U+09305 錅 00000013 0.0001/万 99.9960%	No:24633 U+09344 鍄 00000013 0.0001/万 99.9961%	No:24634 U+09362 鍢 00000013 0.0001/万 99.9960%	No:24635 U+09412 鐒 00000013 0.0001/万 99.9961%	No:24636 U+0941C 鐜 00000013 0.0001/万 99.9961%	No:24637 U+09579 镹 00000013 0.0001/万 99.9961%	No:24638 U+0975F 靟 00000013 0.0001/万 99.9956%	No:24639 U+097FC 韼 00000013 0.0001/万 99.9956%	No:24640 U+0987F 顿 00000013 0.0001/万 99.9956%
No:24641 U+09ACB 髖 00000013 0.0001/万 99.9956%	No:24642 U+09B13 鬢 00000013 0.0001/万 99.9956%	No:24643 U+09B94 鮔 00000013 0.0001/万 99.9956%	No:24644 U+09C46 鱆 00000013 0.0001/万 99.9956%	No:24645 U+09C4C 鱌 00000013 0.0001/万 99.9956%	No:24646 U+09D2C 鴬 00000013 0.0001/万 99.9956%	No:24647 U+09D2D 鴭 00000013 0.0001/万 99.9956%	No:24648 U+09E08 鸈 00000013 0.0001/万 99.9956%	No:24649 U+09F3C 劓 00000013 0.0001/万 99.9956%	No:24650 U+0E520 ⿰虫夭 00000013 0.0001/万 99.9956%
No:24651 U+0E79B ⿱芻鳥 00000013 0.0001/万 99.9956%	No:24652 U+0E833 正 00000013 0.0001/万 99.9956%	No:24653 U+0EF5F ⿱亯言 00000013 0.0001/万 99.9956%	No:24654 U+0EF66 ⿰目凡 00000013 0.0001/万 99.9956%	No:24655 U+0F558 ⿰豆寸 00000013 0.0001/万 99.9956%	No:24656 U+0F56A ⿰車瓦 00000013 0.0001/万 99.9956%	No:24657 U+0F8CE ⿱幾鬼 00000013 0.0001/万 99.9956%	No:24658 U+E10 ⿰亻石 00000013 0.0001/万 99.9959%	No:24659 U+E83 ⿰亻生 00000013 0.0001/万 99.9959%	No:24660 U+E11 佘 00000013 0.0001/万 99.9959%
No:24661 U+E16 ⿰亻舀 00000013 0.0001/万 99.9959%	No:24662 U+FF3 ⿱⿰又又弓 00000013 0.0001/万 99.9960%	No:24663 U+EF8 ⿰口困 00000013 0.0001/万 99.9957%	No:24664 U+E4F ⿰口⿱分令 00000013 0.0001/万 99.9957%	No:24665 U+E10 ⿰口煎 00000013 0.0001/万 99.9957%	No:24666 U+EE6 ⿰土壘 00000013 0.0001/万 99.9956%	No:24667 U+E96 ⿰女壘 00000013 0.0001/万 99.9957%	No:24668 U+E2A ⿰山加 00000013 0.0001/万 99.9957%	No:24669 U+E2F ⿱丕石 00000013 0.0001/万 99.9957%	No:24670 U+E38 ⿰山肙 00000013 0.0001/万 99.9958%
No:24671 U+E59 ⿰山枼 00000013 0.0001/万 99.9957%	No:24672 U+E62 ⿰山䍃 00000013 0.0001/万 99.9957%	No:24673 U+E47 巷 00000013 0.0001/万 99.9958%	No:24674 U+E62 ⿰扌縣 00000013 0.0001/万 99.9957%	No:24675 U+E8C ⿰月替 00000013 0.0001/万 99.9957%	No:24676 U+EB7 ⿰木犬 00000013 0.0001/万 99.9957%	No:24677 U+FF2 ⿰木盖 00000013 0.0001/万 99.9959%	No:24678 U+EDD 毒 00000013 0.0001/万 99.9958%	No:24679 U+E48 泊 00000013 0.0001/万 99.9960%	No:24680 U+E40 叓 00000013 0.0001/万 99.9960%
No:24681 U+F1E ⿰犭亶 00000013 0.0001/万 99.9960%	No:24682 U+F6F ⿸疒束 00000013 0.0001/万 99.9957%	No:24683 U+EB2 泉 00000013 0.0001/万 99.9959%	No:24684 U+F5C ⿰目冒 00000013 0.0001/万 99.9957%	No:24685 U+EA3 ⿰矢号 00000013 0.0001/万 99.9957%	No:24686 U+E7D ⿰礻平 00000013 0.0001/万 99.9958%	No:24687 U+EA7 ⿰禾足 00000013 0.0001/万 99.9957%	No:24688 U+F7C ⿱乔畐 00000013 0.0001/万 99.9957%	No:24689 U+E44 ⿰糹翕 00000013 0.0001/万 99.9959%	No:24690 U+E05 ⿰竟見 00000013 0.0001/万 99.9959%
No:24691 U+E42 ⿰月穴 00000013 0.0001/万 99.9958%	No:24692 U+F0F ⿰舟关 00000013 0.0001/万 99.9956%	No:24693 U+E71 蘼 00000013 0.0001/万 99.9957%	No:24694 U+F4C ⿰虫高 00000013 0.0001/万 99.9959%	No:24695 U+E3D ⿱臤見 00000013 0.0001/万 99.9960%	No:24696 U+E46 ⿺走千 00000013 0.0001/万 99.9956%	No:24697 U+E73 ⿰𧾷毚 00000013 0.0001/万 99.9957%	No:24698 U+F6A ⿰車票 00000013 0.0001/万 99.9956%	No:24699 U+FD9 迋 00000013 0.0001/万 99.9957%	No:24700 U+EA8 ⿰名阝 00000013 0.0001/万 99.9957%

No:24701 U+EAE ⿰隹阝 00000013 0.0001/万 99.9956%	No:24702 U+E8C ⿰酉交 00000013 0.0001/万 99.9956%	No:24703 U+F6F ⿰阝聶 00000013 0.0001/万 99.9958%	No:24704 U+FE2 ⿰馬冉 00000013 0.0001/万 99.9959%	No:24705 U+E0C ⿱䜌禺 00000013 0.0001/万 99.9959%	No:24706 U+E47 ⿱穴黨 00000013 0.0001/万 99.9959%	No:24707 U+E53 ⿰魚壴 00000013 0.0001/万 99.9958%	No:24708 U+EF4 ⿱嚴犬 00000013 0.0001/万 99.9958%	No:24709 U+FDC ⿸麻昜 00000013 0.0001/万 99.9956%	No:24710 U+EB2 ⿰齒失 00000013 0.0001/万 99.9956%
No:24711 U+03489 㒉 00000012 0.0001/万 99.9963%	No:24712 U+03499 㒙 00000012 0.0001/万 99.9963%	No:24713 U+034C5 㓅 00000012 0.0001/万 99.9963%	No:24714 U+034F4 㓴 00000012 0.0001/万 99.9961%	No:24715 U+03571 㕱 00000012 0.0001/万 99.9965%	No:24716 U+03598 㖘 00000012 0.0001/万 99.9963%	No:24717 U+035B9 㖹 00000012 0.0001/万 99.9964%	No:24718 U+035BA 㖺 00000012 0.0001/万 99.9964%	No:24719 U+035BB 㖻 00000012 0.0001/万 99.9964%	No:24720 U+03602 㘂 00000012 0.0001/万 99.9964%
No:24721 U+0367C 㙼 00000012 0.0001/万 99.9963%	No:24722 U+03693 㚓 00000012 0.0001/万 99.9964%	No:24723 U+036C4 㛄 00000012 0.0001/万 99.9964%	No:24724 U+03706 㜆 00000012 0.0001/万 99.9964%	No:24725 U+0373F 㜿 00000012 0.0001/万 99.9964%	No:24726 U+03744 㝄 00000012 0.0001/万 99.9965%	No:24727 U+037C4 㟄 00000012 0.0001/万 99.9962%	No:24728 U+037D3 㟓 00000012 0.0001/万 99.9961%	No:24729 U+037F5 㟵 00000012 0.0001/万 99.9963%	No:24730 U+03805 㠅 00000012 0.0001/万 99.9963%
No:24731 U+03826 㠦 00000012 0.0001/万 99.9963%	No:24732 U+03828 㠨 00000012 0.0001/万 99.9963%	No:24733 U+0383D 㠽 00000012 0.0001/万 99.9963%	No:24734 U+0384E 㡎 00000012 0.0001/万 99.9963%	No:24735 U+03877 㡷 00000012 0.0001/万 99.9962%	No:24736 U+0390E 㤎 00000012 0.0001/万 99.9962%	No:24737 U+03924 㤤 00000012 0.0001/万 99.9962%	No:24738 U+03969 㥩 00000012 0.0001/万 99.9961%	No:24739 U+0397C 㥼 00000012 0.0001/万 99.9962%	No:24740 U+03994 㦔 00000012 0.0001/万 99.9961%
No:24741 U+039B6 㦶 00000012 0.0001/万 99.9964%	No:24742 U+039BC 㦼 00000012 0.0001/万 99.9964%	No:24743 U+039CC 㧌 00000012 0.0001/万 99.9964%	No:24744 U+03A27 㨧 00000012 0.0001/万 99.9964%	No:24745 U+03A34 㨴 00000012 0.0001/万 99.9964%	No:24746 U+03A70 㩰 00000012 0.0001/万 99.9962%	No:24747 U+03B34 㬴 00000012 0.0001/万 99.9963%	No:24748 U+03B61 㭡 00000012 0.0001/万 99.9964%	No:24749 U+03BC4 㯄 00000012 0.0001/万 99.9963%	No:24750 U+03C3C 㰼 00000012 0.0001/万 99.9962%
No:24751 U+03C82 㲂 00000012 0.0001/万 99.9964%	No:24752 U+03C8C 㲌 00000012 0.0001/万 99.9964%	No:24753 U+03C93 㲓 00000012 0.0001/万 99.9964%	No:24754 U+03CA4 㲤 00000012 0.0001/万 99.9964%	No:24755 U+03D7A 㵺 00000012 0.0001/万 99.9963%	No:24756 U+03D8D 㶍 00000012 0.0001/万 99.9962%	No:24757 U+03D8E 㶎 00000012 0.0001/万 99.9962%	No:24758 U+03DA1 㶡 00000012 0.0001/万 99.9962%	No:24759 U+03DB9 㶹 00000012 0.0001/万 99.9962%	No:24760 U+03DFE 㷾 00000012 0.0001/万 99.9964%
No:24761 U+03E2D 㸭 00000012 0.0001/万 99.9964%	No:24762 U+03E4B 㹋 00000012 0.0001/万 99.9964%	No:24763 U+03E53 㹓 00000012 0.0001/万 99.9964%	No:24764 U+03E93 㺓 00000012 0.0001/万 99.9964%	No:24765 U+03E9A 㺚 00000012 0.0001/万 99.9963%	No:24766 U+03EFA 㻺 00000012 0.0001/万 99.9963%	No:24767 U+03F18 㼘 00000012 0.0001/万 99.9963%	No:24768 U+03F2B 㼫 00000012 0.0001/万 99.9962%	No:24769 U+03F4D 㽍 00000012 0.0001/万 99.9962%	No:24770 U+03F6A 㽪 00000012 0.0001/万 99.9962%
No:24771 U+04030 䀰 00000012 0.0001/万 99.9963%	No:24772 U+04037 䀷 00000012 0.0001/万 99.9963%	No:24773 U+0407D 䁽 00000012 0.0001/万 99.9963%	No:24774 U+04094 䂔 00000012 0.0001/万 99.9964%	No:24775 U+04191 䆑 00000012 0.0001/万 99.9962%	No:24776 U+0419D 䆝 00000012 0.0001/万 99.9962%	No:24777 U+041CD 䇍 00000012 0.0001/万 99.9962%	No:24778 U+041F5 䇵 00000012 0.0001/万 99.9963%	No:24779 U+04203 䈃 00000012 0.0001/万 99.9963%	No:24780 U+04222 䈢 00000012 0.0001/万 99.9962%
No:24781 U+04239 䈹 00000012 0.0001/万 99.9962%	No:24782 U+0424E 䉎 00000012 0.0001/万 99.9964%	No:24783 U+04279 䉹 00000012 0.0001/万 99.9964%	No:24784 U+0427B 䉻 00000012 0.0001/万 99.9964%	No:24785 U+042AB 䊫 00000012 0.0001/万 99.9964%	No:24786 U+042E7 䋧 00000012 0.0001/万 99.9963%	No:24787 U+04310 䌐 00000012 0.0001/万 99.9964%	No:24788 U+04311 䌑 00000012 0.0001/万 99.9964%	No:24789 U+04314 䌔 00000012 0.0001/万 99.9964%	No:24790 U+04390 䎐 00000012 0.0001/万 99.9963%
No:24791 U+043D5 䏕 00000012 0.0001/万 99.9963%	No:24792 U+0442B 䐫 00000012 0.0001/万 99.9962%	No:24793 U+04465 䑥 00000012 0.0001/万 99.9963%	No:24794 U+044BA 䒺 00000012 0.0001/万 99.9964%	No:24795 U+044FA 䓺 00000012 0.0001/万 99.9963%	No:24796 U+045B7 䖷 00000012 0.0001/万 99.9962%	No:24797 U+046BD 䚽 00000012 0.0001/万 99.9964%	No:24798 U+046CA 䛊 00000012 0.0001/万 99.9962%	No:24799 U+046CD 䛍 00000012 0.0001/万 99.9962%	No:24800 U+046CE 䛎 00000012 0.0001/万 99.9962%

No:24801 U+046D4 䛔 00000012 0.0001/万 99.9963%	No:24802 U+046DE 䛞 00000012 0.0001/万 99.9963%	No:24803 U+0472F 䜯 00000012 0.0001/万 99.9963%	No:24804 U+0475A 䝚 00000012 0.0001/万 99.9962%	No:24805 U+047A9 䞩 00000012 0.0001/万 99.9963%	No:24806 U+047D9 䟙 00000012 0.0001/万 99.9964%	No:24807 U+04812 䠒 00000012 0.0001/万 99.9965%	No:24808 U+0483F 䠿 00000012 0.0001/万 99.9964%	No:24809 U+0487F 䡿 00000012 0.0001/万 99.9964%	No:24810 U+048A4 䢤 00000012 0.0001/万 99.9965%
No:24811 U+048B3 䢳 00000012 0.0001/万 99.9962%	No:24812 U+048D6 䣖 00000012 0.0001/万 99.9962%	No:24813 U+048E7 䣧 00000012 0.0001/万 99.9963%	No:24814 U+048EA 䣪 00000012 0.0001/万 99.9963%	No:24815 U+048F6 䣶 00000012 0.0001/万 99.9963%	No:24816 U+048FB 䣻 00000012 0.0001/万 99.9963%	No:24817 U+048FD 䣽 00000012 0.0001/万 99.9963%	No:24818 U+04944 䥄 00000012 0.0001/万 99.9962%	No:24819 U+049D3 䧓 00000012 0.0001/万 99.9962%	No:24820 U+049F0 䧰 00000012 0.0001/万 99.9962%
No:24821 U+04A2A 䨪 00000012 0.0001/万 99.9962%	No:24822 U+04A57 䩗 00000012 0.0001/万 99.9963%	No:24823 U+04AEE 䫮 00000012 0.0001/万 99.9962%	No:24824 U+04B07 䬇 00000012 0.0001/万 99.9962%	No:24825 U+04B85 䮅 00000012 0.0001/万 99.9964%	No:24826 U+04B8E 䮎 00000012 0.0001/万 99.9964%	No:24827 U+04B8F 䮏 00000012 0.0001/万 99.9964%	No:24828 U+04B95 䮕 00000012 0.0001/万 99.9964%	No:24829 U+04B9F 䮟 00000012 0.0001/万 99.9964%	No:24830 U+04BA3 䮣 00000012 0.0001/万 99.9963%
No:24831 U+04BCC 䯌 00000012 0.0001/万 99.9963%	No:24832 U+04BD5 䯕 00000012 0.0001/万 99.9963%	No:24833 U+04BE8 䯨 00000012 0.0001/万 99.9964%	No:24834 U+04C17 䰗 00000012 0.0001/万 99.9964%	No:24835 U+04C22 䰢 00000012 0.0001/万 99.9964%	No:24836 U+04D45 䵅 00000012 0.0001/万 99.9964%	No:24837 U+04D66 䵦 00000012 0.0001/万 99.9964%	No:24838 U+04EE8 仨 00000012 0.0001/万 99.9963%	No:24839 U+04F20 传 00000012 0.0001/万 99.9963%	No:24840 U+04F2A 伪 00000012 0.0001/万 99.9964%
No:24841 U+04F71 佱 00000012 0.0001/万 99.9963%	No:24842 U+04F95 侕 00000012 0.0001/万 99.9965%	No:24843 U+04FB1 侱 00000012 0.0001/万 99.9965%	No:24844 U+05038 倸 00000012 0.0001/万 99.9964%	No:24845 U+051D5 凕 00000012 0.0001/万 99.9962%	No:24846 U+05210 刐 00000012 0.0001/万 99.9961%	No:24847 U+052DA 勚 00000012 0.0001/万 99.9963%	No:24848 U+05400 吀 00000012 0.0001/万 99.9963%	No:24849 U+05406 吆 00000012 0.0001/万 99.9962%	No:24850 U+0545A 呚 00000012 0.0001/万 99.9962%
No:24851 U+054E3 哣 00000012 0.0001/万 99.9962%	No:24852 U+05529 唩 00000012 0.0001/万 99.9962%	No:24853 U+05537 唷 00000012 0.0001/万 99.9963%	No:24854 U+05565 啥 00000012 0.0001/万 99.9962%	No:24855 U+05578 啸 00000012 0.0001/万 99.9962%	No:24856 U+055BD 喽 00000012 0.0001/万 99.9962%	No:24857 U+05644 噄 00000012 0.0001/万 99.9963%	No:24858 U+0569F 嚟 00000012 0.0001/万 99.9962%	No:24859 U+056F6 囶 00000012 0.0001/万 99.9962%	No:24860 U+05767 坧 00000012 0.0001/万 99.9964%
No:24861 U+05812 堒 00000012 0.0001/万 99.9963%	No:24862 U+05863 塣 00000012 0.0001/万 99.9964%	No:24863 U+05A5C 婜 00000012 0.0001/万 99.9962%	No:24864 U+05A71 婱 00000012 0.0001/万 99.9962%	No:24865 U+05AD0 嫐 00000012 0.0001/万 99.9962%	No:24866 U+05B1F 嬟 00000012 0.0001/万 99.9962%	No:24867 U+05B91 宑 00000012 0.0001/万 99.9964%	No:24868 U+05CEB 峫 00000012 0.0001/万 99.9964%	No:24869 U+05D68 嵨 00000012 0.0001/万 99.9964%	No:24870 U+05F52 归 00000012 0.0001/万 99.9965%
No:24871 U+05FC7 忇 00000012 0.0001/万 99.9965%	No:24872 U+06111 愑 00000012 0.0001/万 99.9966%	No:24873 U+06188 憈 00000012 0.0001/万 99.9966%	No:24874 U+062F5 拵 00000012 0.0001/万 99.9965%	No:24875 U+0635B 捛 00000012 0.0001/万 99.9965%	No:24876 U+0636F 捯 00000012 0.0001/万 99.9965%	No:24877 U+06379 捹 00000012 0.0001/万 99.9965%	No:24878 U+064FC 擼 00000012 0.0001/万 99.9965%	No:24879 U+066A3 暣 00000012 0.0001/万 99.9965%	No:24880 U+066B0 暰 00000012 0.0001/万 99.9965%
No:24881 U+066FB 曻 00000012 0.0001/万 99.9965%	No:24882 U+06707 朇 00000012 0.0001/万 99.9966%	No:24883 U+06720 朠 00000012 0.0001/万 99.9966%	No:24884 U+0674A 杊 00000012 0.0001/万 99.9966%	No:24885 U+0679F 枟 00000012 0.0001/万 99.9965%	No:24886 U+06847 桇 00000012 0.0001/万 99.9965%	No:24887 U+069D2 槒 00000012 0.0001/万 99.9965%	No:24888 U+06B29 欩 00000012 0.0001/万 99.9965%	No:24889 U+06C7C 汼 00000012 0.0001/万 99.9965%	No:24890 U+06CAA 沪 00000012 0.0001/万 99.9965%
No:24891 U+06D68 浨 00000012 0.0001/万 99.9965%	No:24892 U+06E91 溑 00000012 0.0001/万 99.9966%	No:24893 U+06F95 澕 00000012 0.0001/万 99.9965%	No:24894 U+07040 灀 00000012 0.0001/万 99.9966%	No:24895 U+071E2 燢 00000012 0.0001/万 99.9965%	No:24896 U+07234 爴 00000012 0.0001/万 99.9965%	No:24897 U+0741D 琝 00000012 0.0001/万 99.9966%	No:24898 U+0748D 璍 00000012 0.0001/万 99.9965%	No:24899 U+074C7 瓇 00000012 0.0001/万 99.9965%	No:24900 U+07519 甙 00000012 0.0001/万 99.9965%

No:24901 U+07585 疅 00000012 0.0001/万 99.9965%	No:24902 U+075A0 疠 00000012 0.0001/万 99.9965%	No:24903 U+075D0 痐 00000012 0.0001/万 99.9965%	No:24904 U+075ED 痭 00000012 0.0001/万 99.9965%	No:24905 U+075FD 痽 00000012 0.0001/万 99.9965%	No:24906 U+076A9 皩 00000012 0.0001/万 99.9965%	No:24907 U+077B8 瞸 00000012 0.0001/万 99.9966%	No:24908 U+0782A 砪 00000012 0.0001/万 99.9966%	No:24909 U+07835 砵 00000012 0.0001/万 99.9966%	No:24910 U+07938 礸 00000012 0.0001/万 99.9966%
No:24911 U+079D3 秓 00000012 0.0001/万 99.9965%	No:24912 U+07B17 笗 00000012 0.0001/万 99.9965%	No:24913 U+07BA4 箤 00000012 0.0001/万 99.9965%	No:24914 U+07BAA 箪 00000012 0.0001/万 99.9965%	No:24915 U+07BBB 箻 00000012 0.0001/万 99.9965%	No:24916 U+07C0A 簊 00000012 0.0001/万 99.9965%	No:24917 U+07CFD 糽 00000012 0.0001/万 99.9965%	No:24918 U+07E16 縖 00000012 0.0001/万 99.9965%	No:24919 U+0830A 茊 00000012 0.0001/万 99.9965%	No:24920 U+0834C 荌 00000012 0.0001/万 99.9965%
No:24921 U+08436 萶 00000012 0.0001/万 99.9965%	No:24922 U+0843E 萾 00000012 0.0001/万 99.9965%	No:24923 U+084B7 蒷 00000012 0.0001/万 99.9965%	No:24924 U+08538 蔸 00000012 0.0001/万 99.9966%	No:24925 U+08574 蕴 00000012 0.0001/万 99.9966%	No:24926 U+08592 薒 00000012 0.0001/万 99.9966%	No:24927 U+087CF 蟏 00000012 0.0001/万 99.9965%	No:24928 U+08BD5 试 00000012 0.0001/万 99.9966%	No:24929 U+08C96 貖 00000012 0.0001/万 99.9965%	No:24930 U+08CFF 賿 00000012 0.0001/万 99.9965%
No:24931 U+08D2C 贬 00000012 0.0001/万 99.9965%	No:24932 U+08D72 赲 00000012 0.0001/万 99.9965%	No:24933 U+08DB0 趰 00000012 0.0001/万 99.9966%	No:24934 U+08DE5 跥 00000012 0.0001/万 99.9966%	No:24935 U+08DE9 跩 00000012 0.0001/万 99.9966%	No:24936 U+08E6B 蹫 00000012 0.0001/万 99.9965%	No:24937 U+090AB 邫 00000012 0.0001/万 99.9965%	No:24938 U+090B7 邷 00000012 0.0001/万 99.9965%	No:24939 U+09142 鄸 00000012 0.0001/万 99.9965%	No:24940 U+09188 醈 00000012 0.0001/万 99.9965%
No:24941 U+0923D 鈽 00000012 0.0001/万 99.9965%	No:24942 U+09287 銇 00000012 0.0001/万 99.9966%	No:24943 U+092BD 銽 00000012 0.0001/万 99.9965%	No:24944 U+0933F 錿 00000012 0.0001/万 99.9965%	No:24945 U+0937D 鍽 00000012 0.0001/万 99.9965%	No:24946 U+09417 鐗 00000012 0.0001/万 99.9965%	No:24947 U+09447 鑇 00000012 0.0001/万 99.9965%	No:24948 U+09482 钂 00000012 0.0001/万 99.9965%	No:24949 U+09B53 魓 00000012 0.0001/万 99.9961%	No:24950 U+09BEF 鯯 00000012 0.0001/万 99.9961%
No:24951 U+09C5B 鱛 00000012 0.0001/万 99.9961%	No:24952 U+09C65 鱥 00000012 0.0001/万 99.9961%	No:24953 U+09D0F 鴏 00000012 0.0001/万 99.9961%	No:24954 U+09D64 鵤 00000012 0.0001/万 99.9961%	No:24955 U+0E824 00000012 0.0001/万 99.9961%	No:24956 U+0ECE7 00000012 0.0001/万 99.9961%	No:24957 U+0F14B 00000012 0.0001/万 99.9961%	No:24958 U+0F52E 00000012 0.0001/万 99.9961%	No:24959 U+0F576 00000012 0.0001/万 99.9961%	No:24960 U+0F791 00000012 0.0001/万 99.9961%
No:24961 U+ECD [illegible] 00000012 0.0001/万 99.9963%	No:24962 U+EBC [illegible] 00000012 0.0001/万 99.9964%	No:24963 U+EF2 [illegible] 00000012 0.0001/万 99.9961%	No:24964 U+EA8 [illegible] 00000012 0.0001/万 99.9962%	No:24965 U+E1E [illegible] 00000012 0.0001/万 99.9962%	No:24966 U+F95 [illegible] 00000012 0.0001/万 99.9962%	No:24967 U+F84 [illegible] 00000012 0.0001/万 99.9962%	No:24968 U+E20 [illegible] 00000012 0.0001/万 99.9963%	No:24969 U+FB3 [illegible] 00000012 0.0001/万 99.9963%	No:24970 U+E4E [illegible] 00000012 0.0001/万 99.9962%
No:24971 U+E4B 峣 00000012 0.0001/万 99.9962%	No:24972 U+E77 [illegible] 00000012 0.0001/万 99.9964%	No:24973 U+E7E [illegible] 00000012 0.0001/万 99.9963%	No:24974 U+E35 [illegible] 00000012 0.0001/万 99.9964%	No:24975 U+ED3 [illegible] 00000012 0.0001/万 99.9964%	No:24976 U+E8B [illegible] 00000012 0.0001/万 99.9964%	No:24977 U+F95 [illegible] 00000012 0.0001/万 99.9962%	No:24978 U+EDB [illegible] 00000012 0.0001/万 99.9962%	No:24979 U+F3B [illegible] 00000012 0.0001/万 99.9962%	No:24980 U+F39 曗 00000012 0.0001/万 99.9963%
No:24981 U+FF7 [illegible] 00000012 0.0001/万 99.9964%	No:24982 U+FC7 [illegible] 00000012 0.0001/万 99.9964%	No:24983 U+F66 [illegible] 00000012 0.0001/万 99.9962%	No:24984 U+EFE [illegible] 00000012 0.0001/万 99.9963%	No:24985 U+E19 [illegible] 00000012 0.0001/万 99.9963%	No:24986 U+EBE [illegible] 00000012 0.0001/万 99.9963%	No:24987 U+E8B [illegible] 00000012 0.0001/万 99.9965%	No:24988 U+F65 瞯 00000012 0.0001/万 99.9963%	No:24989 U+F51 [illegible] 00000012 0.0001/万 99.9961%	No:24990 U+F8D [illegible] 00000012 0.0001/万 99.9962%
No:24991 U+F2C [illegible] 00000012 0.0001/万 99.9964%	No:24992 U+F65 [illegible] 00000012 0.0001/万 99.9962%	No:24993 U+F57 [illegible] 00000012 0.0001/万 99.9963%	No:24994 U+E55 [illegible] 00000012 0.0001/万 99.9964%	No:24995 U+FC1 [illegible] 00000012 0.0001/万 99.9964%	No:24996 U+E32 [illegible] 00000012 0.0001/万 99.9962%	No:24997 U+E9C [illegible] 00000012 0.0001/万 99.9963%	No:24998 U+E49 [illegible] 00000012 0.0001/万 99.9964%	No:24999 U+E70 [illegible] 00000012 0.0001/万 99.9963%	No:25000 U+E8B [illegible] 00000012 0.0001/万 99.9963%

No:25001 U+F70 [illegible] 00000012 0.0001/万 99.9962%	No:25002 U+FAD [illegible] 00000012 0.0001/万 99.9963%	No:25003 U+EEB [illegible] 00000012 0.0001/万 99.9963%	No:25004 U+E69 [illegible] 00000012 0.0001/万 99.9962%	No:25005 U+F7F [illegible] 00000012 0.0001/万 99.9964%	No:25006 U+EAE [illegible] 00000012 0.0001/万 99.9963%	No:25007 U+EBB [illegible] 00000012 0.0001/万 99.9962%	No:25008 U+E3C [illegible] 00000012 0.0001/万 99.9962%	No:25009 U+E10 [illegible] 00000012 0.0001/万 99.9964%	No:25010 U+E49 [illegible] 00000012 0.0001/万 99.9963%
No:25011 U+EA9 [illegible] 00000012 0.0001/万 99.9962%	No:25012 U+E70 [illegible] 00000012 0.0001/万 99.9962%	No:25013 U+0345F 㑟 00000011 0.0001/万 99.9967%	No:25014 U+03468 㑨 00000011 0.0001/万 99.9967%	No:25015 U+034E6 㓦 00000011 0.0001/万 99.9968%	No:25016 U+03524 㔤 00000011 0.0001/万 99.9968%	No:25017 U+0354C 㕌 00000011 0.0001/万 99.9968%	No:25018 U+03555 㕕 00000011 0.0001/万 99.9968%	No:25019 U+03557 㕗 00000011 0.0001/万 99.9968%	No:25020 U+03586 㖆 00000011 0.0001/万 99.9968%
No:25021 U+03594 㖔 00000011 0.0001/万 99.9968%	No:25022 U+035E3 㗣 00000011 0.0001/万 99.9966%	No:25023 U+03633 㘳 00000011 0.0001/万 99.9967%	No:25024 U+03636 㘶 00000011 0.0001/万 99.9966%	No:25025 U+03663 㙣 00000011 0.0001/万 99.9966%	No:25026 U+03686 㚆 00000011 0.0001/万 99.9967%	No:25027 U+036EB 㛫 00000011 0.0001/万 99.9969%	No:25028 U+036FB 㛻 00000011 0.0001/万 99.9969%	No:25029 U+03710 㜐 00000011 0.0001/万 99.9969%	No:25030 U+03728 㜨 00000011 0.0001/万 99.9968%
No:25031 U+03739 㜹 00000011 0.0001/万 99.9968%	No:25032 U+03741 㝁 00000011 0.0001/万 99.9968%	No:25033 U+03751 㝑 00000011 0.0001/万 99.9968%	No:25034 U+03755 㝕 00000011 0.0001/万 99.9968%	No:25035 U+03783 㞃 00000011 0.0001/万 99.9968%	No:25036 U+037DB 㟛 00000011 0.0001/万 99.9968%	No:25037 U+037E8 㟨 00000011 0.0001/万 99.9969%	No:25038 U+03883 㢃 00000011 0.0001/万 99.9967%	No:25039 U+0388C 㢌 00000011 0.0001/万 99.9967%	No:25040 U+038DE 㣞 00000011 0.0001/万 99.9967%
No:25041 U+038DF 㣟 00000011 0.0001/万 99.9967%	No:25042 U+03939 㤹 00000011 0.0001/万 99.9967%	No:25043 U+039A9 㦩 00000011 0.0001/万 99.9968%	No:25044 U+039AA 㦪 00000011 0.0001/万 99.9968%	No:25045 U+039AB 㦫 00000011 0.0001/万 99.9969%	No:25046 U+039B3 㦳 00000011 0.0001/万 99.9969%	No:25047 U+039DA 㧚 00000011 0.0001/万 99.9966%	No:25048 U+03A1A 㨚 00000011 0.0001/万 99.9967%	No:25049 U+03A23 㨣 00000011 0.0001/万 99.9967%	No:25050 U+03AA5 㪥 00000011 0.0001/万 99.9966%
No:25051 U+03AF5 㫵 00000011 0.0001/万 99.9968%	No:25052 U+03BAD 㮭 00000011 0.0001/万 99.9969%	No:25053 U+03BD7 㯗 00000011 0.0001/万 99.9966%	No:25054 U+03C03 㰃 00000011 0.0001/万 99.9967%	No:25055 U+03C0A 㰊 00000011 0.0001/万 99.9968%	No:25056 U+03C52 㱒 00000011 0.0001/万 99.9968%	No:25057 U+03C85 㲅 00000011 0.0001/万 99.9967%	No:25058 U+03CD7 㳗 00000011 0.0001/万 99.9968%	No:25059 U+03D03 㴃 00000011 0.0001/万 99.9966%	No:25060 U+03D16 㴖 00000011 0.0001/万 99.9967%
No:25061 U+03D17 㴗 00000011 0.0001/万 99.9967%	No:25062 U+03D27 㴧 00000011 0.0001/万 99.9967%	No:25063 U+03D3C 㴼 00000011 0.0001/万 99.9967%	No:25064 U+03D6C 㵬 00000011 0.0001/万 99.9968%	No:25065 U+03D9B 㶛 00000011 0.0001/万 99.9968%	No:25066 U+03DB5 㶵 00000011 0.0001/万 99.9968%	No:25067 U+03DCB 㷋 00000011 0.0001/万 99.9968%	No:25068 U+03DE1 㷡 00000011 0.0001/万 99.9969%	No:25069 U+03E04 㸄 00000011 0.0001/万 99.9966%	No:25070 U+03E79 㹹 00000011 0.0001/万 99.9967%
No:25071 U+03EAD 㺭 00000011 0.0001/万 99.9968%	No:25072 U+03ED3 㻓 00000011 0.0001/万 99.9967%	No:25073 U+03EE8 㻨 00000011 0.0001/万 99.9968%	No:25074 U+03F3C 㼼 00000011 0.0001/万 99.9967%	No:25075 U+03F4B 㽋 00000011 0.0001/万 99.9967%	No:25076 U+03F67 㽧 00000011 0.0001/万 99.9967%	No:25077 U+03F85 㾅 00000011 0.0001/万 99.9968%	No:25078 U+03FDA 㿚 00000011 0.0001/万 99.9968%	No:25079 U+04016 䀖 00000011 0.0001/万 99.9969%	No:25080 U+040A8 䂨 00000011 0.0001/万 99.9968%
No:25081 U+04135 䄵 00000011 0.0001/万 99.9967%	No:25082 U+04155 䅕 00000011 0.0001/万 99.9969%	No:25083 U+041BA 䆺 00000011 0.0001/万 99.9967%	No:25084 U+041FC 䇼 00000011 0.0001/万 99.9968%	No:25085 U+0425C 䉜 00000011 0.0001/万 99.9968%	No:25086 U+04299 䊙 00000011 0.0001/万 99.9967%	No:25087 U+042BB 䊻 00000011 0.0001/万 99.9967%	No:25088 U+042D7 䋗 00000011 0.0001/万 99.9966%	No:25089 U+04329 䌩 00000011 0.0001/万 99.9968%	No:25090 U+0432D 䌭 00000011 0.0001/万 99.9968%
No:25091 U+04353 䍓 00000011 0.0001/万 99.9968%	No:25092 U+04393 䎓 00000011 0.0001/万 99.9967%	No:25093 U+0439B 䎛 00000011 0.0001/万 99.9968%	No:25094 U+043BA 䎺 00000011 0.0001/万 99.9969%	No:25095 U+043EA 䏪 00000011 0.0001/万 99.9968%	No:25096 U+04430 䐰 00000011 0.0001/万 99.9967%	No:25097 U+04488 䒈 00000011 0.0001/万 99.9969%	No:25098 U+0448A 䒊 00000011 0.0001/万 99.9969%	No:25099 U+04513 䔓 00000011 0.0001/万 99.9968%	No:25100 U+04531 䔱 00000011 0.0001/万 99.9968%

No:25101 U+04540 䕀 00000011 0.0001/万 99.9968%	No:25102 U+04559 䕙 00000011 0.0001/万 99.9967%	No:25103 U+0460A 䘊 00000011 0.0001/万 99.9966%	No:25104 U+04624 䘤 00000011 0.0001/万 99.9969%	No:25105 U+04641 䙁 00000011 0.0001/万 99.9966%	No:25106 U+04661 䙡 00000011 0.0001/万 99.9968%	No:25107 U+04692 䚒 00000011 0.0001/万 99.9967%	No:25108 U+04693 䚓 00000011 0.0001/万 99.9967%	No:25109 U+0469D 䚝 00000011 0.0001/万 99.9966%	No:25110 U+046BF 䚿 00000011 0.0001/万 99.9968%
No:25111 U+046F5 䛵 00000011 0.0001/万 99.9966%	No:25112 U+04745 䝅 00000011 0.0001/万 99.9967%	No:25113 U+04746 䝆 00000011 0.0001/万 99.9966%	No:25114 U+04751 䝑 00000011 0.0001/万 99.9967%	No:25115 U+04767 䝧 00000011 0.0001/万 99.9967%	No:25116 U+04770 䝰 00000011 0.0001/万 99.9967%	No:25117 U+0477E 䝾 00000011 0.0001/万 99.9967%	No:25118 U+047AC 䞬 00000011 0.0001/万 99.9968%	No:25119 U+047C1 䟁 00000011 0.0001/万 99.9968%	No:25120 U+047E7 䟧 00000011 0.0001/万 99.9967%
No:25121 U+04801 䠁 00000011 0.0001/万 99.9969%	No:25122 U+0480F 䠏 00000011 0.0001/万 99.9967%	No:25123 U+048B5 䢵 00000011 0.0001/万 99.9969%	No:25124 U+048CE 䣎 00000011 0.0001/万 99.9968%	No:25125 U+04902 䤂 00000011 0.0001/万 99.9966%	No:25126 U+04907 䤇 00000011 0.0001/万 99.9966%	No:25127 U+04924 䤤 00000011 0.0001/万 99.9967%	No:25128 U+04973 䥳 00000011 0.0001/万 99.9966%	No:25129 U+0499E 䦞 00000011 0.0001/万 99.9967%	No:25130 U+049CE 䧎 00000011 0.0001/万 99.9967%
No:25131 U+04A0F 䨏 00000011 0.0001/万 99.9966%	No:25132 U+04A2D 䨭 00000011 0.0001/万 99.9969%	No:25133 U+04A53 䩓 00000011 0.0001/万 99.9968%	No:25134 U+04AB1 䪱 00000011 0.0001/万 99.9969%	No:25135 U+04ACA 䫊 00000011 0.0001/万 99.9968%	No:25136 U+04B92 䮒 00000011 0.0001/万 99.9968%	No:25137 U+04BA5 䮥 00000011 0.0001/万 99.9968%	No:25138 U+04BB5 䮵 00000011 0.0001/万 99.9968%	No:25139 U+04C06 䰆 00000011 0.0001/万 99.9968%	No:25140 U+04C18 䰘 00000011 0.0001/万 99.9968%
No:25141 U+04C5A 䱚 00000011 0.0001/万 99.9967%	No:25142 U+04CCD 䳍 00000011 0.0001/万 99.9967%	No:25143 U+04CDB 䳛 00000011 0.0001/万 99.9967%	No:25144 U+04D54 䵔 00000011 0.0001/万 99.9967%	No:25145 U+04D8D 䶍 00000011 0.0001/万 99.9967%	No:25146 U+04EFA 仺 00000011 0.0001/万 99.9969%	No:25147 U+04F33 伳 00000011 0.0001/万 99.9968%	No:25148 U+05042 偂 00000011 0.0001/万 99.9968%	No:25149 U+050A2 傢 00000011 0.0001/万 99.9968%	No:25150 U+051FF 凿 00000011 0.0001/万 99.9968%
No:25151 U+05469 呩 00000011 0.0001/万 99.9967%	No:25152 U+05654 噔 00000011 0.0001/万 99.9969%	No:25153 U+05783 垃 00000011 0.0001/万 99.9969%	No:25154 U+0597F 奿 00000011 0.0001/万 99.9968%	No:25155 U+05994 妔 00000011 0.0001/万 99.9968%	No:25156 U+059EF 姯 00000011 0.0001/万 99.9967%	No:25157 U+05A0D 娍 00000011 0.0001/万 99.9969%	No:25158 U+05A4B 婋 00000011 0.0001/万 99.9966%	No:25159 U+05A8B 媋 00000011 0.0001/万 99.9967%	No:25160 U+05A97 媗 00000011 0.0001/万 99.9966%
No:25161 U+05ACE 嫎 00000011 0.0001/万 99.9967%	No:25162 U+05E3F 帿 00000011 0.0001/万 99.9969%	No:25163 U+05F9D 徝 00000011 0.0001/万 99.9969%	No:25164 U+05F9F 徟 00000011 0.0001/万 99.9969%	No:25165 U+05FDF 忟 00000011 0.0001/万 99.9970%	No:25166 U+06166 慦 00000011 0.0001/万 99.9969%	No:25167 U+061A0 憠 00000011 0.0001/万 99.9969%	No:25168 U+061A5 憥 00000011 0.0001/万 99.9969%	No:25169 U+061A6 憦 00000011 0.0001/万 99.9969%	No:25170 U+062A2 抢 00000011 0.0001/万 99.9970%
No:25171 U+06306 挆 00000011 0.0001/万 99.9969%	No:25172 U+0635A 捚 00000011 0.0001/万 99.9970%	No:25173 U+0638B 掋 00000011 0.0001/万 99.9970%	No:25174 U+063EF 揯 00000011 0.0001/万 99.9969%	No:25175 U+0653C 攼 00000011 0.0001/万 99.9969%	No:25176 U+06694 暔 00000011 0.0001/万 99.9970%	No:25177 U+0669E 暞 00000011 0.0001/万 99.9970%	No:25178 U+067A1 枡 00000011 0.0001/万 99.9969%	No:25179 U+067E8 柨 00000011 0.0001/万 99.9969%	No:25180 U+06869 桩 00000011 0.0001/万 99.9970%
No:25181 U+0688D 梍 00000011 0.0001/万 99.9970%	No:25182 U+068DB 棛 00000011 0.0001/万 99.9970%	No:25183 U+06946 楆 00000011 0.0001/万 99.9970%	No:25184 U+06C63 汣 00000011 0.0001/万 99.9969%	No:25185 U+06D02 洂 00000011 0.0001/万 99.9970%	No:25186 U+06DA9 涩 00000011 0.0001/万 99.9969%	No:25187 U+06E2A 渪 00000011 0.0001/万 99.9969%	No:25188 U+06E64 湤 00000011 0.0001/万 99.9970%	No:25189 U+06E70 湰 00000011 0.0001/万 99.9970%	No:25190 U+06E82 溂 00000011 0.0001/万 99.9970%
No:25191 U+06EEA 滪 00000011 0.0001/万 99.9970%	No:25192 U+06F48 潈 00000011 0.0001/万 99.9970%	No:25193 U+06F71 潱 00000011 0.0001/万 99.9969%	No:25194 U+0707B 灻 00000011 0.0001/万 99.9970%	No:25195 U+07087 炇 00000011 0.0001/万 99.9970%	No:25196 U+07122 焢 00000011 0.0001/万 99.9969%	No:25197 U+0718B 熋 00000011 0.0001/万 99.9970%	No:25198 U+071EA 燪 00000011 0.0001/万 99.9969%	No:25199 U+07211 爑 00000011 0.0001/万 99.9969%	No:25200 U+07220 爠 00000011 0.0001/万 99.9969%

No:25201 U+07226 爦 00000011 0.0001/万 99.9969%	No:25202 U+073B4 玴 00000011 0.0001/万 99.9970%	No:25203 U+073D4 珔 00000011 0.0001/万 99.9970%	No:25204 U+0740D 琍 00000011 0.0001/万 99.9970%	No:25205 U+0747C 瑼 00000011 0.0001/万 99.9970%	No:25206 U+07495 璕 00000011 0.0001/万 99.9970%	No:25207 U+074AD 璭 00000011 0.0001/万 99.9969%	No:25208 U+074D9 瓙 00000011 0.0001/万 99.9970%	No:25209 U+07558 畘 00000011 0.0001/万 99.9970%	No:25210 U+076D5 盕 00000011 0.0001/万 99.9970%
No:25211 U+07753 睓 00000011 0.0001/万 99.9970%	No:25212 U+07788 瞈 00000011 0.0001/万 99.9970%	No:25213 U+0781E 砞 00000011 0.0001/万 99.9970%	No:25214 U+0790D 礍 00000011 0.0001/万 99.9970%	No:25215 U+0798C 禌 00000011 0.0001/万 99.9970%	No:25216 U+079C2 秂 00000011 0.0001/万 99.9970%	No:25217 U+079D0 秐 00000011 0.0001/万 99.9970%	No:25218 U+07B1C 笜 00000011 0.0001/万 99.9969%	No:25219 U+07B83 箃 00000011 0.0001/万 99.9969%	No:25220 U+07C58 籘 00000011 0.0001/万 99.9969%
No:25221 U+07CD1 糑 00000011 0.0001/万 99.9970%	No:25222 U+07D54 絔 00000011 0.0001/万 99.9970%	No:25223 U+07D77 絷 00000011 0.0001/万 99.9970%	No:25224 U+07E5D 繝 00000011 0.0001/万 99.9970%	No:25225 U+07F57 罗 00000011 0.0001/万 99.9970%	No:25226 U+07FE4 翤 00000011 0.0001/万 99.9969%	No:25227 U+08227 舧 00000011 0.0001/万 99.9970%	No:25228 U+08417 萗 00000011 0.0001/万 99.9970%	No:25229 U+084ED 蓭 00000011 0.0001/万 99.9970%	No:25230 U+0854C 蕌 00000011 0.0001/万 99.9969%
No:25231 U+08681 蚁 00000011 0.0001/万 99.9970%	No:25232 U+086E0 蛠 00000011 0.0001/万 99.9969%	No:25233 U+08745 蝅 00000011 0.0001/万 99.9969%	No:25234 U+08767 蝧 00000011 0.0001/万 99.9970%	No:25235 U+08775 蝵 00000011 0.0001/万 99.9970%	No:25236 U+088EB 裫 00000011 0.0001/万 99.9970%	No:25237 U+08970 襰 00000011 0.0001/万 99.9970%	No:25238 U+08991 覑 00000011 0.0001/万 99.9969%	No:25239 U+08A42 詂 00000011 0.0001/万 99.9970%	No:25240 U+08B9B 讛 00000011 0.0001/万 99.9969%
No:25241 U+08BEF 误 00000011 0.0001/万 99.9969%	No:25242 U+08BFE 课 00000011 0.0001/万 99.9969%	No:25243 U+08C0B 谋 00000011 0.0001/万 99.9969%	No:25244 U+08CF2 賲 00000011 0.0001/万 99.9970%	No:25245 U+08E8E 躎 00000011 0.0001/万 99.9970%	No:25246 U+08EB2 躲 00000011 0.0001/万 99.9969%	No:25247 U+08FC8 迈 00000011 0.0001/万 99.9969%	No:25248 U+0905A 遚 00000011 0.0001/万 99.9970%	No:25249 U+092DB 鋛 00000011 0.0001/万 99.9969%	No:25250 U+0930B 錋 00000011 0.0001/万 99.9970%
No:25251 U+093EA 鏪 00000011 0.0001/万 99.9970%	No:25252 U+093ED 鏭 00000011 0.0001/万 99.9969%	No:25253 U+093FF 鏿 00000011 0.0001/万 99.9970%	No:25254 U+09442 鑂 00000011 0.0001/万 99.9969%	No:25255 U+0944E 鑎 00000011 0.0001/万 99.9969%	No:25256 U+09464 鑤 00000011 0.0001/万 99.9970%	No:25257 U+09469 鑩 00000011 0.0001/万 99.9970%	No:25258 U+095C6 闆 00000011 0.0001/万 99.9970%	No:25259 U+095FA 闺 00000011 0.0001/万 99.9969%	No:25260 U+09634 阴 00000011 0.0001/万 99.9970%
No:25261 U+0970C 霌 00000011 0.0001/万 99.9970%	No:25262 U+097B1 鞱 00000011 0.0001/万 99.9966%	No:25263 U+097F4 韴 00000011 0.0001/万 99.9966%	No:25264 U+09A26 騦 00000011 0.0001/万 99.9966%	No:25265 U+09AF0 髰 00000011 0.0001/万 99.9966%	No:25266 U+09B62 魢 00000011 0.0001/万 99.9966%	No:25267 U+09BC3 鯃 00000011 0.0001/万 99.9966%	No:25268 U+09D01 鴁 00000011 0.0001/万 99.9966%	No:25269 U+09D48 鵈 00000011 0.0001/万 99.9966%	No:25270 U+09D90 鶐 00000011 0.0001/万 99.9966%
No:25271 U+09DCC 鷌 00000011 0.0001/万 99.9966%	No:25272 U+09DCE 鷎 00000011 0.0001/万 99.9966%	No:25273 U+0E81C ⺈ 00000011 0.0001/万 99.9966%	No:25274 U+0E836 ⺮ 00000011 0.0001/万 99.9966%	No:25275 U+0EF64 轉 00000011 0.0001/万 99.9966%	No:25276 U+0F63F [illegible] 00000011 0.0001/万 99.9966%	No:25277 U+0F6EB [illegible] 00000011 0.0001/万 99.9966%	No:25278 U+0F891 [illegible] 00000011 0.0001/万 99.9966%	No:25279 U+E30 [illegible] 00000011 0.0001/万 99.9966%	No:25280 U+E31 [illegible] 00000011 0.0001/万 99.9968%
No:25281 U+E53 喘 00000011 0.0001/万 99.9969%	No:25282 U+E56 [illegible] 00000011 0.0001/万 99.9967%	No:25283 U+EF5 峇 00000011 0.0001/万 99.9967%	No:25284 U+E79 [illegible] 00000011 0.0001/万 99.9968%	No:25285 U+E86 [illegible] 00000011 0.0001/万 99.9968%	No:25286 U+E41 [illegible] 00000011 0.0001/万 99.9969%	No:25287 U+E9F [illegible] 00000011 0.0001/万 99.9969%	No:25288 U+EEE [illegible] 00000011 0.0001/万 99.9966%	No:25289 U+E6C [illegible] 00000011 0.0001/万 99.9966%	No:25290 U+E8E [illegible] 00000011 0.0001/万 99.9968%
No:25291 U+E92 [illegible] 00000011 0.0001/万 99.9967%	No:25292 U+E57 [illegible] 00000011 0.0001/万 99.9967%	No:25293 U+E2D [illegible] 00000011 0.0001/万 99.9969%	No:25294 U+E06 [illegible] 00000011 0.0001/万 99.9968%	No:25295 U+E6B 槁 00000011 0.0001/万 99.9967%	No:25296 U+EE9 [illegible] 00000011 0.0001/万 99.9966%	No:25297 U+FE8 [illegible] 00000011 0.0001/万 99.9966%	No:25298 U+E83 法 00000011 0.0001/万 99.9966%	No:25299 U+E32 [illegible] 00000011 0.0001/万 99.9966%	No:25300 U+E69 [illegible] 00000011 0.0001/万 99.9968%

No:25301 U+E89 炛 00000011 0.0001/万 99.9969%	No:25302 U+E88 [illegible] 00000011 0.0001/万 99.9967%	No:25303 U+F1F [illegible] 00000011 0.0001/万 99.9967%	No:25304 U+EEF [illegible] 00000011 0.0001/万 99.9967%	No:25305 U+E22 [illegible] 00000011 0.0001/万 99.9966%	No:25306 U+EAE 璪 00000011 0.0001/万 99.9968%	No:25307 U+ECE [illegible] 00000011 0.0001/万 99.9968%	No:25308 U+F55 盱 00000011 0.0001/万 99.9967%	No:25309 U+E92 [illegible] 00000011 0.0001/万 99.9967%	No:25310 U+EB2 [illegible] 00000011 0.0001/万 99.9966%
No:25311 U+E51 [illegible] 00000011 0.0001/万 99.9967%	No:25312 U+F56 [illegible] 00000011 0.0001/万 99.9968%	No:25313 U+E23 [illegible] 00000011 0.0001/万 99.9968%	No:25314 U+E24 [illegible] 00000011 0.0001/万 99.9968%	No:25315 U+ECB [illegible] 00000011 0.0001/万 99.9966%	No:25316 U+F51 [illegible] 00000011 0.0001/万 99.9967%	No:25317 U+E5C [illegible] 00000011 0.0001/万 99.9966%	No:25318 U+FEB [illegible] 00000011 0.0001/万 99.9966%	No:25319 U+EF5 [illegible] 00000011 0.0001/万 99.9967%	No:25320 U+EEA [illegible] 00000011 0.0001/万 99.9967%
No:25321 U+E6D [illegible] 00000011 0.0001/万 99.9968%	No:25322 U+F71 [illegible] 00000011 0.0001/万 99.9968%	No:25323 U+E8A [illegible] 00000011 0.0001/万 99.9967%	No:25324 U+F0D [illegible] 00000011 0.0001/万 99.9967%	No:25325 U+E98 [illegible] 00000011 0.0001/万 99.9967%	No:25326 U+E63 [illegible] 00000011 0.0001/万 99.9967%	No:25327 U+F48 [illegible] 00000011 0.0001/万 99.9969%	No:25328 U+E86 [illegible] 00000011 0.0001/万 99.9968%	No:25329 U+EE1 [illegible] 00000011 0.0001/万 99.9969%	No:25330 U+E7B [illegible] 00000011 0.0001/万 99.9968%
No:25331 U+E7C [illegible] 00000011 0.0001/万 99.9969%	No:25332 U+E57 [illegible] 00000011 0.0001/万 99.9967%	No:25333 U+E2D [illegible] 00000011 0.0001/万 99.9967%	No:25334 U+FA8 鶒 00000011 0.0001/万 99.9966%	No:25335 U+E00 [illegible] 00000011 0.0001/万 99.9969%	No:25336 U+E6C [illegible] 00000011 0.0001/万 99.9967%	No:25337 U+0345D 㑝 00000010 0.0001/万 99.9973%	No:25338 U+034AC 㒬 00000010 0.0001/万 99.9973%	No:25339 U+034BD 㒽 00000010 0.0001/万 99.9973%	No:25340 U+034F8 㓸 00000010 0.0001/万 99.9973%
No:25341 U+0351C 㔜 00000010 0.0001/万 99.9973%	No:25342 U+03526 㔦 00000010 0.0001/万 99.9973%	No:25343 U+03580 㖀 00000010 0.0001/万 99.9973%	No:25344 U+03596 㖖 00000010 0.0001/万 99.9973%	No:25345 U+0362C 㘬 00000010 0.0001/万 99.9974%	No:25346 U+03635 㘵 00000010 0.0001/万 99.9974%	No:25347 U+0364E 㙎 00000010 0.0001/万 99.9972%	No:25348 U+03667 㙧 00000010 0.0001/万 99.9972%	No:25349 U+03670 㙰 00000010 0.0001/万 99.9972%	No:25350 U+0371C 㜜 00000010 0.0001/万 99.9972%
No:25351 U+0373E 㜾 00000010 0.0001/万 99.9972%	No:25352 U+03740 㝀 00000010 0.0001/万 99.9972%	No:25353 U+0375C 㝜 00000010 0.0001/万 99.9972%	No:25354 U+0378D 㞍 00000010 0.0001/万 99.9971%	No:25355 U+037B1 㞱 00000010 0.0001/万 99.9971%	No:25356 U+037BD 㞽 00000010 0.0001/万 99.9971%	No:25357 U+037C7 㟇 00000010 0.0001/万 99.9971%	No:25358 U+037E5 㟥 00000010 0.0001/万 99.9972%	No:25359 U+037F7 㟷 00000010 0.0001/万 99.9971%	No:25360 U+03807 㠇 00000010 0.0001/万 99.9972%
No:25361 U+03812 㠒 00000010 0.0001/万 99.9972%	No:25362 U+0387E 㡾 00000010 0.0001/万 99.9972%	No:25363 U+0388A 㢊 00000010 0.0001/万 99.9972%	No:25364 U+038BD 㢽 00000010 0.0001/万 99.9973%	No:25365 U+03913 㤓 00000010 0.0001/万 99.9973%	No:25366 U+03947 㥇 00000010 0.0001/万 99.9973%	No:25367 U+03963 㥣 00000010 0.0001/万 99.9973%	No:25368 U+03968 㥨 00000010 0.0001/万 99.9973%	No:25369 U+0396B 㥫 00000010 0.0001/万 99.9973%	No:25370 U+03970 㥰 00000010 0.0001/万 99.9973%
No:25371 U+03991 㦑 00000010 0.0001/万 99.9973%	No:25372 U+039B9 㦹 00000010 0.0001/万 99.9973%	No:25373 U+03A0C 㨌 00000010 0.0001/万 99.9973%	No:25374 U+03A2A 㨪 00000010 0.0001/万 99.9973%	No:25375 U+03A3A 㨺 00000010 0.0001/万 99.9972%	No:25376 U+03A64 㩤 00000010 0.0001/万 99.9972%	No:25377 U+03AA1 㪡 00000010 0.0001/万 99.9972%	No:25378 U+03AB1 㪱 00000010 0.0001/万 99.9972%	No:25379 U+03AD3 㫓 00000010 0.0001/万 99.9972%	No:25380 U+03B3F 㬿 00000010 0.0001/万 99.9972%
No:25381 U+03B85 㮅 00000010 0.0001/万 99.9972%	No:25382 U+03C12 㰒 00000010 0.0001/万 99.9972%	No:25383 U+03C29 㰩 00000010 0.0001/万 99.9972%	No:25384 U+03C87 㲇 00000010 0.0001/万 99.9973%	No:25385 U+03CAD 㲭 00000010 0.0001/万 99.9973%	No:25386 U+03CC0 㳀 00000010 0.0001/万 99.9973%	No:25387 U+03CD3 㳓 00000010 0.0001/万 99.9973%	No:25388 U+03CE5 㳥 00000010 0.0001/万 99.9973%	No:25389 U+03D4D 㵍 00000010 0.0001/万 99.9971%	No:25390 U+03D74 㵴 00000010 0.0001/万 99.9972%
No:25391 U+03D77 㵷 00000010 0.0001/万 99.9972%	No:25392 U+03D88 㶈 00000010 0.0001/万 99.9972%	No:25393 U+03DAB 㶫 00000010 0.0001/万 99.9973%	No:25394 U+03DD0 㷐 00000010 0.0001/万 99.9972%	No:25395 U+03E3B 㸻 00000010 0.0001/万 99.9972%	No:25396 U+03E88 㺈 00000010 0.0001/万 99.9973%	No:25397 U+03E9B 㺛 00000010 0.0001/万 99.9973%	No:25398 U+03ECE 㻎 00000010 0.0001/万 99.9973%	No:25399 U+03ED6 㻖 00000010 0.0001/万 99.9973%	No:25400 U+03EDF 㻟 00000010 0.0001/万 99.9973%

No	Unicode	字	编码	频率	累计
No:25401	U+03F20	㼠	00000010	0.0001/万	99.9973%
No:25402	U+03F28	㼨	00000010	0.0001/万	99.9973%
No:25403	U+03F42	㽂	00000010	0.0001/万	99.9973%
No:25404	U+03F61	㽡	00000010	0.0001/万	99.9971%
No:25405	U+03F69	㽩	00000010	0.0001/万	99.9971%
No:25406	U+03F83	㾃	00000010	0.0001/万	99.9971%
No:25407	U+03FA4	㾤	00000010	0.0001/万	99.9971%
No:25408	U+03FA5	㾥	00000010	0.0001/万	99.9971%
No:25409	U+03FD0	㿐	00000010	0.0001/万	99.9971%
No:25410	U+03FFC	㿼	00000010	0.0001/万	99.9971%
No:25411	U+04014	䀔	00000010	0.0001/万	99.9971%
No:25412	U+0406F	䁯	00000010	0.0001/万	99.9971%
No:25413	U+040AB	䂫	00000010	0.0001/万	99.9971%
No:25414	U+04112	䄒	00000010	0.0001/万	99.9971%
No:25415	U+0413C	䄼	00000010	0.0001/万	99.9971%
No:25416	U+04150	䅐	00000010	0.0001/万	99.9971%
No:25417	U+04194	䆔	00000010	0.0001/万	99.9974%
No:25418	U+041C7	䇇	00000010	0.0001/万	99.9973%
No:25419	U+04206	䈆	00000010	0.0001/万	99.9973%
No:25420	U+0425D	䉝	00000010	0.0001/万	99.9973%
No:25421	U+042C7	䋇	00000010	0.0001/万	99.9972%
No:25422	U+042E6	䋦	00000010	0.0001/万	99.9972%
No:25423	U+042EF	䋯	00000010	0.0001/万	99.9972%
No:25424	U+04319	䌙	00000010	0.0001/万	99.9971%
No:25425	U+04327	䌧	00000010	0.0001/万	99.9971%
No:25426	U+0432E	䌮	00000010	0.0001/万	99.9972%
No:25427	U+04345	䍅	00000010	0.0001/万	99.9972%
No:25428	U+0436C	䍬	00000010	0.0001/万	99.9972%
No:25429	U+04379	䍹	00000010	0.0001/万	99.9972%
No:25430	U+0438C	䎌	00000010	0.0001/万	99.9971%
No:25431	U+0439F	䎟	00000010	0.0001/万	99.9971%
No:25432	U+043E4	䏤	00000010	0.0001/万	99.9971%
No:25433	U+0447E	䑾	00000010	0.0001/万	99.9973%
No:25434	U+044DD	䓝	00000010	0.0001/万	99.9973%
No:25435	U+0454A	䕊	00000010	0.0001/万	99.9972%
No:25436	U+04588	䖈	00000010	0.0001/万	99.9972%
No:25437	U+045CC	䗌	00000010	0.0001/万	99.9972%
No:25438	U+045FB	䗻	00000010	0.0001/万	99.9972%
No:25439	U+0462C	䘬	00000010	0.0001/万	99.9972%
No:25440	U+04663	䙣	00000010	0.0001/万	99.9972%
No:25441	U+04666	䙦	00000010	0.0001/万	99.9972%
No:25442	U+0466A	䙪	00000010	0.0001/万	99.9972%
No:25443	U+0467D	䙽	00000010	0.0001/万	99.9972%
No:25444	U+046C7	䛇	00000010	0.0001/万	99.9972%
No:25445	U+046EF	䛯	00000010	0.0001/万	99.9972%
No:25446	U+0471E	䜞	00000010	0.0001/万	99.9972%
No:25447	U+04720	䜠	00000010	0.0001/万	99.9972%
No:25448	U+04748	䝈	00000010	0.0001/万	99.9972%
No:25449	U+04786	䞆	00000010	0.0001/万	99.9972%
No:25450	U+047C5	䟅	00000010	0.0001/万	99.9972%
No:25451	U+047CA	䟊	00000010	0.0001/万	99.9972%
No:25452	U+047DC	䟜	00000010	0.0001/万	99.9972%
No:25453	U+047DE	䟞	00000010	0.0001/万	99.9972%
No:25454	U+047E5	䟥	00000010	0.0001/万	99.9972%
No:25455	U+047E9	䟩	00000010	0.0001/万	99.9973%
No:25456	U+047FC	䟼	00000010	0.0001/万	99.9973%
No:25457	U+04852	䡒	00000010	0.0001/万	99.9973%
No:25458	U+04884	䢄	00000010	0.0001/万	99.9973%
No:25459	U+048D1	䣑	00000010	0.0001/万	99.9973%
No:25460	U+048D3	䣓	00000010	0.0001/万	99.9973%
No:25461	U+048EE	䣮	00000010	0.0001/万	99.9973%
No:25462	U+04917	䤗	00000010	0.0001/万	99.9973%
No:25463	U+04927	䤧	00000010	0.0001/万	99.9973%
No:25464	U+04930	䤰	00000010	0.0001/万	99.9973%
No:25465	U+049D6	䧖	00000010	0.0001/万	99.9971%
No:25466	U+04A2B	䨫	00000010	0.0001/万	99.9971%
No:25467	U+04A30	䨰	00000010	0.0001/万	99.9971%
No:25468	U+04A3A	䨺	00000010	0.0001/万	99.9972%
No:25469	U+04A72	䩲	00000010	0.0001/万	99.9972%
No:25470	U+04A96	䪖	00000010	0.0001/万	99.9972%
No:25471	U+04B0B	䬋	00000010	0.0001/万	99.9971%
No:25472	U+04B25	䬥	00000010	0.0001/万	99.9971%
No:25473	U+04B30	䬰	00000010	0.0001/万	99.9971%
No:25474	U+04B44	䭄	00000010	0.0001/万	99.9971%
No:25475	U+04B56	䭖	00000010	0.0001/万	99.9972%
No:25476	U+04B59	䭙	00000010	0.0001/万	99.9972%
No:25477	U+04B69	䭩	00000010	0.0001/万	99.9972%
No:25478	U+04B7A	䭺	00000010	0.0001/万	99.9972%
No:25479	U+04B8A	䮊	00000010	0.0001/万	99.9972%
No:25480	U+04B98	䮘	00000010	0.0001/万	99.9972%
No:25481	U+04B9B	䮛	00000010	0.0001/万	99.9972%
No:25482	U+04BCD	䯍	00000010	0.0001/万	99.9972%
No:25483	U+04BE5	䯥	00000010	0.0001/万	99.9972%
No:25484	U+04C1A	䰚	00000010	0.0001/万	99.9972%
No:25485	U+04C24	䰤	00000010	0.0001/万	99.9972%
No:25486	U+04C48	䱈	00000010	0.0001/万	99.9972%
No:25487	U+04C84	䲄	00000010	0.0001/万	99.9972%
No:25488	U+04CC3	䳃	00000010	0.0001/万	99.9972%
No:25489	U+04CD6	䳖	00000010	0.0001/万	99.9972%
No:25490	U+04D02	䴂	00000010	0.0001/万	99.9972%
No:25491	U+04D0D	䴍	00000010	0.0001/万	99.9972%
No:25492	U+04D1F	䴟	00000010	0.0001/万	99.9971%
No:25493	U+04D8A	䶊	00000010	0.0001/万	99.9974%
No:25494	U+04D95	䶕	00000010	0.0001/万	99.9974%
No:25495	U+04E1F	丟	00000010	0.0001/万	99.9973%
No:25496	U+04E83	亃	00000010	0.0001/万	99.9973%
No:25497	U+04EF9	仹	00000010	0.0001/万	99.9973%
No:25498	U+04FBD	侽	00000010	0.0001/万	99.9973%
No:25499	U+04FE4	俤	00000010	0.0001/万	99.9973%
No:25500	U+0500A	倊	00000010	0.0001/万	99.9973%

No:25501 U+05056 偖 00000010 0.0001/万 99.9973%	No:25502 U+0506E 偮 00000010 0.0001/万 99.9973%	No:25503 U+05158 兘 00000010 0.0001/万 99.9973%	No:25504 U+0521B 创 00000010 0.0001/万 99.9973%	No:25505 U+052B7 劷 00000010 0.0001/万 99.9973%	No:25506 U+05418 吘 00000010 0.0001/万 99.9973%	No:25507 U+05419 吙 00000010 0.0001/万 99.9973%	No:25508 U+05526 唦 00000010 0.0001/万 99.9974%	No:25509 U+0555B 啛 00000010 0.0001/万 99.9974%	No:25510 U+055B0 喰 00000010 0.0001/万 99.9971%
No:25511 U+0567E 噾 00000010 0.0001/万 99.9971%	No:25512 U+05736 圶 00000010 0.0001/万 99.9971%	No:25513 U+05936 夶 00000010 0.0001/万 99.9971%	No:25514 U+059E9 姩 00000010 0.0001/万 99.9971%	No:25515 U+05A10 娐 00000010 0.0001/万 99.9971%	No:25516 U+05A14 娔 00000010 0.0001/万 99.9971%	No:25517 U+05A39 娹 00000010 0.0001/万 99.9971%	No:25518 U+05A3B 娻 00000010 0.0001/万 99.9971%	No:25519 U+05A6E 婮 00000010 0.0001/万 99.9971%	No:25520 U+05A8F 媏 00000010 0.0001/万 99.9971%
No:25521 U+05AE4 嫤 00000010 0.0001/万 99.9971%	No:25522 U+05B6F 孯 00000010 0.0001/万 99.9971%	No:25523 U+05B7B 孻 00000010 0.0001/万 99.9971%	No:25524 U+05C78 屸 00000010 0.0001/万 99.9971%	No:25525 U+05C81 岁 00000010 0.0001/万 99.9971%	No:25526 U+05CD4 峔 00000010 0.0001/万 99.9971%	No:25527 U+05D75 嵵 00000010 0.0001/万 99.9971%	No:25528 U+05D8E 嶎 00000010 0.0001/万 99.9971%	No:25529 U+05E41 幁 00000010 0.0001/万 99.9974%	No:25530 U+05FB1 徱 00000010 0.0001/万 99.9975%
No:25531 U+063BD 掽 00000010 0.0001/万 99.9975%	No:25532 U+063E6 揦 00000010 0.0001/万 99.9975%	No:25533 U+0643C 搼 00000010 0.0001/万 99.9974%	No:25534 U+06489 撉 00000010 0.0001/万 99.9974%	No:25535 U+064F5 擵 00000010 0.0001/万 99.9974%	No:25536 U+0656A 敪 00000010 0.0001/万 99.9975%	No:25537 U+06585 斅 00000010 0.0001/万 99.9975%	No:25538 U+066DE 曞 00000010 0.0001/万 99.9974%	No:25539 U+0671C 朜 00000010 0.0001/万 99.9974%	No:25540 U+06724 朤 00000010 0.0001/万 99.9974%
No:25541 U+06899 梙 00000010 0.0001/万 99.9974%	No:25542 U+068B8 梸 00000010 0.0001/万 99.9974%	No:25543 U+068C0 检 00000010 0.0001/万 99.9974%	No:25544 U+0691A 椚 00000010 0.0001/万 99.9974%	No:25545 U+0692B 椫 00000010 0.0001/万 99.9974%	No:25546 U+0693C 椼 00000010 0.0001/万 99.9974%	No:25547 U+0694C 楌 00000010 0.0001/万 99.9974%	No:25548 U+069DD 槝 00000010 0.0001/万 99.9974%	No:25549 U+06A42 橂 00000010 0.0001/万 99.9974%	No:25550 U+06A75 橵 00000010 0.0001/万 99.9974%
No:25551 U+06B33 欳 00000010 0.0001/万 99.9974%	No:25552 U+06BA9 殩 00000010 0.0001/万 99.9974%	No:25553 U+06D20 洠 00000010 0.0001/万 99.9974%	No:25554 U+06D84 涄 00000010 0.0001/万 99.9974%	No:25555 U+06E50 湐 00000010 0.0001/万 99.9974%	No:25556 U+06E79 湹 00000010 0.0001/万 99.9975%	No:25557 U+06F45 潅 00000010 0.0001/万 99.9974%	No:25558 U+07012 瀒 00000010 0.0001/万 99.9975%	No:25559 U+0709A 炚 00000010 0.0001/万 99.9975%	No:25560 U+070CC 烌 00000010 0.0001/万 99.9974%
No:25561 U+070E3 烣 00000010 0.0001/万 99.9974%	No:25562 U+07142 煂 00000010 0.0001/万 99.9974%	No:25563 U+0718D 熍 00000010 0.0001/万 99.9974%	No:25564 U+071DA 燚 00000010 0.0001/万 99.9975%	No:25565 U+071EF 燯 00000010 0.0001/万 99.9975%	No:25566 U+07205 爅 00000010 0.0001/万 99.9975%	No:25567 U+0729C 犜 00000010 0.0001/万 99.9974%	No:25568 U+07310 猐 00000010 0.0001/万 99.9974%	No:25569 U+0733D 猽 00000010 0.0001/万 99.9974%	No:25570 U+07390 玐 00000010 0.0001/万 99.9974%
No:25571 U+073F3 珳 00000010 0.0001/万 99.9974%	No:25572 U+074CD 瓍 00000010 0.0001/万 99.9974%	No:25573 U+076DA 盚 00000010 0.0001/万 99.9975%	No:25574 U+077AE 瞮 00000010 0.0001/万 99.9974%	No:25575 U+078AE 碮 00000010 0.0001/万 99.9974%	No:25576 U+07933 礳 00000010 0.0001/万 99.9975%	No:25577 U+07B3E 笾 00000010 0.0001/万 99.9974%	No:25578 U+07B6A 筪 00000010 0.0001/万 99.9975%	No:25579 U+07BAE 箮 00000010 0.0001/万 99.9975%	No:25580 U+07C76 籶 00000010 0.0001/万 99.9974%
No:25581 U+07CEE 糮 00000010 0.0001/万 99.9975%	No:25582 U+07E7A 繺 00000010 0.0001/万 99.9974%	No:25583 U+07E99 纙 00000010 0.0001/万 99.9974%	No:25584 U+07EA7 级 00000010 0.0001/万 99.9974%	No:25585 U+07F19 缙 00000010 0.0001/万 99.9974%	No:25586 U+07F2F 缯 00000010 0.0001/万 99.9974%	No:25587 U+08134 脴 00000010 0.0001/万 99.9974%	No:25588 U+08140 腀 00000010 0.0001/万 99.9974%	No:25589 U+081F5 臵 00000010 0.0001/万 99.9974%	No:25590 U+08224 舤 00000010 0.0001/万 99.9974%
No:25591 U+08295 芕 00000010 0.0001/万 99.9974%	No:25592 U+082B6 芶 00000010 0.0001/万 99.9974%	No:25593 U+0833D 茽 00000010 0.0001/万 99.9974%	No:25594 U+08355 荕 00000010 0.0001/万 99.9974%	No:25595 U+083AF 莯 00000010 0.0001/万 99.9974%	No:25596 U+08464 葤 00000010 0.0001/万 99.9974%	No:25597 U+084D4 蓔 00000010 0.0001/万 99.9975%	No:25598 U+084F8 蓸 00000010 0.0001/万 99.9974%	No:25599 U+08519 蔙 00000010 0.0001/万 99.9974%	No:25600 U+085C0 藀 00000010 0.0001/万 99.9975%

No:25601 U+086FC 蛼 00000010 0.0001/万 99.9975%	No:25602 U+0897D 襽 00000010 0.0001/万 99.9975%	No:25603 U+08990 覐 00000010 0.0001/万 99.9975%	No:25604 U+08B8F 讏 00000010 0.0001/万 99.9974%	No:25605 U+08BE6 详 00000010 0.0001/万 99.9974%	No:25606 U+08C03 调 00000010 0.0001/万 99.9975%	No:25607 U+08D7B 赻 00000010 0.0001/万 99.9974%	No:25608 U+08D93 趓 00000010 0.0001/万 99.9975%	No:25609 U+08DF9 跹 00000010 0.0001/万 99.9974%	No:25610 U+08EDA 軚 00000010 0.0001/万 99.9974%
No:25611 U+08FDC 远 00000010 0.0001/万 99.9974%	No:25612 U+08FF6 迶 00000010 0.0001/万 99.9974%	No:25613 U+0923E 鈾 00000010 0.0001/万 99.9974%	No:25614 U+09269 鉩 00000010 0.0001/万 99.9974%	No:25615 U+09342 鍂 00000010 0.0001/万 99.9975%	No:25616 U+09343 鍃 00000010 0.0001/万 99.9974%	No:25617 U+09355 鍕 00000010 0.0001/万 99.9974%	No:25618 U+09389 鎉 00000010 0.0001/万 99.9974%	No:25619 U+093BD 鎽 00000010 0.0001/万 99.9974%	No:25620 U+09424 鐤 00000010 0.0001/万 99.9975%
No:25621 U+0943D 鐽 00000010 0.0001/万 99.9975%	No:25622 U+09443 鑃 00000010 0.0001/万 99.9974%	No:25623 U+0959A 閚 00000010 0.0001/万 99.9974%	No:25624 U+095D9 闙 00000010 0.0001/万 99.9975%	No:25625 U+09680 隀 00000010 0.0001/万 99.9974%	No:25626 U+096A2 隢 00000010 0.0001/万 99.9974%	No:25627 U+096F8 雸 00000010 0.0001/万 99.9974%	No:25628 U+09796 鞖 00000010 0.0001/万 99.9970%	No:25629 U+0981A 頚 00000010 0.0001/万 99.9970%	No:25630 U+0991C 餜 00000010 0.0001/万 99.9971%
No:25631 U+09A14 騔 00000010 0.0001/万 99.9971%	No:25632 U+09AC9 髉 00000010 0.0001/万 99.9971%	No:25633 U+09B69 魩 00000010 0.0001/万 99.9970%	No:25634 U+09B83 鮃 00000010 0.0001/万 99.9971%	No:25635 U+09BC2 鯂 00000010 0.0001/万 99.9971%	No:25636 U+09BE3 鯣 00000010 0.0001/万 99.9970%	No:25637 U+09C03 鰃 00000010 0.0001/万 99.9970%	No:25638 U+09C16 鰖 00000010 0.0001/万 99.9970%	No:25639 U+09DEC 鷬 00000010 0.0001/万 99.9970%	No:25640 U+09EAD 麭 00000010 0.0001/万 99.9971%
No:25641 U+0E7A9 [illegible] 00000010 0.0001/万 99.9970%	No:25642 U+0EAD0 噦 00000010 0.0001/万 99.9970%	No:25643 U+0F003 [illegible] 00000010 0.0001/万 99.9970%	No:25644 U+0F004 [illegible] 00000010 0.0001/万 99.9970%	No:25645 U+0F00E 渼 00000010 0.0001/万 99.9970%	No:25646 U+0F69E 埄 00000010 0.0001/万 99.9970%	No:25647 U+0F7C2 门 00000010 0.0001/万 99.9970%	No:25648 U+E14 [illegible] 00000010 0.0001/万 99.9971%	No:25649 U+E5A 谷 00000010 0.0001/万 99.9971%	No:25650 U+EC5 刮 00000010 0.0001/万 99.9971%
No:25651 U+EF3 哚 00000010 0.0001/万 99.9971%	No:25652 U+EA7 許 00000010 0.0001/万 99.9971%	No:25653 U+E0B [illegible] 00000010 0.0001/万 99.9971%	No:25654 U+E36 [illegible] 00000010 0.0001/万 99.9971%	No:25655 U+E3A 垔 00000010 0.0001/万 99.9971%	No:25656 U+E32 [illegible] 00000010 0.0001/万 99.9973%	No:25657 U+E6C [illegible] 00000010 0.0001/万 99.9973%	No:25658 U+E56 [illegible] 00000010 0.0001/万 99.9973%	No:25659 U+FCC [illegible] 00000010 0.0001/万 99.9973%	No:25660 U+F8D 舌 00000010 0.0001/万 99.9973%
No:25661 U+EDF [illegible] 00000010 0.0001/万 99.9971%	No:25662 U+E05 趣 00000010 0.0001/万 99.9973%	No:25663 U+EB4 [illegible] 00000010 0.0001/万 99.9973%	No:25664 U+E8D 臬 00000010 0.0001/万 99.9973%	No:25665 U+EA6 [illegible] 00000010 0.0001/万 99.9971%	No:25666 U+FFB [illegible] 00000010 0.0001/万 99.9972%	No:25667 U+F0C [illegible] 00000010 0.0001/万 99.9973%	No:25668 U+E37 添 00000010 0.0001/万 99.9973%	No:25669 U+E1F [illegible] 00000010 0.0001/万 99.9972%	No:25670 U+E3F 爱 00000010 0.0001/万 99.9973%
No:25671 U+E25 [illegible] 00000010 0.0001/万 99.9973%	No:25672 U+F1A [illegible] 00000010 0.0001/万 99.9973%	No:25673 U+FFD [illegible] 00000010 0.0001/万 99.9972%	No:25674 U+E81 [illegible] 00000010 0.0001/万 99.9972%	No:25675 U+EAE [illegible] 00000010 0.0001/万 99.9973%	No:25676 U+E7A [illegible] 00000010 0.0001/万 99.9971%	No:25677 U+EC4 [illegible] 00000010 0.0001/万 99.9971%	No:25678 U+E17 [illegible] 00000010 0.0001/万 99.9971%	No:25679 U+EF4 [illegible] 00000010 0.0001/万 99.9973%	No:25680 U+EE4 [illegible] 00000010 0.0001/万 99.9973%
No:25681 U+E05 [illegible] 00000010 0.0001/万 99.9971%	No:25682 U+E34 [illegible] 00000010 0.0001/万 99.9971%	No:25683 U+EC3 [illegible] 00000010 0.0001/万 99.9972%	No:25684 U+E5D 貐 00000010 0.0001/万 99.9972%	No:25685 U+EB7 [illegible] 00000010 0.0001/万 99.9973%	No:25686 U+F75 [illegible] 00000010 0.0001/万 99.9971%	No:25687 U+E84 [illegible] 00000010 0.0001/万 99.9971%	No:25688 U+EBA [illegible] 00000010 0.0001/万 99.9971%	No:25689 U+E0B [illegible] 00000010 0.0001/万 99.9971%	No:25690 U+E44 [illegible] 00000010 0.0001/万 99.9971%
No:25691 U+E0F [illegible] 00000010 0.0001/万 99.9971%	No:25692 U+EA8 [illegible] 00000010 0.0001/万 99.9971%	No:25693 U+03416 㐖 00000009 0.0001/万 99.9975%	No:25694 U+0344D 㑍 00000009 0.0001/万 99.9976%	No:25695 U+0344E 㑎 00000009 0.0001/万 99.9976%	No:25696 U+03464 㑤 00000009 0.0001/万 99.9976%	No:25697 U+03470 㑰 00000009 0.0001/万 99.9976%	No:25698 U+034A2 㒢 00000009 0.0001/万 99.9975%	No:25699 U+034D4 㓔 00000009 0.0001/万 99.9976%	No:25700 U+034ED 㓭 00000009 0.0001/万 99.9976%

No:25701 U+03501 㔁 00000009 0.0001/万 99.9977%	No:25702 U+0352D 㔭 00000009 0.0001/万 99.9978%	No:25703 U+03531 㔱 00000009 0.0001/万 99.9978%	No:25704 U+03569 㕩 00000009 0.0001/万 99.9978%	No:25705 U+035C2 㗂 00000009 0.0001/万 99.9977%	No:25706 U+035C6 㗆 00000009 0.0001/万 99.9977%	No:25707 U+035EA 㗪 00000009 0.0001/万 99.9977%	No:25708 U+035FE 㗾 00000009 0.0001/万 99.9977%	No:25709 U+03610 㘐 00000009 0.0001/万 99.9977%	No:25710 U+03617 㘗 00000009 0.0001/万 99.9977%
No:25711 U+03643 㙃 00000009 0.0001/万 99.9977%	No:25712 U+03678 㙸 00000009 0.0001/万 99.9977%	No:25713 U+0369A 㚚 00000009 0.0001/万 99.9977%	No:25714 U+036A1 㚡 00000009 0.0001/万 99.9977%	No:25715 U+036E9 㛩 00000009 0.0001/万 99.9977%	No:25716 U+0372F 㜯 00000009 0.0001/万 99.9977%	No:25717 U+03733 㜳 00000009 0.0001/万 99.9977%	No:25718 U+0373C 㜼 00000009 0.0001/万 99.9977%	No:25719 U+03749 㝉 00000009 0.0001/万 99.9977%	No:25720 U+03765 㝥 00000009 0.0001/万 99.9977%
No:25721 U+03781 㞁 00000009 0.0001/万 99.9977%	No:25722 U+03789 㞉 00000009 0.0001/万 99.9977%	No:25723 U+037BA 㞺 00000009 0.0001/万 99.9978%	No:25724 U+03855 㡕 00000009 0.0001/万 99.9977%	No:25725 U+03856 㡖 00000009 0.0001/万 99.9977%	No:25726 U+03866 㡦 00000009 0.0001/万 99.9977%	No:25727 U+0386B 㡫 00000009 0.0001/万 99.9978%	No:25728 U+038C1 㣁 00000009 0.0001/万 99.9976%	No:25729 U+038C3 㣃 00000009 0.0001/万 99.9976%	No:25730 U+0391A 㤚 00000009 0.0001/万 99.9975%
No:25731 U+03935 㤵 00000009 0.0001/万 99.9977%	No:25732 U+03978 㥸 00000009 0.0001/万 99.9975%	No:25733 U+03998 㦘 00000009 0.0001/万 99.9975%	No:25734 U+039D4 㧔 00000009 0.0001/万 99.9975%	No:25735 U+03A07 㨇 00000009 0.0001/万 99.9976%	No:25736 U+03A1E 㨞 00000009 0.0001/万 99.9976%	No:25737 U+03A22 㨢 00000009 0.0001/万 99.9976%	No:25738 U+03A42 㩂 00000009 0.0001/万 99.9976%	No:25739 U+03A84 㪄 00000009 0.0001/万 99.9976%	No:25740 U+03AA8 㪨 00000009 0.0001/万 99.9976%
No:25741 U+03AED 㫭 00000009 0.0001/万 99.9976%	No:25742 U+03B14 㬔 00000009 0.0001/万 99.9976%	No:25743 U+03B33 㬳 00000009 0.0001/万 99.9976%	No:25744 U+03B3A 㬺 00000009 0.0001/万 99.9976%	No:25745 U+03B47 㭇 00000009 0.0001/万 99.9976%	No:25746 U+03BE8 㯨 00000009 0.0001/万 99.9976%	No:25747 U+03C1B 㰛 00000009 0.0001/万 99.9976%	No:25748 U+03C67 㱧 00000009 0.0001/万 99.9976%	No:25749 U+03C86 㲆 00000009 0.0001/万 99.9976%	No:25750 U+03CAE 㲮 00000009 0.0001/万 99.9975%
No:25751 U+03CCE 㳎 00000009 0.0001/万 99.9975%	No:25752 U+03CED 㳭 00000009 0.0001/万 99.9976%	No:25753 U+03D56 㵖 00000009 0.0001/万 99.9977%	No:25754 U+03D58 㵘 00000009 0.0001/万 99.9978%	No:25755 U+03DC3 㷃 00000009 0.0001/万 99.9977%	No:25756 U+03E3D 㸽 00000009 0.0001/万 99.9977%	No:25757 U+03E51 㹑 00000009 0.0001/万 99.9977%	No:25758 U+03E6C 㹬 00000009 0.0001/万 99.9977%	No:25759 U+03E6D 㹭 00000009 0.0001/万 99.9977%	No:25760 U+03EA7 㺧 00000009 0.0001/万 99.9978%
No:25761 U+03EC0 㻀 00000009 0.0001/万 99.9978%	No:25762 U+03EF0 㻰 00000009 0.0001/万 99.9976%	No:25763 U+03F3A 㼺 00000009 0.0001/万 99.9976%	No:25764 U+03F57 㽗 00000009 0.0001/万 99.9975%	No:25765 U+03F94 㾔 00000009 0.0001/万 99.9977%	No:25766 U+03FB6 㾶 00000009 0.0001/万 99.9977%	No:25767 U+03FBF 㾿 00000009 0.0001/万 99.9977%	No:25768 U+03FE6 㿦 00000009 0.0001/万 99.9978%	No:25769 U+040A4 䂤 00000009 0.0001/万 99.9975%	No:25770 U+040DE 䃞 00000009 0.0001/万 99.9977%
No:25771 U+04123 䄣 00000009 0.0001/万 99.9977%	No:25772 U+04128 䄨 00000009 0.0001/万 99.9977%	No:25773 U+0413E 䄾 00000009 0.0001/万 99.9977%	No:25774 U+04160 䅠 00000009 0.0001/万 99.9978%	No:25775 U+0417F 䅿 00000009 0.0001/万 99.9976%	No:25776 U+041BD 䆽 00000009 0.0001/万 99.9976%	No:25777 U+041C1 䇁 00000009 0.0001/万 99.9976%	No:25778 U+041E7 䇧 00000009 0.0001/万 99.9975%	No:25779 U+041EA 䇪 00000009 0.0001/万 99.9975%	No:25780 U+04237 䈷 00000009 0.0001/万 99.9978%
No:25781 U+04259 䉙 00000009 0.0001/万 99.9977%	No:25782 U+042AF 䊯 00000009 0.0001/万 99.9977%	No:25783 U+042BD 䊽 00000009 0.0001/万 99.9977%	No:25784 U+042CD 䋍 00000009 0.0001/万 99.9977%	No:25785 U+042F9 䋹 00000009 0.0001/万 99.9977%	No:25786 U+04331 䌱 00000009 0.0001/万 99.9977%	No:25787 U+04346 䍆 00000009 0.0001/万 99.9977%	No:25788 U+0435F 䍟 00000009 0.0001/万 99.9977%	No:25789 U+04391 䎑 00000009 0.0001/万 99.9978%	No:25790 U+043A3 䎣 00000009 0.0001/万 99.9978%
No:25791 U+043B2 䎲 00000009 0.0001/万 99.9978%	No:25792 U+043B4 䎴 00000009 0.0001/万 99.9978%	No:25793 U+043BD 䎽 00000009 0.0001/万 99.9978%	No:25794 U+043EF 䏯 00000009 0.0001/万 99.9978%	No:25795 U+04405 䐅 00000009 0.0001/万 99.9978%	No:25796 U+04415 䐕 00000009 0.0001/万 99.9978%	No:25797 U+0444C 䑌 00000009 0.0001/万 99.9975%	No:25798 U+0444D 䑍 00000009 0.0001/万 99.9976%	No:25799 U+044A4 䒤 00000009 0.0001/万 99.9975%	No:25800 U+0453B 䔻 00000009 0.0001/万 99.9976%

No:25801 U+04549 䕉 00000009 0.0001/万 99.9976%	No:25802 U+04555 䕕 00000009 0.0001/万 99.9976%	No:25803 U+04573 䕳 00000009 0.0001/万 99.9976%	No:25804 U+0459A 䖚 00000009 0.0001/万 99.9976%	No:25805 U+04618 䘘 00000009 0.0001/万 99.9976%	No:25806 U+0461F 䘟 00000009 0.0001/万 99.9975%	No:25807 U+04625 䘥 00000009 0.0001/万 99.9975%	No:25808 U+0462D 䘭 00000009 0.0001/万 99.9975%	No:25809 U+04664 䙤 00000009 0.0001/万 99.9976%	No:25810 U+0466E 䙮 00000009 0.0001/万 99.9975%
No:25811 U+04688 䚈 00000009 0.0001/万 99.9976%	No:25812 U+046BE 䚾 00000009 0.0001/万 99.9976%	No:25813 U+046F0 䛰 00000009 0.0001/万 99.9976%	No:25814 U+04707 䜇 00000009 0.0001/万 99.9976%	No:25815 U+04716 䜖 00000009 0.0001/万 99.9976%	No:25816 U+0472C 䜬 00000009 0.0001/万 99.9976%	No:25817 U+0476C 䝬 00000009 0.0001/万 99.9976%	No:25818 U+047A7 䞧 00000009 0.0001/万 99.9976%	No:25819 U+047B0 䞰 00000009 0.0001/万 99.9976%	No:25820 U+047F2 䟲 00000009 0.0001/万 99.9976%
No:25821 U+0482B 䠫 00000009 0.0001/万 99.9976%	No:25822 U+04833 䠳 00000009 0.0001/万 99.9976%	No:25823 U+04860 䡠 00000009 0.0001/万 99.9976%	No:25824 U+048B6 䢶 00000009 0.0001/万 99.9975%	No:25825 U+04921 䤡 00000009 0.0001/万 99.9976%	No:25826 U+04937 䤷 00000009 0.0001/万 99.9975%	No:25827 U+049BF 䦿 00000009 0.0001/万 99.9978%	No:25828 U+049D7 䧗 00000009 0.0001/万 99.9978%	No:25829 U+049F7 䧷 00000009 0.0001/万 99.9977%	No:25830 U+04A0D 䨍 00000009 0.0001/万 99.9977%
No:25831 U+04A35 䨵 00000009 0.0001/万 99.9977%	No:25832 U+04A37 䨷 00000009 0.0001/万 99.9977%	No:25833 U+04A40 䩀 00000009 0.0001/万 99.9977%	No:25834 U+04AF7 䫷 00000009 0.0001/万 99.9978%	No:25835 U+04AFD 䫽 00000009 0.0001/万 99.9978%	No:25836 U+04B22 䬢 00000009 0.0001/万 99.9978%	No:25837 U+04B57 䭗 00000009 0.0001/万 99.9977%	No:25838 U+04B6F 䭯 00000009 0.0001/万 99.9977%	No:25839 U+04B73 䭳 00000009 0.0001/万 99.9977%	No:25840 U+04B83 䮃 00000009 0.0001/万 99.9977%
No:25841 U+04B88 䮈 00000009 0.0001/万 99.9977%	No:25842 U+04BE7 䯧 00000009 0.0001/万 99.9977%	No:25843 U+04C4D 䱍 00000009 0.0001/万 99.9977%	No:25844 U+04C6D 䱭 00000009 0.0001/万 99.9977%	No:25845 U+04CAE 䲮 00000009 0.0001/万 99.9977%	No:25846 U+04CBC 䲼 00000009 0.0001/万 99.9977%	No:25847 U+04CFF 䳿 00000009 0.0001/万 99.9977%	No:25848 U+04D1E 䴞 00000009 0.0001/万 99.9977%	No:25849 U+04D2A 䴪 00000009 0.0001/万 99.9977%	No:25850 U+04D2F 䴯 00000009 0.0001/万 99.9978%
No:25851 U+04D7D 䵽 00000009 0.0001/万 99.9977%	No:25852 U+04E97 亗 00000009 0.0001/万 99.9977%	No:25853 U+0509F 傟 00000009 0.0001/万 99.9978%	No:25854 U+050FA 僺 00000009 0.0001/万 99.9977%	No:25855 U+05128 儨 00000009 0.0001/万 99.9977%	No:25856 U+051B4 冴 00000009 0.0001/万 99.9975%	No:25857 U+051D0 凐 00000009 0.0001/万 99.9976%	No:25858 U+05350 卐 00000009 0.0001/万 99.9975%	No:25859 U+0538C 厌 00000009 0.0001/万 99.9976%	No:25860 U+05491 咑 00000009 0.0001/万 99.9976%
No:25861 U+054EC 哬 00000009 0.0001/万 99.9976%	No:25862 U+05500 唀 00000009 0.0001/万 99.9976%	No:25863 U+05512 唒 00000009 0.0001/万 99.9976%	No:25864 U+0554A 啊 00000009 0.0001/万 99.9975%	No:25865 U+05677 噷 00000009 0.0001/万 99.9975%	No:25866 U+056CD 囍 00000009 0.0001/万 99.9978%	No:25867 U+0575B 坛 00000009 0.0001/万 99.9978%	No:25868 U+057A6 垦 00000009 0.0001/万 99.9977%	No:25869 U+05867 塧 00000009 0.0001/万 99.9977%	No:25870 U+0586C 塬 00000009 0.0001/万 99.9977%
No:25871 U+0586D 塭 00000009 0.0001/万 99.9977%	No:25872 U+059A1 妡 00000009 0.0001/万 99.9978%	No:25873 U+05A83 媃 00000009 0.0001/万 99.9978%	No:25874 U+05A87 媇 00000009 0.0001/万 99.9978%	No:25875 U+05AAC 媬 00000009 0.0001/万 99.9976%	No:25876 U+05ACD 嫍 00000009 0.0001/万 99.9976%	No:25877 U+05ADE 嫞 00000009 0.0001/万 99.9976%	No:25878 U+05B0F 嬏 00000009 0.0001/万 99.9975%	No:25879 U+05BBE 宾 00000009 0.0001/万 99.9976%	No:25880 U+05C2E 尮 00000009 0.0001/万 99.9976%
No:25881 U+05D3B 崻 00000009 0.0001/万 99.9976%	No:25882 U+05D96 嶖 00000009 0.0001/万 99.9975%	No:25883 U+05DA5 嶥 00000009 0.0001/万 99.9975%	No:25884 U+05F2C 弬 00000009 0.0001/万 99.9979%	No:25885 U+05F53 当 00000009 0.0001/万 99.9978%	No:25886 U+05FB0 徰 00000009 0.0001/万 99.9978%	No:25887 U+05FF9 忹 00000009 0.0001/万 99.9978%	No:25888 U+06185 憅 00000009 0.0001/万 99.9978%	No:25889 U+062C0 拀 00000009 0.0001/万 99.9979%	No:25890 U+06304 挄 00000009 0.0001/万 99.9978%
No:25891 U+06407 搇 00000009 0.0001/万 99.9978%	No:25892 U+0641D 搝 00000009 0.0001/万 99.9978%	No:25893 U+06501 攁 00000009 0.0001/万 99.9978%	No:25894 U+0658A 斊 00000009 0.0001/万 99.9979%	No:25895 U+0660D 昍 00000009 0.0001/万 99.9979%	No:25896 U+0675B 杛 00000009 0.0001/万 99.9978%	No:25897 U+0699A 榚 00000009 0.0001/万 99.9978%	No:25898 U+069B5 榵 00000009 0.0001/万 99.9979%	No:25899 U+06A04 樄 00000009 0.0001/万 99.9978%	No:25900 U+06A0B 樋 00000009 0.0001/万 99.9978%

No:25901 U+06A4C 橌 00000009 0.0001/万 99.9978%	No:25902 U+06AEF 橅 00000009 0.0001/万 99.9978%	No:25903 U+06AFF 櫿 00000009 0.0001/万 99.9979%	No:25904 U+06B68 歨 00000009 0.0001/万 99.9978%	No:25905 U+06B8E 殎 00000009 0.0001/万 99.9978%	No:25906 U+06C9F 沟 00000009 0.0001/万 99.9978%	No:25907 U+06CE4 泤 00000009 0.0001/万 99.9979%	No:25908 U+06D57 浗 00000009 0.0001/万 99.9979%	No:25909 U+06E81 溁 00000009 0.0001/万 99.9978%	No:25910 U+06EE8 滨 00000009 0.0001/万 99.9978%
No:25911 U+06F9B 澛 00000009 0.0001/万 99.9979%	No:25912 U+07193 熓 00000009 0.0001/万 99.9979%	No:25913 U+07305 猅 00000009 0.0001/万 99.9979%	No:25914 U+07341 獁 00000009 0.0001/万 99.9978%	No:25915 U+0738D 玍 00000009 0.0001/万 99.9979%	No:25916 U+073FC 珼 00000009 0.0001/万 99.9978%	No:25917 U+074CB 瓋 00000009 0.0001/万 99.9979%	No:25918 U+07549 畉 00000009 0.0001/万 99.9978%	No:25919 U+07551 畑 00000009 0.0001/万 99.9978%	No:25920 U+07553 畓 00000009 0.0001/万 99.9978%
No:25921 U+075DA 痚 00000009 0.0001/万 99.9979%	No:25922 U+07698 皘 00000009 0.0001/万 99.9978%	No:25923 U+07804 砄 00000009 0.0001/万 99.9979%	No:25924 U+07862 硢 00000009 0.0001/万 99.9979%	No:25925 U+0787D 硽 00000009 0.0001/万 99.9978%	No:25926 U+078B0 碰 00000009 0.0001/万 99.9978%	No:25927 U+07A29 稩 00000009 0.0001/万 99.9978%	No:25928 U+07B57 筗 00000009 0.0001/万 99.9978%	No:25929 U+07BA5 箥 00000009 0.0001/万 99.9979%	No:25930 U+07C93 粓 00000009 0.0001/万 99.9979%
No:25931 U+07CB6 粶 00000009 0.0001/万 99.9978%	No:25932 U+07D57 絗 00000009 0.0001/万 99.9978%	No:25933 U+07DEE 緮 00000009 0.0001/万 99.9978%	No:25934 U+07F84 羄 00000009 0.0001/万 99.9978%	No:25935 U+07FC9 翉 00000009 0.0001/万 99.9978%	No:25936 U+08038 耸 00000009 0.0001/万 99.9979%	No:25937 U+0806C 聬 00000009 0.0001/万 99.9978%	No:25938 U+08126 脦 00000009 0.0001/万 99.9979%	No:25939 U+0824A 艊 00000009 0.0001/万 99.9978%	No:25940 U+082DA 苚 00000009 0.0001/万 99.9979%
No:25941 U+08371 荱 00000009 0.0001/万 99.9978%	No:25942 U+083A1 莡 00000009 0.0001/万 99.9978%	No:25943 U+08402 萂 00000009 0.0001/万 99.9979%	No:25944 U+085AD 薭 00000009 0.0001/万 99.9978%	No:25945 U+0860F 蘏 00000009 0.0001/万 99.9978%	No:25946 U+086FD 蛽 00000009 0.0001/万 99.9979%	No:25947 U+08748 蝈 00000009 0.0001/万 99.9979%	No:25948 U+08864 衤 00000009 0.0001/万 99.9978%	No:25949 U+088AD 袭 00000009 0.0001/万 99.9979%	No:25950 U+08A9D 誝 00000009 0.0001/万 99.9979%
No:25951 U+08BBE 设 00000009 0.0001/万 99.9978%	No:25952 U+08C25 谥 00000009 0.0001/万 99.9978%	No:25953 U+08CE9 賩 00000009 0.0001/万 99.9978%	No:25954 U+09208 鈈 00000009 0.0001/万 99.9978%	No:25955 U+09261 鉡 00000009 0.0001/万 99.9978%	No:25956 U+09330 錰 00000009 0.0001/万 99.9978%	No:25957 U+093AF 鎯 00000009 0.0001/万 99.9978%	No:25958 U+0941E 鐞 00000009 0.0001/万 99.9978%	No:25959 U+0945F 鑟 00000009 0.0001/万 99.9979%	No:25960 U+095E7 闧 00000009 0.0001/万 99.9979%
No:25961 U+095F7 闷 00000009 0.0001/万 99.9979%	No:25962 U+09629 阩 00000009 0.0001/万 99.9978%	No:25963 U+09637 阷 00000009 0.0001/万 99.9979%	No:25964 U+09679 陹 00000009 0.0001/万 99.9978%	No:25965 U+098DE 飞 00000009 0.0001/万 99.9975%	No:25966 U+0994F 饏 00000009 0.0001/万 99.9975%	No:25967 U+0995A 饚 00000009 0.0001/万 99.9975%	No:25968 U+099C6 駆 00000009 0.0001/万 99.9975%	No:25969 U+09AAE 骮 00000009 0.0001/万 99.9975%	No:25970 U+09B59 魙 00000009 0.0001/万 99.9975%
No:25971 U+09BD1 鯑 00000009 0.0001/万 99.9975%	No:25972 U+09BFB 鯻 00000009 0.0001/万 99.9975%	No:25973 U+09C04 鰄 00000009 0.0001/万 99.9975%	No:25974 U+09C1B 鰛 00000009 0.0001/万 99.9975%	No:25975 U+09C76 鱶 00000009 0.0001/万 99.9975%	No:25976 U+09CAB 鯽 00000009 0.0001/万 99.9975%	No:25977 U+09D7C 鵼 00000009 0.0001/万 99.9975%	No:25978 U+0E7A2 ⿱⺮⿷匚巴 00000009 0.0001/万 99.9975%	No:25979 U+0E7A4 ⿱⺮⿷匚夭 00000009 0.0001/万 99.9975%	No:25980 U+0E7A8 ⿱⺮⿷匚五 00000009 0.0001/万 99.9975%
No:25981 U+0E8F7 ⿱⺮遠 00000009 0.0001/万 99.9975%	No:25982 U+0F58A ⿰谷干 00000009 0.0001/万 99.9975%	No:25983 U+0F6A0 ⿰土鄉 00000009 0.0001/万 99.9975%	No:25984 U+0F6B0 ⿰王毋 00000009 0.0001/万 99.9975%	No:25985 U+0F87F ⿱亼盧 00000009 0.0001/万 99.9975%	No:25986 U+E39 兆 00000009 0.0001/万 99.9976%	No:25987 U+EDA ⿰幾刂 00000009 0.0001/万 99.9977%	No:25988 U+FA6 ⿸厂卑 00000009 0.0001/万 99.9977%	No:25989 U+E7D ⿸厂辟 00000009 0.0001/万 99.9977%	No:25990 U+E0C ⿰口普 00000009 0.0001/万 99.9976%
No:25991 U+E17 噭 00000009 0.0001/万 99.9976%	No:25992 U+E19 ⿰口應 00000009 0.0001/万 99.9976%	No:25993 U+E39 坙 00000009 0.0001/万 99.9976%	No:25994 U+ED7 ⿰女忌 00000009 0.0001/万 99.9976%	No:25995 U+E99 ⿰山薑 00000009 0.0001/万 99.9977%	No:25996 U+EA4 ⿰山甗 00000009 0.0001/万 99.9977%	No:25997 U+F47 ⿰彳胃 00000009 0.0001/万 99.9977%	No:25998 U+F3C 忏 00000009 0.0001/万 99.9977%	No:25999 U+E6F ⿰忄存 00000009 0.0001/万 99.9977%	No:26000 U+E00 ⿰日禹 00000009 0.0001/万 99.9975%

No:26001 U+E41 ⿰月禾 00000009 0.0001/万 99.9977%	No:26002 U+E8F ⿰娄欠 00000009 0.0001/万 99.9977%	No:26003 U+E30 ⿰氵夗 00000009 0.0001/万 99.9975%	No:26004 U+EDA ⿰氵彦 00000009 0.0001/万 99.9976%	No:26005 U+EE9 ⿰火韱 00000009 0.0001/万 99.9978%	No:26006 U+E68 ⿰火鏖 00000009 0.0001/万 99.9978%	No:26007 U+EF8 ⿰犭甯 00000009 0.0001/万 99.9976%	No:26008 U+FB1 ⿰王喬 00000009 0.0001/万 99.9975%	No:26009 U+EB9 ⿸疒去 00000009 0.0001/万 99.9976%	No:26010 U+EC6 ⿸疒欶 00000009 0.0001/万 99.9976%
No:26011 U+E8E ⿰石必 00000009 0.0001/万 99.9976%	No:26012 U+EB7 ⿰石學 00000009 0.0001/万 99.9976%	No:26013 U+EAD ⿰豙加 00000009 0.0001/万 99.9976%	No:26014 U+EC3 ⿰禾戠 00000009 0.0001/万 99.9975%	No:26015 U+EEE ⿱竹析 00000009 0.0001/万 99.9976%	No:26016 U+EEF ⿱竹屋 00000009 0.0001/万 99.9976%	No:26017 U+E04 ⿱竹狼 00000009 0.0001/万 99.9976%	No:26018 U+E97 ⿱竹帶 00000009 0.0001/万 99.9976%	No:26019 U+E1F ⿱竹雙 00000009 0.0001/万 99.9975%	No:26020 U+E2F ⿰米斯 00000009 0.0001/万 99.9976%
No:26021 U+E43 緊 00000009 0.0001/万 99.9978%	No:26022 U+E3F 擘 00000009 0.0001/万 99.9977%	No:26023 U+E46 ⿰月逆 00000009 0.0001/万 99.9976%	No:26024 U+F03 ⿰月逕 00000009 0.0001/万 99.9975%	No:26025 U+FA5 ⿰舟蠡 00000009 0.0001/万 99.9977%	No:26026 U+E50 ⿱艹劣 00000009 0.0001/万 99.9975%	No:26027 U+FB9 ⿱艹毬 00000009 0.0001/万 99.9976%	No:26028 U+EEF ⿰虫奄 00000009 0.0001/万 99.9976%	No:26029 U+E63 萤 00000009 0.0001/万 99.9976%	No:26030 U+FD5 ⿰衤昔 00000009 0.0001/万 99.9978%
No:26031 U+ECB ⿰言員 00000009 0.0001/万 99.9977%	No:26032 U+F3B ⿰足匣 00000009 0.0001/万 99.9977%	No:26033 U+E72 ⿰足廣 00000009 0.0001/万 99.9977%	No:26034 U+E51 ⿰酉念 00000009 0.0001/万 99.9976%	No:26035 U+E73 鍪 00000009 0.0001/万 99.9975%	No:26036 U+EA4 鬧 00000009 0.0001/万 99.9977%	No:26037 U+F77 ⿰阝坐 00000009 0.0001/万 99.9978%	No:26038 U+EC8 ⿰車支 00000009 0.0001/万 99.9975%	No:26039 U+FDD ⿰馬段 00000009 0.0001/万 99.9975%	No:26040 U+F1C ⿱髟念 00000009 0.0001/万 99.9978%
No:26041 U+E55 ⿰魚嬰 00000009 0.0001/万 99.9977%	No:26042 U+E1A ⿱執黑 00000009 0.0001/万 99.9976%	No:26043 U+FA0 ⿱齊冊 00000009 0.0001/万 99.9976%	No:26044 U+0343B 㐻 00000008 0.0001/万 99.9980%	No:26045 U+0344F 㑏 00000008 0.0001/万 99.9980%	No:26046 U+03482 㒂 00000008 0.0001/万 99.9980%	No:26047 U+03495 㒕 00000008 0.0001/万 99.9980%	No:26048 U+034B4 㒴 00000008 0.0001/万 99.9980%	No:26049 U+034C9 㓉 00000008 0.0001/万 99.9980%	No:26050 U+034FE 㓾 00000008 0.0001/万 99.9980%
No:26051 U+03511 㔑 00000008 0.0001/万 99.9980%	No:26052 U+03513 㔓 00000008 0.0001/万 99.9980%	No:26053 U+03556 㕖 00000008 0.0001/万 99.9980%	No:26054 U+0357A 㕺 00000008 0.0001/万 99.9980%	No:26055 U+03584 㖄 00000008 0.0001/万 99.9980%	No:26056 U+03593 㖓 00000008 0.0001/万 99.9980%	No:26057 U+035A3 㖣 00000008 0.0001/万 99.9980%	No:26058 U+0360D 㘍 00000008 0.0001/万 99.9981%	No:26059 U+03653 㙓 00000008 0.0001/万 99.9981%	No:26060 U+03656 㙖 00000008 0.0001/万 99.9981%
No:26061 U+03662 㙢 00000008 0.0001/万 99.9981%	No:26062 U+03690 㚐 00000008 0.0001/万 99.9981%	No:26063 U+036BA 㚺 00000008 0.0001/万 99.9981%	No:26064 U+0372B 㜫 00000008 0.0001/万 99.9981%	No:26065 U+03753 㝓 00000008 0.0001/万 99.9981%	No:26066 U+03759 㝙 00000008 0.0001/万 99.9981%	No:26067 U+037D8 㟘 00000008 0.0001/万 99.9981%	No:26068 U+037DC 㟜 00000008 0.0001/万 99.9981%	No:26069 U+0381A 㠚 00000008 0.0001/万 99.9981%	No:26070 U+0383B 㠻 00000008 0.0001/万 99.9981%
No:26071 U+03880 㢀 00000008 0.0001/万 99.9981%	No:26072 U+03886 㢆 00000008 0.0001/万 99.9981%	No:26073 U+0388D 㢍 00000008 0.0001/万 99.9981%	No:26074 U+038E2 㣢 00000008 0.0001/万 99.9981%	No:26075 U+038F5 㣵 00000008 0.0001/万 99.9981%	No:26076 U+03908 㤈 00000008 0.0001/万 99.9981%	No:26077 U+03933 㤳 00000008 0.0001/万 99.9981%	No:26078 U+0394C 㥌 00000008 0.0001/万 99.9981%	No:26079 U+03987 㦇 00000008 0.0001/万 99.9981%	No:26080 U+0398A 㦊 00000008 0.0001/万 99.9981%
No:26081 U+039A1 㦡 00000008 0.0001/万 99.9981%	No:26082 U+039C8 㧈 00000008 0.0001/万 99.9981%	No:26083 U+03A24 㨤 00000008 0.0001/万 99.9981%	No:26084 U+03A32 㨲 00000008 0.0001/万 99.9981%	No:26085 U+03A5B 㩛 00000008 0.0001/万 99.9981%	No:26086 U+03A6B 㩫 00000008 0.0001/万 99.9981%	No:26087 U+03AA2 㪢 00000008 0.0001/万 99.9981%	No:26088 U+03AA9 㪩 00000008 0.0001/万 99.9981%	No:26089 U+03AB8 㪸 00000008 0.0001/万 99.9981%	No:26090 U+03ABC 㪼 00000008 0.0001/万 99.9981%
No:26091 U+03ACC 㫌 00000008 0.0001/万 99.9981%	No:26092 U+03AE2 㫢 00000008 0.0001/万 99.9981%	No:26093 U+03AE7 㫧 00000008 0.0001/万 99.9981%	No:26094 U+03B66 㭦 00000008 0.0001/万 99.9981%	No:26095 U+03B78 㭸 00000008 0.0001/万 99.9981%	No:26096 U+03BBA 㮺 00000008 0.0001/万 99.9981%	No:26097 U+03BC7 㯇 00000008 0.0001/万 99.9981%	No:26098 U+03BD8 㯘 00000008 0.0001/万 99.9981%	No:26099 U+03BFE 㯾 00000008 0.0001/万 99.9981%	No:26100 U+03C27 㰧 00000008 0.0001/万 99.9981%

No:26101 U+03C6B 㱫 00000008 0.0001/万 99.9981%	No:26102 U+03C81 㲁 00000008 0.0001/万 99.9980%	No:26103 U+03C9B 㲛 00000008 0.0001/万 99.9980%	No:26104 U+03C9F 㲟 00000008 0.0001/万 99.9980%	No:26105 U+03CD6 㳖 00000008 0.0001/万 99.9980%	No:26106 U+03CF5 㳵 00000008 0.0001/万 99.9980%	No:26107 U+03D2E 㴮 00000008 0.0001/万 99.9980%	No:26108 U+03D43 㵃 00000008 0.0001/万 99.9980%	No:26109 U+03D4A 㵊 00000008 0.0001/万 99.9980%	No:26110 U+03D54 㵔 00000008 0.0001/万 99.9980%
No:26111 U+03D64 㵤 00000008 0.0001/万 99.9980%	No:26112 U+03D76 㵶 00000008 0.0001/万 99.9980%	No:26113 U+03D97 㶗 00000008 0.0001/万 99.9980%	No:26114 U+03DE5 㷥 00000008 0.0001/万 99.9980%	No:26115 U+03E50 㹐 00000008 0.0001/万 99.9980%	No:26116 U+03E58 㹘 00000008 0.0001/万 99.9980%	No:26117 U+03E61 㹡 00000008 0.0001/万 99.9980%	No:26118 U+03E66 㹦 00000008 0.0001/万 99.9980%	No:26119 U+03EA3 㺣 00000008 0.0001/万 99.9980%	No:26120 U+03EA4 㺤 00000008 0.0001/万 99.9980%
No:26121 U+03EB5 㺵 00000008 0.0001/万 99.9980%	No:26122 U+03ED5 㻕 00000008 0.0001/万 99.9980%	No:26123 U+03EED 㻭 00000008 0.0001/万 99.9980%	No:26124 U+03EF5 㻵 00000008 0.0001/万 99.9980%	No:26125 U+03F07 㼇 00000008 0.0001/万 99.9980%	No:26126 U+03F5A 㽚 00000008 0.0001/万 99.9980%	No:26127 U+03F6B 㽫 00000008 0.0001/万 99.9980%	No:26128 U+03F8E 㾎 00000008 0.0001/万 99.9980%	No:26129 U+03FA3 㾣 00000008 0.0001/万 99.9980%	No:26130 U+03FEB 㿫 00000008 0.0001/万 99.9981%
No:26131 U+03FF0 㿰 00000008 0.0001/万 99.9981%	No:26132 U+04003 䀃 00000008 0.0001/万 99.9982%	No:26133 U+04024 䀤 00000008 0.0001/万 99.9981%	No:26134 U+04027 䀧 00000008 0.0001/万 99.9981%	No:26135 U+0405E 䁞 00000008 0.0001/万 99.9982%	No:26136 U+04063 䁣 00000008 0.0001/万 99.9982%	No:26137 U+04099 䂙 00000008 0.0001/万 99.9981%	No:26138 U+0409D 䂝 00000008 0.0001/万 99.9981%	No:26139 U+040A7 䂧 00000008 0.0001/万 99.9982%	No:26140 U+040B0 䂰 00000008 0.0001/万 99.9982%
No:26141 U+040D1 䃑 00000008 0.0001/万 99.9982%	No:26142 U+040E5 䃥 00000008 0.0001/万 99.9982%	No:26143 U+040FB 䃻 00000008 0.0001/万 99.9982%	No:26144 U+0415E 䅞 00000008 0.0001/万 99.9982%	No:26145 U+04170 䅰 00000008 0.0001/万 99.9981%	No:26146 U+04174 䅴 00000008 0.0001/万 99.9982%	No:26147 U+041A9 䆩 00000008 0.0001/万 99.9982%	No:26148 U+041AA 䆪 00000008 0.0001/万 99.9982%	No:26149 U+041B0 䆰 00000008 0.0001/万 99.9981%	No:26150 U+041F0 䇰 00000008 0.0001/万 99.9982%
No:26151 U+0420D 䈍 00000008 0.0001/万 99.9982%	No:26152 U+0423B 䈻 00000008 0.0001/万 99.9982%	No:26153 U+04265 䉥 00000008 0.0001/万 99.9981%	No:26154 U+0427C 䉼 00000008 0.0001/万 99.9981%	No:26155 U+04284 䊄 00000008 0.0001/万 99.9982%	No:26156 U+04290 䊐 00000008 0.0001/万 99.9981%	No:26157 U+04294 䊔 00000008 0.0001/万 99.9981%	No:26158 U+042B2 䊲 00000008 0.0001/万 99.9981%	No:26159 U+04357 䍗 00000008 0.0001/万 99.9981%	No:26160 U+04375 䍵 00000008 0.0001/万 99.9981%
No:26161 U+043DB 䏛 00000008 0.0001/万 99.9982%	No:26162 U+04402 䐂 00000008 0.0001/万 99.9982%	No:26163 U+04419 䐙 00000008 0.0001/万 99.9981%	No:26164 U+0444A 䑊 00000008 0.0001/万 99.9982%	No:26165 U+0445D 䑝 00000008 0.0001/万 99.9982%	No:26166 U+04489 䒉 00000008 0.0001/万 99.9980%	No:26167 U+044E1 䓡 00000008 0.0001/万 99.9980%	No:26168 U+0450C 䔌 00000008 0.0001/万 99.9980%	No:26169 U+0450E 䔎 00000008 0.0001/万 99.9980%	No:26170 U+04563 䕣 00000008 0.0001/万 99.9980%
No:26171 U+04570 䕰 00000008 0.0001/万 99.9980%	No:26172 U+04595 䖕 00000008 0.0001/万 99.9980%	No:26173 U+045E9 䗩 00000008 0.0001/万 99.9980%	No:26174 U+04615 䘕 00000008 0.0001/万 99.9980%	No:26175 U+0461C 䘜 00000008 0.0001/万 99.9980%	No:26176 U+04623 䘣 00000008 0.0001/万 99.9980%	No:26177 U+04678 䙸 00000008 0.0001/万 99.9980%	No:26178 U+04689 䚉 00000008 0.0001/万 99.9980%	No:26179 U+04691 䚑 00000008 0.0001/万 99.9980%	No:26180 U+046C2 䛂 00000008 0.0001/万 99.9980%
No:26181 U+046D1 䛑 00000008 0.0001/万 99.9980%	No:26182 U+04735 䜵 00000008 0.0001/万 99.9980%	No:26183 U+04739 䜹 00000008 0.0001/万 99.9981%	No:26184 U+0473B 䜻 00000008 0.0001/万 99.9981%	No:26185 U+04775 䝵 00000008 0.0001/万 99.9981%	No:26186 U+04783 䞃 00000008 0.0001/万 99.9981%	No:26187 U+047A1 䞡 00000008 0.0001/万 99.9981%	No:26188 U+047DA 䟚 00000008 0.0001/万 99.9981%	No:26189 U+04800 䠀 00000008 0.0001/万 99.9981%	No:26190 U+0481C 䠜 00000008 0.0001/万 99.9981%
No:26191 U+0482D 䠭 00000008 0.0001/万 99.9981%	No:26192 U+04871 䡱 00000008 0.0001/万 99.9981%	No:26193 U+048A5 䢥 00000008 0.0001/万 99.9981%	No:26194 U+048AA 䢪 00000008 0.0001/万 99.9981%	No:26195 U+0490A 䤊 00000008 0.0001/万 99.9980%	No:26196 U+0491E 䤞 00000008 0.0001/万 99.9981%	No:26197 U+0492D 䤭 00000008 0.0001/万 99.9980%	No:26198 U+0492F 䤯 00000008 0.0001/万 99.9981%	No:26199 U+04941 䥁 00000008 0.0001/万 99.9981%	No:26200 U+04943 䥃 00000008 0.0001/万 99.9981%

No:26201 U+04945 䥅 00000008 0.0001/万 99.9981%	No:26202 U+049A4 䦤 00000008 0.0001/万 99.9980%	No:26203 U+049C2 䧂 00000008 0.0001/万 99.9981%	No:26204 U+049C9 䧉 00000008 0.0001/万 99.9981%	No:26205 U+04A1A 䨚 00000008 0.0001/万 99.9981%	No:26206 U+04A2C 䨬 00000008 0.0001/万 99.9981%	No:26207 U+04AD5 䫕 00000008 0.0001/万 99.9981%	No:26208 U+04AE7 䫧 00000008 0.0001/万 99.9981%	No:26209 U+04B0A 䬊 00000008 0.0001/万 99.9981%	No:26210 U+04B5D 䭝 00000008 0.0001/万 99.9981%
No:26211 U+04BA8 䮨 00000008 0.0001/万 99.9980%	No:26212 U+04BB6 䮶 00000008 0.0001/万 99.9980%	No:26213 U+04C0A 䰊 00000008 0.0001/万 99.9980%	No:26214 U+04C56 䱖 00000008 0.0001/万 99.9980%	No:26215 U+04C72 䱲 00000008 0.0001/万 99.9981%	No:26216 U+04C81 䲁 00000008 0.0001/万 99.9980%	No:26217 U+04CB5 䲵 00000008 0.0001/万 99.9980%	No:26218 U+04D04 䴄 00000008 0.0001/万 99.9980%	No:26219 U+04D41 䵁 00000008 0.0001/万 99.9980%	No:26220 U+04D49 䵉 00000008 0.0001/万 99.9980%
No:26221 U+04D6D 䵭 00000008 0.0001/万 99.9980%	No:26222 U+04D6F 䵯 00000008 0.0001/万 99.9980%	No:26223 U+04D91 䶑 00000008 0.0001/万 99.9980%	No:26224 U+04E53 乓 00000008 0.0001/万 99.9980%	No:26225 U+04E5B 乛 00000008 0.0001/万 99.9980%	No:26226 U+04E61 乡 00000008 0.0001/万 99.9982%	No:26227 U+04E74 乴 00000008 0.0001/万 99.9982%	No:26228 U+04EF4 仴 00000008 0.0001/万 99.9982%	No:26229 U+04F12 伒 00000008 0.0001/万 99.9981%	No:26230 U+0521E 刞 00000008 0.0001/万 99.9980%
No:26231 U+05322 匢 00000008 0.0001/万 99.9982%	No:26232 U+053FB 叻 00000008 0.0001/万 99.9980%	No:26233 U+05422 吢 00000008 0.0001/万 99.9980%	No:26234 U+05436 吶 00000008 0.0001/万 99.9980%	No:26235 U+0549A 咚 00000008 0.0001/万 99.9981%	No:26236 U+056E8 囨 00000008 0.0001/万 99.9980%	No:26237 U+057AA 垪 00000008 0.0001/万 99.9980%	No:26238 U+05814 堔 00000008 0.0001/万 99.9981%	No:26239 U+0583E 堾 00000008 0.0001/万 99.9981%	No:26240 U+0594B 奋 00000008 0.0001/万 99.9981%
No:26241 U+05995 妕 00000008 0.0001/万 99.9981%	No:26242 U+059B0 妰 00000008 0.0001/万 99.9981%	No:26243 U+059E0 姠 00000008 0.0001/万 99.9981%	No:26244 U+05A4A 婊 00000008 0.0001/万 99.9981%	No:26245 U+05A91 媑 00000008 0.0001/万 99.9981%	No:26246 U+05AB6 媶 00000008 0.0001/万 99.9981%	No:26247 U+05AE8 嫨 00000008 0.0001/万 99.9981%	No:26248 U+05AF1 嫱 00000008 0.0001/万 99.9980%	No:26249 U+05B01 嬁 00000008 0.0001/万 99.9980%	No:26250 U+05B4D 孍 00000008 0.0001/万 99.9980%
No:26251 U+05CBC 岼 00000008 0.0001/万 99.9980%	No:26252 U+05CD6 峖 00000008 0.0001/万 99.9980%	No:26253 U+05DAF 嶯 00000008 0.0001/万 99.9982%	No:26254 U+05DBF 嶿 00000008 0.0001/万 99.9982%	No:26255 U+05DC8 巈 00000008 0.0001/万 99.9982%	No:26256 U+05DD0 巐 00000008 0.0001/万 99.9982%	No:26257 U+06003 怃 00000008 0.0001/万 99.9982%	No:26258 U+06079 恹 00000008 0.0001/万 99.9982%	No:26259 U+060E9 惩 00000008 0.0001/万 99.9983%	No:26260 U+061B3 憳 00000008 0.0001/万 99.9982%
No:26261 U+062C1 拁 00000008 0.0001/万 99.9982%	No:26262 U+062DD 拝 00000008 0.0001/万 99.9982%	No:26263 U+06431 搱 00000008 0.0001/万 99.9982%	No:26264 U+0647E 摾 00000008 0.0001/万 99.9983%	No:26265 U+06494 撔 00000008 0.0001/万 99.9982%	No:26266 U+064C3 擃 00000008 0.0001/万 99.9982%	No:26267 U+0655B 敛 00000008 0.0001/万 99.9982%	No:26268 U+065BA 斺 00000008 0.0001/万 99.9982%	No:26269 U+06657 晗 00000008 0.0001/万 99.9982%	No:26270 U+06826 栦 00000008 0.0001/万 99.9983%
No:26271 U+06889 梉 00000008 0.0001/万 99.9983%	No:26272 U+0692D 椭 00000008 0.0001/万 99.9983%	No:26273 U+069DA 槚 00000008 0.0001/万 99.9983%	No:26274 U+06B1C 欜 00000008 0.0001/万 99.9983%	No:26275 U+06EB8 溸 00000008 0.0001/万 99.9983%	No:26276 U+0708B 炋 00000008 0.0001/万 99.9983%	No:26277 U+070BE 炾 00000008 0.0001/万 99.9983%	No:26278 U+070E2 烢 00000008 0.0001/万 99.9983%	No:26279 U+0716B 煫 00000008 0.0001/万 99.9983%	No:26280 U+071AB 熫 00000008 0.0001/万 99.9983%
No:26281 U+0725E 牞 00000008 0.0001/万 99.9983%	No:26282 U+072DC 狜 00000008 0.0001/万 99.9983%	No:26283 U+07309 猉 00000008 0.0001/万 99.9983%	No:26284 U+074BB 璻 00000008 0.0001/万 99.9983%	No:26285 U+07617 瘗 00000008 0.0001/万 99.9982%	No:26286 U+0772B 眫 00000008 0.0001/万 99.9982%	No:26287 U+077EA 矪 00000008 0.0001/万 99.9982%	No:26288 U+078A4 碤 00000008 0.0001/万 99.9982%	No:26289 U+078D9 磙 00000008 0.0001/万 99.9982%	No:26290 U+078E6 磦 00000008 0.0001/万 99.9983%
No:26291 U+078F1 磱 00000008 0.0001/万 99.9982%	No:26292 U+07917 礗 00000008 0.0001/万 99.9982%	No:26293 U+07937 礷 00000008 0.0001/万 99.9982%	No:26294 U+07942 祂 00000008 0.0001/万 99.9982%	No:26295 U+079A4 禤 00000008 0.0001/万 99.9983%	No:26296 U+079F5 秵 00000008 0.0001/万 99.9982%	No:26297 U+07A26 稦 00000008 0.0001/万 99.9982%	No:26298 U+07A50 穐 00000008 0.0001/万 99.9982%	No:26299 U+07CA1 粡 00000008 0.0001/万 99.9982%	No:26300 U+07CB7 粷 00000008 0.0001/万 99.9982%

No:26301 U+07DB6 綶 00000008 0.0001/万 99.9982%	No:26302 U+07E49 繉 00000008 0.0001/万 99.9982%	No:26303 U+07F3C 缼 00000008 0.0001/万 99.9982%	No:26304 U+07F8F 羏 00000008 0.0001/万 99.9982%	No:26305 U+08060 聠 00000008 0.0001/万 99.9982%	No:26306 U+080B7 肷 00000008 0.0001/万 99.9982%	No:26307 U+08138 脸 00000008 0.0001/万 99.9983%	No:26308 U+08156 腖 00000008 0.0001/万 99.9982%	No:26309 U+0817E 腾 00000008 0.0001/万 99.9982%	No:26310 U+081E2 臢 00000008 0.0001/万 99.9982%
No:26311 U+08219 舙 00000008 0.0001/万 99.9982%	No:26312 U+08226 舦 00000008 0.0001/万 99.9982%	No:26313 U+08362 荢 00000008 0.0001/万 99.9982%	No:26314 U+083EE 菮 00000008 0.0001/万 99.9982%	No:26315 U+08441 葁 00000008 0.0001/万 99.9982%	No:26316 U+084C5 蓅 00000008 0.0001/万 99.9982%	No:26317 U+08533 蔳 00000008 0.0001/万 99.9982%	No:26318 U+08636 蘶 00000008 0.0001/万 99.9982%	No:26319 U+086BD 蚽 00000008 0.0001/万 99.9982%	No:26320 U+087D1 蟑 00000008 0.0001/万 99.9982%
No:26321 U+08824 蠤 00000008 0.0001/万 99.9982%	No:26322 U+08984 覄 00000008 0.0001/万 99.9982%	No:26323 U+089A0 覠 00000008 0.0001/万 99.9982%	No:26324 U+08A2B 訫 00000008 0.0001/万 99.9982%	No:26325 U+08A88 誈 00000008 0.0001/万 99.9982%	No:26326 U+08B06 謆 00000008 0.0001/万 99.9982%	No:26327 U+08BAD 训 00000008 0.0001/万 99.9983%	No:26328 U+08C6E 豮 00000008 0.0001/万 99.9983%	No:26329 U+08CCB 賋 00000008 0.0001/万 99.9983%	No:26330 U+08CD0 賐 00000008 0.0001/万 99.9983%
No:26331 U+08D94 趔 00000008 0.0001/万 99.9983%	No:26332 U+08E58 蹘 00000008 0.0001/万 99.9983%	No:26333 U+0900A 逊 00000008 0.0001/万 99.9983%	No:26334 U+090BB 邻 00000008 0.0001/万 99.9983%	No:26335 U+0917F 酿 00000008 0.0001/万 99.9983%	No:26336 U+09180 醀 00000008 0.0001/万 99.9983%	No:26337 U+091DB 釛 00000008 0.0001/万 99.9983%	No:26338 U+091FA 釺 00000008 0.0001/万 99.9983%	No:26339 U+0921D 鈝 00000008 0.0001/万 99.9983%	No:26340 U+09255 鉕 00000008 0.0001/万 99.9982%
No:26341 U+09270 鉰 00000008 0.0001/万 99.9982%	No:26342 U+092A0 銠 00000008 0.0001/万 99.9982%	No:26343 U+092A1 銡 00000008 0.0001/万 99.9982%	No:26344 U+092D3 鋓 00000008 0.0001/万 99.9982%	No:26345 U+092D4 鋔 00000008 0.0001/万 99.9982%	No:26346 U+09303 錃 00000008 0.0001/万 99.9982%	No:26347 U+09369 鍩 00000008 0.0001/万 99.9982%	No:26348 U+09376 鍶 00000008 0.0001/万 99.9982%	No:26349 U+0937A 鍺 00000008 0.0001/万 99.9982%	No:26350 U+093A8 鎨 00000008 0.0001/万 99.9982%
No:26351 U+0946C 鑬 00000008 0.0001/万 99.9982%	No:26352 U+096AC 隬 00000008 0.0001/万 99.9982%	No:26353 U+0974B 靋 00000008 0.0001/万 99.9979%	No:26354 U+097D1 韑 00000008 0.0001/万 99.9979%	No:26355 U+09809 頉 00000008 0.0001/万 99.9979%	No:26356 U+098E0 飠 00000008 0.0001/万 99.9979%	No:26357 U+098F8 飸 00000008 0.0001/万 99.9979%	No:26358 U+099B8 馸 00000008 0.0001/万 99.9979%	No:26359 U+099E6 駦 00000008 0.0001/万 99.9979%	No:26360 U+099EF 駯 00000008 0.0001/万 99.9979%
No:26361 U+09A21 騡 00000008 0.0001/万 99.9979%	No:26362 U+09B55 魕 00000008 0.0001/万 99.9979%	No:26363 U+09BBD 鮽 00000008 0.0001/万 99.9979%	No:26364 U+09BED 鯭 00000008 0.0001/万 99.9979%	No:26365 U+09C71 鱱 00000008 0.0001/万 99.9979%	No:26366 U+09D15 鴕 00000008 0.0001/万 99.9979%	No:26367 U+09E77 鹷 00000008 0.0001/万 99.9979%	No:26368 U+09EE2 黢 00000008 0.0001/万 99.9979%	No:26369 U+09F0C 鼌 00000008 0.0001/万 99.9979%	No:26370 U+09F9F 龟 00000008 0.0001/万 99.9979%
No:26371 U+0E798 [illegible] 00000008 0.0001/万 99.9979%	No:26372 U+0E7A7 [illegible] 00000008 0.0001/万 99.9979%	No:26373 U+0E7AC [illegible] 00000008 0.0001/万 99.9979%	No:26374 U+0E856 [illegible] 00000008 0.0001/万 99.9979%	No:26375 U+0F195 [illegible] 00000008 0.0001/万 99.9979%	No:26376 U+0F663 [illegible] 00000008 0.0001/万 99.9979%	No:26377 U+0F667 [illegible] 00000008 0.0001/万 99.9979%	No:26378 U+0F704 朕 00000008 0.0001/万 99.9979%	No:26379 U+0F7A1 召 00000008 0.0001/万 99.9979%	No:26380 U+0F806 咼 00000008 0.0001/万 99.9979%
No:26381 U+0FF08 （ 00000008 0.0001/万 99.9979%	No:26382 U+0FF09 ） 00000008 0.0001/万 99.9979%	No:26383 U+E84 傂 00000008 0.0001/万 99.9979%	No:26384 U+EA2 [illegible] 00000008 0.0001/万 99.9979%	No:26385 U+EE0 唤 00000008 0.0001/万 99.9980%	No:26386 U+E52 [illegible] 00000008 0.0001/万 99.9979%	No:26387 U+FA6 壇 00000008 0.0001/万 99.9979%	No:26388 U+E34 [illegible] 00000008 0.0001/万 99.9979%	No:26389 U+EB9 [illegible] 00000008 0.0001/万 99.9979%	No:26390 U+ED0 [illegible] 00000008 0.0001/万 99.9979%
No:26391 U+E3A [illegible] 00000008 0.0001/万 99.9980%	No:26392 U+E50 [illegible] 00000008 0.0001/万 99.9979%	No:26393 U+E51 [illegible] 00000008 0.0001/万 99.9979%	No:26394 U+E77 [illegible] 00000008 0.0001/万 99.9979%	No:26395 U+F41 [illegible] 00000008 0.0001/万 99.9980%	No:26396 U+E9D [illegible] 00000008 0.0001/万 99.9979%	No:26397 U+E59 [illegible] 00000008 0.0001/万 99.9979%	No:26398 U+F0A 怨 00000008 0.0001/万 99.9980%	No:26399 U+E56 [illegible] 00000008 0.0001/万 99.9979%	No:26400 U+E39 [illegible] 00000008 0.0001/万 99.9979%

No:26401 U+E72 ⿰賓毛 00000008 0.0001/万 99.9979%	No:26402 U+F51 氎 00000008 0.0001/万 99.9979%	No:26403 U+E64 ⿰火㬎 00000008 0.0001/万 99.9979%	No:26404 U+E65 ⿰火黽 00000008 0.0001/万 99.9979%	No:26405 U+EE2 ⿰犭廌 00000008 0.0001/万 99.9979%	No:26406 U+EBD ⿰田厶 00000008 0.0001/万 99.9979%	No:26407 U+F72 ⿸疒禹 00000008 0.0001/万 99.9979%	No:26408 U+EC1 ⿸疒夢 00000008 0.0001/万 99.9980%	No:26409 U+F5E 睃 00000008 0.0001/万 99.9980%	No:26410 U+F3A 禼 00000008 0.0001/万 99.9979%
No:26411 U+E1A 篴 00000008 0.0001/万 99.9979%	No:26412 U+E5F 線 00000008 0.0001/万 99.9979%	No:26413 U+F8C ⿰糹寧 00000008 0.0001/万 99.9979%	No:26414 U+FDA ⿱罒㼌 00000008 0.0001/万 99.9979%	No:26415 U+E29 ⿰𦍌幾 00000008 0.0001/万 99.9979%	No:26416 U+EB2 擙 00000008 0.0001/万 99.9979%	No:26417 U+E56 ⿱艹乘 00000008 0.0001/万 99.9979%	No:26418 U+F4F ⿰虫另 00000008 0.0001/万 99.9979%	No:26419 U+EF2 ⿰虫岗 00000008 0.0001/万 99.9980%	No:26420 U+EEC ⿰虫甫 00000008 0.0001/万 99.9980%
No:26421 U+F4E ⿰虫雷 00000008 0.0001/万 99.9979%	No:26422 U+E99 ⿰衤風 00000008 0.0001/万 99.9980%	No:26423 U+FD7 ⿰衤旋 00000008 0.0001/万 99.9979%	No:26424 U+FFC ⿺走去 00000008 0.0001/万 99.9979%	No:26425 U+E6B ⿰⻊崔 00000008 0.0001/万 99.9979%	No:26426 U+F36 ⿰罪阝 00000008 0.0001/万 99.9980%	No:26427 U+E58 ⿰酉最 00000008 0.0001/万 99.9979%	No:26428 U+E16 鍪 00000008 0.0001/万 99.9982%	No:26429 U+F0A ⿰𠂤頁 00000008 0.0001/万 99.9981%	No:26430 U+EC1 ⿰飠雍 00000008 0.0001/万 99.9982%
No:26431 U+E00 ⿰香苪 00000008 0.0001/万 99.9982%	No:26432 U+F21 ⿱丙禹 00000008 0.0001/万 99.9982%	No:26433 U+EBE ⿺鬼瞿 00000008 0.0001/万 99.9982%	No:26434 U+F27 ⿰隺鳥 00000008 0.0001/万 99.9982%	No:26435 U+FA6 ⿰穴鳥 00000008 0.0001/万 99.9982%	No:26436 U+E04 ⿰蒐鳥 00000008 0.0001/万 99.9982%	No:26437 U+E19 ⿰黑合 00000008 0.0001/万 99.9980%	No:26438 U+0349B 㒛 00000007 0.0000/万 99.9985%	No:26439 U+034E1 㓡 00000007 0.0000/万 99.9985%	No:26440 U+03615 㘕 00000007 0.0000/万 99.9984%
No:26441 U+0361C 㘜 00000007 0.0000/万 99.9984%	No:26442 U+03621 㘡 00000007 0.0000/万 99.9983%	No:26443 U+0362B 㘫 00000007 0.0000/万 99.9984%	No:26444 U+0365D 㙝 00000007 0.0000/万 99.9984%	No:26445 U+036AA 㚪 00000007 0.0000/万 99.9984%	No:26446 U+036DC 㛜 00000007 0.0000/万 99.9985%	No:26447 U+036E6 㛦 00000007 0.0000/万 99.9984%	No:26448 U+037D4 㟔 00000007 0.0000/万 99.9985%	No:26449 U+037EB 㟫 00000007 0.0000/万 99.9985%	No:26450 U+03871 㡱 00000007 0.0000/万 99.9985%
No:26451 U+038CC 㣌 00000007 0.0000/万 99.9984%	No:26452 U+038E6 㣦 00000007 0.0000/万 99.9984%	No:26453 U+03926 㤦 00000007 0.0000/万 99.9985%	No:26454 U+03A30 㨰 00000007 0.0000/万 99.9984%	No:26455 U+03A5A 㩚 00000007 0.0000/万 99.9984%	No:26456 U+03A6F 㩯 00000007 0.0000/万 99.9984%	No:26457 U+03A82 㪂 00000007 0.0000/万 99.9984%	No:26458 U+03A8A 㪊 00000007 0.0000/万 99.9984%	No:26459 U+03A9D 㪝 00000007 0.0000/万 99.9984%	No:26460 U+03AA7 㪧 00000007 0.0000/万 99.9984%
No:26461 U+03AC2 㫂 00000007 0.0000/万 99.9984%	No:26462 U+03AE0 㫠 00000007 0.0000/万 99.9984%	No:26463 U+03B29 㬩 00000007 0.0000/万 99.9984%	No:26464 U+03B43 㭃 00000007 0.0000/万 99.9984%	No:26465 U+03B62 㭢 00000007 0.0000/万 99.9984%	No:26466 U+03BC1 㯁 00000007 0.0000/万 99.9984%	No:26467 U+03BCC 㯌 00000007 0.0000/万 99.9984%	No:26468 U+03BDC 㯜 00000007 0.0000/万 99.9984%	No:26469 U+03BE6 㯦 00000007 0.0000/万 99.9984%	No:26470 U+03C08 㰈 00000007 0.0000/万 99.9984%
No:26471 U+03C21 㰡 00000007 0.0000/万 99.9983%	No:26472 U+03CB5 㲵 00000007 0.0000/万 99.9983%	No:26473 U+03D07 㴇 00000007 0.0000/万 99.9983%	No:26474 U+03D1B 㴛 00000007 0.0000/万 99.9983%	No:26475 U+03D2F 㴯 00000007 0.0000/万 99.9983%	No:26476 U+03D61 㵡 00000007 0.0000/万 99.9985%	No:26477 U+03D65 㵥 00000007 0.0000/万 99.9985%	No:26478 U+03D8A 㶊 00000007 0.0000/万 99.9985%	No:26479 U+03DAF 㶯 00000007 0.0000/万 99.9985%	No:26480 U+03DDA 㷚 00000007 0.0000/万 99.9985%
No:26481 U+03E0D 㸍 00000007 0.0000/万 99.9985%	No:26482 U+03E28 㸨 00000007 0.0000/万 99.9985%	No:26483 U+03E98 㺘 00000007 0.0000/万 99.9984%	No:26484 U+03EA1 㺡 00000007 0.0000/万 99.9984%	No:26485 U+03EC8 㻈 00000007 0.0000/万 99.9984%	No:26486 U+03ECA 㻊 00000007 0.0000/万 99.9984%	No:26487 U+03ED4 㻔 00000007 0.0000/万 99.9984%	No:26488 U+03ED9 㻙 00000007 0.0000/万 99.9984%	No:26489 U+03EF4 㻴 00000007 0.0000/万 99.9984%	No:26490 U+03F19 㼙 00000007 0.0000/万 99.9985%
No:26491 U+03F25 㼥 00000007 0.0000/万 99.9985%	No:26492 U+03F29 㼩 00000007 0.0000/万 99.9985%	No:26493 U+03F4F 㽏 00000007 0.0000/万 99.9985%	No:26494 U+03F6E 㽮 00000007 0.0000/万 99.9985%	No:26495 U+03FF5 㿵 00000007 0.0000/万 99.9985%	No:26496 U+03FF6 㿶 00000007 0.0000/万 99.9985%	No:26497 U+0401E 䀞 00000007 0.0000/万 99.9984%	No:26498 U+0405A 䁚 00000007 0.0000/万 99.9984%	No:26499 U+0406D 䁭 00000007 0.0000/万 99.9985%	No:26500 U+040E6 䃦 00000007 0.0000/万 99.9983%

No:26501 U+04105 䄅 00000007 0.0000/万 99.9983%	No:26502 U+0410D 䄍 00000007 0.0000/万 99.9983%	No:26503 U+04110 䄐 00000007 0.0000/万 99.9983%	No:26504 U+04127 䄧 00000007 0.0000/万 99.9983%	No:26505 U+0414D 䅍 00000007 0.0000/万 99.9983%	No:26506 U+04152 䅒 00000007 0.0000/万 99.9983%	No:26507 U+04159 䅙 00000007 0.0000/万 99.9984%	No:26508 U+04171 䅱 00000007 0.0000/万 99.9984%	No:26509 U+0419C 䆜 00000007 0.0000/万 99.9984%	No:26510 U+041AC 䆬 00000007 0.0000/万 99.9984%
No:26511 U+041C5 䇅 00000007 0.0000/万 99.9984%	No:26512 U+041CC 䇌 00000007 0.0000/万 99.9984%	No:26513 U+041D9 䇙 00000007 0.0000/万 99.9984%	No:26514 U+0420A 䈊 00000007 0.0000/万 99.9983%	No:26515 U+04218 䈘 00000007 0.0000/万 99.9983%	No:26516 U+04226 䈦 00000007 0.0000/万 99.9983%	No:26517 U+0422B 䈫 00000007 0.0000/万 99.9983%	No:26518 U+04246 䉆 00000007 0.0000/万 99.9983%	No:26519 U+0424F 䉏 00000007 0.0000/万 99.9984%	No:26520 U+04256 䉖 00000007 0.0000/万 99.9985%
No:26521 U+04257 䉗 00000007 0.0000/万 99.9985%	No:26522 U+04281 䊁 00000007 0.0000/万 99.9984%	No:26523 U+04285 䊅 00000007 0.0000/万 99.9984%	No:26524 U+0428F 䊏 00000007 0.0000/万 99.9985%	No:26525 U+042A5 䊥 00000007 0.0000/万 99.9985%	No:26526 U+04312 䌒 00000007 0.0000/万 99.9984%	No:26527 U+04336 䌶 00000007 0.0000/万 99.9984%	No:26528 U+04349 䍉 00000007 0.0000/万 99.9984%	No:26529 U+04385 䎅 00000007 0.0000/万 99.9983%	No:26530 U+04387 䎇 00000007 0.0000/万 99.9983%
No:26531 U+0438D 䎍 00000007 0.0000/万 99.9983%	No:26532 U+043DC 䏜 00000007 0.0000/万 99.9983%	No:26533 U+0440D 䐍 00000007 0.0000/万 99.9985%	No:26534 U+0447B 䑻 00000007 0.0000/万 99.9985%	No:26535 U+04493 䒓 00000007 0.0000/万 99.9985%	No:26536 U+0449F 䒟 00000007 0.0000/万 99.9985%	No:26537 U+044F9 䓹 00000007 0.0000/万 99.9985%	No:26538 U+04514 䔔 00000007 0.0000/万 99.9984%	No:26539 U+0451D 䔝 00000007 0.0000/万 99.9984%	No:26540 U+04552 䕒 00000007 0.0000/万 99.9984%
No:26541 U+0458E 䖎 00000007 0.0000/万 99.9984%	No:26542 U+045BC 䖼 00000007 0.0000/万 99.9985%	No:26543 U+045D5 䗕 00000007 0.0000/万 99.9985%	No:26544 U+045F9 䗹 00000007 0.0000/万 99.9985%	No:26545 U+04660 䙠 00000007 0.0000/万 99.9985%	No:26546 U+04667 䙧 00000007 0.0000/万 99.9985%	No:26547 U+0467A 䙺 00000007 0.0000/万 99.9985%	No:26548 U+04686 䚆 00000007 0.0000/万 99.9983%	No:26549 U+04696 䚖 00000007 0.0000/万 99.9983%	No:26550 U+046BA 䚺 00000007 0.0000/万 99.9983%
No:26551 U+046E8 䛨 00000007 0.0000/万 99.9983%	No:26552 U+04742 䝂 00000007 0.0000/万 99.9983%	No:26553 U+0474C 䝌 00000007 0.0000/万 99.9983%	No:26554 U+0476B 䝫 00000007 0.0000/万 99.9983%	No:26555 U+04773 䝳 00000007 0.0000/万 99.9983%	No:26556 U+04784 䞄 00000007 0.0000/万 99.9984%	No:26557 U+047A0 䞠 00000007 0.0000/万 99.9984%	No:26558 U+047BA 䞺 00000007 0.0000/万 99.9984%	No:26559 U+04829 䠩 00000007 0.0000/万 99.9984%	No:26560 U+0486B 䡫 00000007 0.0000/万 99.9984%
No:26561 U+04886 䢆 00000007 0.0000/万 99.9984%	No:26562 U+048AF 䢯 00000007 0.0000/万 99.9984%	No:26563 U+0491A 䤚 00000007 0.0000/万 99.9983%	No:26564 U+0495F 䥟 00000007 0.0000/万 99.9985%	No:26565 U+049AC 䦬 00000007 0.0000/万 99.9985%	No:26566 U+049BB 䦻 00000007 0.0000/万 99.9984%	No:26567 U+049D0 䧐 00000007 0.0000/万 99.9985%	No:26568 U+049E5 䧥 00000007 0.0000/万 99.9985%	No:26569 U+049E7 䧧 00000007 0.0000/万 99.9985%	No:26570 U+049F5 䧵 00000007 0.0000/万 99.9985%
No:26571 U+049FB 䧻 00000007 0.0000/万 99.9985%	No:26572 U+04B0F 䬏 00000007 0.0000/万 99.9984%	No:26573 U+04B70 䭰 00000007 0.0000/万 99.9985%	No:26574 U+04BAA 䮪 00000007 0.0000/万 99.9983%	No:26575 U+04CF6 䳶 00000007 0.0000/万 99.9984%	No:26576 U+04D29 䴩 00000007 0.0000/万 99.9984%	No:26577 U+04D4A 䵊 00000007 0.0000/万 99.9984%	No:26578 U+04D5A 䵚 00000007 0.0000/万 99.9985%	No:26579 U+04D5B 䵛 00000007 0.0000/万 99.9984%	No:26580 U+04D5C 䵜 00000007 0.0000/万 99.9984%
No:26581 U+04D62 䵢 00000007 0.0000/万 99.9985%	No:26582 U+04D64 䵤 00000007 0.0000/万 99.9985%	No:26583 U+04D9D 䶝 00000007 0.0000/万 99.9985%	No:26584 U+04DB3 䶳 00000007 0.0000/万 99.9985%	No:26585 U+04E2C 丬 00000007 0.0000/万 99.9985%	No:26586 U+050EB 僫 00000007 0.0000/万 99.9984%	No:26587 U+05119 儙 00000007 0.0000/万 99.9984%	No:26588 U+052B0 劰 00000007 0.0000/万 99.9984%	No:26589 U+052BD 劽 00000007 0.0000/万 99.9984%	No:26590 U+052C2 勂 00000007 0.0000/万 99.9983%
No:26591 U+053B3 厳 00000007 0.0000/万 99.9985%	No:26592 U+0544B 呋 00000007 0.0000/万 99.9985%	No:26593 U+05495 咕 00000007 0.0000/万 99.9984%	No:26594 U+0553A 唺 00000007 0.0000/万 99.9984%	No:26595 U+05595 喕 00000007 0.0000/万 99.9983%	No:26596 U+057A5 垥 00000007 0.0000/万 99.9983%	No:26597 U+058E2 壢 00000007 0.0000/万 99.9984%	No:26598 U+05934 头 00000007 0.0000/万 99.9983%	No:26599 U+0595B 奛 00000007 0.0000/万 99.9983%	No:26600 U+0597A 奺 00000007 0.0000/万 99.9983%

No:26601 U+0598F 妏 00000007 0.0000/万 99.9985%	No:26602 U+05A0A 娊 00000007 0.0000/万 99.9985%	No:26603 U+05A59 婙 00000007 0.0000/万 99.9983%	No:26604 U+05A98 媘 00000007 0.0000/万 99.9984%	No:26605 U+05A9C 媜 00000007 0.0000/万 99.9984%	No:26606 U+05AA1 媡 00000007 0.0000/万 99.9984%	No:26607 U+05AB9 媹 00000007 0.0000/万 99.9983%	No:26608 U+05B26 嬦 00000007 0.0000/万 99.9983%	No:26609 U+05BAA 宪 00000007 0.0000/万 99.9984%	No:26610 U+05BAF 宯 00000007 0.0000/万 99.9984%
No:26611 U+05C36 尶 00000007 0.0000/万 99.9984%	No:26612 U+05C86 岆 00000007 0.0000/万 99.9985%	No:26613 U+05CB2 岲 00000007 0.0000/万 99.9985%	No:26614 U+05CE2 峢 00000007 0.0000/万 99.9985%	No:26615 U+05D38 崸 00000007 0.0000/万 99.9985%	No:26616 U+05FBA 徺 00000007 0.0000/万 99.9986%	No:26617 U+06058 恘 00000007 0.0000/万 99.9986%	No:26618 U+0628B 抋 00000007 0.0000/万 99.9986%	No:26619 U+062A3 抣 00000007 0.0000/万 99.9986%	No:26620 U+062E4 拤 00000007 0.0000/万 99.9986%
No:26621 U+065EE 旮 00000007 0.0000/万 99.9986%	No:26622 U+06619 昙 00000007 0.0000/万 99.9985%	No:26623 U+0662E 昮 00000007 0.0000/万 99.9985%	No:26624 U+06651 晑 00000007 0.0000/万 99.9986%	No:26625 U+067CB 柋 00000007 0.0000/万 99.9985%	No:26626 U+0689B 梛 00000007 0.0000/万 99.9985%	No:26627 U+0692C 椬 00000007 0.0000/万 99.9986%	No:26628 U+06950 楐 00000007 0.0000/万 99.9986%	No:26629 U+06987 榇 00000007 0.0000/万 99.9986%	No:26630 U+069D5 槕 00000007 0.0000/万 99.9986%
No:26631 U+06B0D 欍 00000007 0.0000/万 99.9986%	No:26632 U+06B9D 殝 00000007 0.0000/万 99.9986%	No:26633 U+06BE5 毥 00000007 0.0000/万 99.9985%	No:26634 U+06C3C 氼 00000007 0.0000/万 99.9986%	No:26635 U+06C48 汈 00000007 0.0000/万 99.9986%	No:26636 U+06C51 汑 00000007 0.0000/万 99.9986%	No:26637 U+06C8E 沎 00000007 0.0000/万 99.9986%	No:26638 U+06D09 洉 00000007 0.0000/万 99.9986%	No:26639 U+06DFE 淾 00000007 0.0000/万 99.9986%	No:26640 U+06DFF 淿 00000007 0.0000/万 99.9986%
No:26641 U+06E48 湈 00000007 0.0000/万 99.9985%	No:26642 U+06E75 湵 00000007 0.0000/万 99.9985%	No:26643 U+07082 炂 00000007 0.0000/万 99.9986%	No:26644 U+0714D 煍 00000007 0.0000/万 99.9986%	No:26645 U+07178 煸 00000007 0.0000/万 99.9985%	No:26646 U+0718E 熎 00000007 0.0000/万 99.9986%	No:26647 U+07254 牔 00000007 0.0000/万 99.9986%	No:26648 U+07391 玑 00000007 0.0000/万 99.9986%	No:26649 U+073DF 珟 00000007 0.0000/万 99.9986%	No:26650 U+0748C 璌 00000007 0.0000/万 99.9986%
No:26651 U+07606 瘆 00000007 0.0000/万 99.9985%	No:26652 U+0768A 皊 00000007 0.0000/万 99.9986%	No:26653 U+0768D 皍 00000007 0.0000/万 99.9986%	No:26654 U+07697 皗 00000007 0.0000/万 99.9986%	No:26655 U+077E1 矡 00000007 0.0000/万 99.9985%	No:26656 U+07813 砓 00000007 0.0000/万 99.9986%	No:26657 U+07879 硹 00000007 0.0000/万 99.9985%	No:26658 U+0792F 礯 00000007 0.0000/万 99.9986%	No:26659 U+07A53 穓 00000007 0.0000/万 99.9986%	No:26660 U+07B00 笀 00000007 0.0000/万 99.9986%
No:26661 U+07B16 笖 00000007 0.0000/万 99.9986%	No:26662 U+07BEB 篫 00000007 0.0000/万 99.9986%	No:26663 U+07BEE 篮 00000007 0.0000/万 99.9986%	No:26664 U+07BF6 篶 00000007 0.0000/万 99.9986%	No:26665 U+07C9A 粚 00000007 0.0000/万 99.9986%	No:26666 U+07CC6 糆 00000007 0.0000/万 99.9986%	No:26667 U+07D92 綒 00000007 0.0000/万 99.9985%	No:26668 U+07DFF 緿 00000007 0.0000/万 99.9985%	No:26669 U+07E07 縇 00000007 0.0000/万 99.9985%	No:26670 U+07E65 繥 00000007 0.0000/万 99.9986%
No:26671 U+07F8B 羋 00000007 0.0000/万 99.9986%	No:26672 U+07F98 羘 00000007 0.0000/万 99.9985%	No:26673 U+08002 耂 00000007 0.0000/万 99.9986%	No:26674 U+08158 腘 00000007 0.0000/万 99.9986%	No:26675 U+081BC 膼 00000007 0.0000/万 99.9986%	No:26676 U+08296 芖 00000007 0.0000/万 99.9986%	No:26677 U+082A2 芢 00000007 0.0000/万 99.9986%	No:26678 U+084F5 蓵 00000007 0.0000/万 99.9985%	No:26679 U+08554 蕔 00000007 0.0000/万 99.9986%	No:26680 U+085D3 藓 00000007 0.0000/万 99.9985%
No:26681 U+0862F 蘯 00000007 0.0000/万 99.9986%	No:26682 U+08851 衑 00000007 0.0000/万 99.9986%	No:26683 U+088AC 袬 00000007 0.0000/万 99.9986%	No:26684 U+088BB 袻 00000007 0.0000/万 99.9986%	No:26685 U+0899F 覟 00000007 0.0000/万 99.9985%	No:26686 U+08A2F 訯 00000007 0.0000/万 99.9986%	No:26687 U+08AEA 諪 00000007 0.0000/万 99.9986%	No:26688 U+08B85 譅 00000007 0.0000/万 99.9986%	No:26689 U+08BF0 诰 00000007 0.0000/万 99.9986%	No:26690 U+08BF5 诵 00000007 0.0000/万 99.9986%
No:26691 U+08C15 谕 00000007 0.0000/万 99.9985%	No:26692 U+08C26 谦 00000007 0.0000/万 99.9986%	No:26693 U+08CD7 賗 00000007 0.0000/万 99.9986%	No:26694 U+08D4B 赋 00000007 0.0000/万 99.9986%	No:26695 U+08FD7 迗 00000007 0.0000/万 99.9985%	No:26696 U+09048 遈 00000007 0.0000/万 99.9986%	No:26697 U+09092 邒 00000007 0.0000/万 99.9986%	No:26698 U+0909A 邚 00000007 0.0000/万 99.9986%	No:26699 U+090F6 郶 00000007 0.0000/万 99.9986%	No:26700 U+0919B 醛 00000007 0.0000/万 99.9985%

No:26701 U+091EF 釯 00000007 0.0000/万 99.9985%	No:26702 U+09242 鉂 00000007 0.0000/万 99.9986%	No:26703 U+09268 鉨 00000007 0.0000/万 99.9985%	No:26704 U+092CD 鋍 00000007 0.0000/万 99.9986%	No:26705 U+092E8 鋨 00000007 0.0000/万 99.9986%	No:26706 U+09313 錓 00000007 0.0000/万 99.9986%	No:26707 U+09393 鎓 00000007 0.0000/万 99.9986%	No:26708 U+093E3 鏣 00000007 0.0000/万 99.9986%	No:26709 U+093EB 鏫 00000007 0.0000/万 99.9986%	No:26710 U+09426 鐦 00000007 0.0000/万 99.9986%
No:26711 U+0943E 鐾 00000007 0.0000/万 99.9986%	No:26712 U+0945C 鑜 00000007 0.0000/万 99.9986%	No:26713 U+09476 鑶 00000007 0.0000/万 99.9986%	No:26714 U+09596 閖 00000007 0.0000/万 99.9986%	No:26715 U+095FE 闾 00000007 0.0000/万 99.9986%	No:26716 U+09649 陉 00000007 0.0000/万 99.9985%	No:26717 U+096A6 隦 00000007 0.0000/万 99.9986%	No:26718 U+09701 霁 00000007 0.0000/万 99.9986%	No:26719 U+09715 霕 00000007 0.0000/万 99.9983%	No:26720 U+09943 饃 00000007 0.0000/万 99.9983%
No:26721 U+099B7 馷 00000007 0.0000/万 99.9983%	No:26722 U+09BD9 鯙 00000007 0.0000/万 99.9983%	No:26723 U+09CC0 鳀 00000007 0.0000/万 99.9983%	No:26724 U+09D24 鴤 00000007 0.0000/万 99.9983%	No:26725 U+09D35 鴵 00000007 0.0000/万 99.9983%	No:26726 U+09D66 鵦 00000007 0.0000/万 99.9983%	No:26727 U+0E380 ⿱麦戈 00000007 0.0000/万 99.9983%	No:26728 U+0E3EE 吆 00000007 0.0000/万 99.9983%	No:26729 U+0E7A6 ⿱⺮乞 00000007 0.0000/万 99.9983%	No:26730 U+0E83A 𦍌 00000007 0.0000/万 99.9983%
No:26731 U+0E854 卓 00000007 0.0000/万 99.9983%	No:26732 U+0ED72 我 00000007 0.0000/万 99.9983%	No:26733 U+0F09E ⿱⺮雁 00000007 0.0000/万 99.9983%	No:26734 U+0F5C1 ⿰口思 00000007 0.0000/万 99.9983%	No:26735 U+0F714 ⿰屬阝 00000007 0.0000/万 99.9983%	No:26736 U+0F7E5 ⿱不至 00000007 0.0000/万 99.9983%	No:26737 U+0F870 ⿱艹示 00000007 0.0000/万 99.9983%	No:26738 U+0FA0D 殼 00000007 0.0000/万 99.9983%	No:26739 U+0FA24 ⿺辶及 00000007 0.0000/万 99.9983%	No:26740 U+EC2 ⿰吉乚 00000007 0.0000/万 99.9985%
No:26741 U+E18 侲 00000007 0.0000/万 99.9984%	No:26742 U+F3E ⿰亻蹇 00000007 0.0000/万 99.9985%	No:26743 U+E8E ⿰冫虎 00000007 0.0000/万 99.9984%	No:26744 U+E94 ⿰婁刂 00000007 0.0000/万 99.9984%	No:26745 U+E7F ⿸厂贔 00000007 0.0000/万 99.9983%	No:26746 U+FBC ⿰口忌 00000007 0.0000/万 99.9985%	No:26747 U+EFF ⿰口究 00000007 0.0000/万 99.9984%	No:26748 U+EDA 嫡 00000007 0.0000/万 99.9985%	No:26749 U+EE9 ⿺尢公 00000007 0.0000/万 99.9984%	No:26750 U+E5F ⿱山𦍌 00000007 0.0000/万 99.9983%
No:26751 U+EC1 ⿱穴土 00000007 0.0000/万 99.9984%	No:26752 U+E63 ⿱隹男 00000007 0.0000/万 99.9984%	No:26753 U+E9C 豐 00000007 0.0000/万 99.9985%	No:26754 U+EB8 ⿰巾彡 00000007 0.0000/万 99.9985%	No:26755 U+EF3 ⿰昔攵 00000007 0.0000/万 99.9985%	No:26756 U+F96 啓 00000007 0.0000/万 99.9985%	No:26757 U+EF4 [illegible] 00000007 0.0000/万 99.9983%	No:26758 U+E78 ⿰日危 00000007 0.0000/万 99.9985%	No:26759 U+E9B ⿰月丙 00000007 0.0000/万 99.9984%	No:26760 U+F48 橊 00000007 0.0000/万 99.9985%
No:26761 U+E91 ⿰畬欠 00000007 0.0000/万 99.9985%	No:26762 U+E92 歎 00000007 0.0000/万 99.9983%	No:26763 U+E35 ⿰氵和 00000007 0.0000/万 99.9983%	No:26764 U+E85 ⿰氵率 00000007 0.0000/万 99.9983%	No:26765 U+E1C ⿰氵喬 00000007 0.0000/万 99.9984%	No:26766 U+F11 ⿰氵脊 00000007 0.0000/万 99.9984%	No:26767 U+F92 為 00000007 0.0000/万 99.9984%	No:26768 U+E62 ⿸厂畏 00000007 0.0000/万 99.9985%	No:26769 U+ED9 ⿰犭求 00000007 0.0000/万 99.9984%	No:26770 U+E24 ⿰犭豪 00000007 0.0000/万 99.9985%
No:26771 U+EA2 ⿰王建 00000007 0.0000/万 99.9983%	No:26772 U+EAB ⿰王蒙 00000007 0.0000/万 99.9984%	No:26773 U+EB2 ⿰王嚴 00000007 0.0000/万 99.9984%	No:26774 U+FBE ⿸疒虎 00000007 0.0000/万 99.9984%	No:26775 U+F75 ⿸疒逢 00000007 0.0000/万 99.9984%	No:26776 U+EBC ⿸疒毒 00000007 0.0000/万 99.9984%	No:26777 U+ED1 ⿸疒泰 00000007 0.0000/万 99.9984%	No:26778 U+ED2 ⿸疒敝 00000007 0.0000/万 99.9984%	No:26779 U+E8C ⿱分目 00000007 0.0000/万 99.9984%	No:26780 U+F56 ⿰目穴 00000007 0.0000/万 99.9984%
No:26781 U+EB6 ⿰石夆 00000007 0.0000/万 99.9983%	No:26782 U+EFB ⿰歹羊 00000007 0.0000/万 99.9984%	No:26783 U+E45 ⿱艹奉 00000007 0.0000/万 99.9983%	No:26784 U+F64 蔽 00000007 0.0000/万 99.9985%	No:26785 U+FBA ⿱艹豤 00000007 0.0000/万 99.9984%	No:26786 U+E5E ⿱艹鶴 00000007 0.0000/万 99.9984%	No:26787 U+ED6 ⿸虍鼎 00000007 0.0000/万 99.9985%	No:26788 U+E00 ⿱羊血 00000007 0.0000/万 99.9984%	No:26789 U+EC7 ⿲彳吉亍 00000007 0.0000/万 99.9985%	No:26790 U+FD4 ⿰衤射 00000007 0.0000/万 99.9985%
No:26791 U+F51 親 00000007 0.0000/万 99.9985%	No:26792 U+E6E ⿰齒見 00000007 0.0000/万 99.9985%	No:26793 U+ECC ⿰言臧 00000007 0.0000/万 99.9983%	No:26794 U+FCC ⿺走臭 00000007 0.0000/万 99.9984%	No:26795 U+F72 ⿰足萬 00000007 0.0000/万 99.9983%	No:26796 U+F41 ⿰車枼 00000007 0.0000/万 99.9985%	No:26797 U+F69 ⿰車稟 00000007 0.0000/万 99.9985%	No:26798 U+E7D ⿰居阝 00000007 0.0000/万 99.9984%	No:26799 U+F75 ⿰靈阝 00000007 0.0000/万 99.9985%	No:26800 U+E71 陪 00000007 0.0000/万 99.9983%

No:26801 U+FF4 [illegible] 00000007 0.0000/万 99.9984%	No:26802 U+F10 [illegible] 00000007 0.0000/万 99.9985%	No:26803 U+E75 [illegible] 00000007 0.0000/万 99.9985%	No:26804 U+E08 [illegible] 00000007 0.0000/万 99.9984%	No:26805 U+E1B [illegible] 00000007 0.0000/万 99.9984%	No:26806 U+E01 [illegible] 00000007 0.0000/万 99.9983%	No:26807 U+E42 [illegible] 00000007 0.0000/万 99.9985%	No:26808 U+E48 [illegible] 00000007 0.0000/万 99.9985%	No:26809 U+EEC [illegible] 00000007 0.0000/万 99.9985%	No:26810 U+EB6 [illegible] 00000007 0.0000/万 99.9984%
No:26811 U+EF7 [illegible] 00000007 0.0000/万 99.9984%	No:26812 U+FA7 [illegible] 00000007 0.0000/万 99.9984%	No:26813 U+EB7 [illegible] 00000007 0.0000/万 99.9984%	No:26814 U+E5C [illegible] 00000007 0.0000/万 99.9985%	No:26815 U+E6A [illegible] 00000007 0.0000/万 99.9985%	No:26816 U+F45 [illegible] 00000007 0.0000/万 99.9985%	No:26817 U+03436 㐶 00000006 0.0000/万 99.9988%	No:26818 U+03497 㒗 00000006 0.0000/万 99.9988%	No:26819 U+034AD 㒭 00000006 0.0000/万 99.9988%	No:26820 U+034D0 㓐 00000006 0.0000/万 99.9988%
No:26821 U+03510 㔐 00000006 0.0000/万 99.9988%	No:26822 U+03515 㔕 00000006 0.0000/万 99.9988%	No:26823 U+03588 㖈 00000006 0.0000/万 99.9989%	No:26824 U+035C4 㗄 00000006 0.0000/万 99.9988%	No:26825 U+03603 㘃 00000006 0.0000/万 99.9988%	No:26826 U+0361B 㘛 00000006 0.0000/万 99.9988%	No:26827 U+03639 㘹 00000006 0.0000/万 99.9988%	No:26828 U+03655 㙕 00000006 0.0000/万 99.9988%	No:26829 U+03665 㙥 00000006 0.0000/万 99.9988%	No:26830 U+03675 㙵 00000006 0.0000/万 99.9988%
No:26831 U+03689 㚉 00000006 0.0000/万 99.9988%	No:26832 U+036AC 㚬 00000006 0.0000/万 99.9988%	No:26833 U+036B4 㚴 00000006 0.0000/万 99.9988%	No:26834 U+036BC 㚼 00000006 0.0000/万 99.9988%	No:26835 U+036CB 㛋 00000006 0.0000/万 99.9988%	No:26836 U+036D3 㛓 00000006 0.0000/万 99.9988%	No:26837 U+036D6 㛖 00000006 0.0000/万 99.9988%	No:26838 U+036F5 㛵 00000006 0.0000/万 99.9988%	No:26839 U+03720 㜠 00000006 0.0000/万 99.9988%	No:26840 U+03725 㜥 00000006 0.0000/万 99.9988%
No:26841 U+03785 㞅 00000006 0.0000/万 99.9989%	No:26842 U+0379E 㞞 00000006 0.0000/万 99.9989%	No:26843 U+037A9 㞩 00000006 0.0000/万 99.9989%	No:26844 U+037E1 㟡 00000006 0.0000/万 99.9989%	No:26845 U+0388E 㢎 00000006 0.0000/万 99.9987%	No:26846 U+038BA 㢺 00000006 0.0000/万 99.9987%	No:26847 U+038C4 㣄 00000006 0.0000/万 99.9987%	No:26848 U+0392B 㤫 00000006 0.0000/万 99.9987%	No:26849 U+03943 㥃 00000006 0.0000/万 99.9987%	No:26850 U+03954 㥔 00000006 0.0000/万 99.9986%
No:26851 U+0397A 㥺 00000006 0.0000/万 99.9987%	No:26852 U+03990 㦐 00000006 0.0000/万 99.9987%	No:26853 U+039E9 㧩 00000006 0.0000/万 99.9987%	No:26854 U+039ED 㧭 00000006 0.0000/万 99.9987%	No:26855 U+039F7 㧷 00000006 0.0000/万 99.9986%	No:26856 U+039F8 㧸 00000006 0.0000/万 99.9986%	No:26857 U+03A55 㩕 00000006 0.0000/万 99.9987%	No:26858 U+03A93 㪓 00000006 0.0000/万 99.9986%	No:26859 U+03AAE 㪮 00000006 0.0000/万 99.9988%	No:26860 U+03AE3 㫣 00000006 0.0000/万 99.9988%
No:26861 U+03AEF 㫯 00000006 0.0000/万 99.9987%	No:26862 U+03AF6 㫶 00000006 0.0000/万 99.9987%	No:26863 U+03B00 㬀 00000006 0.0000/万 99.9988%	No:26864 U+03B0D 㬍 00000006 0.0000/万 99.9988%	No:26865 U+03B1B 㬛 00000006 0.0000/万 99.9987%	No:26866 U+03B36 㬶 00000006 0.0000/万 99.9987%	No:26867 U+03BC0 㯀 00000006 0.0000/万 99.9987%	No:26868 U+03BEC 㯬 00000006 0.0000/万 99.9987%	No:26869 U+03C3F 㰿 00000006 0.0000/万 99.9988%	No:26870 U+03C58 㱘 00000006 0.0000/万 99.9987%
No:26871 U+03C5B 㱛 00000006 0.0000/万 99.9988%	No:26872 U+03C7A 㱺 00000006 0.0000/万 99.9988%	No:26873 U+03CDE 㳞 00000006 0.0000/万 99.9988%	No:26874 U+03CE9 㳩 00000006 0.0000/万 99.9988%	No:26875 U+03D0B 㴋 00000006 0.0000/万 99.9988%	No:26876 U+03DA6 㶦 00000006 0.0000/万 99.9987%	No:26877 U+03DAC 㶬 00000006 0.0000/万 99.9987%	No:26878 U+03DAE 㶮 00000006 0.0000/万 99.9987%	No:26879 U+03DF4 㷴 00000006 0.0000/万 99.9987%	No:26880 U+03DF5 㷵 00000006 0.0000/万 99.9987%
No:26881 U+03DFD 㷽 00000006 0.0000/万 99.9987%	No:26882 U+03E13 㸓 00000006 0.0000/万 99.9987%	No:26883 U+03E2B 㸫 00000006 0.0000/万 99.9987%	No:26884 U+03E3E 㸾 00000006 0.0000/万 99.9987%	No:26885 U+03E46 㹆 00000006 0.0000/万 99.9987%	No:26886 U+03E75 㹵 00000006 0.0000/万 99.9987%	No:26887 U+03E8B 㺋 00000006 0.0000/万 99.9987%	No:26888 U+03EB4 㺴 00000006 0.0000/万 99.9987%	No:26889 U+03EC3 㻃 00000006 0.0000/万 99.9987%	No:26890 U+03F1E 㼞 00000006 0.0000/万 99.9987%
No:26891 U+03F62 㽢 00000006 0.0000/万 99.9987%	No:26892 U+03F9D 㾝 00000006 0.0000/万 99.9987%	No:26893 U+03FD8 㿘 00000006 0.0000/万 99.9987%	No:26894 U+03FDE 㿞 00000006 0.0000/万 99.9987%	No:26895 U+0406B 䁫 00000006 0.0000/万 99.9987%	No:26896 U+04076 䁶 00000006 0.0000/万 99.9987%	No:26897 U+04098 䂘 00000006 0.0000/万 99.9987%	No:26898 U+040B4 䂴 00000006 0.0000/万 99.9987%	No:26899 U+040BC 䂼 00000006 0.0000/万 99.9988%	No:26900 U+04125 䄥 00000006 0.0000/万 99.9988%

No:26901 U+04188 䆈 00000006 0.0000/万 99.9987%	No:26902 U+041A5 䆥 00000006 0.0000/万 99.9987%	No:26903 U+041DA 䇚 00000006 0.0000/万 99.9987%	No:26904 U+041DB 䇛 00000006 0.0000/万 99.9986%	No:26905 U+04244 䉄 00000006 0.0000/万 99.9986%	No:26906 U+0424A 䉊 00000006 0.0000/万 99.9987%	No:26907 U+04253 䉓 00000006 0.0000/万 99.9987%	No:26908 U+0426F 䉯 00000006 0.0000/万 99.9987%	No:26909 U+04292 䊒 00000006 0.0000/万 99.9987%	No:26910 U+04298 䊘 00000006 0.0000/万 99.9986%
No:26911 U+0429C 䊜 00000006 0.0000/万 99.9986%	No:26912 U+042B0 䊰 00000006 0.0000/万 99.9987%	No:26913 U+042D1 䋑 00000006 0.0000/万 99.9987%	No:26914 U+04302 䌂 00000006 0.0000/万 99.9987%	No:26915 U+04305 䌅 00000006 0.0000/万 99.9987%	No:26916 U+0431A 䌚 00000006 0.0000/万 99.9987%	No:26917 U+04332 䌲 00000006 0.0000/万 99.9987%	No:26918 U+04348 䍈 00000006 0.0000/万 99.9987%	No:26919 U+0436F 䍯 00000006 0.0000/万 99.9987%	No:26920 U+043BB 䎻 00000006 0.0000/万 99.9988%
No:26921 U+043D7 䏗 00000006 0.0000/万 99.9988%	No:26922 U+043E5 䏥 00000006 0.0000/万 99.9988%	No:26923 U+0442A 䐪 00000006 0.0000/万 99.9987%	No:26924 U+04438 䐸 00000006 0.0000/万 99.9987%	No:26925 U+04452 䑒 00000006 0.0000/万 99.9987%	No:26926 U+04471 䑱 00000006 0.0000/万 99.9987%	No:26927 U+04487 䒇 00000006 0.0000/万 99.9987%	No:26928 U+0448B 䒋 00000006 0.0000/万 99.9987%	No:26929 U+0449B 䒛 00000006 0.0000/万 99.9987%	No:26930 U+044AC 䒬 00000006 0.0000/万 99.9987%
No:26931 U+044CB 䓋 00000006 0.0000/万 99.9987%	No:26932 U+04500 䔀 00000006 0.0000/万 99.9987%	No:26933 U+04506 䔆 00000006 0.0000/万 99.9987%	No:26934 U+04517 䔗 00000006 0.0000/万 99.9987%	No:26935 U+04518 䔘 00000006 0.0000/万 99.9987%	No:26936 U+04533 䔳 00000006 0.0000/万 99.9987%	No:26937 U+0455B 䕛 00000006 0.0000/万 99.9987%	No:26938 U+0459B 䖛 00000006 0.0000/万 99.9987%	No:26939 U+045A0 䖠 00000006 0.0000/万 99.9987%	No:26940 U+045C9 䗉 00000006 0.0000/万 99.9987%
No:26941 U+045CE 䗎 00000006 0.0000/万 99.9987%	No:26942 U+045DF 䗟 00000006 0.0000/万 99.9987%	No:26943 U+04665 䙥 00000006 0.0000/万 99.9987%	No:26944 U+04680 䚀 00000006 0.0000/万 99.9988%	No:26945 U+04683 䚃 00000006 0.0000/万 99.9988%	No:26946 U+0469E 䚞 00000006 0.0000/万 99.9988%	No:26947 U+046AC 䚬 00000006 0.0000/万 99.9988%	No:26948 U+046B6 䚶 00000006 0.0000/万 99.9988%	No:26949 U+046C9 䛉 00000006 0.0000/万 99.9988%	No:26950 U+04713 䜓 00000006 0.0000/万 99.9988%
No:26951 U+0475D 䝝 00000006 0.0000/万 99.9987%	No:26952 U+0479B 䞛 00000006 0.0000/万 99.9987%	No:26953 U+047A2 䞢 00000006 0.0000/万 99.9987%	No:26954 U+047BB 䞻 00000006 0.0000/万 99.9987%	No:26955 U+0482E 䠮 00000006 0.0000/万 99.9988%	No:26956 U+04861 䡡 00000006 0.0000/万 99.9987%	No:26957 U+04873 䡳 00000006 0.0000/万 99.9987%	No:26958 U+048CB 䣋 00000006 0.0000/万 99.9987%	No:26959 U+048E5 䣥 00000006 0.0000/万 99.9987%	No:26960 U+048ED 䣭 00000006 0.0000/万 99.9987%
No:26961 U+0492B 䤫 00000006 0.0000/万 99.9987%	No:26962 U+0494C 䥌 00000006 0.0000/万 99.9987%	No:26963 U+0494E 䥎 00000006 0.0000/万 99.9987%	No:26964 U+04960 䥠 00000006 0.0000/万 99.9987%	No:26965 U+04967 䥧 00000006 0.0000/万 99.9987%	No:26966 U+049A2 䦢 00000006 0.0000/万 99.9987%	No:26967 U+049AB 䦫 00000006 0.0000/万 99.9989%	No:26968 U+049C3 䧃 00000006 0.0000/万 99.9989%	No:26969 U+049CB 䧋 00000006 0.0000/万 99.9989%	No:26970 U+049CC 䧌 00000006 0.0000/万 99.9989%
No:26971 U+049DD 䧝 00000006 0.0000/万 99.9989%	No:26972 U+049E3 䧣 00000006 0.0000/万 99.9989%	No:26973 U+049FD 䧽 00000006 0.0000/万 99.9989%	No:26974 U+04A05 䨅 00000006 0.0000/万 99.9988%	No:26975 U+04A08 䨈 00000006 0.0000/万 99.9988%	No:26976 U+04A0E 䨎 00000006 0.0000/万 99.9988%	No:26977 U+04A45 䩅 00000006 0.0000/万 99.9988%	No:26978 U+04A48 䩈 00000006 0.0000/万 99.9988%	No:26979 U+04A67 䩧 00000006 0.0000/万 99.9988%	No:26980 U+04A7B 䩻 00000006 0.0000/万 99.9988%
No:26981 U+04A83 䪃 00000006 0.0000/万 99.9988%	No:26982 U+04A84 䪄 00000006 0.0000/万 99.9988%	No:26983 U+04ADA 䫚 00000006 0.0000/万 99.9988%	No:26984 U+04AE3 䫣 00000006 0.0000/万 99.9988%	No:26985 U+04AFA 䫺 00000006 0.0000/万 99.9988%	No:26986 U+04B15 䬕 00000006 0.0000/万 99.9988%	No:26987 U+04B31 䬱 00000006 0.0000/万 99.9988%	No:26988 U+04B60 䭠 00000006 0.0000/万 99.9988%	No:26989 U+04B76 䭶 00000006 0.0000/万 99.9988%	No:26990 U+04B81 䮁 00000006 0.0000/万 99.9988%
No:26991 U+04BAC 䮬 00000006 0.0000/万 99.9988%	No:26992 U+04BB3 䮳 00000006 0.0000/万 99.9988%	No:26993 U+04BFA 䯺 00000006 0.0000/万 99.9988%	No:26994 U+04C31 䰱 00000006 0.0000/万 99.9988%	No:26995 U+04C5B 䱛 00000006 0.0000/万 99.9988%	No:26996 U+04C69 䱩 00000006 0.0000/万 99.9988%	No:26997 U+04CEA 䳪 00000006 0.0000/万 99.9988%	No:26998 U+04CF7 䳷 00000006 0.0000/万 99.9988%	No:26999 U+04CF9 䳹 00000006 0.0000/万 99.9988%	No:27000 U+04D7B 䵻 00000006 0.0000/万 99.9989%

No:27001 U+04D9A 䶚 00000006 0.0000/万 99.9988%	No:27002 U+04E1B 丛 00000006 0.0000/万 99.9988%	No:27003 U+04E62 乢 00000006 0.0000/万 99.9988%	No:27004 U+05057 偗 00000006 0.0000/万 99.9988%	No:27005 U+05087 傇 00000006 0.0000/万 99.9988%	No:27006 U+0512C 儬 00000006 0.0000/万 99.9988%	No:27007 U+052C0 勀 00000006 0.0000/万 99.9988%	No:27008 U+052EA 勪 00000006 0.0000/万 99.9988%	No:27009 U+053F9 叹 00000006 0.0000/万 99.9988%	No:27010 U+053FD 叽 00000006 0.0000/万 99.9989%
No:27011 U+05454 呔 00000006 0.0000/万 99.9988%	No:27012 U+05460 呠 00000006 0.0000/万 99.9988%	No:27013 U+054AA 咪 00000006 0.0000/万 99.9989%	No:27014 U+055E0 嗠 00000006 0.0000/万 99.9987%	No:27015 U+05689 嚉 00000006 0.0000/万 99.9987%	No:27016 U+056CC 囌 00000006 0.0000/万 99.9987%	No:27017 U+05760 坠 00000006 0.0000/万 99.9988%	No:27018 U+057A8 垨 00000006 0.0000/万 99.9988%	No:27019 U+057AB 垫 00000006 0.0000/万 99.9988%	No:27020 U+0583B 堻 00000006 0.0000/万 99.9988%
No:27021 U+05866 塦 00000006 0.0000/万 99.9987%	No:27022 U+058EA 壪 00000006 0.0000/万 99.9987%	No:27023 U+058F8 壸 00000006 0.0000/万 99.9987%	No:27024 U+0593F 夿 00000006 0.0000/万 99.9987%	No:27025 U+05966 奦 00000006 0.0000/万 99.9987%	No:27026 U+05985 妅 00000006 0.0000/万 99.9987%	No:27027 U+059F2 姲 00000006 0.0000/万 99.9987%	No:27028 U+059F5 姵 00000006 0.0000/万 99.9986%	No:27029 U+059FE 姾 00000006 0.0000/万 99.9987%	No:27030 U+05AC5 嫅 00000006 0.0000/万 99.9988%
No:27031 U+05AEC 嫬 00000006 0.0000/万 99.9988%	No:27032 U+05B05 嬅 00000006 0.0000/万 99.9988%	No:27033 U+05B14 嬔 00000006 0.0000/万 99.9988%	No:27034 U+05B6C 孬 00000006 0.0000/万 99.9988%	No:27035 U+05C1B 尛 00000006 0.0000/万 99.9988%	No:27036 U+05C21 尡 00000006 0.0000/万 99.9988%	No:27037 U+05E9E 庞 00000006 0.0000/万 99.9989%	No:27038 U+05F16 弖 00000006 0.0000/万 99.9989%	No:27039 U+05F19 弙 00000006 0.0000/万 99.9989%	No:27040 U+05F86 徆 00000006 0.0000/万 99.9989%
No:27041 U+05FC8 忈 00000006 0.0000/万 99.9989%	No:27042 U+05FE2 忢 00000006 0.0000/万 99.9989%	No:27043 U+0603B 总 00000006 0.0000/万 99.9989%	No:27044 U+0607A 恺 00000006 0.0000/万 99.9989%	No:27045 U+06123 愣 00000006 0.0000/万 99.9989%	No:27046 U+06202 戂 00000006 0.0000/万 99.9989%	No:27047 U+06325 挥 00000006 0.0000/万 99.9989%	No:27048 U+06480 撀 00000006 0.0000/万 99.9989%	No:27049 U+0654B 敋 00000006 0.0000/万 99.9989%	No:27050 U+067C7 柇 00000006 0.0000/万 99.9989%
No:27051 U+067FE 柾 00000006 0.0000/万 99.9989%	No:27052 U+06808 栈 00000006 0.0000/万 99.9989%	No:27053 U+06824 栤 00000006 0.0000/万 99.9989%	No:27054 U+0682C 栬 00000006 0.0000/万 99.9989%	No:27055 U+06895 梕 00000006 0.0000/万 99.9989%	No:27056 U+069E1 槡 00000006 0.0000/万 99.9989%	No:27057 U+06A57 橗 00000006 0.0000/万 99.9989%	No:27058 U+06A79 橹 00000006 0.0000/万 99.9989%	No:27059 U+06AF6 櫶 00000006 0.0000/万 99.9989%	No:27060 U+06BC2 毂 00000006 0.0000/万 99.9989%
No:27061 U+06C46 汆 00000006 0.0000/万 99.9990%	No:27062 U+06D03 洃 00000006 0.0000/万 99.9989%	No:27063 U+06D1C 洜 00000006 0.0000/万 99.9989%	No:27064 U+06D42 浂 00000006 0.0000/万 99.9989%	No:27065 U+06D4A 浊 00000006 0.0000/万 99.9989%	No:27066 U+06E77 湷 00000006 0.0000/万 99.9989%	No:27067 U+06E87 溇 00000006 0.0000/万 99.9989%	No:27068 U+06F17 漗 00000006 0.0000/万 99.9989%	No:27069 U+06F1C 漜 00000006 0.0000/万 99.9989%	No:27070 U+06F40 潀 00000006 0.0000/万 99.9989%
No:27071 U+06F83 澃 00000006 0.0000/万 99.9989%	No:27072 U+06FEA 濪 00000006 0.0000/万 99.9989%	No:27073 U+06FF8 濸 00000006 0.0000/万 99.9989%	No:27074 U+0708D 炍 00000006 0.0000/万 99.9989%	No:27075 U+07090 炐 00000006 0.0000/万 99.9989%	No:27076 U+070E5 烥 00000006 0.0000/万 99.9989%	No:27077 U+0710E 焎 00000006 0.0000/万 99.9989%	No:27078 U+07112 焒 00000006 0.0000/万 99.9989%	No:27079 U+07124 焤 00000006 0.0000/万 99.9989%	No:27080 U+0713F 焿 00000006 0.0000/万 99.9989%
No:27081 U+07183 熃 00000006 0.0000/万 99.9989%	No:27082 U+071F2 燲 00000006 0.0000/万 99.9989%	No:27083 U+0720F 爏 00000006 0.0000/万 99.9989%	No:27084 U+0724A 牊 00000006 0.0000/万 99.9989%	No:27085 U+0727A 牺 00000006 0.0000/万 99.9989%	No:27086 U+072DE 狞 00000006 0.0000/万 99.9989%	No:27087 U+07399 玙 00000006 0.0000/万 99.9990%	No:27088 U+07520 甠 00000006 0.0000/万 99.9990%	No:27089 U+07614 瘔 00000006 0.0000/万 99.9989%	No:27090 U+076B3 皳 00000006 0.0000/万 99.9989%
No:27091 U+07778 睸 00000006 0.0000/万 99.9989%	No:27092 U+07783 瞃 00000006 0.0000/万 99.9989%	No:27093 U+077E8 矨 00000006 0.0000/万 99.9989%	No:27094 U+07872 硲 00000006 0.0000/万 99.9989%	No:27095 U+078A6 碦 00000006 0.0000/万 99.9989%	No:27096 U+07906 礆 00000006 0.0000/万 99.9989%	No:27097 U+07916 礖 00000006 0.0000/万 99.9989%	No:27098 U+07A1D 稝 00000006 0.0000/万 99.9989%	No:27099 U+07B37 笷 00000006 0.0000/万 99.9989%	No:27100 U+07C75 籵 00000006 0.0000/万 99.9989%

No:27101 U+07C8E 粎 00000006 0.0000/万 99.9989%	No:27102 U+07CCB 糋 00000006 0.0000/万 99.9989%	No:27103 U+07CD0 糐 00000006 0.0000/万 99.9989%	No:27104 U+07D49 絉 00000006 0.0000/万 99.9989%	No:27105 U+07D52 絒 00000006 0.0000/万 99.9989%	No:27106 U+07E14 縔 00000006 0.0000/万 99.9989%	No:27107 U+07F1D 缝 00000006 0.0000/万 99.9989%	No:27108 U+07F2A 缪 00000006 0.0000/万 99.9989%	No:27109 U+07FAA 羪 00000006 0.0000/万 99.9989%	No:27110 U+0805C 聜 00000006 0.0000/万 99.9989%
No:27111 U+0807A 聺 00000006 0.0000/万 99.9989%	No:27112 U+080BE 肾 00000006 0.0000/万 99.9989%	No:27113 U+08185 膅 00000006 0.0000/万 99.9989%	No:27114 U+082CE 苎 00000006 0.0000/万 99.9989%	No:27115 U+084B0 蒰 00000006 0.0000/万 99.9989%	No:27116 U+085E7 藧 00000006 0.0000/万 99.9989%	No:27117 U+086CA 蛊 00000006 0.0000/万 99.9989%	No:27118 U+0877F 蝿 00000006 0.0000/万 99.9989%	No:27119 U+087A5 螥 00000006 0.0000/万 99.9989%	No:27120 U+08876 衶 00000006 0.0000/万 99.9989%
No:27121 U+088C9 裉 00000006 0.0000/万 99.9989%	No:27122 U+089AB 覫 00000006 0.0000/万 99.9989%	No:27123 U+08A5A 詚 00000006 0.0000/万 99.9989%	No:27124 U+08A9B 誛 00000006 0.0000/万 99.9990%	No:27125 U+08BDD 话 00000006 0.0000/万 99.9989%	No:27126 U+08CEF 賯 00000006 0.0000/万 99.9989%	No:27127 U+08CF3 賳 00000006 0.0000/万 99.9989%	No:27128 U+08D2E 贮 00000006 0.0000/万 99.9989%	No:27129 U+08D3C 贼 00000006 0.0000/万 99.9989%	No:27130 U+08E2B 踫 00000006 0.0000/万 99.9989%
No:27131 U+08E2D 踭 00000006 0.0000/万 99.9989%	No:27132 U+08E46 蹆 00000006 0.0000/万 99.9989%	No:27133 U+08E52 蹒 00000006 0.0000/万 99.9989%	No:27134 U+09007 逇 00000006 0.0000/万 99.9989%	No:27135 U+09160 酠 00000006 0.0000/万 99.9989%	No:27136 U+0919A 醚 00000006 0.0000/万 99.9989%	No:27137 U+091DE 釞 00000006 0.0000/万 99.9990%	No:27138 U+091FB 釻 00000006 0.0000/万 99.9989%	No:27139 U+09221 鈡 00000006 0.0000/万 99.9989%	No:27140 U+0926A 鉪 00000006 0.0000/万 99.9990%
No:27141 U+092AF 銯 00000006 0.0000/万 99.9989%	No:27142 U+09306 錆 00000006 0.0000/万 99.9989%	No:27143 U+09312 錒 00000006 0.0000/万 99.9989%	No:27144 U+09411 鐑 00000006 0.0000/万 99.9989%	No:27145 U+0941A 鐚 00000006 0.0000/万 99.9989%	No:27146 U+0941B 鐛 00000006 0.0000/万 99.9989%	No:27147 U+09423 鐣 00000006 0.0000/万 99.9989%	No:27148 U+0958A 閊 00000006 0.0000/万 99.9989%	No:27149 U+095C1 闁 00000006 0.0000/万 99.9989%	No:27150 U+095E6 闦 00000006 0.0000/万 99.9989%
No:27151 U+09614 阔 00000006 0.0000/万 99.9990%	No:27152 U+09633 阳 00000006 0.0000/万 99.9989%	No:27153 U+096EE 雮 00000006 0.0000/万 99.9989%	No:27154 U+096FE 雾 00000006 0.0000/万 99.9989%	No:27155 U+0973B 霻 00000006 0.0000/万 99.9986%	No:27156 U+09775 靵 00000006 0.0000/万 99.9986%	No:27157 U+09907 餇 00000006 0.0000/万 99.9986%	No:27158 U+09944 饄 00000006 0.0000/万 99.9986%	No:27159 U+099F2 駲 00000006 0.0000/万 99.9986%	No:27160 U+09ADC 髜 00000006 0.0000/万 99.9986%
No:27161 U+09B38 鬸 00000006 0.0000/万 99.9986%	No:27162 U+09C01 鰁 00000006 0.0000/万 99.9986%	No:27163 U+09C06 鰆 00000006 0.0000/万 99.9986%	No:27164 U+09C2E 鰮 00000006 0.0000/万 99.9986%	No:27165 U+09CA7 鲧 00000006 0.0000/万 99.9986%	No:27166 U+09CC5 鳅 00000006 0.0000/万 99.9986%	No:27167 U+09CDE 鳞 00000006 0.0000/万 99.9986%	No:27168 U+09D34 鴴 00000006 0.0000/万 99.9986%	No:27169 U+09D58 鵘 00000006 0.0000/万 99.9986%	No:27170 U+09D8D 鶍 00000006 0.0000/万 99.9986%
No:27171 U+09D93 鶓 00000006 0.0000/万 99.9986%	No:27172 U+09DB0 鶰 00000006 0.0000/万 99.9986%	No:27173 U+09EB2 麲 00000006 0.0000/万 99.9986%	No:27174 U+0E79A 00000006 0.0000/万 99.9986%	No:27175 U+0F054 00000006 0.0000/万 99.9986%	No:27176 U+0F0D4 00000006 0.0000/万 99.9986%	No:27177 U+0F140 00000006 0.0000/万 99.9986%	No:27178 U+0F666 00000006 0.0000/万 99.9986%	No:27179 U+0F68A 00000006 0.0000/万 99.9986%	No:27180 U+0F78B 00000006 0.0000/万 99.9986%
No:27181 U+0F7F2 00000006 0.0000/万 99.9986%	No:27182 U+0F805 00000006 0.0000/万 99.9986%	No:27183 U+0F807 00000006 0.0000/万 99.9986%	No:27184 U+EB8 侄 00000006 0.0000/万 99.9988%	No:27185 U+E1F 圯 00000006 0.0000/万 99.9989%	No:27186 U+F52 [illegible] 00000006 0.0000/万 99.9988%	No:27187 U+F30 [illegible] 00000006 0.0000/万 99.9988%	No:27188 U+E4D [illegible] 00000006 0.0000/万 99.9987%	No:27189 U+EFD [illegible] 00000006 0.0000/万 99.9987%	No:27190 U+EAa 嗅 00000006 0.0000/万 99.9987%
No:27191 U+E7A 孤 00000006 0.0000/万 99.9988%	No:27192 U+E2E [illegible] 00000006 0.0000/万 99.9988%	No:27193 U+FCD [illegible] 00000006 0.0000/万 99.9988%	No:27194 U+E65 [illegible] 00000006 0.0000/万 99.9988%	No:27195 U+E61 [illegible] 00000006 0.0000/万 99.9988%	No:27196 U+E76 [illegible] 00000006 0.0000/万 99.9988%	No:27197 U+E93 [illegible] 00000006 0.0000/万 99.9988%	No:27198 U+FAE [illegible] 00000006 0.0000/万 99.9988%	No:27199 U+E2A [illegible] 00000006 0.0000/万 99.9988%	No:27200 U+F65 [illegible] 00000006 0.0000/万 99.9987%

No:27201 U+F95 攺 00000006 0.0000/万 99.9987%	No:27202 U+F12 敦 00000006 0.0000/万 99.9987%	No:27203 U+EFB 數 00000006 0.0000/万 99.9987%	No:27204 U+EA5 斛 00000006 0.0000/万 99.9987%	No:27205 U+F09 戺 00000006 0.0000/万 99.9987%	No:27206 U+E78 枂 00000006 0.0000/万 99.9987%	No:27207 U+EB1 樣 00000006 0.0000/万 99.9987%	No:27208 U+EC7 欄 00000006 0.0000/万 99.9987%	No:27209 U+E58 业 00000006 0.0000/万 99.9987%	No:27210 U+E43 濇 00000006 0.0000/万 99.9988%
No:27211 U+F12 膝 00000006 0.0000/万 99.9988%	No:27212 U+F87 淵 00000006 0.0000/万 99.9988%	No:27213 U+EA4 烑 00000006 0.0000/万 99.9988%	No:27214 U+F38 熣 00000006 0.0000/万 99.9989%	No:27215 U+EDC 玪 00000006 0.0000/万 99.9987%	No:27216 U+EA4 瑳 00000006 0.0000/万 99.9987%	No:27217 U+F4A 甗 00000006 0.0000/万 99.9987%	No:27218 U+EB5 睃 00000006 0.0000/万 99.9987%	No:27219 U+EDC 皺 00000006 0.0000/万 99.9987%	No:27220 U+F60 睬 00000006 0.0000/万 99.9987%
No:27221 U+F62 睢 00000006 0.0000/万 99.9987%	No:27222 U+F4E 砧 00000006 0.0000/万 99.9988%	No:27223 U+E4E 砣 00000006 0.0000/万 99.9988%	No:27224 U+E86 硃 00000006 0.0000/万 99.9988%	No:27225 U+F7F 突 00000006 0.0000/万 99.9987%	No:27226 U+E94 寖 00000006 0.0000/万 99.9987%	No:27227 U+E37 躳 00000006 0.0000/万 99.9987%	No:27228 U+E12 篹 00000006 0.0000/万 99.9987%	No:27229 U+E2F 炧 00000006 0.0000/万 99.9988%	No:27230 U+F69 荊 00000006 0.0000/万 99.9988%
No:27231 U+E4D 芆 00000006 0.0000/万 99.9987%	No:27232 U+E4F 葚 00000006 0.0000/万 99.9987%	No:27233 U+E51 菝 00000006 0.0000/万 99.9987%	No:27234 U+E60 蔬 00000006 0.0000/万 99.9987%	No:27235 U+F8B 蚤 00000006 0.0000/万 99.9986%	No:27236 U+EE7 蝷 00000006 0.0000/万 99.9987%	No:27237 U+E52 蜩 00000006 0.0000/万 99.9987%	No:27238 U+FDA 補 00000006 0.0000/万 99.9989%	No:27239 U+E31 襟 00000006 0.0000/万 99.9989%	No:27240 U+ED3 覀 00000006 0.0000/万 99.9989%
No:27241 U+E3B 豅 00000006 0.0000/万 99.9988%	No:27242 U+F68 趣 00000006 0.0000/万 99.9988%	No:27243 U+E63 跏 00000006 0.0000/万 99.9988%	No:27244 U+E76 蹎 00000006 0.0000/万 99.9988%	No:27245 U+E77 躦 00000006 0.0000/万 99.9988%	No:27246 U+E83 踋 00000006 0.0000/万 99.9989%	No:27247 U+E6F 陡 00000006 0.0000/万 99.9988%	No:27248 U+E68 鄠 00000006 0.0000/万 99.9988%	No:27249 U+F86 鞨 00000006 0.0000/万 99.9988%	No:27250 U+F8B 髊 00000006 0.0000/万 99.9988%
No:27251 U+F18 鬏 00000006 0.0000/万 99.9988%	No:27252 U+F9D 鬐 00000006 0.0000/万 99.9988%	No:27253 U+E05 魟 00000006 0.0000/万 99.9988%	No:27254 U+E08 鮫 00000006 0.0000/万 99.9988%	No:27255 U+E79 鮂 00000006 0.0000/万 99.9988%	No:27256 U+FA9 鰈 00000006 0.0000/万 99.9988%	No:27257 U+E20 䑳 00000006 0.0000/万 99.9988%	No:27258 U+03496 㒖 00000005 0.0000/万 99.9990%	No:27259 U+034B2 㒲 00000005 0.0000/万 99.9990%	No:27260 U+034D2 㓒 00000005 0.0000/万 99.9990%
No:27261 U+034EF 㓯 00000005 0.0000/万 99.9990%	No:27262 U+03545 㕅 00000005 0.0000/万 99.9990%	No:27263 U+03577 㕷 00000005 0.0000/万 99.9990%	No:27264 U+035B4 㖴 00000005 0.0000/万 99.9990%	No:27265 U+035BC 㖼 00000005 0.0000/万 99.9990%	No:27266 U+0364D 㙍 00000005 0.0000/万 99.9991%	No:27267 U+03658 㙘 00000005 0.0000/万 99.9992%	No:27268 U+03679 㙹 00000005 0.0000/万 99.9991%	No:27269 U+036A7 㚧 00000005 0.0000/万 99.9991%	No:27270 U+036AD 㚭 00000005 0.0000/万 99.9991%
No:27271 U+036B8 㚸 00000005 0.0000/万 99.9992%	No:27272 U+036BB 㚻 00000005 0.0000/万 99.9992%	No:27273 U+036D9 㛙 00000005 0.0000/万 99.9991%	No:27274 U+0370D 㜍 00000005 0.0000/万 99.9991%	No:27275 U+03729 㜩 00000005 0.0000/万 99.9992%	No:27276 U+0377D 㝽 00000005 0.0000/万 99.9992%	No:27277 U+0378E 㞎 00000005 0.0000/万 99.9991%	No:27278 U+037AB 㞫 00000005 0.0000/万 99.9990%	No:27279 U+037CA 㟊 00000005 0.0000/万 99.9991%	No:27280 U+037D1 㟑 00000005 0.0000/万 99.9991%
No:27281 U+0382E 㠮 00000005 0.0000/万 99.9991%	No:27282 U+03850 㡐 00000005 0.0000/万 99.9991%	No:27283 U+03874 㡴 00000005 0.0000/万 99.9991%	No:27284 U+03876 㡶 00000005 0.0000/万 99.9991%	No:27285 U+0387D 㡽 00000005 0.0000/万 99.9991%	No:27286 U+03891 㢑 00000005 0.0000/万 99.9990%	No:27287 U+0389E 㢞 00000005 0.0000/万 99.9990%	No:27288 U+039AD 㦭 00000005 0.0000/万 99.9992%	No:27289 U+03A3C 㨼 00000005 0.0000/万 99.9991%	No:27290 U+03A95 㪕 00000005 0.0000/万 99.9991%
No:27291 U+03A9E 㪞 00000005 0.0000/万 99.9991%	No:27292 U+03AB0 㪰 00000005 0.0000/万 99.9991%	No:27293 U+03B76 㭶 00000005 0.0000/万 99.9992%	No:27294 U+03B7B 㭻 00000005 0.0000/万 99.9992%	No:27295 U+03BB1 㮱 00000005 0.0000/万 99.9991%	No:27296 U+03BBC 㮼 00000005 0.0000/万 99.9991%	No:27297 U+03C00 㰀 00000005 0.0000/万 99.9992%	No:27298 U+03C4B 㱋 00000005 0.0000/万 99.9990%	No:27299 U+03C92 㲒 00000005 0.0000/万 99.9990%	No:27300 U+03CC3 㳃 00000005 0.0000/万 99.9990%

No:27301 U+03CF8 㳸 00000005 0.0000/万 99.9990%	No:27302 U+03D0F 㴏 00000005 0.0000/万 99.9990%	No:27303 U+03D1F 㴟 00000005 0.0000/万 99.9990%	No:27304 U+03D2A 㴪 00000005 0.0000/万 99.9990%	No:27305 U+03D4F 㵏 00000005 0.0000/万 99.9990%	No:27306 U+03D59 㵙 00000005 0.0000/万 99.9990%	No:27307 U+03D5B 㵛 00000005 0.0000/万 99.9990%	No:27308 U+03DA8 㶨 00000005 0.0000/万 99.9990%	No:27309 U+03DD9 㷙 00000005 0.0000/万 99.9990%	No:27310 U+03DE3 㷣 00000005 0.0000/万 99.9990%
No:27311 U+03DE6 㷦 00000005 0.0000/万 99.9990%	No:27312 U+03DEF 㷯 00000005 0.0000/万 99.9990%	No:27313 U+03E09 㸉 00000005 0.0000/万 99.9990%	No:27314 U+03E27 㸧 00000005 0.0000/万 99.9990%	No:27315 U+03E29 㸩 00000005 0.0000/万 99.9990%	No:27316 U+03E5A 㹚 00000005 0.0000/万 99.9990%	No:27317 U+03E63 㹣 00000005 0.0000/万 99.9990%	No:27318 U+03EC9 㻉 00000005 0.0000/万 99.9990%	No:27319 U+03F01 㼁 00000005 0.0000/万 99.9991%	No:27320 U+03F13 㼓 00000005 0.0000/万 99.9991%
No:27321 U+03F56 㽖 00000005 0.0000/万 99.9991%	No:27322 U+03F6F 㽯 00000005 0.0000/万 99.9991%	No:27323 U+03F98 㾘 00000005 0.0000/万 99.9991%	No:27324 U+03FA1 㾡 00000005 0.0000/万 99.9991%	No:27325 U+03FF2 㿲 00000005 0.0000/万 99.9991%	No:27326 U+03FF3 㿳 00000005 0.0000/万 99.9991%	No:27327 U+03FF9 㿹 00000005 0.0000/万 99.9991%	No:27328 U+04031 䀱 00000005 0.0000/万 99.9991%	No:27329 U+0405F 䁟 00000005 0.0000/万 99.9991%	No:27330 U+040A0 䂠 00000005 0.0000/万 99.9991%
No:27331 U+040A3 䂣 00000005 0.0000/万 99.9991%	No:27332 U+040B1 䂱 00000005 0.0000/万 99.9991%	No:27333 U+040BE 䂾 00000005 0.0000/万 99.9991%	No:27334 U+040CF 䃏 00000005 0.0000/万 99.9991%	No:27335 U+0411E 䄞 00000005 0.0000/万 99.9991%	No:27336 U+04144 䅄 00000005 0.0000/万 99.9990%	No:27337 U+04199 䆙 00000005 0.0000/万 99.9991%	No:27338 U+041A6 䆦 00000005 0.0000/万 99.9991%	No:27339 U+041A8 䆨 00000005 0.0000/万 99.9990%	No:27340 U+0426A 䉪 00000005 0.0000/万 99.9991%
No:27341 U+04283 䊃 00000005 0.0000/万 99.9991%	No:27342 U+042A2 䊢 00000005 0.0000/万 99.9991%	No:27343 U+042A3 䊣 00000005 0.0000/万 99.9991%	No:27344 U+042A9 䊩 00000005 0.0000/万 99.9991%	No:27345 U+042B9 䊹 00000005 0.0000/万 99.9991%	No:27346 U+042DC 䋜 00000005 0.0000/万 99.9991%	No:27347 U+042EC 䋬 00000005 0.0000/万 99.9991%	No:27348 U+042F3 䋳 00000005 0.0000/万 99.9991%	No:27349 U+04321 䌡 00000005 0.0000/万 99.9991%	No:27350 U+04322 䌢 00000005 0.0000/万 99.9991%
No:27351 U+04355 䍕 00000005 0.0000/万 99.9991%	No:27352 U+04370 䍰 00000005 0.0000/万 99.9991%	No:27353 U+04381 䎁 00000005 0.0000/万 99.9991%	No:27354 U+043F1 䏱 00000005 0.0000/万 99.9991%	No:27355 U+04426 䐦 00000005 0.0000/万 99.9991%	No:27356 U+04445 䑅 00000005 0.0000/万 99.9991%	No:27357 U+0445F 䑟 00000005 0.0000/万 99.9991%	No:27358 U+044D0 䓐 00000005 0.0000/万 99.9991%	No:27359 U+04508 䔈 00000005 0.0000/万 99.9991%	No:27360 U+04581 䖁 00000005 0.0000/万 99.9990%
No:27361 U+0459E 䖞 00000005 0.0000/万 99.9990%	No:27362 U+045BE 䖾 00000005 0.0000/万 99.9990%	No:27363 U+045C0 䗀 00000005 0.0000/万 99.9990%	No:27364 U+045D1 䗑 00000005 0.0000/万 99.9990%	No:27365 U+045DB 䗛 00000005 0.0000/万 99.9990%	No:27366 U+045DD 䗝 00000005 0.0000/万 99.9990%	No:27367 U+045E8 䗨 00000005 0.0000/万 99.9990%	No:27368 U+0460B 䘋 00000005 0.0000/万 99.9990%	No:27369 U+0463B 䘻 00000005 0.0000/万 99.9990%	No:27370 U+04656 䙖 00000005 0.0000/万 99.9990%
No:27371 U+0466F 䙯 00000005 0.0000/万 99.9990%	No:27372 U+04672 䙲 00000005 0.0000/万 99.9990%	No:27373 U+0467B 䙻 00000005 0.0000/万 99.9990%	No:27374 U+0467F 䙿 00000005 0.0000/万 99.9990%	No:27375 U+046AA 䚪 00000005 0.0000/万 99.9990%	No:27376 U+046C3 䛃 00000005 0.0000/万 99.9990%	No:27377 U+046E4 䛤 00000005 0.0000/万 99.9990%	No:27378 U+046E7 䛧 00000005 0.0000/万 99.9990%	No:27379 U+04701 䜁 00000005 0.0000/万 99.9990%	No:27380 U+0475B 䝛 00000005 0.0000/万 99.9990%
No:27381 U+04765 䝥 00000005 0.0000/万 99.9990%	No:27382 U+04792 䞒 00000005 0.0000/万 99.9991%	No:27383 U+047AB 䞫 00000005 0.0000/万 99.9991%	No:27384 U+047C0 䟀 00000005 0.0000/万 99.9991%	No:27385 U+047CC 䟌 00000005 0.0000/万 99.9991%	No:27386 U+047F0 䟰 00000005 0.0000/万 99.9991%	No:27387 U+04815 䠕 00000005 0.0000/万 99.9991%	No:27388 U+0486A 䡪 00000005 0.0000/万 99.9992%	No:27389 U+04897 䢗 00000005 0.0000/万 99.9991%	No:27390 U+048C8 䣈 00000005 0.0000/万 99.9991%
No:27391 U+048CF 䣏 00000005 0.0000/万 99.9991%	No:27392 U+048F2 䣲 00000005 0.0000/万 99.9992%	No:27393 U+0491D 䤝 00000005 0.0000/万 99.9992%	No:27394 U+04923 䤣 00000005 0.0000/万 99.9992%	No:27395 U+0496D 䥭 00000005 0.0000/万 99.9990%	No:27396 U+049A5 䦥 00000005 0.0000/万 99.9990%	No:27397 U+049AE 䦮 00000005 0.0000/万 99.9991%	No:27398 U+049D4 䧔 00000005 0.0000/万 99.9991%	No:27399 U+049EC 䧬 00000005 0.0000/万 99.9991%	No:27400 U+049FE 䧾 00000005 0.0000/万 99.9992%

No:27401 U+04A06 䨆 00000005 0.0000/万 99.9992%	No:27402 U+04AA0 䪠 00000005 0.0000/万 99.9991%	No:27403 U+04ACD 䫍 00000005 0.0000/万 99.9992%	No:27404 U+04AEF 䫯 00000005 0.0000/万 99.9992%	No:27405 U+04B08 䬈 00000005 0.0000/万 99.9991%	No:27406 U+04B3A 䬺 00000005 0.0000/万 99.9992%	No:27407 U+04B7B 䭻 00000005 0.0000/万 99.9990%	No:27408 U+04B7C 䭼 00000005 0.0000/万 99.9990%	No:27409 U+04BBC 䮼 00000005 0.0000/万 99.9990%	No:27410 U+04BE1 䯡 00000005 0.0000/万 99.9990%
No:27411 U+04BEC 䯬 00000005 0.0000/万 99.9990%	No:27412 U+04BF5 䯵 00000005 0.0000/万 99.9990%	No:27413 U+04C3A 䰺 00000005 0.0000/万 99.9990%	No:27414 U+04C43 䱃 00000005 0.0000/万 99.9990%	No:27415 U+04CE7 䳧 00000005 0.0000/万 99.9990%	No:27416 U+04D36 䴶 00000005 0.0000/万 99.9991%	No:27417 U+04D61 䵡 00000005 0.0000/万 99.9991%	No:27418 U+04D81 䶁 00000005 0.0000/万 99.9991%	No:27419 U+04DA0 䶠 00000005 0.0000/万 99.9991%	No:27420 U+04E6A 乪 00000005 0.0000/万 99.9991%
No:27421 U+04FE6 俦 00000005 0.0000/万 99.9991%	No:27422 U+04FE7 俧 00000005 0.0000/万 99.9991%	No:27423 U+04FFC 俼 00000005 0.0000/万 99.9991%	No:27424 U+050CC 僌 00000005 0.0000/万 99.9991%	No:27425 U+0512E 儮 00000005 0.0000/万 99.9991%	No:27426 U+0514F 兏 00000005 0.0000/万 99.9991%	No:27427 U+0517F 兿 00000005 0.0000/万 99.9991%	No:27428 U+0520D 刍 00000005 0.0000/万 99.9991%	No:27429 U+05223 刣 00000005 0.0000/万 99.9991%	No:27430 U+0522F 刯 00000005 0.0000/万 99.9991%
No:27431 U+052B8 劸 00000005 0.0000/万 99.9991%	No:27432 U+052D0 勐 00000005 0.0000/万 99.9991%	No:27433 U+052D3 勓 00000005 0.0000/万 99.9991%	No:27434 U+0531E 匞 00000005 0.0000/万 99.9991%	No:27435 U+05362 卢 00000005 0.0000/万 99.9991%	No:27436 U+0540B 吋 00000005 0.0000/万 99.9990%	No:27437 U+0541C 吜 00000005 0.0000/万 99.9990%	No:27438 U+054B4 咴 00000005 0.0000/万 99.9990%	No:27439 U+05575 啵 00000005 0.0000/万 99.9991%	No:27440 U+055BC 喼 00000005 0.0000/万 99.9990%
No:27441 U+0561A 嘚 00000005 0.0000/万 99.9991%	No:27442 U+0562D 嘭 00000005 0.0000/万 99.9991%	No:27443 U+056A4 嚤 00000005 0.0000/万 99.9991%	No:27444 U+056AF 嚯 00000005 0.0000/万 99.9991%	No:27445 U+056FB 囻 00000005 0.0000/万 99.9990%	No:27446 U+05759 坙 00000005 0.0000/万 99.9990%	No:27447 U+0578F 垏 00000005 0.0000/万 99.9990%	No:27448 U+058B5 墵 00000005 0.0000/万 99.9991%	No:27449 U+05913 夓 00000005 0.0000/万 99.9991%	No:27450 U+05959 奙 00000005 0.0000/万 99.9992%
No:27451 U+059AB 妫 00000005 0.0000/万 99.9990%	No:27452 U+059C0 姀 00000005 0.0000/万 99.9990%	No:27453 U+059C4 姄 00000005 0.0000/万 99.9990%	No:27454 U+05A02 娂 00000005 0.0000/万 99.9991%	No:27455 U+05A42 婂 00000005 0.0000/万 99.9992%	No:27456 U+05A56 婖 00000005 0.0000/万 99.9991%	No:27457 U+05A61 婡 00000005 0.0000/万 99.9991%	No:27458 U+05A6F 婯 00000005 0.0000/万 99.9992%	No:27459 U+05A70 婰 00000005 0.0000/万 99.9991%	No:27460 U+05AA9 媩 00000005 0.0000/万 99.9991%
No:27461 U+05AC3 嫃 00000005 0.0000/万 99.9990%	No:27462 U+05ACA 嫊 00000005 0.0000/万 99.9990%	No:27463 U+05B02 嬂 00000005 0.0000/万 99.9990%	No:27464 U+05B21 嬡 00000005 0.0000/万 99.9990%	No:27465 U+05B35 嬵 00000005 0.0000/万 99.9990%	No:27466 U+05B46 孆 00000005 0.0000/万 99.9990%	No:27467 U+05BA0 宠 00000005 0.0000/万 99.9990%	No:27468 U+05BC8 寈 00000005 0.0000/万 99.9991%	No:27469 U+05BFB 寻 00000005 0.0000/万 99.9991%	No:27470 U+05C7B 屻 00000005 0.0000/万 99.9991%
No:27471 U+05C99 岙 00000005 0.0000/万 99.9991%	No:27472 U+05CF2 峲 00000005 0.0000/万 99.9991%	No:27473 U+05D5A 嵚 00000005 0.0000/万 99.9991%	No:27474 U+05E04 帄 00000005 0.0000/万 99.9991%	No:27475 U+05E91 庑 00000005 0.0000/万 99.9992%	No:27476 U+05F6E 彮 00000005 0.0000/万 99.9992%	No:27477 U+05F96 徖 00000005 0.0000/万 99.9992%	No:27478 U+05FDC 応 00000005 0.0000/万 99.9992%	No:27479 U+060A1 悡 00000005 0.0000/万 99.9992%	No:27480 U+06169 慩 00000005 0.0000/万 99.9992%
No:27481 U+0617B 慻 00000005 0.0000/万 99.9992%	No:27482 U+06184 憄 00000005 0.0000/万 99.9992%	No:27483 U+06268 扨 00000005 0.0000/万 99.9992%	No:27484 U+0626C 扬 00000005 0.0000/万 99.9992%	No:27485 U+06299 抙 00000005 0.0000/万 99.9992%	No:27486 U+062E8 拨 00000005 0.0000/万 99.9992%	No:27487 U+06360 捠 00000005 0.0000/万 99.9992%	No:27488 U+06565 敥 00000005 0.0000/万 99.9992%	No:27489 U+0667F 晿 00000005 0.0000/万 99.9992%	No:27490 U+066F1 曱 00000005 0.0000/万 99.9992%
No:27491 U+06811 树 00000005 0.0000/万 99.9992%	No:27492 U+06873 桳 00000005 0.0000/万 99.9992%	No:27493 U+068BC 梼 00000005 0.0000/万 99.9992%	No:27494 U+06915 椕 00000005 0.0000/万 99.9992%	No:27495 U+069F0 槰 00000005 0.0000/万 99.9992%	No:27496 U+06A16 樖 00000005 0.0000/万 99.9992%	No:27497 U+06A4D 橍 00000005 0.0000/万 99.9992%	No:27498 U+06A63 橣 00000005 0.0000/万 99.9992%	No:27499 U+06AB1 檱 00000005 0.0000/万 99.9992%	No:27500 U+06AB2 檲 00000005 0.0000/万 99.9992%

No:27501 U+06B15 欕 00000005 0.0000/万 99.9992%	No:27502 U+06B7D 歽 00000005 0.0000/万 99.9992%	No:27503 U+06C80 沀 00000005 0.0000/万 99.9992%	No:27504 U+06D40 浀 00000005 0.0000/万 99.9992%	No:27505 U+06D4E 济 00000005 0.0000/万 99.9992%	No:27506 U+06DA4 涤 00000005 0.0000/万 99.9992%	No:27507 U+06DFD 淽 00000005 0.0000/万 99.9992%	No:27508 U+06E01 渁 00000005 0.0000/万 99.9992%	No:27509 U+06E35 渵 00000005 0.0000/万 99.9992%	No:27510 U+06EA8 溨 00000005 0.0000/万 99.9992%
No:27511 U+06ED7 滗 00000005 0.0000/万 99.9992%	No:27512 U+06FB5 澵 00000005 0.0000/万 99.9992%	No:27513 U+06FD0 濐 00000005 0.0000/万 99.9992%	No:27514 U+0708F 炏 00000005 0.0000/万 99.9992%	No:27515 U+070A9 炩 00000005 0.0000/万 99.9992%	No:27516 U+070E1 烡 00000005 0.0000/万 99.9992%	No:27517 U+07127 焧 00000005 0.0000/万 99.9992%	No:27518 U+07148 煈 00000005 0.0000/万 99.9992%	No:27519 U+07260 牠 00000005 0.0000/万 99.9992%	No:27520 U+07300 猀 00000005 0.0000/万 99.9992%
No:27521 U+073AC 玬 00000005 0.0000/万 99.9992%	No:27522 U+07450 瑐 00000005 0.0000/万 99.9992%	No:27523 U+074CE 瓎 00000005 0.0000/万 99.9992%	No:27524 U+075E6 痦 00000005 0.0000/万 99.9992%	No:27525 U+076C0 盀 00000005 0.0000/万 99.9992%	No:27526 U+076D0 盐 00000005 0.0000/万 99.9992%	No:27527 U+076FD 盽 00000005 0.0000/万 99.9992%	No:27528 U+07795 瞕 00000005 0.0000/万 99.9992%	No:27529 U+077F7 矷 00000005 0.0000/万 99.9992%	No:27530 U+07803 砃 00000005 0.0000/万 99.9992%
No:27531 U+07840 础 00000005 0.0000/万 99.9992%	No:27532 U+078B4 碴 00000005 0.0000/万 99.9992%	No:27533 U+078BF 碿 00000005 0.0000/万 99.9992%	No:27534 U+07A5E 穞 00000005 0.0000/万 99.9992%	No:27535 U+07ACE 竎 00000005 0.0000/万 99.9992%	No:27536 U+07B7B 筻 00000005 0.0000/万 99.9992%	No:27537 U+07C24 簤 00000005 0.0000/万 99.9992%	No:27538 U+07C9D 粝 00000005 0.0000/万 99.9992%	No:27539 U+07CAB 粫 00000005 0.0000/万 99.9992%	No:27540 U+07CB8 粸 00000005 0.0000/万 99.9992%
No:27541 U+07D01 紁 00000005 0.0000/万 99.9992%	No:27542 U+07D0E 紎 00000005 0.0000/万 99.9992%	No:27543 U+07D27 紧 00000005 0.0000/万 99.9992%	No:27544 U+07E25 縥 00000005 0.0000/万 99.9992%	No:27545 U+07EB7 纷 00000005 0.0000/万 99.9992%	No:27546 U+07F12 缒 00000005 0.0000/万 99.9992%	No:27547 U+07F16 编 00000005 0.0000/万 99.9992%	No:27548 U+07FD7 翗 00000005 0.0000/万 99.9992%	No:27549 U+07FDD 翝 00000005 0.0000/万 99.9992%	No:27550 U+07FF8 翸 00000005 0.0000/万 99.9992%
No:27551 U+08080 肀 00000005 0.0000/万 99.9992%	No:27552 U+08112 脒 00000005 0.0000/万 99.9992%	No:27553 U+082C1 苁 00000005 0.0000/万 99.9992%	No:27554 U+0831A 茚 00000005 0.0000/万 99.9992%	No:27555 U+083B8 莸 00000005 0.0000/万 99.9992%	No:27556 U+083BA 莺 00000005 0.0000/万 99.9992%	No:27557 U+084D5 蓕 00000005 0.0000/万 99.9992%	No:27558 U+0865D 虝 00000005 0.0000/万 99.9992%	No:27559 U+08924 褤 00000005 0.0000/万 99.9992%	No:27560 U+08959 襙 00000005 0.0000/万 99.9992%
No:27561 U+089A8 覨 00000005 0.0000/万 99.9992%	No:27562 U+08A4A 詊 00000005 0.0000/万 99.9992%	No:27563 U+08A4F 詏 00000005 0.0000/万 99.9992%	No:27564 U+08AE8 諨 00000005 0.0000/万 99.9992%	No:27565 U+08BA8 讨 00000005 0.0000/万 99.9992%	No:27566 U+08BE5 该 00000005 0.0000/万 99.9992%	No:27567 U+08D03 贃 00000005 0.0000/万 99.9992%	No:27568 U+08D35 贵 00000005 0.0000/万 99.9992%	No:27569 U+08DB6 趶 00000005 0.0000/万 99.9992%	No:27570 U+08E17 踗 00000005 0.0000/万 99.9992%
No:27571 U+08F0F 輏 00000005 0.0000/万 99.9992%	No:27572 U+08FD0 运 00000005 0.0000/万 99.9992%	No:27573 U+08FE0 迠 00000005 0.0000/万 99.9992%	No:27574 U+0926E 鉮 00000005 0.0000/万 99.9992%	No:27575 U+092A6 銦 00000005 0.0000/万 99.9992%	No:27576 U+092BA 銺 00000005 0.0000/万 99.9992%	No:27577 U+0930C 錌 00000005 0.0000/万 99.9992%	No:27578 U+09440 鑀 00000005 0.0000/万 99.9992%	No:27579 U+095AA 閪 00000005 0.0000/万 99.9992%	No:27580 U+09669 险 00000005 0.0000/万 99.9992%
No:27581 U+09717 霗 00000005 0.0000/万 99.9990%	No:27582 U+09718 霘 00000005 0.0000/万 99.9990%	No:27583 U+0971F 霟 00000005 0.0000/万 99.9990%	No:27584 U+097AF 鞯 00000005 0.0000/万 99.9990%	No:27585 U+098CE 风 00000005 0.0000/万 99.9990%	No:27586 U+09B0F 鬏 00000005 0.0000/万 99.9990%	No:27587 U+09B26 鬦 00000005 0.0000/万 99.9990%	No:27588 U+09BBC 鮼 00000005 0.0000/万 99.9990%	No:27589 U+09BF0 鯰 00000005 0.0000/万 99.9990%	No:27590 U+09C0F 鰏 00000005 0.0000/万 99.9990%
No:27591 U+09D0C 鴌 00000005 0.0000/万 99.9990%	No:27592 U+09DCD 鷍 00000005 0.0000/万 99.9990%	No:27593 U+0E82C 00000005 0.0000/万 99.9990%	No:27594 U+0EF96 00000005 0.0000/万 99.9990%	No:27595 U+0F01D 00000005 0.0000/万 99.9990%	No:27596 U+0F570 00000005 0.0000/万 99.9990%	No:27597 U+0F592 00000005 0.0000/万 99.9990%	No:27598 U+0F5EA 00000005 0.0000/万 99.9990%	No:27599 U+0F611 00000005 0.0000/万 99.9990%	No:27600 U+0F62C 00000005 0.0000/万 99.9990%

No:27601 U+0F6A2 壚 00000005 0.0000/万 99.9990%	No:27602 U+0F6AB 珎 00000005 0.0000/万 99.9990%	No:27603 U+0F6CD 祸 00000005 0.0000/万 99.9990%	No:27604 U+0F6F6 鴃 00000005 0.0000/万 99.9990%	No:27605 U+0F6FD 膐 00000005 0.0000/万 99.9990%	No:27606 U+0F71F 収 00000005 0.0000/万 99.9990%	No:27607 U+0F75D 荼 00000005 0.0000/万 99.9990%	No:27608 U+0F799 鬼 00000005 0.0000/万 99.9990%	No:27609 U+0F7C1 畀 00000005 0.0000/万 99.9990%	No:27610 U+0F7E4 コ 00000005 0.0000/万 99.9990%
No:27611 U+0F7E9 崇 00000005 0.0000/万 99.9990%	No:27612 U+0F8A1 帘 00000005 0.0000/万 99.9990%	No:27613 U+0F8AB 唇 00000005 0.0000/万 99.9990%	No:27614 U+0F8C6 虚 00000005 0.0000/万 99.9990%	No:27615 U+0F8C7 勺 00000005 0.0000/万 99.9990%	No:27616 U+0F8DF 適 00000005 0.0000/万 99.9990%	No:27617 U+0FE31 ｜ 00000005 0.0000/万 99.9990%	No:27618 U+0FF2F O 00000005 0.0000/万 99.9990%	No:27619 U+E17 僧 00000005 0.0000/万 99.9991%	No:27620 U+F3D 僅 00000005 0.0000/万 99.9992%
No:27621 U+E21 凧 00000005 0.0000/万 99.9990%	No:27622 U+EDD 劏 00000005 0.0000/万 99.9991%	No:27623 U+EF5 咮 00000005 0.0000/万 99.9990%	No:27624 U+EA9 嗐 00000005 0.0000/万 99.9990%	No:27625 U+E9E 墜 00000005 0.0000/万 99.9992%	No:27626 U+E9D 㱮 00000005 0.0000/万 99.9990%	No:27627 U+F45 嬛 00000005 0.0000/万 99.9990%	No:27628 U+EAC 屌 00000005 0.0000/万 99.9991%	No:27629 U+EA2 巑 00000005 0.0000/万 99.9991%	No:27630 U+EA5 巒 00000005 0.0000/万 99.9991%
No:27631 U+EF4 憽 00000005 0.0000/万 99.9991%	No:27632 U+EC8 廥 00000005 0.0000/万 99.9991%	No:27633 U+F85 弤 00000005 0.0000/万 99.9990%	No:27634 U+E8D 弢 00000005 0.0000/万 99.9990%	No:27635 U+FBC 恇 00000005 0.0000/万 99.9990%	No:27636 U+E4D 懔 00000005 0.0000/万 99.9990%	No:27637 U+F54 懏 00000005 0.0000/万 99.9990%	No:27638 U+E2B 掺 00000005 0.0000/万 99.9992%	No:27639 U+E3C 斬 00000005 0.0000/万 99.9991%	No:27640 U+F4C 暼 00000005 0.0000/万 99.9991%
No:27641 U+F0A 瞯 00000005 0.0000/万 99.9990%	No:27642 U+E7C 曈 00000005 0.0000/万 99.9991%	No:27643 U+E4D 臐 00000005 0.0000/万 99.9990%	No:27644 U+EE4 椴 00000005 0.0000/万 99.9990%	No:27645 U+E6D 毧 00000005 0.0000/万 99.9990%	No:27646 U+E3A 氇 00000005 0.0000/万 99.9990%	No:27647 U+E2E 沕 00000005 0.0000/万 99.9990%	No:27648 U+F7E 湼 00000005 0.0000/万 99.9990%	No:27649 U+E46 澇 00000005 0.0000/万 99.9991%	No:27650 U+FD0 熨 00000005 0.0000/万 99.9992%
No:27651 U+F13 牆 00000005 0.0000/万 99.9991%	No:27652 U+E88 犕 00000005 0.0000/万 99.9991%	No:27653 U+EF2 猜 00000005 0.0000/万 99.9991%	No:27654 U+F22 獛 00000005 0.0000/万 99.9991%	No:27655 U+E7B 珖 00000005 0.0000/万 99.9991%	No:27656 U+FAC 琨 00000005 0.0000/万 99.9992%	No:27657 U+EAa 璨 00000005 0.0000/万 99.9991%	No:27658 U+F55 甀 00000005 0.0000/万 99.9992%	No:27659 U+FBC 癮 00000005 0.0000/万 99.9991%	No:27660 U+E4F 硤 00000005 0.0000/万 99.9990%
No:27661 U+F6C 秅 00000005 0.0000/万 99.9990%	No:27662 U+EFF 耩 00000005 0.0000/万 99.9990%	No:27663 U+EFD 筌 00000005 0.0000/万 99.9990%	No:27664 U+EF4 篙 00000005 0.0000/万 99.9991%	No:27665 U+F9F 籆 00000005 0.0000/万 99.9991%	No:27666 U+E2E 糐 00000005 0.0000/万 99.9991%	No:27667 U+F66 緖 00000005 0.0000/万 99.9991%	No:27668 U+E22 毁 00000005 0.0000/万 99.9991%	No:27669 U+FB4 菲 00000005 0.0000/万 99.9992%	No:27670 U+E6E 蓉 00000005 0.0000/万 99.9992%
No:27671 U+E55 蜓 00000005 0.0000/万 99.9992%	No:27672 U+F5D 蝫 00000005 0.0000/万 99.9992%	No:27673 U+F4B 蟒 00000005 0.0000/万 99.9991%	No:27674 U+EF9 蝂 00000005 0.0000/万 99.9990%	No:27675 U+FA8 袠 00000005 0.0000/万 99.9991%	No:27676 U+E5B 貄 00000005 0.0000/万 99.9992%	No:27677 U+F0C 貉 00000005 0.0000/万 99.9991%	No:27678 U+EB1 贇 00000005 0.0000/万 99.9992%	No:27679 U+FDC 跨 00000005 0.0000/万 99.9990%	No:27680 U+FD0 軿 00000005 0.0000/万 99.9990%
No:27681 U+EB6 遳 00000005 0.0000/万 99.9990%	No:27682 U+EA7 邴 00000005 0.0000/万 99.9990%	No:27683 U+E7C 郫 00000005 0.0000/万 99.9990%	No:27684 U+E7F 鄴 00000005 0.0000/万 99.9991%	No:27685 U+FEA 醽 00000005 0.0000/万 99.9991%	No:27686 U+E55 醎 00000005 0.0000/万 99.9991%	No:27687 U+EA3 雅 00000005 0.0000/万 99.9991%	No:27688 U+F02 鞰 00000005 0.0000/万 99.9991%	No:27689 U+EAC 韀 00000005 0.0000/万 99.9991%	No:27690 U+FE4 䚴 00000005 0.0000/万 99.9991%
No:27691 U+F08 餅 00000005 0.0000/万 99.9991%	No:27692 U+F29 飆 00000005 0.0000/万 99.9991%	No:27693 U+F09 餇 00000005 0.0000/万 99.9991%	No:27694 U+F43 饑 00000005 0.0000/万 99.9991%	No:27695 U+FA1 驓 00000005 0.0000/万 99.9991%	No:27696 U+FA3 驜 00000005 0.0000/万 99.9991%	No:27697 U+EFB 骬 00000005 0.0000/万 99.9991%	No:27698 U+EFD 髖 00000005 0.0000/万 99.9991%	No:27699 U+E81 篼 00000005 0.0000/万 99.9991%	No:27700 U+FE4 魑 00000005 0.0000/万 99.9991%

No:27701 U+E3D [illegible] 00000005 0.0000/万 99.9991%	No:27702 U+EE5 [illegible] 00000005 0.0000/万 99.9991%	No:27703 U+E2F [illegible] 00000005 0.0000/万 99.9991%	No:27704 U+03434 㐴 00000004 0.0000/万 99.9993%	No:27705 U+03450 㑐 00000004 0.0000/万 99.9994%	No:27706 U+03461 㑡 00000004 0.0000/万 99.9994%	No:27707 U+03467 㑧 00000004 0.0000/万 99.9994%	No:27708 U+0346B 㑫 00000004 0.0000/万 99.9994%	No:27709 U+0347C 㑼 00000004 0.0000/万 99.9994%	No:27710 U+03498 㒘 00000004 0.0000/万 99.9994%
No:27711 U+034C8 㓈 00000004 0.0000/万 99.9994%	No:27712 U+034D3 㓓 00000004 0.0000/万 99.9995%	No:27713 U+034E7 㓧 00000004 0.0000/万 99.9994%	No:27714 U+03543 㕃 00000004 0.0000/万 99.9994%	No:27715 U+0356A 㕪 00000004 0.0000/万 99.9994%	No:27716 U+035D3 㗓 00000004 0.0000/万 99.9994%	No:27717 U+035FA 㗺 00000004 0.0000/万 99.9994%	No:27718 U+0361F 㘟 00000004 0.0000/万 99.9994%	No:27719 U+03637 㘷 00000004 0.0000/万 99.9994%	No:27720 U+036A8 㚨 00000004 0.0000/万 99.9994%
No:27721 U+036B1 㚱 00000004 0.0000/万 99.9994%	No:27722 U+036B5 㚵 00000004 0.0000/万 99.9994%	No:27723 U+036BD 㚽 00000004 0.0000/万 99.9993%	No:27724 U+036CF 㛏 00000004 0.0000/万 99.9993%	No:27725 U+036DD 㛝 00000004 0.0000/万 99.9993%	No:27726 U+036DE 㛞 00000004 0.0000/万 99.9993%	No:27727 U+036EC 㛬 00000004 0.0000/万 99.9993%	No:27728 U+036ED 㛭 00000004 0.0000/万 99.9993%	No:27729 U+036F2 㛲 00000004 0.0000/万 99.9993%	No:27730 U+036F7 㛷 00000004 0.0000/万 99.9993%
No:27731 U+03702 㜂 00000004 0.0000/万 99.9993%	No:27732 U+03709 㜉 00000004 0.0000/万 99.9993%	No:27733 U+0370B 㜋 00000004 0.0000/万 99.9994%	No:27734 U+03716 㜖 00000004 0.0000/万 99.9993%	No:27735 U+03719 㜙 00000004 0.0000/万 99.9993%	No:27736 U+03721 㜡 00000004 0.0000/万 99.9993%	No:27737 U+03726 㜦 00000004 0.0000/万 99.9993%	No:27738 U+03727 㜧 00000004 0.0000/万 99.9993%	No:27739 U+03731 㜱 00000004 0.0000/万 99.9993%	No:27740 U+0374B 㝋 00000004 0.0000/万 99.9993%
No:27741 U+03766 㝦 00000004 0.0000/万 99.9993%	No:27742 U+03796 㞖 00000004 0.0000/万 99.9994%	No:27743 U+037A8 㞨 00000004 0.0000/万 99.9994%	No:27744 U+037AD 㞭 00000004 0.0000/万 99.9994%	No:27745 U+037BB 㞻 00000004 0.0000/万 99.9994%	No:27746 U+037C8 㟈 00000004 0.0000/万 99.9993%	No:27747 U+037F1 㟱 00000004 0.0000/万 99.9993%	No:27748 U+03824 㠤 00000004 0.0000/万 99.9993%	No:27749 U+0383C 㠼 00000004 0.0000/万 99.9994%	No:27750 U+03884 㢄 00000004 0.0000/万 99.9993%
No:27751 U+038B6 㢶 00000004 0.0000/万 99.9995%	No:27752 U+038C0 㣀 00000004 0.0000/万 99.9994%	No:27753 U+038CB 㣋 00000004 0.0000/万 99.9994%	No:27754 U+038CD 㣍 00000004 0.0000/万 99.9994%	No:27755 U+038FE 㣾 00000004 0.0000/万 99.9994%	No:27756 U+03927 㤧 00000004 0.0000/万 99.9995%	No:27757 U+03937 㤷 00000004 0.0000/万 99.9993%	No:27758 U+03961 㥡 00000004 0.0000/万 99.9993%	No:27759 U+03964 㥤 00000004 0.0000/万 99.9993%	No:27760 U+0398B 㦋 00000004 0.0000/万 99.9993%
No:27761 U+03A38 㨸 00000004 0.0000/万 99.9993%	No:27762 U+03A44 㩄 00000004 0.0000/万 99.9993%	No:27763 U+03AAA 㪪 00000004 0.0000/万 99.9993%	No:27764 U+03ADF 㫟 00000004 0.0000/万 99.9993%	No:27765 U+03AF4 㫴 00000004 0.0000/万 99.9994%	No:27766 U+03B03 㬃 00000004 0.0000/万 99.9994%	No:27767 U+03B32 㬲 00000004 0.0000/万 99.9994%	No:27768 U+03B4C 㭌 00000004 0.0000/万 99.9995%	No:27769 U+03B6E 㭮 00000004 0.0000/万 99.9994%	No:27770 U+03B79 㭹 00000004 0.0000/万 99.9994%
No:27771 U+03B7D 㭽 00000004 0.0000/万 99.9994%	No:27772 U+03BA1 㮡 00000004 0.0000/万 99.9994%	No:27773 U+03BD6 㯖 00000004 0.0000/万 99.9994%	No:27774 U+03C09 㰉 00000004 0.0000/万 99.9994%	No:27775 U+03C3E 㰾 00000004 0.0000/万 99.9994%	No:27776 U+03C49 㱉 00000004 0.0000/万 99.9994%	No:27777 U+03C51 㱑 00000004 0.0000/万 99.9994%	No:27778 U+03C62 㱢 00000004 0.0000/万 99.9994%	No:27779 U+03CA7 㲧 00000004 0.0000/万 99.9994%	No:27780 U+03CEA 㳪 00000004 0.0000/万 99.9994%
No:27781 U+03CEE 㳮 00000004 0.0000/万 99.9994%	No:27782 U+03D01 㴁 00000004 0.0000/万 99.9994%	No:27783 U+03D05 㴅 00000004 0.0000/万 99.9994%	No:27784 U+03D08 㴈 00000004 0.0000/万 99.9994%	No:27785 U+03D28 㴨 00000004 0.0000/万 99.9994%	No:27786 U+03D37 㴷 00000004 0.0000/万 99.9994%	No:27787 U+03D7B 㵻 00000004 0.0000/万 99.9994%	No:27788 U+03DA4 㶤 00000004 0.0000/万 99.9994%	No:27789 U+03DEA 㷪 00000004 0.0000/万 99.9995%	No:27790 U+03DF9 㷹 00000004 0.0000/万 99.9994%
No:27791 U+03E5D 㹝 00000004 0.0000/万 99.9994%	No:27792 U+03EE9 㻩 00000004 0.0000/万 99.9993%	No:27793 U+03EF7 㻷 00000004 0.0000/万 99.9993%	No:27794 U+03F4A 㽊 00000004 0.0000/万 99.9993%	No:27795 U+03F5D 㽝 00000004 0.0000/万 99.9993%	No:27796 U+03FC6 㿆 00000004 0.0000/万 99.9993%	No:27797 U+03FE1 㿡 00000004 0.0000/万 99.9993%	No:27798 U+04005 䀅 00000004 0.0000/万 99.9993%	No:27799 U+04081 䂁 00000004 0.0000/万 99.9993%	No:27800 U+04089 䂉 00000004 0.0000/万 99.9993%

No:27801 U+0409F 䂟 00000004 0.0000/万 99.9993%	No:27802 U+040B2 䂲 00000004 0.0000/万 99.9993%	No:27803 U+040B6 䂶 00000004 0.0000/万 99.9993%	No:27804 U+040B7 䂷 00000004 0.0000/万 99.9993%	No:27805 U+040D0 䃐 00000004 0.0000/万 99.9993%	No:27806 U+040DF 䃟 00000004 0.0000/万 99.9993%	No:27807 U+04100 䄀 00000004 0.0000/万 99.9993%	No:27808 U+04130 䄰 00000004 0.0000/万 99.9994%	No:27809 U+04141 䅁 00000004 0.0000/万 99.9994%	No:27810 U+04146 䅆 00000004 0.0000/万 99.9994%
No:27811 U+0415B 䅛 00000004 0.0000/万 99.9993%	No:27812 U+04168 䅨 00000004 0.0000/万 99.9994%	No:27813 U+04190 䆐 00000004 0.0000/万 99.9993%	No:27814 U+041BB 䆻 00000004 0.0000/万 99.9993%	No:27815 U+041C8 䇈 00000004 0.0000/万 99.9993%	No:27816 U+041D2 䇒 00000004 0.0000/万 99.9993%	No:27817 U+041F1 䇱 00000004 0.0000/万 99.9993%	No:27818 U+04250 䉐 00000004 0.0000/万 99.9993%	No:27819 U+04258 䉘 00000004 0.0000/万 99.9993%	No:27820 U+04269 䉩 00000004 0.0000/万 99.9993%
No:27821 U+04296 䊖 00000004 0.0000/万 99.9993%	No:27822 U+0429B 䊛 00000004 0.0000/万 99.9993%	No:27823 U+042A8 䊨 00000004 0.0000/万 99.9993%	No:27824 U+042AC 䊬 00000004 0.0000/万 99.9993%	No:27825 U+042B1 䊱 00000004 0.0000/万 99.9993%	No:27826 U+042BE 䊾 00000004 0.0000/万 99.9993%	No:27827 U+042C5 䋅 00000004 0.0000/万 99.9993%	No:27828 U+04300 䌀 00000004 0.0000/万 99.9993%	No:27829 U+0430A 䌊 00000004 0.0000/万 99.9993%	No:27830 U+0430F 䌏 00000004 0.0000/万 99.9993%
No:27831 U+0437E 䍾 00000004 0.0000/万 99.9994%	No:27832 U+0438B 䎋 00000004 0.0000/万 99.9994%	No:27833 U+0438F 䎏 00000004 0.0000/万 99.9994%	No:27834 U+043A2 䎢 00000004 0.0000/万 99.9994%	No:27835 U+043BE 䎾 00000004 0.0000/万 99.9993%	No:27836 U+043FE 䏾 00000004 0.0000/万 99.9993%	No:27837 U+0441B 䐛 00000004 0.0000/万 99.9993%	No:27838 U+0445A 䑚 00000004 0.0000/万 99.9993%	No:27839 U+04496 䒖 00000004 0.0000/万 99.9993%	No:27840 U+044A1 䒡 00000004 0.0000/万 99.9993%
No:27841 U+044CE 䓎 00000004 0.0000/万 99.9993%	No:27842 U+044FD 䓽 00000004 0.0000/万 99.9993%	No:27843 U+04510 䔐 00000004 0.0000/万 99.9993%	No:27844 U+04519 䔙 00000004 0.0000/万 99.9993%	No:27845 U+0454E 䕎 00000004 0.0000/万 99.9993%	No:27846 U+04557 䕗 00000004 0.0000/万 99.9994%	No:27847 U+04564 䕤 00000004 0.0000/万 99.9994%	No:27848 U+04571 䕱 00000004 0.0000/万 99.9995%	No:27849 U+04589 䖉 00000004 0.0000/万 99.9994%	No:27850 U+0458C 䖌 00000004 0.0000/万 99.9994%
No:27851 U+04593 䖓 00000004 0.0000/万 99.9994%	No:27852 U+04596 䖖 00000004 0.0000/万 99.9994%	No:27853 U+04597 䖗 00000004 0.0000/万 99.9994%	No:27854 U+045C4 䗄 00000004 0.0000/万 99.9994%	No:27855 U+045F0 䗰 00000004 0.0000/万 99.9994%	No:27856 U+04611 䘑 00000004 0.0000/万 99.9994%	No:27857 U+04642 䙂 00000004 0.0000/万 99.9994%	No:27858 U+0465B 䙛 00000004 0.0000/万 99.9994%	No:27859 U+04669 䙩 00000004 0.0000/万 99.9994%	No:27860 U+0468A 䚊 00000004 0.0000/万 99.9994%
No:27861 U+0468F 䚏 00000004 0.0000/万 99.9994%	No:27862 U+0469A 䚚 00000004 0.0000/万 99.9994%	No:27863 U+046BC 䚼 00000004 0.0000/万 99.9994%	No:27864 U+04714 䜔 00000004 0.0000/万 99.9994%	No:27865 U+04718 䜘 00000004 0.0000/万 99.9994%	No:27866 U+0477C 䝼 00000004 0.0000/万 99.9994%	No:27867 U+0477D 䝽 00000004 0.0000/万 99.9994%	No:27868 U+04791 䞑 00000004 0.0000/万 99.9994%	No:27869 U+04796 䞖 00000004 0.0000/万 99.9994%	No:27870 U+0479D 䞝 00000004 0.0000/万 99.9994%
No:27871 U+047B1 䞱 00000004 0.0000/万 99.9994%	No:27872 U+047C8 䟈 00000004 0.0000/万 99.9994%	No:27873 U+04832 䠲 00000004 0.0000/万 99.9994%	No:27874 U+04839 䠹 00000004 0.0000/万 99.9994%	No:27875 U+0489F 䢟 00000004 0.0000/万 99.9993%	No:27876 U+048A2 䢢 00000004 0.0000/万 99.9993%	No:27877 U+048A7 䢧 00000004 0.0000/万 99.9993%	No:27878 U+048AC 䢬 00000004 0.0000/万 99.9993%	No:27879 U+048EB 䣫 00000004 0.0000/万 99.9994%	No:27880 U+048F3 䣳 00000004 0.0000/万 99.9993%
No:27881 U+04906 䤆 00000004 0.0000/万 99.9993%	No:27882 U+0493C 䤼 00000004 0.0000/万 99.9993%	No:27883 U+04949 䥉 00000004 0.0000/万 99.9994%	No:27884 U+04951 䥑 00000004 0.0000/万 99.9994%	No:27885 U+0496A 䥪 00000004 0.0000/万 99.9994%	No:27886 U+049A1 䦡 00000004 0.0000/万 99.9993%	No:27887 U+049BE 䦾 00000004 0.0000/万 99.9994%	No:27888 U+04A09 䨉 00000004 0.0000/万 99.9993%	No:27889 U+04A0B 䨋 00000004 0.0000/万 99.9993%	No:27890 U+04A14 䨔 00000004 0.0000/万 99.9994%
No:27891 U+04A5D 䩝 00000004 0.0000/万 99.9993%	No:27892 U+04A8B 䪋 00000004 0.0000/万 99.9994%	No:27893 U+04AB6 䪶 00000004 0.0000/万 99.9994%	No:27894 U+04ADD 䫝 00000004 0.0000/万 99.9995%	No:27895 U+04B1C 䬜 00000004 0.0000/万 99.9994%	No:27896 U+04B2D 䬭 00000004 0.0000/万 99.9994%	No:27897 U+04B4C 䭌 00000004 0.0000/万 99.9994%	No:27898 U+04B5B 䭛 00000004 0.0000/万 99.9994%	No:27899 U+04B5C 䭜 00000004 0.0000/万 99.9994%	No:27900 U+04B8C 䮌 00000004 0.0000/万 99.9994%

No:27901 U+04B96 䮖 00000004 0.0000/万 99.9994%	No:27902 U+04BC3 䯃 00000004 0.0000/万 99.9994%	No:27903 U+04BC6 䯆 00000004 0.0000/万 99.9994%	No:27904 U+04BED 䯭 00000004 0.0000/万 99.9994%	No:27905 U+04C0B 䰋 00000004 0.0000/万 99.9994%	No:27906 U+04C26 䰦 00000004 0.0000/万 99.9994%	No:27907 U+04C2C 䰬 00000004 0.0000/万 99.9994%	No:27908 U+04C3E 䰾 00000004 0.0000/万 99.9994%	No:27909 U+04C5E 䱞 00000004 0.0000/万 99.9994%	No:27910 U+04C6B 䱫 00000004 0.0000/万 99.9994%
No:27911 U+04C7F 䱿 00000004 0.0000/万 99.9994%	No:27912 U+04C82 䲂 00000004 0.0000/万 99.9993%	No:27913 U+04C89 䲉 00000004 0.0000/万 99.9994%	No:27914 U+04C8E 䲎 00000004 0.0000/万 99.9995%	No:27915 U+04CA5 䲥 00000004 0.0000/万 99.9994%	No:27916 U+04CAB 䲫 00000004 0.0000/万 99.9994%	No:27917 U+04CBA 䲺 00000004 0.0000/万 99.9994%	No:27918 U+04D08 䴈 00000004 0.0000/万 99.9994%	No:27919 U+04D28 䴨 00000004 0.0000/万 99.9993%	No:27920 U+04D31 䴱 00000004 0.0000/万 99.9993%
No:27921 U+04D72 䵲 00000004 0.0000/万 99.9993%	No:27922 U+04D87 䶇 00000004 0.0000/万 99.9993%	No:27923 U+04D9F 䶟 00000004 0.0000/万 99.9993%	No:27924 U+04ED2 仒 00000004 0.0000/万 99.9993%	No:27925 U+04F16 伖 00000004 0.0000/万 99.9993%	No:27926 U+04F6D 佭 00000004 0.0000/万 99.9993%	No:27927 U+04FA7 侧 00000004 0.0000/万 99.9993%	No:27928 U+04FE5 俥 00000004 0.0000/万 99.9993%	No:27929 U+05001 倁 00000004 0.0000/万 99.9993%	No:27930 U+0510F 儏 00000004 0.0000/万 99.9993%
No:27931 U+0511D 儝 00000004 0.0000/万 99.9993%	No:27932 U+05241 剁 00000004 0.0000/万 99.9993%	No:27933 U+052EB 勫 00000004 0.0000/万 99.9993%	No:27934 U+0531F 匟 00000004 0.0000/万 99.9993%	No:27935 U+053BF 县 00000004 0.0000/万 99.9993%	No:27936 U+05416 吖 00000004 0.0000/万 99.9994%	No:27937 U+0546E 呮 00000004 0.0000/万 99.9994%	No:27938 U+05494 咔 00000004 0.0000/万 99.9993%	No:27939 U+054A3 咣 00000004 0.0000/万 99.9993%	No:27940 U+05517 唗 00000004 0.0000/万 99.9994%
No:27941 U+05523 唣 00000004 0.0000/万 99.9993%	No:27942 U+0554B 啋 00000004 0.0000/万 99.9993%	No:27943 U+055AF 喯 00000004 0.0000/万 99.9994%	No:27944 U+05658 噘 00000004 0.0000/万 99.9993%	No:27945 U+056DC 囜 00000004 0.0000/万 99.9994%	No:27946 U+056F4 围 00000004 0.0000/万 99.9994%	No:27947 U+056FC 囼 00000004 0.0000/万 99.9994%	No:27948 U+057D8 埘 00000004 0.0000/万 99.9994%	No:27949 U+05845 塅 00000004 0.0000/万 99.9994%	No:27950 U+05892 墒 00000004 0.0000/万 99.9994%
No:27951 U+058E8 壨 00000004 0.0000/万 99.9994%	No:27952 U+05926 夦 00000004 0.0000/万 99.9993%	No:27953 U+0593A 夺 00000004 0.0000/万 99.9994%	No:27954 U+0597E 奾 00000004 0.0000/万 99.9993%	No:27955 U+059A9 妩 00000004 0.0000/万 99.9994%	No:27956 U+059BD 妽 00000004 0.0000/万 99.9994%	No:27957 U+05A22 娢 00000004 0.0000/万 99.9993%	No:27958 U+05A2E 娮 00000004 0.0000/万 99.9993%	No:27959 U+05A45 婅 00000004 0.0000/万 99.9993%	No:27960 U+05A48 婈 00000004 0.0000/万 99.9993%
No:27961 U+05A52 婒 00000004 0.0000/万 99.9993%	No:27962 U+05A5B 婛 00000004 0.0000/万 99.9994%	No:27963 U+05A5D 婝 00000004 0.0000/万 99.9994%	No:27964 U+05A68 婨 00000004 0.0000/万 99.9993%	No:27965 U+05A99 媙 00000004 0.0000/万 99.9994%	No:27966 U+05A9D 媝 00000004 0.0000/万 99.9994%	No:27967 U+05AA4 媤 00000004 0.0000/万 99.9994%	No:27968 U+05ADD 嫝 00000004 0.0000/万 99.9994%	No:27969 U+05AFE 嫾 00000004 0.0000/万 99.9994%	No:27970 U+05B11 嬑 00000004 0.0000/万 99.9994%
No:27971 U+05B15 嬕 00000004 0.0000/万 99.9994%	No:27972 U+05B18 嬘 00000004 0.0000/万 99.9994%	No:27973 U+05B1E 嬞 00000004 0.0000/万 99.9994%	No:27974 U+05B28 嬨 00000004 0.0000/万 99.9994%	No:27975 U+05B2B 嬫 00000004 0.0000/万 99.9994%	No:27976 U+05B47 孇 00000004 0.0000/万 99.9994%	No:27977 U+05B62 孢 00000004 0.0000/万 99.9995%	No:27978 U+05B6A 孪 00000004 0.0000/万 99.9994%	No:27979 U+05BB1 宱 00000004 0.0000/万 99.9994%	No:27980 U+05C58 屘 00000004 0.0000/万 99.9993%
No:27981 U+05D44 嵄 00000004 0.0000/万 99.9993%	No:27982 U+05DB3 嶳 00000004 0.0000/万 99.9994%	No:27983 U+05E3C 帼 00000004 0.0000/万 99.9995%	No:27984 U+05E4A 幊 00000004 0.0000/万 99.9995%	No:27985 U+05E64 幤 00000004 0.0000/万 99.9995%	No:27986 U+060AC 悬 00000004 0.0000/万 99.9995%	No:27987 U+060CD 惍 00000004 0.0000/万 99.9995%	No:27988 U+061D7 懗 00000004 0.0000/万 99.9995%	No:27989 U+06255 払 00000004 0.0000/万 99.9995%	No:27990 U+062E5 拥 00000004 0.0000/万 99.9995%
No:27991 U+06317 挗 00000004 0.0000/万 99.9995%	No:27992 U+06359 捙 00000004 0.0000/万 99.9995%	No:27993 U+06441 摁 00000004 0.0000/万 99.9995%	No:27994 U+06444 摄 00000004 0.0000/万 99.9995%	No:27995 U+064B9 撹 00000004 0.0000/万 99.9995%	No:27996 U+064D9 擙 00000004 0.0000/万 99.9995%	No:27997 U+064E4 擤 00000004 0.0000/万 99.9995%	No:27998 U+064F6 擶 00000004 0.0000/万 99.9995%	No:27999 U+06568 敨 00000004 0.0000/万 99.9995%	No:28000 U+065D4 旔 00000004 0.0000/万 99.9995%

No:28001 U+065EB 旫 00000004 0.0000/万 99.9995%	No:28002 U+06683 暃 00000004 0.0000/万 99.9995%	No:28003 U+06766 杦 00000004 0.0000/万 99.9995%	No:28004 U+067AA 枪 00000004 0.0000/万 99.9995%	No:28005 U+067FC 柼 00000004 0.0000/万 99.9995%	No:28006 U+06806 栆 00000004 0.0000/万 99.9995%	No:28007 U+068B6 梶 00000004 0.0000/万 99.9995%	No:28008 U+069DE 槞 00000004 0.0000/万 99.9995%	No:28009 U+06A25 樥 00000004 0.0000/万 99.9995%	No:28010 U+06A26 樦 00000004 0.0000/万 99.9995%
No:28011 U+06A27 樧 00000004 0.0000/万 99.9995%	No:28012 U+06AC7 櫇 00000004 0.0000/万 99.9995%	No:28013 U+06B01 欁 00000004 0.0000/万 99.9995%	No:28014 U+06BE9 毩 00000004 0.0000/万 99.9995%	No:28015 U+06BFD 毽 00000004 0.0000/万 99.9995%	No:28016 U+06C1C 氜 00000004 0.0000/万 99.9995%	No:28017 U+06C64 汤 00000004 0.0000/万 99.9995%	No:28018 U+06D4F 浏 00000004 0.0000/万 99.9995%	No:28019 U+06D73 浳 00000004 0.0000/万 99.9995%	No:28020 U+06E8A 溊 00000004 0.0000/万 99.9995%
No:28021 U+06F9C 澜 00000004 0.0000/万 99.9995%	No:28022 U+0702E 瀮 00000004 0.0000/万 99.9995%	No:28023 U+0703B 瀻 00000004 0.0000/万 99.9995%	No:28024 U+0705A 灚 00000004 0.0000/万 99.9995%	No:28025 U+07072 灲 00000004 0.0000/万 99.9995%	No:28026 U+070C5 烅 00000004 0.0000/万 99.9995%	No:28027 U+070E7 烧 00000004 0.0000/万 99.9995%	No:28028 U+07139 焹 00000004 0.0000/万 99.9995%	No:28029 U+0713A 焺 00000004 0.0000/万 99.9995%	No:28030 U+0716F 煯 00000004 0.0000/万 99.9995%
No:28031 U+07171 煱 00000004 0.0000/万 99.9995%	No:28032 U+071DC 燜 00000004 0.0000/万 99.9995%	No:28033 U+071F4 燴 00000004 0.0000/万 99.9995%	No:28034 U+0721C 爜 00000004 0.0000/万 99.9995%	No:28035 U+0725C 牜 00000004 0.0000/万 99.9995%	No:28036 U+07304 猄 00000004 0.0000/万 99.9995%	No:28037 U+073C1 珁 00000004 0.0000/万 99.9995%	No:28038 U+0744F 瑏 00000004 0.0000/万 99.9995%	No:28039 U+07477 瑷 00000004 0.0000/万 99.9995%	No:28040 U+0752D 甭 00000004 0.0000/万 99.9995%
No:28041 U+0752E 甮 00000004 0.0000/万 99.9995%	No:28042 U+07573 畳 00000004 0.0000/万 99.9995%	No:28043 U+0759C 疜 00000004 0.0000/万 99.9995%	No:28044 U+075F2 痲 00000004 0.0000/万 99.9995%	No:28045 U+0765A 癚 00000004 0.0000/万 99.9995%	No:28046 U+07674 癴 00000004 0.0000/万 99.9995%	No:28047 U+076A8 皨 00000004 0.0000/万 99.9995%	No:28048 U+07759 睙 00000004 0.0000/万 99.9995%	No:28049 U+0775D 睝 00000004 0.0000/万 99.9995%	No:28050 U+077CB 矋 00000004 0.0000/万 99.9995%
No:28051 U+077F5 矵 00000004 0.0000/万 99.9995%	No:28052 U+0781B 砛 00000004 0.0000/万 99.9995%	No:28053 U+07882 碂 00000004 0.0000/万 99.9995%	No:28054 U+079DA 秚 00000004 0.0000/万 99.9995%	No:28055 U+079EF 积 00000004 0.0000/万 99.9995%	No:28056 U+079F9 秹 00000004 0.0000/万 99.9995%	No:28057 U+07ACC 竌 00000004 0.0000/万 99.9995%	No:28058 U+07B3C 笼 00000004 0.0000/万 99.9995%	No:28059 U+07B58 筘 00000004 0.0000/万 99.9995%	No:28060 U+07BA2 箢 00000004 0.0000/万 99.9995%
No:28061 U+07BA8 箨 00000004 0.0000/万 99.9995%	No:28062 U+07BBA 箺 00000004 0.0000/万 99.9995%	No:28063 U+07CE5 糥 00000004 0.0000/万 99.9995%	No:28064 U+07EA0 纠 00000004 0.0000/万 99.9995%	No:28065 U+07EB8 纸 00000004 0.0000/万 99.9995%	No:28066 U+07EC5 绅 00000004 0.0000/万 99.9995%	No:28067 U+07ECD 绍 00000004 0.0000/万 99.9995%	No:28068 U+07EF5 绵 00000004 0.0000/万 99.9995%	No:28069 U+07EFF 绿 00000004 0.0000/万 99.9995%	No:28070 U+07F29 缩 00000004 0.0000/万 99.9995%
No:28071 U+07F40 罀 00000004 0.0000/万 99.9995%	No:28072 U+08055 聕 00000004 0.0000/万 99.9995%	No:28073 U+080E2 胢 00000004 0.0000/万 99.9995%	No:28074 U+0815F 腟 00000004 0.0000/万 99.9995%	No:28075 U+08206 舆 00000004 0.0000/万 99.9995%	No:28076 U+0827A 艺 00000004 0.0000/万 99.9995%	No:28077 U+08369 荩 00000004 0.0000/万 99.9995%	No:28078 U+08571 蕱 00000004 0.0000/万 99.9995%	No:28079 U+08660 虠 00000004 0.0000/万 99.9995%	No:28080 U+0867F 虿 00000004 0.0000/万 99.9995%
No:28081 U+086CC 蛌 00000004 0.0000/万 99.9995%	No:28082 U+086FF 蛿 00000004 0.0000/万 99.9995%	No:28083 U+0884F 衏 00000004 0.0000/万 99.9995%	No:28084 U+088D0 裐 00000004 0.0000/万 99.9995%	No:28085 U+08904 褄 00000004 0.0000/万 99.9995%	No:28086 U+08945 襅 00000004 0.0000/万 99.9995%	No:28087 U+08B12 謒 00000004 0.0000/万 99.9995%	No:28088 U+08B3D 謽 00000004 0.0000/万 99.9995%	No:28089 U+08BDB 诛 00000004 0.0000/万 99.9995%	No:28090 U+08BF1 诱 00000004 0.0000/万 99.9995%
No:28091 U+08C05 谅 00000004 0.0000/万 99.9995%	No:28092 U+08C08 谈 00000004 0.0000/万 99.9995%	No:28093 U+08C28 谨 00000004 0.0000/万 99.9995%	No:28094 U+08C31 谱 00000004 0.0000/万 99.9995%	No:28095 U+08CF6 賶 00000004 0.0000/万 99.9995%	No:28096 U+08D1F 负 00000004 0.0000/万 99.9995%	No:28097 U+08D2B 贫 00000004 0.0000/万 99.9995%	No:28098 U+08E0C 踌 00000004 0.0000/万 99.9995%	No:28099 U+08E29 踩 00000004 0.0000/万 99.9995%	No:28100 U+08E7D 蹽 00000004 0.0000/万 99.9995%

No:28101 U+08FCC 迌 00000004 0.0000/万 99.9995%	No:28102 U+08FDF 迟 00000004 0.0000/万 99.9995%	No:28103 U+08FF2 迲 00000004 0.0000/万 99.9995%	No:28104 U+090BA 邺 00000004 0.0000/万 99.9995%	No:28105 U+09151 酑 00000004 0.0000/万 99.9995%	No:28106 U+091D3 釓 00000004 0.0000/万 99.9995%	No:28107 U+0926B 鉫 00000004 0.0000/万 99.9995%	No:28108 U+0928C 銌 00000004 0.0000/万 99.9995%	No:28109 U+0929D 銝 00000004 0.0000/万 99.9995%	No:28110 U+092AA 銪 00000004 0.0000/万 99.9995%
No:28111 U+092AC 銬 00000004 0.0000/万 99.9995%	No:28112 U+092BE 銾 00000004 0.0000/万 99.9995%	No:28113 U+09331 錱 00000004 0.0000/万 99.9995%	No:28114 U+0933C 錼 00000004 0.0000/万 99.9995%	No:28115 U+0939F 鎟 00000004 0.0000/万 99.9995%	No:28116 U+093F1 鏱 00000004 0.0000/万 99.9995%	No:28117 U+09425 鐥 00000004 0.0000/万 99.9995%	No:28118 U+094D7 铗 00000004 0.0000/万 99.9995%	No:28119 U+095AF 閯 00000004 0.0000/万 99.9995%	No:28120 U+095CE 闎 00000004 0.0000/万 99.9995%
No:28121 U+09605 阅 00000004 0.0000/万 99.9995%	No:28122 U+09609 阉 00000004 0.0000/万 99.9995%	No:28123 U+09616 阖 00000004 0.0000/万 99.9995%	No:28124 U+09671 陱 00000004 0.0000/万 99.9995%	No:28125 U+09725 霥 00000004 0.0000/万 99.9992%	No:28126 U+0979D 鞝 00000004 0.0000/万 99.9992%	No:28127 U+097A9 鞩 00000004 0.0000/万 99.9992%	No:28128 U+098F9 飹 00000004 0.0000/万 99.9993%	No:28129 U+099F3 駳 00000004 0.0000/万 99.9992%	No:28130 U+09A70 驰 00000004 0.0000/万 99.9993%
No:28131 U+09ADA 髚 00000004 0.0000/万 99.9992%	No:28132 U+09ADB 髛 00000004 0.0000/万 99.9992%	No:28133 U+09AF1 髱 00000004 0.0000/万 99.9992%	No:28134 U+09B84 鮄 00000004 0.0000/万 99.9993%	No:28135 U+09B99 鮙 00000004 0.0000/万 99.9992%	No:28136 U+09B9F 鮟 00000004 0.0000/万 99.9993%	No:28137 U+09BCC 鯌 00000004 0.0000/万 99.9992%	No:28138 U+09C19 鰙 00000004 0.0000/万 99.9992%	No:28139 U+09CA4 鲤 00000004 0.0000/万 99.9992%	No:28140 U+09DB2 鶲 00000004 0.0000/万 99.9993%
No:28141 U+09E1F 鸟 00000004 0.0000/万 99.9993%	No:28142 U+09E7E 鹾 00000004 0.0000/万 99.9993%	No:28143 U+09F50 齐 00000004 0.0000/万 99.9992%	No:28144 U+0E3BB [illegible] 00000004 0.0000/万 99.9993%	No:28145 U+0E817 ⺈ 00000004 0.0000/万 99.9993%	No:28146 U+0E838 ⺳ 00000004 0.0000/万 99.9993%	No:28147 U+0E851 [illegible] 00000004 0.0000/万 99.9992%	No:28148 U+0EF7B 亞 00000004 0.0000/万 99.9993%	No:28149 U+0EF86 [illegible] 00000004 0.0000/万 99.9993%	No:28150 U+0EFEA 様 00000004 0.0000/万 99.9992%
No:28151 U+0F111 [illegible] 00000004 0.0000/万 99.9992%	No:28152 U+0F122 [illegible] 00000004 0.0000/万 99.9993%	No:28153 U+0F125 [illegible] 00000004 0.0000/万 99.9993%	No:28154 U+0F56B [illegible] 00000004 0.0000/万 99.9992%	No:28155 U+0F5BA 听 00000004 0.0000/万 99.9992%	No:28156 U+0F664 [illegible] 00000004 0.0000/万 99.9993%	No:28157 U+0F6BE [illegible] 00000004 0.0000/万 99.9992%	No:28158 U+0F74B [illegible] 00000004 0.0000/万 99.9993%	No:28159 U+0F7B2 [illegible] 00000004 0.0000/万 99.9992%	No:28160 U+0F815 [illegible] 00000004 0.0000/万 99.9993%
No:28161 U+0F83B [illegible] 00000004 0.0000/万 99.9993%	No:28162 U+0F8B2 [illegible] 00000004 0.0000/万 99.9992%	No:28163 U+0F8F3 [illegible] 00000004 0.0000/万 99.9992%	No:28164 U+0FA18 礼 00000004 0.0000/万 99.9993%	No:28165 U+0FDAA □ 00000004 0.0000/万 99.9992%	No:28166 U+0FE30 ︰ 00000004 0.0000/万 99.9992%	No:28167 U+F3B [illegible] 00000004 0.0000/万 99.9994%	No:28168 U+E08 广 00000004 0.0000/万 99.9994%	No:28169 U+E82 [illegible] 00000004 0.0000/万 99.9994%	No:28170 U+E12 俊 00000004 0.0000/万 99.9994%
No:28171 U+ED6 [illegible] 00000004 0.0000/万 99.9993%	No:28172 U+E80 [illegible] 00000004 0.0000/万 99.9994%	No:28173 U+EA3 吿 00000004 0.0000/万 99.9994%	No:28174 U+E1A [illegible] 00000004 0.0000/万 99.9993%	No:28175 U+E99 坰 00000004 0.0000/万 99.9994%	No:28176 U+F92 窔 00000004 0.0000/万 99.9993%	No:28177 U+E7A [illegible] 00000004 0.0000/万 99.9993%	No:28178 U+E60 [illegible] 00000004 0.0000/万 99.9993%	No:28179 U+E4D [illegible] 00000004 0.0000/万 99.9993%	No:28180 U+E47 崣 00000004 0.0000/万 99.9993%
No:28181 U+E54 [illegible] 00000004 0.0000/万 99.9993%	No:28182 U+E78 [illegible] 00000004 0.0000/万 99.9993%	No:28183 U+EA0 [illegible] 00000004 0.0000/万 99.9993%	No:28184 U+E79 [illegible] 00000004 0.0000/万 99.9994%	No:28185 U+EFC [illegible] 00000004 0.0000/万 99.9994%	No:28186 U+F88 [illegible] 00000004 0.0000/万 99.9994%	No:28187 U+EF1 [illegible] 00000004 0.0000/万 99.9993%	No:28188 U+EF2 敦 00000004 0.0000/万 99.9993%	No:28189 U+E03 [illegible] 00000004 0.0000/万 99.9993%	No:28190 U+E45 [illegible] 00000004 0.0000/万 99.9993%
No:28191 U+E4B [illegible] 00000004 0.0000/万 99.9993%	No:28192 U+EE8 檽 00000004 0.0000/万 99.9994%	No:28193 U+EE7 櫡 00000004 0.0000/万 99.9994%	No:28194 U+F00 [illegible] 00000004 0.0000/万 99.9994%	No:28195 U+EFC [illegible] 00000004 0.0000/万 99.9994%	No:28196 U+E34 [illegible] 00000004 0.0000/万 99.9994%	No:28197 U+F16 [illegible] 00000004 0.0000/万 99.9994%	No:28198 U+E68 [illegible] 00000004 0.0000/万 99.9994%	No:28199 U+E10 [illegible] 00000004 0.0000/万 99.9994%	No:28200 U+E0D [illegible] 00000004 0.0000/万 99.9994%

No:28201 U+E6A 渨 00000004 0.0000/万 99.9993%	No:28202 U+E1A 渞 00000004 0.0000/万 99.9994%	No:28203 U+E40 澰 00000004 0.0000/万 99.9994%	No:28204 U+E86 澟 00000004 0.0000/万 99.9994%	No:28205 U+E97 炣 00000004 0.0000/万 99.9993%	No:28206 U+EF9 𤢿 00000004 0.0000/万 99.9994%	No:28207 U+EE5 𤢴 00000004 0.0000/万 99.9993%	No:28208 U+EFA 𤣂 00000004 0.0000/万 99.9993%	No:28209 U+EA7 琒 00000004 0.0000/万 99.9994%	No:28210 U+EEF 亂 00000004 0.0000/万 99.9993%
No:28211 U+E9E 𧉅 00000004 0.0000/万 99.9994%	No:28212 U+EC4 𤵛 00000004 0.0000/万 99.9994%	No:28213 U+F73 瘑 00000004 0.0000/万 99.9994%	No:28214 U+EBD 癋 00000004 0.0000/万 99.9994%	No:28215 U+F78 𤺺 00000004 0.0000/万 99.9994%	No:28216 U+F59 昐 00000004 0.0000/万 99.9994%	No:28217 U+F6A 𥁤 00000004 0.0000/万 99.9994%	No:28218 U+E97 𥌒 00000004 0.0000/万 99.9994%	No:28219 U+E85 𥐙 00000004 0.0000/万 99.9994%	No:28220 U+E88 碮 00000004 0.0000/万 99.9994%
No:28221 U+E50 𥔲 00000004 0.0000/万 99.9994%	No:28222 U+F6D 䅬 00000004 0.0000/万 99.9994%	No:28223 U+F81 𥨷 00000004 0.0000/万 99.9995%	No:28224 U+EC9 𥩟 00000004 0.0000/万 99.9995%	No:28225 U+E93 𥩵 00000004 0.0000/万 99.9994%	No:28226 U+F7B 竮 00000004 0.0000/万 99.9994%	No:28227 U+F9D 𥰊 00000004 0.0000/万 99.9994%	No:28228 U+EF5 鍱 00000004 0.0000/万 99.9994%	No:28229 U+ECB 𦓗 00000004 0.0000/万 99.9993%	No:28230 U+ECE 𦔑 00000004 0.0000/万 99.9993%
No:28231 U+F2A 𦙶 00000004 0.0000/万 99.9993%	No:28232 U+E28 𦩷 00000004 0.0000/万 99.9994%	No:28233 U+FB6 𦲷 00000004 0.0000/万 99.9993%	No:28234 U+F6A 䓳 00000004 0.0000/万 99.9993%	No:28235 U+FBE 蕳 00000004 0.0000/万 99.9993%	No:28236 U+E6A 蓑 00000004 0.0000/万 99.9993%	No:28237 U+FBF 蘷 00000004 0.0000/万 99.9993%	No:28238 U+F89 𧈧 00000004 0.0000/万 99.9993%	No:28239 U+F8A 蟁 00000004 0.0000/万 99.9993%	No:28240 U+EEA 𧊜 00000004 0.0000/万 99.9993%
No:28241 U+F93 𩭹 00000004 0.0000/万 99.9993%	No:28242 U+E58 蟍 00000004 0.0000/万 99.9994%	No:28243 U+F3F 𩆜 00000004 0.0000/万 99.9993%	No:28244 U+FF1 𧧻 00000004 0.0000/万 99.9994%	No:28245 U+E62 譢 00000004 0.0000/万 99.9993%	No:28246 U+ECF 譼 00000004 0.0000/万 99.9993%	No:28247 U+FC9 𧻌 00000004 0.0000/万 99.9994%	No:28248 U+FDB 𨀁 00000004 0.0000/万 99.9994%	No:28249 U+FDD 䟡 00000004 0.0000/万 99.9994%	No:28250 U+EA3 躨 00000004 0.0000/万 99.9994%
No:28251 U+FD2 轄 00000004 0.0000/万 99.9994%	No:28252 U+E4B 郫 00000004 0.0000/万 99.9993%	No:28253 U+E67 𨡙 00000004 0.0000/万 99.9993%	No:28254 U+E53 醀 00000004 0.0000/万 99.9993%	No:28255 U+F6D 𨣿 00000004 0.0000/万 99.9993%	No:28256 U+EE9 鏳 00000004 0.0000/万 99.9993%	No:28257 U+EED 鏩 00000004 0.0000/万 99.9993%	No:28258 U+FF7 𨺇 00000004 0.0000/万 99.9993%	No:28259 U+F13 𩎢 00000004 0.0000/万 99.9993%	No:28260 U+E06 䭪 00000004 0.0000/万 99.9993%
No:28261 U+F93 鐘 00000004 0.0000/万 99.9993%	No:28262 U+F57 鑠 00000004 0.0000/万 99.9993%	No:28263 U+E8E 䮝 00000004 0.0000/万 99.9993%	No:28264 U+F9F 𪆡 00000004 0.0000/万 99.9993%	No:28265 U+F16 髣 00000004 0.0000/万 99.9994%	No:28266 U+F19 𩭿 00000004 0.0000/万 99.9993%	No:28267 U+E15 鬉 00000004 0.0000/万 99.9993%	No:28268 U+F8F 𩲡 00000004 0.0000/万 99.9993%	No:28269 U+F90 鬘 00000004 0.0000/万 99.9993%	No:28270 U+F30 飮 00000004 0.0000/万 99.9993%
No:28271 U+F31 鯃 00000004 0.0000/万 99.9993%	No:28272 U+FF7 鮸 00000004 0.0000/万 99.9993%	No:28273 U+E0D 䲔 00000004 0.0000/万 99.9993%	No:28274 U+FAa 鷙 00000004 0.0000/万 99.9993%	No:28275 U+03429 㐩 00000003 0.0000/万 99.9996%	No:28276 U+0345A 㑚 00000003 0.0000/万 99.9996%	No:28277 U+03462 㑢 00000003 0.0000/万 99.9996%	No:28278 U+03471 㑱 00000003 0.0000/万 99.9996%	No:28279 U+0347D 㑽 00000003 0.0000/万 99.9996%	No:28280 U+03500 㔀 00000003 0.0000/万 99.9996%
No:28281 U+03533 㔳 00000003 0.0000/万 99.9996%	No:28282 U+03574 㕴 00000003 0.0000/万 99.9996%	No:28283 U+03575 㕵 00000003 0.0000/万 99.9996%	No:28284 U+0357D 㕽 00000003 0.0000/万 99.9996%	No:28285 U+03581 㖁 00000003 0.0000/万 99.9996%	No:28286 U+035C8 㗈 00000003 0.0000/万 99.9996%	No:28287 U+03611 㘑 00000003 0.0000/万 99.9996%	No:28288 U+03614 㘔 00000003 0.0000/万 99.9996%	No:28289 U+0361A 㘚 00000003 0.0000/万 99.9996%	No:28290 U+0362F 㘯 00000003 0.0000/万 99.9996%
No:28291 U+03651 㙑 00000003 0.0000/万 99.9996%	No:28292 U+03691 㚑 00000003 0.0000/万 99.9996%	No:28293 U+03699 㚙 00000003 0.0000/万 99.9996%	No:28294 U+0369D 㚝 00000003 0.0000/万 99.9996%	No:28295 U+0369E 㚞 00000003 0.0000/万 99.9996%	No:28296 U+036AE 㚮 00000003 0.0000/万 99.9996%	No:28297 U+036DB 㛛 00000003 0.0000/万 99.9997%	No:28298 U+036FE 㛾 00000003 0.0000/万 99.9996%	No:28299 U+03712 㜒 00000003 0.0000/万 99.9997%	No:28300 U+0371B 㜛 00000003 0.0000/万 99.9997%

No:28301 U+0375A 㝚 00000003 0.0000/万 99.9997%	No:28302 U+0376D 㝭 00000003 0.0000/万 99.9996%	No:28303 U+03776 㝶 00000003 0.0000/万 99.9996%	No:28304 U+03780 㞀 00000003 0.0000/万 99.9996%	No:28305 U+0378A 㞊 00000003 0.0000/万 99.9996%	No:28306 U+037B2 㞲 00000003 0.0000/万 99.9996%	No:28307 U+037BF 㞿 00000003 0.0000/万 99.9996%	No:28308 U+038F3 㣳 00000003 0.0000/万 99.9996%	No:28309 U+038FA 㣺 00000003 0.0000/万 99.9997%	No:28310 U+0390C 㤌 00000003 0.0000/万 99.9997%
No:28311 U+03912 㤒 00000003 0.0000/万 99.9997%	No:28312 U+03956 㥖 00000003 0.0000/万 99.9996%	No:28313 U+039C7 㧇 00000003 0.0000/万 99.9996%	No:28314 U+039EE 㧮 00000003 0.0000/万 99.9996%	No:28315 U+03A13 㨓 00000003 0.0000/万 99.9996%	No:28316 U+03A29 㨩 00000003 0.0000/万 99.9996%	No:28317 U+03A54 㩔 00000003 0.0000/万 99.9996%	No:28318 U+03A6A 㩪 00000003 0.0000/万 99.9996%	No:28319 U+03A77 㩷 00000003 0.0000/万 99.9996%	No:28320 U+03A97 㪗 00000003 0.0000/万 99.9996%
No:28321 U+03AC0 㫀 00000003 0.0000/万 99.9996%	No:28322 U+03AD4 㫔 00000003 0.0000/万 99.9996%	No:28323 U+03ADE 㫞 00000003 0.0000/万 99.9996%	No:28324 U+03B0F 㬏 00000003 0.0000/万 99.9996%	No:28325 U+03B18 㬘 00000003 0.0000/万 99.9996%	No:28326 U+03B46 㭆 00000003 0.0000/万 99.9996%	No:28327 U+03BCE 㯎 00000003 0.0000/万 99.9996%	No:28328 U+03BE9 㯩 00000003 0.0000/万 99.9996%	No:28329 U+03C2B 㰫 00000003 0.0000/万 99.9996%	No:28330 U+03C57 㱗 00000003 0.0000/万 99.9996%
No:28331 U+03C70 㱰 00000003 0.0000/万 99.9996%	No:28332 U+03C8E 㲎 00000003 0.0000/万 99.9996%	No:28333 U+03CF3 㳳 00000003 0.0000/万 99.9996%	No:28334 U+03D33 㴳 00000003 0.0000/万 99.9996%	No:28335 U+03D34 㴴 00000003 0.0000/万 99.9996%	No:28336 U+03D89 㶉 00000003 0.0000/万 99.9996%	No:28337 U+03D9C 㶜 00000003 0.0000/万 99.9996%	No:28338 U+03DA5 㶥 00000003 0.0000/万 99.9996%	No:28339 U+03DBA 㶺 00000003 0.0000/万 99.9996%	No:28340 U+03DD8 㷘 00000003 0.0000/万 99.9996%
No:28341 U+03DDC 㷜 00000003 0.0000/万 99.9996%	No:28342 U+03E17 㸗 00000003 0.0000/万 99.9996%	No:28343 U+03E31 㸱 00000003 0.0000/万 99.9996%	No:28344 U+03E74 㹴 00000003 0.0000/万 99.9996%	No:28345 U+03E80 㺀 00000003 0.0000/万 99.9996%	No:28346 U+03EB3 㺳 00000003 0.0000/万 99.9996%	No:28347 U+03F03 㼃 00000003 0.0000/万 99.9996%	No:28348 U+03F06 㼆 00000003 0.0000/万 99.9996%	No:28349 U+03F08 㼈 00000003 0.0000/万 99.9996%	No:28350 U+03F60 㽠 00000003 0.0000/万 99.9996%
No:28351 U+03F70 㽰 00000003 0.0000/万 99.9996%	No:28352 U+03F74 㽴 00000003 0.0000/万 99.9996%	No:28353 U+03F9F 㾟 00000003 0.0000/万 99.9996%	No:28354 U+03FA0 㾠 00000003 0.0000/万 99.9996%	No:28355 U+03FB4 㾴 00000003 0.0000/万 99.9996%	No:28356 U+03FE4 㿤 00000003 0.0000/万 99.9997%	No:28357 U+04043 䁃 00000003 0.0000/万 99.9997%	No:28358 U+04049 䁉 00000003 0.0000/万 99.9997%	No:28359 U+0406A 䁪 00000003 0.0000/万 99.9997%	No:28360 U+04085 䂅 00000003 0.0000/万 99.9997%
No:28361 U+040C6 䃆 00000003 0.0000/万 99.9996%	No:28362 U+04115 䄕 00000003 0.0000/万 99.9996%	No:28363 U+041BC 䆼 00000003 0.0000/万 99.9997%	No:28364 U+041D6 䇖 00000003 0.0000/万 99.9996%	No:28365 U+041E4 䇤 00000003 0.0000/万 99.9996%	No:28366 U+041E5 䇥 00000003 0.0000/万 99.9996%	No:28367 U+041F3 䇳 00000003 0.0000/万 99.9996%	No:28368 U+041F4 䇴 00000003 0.0000/万 99.9996%	No:28369 U+04271 䉱 00000003 0.0000/万 99.9997%	No:28370 U+0432C 䌬 00000003 0.0000/万 99.9995%
No:28371 U+0439D 䎝 00000003 0.0000/万 99.9996%	No:28372 U+043C0 䏀 00000003 0.0000/万 99.9996%	No:28373 U+0440B 䐋 00000003 0.0000/万 99.9996%	No:28374 U+0446D 䑭 00000003 0.0000/万 99.9996%	No:28375 U+044E5 䓥 00000003 0.0000/万 99.9996%	No:28376 U+045FC 䗼 00000003 0.0000/万 99.9996%	No:28377 U+04608 䘈 00000003 0.0000/万 99.9996%	No:28378 U+046B2 䚲 00000003 0.0000/万 99.9996%	No:28379 U+046DD 䛝 00000003 0.0000/万 99.9996%	No:28380 U+046F7 䛷 00000003 0.0000/万 99.9996%
No:28381 U+04700 䜀 00000003 0.0000/万 99.9996%	No:28382 U+04702 䜂 00000003 0.0000/万 99.9995%	No:28383 U+04743 䝃 00000003 0.0000/万 99.9996%	No:28384 U+0474A 䝊 00000003 0.0000/万 99.9996%	No:28385 U+0478E 䞎 00000003 0.0000/万 99.9995%	No:28386 U+0479C 䞜 00000003 0.0000/万 99.9996%	No:28387 U+047D6 䟖 00000003 0.0000/万 99.9996%	No:28388 U+047DF 䟟 00000003 0.0000/万 99.9996%	No:28389 U+04814 䠔 00000003 0.0000/万 99.9996%	No:28390 U+04826 䠦 00000003 0.0000/万 99.9996%
No:28391 U+0482C 䠬 00000003 0.0000/万 99.9996%	No:28392 U+0484E 䡎 00000003 0.0000/万 99.9996%	No:28393 U+0488E 䢎 00000003 0.0000/万 99.9995%	No:28394 U+04895 䢕 00000003 0.0000/万 99.9996%	No:28395 U+048FE 䣾 00000003 0.0000/万 99.9996%	No:28396 U+0491F 䤟 00000003 0.0000/万 99.9996%	No:28397 U+04922 䤢 00000003 0.0000/万 99.9996%	No:28398 U+04931 䤱 00000003 0.0000/万 99.9995%	No:28399 U+0494B 䥋 00000003 0.0000/万 99.9996%	No:28400 U+04952 䥒 00000003 0.0000/万 99.9995%

No:28401	U+0499F	䦟	00000003	0.0000/万	99.9996%
No:28402	U+04A16	䨖	00000003	0.0000/万	99.9996%
No:28403	U+04A2F	䨯	00000003	0.0000/万	99.9996%
No:28404	U+04A80	䪀	00000003	0.0000/万	99.9996%
No:28405	U+04AB5	䪵	00000003	0.0000/万	99.9996%
No:28406	U+04ABD	䪽	00000003	0.0000/万	99.9996%
No:28407	U+04AD1	䫑	00000003	0.0000/万	99.9996%
No:28408	U+04B29	䬩	00000003	0.0000/万	99.9996%
No:28409	U+04B4B	䭋	00000003	0.0000/万	99.9996%
No:28410	U+04B65	䭥	00000003	0.0000/万	99.9995%
No:28411	U+04BBF	䮿	00000003	0.0000/万	99.9996%
No:28412	U+04BD0	䯐	00000003	0.0000/万	99.9996%
No:28413	U+04C28	䰨	00000003	0.0000/万	99.9996%
No:28414	U+04C39	䰹	00000003	0.0000/万	99.9996%
No:28415	U+04C73	䱳	00000003	0.0000/万	99.9996%
No:28416	U+04C8D	䲍	00000003	0.0000/万	99.9996%
No:28417	U+04CAA	䲪	00000003	0.0000/万	99.9996%
No:28418	U+04CBF	䲿	00000003	0.0000/万	99.9995%
No:28419	U+04D55	䵕	00000003	0.0000/万	99.9996%
No:28420	U+04D65	䵥	00000003	0.0000/万	99.9995%
No:28421	U+04D70	䵰	00000003	0.0000/万	99.9995%
No:28422	U+04D71	䵱	00000003	0.0000/万	99.9996%
No:28423	U+04E54	乔	00000003	0.0000/万	99.9996%
No:28424	U+04E60	习	00000003	0.0000/万	99.9996%
No:28425	U+04EA9	亩	00000003	0.0000/万	99.9996%
No:28426	U+04EC8	仈	00000003	0.0000/万	99.9996%
No:28427	U+04F1C	伜	00000003	0.0000/万	99.9996%
No:28428	U+04F1F	伟	00000003	0.0000/万	99.9996%
No:28429	U+04F61	佡	00000003	0.0000/万	99.9996%
No:28430	U+05067	偧	00000003	0.0000/万	99.9996%
No:28431	U+050A1	傡	00000003	0.0000/万	99.9996%
No:28432	U+050A6	傦	00000003	0.0000/万	99.9995%
No:28433	U+050CD	働	00000003	0.0000/万	99.9995%
No:28434	U+05172	兲	00000003	0.0000/万	99.9996%
No:28435	U+0519C	农	00000003	0.0000/万	99.9996%
No:28436	U+0522C	刬	00000003	0.0000/万	99.9996%
No:28437	U+0523F	刿	00000003	0.0000/万	99.9996%
No:28438	U+0524E	剎	00000003	0.0000/万	99.9996%
No:28439	U+052AF	劯	00000003	0.0000/万	99.9996%
No:28440	U+0533A	区	00000003	0.0000/万	99.9996%
No:28441	U+0536B	卫	00000003	0.0000/万	99.9996%
No:28442	U+053BC	厼	00000003	0.0000/万	99.9996%
No:28443	U+053FC	叼	00000003	0.0000/万	99.9996%
No:28444	U+054D0	哐	00000003	0.0000/万	99.9996%
No:28445	U+054DE	哞	00000003	0.0000/万	99.9996%
No:28446	U+05560	啠	00000003	0.0000/万	99.9996%
No:28447	U+055B2	喲	00000003	0.0000/万	99.9996%
No:28448	U+055F3	嗳	00000003	0.0000/万	99.9996%
No:28449	U+0560B	嘋	00000003	0.0000/万	99.9996%
No:28450	U+0561F	嘟	00000003	0.0000/万	99.9996%
No:28451	U+05622	嘢	00000003	0.0000/万	99.9996%
No:28452	U+05656	噖	00000003	0.0000/万	99.9995%
No:28453	U+0565B	噛	00000003	0.0000/万	99.9995%
No:28454	U+05691	嚑	00000003	0.0000/万	99.9996%
No:28455	U+05693	嚓	00000003	0.0000/万	99.9997%
No:28456	U+056D5	囕	00000003	0.0000/万	99.9996%
No:28457	U+056E5	囥	00000003	0.0000/万	99.9996%
No:28458	U+056F8	囸	00000003	0.0000/万	99.9996%
No:28459	U+05727	圧	00000003	0.0000/万	99.9996%
No:28460	U+05739	圹	00000003	0.0000/万	99.9996%
No:28461	U+05755	坕	00000003	0.0000/万	99.9996%
No:28462	U+05841	塁	00000003	0.0000/万	99.9996%
No:28463	U+05901	夁	00000003	0.0000/万	99.9996%
No:28464	U+05AB4	媴	00000003	0.0000/万	99.9996%
No:28465	U+05AD4	嫔	00000003	0.0000/万	99.9996%
No:28466	U+05AF9	嫹	00000003	0.0000/万	99.9996%
No:28467	U+05B0A	嬊	00000003	0.0000/万	99.9996%
No:28468	U+05B0D	嬍	00000003	0.0000/万	99.9996%
No:28469	U+05B20	嬠	00000003	0.0000/万	99.9996%
No:28470	U+05C83	岃	00000003	0.0000/万	99.9996%
No:28471	U+05C96	岖	00000003	0.0000/万	99.9996%
No:28472	U+05D0A	崊	00000003	0.0000/万	99.9996%
No:28473	U+05E49	幉	00000003	0.0000/万	99.9997%
No:28474	U+05EBA	庺	00000003	0.0000/万	99.9997%
No:28475	U+05ECD	廍	00000003	0.0000/万	99.9997%
No:28476	U+06001	态	00000003	0.0000/万	99.9997%
No:28477	U+0603E	怾	00000003	0.0000/万	99.9997%
No:28478	U+0604F	恏	00000003	0.0000/万	99.9997%
No:28479	U+06265	扥	00000003	0.0000/万	99.9997%
No:28480	U+0626A	扪	00000003	0.0000/万	99.9997%
No:28481	U+062DF	拟	00000003	0.0000/万	99.9997%
No:28482	U+06314	挔	00000003	0.0000/万	99.9997%
No:28483	U+063B4	掴	00000003	0.0000/万	99.9997%
No:28484	U+063B7	掷	00000003	0.0000/万	99.9997%
No:28485	U+06482	撂	00000003	0.0000/万	99.9997%
No:28486	U+0657C	敼	00000003	0.0000/万	99.9997%
No:28487	U+065B1	斱	00000003	0.0000/万	99.9997%
No:28488	U+065B4	斴	00000003	0.0000/万	99.9997%
No:28489	U+06617	昗	00000003	0.0000/万	99.9997%
No:28490	U+066A9	暩	00000003	0.0000/万	99.9997%
No:28491	U+066B7	暷	00000003	0.0000/万	99.9997%
No:28492	U+066D7	曗	00000003	0.0000/万	99.9997%
No:28493	U+06764	杤	00000003	0.0000/万	99.9997%
No:28494	U+067A2	枢	00000003	0.0000/万	99.9997%
No:28495	U+067FD	柽	00000003	0.0000/万	99.9997%
No:28496	U+068BE	梾	00000003	0.0000/万	99.9997%
No:28497	U+06919	椙	00000003	0.0000/万	99.9997%
No:28498	U+06921	椡	00000003	0.0000/万	99.9997%
No:28499	U+06928	椨	00000003	0.0000/万	99.9997%
No:28500	U+06A2D	樭	00000003	0.0000/万	99.9997%

No:28501 U+06AB6 檶 00000003 0.0000/万 99.9997%	No:28502 U+06AF7 櫷 00000003 0.0000/万 99.9997%	No:28503 U+06C47 汇 00000003 0.0000/万 99.9997%	No:28504 U+06D81 涁 00000003 0.0000/万 99.9997%	No:28505 U+06E7A 湺 00000003 0.0000/万 99.9997%	No:28506 U+06EAC 溬 00000003 0.0000/万 99.9997%	No:28507 U+06EBF 溿 00000003 0.0000/万 99.9997%	No:28508 U+06F1B 漛 00000003 0.0000/万 99.9997%	No:28509 U+06F9D 澝 00000003 0.0000/万 99.9997%	No:28510 U+07041 灁 00000003 0.0000/万 99.9997%
No:28511 U+0709B 炛 00000003 0.0000/万 99.9997%	No:28512 U+0710F 焏 00000003 0.0000/万 99.9997%	No:28513 U+0716D 煭 00000003 0.0000/万 99.9997%	No:28514 U+07170 煰 00000003 0.0000/万 99.9997%	No:28515 U+0726B 牫 00000003 0.0000/万 99.9997%	No:28516 U+0738C 玌 00000003 0.0000/万 99.9997%	No:28517 U+07412 琒 00000003 0.0000/万 99.9997%	No:28518 U+07529 甩 00000003 0.0000/万 99.9997%	No:28519 U+07543 畃 00000003 0.0000/万 99.9997%	No:28520 U+0762B 瘫 00000003 0.0000/万 99.9997%
No:28521 U+0762C 瘬 00000003 0.0000/万 99.9997%	No:28522 U+0764B 癋 00000003 0.0000/万 99.9997%	No:28523 U+07A16 稖 00000003 0.0000/万 99.9997%	No:28524 U+07A23 稣 00000003 0.0000/万 99.9997%	No:28525 U+07AD0 竐 00000003 0.0000/万 99.9997%	No:28526 U+07B02 笂 00000003 0.0000/万 99.9997%	No:28527 U+07BBC 箼 00000003 0.0000/万 99.9997%	No:28528 U+07C10 簐 00000003 0.0000/万 99.9997%	No:28529 U+07C32 簲 00000003 0.0000/万 99.9997%	No:28530 U+07C42 籂 00000003 0.0000/万 99.9997%
No:28531 U+07C47 籇 00000003 0.0000/万 99.9997%	No:28532 U+07CAA 粪 00000003 0.0000/万 99.9997%	No:28533 U+07CE1 糡 00000003 0.0000/万 99.9997%	No:28534 U+07D23 紣 00000003 0.0000/万 99.9997%	No:28535 U+07E68 繨 00000003 0.0000/万 99.9997%	No:28536 U+07EDB 绛 00000003 0.0000/万 99.9997%	No:28537 U+07F10 缐 00000003 0.0000/万 99.9997%	No:28538 U+07F13 缓 00000003 0.0000/万 99.9997%	No:28539 U+07F17 缗 00000003 0.0000/万 99.9997%	No:28540 U+07F31 缱 00000003 0.0000/万 99.9997%
No:28541 U+0809E 肞 00000003 0.0000/万 99.9997%	No:28542 U+080BF 肿 00000003 0.0000/万 99.9997%	No:28543 U+08135 脵 00000003 0.0000/万 99.9997%	No:28544 U+0815A 腚 00000003 0.0000/万 99.9997%	No:28545 U+081F9 臹 00000003 0.0000/万 99.9997%	No:28546 U+08361 荡 00000003 0.0000/万 99.9997%	No:28547 U+08414 萔 00000003 0.0000/万 99.9997%	No:28548 U+08486 蒆 00000003 0.0000/万 99.9997%	No:28549 U+084E5 蓥 00000003 0.0000/万 99.9997%	No:28550 U+0860D 蘍 00000003 0.0000/万 99.9997%
No:28551 U+08614 蘔 00000003 0.0000/万 99.9997%	No:28552 U+08645 虅 00000003 0.0000/万 99.9997%	No:28553 U+08865 补 00000003 0.0000/万 99.9997%	No:28554 U+088AE 袮 00000003 0.0000/万 99.9997%	No:28555 U+08968 襨 00000003 0.0000/万 99.9997%	No:28556 U+089BE 覾 00000003 0.0000/万 99.9997%	No:28557 U+08A81 誁 00000003 0.0000/万 99.9997%	No:28558 U+08BA2 订 00000003 0.0000/万 99.9997%	No:28559 U+08BAB 讫 00000003 0.0000/万 99.9997%	No:28560 U+08BAE 议 00000003 0.0000/万 99.9997%
No:28561 U+08BB6 讶 00000003 0.0000/万 99.9997%	No:28562 U+08BC1 证 00000003 0.0000/万 99.9997%	No:28563 U+08BE3 诣 00000003 0.0000/万 99.9997%	No:28564 U+08BEC 诬 00000003 0.0000/万 99.9997%	No:28565 U+08C0F 谏 00000003 0.0000/万 99.9997%	No:28566 U+08C12 谒 00000003 0.0000/万 99.9997%	No:28567 U+08C29 谩 00000003 0.0000/万 99.9997%	No:28568 U+08C2A 谪 00000003 0.0000/万 99.9997%	No:28569 U+08C33 谳 00000003 0.0000/万 99.9997%	No:28570 U+08CA5 貥 00000003 0.0000/万 99.9997%
No:28571 U+08D02 贂 00000003 0.0000/万 99.9997%	No:28572 U+08D22 财 00000003 0.0000/万 99.9997%	No:28573 U+08D42 赂 00000003 0.0000/万 99.9997%	No:28574 U+08D57 赗 00000003 0.0000/万 99.9997%	No:28575 U+08D87 趇 00000003 0.0000/万 99.9997%	No:28576 U+08E0B 踋 00000003 0.0000/万 99.9997%	No:28577 U+08E2C 踬 00000003 0.0000/万 99.9997%	No:28578 U+08E2E 踮 00000003 0.0000/万 99.9997%	No:28579 U+08EC9 軉 00000003 0.0000/万 99.9997%	No:28580 U+08ED5 軕 00000003 0.0000/万 99.9997%
No:28581 U+09056 遖 00000003 0.0000/万 99.9997%	No:28582 U+09227 鈧 00000003 0.0000/万 99.9997%	No:28583 U+092A3 銣 00000003 0.0000/万 99.9997%	No:28584 U+092A8 銨 00000003 0.0000/万 99.9997%	No:28585 U+09338 錸 00000003 0.0000/万 99.9997%	No:28586 U+093B1 鎱 00000003 0.0000/万 99.9997%	No:28587 U+093BE 鎾 00000003 0.0000/万 99.9997%	No:28588 U+093EE 鏮 00000003 0.0000/万 99.9997%	No:28589 U+094F2 铲 00000003 0.0000/万 99.9997%	No:28590 U+094F6 银 00000003 0.0000/万 99.9997%
No:28591 U+09505 锅 00000003 0.0000/万 99.9997%	No:28592 U+09584 閄 00000003 0.0000/万 99.9997%	No:28593 U+09585 閅 00000003 0.0000/万 99.9997%	No:28594 U+095DD 闝 00000003 0.0000/万 99.9997%	No:28595 U+095EA 闪 00000003 0.0000/万 99.9997%	No:28596 U+096E6 雦 00000003 0.0000/万 99.9997%	No:28597 U+096EB 雫 00000003 0.0000/万 99.9997%	No:28598 U+096EC 雬 00000003 0.0000/万 99.9997%	No:28599 U+096FC 雼 00000003 0.0000/万 99.9997%	No:28600 U+0974C 靌 00000003 0.0000/万 99.9995%

No:28601 U+09755 靕 00000003 0.0000/万 99.9995%	No:28602 U+097F7 韷 00000003 0.0000/万 99.9995%	No:28603 U+098B3 颳 00000003 0.0000/万 99.9995%	No:28604 U+099C4 駄 00000003 0.0000/万 99.9995%	No:28605 U+09A3F 騿 00000003 0.0000/万 99.9995%	No:28606 U+09A7F 驿 00000003 0.0000/万 99.9995%	No:28607 U+09CCF 鳏 00000003 0.0000/万 99.9995%	No:28608 U+09CD6 鳖 00000003 0.0000/万 99.9995%	No:28609 U+09CE2 鳢 00000003 0.0000/万 99.9995%	No:28610 U+09D2B 鴫 00000003 0.0000/万 99.9995%
No:28611 U+09E2D 鸭 00000003 0.0000/万 99.9995%	No:28612 U+09E4A 鹊 00000003 0.0000/万 99.9995%	No:28613 U+09E61 鹡 00000003 0.0000/万 99.9995%	No:28614 U+09E70 鹰 00000003 0.0000/万 99.9995%	No:28615 U+09E8D 麍 00000003 0.0000/万 99.9995%	No:28616 U+0E82F ⿰氵达 00000003 0.0000/万 99.9995%	No:28617 U+0E839 𦍌 00000003 0.0000/万 99.9995%	No:28618 U+0EA90 到 00000003 0.0000/万 99.9995%	No:28619 U+0EF35 分 00000003 0.0000/万 99.9995%	No:28620 U+0EF7E 龎 00000003 0.0000/万 99.9995%
No:28621 U+0EF89 ⿰亻戠 00000003 0.0000/万 99.9995%	No:28622 U+0EFB7 圈 00000003 0.0000/万 99.9995%	No:28623 U+0EFCD 瘻 00000003 0.0000/万 99.9995%	No:28624 U+0F000 甄 00000003 0.0000/万 99.9995%	No:28625 U+0F012 ⿰氵⿱羊皿 00000003 0.0000/万 99.9995%	No:28626 U+0F04C 禍 00000003 0.0000/万 99.9995%	No:28627 U+0F097 ⿱䀠壬 00000003 0.0000/万 99.9995%	No:28628 U+0F0AA 褻 00000003 0.0000/万 99.9995%	No:28629 U+0F0AC 囊 00000003 0.0000/万 99.9995%	No:28630 U+0F56E ⿰阝尞 00000003 0.0000/万 99.9995%
No:28631 U+0F571 ⿰阝⿱罒艮 00000003 0.0000/万 99.9995%	No:28632 U+0F588 ⿰弓周 00000003 0.0000/万 99.9995%	No:28633 U+0F694 ⿰饣支 00000003 0.0000/万 99.9995%	No:28634 U+0F6A9 ⿰王半 00000003 0.0000/万 99.9995%	No:28635 U+0F708 ⿰占支 00000003 0.0000/万 99.9995%	No:28636 U+0F7CE ⿱山音 00000003 0.0000/万 99.9995%	No:28637 U+0F828 ⿱医酉 00000003 0.0000/万 99.9995%	No:28638 U+0F859 ⿱龹日 00000003 0.0000/万 99.9995%	No:28639 U+0FA0F ⿰土谷 00000003 0.0000/万 99.9995%	No:28640 U+E0D 佉 00000003 0.0000/万 99.9996%
No:28641 U+E85 偺 00000003 0.0000/万 99.9996%	No:28642 U+F2F 俀 00000003 0.0000/万 99.9996%	No:28643 U+F2B 保 00000003 0.0000/万 99.9996%	No:28644 U+E90 缶 00000003 0.0000/万 99.9996%	No:28645 U+E8C 飼 00000003 0.0000/万 99.9996%	No:28646 U+F7A ⿱雔革 00000003 0.0000/万 99.9996%	No:28647 U+FC0 ⿰口壬 00000003 0.0000/万 99.9996%	No:28648 U+FC2 ⿰口寺 00000003 0.0000/万 99.9996%	No:28649 U+EA5 ⿰口宏 00000003 0.0000/万 99.9996%	No:28650 U+E50 嗷 00000003 0.0000/万 99.9997%
No:28651 U+E0E 咭 00000003 0.0000/万 99.9997%	No:28652 U+E1C ⿰口虢 00000003 0.0000/万 99.9996%	No:28653 U+E74 ⿰土壸 00000003 0.0000/万 99.9996%	No:28654 U+ED7 ⿰土翟 00000003 0.0000/万 99.9996%	No:28655 U+E5C ⿱学土 00000003 0.0000/万 99.9995%	No:28656 U+E91 ⿵冂辱 00000003 0.0000/万 99.9996%	No:28657 U+E21 岏 00000003 0.0000/万 99.9996%	No:28658 U+F42 ⿱巛⿱凵田 00000003 0.0000/万 99.9996%	No:28659 U+E53 乹 00000003 0.0000/万 99.9996%	No:28660 U+EC3 亭 00000003 0.0000/万 99.9996%
No:28661 U+E90 ⿱山器 00000003 0.0000/万 99.9996%	No:28662 U+E98 ⿰纟悤 00000003 0.0000/万 99.9996%	No:28663 U+EA6 蠱 00000003 0.0000/万 99.9996%	No:28664 U+FAa ⿰巾支 00000003 0.0000/万 99.9996%	No:28665 U+EB9 ⿰忄争 00000003 0.0000/万 99.9996%	No:28666 U+EC9 ⿸广⿰角卑 00000003 0.0000/万 99.9996%	No:28667 U+ED2 ⿰弓百 00000003 0.0000/万 99.9995%	No:28668 U+E79 ⿱黑系 00000003 0.0000/万 99.9996%	No:28669 U+F15 抏 00000003 0.0000/万 99.9996%	No:28670 U+F19 ⿰扌叚 00000003 0.0000/万 99.9996%
No:28671 U+E35 ⿰扌熏 00000003 0.0000/万 99.9997%	No:28672 U+F4F ⿰扌戠 00000003 0.0000/万 99.9997%	No:28673 U+E67 ⿰扌龠 00000003 0.0000/万 99.9996%	No:28674 U+F32 ⿰方多 00000003 0.0000/万 99.9996%	No:28675 U+E04 ⿰日耆 00000003 0.0000/万 99.9996%	No:28676 U+EE2 ⿱罒木 00000003 0.0000/万 99.9996%	No:28677 U+F01 ⿱䒑发 00000003 0.0000/万 99.9996%	No:28678 U+EEA ⿰歹會 00000003 0.0000/万 99.9996%	No:28679 U+F27 ⿺毛娄 00000003 0.0000/万 99.9996%	No:28680 U+E3B ⿰氵坐 00000003 0.0000/万 99.9996%
No:28681 U+E18 ⿰氵⿱日又 00000003 0.0000/万 99.9996%	No:28682 U+F86 濟 00000003 0.0000/万 99.9996%	No:28683 U+E84 濩 00000003 0.0000/万 99.9996%	No:28684 U+E31 ⿰火厷 00000003 0.0000/万 99.9996%	No:28685 U+F98 ⿰火丞 00000003 0.0000/万 99.9996%	No:28686 U+E5D ⿱龹旨 00000003 0.0000/万 99.9996%	No:28687 U+F3A ⿰火憲 00000003 0.0000/万 99.9996%	No:28688 U+F9D ⿰火贊 00000003 0.0000/万 99.9996%	No:28689 U+E28 ⿰牜龐 00000003 0.0000/万 99.9996%	No:28690 U+EEE ⿰犭术 00000003 0.0000/万 99.9996%
No:28691 U+EF5 ⿰犭皇 00000003 0.0000/万 99.9996%	No:28692 U+F49 臭 00000003 0.0000/万 99.9995%	No:28693 U+E1E ⿰犭唐 00000003 0.0000/万 99.9996%	No:28694 U+EBA ⿱龹甘 00000003 0.0000/万 99.9996%	No:28695 U+F5D ⿰目禺 00000003 0.0000/万 99.9996%	No:28696 U+F51 ⿰石句 00000003 0.0000/万 99.9996%	No:28697 U+E90 ⿰石昷 00000003 0.0000/万 99.9995%	No:28698 U+EAF ⿰禾喜 00000003 0.0000/万 99.9996%	No:28699 U+EC4 ⿰禾燕 00000003 0.0000/万 99.9996%	No:28700 U+ED8 窬 00000003 0.0000/万 99.9996%

No	Unicode	字	次数	频率	累计
No:28701	U+F7C	𨒫	00000003	0.0000/万	99.9996%
No:28702	U+F99	笶	00000003	0.0000/万	99.9996%
No:28703	U+E85	𦡓	00000003	0.0000/万	99.9996%
No:28704	U+E19	艥	00000003	0.0000/万	99.9996%
No:28705	U+FB2	𦲷	00000003	0.0000/万	99.9996%
No:28706	U+E49	萃	00000003	0.0000/万	99.9996%
No:28707	U+F64	𦯬	00000003	0.0000/万	99.9996%
No:28708	U+E4A	𦬺	00000003	0.0000/万	99.9996%
No:28709	U+E5D	𦵵	00000003	0.0000/万	99.9996%
No:28710	U+F88	𧉃	00000003	0.0000/万	99.9996%
No:28711	U+F8D	𧋜	00000003	0.0000/万	99.9996%
No:28712	U+F90	蛹	00000003	0.0000/万	99.9996%
No:28713	U+FA7	𧘊	00000003	0.0000/万	99.9997%
No:28714	U+FA9	𧛔	00000003	0.0000/万	99.9996%
No:28715	U+E33	𧝎	00000003	0.0000/万	99.9996%
No:28716	U+F5F	𨊴	00000003	0.0000/万	99.9997%
No:28717	U+FC2	䜐	00000003	0.0000/万	99.9996%
No:28718	U+FED	𠭮	00000003	0.0000/万	99.9997%
No:28719	U+FD9	狹	00000003	0.0000/万	99.9996%
No:28720	U+FEF	𧲼	00000003	0.0000/万	99.9996%
No:28721	U+E95	䝚	00000003	0.0000/万	99.9996%
No:28722	U+FFB	𧼼	00000003	0.0000/万	99.9996%
No:28723	U+E48	𧾒	00000003	0.0000/万	99.9996%
No:28724	U+E8A	𨈆	00000003	0.0000/万	99.9996%
No:28725	U+E31	䡲	00000003	0.0000/万	99.9996%
No:28726	U+FEB	遝	00000003	0.0000/万	99.9996%
No:28727	U+E54	𨗕	00000003	0.0000/万	99.9996%
No:28728	U+E4D	酆	00000003	0.0000/万	99.9996%
No:28729	U+FD5	𨠍	00000003	0.0000/万	99.9996%
No:28730	U+FD6	𨠥	00000003	0.0000/万	99.9996%
No:28731	U+EE8	鐐	00000003	0.0000/万	99.9996%
No:28732	U+EA6	閘	00000003	0.0000/万	99.9996%
No:28733	U+F01	䩛	00000003	0.0000/万	99.9997%
No:28734	U+F0C	𩝪	00000003	0.0000/万	99.9997%
No:28735	U+E88	餮	00000003	0.0000/万	99.9997%
No:28736	U+F1E	駑	00000003	0.0000/万	99.9996%
No:28737	U+FE5	𩣺	00000003	0.0000/万	99.9996%
No:28738	U+FA0	𩤩	00000003	0.0000/万	99.9997%
No:28739	U+F17	𩬅	00000003	0.0000/万	99.9997%
No:28740	U+F9C	𩯊	00000003	0.0000/万	99.9996%
No:28741	U+F32	𩶛	00000003	0.0000/万	99.9996%
No:28742	U+E54	𩾉	00000003	0.0000/万	99.9996%
No:28743	U+F2A	鵫	00000003	0.0000/万	99.9996%
No:28744	U+F2B	鶻	00000003	0.0000/万	99.9996%
No:28745	U+EF4	𪃃	00000003	0.0000/万	99.9996%
No:28746	U+E38	𪅃	00000003	0.0000/万	99.9996%
No:28747	U+E5F	𪋮	00000003	0.0000/万	99.9996%
No:28748	U+FA4	𧳜	00000003	0.0000/万	99.9996%
No:28749	U+E27	𨈖	00000003	0.0000/万	99.9996%
No:28750	U+03421	㐡	00000002	0.0000/万	99.9998%
No:28751	U+0342A	㐪	00000002	0.0000/万	99.9998%
No:28752	U+03435	㐵	00000002	0.0000/万	99.9998%
No:28753	U+03445	㑅	00000002	0.0000/万	99.9998%
No:28754	U+034AA	㒪	00000002	0.0000/万	99.9997%
No:28755	U+034CF	㓏	00000002	0.0000/万	99.9997%
No:28756	U+03508	㔈	00000002	0.0000/万	99.9997%
No:28757	U+03530	㔰	00000002	0.0000/万	99.9997%
No:28758	U+03532	㔲	00000002	0.0000/万	99.9997%
No:28759	U+03544	㕄	00000002	0.0000/万	99.9997%
No:28760	U+03589	㖉	00000002	0.0000/万	99.9997%
No:28761	U+03590	㖐	00000002	0.0000/万	99.9997%
No:28762	U+035CD	㗍	00000002	0.0000/万	99.9998%
No:28763	U+035D2	㗒	00000002	0.0000/万	99.9998%
No:28764	U+035DE	㗞	00000002	0.0000/万	99.9998%
No:28765	U+03645	㙅	00000002	0.0000/万	99.9997%
No:28766	U+036A6	㚦	00000002	0.0000/万	99.9998%
No:28767	U+036DF	㛟	00000002	0.0000/万	99.9998%
No:28768	U+036E8	㛨	00000002	0.0000/万	99.9997%
No:28769	U+036F8	㛸	00000002	0.0000/万	99.9997%
No:28770	U+036FD	㛽	00000002	0.0000/万	99.9997%
No:28771	U+03704	㜄	00000002	0.0000/万	99.9997%
No:28772	U+0371A	㜚	00000002	0.0000/万	99.9997%
No:28773	U+0372D	㜭	00000002	0.0000/万	99.9997%
No:28774	U+03747	㝇	00000002	0.0000/万	99.9997%
No:28775	U+03752	㝒	00000002	0.0000/万	99.9997%
No:28776	U+03758	㝘	00000002	0.0000/万	99.9997%
No:28777	U+03767	㝧	00000002	0.0000/万	99.9997%
No:28778	U+03768	㝨	00000002	0.0000/万	99.9997%
No:28779	U+037A0	㞠	00000002	0.0000/万	99.9997%
No:28780	U+037C0	㟀	00000002	0.0000/万	99.9997%
No:28781	U+038CF	㣏	00000002	0.0000/万	99.9997%
No:28782	U+0391B	㤛	00000002	0.0000/万	99.9998%
No:28783	U+03950	㥐	00000002	0.0000/万	99.9998%
No:28784	U+03988	㦈	00000002	0.0000/万	99.9998%
No:28785	U+039AE	㦮	00000002	0.0000/万	99.9998%
No:28786	U+039BE	㦾	00000002	0.0000/万	99.9998%
No:28787	U+039C2	㧂	00000002	0.0000/万	99.9998%
No:28788	U+03A4F	㩏	00000002	0.0000/万	99.9997%
No:28789	U+03A6E	㩮	00000002	0.0000/万	99.9997%
No:28790	U+03A78	㩸	00000002	0.0000/万	99.9998%
No:28791	U+03A80	㪀	00000002	0.0000/万	99.9998%
No:28792	U+03A88	㪈	00000002	0.0000/万	99.9998%
No:28793	U+03AC6	㫆	00000002	0.0000/万	99.9998%
No:28794	U+03AE1	㫡	00000002	0.0000/万	99.9998%
No:28795	U+03AE8	㫨	00000002	0.0000/万	99.9998%
No:28796	U+03B01	㬁	00000002	0.0000/万	99.9997%
No:28797	U+03B15	㬕	00000002	0.0000/万	99.9998%
No:28798	U+03B21	㬡	00000002	0.0000/万	99.9998%
No:28799	U+03B57	㭗	00000002	0.0000/万	99.9997%
No:28800	U+03B9F	㮟	00000002	0.0000/万	99.9997%

No:28801 U+03C68 㱨 00000002 0.0000/万 99.9997%	No:28802 U+03CB4 㲴 00000002 0.0000/万 99.9997%	No:28803 U+03CB8 㲸 00000002 0.0000/万 99.9998%	No:28804 U+03D39 㴹 00000002 0.0000/万 99.9998%	No:28805 U+03D6D 㵭 00000002 0.0000/万 99.9998%	No:28806 U+03D6E 㵮 00000002 0.0000/万 99.9998%	No:28807 U+03D93 㶓 00000002 0.0000/万 99.9998%	No:28808 U+03E00 㸀 00000002 0.0000/万 99.9998%	No:28809 U+03E16 㸖 00000002 0.0000/万 99.9998%	No:28810 U+03E55 㹕 00000002 0.0000/万 99.9998%
No:28811 U+03EAB 㺫 00000002 0.0000/万 99.9998%	No:28812 U+03EB6 㺶 00000002 0.0000/万 99.9998%	No:28813 U+03EB8 㺸 00000002 0.0000/万 99.9998%	No:28814 U+03EE2 㻢 00000002 0.0000/万 99.9998%	No:28815 U+03F00 㼀 00000002 0.0000/万 99.9998%	No:28816 U+03F04 㼄 00000002 0.0000/万 99.9998%	No:28817 U+03FB1 㾱 00000002 0.0000/万 99.9998%	No:28818 U+03FC1 㿁 00000002 0.0000/万 99.9998%	No:28819 U+0401A 䀚 00000002 0.0000/万 99.9998%	No:28820 U+04070 䁰 00000002 0.0000/万 99.9998%
No:28821 U+0409B 䂛 00000002 0.0000/万 99.9998%	No:28822 U+04111 䄑 00000002 0.0000/万 99.9998%	No:28823 U+0412D 䄭 00000002 0.0000/万 99.9998%	No:28824 U+04133 䄳 00000002 0.0000/万 99.9998%	No:28825 U+041A3 䆣 00000002 0.0000/万 99.9998%	No:28826 U+041C0 䇀 00000002 0.0000/万 99.9998%	No:28827 U+042B4 䊴 00000002 0.0000/万 99.9998%	No:28828 U+042D2 䋒 00000002 0.0000/万 99.9998%	No:28829 U+04323 䌣 00000002 0.0000/万 99.9998%	No:28830 U+04342 䍂 00000002 0.0000/万 99.9998%
No:28831 U+0436D 䍭 00000002 0.0000/万 99.9998%	No:28832 U+04386 䎆 00000002 0.0000/万 99.9998%	No:28833 U+0439C 䎜 00000002 0.0000/万 99.9998%	No:28834 U+043B1 䎱 00000002 0.0000/万 99.9998%	No:28835 U+043E1 䏡 00000002 0.0000/万 99.9998%	No:28836 U+04449 䑉 00000002 0.0000/万 99.9998%	No:28837 U+04484 䒄 00000002 0.0000/万 99.9998%	No:28838 U+044E8 䓨 00000002 0.0000/万 99.9998%	No:28839 U+044EB 䓫 00000002 0.0000/万 99.9998%	No:28840 U+044EC 䓬 00000002 0.0000/万 99.9998%
No:28841 U+04528 䔨 00000002 0.0000/万 99.9998%	No:28842 U+0458B 䖋 00000002 0.0000/万 99.9998%	No:28843 U+045B0 䖰 00000002 0.0000/万 99.9998%	No:28844 U+045D6 䗖 00000002 0.0000/万 99.9998%	No:28845 U+045DE 䗞 00000002 0.0000/万 99.9998%	No:28846 U+04609 䘉 00000002 0.0000/万 99.9998%	No:28847 U+0461B 䘛 00000002 0.0000/万 99.9998%	No:28848 U+04668 䙨 00000002 0.0000/万 99.9998%	No:28849 U+046DC 䛜 00000002 0.0000/万 99.9998%	No:28850 U+046F1 䛱 00000002 0.0000/万 99.9998%
No:28851 U+04724 䜤 00000002 0.0000/万 99.9998%	No:28852 U+04785 䞅 00000002 0.0000/万 99.9997%	No:28853 U+0483E 䠾 00000002 0.0000/万 99.9998%	No:28854 U+0485B 䡛 00000002 0.0000/万 99.9998%	No:28855 U+0489E 䢞 00000002 0.0000/万 99.9998%	No:28856 U+048E8 䣨 00000002 0.0000/万 99.9997%	No:28857 U+048EC 䣬 00000002 0.0000/万 99.9997%	No:28858 U+048F4 䣴 00000002 0.0000/万 99.9997%	No:28859 U+0490C 䤌 00000002 0.0000/万 99.9998%	No:28860 U+04926 䤦 00000002 0.0000/万 99.9997%
No:28861 U+0493A 䤺 00000002 0.0000/万 99.9998%	No:28862 U+04946 䥆 00000002 0.0000/万 99.9997%	No:28863 U+0495A 䥚 00000002 0.0000/万 99.9998%	No:28864 U+04986 䦆 00000002 0.0000/万 99.9998%	No:28865 U+04987 䦇 00000002 0.0000/万 99.9998%	No:28866 U+049A6 䦦 00000002 0.0000/万 99.9997%	No:28867 U+049AD 䦭 00000002 0.0000/万 99.9997%	No:28868 U+049B4 䦴 00000002 0.0000/万 99.9997%	No:28869 U+049E9 䧩 00000002 0.0000/万 99.9997%	No:28870 U+049EE 䧮 00000002 0.0000/万 99.9997%
No:28871 U+04A0C 䨌 00000002 0.0000/万 99.9997%	No:28872 U+04A36 䨶 00000002 0.0000/万 99.9997%	No:28873 U+04A91 䪑 00000002 0.0000/万 99.9998%	No:28874 U+04AAD 䪭 00000002 0.0000/万 99.9998%	No:28875 U+04AF1 䫱 00000002 0.0000/万 99.9997%	No:28876 U+04B17 䬗 00000002 0.0000/万 99.9998%	No:28877 U+04B1A 䬚 00000002 0.0000/万 99.9998%	No:28878 U+04B4D 䭍 00000002 0.0000/万 99.9997%	No:28879 U+04B4E 䭎 00000002 0.0000/万 99.9997%	No:28880 U+04B5F 䭟 00000002 0.0000/万 99.9997%
No:28881 U+04B67 䭧 00000002 0.0000/万 99.9997%	No:28882 U+04B6A 䭪 00000002 0.0000/万 99.9997%	No:28883 U+04B7D 䭽 00000002 0.0000/万 99.9997%	No:28884 U+04BF4 䯴 00000002 0.0000/万 99.9997%	No:28885 U+04BF6 䯶 00000002 0.0000/万 99.9997%	No:28886 U+04C14 䰔 00000002 0.0000/万 99.9997%	No:28887 U+04C2D 䰭 00000002 0.0000/万 99.9997%	No:28888 U+04C58 䱘 00000002 0.0000/万 99.9997%	No:28889 U+04C6F 䱯 00000002 0.0000/万 99.9997%	No:28890 U+04C86 䲆 00000002 0.0000/万 99.9997%
No:28891 U+04C88 䲈 00000002 0.0000/万 99.9997%	No:28892 U+04C97 䲗 00000002 0.0000/万 99.9997%	No:28893 U+04CD7 䳗 00000002 0.0000/万 99.9998%	No:28894 U+04CDE 䳞 00000002 0.0000/万 99.9998%	No:28895 U+04CE3 䳣 00000002 0.0000/万 99.9998%	No:28896 U+04D10 䴐 00000002 0.0000/万 99.9998%	No:28897 U+04E25 严 00000002 0.0000/万 99.9998%	No:28898 U+04E75 乵 00000002 0.0000/万 99.9998%	No:28899 U+04ED1 仑 00000002 0.0000/万 99.9998%	No:28900 U+04ED3 仓 00000002 0.0000/万 99.9998%

No:28901 U+04EEC 们 00000002 0.0000/万 99.9998%	No:28902 U+04F22 伢 00000002 0.0000/万 99.9998%	No:28903 U+04FA6 侦 00000002 0.0000/万 99.9998%	No:28904 U+0503D 倽 00000002 0.0000/万 99.9998%	No:28905 U+05159 兙 00000002 0.0000/万 99.9998%	No:28906 U+051DE 凞 00000002 0.0000/万 99.9998%	No:28907 U+051E7 凧 00000002 0.0000/万 99.9998%	No:28908 U+051EB 凫 00000002 0.0000/万 99.9998%	No:28909 U+051EF 凯 00000002 0.0000/万 99.9998%	No:28910 U+051F2 凲 00000002 0.0000/万 99.9998%
No:28911 U+05250 剐 00000002 0.0000/万 99.9998%	No:28912 U+052A7 劧 00000002 0.0000/万 99.9998%	No:28913 U+052A8 动 00000002 0.0000/万 99.9998%	No:28914 U+0530E 匎 00000002 0.0000/万 99.9998%	No:28915 U+053DD 叝 00000002 0.0000/万 99.9998%	No:28916 U+05444 呄 00000002 0.0000/万 99.9997%	No:28917 U+054DA 哚 00000002 0.0000/万 99.9998%	No:28918 U+05515 唕 00000002 0.0000/万 99.9998%	No:28919 U+05520 唠 00000002 0.0000/万 99.9997%	No:28920 U+05562 啢 00000002 0.0000/万 99.9998%
No:28921 U+05579 啹 00000002 0.0000/万 99.9997%	No:28922 U+055B4 喴 00000002 0.0000/万 99.9997%	No:28923 U+055E6 嗦 00000002 0.0000/万 99.9998%	No:28924 U+0561E 嘞 00000002 0.0000/万 99.9998%	No:28925 U+05657 噗 00000002 0.0000/万 99.9998%	No:28926 U+0567B 噻 00000002 0.0000/万 99.9998%	No:28927 U+056C4 囄 00000002 0.0000/万 99.9998%	No:28928 U+056F5 囵 00000002 0.0000/万 99.9998%	No:28929 U+05710 圐 00000002 0.0000/万 99.9998%	No:28930 U+05715 圕 00000002 0.0000/万 99.9998%
No:28931 U+05719 圙 00000002 0.0000/万 99.9998%	No:28932 U+05753 坓 00000002 0.0000/万 99.9998%	No:28933 U+05786 垆 00000002 0.0000/万 99.9998%	No:28934 U+057AE 垮 00000002 0.0000/万 99.9997%	No:28935 U+057B3 垳 00000002 0.0000/万 99.9998%	No:28936 U+057DA 埚 00000002 0.0000/万 99.9997%	No:28937 U+05813 堓 00000002 0.0000/万 99.9997%	No:28938 U+058B9 墹 00000002 0.0000/万 99.9997%	No:28939 U+058D7 壗 00000002 0.0000/万 99.9997%	No:28940 U+05908 夈 00000002 0.0000/万 99.9998%
No:28941 U+05956 奖 00000002 0.0000/万 99.9997%	No:28942 U+05A26 娦 00000002 0.0000/万 99.9997%	No:28943 U+05A74 婴 00000002 0.0000/万 99.9998%	No:28944 U+05AD2 嫒 00000002 0.0000/万 99.9997%	No:28945 U+05AF2 嫲 00000002 0.0000/万 99.9998%	No:28946 U+05B5E 孞 00000002 0.0000/万 99.9997%	No:28947 U+05BA1 审 00000002 0.0000/万 99.9998%	No:28948 U+05BBA 宺 00000002 0.0000/万 99.9998%	No:28949 U+05C4C 屌 00000002 0.0000/万 99.9998%	No:28950 U+05D2C 崬 00000002 0.0000/万 99.9998%
No:28951 U+05D8C 嶌 00000002 0.0000/万 99.9998%	No:28952 U+05FC1 忁 00000002 0.0000/万 99.9998%	No:28953 U+06002 怂 00000002 0.0000/万 99.9998%	No:28954 U+06074 恴 00000002 0.0000/万 99.9998%	No:28955 U+060A7 悧 00000002 0.0000/万 99.9998%	No:28956 U+060AF 悯 00000002 0.0000/万 99.9998%	No:28957 U+061F3 懳 00000002 0.0000/万 99.9998%	No:28958 U+06224 戤 00000002 0.0000/万 99.9998%	No:28959 U+062A1 抡 00000002 0.0000/万 99.9998%	No:28960 U+063B6 掶 00000002 0.0000/万 99.9998%
No:28961 U+063B8 掸 00000002 0.0000/万 99.9998%	No:28962 U+063FB 揻 00000002 0.0000/万 99.9998%	No:28963 U+063FD 揽 00000002 0.0000/万 99.9998%	No:28964 U+064AF 撯 00000002 0.0000/万 99.9998%	No:28965 U+064B4 撴 00000002 0.0000/万 99.9998%	No:28966 U+0652E 攮 00000002 0.0000/万 99.9998%	No:28967 U+0657E 敾 00000002 0.0000/万 99.9998%	No:28968 U+06638 昸 00000002 0.0000/万 99.9998%	No:28969 U+06653 晓 00000002 0.0000/万 99.9998%	No:28970 U+06763 杣 00000002 0.0000/万 99.9998%
No:28971 U+067AD 枭 00000002 0.0000/万 99.9998%	No:28972 U+06807 标 00000002 0.0000/万 99.9998%	No:28973 U+0680D 栍 00000002 0.0000/万 99.9998%	No:28974 U+0687D 桽 00000002 0.0000/万 99.9998%	No:28975 U+06916 椖 00000002 0.0000/万 99.9998%	No:28976 U+06923 椣 00000002 0.0000/万 99.9998%	No:28977 U+06929 椩 00000002 0.0000/万 99.9998%	No:28978 U+06980 榀 00000002 0.0000/万 99.9998%	No:28979 U+069DF 槟 00000002 0.0000/万 99.9998%	No:28980 U+06A77 橷 00000002 0.0000/万 99.9998%
No:28981 U+06A8C 檌 00000002 0.0000/万 99.9998%	No:28982 U+06B2B 欫 00000002 0.0000/万 99.9998%	No:28983 U+06B75 歵 00000002 0.0000/万 99.9998%	No:28984 U+06BA1 殡 00000002 0.0000/万 99.9998%	No:28985 U+06CA7 沧 00000002 0.0000/万 99.9998%	No:28986 U+06CF6 泶 00000002 0.0000/万 99.9998%	No:28987 U+06CF8 泸 00000002 0.0000/万 99.9998%	No:28988 U+06D50 浐 00000002 0.0000/万 99.9998%	No:28989 U+06D8B 涋 00000002 0.0000/万 99.9998%	No:28990 U+06DA2 涢 00000002 0.0000/万 99.9999%
No:28991 U+06E06 渆 00000002 0.0000/万 99.9998%	No:28992 U+06E5A 湚 00000002 0.0000/万 99.9998%	No:28993 U+06F42 潂 00000002 0.0000/万 99.9998%	No:28994 U+06F46 潆 00000002 0.0000/万 99.9998%	No:28995 U+06F4B 潋 00000002 0.0000/万 99.9998%	No:28996 U+07073 灳 00000002 0.0000/万 99.9998%	No:28997 U+0709D 炝 00000002 0.0000/万 99.9998%	No:28998 U+070BF 炿 00000002 0.0000/万 99.9998%	No:28999 U+070CE 烎 00000002 0.0000/万 99.9998%	No:29000 U+070E6 烦 00000002 0.0000/万 99.9998%

No:29001 U+07113 焓 00000002 0.0000/万 99.9998%	No:29002 U+07198 熘 00000002 0.0000/万 99.9998%	No:29003 U+071B5 熵 00000002 0.0000/万 99.9998%	No:29004 U+071DE 燞 00000002 0.0000/万 99.9998%	No:29005 U+07339 猹 00000002 0.0000/万 99.9998%	No:29006 U+073D0 珐 00000002 0.0000/万 99.9998%	No:29007 U+074A4 璤 00000002 0.0000/万 99.9998%	No:29008 U+074D1 瓑 00000002 0.0000/万 99.9998%	No:29009 U+074EF 瓯 00000002 0.0000/万 99.9998%	No:29010 U+076D8 盘 00000002 0.0000/万 99.9998%
No:29011 U+0774F 睏 00000002 0.0000/万 99.9998%	No:29012 U+0778A 瞊 00000002 0.0000/万 99.9998%	No:29013 U+077A3 瞣 00000002 0.0000/万 99.9998%	No:29014 U+077FE 矾 00000002 0.0000/万 99.9998%	No:29015 U+0781A 砚 00000002 0.0000/万 99.9998%	No:29016 U+07836 砶 00000002 0.0000/万 99.9998%	No:29017 U+0783E 砾 00000002 0.0000/万 99.9998%	No:29018 U+07858 硘 00000002 0.0000/万 99.9998%	No:29019 U+078A0 碠 00000002 0.0000/万 99.9998%	No:29020 U+078B9 碹 00000002 0.0000/万 99.9998%
No:29021 U+07911 礑 00000002 0.0000/万 99.9998%	No:29022 U+07A43 穃 00000002 0.0000/万 99.9998%	No:29023 U+07B62 筢 00000002 0.0000/万 99.9998%	No:29024 U+07B77 筷 00000002 0.0000/万 99.9998%	No:29025 U+07B7C 筼 00000002 0.0000/万 99.9998%	No:29026 U+07C16 簖 00000002 0.0000/万 99.9998%	No:29027 U+07CA8 粨 00000002 0.0000/万 99.9998%	No:29028 U+07D75 絵 00000002 0.0000/万 99.9998%	No:29029 U+07DD3 緓 00000002 0.0000/万 99.9998%	No:29030 U+07E4C 繌 00000002 0.0000/万 99.9998%
No:29031 U+07E83 纃 00000002 0.0000/万 99.9998%	No:29032 U+07EA4 纤 00000002 0.0000/万 99.9998%	No:29033 U+07EB0 纰 00000002 0.0000/万 99.9998%	No:29034 U+07EDC 络 00000002 0.0000/万 99.9998%	No:29035 U+07EDE 绞 00000002 0.0000/万 99.9998%	No:29036 U+07EF0 绰 00000002 0.0000/万 99.9998%	No:29037 U+07EFD 绽 00000002 0.0000/万 99.9998%	No:29038 U+07F62 罢 00000002 0.0000/万 99.9998%	No:29039 U+08042 聂 00000002 0.0000/万 99.9998%	No:29040 U+0804B 聋 00000002 0.0000/万 99.9998%
No:29041 U+0804C 职 00000002 0.0000/万 99.9998%	No:29042 U+0809F 肟 00000002 0.0000/万 99.9998%	No:29043 U+08136 脶 00000002 0.0000/万 99.9998%	No:29044 U+081EB 臫 00000002 0.0000/万 99.9998%	No:29045 U+081FE 臾 00000002 0.0000/万 99.9998%	No:29046 U+0822E 舮 00000002 0.0000/万 99.9998%	No:29047 U+08269 艩 00000002 0.0000/万 99.9998%	No:29048 U+082CA 苊 00000002 0.0000/万 99.9998%	No:29049 U+08366 荦 00000002 0.0000/万 99.9998%	No:29050 U+08368 荨 00000002 0.0000/万 99.9998%
No:29051 U+083B4 莴 00000002 0.0000/万 99.9998%	No:29052 U+08418 萘 00000002 0.0000/万 99.9998%	No:29053 U+08428 萨 00000002 0.0000/万 99.9998%	No:29054 U+0848F 蒏 00000002 0.0000/万 99.9998%	No:29055 U+084DF 蓟 00000002 0.0000/万 99.9998%	No:29056 U+084E0 蓠 00000002 0.0000/万 99.9998%	No:29057 U+086CE 蛎 00000002 0.0000/万 99.9998%	No:29058 U+0877E 蝾 00000002 0.0000/万 99.9998%	No:29059 U+088AF 袯 00000002 0.0000/万 99.9998%	No:29060 U+0891B 褛 00000002 0.0000/万 99.9998%
No:29061 U+089C4 规 00000002 0.0000/万 99.9998%	No:29062 U+089C6 视 00000002 0.0000/万 99.9998%	No:29063 U+089E8 觨 00000002 0.0000/万 99.9998%	No:29064 U+08A32 訲 00000002 0.0000/万 99.9998%	No:29065 U+08A8A 誊 00000002 0.0000/万 99.9998%	No:29066 U+08AAE 誮 00000002 0.0000/万 99.9998%	No:29067 U+08ADA 諚 00000002 0.0000/万 99.9998%	No:29068 U+08AEC 諬 00000002 0.0000/万 99.9998%	No:29069 U+08BAC 讬 00000002 0.0000/万 99.9998%	No:29070 U+08BC4 评 00000002 0.0000/万 99.9998%
No:29071 U+08BCF 诏 00000002 0.0000/万 99.9998%	No:29072 U+08BDE 诞 00000002 0.0000/万 99.9998%	No:29073 U+08BE2 询 00000002 0.0000/万 99.9998%	No:29074 U+08C0D 谍 00000002 0.0000/万 99.9998%	No:29075 U+08C10 谐 00000002 0.0000/万 99.9998%	No:29076 U+08C17 谗 00000002 0.0000/万 99.9998%	No:29077 U+08C19 谙 00000002 0.0000/万 99.9998%	No:29078 U+08C1F 谟 00000002 0.0000/万 99.9998%	No:29079 U+08C2C 谬 00000002 0.0000/万 99.9998%	No:29080 U+08CB5 貵 00000002 0.0000/万 99.9998%
No:29081 U+08D23 责 00000002 0.0000/万 99.9998%	No:29082 U+08D39 费 00000002 0.0000/万 99.9998%	No:29083 U+08D5E 赞 00000002 0.0000/万 99.9998%	No:29084 U+08E0E 踎 00000002 0.0000/万 99.9998%	No:29085 U+08E7E 蹾 00000002 0.0000/万 99.9998%	No:29086 U+08E80 躀 00000002 0.0000/万 99.9998%	No:29087 U+08E8C 躌 00000002 0.0000/万 99.9998%	No:29088 U+08EAF 躯 00000002 0.0000/万 99.9998%	No:29089 U+08F4B 轋 00000002 0.0000/万 99.9998%	No:29090 U+08F7B 轻 00000002 0.0000/万 99.9998%
No:29091 U+08F86 辆 00000002 0.0000/万 99.9998%	No:29092 U+08FCF 迏 00000002 0.0000/万 99.9998%	No:29093 U+08FDA 迚 00000002 0.0000/万 99.9998%	No:29094 U+08FDD 违 00000002 0.0000/万 99.9998%	No:29095 U+09027 逧 00000002 0.0000/万 99.9998%	No:29096 U+09093 邓 00000002 0.0000/万 99.9998%	No:29097 U+090E6 郦 00000002 0.0000/万 99.9998%	No:29098 U+09171 酱 00000002 0.0000/万 99.9998%	No:29099 U+091EE 釮 00000002 0.0000/万 99.9998%	No:29100 U+091F9 釹 00000002 0.0000/万 99.9998%

No:29101 U+0921F 鈟 00000002 0.0000/万 99.9998%	No:29102 U+09229 鈩 00000002 0.0000/万 99.9998%	No:29103 U+092B1 錱 00000002 0.0000/万 99.9998%	No:29104 U+09336 錶 00000002 0.0000/万 99.9998%	No:29105 U+093A5 鎥 00000002 0.0000/万 99.9998%	No:29106 U+09422 鐢 00000002 0.0000/万 99.9998%	No:29107 U+09446 鑆 00000002 0.0000/万 99.9998%	No:29108 U+09493 钓 00000002 0.0000/万 99.9998%	No:29109 U+0949E 钞 00000002 0.0000/万 99.9998%	No:29110 U+09542 镂 00000002 0.0000/万 99.9998%
No:29111 U+09548 镈 00000002 0.0000/万 99.9998%	No:29112 U+09581 閁 00000002 0.0000/万 99.9998%	No:29113 U+095F3 闳 00000002 0.0000/万 99.9998%	No:29114 U+095F9 闹 00000002 0.0000/万 99.9998%	No:29115 U+09606 阆 00000002 0.0000/万 99.9998%	No:29116 U+09615 阕 00000002 0.0000/万 99.9998%	No:29117 U+0961F 队 00000002 0.0000/万 99.9998%	No:29118 U+0975D 靝 00000002 0.0000/万 99.9997%	No:29119 U+09879 项 00000002 0.0000/万 99.9997%	No:29120 U+09887 颇 00000002 0.0000/万 99.9997%
No:29121 U+09896 颖 00000002 0.0000/万 99.9997%	No:29122 U+09898 题 00000002 0.0000/万 99.9997%	No:29123 U+098A6 颦 00000002 0.0000/万 99.9997%	No:29124 U+0990E 餎 00000002 0.0000/万 99.9997%	No:29125 U+09953 饓 00000002 0.0000/万 99.9997%	No:29126 U+0997F 饿 00000002 0.0000/万 99.9997%	No:29127 U+09980 馀 00000002 0.0000/万 99.9997%	No:29128 U+09A6C 马 00000002 0.0000/万 99.9997%	No:29129 U+09A73 驳 00000002 0.0000/万 99.9997%	No:29130 U+09A87 骇 00000002 0.0000/万 99.9997%
No:29131 U+09A91 骑 00000002 0.0000/万 99.9997%	No:29132 U+09B79 魹 00000002 0.0000/万 99.9997%	No:29133 U+09C1A 鰚 00000002 0.0000/万 99.9997%	No:29134 U+09C3A 鰺 00000002 0.0000/万 99.9997%	No:29135 U+09C5A 鱚 00000002 0.0000/万 99.9997%	No:29136 U+09C82 鲂 00000002 0.0000/万 99.9997%	No:29137 U+09CB0 鲰 00000002 0.0000/万 99.9997%	No:29138 U+09CB5 鲵 00000002 0.0000/万 99.9997%	No:29139 U+09CCA 鳊 00000002 0.0000/万 99.9997%	No:29140 U+09CCC 鳌 00000002 0.0000/万 99.9997%
No:29141 U+09D62 鵢 00000002 0.0000/万 99.9997%	No:29142 U+09DAB 鶫 00000002 0.0000/万 99.9997%	No:29143 U+09DB3 鶳 00000002 0.0000/万 99.9997%	No:29144 U+09E37 鸷 00000002 0.0000/万 99.9997%	No:29145 U+09E43 鹃 00000002 0.0000/万 99.9997%	No:29146 U+09E45 鹅 00000002 0.0000/万 99.9997%	No:29147 U+09E49 鹉 00000002 0.0000/万 99.9997%	No:29148 U+0E00C 从 00000002 0.0000/万 99.9997%	No:29149 U+0E17A 懃 00000002 0.0000/万 99.9997%	No:29150 U+0E375 丌 00000002 0.0000/万 99.9997%
No:29151 U+0E81F 呙 00000002 0.0000/万 99.9997%	No:29152 U+0E837 䌷 00000002 0.0000/万 99.9997%	No:29153 U+0E85D 鸡 00000002 0.0000/万 99.9997%	No:29154 U+0E860 鶪 00000002 0.0000/万 99.9997%	No:29155 U+0EFC2 崱 00000002 0.0000/万 99.9997%	No:29156 U+0EFDB 鬘 00000002 0.0000/万 99.9997%	No:29157 U+0F05F 瞁 00000002 0.0000/万 99.9997%	No:29158 U+0F17F 鐃 00000002 0.0000/万 99.9997%	No:29159 U+0F198 韓 00000002 0.0000/万 99.9997%	No:29160 U+0F554 邢 00000002 0.0000/万 99.9997%
No:29161 U+0F559 躁 00000002 0.0000/万 99.9997%	No:29162 U+0F593 䬊 00000002 0.0000/万 99.9997%	No:29163 U+0F5AF 鋰 00000002 0.0000/万 99.9997%	No:29164 U+0F5DE 䮯 00000002 0.0000/万 99.9997%	No:29165 U+0F5E4 驟 00000002 0.0000/万 99.9997%	No:29166 U+0F5FB 橑 00000002 0.0000/万 99.9997%	No:29167 U+0F61D 犾 00000002 0.0000/万 99.9997%	No:29168 U+0F63E 嶏 00000002 0.0000/万 99.9997%	No:29169 U+0F653 矸 00000002 0.0000/万 99.9997%	No:29170 U+0F677 澠 00000002 0.0000/万 99.9997%
No:29171 U+0F696 𤰔 00000002 0.0000/万 99.9997%	No:29172 U+0F69C 壐 00000002 0.0000/万 99.9997%	No:29173 U+0F6A3 墺 00000002 0.0000/万 99.9997%	No:29174 U+0F6B2 玝 00000002 0.0000/万 99.9997%	No:29175 U+0F6F5 鱅 00000002 0.0000/万 99.9997%	No:29176 U+0F74D 髮 00000002 0.0000/万 99.9997%	No:29177 U+0F75C 苞 00000002 0.0000/万 99.9997%	No:29178 U+0F7C3 来 00000002 0.0000/万 99.9997%	No:29179 U+0F808 玆 00000002 0.0000/万 99.9997%	No:29180 U+0F84C 䈕 00000002 0.0000/万 99.9997%
No:29181 U+0F888 脊 00000002 0.0000/万 99.9997%	No:29182 U+0F8C2 癭 00000002 0.0000/万 99.9997%	No:29183 U+0F8F0 類 00000002 0.0000/万 99.9997%	No:29184 U+0FA1F 萵 00000002 0.0000/万 99.9997%	No:29185 U+0FF3C ＼ 00000002 0.0000/万 99.9997%	No:29186 U+E41 共 00000002 0.0000/万 99.9998%	No:29187 U+EB1 匾 00000002 0.0000/万 99.9997%	No:29188 U+E32 夌 00000002 0.0000/万 99.9998%	No:29189 U+F29 倖 00000002 0.0000/万 99.9998%	No:29190 U+F3C 傶 00000002 0.0000/万 99.9997%
No:29191 U+E92 刈 00000002 0.0000/万 99.9997%	No:29192 U+ED5 刯 00000002 0.0000/万 99.9997%	No:29193 U+F42 𠢑 00000002 0.0000/万 99.9998%	No:29194 U+E8B 匋 00000002 0.0000/万 99.9997%	No:29195 U+EC4 𠥧 00000002 0.0000/万 99.9997%	No:29196 U+FBB 戓 00000002 0.0000/万 99.9998%	No:29197 U+EA4 吰 00000002 0.0000/万 99.9998%	No:29198 U+E07 嗯 00000002 0.0000/万 99.9998%	No:29199 U+EB4 嗿 00000002 0.0000/万 99.9998%	No:29200 U+E12 嗃 00000002 0.0000/万 99.9998%

No:29201 U+EB5 嚹 00000002 0.0000/万 99.9998%	No:29202 U+EB5 𡗓 00000002 0.0000/万 99.9998%	No:29203 U+F9B 𡎺 00000002 0.0000/万 99.9997%	No:29204 U+FA4 𡑤 00000002 0.0000/万 99.9997%	No:29205 U+E3D 𡓌 00000002 0.0000/万 99.9997%	No:29206 U+E9C 𡓧 00000002 0.0000/万 99.9998%	No:29207 U+F0E 𡛗 00000002 0.0000/万 99.9998%	No:29208 U+EA0 𠪫 00000002 0.0000/万 99.9998%	No:29209 U+E27 𡆸 00000002 0.0000/万 99.9998%	No:29210 U+EC0 𡶌 00000002 0.0000/万 99.9998%
No:29211 U+E36 𡷊 00000002 0.0000/万 99.9998%	No:29212 U+E6A 嵩 00000002 0.0000/万 99.9998%	No:29213 U+E40 𡾯 00000002 0.0000/万 99.9998%	No:29214 U+E85 𡿈 00000002 0.0000/万 99.9998%	No:29215 U+EBA 㡖 00000002 0.0000/万 99.9998%	No:29216 U+F43 𢡃 00000002 0.0000/万 99.9997%	No:29217 U+F45 𢡬 00000002 0.0000/万 99.9997%	No:29218 U+EB0 㶊 00000002 0.0000/万 99.9998%	No:29219 U+E54 捽 00000002 0.0000/万 99.9998%	No:29220 U+F4D 捲 00000002 0.0000/万 99.9998%
No:29221 U+FDA 𢿦 00000002 0.0000/万 99.9998%	No:29222 U+F79 𢿏 00000002 0.0000/万 99.9998%	No:29223 U+FA1 𣦬 00000002 0.0000/万 99.9998%	No:29224 U+F08 昗 00000002 0.0000/万 99.9998%	No:29225 U+E02 𨟠 00000002 0.0000/万 99.9998%	No:29226 U+F47 椇 00000002 0.0000/万 99.9998%	No:29227 U+E7F 𣞀 00000002 0.0000/万 99.9998%	No:29228 U+F14 𤱣 00000002 0.0000/万 99.9998%	No:29229 U+F0D 汥 00000002 0.0000/万 99.9998%	No:29230 U+E11 洲 00000002 0.0000/万 99.9998%
No:29231 U+E4B 瀼 00000002 0.0000/万 99.9998%	No:29232 U+E98 𤇘 00000002 0.0000/万 99.9998%	No:29233 U+F9F 熠 00000002 0.0000/万 99.9998%	No:29234 U+E25 𫐐 00000002 0.0000/万 99.9997%	No:29235 U+E1A 𤜣 00000002 0.0000/万 99.9998%	No:29236 U+EF3 𤞣 00000002 0.0000/万 99.9997%	No:29237 U+EF7 𤢖 00000002 0.0000/万 99.9997%	No:29238 U+FAF 𤤃 00000002 0.0000/万 99.9998%	No:29239 U+F28 𠅐 00000002 0.0000/万 99.9998%	No:29240 U+F69 㬉 00000002 0.0000/万 99.9997%
No:29241 U+F90 𥈅 00000002 0.0000/万 99.9998%	No:29242 U+F5A 眒 00000002 0.0000/万 99.9997%	No:29243 U+F96 𦊦 00000002 0.0000/万 99.9997%	No:29244 U+E8D 䙝 00000002 0.0000/万 99.9998%	No:29245 U+E18 𥞐 00000002 0.0000/万 99.9998%	No:29246 U+F7D 𥤢 00000002 0.0000/万 99.9998%	No:29247 U+E0B 𥫃 00000002 0.0000/万 99.9998%	No:29248 U+E2B 𥹯 00000002 0.0000/万 99.9998%	No:29249 U+FAF 𥺄 00000002 0.0000/万 99.9998%	No:29250 U+E3E 𥼾 00000002 0.0000/万 99.9998%
No:29251 U+FC4 紫 00000002 0.0000/万 99.9998%	No:29252 U+E59 𦋁 00000002 0.0000/万 99.9998%	No:29253 U+ECC 𦓻 00000002 0.0000/万 99.9998%	No:29254 U+E7E 䏱 00000002 0.0000/万 99.9998%	No:29255 U+F00 腈 00000002 0.0000/万 99.9998%	No:29256 U+F2D 𦜕 00000002 0.0000/万 99.9998%	No:29257 U+E2A 𢙾 00000002 0.0000/万 99.9998%	No:29258 U+F3C 𦫷 00000002 0.0000/万 99.9998%	No:29259 U+E43 𫈎 00000002 0.0000/万 99.9998%	No:29260 U+F62 蔞 00000002 0.0000/万 99.9998%
No:29261 U+FBB 葥 00000002 0.0000/万 99.9998%	No:29262 U+FBC 𦺫 00000002 0.0000/万 99.9998%	No:29263 U+E68 𧂍 00000002 0.0000/万 99.9998%	No:29264 U+F4D 𧊧 00000002 0.0000/万 99.9998%	No:29265 U+F8C 𧍝 00000002 0.0000/万 99.9998%	No:29266 U+E95 蝥 00000002 0.0000/万 99.9997%	No:29267 U+E57 𧓎 00000002 0.0000/万 99.9998%	No:29268 U+F5F 𧖴 00000002 0.0000/万 99.9998%	No:29269 U+FD0 𥘬 00000002 0.0000/万 99.9997%	No:29270 U+FF0 説 00000002 0.0000/万 99.9997%
No:29271 U+F83 𤼷 00000002 0.0000/万 99.9998%	No:29272 U+FD8 貆 00000002 0.0000/万 99.9998%	No:29273 U+FCA 𧺝 00000002 0.0000/万 99.9997%	No:29274 U+FE1 𨂾 00000002 0.0000/万 99.9997%	No:29275 U+E66 𨅁 00000002 0.0000/万 99.9998%	No:29276 U+FE5 𨇤 00000002 0.0000/万 99.9998%	No:29277 U+E78 𨇰 00000002 0.0000/万 99.9997%	No:29278 U+FD1 𨊸 00000002 0.0000/万 99.9997%	No:29279 U+F77 𨘢 00000002 0.0000/万 99.9998%	No:29280 U+FE7 齅 00000002 0.0000/万 99.9998%
No:29281 U+FE9 鄭 00000002 0.0000/万 99.9998%	No:29282 U+EF0 𨯶 00000002 0.0000/万 99.9998%	No:29283 U+F36 𨿳 00000002 0.0000/万 99.9998%	No:29284 U+EDC 𨿿 00000002 0.0000/万 99.9998%	No:29285 U+F52 轂 00000002 0.0000/万 99.9998%	No:29286 U+E74 𩋍 00000002 0.0000/万 99.9998%	No:29287 U+E7A 頜 00000002 0.0000/万 99.9998%	No:29288 U+F89 𩕼 00000002 0.0000/万 99.9998%	No:29289 U+F96 飂 00000002 0.0000/万 99.9998%	No:29290 U+F0A 𩛿 00000002 0.0000/万 99.9998%
No:29291 U+F0D 餃 00000002 0.0000/万 99.9998%	No:29292 U+EA9 𩞁 00000002 0.0000/万 99.9998%	No:29293 U+EC3 𩟏 00000002 0.0000/万 99.9998%	No:29294 U+F8D 𩡠 00000002 0.0000/万 99.9998%	No:29295 U+FA2 䮫 00000002 0.0000/万 99.9998%	No:29296 U+F4C 𩬑 00000002 0.0000/万 99.9998%	No:29297 U+ED4 𩯔 00000002 0.0000/万 99.9998%	No:29298 U+F99 𨶏 00000002 0.0000/万 99.9998%	No:29299 U+FE8 䰢 00000002 0.0000/万 99.9998%	No:29300 U+E0A 䱋 00000002 0.0000/万 99.9998%

No:29301 U+EA4 [illegible] 00000002 0.0000/万 99.9998%	No:29302 U+FAC [illegible] 00000002 0.0000/万 99.9998%	No:29303 U+F2F [illegible] 00000002 0.0000/万 99.9998%	No:29304 U+E5D [illegible] 00000002 0.0000/万 99.9998%	No:29305 U+FA5 [illegible] 00000002 0.0000/万 99.9998%	No:29306 U+F6F [illegible] 00000002 0.0000/万 99.9998%	No:29307 U+E18 [illegible] 00000002 0.0000/万 99.9998%	No:29308 U+F24 [illegible] 00000002 0.0000/万 99.9998%	No:29309 U+03478 㑸 00000001 0.0000/万 99.9999%	No:29310 U+0348F 㒏 00000001 0.0000/万 99.9999%
No:29311 U+034AE 㒮 00000001 0.0000/万 99.9999%	No:29312 U+034C1 㓁 00000001 0.0000/万 99.9999%	No:29313 U+034CC 㓌 00000001 0.0000/万 99.9999%	No:29314 U+034CD 㓍 00000001 0.0000/万 99.9999%	No:29315 U+034EC 㓬 00000001 0.0000/万 99.9999%	No:29316 U+03518 㔘 00000001 0.0000/万 99.9999%	No:29317 U+0351A 㔚 00000001 0.0000/万 99.9999%	No:29318 U+03535 㔵 00000001 0.0000/万 99.9999%	No:29319 U+0354F 㕏 00000001 0.0000/万 99.9999%	No:29320 U+03576 㕶 00000001 0.0000/万 99.9999%
No:29321 U+035D1 㗑 00000001 0.0000/万 99.9999%	No:29322 U+03622 㘢 00000001 0.0000/万 99.9999%	No:29323 U+0365F 㙟 00000001 0.0000/万 99.9999%	No:29324 U+03688 㚈 00000001 0.0000/万 99.9999%	No:29325 U+0368E 㚎 00000001 0.0000/万 99.9999%	No:29326 U+036B3 㚳 00000001 0.0000/万 99.9999%	No:29327 U+036BE 㚾 00000001 0.0000/万 99.9999%	No:29328 U+036CC 㛌 00000001 0.0000/万 99.9999%	No:29329 U+036E1 㛡 00000001 0.0000/万 99.9999%	No:29330 U+036E2 㛢 00000001 0.0000/万 99.9999%
No:29331 U+036FF 㛿 00000001 0.0000/万 99.9999%	No:29332 U+03703 㜃 00000001 0.0000/万 99.9999%	No:29333 U+03734 㜴 00000001 0.0000/万 99.9999%	No:29334 U+0374D 㝍 00000001 0.0000/万 99.9999%	No:29335 U+0378C 㞌 00000001 0.0000/万 99.9999%	No:29336 U+03797 㞗 00000001 0.0000/万 99.9999%	No:29337 U+037AA 㞪 00000001 0.0000/万 99.9999%	No:29338 U+037D6 㟖 00000001 0.0000/万 99.9999%	No:29339 U+03833 㠳 00000001 0.0000/万 99.9999%	No:29340 U+0384D 㡍 00000001 0.0000/万 99.9999%
No:29341 U+0387B 㡻 00000001 0.0000/万 99.9999%	No:29342 U+038B9 㢹 00000001 0.0000/万 99.9999%	No:29343 U+038D0 㣐 00000001 0.0000/万 99.9999%	No:29344 U+038D7 㣗 00000001 0.0000/万 99.9999%	No:29345 U+038DC 㣜 00000001 0.0000/万 99.9999%	No:29346 U+038E0 㣠 00000001 0.0000/万 99.9999%	No:29347 U+0393C 㤼 00000001 0.0000/万 99.9999%	No:29348 U+03958 㥘 00000001 0.0000/万 99.9999%	No:29349 U+0396E 㥮 00000001 0.0000/万 99.9999%	No:29350 U+03979 㥹 00000001 0.0000/万 99.9999%
No:29351 U+039DC 㧜 00000001 0.0000/万 99.9999%	No:29352 U+039E4 㧤 00000001 0.0000/万 99.9999%	No:29353 U+039F0 㧰 00000001 0.0000/万 99.9999%	No:29354 U+03A59 㩙 00000001 0.0000/万 99.9999%	No:29355 U+03AB4 㪴 00000001 0.0000/万 99.9999%	No:29356 U+03ABD 㪽 00000001 0.0000/万 99.9999%	No:29357 U+03AC9 㫉 00000001 0.0000/万 99.9999%	No:29358 U+03AE9 㫩 00000001 0.0000/万 99.9999%	No:29359 U+03B1E 㬞 00000001 0.0000/万 99.9999%	No:29360 U+03B28 㬨 00000001 0.0000/万 99.9999%
No:29361 U+03B2F 㬯 00000001 0.0000/万 99.9999%	No:29362 U+03B38 㬸 00000001 0.0000/万 99.9999%	No:29363 U+03B3C 㬼 00000001 0.0000/万 99.9999%	No:29364 U+03B40 㭀 00000001 0.0000/万 99.9999%	No:29365 U+03B50 㭐 00000001 0.0000/万 99.9999%	No:29366 U+03B5E 㭞 00000001 0.0000/万 99.9999%	No:29367 U+03B67 㭧 00000001 0.0000/万 99.9999%	No:29368 U+03B9C 㮜 00000001 0.0000/万 99.9999%	No:29369 U+03BB8 㮸 00000001 0.0000/万 99.9999%	No:29370 U+03BBE 㮾 00000001 0.0000/万 99.9999%
No:29371 U+03C11 㰑 00000001 0.0000/万 99.9999%	No:29372 U+03C17 㰗 00000001 0.0000/万 99.9999%	No:29373 U+03CC8 㳈 00000001 0.0000/万 99.9999%	No:29374 U+03D0A 㴊 00000001 0.0000/万 99.9999%	No:29375 U+03D0D 㴍 00000001 0.0000/万 99.9999%	No:29376 U+03D21 㴡 00000001 0.0000/万 99.9999%	No:29377 U+03D40 㵀 00000001 0.0000/万 99.9999%	No:29378 U+03D90 㶐 00000001 0.0000/万 99.9999%	No:29379 U+03DAA 㶪 00000001 0.0000/万 99.9999%	No:29380 U+03DB0 㶰 00000001 0.0000/万 99.9999%
No:29381 U+03DBD 㶽 00000001 0.0000/万 99.9999%	No:29382 U+03DD5 㷕 00000001 0.0000/万 99.9999%	No:29383 U+03DFB 㷻 00000001 0.0000/万 99.9999%	No:29384 U+03E15 㸕 00000001 0.0000/万 99.9999%	No:29385 U+03E1E 㸞 00000001 0.0000/万 99.9999%	No:29386 U+03E1F 㸟 00000001 0.0000/万 99.9999%	No:29387 U+03E77 㹷 00000001 0.0000/万 99.9999%	No:29388 U+03EB0 㺰 00000001 0.0000/万 99.9999%	No:29389 U+03EBC 㺼 00000001 0.0000/万 99.9999%	No:29390 U+03EC4 㻄 00000001 0.0000/万 99.9999%
No:29391 U+03EDC 㻜 00000001 0.0000/万 99.9999%	No:29392 U+03EE5 㻥 00000001 0.0000/万 99.9999%	No:29393 U+03EEA 㻪 00000001 0.0000/万 99.9999%	No:29394 U+03EF9 㻹 00000001 0.0000/万 99.9999%	No:29395 U+03EFC 㻼 00000001 0.0000/万 99.9999%	No:29396 U+03F76 㽶 00000001 0.0000/万 99.9999%	No:29397 U+03F9A 㾚 00000001 0.0000/万 99.9999%	No:29398 U+03FDC 㿜 00000001 0.0000/万 99.9999%	No:29399 U+03FE2 㿢 00000001 0.0000/万 99.9999%	No:29400 U+04097 䂗 00000001 0.0000/万 99.9999%

No:29401 U+040AF 䂯 00000001 0.0000/万 99.9999%	No:29402 U+040E0 䃠 00000001 0.0000/万 99.9999%	No:29403 U+04126 䄦 00000001 0.0000/万 99.9999%	No:29404 U+0415F 䅟 00000001 0.0000/万 99.9999%	No:29405 U+04186 䆆 00000001 0.0000/万 99.9999%	No:29406 U+041AD 䆭 00000001 0.0000/万 99.9999%	No:29407 U+041CB 䇋 00000001 0.0000/万 99.9999%	No:29408 U+0425F 䉟 00000001 0.0000/万 99.9999%	No:29409 U+04291 䊑 00000001 0.0000/万 99.9999%	No:29410 U+042D3 䋓 00000001 0.0000/万 99.9999%
No:29411 U+0433C 䌼 00000001 0.0000/万 99.9999%	No:29412 U+0434F 䍏 00000001 0.0000/万 99.9999%	No:29413 U+04494 䒔 00000001 0.0000/万 99.9999%	No:29414 U+04499 䒙 00000001 0.0000/万 99.9999%	No:29415 U+044AE 䒮 00000001 0.0000/万 99.9999%	No:29416 U+044BE 䒾 00000001 0.0000/万 99.9999%	No:29417 U+044BF 䒿 00000001 0.0000/万 99.9999%	No:29418 U+044C0 䓀 00000001 0.0000/万 99.9999%	No:29419 U+044D3 䓓 00000001 0.0000/万 99.9999%	No:29420 U+0450A 䔊 00000001 0.0000/万 99.9999%
No:29421 U+04524 䔤 00000001 0.0000/万 99.9999%	No:29422 U+04542 䕂 00000001 0.0000/万 99.9999%	No:29423 U+04551 䕑 00000001 0.0000/万 99.9999%	No:29424 U+0455C 䕜 00000001 0.0000/万 99.9999%	No:29425 U+04565 䕥 00000001 0.0000/万 99.9999%	No:29426 U+04599 䖙 00000001 0.0000/万 99.9999%	No:29427 U+045AB 䖫 00000001 0.0000/万 99.9999%	No:29428 U+045ED 䗭 00000001 0.0000/万 99.9999%	No:29429 U+045EE 䗮 00000001 0.0000/万 99.9999%	No:29430 U+045F3 䗳 00000001 0.0000/万 99.9999%
No:29431 U+04621 䘡 00000001 0.0000/万 99.9999%	No:29432 U+04681 䚁 00000001 0.0000/万 99.9999%	No:29433 U+0468C 䚌 00000001 0.0000/万 99.9999%	No:29434 U+046F8 䛸 00000001 0.0000/万 99.9999%	No:29435 U+04729 䜩 00000001 0.0000/万 99.9999%	No:29436 U+04759 䝙 00000001 0.0000/万 99.9999%	No:29437 U+04772 䝲 00000001 0.0000/万 99.9999%	No:29438 U+047B2 䞲 00000001 0.0000/万 99.9999%	No:29439 U+047B8 䞸 00000001 0.0000/万 99.9999%	No:29440 U+047B9 䞹 00000001 0.0000/万 99.9999%
No:29441 U+047F3 䟳 00000001 0.0000/万 99.9999%	No:29442 U+04803 䠃 00000001 0.0000/万 99.9999%	No:29443 U+0480C 䠌 00000001 0.0000/万 99.9999%	No:29444 U+0481D 䠝 00000001 0.0000/万 99.9999%	No:29445 U+048D7 䣗 00000001 0.0000/万 99.9999%	No:29446 U+048E6 䣦 00000001 0.0000/万 99.9999%	No:29447 U+048F7 䣷 00000001 0.0000/万 99.9999%	No:29448 U+04900 䤀 00000001 0.0000/万 99.9999%	No:29449 U+0491C 䤜 00000001 0.0000/万 99.9999%	No:29450 U+04920 䤠 00000001 0.0000/万 99.9999%
No:29451 U+04963 䥣 00000001 0.0000/万 99.9999%	No:29452 U+0496E 䥮 00000001 0.0000/万 99.9999%	No:29453 U+04980 䦀 00000001 0.0000/万 99.9999%	No:29454 U+04A03 䨃 00000001 0.0000/万 99.9999%	No:29455 U+04A29 䨩 00000001 0.0000/万 99.9999%	No:29456 U+04A44 䩄 00000001 0.0000/万 99.9999%	No:29457 U+04A58 䩘 00000001 0.0000/万 99.9999%	No:29458 U+04AB0 䪰 00000001 0.0000/万 99.9999%	No:29459 U+04AD3 䫓 00000001 0.0000/万 99.9999%	No:29460 U+04C11 䰑 00000001 0.0000/万 99.9999%
No:29461 U+04C2A 䰪 00000001 0.0000/万 99.9999%	No:29462 U+04C33 䰳 00000001 0.0000/万 99.9999%	No:29463 U+04C8F 䲏 00000001 0.0000/万 99.9999%	No:29464 U+04CCA 䳊 00000001 0.0000/万 99.9999%	No:29465 U+04CE5 䳥 00000001 0.0000/万 99.9999%	No:29466 U+04D23 䴣 00000001 0.0000/万 99.9999%	No:29467 U+04D2B 䴫 00000001 0.0000/万 99.9999%	No:29468 U+04DA1 䶡 00000001 0.0000/万 99.9999%	No:29469 U+04EA7 产 00000001 0.0000/万 99.9999%	No:29470 U+04EB4 亴 00000001 0.0000/万 99.9999%
No:29471 U+04F1E 伞 00000001 0.0000/万 99.9999%	No:29472 U+04F23 伣 00000001 0.0000/万 99.9999%	No:29473 U+04F62 佢 00000001 0.0000/万 99.9999%	No:29474 U+04F63 佣 00000001 0.0000/万 99.9999%	No:29475 U+04F66 佦 00000001 0.0000/万 99.9999%	No:29476 U+04F68 佨 00000001 0.0000/万 99.9999%	No:29477 U+0510E 儎 00000001 0.0000/万 99.9999%	No:29478 U+0517D 兽 00000001 0.0000/万 99.9999%	No:29479 U+05199 写 00000001 0.0000/万 99.9999%	No:29480 U+0519A 冚 00000001 0.0000/万 99.9999%
No:29481 U+051E4 凤 00000001 0.0000/万 99.9999%	No:29482 U+05242 剂 00000001 0.0000/万 99.9999%	No:29483 U+05251 剑 00000001 0.0000/万 99.9999%	No:29484 U+05267 剧 00000001 0.0000/万 99.9999%	No:29485 U+052A1 务 00000001 0.0000/万 99.9999%	No:29486 U+05386 历 00000001 0.0000/万 99.9999%	No:29487 U+05390 厐 00000001 0.0000/万 99.9999%	No:29488 U+053D1 发 00000001 0.0000/万 99.9999%	No:29489 U+053FA 叺 00000001 0.0000/万 99.9999%	No:29490 U+05413 吓 00000001 0.0000/万 99.9999%
No:29491 U+0544F 呏 00000001 0.0000/万 99.9999%	No:29492 U+05452 呒 00000001 0.0000/万 99.9999%	No:29493 U+05455 呕 00000001 0.0000/万 99.9999%	No:29494 U+0545B 呛 00000001 0.0000/万 99.9999%	No:29495 U+054CB 哋 00000001 0.0000/万 99.9999%	No:29496 U+054D1 哑 00000001 0.0000/万 99.9999%	No:29497 U+054D4 哔 00000001 0.0000/万 99.9999%	No:29498 U+054DC 哜 00000001 0.0000/万 99.9999%	No:29499 U+0551B 唛 00000001 0.0000/万 99.9999%	No:29500 U+0551D 唝 00000001 0.0000/万 99.9999%

No:29501 U+05566 啦 00000001 0.0000/万 99.9999%	No:29502 U+05570 啰 00000001 0.0000/万 99.9999%	No:29503 U+055B1 喱 00000001 0.0000/万 99.9999%	No:29504 U+055B9 喹 00000001 0.0000/万 99.9999%	No:29505 U+055BE 喾 00000001 0.0000/万 99.9999%	No:29506 U+055EA 嗪 00000001 0.0000/万 99.9999%	No:29507 U+05603 嘃 00000001 0.0000/万 99.9999%	No:29508 U+0561D 嘝 00000001 0.0000/万 99.9999%	No:29509 U+05655 噕 00000001 0.0000/万 99.9999%	No:29510 U+05692 嚒 00000001 0.0000/万 99.9999%
No:29511 U+056A1 嚡 00000001 0.0000/万 99.9999%	No:29512 U+056BF 嚿 00000001 0.0000/万 99.9999%	No:29513 U+05706 圆 00000001 0.0000/万 99.9999%	No:29514 U+0573A 场 00000001 0.0000/万 99.9999%	No:29515 U+057D7 埗 00000001 0.0000/万 99.9999%	No:29516 U+05846 塆 00000001 0.0000/万 99.9999%	No:29517 U+05871 塱 00000001 0.0000/万 99.9999%	No:29518 U+058F2 売 00000001 0.0000/万 99.9999%	No:29519 U+059AA 妪 00000001 0.0000/万 99.9999%	No:29520 U+05A76 婶 00000001 0.0000/万 99.9999%
No:29521 U+05B24 嬤 00000001 0.0000/万 99.9999%	No:29522 U+05B36 嬶 00000001 0.0000/万 99.9999%	No:29523 U+05B92 宒 00000001 0.0000/万 99.9999%	No:29524 U+05B9F 実 00000001 0.0000/万 99.9999%	No:29525 U+05BFC 导 00000001 0.0000/万 99.9999%	No:29526 U+05C15 尕 00000001 0.0000/万 99.9999%	No:29527 U+05C1C 尜 00000001 0.0000/万 99.9999%	No:29528 U+05C27 尧 00000001 0.0000/万 99.9999%	No:29529 U+05C44 屄 00000001 0.0000/万 99.9999%	No:29530 U+05C6A 屪 00000001 0.0000/万 99.9999%
No:29531 U+05C97 岗 00000001 0.0000/万 99.9999%	No:29532 U+05D04 崄 00000001 0.0000/万 99.9999%	No:29533 U+05DCC 巌 00000001 0.0000/万 99.9999%	No:29534 U+05E85 庅 00000001 0.0000/万 99.9999%	No:29535 U+05E86 庆 00000001 0.0000/万 99.9999%	No:29536 U+05F3E 弾 00000001 0.0000/万 99.9999%	No:29537 U+05F5F 彟 00000001 0.0000/万 99.9999%	No:29538 U+05F9A 徚 00000001 0.0000/万 99.9999%	No:29539 U+05FC6 忆 00000001 0.0000/万 99.9999%	No:29540 U+06004 怄 00000001 0.0000/万 99.9999%
No:29541 U+0603A 怺 00000001 0.0000/万 99.9999%	No:29542 U+06073 恳 00000001 0.0000/万 99.9999%	No:29543 U+06077 恷 00000001 0.0000/万 99.9999%	No:29544 U+060AD 悭 00000001 0.0000/万 99.9999%	No:29545 U+060EB 惫 00000001 0.0000/万 99.9999%	No:29546 U+060ED 惭 00000001 0.0000/万 99.9999%	No:29547 U+06124 愤 00000001 0.0000/万 99.9999%	No:29548 U+0620B 戋 00000001 0.0000/万 99.9999%	No:29549 U+062E2 拢 00000001 0.0000/万 99.9999%	No:29550 U+0630A 挊 00000001 0.0000/万 99.9999%
No:29551 U+0631C 挜 00000001 0.0000/万 99.9999%	No:29552 U+06320 挠 00000001 0.0000/万 100.0000%	No:29553 U+0635F 损 00000001 0.0000/万 99.9999%	No:29554 U+063AE 掮 00000001 0.0000/万 100.0000%	No:29555 U+063B3 掳 00000001 0.0000/万 99.9999%	No:29556 U+063B5 掵 00000001 0.0000/万 99.9999%	No:29557 U+063B9 掹 00000001 0.0000/万 100.0000%	No:29558 U+063F9 揹 00000001 0.0000/万 99.9999%	No:29559 U+064AA 撪 00000001 0.0000/万 99.9999%	No:29560 U+064B3 撳 00000001 0.0000/万 99.9999%
No:29561 U+06569 敩 00000001 0.0000/万 100.0000%	No:29562 U+06593 斓 00000001 0.0000/万 100.0000%	No:29563 U+06682 暂 00000001 0.0000/万 99.9999%	No:29564 U+06767 杧 00000001 0.0000/万 99.9999%	No:29565 U+06768 杨 00000001 0.0000/万 99.9999%	No:29566 U+0679E 枞 00000001 0.0000/万 99.9999%	No:29567 U+067A9 枩 00000001 0.0000/万 99.9999%	No:29568 U+067B4 枴 00000001 0.0000/万 99.9999%	No:29569 U+067E1 柡 00000001 0.0000/万 99.9999%	No:29570 U+0680A 栊 00000001 0.0000/万 100.0000%
No:29571 U+0680B 栋 00000001 0.0000/万 100.0000%	No:29572 U+06868 桨 00000001 0.0000/万 99.9999%	No:29573 U+068B7 梷 00000001 0.0000/万 99.9999%	No:29574 U+068BD 梽 00000001 0.0000/万 99.9999%	No:29575 U+068C2 棂 00000001 0.0000/万 99.9999%	No:29576 U+0691E 椞 00000001 0.0000/万 99.9999%	No:29577 U+06922 椢 00000001 0.0000/万 99.9999%	No:29578 U+06984 榄 00000001 0.0000/万 99.9999%	No:29579 U+06A2E 樮 00000001 0.0000/万 99.9999%	No:29580 U+06A31 樱 00000001 0.0000/万 99.9999%
No:29581 U+06A65 橥 00000001 0.0000/万 99.9999%	No:29582 U+06AE5 櫥 00000001 0.0000/万 99.9999%	No:29583 U+06B5A 歚 00000001 0.0000/万 99.9999%	No:29584 U+06B87 殇 00000001 0.0000/万 99.9999%	No:29585 U+06B8C 殌 00000001 0.0000/万 99.9999%	No:29586 U+06BD5 毕 00000001 0.0000/万 99.9999%	No:29587 U+06BDF 毟 00000001 0.0000/万 99.9999%	No:29588 U+06C16 氖 00000001 0.0000/万 99.9999%	No:29589 U+06C25 氥 00000001 0.0000/万 99.9999%	No:29590 U+06C27 氧 00000001 0.0000/万 99.9999%
No:29591 U+06C2E 氮 00000001 0.0000/万 99.9999%	No:29592 U+06C39 氹 00000001 0.0000/万 99.9999%	No:29593 U+06CA5 沥 00000001 0.0000/万 99.9999%	No:29594 U+06CFC 泼 00000001 0.0000/万 99.9999%	No:29595 U+06D53 浓 00000001 0.0000/万 99.9999%	No:29596 U+06D54 浔 00000001 0.0000/万 99.9999%	No:29597 U+06D55 浕 00000001 0.0000/万 99.9999%	No:29598 U+06DA8 涨 00000001 0.0000/万 99.9999%	No:29599 U+06E15 渕 00000001 0.0000/万 99.9999%	No:29600 U+06E85 溅 00000001 0.0000/万 99.9999%

No:29601 U+06E8C 溌 00000001 0.0000/万 99.9999%	No:29602 U+06EE4 滤 00000001 0.0000/万 99.9999%	No:29603 U+06F49 潉 00000001 0.0000/万 99.9999%	No:29604 U+06F4C 潌 00000001 0.0000/万 99.9999%	No:29605 U+06FF7 濷 00000001 0.0000/万 100.0000%	No:29606 U+0702D 瀭 00000001 0.0000/万 100.0000%	No:29607 U+070BD 炽 00000001 0.0000/万 99.9999%	No:29608 U+07110 焐 00000001 0.0000/万 100.0000%	No:29609 U+07111 焑 00000001 0.0000/万 100.0000%	No:29610 U+07129 焩 00000001 0.0000/万 100.0000%
No:29611 U+0713D 焽 00000001 0.0000/万 99.9999%	No:29612 U+0717A 煺 00000001 0.0000/万 99.9999%	No:29613 U+071F3 燳 00000001 0.0000/万 99.9999%	No:29614 U+071F6 燶 00000001 0.0000/万 99.9999%	No:29615 U+07355 獕 00000001 0.0000/万 100.0000%	No:29616 U+07363 獣 00000001 0.0000/万 100.0000%	No:29617 U+073EF 珯 00000001 0.0000/万 99.9999%	No:29618 U+0743B 琻 00000001 0.0000/万 99.9999%	No:29619 U+074B3 璳 00000001 0.0000/万 99.9999%	No:29620 U+074B4 璴 00000001 0.0000/万 99.9999%
No:29621 U+07527 甧 00000001 0.0000/万 100.0000%	No:29622 U+07582 疂 00000001 0.0000/万 99.9999%	No:29623 U+0758D 疍 00000001 0.0000/万 99.9999%	No:29624 U+07597 疗 00000001 0.0000/万 99.9999%	No:29625 U+075E8 痨 00000001 0.0000/万 99.9999%	No:29626 U+075EB 痫 00000001 0.0000/万 100.0000%	No:29627 U+07666 癦 00000001 0.0000/万 99.9999%	No:29628 U+07673 癳 00000001 0.0000/万 99.9999%	No:29629 U+07824 砤 00000001 0.0000/万 99.9999%	No:29630 U+0783D 砽 00000001 0.0000/万 100.0000%
No:29631 U+07852 硒 00000001 0.0000/万 100.0000%	No:29632 U+0789B 碛 00000001 0.0000/万 99.9999%	No:29633 U+078B5 碵 00000001 0.0000/万 100.0000%	No:29634 U+07902 礂 00000001 0.0000/万 99.9999%	No:29635 U+07A66 穦 00000001 0.0000/万 99.9999%	No:29636 U+07A9B 窛 00000001 0.0000/万 99.9999%	No:29637 U+07A9C 窜 00000001 0.0000/万 99.9999%	No:29638 U+07AA4 窤 00000001 0.0000/万 99.9999%	No:29639 U+07AA5 窥 00000001 0.0000/万 99.9999%	No:29640 U+07AB7 窷 00000001 0.0000/万 99.9999%
No:29641 U+07B03 笃 00000001 0.0000/万 99.9999%	No:29642 U+07B38 笸 00000001 0.0000/万 100.0000%	No:29643 U+07B39 笹 00000001 0.0000/万 100.0000%	No:29644 U+07BD2 篒 00000001 0.0000/万 99.9999%	No:29645 U+07C31 簱 00000001 0.0000/万 99.9999%	No:29646 U+07C4F 籏 00000001 0.0000/万 99.9999%	No:29647 U+07C7E 籾 00000001 0.0000/万 99.9999%	No:29648 U+07CAC 粬 00000001 0.0000/万 99.9999%	No:29649 U+07CAD 粭 00000001 0.0000/万 99.9999%	No:29650 U+07CB4 粴 00000001 0.0000/万 99.9999%
No:29651 U+07D4A 絊 00000001 0.0000/万 99.9999%	No:29652 U+07D74 絴 00000001 0.0000/万 99.9999%	No:29653 U+07E05 縅 00000001 0.0000/万 99.9999%	No:29654 U+07E67 繧 00000001 0.0000/万 99.9999%	No:29655 U+07E84 纄 00000001 0.0000/万 99.9999%	No:29656 U+07E9E 纞 00000001 0.0000/万 99.9999%	No:29657 U+07EA1 纡 00000001 0.0000/万 99.9999%	No:29658 U+07EAD 纭 00000001 0.0000/万 99.9999%	No:29659 U+07EB1 纱 00000001 0.0000/万 99.9999%	No:29660 U+07EB2 纲 00000001 0.0000/万 99.9999%
No:29661 U+07EB9 纹 00000001 0.0000/万 99.9999%	No:29662 U+07EBA 纺 00000001 0.0000/万 99.9999%	No:29663 U+07EC2 绂 00000001 0.0000/万 99.9999%	No:29664 U+07EC3 练 00000001 0.0000/万 99.9999%	No:29665 U+07EC4 组 00000001 0.0000/万 99.9999%	No:29666 U+07EC7 织 00000001 0.0000/万 99.9999%	No:29667 U+07ECC 绌 00000001 0.0000/万 99.9999%	No:29668 U+07ED5 绕 00000001 0.0000/万 99.9999%	No:29669 U+07EE1 绡 00000001 0.0000/万 99.9999%	No:29670 U+07EE2 绢 00000001 0.0000/万 99.9999%
No:29671 U+07EE5 绥 00000001 0.0000/万 99.9999%	No:29672 U+07EEA 绪 00000001 0.0000/万 99.9999%	No:29673 U+07EED 续 00000001 0.0000/万 99.9999%	No:29674 U+07EEE 绮 00000001 0.0000/万 99.9999%	No:29675 U+07EF8 绸 00000001 0.0000/万 99.9999%	No:29676 U+07EFB 绻 00000001 0.0000/万 99.9999%	No:29677 U+07EFE 绾 00000001 0.0000/万 99.9999%	No:29678 U+07F00 缀 00000001 0.0000/万 99.9999%	No:29679 U+07F04 缄 00000001 0.0000/万 99.9999%	No:29680 U+07F05 缅 00000001 0.0000/万 99.9999%
No:29681 U+07F08 缈 00000001 0.0000/万 99.9999%	No:29682 U+07F0A 缊 00000001 0.0000/万 99.9999%	No:29683 U+07F1C 缜 00000001 0.0000/万 99.9999%	No:29684 U+07F1F 缟 00000001 0.0000/万 99.9999%	No:29685 U+07F21 缡 00000001 0.0000/万 99.9999%	No:29686 U+07F23 缣 00000001 0.0000/万 99.9999%	No:29687 U+07F25 缥 00000001 0.0000/万 99.9999%	No:29688 U+07F26 缦 00000001 0.0000/万 99.9999%	No:29689 U+07F28 缨 00000001 0.0000/万 99.9999%	No:29690 U+07F34 缴 00000001 0.0000/万 99.9999%
No:29691 U+07F53 罓 00000001 0.0000/万 99.9999%	No:29692 U+07F81 羁 00000001 0.0000/万 99.9999%	No:29693 U+07FD8 翘 00000001 0.0000/万 99.9999%	No:29694 U+08031 耱 00000001 0.0000/万 99.9999%	No:29695 U+08062 聢 00000001 0.0000/万 99.9999%	No:29696 U+08069 聩 00000001 0.0000/万 99.9999%	No:29697 U+080A0 肠 00000001 0.0000/万 99.9999%	No:29698 U+080BC 肼 00000001 0.0000/万 99.9999%	No:29699 U+080C0 胀 00000001 0.0000/万 99.9999%	No:29700 U+080C1 胁 00000001 0.0000/万 99.9999%

No:29701 U+08110 脐 00000001 0.0000/万 99.9999%	No:29702 U+08157 腗 00000001 0.0000/万 99.9999%	No:29703 U+08191 膑 00000001 0.0000/万 99.9999%	No:29704 U+081A3 膣 00000001 0.0000/万 99.9999%	No:29705 U+0820F 舏 00000001 0.0000/万 99.9999%	No:29706 U+08248 艈 00000001 0.0000/万 99.9999%	No:29707 U+08254 艔 00000001 0.0000/万 99.9999%	No:29708 U+08273 艳 00000001 0.0000/万 99.9999%	No:29709 U+082C5 苅 00000001 0.0000/万 99.9999%	No:29710 U+083B0 莰 00000001 0.0000/万 99.9999%
No:29711 U+083B3 莳 00000001 0.0000/万 99.9999%	No:29712 U+08485 蒅 00000001 0.0000/万 99.9999%	No:29713 U+08489 蒉 00000001 0.0000/万 99.9999%	No:29714 U+08565 蕥 00000001 0.0000/万 99.9999%	No:29715 U+085F5 藵 00000001 0.0000/万 99.9999%	No:29716 U+08615 蘕 00000001 0.0000/万 99.9999%	No:29717 U+08644 虄 00000001 0.0000/万 99.9999%	No:29718 U+0864F 虏 00000001 0.0000/万 99.9999%	No:29719 U+08672 虲 00000001 0.0000/万 99.9999%	No:29720 U+0867E 虾 00000001 0.0000/万 99.9999%
No:29721 U+086CD 蛍 00000001 0.0000/万 99.9999%	No:29722 U+087A7 螧 00000001 0.0000/万 99.9999%	No:29723 U+087A9 螩 00000001 0.0000/万 99.9999%	No:29724 U+088C4 裄 00000001 0.0000/万 100.0000%	No:29725 U+08999 覙 00000001 0.0000/万 99.9999%	No:29726 U+089CE 觎 00000001 0.0000/万 99.9999%	No:29727 U+08A01 訁 00000001 0.0000/万 100.0000%	No:29728 U+08BA5 讥 00000001 0.0000/万 100.0000%	No:29729 U+08BB5 讵 00000001 0.0000/万 99.9999%	No:29730 U+08BB7 讷 00000001 0.0000/万 99.9999%
No:29731 U+08BB9 讹 00000001 0.0000/万 99.9999%	No:29732 U+08BBC 讼 00000001 0.0000/万 99.9999%	No:29733 U+08BC0 诀 00000001 0.0000/万 99.9999%	No:29734 U+08BD9 诙 00000001 0.0000/万 99.9999%	No:29735 U+08BE0 诠 00000001 0.0000/万 100.0000%	No:29736 U+08BE1 诡 00000001 0.0000/万 100.0000%	No:29737 U+08BE4 诤 00000001 0.0000/万 100.0000%	No:29738 U+08BEE 诮 00000001 0.0000/万 100.0000%	No:29739 U+08BF2 诲 00000001 0.0000/万 99.9999%	No:29740 U+08C0A 谊 00000001 0.0000/万 100.0000%
No:29741 U+08C14 谔 00000001 0.0000/万 99.9999%	No:29742 U+08C20 谠 00000001 0.0000/万 100.0000%	No:29743 U+08C23 谣 00000001 0.0000/万 100.0000%	No:29744 U+08C2D 谭 00000001 0.0000/万 100.0000%	No:29745 U+08D1E 贞 00000001 0.0000/万 99.9999%	No:29746 U+08D21 贡 00000001 0.0000/万 99.9999%	No:29747 U+08D24 贤 00000001 0.0000/万 99.9999%	No:29748 U+08D3A 贺 00000001 0.0000/万 100.0000%	No:29749 U+08D3B 贻 00000001 0.0000/万 100.0000%	No:29750 U+08D44 资 00000001 0.0000/万 99.9999%
No:29751 U+08D4A 赊 00000001 0.0000/万 99.9999%	No:29752 U+08D4F 赏 00000001 0.0000/万 99.9999%	No:29753 U+08D62 赢 00000001 0.0000/万 99.9999%	No:29754 U+08D63 赣 00000001 0.0000/万 99.9999%	No:29755 U+08D6A 赪 00000001 0.0000/万 99.9999%	No:29756 U+08D98 趘 00000001 0.0000/万 99.9999%	No:29757 U+08DFA 跺 00000001 0.0000/万 99.9999%	No:29758 U+08DFB 跻 00000001 0.0000/万 99.9999%	No:29759 U+08E2F 踯 00000001 0.0000/万 99.9999%	No:29760 U+08E51 蹑 00000001 0.0000/万 99.9999%
No:29761 U+08E8F 躏 00000001 0.0000/万 99.9999%	No:29762 U+08EA5 躥 00000001 0.0000/万 99.9999%	No:29763 U+08F66 车 00000001 0.0000/万 99.9999%	No:29764 U+08F68 轨 00000001 0.0000/万 99.9999%	No:29765 U+08F69 轩 00000001 0.0000/万 99.9999%	No:29766 U+08F7C 轼 00000001 0.0000/万 99.9999%	No:29767 U+08F7D 载 00000001 0.0000/万 99.9999%	No:29768 U+08F85 辅 00000001 0.0000/万 99.9999%	No:29769 U+08F95 辕 00000001 0.0000/万 99.9999%	No:29770 U+08FA9 辩 00000001 0.0000/万 99.9999%
No:29771 U+08FBB 辻 00000001 0.0000/万 99.9999%	No:29772 U+08FD9 这 00000001 0.0000/万 99.9999%	No:29773 U+08FDE 连 00000001 0.0000/万 99.9999%	No:29774 U+09064 遤 00000001 0.0000/万 99.9999%	No:29775 U+090CC 郌 00000001 0.0000/万 99.9999%	No:29776 U+090D2 郒 00000001 0.0000/万 100.0000%	No:29777 U+090EC 郬 00000001 0.0000/万 100.0000%	No:29778 U+0916B 酫 00000001 0.0000/万 99.9999%	No:29779 U+0916F 酯 00000001 0.0000/万 99.9999%	No:29780 U+09170 酰 00000001 0.0000/万 99.9999%
No:29781 U+0918C 醌 00000001 0.0000/万 99.9999%	No:29782 U+091D2 釒 00000001 0.0000/万 99.9999%	No:29783 U+09224 鈤 00000001 0.0000/万 100.0000%	No:29784 U+09225 鈥 00000001 0.0000/万 100.0000%	No:29785 U+0926C 鉬 00000001 0.0000/万 99.9999%	No:29786 U+0926D 鉭 00000001 0.0000/万 99.9999%	No:29787 U+0929F 銟 00000001 0.0000/万 99.9999%	No:29788 U+092A2 銢 00000001 0.0000/万 100.0000%	No:29789 U+092EF 鋯 00000001 0.0000/万 99.9999%	No:29790 U+09339 錹 00000001 0.0000/万 99.9999%
No:29791 U+093AB 鎫 00000001 0.0000/万 100.0000%	No:29792 U+093B4 鎴 00000001 0.0000/万 99.9999%	No:29793 U+093BC 鎼 00000001 0.0000/万 99.9999%	No:29794 U+0943F 鐿 00000001 0.0000/万 99.9999%	No:29795 U+09466 鑦 00000001 0.0000/万 99.9999%	No:29796 U+0948A 钊 00000001 0.0000/万 99.9999%	No:29797 U+094A4 钤 00000001 0.0000/万 99.9999%	No:29798 U+094BA 钺 00000001 0.0000/万 99.9999%	No:29799 U+094BC 钼 00000001 0.0000/万 99.9999%	No:29800 U+094C1 铁 00000001 0.0000/万 99.9999%

No:29801 U+094CE 铎 00000001 0.0000/万 99.9999%	No:29802 U+094ED 铭 00000001 0.0000/万 99.9999%	No:29803 U+094FF 铿 00000001 0.0000/万 99.9999%	No:29804 U+09523 锣 00000001 0.0000/万 99.9999%	No:29805 U+0952D 锭 00000001 0.0000/万 99.9999%	No:29806 U+09532 锲 00000001 0.0000/万 99.9999%	No:29807 U+09538 锸 00000001 0.0000/万 99.9999%	No:29808 U+09550 镐 00000001 0.0000/万 99.9999%	No:29809 U+0955D 镝 00000001 0.0000/万 99.9999%	No:29810 U+0955E 镞 00000001 0.0000/万 99.9999%
No:29811 U+0956C 镬 00000001 0.0000/万 99.9999%	No:29812 U+09576 镶 00000001 0.0000/万 99.9999%	No:29813 U+095EB 闫 00000001 0.0000/万 99.9999%	No:29814 U+09600 阀 00000001 0.0000/万 99.9999%	No:29815 U+09603 阃 00000001 0.0000/万 99.9999%	No:29816 U+0960A 阊 00000001 0.0000/万 99.9999%	No:29817 U+0960B 阋 00000001 0.0000/万 99.9999%	No:29818 U+0960D 阍 00000001 0.0000/万 99.9999%	No:29819 U+0960E 阎 00000001 0.0000/万 99.9999%	No:29820 U+0960F 阏 00000001 0.0000/万 99.9999%
No:29821 U+09646 陆 00000001 0.0000/万 99.9999%	No:29822 U+09647 陇 00000001 0.0000/万 99.9999%	No:29823 U+0972D 霭 00000001 0.0000/万 99.9999%	No:29824 U+0974F 靏 00000001 0.0000/万 99.9999%	No:29825 U+097B0 鞰 00000001 0.0000/万 99.9999%	No:29826 U+09876 顶 00000001 0.0000/万 99.9999%	No:29827 U+09877 顷 00000001 0.0000/万 99.9999%	No:29828 U+0987B 须 00000001 0.0000/万 99.9999%	No:29829 U+09886 领 00000001 0.0000/万 99.9999%	No:29830 U+09890 颐 00000001 0.0000/万 99.9999%
No:29831 U+09895 颕 00000001 0.0000/万 99.9999%	No:29832 U+0989C 颜 00000001 0.0000/万 99.9999%	No:29833 U+0989E 颞 00000001 0.0000/万 99.9999%	No:29834 U+0989F 颟 00000001 0.0000/万 99.9999%	No:29835 U+098DD 飝 00000001 0.0000/万 99.9999%	No:29836 U+0990D 餍 00000001 0.0000/万 99.9999%	No:29837 U+0996E 饮 00000001 0.0000/万 99.9999%	No:29838 U+09971 饱 00000001 0.0000/万 99.9999%	No:29839 U+099AB 馫 00000001 0.0000/万 99.9999%	No:29840 U+099C5 駅 00000001 0.0000/万 99.9999%
No:29841 U+09A6D 驭 00000001 0.0000/万 99.9999%	No:29842 U+09A6F 驯 00000001 0.0000/万 99.9999%	No:29843 U+09A71 驱 00000001 0.0000/万 99.9999%	No:29844 U+09A74 驴 00000001 0.0000/万 99.9999%	No:29845 U+09A77 驷 00000001 0.0000/万 99.9999%	No:29846 U+09A79 驹 00000001 0.0000/万 99.9999%	No:29847 U+09A7B 驻 00000001 0.0000/万 99.9999%	No:29848 U+09A86 骆 00000001 0.0000/万 99.9999%	No:29849 U+09A88 骈 00000001 0.0000/万 99.9999%	No:29850 U+09A8A 骊 00000001 0.0000/万 99.9999%
No:29851 U+09A90 骐 00000001 0.0000/万 99.9999%	No:29852 U+09A9A 骚 00000001 0.0000/万 99.9999%	No:29853 U+09A9D 骝 00000001 0.0000/万 99.9999%	No:29854 U+09AA4 骤 00000001 0.0000/万 99.9999%	No:29855 U+09B01 鬁 00000001 0.0000/万 99.9999%	No:29856 U+09B36 鬶 00000001 0.0000/万 99.9999%	No:29857 U+09B50 魐 00000001 0.0000/万 99.9999%	No:29858 U+09B77 魷 00000001 0.0000/万 99.9999%	No:29859 U+09BB4 鮴 00000001 0.0000/万 99.9999%	No:29860 U+09BCE 鯎 00000001 0.0000/万 99.9999%
No:29861 U+09BD2 鯒 00000001 0.0000/万 99.9999%	No:29862 U+09C95 鲕 00000001 0.0000/万 99.9999%	No:29863 U+09C96 鲖 00000001 0.0000/万 99.9999%	No:29864 U+09CA0 鲠 00000001 0.0000/万 99.9999%	No:29865 U+09CAE 鲮 00000001 0.0000/万 99.9999%	No:29866 U+09CB8 鲸 00000001 0.0000/万 99.9999%	No:29867 U+09CC4 鳄 00000001 0.0000/万 99.9999%	No:29868 U+09CCE 鳎 00000001 0.0000/万 99.9999%	No:29869 U+09CD7 鳗 00000001 0.0000/万 99.9999%	No:29870 U+09CDD 鳝 00000001 0.0000/万 99.9999%
No:29871 U+09CE3 鳣 00000001 0.0000/万 99.9999%	No:29872 U+09CFE 鳾 00000001 0.0000/万 99.9999%	No:29873 U+09D7F 鵿 00000001 0.0000/万 99.9999%	No:29874 U+09D8F 鶏 00000001 0.0000/万 99.9999%	No:29875 U+09DB8 鶸 00000001 0.0000/万 99.9999%	No:29876 U+09E23 鸣 00000001 0.0000/万 99.9999%	No:29877 U+09E31 鸱 00000001 0.0000/万 99.9999%	No:29878 U+09E44 鹄 00000001 0.0000/万 99.9999%	No:29879 U+09E4F 鹏 00000001 0.0000/万 99.9999%	No:29880 U+09E53 鹓 00000001 0.0000/万 99.9999%
No:29881 U+09E60 鹠 00000001 0.0000/万 99.9999%	No:29882 U+09E67 鹧 00000001 0.0000/万 99.9999%	No:29883 U+09E6F 鹯 00000001 0.0000/万 99.9999%	No:29884 U+09EA3 麣 00000001 0.0000/万 99.9999%	No:29885 U+09EBF 麿 00000001 0.0000/万 99.9999%	No:29886 U+09F84 龄 00000001 0.0000/万 99.9999%	No:29887 U+09F9A 龚 00000001 0.0000/万 99.9999%	No:29888 U+0E766 00000001 0.0000/万 99.9999%	No:29889 U+0E78D 00000001 0.0000/万 99.9999%	No:29890 U+0E7E8 00000001 0.0000/万 99.9999%
No:29891 U+0E826 00000001 0.0000/万 99.9999%	No:29892 U+0E82B 00000001 0.0000/万 99.9999%	No:29893 U+0E859 00000001 0.0000/万 99.9999%	No:29894 U+0E861 00000001 0.0000/万 99.9999%	No:29895 U+0EA2D 00000001 0.0000/万 99.9999%	No:29896 U+0EF88 00000001 0.0000/万 99.9999%	No:29897 U+0EF9D 00000001 0.0000/万 99.9999%	No:29898 U+0EF9F 00000001 0.0000/万 99.9999%	No:29899 U+0EFE1 00000001 0.0000/万 99.9999%	No:29900 U+0F007 00000001 0.0000/万 99.9999%

No:29901 U+0F016 拆 00000001 0.0000/万 99.9999%	No:29902 U+0F033 灴 00000001 0.0000/万 99.9999%	No:29903 U+0F035 炮 00000001 0.0000/万 99.9999%	No:29904 U+0F03E 㤼 00000001 0.0000/万 99.9999%	No:29905 U+0F04B 毓 00000001 0.0000/万 99.9999%	No:29906 U+0F04F 磔 00000001 0.0000/万 99.9999%	No:29907 U+0F057 䁎 00000001 0.0000/万 99.9999%	No:29908 U+0F086 虣 00000001 0.0000/万 99.9999%	No:29909 U+0F08E 蛪 00000001 0.0000/万 99.9999%	No:29910 U+0F0A0 簄 00000001 0.0000/万 99.9999%
No:29911 U+0F0A3 舳 00000001 0.0000/万 99.9999%	No:29912 U+0F0C7 縩 00000001 0.0000/万 99.9999%	No:29913 U+0F0F3 踆 00000001 0.0000/万 99.9999%	No:29914 U+0F0F9 鋅 00000001 0.0000/万 99.9999%	No:29915 U+0F104 顥 00000001 0.0000/万 99.9999%	No:29916 U+0F12D 鱅 00000001 0.0000/万 99.9999%	No:29917 U+0F134 麟 00000001 0.0000/万 99.9999%	No:29918 U+0F3EA □ 00000001 0.0000/万 99.9999%	No:29919 U+0F439 □ 00000001 0.0000/万 99.9999%	No:29920 U+0F51F 了 00000001 0.0000/万 99.9999%
No:29921 U+0F534 䁤 00000001 0.0000/万 99.9999%	No:29922 U+0F56D 隮 00000001 0.0000/万 99.9999%	No:29923 U+0F583 弤 00000001 0.0000/万 99.9999%	No:29924 U+0F58D 國 00000001 0.0000/万 99.9999%	No:29925 U+0F590 秏 00000001 0.0000/万 99.9999%	No:29926 U+0F5A3 觬 00000001 0.0000/万 99.9999%	No:29927 U+0F5A5 觤 00000001 0.0000/万 99.9999%	No:29928 U+0F5B0 鏫 00000001 0.0000/万 99.9999%	No:29929 U+0F5CF 鶇 00000001 0.0000/万 99.9999%	No:29930 U+0F5DB 鵷 00000001 0.0000/万 99.9999%
No:29931 U+0F5F1 㮔 00000001 0.0000/万 99.9999%	No:29932 U+0F60A 姳 00000001 0.0000/万 99.9999%	No:29933 U+0F625 歆 00000001 0.0000/万 99.9999%	No:29934 U+0F626 倨 00000001 0.0000/万 99.9999%	No:29935 U+0F627 佯 00000001 0.0000/万 99.9999%	No:29936 U+0F628 儩 00000001 0.0000/万 99.9999%	No:29937 U+0F634 修 00000001 0.0000/万 99.9999%	No:29938 U+0F63A 曇 00000001 0.0000/万 99.9999%	No:29939 U+0F669 擱 00000001 0.0000/万 99.9999%	No:29940 U+0F674 泚 00000001 0.0000/万 99.9999%
No:29941 U+0F685 浼 00000001 0.0000/万 99.9999%	No:29942 U+0F698 畯 00000001 0.0000/万 99.9999%	No:29943 U+0F6A7 豚 00000001 0.0000/万 99.9999%	No:29944 U+0F6B4 邗 00000001 0.0000/万 99.9999%	No:29945 U+0F6BD 侥 00000001 0.0000/万 99.9999%	No:29946 U+0F6C0 訢 00000001 0.0000/万 99.9999%	No:29947 U+0F6C3 謅 00000001 0.0000/万 99.9999%	No:29948 U+0F6C7 羢 00000001 0.0000/万 99.9999%	No:29949 U+0F6F8 魭 00000001 0.0000/万 99.9999%	No:29950 U+0F6FF 肤 00000001 0.0000/万 99.9999%
No:29951 U+0F711 艈 00000001 0.0000/万 99.9999%	No:29952 U+0F71C 匠 00000001 0.0000/万 99.9999%	No:29953 U+0F725 翻 00000001 0.0000/万 99.9999%	No:29954 U+0F73D 蹼 00000001 0.0000/万 99.9999%	No:29955 U+0F76B 藹 00000001 0.0000/万 99.9999%	No:29956 U+0F77D 脊 00000001 0.0000/万 99.9999%	No:29957 U+0F793 凸 00000001 0.0000/万 99.9999%	No:29958 U+0F795 鬡 00000001 0.0000/万 99.9999%	No:29959 U+0F7B7 寧 00000001 0.0000/万 99.9999%	No:29960 U+0F7C8 啓 00000001 0.0000/万 99.9999%
No:29961 U+0F7D9 羄 00000001 0.0000/万 99.9999%	No:29962 U+0F7E1 玄 00000001 0.0000/万 99.9999%	No:29963 U+0F7F7 允 00000001 0.0000/万 99.9999%	No:29964 U+0F819 梟 00000001 0.0000/万 99.9999%	No:29965 U+0F84F 笵 00000001 0.0000/万 99.9999%	No:29966 U+0F853 箾 00000001 0.0000/万 99.9999%	No:29967 U+0F856 筥 00000001 0.0000/万 99.9999%	No:29968 U+0F86D 安 00000001 0.0000/万 99.9999%	No:29969 U+0F86E 崇 00000001 0.0000/万 99.9999%	No:29970 U+0F898 囯 00000001 0.0000/万 99.9999%
No:29971 U+0F89C 褻 00000001 0.0000/万 99.9999%	No:29972 U+0F89E 閫 00000001 0.0000/万 99.9999%	No:29973 U+0F8A4 匳 00000001 0.0000/万 99.9999%	No:29974 U+0F8A5 圧 00000001 0.0000/万 99.9999%	No:29975 U+0F8CB 或 00000001 0.0000/万 99.9999%	No:29976 U+0F8E1 颾 00000001 0.0000/万 99.9999%	No:29977 U+0F8F4 侹 00000001 0.0000/万 99.9999%	No:29978 U+0F9E7 裏 00000001 0.0000/万 99.9999%	No:29979 U+0FA21 蚌 00000001 0.0000/万 99.9999%	No:29980 U+0FA27 鑄 00000001 0.0000/万 99.9999%
No:29981 U+0FA28 鋅 00000001 0.0000/万 99.9999%	No:29982 U+0FE3C ︼ 00000001 0.0000/万 99.9999%	No:29983 U+0FE6B @ 00000001 0.0000/万 99.9999%	No:29984 U+0FEB2 □ 00000001 0.0000/万 99.9999%	No:29985 U+0FEBB □ 00000001 0.0000/万 99.9999%	No:29986 U+0FEE1 □ 00000001 0.0000/万 99.9999%	No:29987 U+0FEE3 □ 00000001 0.0000/万 99.9999%	No:29988 U+0FEEE □ 00000001 0.0000/万 99.9999%	No:29989 U+0FF02 ” 00000001 0.0000/万 99.9999%	No:29990 U+0FF4F o 00000001 0.0000/万 99.9999%
No:29991 U+0FF5C ｜ 00000001 0.0000/万 99.9999%	No:29992 U+E15 倂 00000001 0.0000/万 99.9999%	No:29993 U+E01 凬 00000001 0.0000/万 99.9999%	No:29994 U+ED1 刻 00000001 0.0000/万 99.9999%	No:29995 U+ED9 剷 00000001 0.0000/万 99.9999%	No:29996 U+E0A 隘 00000001 0.0000/万 99.9999%	No:29997 U+E62 麤 00000001 0.0000/万 99.9999%	No:29998 U+EE1 丞 00000001 0.0000/万 99.9999%	No:29999 U+EAC 喇 00000001 0.0000/万 99.9999%	No:30000 U+EAB 嘀 00000001 0.0000/万 99.9999%

No:30001 U+E09 嘍 00000001 0.0000/万 99.9999%	No:30002 U+EAE 嗜 00000001 0.0000/万 99.9999%	No:30003 U+F94 囙 00000001 0.0000/万 99.9999%	No:30004 U+EB6 図 00000001 0.0000/万 99.9999%	No:30005 U+E9A ⿰土余 00000001 0.0000/万 99.9999%	No:30006 U+E48 登 00000001 0.0000/万 99.9999%	No:30007 U+ED4 ⿰女左 00000001 0.0000/万 99.9999%	No:30008 U+E93 ⿱丣女 00000001 0.0000/万 99.9999%	No:30009 U+E87 ⿸广囟 00000001 0.0000/万 99.9999%	No:30010 U+EBB 屴 00000001 0.0000/万 99.9999%
No:30011 U+EBD ⿰山幼 00000001 0.0000/万 99.9999%	No:30012 U+EBF ⿰山立 00000001 0.0000/万 99.9999%	No:30013 U+EC5 ⿱臤各 00000001 0.0000/万 99.9999%	No:30014 U+E75 ⿰山巻 00000001 0.0000/万 99.9999%	No:30015 U+E76 ⿱卄單 00000001 0.0000/万 99.9999%	No:30016 U+EA1 ⿱巤貝 00000001 0.0000/万 99.9999%	No:30017 U+EE6 ⿰忄寅 00000001 0.0000/万 99.9999%	No:30018 U+FAD ⿸广脊 00000001 0.0000/万 99.9999%	No:30019 U+EF8 亿 00000001 0.0000/万 99.9999%	No:30020 U+EF9 ⿰彳工 00000001 0.0000/万 99.9999%
No:30021 U+EFA ⿰彳六 00000001 0.0000/万 99.9999%	No:30022 U+EC6 ⿰彳尼 00000001 0.0000/万 99.9999%	No:30023 U+F48 ⿰忄賓 00000001 0.0000/万 99.9999%	No:30024 U+F4A ⿰忄鼻 00000001 0.0000/万 99.9999%	No:30025 U+F49 ⿰忄廚 00000001 0.0000/万 99.9999%	No:30026 U+F53 ⿺麥真 00000001 0.0000/万 99.9999%	No:30027 U+E52 ⿰扌奴 00000001 0.0000/万 99.9999%	No:30028 U+F18 擊 00000001 0.0000/万 99.9999%	No:30029 U+F17 ⿰扌昏 00000001 0.0000/万 99.9999%	No:30030 U+ECB ⿱穴拏 00000001 0.0000/万 99.9999%
No:30031 U+F1A ⿰扌幷 00000001 0.0000/万 99.9999%	No:30032 U+F68 ⿰扌掌 00000001 0.0000/万 99.9999%	No:30033 U+E58 撊 00000001 0.0000/万 99.9999%	No:30034 U+EF6 敷 00000001 0.0000/万 99.9999%	No:30035 U+E82 屚 00000001 0.0000/万 99.9999%	No:30036 U+ECB ⿱勿黍 00000001 0.0000/万 99.9999%	No:30037 U+ECC ⿰木絜 00000001 0.0000/万 99.9999%	No:30038 U+E68 ⿺毛几 00000001 0.0000/万 99.9999%	No:30039 U+F1F ⿰先毛 00000001 0.0000/万 99.9999%	No:30040 U+F20 ⿺毛少 00000001 0.0000/万 99.9999%
No:30041 U+F21 ⿰尧毛 00000001 0.0000/万 99.9999%	No:30042 U+F26 ⿰埶毛 00000001 0.0000/万 99.9999%	No:30043 U+F23 ⿺毛堇 00000001 0.0000/万 99.9999%	No:30044 U+E0F ⿰氵旺 00000001 0.0000/万 99.9999%	No:30045 U+F0F ⿰氵胥 00000001 0.0000/万 99.9999%	No:30046 U+F34 ⿰火夷 00000001 0.0000/万 99.9999%	No:30047 U+F9C ⿰火桑 00000001 0.0000/万 99.9999%	No:30048 U+F37 燉 00000001 0.0000/万 99.9999%	No:30049 U+E60 ⿰火解 00000001 0.0000/万 99.9999%	No:30050 U+E26 ⿰牛爲 00000001 0.0000/万 99.9999%
No:30051 U+EED ⿰犭欠 00000001 0.0000/万 99.9999%	No:30052 U+EF6 ⿰犭衰 00000001 0.0000/万 99.9999%	No:30053 U+EF4 ⿰犭荒 00000001 0.0000/万 99.9999%	No:30054 U+EDF ⿰犭梁 00000001 0.0000/万 99.9999%	No:30055 U+E9A ⿰王立 00000001 0.0000/万 99.9999%	No:30056 U+EDD ⿰王孝 00000001 0.0000/万 99.9999%	No:30057 U+EDE ⿰王邕 00000001 0.0000/万 99.9999%	No:30058 U+E7D ⿰王嘉 00000001 0.0000/万 99.9999%	No:30059 U+F5A ⿸厂盧 00000001 0.0000/万 99.9999%	No:30060 U+ED5 ⿰牜女 00000001 0.0000/万 99.9999%
No:30061 U+F77 ⿸疒乘 00000001 0.0000/万 99.9999%	No:30062 U+EC2 ⿸疒蚕 00000001 0.0000/万 99.9999%	No:30063 U+FC1 ⿸疒興 00000001 0.0000/万 99.9999%	No:30064 U+F58 旰 00000001 0.0000/万 99.9999%	No:30065 U+FD1 直 00000001 0.0000/万 99.9999%	No:30066 U+F61 ⿰目奚 00000001 0.0000/万 99.9999%	No:30067 U+F63 ⿰目咸 00000001 0.0000/万 99.9999%	No:30068 U+F64 ⿰目敝 00000001 0.0000/万 99.9999%	No:30069 U+F4F ⿰石巳 00000001 0.0000/万 99.9999%	No:30070 U+E82 破 00000001 0.0000/万 99.9999%
No:30071 U+F56 ⿰石禺 00000001 0.0000/万 99.9999%	No:30072 U+EB4 ⿰禾覽 00000001 0.0000/万 99.9999%	No:30073 U+F7A ⿺辶巴 00000001 0.0000/万 99.9999%	No:30074 U+F4A ⿱𥫗安 00000001 0.0000/万 99.9999%	No:30075 U+F98 ⿱𥫗刖 00000001 0.0000/万 99.9999%	No:30076 U+F9B ⿱𥫗害 00000001 0.0000/万 99.9999%	No:30077 U+EED ⿱𥫗羊 00000001 0.0000/万 99.9999%	No:30078 U+F9C ⿱𥫗拼 00000001 0.0000/万 99.9999%	No:30079 U+E02 ⿱𥫗官 00000001 0.0000/万 99.9999%	No:30080 U+FED ⿰米冓 00000001 0.0000/万 99.9999%
No:30081 U+FB0 ⿱秦木 00000001 0.0000/万 99.9999%	No:30082 U+E36 ⿰羊易 00000001 0.0000/万 99.9999%	No:30083 U+E28 ⿰羊喿 00000001 0.0000/万 99.9999%	No:30084 U+F65 ⿰羽曾 00000001 0.0000/万 99.9999%	No:30085 U+ECA ⿰耒柔 00000001 0.0000/万 99.9999%	No:30086 U+F2B 肥 00000001 0.0000/万 99.9999%	No:30087 U+F30 ⿰月堇 00000001 0.0000/万 99.9999%	No:30088 U+E36 ⿱艹忩 00000001 0.0000/万 99.9999%	No:30089 U+E6E ⿱艹頴 00000001 0.0000/万 99.9999%	No:30090 U+EE0 ⿱去䖵 00000001 0.0000/万 99.9999%
No:30091 U+F91 ⿰虫蚤 00000001 0.0000/万 99.9999%	No:30092 U+E16 ⿰角賁 00000001 0.0000/万 99.9999%	No:30093 U+FD6 ⿰衤秀 00000001 0.0000/万 99.9999%	No:30094 U+FAB ⿰衤答 00000001 0.0000/万 99.9999%	No:30095 U+F62 ⿰衤蒦 00000001 0.0000/万 99.9999%	No:30096 U+F63 ⿰衤藍 00000001 0.0000/万 99.9999%	No:30097 U+FEE ⿰谷咸 00000001 0.0000/万 99.9999%	No:30098 U+F7B ⿰豸爲 00000001 0.0000/万 99.9999%	No:30099 U+E97 ⿰身賁 00000001 0.0000/万 99.9999%	No:30100 U+FC8 ⿺走豆 00000001 0.0000/万 99.9999%

No:30101 U+FCB [illegible] 00000001 0.0000/万 99.9999%	No:30102 U+E64 跓 00000001 0.0000/万 99.9999%	No:30103 U+FDF [illegible] 00000001 0.0000/万 99.9999%	No:30104 U+FE2 [illegible] 00000001 0.0000/万 99.9999%	No:30105 U+FE7 [illegible] 00000001 0.0000/万 99.9999%	No:30106 U+F74 躤 00000001 0.0000/万 99.9999%	No:30107 U+FEC [illegible] 00000001 0.0000/万 99.9999%	No:30108 U+EB8 [illegible] 00000001 0.0000/万 99.9999%	No:30109 U+FD7 [illegible] 00000001 0.0000/万 99.9999%	No:30110 U+EE6 [illegible] 00000001 0.0000/万 99.9999%
No:30111 U+F81 [illegible] 00000001 0.0000/万 99.9999%	No:30112 U+F82 [illegible] 00000001 0.0000/万 99.9999%	No:30113 U+FFB [illegible] 00000001 0.0000/万 99.9999%	No:30114 U+E72 [illegible] 00000001 0.0000/万 99.9999%	No:30115 U+E67 [illegible] 00000001 0.0000/万 99.9999%	No:30116 U+F14 [illegible] 00000001 0.0000/万 99.9999%	No:30117 U+F03 [illegible] 00000001 0.0000/万 99.9999%	No:30118 U+F88 [illegible] 00000001 0.0000/万 99.9999%	No:30119 U+E11 [illegible] 00000001 0.0000/万 99.9999%	No:30120 U+EA8 [illegible] 00000001 0.0000/万 99.9999%
No:30121 U+F0B [illegible] 00000001 0.0000/万 99.9999%	No:30122 U+F94 [illegible] 00000001 0.0000/万 99.9999%	No:30123 U+EC2 [illegible] 00000001 0.0000/万 99.9999%	No:30124 U+F07 [illegible] 00000001 0.0000/万 99.9999%	No:30125 U+FE3 [illegible] 00000001 0.0000/万 99.9999%	No:30126 U+EDE 驌 00000001 0.0000/万 99.9999%	No:30127 U+F1A [illegible] 00000001 0.0000/万 99.9999%	No:30128 U+F9A [illegible] 00000001 0.0000/万 99.9999%	No:30129 U+F9B [illegible] 00000001 0.0000/万 99.9999%	No:30130 U+E3B [illegible] 00000001 0.0000/万 99.9999%
No:30131 U+F26 [illegible] 00000001 0.0000/万 99.9999%	No:30132 U+F29 [illegible] 00000001 0.0000/万 99.9999%	No:30133 U+F2C [illegible] 00000001 0.0000/万 99.9999%	No:30134 U+E5B [illegible] 00000001 0.0000/万 99.9999%	No:30135 U+FAF [illegible] 00000001 0.0000/万 99.9999%	No:30136 U+FB1 [illegible] 00000001 0.0000/万 99.9999%				

古籍字频统计表索引

☰	☱	☲	☳	☴	☵	☶	☷	丠	西	牛	乂	身	乧	乩	执	乿	予	丳	夾
114	127	125	123	128	119	124	113	110	147	154	162	151	117	257	195	288	188	283	170
夹	㐫	充	亩	襄	㐰	㕘	伏	仉	仍	仟	佀	佽	仡	似	㐻	併	伝	伏	仙
288	52	126	112	42	169	111	68	162	278	288	269	211	197	200	261	224	221	226	244
俩	㑁	侮	作	倪	佩	你	伷	侹	侏	偘	㑒	佅	伯	佥	俊	身	俄	佩	卿
152	217	168	288	231	187	124	184	206	257	257	261	278	234	234	146	208	239	221	283
倲	衎	倂	侪	㑅	御	御	㑣	偛	傷	侯	俸	保	侪	侩	偋	俾	偵	像	倸
166	199	254	180	251	278	283	205	257	150	188	278	251	205	278	109	169	231	257	283
㑲	侵	候	偯	態	倚	會	傌	僁	略	僅	僭	傑	僑	圄	儲	僨	僯	儴	儈
226	120	224	213	221	294	3	121	160	278	283	202	187	217	202	261	190	206	226	234
僬	傲	儻	儸	㒋	僥	像	僱	僿	匯	僕	僆	僩	傭	僑	儓	僫	僊	儚	儸
211	186	248	186	157	234	229	242	294	226	74	175	168	261	273	269	278	248	170	265
儆	儀	儁	儴	儯	儊	倫	儼	豐	儷	儺	儯	儳	鑫	兵	廷	兕	逐	燁	仝
125	193	111	106	205	136	257	195	211	229	162	221	162	288	203	254	269	294	244	221
合	网	岔	良	谷	兴	豙	顛	罔	覓	莴	暑	冕	羅	冖	冠	冤	鈥	汀	沃
273	111	261	84	244	84	139	104	44	219	136	254	168	162	294	28	154	239	248	221
沰	活	洞	洪	诠	流	浸	涸	淕	涬	淼	湳	谢	减	滩	潔	凰	凶	刊	切
278	261	147	179	294	294	196	288	269	221	273	278	257	40	165	52	239	49	203	73
刎	刑	韧	剧	刮	刽	刹	创	刲	剅	刽	刺	剤	剆	刲	剔	剮	剾	剜	刷
22	126	133	197	169	265	199	231	168	251	278	106	229	102	294	257	202	273	202	170
剋	剄	剅	剙	剿	剄	厕	劇	剐	剎	剬	劂	剩	剔	劉	剿	剺	剽	劃	劄
224	248	191	167	158	254	171	211	166	190	229	261	236	283	258	213	221	229	200	192
劉	荊	劚	劐	劙	劚	劗	劈	劌	劖	劘	劙	劤	劥	勑	劬	劦	劶	勎	勈
215	288	224	242	175	177	169	236	213	269	261	239	261	269	208	294	221	294	254	219
勑	勢	勘	勛	勥	勵	勸	勵	勸	勴	匒	匋	匌	尤	阜	堤	難	匜	匠	匣
200	165	202	213	177	208	251	205	254	244	145	140	234	206	179	258	195	242	288	258
匬	匬	匴	匴	匵	丙	匾	协	平	準	卣	卪	卺	却	卶	屏	厷	厠	居	厎
288	283	229	294	135	205	200	221	83	203	208	121	221	119	231	278	288	273	211	234
厎	启	厢	厔	厚	雁	厬	厨	厲	厨	厳	壓	廳	厶	枲	参	叅	毚	叉	叐
185	206	236	226	251	86	152	294	184	65	109	50	27	251	261	251	22	103	171	131
吏	支	敂	敂	叟	叡	叡	谷	叽	叺	吴	吙	吼	吽	吰	吭	吣	吠	咬	向
117	239	140	153	93	184	195	133	239	73	118	132	224	258	278	231	224	166	46	132
吒	咙	味	哅	呪	呿	咟	咱	哘	咙	咢	杏	哅	哫	香	哔	咳	咦	咶	咻
192	248	195	229	283	283	294	273	219	152	261	197	205	283	196	254	283	203	147	261
哦	呥	唏	耆	唑	哩	尹	喊	哶	唪	唔	啐	啻	唦	啅	啜	唋	啵	啙	啫
213	251	236	269	288	242	288	219	219	261	251	244	254	234	248	140	226	161	221	261
唅	啯	唻	唔	啹	啹	啯	唛	喻	嘭	嗔	喱	啷	嘘	嗌	喑	喍	喋	喷	甹
177	226	231	156	242	156	195	177	200	273	187	175	211	215	248	248	248	273	231	146
啣	嘝	喁	嗩	嗜	嗙	嗣	嗶	嘏	喁	嗸	喦	嗾	嗐	嗒	嗑	嗒	嗹	嗵	嗖
195	175	156	258	192	269	164	258	191	283	160	126	80	236	288	151	294	288	278	176
嗊	嗂	嘚	嘞	嗡	嘌	嘆	嘀	嘏	嘞	嘶	嚴	嘟	嘣	嘡	嘿	嘈	嘴	嘌	嚵
205	67	224	174	210	178	175	109	288	197	251	211	242	196	202	182	179	258	174	215
嘹	噍	噓	嗒	嘱	噉	噇	噅	噍	噕	噗	嚮	嚨	噶	噪	噻	嚥	噫	噺	嚕
236	157	125	126	219	190	221	104	278	172	236	242	258	164	184	190	248	269	131	172
嚓	嚀	嚙	嚃	嚅	嚗	嚴	嚵	嚇	嚪	嚷	嚂	嚬	嚯	嚳	囐	嚾	嚨	譻	囙
226	134	168	188	226	229	261	258	283	176	283	265	145	258	173	219	283	269	265	162
囚	囲	囪	囲	囷	圓	圝	圞	圩	圩	坃	坒	均	垪	坸	坳	坊	坺	坍	坼
219	278	231	265	294	202	219	166	173	193	219	192	212	265	254	81	283	143	208	162
垩	坐	垻	垡	垈	垩	垲	垙	垇	垜	埕	埦	埯	埶	埧	埜	堡	塚	埭	堎
251	83	254	251	278	197	269	236	206	123	208	226	170	213	258	199	288	213	236	149

攂	撜	岐	㪉	敪	敕	敼	攽	孜	敆	敳	敂	敇	叜	敋	敉	鼓	敆	敓	毀
288	245	197	118	147	160	219	234	288	173	265	239	258	83	236	156	288	160	265	185
敵	敎	㪊	敦	敐	敮	敯	敫	敉	乾	敍	敨	敛	敝	散	敳	敱	敕	敪	敵
245	96	222	179	210	195	186	269	150	273	219	284	169	217	37	231	200	265	273	145
敷	㲉	數	敲	戰	戲	敶	斂	鼓	戴	毅	叡	戳	戲	戲	夲	桼	奐	科	料
236	254	261	133	222	251	236	265	258	261	278	196	171	239	269	79	273	254	294	242
酙	豉	斯	斢	斞	斖	斫	斦	斯	斯	斳	斷	斯	於	旁	於	施	旖	旃	旋
224	64	261	208	91	215	261	294	239	224	284	25	265	98	66	288	294	180	81	261
旅	旛	旚	邑	昀	昇	旰	星	晃	旨	旱	否	昳	留	晛	旦	昏	晙	昭	畔
215	231	231	149	217	138	254	284	245	9	236	222	229	162	245	190	155	284	278	265
昸	昡	晁	彔	昭	俗	杲	晏	音	春	显	晌	㬎	皆	晃	朖	杲	晫	昏	晓
288	261	269	70	167	173	261	288	294	101	219	158	258	156	269	136	205	181	219	278
暃	晞	朞	睫	昴	笞	晼	喇	晷	睢	暭	晷	晹	㬇	晷	晷	昬	暎	㬈	暎
251	269	165	174	245	74	207	160	245	141	269	288	183	278	219	109	202	99	158	88
曼	暶	景	暷	暴	暠	暿	暡	暰	暩	曨	暺	曂	曤	曘	曔	暡	晉	曾	曷
85	80	93	269	106	284	224	231	174	148	258	288	202	284	203	151	269	122	212	294
曉	曢	曦	曂	曬	曓	曤	曝	曧	曫	曡	曶	曜	曚	曩	曮	曳	替	曡	肝
100	288	108	173	229	70	202	242	294	265	120	188	210	126	157	294	49	108	278	258
胡	腊	胭	朧	静	滕	朧	腹	朌	腎	朦	朧	扔	朴	松	杋	朵	杭	杸	芣
248	269	184	294	229	258	147	294	226	217	254	294	193	231	265	215	284	258	195	162
枋	枰	杵	柒	柰	林	枱	枒	枰	柱	柢	盃	栓	柿	柞	柤	栈	梵	栲	茶
102	224	278	44	294	195	139	212	202	217	215	288	151	183	226	231	224	203	294	203
桄	栒	栵	桹	桑	梆	桴	梢	桂	椓	梸	梣	梖	紫	梗	梠	梆	桅	椒	梌
207	248	265	261	294	136	193	195	213	93	203	278	215	167	164	224	273	261	278	176
棡	楷	棖	棿	棉	楹	楠	暴	楼	楊	棄	棒	榛	棕	棽	椰	楣	菓	榅	榇
273	148	278	208	114	213	195	242	203	94	254	234	126	158	163	188	234	214	234	118
梢	楯	楝	楅	楗	楔	樺	槩	楲	楞	槖	楛	櫃	榆	榕	榊	渠	槉	槩	槖
222	229	195	205	181	137	208	239	214	141	65	188	294	226	184	288	278	222	60	145
楯	榛	槁	樱	槐	樑	槠	槍	槊	樗	槬	槐	樋	槢	樸	樓	樠	槨	樐	槎
222	181	176	145	239	208	222	224	251	109	174	110	273	214	199	162	180	149	214	294
橄	橆	橇	橘	橳	橐	樺	橷	橹	櫛	漆	樈	樟	樨	樣	樐	樗	槝	穎	樾
199	261	224	273	229	294	176	269	265	210	145	248	177	215	261	193	143	242	155	265
橢	橉	檠	檃	檎	橐	檘	檍	橺	檄	檄	檐	檤	檡	檪	檓	檗	檸	麹	檯
196	284	196	183	151	205	136	278	251	261	219	242	229	265	208	234	190	210	239	192
檬	檪	檿	櫃	檭	櫞	櫖	櫨	櫳	櫨	欁	櫍	櫂	櫜	櫭	櫯	櫻	櫾	櫺	欄
229	199	168	265	258	284	226	184	269	112	195	231	242	180	199	142	75	202	203	150
欅	櫜	櫹	櫽	欋	欌	欐	欕	欗	欞	欑	欓	櫜	欔	欕	欖	欙	欏	權	欛
117	145	207	51	261	174	273	190	147	251	234	160	234	171	265	278	251	217	205	147
欜	欝	欞	欄	欅	欕	欙	欖	欚	欅	欗	欗	欙	欥	欪	欽	欣	欣	欯	欪
157	203	245	294	254	242	168	95	294	186	222	130	258	224	224	208	200	265	242	202
歌	欪	欨	欱	欰	欴	款	欻	欽	欿	歀	歅	歆	歇	歈	歉	歊	歋	歍	歎
150	208	140	261	203	254	217	284	231	215	219	188	200	74	191	177	188	231	205	234
歏	歐	歑	歒	歐	歐	歓	歔	歕	歖	歗	歘	歙	歚	歛	歜	歝	歞	歟	歡
143	160	242	183	248	231	278	269	215	195	176	110	236	239	152	226	231	278	202	273
歠	歡	歗	正	步	奇	步	歸	崪	歟	歷	歹	歾	歿	殀	殁	殂	殄	殅	殆
231	245	219	219	278	251	115	48	229	284	269	155	200	269	234	224	190	199	153	278
殇	殊	殘	殟	殜	殞	殤	殥	殦	殧	殨	殩	殪	殫	殬	殭	殮	殯	殰	殲
199	187	156	191	258	289	186	262	215	239	212	284	217	219	187	188	231	224	186	245
殱	殲	段	煅	毅	殼	殿	毀	毃	毄	毅	毆	磬	磬	磬	毇	毚	毬	毬	毛
269	215	196	224	142	120	182	262	248	180	80	251	258	254	94	136	134	248	195	284

㲘	毸	毯	毳	毹	毸	毷	毲	毶	毟	毻	毽	氀	毧	毨	氂	毾	氁	氄	毩
242	273	248	191	215	178	236	231	245	141	262	207	159	203	262	181	222	202	130	248
毿	毰	氆	氇	氈	氉	氊	氋	氌	氍	氎	氃	氎	氄	𣱱	氣	氤	汔	氿	沘
195	183	278	145	187	106	214	239	254	258	236	155	222	84	231	289	265	289	162	245
㳅	汉	㲼	㳕	浅	派	沿	浛	次	沶	斗	没	沭	汶	近	沺	沛	济	泱	泚
149	113	195	210	254	155	45	273	89	101	231	214	294	175	222	157	186	258	197	192
洫	浛	沽	浓	泾	流	涓	浅	泄	沐	泩	沖	恭	洲	涛	减	洒	涉	润	活
245	92	254	262	251	155	59	184	157	242	234	269	42	104	254	199	203	229	269	278
沓	淀	深	涿	淬	济	浇	涩	渗	浧	溜	淀	淮	游	浩	泉	浙	渼	淶	淀
73	147	258	278	200	245	284	245	262	219	181	274	214	21	175	242	162	224	115	245
漭	沖	涤	涸	畜	渧	淋	浜	溢	浏	涑	承	涂	淫	浉	渟	济	湿	渔	渫
278	229	251	215	278	197	265	278	180	294	269	294	217	274	145	121	224	236	170	242
漳	漤	渭	涵	漾	溦	漏	梨	滔	淳	涵	湮	溃	涫	湛	淞	溉	澡	滁	谢
251	251	242	208	234	265	210	196	87	274	90	294	210	208	251	278	106	274	226	214
溍	滑	湄	滝	溟	滤	滩	溇	溢	濯	滁	润	溇	澍	滔	漾	激	滇	滁	滢
203	262	265	245	64	157	284	284	229	98	278	147	289	85	251	214	159	212	294	219
澈	漩	滅	潰	澔	澱	瀶	潘	澗	澜	澤	澉	潷	潰	澧	潽	潹	潔	潺	淼
239	262	207	234	214	262	155	226	254	83	274	144	236	127	234	262	152	258	175	258
澧	滏	潽	濟	潋	激	渥	澶	澹	澈	澳	澧	潸	澫	濩	濮	濩	潸	濫	潇
274	162	274	135	208	160	242	265	190	157	262	265	234	146	200	202	192	153	251	289
澾	澠	澳	瀞	濟	瀉	濺	澩	濺	辩	瀹	濩	濮	溲	瀉	瀛	濺	瀾	瀏	瀧
289	137	215	205	136	127	254	245	262	254	98	234	248	278	34	184	139	135	156	83
瀾	瀠	瀦	潢	瀅	瀉	灝	灣	灕	還	瀍	瀌	瀲	瀾	瀸	瀼	灡	瀹	灣	灘
176	181	199	154	254	284	265	149	248	248	94	294	74	159	289	210	165	197	262	231
灞	灦	灡	灢	灤	灥	风	炎	夹	灼	炘	炓	炳	杰	灾	炎	烁	炮	炅	炉
68	251	284	205	109	234	248	229	157	278	284	269	196	274	294	254	269	222	269	265
炶	袁	烐	焦	炯	烚	烁	焐	烝	焌	焗	粟	烺	荧	竖	裳	焊	聚	焯	烟
294	145	205	251	190	174	248	284	229	166	294	190	151	60	185	258	188	192	136	229
焰	尉	焚	焱	焊	焜	焰	焚	煌	煲	煨	熜	焰	猷	照	煤	煸	焞	熡	熗
207	152	116	251	190	231	229	193	254	180	203	207	105	294	163	284	274	265	284	222
熯	熙	羨	熿	毂	熨	耿	熙	熇	熬	熯	熮	燔	熢	熇	熊	熵	熳	熴	熼
149	251	219	274	226	262	274	224	278	231	236	110	217	274	217	135	215	207	269	269
燋	燂	燁	燂	燕	燓	燥	燦	燱	燸	燰	燧	黠	燹	爀	爃	燮	爕	爁	燔
188	202	187	278	294	142	269	248	202	289	168	179	15	251	122	245	234	274	236	164
燿	爔	爉	㸋	爇	爨	圣	旨	看	㸙	俎	爻	爭	爷	爻	爫	爰	爿	爿	牁
113	265	210	185	112	50	164	269	22	294	289	284	214	128	134	242	242	226	294	294
朓	牉	牐	牒	辦	牕	手	狠	牪	牫	牬	牭	牰	牝	粉	料	牠	牠	牪	牸
226	195	234	202	168	239	110	274	265	274	226	269	178	248	224	224	188	284	157	239
牯	挈	牴	将	牮	犊	犇	犅	牼	犆	悰	坚	辈	犑	惣	犟	犒	挚	犋	犍
242	172	166	197	236	254	219	258	269	99	178	196	205	212	115	269	219	154	217	205
犙	犝	犞	犤	犥	犨	犦	犪	犢	犣	犤	犧	犪	犧	犨	犩	犪	犮	狁	犷
248	171	219	222	242	262	258	224	248	219	289	183	185	262	222	274	231	170	278	133
狭	犯	弦	犸	终	狜	狂	狢	狭	狨	狦	狮	狭	独	狛	狰	狴	狳	狺	狸
202	81	262	245	274	195	171	262	224	222	137	217	258	258	165	239	138	229	204	284
猂	挺	猷	猊	猏	猎	猤	猲	猭	猴	猼	猽	猫	猻	猗	猜	猴	猷	猪	毂
269	160	294	144	251	219	191	217	237	212	215	284	231	222	176	101	112	232	254	242
猻	獊	獈	獉	獥	獌	獏	獒	獍	獝	獛	獦	獞	獡	獢	獤	獜	獫	獭	獮
159	269	179	182	210	145	129	135	248	219	189	177	222	265	248	254	123	190	245	226
獹	獱	獵	獶	獻	獼	獾	玈	玐	玒	玓	玑	玗	玝	美	玞	玺	玤	玫	玧
204	265	262	262	215	142	258	217	215	191	289	176	251	245	54	294	237	234	284	269

鄰	鄰	鄴	鄾	酏	䣥	酞	酕	酡	酾	酘	酨	酞	酦	䣓	酤	酌	酙	酮	酰
196	209	224	237	270	295	249	289	196	249	279	289	270	255	220	220	141	274	279	289
䣱	酟	酥	醬	酨	䤄	醅	醇	醬	醋	醯	醝	醚	醚	醅	醎	醃	醱	酸	醓
222	249	295	179	246	209	249	150	249	284	222	295	202	252	184	210	136	279	252	116
醞	醣	醎	醶	醡	醫	醗	醋	醋	醆	醾	醬	醱	醲	醫	醸	醴	脭	釗	鈍
198	262	155	289	207	222	232	212	205	227	229	193	235	205	255	193	214	266	240	295
鉚	銑	鈗	鉦	鈉	鎊	鈣	鉉	鉈	鉞	銅	鋠	銨	鋅	鉸	鈔	鍗	鈔	鋺	鋆
274	262	284	295	259	284	274	252	164	289	255	153	189	209	270	161	262	237	262	255
錯	鎫	錫	錐	鍛	鏂	鏴	鎈	錅	鐠	錄	鍡	鋁	鐸	鑵	錐	鎵	錐	鎦	鍪
284	218	165	141	201	259	173	172	289	243	279	235	196	227	240	262	240	262	249	263
鍪	鏻	鍰	鐨	鏡	鍪	鏊	鐆	鑞	鏊	鏓	鐾	鏈	鐷	鑯	鏌	鐓	鑙	鐩	鑿
289	127	279	246	284	270	163	270	161	222	279	284	199	240	205	123	204	129	243	289
鑠	鑪	鐲	鐵	鐷	鐅	鑿	鑢	鐮	鏶	鐫	鑭	鐵	鐻	鐵	鏄	鑿	鑷	鑼	鑑
218	177	266	270	232	191	295	243	96	237	270	196	198	279	91	232	274	295	179	237
鐳	鑁	鑹	鐃	鑩	鑭	鑾	鈬	钁	卧	臥	臥	臧	閆	閍	閌	閥	閈	関	閤
220	252	91	196	130	121	195	295	289	289	209	212	240	174	237	199	220	246	194	229
閜	閶	閍	閜	闆	閺	閙	閜	閩	閬	閏	閨	閡	闇	閡	閜	閾	閧	閣	閱
207	216	96	191	227	132	194	207	246	237	252	285	222	279	270	175	263	274	289	84
闌	闃	闔	関	闋	闍	闍	鬪	闔	闕	闥	闢	闡	闠	阡	阷	阬	阪	阨	阢
36	188	193	270	266	289	274	156	169	116	169	169	289	212	240	240	266	222	243	279
阷	陑	陊	陃	陗	陝	陖	陈	陧	陼	陞	陯	陪	陻	降	陠	陵	陜	隒	陰
259	227	263	270	193	170	240	179	263	198	270	270	243	252	48	266	198	224	249	274
陚	陵	陃	隊	隙	隔	陦	隋	隆	隅	陷	隇	隨	隔	陹	隝	隱	隙	隆	隮
170	255	259	212	209	246	218	183	270	204	25	240	224	126	270	214	266	161	266	237
隊	隋	隤	隨	隱	隴	隰	雂	雄	雅	雉	雊	集	雋	雄	雁	雄	雅	雍	雄
289	246	224	274	289	237	249	196	227	201	178	266	246	259	240	130	60	266	212	270
雅	雄	雄	雅	雉	雎	雛	雝	雝	雙	雜	雞	雥	雪	雯	雯	雲	霅	零	霓
274	127	224	235	216	295	196	270	275	38	270	279	229	279	289	259	270	252	246	172
霸	霝	霓	霑	霄	霉	霓	霍	霌	霎	霖	霆	霞	霟	霤	霦	霪	霰	霺	霍
216	147	279	227	285	229	131	195	263	209	237	246	196	177	177	240	191	185	227	114
霙	霧	霑	霪	霸	霏	霖	霸	霽	霾	霾	霍	靈	靆	霽	靈	靇	靄	靄	靄
210	177	177	295	249	255	263	252	147	285	255	179	122	202	93	259	289	259	229	185
靉	靊	靉	悲	扉	飛	背	靟	酚	酡	酢	酤	酢	酤	酶	酺	酺	醂	醮	醪
255	209	147	201	161	235	259	222	205	222	295	270	202	191	270	143	214	222	189	198
醱	靰	靮	靬	靷	靸	靹	靿	靼	鞂	鞃	靻	鞀	靾	鞅	鞊	鞎	鞋	鞅	鞘
237	218	240	201	252	232	162	196	249	295	198	183	160	156	279	130	246	171	209	210
鞐	鞙	鞚	鞝	鞊	鞎	鞔	鞛	鞝	鞢	鞠	鞢	鞣	鞚	鞦	鞭	鞍	鞡	鞮	鞴
210	204	168	198	270	145	190	229	178	189	157	177	190	237	184	255	235	195	146	235
鞛	鞬	鞯	鞺	鞨	鞪	鞭	鞳	鞺	鞻	鞿	韀	韄	韅	韆	韇	韈	韉	韊	韋
243	166	199	156	270	224	240	235	222	285	202	270	270	152	204	246	237	237	188	279
韁	韂	韃	韍	韎	韏	韐	韑	韒	韓	韔	韕	韖	韗	韘	韙	韚	韛	韜	韝
169	172	171	232	123	289	214	212	227	246	255	177	224	218	222	224	168	171	218	275
鞶	鞼	韤	䪬	韷	韵	韸	韸	韹	韽	韹	譬	韽	項	預	煩	頋	頣	頟	頤
202	190	95	235	186	121	199	126	240	289	237	216	295	252	220	175	285	279	220	240
碩	頡	頟	蝢	預	彭	頤	頣	頔	須	顧	頴	穎	頗	頟	類	頒	頞	頚	顒
162	109	153	119	285	188	132	222	227	210	220	204	243	220	112	164	112	252	198	210
頖	頙	頫	頫	頫	頷	頷	頞	頭	頿	頖	顁	頼	顀	傾	顣	顆	顊	顛	顊
275	240	155	224	285	214	295	191	263	189	190	178	144	270	204	127	279	204	158	237
顆	顧	顆	顕	魌	顱	顲	顲	頯	頻	顤	顥	顫	顯	顰	頲	顳	顴	顯	顰
150	210	270	182	185	212	263	189	185	202	115	220	240	249	275	189	289	177	214	148

顭	纇	顯	䬆	䬂	䬄	䬐	䬇	䬈	䬍	颾	䬌	颱	䬁	颯	颭	颰	䬅	飇	颹
212	230	259	194	246	270	120	237	259	194	232	153	240	177	75	230	166	173	249	275
䬉	颵	䬗	飄	颸	䬘	颽	䬙	䬞	䬝	颾	飁	飌	䬝	飆	飀	飖	颿	䬠	飅
222	263	255	201	169	220	266	194	188	145	218	218	270	227	289	181	138	289	230	279
飂	飅	飀	䨟	䨾	飣	飥	飧	飧	䬪	飫	飲	飱	飯	飪	飫	䬾	飲	飴	餇
161	190	140	153	220	259	199	196	255	207	195	246	285	162	182	190	279	230	157	255
䬻	餉	䬿	餗	餩	餛	餕	餐	餖	餎	餇	餟	餅	餛	餕	餐	餒	餘	餺	餇
270	201	163	149	176	212	227	144	199	275	132	186	140	224	127	243	202	195	255	185
餐	餇	餰	餚	餧	餜	饕	餹	餷	饈	饎	餽	饋	餸	饕	饁	饒	饌	饍	饐
227	132	133	202	222	285	279	289	289	232	176	188	159	117	177	255	259	212	255	246
饊	饎	饋	饌	饕	饞	饚	饛	饙	饜	饖	饘	饟	饠	饞	馧	䭱	䭲	馘	馨
279	279	263	189	289	270	162	207	224	235	285	232	289	209	255	289	158	175	198	237
𦧲	舝	舒	舔	饕	𢆉	馭	馰	駀	駮	駠	骯	馩	駈	䭾	駄	駚	駒	駢	䮃
259	266	180	179	259	184	235	270	174	182	138	255	275	275	289	58	164	243	270	162
駐	駭	駴	駓	駻	駗	駸	騃	駶	騋	褭	騂	騦	騆	騁	騑	騲	騒	騣	騔
259	204	249	235	237	259	201	255	227	279	118	249	249	179	222	252	246	205	249	280
騂	騩	騬	騤	騈	騥	騨	騰	騣	騸	騪	騷	騾	騅	騙	驕	驌	驛	騆	驝
169	255	218	181	255	235	174	194	249	205	227	202	249	212	252	220	138	263	196	266
驃	驀	驍	驂	驐	驈	驉	驞	驓	驖	驒	驜	驧	鷩	驖	驥	驦	驎	驠	驡
205	270	220	240	171	224	235	218	270	204	252	263	151	205	227	201	216	275	195	129
驤	驫	驘	驫	骏	骫	骯	骯	骪	骱	骰	骳	骸	骷	骶	骹	骻	骺	骽	骾
285	160	198	195	280	280	207	216	214	170	210	249	255	171	285	189	108	177	222	249
髖	髀	髋	髃	髇	髊	髆	髈	髃	髎	髐	髒	髕	髖	髗	髏	髓	高	亰	髚
198	189	232	243	143	232	196	207	201	220	243	275	113	218	145	255	194	259	249	193
髜	髝	髟	髣	髣	髤	髥	髢	髧	髮	髩	髶	髲	髰	髳	髻	髺	髿	鬈	鬅
243	275	280	222	232	166	137	237	146	289	275	289	243	190	246	270	107	216	177	191
鬃	鬄	鬆	鬇	鬈	鬉	鬊	鬋	鬌	鬍	鬎	鬏	鬐	鬑	鬒	鬓	鬔	鬕	鬖	鬗
204	159	235	143	162	126	92	252	157	188	165	263	280	232	136	175	204	125	295	162
鬘	鬙	鬛	鬢	鬮	鬫	鬲	鬳	鬴	鬻	鬸	鬵	鬼	魀	魅	魆	魍	魏	魕	魓
232	289	199	205	249	252	198	255	162	140	145	106	50	166	201	249	210	255	202	280
魖	魈	魋	魑	魒	魊	魗	魕	魙	魖	魜	魟	魠	魣	魨	魪	魬	魭	魰	魿
212	285	173	295	209	280	289	230	171	270	157	295	240	243	198	222	285	275	148	160
鮄	鮊	鮀	鮍	鮇	鮂	鮁	鮃	鮇	鮋	鮔	鮗	鮛	鮢	鮮	鮞	鮥	鮦	鮨	鮮
149	280	199	171	174	180	275	246	243	235	125	255	108	224	164	185	259	150	212	122
鯑	鯉	鯅	鯈	鯆	鯒	鯊	鯊	鯎	鯥	鯎	鯌	鯕	鯮	鯸	鯵	鯯	鯖	鯣	鯔
198	154	186	149	232	263	232	289	198	252	270	110	190	280	177	218	149	212	235	162
鰲	鯡	鯦	鯛	鰲	鰖	鰛	鰈	鰲	鰆	鰟	鰺	鰹	鰣	鰯	鰳	鰴	鰺	鰼	鎧
128	194	240	270	280	232	259	205	289	178	142	263	285	173	220	235	230	160	122	178
鰖	鰹	鰺	鱁	鱃	鰲	鱄	鱇	鱳	鱉	鱎	鱐	鱗	鱝	鱝	鱚	鱖	鱶	鱍	鱄
147	243	202	180	280	189	263	280	165	255	163	289	289	280	162	207	246	285	280	295
鱮	鱶	鱰	鱵	鱷	鱛	鱭	鱲	鱜	鱱	鱣	鱻	鳶	鴃	鳱	鳿	鴈	鴆	鴉	鴟
222	240	205	198	119	230	190	289	185	209	130	230	280	214	132	175	220	285	280	210
鴡	鴯	鴲	鴳	鴋	鴒	鴐	鴴	鸄	梟	鴰	鴸	鵃	鴲	鵂	鴭	鴽	鵊	鴩	鴭
66	259	243	169	218	246	212	182	263	168	186	133	280	177	259	174	227	285	190	235
鵅	鵟	鵈	鴟	鵖	鵇	鵏	鵜	鵘	鵐	鵧	鵬	鵫	鵯	鶖	鵷	鵸	鶊	鶌	鵿
209	255	119	180	222	115	185	222	295	153	77	252	180	115	183	201	106	174	225	125
鶐	鶖	鶃	鶝	鶡	鶤	鶨	鶬	鶪	鶣	鶫	鶹	鶼	鶩	鷁	鷂	鶵	鷀	鷉	鷊
255	289	143	230	137	252	122	202	289	133	227	143	121	289	207	295	186	275	147	198
鷗	鷘	鷨	鷴	鷺	鷽	鸆	鸄	鸑	鷟	鷾	鸆	鷖	鸑	鷹	鸋	鸙	鸗	鷗	鸛
270	169	240	128	204	199	188	123	186	235	199	111	266	270	227	270	94	210	214	196

儲 19	儳 86	儴 136	儵 66	儶 127	儷 47	儸 143	儹 96	儺 63	儻 29	儼 27	儽 138	儾 227	儿 89	兀 33	允 13	先 193	元 1	兄 7	充 10
兆 13	兇 37	先 2	光 3	兊 31	克 6	兌 33	免 7	兎 31	兏 275	児 41	兑 36	兒 8	兓 185	兔 35	兕 44	兖 26	兗 48	兘 256	兙 290
党 52	兜 57	兟 93	兆 48	兢 29	兣 240	入 2	亾 135	内 46	全 5	兩 2	兪 92	八 2	公 1	六 1	兮 5	共 5	兲 285	关 137	兴 220
兵 2	其 1	具 6	典 6	兹 11	养 222	兼 6	兽 295	兾 42	兿 275	冀 16	冁 235	冂 87	冃 122	冄 117	内 2	円 227	冇 43	冈 126	冉 27
冊 17	冋 93	册 24	再 6	冎 125	冏 54	冐 31	冑 73	冒 21	冓 85	冔 84	冕 19	冖 120	冗 32	冘 96	写 295	冚 295	农 285	冝 22	冞 107
冟 246	冠 7	冢 32	冢 28	冣 90	冤 74	冥 25	冦 17	冨 36	冩 30	冪 57	冫 116	冬 6	冭 212	江 108	冰 21	冱 116	冲 25	决 16	冴 259
况 11	冶 26	冷 13	泮 141	冹 162	泯 49	冼 108	冽 51	冾 167	津 176	净 41	涑 195	浼 75	涂 83	凄 31	凅 153	准 21	凇 131	凈 59	凉 16
清 70	凋 31	凌 17	凍 27	凎 230	减 25	凐 259	凑 54	凒 179	凓 129	凔 127	凕 249	凖 23	凗 225	凘 101	凙 119	凚 165	凛 34	凜 46	凝 16
凞 290	凟 52	几 20	凡 4	凢 33	凣 225	凤 295	凥 92	処 77	凧 290	凨 72	凩 290	凪 138	凫 50	凬 139	凯 290	凰 28	凱 30	凲 290	凳 108
凴 79	凵 111	凶 12	凷 94	凸 73	凹 65	出 1	击 243	凼 207	函 24	凾 73	凿 252	刀 14	刁 44	刂 190	刃 25	刄 50	刅 69	分 2	切 3
刈 43	刉 100	刊 47	刋 19	刌 89	刍 275	刎 55	刏 146	刑 249	刑 7	划 106	刓 66	刔 184	刕 159	刖 53	列 6	刘 76	则 94	刚 183	创 256
刜 94	初 2	刞 263	刟 246	刪 57	刡 209	刢 232	刣 275	判 12	別 27	刦 56	刧 72	刨 103	利 4	刪 29	别 4	刬 285	刮 45	刯 275	到 7
刱 124	刲 55	刳 50	刴 129	刵 95	制 3	刷 42	券 63	刹 39	刺 12	刻 8	刼 28	刽 98	刾 285	刿 280	剂 295	剃 65	剄 71	剅 160	剆 225
則 1	剈 212	剉 28	削 17	剋 49	剌 10	前 2	剎 285	剏 47	剐 290	剑 295	剒 162	剓 225	剔 43	剕 89	剖 30	剗 55	剘 246	剙 82	剚 97
剛 9	剜 72	剝 38	剞 80	剟 89	剠 113	剡 35	剢 225	剣 167	剤 225	剥 28	剦 295	剧 123	剨 60	剩 27	剪 140	剫 122	剬 104	剭 130	副 9
剰 45	剱 124	割 19	剳 103	剴 69	創 18	剶 156	剷 92	剸 66	剹 182	剺 120	剻 152	剼 186	剽 37	剾 183	剿 52	劀 114	劁 185	劂 80	劃 57
劄 22	劅 218	劆 220	劇 24	劈 59	劉 4	劊 120	劋 134	劌 68	劍 19	劎 71	劏 164	劐 26	劑 20	劒 53	劓 36	劔 172	劕 88	劗 141	劘 70
劙 117	劚 81	力 4	劜 195	劝 206	办 207	功 3	加 4	务 295	劣 30	劤 207	劥 210	劦 111	劧 290	动 290	助 11	努 39	劫 32	劬 49	劭 31
劮 176	劯 285	劰 266	励 220	劲 136	劳 78	労 153	劵 40	劶 227	劷 256	劸 275	効 21	劺 204	劻 101	劼 88	劽 266	劾 22	势 97	勀 271	勁 24
勂 266	勃 23	勄 222	勅 17	勆 218	勇 12	勈 202	勉 14	勊 177	勋 80	勌 60	勍 240	勎 235	勏 275	勐 23	勒 12	勓 275	勔 63	動 4	勖 114
勗 60	勘 23	務 8	勚 249	勛 39	勜 189	勝 5	勞 7	募 23	勠 93	勡 171	勢 8	勣 44	勤 10	勥 153	勦 38	勧 167	勨 216	勩 74	勪 271
勫 280	勬 214	勭 204	勮 105	勯 220	勰 53	勱 83	勲 16	勳 60	勴 146	勵 23	勶 222	勷 86	勸 12	勹 99	勺 33	勻 37	勼 174	勽 196	勾 21
勿 10	匀 42	匂 227	匃 62	匄 52	包 17	匆 42	匇 23	匈 155	匉 85	匊 125	匋 129	匌 56	匍 290	匎 39	匏 53	匐 133	匑 171	匒 225	匓 148
匕 33	化 4	北 2	匘 160	匙 52	匚 97	匛 230	匜 66	匝 41	匞 275	匟 280	匠 24	匡 22	匢 263	匣 37	匤 246	匥 240	匦 160	匧 220	匨 246
匩 17	匪 230	匫 210	匬 65	匭 54	匮 113	匯 29	匰 216	匱 89	匲 126	匳 90	匴 91	匵 216	匸 135	匹 15	区 285	医 131	匼 94	匽 82	匾 61

啠	啡	啢	啣	啤	啥	啦	啨	啫	啚	啰	啳	啴	啵	啷	啸	啹	啺	啻	啼
285	193	290	69	227	249	296	209	225	232	296	237	237	275	227	249	290	204	39	20
啽	啾	啿	喀	喁	喂	喃	善	喅	喆	喇	喈	喉	喊	喋	喌	喍	喎	喏	喐
118	52	114	28	64	87	80	3	175	71	23	55	29	83	61	129	204	74	83	240
喑	喒	喓	喔	喕	喖	喗	喘	喙	喚	喛	喜	喝	喞	喟	喠	喡	喢	喣	喤
67	167	88	75	266	214	183	31	41	28	156	6	50	128	47	182	232	130	85	77
喥	喦	喧	喨	喩	喪	喫	喬	喭	單	喯	喰	喱	喲	喳	喴	営	喹	喻	喼
173	155	27	128	93	9	41	21	99	14	280	256	296	285	132	290	202	296	18	275
喽	喾	喿	嗀	嗁	嗂	嗃	嗄	嗅	嗆	嗇	嗈	嗉	嗊	嗋	嗌	嗍	嗎	嗏	嗐
249	296	114	160	86	170	68	99	63	134	39	95	97	129	145	71	159	94	141	227
嗑	嗒	嗓	嗔	嗕	嗖	嗗	嗘	嗙	嗚	嗛	嗜	嗝	嗞	嗟	嗠	嗡	嗢	嗣	嗤
48	88	171	48	148	243	165	214	176	16	68	25	147	137	14	271	218	79	10	50
嗥	嗦	嗩	嗪	嗳	嗴	嗶	嗷	嗸	嗹	嗺	嗻	嗼	嗽	嗾	嗿	嘀	嘁	嘂	嘃
121	290	230	296	285	196	122	52	80	162	121	194	120	46	71	124	201	194	102	296
嘄	嘅	嘆	嘇	嘈	嘉	嘊	嘋	嘌	嘍	嘎	嘏	嘐	嘑	嘒	嘓	嘔	嘕	嘖	嘗
120	73	20	204	62	5	144	285	121	96	107	41	82	83	66	142	29	139	61	4
嘘	嘙	嘚	嘛	嘜	嘞	嘟	嘠	嘡	嘢	嘨	嘩	嘪	嘫	嘬	嘭	嘮	嘯	嘰	嘱
50	220	275	53	296	290	285	133	218	285	123	117	212	202	87	275	138	26	131	86
嘲	嘳	嘴	嘵	嘶	嘷	嘸	嘹	嘺	嘻	嘼	嘽	嘾	嘿	噀	噁	噂	噃	噄	噅
38	140	55	71	43	72	161	81	198	43	108	68	147	55	73	143	87	246	249	140
噆	噇	噈	噉	噊	噋	噌	噍	噎	噏	噐	噑	噒	噓	噔	噕	噖	噗	噘	噙
108	162	157	47	182	155	110	64	53	81	31	144	237	72	252	296	285	290	280	92
噛	噞	噟	噠	噡	噢	噣	噤	噥	噦	噧	器	噩	噪	噫	噬	噭	噮	噯	噰
285	89	153	103	160	99	88	52	151	55	194	7	69	47	29	32	73	179	108	101
噱	噲	噳	噴	噵	噶	噷	噹	噻	噼	噽	噾	噿	嚀	嚁	嚂	嚃	嚄	嚅	嚆
75	50	114	43	222	25	259	222	290	232	127	256	246	87	191	141	133	103	80	118
嚇	嚈	嚉	嚊	嚋	嚌	嚍	嚎	嚏	嚐	嚑	嚒	嚓	嚔	嚕	嚖	嚗	嚘	嚙	嚚
67	111	271	161	195	60	190	144	87	184	285	296	285	159	38	171	131	102	59	61
嚛	嚜	嚝	嚞	嚟	嚡	嚢	嚤	嚥	嚦	嚧	嚨	嚩	嚪	嚫	嚬	嚭	嚮	嚯	嚱
191	129	212	95	249	296	52	275	53	105	157	79	172	168	138	64	66	27	275	119
嚲	嚳	嚴	嚵	嚶	嚷	嚸	嚼	嚽	嚾	嚿	囀	囁	囂	囃	囄	囅	囆	囇	囈
84	48	7	113	59	133	77	40	199	113	296	56	78	33	214	290	97	164	212	105
囉	囊	囋	囌	囍	囍	囐	囑	囒	囓	囕	囗	囘	囙	囚	四	囜	囝	回	囟
47	21	109	271	259	74	138	49	196	68	285	84	18	79	21	1	280	110	9	99
因	囡	团	囤	囥	囦	囧	囨	囩	囪	囫	囬	园	囮	囯	困	囱	囲	围	囵
3	222	159	75	285	91	94	263	206	166	159	33	122	119	57	13	82	141	280	290
囶	囷	囸	囹	固	囻	囼	国	图	囿	圀	圁	圂	圃	圄	圅	圆	圇	圈	圉
249	47	285	60	4	275	280	67	189	35	151	97	103	24	57	84	296	156	45	36
圊	國	圌	圍	圎	圏	圐	圑	園	圓	圔	圕	圖	圗	團	圙	圚	圛	圜	圝
95	1	103	10	35	46	290	85	10	14	164	290	4	18	21	290	209	104	25	174
圞	土	圠	圡	圢	圣	圤	圥	圧	在	圩	圪	圫	圬	圭	圮	圯	地	圱	圲
91	4	86	106	180	132	199	159	285	1	55	114	204	85	18	48	43	1	201	235
圳	圴	圵	圶	圹	场	圻	圼	圽	圾	圿	址	坁	坂	坃	坄	坅	坆	均	坈
91	129	108	256	285	296	41	204	133	133	164	33	111	38	190	198	144	196	11	113
坉	坊	坋	坌	坍	坎	坏	坐	坑	坒	坓	坔	坕	坖	块	坘	坙	坚	坛	坟
165	19	105	66	63	16	73	5	31	134	290	186	285	246	196	204	275	178	259	119
坠	坡	坢	坣	坤	坥	坦	坧	坨	坩	坪	坫	坬	坭	坮	坯	坰	坱	坲	坳
271	17	225	174	11	160	25	249	109	119	50	52	225	123	211	79	55	75	155	67
坴	坵	坶	坷	坸	坹	坺	坻	坼	坽	坾	坿	垀	垁	垂	垃	垆	垇	垈	垉
120	92	130	90	198	212	144	53	49	168	178	124	187	193	9	252	290	171	202	243

垊	型	垌	垍	垎	垏	垐	垑	垒	垓	垔	垕	垖	垗	垘	垙	垚	垛	垜	垝
194	62	131	65	160	275	129	232	170	50	107	79	199	157	152	176	121	178	66	94
垞	垟	垠	垡	垢	垣	垤	垥	垦	垧	垨	垩	垪	垫	垬	垮	垳	垵	垶	垷
78	194	51	132	33	19	66	266	259	184	271	188	263	271	220	290	290	222	176	178
垸	垹	垺	垻	垼	垽	垾	垿	埀	埁	埂	埃	埄	埅	埆	埇	埈	埉	埊	埋
91	141	126	105	114	119	101	164	43	196	82	28	189	155	89	94	107	237	124	26
埌	埍	城	埏	埐	埑	埒	埓	埔	埕	埗	埘	埚	埛	埜	埝	埞	域	埠	埡
126	183	2	58	212	240	48	70	79	99	296	280	290	122	59	130	209	16	62	109
埢	埣	埤	埥	埦	埧	埨	埩	埪	埫	埬	埭	埮	埯	埰	埱	埲	埳	埴	埵
148	246	46	194	187	83	130	199	183	189	196	51	240	165	107	173	162	86	62	96
埶	執	埸	培	基	埻	埼	埽	埾	埿	堀	堁	堂	堃	堄	堅	堆	堇	堈	堉
51	5	54	33	16	126	98	35	190	98	93	100	4	144	106	10	29	55	98	87
堊	堋	堌	堍	堎	堐	堒	堓	堔	堕	堖	堗	堘	堙	堚	堛	堜	堝	堞	堟
53	87	95	169	212	202	249	290	263	49	188	179	112	51	189	115	216	107	48	169
堠	堡	堢	堣	堤	堥	堦	堧	堨	堩	堪	堫	堬	堭	堮	堯	堰	報	堲	堳
54	21	147	132	22	118	38	84	74	112	12	159	164	137	103	10	25	6	84	130
場	堵	堶	堷	堸	堹	堺	堻	堼	堽	堾	堿	塀	塁	塂	塅	塆	塇	塈	塉
20	30	157	235	216	225	195	271	237	88	263	157	246	285	220	280	296	220	72	100
塊	塋	塌	塍	塎	塏	塐	塑	塒	塓	塔	塕	塖	塗	塘	塙	塚	塛	塜	塝
32	39	57	58	181	66	133	57	98	118	18	136	218	14	13	147	52	194	47	199
塞	塟	塠	塡	塢	塣	塤	塥	塦	塧	塨	塩	塪	填	塬	塭	塯	塱	塲	塳
10	32	105	53	37	249	51	181	271	259	123	40	87	27	259	259	153	296	24	195
塴	塵	塶	塷	塸	塹	塺	塻	塼	塽	塾	塿	墀	墁	墂	境	墄	墅	墆	墇
106	9	195	225	121	41	131	194	67	130	43	76	33	78	220	11	92	40	113	144
墈	墉	墊	墋	墌	墍	墎	墏	墐	墑	墒	墓	墔	墕	墖	増	墘	墙	墜	墝
151	38	46	127	105	106	173	218	78	237	280	10	240	145	72	10	218	104	20	89
增	墟	墠	墡	墢	墣	墤	墥	墦	墧	墨	墩	墪	墫	墬	墭	墮	墯	墰	墱
15	29	58	119	96	125	179	179	93	164	11	38	90	125	103	180	21	86	171	107
墲	墳	墴	墵	墶	墷	墹	墺	墻	墼	墽	墾	墿	壀	壁	壂	壃	壄	壅	壆
172	23	237	275	235	237	290	113	26	102	144	34	184	183	12	129	101	86	27	137
壇	壈	壉	壊	壋	壌	壍	壎	壏	壐	壑	壒	壓	壔	壕	壖	壗	壘	壙	壚
15	102	196	22	118	54	73	68	143	99	20	113	23	167	53	63	290	23	48	55
壛	壜	壝	壞	壟	壠	壡	壢	壣	壤	壥	壦	壧	壨	壩	壪	士	壬	壮	壯
180	129	46	25	52	47	144	266	206	22	129	180	164	280	30	271	1	12	30	12
声	売	壳	壴	壵	壶	壷	壸	壹	壺	壻	壼	壽	壾	壿	夀	夁	夂	夃	处
42	296	106	115	128	218	57	271	25	19	30	56	13	175	202	10	285	107	129	240
夅	夆	备	夈	変	夊	夋	夌	复	夎	夏	夐	夑	夒	夓	夔	夕	外	夗	夘
122	108	230	290	66	96	114	101	114	187	4	55	112	144	275	38	9	2	103	23
夙	多	夛	夜	夝	够	夠	夡	夢	夣	夤	夥	夦	大	夨	天	太	夫	夬	夭
21	2	165	4	173	199	167	212	8	41	47	50	280	1	146	1	1	1	37	27
央	夯	夰	失	夲	夳	头	夵	夶	夷	夸	夹	夺	夻	夼	夽	夾	夿	奀	奂
26	106	123	4	27	225	266	227	256	6	39	60	280	246	227	190	17	271	237	121
奃	奄	奅	奆	奇	奈	奉	奊	奋	奍	奎	奏	奐	契	奒	奓	奔	奕	奖	套
218	28	159	222	19	19	4	123	263	160	29	4	44	13	243	97	10	23	290	46
奘	奙	奚	奛	奜	奝	奞	奟	奠	奡	奢	奣	奤	奥	奦	奧	奨	奩	奪	奫
77	275	17	266	188	136	122	240	15	86	26	160	216	27	271	91	45	51	13	87
奬	奭	奮	奯	奰	奱	奲	女	奴	奵	奶	奷	奸	她	奺	奻	奼	好	奾	奿
30	42	17	147	98	220	161	4	13	162	100	227	22	211	266	188	122	4	280	252
妀	妁	如	妃	妄	妅	妆	妉	妊	妋	妌	妍	妎	妏	妐	妑	妒	妓	妔	妕
237	89	1	15	13	271	103	141	66	225	225	33	130	267	157	240	59	34	252	263

妖	妗	妘	妙	妚	妛	妜	妝	妞	妟	妠	妡	妢	妣	妤	妥	妦	妧	妨	妩
24	128	93	11	243	237	198	41	165	154	130	259	128	33	57	37	169	227	23	280
妪	妫	妬	妭	妮	妯	妰	妱	妲	妳	妴	妵	妶	妷	妸	妹	妺	妻	妼	妽
296	275	38	136	111	81	263	232	77	74	189	134	237	110	122	25	68	5	246	280
妾	妿	姀	姁	姂	姃	姄	姅	姆	姇	姈	姉	姊	始	姌	姍	姎	姏	姐	姑
16	216	275	85	195	178	275	161	63	199	227	90	29	3	144	89	142	159	66	10
姒	姓	委	姕	姖	姗	姘	姙	姚	姛	姜	姝	姞	姟	姠	姡	姢	姣	姤	姥
38	6	10	155	180	122	167	55	16	232	18	55	73	146	263	123	68	77	41	49
姦	姧	姨	姩	姪	姫	姬	姭	姮	姯	姰	姱	姲	姳	姴	姵	姶	姷	姸	姹
15	69	55	256	26	69	18	240	72	252	201	78	271	243	246	271	119	214	82	77
姺	姻	姼	姽	姾	姿	娀	威	娂	娃	娄	娈	娉	娊	娋	娌	娍	娎	娏	娐
117	28	119	130	271	23	80	7	275	56	105	222	64	267	167	86	252	160	220	256
娑	娒	娓	娔	娕	娖	娗	娘	娙	娚	娛	娜	娝	娞	娟	娠	娡	娢	娣	娤
41	155	76	256	183	111	126	37	111	246	37	71	214	174	40	46	202	280	43	230
娥	娦	娧	娨	娩	娪	娫	娬	娭	娮	娯	娰	娱	娲	娵	娶	娷	娸	娹	娺
31	290	148	232	74	201	243	105	87	280	46	216	48	243	73	20	202	135	256	204
娻	娼	娽	娾	娿	婀	婁	婂	婃	婄	婅	婆	婇	婈	婉	婊	婋	婌	婍	婎
256	70	161	218	117	79	26	275	206	179	280	27	144	280	32	263	252	232	191	180
婏	婐	婑	婒	婓	婔	婕	婖	婗	婘	婙	婚	婛	婜	婝	婞	婟	婠	婡	婢
171	115	144	280	119	212	65	275	149	110	267	24	280	249	280	102	130	156	275	26
婣	婤	婥	婦	婧	婨	婩	婪	婫	婬	婭	婮	婯	婰	婱	婴	婵	婶	婷	婸
62	123	138	6	126	280	172	64	189	78	76	256	275	275	249	290	116	296	71	172
婹	婺	婻	婼	婽	婾	婿	媀	媁	媂	媃	媄	媅	媆	媇	媈	媉	媊	媋	媌
191	33	145	70	246	181	53	209	204	230	259	212	177	140	259	216	212	150	252	120
媍	媎	媏	媐	媑	媒	媓	媔	媕	媖	媗	媘	媙	媚	媛	媜	媝	媞	媟	媠
96	235	256	145	263	37	180	177	91	194	252	267	280	26	56	267	280	96	79	105
媡	媢	媣	媤	媥	媦	媧	媨	媩	媪	媫	媬	媭	媮	媯	媰	媱	媲	媳	媴
267	80	211	280	172	115	56	212	275	50	75	259	220	65	52	150	100	115	68	285
媵	媶	媷	媸	媹	媺	媻	媼	媽	媾	媿	嫀	嫁	嫂	嫃	嫄	嫅	嫆	嫇	嫈
40	263	180	79	267	72	103	85	109	55	32	246	18	45	275	62	271	246	123	114
嫉	嫊	嫋	嫌	嫍	嫎	嫏	嫐	嫒	嫓	嫔	嫕	嫖	嫗	嫘	嫙	嫚	嫛	嫜	嫝
40	275	50	19	259	252	129	249	290	65	285	103	74	44	118	178	65	147	99	280
嫞	嫟	嫠	嫡	嫢	嫣	嫤	嫥	嫦	嫧	嫨	嫩	嫪	嫫	嫬	嫭	嫮	嫯	嫰	嫱
259	182	65	31	157	66	256	172	72	172	263	40	86	86	271	116	97	207	81	263
嫲	嫳	嫴	嫵	嫶	嫷	嫸	嫹	嫺	嫻	嫼	嫽	嫾	嫿	嬀	嬁	嬂	嬃	嬄	嬅
290	95	209	71	171	142	237	285	84	75	227	118	280	130	83	263	275	94	204	271
嬆	嬇	嬈	嬉	嬊	嬋	嬌	嬍	嬎	嬏	嬐	嬑	嬒	嬓	嬔	嬕	嬖	嬗	嬘	嬙
237	179	71	37	285	55	32	285	147	259	178	280	167	204	271	280	40	90	280	72
嬚	嬛	嬜	嬝	嬞	嬟	嬠	嬡	嬢	嬣	嬤	嬥	嬦	嬧	嬨	嬩	嬪	嬫	嬬	嬭
240	76	211	101	280	249	285	275	156	198	296	120	267	209	280	222	33	280	146	112
嬮	嬯	嬰	嬱	嬲	嬳	嬴	嬵	嬶	嬷	嬸	嬹	嬺	嬻	嬼	嬽	嬾	嬿	孀	孁
179	220	21	218	119	172	36	275	296	243	107	191	122	147	175	177	49	101	54	222
孂	孃	孄	孅	孆	孇	孈	孉	孊	孋	孌	孍	孎	孏	子	孑	孒	孓	孔	孕
196	75	188	120	275	280	169	220	144	131	65	263	168	123	1	50	176	201	5	36
孖	字	存	孙	孚	孛	孜	孝	孞	孟	孠	孡	孢	季	孤	孥	学	孨	孩	孪
155	2	5	240	17	42	31	4	290	6	130	237	280	8	8	48	121	137	45	280
孫	孬	孮	孯	孰	孱	孲	孳	孴	孵	孶	孷	學	孹	孺	孻	孼	孽	孾	孿
3	271	243	256	13	51	194	47	121	216	77	204	2	173	20	256	106	35	155	106
宀	宁	宂	它	宄	宅	宆	宇	守	安	宊	宋	完	宍	宎	宏	宐	宑	宒	宓
74	58	64	28	52	13	246	12	3	2	211	3	16	167	130	17	68	249	296	51

宔 167	宕 46	宖 167	宗 2	官 1	宙 35	定 2	宛 19	宜 3	宝 85	实 89	実 296	宠 275	审 290	客 5	宣 4	室 5	宥 27	宦 18	宧 91
宨 191	宩 206	宪 267	宫 4	宬 106	宭 175	宮 16	宯 267	宰 8	宱 280	宲 188	害 8	宴 13	宵 22	家 2	宷 74	宸 23	容 5	宺 290	宻 11
宼 35	宾 259	宿 8	寀 63	寁 117	寂 15	寃 26	寄 9	寅 12	密 12	寇 20	寈 275	寉 87	寊 225	寋 105	富 9	寍 100	寎 137	寏 149	寐 26
寑 97	寒 4	寓 18	寔 29	寕 21	寖 38	寗 51	寘 31	寙 164	寚 225	寛 11	寜 15	寝 38	寞 32	察 6	寠 95	寡 12	寢 15	寣 194	寤 33
寥 25	實 3	寧 5	寨 20	審 13	寪 110	寫 16	寬 70	寭 246	寮 31	寯 140	寰 25	寱 125	寲 235	寳 8	寴 148	寵 13	寶 13	寷 174	寸 8
对 179	寺 6	寻 275	导 296	寽 140	寿 139	尀 170	封 4	専 19	尃 103	射 7	尅 34	将 7	將 2	專 11	尉 8	尊 5	尋 8	尌 132	對 5
導 13	小 2	尐 179	少 3	尒 62	尓 65	尔 54	尕 296	尖 30	尗 98	尘 156	尙 45	尚 3	尛 271	尜 296	尝 106	尞 103	尟 130	尠 72	尡 271
尢 65	尣 131	尤 8	尥 222	尦 211	尧 296	尨 72	尩 127	尪 140	尫 66	尬 183	尭 60	尮 259	尯 235	尰 107	就 6	尲 189	尳 240	尵 163	尷 267
尸 14	尹 11	尺 6	尻 71	尼 16	尽 76	尾 13	尿 57	局 19	屁 139	屄 296	居 2	屆 61	屇 91	屈 12	屉 130	届 52	屋 11	屌 290	屍 36
屎 54	屏 15	屐 40	屑 27	屒 220	屓 102	屔 201	展 17	屖 124	屗 280	屙 183	屚 134	屛 49	屜 135	屝 91	属 21	屟 189	屠 22	屡 58	屢 14
屣 51	層 21	履 12	屦 104	屧 69	屨 29	屩 66	屪 296	屫 127	屬 4	屭 82	屮 76	屯 11	屰 105	山 1	屲 166	屳 103	屴 122	屵 237	屶 256
屹 42	屺 75	屻 275	屼 90	屽 237	屾 139	屿 206	岀 29	岁 256	岂 246	岃 285	岄 243	岅 153	岆 267	岇 227	岈 96	岉 142	岊 83	岋 126	岌 46
岍 83	岎 240	岏 76	岐 19	岑 24	岒 177	岓 173	岔 69	岕 116	岖 285	岗 296	岙 275	岜 124	岝 96	岞 117	岟 168	岠 95	岡 20	岢 70	岣 82
岤 206	岥 153	岦 165	岧 62	岨 81	岩 33	岪 123	岫 37	岬 134	岭 131	岮 182	岯 113	岰 138	岱 27	岲 267	岳 14	岴 240	岵 71	岶 216	岷 34
岸 13	岹 148	岺 152	岻 186	岼 263	岾 195	峁 172	峆 211	峇 163	峈 206	峉 127	峊 180	峋 66	峌 207	峍 131	峎 220	峏 222	峐 144	峑 207	峒 38
峓 176	峔 256	峕 90	峖 263	峗 110	峘 81	峙 30	峚 131	峛 113	峜 163	峝 69	峞 120	峟 212	峡 58	峢 267	峥 64	峦 150	峧 232	峨 37	峩 33
峪 43	峫 249	峬 164	峭 34	峮 166	峯 14	峰 17	峱 107	峲 275	峳 164	峴 40	峵 184	島 25	峷 204	峸 235	峹 172	峺 218	峻 18	峼 220	峽 23
峾 193	峿 102	崀 173	崁 243	崃 176	崄 296	崅 199	崆 57	崇 7	崈 75	崉 232	崊 285	崋 125	崌 106	崍 89	崎 67	崏 153	崐 67	崑 24	崒 66
崓 155	崔 13	崕 65	崖 17	崗 58	崘 75	崙 31	崚 75	崛 52	崜 206	崝 122	崞 72	崟 73	崠 139	崡 138	崢 54	崣 146	崤 58	崥 124	崦 62
崧 43	崨 161	崩 18	崪 88	崫 123	崬 290	崮 126	崯 134	崰 240	崱 82	崲 181	崳 190	崴 120	崵 163	崶 143	崷 107	崸 267	崹 145	崺 114	崻 259
崼 238	崽 134	崾 232	崿 75	嵀 227	嵁 105	嵂 83	嵃 132	嵄 280	嵅 178	嵆 118	嵇 37	嵈 230	嵉 169	嵊 67	嵋 73	嵌 55	嵍 153	嵎 62	嵏 119
嵐 33	嵑 122	嵒 65	嵓 51	嵔 152	嵕 98	嵖 161	嵗 5	嵘 145	嵚 275	嵛 148	嵜 153	嵝 211	嵞 121	嵟 220	嵠 138	嵡 246	嵢 175	嵣 126	嵤 135
嵥 157	嵦 142	嵧 227	嵨 249	嵩 20	嵪 162	嵫 79	嵬 40	嵭 202	嵮 204	嵯 53	嵰 121	嵱 145	嵲 86	嵳 79	嵴 214	嵵 256	嵷 145	嵸 76	嵹 140
嵺 128	嵻 136	嵼 115	嵽 105	嵾 124	嵿 123	嶀 126	嶁 78	嶂 39	嶃 101	嶄 68	嶅 109	嶆 137	嶇 48	嶈 136	嶉 163	嶊 136	嶋 206	嶌 290	嶍 114
嶎 256	嶏 195	嶐 111	嶑 191	嶒 74	嶓 57	嶔 63	嶕 93	嶖 259	嶗 174	嶘 204	嶙 63	嶚 139	嶛 147	嶜 140	嶝 107	嶞 107	嶟 118	嶠 28	嶡 106

徱	徲	徳	徴	徵	徶	德	徸	徹	徺	徻	徼	徽	徾	徿	忀	忁	忂	心	忄
256	164	2	12	14	187	5	202	17	267	230	30	15	222	216	159	290	196	1	218
必	忆	忇	忈	忉	忊	忋	忌	忍	忎	忏	忐	忑	忒	忓	忔	忕	忖	志	忘
2	296	249	271	67	225	216	14	13	243	220	86	240	46	149	150	129	70	2	9
忙	忚	忛	応	忝	忞	忟	忠	忡	忢	忣	忤	忥	忦	忧	忨	忩	忪	快	忬
37	181	198	275	31	85	252	5	64	271	199	29	163	171	201	139	102	84	21	107
忭	忮	忯	忰	忱	忲	忳	忴	念	忶	忷	忸	忹	忺	忻	忼	忽	忾	忿	怀
58	65	136	225	39	115	82	186	8	230	104	75	259	100	37	78	8	238	28	194
态	怂	怃	怄	怇	怈	怉	怊	怋	怌	怍	怎	怏	怐	怑	怒	怓	怔	怕	怖
285	290	263	296	169	246	214	85	182	169	58	56	51	120	227	10	114	80	34	41
怗	怘	怙	怚	怛	怜	思	怞	怟	怠	怡	怢	怣	怤	急	怦	性	怨	怩	怪
89	150	43	129	45	75	3	157	188	24	29	133	230	111	8	76	5	11	85	16
怫	怬	怭	怮	怯	怰	怱	怲	怳	怴	怵	怶	怷	怸	总	怽	怾	恀	恁	恂
66	207	111	135	30	238	52	103	55	220	51	206	153	296	271	240	285	143	41	35
恃	恄	恅	恆	恇	恈	恉	恊	恋	恌	恍	恎	恏	恐	恑	恒	恓	恔	恕	恖
18	232	144	69	82	159	131	35	103	105	35	158	285	7	148	14	102	124	22	130
恗	恘	恙	恚	恛	恜	恝	恞	恟	恠	恡	恢	恣	恤	恥	恦	恧	恨	恩	恪
171	267	38	46	175	182	78	175	79	41	66	27	25	18	21	238	67	13	6	27
恫	恬	恭	恮	息	恰	恱	恲	恳	恴	恵	恶	恷	恹	恺	恼	恾	恿	悀	悁
66	28	8	137	7	36	26	162	296	290	20	195	296	263	271	150	204	140	166	71
悂	悃	悄	悅	悆	悇	悈	悉	悊	悋	悌	悍	悎	悏	悐	悑	悒	悓	悔	悕
166	47	45	33	87	136	114	9	90	107	37	34	235	186	136	182	60	216	15	114
悖	悗	悘	悙	悚	悛	悜	悝	悞	悟	悠	悡	悢	患	悤	悥	悦	悧	您	悪
29	111	232	126	43	48	193	59	41	16	17	275	88	9	72	243	18	290	125	96
悬	悭	悮	悯	悰	悱	悲	悳	悴	悵	悶	悷	悸	悹	悺	悻	悼	悽	悾	悿
280	296	61	290	53	71	11	84	35	25	29	121	46	140	102	74	24	38	92	214
惀	惁	惂	惃	惄	情	惆	惇	惈	惉	惊	惋	惌	惍	惎	惏	惐	惑	惒	惓
137	189	149	159	78	4	38	31	149	118	230	57	124	280	78	90	184	15	195	40
惔	惕	惖	惗	惘	惙	惚	惛	惜	惝	惞	惟	惠	惡	惢	惣	惤	惥	惧	惨
66	30	227	227	60	78	48	78	13	85	193	3	9	5	125	87	172	142	88	65
惩	惪	惫	惬	惭	惮	惰	惱	惲	想	惴	惵	惶	惷	惸	惹	惺	惻	惼	惽
263	103	296	65	296	78	32	39	41	15	47	103	32	85	66	52	58	28	155	86
惾	惿	愀	愁	愂	愃	愄	愅	愆	愇	愈	愉	愊	愋	愌	愍	愎	意	愐	愑
182	207	64	11	207	144	232	163	29	151	9	40	71	199	199	31	62	2	90	249
愒	愓	愔	愕	愖	愗	愘	愙	愚	愛	愜	愝	愞	感	愠	愡	愢	愣	愤	愧
69	77	42	45	124	132	201	176	10	6	46	196	81	7	46	109	196	271	296	16
愨	愩	愪	愫	愬	愭	愮	愯	愰	愱	愲	愳	愴	愵	愶	愷	愸	愹	愺	愻
140	218	173	93	40	134	128	176	140	240	158	93	39	159	152	34	116	240	150	100
愼	愽	愾	愿	慀	慁	慂	慃	慄	慅	慆	慇	慈	慉	慊	態	慌	慍	慎	慏
32	42	62	40	216	88	116	181	41	105	68	60	13	110	50	26	84	79	13	181
慒	慓	慔	慕	慖	慗	慘	慙	慚	慛	慜	慝	慞	慟	慠	慡	慢	慣	慤	慥
153	83	155	14	199	114	30	24	30	171	101	38	136	32	90	212	22	43	40	69
慦	慧	慨	慨	慩	慪	慫	慬	慭	慮	慯	慰	慱	慲	慳	慴	慵	慶	慷	慸
252	24	60	21	275	238	97	92	135	11	187	15	57	187	57	72	46	7	34	137
慹	慺	慻	慼	慽	慾	慿	憀	憁	憂	憃	憄	憅	憆	憇	憈	憉	憊	憋	憌
119	83	275	60	106	44	34	84	159	7	89	275	259	212	49	249	169	49	122	216
憍	憎	憏	憐	憑	憒	憓	憔	憕	憖	憗	憘	憙	憚	憛	憜	憝	憞	憟	憠
80	34	198	15	22	55	132	44	81	74	79	133	69	24	134	146	73	133	181	252
憡	憢	憣	憤	憥	憦	憧	憨	憩	憪	憫	憬	憭	憮	憯	憰	憱	憲	憳	憴
189	142	135	23	252	252	50	76	43	179	34	62	108	63	76	160	191	12	263	143

揄 54	揅 134	揆 26	揇 214	揈 198	揉 49	揊 207	揋 230	揌 178	揍 137	揎 105	描 59	提 10	揑 61	插 40	揓 225	揔 47	揕 102	揖 21	揗 138
揘 159	揙 207	揚 8	換 25	揜 45	揝 238	揞 144	揟 140	揠 83	握 24	揢 188	揣 40	揤 173	揥 98	揦 256	揧 222	揨 204	揩 63	揪 124	揫 91
揬 123	揭 32	揮 13	揯 252	揰 203	揱 124	揲 43	揳 110	援 14	揵 76	揶 86	揷 55	揸 209	揹 296	揺 23	揻 290	揽 290	揾 96	搀 227	搂 169
搃 71	搄 151	搆 30	搇 259	搈 204	搉 91	搊 95	搋 158	搌 146	損 12	搎 209	搏 32	搐 57	搑 193	搒 85	搓 84	搔 45	搕 141	搖 33	搗 28
搘 79	搙 181	搚 131	搛 240	搜 28	搝 259	搞 182	搟 183	搠 110	搡 230	搢 36	搣 134	搤 74	搥 65	搦 63	搧 147	搨 54	搩 172	搪 99	搫 136
搬 68	搭 59	搮 207	搯 81	搰 89	搱 263	搲 206	搳 209	搴 52	搵 162	搶 44	搷 166	搸 178	搹 116	携 32	搻 243	搼 256	搽 79	搾 232	摀 225
摁 280	摂 243	摃 108	摄 280	摇 34	摉 86	摋 103	摌 230	摍 181	摎 102	摏 114	摐 76	摑 114	摒 128	摓 159	摔 140	摕 147	摖 164	摗 198	摘 27
摙 141	摚 144	摛 50	摜 150	摝 108	摞 172	摟 86	摠 55	摡 96	摢 243	摣 167	摤 212	摥 218	摦 132	摧 24	摨 214	摩 19	摪 235	摫 132	摬 209
摭 41	摮 155	摯 35	摰 61	摱 201	摲 120	摳 70	摴 76	摵 80	摶 36	摷 149	摸 55	摹 33	摺 34	摻 59	摼 176	摽 57	摾 263	摿 209	撀 271
撁 119	撂 285	撃 30	撅 88	撆 101	撇 71	撈 76	撉 256	撊 180	撋 107	撌 223	撍 148	撎 115	撏 98	撐 68	撑 59	撒 42	撓 30	撔 263	撕 82
撖 170	撗 93	撘 102	撙 66	撚 60	撛 194	撜 135	撝 52	撞 45	撟 84	撠 113	撡 86	撢 102	撣 98	撤 34	撥 21	撦 104	撧 199	撨 146	撩 56
撪 296	撫 7	撬 168	播 21	撮 40	撯 290	撰 9	撱 90	撲 35	撳 296	撴 290	撶 199	撹 280	撻 47	撼 47	撽 132	撾 55	撿 57	擀 190	擁 19
擂 82	擃 263	擄 58	擅 21	擆 235	擇 13	擈 152	擉 111	擊 8	擋 118	擌 235	操 13	擎 46	擏 146	擐 61	擑 167	擒 21	擓 243	擔 36	擕 39
擖 117	擗 72	擘 41	擙 280	據 7	擛 220	擞 216	擟 216	擠 54	擡 67	擢 15	擣 41	擤 280	擥 77	擦 64	擧 92	擨 175	擩 78	擪 113	擫 96
擬 14	擭 82	擮 230	擯 34	擰 225	擱 123	擲 32	擳 178	擴 48	擵 256	擶 280	擷 57	擸 124	擹 227	擺 54	擻 89	擼 249	擽 120	擾 17	擿 54
攀 24	攁 259	攂 130	攃 135	攄 49	攅 47	攆 220	攇 197	攈 147	攉 131	攊 198	攋 182	攌 188	攍 189	攎 134	攏 88	攐 179	攑 146	攒 145	攓 115
攔 62	攕 136	攖 65	攗 147	攘 29	攙 64	攛 99	攜 25	攝 18	攞 169	攟 92	攠 125	攡 110	攢 48	攣 45	攤 51	攥 240	攦 122	攧 108	攨 240
攩 115	攪 44	攫 51	攬 34	攭 175	攮 290	支 10	攰 132	攱 156	攲 86	攳 211	攴 64	攵 92	收 8	攷 27	攸 19	改 5	攺 11	攻 8	攼 252
攽 61	放 10	政 3	敀 164	敁 191	敂 111	敃 180	敄 128	故 1	敆 238	敇 45	效 13	敉 75	敊 140	敋 271	敌 195	敍 134	敎 18	敏 15	敐 164
救 10	敒 218	敓 88	敔 57	敕 22	敖 24	敗 7	敘 29	教 5	敚 137	敛 263	敜 121	敝 23	敞 30	敟 223	敠 169	敡 110	敢 4	散 5	敤 180
敥 275	敦 16	敧 79	敨 280	敩 296	敪 256	敫 105	敬 6	敭 70	敮 246	敯 240	数 31	敱 168	敲 43	敳 88	整 19	敵 10	敶 92	敷 17	數 2
敹 150	敺 61	敻 102	敼 285	敽 173	敾 290	敿 130	斀 191	斁 47	斂 18	斃 33	斄 91	斅 256	斆 60	文 1	斈 65	斉 69	斊 259	斋 184	斌 36
斍 91	斎 143	斐 47	斑 28	斒 101	斓 296	斔 182	斕 72	斖 119	斗 11	斘 220	料 20	斚 57	斛 22	斜 16	斝 76	斞 132	斟 33	斠 169	斡 44
斢 181	斣 214	斤 17	斥 20	斦 189	斧 24	斨 82	斪 149	斫 38	斬 12	断 52	斮 77	斯 6	新 3	斱 285	斲 65	斳 153	斴 285	斵 43	斶 108
斷 8	斸 63	方 1	斺 263	斻 172	於 1	施 7	斾 37	斿 52	旁 13	旂 35	旃 39	旄 32	旅 13	旆 87	旇 168	旈 132	旉 78	旊 97	旋 14

旌	旍	旎	族	旐	旑	旒	旓	旔	旖	旗	旘	旙	旚	旛	旜	旝	旞	旟	无
14	79	76	10	54	189	36	104	280	77	9	246	124	209	56	76	102	97	58	9
旡	既	旣	旤	日	旦	旧	旨	早	旪	旫	旬	旭	旮	旯	旰	旱	旲	旳	旴
52	3	14	82	1	11	82	24	10	180	281	18	38	267	246	42	15	188	145	61
旵	时	旹	旺	旻	旼	旽	旾	旿	昀	昁	昂	昃	昄	昅	昆	昇	昈	昉	昊
125	100	93	32	40	86	184	150	112	58	246	35	51	103	230	18	21	93	32	24
昋	昌	昍	明	昏	昐	昑	昒	易	昔	昕	昖	昗	昘	昙	昚	昛	昜	昝	昞
141	6	259	1	14	142	132	120	3	6	48	147	285	225	267	169	135	50	89	80
星	映	昡	昢	昣	昤	春	昦	昧	昨	昩	昪	昫	昬	昭	昮	是	昰	昱	昲
5	19	109	142	181	190	2	133	20	18	59	78	72	30	6	267	1	102	42	164
昳	昴	昵	昶	昷	昸	昹	昺	昻	昼	显	晀	晁	時	晃	晄	晅	晆	晇	晈
90	44	50	43	99	290	223	56	29	131	120	126	32	1	44	137	96	209	223	115
晉	晊	晋	晌	晍	晎	晏	晐	晑	晒	晓	晗	晘	晙	晚	晛	晜	晝	晞	晟
3	85	23	78	240	235	16	130	267	59	290	263	220	78	12	91	88	14	39	34
晠	晡	晢	晣	晤	晥	晦	晧	晨	晩	晪	晫	晬	晭	普	景	晰	晱	晲	晳
151	48	69	89	48	107	17	75	17	17	232	104	76	128	17	5	53	139	116	46
晴	晵	晶	晷	晸	晹	智	晻	晼	晽	晾	晿	暀	暁	暂	暃	暄	暅	暆	暇
15	158	42	40	101	92	10	64	85	225	98	275	118	56	296	281	42	91	127	16
暈	暉	暊	暋	暌	暍	暎	暏	暐	暑	暒	暓	暔	暕	暖	暗	暘	暙	暚	暛
36	22	238	110	52	67	50	95	56	16	151	207	252	80	23	17	37	194	246	243
暜	暝	暞	暟	暠	暡	暢	暣	暤	暥	暦	暧	暨	暩	暪	暫	暬	暭	暮	暯
113	39	252	128	54	178	23	249	185	243	57	131	27	285	131	20	126	142	12	182
暰	暱	暲	暳	暴	暵	暶	暷	暸	暹	暺	暻	暼	暽	暾	暿	曀	曁	曂	曃
249	61	132	156	14	63	216	285	130	48	240	146	204	207	59	206	70	60	235	151
曄	曅	曆	曇	曈	曉	曊	曋	曌	曍	曎	曏	曐	曑	曒	曓	曔	曕	曖	曗
43	86	51	38	64	12	225	151	111	129	162	65	172	157	125	154	204	83	55	285
曘	曙	曚	曛	曜	曝	曞	曟	曠	曡	曢	曣	曤	曦	曧	曨	曩	曪	曫	曬
235	35	102	55	25	44	256	195	19	77	130	182	190	44	230	75	36	225	209	55
曭	曮	曯	曰	曱	曲	曳	更	曵	曶	曷	書	曹	曺	曻	曼	曽	曾	替	最
131	97	118	1	275	6	37	4	40	92	22	1	7	40	249	33	9	11	27	9
朁	朂	會	朄	朅	朇	月	有	朊	朋	朌	服	朎	朏	朐	朒	朓	朔	朕	朖
113	38	11	98	59	249	1	1	238	16	88	3	198	59	54	70	46	9	9	155
朗	朘	朙	朚	望	朜	朝	朞	期	朠	朡	朢	朣	朤	朥	朦	朧	木	朩	未
22	73	63	171	4	256	2	43	7	249	109	67	106	256	204	59	60	4	56	1
末	本	札	朮	术	朱	朲	朳	朴	朵	朶	朷	朸	朹	机	朻	朼	朽	朾	朿
6	2	25	98	26	5	230	161	22	130	37	193	129	126	66	130	98	25	95	35
杀	杂	权	杄	杅	杆	杇	杈	杉	杊	杋	杌	杍	李	杏	材	村	杒	杓	杔
155	220	134	227	85	66	87	105	44	249	168	61	137	3	22	12	12	201	46	171
杕	杖	杗	杘	杙	杚	杛	杜	杝	杞	束	杠	条	杣	杤	来	杦	杧	杨	杪
72	14	100	126	70	178	259	6	96	23	17	62	160	290	285	8	281	296	296	42
杫	杬	杭	杮	杯	杰	東	杲	杳	杴	杵	杶	杷	杸	杹	杺	杻	杼	杽	松
136	106	20	104	19	67	1	38	29	101	33	94	55	129	223	243	77	37	201	7
板	枀	极	枂	枃	构	枅	枆	枇	枈	枉	枊	枋	枌	枍	枎	枏	析	枑	枒
21	136	129	172	115	147	86	209	59	212	24	114	52	62	118	134	107	21	92	89
枓	枔	枕	枖	林	枘	枙	枚	枛	果	枝	枞	枟	枡	枢	枣	枤	枩	枪	枬
82	203	18	147	3	75	140	20	246	8	9	296	249	252	285	130	92	296	281	155
枭	枮	枯	枰	枱	枲	枳	枴	枵	架	枷	枸	枹	枺	枻	枼	枽	枾	柀	柁
290	88	18	68	172	54	34	296	56	27	53	52	58	185	69	121	120	68	138	68
柂	柃	柄	柅	柆	柇	柈	柉	柊	柋	柌	柍	柎	柏	某	柑	柒	染	柔	柖
75	144	22	68	194	271	83	163	172	267	153	117	72	23	6	50	60	21	10	246

柖	柗	柘	柙	柚	柛	柜	柝	柞	柟	柠	柡	柢	柣	柤	查	柦	柧	柨	柩
169	111	38	78	52	147	93	53	54	54	161	296	58	104	64	16	136	124	252	31
柪	柫	柬	柭	柮	柯	柰	柱	柲	柳	柴	柵	柶	柷	柸	柹	柺	査	柼	柽
225	146	48	156	98	26	36	15	84	16	19	40	71	55	84	89	138	134	281	285
柾	柿	栀	栁	栂	栄	栅	栆	标	栈	栊	栋	栍	栐	树	栒	栓	栔	栕	栖
271	55	129	12	174	175	61	281	290	271	296	296	290	137	275	83	155	129	220	30
栗	栘	栙	栚	栛	栜	栝	栞	栟	栠	校	栢	栣	栤	栥	栦	栧	栨	栩	株
25	81	161	212	197	136	52	112	84	207	8	24	230	271	182	263	107	173	59	27
栫	栬	栭	栮	栯	栰	栱	栲	栳	栴	栵	栶	样	核	根	栺	栻	格	栽	栾
117	271	83	161	142	87	70	75	94	82	105	195	141	27	9	132	57	11	31	127
栿	桀	桁	桂	桃	桄	桅	框	桇	案	桉	桊	桋	桌	桍	桎	桏	桐	桑	桒
105	27	69	11	12	73	79	180	249	8	76	190	104	74	183	55	191	17	11	80
桓	桔	桕	桖	桗	桘	桙	桚	桞	桥	桨	桩	桫	桬	桭	桮	桯	桰	桱	桲
11	41	89	246	199	232	199	146	34	214	296	252	127	165	125	67	81	177	107	116
桳	桴	桵	桶	桷	桸	桹	桺	桻	桼	桽	桾	桿	梀	梁	梂	梃	梄	梅	梆
275	49	114	59	41	180	106	72	144	92	290	160	83	108	5	107	72	175	10	132
梇	梈	梉	梊	梋	梌	梍	梎	梏	梐	梑	梒	梓	梔	梕	梖	梗	梘	梙	梚
144	80	263	227	179	152	252	240	49	94	230	212	23	41	271	188	28	117	256	186
梛	梜	條	梞	梟	梠	梡	梢	梣	梤	梥	梦	梧	梨	梩	梪	梫	梬	梭	梮
267	109	9	238	36	84	97	35	134	232	213	81	20	29	107	124	124	116	53	118
梯	械	梱	梲	梳	梴	梵	梶	梷	梸	梹	梼	梽	梾	检	棁	棂	棃	棄	棅
31	29	80	77	43	99	30	281	296	256	83	275	296	285	256	83	296	48	10	96
棆	棇	棈	棉	棊	棋	棌	棍	棎	棏	棐	棑	棒	棓	棔	棕	棖	棗	棘	棙
125	227	188	62	38	44	136	63	148	191	51	133	59	77	174	82	68	22	24	133
棚	棛	棜	棝	棞	棟	棠	棡	棢	棣	棤	棥	棦	棧	棨	棩	棪	棫	棬	棭
54	252	81	146	191	24	25	109	213	36	145	158	216	42	58	194	131	59	83	209
森	棯	棰	棱	棲	棳	棴	棵	棶	棷	棸	棹	棺	棻	棼	棽	棾	棿	椀	椁
25	163	98	74	19	150	216	169	181	109	118	32	25	69	58	117	195	120	45	53
椂	椃	椄	椅	椆	椇	椈	椉	椊	椋	椌	植	椎	椏	椐	椑	椒	椓	椔	椕
172	181	127	55	130	88	132	80	129	142	96	15	37	96	99	73	25	80	113	275
椖	椗	椘	椙	椚	検	椠	椡	椢	椣	椨	椩	椫	椬	椭	椮	椯	椰	椱	椲
290	127	54	285	256	152	296	285	296	290	285	290	256	267	263	186	153	71	162	151
椳	椴	椵	椶	椷	椸	椹	椺	椻	椼	椽	椾	椿	楀	楁	楂	楃	楄	楅	楆
115	140	96	78	96	97	59	243	197	256	40	191	39	108	238	87	156	109	66	252
楇	楈	楉	楊	楋	楌	楍	楎	楏	楐	楑	楒	楓	楔	楕	楖	楗	楘	楙	楚
149	155	156	5	246	256	240	113	227	267	147	163	32	70	207	106	74	101	68	4
楛	楜	楝	楞	楟	楠	楡	楢	楣	楤	楥	楦	楧	楨	楩	楪	楫	楬	業	楮
65	223	67	41	121	53	111	101	55	173	107	112	109	39	69	83	32	76	6	38
楯	楰	楱	楲	楳	楴	極	楶	楷	楸	楹	楺	楻	楼	楽	楾	楿	榄	榅	榆
47	108	123	167	94	176	4	77	27	47	26	139	207	54	58	290	38	296	120	24
榇	榍	榎	榏	榐	榑	榒	榓	榔	榕	榖	榗	榘	榙	榚	榛	榜	榝	榞	榟
267	162	98	181	165	98	181	220	38	62	14	157	72	161	259	36	24	100	146	195
榠	榡	榢	榣	榤	榥	榦	榧	榨	榩	榪	榫	榬	榭	榮	榯	榰	榱	榲	榳
116	246	213	126	150	112	40	97	91	171	198	199	134	37	9	131	100	59	182	211
榴	榵	榶	榷	榸	榹	榺	榻	榼	榽	榾	榿	槀	槁	槂	槃	槄	槅	槆	槇
40	259	157	71	198	132	171	30	60	136	95	91	51	38	246	34	117	103	193	181
槈	槉	槊	構	槌	槍	槎	槏	槐	槑	槒	槓	槔	槕	槖	槗	様	槙	槚	槛
161	179	56	28	60	41	36	159	25	214	249	141	125	267	36	111	34	145	263	246
槜	槝	槞	槟	槡	槢	槣	槤	槥	槦	槧	槨	槩	槪	槫	槬	槭	槮	槯	槰
211	256	281	290	271	124	220	132	88	163	65	56	26	81	113	124	91	89	131	275

槱	槲	槳	槴	槵	槶	槷	槸	槹	槺	槻	槼	槽	槾	槿	樀	樁	樂	樃	樄
72	77	59	178	138	197	108	135	134	158	120	211	47	125	55	116	45	2	181	259
樅	樆	樇	樈	樉	樊	樋	樌	樍	樎	樏	樐	樑	樒	樓	樔	樕	樖	樗	樘
70	148	216	246	147	22	259	169	172	204	103	138	86	185	8	119	102	275	42	138
標	樚	樛	樜	樝	樞	樟	樠	模	樢	樣	樤	樥	樦	樧	樨	権	横	樫	樬
19	168	60	182	83	13	60	93	26	169	54	161	281	281	281	102	159	9	235	206
樭	樮	樯	樱	樲	樳	樴	樵	樶	樷	樸	樹	樺	樻	樼	樽	樾	樿	橀	橁
285	296	207	296	107	164	105	23	198	79	30	6	77	116	167	25	63	102	131	148
橂	橃	橄	橅	橆	橇	橈	橉	橊	橋	橌	橍	橎	橏	橐	橑	橒	橓	橔	橕
256	155	72	78	147	99	43	147	97	9	260	275	181	164	51	81	102	130	169	148
橖	橗	橘	橙	橚	橛	橜	橝	橞	機	橠	橡	橢	橣	橤	橥	橦	橧	橨	橩
198	271	25	57	79	70	91	143	127	10	154	69	92	275	107	296	75	103	180	206
橪	橫	橬	橭	橮	橯	橰	橱	橲	橵	橶	橷	橸	橺	橽	橾	橿	檀	檁	檂
127	34	148	119	181	240	71	159	227	256	180	290	271	159	189	156	104	23	164	206
檃	檄	檅	檆	檇	檈	檉	檊	檋	檌	檍	檎	檏	檐	檑	檒	檓	檔	檕	檖
155	23	186	126	64	166	64	199	131	290	103	83	113	43	150	171	136	81	131	95
檗	檘	檙	檚	檛	檜	檝	檞	檟	檠	檡	檢	檣	檤	檥	檦	檧	檨	檩	檪
71	177	206	211	91	27	49	138	64	58	100	14	46	232	89	115	206	193	132	159
檫	檬	檭	檮	檯	檰	檱	檲	檳	檴	檵	檶	檷	檸	檹	檺	檻	檼	檽	檾
197	201	218	66	148	213	275	275	63	123	118	286	133	225	182	207	30	126	110	100
檿	櫀	櫁	櫂	櫃	櫄	櫅	櫆	櫇	櫈	櫉	櫊	櫋	櫌	櫍	櫎	櫏	櫐	櫑	櫒
78	246	243	48	61	101	154	122	281	137	207	240	117	125	128	143	152	109	98	246
櫓	櫔	櫕	櫖	櫗	櫘	櫙	櫚	櫛	櫜	櫝	櫞	櫟	櫠	櫡	櫢	櫥	櫧	櫨	櫩
46	204	97	153	197	220	214	73	44	56	55	110	40	189	151	235	296	94	69	84
櫪	櫫	櫬	櫭	櫮	櫯	櫰	櫱	櫲	櫳	櫴	櫶	櫷	櫸	櫹	櫺	櫻	櫼	櫽	櫾
63	150	55	220	240	260	109	120	203	57	216	271	286	97	130	56	42	165	81	129
櫿	欀	欁	欂	欃	欄	欆	欇	欈	欉	權	欋	欍	欎	欏	欐	欑	欒	欓	欔
260	107	281	94	78	30	203	112	142	240	7	136	267	62	112	109	90	30	110	185
欕	欖	欗	欘	欙	欚	欛	欜	欝	欞	欠	次	欢	欣	欤	欥	欦	欧	欨	欩
276	72	177	114	145	182	130	263	44	126	27	3	232	19	89	146	161	206	129	249
欪	欫	欬	欭	欮	欯	欰	欱	欲	欳	欴	欵	欶	欷	欸	欹	欺	欻	欼	欽
167	290	40	171	160	163	225	102	2	256	211	24	124	52	84	38	18	86	235	8
款	欿	歀	歁	歂	歃	歄	歅	歆	歇	歈	歉	歊	歋	歌	歍	歎	歏	歐	歑
38	79	164	161	96	72	186	112	28	29	83	39	68	148	5	125	12	195	17	198
歒	歓	歔	歕	歖	歗	歘	歙	歚	歛	歜	歝	歞	歟	歠	歡	止	正	此	步
203	197	57	85	181	86	55	33	296	22	73	240	218	16	71	14	4	1	1	12
武	歧	歨	歩	歪	歫	歬	歭	歮	歯	歰	歱	歲	歳	歴	歵	歶	歷	歸	歹
2	53	260	13	90	141	121	142	197	143	113	186	11	13	8	290	211	35	2	83
歺	死	歽	歾	歿	殀	殁	殂	殃	殄	殅	殆	殇	殈	殉	殊	残	殌	殍	殎
104	3	276	123	39	82	28	52	39	36	206	17	296	113	37	10	123	296	66	260
殏	殐	殑	殔	殕	殖	殗	殘	殙	殚	殛	殜	殝	殞	殟	殠	殡	殢	殣	殤
206	179	106	192	151	31	116	12	157	85	53	132	267	42	154	136	290	79	84	33
殥	殦	殧	殨	殩	殪	殫	殬	殭	殮	殯	殰	殱	殲	殳	段	殶	殷	殸	殹
157	227	201	206	256	57	36	173	65	56	28	116	43	72	52	18	223	11	131	114
殺	殻	殼	殽	殾	殿	毀	毁	毂	毃	毄	毅	毆	毇	毈	毉	毊	毋	毌	母
4	32	107	40	121	6	48	15	271	181	131	20	43	115	143	66	121	16	78	4
毎	每	毐	毑	毒	毓	比	毕	毖	毗	毘	毚	毛	毞	毟	毠	毡	毢	毣	毤
13	6	90	211	13	40	6	296	56	31	49	92	9	227	296	214	107	197	98	223
毥	毦	毧	毨	毩	毫	毬	毭	毯	毰	毱	毲	毳	毴	毵	毷	毸	毹	毺	毻
267	95	243	102	281	14	44	179	80	99	127	163	47	147	167	163	99	89	100	162

毼	毽	毾	毿	氀	氁	氂	氃	氄	氅	氆	氈	氉	氊	氋	氌	氍	氎	氏	氐
100	281	113	76	140	158	68	142	96	69	133	66	169	38	148	134	85	151	1	34
民	氒	氓	气	氖	氛	氜	氣	氤	氥	氧	氮	氯	氲	氳	水	氵	氶	氷	永
2	227	45	60	296	35	281	2	56	296	296	296	240	51	97	1	143	86	18	5
氹	氺	氻	氼	氽	氾	氿	汀	汁	求	汃	汄	汅	汆	汇	汈	汉	汊	汋	汌
296	238	214	267	214	66	95	31	20	4	112	243	240	271	286	267	139	82	79	241
汍	汎	汏	汐	汑	汒	汓	汔	汕	汖	汗	汘	汙	汚	汛	汜	汝	汞	江	池
90	30	113	66	267	139	155	65	85	220	14	182	30	30	33	40	7	62	2	8
污	汢	汣	汤	汥	汦	汧	汨	汩	汪	汫	汬	汭	汮	汯	汰	汱	汲	汳	汴
102	246	252	281	194	122	50	41	59	20	169	218	46	138	118	40	155	19	85	23
汵	汶	汷	汸	汹	決	汻	汼	汽	汾	汿	沀	沁	沂	沃	沄	沅	沆	沇	沈
146	31	227	72	98	14	157	249	172	23	227	276	33	28	23	65	37	44	67	9
沉	沊	沋	沌	沍	沎	沏	沐	沑	沒	沓	沔	沕	沖	沗	沘	沙	沚	沛	沜
16	227	160	51	63	267	154	24	169	17	44	33	86	31	75	103	8	61	22	98
沝	沞	沟	沠	没	沢	沣	沥	沦	沪	沫	沬	沭	沮	沯	沰	沱	沲	河	沴
139	243	260	120	17	194	216	296	290	249	44	56	59	23	246	178	39	77	2	49
沵	沶	沷	沸	油	沺	治	沼	沽	沾	沿	泀	況	泂	泃	泄	泅	泆	泇	泈
185	124	144	28	23	134	2	34	34	28	21	230	19	75	100	24	88	70	76	211
泉	泊	泋	泌	泍	泎	泏	泐	泑	泒	泓	泔	法	泖	泗	泘	泙	泚	泛	泜
6	22	168	40	225	171	159	66	104	93	42	63	2	68	23	203	113	41	19	87
泝	泞	泟	泠	泡	波	泣	泤	泥	泦	泧	注	泩	泪	泫	泬	泭	泮	泯	泰
44	118	204	32	54	10	15	260	15	181	148	3	216	64	54	73	101	38	38	9
泱	泲	泳	泴	泵	泶	泸	泹	泼	泽	泾	泿	洀	洁	洂	洃	洄	洅	洆	洇
57	64	43	241	241	290	290	192	296	194	169	124	180	192	252	271	52	190	238	180
洈	洉	洊	洋	洌	洍	洎	洏	洐	洑	洒	洓	洔	洕	洖	洗	洘	洙	洚	洛
142	267	49	20	73	144	35	101	223	72	34	101	136	241	220	13	233	27	75	9
洜	洝	洞	洟	洠	洡	洢	洣	洤	津	洦	洧	洨	洩	洪	洫	洬	洭	洮	洯
271	156	10	69	256	213	120	121	135	14	169	49	91	29	9	43	209	91	35	241
洰	洱	洲	洳	洴	洵	洶	洷	洸	洹	洺	活	洼	洽	派	洿	浀	流	浂	浃
199	70	13	61	97	40	42	185	61	56	51	18	69	22	25	67	276	3	271	87
浄	浅	浆	浊	济	浏	浐	浓	浔	浕	浖	浗	浘	浙	浚	浛	浜	浝	浞	浟
31	223	124	271	276	281	290	296	296	296	227	260	147	14	23	118	62	197	70	86
浠	浡	浢	浣	浤	浥	浦	浧	浨	浩	浪	浫	浬	浭	浮	浯	浰	浱	浲	浳
150	83	133	39	100	57	15	185	249	15	15	211	198	146	8	68	90	220	137	281
浴	浵	浶	海	浸	浹	浺	浻	浼	浽	浾	浿	涀	涁	涂	涃	涄	涅	涆	涇
25	162	189	3	17	38	155	159	79	144	182	92	172	286	49	218	256	61	120	21
消	涉	涊	涋	涌	涍	涎	涏	涐	涑	涒	涓	涔	涕	涖	涗	涘	涙	涚	涛
12	21	90	290	42	104	36	119	131	70	85	36	60	19	39	84	58	60	100	225
涝	涞	涡	涢	涣	涤	涥	润	涧	涨	涩	涪	涫	涬	涭	涮	涯	涰	涱	液
185	124	220	290	86	276	233	220	243	296	252	39	103	88	192	178	21	243	214	26
涳	涴	涵	涶	涷	涸	涹	涺	涻	涼	涽	涾	涿	淀	淁	淂	淃	淄	淅	淆
145	69	27	144	90	34	142	183	238	19	114	133	38	57	209	49	172	34	49	51
淇	淈	淉	淊	淋	淌	淍	淎	淏	淐	淑	淒	淓	淔	淕	淖	淗	淘	淙	淚
40	96	199	92	34	152	178	235	117	138	22	44	134	131	197	51	230	47	54	19
淛	淜	淝	淞	淟	淠	淡	淢	淣	淤	淥	淦	淧	淨	淩	淪	淫	淬	淭	淮
55	98	67	51	88	87	20	96	203	37	70	56	195	24	53	27	19	53	194	7
淯	淰	深	淲	淳	淴	淵	淶	混	淸	淹	淺	添	淼	淽	淾	淿	渀	渁	渂
70	87	3	104	14	153	12	70	22	28	20	14	20	67	276	267	267	126	276	233
渃	渄	清	渆	渇	済	渉	渊	渌	渏	渑	渒	渔	渕	渗	渘	渙	渚	減	渜
150	227	3	290	31	95	22	87	61	201	111	103	220	296	92	180	27	23	12	121

爯	爰	爱	爲	爴	爵	父	爸	爹	爺	爻	爼	爽	爾	爿	牀	牁	牂	牃	牄
131	19	58	2	249	8	3	194	93	76	13	33	20	3	104	20	65	49	194	151
牅	牆	片	版	牉	牊	牋	牌	牎	牏	牐	牑	牒	牓	牔	牕	牖	牗	牘	牙
218	23	17	24	116	271	35	31	61	103	53	187	25	45	267	35	29	84	28	15
牚	牛	牜	牝	牞	牟	牠	牡	牢	牣	牤	牥	牦	牧	牨	物	牪	牫	牬	牭
122	7	281	36	263	28	276	23	18	73	122	133	182	11	235	2	221	286	207	193
牮	牯	牰	牱	牲	牳	牴	牵	牶	牷	牸	特	牺	牻	牼	牽	牾	牿	犀	犁
241	88	168	85	16	207	65	172	203	71	87	6	271	161	96	17	63	76	24	44
犂	犃	犄	犅	犆	犇	犈	犉	犋	犌	犍	犎	犏	犐	犑	犒	犓	犔	犕	犖
39	201	70	128	77	50	167	91	183	174	46	123	169	209	201	45	149	241	136	50
犗	犘	犙	犚	犛	犜	犝	犞	犠	犡	犢	犣	犤	犥	犦	犧	犨	犩	犪	犫
89	154	165	170	81	256	142	230	89	188	34	174	161	167	107	33	67	157	150	76
犬	犭	犮	犯	犰	犱	犲	犳	犴	犵	状	犹	犺	犻	犼	犽	犾	犿	狀	狁
18	180	93	10	176	216	100	157	67	98	26	118	145	233	246	183	180	135	10	57
狂	狃	狄	狅	狆	狇	狉	狊	狋	狌	狍	狎	狏	狐	狑	狒	狓	狔	狕	狖
16	52	16	214	114	225	125	113	117	97	151	33	243	19	121	92	162	139	203	70
狗	狘	狙	狚	狛	狜	狝	狞	狟	狠	狡	狢	狣	狤	狥	狦	狧	狨	狩	狪
25	118	55	121	194	263	197	271	134	53	36	101	182	135	38	209	142	90	27	131
狫	独	狭	狰	狳	狴	狵	狶	狷	狸	狹	狺	狻	狼	狽	狾	狿	猀	猁	猂
107	93	67	141	161	79	170	84	57	48	27	82	77	21	57	148	127	276	144	170
猄	猅	猆	猇	猈	猉	猊	猋	猌	猍	猎	猏	猐	猑	猒	猓	猔	猕	猖	猗
281	260	235	122	149	263	63	79	172	179	144	213	256	209	70	83	227	148	48	33
猘	猙	猚	猛	猜	猝	猞	猢	猣	猤	猥	猦	猧	猨	猩	猪	猫	猬	猭	献
85	120	173	20	38	46	141	100	149	187	35	177	121	53	54	31	48	113	118	58
猯	猰	猱	猲	猳	猴	猵	猶	猷	猸	猹	猺	猻	猼	猽	猾	猿	獀	獁	獂
144	95	60	100	98	45	121	3	22	241	291	46	101	151	256	40	26	117	260	127
獃	獄	獅	獆	獇	獉	獊	獋	獌	獍	獎	獏	獐	獑	獒	獓	獔	獕	獖	獗
108	11	42	241	246	206	241	150	121	83	144	150	77	117	69	189	241	297	106	62
獘	獙	獚	獛	獜	獝	獞	獟	獠	獡	獢	獣	獤	獦	獧	獨	獩	獪	獫	獬
118	163	168	185	129	99	65	140	45	150	116	297	143	118	98	4	141	72	73	64
獮	獯	獰	獱	獲	獳	獴	獵	獶	獷	獸	獹	獺	獻	獼	獽	獾	獿	玀	玁
57	84	72	119	9	97	238	19	104	63	14	135	55	5	72	155	108	142	100	64
玂	玃	玄	玅	玆	率	玈	玉	玊	王	玌	玍	玎	玏	玐	玑	玒	玓	玔	玕
181	79	18	80	75	6	91	3	30	1	286	260	108	146	256	267	130	126	235	47
玖	玗	玘	玙	玚	玛	玞	玟	玠	玡	玢	玣	玤	玥	玦	玧	玨	玩	玪	玫
37	93	59	271	227	139	112	99	41	174	81	192	135	119	56	173	111	20	144	60
玬	玭	玮	玲	玳	玴	玵	玶	玷	玸	玹	玺	玻	玼	玽	玾	玿	珀	珁	珂
276	70	182	46	55	253	214	131	44	223	99	172	59	83	159	218	128	50	281	41
珃	珄	珅	珆	珇	珈	珉	珊	珋	珌	珍	珎	珏	珐	珒	珓	珔	珕	珖	珗
233	213	101	173	142	82	49	56	188	80	14	63	53	291	163	102	253	126	111	207
珘	珙	珚	珛	珜	珝	珞	珟	珠	珡	珢	珣	珤	珥	珦	珧	珨	珩	珪	珫
225	49	201	233	198	74	74	267	10	170	144	45	76	42	74	81	195	54	24	91
珬	班	珮	珯	珳	珴	珵	珶	珷	珸	珹	珺	珻	珼	珽	現	珿	琀	琁	琂
150	11	36	297	256	235	80	181	112	133	116	241	169	260	54	20	199	131	91	227
球	琄	琅	理	琇	琈	琉	琊	琋	琌	琍	琑	琒	琓	琔	琕	琖	琗	琘	琙
34	114	27	3	59	120	42	46	241	181	253	177	286	233	182	92	66	180	199	161
琚	琛	琜	琝	琞	琟	琠	琡	琢	琣	琤	琥	琦	琧	琨	琩	琪	琫	琬	琭
50	39	187	249	216	139	100	104	35	201	78	45	29	194	44	163	42	81	40	95
琮	琯	琰	琱	琲	琳	琴	琵	琶	琷	琸	琹	琺	琻	琼	琽	琾	琿	瑀	瑁
34	48	33	64	84	27	14	38	37	233	123	89	167	297	243	227	177	64	43	49

穚	穰	穪	穲	穳	穴	穵	究	穷	穸	穹	空	穻	穼	穽	穾	穿	窀	突	窂
101	34	119	164	182	15	86	17	135	68	31	4	198	154	56	113	17	71	17	154
窃	窄	窅	窆	窇	窈	窉	窊	窋	窌	窏	窐	窑	窒	窓	窔	窕	窖	窗	窘
100	45	57	54	225	38	179	77	73	80	182	105	65	43	33	88	43	60	31	39
窙	窚	窛	窜	窝	窞	窟	窠	窡	窢	窣	窤	窥	窨	窩	窪	窫	窬	窭	窮
146	209	297	297	124	77	30	43	155	183	61	297	297	93	45	52	108	68	188	7
窯	窰	窱	窲	窳	窴	窵	窶	窷	窸	窹	窺	窻	窼	窽	窾	窿	竀	竁	竂
93	66	84	187	61	91	94	56	297	128	95	19	37	186	79	116	72	128	72	91
竃	竄	竅	竆	竇	竈	竉	竊	立	竌	竎	竐	竑	竒	竗	竘	站	竚	竛	竜
188	26	34	67	21	29	125	10	2	281	276	286	64	8	170	137	41	60	112	100
竝	竞	竟	章	竢	竣	竤	童	竦	竧	竨	竩	竪	竫	竬	竭	竮	端	竱	竲
17	88	11	3	52	41	166	13	36	167	241	207	48	114	233	17	111	7	136	175
竳	竴	竵	競	竷	竸	竹	竺	竻	竼	竽	竾	竿	笀	笁	笂	笃	笄	笅	笆
183	188	187	19	144	108	6	32	148	244	48	127	27	267	96	286	297	38	235	93
笇	笈	笉	笊	笋	笌	笍	笎	笏	笐	笑	笒	笓	笔	笖	笗	笘	笙	笚	笛
101	41	221	128	41	244	204	241	30	138	9	174	125	127	267	250	156	24	221	26
笜	笝	笞	笟	笠	笡	笢	笣	笤	笥	符	笧	笨	笩	笪	笫	第	笭	笮	笯
253	200	36	170	40	165	150	192	190	43	10	186	94	176	99	91	4	78	65	105
笰	笱	笲	笳	笴	笵	笶	笷	笸	笹	笺	笻	笼	笽	笾	笿	筀	筁	筂	筃
119	69	84	42	72	99	241	271	297	297	203	51	281	256	144	111	163	241	216	160
筅	筆	筇	筈	等	筊	筋	筌	筍	筎	筏	筐	筑	筒	筓	答	筕	策	筗	筘
116	8	114	93	2	106	24	49	33	153	58	39	53	42	69	12	142	15	260	281
筝	筞	筟	筠	筡	筢	筣	筤	筥	筦	筧	筨	筩	筪	筫	筬	筭	筮	筯	筰
51	66	172	25	128	291	171	84	63	50	100	201	58	256	213	200	32	22	49	78
筱	筲	筳	筴	筵	筶	筷	筸	筹	筻	筼	简	箁	箂	箃	箄	箅	箆	箇	箈
171	69	94	51	19	197	291	92	218	276	291	174	162	201	253	86	137	75	18	112
箉	箊	箋	箌	箍	箎	箏	箐	箑	箒	箓	箔	箕	箖	算	箘	箙	箚	箛	箜
228	122	22	150	129	58	56	60	78	75	150	49	23	127	21	84	79	187	114	62
箝	箞	箟	箠	管	箢	箣	箤	箥	箧	箨	箪	箫	箬	箭	箮	箯	箰	箱	箲
74	225	138	50	7	281	196	250	260	66	281	250	233	67	22	256	107	156	37	230
箳	箴	箵	箶	箷	箸	箹	箺	箻	箼	箽	箾	箿	節	篁	篂	篃	範	篅	篆
131	29	94	166	161	47	136	281	250	286	216	77	221	3	42	132	146	18	125	21
篇	篈	築	篊	篋	篌	篍	篎	篏	篐	篒	篓	篔	篕	篖	篗	篘	篙	篚	篛
7	221	11	169	37	63	150	145	185	103	297	198	68	170	136	145	79	54	37	89
篜	篝	篞	篟	篠	篡	篢	篣	篤	篥	篦	篧	篨	篩	篪	篫	篬	篭	篮	篯
244	63	154	221	52	57	168	118	16	73	99	140	78	44	67	267	155	241	267	150
篱	篲	篳	篴	篵	篶	篷	篸	篹	篺	篻	篼	篽	篾	篿	簀	簁	簂	簃	簄
134	73	78	75	223	267	47	85	92	167	128	154	148	68	105	61	90	150	129	170
簅	簆	簇	簈	簉	簊	簋	簌	簍	簎	簏	簐	簑	簒	簔	簕	簖	簘	簙	簚
215	182	35	190	72	250	37	79	86	111	76	286	81	38	87	228	291	137	120	149
簛	簜	簝	簞	簟	簠	簡	簢	簣	簤	簥	簦	簧	簨	簩	簪	簫	簬	簭	簮
192	75	113	49	38	47	8	146	62	276	127	80	46	73	120	34	26	118	86	37
簰	簱	簲	簳	簴	簵	簶	簷	簸	簹	簺	簻	簼	簽	簾	簿	籀	籂	籃	籄
113	297	286	87	60	93	192	28	58	74	107	118	198	40	20	15	45	286	56	206
籅	籆	籇	籈	籉	籊	籋	籌	籍	籏	籐	籑	籒	籓	籔	籕	籖	籗	籘	籙
192	238	286	110	157	97	89	26	10	297	81	114	94	72	94	65	39	154	253	45
籚	籛	籜	籝	籞	籟	籠	籢	籣	籤	籥	籦	籧	籨	籩	籪	籫	籬	籭	籮
134	83	56	91	70	43	23	158	141	71	35	128	74	159	31	126	203	27	132	92
籯	籰	籱	籲	米	籴	籵	籶	籷	籸	籹	籺	类	籼	籽	籾	籿	粄	粅	粆
87	120	218	53	9	154	271	256	228	119	82	108	244	216	85	297	64	206	241	166

纊	纋	續	纍	纎	纏	纑	纒	纓	纔	纕	纖	纗	纘	纙	纚	纛	纜	纝	纞
49	134	13	34	23	76	84	32	26	22	98	42	155	50	256	52	45	59	233	297
纠	纡	红	纣	纤	约	级	纪	纭	纯	纰	纱	纲	纳	纷	纸	纹	纺	绀	绂
281	297	230	215	291	218	256	187	297	241	291	297	297	233	276	281	297	297	238	297
练	组	绅	细	织	终	绌	绍	经	结	绕	给	绛	络	绝	绞	统	绡	绢	绥
297	297	281	223	297	90	297	281	184	225	297	244	286	291	180	291	235	297	297	297
继	绪	续	绮	绰	绳	维	绵	绶	绸	绻	绽	绾	绿	缀	缄	缅	缈	缊	缐
228	297	297	297	291	148	223	281	235	297	297	291	297	281	297	297	297	297	297	286
缒	缓	缕	编	缗	缘	缙	缚	缜	缝	缟	缡	缣	缥	缦	缨	缩	缪	缯	缱
276	286	218	276	286	223	256	179	297	272	297	297	297	297	297	297	281	272	256	286
缴	缶	缷	缸	缹	缺	缻	缼	缽	缾	缿	罀	罁	罃	罄	罅	罇	罈	罊	罋
297	46	88	57	131	15	96	264	96	48	102	281	173	63	38	51	43	111	192	68
罌	罍	罎	罏	罐	网	罒	罓	罔	罕	罗	罘	罙	罛	罜	罝	罞	罟	罠	罡
59	36	244	59	76	83	134	297	18	21	253	58	80	91	135	64	148	49	142	75
罢	罣	罤	罥	罦	罧	罨	罩	罪	罫	罬	罭	置	罯	罰	罱	署	罳	罵	罶
291	83	155	73	93	133	62	58	5	108	119	87	4	123	15	159	14	71	28	87
罷	罸	罹	罺	罻	罼	罽	罾	罿	羀	羁	羂	羃	羄	羅	羆	羇	羈	羉	羊
8	62	35	136	88	98	55	71	97	170	297	118	48	260	7	43	48	30	134	9
羋	羌	羍	美	羏	羑	羒	羓	羔	羕	羖	羗	羘	羙	羚	羛	羜	羝	羞	羠
267	21	119	6	264	66	140	138	35	84	69	44	267	24	61	138	92	64	18	144
羡	羢	羣	群	羥	羦	羧	羨	義	羪	羫	羬	羭	羮	羯	羱	羲	羳	羴	羵
26	134	6	29	216	218	215	32	2	272	138	128	99	27	49	108	20	171	144	109
羶	羷	羸	羹	羺	羻	羼	羽	羾	羿	翀	翁	翂	翃	翄	翅	翆	翇	翈	翉
56	155	28	64	151	233	116	9	92	45	64	11	105	66	130	34	80	185	230	260
翊	翋	翌	翍	翎	翏	翐	翑	習	翓	翔	翕	翖	翗	翘	翛	翜	翝	翞	翟
28	164	45	139	43	95	125	175	10	163	17	32	122	276	297	47	112	276	235	24
翠	翡	翢	翣	翤	翥	翦	翧	翨	翩	翪	翫	翬	翭	翮	翯	翰	翱	翲	翳
12	46	161	58	253	45	32	177	111	25	136	39	44	122	39	94	10	122	134	28
翴	翵	翶	翷	翸	翹	翺	翻	翼	翽	翾	翿	耀	老	耂	考	耄	者	耆	耇
198	221	83	152	276	32	38	11	11	73	70	79	21	3	267	5	42	1	21	87
耈	耉	耊	耋	而	耍	耎	耏	耐	耑	耒	耓	耔	耕	耖	耗	耘	耙	耚	耛
159	64	105	57	1	93	71	85	39	63	34	189	76	13	154	26	43	98	196	194
耜	耝	耞	耟	耠	耡	耣	耤	耦	耨	耩	耫	耬	耭	耮	耯	耰	耱	耳	耴
42	162	126	206	223	83	218	62	31	48	113	209	96	230	223	235	70	297	4	90
耵	耶	耷	耸	耹	耺	耻	耼	耽	耾	耿	聀	聁	聂	聃	聄	聅	聆	聇	聈
147	10	209	260	165	213	33	70	37	135	23	92	193	291	60	161	152	49	238	180
聉	聊	聋	职	聎	聏	聐	聑	聒	聓	联	聕	聖	聗	聘	聙	聚	聛	聜	聝
170	18	291	291	150	159	216	171	57	116	141	281	3	218	16	244	10	215	272	151
聞	聟	聠	聡	聢	聣	聤	聥	聦	聧	聨	聩	聪	聫	聬	聭	聮	聯	聰	聱
2	144	264	105	297	150	118	221	45	120	27	297	76	45	260	246	41	38	20	77
聲	聳	聴	聵	聶	職	聸	聹	聺	聻	聼	聽	聾	聿	肀	肁	肂	肃	肄	肅
3	29	16	59	40	5	119	149	272	150	25	8	41	37	276	163	94	179	42	10
肆	肇	肈	肉	肊	肋	肌	肍	肎	肐	肑	肒	肓	肔	肕	肖	肗	肘	肙	肚
14	23	86	11	201	54	28	230	75	167	193	221	56	173	141	23	228	35	132	51
肛	肜	肝	肞	肟	肠	股	肢	肣	肤	肥	肦	肧	肨	肩	肪	肫	肬	肭	肮
68	68	19	286	291	297	20	33	105	208	18	201	118	154	21	72	63	111	95	127
肯	肰	肱	育	肳	肴	肵	肶	肷	肸	肹	肺	肻	肼	肾	肿	胀	胁	胂	胃
14	79	31	17	190	46	76	111	264	61	77	20	56	297	272	286	297	297	127	19
胄	胅	胆	胇	胈	胉	胊	胋	背	胍	胎	胏	胐	胑	胒	胓	胔	胕	胖	胗
25	135	74	142	117	104	85	216	12	98	27	77	128	132	177	198	76	94	62	95

苯	苰	英	苲	苳	苴	苵	苶	苷	苸	苹	苺	苻	苼	苽	苾	苿	茀	茁	茂
121	144	9	146	197	36	149	99	171	238	66	104	39	230	80	56	185	53	59	13
范	茄	茅	茆	茇	茈	茉	茊	茋	茌	茍	茎	茐	茒	茔	茖	茗	茘	茙	茚
11	57	16	52	71	79	78	250	51	79	16	182	172	67	151	123	36	60	102	276
茛	茜	茝	茞	茟	茠	茡	茢	茣	茤	茥	茦	茧	茨	茩	茪	茫	茬	茭	茮
125	67	72	148	71	116	186	80	246	137	158	140	241	39	114	140	21	131	57	131
茯	茰	茱	茲	茳	茴	茵	茶	茷	茸	茹	茺	茻	茼	茽	茾	茿	荀	荁	荂
28	49	39	31	142	63	41	14	78	39	31	89	112	164	256	174	140	18	98	93
荃	荄	荅	荆	荇	荈	草	荊	荋	荌	荍	荎	荏	荐	荑	荒	荓	荔	荕	荖
60	67	20	10	56	88	4	92	175	250	92	111	53	51	54	11	96	33	256	130
荗	荘	荚	荡	荢	荣	荥	荦	荧	荨	荩	荰	荱	荲	荳	荴	荵	荶	荷	荸
79	23	107	286	264	78	204	291	173	291	281	188	260	173	59	182	144	209	15	144
荹	荺	荻	荼	荽	荾	荿	莀	莁	莂	莃	莄	莅	莆	莇	莈	莉	莊	莋	莌
206	151	48	36	79	161	241	221	145	126	144	176	45	38	183	247	76	9	90	162
莍	莎	莏	莐	莑	莒	莓	莔	莕	莖	莗	莘	莙	莚	莛	莜	莝	莞	莟	莠
119	41	154	167	187	25	56	131	121	24	156	39	114	115	94	158	91	42	137	56
莡	莢	莣	莤	莥	莦	莧	莨	莩	莪	莫	莬	莭	莮	莯	莰	莱	莳	莴	莵
260	45	140	102	152	180	51	86	65	49	4	77	37	221	256	298	46	298	291	68
获	莸	莹	莺	莽	莾	莿	菀	菁	菂	菃	菄	菅	菆	菇	菈	菉	菊	菋	菌
213	276	151	276	19	53	165	60	40	96	235	189	54	75	113	162	52	20	147	48
菍	菎	菏	菐	菑	菒	菓	菔	菕	菖	菗	菘	菙	菚	菛	菜	菝	菞	菟	菠
230	137	71	124	40	163	63	75	182	47	225	58	106	218	244	21	105	162	57	111
菡	菢	菣	菤	菥	菦	菧	菨	菩	菪	菫	菬	菭	菮	華	菰	菱	菲	菳	菴
63	128	103	145	109	198	175	133	30	96	109	208	105	264	4	46	38	36	167	22
菵	菶	菷	菸	菹	菺	菻	菼	菽	菾	菿	萀	萁	萂	萃	萄	萅	萆	萇	萈
126	85	167	118	45	155	97	68	37	159	198	233	77	260	27	46	190	68	38	150
萉	萊	萋	萌	萍	萎	萏	萐	萑	萒	萓	萔	萕	萖	萗	萘	萛	萝	萞	萟
125	19	42	25	34	48	72	95	59	188	213	286	238	221	253	291	238	126	131	89
萠	萡	萤	营	萦	萧	萨	萩	萪	萫	萬	萭	萮	萯	萰	萱	萲	萳	萴	萵
157	216	174	67	141	156	291	105	170	225	2	108	166	92	166	46	171	247	115	94
萶	萷	萸	萹	萺	萻	萼	落	萾	萿	葀	葁	葂	葃	葄	葅	葆	葇	葈	葉
250	146	49	62	213	247	46	5	250	178	148	264	148	201	130	57	46	112	118	6
葊	葋	葌	葍	葎	葏	葐	葑	葒	葓	葔	葕	葖	著	葘	葙	葚	葛	葜	葝
133	184	135	85	139	184	116	55	115	120	228	238	124	4	94	97	84	15	112	134
葞	葟	葠	葡	葢	董	葤	葥	葦	葧	葨	葩	葪	葫	葬	葭	葮	葯	葰	葱
165	149	95	57	8	15	256	140	31	138	235	44	121	58	11	36	130	77	114	30
葲	葳	葴	葵	葶	葷	葸	葹	葺	葻	葼	葽	葾	葿	蒀	蒁	蒂	蒃	蒄	蒅
211	56	95	26	63	59	94	98	31	223	119	87	233	186	124	141	55	198	247	298
蒆	蒉	蒋	蒌	蒍	蒏	蒐	蒑	蒒	蒓	蒔	蒕	蒖	蒗	蒘	蒙	蒚	蒛	蒜	蒝
286	298	58	138	64	291	36	218	147	108	58	179	247	102	139	16	124	167	47	187
蒞	蒟	蒠	蒡	蒢	蒣	蒤	蒥	蒦	蒧	蒨	蒩	蒪	蒫	蒬	蒭	蒮	蒯	蒰	蒱
50	87	139	74	87	233	139	156	110	107	54	90	157	146	155	71	152	40	272	71
蒲	蒳	蒴	蒵	蒶	蒷	蒸	蒹	蒺	蒻	蒼	蒽	蒾	蒿	蓀	蓁	蓂	蓃	蓄	蓅
14	117	93	148	203	250	22	54	53	75	10	241	179	30	63	67	60	173	23	264
蓆	蓇	蓈	蓉	蓊	蓋	蓌	蓍	蓎	蓏	蓐	蓑	蓒	蓓	蓔	蓕	蓖	蓗	蓘	蓚
71	140	151	26	61	7	124	32	175	68	53	47	179	91	256	276	121	208	95	103
蓛	蓝	蓞	蓟	蓠	蓡	蓢	蓤	蓥	蓧	蓨	蓩	蓪	蓫	蓬	蓭	蓮	蓯	蓰	蓱
110	161	80	291	291	163	175	120	286	85	90	137	167	104	17	253	17	62	77	91
蓲	蓳	蓴	蓵	蓶	蓷	蓸	蓹	蓺	蓻	蓼	蓽	蓾	蓿	蔀	蔁	蔂	蔃	蔄	蔅
100	151	48	267	168	90	256	204	60	93	36	57	158	62	54	178	130	238	198	230

蜈 67	蜉 57	蜊 88	蜋 67	蜌 173	蜍 61	蜎 77	蜏 206	蜐 165	蜑 77	蜒 51	蜓 65	蜔 247	蜕 60	蜖 186	蜗 235	蜘 61	蜙 110	蜚 48	蜛 148
蜜 23	蜝 161	蜞 94	蜟 174	蜠 142	蜡 47	蜢 101	蜣 81	蜤 126	蜥 71	蜦 130	蜧 114	蜨 76	蜩 53	蜪 131	蜫 151	蜬 141	蜭 174	蜮 68	蜯 87
蜰 118	蜱 113	蜲 113	蜳 135	蜴 69	蜵 140	蜶 228	蜷 86	蜸 159	蜹 116	蜺 55	蜻 61	蜼 72	蜽 114	蜾 82	蜿 49	蝀 70	蝁 154	蝂 137	蝃 90
蝄 118	蝅 253	蝆 201	蝇 90	蝈 260	蝉 74	蝌 85	蝍 95	蝎 51	蝏 174	蝐 160	蝑 98	蝒 143	蝓 96	蝔 184	蝕 32	蝖 192	蝗 34	蝘 83	蝙 74
蝚 119	蝛 125	蝜 126	蝝 75	蝞 185	蝟 59	蝠 72	蝡 98	蝢 138	蝣 67	蝤 80	蝥 75	蝦 41	蝧 253	蝨 55	蝩 189	蝪 98	蝫 193	蝬 176	蝭 124
蝮 68	蝯 104	蝰 179	蝱 76	蝲 223	蝳 144	蝴 56	蝵 253	蝶 29	蝷 225	蝸 50	蝹 114	蝺 181	蝻 84	蝼 135	蝽 182	蝾 291	蝿 272	螀 122	螁 241
螂 75	螃 100	螄 108	螅 211	螆 203	螇 115	螈 107	螉 94	螊 157	螋 111	螌 121	融 15	螎 183	螏 203	螐 198	螑 163	螒 152	螓 101	螔 115	螕 155
螖 106	螗 77	螘 65	螙 108	螚 189	螛 203	螜 187	螝 132	螞 148	螟 52	螠 206	螡 150	螢 39	螣 69	螤 213	螥 272	螦 298	螧 298	螨 203	螫 54
螬 81	螭 39	螮 82	螯 59	螰 131	螱 165	螲 143	螳 64	螴 145	螵 77	螶 173	螷 154	螸 162	螹 156	螺 37	螻 50	螼 142	螽 47	螾 83	螿 81
蟀 52	蟁 95	蟂 114	蟃 132	蟄 36	蟅 156	蟆 67	蟇 56	蟈 84	蟉 90	蟊 66	蟋 53	蟌 192	蟍 218	蟎 238	蟏 250	蟑 264	蟒 61	蟓 135	蟔 192
蟕 130	蟖 178	蟗 192	蟘 123	蟙 151	蟚 131	蟛 101	蟜 75	蟝 190	蟞 130	蟟 125	蟠 30	蟡 152	蟢 114	蟣 71	蟤 180	蟥 121	蟦 123	蟧 109	蟨 103
蟩 151	蟪 78	蟫 91	蟬 25	蟭 114	蟮 138	蟯 97	蟰 154	蟱 160	蟲 16	蟳 133	蟴 157	蟵 223	蟶 115	蟷 112	蟸 159	蟹 37	蟺 89	蟻 31	蟼 167
蟽 244	蟾 37	蟿 160	蠀 135	蠁 70	蠂 247	蠃 63	蠄 238	蠅 40	蠆 56	蠇 178	蠈 143	蠉 116	蠊 135	蠋 72	蠌 151	蠍 79	蠎 111	蠏 68	蠐 77
蠑 112	蠒 70	蠓 81	蠔 98	蠕 44	蠖 63	蠗 198	蠘 183	蠙 69	蠚 104	蠛 87	蠜 96	蠝 149	蠞 190	蠟 33	蠠 157	蠡 29	蠢 46	蠣 57	蠤 264
蠥 136	蠦 129	蠧 31	蠨 87	蠩 113	蠪 110	蠫 241	蠬 165	蠭 60	蠮 105	蠯 96	蠰 108	蠱 28	蠲 26	蠳 168	蠵 95	蠶 23	蠷 165	蠸 138	蠹 80
蠺 95	蠻 15	蠼 111	蠽 167	蠾 151	蠿 183	血 9	衁 185	衂 45	衃 117	衄 123	衅 108	衆 4	衇 51	衈 93	衉 183	衊 83	衋 125	行 1	衍 15
衎 49	衏 281	衐 267	衑 58	術 11	衕 73	衖 97	街 26	衘 49	衙 24	衚 75	衛 6	衜 109	衝 16	衞 12	衟 121	衠 185	衡 10	衢 23	衣 4
衤 260	补 286	衦 213	衧 213	表 5	衩 117	衪 174	衫 32	衬 235	衭 163	衮 23	衯 130	衰 10	衱 116	衲 46	衳 168	衴 230	衵 112	衶 272	衷 28
衸 172	衹 106	衺 69	衻 133	衼 197	衽 49	衾 35	衿 43	袀 100	袁 16	袂 32	袃 221	袄 118	袇 156	袈 64	袉 159	袊 132	袋 42	袌 126	袍 26
袎 170	袏 218	袐 67	袑 133	袒 35	袓 97	袔 211	袕 186	袖 24	袗 82	袘 117	袙 138	袚 84	袛 85	袜 103	袝 82	袞 60	袟 123	袠 64	袡 104
袢 96	袣 177	袤 41	袥 128	袦 225	袧 122	袨 95	袩 140	袪 53	被 8	袬 267	袭 260	袮 286	袯 291	袱 93	袲 102	袳 180	袴 42	袵 54	袶 221
袷 73	袸 154	袹 152	袺 120	袻 267	袼 122	袽 86	袾 133	袿 83	裀 81	裁 15	裂 23	裄 298	装 45	裉 272	裊 46	裋 87	裌 89	裍 244	裎 100
裏 11	裐 281	裑 244	裒 39	裓 97	裔 24	裕 18	裖 165	裗 147	裘 20	裙 35	裚 228	裛 70	補 7	裝 29	裞 137	裟 65	裠 87	裡 51	裦 91
裧 101	裨 42	裩 99	裪 155	裫 253	裬 233	裭 102	裮 200	裯 76	裰 165	裱 106	裲 96	裳 18	裴 18	裵 70	裶 123	裷 134	裸 60	裹 29	裺 155
裻 110	裼 50	製 16	裾 40	裿 189	褀 142	褁 53	褂 92	褃 238	褄 281	褅 142	褆 120	複 34	褈 179	褉 82	褊 50	褋 127	褌 84	褍 141	褎 64

褏	褐	褑	褒	褓	褔	褕	褖	褗	褘	褙	褚	褛	褞	褟	褠	褡	褢	褣	褤
88	33	161	19	59	124	75	78	150	57	112	38	291	184	228	97	139	119	140	276
褥	褦	褧	褨	褩	褪	褫	褬	褭	褮	褯	褰	褱	褲	褳	褵	褶	褷	褸	褹
45	104	74	241	244	78	60	238	62	151	197	45	99	120	244	95	67	93	110	163
褺	褻	褼	褽	褾	褿	襀	襁	襂	襃	襄	襅	襆	襇	襈	襉	襊	襋	襌	襍
167	70	171	159	73	211	162	53	117	38	10	281	74	121	86	178	164	115	70	46
襎	襏	襐	襑	襒	襓	襔	襕	襖	襗	襘	襙	襚	襛	襜	襝	襞	襟	襠	襡
174	92	147	194	154	121	228	115	62	117	115	276	58	117	65	177	73	26	76	119
襢	襣	襤	襥	襦	襧	襨	襩	襪	襫	襬	襭	襮	襯	襰	襱	襲	襳	襴	襵
84	196	105	173	48	107	286	201	52	93	166	104	77	56	253	131	11	134	68	111
襶	襷	襸	襹	襺	襻	襼	襾	西	覀	要	覂	覃	覄	覆	覇	覈	覉	覊	見
103	225	124	116	110	154	257	154	1	110	6	112	33	264	10	36	33	78	44	1
覌	覍	覎	規	覐	覑	覒	覓	覔	覕	視	覗	覘	覙	覚	覛	覜	覝	覞	覟
121	221	247	13	257	253	201	43	37	150	5	159	45	298	170	121	88	209	146	267
覠	覡	覢	覣	覤	覥	覦	覧	覨	覩	親	覫	覬	覭	覮	覯	覰	覱	覲	観
264	70	157	218	149	223	64	38	276	21	3	272	41	146	223	52	131	182	25	121
覴	覵	覶	覷	覸	覹	覺	覻	覼	覽	覾	覿	觀	见	规	视	觎	角	觓	觔
238	170	184	74	101	236	10	104	89	14	286	37	3	208	291	291	298	8	130	43
觕	觖	觗	觘	觙	觚	觛	觜	觝	觟	觠	觡	觢	解	觤	觥	触	觧	觨	觩
81	76	132	247	218	41	156	45	74	120	140	101	136	5	190	51	221	20	291	90
觪	觫	觬	觭	觮	觯	觰	觱	觲	觳	觴	觵	觶	觷	觸	觹	觺	觻	觼	觽
150	89	176	100	244	156	155	66	159	67	22	97	36	106	21	99	109	137	108	88
觾	觿	言	訁	訂	訃	訄	訅	訆	訇	計	訉	訊	訋	訌	訍	討	訏	訐	訑
233	80	1	298	36	42	209	189	159	79	6	73	30	223	80	208	10	64	46	88
訒	訓	訔	訕	訖	託	記	訙	訛	訜	訝	訞	訟	訠	訡	訢	訣	訤	訥	訦
85	9	95	55	18	16	3	161	17	196	38	110	17	233	204	54	32	244	33	109
訧	訨	訩	訪	訫	訬	設	訮	訯	訰	許	訲	訴	訵	訶	訷	訸	訹	診	註
115	241	88	14	264	113	6	183	267	129	4	291	26	223	37	218	238	92	43	10
証	訽	訾	訿	詀	詁	詂	詃	詄	詅	詆	詇	詈	詉	詊	詋	詌	詍	詎	詏
43	93	39	79	98	40	253	173	105	139	36	184	51	132	276	177	216	145	28	276
詐	詑	詒	詓	詔	評	詖	詗	詘	詙	詚	詛	詜	詝	詞	詠	詡	詢	詣	詤
22	126	52	213	4	24	64	76	47	216	272	49	209	190	8	14	43	23	13	247
詥	試	詧	詨	詩	詪	詫	詬	詭	詮	詯	詰	話	該	詳	詴	詵	詶	詷	詸
173	8	64	122	1	131	56	51	27	48	208	24	20	14	8	241	43	62	109	236
詹	詺	詻	詼	詽	詾	詿	誀	誁	誂	誃	誄	誅	誆	誇	誈	誉	誊	誋	誌
25	120	105	73	182	102	70	209	286	134	124	40	11	108	28	264	230	291	156	20
認	誎	誏	誐	誑	誒	誓	誔	誕	誖	誗	誘	誙	誚	誛	誜	誝	語	誟	誠
29	105	228	144	48	127	18	159	22	86	135	22	135	44	272	225	260	3	247	6
誡	誢	誣	誤	誥	誦	誧	誨	誩	說	誫	説	誮	誯	誰	誱	課	誳	誴	誵
33	238	21	9	18	16	128	25	134	6	247	4	291	236	7	206	18	172	197	201
誶	誷	誸	誹	誺	誻	誼	誽	誾	調	諀	諁	諂	諃	諄	諅	諆	談	諈	諉
78	128	186	54	154	141	23	184	63	8	172	247	44	221	38	165	124	14	121	53
諊	請	諌	諍	諎	諏	諐	諑	諒	諓	諔	諕	論	諗	諘	諙	諚	諛	諜	諝
208	3	21	44	157	54	81	109	24	97	149	135	3	59	241	247	291	44	45	70
諞	諟	諠	諡	諢	諣	諤	諥	諦	諧	諨	諩	諪	諫	諬	諭	諮	諯	諰	諱
107	79	58	15	111	200	37	230	45	25	276	192	267	12	291	9	37	177	108	14
諲	諳	諴	諵	諶	諷	諸	諹	諺	諻	諼	諽	諾	諿	謀	謁	謂	謄	謅	謆
60	39	69	112	46	27	2	189	41	187	63	168	25	150	7	14	1	65	155	264
謇	謈	謉	謊	謋	謌	謍	謎	謏	謐	謑	謒	謓	謔	謕	謖	謗	謘	謙	謚
55	131	189	107	151	69	122	90	85	39	123	281	188	47	153	61	27	156	14	29

講	謜	謝	謞	謟	謠	謡	謢	謣	謤	謥	謦	謧	謨	謩	謪	謫	謬	謭	謮
11	114	6	117	51	48	32	157	145	238	183	80	201	20	62	95	24	21	82	161
謯	謰	謱	謲	謳	謴	謵	謶	謷	謸	謹	謺	謻	謼	謽	謾	謿	譀	譁	譂
168	131	125	163	40	230	135	201	87	211	8	183	113	94	281	36	121	135	43	192
譃	譄	譅	譆	譇	譈	證	譊	譋	譌	譍	譎	譏	譐	譑	譒	譓	譔	譕	譖
223	218	194	87	174	167	14	76	228	39	82	45	20	177	176	145	91	54	183	45
譗	識	譙	譚	譛	譜	譝	譞	譟	譠	譡	譢	譣	譤	譥	警	譧	譨	譩	譪
241	7	33	28	51	18	150	169	49	177	152	186	136	233	179	19	236	166	115	180
譫	譬	譭	譮	譯	議	譱	譲	譳	譴	譵	譶	護	譸	譹	譺	譻	譼	譽	譾
72	22	223	171	28	4	123	39	162	36	218	136	27	82	160	162	132	213	18	103
譿	讀	讁	讂	讃	讄	讅	讆	讇	讈	讉	變	讋	讌	讍	讎	讏	讐	讑	讒
221	6	77	165	49	134	267	178	92	241	189	4	63	45	244	29	257	30	218	28
讓	讔	讕	讖	讗	讘	讙	讚	讛	讜	讝	讞	讟	计	订	讥	讨	讫	讬	训
14	146	95	65	185	113	45	47	253	45	81	47	70	238	286	298	276	286	291	264
议	记	讵	讶	讷	许	讹	讼	设	访	诀	证	评	词	诏	试	诗	诙	诚	诛
286	196	298	286	298	228	298	298	260	244	298	286	291	244	291	250	152	298	204	281
话	诞	诠	诡	询	诣	诤	该	详	诬	语	诮	误	诰	诱	诲	说	诵	请	诸
272	291	298	298	291	286	298	276	257	286	148	298	253	267	281	298	206	267	236	122
课	谁	调	谅	谈	谊	谋	谍	谏	谐	谒	谓	谔	谕	谗	谙	谟	谠	谢	谣
253	194	257	281	281	298	253	291	286	291	286	173	298	267	291	291	291	298	216	298
谥	谦	谨	谩	谪	谬	谭	谱	谳	谷	谸	谹	谺	谻	谼	谽	谾	谿	豀	豁
260	267	281	286	286	291	298	281	286	8	128	102	89	163	101	88	122	22	127	31
豂	豃	豄	豅	豆	豇	豈	豉	豊	豋	豌	豍	豎	豏	豐	豑	豒	豓	豔	豕
186	165	185	130	13	115	4	47	49	69	80	158	37	115	9	173	247	92	40	25
豖	豗	豘	豙	豚	豛	豜	豝	豞	豟	豠	象	豢	豣	豤	豥	豦	豧	豨	豩
99	77	184	175	33	175	99	81	170	213	216	4	48	149	131	133	111	200	59	146
豪	豫	豬	豭	豮	豯	豰	豱	豲	豳	豴	豵	豶	豷	豸	豹	豺	豻	豼	豽
15	12	43	81	264	155	113	168	128	39	184	85	80	101	50	21	40	75	158	115
豾	豿	貀	貁	貂	貃	貄	貅	貆	貇	貈	貉	貊	貋	貌	貍	貎	貏	貐	貑
171	171	123	156	34	110	187	70	94	125	110	48	54	228	14	46	33	167	108	153
貒	貓	貔	貕	貖	貗	貘	貙	貚	貛	貜	貝	貞	貟	負	財	貢	貣	貤	貥
109	62	56	117	250	170	99	66	211	98	82	20	7	32	10	11	8	115	82	286
貦	貧	貨	販	貪	貫	責	貭	貮	貯	貰	貱	貲	貳	貴	貵	貶	買	貸	貹
230	11	16	34	16	12	10	102	109	24	59	138	30	18	5	291	18	15	26	225
貺	費	貼	貽	貾	貿	賀	賁	賂	賃	賄	賅	賆	資	賈	賉	賊	賋	賌	賍
36	11	29	22	143	40	12	23	27	60	31	88	230	9	11	183	5	264	223	81
賎	賏	賐	賑	賒	賓	賔	賕	賖	賗	賘	賙	賚	賛	賜	賝	賞	賟	賠	賡
184	141	264	23	64	13	10	66	49	267	177	59	30	18	5	130	9	230	53	45
賢	賣	賤	賥	賦	賧	賨	賩	質	賫	賬	賭	賮	賯	賰	賱	賲	賳	賴	賵
4	19	13	233	4	107	76	260	10	48	136	55	82	272	196	201	253	272	19	52
賶	賷	賸	賹	賺	賻	購	賽	賾	賿	贀	贁	贂	贃	贄	贅	贆	贇	贈	贉
281	122	57	238	79	47	40	40	53	250	228	247	286	276	32	41	151	50	8	112
贊	贋	贌	贍	贎	贏	贐	贑	贒	贓	贔	贕	贖	贗	贙	贚	贛	贜	贞	负
13	75	247	28	225	37	75	46	92	33	76	201	28	84	110	236	46	88	298	281
贡	财	责	贤	败	贫	贬	贮	贯	贰	贵	费	贺	贻	贼	赂	资	赊	赋	赏
298	286	291	298	238	281	250	272	221	155	276	291	298	298	272	286	298	298	267	298
赐	赗	赞	赠	赢	赣	赤	赥	赦	赧	赨	赩	赪	赫	赬	赭	赮	赯	走	赱
166	286	291	198	298	298	7	172	16	54	151	76	298	19	70	43	120	244	9	98
赲	赳	赴	赶	起	赸	赹	赺	赻	赼	赽	赾	赿	趀	趁	趂	趃	趄	超	趆
250	73	11	97	3	208	211	247	257	193	200	216	230	217	57	43	241	79	15	154

趇 286	趈 247	趉 175	越 7	趋 73	趌 148	趍 50	趎 107	趏 204	趐 92	趑 109	趒 161	趓 257	趔 264	趕 63	趖 188	趗 130	趘 298	趙 5	趚 142
趛 241	趜 152	趝 241	趞 172	趟 133	趠 100	趡 104	趢 125	趣 18	趤 247	趥 196	趦 89	趧 183	趨 14	趩 160	趪 120	趫 76	趬 157	趭 160	趮 133
趯 64	趱 250	趲 92	足 3	趵 92	趶 276	趷 228	趹 119	趺 49	趻 144	趼 85	趽 170	趾 27	趿 121	跀 124	跁 140	跂 49	跃 200	跅 96	跆 129
跇 124	跈 150	跉 159	跊 236	跋 23	跌 46	跍 241	跎 54	跏 77	跐 115	跑 72	跒 139	跓 183	跔 120	跕 77	跖 53	跗 58	跘 178	跙 119	跚 85
跛 49	跜 113	距 16	跟 60	跠 163	跡 15	跢 135	跣 50	跤 196	跥 250	跦 109	跧 83	跨 29	跩 250	跪 21	跫 89	跬 63	跭 192	跮 146	路 4
跰 110	跱 79	跲 90	跳 33	跴 137	践 217	跹 257	跺 298	跻 298	跼 59	跽 71	跾 165	跿 149	踀 238	踁 111	踂 186	踃 173	踄 164	踅 178	踆 80
踇 201	踈 23	踉 73	踊 35	踋 286	踌 281	踍 244	踎 291	踏 28	踐 19	踑 141	踒 114	踓 188	踔 70	踕 162	踖 70	踗 276	踘 81	踙 206	踚 206
踛 184	踜 184	踝 61	踞 38	踟 57	踠 86	踡 90	踢 85	踣 55	踤 124	踥 144	踦 72	踧 68	踨 197	踩 281	踪 49	踫 272	踬 286	踭 272	踮 286
踯 298	踰 16	踱 145	踲 247	踳 97	踴 48	踵 28	踶 77	踷 206	踸 97	踹 116	踺 247	踻 230	踼 110	踽 72	踾 160	踿 225	蹀 62	蹁 84	蹂 54
蹃 167	蹄 29	蹅 158	蹆 272	蹇 23	蹈 25	蹉 47	蹊 43	蹋 51	蹌 56	蹍 113	蹎 120	蹏 75	蹐 68	蹑 298	蹒 272	蹔 53	蹕 30	蹖 116	蹗 183
蹘 264	蹙 33	蹚 223	蹛 102	蹜 94	蹝 120	蹞 140	蹟 26	蹠 69	蹡 96	蹢 75	蹣 93	蹤 29	蹥 236	蹨 189	蹩 98	蹪 146	蹫 250	蹬 70	蹭 77
蹮 99	蹯 79	蹰 56	蹱 142	蹲 46	蹳 157	蹴 51	蹵 85	蹶 44	蹷 66	蹸 157	蹹 107	蹺 111	蹻 52	蹼 128	蹽 281	蹾 291	躀 291	躁 31	躂 187
躃 94	躄 77	躅 43	躆 139	躇 58	躈 179	躉 161	躊 58	躋 32	躌 291	躍 22	躎 253	躏 298	躐 54	躑 55	躒 71	躓 56	躔 42	躕 117	躖 230
躗 119	躘 137	躙 111	躚 81	躛 205	躝 148	躞 80	躟 147	躠 113	躡 34	躢 161	躣 145	躤 155	躥 298	躦 201	躧 81	躨 114	躩 99	躪 72	身 3
躬 14	躭 49	躯 291	躰 82	躱 92	躲 253	躳 104	躴 198	躶 100	躷 230	躸 236	躹 244	躽 138	躿 200	軀 32	軁 215	軂 244	軃 102	軄 67	軆 86
軇 241	軉 286	車 4	軋 48	軌 22	軍 2	軎 131	軏 81	軐 217	軑 102	軒 12	軓 82	軔 72	軕 286	軖 139	軗 193	軘 115	軙 228	軚 257	軛 70
軜 107	軝 123	軞 151	軟 32	軠 213	軡 173	軤 192	軥 105	軦 168	軧 109	軨 73	軩 189	軪 221	軫 26	軬 119	軭 200	軮 147	軯 147	軰 29	軱 139
軲 167	軳 233	軴 208	軵 119	軶 114	軷 68	軸 25	軹 58	軺 50	軻 36	軼 40	軽 198	軾 20	軿 62	輀 90	輁 96	輂 101	較 18	輄 159	輅 27
輆 143	輇 92	輈 48	載 5	輊 74	輋 133	輌 194	輍 233	輎 241	輏 276	輐 147	輑 142	輒 16	輓 41	輔 9	輕 6	輖 110	輗 82	輘 120	輙 19
輚 134	輛 74	輜 46	輝 19	輞 58	輟 28	輠 94	輡 154	輢 94	輣 108	輤 86	輥 100	輦 24	輧 156	輨 119	輩 17	輪 15	輫 189	輬 93	輭 64
輮 86	輯 24	輰 194	輱 182	輲 114	輳 57	輴 65	輵 110	輶 63	輷 111	輸 16	輹 71	輺 184	輻 41	輼 87	輽 238	輾 62	輿 11	轀 139	轁 189
轂 31	轃 123	轄 26	轅 26	轆 59	轇 82	轈 159	轉 6	轊 89	轋 291	轍 26	轎 63	轏 138	轐 108	轑 88	轒 108	轓 70	轔 67	轕 80	轖 124
轗 89	轘 69	轙 112	轚 112	轛 112	轜 95	轝 63	轞 120	轟 53	轠 127	轡 29	轢 62	轣 111	轤 62	轥 115	车 298	轨 298	轩 298	轻 291	轼 298
载 298	辅 298	辆 291	辕 298	辛 9	辜 29	辝 69	辞 67	辟 12	辠 51	辡 123	辢 143	辣 69	辤 61	辥 141	辦 16	辧 115	辨 10	辩 298	辪 156
辭 4	辮 78	辯 19	辰 8	辱 15	農 9	辳 213	辴 122	辵 75	辶 150	辸 244	边 112	辻 298	达 193	辿 137	迀 165	迁 77	迂 30	迃 84	迄 28

迅	迆	过	迈	迉	迊	迋	迌	迍	迎	迏	运	近	迒	迓	返	迕	迖	迗	还
34	79	118	253	225	135	97	282	76	10	291	276	4	112	48	20	68	211	267	99
这	迚	进	远	违	连	迟	迠	迡	迢	迣	迤	迥	迦	迧	迨	迩	迪	迫	迬
298	291	233	257	291	298	282	276	155	33	124	32	33	37	217	31	98	32	24	228
迭	迮	迯	述	迱	迲	迳	迴	迵	迶	迷	迸	迹	迺	迻	迼	追	迾	迿	退
31	82	69	12	165	282	162	20	135	257	18	47	15	33	110	225	9	108	156	6
送	适	逃	逄	逅	逆	逇	逈	选	逊	逋	逌	逍	逎	透	逐	逑	递	逓	途
5	61	16	37	47	9	272	40	201	264	29	67	33	114	29	11	81	233	38	18
逕	逖	逗	逘	這	通	逛	逜	逝	逞	速	造	逡	逢	連	逤	逥	逧	逨	逩
18	43	49	247	24	2	225	167	25	34	14	8	43	11	6	128	70	291	158	198
逪	逫	逬	逭	逮	逯	逰	週	進	逳	逴	逵	逶	逷	逸	逹	逺	逻	逼	逽
192	200	123	59	18	84	17	53	2	213	93	30	47	86	12	15	3	215	20	225
逾	逿	遀	遁	遂	遃	遄	遅	遆	遇	遈	遉	遊	運	遌	遍	過	遏	遐	遑
24	124	218	21	3	209	46	72	192	6	267	162	7	6	108	21	3	27	21	31
遒	道	達	違	遖	遗	遘	遙	遚	遛	遜	遝	遞	遟	遠	遡	遢	遣	遤	遥
44	1	8	12	286	149	43	27	253	77	19	71	30	71	15	48	154	5	298	15
遦	遧	遨	適	遪	遫	遬	遭	遮	遯	遰	遱	遲	遳	遴	遵	遶	遷	選	遹
182	205	48	8	241	85	120	18	28	28	87	200	13	151	49	14	30	6	8	54
遺	遻	遼	遽	遾	避	邀	邁	邂	邃	還	邅	邆	邇	邈	邉	邊	邋	邌	邍
5	121	15	17	165	11	23	23	47	41	4	63	139	23	27	15	7	129	157	102
邎	邏	邐	邑	邒	邓	邔	邕	邖	邗	邘	邙	邚	邛	邜	邞	邝	邠	邟	邢
238	45	56	6	267	291	121	24	228	93	90	59	267	62	61	159	141	35	83	25
那	邤	邥	邦	邧	邨	邩	邪	邫	邭	邮	邯	邰	邱	邲	邳	邴	邵	邶	邷
16	225	127	11	127	45	233	8	250	139	190	33	66	21	65	38	55	19	61	250
邸	邹	邺	邻	邼	邽	邾	邿	郀	郁	郂	郃	郄	郅	郆	郇	郈	郉	郊	郋
27	140	282	264	213	56	23	90	192	31	238	51	52	53	205	59	60	98	9	230
郌	郍	郎	郏	郑	郒	郔	郕	郖	郗	郘	郙	郚	郛	郜	郝	郞	郟	郠	郡
298	84	4	112	75	298	118	53	174	50	228	97	86	52	57	34	45	54	108	3
郢	郣	郤	郥	郦	部	郩	郪	郫	郬	郭	郮	郯	郰	郱	郲	郳	郴	郵	郶
26	187	30	120	291	3	203	74	61	298	8	197	46	113	99	102	74	47	29	267
郷	郸	郹	郺	郻	郼	都	郾	郿	鄀	鄁	鄂	鄃	鄄	鄅	鄆	鄇	鄈	鄉	鄊
24	92	135	164	225	143	3	60	58	80	135	23	93	62	85	33	133	125	5	54
鄋	鄌	鄍	鄎	鄏	鄐	鄑	鄒	鄓	鄔	鄕	鄖	鄗	鄘	鄘	鄙	鄚	鄛	鄜	鄝
104	238	113	112	83	118	90	24	208	64	41	46	67	63	82	17	85	130	39	148
鄞	鄟	鄠	鄡	鄢	鄣	鄤	鄥	鄦	鄧	鄨	鄩	鄪	鄫	鄬	鄭	鄮	鄯	鄰	鄱
39	84	52	104	45	51	104	132	140	17	114	63	127	44	93	4	76	55	16	38
鄲	鄳	鄴	鄵	鄶	鄷	鄸	鄹	鄺	鄻	鄼	鄽	鄾	鄿	酀	酁	酂	酃	酄	酅
37	107	25	105	72	88	102	98	83	175	69	120	98	146	143	165	250	80	191	66
酆	酇	酈	酉	酊	酋	酌	配	酎	酏	酐	酑	酒	酓	酔	酕	酖	酗	酘	酙
60	68	38	13	74	29	14	13	61	71	247	282	4	132	81	142	64	73	92	165
酟	酠	酡	酢	酣	酤	酥	酧	酨	酩	酪	酫	酬	酭	酮	酯	酰	酱	酲	酳
117	272	77	34	28	50	42	62	117	73	51	298	18	172	148	298	298	291	61	60
酴	酵	酶	酷	酸	酹	酺	酻	酼	酿	醀	醁	醂	醃	醄	醅	醆	醇	醈	醉
66	109	206	31	26	50	49	221	230	264	264	79	201	90	125	60	66	31	250	11
醊	醋	醌	醍	醎	醏	醐	醑	醒	醓	醟	醕	醖	醘	醙	醚	醛	醜	醝	醞
91	32	298	65	68	208	74	67	26	79	206	172	48	175	121	272	267	25	104	94
醟	醠	醡	醢	醤	醥	醦	醧	醨	醩	醪	醫	醬	醭	醮	醯	醰	醱	醲	醳
107	166	135	32	64	108	194	136	79	165	41	15	45	120	40	50	122	129	68	80
醴	醵	醶	醷	醸	醹	醺	醻	醼	醽	醾	醿	釀	釁	釂	釃	釄	釅	釆	采
25	74	133	107	69	109	62	65	94	87	123	70	35	30	76	61	159	78	29	12

釈 93	釉 151	释 150	釋 7	里 2	重 2	野 6	量 11	釐 16	金 2	釒 298	釓 282	釕 178	釖 247	釗 56	釘 48	釙 180	釚 145	釛 264	釜 51
針 32	釟 272	釟 236	釠 244	釜 41	釣 20	釤 124	釥 181	釦 93	釧 68	釪 149	釩 206	釫 116	釯 187	釬 113	釭 71	釮 291	釳 268	釰 172	釱 111
釲 145	釳 112	釴 91	釵 38	釶 217	釹 291	釺 264	釻 272	釼 247	釽 173	釾 151	釿 125	鈀 116	鈁 114	鈂 203	鈃 93	鈄 141	鈅 244	鈆 60	鈇 58
鈈 260	鈉 180	鈊 213	鈋 157	鈌 118	鈍 38	鈎 25	鈏 129	鈐 36	鈑 130	鈒 78	鈓 221	鈔 24	鈕 50	鈖 182	鈗 123	鈘 192	鈙 217	鈚 120	鈛 152
鈜 118	鉡 264	鈞 22	鈟 292	鈠 170	鈡 272	鈢 179	鈤 298	鈥 298	鈦 213	鈧 286	鈨 241	鈩 292	鈫 205	鈭 158	鈮 230	鈯 164	鈰 208	鈱 200	鈲 124
鈳 135	鈴 36	鈵 127	鈶 187	鈷 99	鈸 87	鈹 85	鈺 73	鋁 241	鈼 221	鈽 250	鈾 257	鈿 46	鉀 141	鉁 129	鉂 268	鉄 221	鉃 62	鉅 26	鉆 107
鉇 176	鉈 149	鉉 34	鉊 129	鉋 144	鉌 116	鉍 161	鉎 137	鉏 42	鉐 179	鉑 225	鉒 147	鉓 218	鉔 230	鉕 264	鉖 205	鉗 53	鉘 192	鉙 238	鉚 160
鉛 32	鉜 205	鉝 155	鉞 30	鉟 112	鉠 132	鉡 260	鉢 36	鉣 218	鉤 31	鉥 112	鉦 50	鉧 109	鉨 268	鉩 257	鉪 272	鉫 282	鉬 298	鉭 298	鉮 276
鉰 264	鉴 218	鉵 247	鉶 50	鉷 76	鉸 93	鉹 125	鉺 173	鉻 153	鉼 104	鉽 134	鉾 151	鉿 151	銀 8	銁 196	銂 194	銃 68	銄 205	銅 14	銆 223
銇 250	銈 185	銉 238	銊 137	銋 148	銙 282	銍 69	鋈 100	銏 221	銐 211	銑 36	銒 160	銓 27	銔 146	銕 71	銖 32	銗 143	銘 10	銙 94	銚 64
銛 63	銜 20	銤 282	鋆 208	鋂 298	銠 264	銡 264	銢 298	銣 286	銦 276	銧 218	銨 286	銪 282	銬 282	銭 154	銮 146	銯 272	銱 292	銲 113	銳 32
鋬 218	鋠 200	銾 105	銷 22	鋓 169	銹 126	鋫 276	銻 154	銼 97	鋙 250	録 282	鋪 187	鋀 163	鋁 171	鋂 116	鋃 110	鋄 103	鋅 198	鋈 146	鋇 230
鋈 90	鋉 138	鋊 126	鋋 68	鋌 70	鋍 268	鋎 233	鋏 65	鋐 73	鋑 179	鋒 20	鋓 264	鋔 264	鋕 166	鋖 230	鋗 89	鋘 128	鋙 99	鋆 156	鋛 253
鋜 133	鋝 89	鋞 161	鋟 68	鋠 186	鋡 150	鋢 247	鋣 111	鋤 36	鋥 149	鋦 146	鋧 169	鋨 268	鋩 68	鋪 26	鋫 241	鋬 109	鋭 27	鋮 93	鋯 298
鋰 230	鋳 196	鋶 209	鋷 167	鋸 51	鋹 75	鋺 172	鋻 168	鋼 73	鋽 215	鋾 208	鋿 211	錀 173	錁 151	錂 189	錃 264	錄 13	錅 247	錆 272	錇 218
錈 183	錉 221	錊 218	錋 253	錌 276	錍 108	錎 181	錏 133	錐 41	錑 233	錒 272	錓 268	錔 112	錕 107	錖 230	錗 209	錘 68	錙 61	錚 69	錛 228
錜 181	錝 127	錞 66	錟 117	錠 45	錡 42	錢 4	錣 121	錤 121	錥 135	錦 12	錧 103	錨 205	錩 184	錪 150	錫 11	錬 53	錭 159	錮 42	錯 15
錰 260	錱 282	録 7	錶 292	錸 286	錹 298	錺 282	錽 156	錿 250	鍁 206	鍂 257	鍃 257	鍄 247	鍇 35	鍈 112	鍉 112	鍊 37	鍋 56	鍌 180	鍍 78
鍎 217	鍏 171	鍐 152	鍑 103	鍒 187	鍓 244	鍔 46	鍕 257	鍖 124	鍗 198	鍘 211	鍙 233	鍚 59	鍛 65	鍜 58	鍝 162	鍞 197	鍟 238	鍠 74	鍡 187
鍢 247	鍣 238	鍤 58	鍥 88	鍦 134	鍧 84	鍨 173	鍩 264	鍪 64	鍫 115	鍬 91	鍭 80	鍮 85	鍯 197	鍰 69	鍱 111	鍲 205	鑒 48	鍴 189	鍵 54
鍶 264	鍷 181	鍸 194	鍹 164	鍺 264	鍻 213	鍼 34	鍽 250	鍾 11	鍿 209	鎀 238	鎁 94	鎈 196	鎉 257	鎊 80	鎋 94	鎌 75	鎍 223	鎎 183	鎏 116
鎐 211	鎑 223	鎒 122	鎓 268	鎔 44	鎕 155	鎖 35	鎗 39	鎘 182	鎙 221	鎚 73	鎛 52	鎜 141	鎝 163	鎞 119	鎟 282	鎠 218	鎡 73	鎢 168	鎣 105
鎤 223	鎥 292	鎦 92	鎧 47	鎨 264	鎩 74	鎪 81	鎫 298	鎬 35	鎭 27	鎮 7	鎯 260	鎰 51	鎱 286	鎲 209	鎳 298	鎸 97	鎻 42	鎼 298	鎽 257
鎾 286	鎿 223	鏁 54	鏂 135	鏃 49	鏄 73	鏅 241	鏆 182	鏇 104	鏈 149	鏉 153	鏊 70	鏋 186	鏌 71	鏍 221	鏎 213	鏏 186	鏐 51	鏑 55	鏒 170
鏓 133	鏔 168	鏕 118	鏖 66	鏗 43	鏘 41	鏙 180	鏚 108	鏛 241	鏜 58	鏝 95	鏞 48	鏟 79	鏠 138	鏡 16	鏢 102	鏣 268	鏤 33	鏥 193	鏦 90

鏧	鏨	鏩	鏪	鏫	鏬	鏭	鏮	鏱	鏳	鏴	鏵	鏶	鏷	鏸	鏹	鏺	鏻	鏼	鏽
215	107	162	253	268	106	253	286	282	139	193	91	161	139	134	71	113	91	233	111
鏾	鏿	鐀	鐁	鐂	鐃	鐄	鐅	鐆	鐇	鐈	鐉	鐊	鐋	鐌	鐍	鐎	鐏	鐐	鐑
206	253	137	171	127	50	113	201	173	96	141	157	163	175	238	77	110	85	92	272
鐒	鐓	鐔	鐕	鐖	鐗	鐘	鐙	鐚	鐛	鐜	鐝	鐞	鐟	鐡	鐢	鐣	鐤	鐥	鐦
247	96	68	128	135	250	14	49	272	272	247	177	260	174	29	292	272	257	282	268
鐧	鐩	鐪	鐫	鐬	鐭	鐮	鐯	鐰	鐱	鐲	鐳	鐴	鐵	鐶	鐷	鐸	鐹	鐺	鐻
157	96	200	37	118	206	94	180	180	217	76	186	185	15	67	158	29	179	57	86
鐼	鐽	鐾	鐿	鑀	鑁	鑂	鑃	鑄	鑅	鑆	鑇	鑈	鑉	鑊	鑋	鑌	鑍	鑎	鑏
167	257	268	298	276	143	253	257	19	134	292	250	140	218	51	145	112	201	253	206
鑐	鑑	鑒	鑕	鑖	鑗	鑘	鑙	鑚	鑛	鑜	鑝	鑞	鑟	鑠	鑡	鑢	鑣	鑤	鑥
160	17	19	74	213	208	164	183	55	71	268	241	110	260	42	193	105	52	253	298
鑦	鑩	鑪	鑫	鑬	鑭	鑮	鑯	鑰	鑱	鑲	鑳	鑴	鑵	鑶	鑷	鑸	鑹	鑺	鑻
110	253	46	189	264	182	94	140	38	58	28	233	90	123	268	76	213	185	208	217
鑼	鑽	鑾	鑿	钀	钁	钂	钃	钊	钓	钞	钤	钺	钼	铁	铎	铗	铭	铲	银
75	55	31	18	141	85	250	143	298	292	292	298	298	298	298	299	282	299	286	286
铿	锅	锣	锭	锲	锵	锸	锺	锼	镈	镐	镝	镞	镬	镶	長	镸	镹	镺	镻
299	286	299	299	299	161	299	225	292	292	299	299	299	299	299	2	228	247	161	182
镼	镽	镾	长	門	閁	閂	閃	閄	閅	閆	閇	閈	閉	閊	開	閌	閍	閎	閏
152	201	182	201	2	292	171	51	286	286	88	112	60	15	272	3	76	121	38	20
閐	閑	閒	間	閔	閕	閖	閗	閘	閙	閚	閛	閜	閝	閞	閟	閠	閡	関	閣
230	17	10	2	23	173	268	96	27	52	257	185	110	223	121	41	67	70	44	8
閤	閥	閦	閧	閨	閩	閪	閫	閬	閭	閮	閯	閰	閱	閲	閳	閴	閵	閶	閷
25	53	139	72	30	19	276	36	38	18	233	282	217	25	21	173	65	145	41	94
閸	閹	閺	閻	閼	閽	閾	閿	闀	闁	闂	闃	闄	闅	闆	闇	闈	闉	闊	闋
238	48	119	27	44	43	65	72	236	272	218	84	233	121	253	30	30	60	27	41
闌	闍	闎	闐	闑	闒	闓	闔	闕	闖	闗	闘	闙	闚	闛	關	闝	闞	闟	闠
30	52	282	40	65	75	62	24	7	56	9	48	257	52	118	10	286	53	91	70
闡	闢	闣	闤	闥	闦	闧	门	闪	闫	闭	问	闰	闲	闳	间	闵	闷	闸	闹
33	22	213	67	39	272	260	111	286	299	211	133	217	146	292	132	230	260	233	292
闺	闻	闽	闾	阀	阁	阃	阅	阆	阉	阊	阋	阍	阎	阏	阐	阑	阔	阕	阖
253	122	228	268	299	171	299	282	292	282	299	299	299	299	299	218	225	272	292	282
阙	阜	阝	阞	队	阠	阡	阢	阣	阤	阥	阦	阧	阨	阩	阪	阫	阬	阭	阮
184	22	113	109	292	158	38	165	241	93	213	244	181	46	260	48	160	63	231	25
阯	阰	阱	防	阳	阴	阷	阸	阹	阺	阻	阼	阽	阾	阿	陀	陁	陂	陃	附
47	140	76	10	272	253	260	82	101	132	17	33	74	200	9	30	46	20	238	7
陆	陇	陈	陉	陊	陋	陌	降	陎	陏	限	陑	陒	陓	陔	陕	陖	陗	陘	陙
299	299	144	268	92	21	27	5	233	114	14	101	157	134	56	47	140	100	44	223
陚	陛	陜	陝	陞	陟	陠	陡	院	陣	除	陥	陧	险	陪	陫	陬	陭	陮	陯
236	7	17	108	19	21	194	55	7	17	5	84	174	276	22	141	47	126	153	225
陰	陱	陲	陳	陴	陵	陶	陷	陸	陹	険	陻	陼	陽	陾	陿	隀	隁	隂	隃
11	282	44	3	60	4	12	17	7	260	170	97	103	1	103	73	257	136	4	71
隄	隅	隆	隇	隈	隉	隊	隋	隌	隍	階	随	隐	隑	隒	隓	隔	隕	隖	隗
22	19	9	154	49	109	25	12	176	40	12	22	29	110	107	124	14	30	85	41
隘	隙	隚	際	障	隝	隞	隟	隠	隡	隢	隣	隤	隥	隦	隧	隨	隩	險	隫
26	25	168	13	23	122	178	78	11	244	257	23	56	101	268	43	6	65	11	215
隬	隭	隮	隯	隰	隱	隲	隳	隴	隵	隶	隷	隸	隹	隺	隻	隼	隽	难	隿
264	238	65	196	34	12	56	41	18	211	106	47	24	52	135	29	45	139	107	140
雀	雁	雂	雃	雄	雅	集	雇	雈	雉	雊	雋	雌	雍	雎	雏	雐	雑	雒	雓
19	22	158	141	10	7	3	46	110	22	66	35	31	10	41	137	186	131	32	161

雔	雕	雖	雗	雘	雙	雚	雛	雜	雝	雞	雟	雡	離	難	雤	雥	雦	雧	雨
122	23	3	129	75	11	77	37	9	47	13	180	200	6	3	244	129	286	156	4
雩	雪	雫	雬	雭	雮	雯	雰	雱	雲	雴	雵	零	雷	雸	雹	雺	電	雼	雽
32	7	286	286	149	272	76	76	73	2	165	218	16	11	257	41	97	25	286	183
雾	雿	需	霁	霂	霃	霄	霅	霆	震	霈	霉	霊	霋	霌	霍	霎	霏	霐	霑
272	166	23	268	84	168	21	54	34	10	50	105	127	171	253	21	76	33	200	28
霒	霓	霔	霕	霖	霗	霘	霙	霚	霛	霜	霝	霞	霟	霠	霡	霢	霣	霤	霥
139	37	92	268	29	276	276	84	165	103	11	112	16	276	147	87	121	73	49	282
霦	霧	霨	霩	霪	霫	霬	霭	霮	霯	霰	霱	露	霳	霴	霵	霶	霷	霸	霹
106	19	127	125	76	90	221	299	99	238	47	130	9	128	192	154	86	197	20	53
霺	霻	霼	霽	霾	霿	靀	靁	靂	靃	靄	靅	靆	靇	靈	靉	靊	靋	靌	靍
218	272	135	26	57	95	193	68	58	90	32	149	95	191	5	79	155	264	286	241
靎	靐	靑	青	靕	靖	靗	靘	静	靚	靛	靜	靝	非	靟	靠	靡	面	靣	靤
299	223	33	4	287	11	223	120	13	52	92	14	292	1	247	69	15	6	23	170
靦	靧	靨	革	靪	靫	靬	靭	靮	靯	靰	靲	靳	靴	靵	靶	靷	靸	靹	靺
64	97	57	11	197	113	104	129	90	189	154	123	40	55	272	88	75	91	241	67
靻	靼	靽	靾	靿	鞀	鞁	鞂	鞃	鞄	鞅	鞇	鞈	鞉	鞊	鞋	鞌	鞍	鞎	鞏
125	77	110	142	115	87	113	104	117	117	32	148	106	76	244	48	71	28	132	29
鞓	鞔	鞕	鞖	鞗	鞘	鞙	鞚	鞛	鞜	鞝	鞞	鞟	鞠	鞢	鞣	鞤	鞥	鞦	鞧
88	88	69	257	87	71	94	72	116	146	282	58	107	30	133	138	238	156	66	170
鞨	鞩	鞪	鞫	鞬	鞭	鞮	鞯	鞰	鞱	鞲	鞳	鞴	鞵	鞶	鞸	鞹	鞺	鞻	鞼
69	282	149	42	58	21	52	276	299	253	83	112	95	66	56	106	90	127	94	143
鞽	鞾	鞿	韀	韁	韂	韃	韄	韅	韆	韇	韈	韉	韊	韋	韌	韍	韎	韏	韐
167	59	90	88	74	141	78	132	105	70	96	64	74	201	14	81	69	63	124	68
韑	韒	韓	韔	韕	韖	韗	韘	韙	韚	韛	韜	韝	韞	韟	韠	韡	韢	韣	韤
264	173	6	82	211	233	95	90	56	183	133	30	72	55	225	60	65	217	83	90
韥	韩	韭	韮	韯	韰	韱	韲	音	韴	韵	韶	韷	韸	韹	韺	韻	韼	韽	韾
157	244	44	80	131	157	126	80	3	253	47	21	287	135	176	107	4	247	109	231
響	頀	頁	頂	頃	頄	項	順	頇	須	頉	頊	頋	頌	頍	頎	頏	預	頑	頒
19	108	44	18	13	86	14	5	124	7	264	39	45	13	75	54	62	14	28	22
頓	頔	頕	頖	頗	領	頙	頚	頛	頜	頝	頞	頟	頠	頡	頢	頣	頤	頥	頦
15	69	241	78	12	7	154	257	205	120	198	80	76	64	34	178	107	30	30	98
頧	頨	頩	頪	頫	頬	頭	頮	頯	頰	頱	頲	頳	頴	頵	頶	頷	頸	頹	頺
155	160	107	183	46	82	5	86	111	36	241	53	67	26	64	233	46	30	64	51
頻	頼	頽	頾	頿	顀	顁	顂	顃	顄	顅	顆	顇	顈	顉	顊	顋	題	額	顎
18	25	32	219	133	147	152	211	203	130	130	39	65	101	117	236	91	6	12	223
顏	顐	顑	顒	顓	顔	顕	顖	顗	願	顙	顚	顛	顜	顝	類	顟	顠	顡	顢
41	132	109	36	32	9	74	115	43	7	42	44	22	137	147	6	163	178	156	143
顣	顤	顥	顦	顧	顨	顩	顪	顫	顬	顭	顮	顯	顰	顱	顲	顳	顴	顶	顷
117	133	40	70	7	191	126	177	73	132	228	193	9	54	59	183	135	80	299	299
项	顺	须	顿	领	颇	颐	颍	颖	题	颜	颞	颟	颦	風	颩	颫	颬	颭	颮
292	225	299	247	299	292	299	299	292	292	299	299	299	292	2	198	198	149	72	120
颯	颰	颱	颲	颳	颴	颵	颶	颷	颸	颹	颺	颻	颼	颽	颾	颿	飀	飁	飂
39	149	179	151	287	244	194	78	65	69	189	42	60	55	175	130	74	83	164	93
飃	飄	飅	飆	飇	飈	飉	飊	飋	飌	飍	风	飘	飛	飜	飝	飞	食	飠	飡
98	18	198	102	58	46	158	94	121	122	148	276	231	5	51	299	260	3	264	51
飢	飣	飤	飥	飦	飧	飩	飪	飫	飬	飭	飮	飯	飰	飱	飲	飳	飴	飵	飶
21	74	103	101	102	89	97	64	50	27	24	54	18	80	44	6	200	50	146	103
飷	飸	飹	飺	飻	飼	飽	飾	飿	餀	餁	餂	餃	餄	餅	餆	餇	餈	餉	養
219	264	282	189	173	49	22	13	221	170	91	99	189	200	31	244	272	80	23	6

飬 124	餌 31	餍 299	餎 292	餐 33	餑 104	餒 45	餓 34	餔 66	餕 58	餖 91	餗 59	餘 2	餙 49	餚 84	餛 100	餜 257	餝 148	餞 34	餟 115
餠 104	餡 119	餢 189	餣 208	餤 89	餥 138	餦 110	餧 71	館 12	餩 217	餪 157	餫 91	餬 69	餭 110	餮 69	餯 186	餰 134	餱 72	餲 110	餳 63
餴 111	餵 104	餶 231	餹 91	餺 113	餻 86	餼 43	餽 41	餾 99	餿 160	饀 114	饁 68	饃 268	饄 272	饅 82	饆 137	饇 119	饈 105	饉 48	饊 117
饋 26	饌 26	饍 83	饎 71	饏 260	饐 99	饑 17	饒 19	饓 292	饔 46	饕 54	饖 192	饗 20	饘 61	饙 97	饚 260	饛 110	饜 62	饝 233	饞 75
饟 70	饠 139	饡 154	饮 299	饱 299	饿 292	馀 292	首 3	馗 72	馘 50	香 5	馚 161	馛 106	馜 211	馝 122	馞 130	馟 236	馠 196	馡 114	馢 158
馣 118	馤 138	馥 40	馦 173	馧 154	馨 33	馩 217	馪 154	馫 299	馬 2	馭 27	馮 15	馯 108	馰 141	馱 99	馲 117	馳 13	馴 31	馵 90	馶 182
馷 268	馸 264	馹 74	馺 89	馻 181	馼 179	馽 105	馾 211	馿 133	駀 233	駁 35	駂 170	駃 77	駄 287	駅 299	駆 260	駇 223	駈 77	駉 69	駊 114
駋 238	駌 194	駍 138	駎 221	駏 102	駐 15	駑 41	駒 30	駓 99	駔 72	駕 11	駖 174	駗 176	駘 52	駙 39	駚 121	駛 55	駜 87	駝 37	駞 53
駟 30	駠 185	駡 136	駢 33	駣 104	駤 192	駥 125	駦 264	駧 165	駨 225	駩 158	駪 93	駫 182	駬 102	駭 24	駮 41	駯 264	駰 48	駱 34	駲 272
駳 282	駴 91	駵 78	駶 221	駷 131	駸 45	駹 77	駺 173	駻 117	駼 80	駽 113	駾 107	駿 26	騀 110	騁 34	騂 53	騃 71	騄 72	騅 72	騆 179
騇 166	騈 107	騉 123	騊 82	騋 81	騌 163	騍 96	騎 8	騏 45	騐 31	騑 59	騒 116	験 151	騔 257	騕 79	騖 44	騗 205	騘 78	騙 84	騚 233
騛 179	騜 144	騝 127	騞 107	騟 119	騠 89	騡 264	騢 105	騣 83	騤 71	騥 185	騦 253	騧 75	騩 89	騪 145	騫 37	騬 121	騭 72	騮 50	騯 137
騰 18	騱 117	騲 170	騳 233	騴 187	騵 96	騶 36	騷 24	騸 107	騹 228	騺 149	騻 139	騼 148	騽 162	騾 53	騿 287	驀 70	驁 60	驂 37	驃 36
驄 46	驅 15	驆 105	驇 238	驈 113	驉 115	驊 59	驋 188	驌 79	驍 26	驎 64	驏 173	驐 225	驑 109	驒 95	驓 150	驔 95	驕 20	驖 101	驗 17
驘 88	驙 137	驚 9	驛 16	驜 215	驝 172	驞 188	驟 28	驠 164	驡 160	驢 32	驣 156	驤 40	驥 31	驦 90	驧 236	驨 159	驩 41	驪 31	驫 130
马 292	驭 299	驯 299	驰 282	驱 299	驳 292	驴 299	驷 299	驹 299	驻 299	驿 287	骆 299	骇 292	骈 299	骊 299	骐 299	骑 292	骖 201	骚 299	骝 299
骤 299	骥 196	骨 10	骩 94	骪 173	骫 82	骬 182	骭 81	骮 260	骯 82	骰 80	骱 160	骲 117	骳 89	骴 99	骵 219	骶 122	骷 133	骸 31	骹 85
骺 194	骻 130	骼 62	骽 184	骾 106	骿 141	髀 45	髁 111	髂 126	髃 97	髄 82	髅 171	髆 95	髇 132	髈 185	髉 257	髊 158	髋 247	髍 238	髎 93
髏 69	髐 127	髑 71	髒 82	髓 36	體 4	髕 111	髖 101	髗 149	高 5	髙 3	髚 282	髛 282	髜 272	髝 194	髞 198	髟 91	髠 44	髡 145	髢 87
髣 44	髤 76	髥 95	髦 40	髧 97	髨 241	髩 56	髪 16	髫 62	髬 141	髭 52	髮 20	髯 37	髰 253	髱 282	髲 84	髳 89	髴 44	髵 122	髶 165
髷 241	髸 193	髹 73	髺 96	髻 35	髼 131	髽 56	髾 109	髿 111	鬀 122	鬁 299	鬂 59	鬃 84	鬄 89	鬅 97	鬆 67	鬇 131	鬈 100	鬉 111	鬊 117
鬋 98	鬌 92	鬍 113	鬏 276	鬐 67	鬑 130	鬒 81	鬓 247	鬔 171	鬕 163	鬖 87	鬗 164	鬘 83	鬙 104	鬚 29	鬛 43	鬜 223	鬝 131	鬞 180	鬟 45
鬠 108	鬡 131	鬢 27	鬣 97	鬤 127	鬥 97	鬦 276	鬧 86	鬨 93	鬩 104	鬪 73	鬫 228	鬬 28	鬭 30	鬮 158	鬯 35	鬰 42	鬱 18	鬲 46	鬳 97
鬴 68	鬵 84	鬶 299	鬷 70	鬸 272	鬹 225	鬺 137	鬻 29	鬼 14	鬽 104	鬾 137	鬿 131	魀 225	魁 25	魂 18	魃 73	魄 26	魅 46	魆 244	魈 97
魉 147	魊 173	魋 62	魌 120	魍 77	魎 79	魏 4	魐 299	魑 62	魒 233	魓 250	魔 47	魕 264	魖 112	魗 120	魘 81	魙 260	魚 6	魛 151	魜 228

魝	魟	魠	魡	魢	魣	魤	魥	魦	魧	魨	魩	魪	魫	魬	魭	魮	魯	魰	魱
178	127	152	201	253	228	231	225	116	135	117	257	140	119	211	145	115	6	236	155
魲	魳	魴	魵	魶	魷	魹	魺	魻	魼	魽	魾	魿	鮀	鮁	鮂	鮃	鮄	鮅	鮆
215	228	47	133	137	299	292	200	189	141	192	127	173	84	151	152	257	282	148	92
鮇	鮈	鮉	鮊	鮋	鮌	鮍	鮎	鮏	鮐	鮑	鮒	鮓	鮔	鮕	鮙	鮚	鮛	鮜	鮝
166	168	236	156	138	89	193	74	181	75	24	54	60	247	228	282	96	145	194	110
鮞	鮟	鮠	鮡	鮢	鮣	鮤	鮥	鮦	鮧	鮨	鮩	鮪	鮫	鮬	鮭	鮮	鮯	鮰	鮴
103	282	129	159	223	193	153	117	85	102	121	203	53	52	139	83	14	154	154	299
鮵	鮶	鮷	鮸	鮹	鮺	鮻	鮼	鮽	鮾	鮿	鯀	鯁	鯂	鯃	鯄	鯅	鯆	鯇	鯈
159	217	163	145	135	165	217	276	264	198	139	47	48	257	253	201	215	145	109	75
鯉	鯊	鯋	鯌	鯍	鯎	鯏	鯑	鯒	鯔	鯕	鯖	鯗	鯘	鯙	鯚	鯛	鯜	鯝	鯞
33	88	111	282	206	299	233	260	299	104	189	74	176	203	268	208	205	205	187	148
鯟	鯠	鯡	鯢	鯣	鯤	鯥	鯦	鯧	鯨	鯩	鯪	鯫	鯬	鯭	鯮	鯯	鯰	鯶	鯷
203	168	241	56	257	52	156	155	149	34	168	97	88	152	264	200	250	276	105	100
鯸	鯹	鯺	鯻	鯼	鯽	鯾	鯿	鰀	鰁	鰂	鰃	鰄	鰅	鰆	鰇	鰈	鰉	鰊	鰋
110	132	198	260	142	65	134	82	244	272	108	257	260	109	272	241	103	123	233	84
鰌	鰍	鰎	鰏	鰐	鰑	鰒	鰓	鰔	鰕	鰖	鰗	鰙	鰚	鰛	鰜	鰝	鰞	鰟	鰠
68	91	217	276	82	223	95	76	206	67	257	226	282	292	260	153	130	182	193	173
鰡	鰢	鰣	鰤	鰥	鰦	鰧	鰨	鰩	鰪	鰫	鰬	鰭	鰮	鰱	鰲	鰳	鰴	鰵	鰶
147	241	94	231	44	156	168	145	101	182	141	160	95	272	104	50	215	172	193	184
鰷	鰸	鰹	鰺	鰻	鰼	鰽	鰾	鰿	鱀	鱁	鱂	鱃	鱄	鱅	鱆	鱉	鱊	鱋	鱌
103	203	153	292	83	115	160	107	118	130	131	180	170	74	94	247	55	146	211	247
鱍	鱎	鱏	鱐	鱑	鱒	鱓	鱔	鱕	鱖	鱗	鱘	鱙	鱚	鱛	鱝	鱞	鱟	鱠	鱡
113	126	101	86	166	89	79	90	152	79	22	107	223	292	250	188	154	87	54	160
鱢	鱣	鱤	鱥	鱦	鱧	鱨	鱬	鱭	鱮	鱯	鱱	鱲	鱳	鱴	鱵	鱶	鱷	鱸	鱹
174	58	150	250	128	80	87	155	117	80	113	264	244	165	149	219	260	74	48	221
鱺	鱻	鱼	鲁	鲂	鲋	鲍	鲕	鲖	鲜	鲠	鲤	鲧	鲫	鲮	鲰	鲵	鲸	鲽	鳀
107	88	186	93	292	141	233	299	299	231	299	282	272	260	299	292	292	299	223	268
鳄	鳅	鳊	鳌	鳎	鳏	鳖	鳗	鳝	鳞	鳢	鳣	鳥	鳦	鳧	鳨	鳩	鳪	鳫	鳬
299	272	292	292	299	287	287	299	299	272	287	299	8	96	58	236	25	142	158	31
鳭	鳮	鳯	鳰	鳲	鳳	鳴	鳵	鳶	鳷	鳸	鳹	鳺	鳻	鳼	鳽	鳾	鳿	鴀	鴁
147	221	13	109	70	14	8	171	42	81	91	185	117	105	163	133	299	127	131	253
鴂	鴃	鴄	鴅	鴆	鴇	鴈	鴉	鴊	鴋	鴌	鴍	鴎	鴏	鴐	鴑	鴒	鴓	鴔	鴕
67	114	194	158	50	73	18	33	165	165	276	231	200	250	103	198	67	213	147	264
鴖	鴗	鴘	鴙	鴚	鴛	鴜	鴝	鴞	鴟	鴠	鴡	鴢	鴣	鴤	鴥	鴦	鴧	鴨	鴩
189	174	120	163	138	32	143	79	51	37	109	116	133	50	268	98	37	153	35	167
鴪	鴫	鴬	鴭	鴮	鴯	鴰	鴱	鴲	鴳	鴴	鴵	鴶	鴷	鴸	鴹	鴺	鴻	鴼	鴽
145	287	247	247	142	120	92	154	209	102	272	268	111	133	158	127	142	13	217	82
鴾	鴿	鵀	鵁	鵂	鵃	鵄	鵅	鵈	鵉	鵊	鵋	鵌	鵍	鵎	鵏	鵐	鵑	鵒	鵓
138	58	107	74	83	100	117	124	253	84	105	130	126	211	231	174	238	51	58	79
鵔	鵕	鵖	鵗	鵘	鵙	鵚	鵛	鵜	鵝	鵞	鵟	鵠	鵡	鵢	鵣	鵤	鵦	鵧	鵨
118	92	141	128	272	80	175	166	66	37	41	213	27	40	292	236	250	268	145	236
鵩	鵪	鵫	鵬	鵭	鵮	鵯	鵰	鵱	鵲	鵳	鵴	鵵	鵶	鵷	鵸	鵹	鵺	鵻	鵼
67	91	120	31	206	172	98	49	160	25	151	107	157	61	51	147	118	188	81	260
鵽	鵾	鵿	鶀	鶁	鶂	鶃	鶄	鶅	鶆	鶇	鶈	鶉	鶊	鶋	鶌	鶍	鶏	鶐	鶑
100	63	299	156	179	81	118	77	132	143	219	211	39	101	94	123	272	299	253	238
鶒	鶓	鶔	鶕	鶖	鶗	鶘	鶙	鶚	鶛	鶜	鶝	鶞	鶟	鶠	鶡	鶢	鶣	鶤	鶥
85	272	163	221	79	81	90	151	45	147	221	129	128	176	93	56	108	167	105	219
鶦	鶧	鶨	鶩	鶪	鶫	鶬	鶭	鶮	鶯	鶰	鶱	鶲	鶳	鶴	鶵	鶶	鶷	鶸	鶹
193	223	143	49	116	292	67	161	161	27	272	74	282	292	12	80	163	135	299	83

鶺	鶻	鶼	鶽	鶾	鶿	鷀	鷁	鷂	鷃	鷄	鷅	鷆	鷇	鷈	鷉	鷊	鷋	鷌	鷍
74	37	88	192	125	108	70	52	58	62	27	132	194	73	168	133	103	185	253	276
鷎	鷏	鷐	鷑	鷒	鷓	鷔	鷕	鷖	鷗	鷘	鷙	鷚	鷛	鷜	鷝	鷞	鷟	鷠	鷡
253	161	157	141	135	50	105	99	60	29	133	47	114	176	142	191	97	64	198	219
鷢	鷣	鷤	鷥	鷦	鷧	鷨	鷩	鷪	鷫	鷬	鷭	鷮	鷯	鷰	鷱	鷲	鷳	鷴	鷵
115	145	111	76	62	155	191	66	238	82	257	228	90	67	57	158	57	159	77	163
鷶	鷷	鷸	鷹	鷺	鷻	鷼	鷽	鷾	鷿	鸀	鸁	鸂	鸃	鸄	鸅	鸆	鸇	鸈	鸉
194	128	76	26	29	152	154	97	121	141	118	163	66	116	159	127	149	62	247	188
鸊	鸋	鸌	鸍	鸎	鸏	鸐	鸑	鸒	鸓	鸔	鸕	鸖	鸗	鸘	鸙	鸚	鸛	鸜	鸝
91	104	213	144	55	178	110	73	89	134	228	68	98	128	88	143	38	52	63	57
鸞	鸟	鸣	鸭	鸱	鸷	鹃	鹄	鹅	鹉	鹊	鹏	鹓	鹞	鹈	鹤	鹧	鹯	鹰	卤
18	282	299	287	299	292	292	299	292	292	287	299	299	299	287	132	299	299	287	30
鹶	鹷	鹹	鹺	鹻	鹼	鹽	鹾	鹿	麀	麁	麂	麃	麄	麅	麆	麇	麈	麉	麊
223	264	39	74	86	141	11	282	13	75	110	86	78	43	118	140	67	50	193	134
麋	麌	麍	麎	麏	麐	麑	麒	麓	麔	麕	麖	麗	麘	麙	麚	麛	麜	麝	麞
33	72	287	127	81	91	70	38	27	147	63	106	12	236	146	101	70	173	33	64
麟	麠	麡	麢	麣	麤	麥	麦	麧	麨	麩	麪	麫	麬	麭	麮	麯	麰	麱	麲
16	152	142	110	299	36	15	90	141	98	52	67	49	211	257	145	55	74	244	272
麳	麴	麵	麷	麸	麹	麺	麻	麼	麽	麾	麿	黀	黁	黂	黃	黄	黅	黆	黇
155	40	48	105	82	103	84	13	137	33	25	299	169	94	107	15	2	113	226	221
黈	黊	黋	黌	黍	黎	黏	黐	黑	黒	黓	黔	黕	黖	黗	默	黙	黚	黛	黜
85	175	198	67	20	16	49	127	18	14	102	27	107	156	219	55	17	119	38	21
黝	點	黟	黠	黢	黣	黤	黥	黦	黧	黨	黪	黫	黬	黭	黮	黯	黰	黱	黲
56	49	65	46	264	192	101	48	117	76	11	192	158	147	119	80	32	133	181	103
黳	黴	黵	黶	黷	黸	黹	黺	黻	黼	黽	黾	黿	鼀	鼁	鼂	鼃	鼄	鼅	鼆
112	106	141	65	45	152	103	168	42	33	48	126	50	144	143	52	68	103	122	146
鼇	鼈	鼉	鼊	鼋	鼌	鼍	鼎	鼏	鼐	鼑	鼒	鼓	鼔	鼕	鼖	鼗	鼘	鼙	鼚
43	35	47	112	174	264	132	11	79	47	231	86	9	20	74	79	59	124	52	130
鼛	鼜	鼝	鼞	鼟	鼠	鼢	鼣	鼤	鼥	鼦	鼧	鼨	鼩	鼪	鼫	鼬	鼭	鼮	鼯
80	90	175	187	152	29	116	179	180	217	136	209	136	110	93	82	81	213	116	69
鼰	鼱	鼲	鼳	鼴	鼵	鼶	鼷	鼸	鼹	鼺	鼻	鼼	鼽	鼾	鼿	齀	齁	齂	齃
187	134	119	161	135	130	158	73	149	127	162	21	247	91	84	219	154	105	153	133
齄	齅	齆	齇	齈	齊	齋	齌	齍	齎	齏	齐	齒	齓	齔	齕	齖	齗	齘	齙
167	93	122	166	206	3	10	174	72	30	96	282	14	79	81	68	129	66	101	231
齚	齛	齜	齝	齞	齟	齠	齡	齢	齣	齤	齥	齦	齧	齨	齩	齪	齫	齬	齭
108	163	231	124	151	61	83	20	221	223	193	174	78	41	171	97	59	185	61	219
齮	齯	齰	齱	齲	齳	齴	齵	齶	齷	齸	齹	齺	齻	齼	齽	齾	龄	龋	龍
79	116	109	121	86	194	128	116	101	74	139	126	163	130	174	191	104	299	231	3
龎	龏	龐	龑	龒	龓	龔	龕	龖	龗	龘	龙	龚	龜	龝	龞	龟	龠	龡	龢
31	142	62	99	233	163	31	38	168	223	221	244	299	21	223	110	264	63	83	67
龣	龤	龥	[illegible]	冃	丑	从	[illegible]	忚	懃	[illegible]	薘	[illegible]	[illegible]	[illegible]	卜	兔	吆	彐	珊
144	124	126	223	182	236	292	211	170	292	192	198	292	268	282	63	47	268	180	39
[illegible]	[illegible]	示	箆	雨	龜		[illegible]	一	--	丿丨	川	巛	[illegible]	[illegible]	[illegible]	[illegible]	[illegible]	[illegible]	[illegible]
226	247	85	241	29	16	299	150	83	81	143	155	174	163	170	299	81	121	99	102
[illegible]	[illegible]	[illegible]	[illegible]	[illegible]	[illegible]	[illegible]	[illegible]	[illegible]	[illegible]	[illegible]	[illegible]	[illegible]	[illegible]	[illegible]	[illegible]	[illegible]	[illegible]	[illegible]	[illegible]
161	155	139	127	126	160	264	154	272	247	133	122	116	102	97	260	137	260	120	268
[illegible]	[illegible]	[illegible]	[illegible]	[illegible]	[illegible]	[illegible]	□	鬲	[illegible]	厂	𠂇	𠂉	丁	乁	傷	𠂊	㔾	マ	㖞
264	260	257	128	203	264	211	299	226	78	119	113	282	138	163	168	253	181	228	292
[illegible]	小	[illegible]	[illegible]	攖	主	[illegible]	[illegible]	夫	疋	穇	⺮	䌷	穴	羊	羊	戋	[illegible]	[illegible]	关
164	211	250	299	131	299	276	287	215	247	236	253	292	282	287	268	153	203	144	169

睛	𧾷	閾	閛	卓	𡿧	𢾝	鰌	𢿁	鳩	鵙	鷵	䜌	籧	糓	臯	亐	丕	冊	靣
208	163	236	282	268	217	264	299	93	292	292	299	124	260	236	111	29	94	106	90
𠀤	罙	憂	庄	免	乘	𠕁	乖	乗	产	卒	曺	臺	褱	件	仇	仞	低	吟	夾
197	299	61	115	93	93	169	77	103	135	119	101	82	143	206	82	115	116	116	70
舍	奉	倪	供	備	偬	脩	假	傅	偉	倦	脩	備	偃	僚	傘	僱	優	義	儁
76	86	117	99	100	180	63	164	42	105	116	117	129	90	163	156	194	79	165	236
僭	儼	釜	爨	肉	突	冥	最	冢	凌	凉	鳳	切	色	免	刷	剃	劇	劗	到
94	116	177	152	58	117	63	93	57	98	112	81	128	111	116	233	200	95	165	287
勑	勢	勸	匆	亶	輂	卒	南	爽	罩	辜	即	卿	灰	厤	廳	叟	叚	叠	殿
107	37	65	211	63	140	112	47	135	96	95	44	51	55	102	98	87	87	139	205
毁	穀	蝦	呱	吐	呦	含	咢	啓	咩	啚	骨	谘	景	詹	嗌	嗁	嗎	噓	器
125	67	164	115	78	110	122	131	231	219	90	96	215	176	109	84	72	186	121	167
噭	嗜	噦	罷	噦	囂	國	圯	幸	坳	坼	堋	域	埰	堮	墨	墻	墟	壑	壦
205	79	126	86	257	84	46	166	136	112	180	151	136	154	153	95	185	93	137	95
墾	壂	壆	夔	壩	隻	妭	姝	哭	忝	卷	瓠	喬	獒	奧	奬	㚇	夒	夓	姿
177	135	238	164	81	74	211	103	70	61	70	114	155	121	149	82	104	75	90	143
姬	娩	嫗	嬾	存	孤	空	宙	害	冠	宿	寐	宰	寂	最	寄	甯	蜜	寫	寮
58	125	189	100	147	30	99	231	119	76	47	81	105	93	90	28	152	62	170	109
竄	蹇	鶴	專	将	尢	就	屐	履	屧	屨	屮	蚩	峯	岺	崀	嵊	嵋	嶨	巖
99	134	68	79	23	51	98	83	67	147	117	117	75	82	197	187	115	160	154	139
巹	帨	帝	冪	幡	幨	幰	庄	庫	庳	庚	座	慶	廞	廢	應	廥	廱	歷	廣
104	145	92	94	221	170	152	148	149	116	176	173	69	123	90	53	102	80	108	170
廩	廱	迋	迥	馬	亏	弘	弦	弧	弢	彊	彖	彤	形	役	從	徑	衍	衙	徊
83	208	114	149	167	76	105	55	127	127	89	88	107	80	77	40	100	79	106	92
徜	徒	徹	聳	怠	恐	怵	怪	性	息	恣	窓	慀	愽	愣	愕	懽	懈	懇	懥
116	154	169	114	64	75	101	154	142	159	154	137	94	52	161	158	115	97	174	148
懶	戉	武	或	戔	臧	戮	戲	戀	戾	投	抓	抗	捎	指	掂	捏	採	掾	擎
71	66	135	140	106	88	161	75	156	223	81	142	126	68	73	118	134	108	65	149
搼	搽	捺	搢	湯	擾	擛	撒	撻	攙	攬	致	敲	毆	收	故	敓	教	敫	毅
131	127	121	125	215	87	123	148	128	130	79	87	81	115	42	114	134	158	95	200
數	嚴	斆	夔	斋	旜	旨	昌	晅	暟	暘	暴	瞑	暡	矒	曝	史	昴	鼂	曩
59	70	152	94	182	137	101	69	211	77	166	51	109	170	126	213	64	111	128	94
礐	曓	胍	脈	胥	能	腴	腌	滕	膝	膠	杈	栢	楞	楧	栫	梓	桀	棗	櫛
143	120	134	128	83	36	77	192	89	74	137	143	55	155	191	123	130	188	64	119
橄	槖	橢	權	橐	櫪	檾	櫪	隱	鬱	欖	歌	歖	歔	歡	殨	毓	氈	氣	汉
128	173	155	60	145	127	208	107	160	151	233	58	208	145	69	138	165	140	73	89
泫	沔	泓	膊	洞	泖	泐	派	汭	沿	洶	沿	汧	涉	泥	洪	浧	洩	涅	淩
96	77	82	127	117	148	168	108	180	193	144	89	105	129	88	92	153	72	82	154
深	淦	涵	淤	湑	涼	溥	涵	澀	滸	減	溪	滑	滏	漿	漕	溯	澀	滇	潦
51	165	127	123	184	105	88	87	228	205	118	59	125	103	86	97	203	108	96	175
濾	溜	潡	漕	灌	瀸	潛	漆	潸	澟	渢	瀝	濛	潛	潤	瀳	瀑	光	炁	炫
211	172	112	145	94	139	113	75	135	132	170	87	83	106	78	223	154	105	129	93
煲	烹	煿	塋	燉	醬	燓	黝	點	勳	燷	燰	黠	爀	鮮	爕	爆	爪	爬	骨
221	158	226	116	178	159	119	109	35	100	223	169	78	175	250	97	184	93	138	75
亂	曼	狀	牀	牆	牕	舒	犖	狐	犺	猾	獄	獺	玖	珎	琥	瓘	瓌	瓌	環
82	192	80	94	185	136	203	158	123	126	206	117	93	121	123	203	160	186	99	116
瓊	甤	番	留	瘗	瘩	瘦	瘕	癔	瘸	瘠	癯	療	癒	癮	癧	癩	癩	盈	盤
118	82	93	82	89	157	174	176	132	198	100	143	197	140	134	155	139	114	82	114
盟	監	監	盥	眩	眷	晁	晉	睆	瞿	瞑	確	礚	被	袍	裡	褐	複	𧜵	襆
117	59	130	145	80	97	87	91	119	147	106	72	138	36	71	73	78	82	106	93

襟	禩	㦱	黍	稱	犛	稹	穢	黐	窆	窊	窙	窓	寢	窩	竈	竪	笛	箘	篡
65	142	268	65	59	197	122	68	198	104	146	191	213	87	123	120	90	89	174	97
篌	篆	簒	篷	簌	簷	簪	簮	籟	籀	籩	糲	紆	紞	紥	絶	経	綅	綱	緬
148	62	94	141	104	105	167	91	84	176	104	221	145	56	72	85	52	122	86	91
縛	縷	繞	縫	繼	總	織	繳	纖	纍	纏	羌	叢	翽	耶	耴	聍	肇	畫	臨
70	95	86	145	56	85	112	121	161	153	91	126	158	194	61	66	192	167	43	123
皋	敫	皐	船	艥	艙	艤	芊	苁	苑	茼	茂	荒	莁	華	茨	菌	莛	葛	莝
91	161	173	66	213	168	117	100	118	61	183	120	75	78	149	170	119	109	52	114
萑	萌	蕁	範	蔣	慈	蒙	蔲	蕇	蔵	蓬	蕙	蓍	蔾	華	蔞	蘼	獲	蘚	薛
143	129	136	172	78	79	69	87	153	123	95	106	96	153	68	156	133	35	149	198
蔬	藏	蘼	薇	蘇	藹	藝	囊	舊	囊	虛	號	虧	虜	螟	蟹	蠡	蠢	蠶	衣
71	205	129	87	69	159	86	117	72	96	123	101	105	115	139	99	91	88	63	150
衩	褒	褏	褱	襲	襪	禮	覘	覺	觀	觖	觚	觧	詔	說	詼	諂	誇	諷	謫
175	139	132	150	110	171	183	126	65	40	162	153	84	93	21	154	119	143	164	120
謬	裳	敫	曼	負	貳	贅	資	睊	賊	賻	贖	賻	跋	跨	路	蹭	踏	躔	躞
129	26	241	209	35	127	131	150	132	142	112	88	138	102	168	121	142	77	84	188
軌	軑	輊	輒	輞	轆	迖	述	追	迴	逕	逢	逸	遞	過	遐	達	遽	遞	適
63	120	66	71	209	174	158	84	100	71	132	139	97	127	68	187	103	73	138	77
運	遮	達	遭	遂	邊	邛	邦	郤	鄒	醉	醫	醢	鈦	鋐	鉛	鉞	鉛	鍾	鋑
221	77	89	97	73	53	90	34	206	132	114	221	111	125	75	103	70	170	152	179
鐫	陟	陑	隋	隳	雖	雋	雜	靂	霸	靂	頸	頡	頷	碩	顯	餠	餙	駮	驄
165	170	143	138	99	198	176	78	114	104	94	164	97	121	67	197	85	139	178	152
騎	騄	驪	驩	髻	鬢	鬼	鮑	鰢	鶓	鷙	鷂	鶴	麩	麯	麪	鼽	鬮	分	苛
30	89	115	165	211	70	84	108	201	123	120	197	148	149	149	120	142	95	287	81
恩	款	團	搏	殊	鄲	櫚	疾	臼	華	咼	與	彥	昪	鬼	太	嘶	壽	轉	亞
111	123	70	67	116	142	163	127	123	228	228	221	174	197	28	122	208	247	253	213
眖	錫	惕	瘍	場	暘	揚	亞	靨	僱	儴	儀	剖	劇	劊	墥	壙	櫝	圈	峒
247	65	95	120	64	105	47	282	287	282	299	287	168	276	213	299	299	238	287	292
宂	寑	寢	鼐	孿	瓏	構	樣	甄	慾	敓	戲	漢	滏	折	撈	奸	炮	怲	嬈
148	201	287	233	292	299	115	282	287	257	257	299	257	287	300	276	300	300	300	300
禍	磔	礫	眓	瞑	戲	蜇	罌	篋	籠	觙	觔	褻	橐	釁	繚	軓	轝	跚	鄹
287	300	272	300	292	300	300	287	268	300	157	300	287	287	231	300	241	272	163	184
鏺	隍	錚	顥	髀	翱	裊	譈	歇	鷸	麒	犮	夐	鐃	颼	韓	刖			了
300	211	300	300	168	282	160	282	282	300	300	272	250	292	264	292	105	300	300	300
乚	桼	丑	由	莫	冊	小	直	暤	轜	邢	尌	燊	聊	甋	磋	墩	隮	隙	陞
120	241	130	182	223	183	250	44	300	236	292	247	292	104	247	282	196	300	287	276
隈	僔	弤	琱	弧	谺	國	秏	穭	瓸	戳	燉	毵	舶	鍾	鐸	釵	听	嗯	吅
287	250	300	287	155	260	300	300	276	292	174	241	300	300	292	300	64	282	268	205
嚏	耜	鶇	圖	氦	鶻	駉	騤	耩	粘	棝	訊	稀	卄	絡	婉	狄	玁	猺	欽
193	228	300	180	197	300	292	292	175	276	300	131	292	158	300	276	292	176	122	300
倔	佯	傷	倡	伇	仯	暕	睠	眂	曇	嵋	嶙	屽	矸	袂	禩	稚	揃	搠	搜
300	300	300	276	196	300	119	150	119	300	292	253	226	292	80	228	264	282	272	264
拥	洮	灑	浼	瀍	緥	纏	毅	攱	叭	畯	墉	瑕	埄	鄉	壚	塽	埸	豚	坪
300	300	292	300	241	272	88	175	287	292	300	292	197	257	260	277	292	109	300	287
琊	珣	琺	邠	僥	鄠	訏	謳	羢	柄	醯	鯊	鮻	鯇	臁	肽	滕	战	艇	酈
277	260	292	300	300	282	300	300	300	277	253	292	277	300	277	300	264	287	300	268
斷	収	翮	敎	殼	蹼	髩	髮	艹	蔻	藤	蘞	芭	荼	若	藟	蘸	藥	藾	蔆
300	277	300	236	231	300	282	292	233	177	217	219	292	277	21	300	233	105	238	198
褰	脊	臯	習	膂	凸	鑿	鬼	召	宰	宵	寧	畀	门	來	啓	耆	罥	玄	コ
233	300	272	177	250	300	300	277	264	116	282	300	277	257	292	300	287	300	300	277

坴 268 尞 277 窑 272 允 300 龜 272 咼 264 暠 272 兹 292 垩 282 臯 300 癸 221 暋 287 務 166 奐 282 管 228 煬 116 簾 63 巔 292 纂 178 范 300
箭 300 筐 300 春 287 潋 134 妄 300 荣 300 茓 268 兜 96 盦 260 暴 219 脊 292 羸 143 皃 253 囯 300 褒 300 閜 300 佘 277 匯 300 圧 300 厣 88
厝 277 廱 282 瘃 131 瀰 292 虚 277 勺 277 或 300 鑱 247 逌 277 爬 300 頮 292 虢 282 佂 300 越 177 裹 300 几 211 殼 268 塔 287 崎 48 礼 282
蘤 292 蛙 300 赳 106 汲 268 銲 300 銲 300 鳴 223 282 ： 282 ｜ 277 （ 115 ） 115 〔 35 〕 35 【 69 】 300 @ 300 س 300 ص 300 غ 203
م 300 ه 300 و 300 ” 300 （ 264 ） 264 ， 108 ： 226 ； 231 ？ 31 ○ 277 ＼ 292 ○ 300 — 300 亚 110 井 292 尕 146 尧 244 尒 282 曲 187
廾 65 广 282 芇 136 兮 143 辰 108 自 104 兴 260 乑 99 叓 45 乙 169 乚 184 乣 61 乿 268 尷 187 區 292 亶 219 恵 63 寇 217 臾 238 仈 134
伬 282 伎 93 佉 287 仾 161 伩 292 佘 99 伬 118 佁 247 佡 139 佳 247 佬 97 保 117 佀 112 佘 247 佊 282 侹 231 侇 264 侯 16 冏 233 佫 201
俗 287 倳 257 傷 83 俦 167 僊 179 俟 84 做 185 偋 300 僀 213 偄 287 倚 43 偟 272 候 58 佲 247 傘 127 傗 277 偃 268 傪 241 傑 191 俾 152
僑 119 㪷 114 傲 228 保 236 偍 287 僽 158 僬 168 僖 178 僅 292 僉 217 僯 83 僊 113 侖 160 僧 97 僜 292 僮 193 僮 277 偶 211 榦 92 儔 236
僇 185 儌 208 儷 148 僱 153 儴 268 儽 244 儾 200 兇 272 克 74 兗 95 谷 257 冂 127 内 187 冉 54 冉 80 冊 68 冈 90 冥 67 冟 80 洛 114
几 141 凡 147 夙 231 凨 277 凫 300 凯 144 凴 139 凴 268 函 143 凷 287 凷 138 扎 185 別 244 刘 292 刟 176 刻 244 刑 91 刘 104 荆 120 刺 300
刾 99 刉 221 刱 257 剃 184 剄 186 剌 169 剕 129 剡 155 剧 128 剥 217 剬 206 剷 213 剏 187 剐 282 剆 292 剸 268 剻 188 剼 228 剬 38 劄 300
劕 197 剰 145 劀 201 劙 163 劚 241 劘 260 劁 292 劋 200 劆 112 劏 183 劉 186 劂 133 劐 221 劃 277 劊 250 劉 172 劏 175 劼 72 勢 110 勖 244
勢 219 勣 253 勷 264 匀 292 匑 247 匔 287 匕 89 医 146 匯 147 匼 292 匲 300 匽 282 卉 172 卉 210 卋 85 卛 287 卝 194 卣 139 卧 175 卤 112
卼 158 卾 174 厏 22 厐 156 厙 260 厤 158 厫 172 厪 136 厭 260 厯 124 厵 90 厸 268 厷 208 厸 99 叅 106 叇 300 叉 253 叚 184 収 210 叟 161
叐 300 叜 113 叡 84 叡 272 叢 272 叢 182 吃 241 吐 102 吉 64 吧 250 之 58 告 149 告 282 哂 145 吺 292 召 189 吒 287 吰 292 吟 208 咀 121
咳 257 味 181 哘 163 咛 287 唯 250 呑 87 咥 236 咟 268 咽 247 咻 217 哷 143 咮 277 咹 287 喧 158 咓 250 咯 231 咯 105 哷 272 咘 210 訢 257
唻 272 唴 268 唒 205 唓 264 曷 123 郪 186 啓 196 啠 114 啣 208 唤 196 啣 226 啓 198 嘷 272 嘒 277 啠 138 嗌 198 啟 238 嗆 292 嘟 155 嗽 194
嗽 300 嘀 300 嘝 247 嗽 287 嗽 47 嘍 301 嘶 257 哆 163 嘧 154 嘘 179 嘲 185 嘕 287 噌 260 嘬 145 嗷 264 嚐 301 嚕 292 嚌 128 嘸 247 翻 147
嘯 221 嚅 253 嗟 205 噢 192 嚶 236 噶 292 噱 83 噴 146 嗷 260 嚬 293 嚱 134 嚱 188 嚷 282 嚧 260 囌 253 嚼 205 囉 158 嚹 287 囉 238 囊 250
囚 301 図 301 国 250 圖 148 壬 203 圡 60 左 126 青 231 垩 152 坛 257 李 293 坓 112 衣 45 坑 211 均 217 坰 282 垮 153 垩 107 垛 301 垩 178
埁 165 翌 260 臯 137 龕 238 埔 147 埴 147 垦 257 塗 68 塘 293 埃 157 莖 136 墳 217 埕 211 壇 264 墜 206 塐 293 塩 86 搖 168 塗 201 壞 219
堀 233 塌 293 蹩 180 墉 187 壊 188 墒 154 墻 287 壁 125 織 233 墰 293 墩 189 塃 127 墟 172 墾 145 壕 91 壣 167 擧 155 擢 287 墳 264 墜 277
墙 106 墿 247 壞 228 㚒 197 鼓 96 壹 250 嘉 164 奚 211 夏 238 夘 88 娚 277 夥 208 大 137 夬 124 夸 92 夯 215 查 129 吳 250 奄 123 奔 189
奱 89 复 233 奙 301 美 76 奬 25 奭 231 奮 62 妥 86 妊 177 孜 160 姆 186 姒 189 姐 108 姑 301 媚 236 娃 154 娓 178 娭 260 婚 293 婚 231

娶 301	婆 236	娭 244	娑 165	娟 125	娋 219	婷 131	娙 139	嫣 233	娍 193	媷 264	婺 108	嫢 164	婢 228	嫹 161	嬂 143	嫲 130	嬰 215	嬃 145	嫡 268
嫈 194	嬸 93	嬕 236	嫺 101	嬭 179	嬻 247	嬛 277	孅 138	孁 198	孨 168	孝 140	孛 184	孤 272	孫 238	孵 223	學 287	孺 127	它 205	宊 282	宔 188
肓 98	宼 210	家 161	宗 121	寘 51	冤 231	寃 57	宭 182	寑 250	窣 114	䡐 282	寍 301	寗 53	索 168	寓 221	寢 228	寖 125	酻 287	對 111	尃 293
小 165	尞 145	尥 268	尨 186	尳 197	尫 136	尷 185	尸 97	屌 277	屎 168	屙 264	居 106	局 98	犀 168	屜 199	屡 233	履 164	岙 205	屴 301	屹 226
岸 268	光 171	屼 287	邑 241	岾 150	舢 160	峁 194	岕 143	岜 241	岡 293	岔 282	岐 83	岁 95	岣 140	岏 158	岰 301	峃 187	崦 210	峎 226	峔 247
岨 233	岪 138	峎 200	峇 272	峣 301	岩 247	峢 174	峔 257	峆 228	峰 52	峊 272	峯 199	峎 238	峚 293	峞 183	峉 194	捘 233	峮 247	峕 215	峜 264
峇 228	峌 162	歳 117	峷 182	崍 293	崮 140	峩 115	峲 203	嵐 193	崼 188	崐 179	岫 244	峮 228	崚 231	崤 200	嵤 287	峴 134	嵗 264	崌 226	崍 272
嶗 192	峪 253	嵌 287	嵁 174	崚 250	崋 272	崊 282	崾 199	嵟 197	崩 167	嶢 250	嵤 264	嵓 137	崦 179	嵝 282	崆 268	嵑 189	嵣 241	崯 153	嵴 231
嵻 241	嵬 187	嵱 223	嵎 257	嵋 282	嵕 241	嵥 247	嵷 257	嵳 119	嵃 241	嵊 215	嵉 287	嵩 293	嵪 184	嵮 215	嵯 247	嵍 226	嵕 211	嵧 75	嵲 257
嶒 199	嶌 134	嶓 228	崔 142	嶐 203	嶲 268	嶅 236	嵗 29	嶭 163	嶆 200	嶒 231	嶖 238	嶚 194	嶵 167	嶹 178	嶼 228	嶧 188	嶵 180	嶸 163	嶺 163
嶷 250	嶋 147	豎 301	嶀 149	嶲 250	嶅 160	嶆 200	嶟 301	巉 140	黨 167	嶧 223	嶿 264	巄 301	巆 127	巉 191	巌 108	曾 211	嶒 163	巊 253	嶕 183
嶮 171	巎 100	嶹 174	嶠 215	嶸 272	巕 203	巖 155	巐 244	巑 264	巓 189	巔 236	嵺 293	巗 293	巘 129	巙 238	巚 253	對 211	巙 241	巛 111	獄 173
巒 282	嶺 189	巗 140	巋 123	巌 287	巘 244	巕 183	巒 199	巓 238	巏 272	巇 203	巇 92	巖 217	巚 236	巙 125	巕 165	總 287	巘 250	巎 136	豐 268
巔 231	巖 253	巘 264	巕 260	贊 301	巑 253	靡 282	巎 196	巑 277	巗 260	巏 158	巕 206	巒 277	靈 287	巜 123	巸 199	吾 257	巹 128	巷 247	彡 268
帣 159	帑 165	帗 287	帔 264	帡 287	帮 199	帹 163	帹 233	帶 53	幢 215	幅 293	幏 147	帶 168	幁 108	幁 301	幂 137	幧 277	幨 205	幱 166	幣 238
羊 152	乎 128	务 138	幺 128	絲 64	弁 210	幽 118	庈 166	度 130	床 143	疾 152	庚 57	康 182	庲 272	廄 159	廜 184	厚 118	虒 219	庭 170	座 165
鹿 132	廇 277	廥 301	廌 179	麻 129	廚 119	廖 175	廕 223	廞 226	廩 233	廞 162	廯 287	廛 134	廥 93	廙 197	廻 63	弅 215	弃 69	弆 94	弇 188
弄 111	马 125	弘 13	弖 158	弚 139	弞 219	弤 277	弸 282	弢 277	弥 146	弸 210	弻 250	弼 287	彉 238	彌 200	彤 191	彧 154	亿 301	彺 301	征 244
彸 301	徔 301	徃 145	徕 143	徸 282	徺 174	徻 260	徲 231	徳 126	徹 182	忙 157	忏 260	忚 108	忩 161	忭 217	忲 122	忺 197	怯 238	思 167	怸 133
恒 64	恳 139	恈 206	恚 151	恶 152	恙 117	恱 181	悚 130	恐 73	悪 57	悖 260	悳 154	悭 186	悠 101	悘 253	悥 93	惁 149	惬 277	惆 179	惗 210
惽 226	恕 264	愛 110	愜 153	愢 199	愗 206	愭 164	愴 201	愲 253	愹 189	慘 191	慬 146	慁 150	慝 238	慱 145	慟 95	慫 293	憖 186	憖 121	憝 133
憮 226	憖 264	憏 110	蕙 153	憯 199	憸 206	憪 164	憸 201	憵 253	懸 189	懂 191	懇 146	懫 150	懟 238	懣 145	懬 95	懭 293	懮 186	懭 121	懿 133
懏 293	懱 184	懶 76	懏 231	懢 111	懮 84	懴 115	懺 105	戋 175	戕 287	戚 239	戦 99	戴 301	戫 123	戴 293	戯 277	戲 301	戳 301	戲 163	戹 217
扉 201	盧 149	扰 301	抠 277	拏 116	扠 109	抗 116	拖 250	拚 152	拟 94	挚 156	挤 53	搭 228	捽 155	揎 200	揬 200	掾 211	搠 116	搴 236	搽 178
搽 186	搂 226	揀 239	搜 143	擊 282	撰 111	撤 287	擐 102	擗 272	撩 301	擠 301	擾 70	攄 301	攆 293	攢 162	攮 277	攔 226	攩 203	攙 301	攪 241
搽 112	拨 257	拺 187	搜 100	擊 136	撰 67	撤 226	擐 287	擗 301	撩 151	擠 253	攄 139	攆 132	擇 301	槽 231	攜 219	攔 301	攩 169	攙 293	撓 203

摘	摺	擅	擷	擹	摁	撊	攃	擌	搔	撊	搶	撽	擊	擣	搸	擫	攀	撲	攝
127	153	219	194	244	272	124	199	163	180	110	170	239	161	124	183	253	97	152	247
撾	攆	撻	擩	擣	撼	擧	攢	播	攜	攕	擹	攤	擂	攎	攔	擭	攩	擹	攸
217	177	231	287	48	189	236	244	213	77	287	178	143	231	219	205	228	173	287	228
敂	敀	㰮	敁	效	敦	散	敒	救	敝	敞	敥	敵	數	敶	敨	敺	敼	敽	斁
223	273	250	282	189	282	268	250	121	168	136	184	223	71	273	268	184	268	293	241
毆	斅	斀	斆	散	殼	斂	戰	斃	斄	斁	斆	斃	斁	斅	敚	斗	斛	斛	斝
175	210	301	160	104	174	187	293	203	199	191	186	161	189	273	178	196	250	150	142
斠	斡	斶	斳	斷	斳	旒	旝	旖	旞	旉	旝	旛	旟	旡	既	昊	昃	明	昃
273	92	144	244	115	277	176	211	126	287	264	253	141	139	293	193	293	273	161	104
昭	晌	早	晥	晢	晚	晷	智	晠	晉	晭	暠	暜	暡	暵	暖	暏	暘	曥	曦
92	85	221	211	186	268	154	215	156	46	260	277	166	206	217	253	287	236	282	250
瞬	曬	曔	曈	曙	曩	曻	曄	曅	曬	曑	曹	朗	朎	朒	朓	朘	朙	朡	朧
156	277	219	277	97	113	301	94	257	293	253	128	273	223	261	268	282	282	175	154
朧	朠	朦	朧	朮	朵	杞	柴	枕	杵	秋	棧	梯	枇	梟	梁	康	桉	奈	棨
166	247	277	188	118	257	61	211	163	226	247	123	138	191	257	287	194	215	168	105
棐	梵	椴	椿	槃	梅	柄	椄	梟	椒	榜	椛	楣	椞	楻	榐	榨	構	槃	槁
182	88	277	156	172	167	197	166	166	250	152	191	189	201	139	273	221	166	217	253
棘	榛	樹	標	槮	槔	櫃	樟	榛	槃	槷	橄	権	檥	檫	檽	檄	欒	檱	櫓
57	151	38	236	241	174	191	180	157	250	95	97	39	247	191	282	210	170	293	149
櫾	櫧	欄	欒	櫟	櫪	櫞	櫪	櫳	櫼	櫨	欒	櫫	欄	櫞	欅	櫶	櫿	欐	欑
231	282	273	179	233	253	203	176	93	134	132	301	301	213	293	192	231	233	239	241
欃	欌	欓	欘	欏	欙	欚	欛	欞	欝	欒	鬱	欥	欪	欬	欵	欸	欿	歃	歎
150	185	199	128	268	217	236	151	221	111	197	108	219	187	215	85	261	57	197	226
歐	歆	歘	歙	歟	歠	岦	岧	址	发	企	歯	歷	歷	歹	㱙	殃	殆	殘	殍
250	268	170	165	268	257	197	208	273	287	282	293	201	213	111	151	131	282	134	219
殘	殲	殜	殨	殯	殷	殸	殷	散	殷	轂	毅	毀	毆	毒	毒	毗	毛	毪	毬
159	188	197	287	135	210	151	241	78	98	107	138	239	257	233	247	250	301	177	219
毤	毧	毨	毪	毹	毶	毸	毻	毼	毾	毿	氄	氂	氈	氉	氊	氌	氍	氂	氉
226	277	196	301	253	301	301	301	301	118	287	177	90	170	264	152	176	231	117	228
氇	氄	氆	氅	氍	氊	氎	汈	汥	汖	汰	派	冰	汚	沬	沢	浚	法	没	泥
219	265	277	104	100	228	265	277	293	228	223	40	166	257	184	203	149	253	76	261
浯	泉	浅	泊	活	涿	浮	洵	浙	淹	浙	浞	淮	淍	浼	添	淵	漱	淜	淯
253	199	174	247	282	91	158	191	199	149	188	203	128	162	158	257	130	282	196	140
涯	涙	渭	洞	洳	渺	湖	涵	淜	滤	浸	淩	淑	滏	溇	滂	溣	溟	溲	湼
301	137	253	282	282	282	293	103	268	228	217	141	215	241	199	261	112	83	67	287
湿	添	澆	滬	溼	溯	湏	涵	溦	漫	滃	溇	渺	滲	湿	消	滑	滞	漾	溴
277	81	241	203	138	233	160	96	191	128	200	287	41	128	106	191	301	91	81	166
滁	游	通	濇	濵	滓	濟	濬	澌	澞	滕	澤	濟	澄	灣	潂	滙	漭	潳	濮
250	147	177	273	132	268	161	119	184	153	273	241	287	166	277	283	174	135	124	157
澊	澗	濟	湍	瀏	瀼	道	潟	澮	瀝	瀝	濫	潤	瀍	灑	瀠	瀤	瀯	瀼	濺
268	273	268	193	179	221	283	158	283	161	81	205	177	283	129	215	257	122	192	293
濩	瀝	瀾	瀋	瀚	灘	灣	濼	灑	灞	灜	灌	灕	灊	灣	灩	灑	灩	炛	炇
287	108	215	223	180	162	133	149	153	117	168	146	197	108	95	152	205	156	254	206
炣	炫	炔	烟	炡	杰	烝	烜	烽	焕	焜	烝	焭	焉	爲	焽	普	焱	焦	焧
283	287	293	73	223	102	287	241	114	301	140	196	277	221	192	206	287	126	189	193
焸	爲	煳	熇	煚	熙	熍	熙	熬	熻	燥	燉	燦	熂	熏	熱	熫	熣	熱	熱
206	268	122	239	113	61	121	228	208	293	301	301	124	71	187	40	273	273	119	102
熾	熬	燂	燄	燧	燴	燹	燧	爊	爂	爋	爏	爆	爇	爛	爟	爆	爢	爇	爥
181	94	98	171	177	137	287	154	179	268	239	301	152	241	217	177	265	189	115	217

醭	䤄	醫	䤁	䤇	醿	醦	䤆	醷	䤒	醸	醹	醽	鎣	鉔	鉚	鋒	鋸	鍛	錖
231	277	234	234	158	170	265	236	283	169	206	190	115	65	251	146	83	153	193	302
鍪	鍭	鉸	鏤	鎝	鍽	鐂	鐐	鐓	鏅	鏱	鐅	鐸	鐗	鏩	鐏	鑌	鐁	鑸	鑹
261	184	213	123	190	150	283	288	117	148	160	208	251	173	283	210	206	244	211	302
鑽	鐯	鏽	鑹	鑪	鑌	髊	閙	開	閈	闁	閲	閛	閗	闐	闚	闔	闇	關	閺
302	213	244	149	293	197	142	261	63	132	302	236	288	131	188	121	177	150	41	170
闕	鬪	闞	闠	闥	闢	𠂤	阢	阪	阱	阭	阹	阦	陔	降	䧓	陋	陵	陛	𨸏
88	109	108	75	195	121	82	186	234	180	156	162	161	192	144	211	110	60	261	150
陡	陞	陒	隆	隋	隡	隌	陪	隔	隹	隙	隻	陛	隱	隁	隫	隲	隮	隶	隸
273	96	228	70	283	208	302	268	109	187	68	136	162	33	257	191	228	248	202	14
隸	雈	堆	雄	雁	雅	雗	雞	離	雙	雩	雯	零	霈	霂	霓	霧	霹	霙	霧
106	244	184	166	202	277	293	293	78	44	178	146	170	254	199	116	157	219	202	195
霚	霮	霏	霢	靂	霝	霰	靁	霽	靋	靈	靉	靆	靄	靗	靅	靊	靍	靎	彭
195	269	138	302	228	273	228	138	251	205	122	188	174	224	177	128	178	147	176	129
靅	靟	靠	靧	靨	靶	鞅	鞆	鞇	鞍	鞈	鞋	鞔	鞘	鞠	鞚	鞛	鞞	鞨	鞡
187	146	187	221	236	231	288	195	180	165	164	217	221	200	141	192	277	169	273	169
鞼	韁	韀	韆	韉	韄	韅	韇	韈	韉	韊	韤	韐	韍	韓	韎	韐	韡	韠	韥
293	187	293	166	234	210	190	117	164	277	162	251	283	261	157	302	186	215	188	197
韤	韮	韰	韱	韲	韲	韭	韶	韻	頊	頍	頎	頏	頒	頓	頔	頕	頖	頗	頝
133	178	265	228	184	148	206	277	176	158	302	123	234	293	234	265	228	251	131	184
頣	頥	類	顃	顅	顆	顈	顉	顊	顋	顎	顐	顑	顒	颯	颲	飆	飄	飃	飇
140	208	20	65	202	242	67	302	92	229	145	229	242	293	234	79	269	215	211	293
飍	飄	飈	飉	飛	飢	飣	飦	餅	飽	餁	餂	餈	餇	餃	餍	餉	餳	餌	餣
187	197	269	199	302	136	229	149	277	146	302	208	174	277	196	140	188	80	277	302
餶	餩	餘	餴	餿	餽	餾	餱	餺	餐	饃	饈	饊	饋	饌	饜	饎	饆	饕	饒
293	181	229	257	293	244	215	254	96	104	187	288	176	283	269	173	185	254	288	234
饉	饐	饑	饘	饔	饖	饗	饘	饙	饛	饝	饞	饟	首	馘	馟	馡	馢	馥	馭
283	221	277	180	265	203	126	302	293	302	283	293	156	90	302	293	265	224	257	196
馸	馻	駀	駉	駃	駧	駬	駏	駕	駐	駥	駒	駻	駾	騃	騘	騇	騋	騡	騬
302	191	178	248	202	211	158	224	288	210	244	160	144	269	283	121	173	202	190	288
騣	騢	騹	騴	騶	驚	騺	驀	驊	驆	驌	驝	驤	驗	驖	驥	驟	驦	驪	驌
261	288	153	142	145	283	153	210	239	147	224	293	119	277	128	71	126	277	236	302
骫	骻	骳	骲	骴	骹	骸	髃	髄	髆	髈	髊	髌	髑	髓	髕	髗	髖	髞	髜
172	156	234	203	277	187	197	134	165	229	132	141	185	126	277	161	273	215	144	221
髟	髣	髤	髥	髦	髧	髩	髮	髲	髳	髴	髶	髹	髺	髻	髾	鬁	鬄	鬆	鬇
200	283	202	288	217	79	239	197	273	283	221	302	261	180	293	302	149	132	283	302
鬈	鬋	鬌	鬎	鬘	鬙	鬛	鬜	鬮	鬯	鬲	鬳	鬴	鬵	鬷	鬹	鬺	鬻	鬽	鬾
175	244	288	273	136	59	203	293	293	188	169	265	244	155	254	190	139	144	211	257
魊	鬻	魆	魊	魌	魍	魑	魒	魓	魕	魖	魗	魘	魜	魞	魟	魡	魢	魣	魥
134	248	283	277	269	84	251	277	293	283	242	162	265	202	242	273	283	206	251	273
鮃	鮆	鮊	鮓	鮇	鮉	鮤	鮍	鮀	鮣	鮺	鯙	鯅	鯖	鮂	鯇	鯀	鯍	鯑	鯊
171	165	302	278	239	283	176	239	226	273	269	257	293	236	231	283	184	197	288	248
鯡	鰒	鰌	鰗	鰞	鰣	鰦	鰨	鰫	鰬	鰲	鰷	鱄	鰯	鱆	鱊	鱏	鱔	鱖	鱟
215	197	162	226	191	234	171	269	257	200	168	215	294	294	283	205	251	248	251	248
鱞	鱨	鱳	鱵	鱻	鱷	鱸	鱹	鱺	鳦	鳧	鳩	鳪	鳫	鳭	鳮	鳰	鳱	鳲	鳴
190	288	254	229	211	202	234	254	224	261	244	254	175	269	219	199	219	158	210	162
鳵	鳷	鳹	鳻	鳼	鳽	鴄	鴅	鴌	鴇	鴃	鴐	鴒	鴩	鴯	鴰	鴲	鴶	鵃	鵄
191	302	102	221	140	265	187	215	175	211	151	269	302	181	159	168	162	187	151	183
鵅	鵈	鵔	鵞	鶄	鵛	鵟	鵦	鵩	鵮	鶋	鶑	鶔	鶖	鶠	鶡	鶢	鶬	鶷	鶼
265	288	178	288	168	153	171	210	288	174	226	153	269	140	302	231	162	166	215	98

附件 A：

《四库全书》电子版工程"保真原则"说明

一、字迹问题处理原则

由于《四库全书》涵盖内容之大和手抄本字体的变异之巨，诺大的字符集仍然不可能百分百地保持原书字迹的真貌。因此，在工程实际中，我们采用了一整套规则。

规则的目的是在现有 CJK＋字符集的基础上尽量保真。不做以简代繁，只做有控制的异体代换。异体代换之宽严在不同情况下有所不同：字书从严，其他从宽；字头从严，释义从宽；表形时从严，表义时从宽。在异体代换时根据文字的一些具体情况实行了不同处理，其原则如下：

1. 保真转换 凡原书字迹与 CJK＋字形一致时，不论是正体或异体，均实施对应的保真转换—用编码汉字表示。

2. 有控制的异体代换 字符集中没有、但在《四库全书》中出现的异写/异体汉字，已尽量选用字符集中与之最接近者代换（即：用微小笔形变异的同字代换），例如："毅"代换为"毅"。

3. 对《四库全书》抄写过程中出现的增笔、减笔、误笔及书写习惯而出现的明显讹误，校对过程中已依照文意做辨别处理，例如："刺史"改为"刺史"。

4. 《四库全书》中避讳字很多，不仅独体字避讳，写成缺笔，而且由这些字为构字部件组成的合体字同样避讳，例如："弦"、"燁"、" "、"禛"、"弘"、"麻" "眩"、"泫"、"泓"为了尊重古籍原貌，保留其文化现象，则在字符集用户扩充区造字做到保真转换。但是通过汉字关联技术，从正字也可检索到避讳字。

5. 对于《四库全书》原书中发现的疑难模糊之处（"模糊字"），已尽力参照原书和工具书加以鉴别，实在难以辨别者，保留其原图形作"□"处理并加以说明。阅读时，打开联机字典，当光标移到□处时，会自动出现原文字迹。例如：

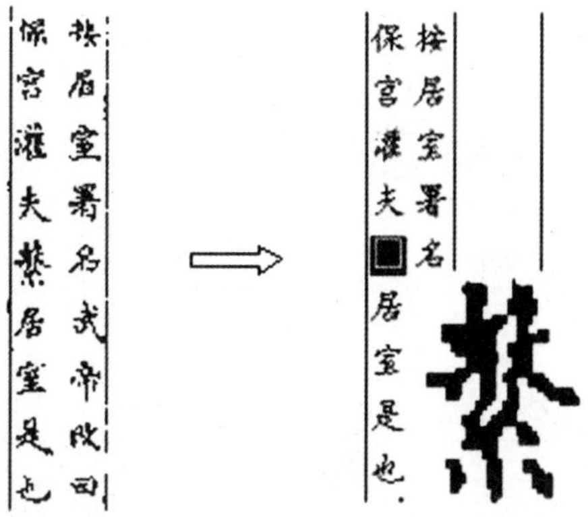

6. 外字处理方式：《四库全书》中出现了许多外字（即：无法按照原形保真转换，又无法进行异体代换的字）我们采用了以汉字结构符等特殊标记开头的字符串来表示它。以下将它如何显示、检索、提示、联机字典等的几个方面详细说明：

字符串	字符串含义	显示	检索	提示（鼠标移到该字时的反应）	联机字典（鼠标单击该字时的反应）	实例
↑	倒立字	显示倒立字	可检索，以正常字检索	无	给出正常字的拼音及释义	
←	左旋转字	显示左旋转字	可检索，以正常字检索	无	给出正常字的拼音及释义	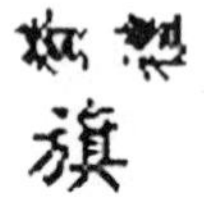
→	右旋转字	显示右旋转字	可检索，以正常字检索	无	给出正常字的拼音及释义	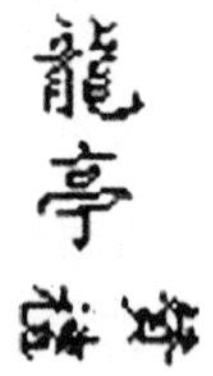
⊙×	有圈包含此字		可检索，以正常字检索	无	给出正常字的拼音及释义	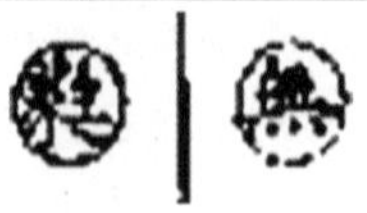
≆ V	相似而不等如：增笔、减笔等。	显示正常字	可检索，以≆后面的v检索	给出原字迹图	给出异体字的释义	
结构符 ⿰××	是未编码的汉字，其结构如开头字符所描述的。	显示结构符	可检索，以结构符检索	给出原字迹图	无	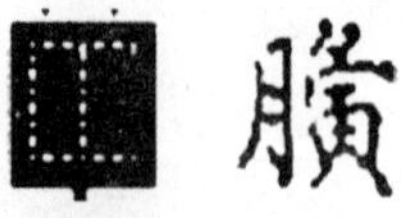
⿱××						
⿲×××						
⿳×××						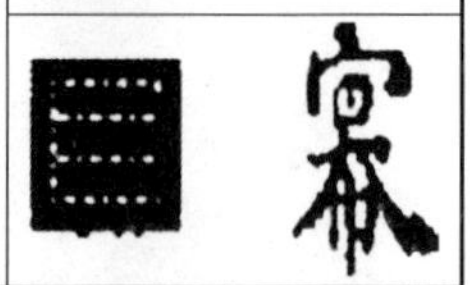

⿴××						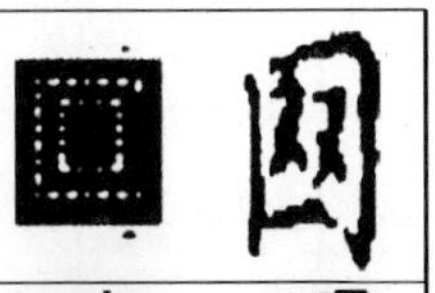
⿵××						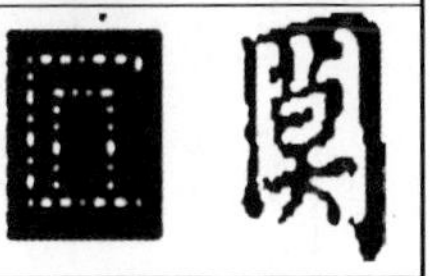
⿶××						无实例
⿸××						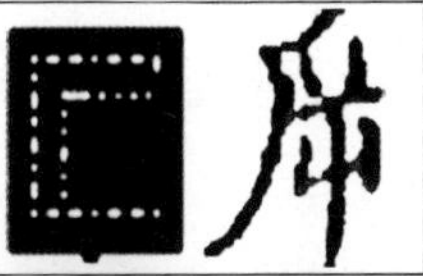
⿹××						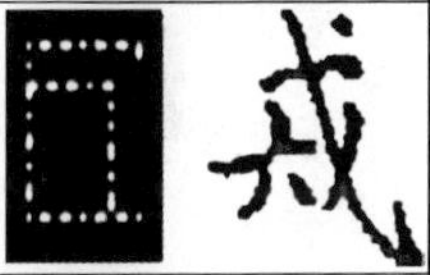
⿺××						

二、版面问题处理原则

1. 卷首做图形处理。

2. 卷尾印章（乾隆御览之宝）：删除。

3. 紧密字列：长于 30 字的列由于字位过密无法显示而将其删除，只保留列中重要内容（人名或重要的大字内容）。

4. 易类、八卦符下的八卦卦名，由原书竖向大字改为横向小字。

例：

“䷙” 大 畜	改为	“䷙” 大畜	“䷿” 未 濟	改为	“䷿” 未濟

5. 极个别类表格式的紧密字列删除较长列的部分字，以使整页字正常显示。

6. 极个别单列小字和单列小小字保留，双列小小字删除。

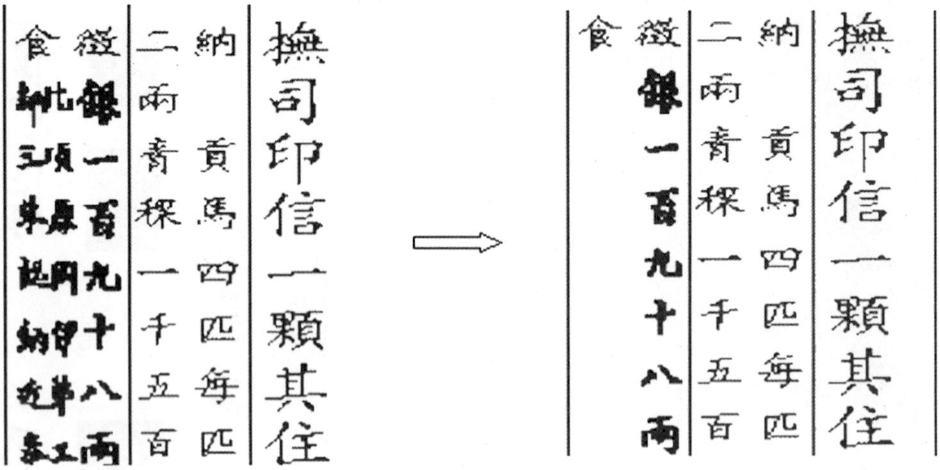

三、特例情况

《四库全书》小学类中的字书和韵书，大多数是以保存或辨析字形为目的，这些书中的字形包括了历代积累下来的异写字、辨析字、讹误字、避讳缺笔字，以及由于手抄典籍所造成的字形差异，遂使汉字字形的数量非常庞大，是迄今为止的任何一种标准字符集所无法容纳的，这就使得小学类古籍在转换成电子版本时，不可能完全用编码汉字保真，而只能在现有字库所能支持的范围内，最大限度地保留它们的原貌。

1. 存形、辨形的字书，不作代换。其目的在于保留当时的手字形，辨析字形之间的差异，如《九经字样》、《干禄字书》。例如：

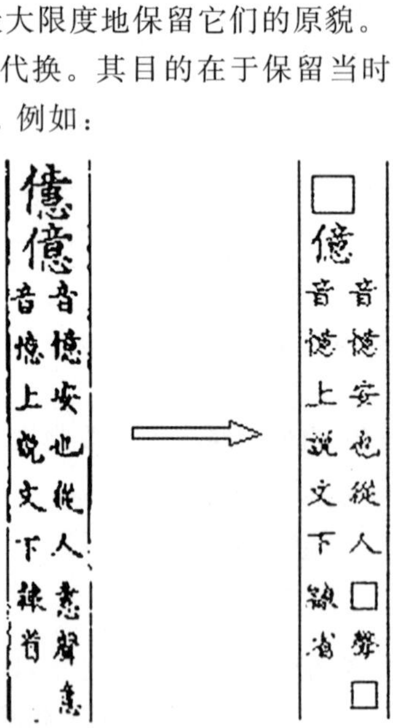

2. 释读性字书或存义的字书，为了便于检索，已作部分代换。如《历代钟鼎彝器款识法帖》中有一些章页是用今文字去转写古文字的，目的在于帮助今人认读古文字，而不是为了保存古字形。例如：

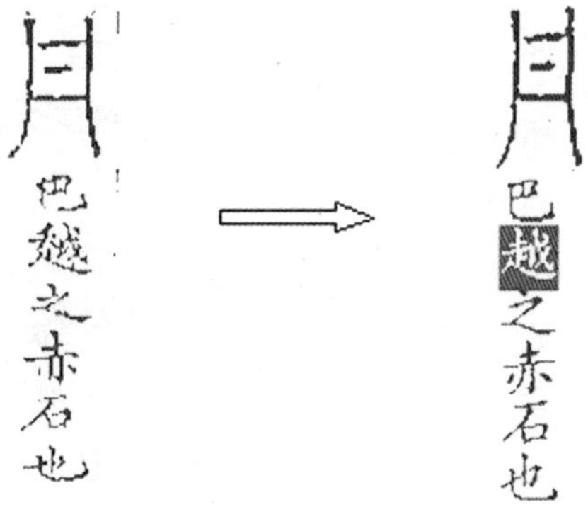

3．解释音义时适当代换，分析形体时保留原貌。例如：

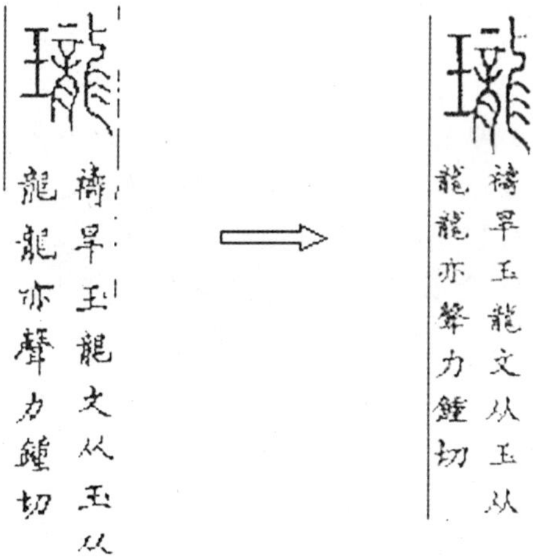

4．散见时适当代换，对比时保留原貌。例如：

例 1：散見

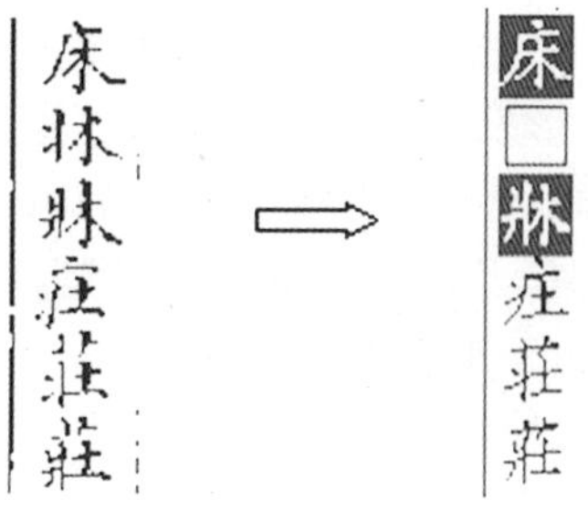

例 2：對比

5．非抄写讹误一般不做勘误处理。例如：

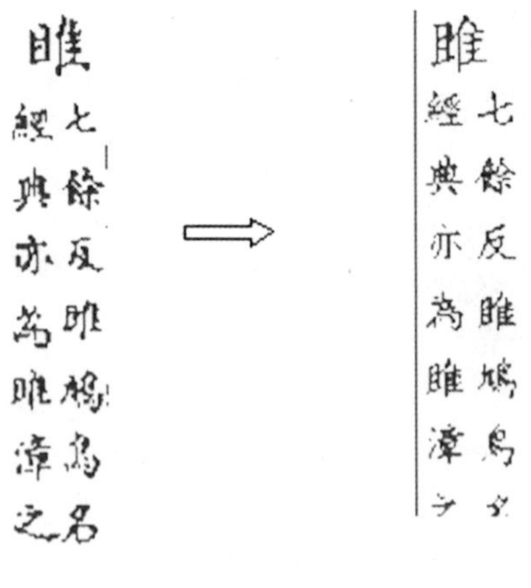

四、质量指标

经过多方面的努力，除了原文极少数的模糊字以及集中在小学类的极少数外字（这些外字的解决，有待 ISO/IEC 10646- Part 2 的制定和颁布）之外，全书汉字的 99.955%都已经用编码汉字表示，并可进行检索。外字和模糊字数量为：314,388 字次，占全书 4.49‱；其中小学类：174,202 字次，占全书 2.49‱；非小学类：140,186 字次，仅占全书 2.00‱。

经过国家图书馆善本部专家抽测，文本的错误率为：

经部：0.756‱（抽检字量 1,931,023）
史部：0.590‱（抽检字量 1,033,914）
子部：0.547‱（抽检字量 657,172）
集部：0.100‱（抽检字量 4,120,351）
大大低于万分之一的国家标准。

《四库全书》涉及的内容极为广泛，收录的文献典籍浩如烟海，其中许多字迹、字体繁杂不清，许多字形发生变异，难以辨认，这给录校工作带来很大困难，我们组织了一支以北京大学、北京师范大学专家学者为主的古汉语队伍，对《四库全书》中的疑难文字进行了分类甄别，在各部门及广大校录员共同努力下，终于将这部宏伟巨作——《四库全书》电子版奉献给世人。由于工程浩大，时间短，难免出现缺点、错误，敬请广大读者和专家批评指正，以便以后再版时修订。

附件 B：

样张说明

本部分内容是随书附赠光盘内容的样张，完整内容见附赠光盘。

本部分内容包括：

ISO IEC 10646:2003 CJK 汉字与《康熙字典》关联表 4 页

《康熙字典》即将在 CJK C1 中编码的 72 个汉字表 1 页

《康熙字典》尚未编码的 36 个汉字表 1 页

《康熙字典》页码序关联表 样张 4 页

《康熙字典》重复字表 样张 4 页

ISO/IEC 10646:2003 CJK 汉字与《康熙字典》关联表说明

1. 本关联表是以《康熙字典》为中心编制的。
2. 凡是《康熙字典》中所列字头，包括古字、补遗以及备考中的字头，全部都建立了它们与 ISO/IEC 10646:2003 SuperCJK (IRG 工作文件)以及国际标准化组织正在制定的 CJK Extension C1 的对应关系。
3. 少数尚未编码的汉字已单独列出，以备进一步编码之用。
4. 本说明后附 ISO/IEC 10646:2003 CJK 汉字与《康熙字典》关联表 4 页、《即将在 CJK C1 中编码的 72 个汉字》表 1 页、《康熙字典》中尚未编码的 36 个汉字表 1 页。
5. 全部关联表见随书附赠光盘。

CJK、CJK 1、CJK B 序

其中：CJK-17240 字：CJK_A-5787 字：CJK_B-26053 字

CJK字形 Ucode	康熙字头 字典页码	CJK字形 Ucode	康熙字头 字典页码	CJK字形 Ucode	康熙字头 字典页码	CJK字形 Ucode	康熙字头 字典页码	CJK字形 Ucode	康熙字头 字典页码	CJK字形 Ucode	康熙字头 字典页码	CJK字形 Ucode	康熙字头 字典页码
一 04E00	一 0075.01	下 04E0B	下 0076.10	丞 04E1E	丞 0078.05	丯 04E2F	丯 0079.07	丽 04E3D	丽 1510.34	乏 04E4F	乏 0082.10	乣 04E63	乣 1585.15
丁 04E01	丁 0075.03	丌 04E0C	丌 0076.13	丟 04E1F	丟 0078.06	丰 04E30	丰 0079.08	丿 04E3F	丿 0081.06	乑 04E51	乑 0082.15	乨 04E68	乨 0084.11
丂 04E02	丂 0075.05	丌 04E0C	丌 0127.19	丠 04E20	丠 0078.10	丱 04E31	丱 0079.10	乀 04E40	乀 0081.07	乖 04E56	乖 0083.03	乨 04E68	乨 0258.18
丂 04E02	丂 0325.10	不 04E0D	不 0076.15	両 04E23	両 0078.11	串 04E32	串 0080.02	乁 04E41	乁 0081.09	乘 04E58	乘 0083.09	乩 04E69	乩 0084.12
七 04E03	七 0075.07	与 04E0E	与 0077.01	両 04E23	両 0521.03	丳 04E33	丳 0080.04	乂 04E42	乂 0081.10	乙 04E59	乙 0083.15	乱 04E71	乱 0084.15
丄 04E04	丄 0076.01	丏 04E0F	丏 0077.02	両 04E23	両 1280.03	丵 04E35	丵 0080.08	乃 04E43	乃 0081.12	乚 04E5A	乚 0083.17	乳 04E73	乳 0084.17
丄 04E04	丄 0076.08	丐 04E10	丐 0077.03	並 04E26	並 0078.14	丶 04E36	丶 0080.12	久 04E45	久 0081.19	乚 04E5A	乚 1362.17	乴 04E74	乴 0084.18
丅 04E05	丅 0076.02	丑 04E11	丑 0077.04	丨 04E28	丨 0078.20	丶 04E36	丶 0080.21	乆 04E46	乆 0082.01	乜 04E5C	乜 0083.18	乵 04E75	乵 0084.19
丅 04E05	丅 0076.11	且 04E14	且 0077.07	丩 04E29	丩 0078.21	丸 04E38	丸 0080.15	乇 04E47	乇 0082.02	九 04E5D	九 0083.19	乹 04E79	乹 0084.21
万 04E07	万 0076.03	丕 04E15	丕 0077.10	个 04E2A	个 0078.23	丹 04E39	丹 0080.16	么 04E48	么 0082.03	乞 04E5E	乞 0084.03	乾 04E7E	乾 0084.25
丈 04E08	丈 0076.04	世 04E16	世 0077.11	丫 04E2B	丫 0079.01	主 04E3B	主 0080.20	之 04E4B	之 0082.04	也 04E5F	也 0084.04	乿 04E7F	乿 0084.28
三 04E09	三 0076.05	丘 04E18	丘 0077.14	中 04E2D	中 0079.03	丼 04E3C	丼 0081.01	乍 04E4D	乍 0082.06	也 04E5F	也 0153.15	乿 04E7F	乿 0614.08
上 04E0A	上 0076.07	丙 04E19	丙 0078.02	丮 04E2E	丮 0079.06	丽 04E3D	丽 0081.04	乎 04E4E	乎 0082.07	乢 04E62	乢 1585.14	亂 04E82	亂 0084.33

CJK字形	康熙字头	Ucode	字典页码
亃	亃	04E83	0085.01
亄	亄	04E84	0085.02
亅	亅	04E85	0085.09
了	了	04E86	0085.11
予	予	04E88	0085.16
事	事	04E8B	0085.24
二	二	04E8C	0086.01
亍	亍	04E8D	0086.05
于	于	04E8E	0086.06
亏	亏	04E8F	0086.07
云	云	04E91	0086.08
云	云	04E91	0189.32
互	互	04E92	0086.09
亓	亓	04E93	0086.10

CJK字形	康熙字头	Ucode	字典页码
亓	亓	04E93	0127.20
五	五	04E94	0086.11
井	井	04E95	0086.14
亖	亖	04E96	0087.01
亗	亗	04E97	0087.03
亗	亗	04E97	0577.04
亘	亘	04E98	0087.04
亙	亙	04E99	0087.07
些	些	04E9B	0087.10
亝	亝	04E9D	0087.12
亝	亝	04E9D	1531.07
亞	亞	04E9E	0087.13
亞	亞	04E9E	0391.26
亟	亟	04E9F	0087.14

CJK字形	康熙字头	Ucode	字典页码
亠	亠	04EA0	0088.02
亡	亡	04EA1	0088.03
亢	亢	04EA2	0088.04
亣	亣	04EA3	0088.05
交	交	04EA4	0088.06
亥	亥	04EA5	0088.08
亦	亦	04EA6	0088.09
亨	亨	04EA8	0088.12
享	享	04EAB	0088.17
京	京	04EAC	0088.19
亭	亭	04EAD	0089.03
亮	亮	04EAE	0089.04
亯	亯	04EAF	0088.13
亯	亯	04EAF	0089.05

CJK字形	康熙字头	Ucode	字典页码
亯	亯	04EAF	0671.22
亰	亰	04EB0	0089.07
亳	亳	04EB3	0089.09
亴	亴	04EB4	0089.19
亶	亶	04EB6	0089.20
亹	亹	04EB9	0090.01
人	人	04EBA	0091.01
亼	亼	04EBC	0091.03
什	什	04EC0	0091.06
仁	仁	04EC1	0091.07
仂	仂	04EC2	0091.10
仃	仃	04EC3	0091.11
仄	仄	04EC4	0091.12
仅	仅	04EC5	0091.13

CJK字形	康熙字头	Ucode	字典页码
仆	仆	04EC6	0091.14
仇	仇	04EC7	0091.15
仈	仈	04EC8	0091.16
仉	仉	04EC9	0091.17
今	今	04ECA	0091.18
介	介	04ECB	0091.19
仌	仌	04ECC	0092.01
仍	仍	04ECD	0092.02
从	从	04ECE	0092.03
仏	仏	04ECF	0092.05
仏	仏	04ECF	0099.06
仔	仔	04ED4	0092.06
仕	仕	04ED5	0092.07
他	他	04ED6	0092.09

CJK字形	康熙字头	Ucode	字典页码
仗	仗	04ED7	0092.10
付	付	04ED8	0092.12
仙	仙	04ED9	0092.13
仚	仚	04EDA	0092.14
仛	仛	04EDB	0093.01
仜	仜	04EDC	0093.02
仝	仝	04EDD	0093.03
仞	仞	04EDE	0093.04
仟	仟	04EDF	0093.05
仠	仠	04EE0	0093.06
仡	仡	04EE1	0093.07
仢	仢	04EE2	0093.10
代	代	04EE3	0093.11
令	令	04EE4	0093.12

CJK字形	康熙字头	Ucode	字典页码
以	以	04EE5	0094.01
仦	仦	04EE6	1585.38
仧	仧	04EE7	1585.40
仮	仮	04EEE	0094.06
仯	仯	04EEF	0094.07
仰	仰	04EF0	0094.08
仱	仱	04EF1	0094.09
仲	仲	04EF2	0094.11
仳	仳	04EF3	0094.12
仴	仴	04EF4	0094.16
仵	仵	04EF5	0094.17
件	件	04EF6	0094.18
价	价	04EF7	0094.20
仸	仸	04EF8	0094.21

CJK字形 Ucode	康熙字头 字典页码	CJK字形 Ucode	康熙字头 字典页码	CJK字形 Ucode	康熙字头 字典页码	CJK字形 Ucode	康熙字头 字典页码	CJK字形 Ucode	康熙字头 字典页码	CJK字形 Ucode	康熙字头 字典页码	CJK字形 Ucode	康熙字头 字典页码
仹 04EF9	仹 0094.22	伅 04F05	伅 0095.10	伓 04F13	伓 0096.08	伵 04F35	伵 0097.02	佂 04F42	佂 0097.17	佐 04F50	佐 0098.10	佞 04F5E	佞 0099.11
仺 04EFA	仺 0094.23	伆 04F06	伆 0095.11	伔 04F14	伔 0096.10	伶 04F36	伶 0097.03	佃 04F43	佃 0097.18	佑 04F51	佑 0098.11	佟 04F5F	佟 0099.12
仺 04EFA	仺 0107.15	伇 04F07	伇 0095.12	伕 04F15	伕 1545.04	伷 04F37	伷 0097.04	佄 04F44	佄 0097.19	佒 04F52	佒 0098.12	佡 04F61	佡 1545.12
任 04EFB	任 0094.24	伈 04F08	伈 0095.13	伖 04F16	伖 1545.05	伸 04F38	伸 0097.06	佅 04F45	佅 0097.20	体 04F53	体 0098.13	佩 04F69	佩 0100.04
仼 04EFC	仼 0094.25	伉 04F09	伉 0095.14	众 04F17	众 1545.06	伹 04F39	伹 0097.07	但 04F46	但 0097.21	佔 04F54	佔 0098.14	佪 04F6A	佪 0100.06
份 04EFD	份 0094.26	伊 04F0A	伊 0095.15	优 04F18	优 1545.07	伺 04F3A	伺 0097.08	佇 04F47	佇 0097.22	何 04F55	何 0098.15	佫 04F6B	佫 0100.08
份 04EFD	份 0363.25	伋 04F0B	伋 0095.18	伭 04F2D	伭 0096.13	伻 04F3B	伻 0097.09	佈 04F48	佈 0098.01	佖 04F56	佖 0098.16	佬 04F6C	佬 0100.09
仾 04EFE	仾 0095.01	伌 04F0C	伌 0095.19	伮 04F2E	伮 0096.14	似 04F3C	似 0097.10	佉 04F49	佉 0098.03	佗 04F57	佗 0098.17	佭 04F6D	佭 0100.10
仿 04EFF	仿 0095.02	伍 04F0D	伍 0095.20	伯 04F2F	伯 0096.16	伽 04F3D	伽 0097.12	佊 04F4A	佊 0098.04	佘 04F58	佘 0099.01	佮 04F6E	佮 0100.12
伀 04F00	伀 0095.03	伎 04F0E	伎 0095.21	估 04F30	估 0096.17	伽 04F3D	伽 1026.03	佋 04F4B	佋 0098.05	余 04F59	余 0099.02	佯 04F6F	佯 0100.13
企 04F01	企 0095.04	伏 04F0F	伏 0095.23	伱 04F31	伱 0096.20	伾 04F3E	伾 0097.13	佌 04F4C	佌 0098.06	佚 04F5A	佚 0099.03	佰 04F70	佰 0100.14
伂 04F02	伂 0095.07	伐 04F10	伐 0096.01	伲 04F32	伲 0096.21	伿 04F3F	伿 0097.14	位 04F4D	位 0098.07	佛 04F5B	佛 0099.04	佱 04F71	佱 0100.15
伃 04F03	伃 0095.08	休 04F11	休 0096.02	伳 04F33	伳 0096.22	佀 04F40	佀 0097.15	低 04F4E	低 0098.08	作 04F5C	作 0099.07	佱 04F71	佱 0616.12
伄 04F04	伄 0095.09	伒 04F12	伒 0096.06	伴 04F34	伴 0096.23	佁 04F41	佁 0097.16	住 04F4F	住 0098.09	佝 04F5D	佝 0099.10	佲 04F72	佲 0100.17

CJK字形 Ucode	康熙字头 字典页码	CJK字形 Ucode	康熙字头 字典页码	CJK字形 Ucode	康熙字头 字典页码	CJK字形 Ucode	康熙字头 字典页码	CJK字形 Ucode	康熙字头 字典页码	CJK字形 Ucode	康熙字头 字典页码	CJK字形 Ucode	康熙字头 字典页码
佳 04F73	佳 0100.18	侁 04F81	侁 0101.09	侎 04F8E	侎 0102.02	侜 04F9C	侜 0102.17	侸 04FB8	侸 0103.22	俆 04FC6	俆 0104.10	俔 04FD4	俔 0104.28
佴 04F74	佴 0100.21	侂 04F82	侂 0101.10	侏 04F8F	侏 0102.03	依 04F9D	依 0102.18	侹 04FB9	侹 0103.23	俇 04FC7	俇 0104.11	俕 04FD5	俕 0105.05
併 04F75	併 0100.22	侃 04F83	侃 0101.11	侐 04F90	侐 0102.04	侞 04F9E	侞 0102.21	侺 04FBA	侺 0103.25	俈 04FC8	俈 0104.13	俖 04FD6	俖 0105.08
佶 04F76	佶 0100.23	侄 04F84	侄 0101.14	侑 04F91	侑 0102.05	侟 04F9F	侟 0102.25	侻 04FBB	侻 0103.26	俉 04FC9	俉 0104.14	俖 04FD6	俖 0107.20
佷 04F77	佷 0100.24	侅 04F85	侅 0101.15	侒 04F92	侒 0102.06	侮 04FAE	侮 0103.01	侼 04FBC	侼 0103.27	俊 04FCA	俊 0104.15	俗 04FD7	俗 0105.09
佸 04F78	佸 0100.25	來 04F86	來 0101.16	侓 04F93	侓 0102.07	侯 04FAF	侯 0103.07	侽 04FBD	侽 0103.28	俋 04FCB	俋 0104.16	俘 04FD8	俘 0105.12
佹 04F79	佹 0100.27	侇 04F87	侇 0101.18	侔 04F94	侔 0102.08	侰 04FB0	侰 0103.09	侾 04FBE	侾 0103.31	俌 04FCC	俌 0104.18	俙 04FD9	俙 0105.13
佺 04F7A	佺 0100.29	侈 04F88	侈 0101.19	侕 04F95	侕 0102.09	侱 04FB1	侱 0103.11	便 04FBF	便 0103.32	俍 04FCD	俍 0104.20	俚 04FDA	俚 0105.14
佻 04F7B	佻 0100.30	侉 04F89	侉 0101.22	侖 04F96	侖 0102.10	侲 04FB2	侲 0103.14	俀 04FC0	俀 0104.01	俎 04FCE	俎 0104.21	俛 04FDB	俛 0105.15
佼 04F7C	佼 0101.01	侊 04F8A	侊 0101.23	侗 04F97	侗 0102.12	侳 04FB3	侳 0103.17	俁 04FC1	俁 0104.03	俏 04FCF	俏 0104.22	俜 04FDC	俜 0105.16
佽 04F7D	佽 0101.02	例 04F8B	例 0101.24	侘 04F98	侘 0102.13	侴 04FB4	侴 0103.18	係 04FC2	係 0104.04	俐 04FD0	俐 0104.24	保 04FDD	保 0105.17
佾 04F7E	佾 0101.03	侌 04F8C	侌 0101.25	侙 04F99	侙 0102.14	侵 04FB5	侵 0103.19	促 04FC3	促 0104.05	俑 04FD1	俑 0104.25	俞 04FDE	俞 0105.21
使 04F7F	使 0101.05	侌 04F8C	侌 1353.08	侚 04F9A	侚 0102.15	侶 04FB6	侶 0103.20	俄 04FC4	俄 0104.06	俒 04FD2	俒 0104.26	俟 04FDF	俟 0105.23
侀 04F80	侀 0101.08	侍 04F8D	侍 0101.26	供 04F9B	供 0102.16	侷 04FB7	侷 0103.21	俅 04FC5	俅 0104.09	俓 04FD3	俓 0104.27	俠 04FE0	俠 0105.24

《康熙字典》即将在 CJK C1 中编码的 72 个汉字

康熙字头 字典页码	C1字形 C1_1.0	康熙字头 字典页码	C1字形 C1_1.0	康熙字头 字典页码	C1字形 C1_1.0	康熙字头 字典页码	C1字形 C1_1.0	康熙字头 字典页码	C1字形 C1_1.0	康熙字头 字典页码	C1字形 C1_1.0
0079.09	08405	**0401.31**	09890	**0591.13**	12803	**0928.01**	17734	**1266.26**	22229	**1591.a4**	07160
0081.14	03617	**0422.03**	00647	**0610.05**	13018	**0982.11**	18634	**1376.17**	23782	**1595.80**	08953
0086.02	00588	**0463.03**	10709	**0637.08**	18893	**1002.06**	06496	**1393.07**	02261	**1599.79**	10771
0111.30	08854	**0472.27**	04171	**0642.17**	02232	**1002.07**	07024	**1393.26**	02281	**1602.22**	12692
0124.07	13871	**0480.11**	00089	**0652.28**	13485	**1047.08**	19355	**1396.14**	24005	**1605.38**	14565
0129.22	05996	**0539.24**	11967	**0686.18**	14341	**1061.19**	19725	**1454.16**	24778	**1606.96**	15215
0162.24	12890	**0547.10**	12177	**0749.04**	15227	**1062.25**	19726	**1548.69**	05814	**1609.53**	15861
0239.13	06904	**0560.15**	12442	**0753.09**	15255	**1098.28**	20347	**1553.56**	09052	**1612.27**	18351
0335.01	08993	**0563.27**	12518	**0762.03**	15337	**1123.33**	05785	**1563.26**	16431	**1614.43**	18935
0349.26	03383	**0579.36**	12695	**0852.25**	16668	**1174.26**	20907	**1570.43**	22209	**1626.04**	24261
0369.24	07159	**0580.15**	12685	**0885.16**	17102	**1185.34**	20972	**1570.71**	22281	**1630.36**	25931
0398.09	09844	**0589.07**	03093	**0887.29**	18235	**1249.17**	21868	**1588.23**	03601	**1631.11**	25986

《康熙字典》尚未编码的 36 个汉字

康熙字头 字典页码	康熙字头 字典页码	康熙字头 字典页码	康熙字头 字典页码	康熙字头 字典页码
 0161.28	 0362.09	 0850.08	 0960.33	 1286.10
 0165.09	 0401.27	 0860.20	 0971.12	 1397.10
 0294.09	 0419.07	 0870.09	 1020.20	 1513.53
 0331.38	 0457.18	 0883.03	 1023.15	 1537.27
 0350.02	 0497.16	 0921.08	 1123.34	
 0356.09	 0577.03	 0936.22	 1193.13	
 0357.19	 0626.14	 0946.23	 1200.28	
 0360.46	 0673.27	 0948.24	 1267.14	

ISO/IEC 10646:2003 CJK 汉字与《康熙字典》关联表页码·字位序说明

1. 本关联表是以《康熙字典》为中心编制的。
2. 凡是《康熙字典》中所列字头，包括古字、补遗、以及备考中的字头，全部都建立了它们与 ISO/IEC 10646:2003 Super CJK（IRG 工作文件）以及国际标准化组织正在制定的 CJK Extension C1 的对应关系。
3. 在 ISO/IEC 10646 CJK 汉字认同、甄别、排序的开发过程中，《康熙字典》的字头的页码·字位一直是开发的关键数据，即使《康熙字典》之外的汉字也是以其在《康熙字典》中的虚拟位置为排序基础的。本表对于已编码的 CJK 汉字的应用开发和其他汉字的继续编码将起到重要的参考作用。
4. 本样张后附 ISO/IEC 10646:2003 CJK 汉字与《康熙字典》关联表，《康熙字典》页码.字位序样表，4 页。
5. 全部关联表见随书附赠光盘。

《康熙字典》页码·字位序

其中:CJK-17240 字：CJK_A-5787 字：CJK_B-26053 字

康熙字头	字典页码	CJK字形	Ucode
一	0075.01	一	04E00
弌	0075.02	弌	05F0C
丁	0075.03	丁	04E01
𠆤	0075.04	𠆤	201A4
丂	0075.05	丂	04E02
𠀀	0075.06	𠀀	20000
七	0075.07	七	04E03
丄	0076.01	丄	04E04
丅	0076.02	丅	04E05
万	0076.03	万	04E07
丈	0076.04	丈	04E08
三	0076.05	三	04E09
弎	0076.06	弎	05F0E

康熙字头	字典页码	CJK字形	Ucode
上	0076.07	上	04E0A
丄	0076.08	丄	04E04
𠄞	0076.09	𠄞	2011E
下	0076.10	下	04E0B
丅	0076.11	丅	04E05
𠄟	0076.12	𠄟	2011F
丌	0076.13	丌	04E0C
𠀃	0076.14	𠀃	20003
不	0076.15	不	04E0D
𠀚	0076.16	𠀚	2001A
𠙐	0076.17	𠙐	20650
与	0077.01	与	04E0E
丏	0077.02	丏	04E0F

康熙字头	字典页码	CJK字形	Ucode
丐	0077.03	丐	04E10
丑	0077.04	丑	04E11
𠀇	0077.05	𠀇	20007
𠀈	0077.06	𠀈	20008
且	0077.07	且	04E14
𠀇	0077.08	𠀇	20007
𠀃	0077.09	𠀃	20003
丕	0077.10	丕	04E15
世	0077.11	世	04E16
卋	0077.12	卋	0534B
𠀍	0077.13	𠀍	2000D
丘	0077.14	丘	04E18
㘳	0077.15	㘳	03633

康熙字头	字典页码	CJK字形	Ucode
㐀	0078.01	㐀	03400
丙	0078.02	丙	04E19
㐁	0078.03	㐁	03401
𠀬	0078.04	𠀬	2002C
丞	0078.05	丞	04E1E
丟	0078.06	丟	04E1F
𠀘	0078.07	𠀘	20018
𠀙	0078.08	𠀙	20019
𠀚	0078.09	𠀚	2001A
丠	0078.10	丠	04E20
丣	0078.11	丣	04E23
𠀡	0078.12	𠀡	20021
𠀢	0078.13	𠀢	20022

康熙字头	字典页码	CJK字形	Ucode
並	0078.14	並	04E26
𠀬	0078.15	𠀬	2002C
𠀭	0078.16	𠀭	2002D
𠀮	0078.17	𠀮	2002E
𠁁	0078.18	𠁁	20041
𠁕	0078.19	𠁕	20055
丨	0078.20	丨	04E28
丩	0078.21	丩	04E29
𠁡	0078.22	𠁡	20061
个	0078.23	个	04E2A
丫	0079.01	丫	04E2B
㐄	0079.02	㐄	03404
中	0079.03	中	04E2D

康熙字头	字典页码	CJK字形	Ucode
𠁧	0079.04	𠁧	20067
𠁩	0079.05	𠁩	20069
丮	0079.06	丮	04E2E
丯	0079.07	丯	04E2F
丰	0079.08	丰	04E30
丱	0079.10	丱	04E31
𠁦	0080.01	𠁦	20066
串	0080.02	串	04E32
𠁧	0080.03	𠁧	20067
丳	0080.04	丳	04E33
𠁩	0080.05	𠁩	20069
𠁭	0080.06	𠁭	2006D
𠁮	0080.07	𠁮	2006E

康熙字头	字典页码	CJK字形	Ucode
丵	0080.08	丵	04E35
𠁰	0080.09	𠁰	20070
𠁱	0080.10	𠁱	20071
𠁴	0080.11	𠁴	20074
丶	0080.12	丶	04E36
𠁼	0080.13	𠁼	2007C
𠁽	0080.14	𠁽	2007D
丸	0080.15	丸	04E38
丹	0080.16	丹	04E39
𠁿	0080.17	𠁿	2007F
㣋	0080.18	㣋	038CB
𠕑	0080.19	𠕑	20551
主	0080.20	主	04E3B

康熙字头 字典页码	CJK字形 Ucode	康熙字头 字典页码	CJK字形 Ucode	康熙字头 字典页码	CJK字形 Ucode	康熙字头 字典页码	CJK字形 Ucode	康熙字头 字典页码	CJK字形 Ucode	康熙字头 字典页码	CJK字形 Ucode	康熙字头 字典页码	CJK字形 Ucode
0080.21	丶 04E36	0081.13	2010E	0082.09	20094	0083.06	200B2	0084.01	200CF	0084.15	乱 04E71	0084.29	200FC
0080.22	宔 05B94	0081.15	223E9	0082.10	乏 04E4F	0083.07	200B3	0084.02	200D0	0084.16	㐖 03416	0084.30	200FD
0081.01	丼 04E3C	0081.16	223A7	0082.11	204DF	0083.08	200B7	0084.03	乞 04E5E	0084.17	乳 04E73	0084.31	㐡 03421
0081.02	2007F	0081.17	20088	0082.12	20095	0083.09	乘 04E58	0084.04	也 04E5F	0084.18	乴 04E74	0084.32	200FE
0081.03	20082	0081.18	㐅 03405	0082.13	20096	0083.10	2015E	0084.05	200DF	0084.19	乵 04E75	0084.33	亂 04E82
0081.04	丽 04E3D	0081.19	久 04E45	0082.14	200A2	0083.11	204F8	0084.06	200D5	0084.20	200ED	0084.34	209CE
0081.05	20084	0082.01	乆 04E46	0082.15	乑 04E51	0083.12	200B9	0084.07	200D6	0084.21	乹 04E79	0084.35	209CF
0081.06	丿 04E3F	0082.02	乇 04E47	0082.16	200A3	0083.13	200BA	0084.08	㐌 0340C	0084.22	㐜 0341C	0084.36	20B97
0081.07	乀 04E40	0082.03	么 04E48	0082.17	200A4	0083.14	200BF	0084.09	200DE	0084.23	200F2	0085.01	亃 04E83
0081.08	20086	0082.04	之 04E4B	0083.01	200A5	0083.15	乙 04E59	0084.10	200DF	0084.24	200F3	0085.02	亄 04E84
0081.09	乁 04E41	0082.05	㞢 037A2	0083.02	200AF	0083.16	200C9	0084.11	乨 04E68	0084.25	乾 04E7E	0085.03	20103
0081.10	乂 04E42	0082.06	乍 04E4D	0083.03	乖 04E56	0083.17	乚 04E5A	0084.12	乩 04E69	0084.26	漧 06F27	0085.04	20105
0081.11	20087	0082.07	乎 04E4E	0083.04	26B83	0083.18	乜 04E5C	0084.13	200E4	0084.27	2010B	0085.05	20107
0081.12	乃 04E43	0082.08	虖 08656	0083.05	20070	0083.19	九 04E5D	0084.14	200E5	0084.28	乿 04E7F	0085.06	20108

康熙字头 字典页码	CJK字形 Ucode	康熙字头 字典页码	CJK字形 Ucode	康熙字头 字典页码	CJK字形 Ucode	康熙字头 字典页码	CJK字形 Ucode	康熙字头 字典页码	CJK字形 Ucode	康熙字头 字典页码	CJK字形 Ucode	康熙字头 字典页码	CJK字形 Ucode
0085.07	20109	0085.21	20116	0086.06	于 04E8E	0087.06	20123	0088.02	亠 04EA0	0088.16	20148	0089.11	2015E
0085.08	2010B	0085.22	20117	0086.07	亏 04E8F	0087.07	亙 04E99	0088.03	亡 04EA1	0088.17	享 04EAB	0089.12	2015F
0085.09	亅 04E85	0085.23	㐨 03428	0086.08	云 04E91	0087.08	20124	0088.04	亢 04EA2	0088.18	20160	0089.13	20160
0085.10	2010C	0085.24	事 04E8B	0086.09	互 04E92	0087.09	况 051B5	0088.05	亣 04EA3	0088.19	京 04EAC	0089.14	20161
0085.11	了 04E86	0085.25	叓 053D3	0086.10	亓 04E93	0087.10	些 04E9B	0088.06	交 04EA4	0089.01	㐭 0342D	0089.15	20169
0085.12	2010D	0085.26	20B4F	0086.11	五 04E94	0087.11	20128	0088.07	04892	0089.02	2014C	0089.16	2016A
0085.13	2010E	0085.27	20119	0086.12	20121	0087.12	亝 04E9D	0088.08	亥 04EA5	0089.03	亭 04EAD	0089.17	2016B
0085.14	2010F	0085.28	2011A	0086.13	㐅 03405	0087.13	亞 04E9E	0088.09	亦 04EA6	0089.04	亮 04EAE	0089.18	2016C
0085.15	20111	0085.29	2011B	0086.14	井 04E95	0087.14	亟 04E9F	0088.10	20143	0089.05	亯 04EAF	0089.19	亴 04EB4
0085.16	予 04E88	0085.30	2011D	0087.01	亖 04E96	0087.15	20130	0088.11	20143	0089.06	20153	0089.20	亶 04EB6
0085.17	20112	0086.01	二 04E8C	0087.02	20121	0087.16	20131	0088.12	亨 04EA8	0089.07	亰 04EB0	0089.21	20181
0085.18	20113	0086.03	2011E	0087.03	亗 04E97	0087.17	20135	0088.13	亯 04EAF	0089.08	20154	0089.22	20182
0085.19	20114	0086.04	2011F	0087.04	亘 04E98	0087.18	20139	0088.14	20156	0089.09	亳 04EB3	0089.23	2018B
0085.20	20115	0086.05	亍 04E8D	0087.05	20122	0088.01	2013F	0088.15	㐬 0342C	0089.10	20156	0089.24	2018C

康熙字头 字典页码	CJK字形 Ucode	康熙字头 字典页码	CJK字形 Ucode	康熙字头 字典页码	CJK字形 Ucode	康熙字头 字典页码	CJK字形 Ucode	康熙字头 字典页码	CJK字形 Ucode	康熙字头 字典页码	CJK字形 Ucode	康熙字头 字典页码	CJK字形 Ucode
𠆝 0089.25	𠆝 2019D	仅 0091.13	仅 04EC5	㐰 0092.08	㐰 03430	㐲 0093.08	㐲 03432	㐸 0094.10	㐸 03438	任 0094.24	任 04EFB	伇 0095.12	伇 04F07
亹 0090.01	亹 04EB9	仆 0091.14	仆 04EC6	他 0092.09	他 04ED6	𠆩 0093.09	𠆩 201A9	仲 0094.11	仲 04EF2	仼 0094.25	仼 04EFC	伈 0095.13	伈 04F08
人 0091.01	人 04EBA	仇 0091.15	仇 04EC7	仗 0092.10	仗 04ED7	仢 0093.10	仢 04EE2	仳 0094.12	仳 04EF3	份 0094.26	份 04EFD	伉 0095.14	伉 04F09
𠔽 0091.02	𠔽 2053D	仈 0091.16	仈 04EC8	㐱 0092.11	㐱 03431	代 0093.11	代 04EE3	𠆴 0094.13	𠆴 201B4	仾 0095.01	仾 04EFE	伊 0095.15	伊 04F0A
亼 0091.03	亼 04EBC	仉 0091.17	仉 04EC9	付 0092.12	付 04ED8	令 0093.12	令 04EE4	㐹 0094.14	㐹 03439	仿 0095.02	仿 04EFF	𦯴 0095.16	𦯴 26BF4
𠆣 0091.04	𠆣 201A3	今 0091.18	今 04ECA	仙 0092.13	仙 04ED9	以 0094.01	以 04EE5	𠆵 0094.15	𠆵 201B5	伀 0095.03	伀 04F00	𠈽 0095.17	𠈽 2023D
𠆤 0091.05	𠆤 201A4	介 0091.19	介 04ECB	仚 0092.14	仚 04EDA	㠯 0094.02	㠯 0382F	仴 0094.16	仴 04EF4	企 0095.04	企 04F01	伋 0095.18	伋 04F0B
什 0091.06	什 04EC0	仌 0092.01	仌 04ECC	仛 0093.01	仛 04EDB	㐳 0094.03	㐳 03433	仵 0094.17	仵 04EF5	𠈮 0095.05	𠈮 2022E	伌 0095.19	伌 04F0C
仁 0091.07	仁 04EC1	仍 0092.02	仍 04ECD	仜 0093.02	仜 04EDC	𠆪 0094.04	𠆪 201AA	件 0094.18	件 04EF6	𠆷 0095.06	𠆷 201B7	伍 0095.20	伍 04F0D
忎 0091.08	忎 05FCE	从 0092.03	从 04ECE	仝 0093.03	仝 04EDD	㐴 0094.05	㐴 03434	𠆶 0094.19	𠆶 201B6	伂 0095.07	伂 04F02	伎 0095.21	伎 04F0E
𡰥 0091.09	𡰥 21C25	𠆦 0092.04	𠆦 201A6	仞 0093.04	仞 04EDE	仮 0094.06	仮 04EEE	价 0094.20	价 04EF7	伃 0095.08	伃 04F03	㐺 0095.22	㐺 0343A
仂 0091.10	仂 04EC2	仏 0092.05	仏 04ECF	仟 0093.05	仟 04EDF	仯 0094.07	仯 04EEF	仸 0094.21	仸 04EF8	伄 0095.09	伄 04F04	伏 0095.23	伏 04F0F
仃 0091.11	仃 04EC3	仔 0092.06	仔 04ED4	仠 0093.06	仠 04EE0	仰 0094.08	仰 04EF0	仹 0094.22	仹 04EF9	伅 0095.10	伅 04F05	伐 0096.01	伐 04F10
仄 0091.12	仄 04EC4	仕 0092.07	仕 04ED5	仡 0093.07	仡 04EE1	仱 0094.09	仱 04EF1	仺 0094.23	仺 04EFA	伆 0095.11	伆 04F06	休 0096.02	休 04F11

ISO/IEC 10646:2003 CJK 汉字与《康熙字典》关联表重复字表说明

1. 本关联表是以《康熙字典》为中心编制的。
2. 凡是《康熙字典》中所列字头，包括古字、补遗、以及备考中的字头，全部都建立了它们与 ISO/IEC 10646:2003 SuperCJK（IRG 工作文件）以及国际标准化组织正在制定的 CJK Extension C1 的对应关系。
3. 凡《康熙字典》中重复收入的字，以及分别以正字、古字出现的字头均原样再现。因此，在关联表中会有两个甚至三个康熙字头（有不同的页码）对应一个 CJK 编码汉字的情形。本表列出了极有价值的《康熙字典》中 2200 多“重见字头”（其中 40 个字重复出现 3 次）。
4. 本说明后附《康熙字典》重复字表样表，4 页。
5. 全部关联表详见随书附赠光盘。

《康熙字典》重复字表

CJK字形 Ucode	康熙字头 字典页码	CJK字形 Ucode	康熙字头 字典页码	CJK字形 Ucode	康熙字头 字典页码	CJK字形 Ucode	康熙字头 字典页码	CJK字形 Ucode	康熙字头 字典页码	CJK字形 Ucode	康熙字头 字典页码
丂 04E02	丂 0075.05	丽 04E3D	丽 1510.34	亗 04E97	亗 0577.04	伽 04F3D	伽 0097.12	兘 05158	兘 0125.17	創 05275	創 0143.02
丂 04E02	丂 0325.10	乚 04E5A	乚 0083.17	亝 04E9D	亝 0087.12	伽 04F3D	伽 1026.03	兘 05158	兘 0258.19	創 05275	創 0778.14
丄 04E04	丄 0076.01	乚 04E5A	乚 1362.17	亝 04E9D	亝 1531.07	佱 04F71	佱 0100.15	兲 05172	兲 0127.09	勄 052C4	勄 0147.28
丄 04E04	丄 0076.08	也 04E5F	也 0084.04	亞 04E9E	亞 0087.13	佱 04F71	佱 0616.12	兲 05172	兲 0248.09	勄 052C4	勄 0471.05
丅 04E05	丅 0076.02	也 04E5F	也 0153.15	亞 04E9E	亞 0391.26	侌 04F8C	侌 0101.25	关 05173	关 0127.07	勛 052DB	勛 0148.25
丅 04E05	丅 0076.11	乨 04E68	乨 0084.11	亯 04EAF	亯 0089.05	侌 04F8C	侌 1353.08	关 05173	关 0879.05	勛 052DB	勛 0149.38
丌 04E0C	丌 0076.13	乨 04E68	乨 0258.18	亯 04EAF	亯 0088.13	俖 04FD6	俖 0105.08	冋 0518B	冋 0129.02	匚 0531A	匚 0153.10
丌 04E0C	丌 0127.19	乿 04E7F	乿 0084.28	亯 04EAF	亯 0671.22	俖 04FD6	俖 0107.20	冋 0518B	冋 0226.30	匚 0531A	匚 0469.04
丣 04E23	丣 0078.11	乿 04E7F	乿 0614.08	仏 04ECF	仏 0092.05	儫 0512B	儫 0121.04	况 051B5	况 0087.09	匨 05328	匨 0153.40
丣 04E23	丣 0521.03	云 04E91	云 0086.08	仏 04ECF	仏 0099.06	儫 0512B	儫 1546.04	况 051B5	况 0131.30	匨 05328	匨 1064.23
丣 04E23	丣 1280.03	云 04E91	云 0189.32	仺 04EFA	仺 0094.23	先 05142	先 0123.05	冿 051BF	冿 0132.18	卋 0534B	卋 0156.12
丶 04E36	丶 0080.12	亓 04E93	亓 0086.10	仺 04EFA	仺 0107.15	先 05142	先 0900.29	冿 051BF	冿 0971.04	卋 0534B	卋 0077.12
丶 04E36	丶 0080.21	亓 04E93	亓 0127.20	份 04EFD	份 0094.26	充 05145	充 0123.10	凬 051EC	凬 1411.07	卛 0535B	卛 0157.23
丽 04E3D	丽 0081.04	亗 04E97	亗 0087.03	份 04EFD	份 0363.25	充 05145	充 0124.01	凬 051EC	凬 1411.04	卛 0535B	卛 0725.06

CJK字形 Ucode	康熙字头 字典页码	CJK字形 Ucode	康熙字头 字典页码	CJK字形 Ucode	康熙字头 字典页码	CJK字形 Ucode	康熙字头 字典页码	CJK字形 Ucode	康熙字头 字典页码	CJK字形 Ucode	康熙字头 字典页码
卝 0535D	卝 0157.27	厸 053B8	厸 1278.09	听 0542C	听 0188.15	哥 054E5	哥 0571.09	囐 056D0	囐 0215.25	坃 05743	坃 0224.27
卝 0535D	卝 0836.36	叓 053D3	叓 0165.36	吳 05433	吳 0179.04	唫 0552B	唫 0193.11	囐 056D0	囐 0191.25	坃 05743	坃 0240.35
卥 05365	卥 0158.11	叓 053D3	叓 0085.25	吳 05433	吳 1074.26	唫 0552B	唫 0177.20	囗 056D7	囗 0216.14	均 05747	均 0224.31
卥 05365	卥 1128.11	叜 053DC	叜 0166.13	呈 05448	呈 0179.02	啨 05568	啨 1381.26	囗 056D7	囗 0219.17	均 05747	均 1397.30
卩 05369	卩 0158.45	叜 053DC	叜 0166.22	呈 05448	呈 0181.17	啨 05568	啨 0389.33	囗 056D7	囗 0220.02	坓 05753	坓 0226.05
卩 05369	卩 0891.25	叜 053DC	叜 0639.36	呈 05448	呈 0305.07	啺 0557A	啺 0196.27	囦 056E6	囦 0217.09	坓 05753	坓 0227.29
厗 05397	厗 0161.20	可 053EF	可 0172.12	呩 05469	呩 0182.01	啺 0557A	啺 0192.13	囦 056E6	囦 0632.10	坕 05755	坕 0226.09
厗 05397	厗 1306.14	可 053EF	可 0571.08	呩 05469	呩 0203.07	喏 0558F	喏 0198.10	囶 056F6	囶 0217.26	坕 05755	坕 0925.26
厜 0539C	厜 0161.36	台 053F0	台 0172.13	咊 0548A	咊 0184.15	喏 0558F	喏 1173.03	囶 056F6	囶 0219.18	坖 05756	坖 0226.10
厜 0539C	厜 0162.21	台 053F0	台 0203.31	咊 0548A	咊 0185.02	嘼 0563C	嘼 0207.33	圀 05700	圀 0218.11	坖 05756	坖 0376.02
厤 053A4	厤 0162.20	吅 05405	吅 0174.19	咞 0549E	咞 0181.02	嘼 0563C	嘼 0761.13	圀 05700	圀 0219.19	坣 05763	坣 0226.13
厤 053A4	厤 0500.12	吅 05405	吅 1149.21	咞 0549E	咞 0185.22	嚞 0569E	嚞 0213.06	圫 0572B	圫 0223.13	坣 05763	坣 0231.24
厷 053B7	厷 0164.04	向 05411	向 0176.04	咲 054B2	咲 0187.09	嚞 0569E	嚞 0191.02	圫 0572B	圫 0239.28	垕 05795	垕 0228.01
厷 053B7	厷 0976.10	向 05411	向 0213.39	咲 054B2	咲 0879.04	囏 056CF	囏 0215.24	圱 05731	圱 0224.12	垕 05795	垕 0161.27
厸 053B8	厸 0164.06	听 0542C	听 0178.16	哥 054E5	哥 0190.08	囏 056CF	囏 1013.31	圱 05731	圱 0105.10	埅 057C5	埅 0229.21

CJK字形	康熙字头	Ucode	字典页码	CJK字形	康熙字头	Ucode	字典页码	CJK字形	康熙字头	Ucode	字典页码	CJK字形	康熙字头	Ucode	字典页码	CJK字形	康熙字头	Ucode	字典页码	CJK字形	康熙字头	Ucode	字典页码
埅	埅	057C5	0224.09	夂	夂	05902	0244.17	夶	夶	05936	0590.10	宍	宍	05B8D	0973.02	寴	寴	05BF4	0293.06	崇	崇	05D07	0313.01
埊	埊	057CA	0229.27	夂	夂	05902	0921.10	她	她	05979	0255.05	宔	宔	05B94	0283.10	寴	寴	05BF4	1136.14	崇	崇	05D07	0317.28
埊	埊	057CA	0224.07	夃	夃	05903	0244.19	她	她	05979	0258.28	宔	宔	05B94	0080.22	尘	尘	05C18	0297.06	嵮	嵮	05D6E	0317.40
埜	埜	057DC	0230.13	夃	夃	05903	0614.11	姘	姘	059D8	0259.16	宲	宲	05BB2	0286.11	尘	尘	05C18	0236.41	嵮	嵮	05D6E	0317.41
埜	埜	057DC	1291.06	夅	夅	05905	0244.20	姘	姘	059D8	0263.31	宲	宲	05BB2	0291.05	尛	尛	05C1B	0297.14	嶲	嶲	05DB2	0321.05
堲	堲	05832	0234.06	夅	夅	05905	1349.13	姘	姘	059D8	0272.40	宷	宷	05BB7	0287.01	尛	尛	05C1B	1515.06	嶲	嶲	05DB2	1367.49
堲	堲	05832	0227.37	夊	夊	0590A	0245.01	娹	娹	05A39	0263.34	宷	宷	05BB7	0291.23	屮	屮	05C6E	0304.10	嶳	嶳	05DB3	0321.08
塌	塌	0584C	0235.04	夊	夊	0590A	0925.18	娹	娹	05A39	1592.84	寈	寈	05BC8	0288.17	屮	屮	05C6E	0304.13	嶳	嶳	05DB3	0224.11
塌	塌	0584C	0242.22	夌	夌	0590C	0245.05	孠	孠	05B60	0278.17	寈	寈	05BC8	1381.24	屮	屮	05C6E	1030.18	巛	巛	05DDB	0323.18
壡	壡	058E1	0242.09	夌	夌	0590C	1354.07	孠	孠	05B60	0203.32	寍	寍	05BCD	0289.02	屰	屰	05C70	0305.01	巛	巛	05DDB	0226.15
壡	壡	058E1	0167.06	夙	夙	05919	0246.07	孩	孩	05B69	0279.15	寍	寍	05BCD	0291.09	屰	屰	05C70	0413.10	巛	巛	05DDB	1455.34
壦	壦	058E6	0242.24	夙	夙	05919	0287.15	孩	孩	05B69	0187.11	寑	寑	05BD1	0289.08	岍	岍	05C8D	0308.19	巜	巜	05DDC	0323.22
壦	壦	058E6	0240.36	夳	夳	05933	0249.11	完	完	05B8C	0282.13	寑	寑	05BD1	0290.25	岍	岍	05C8D	0310.38	巜	巜	05DDC	0653.19
夁	夁	05901	0244.12	夳	夳	05933	0618.16	完	完	05B8C	0292.07	寚	寚	05BDA	0290.05	岳	岳	05CB3	0309.31	巡	巡	05DE1	0324.11
夁	夁	05901	0243.11	夶	夶	05936	0249.14	宍	宍	05B8D	0282.18	寚	寚	05BDA	0293.13	岳	岳	05CB3	0321.30	巡	巡	05DE1	1399.19

CJK字形 Ucode	康熙字头 字典页码	CJK字形 Ucode	康熙字头 字典页码	CJK字形 Ucode	康熙字头 字典页码	CJK字形 Ucode	康熙字头 字典页码	CJK字形 Ucode	康熙字头 字典页码	CJK字形 Ucode	康熙字头 字典页码
巢 05DE2	巢 0324.17	弎 05F0E	弎 0076.06	恖 06056	恖 0384.20	憤 061A4	憤 0406.03	拪 062EA	拪 1265.07	攍 0650D	攍 0462.34
巢 05DE2	巢 0324.20	弡 05F21	弡 0357.22	恖 06056	恖 0381.05	憯 061AF	憯 0404.02	拼 062FC	拼 0428.22	攍 0650D	攍 0464.14
差 05DEE	差 0326.02	弡 05F21	弡 0359.20	悁 06081	悁 0383.33	憯 061AF	憯 0407.08	拼 062FC	拼 0436.13	攰 06530	攰 0146.23
差 05DEE	差 0203.23	徠 05FA0	徠 0368.21	悁 06081	悁 0386.20	懶 061F6	懶 0408.15	捐 06350	捐 0428.17	攰 06530	攰 0467.05
庺 05EBA	庺 0348.05	徠 05FA0	徠 0101.17	惇 060C7	惇 0390.01	懶 061F6	懶 0408.16	捐 06350	捐 0434.02	攷 06537	攷 0468.08
庺 05EBA	庺 0514.14	徰 05FB0	徰 0370.19	惇 060C7	惇 0395.25	戧 06227	戧 0413.25	掩 063A9	掩 0439.09	攷 06537	攷 0960.28
庿 05EBF	庿 0348.16	徰 05FB0	徰 0365.38	惌 060CC	惌 0390.16	戧 06227	戧 0143.03	掩 063A9	掩 0453.03	敭 0656D	敭 0474.02
庿 05EBF	庿 0350.29	忎 05FCE	忎 0376.06	惌 060CC	惌 0284.02	戲 06232	戲 0414.23	揅 063C5	揅 0441.02	敭 0656D	敭 0442.09
廾 05EFE	廾 0353.08	忎 05FCE	忎 0091.08	惖 060D6	惖 0391.01	戲 06232	戲 0183.16	揅 063C5	揅 0449.18	敶 06576	敶 0474.51
廾 05EFE	廾 0353.09	怘 06018	怘 0380.21	惖 060D6	惖 0390.49	才 0624D	才 0416.30	摕 06455	摕 0449.28	敶 06576	敶 1353.22
弃 05F03	弃 0353.15	怘 06018	怘 0218.04	愳 06133	愳 0396.28	才 0624D	才 0189.09	摕 06455	摕 0425.14	敺 0657A	敺 0475.06
弃 05F03	弃 0531.16	怣 06023	怣 0381.18	愳 06133	愳 0408.44	扻 0627B	扻 0419.14	摷 06477	摷 0452.04	敺 0657A	敺 1444.25
弌 05F0C	弌 0355.02	怣 06023	怣 0298.04	憘 06198	憘 0402.24	扻 0627B	扻 0446.07	摷 06477	摷 0459.21	於 065BC	於 0481.11
弌 05F0C	弌 0075.02	怷 06037	怷 0383.02	憘 06198	憘 0199.06	拪 062EA	拪 0427.17	摼 0647C	摼 0452.11	於 065BC	於 0670.03
弎 05F0E	弎 0355.05	怷 06037	怷 0386.35	憤 061A4	憤 0403.19	拪 062EA	拪 1256.07	摼 0647C	摼 0701.03	旉 065C9	旉 0483.15

图书在版编目(CIP)数据

古籍汉字字频统计/北京书同文数字化技术有限公司编. —北京:商务印书馆,2008
ISBN 978-7-100-05607-6

I. 古… II. 北… III. 古籍-汉字-使用频率-言语统计 IV. H087

中国版本图书馆 CIP 数据核字(2007)第 132150 号

GŬJÍ HÀNZÌ ZÌPÍN TǑNGJÌ
古籍汉字字频统计
北京书同文数字化技术有限公司 编

商务印书馆出版
(北京王府井大街36号 邮政编码 100710)
商务印书馆发行
北京民族印刷厂印刷
ISBN 978-7-100-05607-6

2008年7月第1版 开本 787×1092 1/16
2008年7月北京第1次印刷 印张 26½

定价:45.00元